天
Borderless
下

天 下 ， 在 乎 正 义 和 你

天下 Borderless

CHINESE COMPANY LAW

中国公司法论

周友苏 著

法律出版社 LAW PRESS · CHINA
北京

图书在版编目（CIP）数据

中国公司法论 / 周友苏著. -- 北京 : 法律出版社, 2024
ISBN 978-7-5197-8941-1

Ⅰ. ①中… Ⅱ. ①周… Ⅲ. ①公司法 – 研究 – 中国 Ⅳ. ①D922.291.914

中国国家版本馆CIP数据核字（2024）第054388号

中国公司法论
ZHONGGUO GONGSIFA LUN

作　　者：周友苏
责任编辑：王　珊
特约编辑：艾学瀼
装帧设计：鲍龙卉
出版发行：法律出版社
编辑统筹：学术 · 对外出版分社
责任校对：裴　黎　李慧艳
责任印制：胡晓雅　宋万春
经　　销：新华书店
开　　本：787毫米 × 1092毫米　1/16
印　　张：49
字　　数：1220千
版　　本：2024年5月第1版
印　　次：2024年5月第1次印刷
印　　刷：天津嘉恒印务有限公司
书　　号：ISBN 978-7-5197-8941-1
定　　价：169.00元

销售电话：010-83938349　客服电话：010-83938350　咨询电话：010-63939796
地　　址：北京市丰台区莲花池西里7号(100073)
网　　址：www.lawpress.com.cn
投稿邮箱：info@lawpress.com.cn
举报盗版邮箱：jbwq@lawpress.com.cn
凡购买本社图书，如有印装错误，我社负责退换。电话：010-83938349

作者简介

周友苏

四川省社会科学院二级研究员、教授，中国法学会商法学研究会副会长、中国法学会证券法学研究会副会长，国务院特殊津贴专家，四川省学术技术带头人；入选“中国哲学社会科学最有影响力学者排行榜”、中国法学会“中国法律咨询中心首席法律咨询专家库”。长期致力于公司法、证券法研究，主持过4项国家级课题和多项省级课题；独著和主编《新公司法论》《新证券法论》《公司法通论》《证券法通论》《公司法律制度研究》《上市公司法律规制论》等著作；在《中国法学》《法学家》《清华法学》《政法论坛》《现代法学》《法学》《法律科学》《光明日报》《经济日报》等报刊发表过100余篇论文，其中多篇被《中国社会科学文摘》《人大复印资料》等转载；科研成果获省部级奖10项。参加过国家和地方性法规的立法起草，提出的不少立法、司法和政策建议得到有关部门的重视和采纳。

前言

公司是最重要的市场主体。在中国法治建设的过程中，公司法始终占据着举足轻重的地位，自1993年12月29日首部《公司法》诞生至今，历经三十年的风雨兼程。可以说，公司法见证了中国市场经济的蓬勃发展与公司治理结构的深刻变迁。2023年岁末，新修订的《中华人民共和国公司法》在十四届全国人大常委会第七次会议上获得通过。本轮修订历时两年多，共经最高立法机关的四次审议，被认为是修改力度最大、涉及条文最多的一次，其通过、实施时间与三十年前首部《公司法》的通过、实施时间恰为同一日。新《公司法》的实施，对于完善我国现代企业制度、优化营商环境、完善产权制度、促进社会主义市场经济健康发展具有里程碑意义，必将对公司的规范运作和公司法治环境的形成发挥重大的推动作用。

公司法从立法之初到历次修改我都有幸亲历其间，从1991年推出第一本专著《公司法律制度研究》到如今《中国公司法论》的凝墨成书，三十余载的研究与思考，不仅是个人学术追求的坚持，更是对中国公司法发展历程的深情记录。每一次公司法的修改都是对原有法律理念的再审视，对市场经济实践的再响应，更是对我学术思想的一次挑战与升华。自本轮公司法修订启动至最终出台的两年多时间中，我不仅多次参与了相关的学术研讨，而且应邀参加了全国人大常委会法工委召集的公司法修订专家论证会，直接向最高立法机关提出自己对修法的见解与建议。通过这些活动，我深感公司法的每一次变革都是与时俱进的必然选择，不仅反映了市场经济的发展需求，更体现了法治国家的进步与民主社会的要求。值新法即将实施之际，回首过往的研究，一路的执着初心，一路的艰辛探索，自己对公司法的理解思考与学术积累，都与公司法立法完善的进程密切相连。

《中国公司法论》是我长期研究公司法的心血结晶，选择这一书名既是对我国公司法立法巨大进步的致敬，也是对国内公司法学研究深度的一种印证：

首先，新中国自1993年颁布首部《公司法》以来，经过三十年的不断修改与完善，尤其是2005年和2023年两次关键性的修订，中国公司法不仅深植于厚重的中华法律文化之中，而且还立足于中国丰富的公司实践基础。这些修改兼容并蓄、博采众长，使新《公司法》在科学性、严谨性、适用性上均提升至新的高度，不少内容在国际公司法舞台上也凸显其领先地位和独有的中国特色，为本书命名提供了坚实的依据。

其次，随着公司立法的蓬勃发展，中国的公司法学研究同样从无到有，日臻成熟。

从老一辈学者的辛勤耕耘到新生代学者的活力涌动，一个庞大的公司法学研究群体已经形成。其中，许多学者不仅学识渊博，具有国际视野，而且又脚踏实地，对中国公司法特有的问题和未来的发展提出了深刻见解。他们的工作不仅是对早期学者开拓性工作的继续，更是对中国公司法研究领域的深化和拓展，通过新老学者的共同努力，具有中国特色的公司法理论框架和话语体系已基本形成，为我撰写本书提供了丰富的文献资料和基础性的理论支撑。

本书力图全面展现中国公司法的独特面貌。它是在中国公司法立法、实践和学术研究的基础上撰写而成的，旨在通过历史的演变、资料的引证、内容的论述，以中国的视角和语言来传达中国公司法的声音。在这里，既能看到中国公司法的案例，也能回顾中国公司法的经验。它不仅是中国读者的实用指南，也是解决中国公司法实践问题的智慧结晶。总之，《中国公司法论》是立志于讲述中国故事、传播中国智慧、服务于中国实践的学术作品，期望能够为中国的公司法律制度发展贡献一份力量，并助力每一位读者更好地理解和运用中国公司法。

本书的创作源起于法律出版社学术分社孙东育社长在2020年中国法学会商法学年会上向我约稿，孙社长以其睿智的眼力，决定将本书纳入法律出版社“天下·法学新经典”系列出版。为了不负厚望，塑造一部经典之作，我竭尽全力，在忠实反映国内学界研究成果的同时加入了自己对于当前公司法实践、国际公司治理趋势以及中国社会主义市场经济下公司法律制度的深刻理解，更多展示我对公司法理论和实务的原创观点；力求在严谨的学术探究与生动的实务分析之间架起桥梁，致力为读者描绘出一个法理与实际操作相融合的公司法全景。对于初学者，本书旨在勾勒出一幅清晰的图景，帮助他们把握公司法的基本原理和中国特色的立法理念；对于法学研究者，本书提供了丰富的参考文献和深化路径，助力其在学术探索中更进一步；对于法律实务工作者，本书梳理分析了我国司法实践中的许多重大疑难问题，希望能成为他们办案时的得力助手。

我深知，学术研究无止境，公司法的进步需要我们持续的探索和思考，《中国公司法论》倾注了我对公司法治理论与实践的不懈追求，对未来发展趋势的展望以及对国际公司治理模式的深入分析，希望它能够成为各界人士——无论是学者、法律实务者、企业管理者还是更广泛的读者群体——理解和学习公司法的重要参考书。我坚信，随着公司法治理念的深入人心，公司法的明天必将更加灿烂，公司的成长必将更加健康，市场经济必将更加稳固。我期待与读者们的互动与交流，一同见证并推动中国公司法的持续发展和完善。

谨以本书献给所有关注中国公司法的同仁和朋友。

2024 年 2 月春节于成都

目录

第一章 公司的基本问题

第二章 公司法的基本问题

第三章 公司人格

第八章 公司股东与股权

第九章 股份的发行与转让

第十章 公司组织机构

第十一章 国家出资公司的特别规制

第十二章 公司董事、监事、高管的资格和义务

第十三章 公司债券

第十四章 公司财务会计

第十六章 公司解散与公司清算

第十八章 公司法上的法律责任

第一章　公司的基本问题

第一节　公司本质梳议

公司本质是对公司本原的追问，属于公司的元问题，涉及公司定义、公司人格、公司权力来源及其配置、公司价值目标等公司基础性问题。目前，学界针对公司的本质主要提出两种代表性的学说，即公司法人说与公司契约说。

一、公司的定义

公司本质与公司概念密切相关。公司是现代经济生活中最重要的一种企业形式。不同国家由于法律传统和立法习惯的不同，公司法对公司的定义也不尽相同。大陆法系国家通常将公司定义为以营利为目的的社团法人。该定义强调公司的法人性、社团性和营利性。但是随着公司实践的发展和公司法的演进，一些国家对公司的定义也作出修正，赋予其一些新的内涵。① 与大陆法系国家不同，英美法系国家对“公司”一词没有严格的法律定义，这些国家的公司法学者往往从不同角度对公司的含义进行解读，认为公司具有独立人格、有限责任、股权自由转让、集中管理、永续存在等特征，但这些特征也存在很多例外。②

我国《公司法》第 2 条至第 4 条对公司的规定包括：“本法所称公司，是指依照本法在中华人民共和国境内设立的有限责任公司和股份有限公司”；“公司是企业法人，有独立的法人财产，享有法人财产权。公司以其全部财产对公司的债务承担责任”；“有限责任公司的股东以其认缴的出资额为限对公司承担责任；股份有限公司的股东以其认购的股份为限对公司承担责任。”另外，我国《民法典》第 76 条规定：“以取得利润并分配给股东等出资人为目的成立的法人，为营利法人。营利法人包括有限责任公司、股份有限公司和其他企业法人等。”可见，我国法律对公司的规定与两大法系相关国家公司法或学者对公司的定义基本相同，据此也可以将我国公司定义为：公司是指股东依法设立的，以营利为目的的，股东以出资额或所持的股份为限对其承担责任的企业法人。以此定义为基础，结合我国《公司法》的相关规定，可以概括出我国公司的主要特征：企业法人、有限责任、以营利为目的、依法设立和运作。这里之所以要加上“以营利为目的”的特征，不仅在于《民法典》有相关的规定，还在于我国的许多公司是从原国有企业改制而成的国有公司，强调公司的这一特征，对于强化国有资产保值增值理念，加大对国有公司的经营者和国有资产监管者的责任约束，具有十分现实的意义。

---

① 如 2005 年修改前的《日本商法典》第 52 条规定“本法所称公司，谓以实施商行为为目的而设立的社团”，“依本编规定设立的以营利为目的的社团，虽不以实施商行为为业，也视为公司”；2005 年《日本商法典》修改，公司法从商法典中独立出来，《日本公司法》第 2 条对公司的定义为：“公司，指股份有限公司、无限公司、两合公司或合作公司。”

② 参见黄辉：《现代公司法比较研究——国际经验及对中国的启示》（第 2 版），清华大学出版社 2020 年版，第 48 ~ 49 页。

公司以其特有的本质和内涵,在19世纪下半叶后迅速崛起,成为市场经济条件下最具生命力的现代企业组织形式。公司极大地刺激和鼓励了人们投资创业的热情,推动了现代证券市场的形成和发展,提升了现代企业管理水平,催生了职业经理人的迅速成长,公司已成为各国经济活动之核心组织,掌握绝大多数之社会资源与财富,甚至富可敌国,影响日益深远。[①]公司在现代经济生活中创造了辉煌的成就,被誉为近代最伟大的发明之一,甚至连蒸汽机和电的发明都不及有限责任制公司来得重要,有国外学者认为其重要性远远超过了"蒸汽和电力"的发明。[②] 不仅如此,公司组织还深刻地影响着当今人们的政治、经济和社会生活,在不少自称为"公司世界"的国家中,公司直接或者间接地改变着社会结构、经济制度、政治体制乃至社会价值系统。我国改革开放40多年来所取得的重大成就之一,就是企业组织形式的重大变革,公司重新从零起步,到20世纪90年代被逐步确立为我国现代企业制度的典型组织形式,[③]原有的企业组织形式也开始了大规模向公司制转化的改革,公司制到21世纪已经成为我国所有企业中当之无愧的主导形式。

二、公司本质的争议及其评析

(一)公司法人理论及其评价

围绕公司本质的讨论,公司法人说是解释公司独立人格和权力来源合法性的一种非常有影响的理论。公司法人理论中,主要有"法人拟制论""法人实在论"两种主要观点。

1. 法人拟制论。法人拟制论是最早论及法人本质的学说,该理论深受罗马法个人主义思想的影响,为注释法学派所倡导,其代表人物是德国法学家萨维尼。法人拟制论与19世纪初奉行的公司特许原则和许可原则相契合。该理论认为,公司作为民事主体是法律拟制的结果,公司独立的法律人格源于国家特许;公司法人一旦创设,便与自然人一样具有独立人格,可以享受权利和承担义务;法律拟制公司的目的是简化法律关系,方便公司经营,同时也让公司遵守国家法律,接受国家监管,在特许权范围内经营,并不得侵害其他个人利益和公众利益;公司董事执行公司职务的行为,其性质是民法上的代理,其法律后果由公司按照代理规则承受。在这个意义上,法人拟制论为国家干预公司事务提供了理论基础。法人拟制论对后世影响很大。19世纪制定民法典的德国、日本等国家都采用了该理论。法人拟制论对英美法系亦影响深远,至今仍为英美法系国家的通说。[④]

对于法人拟制论的局限,日本法学学者我妻荣曾这样评析:法人拟制论"主张法人不过是拟制自然人而被承认有人格者的法人理论",因而,"只有在法律特别承认的场合法人才成立,所以特许原则或许可原则构成其理论的基础",这样,就否定了法人本身的活动,将法

---

① 参见赖源河:《实用公司法》(第3版)(王志诚修订),台北,五南图书出版股份有限公司2020年版,第2页。

② 参见[美]艾伦·特拉登堡:《美国的公司化——镀金时代的文化与社会》,邵重、金莉译,中国对外翻译出版公司1990年版,第77页。

③ 1993年,党的十四届三中全会确立了我国企业改革的方向和目标是建立现代企业制度,明确指出"国有企业实行公司制,是建立现代企业制度的有益探索";1994年正式实施的《公司法》以国家法律的形式正式确认了公司的地位,标志着公司不仅是一种"有益的探索",而且与全民所有制企业、集体所有制企业一样,成为我国企业的法定组织形态之一;1997年,党的十五大更明确地指出:"建立现代企业制度是国有企业改革的方向。要按照'产权清晰、权责明确、政企分开、管理科学'的要求,对国有大中型企业实行规范的公司制改革,使企业成为适应市场的法人实体和竞争主体。"

④ 参见[美]罗伯特·W.汉密尔顿:《公司法概要》,李存捧译,中国社会科学出版社1999年版,第1页。

人的活动“归结为作为代理人理事的行为”，使“法人的活动限制在狭小范围”，甚至“否定了法人的不法行为能力”。① 各国在采用此理论时，大都对其进行了不同程度的修正。

2. 法人实在论。该理论认为，法人并非法律拟制的产物，而是客观存在的社会实体。其又分为“有机体说”和“组织体说”两种观点。“有机体说”将法人与自然人类比，认为自然人作为自然的有机体，有其个人的意思。而团体作为社会的有机体，也有其团体的意思。因而团体也有意思能力和行为能力。法律赋予团体以法人资格，绝不是法律凭空创造出来的，而是对客观实在的一种法律认可。“组织体说”认为，法人并非社会的有机体，而是法律上的组织体。法人组织具有一定的社会功能，法律基于社会的需要，承认组织的法人资格。法人具有区别于其成员的意思和利益，法人通过法人机关执行法人事务，法人机关的行为就是法人自身的行为。依据“组织体说”，公司是一种客观存在的社会组织；公司具有意思能力、行为能力和责任能力；公司意思是一种团体意思，通过公司机关形成和表达，公司机关的行为是公司本身的行为，其法律后果由公司机关依代表规则承受。法人实在论的提出，对各国构建公司的具体制度产生了很大的影响。如现代各国普遍奉行的公司设立准则主义、公司行为能力和责任能力、公司代表人等制度均以法人实在论为依据。其中的“组织体说”强调了公司的组织特征，界定了法人、法人机关和法人成员的关系。

上述法人拟制论和法人实在论的划分，在我国学者的引用之中，都直接或者间接来源于德国法。法人实在论用来说明公司的实体性；而法人拟制论则是指公司人格、权力与责任均来源于法律。两种学说都是理论归纳，学者对其提出过不同的划分方法，也存在不同版本的解释。如将法人拟制论称为特许权理论（concession theory），将法人实在论称为自然实体理论（natural entity theory）。②

公司法人说是得到我国广泛认同的理论。我国《公司法》明确规定了股份有限公司和有限责任公司具有法人资格，公司具有独立的法律人格。公司成立便意味着公司对股东投资于公司的全部财产独立享有法人财产权，股东不得直接对公司财产主张支配权。同时，公司的人格独立也意味着公司获得了存续上的独立性，股东个体的变更或消亡均不影响公司人格的独立存在，除非股东会决定或因法定原因解散公司，公司可以永续存在。另外，我国《公司法》还规定，公司人格的取得必须符合法定的条件，履行公司登记程序。不具备法定的条件或者已经具备条件但没有履行登记程序的，不能取得公司人格。

其实，公司法人说的两种理论在对公司本质的解说上谁的说服力更强，谁的影响力更大并不重要，关键在于它可以使我们对公司本质有更为深刻的认识：它为说明公司法人的独立性、组织性和团体性等特征提供了理论支撑，即公司作为独立法人是建立在“两权分离”③的基础之上，公司法人与股东是法律上两种有独立人格的主体；同时也为阐明公司自治、公司组织机构权力配置、公司社会责任等公司基本问题提供了理论依据。

---

① 参见朱慈蕴：《公司法人格否认法理研究》，法律出版社 1998 年版，第 21 页。

② 参见黄辉：《现代公司法比较研究——国际经验及对中国的启示》（第 2 版），清华大学出版社 2020 年版，第 14 页。

③ “两权分离”是我国学界自 20 世纪 80 年代以来普遍使用的一个概念，早期主要指国家对国有企业的财产所有权与企业经营权的分离。1988 年 4 月出台的《全民所有制工业企业法》第 2 条第 2 款规定：“企业的财产属于全民所有，国家依照所有权和经营权分离的原则授予企业经营管理。企业对国家授予其经营管理的财产享有占有、使用和依法处分的权利。”1993 年 12 月《公司法》出台后，“两权分离”在公司法语境下是指公司成立后，股东对出资的所有权与公司的法人财产权的分离。本书后面使用的“两权分离”概念如无特别说明，其含义与上述说明相同。

(二)公司合同理论及其评价

在对公司本质的认识上,公司合同理论与公司法人理论同样具有广泛影响力,为我们进一步理解公司本质提供了另一视角。

公司合同理论也称公司契约理论。在美国被公认为公司法经济分析学派领军人物的学者伊斯特布鲁克和费希尔,两人在《公司法的经济结构》一书中详细地阐述了公司合同理论。[①]他们通过对公司法透彻的经济分析,认为公司是“复杂的合约”“合同的联结”,而公司法作为开放式的标准合同,是公司合同的漏洞补充机制,可以将公司法视为合同法在公司领域的延伸。公司法条款是公司参与各方在协商成本足够低的情况下必然会采纳的制度安排。就公司性质来说,公司合同理论认为公司是“合同束”,是“持续性的(关系)契约”。企业是一个特殊的市场,或者说是一种带有成本和收益计算特征的团队生产方式。公司是企业的一种形式,其显著特征就是一种作为融资工具而存在的企业形式。在这种企业形式中,资本提供者所获得的是一种正式的求偿权,且这种求偿权可以独立地进行交易。正是因为投资者的求偿权具有可交易性,投资者才成为合同交易的主体。更不用说其他购销者,他们同样是合同的参与者。由此认为,公司是“合同束”,是一组“默示”或“明示”的合同。

有学者认为,伊斯特布鲁克和费希尔所要表述的不过就是一个“科斯定理”的公司法版本:在零交易成本条件下,假如公司组织中的投资者、管理者和其他利益相关主体能够协商一致并且能够准确无误地履行他们之间的协议,公司法的规则和运作就和他们所自愿达成的契约条款相类似。但是由于有关契约的谈判和履行总是要付出成本,此时对于那些公司参与者来说,公司法就能够为他们之间的关系提供一套他们都可以一体遵循的规则及实施机制。公司作为一种合同机制,之所以能替代市场,是因为在公司内部,市场交易被取消,复杂的市场结构和交易被企业家用行政协调机制取代,从而减少了交易成本。因此,《公司法的经济结构》的作者所要表达的核心理念可称为公司法的“科斯定理”。[②]

公司合同理论也引来不少非议和批评。批评者认为,这一理论对公司股东与公司债权人在本质上不加区别,实质上否认了公司内部股东成员的性质;其把公司定性为“合同的联结”,把公司还原为参与者之间的原子式交易,从而否认了外部交易中公司的法人性质;其视公司法为合同法在公司领域的延伸,从而否认了公司法作为法律部门的独立性。这一理论使公司失去了自身存在的根基,使公司法失去了内在价值,公司成了市场交易的集合,公司法沦为经济效率的附庸,成为所谓科学性、技术性、中立性的规范。这样一种理论及其新古典主义经济学基础已难以为继,遭遇到新制度经济学及其他学派的挑战。[③]

我国学者对公司合同理论的关注要晚于公司法人理论。如同公司合同理论在世界范围内引起的争议一样,公司法学界不断有学者对该理论进行反思,如认为与合同法以“契约自由”为原则不同,公司法领域虽处处存在可合同之空间,但“契约不自由”是公司法上契约行为之

---

① 参见张建伟、罗培新:《公司法的适应性品格——译者序》,载[美]弗兰克·伊斯特布鲁克、[美]丹尼尔·费希尔:《公司法的经济结构》,张建伟、罗培新译,北京大学出版社2005年版,第2页。

② 张建伟、罗培新:《公司法的适应性品格——译者序》,载[美]弗兰克·伊斯特布鲁克、[美]丹尼尔·费希尔:《公司法的经济结构》,张建伟、罗培新译,北京大学出版社2005年版,第6页。

③ 参见贺小松:《新古典经济学及公司合同理论质疑》,载《经济问题》2012年第10期。

本质——这也是“公司法中的合约逻辑”不同于“合同法中的合约逻辑”之核心所在。此种合约逻辑之差异是由公司法的组织法或团体法本质所决定的。因为公司内蕴的团体性，公司法中的契约多为“组织性契约”。该种“组织性契约”属“私法中的公共契约”或“私法中的团体性契约”，正是因为公司契约之团体性，当事人的意思自治受到更多拘束，“合同不自由”成为公司契约之主要品性。无论是公司设立、运营还是解散过程中，“合同不自由”都是普遍现象。而且，随着公司治理的建立、公司人格的完成以及公共规制的介入，公司内部的合同自由度在下降。因此，“越多的公司法内容”意味着“越少的合同空间”。就此而言，组织法是对合同法的一种取代，如同标准合约是对意思自治的限制一样。① 还有学者认为，公司合同理论从合同视角看待公司的本质，但实际上合同只是法律行为的一种，公司本质论不应忽视单方法律行为、决议甚至行为群落等对合同的替代作用。在科斯所说的替换机制中，替换者与被替换者均可能包括单方法律行为、合同、决议以及上述法律行为组成的行为群落。如此，从法律行为上看，公司的本质就是经过组织的法律行为或行为群落（组织说），公司法就是组织法，这一品性使之不同于合同法。②

公司合同理论作为一种对公司、公司法本质进行解释分析的理论工具，如同公司法人理论一样，对公司不少制度内涵的揭示是非常出色的，也有其独到的理论魅力和说服力，如运用“科斯定理”对公司组织内相关主体的契约谈判和履行所需成本的分析，揭示出公司治理中的“代理问题”和降低代理成本所需要的制度设计。当然，公司合同理论也肯定存在局限和缺陷，如不能很好地解释公司的组织性和团体性，从而有效地回应公司现实中的复杂现象。由于公司治理没有也不可能有固定不变的统一模式，以某类公司（如上市公司）为抽象原型的理论，难以对其他类型公司作出充分、合理的解释。公司合同理论可以帮助我们更加深刻地理解公司本质，但并不代表这种理论无懈可击和完美无缺。

综上，公司合同理论和公司法人理论对各国公司制度的构建都产生了很大的影响。作为认识公司本质的方法，两种学说并不矛盾，只有综合两种不同的学说，我们才能更加完整地认识公司本质。德国学者托马斯·莱塞尔对法人本质的不同学说给出一种十分客观的评价：“应将它们理解为从不同的侧面对法人制度及其背后所存在的社会现象所作的不同的解释，由于它们各自只澄清了某一侧面，故而它们可以相互并存，并可相互补充，而其中任何一种学说都不具有绝对正确性。”③

三、公司的价值目标

公司的价值目标是对公司本质从另一视角进行的考察，如果说公司法人说和公司合同说是着眼于公司法人人格和股东个体人格的讨论，那么公司的价值目标就是对公司成立和存续目的之追问，也必然会涉及对公司行为目标的定位。

公司作为企业法人，是股东个体的集合。一方面，股东个体是作为公司投资者存在的，其投资于公司的个体行为目标毫无疑问是为了追求投资回报，或者说追求投资回报最大化是股

---

① 参见蒋大兴：《公司法中的合同空间——从契约法到组织法的逻辑》，载《法学》2017 年第 4 期。

② 参见陈醇：《从公司合同说到组织说：法律行为视角下的公司与公司法》，载《财经法学》2020 年第 6 期。

③ ［德］托马斯·莱塞尔：《德国民法中的法人制度》，张双根译，载《中外法学》2001 年第 1 期。

东行为目标最直接的动因，这一行为目标势必对公司的行为目标构成强烈的影响；另一方面，建立在投资者基础上的公司法人既是个体股东的集合，又是一个社会组织而具有社会化的属性，对投资者众多的公众公司来说更是如此。一般而言，公司的股东越多，其公众性越强，社会化程度就越高；反之，公众性就会随公司股东人数减少而降低，公司与股东之间的相对独立性也会减弱。公司社会化程度的高低对公司的行为目标产生着重要影响，这是分析公司的价值目标时应当把握的必要前提。

公司的价值目标具有双重性，既要满足股东追求投资回报最大化的目标，同时也不能完全等同于股东价值目标，还应当根据其社会化程度担负相应的社会价值目标，由此也引申出公司的社会责任问题，于是就有了关于公司价值目标正反两方的争议。正方的主要观点是：公司存在的目的是股东价值的最大化，公司应当以股东利益最大化为基本目标。而反方的主要观点则是：公司存在的目的是社会财富创造能力的最大化，公司应当履行社会责任。许多论著都引用了20世纪30年代发生于美国的伯利（Berle）和多德（Dodd）两位教授在《哈佛法律评论》上展开的一场著名论战的观点。其中伯利教授认为，董事应当追求股东利益最大化。多德教授则主张公司的社会责任。随后伯利为自己的观点进行了辩解，认为公司社会责任在理论上不清楚，在现实中无法实行，因此，不能抛弃股东利益至上原则。但后来伯利承认，大众的观点支持公司社会责任，最终多德在辩论中占了上风。① 尽管伯利和多德的论战的胜负并不重要，但辩论中关于公司价值目标的观点却对公司和公司法的现代化发展产生了深远的影响，包括我国在内的许多国家都在公司法中有了社会责任的规定，进入21世纪以来又开始关注和引入联合国倡导和推动的ESG（环境、社会、治理）理念，②时至今日，关于公司价值目标的争论还在继续。

笔者对此的观点是明确的：第一，尽管公司价值目标应当具有双重性，但营利性是公司始终不变的价值目标，公司只有在实现利润最大化的前提下，才可能最大限度满足股东追求投资回报最大化的目标；第二，公司价值目标的双重性并不意味着没有主次之分，公司作为营利性法人，应当在服从和满足股东的目标的基础上，兼顾社会价值目标；第三，公司兼顾社会价值目标的程度与公司的公众性和社会化程度呈正相关。为了证成上述观点，特作如下说明：

1. 营利性是公司始终不变的价值目标。营利是公司的本质属性。公司是由股东投资设立的，无论股东是自然人、法人还是国家，其投资设立公司的直接目的都应当是实现投资回报最大化。在我国，国家作为股东投资时，法律将代表其行使股权的机构的职责规定为“对国有资产的保值增值负责”。③ 这里的“保值增值”显然是投资人追求投资回报最大化的另一种表述。公司为了实现股东的投资目的，必然要最大限度地追求经营利润，否则公司就会丧失存在的价值。对于公司的营利性，一些国外学者的论述毫不掩饰，如日本公司法学者奥村宏认为：“的确，在各种组织中，以追求利润为目的，表里一致的组织，无疑是公司了。”④另一位日本学者土屋守章也认为：“纯粹以追求私欲为目的，而且得到社会和法制承认的组织体，古今中外，不外

---

① 参见黄辉：《现代公司法比较研究——国际经验及对中国的启示》（第2版），清华大学出版社2020年版，第20页。

② 详见本章第四节中关于“公司社会责任与ESG”的讨论。

③ 我国《企业国有资产法》第15条第1款规定：“履行出资人职责的机构对本级人民政府负责，向本级人民政府报告履行出资人职责的情况，接受本级人民政府的监督和考核，对国有资产的保值增值负责。”

④ ［日］奥村宏：《法人资本主义》，李建国等译，三联书店1990年版，第13页。

乎是股份公司。”①我国《公司法》没有直接规定公司的营利性，但《民法典》第76条将股份有限公司和有限责任公司直接定义为营利法人。从该条中“以取得利润并分配给股东等出资人为目的”的表述来看，公司的营利性在法律上包括两层含义：一是公司在从事经营活动时以获取利润为目的；二是公司获取利润的最终目的是将利润分配给股东，以满足股东投资回报最大化的欲求。在我国《民法典》中，公司是营利法人，非营利法人不是公司。② 公司的营利本质使其与以行政管理为目的的机关法人和以公益为目的的公益法人相区别。据此，如果公司不以营利为目的，就没有存在的合理性和合法性，不仅会丧失鼓励投资的功能，而且其作为法人要实现社会价值的目标也将成为空谈。我国公司如果不把营利作为行为目标，就可能回到改革开放前传统企业那种“负盈不负亏”、长期躺在国家身上吃“大锅饭”的状态，就不是真正的市场竞争主体。因此，公司从事经营活动必须以增进公司利益、最大限度满足股东投资回报最大化为主要行为目标。尽管随着社会责任理论的兴起，公司应当履行社会责任已在相当程度上达成共识，但这绝非对公司营利性本质的否定。

2. 公司价值目标的双重性应当有主次之分。这不仅是我国《民法典》对营利法人的法律要求，也是利益相关者理论的内在要求。公司作为多元利益主体的集合体，在利益关系协调上应当兼容多元利益主体的价值追求，但并不意味着没有主次之分。《民法典》关于公司营利本质的规定，决定了公司应当在服从和满足股东价值目标的基础上兼顾社会价值目标。这与《民法典》和《公司法》要求公司“承担社会责任”的要求并不矛盾。众所周知，公司社会责任建立在利益相关者理论基础之上。从目前相关规范性文件来看，利益相关者是相对公司而言的，并非以股东为其相对方或对立面而存在。公司履行社会责任而考虑利益相关者的利益应当建立在保障股东利益的基础之上。公司价值目标的双重性意味着在服从和满足股东利益的基础上也要兼顾职工、客户、消费者、供应商、社区等其他利益相关方的利益，考虑生态环境的保护。公司社会责任的内涵已经远远超出一些学者热衷讨论的慈善捐赠的范围。

3. 公司承担社会价值目标应当区分不同的公司形式。应当看到，学界对于公司、公司法问题的讨论，许多甚至基本都是以公众公司为原型展开的，并没有考虑到现实生活中95%以上的公司都是封闭型公司（包括有限责任公司和非公众股份有限公司）这一现状。由此得出的结论也存在能否涵盖全部公司的疑问。封闭型公司与公众化公司在很多方面都有不同，一个仅有两位股东的有限责任公司与一个拥有几十万股东的上市公司在社会化程度上存在重大差异。尽管二者都是公司法人，但无论是对价值目标的追求还是承担社会责任的要求，二者均不能等量齐观。一般而言，封闭型公司股东人数少规模也较小，两权分离程度很低，股东可能同时又是管理者，甚至还是劳动者，涉及的利益相关方也不多。法律对其应当采取宽松的管制政策，减少强制性社会价值目标的施加，更多地尊重公司和股东的意思自治，让其在不损害社会公共利益和他人利益的前提下充分释放追求自身利益最大化的动能。股东作为公司风险的最终承担者，对于公司实现的利润，在扣除员工工资成本、缴纳国家税收和提留公积金后才能分享。从这个意义上而言，封闭型公司实现自身营利价值目标的过程，已经在某种程度上兼顾了社会价值目标。

---

① ［日］奥村宏：《法人资本主义》，李建国等译，三联书店1990年版，第13页。

② 《民法典》第87条规定：“为公益目的或者其他非营利目的成立，不向出资人、设立人或者会员分配所取得利润的法人，为非营利法人。非营利法人包括事业单位、社会团体、基金会、社会服务机构等。”

对社会化程度高的公众公司,尤其是规模巨大的上市公司而言,强调其社会价值目标有着合理性和必要性:一方面,公众公司能够由小变大,除了股东投资的资本贡献,还有其他众多因素的促成,这些因素包括员工和专业管理者的贡献、顾客和供应商的信赖、国家政策的扶持、外部环境改变等。因此,公众公司的价值目标中应当包含关照利益相关者的社会价值目标。另一方面,社会价值目标是对公司尤其是对控制者的行为约束。股东利益最大化的价值目标在公司实践中完全有可能出现变异,甚至变成控股股东财富最大化的行为目标,使公司异化为少数控股股东追求利益最大化的工具。因此,对公众公司施加社会价值目标的要求是必要的。社会价值目标的实现不能仅仅依赖公司的自发行为,还需要外部力量的约束和强制,法律应当对社会化程度高的公司实行必要的管制,使之在追求营利目标的同时,也要保证社会价值目标的实现。

第二节　公司的基石性制度

公司的基石性制度,是指在整个公司制度中具有奠基功能并能支撑整个公司法律体系的制度,它是包括我国公司法在内的世界各国公司法律制度赖以建立和存在的基础。之所以称为"基石",是因为这些制度具有高度的稳定性和不可动摇性,能够统率和涵摄公司具体制度和基本规则,是让公司这座大厦得以巍然屹立的前提。基石性制度具有法律理念、法律精神和法律原则的位阶,通过它可以由此及彼地领悟和把握公司制度的真谛,对公司制度的立法、修法和司法发挥价值导向和具体指引的功能。按照笔者对公司的理解,公司的基石性制度可以概括为有限责任、股份民主、公司自治和公司治理。[①] 尽管公司法上还有一些可称为基本制度的内容,如公司资本制度和公司人格制度,但比较而言,以上四项基石性制度处于更为核心和基础的地位,其位阶更高、涵盖面更广、统率力更强、影响更大,因此也成为公司法学永恒的重点和主题。

一、有限责任

有限责任作为公司法上的基石性制度,可以从不同角度进行解读。我国《公司法》第 3 条第 1 款规定:"公司是企业法人,有独立的法人财产,享有法人财产权。公司以其全部财产对公司的债务承担责任。"第 4 条第 1 款规定:"有限责任公司的股东以其认缴的出资额为限对公司承担责任;股份有限公司的股东以其认购的股份为限对公司承担责任。"从法条文义上看,有限责任包括两个"有限":一是股东以出资(投资)为限,不对投资以外的公司债务承担个人责任;二是公司以其全部财产为限,独立对公司债务承担责任,债务责任不追索至股东。

进一步看,有限责任对公司制度内涵的构成有着非常重要的价值:首先,有限责任是一种对股东投资的保护制度。股东免受投资以外的财产责任追索使投资者获得稳定的投资行为预期,可以用有限的投资风险去追求无限的投资回报,从而极大地刺激和鼓励了众多社会投资者

① 笔者的这些思考最初体现在 2006 年出版的《新公司法论》一书中,后在国内若干著名高校作过专题讲座,逐步凝练成目前的表述。

设立公司的创业热情，也促进了社会财富总量的增加。其次，有限责任是现代公司的核心内容。公司对股东投资享有法人财产权使两权分离和公司独立法人格成为现实，公司独立对公司债务承担责任和债务责任不追索至股东才成为可能。股东有限责任与公司法人性的结合使现代公司在经济生活中创造出辉煌。

在公司发展史上，“有限责任并非公司形式与生俱来的特征”，[①]19 世纪前的公司尽管也具有一些现代公司的要素，但在缺乏有限责任法律制度保护的公司中，股东面临的投资风险具有很大的不确定性，是影响股东投资和公司发展的无形障碍。英国 1855 年《有限责任法》的出台，让所有依法按照标准申请成立的公司都自动获得有限责任的保护，[②]具有现代公司内涵的公司形态才算真正创设和落地。有限责任奠定了现代公司法的主要制度基石，[③]在此基石上建立的公司，其集资功能、企业法人化功能、管理专业化功能才能源此而生并得以释放，公司发展也才因此出现质的飞跃，从而对社会经济发挥出巨大的促进作用。马克思在《资本论》中曾写道：“假如必须等待积累使某些单个资本增长到能够修建铁路的程度，那么恐怕直到今天世界上还没有铁路。但是，集中通过股份公司转瞬之间就把这件事完成了。”[④]正是基于此，以有限责任为基石的现代公司才被认为是人类当代史上一项伟大的发明。

从制度设计上看，有限责任其实是一种企业经营风险的分配机制。经营风险包括投资风险。“任何一种法律形态的企业都存在经营风险，没有经营风险的企业是不存在的。”[⑤]笔者在早期公司法研究过程中，读到不少学者关于有限责任制度的评价，他们不约而同地认为这一制度减少了股东投资的风险。这一认识如果从股东角度讲似乎没有问题，但从制度角度仔细推敲便会发现它并不完全准确。因为投资风险是一种客观存在的现象，并不因人为的有限责任制度存在与否而有任何增减。在有限责任制度产生前，投资风险基于无限责任是由投资者承担，受债法保护的债权人会将债务追索指向投资者，直至投资者的子孙后代。有限责任制度出现后，投资风险则呈现双向锁定的状态：将投资者风险锁定于投资范围和将债权追索锁定于公司财产。在投资风险不变的情况下，这一锁定必然意味着风险承担者发生改变：由原来投资者单方承担变成了投资者与债权人共同分担。由此来看，有限责任制度实际上是对投资风险承担作出的一种重新配置，即将投资风险的一部分配置给了公司债权人，或者说是对作为投资者的股东与债权人的利益关系进行的调整，调整的结果是作出了向股东利益倾斜的选择，更准确地讲，是一种为增进社会福利而向效率倾斜的选择。对于调整利益关系的制度设计，立法者常常会面临两难选择：如同二选一或多选一的决策，当各方利益处于此消彼长的冲突关系而难以兼顾时，最终的设计方案往往不可能达到完美的结果，完美的结果或许只存在于制度设计者的理想中。“理想很丰满，现实很骨感”，当出现向一方利益倾斜而不可避免要影响到他方利益实现的情况时，制度设计则很可能只是设计者的一种利大于弊的选择。有限责任的制度设计恰恰面临着这样的选择。有限责任制度的产生，不可避免地要对债权人利益产生负面影响，也

---

① ［美］莱纳·克拉克曼等：《公司法剖析：比较与功能的视角》，刘俊海、徐海燕等译，北京大学出版社 2007 年版，第 10 页。
② 参见邓峰：《普通公司法》，中国人民大学出版社 2009 年版，第 23 页。
③ 参见林少伟：《英国现代公司法》，中国法制出版社 2015 年版，第 1 页。
④ 中共中央马克思恩格斯列宁斯大林著作编译局编译：《马克思恩格斯选集》（第 2 卷），人民出版社 2012 年版，第 283 页。
⑤ 王保树：《有限合伙人的有限责任：风险分配与债权人保护》，载《法学研究》2008 年第 6 期。

就是一些学者所称的有限责任固有的制度缺陷或法律漏洞，[①]从而需要公司法从制度上对债权人承担的投资风险和可能受损的利益给予必要的补偿。行文至此，我们也许会对我国《公司法》第1条将保护"债权人的合法权益"宣示为立法目的有更深的理解，也会从更广的视角来认识以保护债权人为主旨的公司资本制度的深刻含义。从某种意义上讲，资本制度产生的缘由就是有限责任制度，其主要目的就是解决因有限责任带来的债权人利益保护问题，平衡股东与债权人之间的利益关系。"有限责任的外部性则最终塑造出法定资本制的核心规则"。[②]这也正是笔者要将公司资本制度列入有限责任制度的位阶之下的重要理由。

通过对有限责任制度的解读还可以发现，我国《公司法》关于有限责任的规定涉及两个层面的利益关系：一是投资者（股东）与公司的利益关系；二是公司（或全体股东）与债权人的利益关系。回顾改革开放初期，面对传统公有制企业一统天下的局面，"增强企业活力"是20世纪80年代城市经济体制改革最为重要的任务，其中首先要解决的是国有企业由于不能独立承担财产责任和国家对其实际承担无限责任而导致的"负盈不负亏""吃大锅饭"等效率低下的问题。因此，有限责任制度中第一层关系即投资者与公司的关系也首先引起人们的关注。尽管当时公司制度还在很小范围内试行，但政府和学界都希望借公司有限责任的机理来重构国家与国有企业的关系，由此实现增强企业活力的目的。此时形成的共识是：国家对企业承担有限责任，企业以经营管理的财产对债务承担责任，如果资不抵债达到破产界限，企业就应当破产。这一共识得到1986年出台的《民法通则》（现已失效）的确认，[③]并直接催生了以"两权分离"为核心的《全民所有制工业企业法》[④]和《企业破产法（试行）》（现已失效）。受当时改革环境和对公司制度认识的局限，对公司有限责任机理的运用还主要针对国有企业，而且是着眼于调整和重塑国家与国有企业的利益关系，并没有更多地考虑有限责任制度的第二层利益关系，即公司（或全体股东）与债权人的利益关系的协调以及如何协调。这一局限也体现在1993年《公司法》中。出台1993年《公司法》并非完全是经济发展的自发要求，而更多是基于国企改制的需要，意欲利用包括有限责任在内的公司制度来转换国企经营机制，建立现代企业制度。该法不少条款涉及与国企改革相关的内容，因而1993年《公司法》也被有的学者称为"国有企业改制法"。[⑤]

随着公司实践的发展和国有企业公司制改革的推进，有限责任产生的"道德风险"使其制度的负外部性开始显现：一些公司股东利用有限责任和公司人格来逃避债务责任、损害债权人利益的现象不断产生，债权人利益保护逐渐成为司法实践和公司法学研究关注的问题。20世纪90年代中后期学界开始重视对域外"揭开公司面纱"的研究，如何规制股东滥用有限责任

---

① 如施天涛教授认为，有限责任实际上是将部分风险转嫁给了债权人，其固有缺陷包括对债权人不公平、股东过度投机、增加代理成本、容易被滥用等。参见施天涛：《公司法论》（第4版），法律出版社2018年版，第13页。

② 刘燕：《公司法资本制度改革的逻辑与路径——基于商业实践视角的观察》，载《法学研究》2014年第5期。

③ 《民法通则》第48条规定，"全民所有制企业法人以国家授予它经营管理的财产承担民事责任。集体所有制企业法人以企业所有的财产承担民事责任"。

④ 《全民所有制工业企业法》第2条规定："全民所有制工业企业（以下简称企业）是依法自主经营、自负盈亏、独立核算的社会主义商品生产和经营单位。企业的财产属于全民所有，国家依照所有权和经营权分离的原则授予企业经营管理。企业对国家授予其经营管理的财产享有占有、使用和依法处分的权利。企业依法取得法人资格，以国家授予其经营管理的财产承担民事责任。"

⑤ 参见漆多俊：《中国公司法立法与实施的经验、问题及完善途径》，载《中南工业大学学报（社会科学版）》2002年第1期。

损害债权人利益的行为成为讨论的热点。[①] 我国1993年《公司法》关于公司资本制度的规定基本是对域外相关制度的简单移植，不仅简单粗疏，奉行大陆法系国家早期的严格法定资本制原则，而且还带有一种处处设防来阻止股东损害债权人利益的立法倾向，为公司设置了较高的准入门槛，如不允许设立一人公司、最低出资额限制、注册资本实缴、转投资比例限制、原则上禁止股份回购、合并或分立时债权人有权否决等。尽管如此，实践中规避《公司法》规定，虚假出资，利用有限责任和公司人格来逃避债务的行为仍然呈上升趋势。

对平衡股东与债权人的利益关系的认识有一个逐步深化的过程。立法要协调好公司、股东与债权人之间的利益，并非指谁的利益一定要高于其他人的利益，也不是说债权人利益不应当保护，而是应当在协调二者关系的思路上有所调整和创新。

首先，协调平衡股东与债权人的利益关系不能以降低公司效率为代价。如果为保护债权人利益而不计成本和效率，对公司准入设置高门槛，就可能削弱和减小公司的制度价值。以有限责任为基础建立起来的现代公司制度，最重要的功能是鼓励投资和企业促成。如果将债权人利益保护摆到不恰当的位置，过分偏重甚至不惜影响公司效率，就可能出现本末倒置的结果。近年来，不少国家在公司法现代化进程中开展"朝底竞争"，其主要内容就是"降低公司设立成本、给予公司参与人更大自由空间、给予相关权益人更多保护以及放松对公司的管制"。[②]由此可见，效率优先始终是公司法最重要的价值取向。

其次，保护债权人利益并非由公司法一个法律部门就能够完成，还需要加强与其他相关法律部门的联动和健全整个社会信用体系。换言之，公司法从效率角度难以实现的"平衡"，完全还可以通过其他相关制度的加强和完善来实现，如担保制度、合同制度、破产制度、强制责任保险制度等。因此，保护债权人的思路也应当从仅在公司法范围内求得"平衡"调整到在不影响公司效率的前提下通过与其他相关制度的联动来实现"平衡"上来。

最后，保护债权人利益的方式应当科学得当，兼顾立法预设与事后救济的手段。立法预设原本是立法中普遍采取的一种制度设计方式。由于它是事先的预防而不是对实际已经发生的行为的规范，[③]如果无须支付制度运行成本或成本较低，立法预设便无可指责；但如果立法预设的制度运行成本高，其合理性就会受到质疑。我国1993年《公司法》中许多关于保护债权人利益的立法预设不仅需要制度运行成本，而且成本很高，如注册资本实缴制、最低出资额限制、禁止股份回购等。对资本制度的严格管制导致了公司设立的高门槛，直接影响公司制度效率的发挥。由此表明，保护债权人利益还应当思考适当的方式，不能单一地倚重立法预设，事后救济同样重要。2005年修订的《公司法》在降低最低注册资本额并将实缴制改为部分认缴制的同时，正式确立了"公司人格否认"制度，体现了在保护债权人利益的方式上的重大进步，由以往立法预设的路径向兼顾立法预设与事后救济的思路转化。2013年修正的《公司法》再将部分认缴制改为完全认缴制，取消了最低注册资本额制度，进一步说明我国在进行资本制度的"前端变革"，在放松资本管制、鼓励投资创设公司的同时，亦可通过公司资本制度的"后端

---

① 国内最早对这一问题进行系统研究的代表学者包括清华大学朱慈蕴教授，其专著《公司法人格否认法理研究》（法律出版社1998年版）对此后我国《公司法》相关条文的修改完善具有重要影响。

② 叶林：《公司法研究》，中国人民大学出版社2008年版，第52页。

③ 立法预设往往要以假定为前提，在保护债权人利益上，立法预设需要假定不特定的多数人都是潜在的滥用有限责任的侵权人，即将所有的公司股东都纳入规制对象，而公司实践中的侵权人可能只是少数。因此，制度的维持和运行就有了成本。

改革”来达到保护债权人利益的目的。①

值得注意的是，公司人格否认作为我国在制定法上领先成文化的制度，在平衡有限责任与债权人利益保护两种制度关系上发挥了积极作用。但也应看到，公司人格否认又是作为有限责任制度的一种“纠偏”例外制度而存在的，如果适用不当就可能产生适得其反的后果。当前司法实践中已有扩大化适用甚至滥用的倾向。② 有学者通过实证分析表明，近年来涉及公司人格否认的诉讼大大增加，呈现逐年增长态势，担忧“可能激发股东无限责任危机，促使法人制度死亡”。③

综上所述，可以概括出笔者意欲证成的几点基本结论：第一，有限责任制度的确立是对股东与债权人利益关系调整的结果，保护债权人利益因此成为公司法一项重要目标；第二，平衡股东与债权人利益不能以损害公司制度价值为代价，公司是现代社会创造财富最重要的组织，公司法应当而且必须以促进公司的发展进而提高整个社会经济运行效率为主要目标；第三，保护债权人利益的方式应当科学得当，考虑到制度运行成本，制度设计应当兼顾立法预设与事后救济两种手段；第四，公司人格否认制度作为保护债权人利益的事后救济制度，应当谨慎适用，否则就可能动摇有限责任这一公司制度的基石。

二、股份民主

公司是按照股份民主原则组建的企业。④ 股份民主构成公司和公司法的基石。在公司法意义上，股份民主是指股东以其持有股份的多少来决定其在公司享有权利的大小，按股投票，按股分红，持股多少与股权大小成正比关系，持股越多，在公司中享有的权利就越大，对公司事务的决定权和影响力也越大。由于股份与公司资本密不可分，股份民主也可称资本民主。从公司决策的形成看，股份民主集中体现为“资本多数决”或“股份多数决”。

股份民主是民主的下位概念，民主根据其涵盖的领域可以分为政治民主和经济民主，股份（资本）民主显然属于经济民主的范畴。股份民主与人们乐道的政治民主相比，如果仅就其“民主”的一般含义而言，二者并无实质差异，因为都是指少数服从多数，都必须遵循一定的程序形成统一的团体意志，都应当尊重少数不同意见者。二者的区别在于：政治民主是建立在人头基础上的民主，按照“一人一票”的原则形成团体意志；股份民主则是建立在股份基础上的民主，按照“一股一票”的原则形成团体意志。在这个意义上，政治民主是一种典型的“人头民主”，股份民主是一种典型的“资本民主”。

股份民主作为公司制度的核心和基石，是与市场经济最相适应的资本组织方式。以股东持股多少来决定其在公司中享有权利的大小，可以排除身份、地位、权势等非资本因素的影响

---

① 参见朱慈蕴、皮正德：《公司资本制度的后端改革与偿债能力测试的借鉴》，载《法学研究》2021 年第 1 期。

② 2019 年 11 月最高人民法院发布的《全国法院民商事审判工作会议纪要》就明确指出，“实践中存在标准把握不严而滥用这一例外制度的现象”。

③ 参见蒋大兴：《公司法改革的文化拘束》，载《中国法学》2021 年第 2 期。

④ 本部分讨论的股份民主以股份有限公司为典型，不包括公司实践中“一人公司”“类别股”等例外情形。另外，这里使用的“股份”也是广义的概念，即指股份有限公司和有限责任公司两种公司的股东出资。我国《公司法》规定的“股份”是狭义的概念，即仅指股份有限公司的股东出资。其实，从股份作为公司资本构成部分和股东对公司投资的基本属性来看，股份有限公司和有限责任公司的股东出资是没有什么差别的。股份民主是公司的基石性制度，我们需要从抽象度更高的广义角度来理解和使用“股份”概念。

和干预，体现契约精神，符合市场公平原则。股份民主能够使不同背景且财产多寡相异的投资者求得利益上的共同点，自愿将财产聚合到公司这一组织体内，按投资多少分担风险和分享利益，各得其所，使自己的利益欲求得到合理的满足和实现。在市场经济条件下，建立在股份民主基础上的公司是一种公平和合理地协调不同主体利益关系的企业形式。正因如此，公司才能成为我国和世界各国的企业主导形式。

股份民主贯穿于公司法始终，公司运营中关于股东平等、股权平等、股东民主等要求，无一不是源于或派生于股份民主。① 股份民主既是公司的基石性制度，也是公司法上的核心原则和核心理念，可以从众多的公司制度中体现出来。从公司设立到公司组织机构建立，从股东行使权利到公司决策，股份民主渗透于公司运营的整个过程。

股份民主是形成公司法人意志遵循的基本原则，集中体现为公司决策中的"资本多数决"。按照股份民主作出的公司决策既可能是股东一致同意形成的公司意志，也可能是根据股份"少数服从多数"形成的公司意志，表明公司法人意志并不完全等于全体股东的意志。"资本多数决"导致了"公司表意吸收"的产生，即持股多数的股东可以以自己的意见形成公司法人意志，表现为"公司股东会和董事会占多数表决权者以自己的意志取代少数表决权者的公司行为"②。"资本多数决"产生的公司表意吸收使公司股东会和董事会的多数表决权者完全可以以自己的意志合法地覆盖和吞噬少数表决权者的意志，把自己的意志变成公司法人意志。因此，"资本多数决"在解决多数人决策困境和提高公司决策效率的同时也带来了道德风险，可能出现公司大股东漠视中小股东利益，甚至滥用"资本多数决"来损害中小股东利益的现象。这一现象也被学者解读为"股东异质化"的典型表现之一。③ "异质化"使本来具有共同利益追求而聚合于公司的"同质化"股东出现分化，持股多数股东与持股少数股东、控制股东与中小股东彼此间的矛盾冲突不可避免地产生了。这一矛盾冲突也反映出股份民主制度固有的缺陷，由此产生了中小股东利益保护问题，进而提出公司制度如何兼顾不同类别股东之间的异质化利益，如何保证"公司意志能够涵纳不同类别股东的意思表示"的问题。④

股份民主的固有缺陷源于民主制度"少数服从多数"的原则。我们在赞颂民主制度及这一核心原则时，还须看到"少数服从多数"也可能带来的"表意吸收"甚至"多数人暴政"等问题，从而设计出弥补缺陷和防范滥用的制度措施。同样，面对"资本多数决"产生的道德风险，如同对待和处理有限责任制度固有缺陷的思路一样，公司法也需要在坚持股份民主的前提下对制度缺陷进行弥补，对制度滥用作出限制，由此来平衡协调公司股东彼此之间的利益关系。从我国《公司法》看，保护中小股东利益的制度措施大致包括：

第一，赋予中小股东特别权利和对其设置特别保护程序。《公司法》中的相关措施主要表现为两个方面：一方面，基于中小股东的弱势法律地位，公司法为其设置了一些特有的权利和特别保护措施，体现出法律保护弱者的精神，如股东知情权、异议股东回购请求权、少数股东提

---

① 以股东平等为例，如果不与持股多少相联系，股东平等就会被理解为对公司股东无差别的相同对待，即建立在"人头民主"基础上的平等，而不是建立在"股份民主"基础上的平等。

② 管晓峰：《论公司表意吸收争议及其法律救济》，载《中国法学》2005 年第 4 期。

③ 股东异质化指公司内部股东彼此间存在利益上的差异并由此产生了利益上的冲突。参见汪青松、赵万一：《股份公司内部权力配置的结构性变革——以股东"同质化"假定到"异质化"现实的演进为视角》，载《现代法学》2011 年第 3 期。

④ 参见汪青松、赵万一：《股份公司内部权力配置的结构性变革——以股东"同质化"假定到"异质化"现实的演进为视角》，载《现代法学》2011 年第 3 期。

案权、累积投票制、强制信息披露、股东直接诉讼等；另一方面，加强对控股股东的行为规制，强化控股股东的诚信义务，如禁止控股股东利用关联关系损害公司利益、对控股股东持股转让进行限制、对控股股东指示董事高管从事损害公司或者股东利益的行为施加连带责任、股东滥用股东权利损害公司和其他股东利益的可能承担赔偿责任等。通过这些措施，防止和减少控股股东滥用股份民主损害中小股东利益的行为。

第二，对涉及以"资本多数决"方式来干预个别股东的股权行使和处分的行为作出必要的限制。股权是股东因投资而对公司享有的一项固有权利，包括表决权、转让权、利润分配权、股权继承权等，具有典型的私权属性。我国《民法典》第125条关于"民事主体依法享有股权和其他投资性权利"和第130条关于"民事主体按照自己的意愿依法行使民事权利，不受干涉"的规定表明，股权作为法定的民事权利，受法律保护，非经法律程序不得被限制和剥夺。实践中，一些公司股东利用持股优势，不顾个别股东的反对，仍以"资本多数决"的方式来通过公司决议或修改公司章程，对个别股东的股权行使和处分作出限制。这种看似符合股份民主和公司自治的"合法"行为，实质是利用《公司法》的法律漏洞①来损害个别股东的固有民事权利。对于这一法律漏洞的填补，②可考虑适用《公司法》第21条关于公司股东滥用股东权利损害其他股东的利益，造成损失的，应当承担赔偿责任的规定。根据《最高人民法院关于适用〈中华人民共和国民法典〉总则编若干问题的解释》（以下简称《民法典总则编司法解释》）第3条的规定，行为人以损害"他人合法权益为主要目的行使民事权利的，人民法院应当认定构成滥用民事权利"。

第三，建立合理的类别股东表决制度。法律制度的一般性、普遍性、规范性等属性最容易在同质化很高的环境中得以运用，公司股东的异质化现象使股份民主适用的同质化的环境发生改变。要适应这一客观变化，就应当对法律作出相应的修改，使不同股东有更多的选择，各得其所，尽可能避免股东以损害其他异质化股东利益为自身行使权利的代价。2023年修订《公司法》之前，我国缺乏类别股的制度的具体设计，更没考虑类别股表决制度。随着公司实践中"对赌协议"等现象的出现，原法关于"同股同权"的规定已不能适应公司的需求，于是开始有了变通的做法，以章程方式来设置类别股及其表决机制。新《公司法》对公司实践中出现的问题作出了回应：一是第144条规定，公司可以按照公司章程的规定发行与普通股权利不同的类别股；二是第146条规定，股份有限公司股东会作出修改公司章程、增资或减资、合并或分立、解散或变更公司形式的决议，可能对类别股股东的权利造成损害的，除必须经出席会议的股东所持表决权的2/3以上通过外，还应当经出席类别股股东会议的股东所持表决权2/3以上通过。这一修改体现了对股份民主制度的完善。

值得指出的是，中小股东利益保护尽管是公司法上一个重要的问题，但在制度设计上和司法审判实践中也得"适度"。因为它毕竟是建立在股份民主制度的基础之上，具有派生性、附属性和补充性，不能将其置于不恰当的地位，更不能一味地强调中小股东利益保护而置大股东利益于不顾，甚至损害大股东和公司的利益。从某种意义上讲，以股份民主为基石的公司制

---

① 《公司法》第84条第3款规定："公司章程对股权转让另有规定的，从其规定。"这一规定在体现对公司自治的尊重的同时，也为公司控股股东采取"资本多数决"方式，以修改章程来限制甚至取消中小股东自由转让股权提供了空间，因而可以将其视为《公司法》的法律漏洞。

② 关于法律漏洞及其填补，可参见本书第二章第四节对"《公司法》漏洞及其填补"的讨论。

度,本身就是一种有利于大股东的制度设计,如果大股东利益得不到公平的保护,势必会影响公司的效率和公司的存续,进而影响投资者信心。因此,公司法制度设计对股份民主的固有缺陷也体现了一定程度的容忍。以异议股东回购请求权的制度设计为例,当公司按照“资本多数决”方式作出合并、分立、转让主要财产等事项的决议时,对于持反对意见的中小股东,即使决议可能损害到他们的利益,《公司法》也并没有选择否定决议的做法,而是在认可决议合法有效的前提下,给予反对股东退出公司的权利。这对我们的启示是,对中小股东利益保护必须考虑股份民主的制度价值,在协调不同股东间利益关系的时候,既要看到股份民主存在的缺陷,给予中小股东利益特殊的关照,同时也不能因此忽视大股东的利益,更不能因股份民主存在的缺陷而否定这一制度的基本价值,否则就可能影响公司的效率,最终损害包括中小股东在内的所有股东的利益。

三、公司自治

公司自治是指公司在法定范围内按照自己的意愿独立决定公司事务的内容。公司自治也指公司股东的意思自治所能涉及的范围和达到的程度。公司是由股东合资组建的企业法人,①公司意志的形成最终源于股东的意思表示(尽管可能有“表意吸收”的情形)。因此,股东意思自治涉及的范围和达到的程度也决定了公司法人行为的自由度,即公司事务在多大程度上和范围内能够由公司自主选择决定。在这个意义上,公司自治有时也被称为股东自治。

公司自治是市场经济对公司的必然要求,也是私法自治在公司法上的直接体现。在市场经济环境下,保证市场主体充分的自由是增加市场活力、创造更多社会财富、推动社会经济发展的必要条件,只有让作为理性“经济人”的公司在法定范围内拥有充分的自由,才能让其依自身的意志从事各种交易和创造财富的行为充分施展,实现释放市场活力和提高经济活动效率的目标。这就要求必须尊重公司自治,从法律上保障公司自治的权利。

公司自治是与公司管制相对应的概念,二者常常处于此消彼长的状态中:公司管制的加强就意味着公司自治空间的缩小,公司自治空间的扩大就意味着公司管制的减弱。在现代社会,自治与管制总是并存的,不可能出现绝对管制或绝对自治的情形。因此,讨论公司自治必然要与公司管制相联系,而且,讨论的目的并不是要在二者中选择其一,而是要回答在现实条件下对公司的法律调整是管制成分多一些,还是自治成分多一些的问题。公司自治和公司管制有着各自偏重的价值取向:公司自治侧重于通过扩大公司经营自主权来激发公司内在的活力和创造力,公司自治程度往往与公司效率成正比;公司管制侧重于通过对公司行为进行约束来维护交易安全和社会公平。在法治社会,公司管制主要通过公司法律制度来实现。公司自治与公司管制是公司法和公司法学研究中的一个永恒的有魅力的话题,②也是我国《公司法》自 1993 年出台以来的历次修改所面临的主要问题之一。我国《公司法》修改的过程,就是调整和平衡公司自治与公司管制的过程。公司自治与公司管制在公司法上可以通过强制性条款和任意性条款的配比体现出来,一般而言,强制性条款意味着管制,任意性条款则意味着自治。“中国公司

---

① 这里不包括“一人公司”的例外情形。

② 源自我国著名法学家江平教授 2004 年 9 月在清华大学举行的“转型中的公司法的现代化”国际研讨会上的发言,笔者当时参加了该次研讨会。

法发展中的一个重大理论突破是对公司自治和对公司法强制性与任意性的认识”。[①]

综上所述，公司自治涉及公司与国家、公司与社会公众的利益关系的平衡与协调，关系着立法上的强制性规范与任意性规范的选择，渗透于公司法几乎所有的具体制度和内容之中。公司自治构成现代公司法的重要灵魂，也是现代公司制度中最核心、最基本的价值之一。正是基于此，笔者将公司自治列为公司的基石性制度。

无论是公司自治还是公司管制，最终都应当以激发市场主体活力、提高效率、促进社会财富增长为目标。因此，二者应当在促进效率提高又使市场不失秩序这一目标内获得平衡。在一定的时间和环境条件下，追求效率与实现秩序的目标往往不能达到和谐统一，甚至可能存在冲突。根据我国市场经济发展和改革发展走向，《公司法》修改的总体趋向是增加公司自治和减少公司管制，公司法规范的配比也朝着增加任意性规范方向发展。学者们普遍认为，公司自治是市场经济富有活力的秘籍，弘扬公司自治精神有利于建设创新型国家，应当尊重市场主体的理性选择和商业判断。面对纷繁复杂的公司实践，公司的许多事项必须留待各参与方根据实际情况自行议定；公司法作为私法，不应承载过多的社会功能，应大幅扩充任意性规范、倡导性规范、保护性规范、促成性规范、赋权性规范。[②]

公司自治作为公司法的基石性制度，不仅具有公司法理论建构的价值，还对公司法立法和司法具有实际指导意义：

第一，公司自治与股东自治的区分有助于《公司法》的正确适用。公司自治与股东自治在很多场合下可以不分彼此，公司自治就是股东自治。[③] 但细究也会发现，二者并不完全等同：首先，就主体自主决定事务而言，公司自治是指公司作为一个法人组织以“资本多数决”的方式来自主决定公司事务，股东自治则是指股东个体自主决定事务，可以分为个体自治和群体自治，如果是后者，股东自治应当是全体股东意思表示一致的行为。其次，公司自治是组织行为，遵循“资本多数决”原则形成公司意志；股东自治则是股东个体彼此间的合同行为，遵循意思表示一致的原则形成群体意志。再次，公司自治以公司章程和公司决议为典型表现形式，股东自治则以协议为典型表现形式。最后，公司自治和股东自治的边界都包括不得违反法律强制性规定，但公司自治主要指向公司法的强制性规定，而股东自治除了公司法外，还主要指向合同法的强制性规定。

从《公司法》上“另有规定”并可以优先于《公司法》相关规定适用的条款来看，相关条款并不完全属于符合上述界定的公司自治范围，即还有属于股东自治的规定。[④] 如《公司法》第210条第4款关于“有限责任公司按照股东实缴的出资比例分配利润，全体股东约定不按照出资比例分配利润的除外”的规定，从该条款中可以解读出其适用的要点包括：首先，该条属于“全体股东约定”的股东自治而非“章程另有规定”的公司自治，“全体股东约定”意味着复数股东意思表示一致，而非依照“资本多数决”原则来形成公司意志；其次，该条规定的“全体股东约定”的协议不仅具有优于法律适用的效力，还有优于公司章程适用的效力，如果公司章程

---

① 赵旭东主编：《改革开放40年法律制度变迁·商法卷》，厦门大学出版社2019年版，第9页。

② 参见刘俊海：《现代公司法》（第2版），法律出版社2011年版，第984页；赵万一、赵吟：《中国自治型公司法的理论证成及制度实现》，载《中国社会科学》2015年第12期。

③ 在笔者读到的公司法论著中，不少学者对公司自治与股东自治也是混同使用的。

④ 包括《公司法》第64条、第83条、第210条第4款、第224条第3款、第227条第1款的规定。

中存在与“全体股东约定”冲突的内容,依该条规定,股东协议显然应当优先于公司章程适用;最后,有限责任公司的全体股东在符合分配利润的法定前提条件下随时可以作出一致同意的约定来代替《公司法》和公司章程的相关规定的适用。

第二,司法对公司纠纷的介入和干预应当保持应有的谦抑性。公司自治的核心是公司自主决策,这就要求司法裁判者要尊重作为市场主体的公司基于自由和理性做出的选择和商业判断,“只有当私法自治被滥用,导致公司法律关系中当事人的权利和利益受到损害、公司法律秩序被扭曲或者破坏时,法官才能依法以自己的司法判断取代商业判断”。也只有当公司自治机制被滥用或失灵时,司法程序才能启动。“司法介入的目的不是吞没和否定意思自治精神,而是康复和弘扬意思自治精神”,其底线是不能动摇和伤害公司自治的精神。[①] 笔者认为,对于司法实践中的股东知情权纠纷、司法解散纠纷,人民法院的司法介入尤其要持谨慎的态度。

第三,公司自治针对不同公司应有不同的要求。这里的不同公司并不直接对应股份有限公司和有限责任公司,而是针对具有公众性质的公司和具有封闭性质的公司而言的。根据我国现行《公司法》《证券法》及相关法规规章[②]的规定,上市公司、股东人数200人以上和股票公开转让的非上市公司属于公众公司,除此之外的其他公司属于封闭型公司。

封闭型公司属于具有“人合”性质的公司。一般而言,公司内部相当于“熟人社会”,股东彼此之间具有一定的人身信任关系,相互享有信赖利益,公司的产生和存续也在一定程度上依赖于股东之间的人身信任关系。由于公司不具有公众性,公司对内部事务的自主处理,不太可能产生溢出的外部性。公众公司属于典型的资合公司,公司股东的人数众多且股份转让通常不受限制,上市公司则达到高度公众化的程度,股东人数动辄数万或数十万之众,公司行为具有明显的外部性,关涉社会公共利益。封闭型公司与公众公司在公众化上的区别,决定了在二者的自治与管制上应当作出不同的制度安排:前者需要给予其更大的自治空间,从公司设立程序到出资方式和出资缴纳、从公司组织机构设置到权力配置、从经营范围到经营决策,应当更多尊重公司主要通过章程来实现的自主安排,公司法基本不作干预。后者则需要通过公司法施加一定程度的管制,而且公众化程度越高的公司,对其的管制力度应当越大,行为约束应当越多。当然,在制度设计上也应保持一定的弹性和选择性,当管则管,当放则放。[③]

第四,公司自治应当重视公司法上任意性规范的设计和适用。公司自治在公司法上主要通过任意性规范体现出来。任意性规范的设计和适用涉及的问题包括:首先,任意性规范与强制性规范的配比。从总体上看,加强公司自治需要加大任意性规范所占比重,但也需区别对待不同类型公司和公司行为涉及的不同主体的情况,从我国《公司法》的历次修改来看,在对封闭型公司增加任意性规范的同时,对上市公司、国有公司和对涉及利益相关者的公司行为的强制性规范也有所增加,但比较而言,任意性规范增加数量更多。[④] 其次,任意性规范除了章程规定和全体股东约定优先适用的条款,还包括选择性适用的条款。其中,选择性适用条款在任

① 参见刘俊海:《现代公司法》(第2版),法律出版社2011年版,第984页。

② 如中国证监会2023年2月修订发布的《非上市公众公司监督管理办法》。

③ 参见周友苏、沈柯:《在管制与自治之间的我国公司法》,载《当代法学》2007年第1期。

④ 如根据罗培新教授的实证研究,2005年《公司法》比1993年《公司法》增加任意性规范44处,增加强制性规范28处,参见罗培新:《公司法强制性与任意性边界之厘定:一个法理分析框架》,载《中国法学》2007年第4期。

意性规范中所占比重最大,也意味着给予公司意思自治的空间,应当充分利用和正确适用。最后,对于"章程另有规定"的条款及其正确适用。公司章程是公司自治的重要抓手之一,要区分初始章程和修改章程的不同情况。对于按照"资本多数决"原则修改的章程,如果存在限制甚至剥夺个别股东的股权行使和处分的条款,应当按照《公司法》第21条关于公司股东滥用股东权利损害其他股东的利益的规定排除适用。

四、公司治理

公司治理是一种结构,也是一种行为过程,同时还是一种制度。从结构上看,公司治理首先指向公司组织机构的设置和权力配置;从行为上看,公司治理是对公司组织机构及其成员履行职责的规制过程;从制度上看,无论是公司治理结构还是公司治理行为,都必须依法合规,遵循公司治理的一整套制度体系的规则。公司法之所以被称为团体法、组织法,是因为公司法中大量规范直接涉及公司治理的内容,公司治理贯穿于整个公司存续期间。公司治理在公司法上占有非常重要的地位,因此笔者同样将其定义为公司法上的基石性制度。

不少研究公司法的学者发现,公司治理尽管是人们讨论公司法时高频使用的概念,但"对于何为公司治理的概念本身却不甚清楚,尚无共识"。[①] 根据笔者对公司词源的考察,公司作为古汉语中"公"与"司"的合成词,本身就有"公共"和"管理"的含义。但也应看到,"管理"并不等同于"治理"。按照一般理解,管理体现的是一种纵向关系,有管理者就有被管理者,管理法律关系是管理者与被管理者之间的命令与服从的关系。而治理却不同,按照俞可平教授从政治学角度所作的定义,治理是在政府与社会、管理者与被管理者之间建立的一种相互协作的互动关系。[②] 可见,尽管在政治学上,治理也有管控的含义,但其最重要的特点就是治理不是那种单一的、纵向的管理与被管理、支配与被支配、统治与被统治的关系,而是具有双向互动的重要特点。治理强调的重心不是命令与服从,而更多的是参与与合作。治理理论所展示出的"参与""合作""互动"等内核也是公司治理的内涵所在。治理概念引入公司领域后,学者们对公司治理的含义进行了不少探讨。"作为一个政治学概念在公司理论中的延伸,公司治理的最初目的是致力于解决公司中不同主体之间的利益冲突。"[③]

笔者认为,公司治理可从四个方面来理解:第一,公司治理是一种结构。公司采取何种组织结构来进行治理,是探讨公司治理首先要提及的问题,否则公司治理行为的问题就无从谈起。公司治理结构涉及公司机关的设置和权力配置。我国上市公司普遍设置的股东会、董事会、监事会、经理四大公司机关,就是一种治理结构。因此,公司治理常常也被称为公司治理结构,说明治理结构是公司治理涉及的首要问题,不同的治理结构可以起到不同的治理效果。第二,公司治理是一种行为。公司治理行为存在于公司存续的全过程,公司存续意味着公司各组织机构的存在和发挥作用;公司各组织机构及其成员依法行使职权的行为,构成彼此间既相互配合又相互制衡的关系,也共同形成公司法人统一的对内行为和对外行为。第三,公司治理是一种制度。公司治理结构需要通过制度化的规则使其定型化;公司治理行为必须规范,公司机

① 黄辉:《现代公司法比较研究——国际经验及对中国的启示》(第2版),清华大学出版社2020年版,第146页。
② 参见俞可平:《从统治到治理》,载《学习时报》2001年1月22日。
③ 邓峰:《普通公司法》,中国人民大学出版社2009年版,第45页。

关及其成员的履职行为应当依法合规,否则,公司治理就难以正常进行。公司治理需要遵循一套严格和妥当的治理规则,治理规则对于治理结果至关重要。因此,公司治理也是以公司法为核心的一系列规则和制度的合称。第四,公司治理是一种机制。公司是多元主体的集合体,公司治理是平衡不同主体之间利益关系的协调机制,通过治理使不同主体在公司组织体内各得其所,利益得到公平合理满足,从而形成合力和活力,促进公司既有效率又有制衡以实现经营效率最大化的目标。公司治理存在良治、善治、劣治等不同的治理效果,追求"1 +1 >2"的良治和善治是公司治理的一个永恒主题。

综上,公司治理可以有广义和狭义之分。狭义的公司治理主要指向公司治理结构,而广义的公司治理则涉及公司治理结构、公司治理行为、公司治理过程、公司治理规则和公司治理效果等内容,涵盖了公司法上公司组织机构的设置和职权职责的规定,公司各组织机构运行的行为规范,公司控股股东和实际控制人、法定代表人和董监高的义务、责任和行为规范,公司股东会和董事会的决议行为及其瑕疵救济等制度和内容。显然,本节所讨论的公司治理是广义的概念。尽管公司治理的对象包括公众公司和封闭公司,但鉴于公司治理主要是以上市公司为原型抽象出的理论和制度,故从广义上来讨论的公司治理主要是针对公众公司并以上市公司为典型。笔者以为,公司治理目前还缺乏清晰定义的主要原因并不在于对概念抽象的难度,而在于对其定义选择的角度。公司治理可以从治理结构、治理行为、治理过程、治理结果和治理制度等不同角度来进行抽象。结合前述讨论,从制度角度可得出的定义为:公司治理是建立在股权多元化基础上,通过对公司组织机构的设置和权力配置,并对公司各组织机构及其成员的履职行为进行约束,平衡和协调相关主体间的利益关系,形成既有合力和活力,又有制衡和效率的公司运行机制的制度。

对公司治理产生的理论基础有不同解说,学术影响力最大的应是"代理问题"或"代理成本"的理论。有限责任和公司法人制度相结合导致的"两权分离"现象,带来了公司经营管理中的"道德风险",由此也产生了公司的"代理问题"。公司董事会及其成员、监事会及其成员、经理及其他高管、控股股东和实际控制人等管理层与公司及其整体股东构成的委托代理关系是产生代理问题的直接原因。在委托代理关系中,管理层处于代理人地位,公司及其整体股东处于委托人地位。委托人与代理人各自具有谋求自身利益最大化的动因使彼此间会存在利益冲突,由此也会产生二者在代理过程中行为目标的差异,导致可能出现代理人偏离委托人的行为目标,怠惰偷懒或为谋求自身利益而损害委托人利益的行为。"当被称为委托人的一方的福利,取决于被称为代理人的一方的行为时,就产生了代理问题。"①代理问题与股东人数和股权结构密切相关。公众公司会因股东众多带来的"集体行动障碍"和消极性②而出现"内部人控制"问题,这里的"内部人"就是指作为代理人的公司管理层。而且,股东"公众化"程度越高,代理问题也就越突出。封闭型公司由于股东人数较少,股东与公司管理层经常会处于"合一"的状态,因而代理问题远不如公众公司那样突出。为了保持委托人与代理人行为目标的一致性或减小行为目标的偏离度,需要提高代理人对委托人的忠诚度以及对代理人行为进行

---

① 罗培新:《公司道德的法律化:以代理成本为视角》,载《中国法学》2014 年第 5 期。

② 主要指上市公司的中小股东不愿参与公司投票而期望通过"搭便车"来坐享其成,这种消极性也被称为公众公司中小股东普遍存在的"理性冷漠"现象。

必要的监督约束,代理成本也就因此产生。可见,代理问题的实质也就是代理成本问题。代理成本越高,代理问题就越突出。公司治理就是为解决“代理问题”而作出的制度设计,其制度逻辑十分清晰:通过公司治理来降低和减少代理成本。一方面,对代理人施加忠实义务、勤勉义务和法律责任,约束控股股东、实际控制人和董监高的行为,督促其自觉地为公司追求经营效率最大化目标尽职尽责;另一方面,采取有效的监督措施来防止和减少控股股东、实际控制人和董监高损害公司利益的行为。随着公司治理理论和制度的发展,公司治理逐渐溢出代理问题讨论的范围,扩展到公司社会责任等更广的领域,不仅要解决公司内部的代理问题,而且还要解决公司外部的利益相关者的利益保护问题。

公司治理作为一种制度,是以公司法为核心并包括法规、规章及软法所规定的涉及公司治理内容的一整套规则体系。从公司法层面而言,主要是关于组织机构设置、权力配置和组织机构成员义务责任等涉及公司治理的规定,这些规定多为具有公司管制性质的强制性规范。从法规及规章的层面来看,主要是国务院证券监督管理部门规章中涉及上市公司的公司治理内容,如中国证监会发布的《上市公司治理准则》。从软法看,软法是学术研究中广泛使用的一个概念,通说认为软法是不具有国家强制力但又具有行为约束力的规范。软法范围十分宽泛。[①] 就我国公司治理而言,软法主要包括《公司法》中没有明确法律责任的相关宣示性规范和倡导性规范;党和政府的政策性文件中的相关规范;证券交易所的规则准则中的相关规范;上市公司协会等行业协会的规则准则中的相关规范;国际组织发布的规则准则中的相关内容,如经济合作与发展组织(OECD)与二十国集团(G20)发布的《G20/OECD 公司治理原则》(2015);[②]公司章程中的相关规范等。

公司治理贯穿于公司存续的全过程,不仅是包括法学在内的多学科研究关注的热点,更是一个公司实践的问题。笔者基于我国企业改革发展现状和现行公司制度认为,中国公司治理需要把握和注意的重要问题包括:

第一,从公司治理结构上看,鉴于其主要指向公司组织机构设置和权力配置,因此没有也不可能存在普适性的统一模式。且不论国际范围内公司组织机构设置还存在一元制结构和二元制结构的差异,也不论我国公司还分为股份有限公司和有限责任公司,从作为公司治理抽象原型的上市公司来看,尚存在公司股权结构的差异。国内外大量的文献表明,股权结构的分散与集中程度对公司治理结构,进而对公司绩效均有重大影响。[③] 一般而言,股权集中产生的公司代理问题指向股东间的矛盾,主要表现为控股股东与中小股东的利益冲突,公司治理重点着眼于对控股股东的行为规制;股权分散产生的公司代理问题则集中指向全体股东与经营管理层的矛盾冲突,公司治理重点着眼于通过对公司董监高的行为规制来解决“内部人控制”问题。因此,公司法对公司治理结构的设计只能是原则性的框架。对于封闭型公司,需要为公司自治留足空间;对于公众型公司,宜为其提供更多的可选方案,由公司根据实际选择适合自身的具体方式。需要指出,学界热衷讨论的“股东会中心主义”和“董事会中心主义”作为一种理

---

① 如姜明安教授将软法分为六个方面的内容。参见姜明安:《软法的兴起与软法之治》,载《中国法学》2006 年第 2 期。

② OECD 于 1999 年首次发布了《公司治理原则》,经两次修订后于 2015 年提交 G20 领导人 OECD 峰会审议通过,正式冠名为《G20/OECD 公司治理原则》。经国务院批准,中国证监会接受 OECD 的邀请加入公司治理委员会并表示将积极参与《G20/OECD 公司治理原则》的实施工作。

③ 参见黄辉:《现代公司法比较研究——国际经验及对中国的启示》(第 2 版),清华大学出版社 2020 年版,第 151 页。

论概括，更多具有学术价值而对公司治理结构并不具有多大的实际操作意义。①

第二，从公司治理过程来看，公司治理的完善是一个动态的过程，不可能长期保持一种静止和既定不变的状态。在治理过程中，没有最佳的公司治理，只有最适合的公司治理。公司治理很大程度上是公司运行中权力集中与权力监督的博弈过程。由于权力集中或权力监督的加强都可能对公司运作效率有影响，因此二者任何一方的加强都可能是暂时的和短期的，完全可能根据不同期间的公司形式改变、公司股权结构变化、公司股东的增减、经营者的素质、公司突发的违法事件而作出调整。如一些国家和地区或是建立公司首席执行官（CEO）制度，或是强化监事会的功能，就反映了权力集中与权力监督的博弈和彼此关系的调整。这种调整是与公司的权力监督的加强与放宽本身就处于动态发展中有关。应当看到，公司监督是需要付出成本的。作为对公司权力的分解和对经营权行使的制约，公司监督越强势，必然意味着公司权力越分散，经营权行使受到的限制就越多，因而完全可能影响公司的运行效率。必须明确，公司的权力监督不能等同于政治领域的权力监督，政治上的权力监督事关一个地区乃至整个国家的全局。如果权力失控，不仅损害面比公司大得多，而且可能祸及整个地区和国家的发展。因此，政治领域的权力监督必须健全完备，否则就不能有效防范权力失控导致的危害。公司的权力监督尽管必要，但如果对公司经营者的职权行为限制过多，束缚了手脚，影响到公司的运作效率，那就可能适得其反。尽管我国学界和业界对公司监督存在的问题批评不少，认为《公司法》设计的监事会制度和独立董事制度在实践中都未能很好地发挥作用，需要进一步加强和完善；但也有另外的观点认为，《公司法》上的监督机制存在“叠床架屋”和目的、定位、职能不明确的特点，增加了管理成本和交易成本，有必要放弃现有的监事会制度。②《公司法》2023年修订的一个亮点就是允许公司选择“单层制”的治理模式，新法第69条和第121条规定，有限责任公司和股份有限公司都可以按照公司章程的规定在董事会中设置审计委员会，行使本法规定的监事会的职权，不设监事会或者监事。因此，公司治理达到既有协调配合又有监督制衡的目标的过程应当是一个动态发展的过程，公司治理的完善永远都在路上。

第三，从公司治理行为来看，最主要的就是降低代理成本，无论哪种公司类型，都存在代理人的道德风险，都应当加以防范。降低代理成本可以采取多种方式，包括事前、事中、事后的措施。无论采取何种措施，都需要围绕对公司代理人的行为约束来进行。行为约束主要有监督和对其施加信义义务及法律责任的方式。行为约束要抓重点问题和“关键少数”。这里的“关键少数”就是控股股东、实际控制人和公司的董监高。针对不同的公司，行为约束的对象有所不同，如果属于“内部人控制”的公司，“关键少数”应集中指向董监高，尤其是作为公司法定代表人的董事长或总经理；如果属于“一股独大”的公司，“关键少数”则应集中指向控股股东或实际控制人。需要指出，我国上市公司中有大量的国有公司，国有上市公司尽管普遍存在“一股独大”的股权结构，但与同样属于“一股独大”的家族性公司有很大的差异，其中最重要的就是国有公司的控股股东不具有为谋求自身利益最大化而损害公司其他股东利益的动因。国有上市公司也存在代理问题，其特点就是因授权环节多而导致代理链条过长，出现国有资产管理机关“鞭长莫及”，而作为公司国有控股股东代理人的董事长、总经理等管理层人员的“内部人

---

①　笔者在本书第十章第二节关于“‘董事会中心主义’评析”中对此作了较为详细的讨论。

②　参见邓峰：《普通公司法》，中国人民大学出版社2009年版，第578页。

控制”会出现不尽职尽责以及为谋求个人私利而损害包括国有股东在内的公司全体股东利益的现象。因此,国有上市公司的公司治理的“关键少数”就不一定是控股股东和实际控制人,而应直接指向作为代理人的公司董事长、总经理等管理层人员。

第四,从治理目标来看,追求经营效率最大化应当为公司治理的目标。这里的经营效率包括主体利益关系的协调、组织机构的合力、公司利润的实现等内容。其中最重要的内容无疑是公司利润的实现。追求经营效率最大化主要也就是追求公司利润最大化。公司治理不是为治理而治理,公司治理是要解决公司运营中出现的代理问题,提高公司经营效率。而提高公司经营效率的目的则直接指向公司利润最大化,只有实现公司利润最大化才能最大限度满足全体股东追求投资回报的欲求。追求利润最大化是我国《民法典》规定的营利性法人的本质所在。“营利”,顾名思义就是经营谋利。公司作为商事主体,是我国企业的主导形式,也是创造社会财富的主体,经营谋利是其天经地义的本质,如果公司不坚守这一本质,就不能被称为营利法人,甚至没有存在的合法性和合理性。因此,公司治理无论采取何种方式手段,都应以追求和实现利润最大化为最重要的目标,并服务和服从于这一目标。公司治理是否达到良治和善治的效果也应当主要以此作为衡量标准。

总之,中国的公司治理必须从中国的国情出发,针对中国公司的实际,体现中国特色、中国方式、中国样本和中国经验,实现“善治”和“良治”的中国目标。

第三节　我国公司的类型

一、公司形态的理论与变革

(一)公司形态的法定主义

公司类型也称公司形态,是公司法立法与修法的重大问题,现代国家大多以不同的公司形态为基础进行相应的公司法律制度设计。为了尽可能地协调平衡组织成员各有侧重的利益需求,公司法不言自明的首要功能就是为商业企业提供具备公司核心特征的法律形态,通过塑造普遍适用与方便使用的公司形式,帮助投资者和企业家轻松自如地借助公司组织媒介开展交易活动,从而降低商事活动的交易成本。当然,在典型的公司成文法中,总体而言,专门界定公司形式的条款可能在所有法条中只占很小比例,但恰恰是这些条款构成了各国公司法的核心。良好的公司法律形态不仅有助于各方参与者追求自身利益的最大化,而且对公司法其他功能的实现起到决定性的推动作用。①

法律必须是稳定的,但不可一成不变。为确保当事人能够低成本地获得与之交易的公司的基本信息,保障交易安全,同时能够实现公司财产与投资者财产之间,以及投资者自身财产之间的“区隔”,目前世界上绝大多数国家或地区已接受并实行公司组织形态法定主义。只有法律明确规定的公司组织形态才能为法律所承认和保护,当事人只能在法定范围内选择公司类型,而不能任意创设。② 在这个意义上,公司组织形态也就是公司法律形态。

---

① 参见[美]莱纳·克拉克曼等:《公司法剖析:比较与功能的视角》,刘俊海、徐海燕等译,北京大学出版社2007年版,第2页。
② 参见赵忠奎、周友苏:《整合与扩容:公司组织形态变革的本土路径》,载《社会科学研究》2021年第1期。

实行公司形态法定主义,限制了当事人根据现实需要创设企业组织形式的自由。这种限制能够为各国所接受,成为一项普遍性原则,其正当性或合理性在于:首先,当事人可低成本地获得与之交易的企业的基本信息,确保交易安全。法律在限定企业组织形式的同时,明确规定了每一种组织形式的出资形式、出资者责任、法律地位等重要事项,使其定型化,让投资者、经营者等当事人对自己的风险、权利、义务与责任有较为明确的预期,与企业交易的第三人在知道企业采用的组织形式时,即便利地获得了该企业的上述信息,有利于交易安全。各国法律一般要求企业在名称中表明其法律形态,意义即在于此。唯有如此,才能维护交易安全和社会公共利益。其次,有效地实现企业财产与投资者财产之间,以及投资者自身财产之间的区隔,包括正位财产区隔和防卫性财产区隔。正位财产区隔发生在企业财产与投资者财产之间,它使企业财产免受投资者的债权人的直接求偿。以公司为例,即使投资者以其持有的公司股份抵偿债务,也只能通过股权转让等方式来实现,并不影响公司财产的整体性和公司法人对整体财产的支配。这种区隔在不同的组织形式中强弱不同,在独资企业中最弱,在股份有限公司中最强,是符合现代经济特点的大型企业得以建立的实质性因素。防卫性财产区隔发生在投资者自身财产之间,明确了企业的债权人能够要求企业投资者对企业债务负责的限度,"有限责任"即是一种防卫性区隔,投资者以投资为限对公司债务承担责任,有效地保护了投资者除投资以外其他财产的安全。最后,允许当事人在一定范围内进行创造以及通过立法适时规定新的企业组织形式。允许当事人在一定范围内进行创造是立法者对公司形态法定的一种灵活处理。适时规定新的企业组织形式,避免了法定范围内的企业组织形式一成不变,使其可随着投资者需要的发展而发展,通过提供新的法定形式对投资者的需求作出回应,给予投资者更多的选择。①

(二)全球公司形态变革趋势

公司历史演进的过程已经向我们展示,公司组织形态由最初的"自下而上"自发式演进,发展为现代"自上而下"的"建构式"或"回应式"演进方式。"如果把法律仅仅视为是一种永恒的工具,那么它就不可能有效地发挥作用。我们必须在运动与静止、保守与创新、僵化与变化无常这些彼此矛盾的力量之间谋求某种和谐。"②这也要求我们在立法或理论研究时不能一味强调公司组织形态法定主义强制性的一面,否则,必将导致公司组织形态的僵化,无法适应商业实践中的创新需求。

现代经济的核心竞争是制度竞争,而公司法作为经济制度的重要组成部分,将直接展现一国的经济制度竞争力。③ 为了占据制度竞争的制高点,促进本国或地区企业尤其是中小企业的发展,从20世纪末开始,全球掀起新一轮的公司法改革,德国、美国、日本、英国、法国、韩国、欧盟等均参与其中。在这一改革浪潮中,公司法变革的趋同论与多元论广泛交锋。尽管立法者与学术界在公司法是否趋同、应否趋同以及如何趋同等重要问题上至今也未达成共识,但在公司组织形态改革方面超乎寻常地达成一致,即各国或地区应竭力调整与创新公司组织形态,

---

① 参见谭甄:《移植与差异:有限责任公司制度研究》,中国政法大学2003年博士学位论文,第15页。
② [美]E.博登海默:《法理学:法律哲学与法律方法》,邓正来译,中国政法大学出版社2017年版,第34页。
③ 参见范健:《制度竞争下的中国公司法改革》,载《法治研究》2019年第3期。

为投资者提供多样化的选择，并根据不同公司形态及利益结构的导向，改善公司治理结构以平衡公司各方参与者的利益关系。换言之，严格的公司形态法定主义并未成为公司组织形态创新的“绊脚石”，以德国、美国、日本为典型代表的国家在进行公司法或企业法改革时所呈现的“妥协”、“默认”及“宽容”等公司形态“便宜主义”倾向，值得关注。[①]

从各国或地区公司形态变革中也可以看出，无论大陆法系国家还是英美法系国家，公司组织形态的多元化发展成为变革的一条主线，指向也非常明确，就是要为投资者提供更多的选择，满足设立公司的当事人的不同偏好，使公司法充分发挥鼓励投资和企业促成的功能。变革中所呈现的一些具体共性，对我国公司法现代化改革有重要的启示与借鉴意义：

第一，两大法系在公司组织形态方面相互借鉴，取长补短。传统上，大陆法系国家或地区的主要公司组织形态是股份有限公司和有限责任公司，英美法系国家或地区的主要公司组织形态则包括封闭公司和公众公司。然而在激烈的全球公司法竞争中，两大法系原有的公司组织形态划分并不再那么绝对，彼此间的相互借鉴、取长补短促进了公司组织形态上的交叉与融合。譬如，美国通过借鉴包括大陆法系有限公司在内的数类传统公司组织形态而设立独具特色的有限责任公司（LLC）；日本在公司组织形态变革方面有“去德仿美”的趋势，于公司法中删除有限责任公司，设立合同公司（日本版 LLC）。

第二，新创设的公司组织形态具有设立程序简单、操作灵活等优良品质。以欧洲私法公司为例，[②]其创设途径较之前的欧洲公司更为灵活，不仅可以直接新设，还可通过既有公司转化、合并或分立而设立。设立过程也更加简单，成员国公司登记机关只对其进行单一的合法性审查，在保障登记地与主营业地均在欧盟境内的情况下，允许二者分布于不同的成员国。[③] 美国的有限责任公司设立条件也相对简单，法律没有对公司股东人数作出限制，可以是一人或数人，且对成员的资格亦无太多要求，自然人或法人、本州人或外州人甚至外国人均可申请设立。这使得有限责任公司几乎成为美国设立条件最少的一种企业组织形态。

第三，在创新公司组织形态的同时更加注意维护交易安全。尽管各个国家或地区为了创新公司组织形态，简化了公司设立程序，降低了投资门槛，但其并未疏于维护交易安全。德国在设立经营者公司后，立法者为保护债权人的利益，从公司名称的标示、注册资本缴纳方式、出资方式、法定公积金的提取以及股东会的召开等方面作出更为严格的规定。

第四，新型公司组织形态社会效果显著。公司组织形态的多元化变革，给予不同偏好投资者更大的选择空间，受到投资者欢迎和推崇。据统计，21 世纪初的美国，有 29 个州成立的有限责任公司在数量上超过一般公司，有 11 个州超过 45% 的新商事注册企业采用有限责任公司，全国范围内采用有限责任公司的商事注册企业占 45.44%。[④] 在德国，经营者公司备受推崇，在制度推出的 2 年左右的时间里，德国境内便设立了 2 万余家经营者公司，[⑤]投资者逃离本

---

① 关于这些国家公司法改革的具体情况，可参见赵忠奎、周友苏：《整合与扩容：公司组织形态变革的本土路径》，载《社会科学研究》2021 年第 1 期。

② 为推动欧盟公司法统一化，欧盟委员会于 2008 年提出了《欧洲私法公司理事会条例草案》，提出设立欧洲私法公司这种超国家的公司组织形态。

③ 参见蒋舸、吴一兴：《欧洲公司法统一化新进展——简析欧盟委员会〈欧洲私法公司条例草案〉》，载《理论月刊》2009 年第 2 期。

④ 参见王妍：《非公司企业为什么会兴起——公司的局限及其法律制度检视》，载《法学论坛》2015 年第 3 期。

⑤ 参见蒋舸、吴一兴：《德国公司形式的最新变革及其启示》，载《法商研究》2011 年第 1 期。

国赴英国及其他欧盟成员国注册公司的情况开始好转。

(三)我国公司形态的调整及其类型划分

我国《公司法》2023 年修订也体现出顺应公司形态变革的全球化趋势的特点,既要维护公司法律制度的连续性、稳定性,降低制度转换成本,同时也要对我国公司实践新变化和新要求作出必要的回应,为当事人提供更多的选择,使公司法鼓励投资和企业促成的功能得到进一步释放。新《公司法》在维持原有公司基本形态不变的基础上也对公司形态作出调整:第一,增加国有资本控股公司的形式,由其与国有独资公司共同构成国家出资公司,设置"国家出资公司组织机构的特别规定"专章对两类公司进行规制;第二,增加一人股份有限公司的形式,使一人公司范围由只涉及有限责任公司扩展至包括股份有限公司;第三,对具有相同封闭属性的有限责任公司和股份有限公司,在组织机构设置和有关规制上作出同一的规定,①适应两类小型公司运作灵活多样的现实需求。新《公司法》的这些变化,丰富和完善了中国特色现代公司制度,也是对近年来学界关于公司形态变革的讨论作出的积极回应。②

公司形态可以根据不同的标准进行多层次、多维度的划分。对公司形态的划分也就是公司的类型化研究。法学所称类型,是一种思维的方法论,它一般发生在一般条款(一般概念)及其逻辑体系不足以掌握某生活现象或意义脉络的多样表现形态时,学者通过借助某种典型或者标准形态的设定,诠释相关的类似情景。③ 类型化作为一种研究方法,可以将抽象的公司具体化、明确化和简单化,有助于对公司的认知。对我国公司类型的划分应当考虑两个方面的因素:一是法律法规对公司形态的规定,包括《公司法》和涉及公司形态的相关法律和相关法规;二是从学理上对公司形态的分类。学理上的分类既有学术意义,也有实际操作中的指导价值。逻辑严谨的学理分类,不仅可以将法律上具有相同属性的公司形态加以概括归纳,而且还能从多层次、多维度的视角化抽象为具体,化复杂为简单,帮助当事人便捷地理解和把握各类公司形态的内涵,从而选择适合自身实际的公司形态。

二、股份有限公司与有限责任公司

《公司法》第 2 条关于"本法所称公司,是指依照本法在中华人民共和国境内设立的有限责任公司和股份有限公司"的规定表明,股份有限公司和有限责任公司是我国公司的基本形态,也是我国与不少大陆法系国家和地区④在公司法律形态上的区别之一。后面讨论的其他公司形态都是这两种基本法律形态的表现形式或在此基础上的延展。股份有限公司亦可简称为股份公司,是指公司注册资本由股份构成,公司股份采取股票形式,股东以其认购的股份为限对公司承担责任,公司以其全部资产对公司债务承担责任的企业法人。《公司法》第五章和第六章是对股份有限公司的专章规定。有限责任公司亦可简称为有限公司,是指股东以其认

---

① 如《公司法》第 75 条和第 128 条、第 83 条和第 133 条关于两类公司可以不设董事会或监事会的规定;第 89 条和第 161 条关于"异议股东回购请求权"的规定;第 57 条和第 110 条关于股东知情权的规定等。

② 本轮《公司法》修订过程中,包括笔者在内的很多学者对我国公司形态调整提出了不少建议,立法机关对此作出的修订是一种既解决实际问题,又符合我国国情的低成本方案。

③ 参见王利明:《法律解释学导论——以民法为视角》(第 2 版),法律出版社 2017 年版,第 539 页。

④ 包括德国、日本、韩国等国家和地区,其公司法上仍然保留了无限公司和两合公司的法律形态,但这两类公司在公司实践中数量非常少。参见刘连煜:《现代公司法》(增订 15 版),台北,新学林出版股份有限公司 2020 年版,第 10 页。

缴的出资额为限对公司承担责任,公司以其全部资产对公司的债务承担责任的企业法人。《公司法》第三章和第四章是对有限责任公司的专章规定。

(一)两类公司的异同

股份有限公司与有限责任公司有不少相同之处:二者在独立企业法人、有限责任的基本属性上是完全相同的;在公司财务会计、合并和分立、解散清算等方面也基本相同。在公司法理上,公司可以分为"资合"属性和"人合"属性的公司。所谓"资合",是指公司股东之间仅是一种资本结合关系,无须相互认识和建立相互信任关系后才成立公司;公司的对外信用基本来自公司资本,资本越大,信用越高,反之亦然。所谓"人合",是指公司股东之间通常具有很强的人身信任关系,公司对外的信用与股东个人的信誉有很大关系。基于资合与人合的不同特点,一般而言,资合性质的公司主要适用于股东人数众多的大中型企业,人合性质的公司则主要适用于股东人数较少的中小型企业。传统的公司法理论认为,股份有限公司属于资合性质的公司,有限责任公司则属于兼具人合性质与资合性质的公司。

本轮《公司法》修订讨论中,大家普遍认为,以资合或人合的属性来区分我国的股份有限公司与有限责任公司并不十分准确,实践中的两类公司在股东人数和公司规模上完全可能出现资合与人合的交叉重合:当股份有限公司和有限责任公司的股东都在50人以内时,二者在人合属性上是没有多少差异的;当有限责任公司股东是法人尤其是国有法人主体时,尽管股东人数不多,但公司规模则可能相当大,甚至是巨型公司,与股份有限公司在资合属性上也没有什么差异。学者们还普遍认为,我国《公司法》上的有限责任公司与发起设立的股份有限公司不存在实质性的差异,都相当于英美法系上的封闭型公司,应当将二者整合为一类公司。在如何整合上,学者们有不同的思路:有的认为可考虑将其整合为上市公司和非上市公司;有的认为可考虑将其整合为公众型公司和封闭型公司;有的认为可考虑取消有限责任公司,将其并入股份有限公司之中;有的认为可在保留现有两类公司的基础上,规定发起设立的股份有限公司准用有限责任公司的规定。这些观点也引起立法机关的关注并得到一定程度的采纳。如前所述,新《公司法》虽然仍然维持了两类公司的基本形态,但也对其做出了一定的调整。如规定规模较小或者股东人数较少的股份有限公司和有限责任公司都可以不设董事会,也可以不设监事会,只设一名董事或监事,行使董事会或监事会的职权,由此缩小了两类小型公司在法律上的差异。尽管如此,调整后的股份有限公司和有限责任公司仍然存在如下一些基本的区别:

1. 资本构成。股份有限公司的资本由"已发行股份的股本总额"构成,其中"股份"是资本构成的基本单位;有限责任公司的资本则由"全体股东认缴的出资额"构成,其中"出资额"是资本构成的基本单位。尽管"股份"和"出资额"从作为股东出资的角度看似乎没有区别,实践中人们也习惯将有限责任公司的"出资额"称为"股份",但二者在《公司法》上是有区别的:股份有限公司的股份采取股票的形式,而且"采用面额股的,每一股的金额相等";而有限责任公司的出资额则没有这样的要求。《公司法》对股份作出特别规定的主要意义在于:股份是股份有限公司与证券市场联结的纽带,通过这一纽带,可以方便公司在证券市场融资。股份等额化特点可使资本构成单位小额化,使更多的公众具有购买股份的承载力;股份采取股票形式可以适应股份有限公司在证券市场公开发行股票和公开转让股票的需要。有限责任公司作为封闭型的公司,不能采取公开发行方式向社会融资,因而作为其资本构成的出资额就不具有股份有限公司股份的上述功能。

2. 公司设立。股份有限公司的设立条件和设立程序比有限责任公司更为严格。第一,股份有限公司发起人的上限为200人;有限责任公司股东的上限为50人。第二,股份有限公司可以采取发起设立和募集设立两种方式,而募集设立是向社会融资的重要手段;有限责任公司则只能采取类似发起设立的一种方式。第三,股份有限公司如果采取向社会公开发行股票的募集设立方式,不仅要符合法律法规规定的严格条件,而且必须通过保荐、国务院证券监督管理机构注册、制作招股说明书、召开成立大会、承销等较为复杂的程序才能成立;有限责任公司则是除法律法规规定需要由有关部门审批的外,其余都实行准则登记制,即只要符合《公司法》规定的条件和程序,就可依法登记成立。第四,在设立出资上,2023年修订的《公司法》对两类公司都有新的规定,第98条第1款要求股份有限公司"发起人应当在公司成立前按照其认购的股份全额缴纳股款";第47条第1款要求有限责任公司"全体股东认缴的出资额由股东按照公司章程的规定自公司成立之日起五年内缴足"。

3. 组织机构。2023年修订《公司法》后,尽管"规模较小或者股东人数较少"的有限责任公司和股份有限公司在组织机构设置上已经趋同,但作为股份有限公司的上市公司在组织机构设置上显然比有限责任公司复杂,不仅股东会、董事会是缺一不可的必设机构,而且还必须设置独立董事和董事会秘书;有限责任公司的组织机构则没有这样的要求。

4. 公司章程。无论是公司章程的制定(订)还是章程的具体内容,两类公司都存在较多差异:首先,在章程制定(订)上,《公司法》对股份有限公司章程使用的法律用语是"制订",而对有限责任公司章程使用的法律用语则是"制定"。"制订"和"制定"尽管都有创制、拟定的含义,但"制订"是起草、设计的意思,而"制定"则是把起草、设计的内容确定下来的意思。按照《公司法》规定,股份有限公司的初始章程是由发起人共同制订,制订后还需要经成立大会出席会议的股东所持表决权过半数通过才能发生效力;而有限责任公司初始章程则由设立公司的股东共同制定,股东在初始章程上签名或者盖章就可发生效力。其次,在章程内容上,《公司法》不仅对两类公司章程必要记载事项的要求不完全相同,如第95条要求股份有限公司章程的必要记载事项为12项,第46条要求有限责任公司章程的必要记载事项为7项,而且对章程的任意记载事项的要求也有较大差异。有限责任公司章程的任意记载事项的选择空间要比股份有限公司的更大,《公司法》关于章程具有优先于法条适用效力的"另有规定的除外"的条款,更多出现在有限责任公司的规定中。

(二)两种公司形态转化

公司形态的转化也称为公司变更形式,基于我国《公司法》中只有股份有限公司与有限责任公司两种基本形态,因此,我国公司形态的转化,只能发生在股份有限公司和有限责任公司之间,法律允许两种公司的相互转化。《公司法》第12条第1款规定,有限责任公司变更为股份有限公司,应当符合本法规定的股份有限公司的条件。股份有限公司变更为有限责任公司,应当符合本法规定的有限责任公司的条件。有限责任公司与股份有限公司相互转化都必须符合一定的条件和依照一定程序进行。

三、普通公司与特殊公司

按照公司成立的不同依据以及公司所从事的不同业务，可以在学理上将公司划分为普通公司与特殊公司。

（一）普通公司

普通公司也可称为一般公司，是指依照《公司法》规定设立的从事普通商事业务的公司。这一定义包含了构成普通公司的两个要素：

1. 依据《公司法》的规则设立。就总体来看，我国《公司法》就是一部普通商事公司法，即是对公司这种企业组织形式的基本问题进行规定的法律。对于这种属性的公司法，有的国家直接以"普通公司法"冠名，如美国州公司法往往就直接称为"General Corporation Law"。普通公司法从法律结构上包括公司组织法和公司行为法两个部分。公司组织法部分主要涉及公司的设立、变更、消灭以及公司治理结构等问题。公司行为法部分并非指一般意义上的行为，而是指与公司组织有着密切关系的一些交易，诸如为设立公司发生的设立行为，为公司融资发生的证券发行行为，基于公司经营管理做出的各种公司决议，基于股权变动发生的股权转让，基于公司控制权变动发生的收购与合并，以及公司为了调整公司资本结构发生的增资、减资和资本重组，等等。

2. 从事普通的商事业务。普通的商事业务的范围极其广泛，它涉及普通工商业务，如商品的制造、批发、零售，或者普通的服务业务。普通商事业务与特殊商事业务相对，二者的区别在于商事主体可以自由从事普通商事业务而无须获得特别许可。

（二）特殊公司

特殊公司是指依据商事特别法律法规设立的从事特别业务的公司。这一概念同样包含了构成特殊公司的两个要素：

1. 依据《公司法》以外的商事特别法律法规而设立。我国的《商业银行法》《保险法》《证券法》《证券投资基金法》《期货和衍生品法》等规定的商业银行、保险公司、证券公司、基金管理公司、期货公司，《金融控股公司监督管理试行办法》规定的金融控股公司，[①]都采取了《公司法》上的股份有限公司或有限责任公司的基本形式，但同时又须根据这些商事特别法律法规的相关规定来设立和运行。这些公司即成为与普通公司相对的特殊公司。《公司法》与《商业银行法》等法律在特殊公司的设立和运行上也构成一般法与特别法的关系。

2. 从事特别的业务。唯因特殊公司从事的是特别业务，所以才需要通过特别法的形式对这类公司予以特别规定。何谓特别业务？从我国现行特殊公司法律体系来看，特别业务实际上主要涉及金融行业，如银行业、证券业、期货业、信托业、投资基金业、保险业等。金融行业属于第三产业，如商业银行从事的是商业银行业务，证券公司从事的是证券业务，信托公司从事

① 《金融控股公司监督管理试行办法》由中国人民银行于2020年9月发布，其第2条规定："本办法所称金融控股公司是指依法设立，控股或实际控制两个或两个以上不同类型金融机构，自身仅开展股权投资管理、不直接从事商业性经营活动的有限责任公司或股份有限公司。"

的是信托业务，[①]基金管理公司从事的是投资基金的管理与投资业务，期货公司从事的是期货业务，保险公司从事的是保险业务。因此，这里对特殊公司的讨论主要针对金融机构。商事主体从事金融业务，与从事普通商事业务最大的不同就是要获得特别许可，如《证券法》第118条规定，设立证券公司，除了应当具备比普通公司更高的条件，还须“经国务院证券监督管理机构批准”，“未经国务院证券监督管理机构批准，任何单位和个人不得以证券公司名义开展证券业务活动”。如果违反该条规定，按照《证券法》第202条的规定，除对行为人作出罚款等处罚外，“对擅自设立的证券公司，由国务院证券监督管理机构予以取缔”。

（三）普通公司与特殊公司的共性与区别

根据《公司法》与前述金融商事特别法构成的一般法与特别法的关系，普通公司与特殊公司在公司基本形式、投资者有限责任、独立法人地位、公司法人财产权、出资形式和出资方式、股权结构、股份转让、公司治理结构、合并和分立、财务会计、解散清算等很多方面，同样需要适用《公司法》的一般性规定，但二者也具有如下区别：

1. 公司的设立不同。首先，设立公司所依据的法律不同。普通公司依照《公司法》设立，特殊公司则是根据《公司法》和特别商事法设立。商事金融特别法有特别规定的，特殊公司应当优先适用特别法，如须以有关行政许可为经营的前置条件。特别法没有规定的，才适用《公司法》的一般性规定。其次，设立目的不同。普通公司是为从事普通商事业务而设立的，而特殊公司则是为了特别的目的而设立。最后，设立要求不同。从总体上看，法律对于普通商事公司设立采取企业促成的政策，管制越来越少，尤其是对于封闭型公司，国家采取基本少干预或不干预的态度。我国2013年修正的《公司法》就废除了法定最低注册资本额要求，注册资本由部分认缴制改为完全认缴制。而对于特殊公司，唯因其从事金融业务的特殊性，所以世界各国对此类公司的法律管制都比较严格。我国金融机构的设立均需要取得主管机构或者部门的许可，且依然保留法定最低注册资本额要求，注册资本的缴纳也依然维持实缴制。

2. 公司经营能力不同。就普通公司而言，虽然我国《公司法》对公司的经营范围仍然实施一定的管制，但也仅仅体现在要求登记或者变更登记上。而对于特殊公司，我国《证券法》第6条就规定“证券业和银行业、信托业、保险业实行分业经营、分业管理”，即在业务经营上，不允许不同金融业之间混业经营。在企业监管上，也实行分业监管的原则。如国家金融监督管理总局负责对商业银行等银行、信托业和保险业进行监管，中国证监会负责对证券业、基金业、期货业进行监管。

3. 公司治理特征不同。金融类特殊公司相较于普通公司，具有高负债性、高流动性、高信用性、高传染性和高影响性等特征，从而使其公司治理也有诸多特殊之处。普通公司享有高度的自治权利，法律对企业的经营管理人员和从业人员没有特别限制。金融类特殊公司则要受到监管机构的监管，法律对金融机构的经营管理人员以及从业人员具有较高要求，如要求其应具有相应的从业经验、从业水平甚至从业资质等。

4. 公司内控制度不同。普通公司除了上市公司和国有公司外，法律对其并无其他风险防范的特别措施。而法律对特殊公司的风险防范则有较高要求，除了必须依法提留公积金外，还

---

① 我国信托法采取的是将信托行为与信托业分开立法的模式，所以，今后势必还将通过特别法的形式对信托公司进行专门规定。

要求各种金融机构均必须依照法律规定强制提留各种风险防范基金。

5. 公司破产启动程序不同。普通公司只要出现了破产原因,利害关系人即可直接向法院申请破产。而对于特殊公司,我国相关法律规定其破产申请必须得到主管机关的同意,因为金融机构的破产不仅会影响债权人利益,而且会对整个社会经济造成影响。主管机关通常会采取一些前置性防范和缓解措施,如由主管机关先行接管或者整顿。①

四、一人公司与合资公司

一人公司与合资公司是根据公司的全部股份或出资是属于单一股东还是多个股东进行的分类。

(一)一人公司

顾名思义,一人公司就是公司的出资全部属于单一股东的公司。根据我国《公司法》第42条和第92条的规定,一个自然人股东或者一个法人股东设立的有限责任公司或以发起设立方式设立的股份有限公司为一人公司。结合《公司法》其他条文规定,需要说明几点内容:

1. 我国《公司法》上的一人公司在本轮修改前只指一人有限责任公司,属于有限责任公司的一种形式。本轮修订吸收了多数国家的一人公司立法例,将一人公司范围扩充到股份有限公司,允许采取发起设立方式设立一人股份有限公司。无论是一人有限责任公司还是一人股份有限公司,都具有明显的封闭型公司的性质。

2. 由于法律上的"人"包括自然人和法人两种情况,因此,我国《公司法》上的一人公司也可分为自然人持股的一人公司和法人持股的一人公司。其中,法人持股的一人公司除了一般单个法人持股的情况外,还包括国有独资公司的形式。国有独资公司是国有公司的形式之一,是指公司注册资本全部由国家资本构成、国家授权单一机构行使国有股权的公司。这里的"国家"显然是指公司股东,应当属于具有民事主体地位的"国家法人",具体由一个国有资产监督管理机构代表国家履行出资人职责。国有独资公司也可以视为一人公司的一种特殊形式。

3. 依公司形成的时间不同,实践中的一人公司又有设立的一人公司和存续过程中形成的一人公司两种情况。前者是指由一个股东发起设立,公司在成立时就具备一人公司特点的情况;后者是指公司在成立时股东人数为法律规定的复数,但公司成立以后,由于公司分立、股份转让等原因而使公司股东仅为一人的情况。从《公司法》第23条第3款关于"只有一个股东的公司,股东不能证明公司财产独立于股东自己的财产的,应当对公司债务承担连带责任"的规定看,《公司法》对一人公司的规制应当包括设立产生的一人公司和存续过程中形成的一人公司。

(二)合资公司

合资公司是指公司的全部股份或出资属于两个或两个以上股东的公司。考察公司形成和

---

① 参见施天涛:《公司法论》(第4版),法律出版社2018年版,第67页。

发展的历史以及公司的特征就会发现,公司本身就是适应合资经营的需要而发展起来的企业形态。或者说,公司从本来意义上就属于合资性质的组织,国内外众多的公司法论著也都认为合资是公司的主要特征之一,一人公司只是公司在发展过程中产生的一种例外形式。公司法承认其法律地位主要是为适应经济社会的多元化,为投资者提供更多的选择,并不意味着实践中投资者都愿意采取一人有限责任公司的形式。实际上,从投资设立企业的情况看,多数领域仅靠个人资力是难以兴业的,因此,合资公司必然仍将在现实生活中占绝大多数。

五、公众公司与非公众公司

这是根据公司股份(票)是否公开发行或公开转让进行的划分。值得说明的是,这一标准是参照我国《公司法》《证券法》以及证券监管部门相关法规的规定和相关法理来确定的。按照这一标准,公众公司只涉及股份有限公司中符合这一标准的公司,即公众公司产生于股份有限公司基础之上;非公众公司则涵盖了公众公司以外的股份有限公司和全部有限责任公司,即跨越了股份有限公司和有限责任公司两种公司的范围。

(一)公众公司

公众公司是指股票公开发行或公开转让的股份有限公司。这里的"公开发行"是指《证券法》第 9 条第 2 款规定的两种情形:向不特定对象发行和向累计超过 200 人的特定对象发行。其中,"超过 200 人"是指公司的股东人数。与股东人数 200 人相关的法律规定还有《公司法》第 92 条对股份有限公司发起人的限制,即发起设立股份有限公司的发起人数应为 200 人以下。可见,股东人数 200 人是划分股份有限公司是公众公司还是发起设立公司非常重要的法律依据。

这里的"公开转让"是国务院证券监督管理机构对公众公司设定的另一项标准。根据中国证监会 2023 年 2 月修正的《非上市公众公司监督管理办法》第 2 条和第 4 条的规定,公众公司是指股东人数为 200 人以上或股票公开转让的股份有限公司。公开转让是指公司股票在全国中小企业股份转让系统(即实践中通常所称的"新三板")转让。[①]

根据上述法律规定,股份有限公司只要符合股东人数在 200 人以上或股票在新三板公开转让的两个条件其中之一,就可以成为公众公司。如果股东人数在 200 人以下且股票未公开转让,就属于《公司法》上发起设立的股份有限公司。

公众公司依据现行法律法规还可以进一步划分为上市公司和非上市公众公司两种类型。上市公司即《公司法》第 134 条规定的股票在证券交易所上市交易的股份有限公司。证券交易所是比"新三板"层次更高的股票公开转让市场,股票在证券交易所上市交易的必要前提条件就是股票已公开发行,[②]实践中上市公司的股东人数达到数万甚至数十万是常态,因此,上市公司是当然的公众公司。符合公众公司条件并不等于符合上市公司条件,公司上市除了须

① 《非上市公众公司监督管理办法》第 2 条规定,非上市公众公司是指"有下列情形之一且其股票未在证券交易所上市交易的股份有限公司:(一)股票向特定对象发行或者转让导致股东累计超过二百人;(二)股票公开转让";第 4 条规定:"公众公司公开转让股票应当在全国中小企业股份转让系统(以下简称全国股转系统)进行,公开转让的公众公司股票应当在中国证券登记结算公司集中登记存管。"

② 根据沪深京三个证券交易所的股票上市规则,股份有限公司申请上市的必要条件就是"股票已公开发行"。

具备公众公司条件外,还有公司资本数量、股权结构、公司财务指标、公司治理程度、股票首次公开发行(IPO)注册等一系列条件的要求。在这个意义上,上市公司是公众公司中社会公众化程度最高、法律管制程度也最强的公司。正是基于此,学者们对公司特征、公司功能、公司治理等公司法理的抽象很多都以上市公司为原型,上市公司也被广泛认为是公司中最为典型的形式。

(二)非公众公司

非公众公司是相对公众公司而言的称谓,不少学者在论著中把这类公司称为"封闭公司"或"闭锁公司"。之所以如此,主要是因为英美法系公司分类法的影响和对外文相关概念的翻译习惯。众所周知,英美法系国家的基本公司形式分为两类:public company 和 close company。其中,close company 是美国法上的公司称谓,其在英国法上相对应的名称为 private company。由于 private company 的中文译称为"私人公司"或"私公司",容易与我国公司实践中的"私营公司"相混淆,因此,学者们更多采用了美国法的称谓,将 public company 译为公开公司或公众公司,将 close company 译为封闭公司或闭锁公司,并逐渐约定成俗,成为一种对公司分类的称谓。这种分类与大陆法系国家将公司分为股份有限公司和有限责任公司两种基本形式的分类法存在较大差异。由于分类的依据不同,二者无论选择哪一种,都可能在公司形态上出现与另一类划分法不能完全对应和交叉重合的情况。尽管我国采取大陆法系的公司分类立法模式,但近年来,随着全球性的公司现代化发展和两大法系在公司形态上相互吸收借鉴的趋势,学界和立法界人士普遍认为,英美法系对公司形态的分类有其合理性和科学性,尤其是对于现代大中型公司的治理和监管而言,英美法系的公司形态更具有立法借鉴和监管适用的价值。因此,采取大陆法系做法的我国也产生了将股份有限公司中的一部分归入公众公司,并在此基础上进一步划分出上市公司和非上市公众公司的立法。与此同时,close company 这类公司如何与我国立法相衔接也成为学界和立法者关注的重要问题。

封闭公司或闭锁公司的称谓能够对应涵盖我国《公司法》中哪些公司的范围?对此,学者们有不同的解释,如有学者根据美国州公司法规定的封闭公司股东一般不超过 30 ~ 35 人,英国公司法规定私人公司股东不得超过 50 人,且股份流通受到限制、不得向公众募集股份等特点,认为封闭公司类似于我国公司法上的有限责任公司。① 还有学者认为,封闭公司又称未上市公司或非公开招股公司,其特点是公司的股份不能在证券交易所公开向社会发行,股东拥有的股份或股票可以有条件地转让,但不能在证券交易所公开挂牌买卖或流通。② 显然,这两种认识与我国现行监管法规的规定并不完全吻合:前者涵盖面过窄,未将非公众股份有限公司包括在内;后者涵盖面过宽,将未上市公众公司也包揽其中。基于此,笔者将封闭型公司统称为非公众公司。顾名思义,公众公司以外的都可以称为非公众公司,既包括非公众股份有限公司,又包括全部的有限责任公司,更重要的是,这一称谓更接近于我国《公司法》和证券监管机关针对我国公司实践进行的相关立法,不容易发生概念和逻辑上的含混。

---

① 美国特拉华州普通公司法规定,闭锁公司的股东不超过 30 人,股份流通受到限制,不得向公众募集股份等;美国其他州公司法也有类似规定,但在细节上有些差别,如加利福尼亚州公司法的人数限制是 35 人。参见黄辉:《现代公司法比较研究——国际经验及对中国的启示》(第 2 版),清华大学出版社 2020 年版,第 65 ~ 68 页。

② 参见赵旭东主编:《商法学》(第 4 版),高等教育出版社 2019 年版,第 118 页。

综上所述，我国的公司可以划分为公众公司和非公众公司两种类型（见图1－1）。公众公司包括上市公司和非上市公众公司；其中，非上市公众公司包括股东人数200人以上或股票公开交易的股份有限公司。非公众公司包括非公众股份有限公司和有限责任公司，其中，非公众股份有限公司包括股东人数200人以下且股票没有公开交易的股份有限公司。

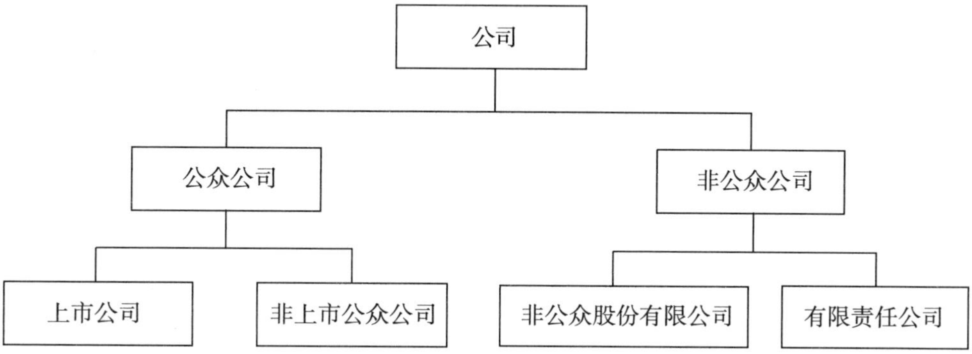

图1－1　公众公司、非公众公司与《公司法》上相关公司的对应关系

公众公司和非公众公司的类型划分，有利于根据不同类型的公司的特点采取有针对性的立法规制政策和监管措施。一般来说，公众公司具有的资合性强、股东人数多、两权分离程度高、企业规模大、与证券市场联系紧密、容易出现"大股东控制"或"内部人控制"现象等特点，决定了法律应当对其（尤其是上市公司）加强管制，强化公司治理和加强监管对于维护广大中小股东和社会公众投资者利益，督促公司合规运作，很有必要。法律法规对上市公司的公司治理、信息披露等方面都有较其他任何一种公司形式更为严格的要求。非公众公司具有的股东人数少、人合性强、适合于中小微企业的特点，决定了法律对其管制应当采取宽松的政策，在公司设立条件和程序、公司章程的制定、组织机构设置、经营管理决策、股份转让等事项上都宜采取放松管制的做法，更多尊重股东自治和公司自治。2023年修订的《公司法》对"规模较小或者股东人数较少"的股份有限公司和有限责任公司作出可以不设董事会或监事会的相同规定，也体现了将其视为非公众公司的立法思路。

六、控制公司与从属公司

控制公司与从属公司是根据公司之间的联结关系进行的划分，二者是对应存在的公司，包括母公司与子公司、总公司与分公司。

（一）母公司与子公司

母公司与子公司是相互对应而成立的概念，没有子公司的称谓就不会有母公司的称谓，反之亦然。正是基于母公司与子公司互为称谓存在的前提，二者常常被视为一体而合称为母子公司。

1. 母子公司法律特征。我国《公司法》对母公司没有直接作出规定，只对子公司有一简略规定，即第13条第1款"公司可以设立子公司。子公司具有法人资格，依法独立承担民事责任"的内容。母子公司的法律特征包括：第一，二者均具有独立的公司法人资格，有自己独立的名称和财产，都可以自己的名义独立从事经营活动，并以自己的全部财产独立承担债务责任；第二，二者既可以通过设立方式来构建彼此的关系，也可以通过股权转让、并购等方式来构建彼此的关系，无论采取何种方式，主要还是以股权为纽带来达到控制与被控制的目的。

2. 母子公司的认定。母公司是对子公司具有控制地位的公司；子公司则是受母公司控制的公司。财政部2014年发布的《企业会计准则第33号——合并财务报表》第2条将母子公司定义为：母公司是指控制一个或一个以上主体的主体；子公司是指被母公司控制的主体。这里的"控制"也可以解读为"控股"，即母公司是控股公司，子公司则是被控股公司。从公司实践来看，母子公司形式被广泛运用于上市公司、公司集团等多种场合。就控股关系而言，母子公司之间存在绝对控股和相对控股两种情形：绝对控股是指母公司持有子公司50%以上的股份，如果母公司持股达到100%的比例，子公司就被称为全资子公司；相对控股是指母公司持有子公司股份虽然不足50%，但母公司依其持有的股份所享有的表决权已足以对股东会的决议产生重大影响。随着股权分散化的发展和协议控制的增多，对母子公司相对控股关系的界定成为公司实践中的一个难题。一个公司持有另一个公司多大比例的股份可以构成母子公司关系？或者说相对控股是否存在下限？相对控股的抽象标准如何具体化？笔者注意到，实践中母子公司之间的相对控股比例可以很低，在子公司股权分散的情形下，股东持有其少量股份甚至通过协议也能成为对其拥有控制权的母公司。因此，学者们更多地使用"控制"一词来表达母子公司之间的控股关系。这一做法也在一些法规中得到体现，如《金融控股公司监督管理试行办法》第2条将金融控股公司对金融机构的控股或实际控制统称为"实质控制"。

关于母子公司相对控股关系的界定，《公司法》并未作出直接明确的规定。尽管第265条关于"控股股东"所作的解释性规定对于认定母子公司的相对控股关系有一定的参考价值，但也存在难以把握的不足。各国或地区的公司法或商法对相对控股的界定也不尽相同，有的明确具体，有的原则抽象。①

我国一些部门规章从监管的角度对母子公司的相对控股关系进行了界定。例如，《金融控股公司监督管理试行办法》第3条第2款规定，投资方未直接或间接取得被投资方过半数有表决权的股份，有以下情形之一的，视同投资方对被投资方形成实质控制：(1)投资方通过与其他投资方签订协议或其他安排，实质拥有被投资方过半数表决权；(2)按照法律规定或协议约定，投资方具有实际支配被投资方公司行为的权力；(3)投资方有权任免被投资方董事会或其他类似权力机构的过半数成员；(4)投资方在被投资方董事会或其他类似权力机构具有过半数表决权。又如，财

① 美国在其1935年《公用事业控股公司法》(Public Utility Holding Company Act of 1935)中规定，任何公司已发行的有表决权的股票中如果有10%或更多的数量为另一公司所掌握时，该公司即为另一公司的子公司，另一公司则为该公司的母公司。同时，其1934年《投资公司法》(Investment Company Act of 1934)将一个直接或间接持有他公司25%表决权资本的公司，推定为他公司的控制公司，即母公司，他公司为子公司。另外，美国1933年《证券法》(The Securities Act of 1933)和1934年《证券交易法》(The Securities Exchange Act of 1934)对"控制"一词作出了解释："'控制'这一术语指的是直接或者间接地具有指挥和导引某人管理和政策的权力，而不问这种权力的获得是通过具有表决权的证券所有、合同或其他方式。"《法国商事公司法》第355－1条规定："在下列情况下，一公司视为另一公司的控股公司：前者直接或间接持有赋予其在后者股东大会占多数表决权的一部分资本；根据同其他合伙人或股东达成的、不违反公司利益的协议，前者单独拥有后者的多数表决权；前者事实上通过其所持有的表决权支配着后者股东大会决定权。一公司直接或间接持有另一公司40%以上表决权，并且没有任何其他合伙人或股东直接或间接持有的表决权高于其持有的表决权时，该公司推定为行使控制权。"《韩国商法典》规定，持有他公司40%以上发行在外股份的公司为该他公司的母公司。我国台湾地区"公司法"第369－3条对有控制与从属关系之推定作出规定："有左列情形之一者，推定为有控制与从属关系：(1)公司与他公司之执行业务股东或董事有半数以上相同者。(2)公司与他公司之已发行有表决权之股份总数或资本总额有半数以上为相同之股东持有或出资者。"

政部2014年发布的《企业会计准则第33号——合并财务报表》第13条规定，投资方持有被投资方半数或以下的表决权，但通过与其他表决权持有人之间的协议能够控制半数以上表决权的，投资方对被投资方构成控制。该准则第14条规定，投资方持有被投资方半数或以下的表决权，但综合考虑下列事实和情况后，判断投资方持有的表决权足以使其目前有能力主导被投资方相关活动的，视为投资方对被投资方拥有权力：(1)投资方持有的表决权相对于其他投资方持有的表决权份额的大小，以及其他投资方持有表决权的分散程度；(2)投资方和其他投资方持有的被投资方的潜在表决权，如可转换公司债券、可执行认股权证等；(3)其他合同安排产生的权利；(4)被投资方以往的表决权行使情况等其他相关事实和情况。再如，2016年8月由国务院国资委、财政部、中国证监会三部门联合发布的《关于国有控股混合所有制企业开展员工持股试点的意见》第3条第5项中规定"实施员工持股后，应保证国有股东控股地位，且其持股比例不得低于公司总股本的34%"。这一规定表明，如果国有股东为母公司，其对实施员工持股的子公司的最低持股比例为34%。

无论是比较法上的规定，还是我国法律法规的现有规定，通过对相对控股的界定来确定母子公司关系都并非易事，可以从这些规定中抽象出如下几个要点：第一，持有一定的股份；第二，投资方能够通过表决权控制被投资公司的重大决策；第三，控制重大决策的方式可以是持股，也可以通过协议或其他安排。有学者认为，认定存在母子公司关系应当采持股基础上的实际控制标准，即母公司对子公司拥有股权，并拥有实际控制力。如果只依协议或其他安排而不持有股份，不应认定双方存在母子公司关系；只有不仅持股还能够实施控制时，才构成真正意义上的母子公司关系。① 笔者在赞同这一观点的同时认为，从实际操作的角度，对母子公司关系的界定的一些内容还可以具体化。如根据《公司法》的相关规定并结合公司实践情况，在没有协议或其他安排的情况下，母子公司相对控股还可作如下考虑：对上市公司而言，第一大股东与其第二大股东拥有该上市公司的有表决权股份之差额为该上市公司发行在外股份总额的10%以上时，推定其第一大股东为该上市公司的相对控股母公司；对于非上市公司(包括有限责任公司)而言，第一大股东拥有该公司的有表决权股份占其股份总额30%以上，且与其第二大股东拥有的表决权股份之差额在20%以上时，推定第一大股东为该公司的相对控股母公司。② 对国有公司而言，第一大股东为国有股东时，即使其持有该公司的有表决权股份占公司股份总额不足30%甚至低于20%，但该公司依照国有公司治理模式和准则来为规范公司行为的，可以认定国有股东为该公司控股母公司。③

母子公司作为公司实践中普遍运用的一种经营方式，能够迅速地实现公司的规模扩大和营业扩张，有利于公司做大做强，防止和抵御经营风险，提高自身市场竞争能力。但也应看到，母公司和子公司都是公司法上的独立法人主体，在具有积极功能的同时，母子公司也可能被当事人用来作为不当关联交易的工具，从事转移资产、逃避债务、规避税收等违法行为，因此，法律应当对母子公司进行必要的规制。就我国现行法律法规规定来看，规制的重点除了完善母子公司的识别标准外，还包括通过规范母子公司的公司治理、风险防控、财务会计管理、关联交

---

① 参见叶林：《公司法研究》，中国人民大学出版社2008年版，第308页。
② 参见周友苏：《新公司法论》，法律出版社2006年版，第35页。
③ 参见周友苏、周春光：《国有公司规范的体例调适与制度安排——以〈公司法〉新一轮修改为契机》，载顾功耘主编：《公司法评论》第21卷，法律出版社2021年版，第38~39页。

易等方面的运作,防止利用母子公司来进行不法关联交易,损害他人利益和社会公共利益。这些规制措施在上市公司和企业集团中广泛适用,其中,对企业集团合并财务报表的要求尤其引人注目。根据《企业会计准则第 33 号——合并财务报表》的规定,合并财务报表就是将企业集团中的母子公司视为一个会计主体,尽管它可能与母子公司彼此为独立法人主体的法理存在一定的冲突,但这一做法已经在企业集团中强制性应用并发挥着积极作用。关于合并财务报表的具体内容,详见本书第十四章第二节的相关讨论。

(二)本公司与分公司

本公司与分公司也是相互对应的概念,二者互为称谓存在的前提,缺少其中之一,另一对应称谓就没有意义。

本公司指设立分公司的公司本身,亦称总公司。分公司是指由本公司设立的分支机构。我国《公司法》第 13 条第 2 款规定,“公司可以设立分公司。分公司不具有法人资格,其民事责任由公司承担”;第 38 条规定,“公司设立分公司,应当向公司登记机关申请登记,领取营业执照”。据此,本公司与分公司的控制与从属关系可以从分公司的以下法律特征来展开:

1. 分公司是本公司在其住所外设立的分支机构。公司住所指公司主要办事机构所在地,实践中亦称公司法人地址。经公司登记机关登记的公司的住所只能有一个。由此可以推导出:只要不与本公司的住所相同,本公司既可在与其住所所在地不同的市、县(区)设立分公司,也可以在与其住所所在地相同的市、县(区)内设立分公司。

2. 分公司是从事经营活动的分支机构。公司的分支机构并非只有分公司,还包括一些非经营性的分支机构,诸如公司办公室、人事部、财务部等。将分公司定义为从事经营活动的分支机构,可以与本公司这些非经营性部门区别开来。从事经营活动意味着分公司从事的业务和活动的范围比本公司的非经营性部门要广泛。

3. 分公司是领取营业执照的分支机构。《公司法》关于公司设立分公司应当向公司登记机关申请登记并领取营业执照的规定,使分公司又与本公司诸如生产车间、经销部等直接从事经营的分支机构区别开来。领取营业执照意味着分公司有相对独立的名称、营业场所和分公司负责人,也意味着分公司具有相对的独立性。

4. 分公司不具有独立的法人资格。这是分公司与子公司在《公司法》上最重要的区别,也是总分公司比母子公司具有更强的控制从属关系之所在。不具有独立的法人资格就意味着分公司没有自己的独立财产,其实际占有、使用的财产是作为本公司的财产而计入本公司的资产负债表之中。分公司与本公司的其他分支机构相比尽管具有相对的独立性,但其业务、资金、人事都要受本公司的统一管辖与安排;与之相对应,其民事责任也应当由本公司承担。需要指出,企业集团由于有母子公司合并财务报表的要求,其中的子公司与分公司的区别变得相对模糊。

《民法典》第 74 条第 2 款对法人分支机构的民事责任的承担作出了明确规定:“分支机构以自己的名义从事民事活动,产生的民事责任由法人承担;也可以先以该分支机构管理的财产承担,不足以承担的,由法人承担。”这一规定表明,本公司承担由分公司行为产生的民事责任,这种责任既具连带责任的性质,也有无限责任的属性。以债务责任为例,根据连带责任的性质,分公司的债权人可以直接向本公司提起权利主张,要求其承担清偿全部债务的责任;根据无限责任的性质，公司的债权人也可以先向分公司提起权利主张，在分公司管理的财产不足以清偿时，不足部分由本公司补充承担。

5. 分公司可以以自己名义从事与其法律地位相当的民事活动。由于法律规定分公司要领取营业执照，本公司还可以对分公司的民事责任承担补充责任，这就决定了分公司与公司的其他分支机构相比，具有相对独立的法律地位，可以以自己名义从事与其法律地位相当的民事行为，还可以以自己的名义起诉应诉。[①] 公司实践中已经出现同一公司下属的两个分公司之间相互起诉的案例。如全国性的保险公司等金融公司往往以省或市的地域来设立下属的分公司，分公司不仅资产规模大，而且独立性也相对较强。如果分公司彼此间发生了债权债务纠纷，不能通过协商解决诉至法院，且分公司彼此都完全能够以自有资产承担民事责任，而无须由本公司承担补充责任时，根据《民事诉讼法》和《民法典》的有关规定，法院不仅应当依法受理，而且还可直接作出实体判决，由败诉方的分公司对胜诉方的分公司承担民事责任。[②]

七、内资公司与外商投资公司

这是根据公司出资来源进行的分类，“内资”与“外商”构成这一划分的关键词。

内资公司是指由境内投资者出资设立的公司，或者说内资公司的资本主要由境内投资者的出资构成。

外商投资公司是指由外国的自然人、企业或者其他组织投资者（也称外商）全部或部分投资设立或持有股份的公司。这里的“投资”既包括外商单独或者与其他投资者在中国境内共同设立公司的形式，也包括外商通过并购方式取得中国境内企业的股份、股权、财产份额或者其他类似权益的情形。根据 2020 年 1 月 1 日施行的《外商投资法》第 2 条关于外商投资企业的定义，“外商投资”只指外商设立或并购公司的情形，不包括我国港澳台地区的投资者投资境内公司的情形。改革开放以来，港澳台投资者为国家经济社会发展做出了重要贡献，国家始终鼓励和保护港澳台投资。港澳台地区均属于单独关税区，港澳台同胞到内地（大陆）投资不完全等同于境内投资，属于特殊的国内投资，立法上对港澳台投资者在境内投资也有特殊安排，而且在港澳投资者和台湾投资者上也存在一些差异。《外商投资法实施条例》第 48 条作出了明确的规定：对港澳投资原则上参照适用外商投资的法律制度进行管理，法律、行政法规或者国务院另有规定的，从其规定；对台湾同胞投资适用《台湾同胞投资保护法》及其实施细则的规定，《台湾同胞投资保护法》及其实施细则没有规定的，参照适用有关外商投资的法律法规。另外，对于定居在国外的中国公民在中国境内投资，参照适用外商投资的法律法规。法律、行政法规或者国务院另有规定的，从其规定。

长期以来，我国客观存在着调整内资公司和调整外商投资公司的两套法律系统，内资公司适用《公司法》的规定，外商投资公司则适用外商投资企业法的规定。外商投资企业法主要指 20 世纪 70 年代末至 80 年代改革开放初期出台的《中外合资经营企业法》、《中外合作经营企业法》和《外资企业法》（以下简称“外资三法”）。“外资三法”当时的定位主要是组织法，立法

---

① 2022 年修正的《最高人民法院关于适用〈中华人民共和国民事诉讼法〉的解释》第 52 条规定，《民事诉讼法》第 51 条规定的“其他组织”包括“依法设立并领取营业执照的法人的分支机构”。

② 参见陈耀、刘玉蓉：《同一公司的分公司之间可否相互起诉》，载《人民法院报》2021 年 10 月 28 日。

时被冠上企业法名称。《中外合资经营企业法》第 4 条将中外合营企业的形式规定为“有限责任公司”，因此也被认为是新中国成立以来最早确认公司法律地位的法律。在这一定位下，国务院、有关部门和地方陆续制定了一大批与“外资三法”相关的实施性、配套性法规和规章，共同构成了事实上的外商投资企业法体系。改革开放 40 多年来，外商投资企业对于促进经济持续发展、扩大对外贸易、优化产业结构、增加社会就业、培育市场主体、健全市场机制，发挥了积极作用，“外资三法”为我国外商投资企业提供了有力的法治保障。

也应看到，以组织法为定位导向的“外资三法”已难以适应新时代改革开放实践的需要。随着社会主义市场经济体制和中国特色社会主义法律体系的建立和不断完善，“外资三法”的相关规范已逐步为《公司法》《合伙企业法》《民法典》等市场主体和市场交易方面的法律所涵盖。迫切需要在总结我国吸引外商投资实践经验的基础上，制定一部外商投资基础性法律来取代“外资三法”。[①]《外商投资法》正是基于这一目的出台并于 2020 年 1 月 1 日起施行。《外商投资法》以外商投资行为为导向，比主要作为组织法的“外资三法”处于更为基础的地位，同时也兼顾了组织法的内容。根据该法第 4 条的规定，国家对外商投资实行国民待遇加负面清单管理制度。国民待遇是指针对在投资准入阶段和负面清单之外的外国投资者及其投资给予不低于本国投资者及其投资的待遇，这标志着外商投资公司和内资公司享有了同等的待遇。负面清单是指国家规定在特定领域对外商投资实施的准入特别管理措施，意味着国家对外商投资公司的准入限制严格控制在法定的可知的范围之内。这一规定使内资公司和外商投资公司的差异减小，二者的区别主要体现在股东身份和出资来源上。《外商投资法》第 42 条在宣示“外资三法”废止的同时，规定该法施行前依照“外资三法”设立的外商投资企业，在该法施行后 5 年内可以继续保留原企业组织形式等。现有外商投资公司在《外商投资法》施行后 5 年内，可以依照《公司法》等法律的规定调整其组织形式、组织机构等，并依法办理变更登记，也可以继续保留原企业组织形式、组织机构等。这也意味着，外商投资公司在“外资三法”废止后，在组织形式、组织机构以及公司治理方面主要受《公司法》规制，外商投资行为所涉及的投资促进、投资保护、投资管理方面主要受《外商投资法》规制。本轮《公司法》修订，则进一步将内资公司和外商投资公司都纳入《公司法》统一调整，真正实现了《公司法》与外商投资企业法的正式并轨。

八、本国公司与外国公司

本国公司与外国公司是按公司法人国籍进行的分类。本国公司是相对于外国公司而言的，二者的区别在于公司法人的国籍不同。本国公司指具有本国国籍的公司，外国公司指具有外国国籍的公司。

在公司法人国籍的确定上，各国或地区所采用的标准不同，常见的主要有：(1) 准据法说，即以公司成立时依据哪国法律、在哪国登记为准来确定其国籍。(2) 住所地说，即公司国籍由公司住所地决定。由于公司住所地的标准不一，该标准也产生了很多的变种，例如公司总部所在地标准、公司主要办事机构所在地标准、公司主要营业地标准、公司实际管理地标准、章程指

---

① 参见全国人民代表大会常务委员会时任副委员长王晨 2019 年 3 月 8 日在第十三届全国人民代表大会第二次会议上《关于〈中华人民共和国外商投资法(草案)〉的说明》。

定住所标准等。(3)控制人说,即"以控制该公司之自然人之国籍,为该法人之国籍"。[1] 根据控制公司的自然人的分类,该标准有股东国籍主义、董事国籍主义、管理人员国籍主义等变种。该标准认为,公司是由其设立人建立起来的组织,公司必将代表设立人的利益。因此,公司的权利实际上属于设立公司的自然人,因而公司不能脱离其设立人而独立存在,公司只能与其设立人同一国籍。(4)复合标准说,即在公司国籍判断标准中兼采前述两种或两种以上的标准,如兼采准据法说和住所地说或兼采准据法说和控制人说或兼采住所地说和控制人说等。我国主要采准据法说。《公司法》第243条规定:"本法所称外国公司,是指依照外国法律在中华人民共和国境外设立的公司。"由此推导,我国所称的本国公司即指依中国法律在中国境内登记成立的公司。[2] 按照此标准,公司无论有无境外股东,也无论境外股东的多少和出资的多少,只要是依我国法律在我国境内登记成立,即使是外商投资公司(包括中外合资或外商独资的公司),也为中国法人,即本国公司。

从我国现实看,外国公司中具有实际应用价值的表现形态包括:

(一)外国公司分支机构

这是我国《公司法》特有的概念,指外国公司依照我国《公司法》的规定,经我国政府批准,在我国境内设立的从事生产经营活动的机构。外国公司分支机构是外国公司跨国经营的重要方式之一。我国《公司法》第244条规定:"外国公司在中华人民共和国境内设立分支机构,应当向中国主管机关提出申请,并提交其公司章程、所属国的公司登记证书等有关文件,经批准后,向公司登记机关依法办理登记,领取营业执照。"可见,外国公司与外国公司分支机构是两个有区别的概念,外国公司分支机构是外国公司在我国设立的分支机构,在《公司法》上是本公司与分公司的关系,或者说是外国公司的国外分公司。与我国立法不同的是,一些国家(如日本)的公司法将外国公司分支机构直接称为"外国公司"。鉴于外国公司分支机构涉及不少法律问题,本书将在第十七章第四节对其进行专题研究。

(二)外国公司常驻代表机构

外国公司常驻代表机构也是外国公司跨国经营的重要方式之一。从我国公司实践看,外国公司进入我国实施跨国经营战略,主要采取两种基本形式:一是设立分支机构,二是设置常驻代表机构。其中,常驻代表机构产生于我国对外开放初期,是我国最早引进外商的方式之一。虽然《公司法》未将外国公司常驻代表机构纳入调整范围,但这并不影响其存在和发展,其至今仍然活跃在外商投资领域。国务院于2010年出台并经2013年和2018年两次修订的《外国企业常驻代表机构登记管理条例》也表明,外国公司常驻代表机构在我国众多涉外企业组织中占有重要地位。关于外国公司常驻代表机构的相关法律问题,详见本书第十七章第四节对其进行的专题讨论。

---

① 王文宇:《公司法论》(第6版),台北,元照出版有限公司2018年版,第707页。

② 《公司法》第2条关于"本法所称公司,是指依照本法在中华人民共和国境内设立的有限责任公司和股份有限公司"的规定也可证明。

（三）跨国公司

跨国公司是指以本国为基地，通过对外直接投资，在多个国家或地区拥有为数众多的分公司、子公司和参股公司，从事国际化生产和经营活动的大型公司组织。从法律上看，跨国公司是一个公司的集合概念，是由本国公司与外国公司、外国公司与其分支机构、母公司与子公司、本公司与分公司等共同构成的一个公司集合体，其各自归相应的法律规范调整。跨国公司虽然体现了多形态的公司之间、公司内多层次的综合关系，但其国籍主要是依据跨国公司总部的归属地来确定的。据媒体报道，2020 年世界排名前十位的跨国公司为沃尔玛、中国国家电网、中国石化、中国石油、苹果公司、大众汽车、微软、联邦快递、金佰利、丰田。其中 3 家为中国本国公司，其余 7 家均为外国公司。

（四）离岸公司

离岸公司（offshore company）是指在中国境外的离岸中心依其特定的公司法律登记注册成立，但主要在该离岸中心之外开展营业的公司。这里所谓的"离岸中心"是地域性概念，主要是指集中于太平洋岛国、印度洋岛国、加勒比海岛国等一些远离大陆岸边的国家和地区，如中国投资者比较熟悉的英属维京群岛（British Virgin Islands）和开曼群岛（Cayman Islands）。离岸中心对来此设立离岸公司的投资者给予设立和税收等多方面的特殊优惠，因而也被称为"避税地""避税天堂"。离岸公司具有基本无公司管制、设立运营成本很低的优点，因而吸引了不少包括中国在内的世界各地的投资者到离岸中心注册设立公司。[①] 按照我国《公司法》的界定，离岸公司是属于依照外国法设立的外国公司。我国自 20 世纪 90 年代起，离岸公司现象开始出现并逐渐增多。起初，我国投资者是通过到离岸中心成立离岸公司，然后离岸公司以外国公司的名义投资国内，并依中国法律注册设立公司，这类公司就变成具有外商投资性质的中国本国公司，可以享受我国当时对外商投资企业的多种政策优惠。因此，离岸公司也被戏称为"出口转内销的公司"。随着我国改革开放的发展，一些中国企业利用离岸公司管制少等优点来实现在境外证券市场上市，如国内著名的新浪、网易、蒙牛、阿里巴巴等在境外成功上市的公司，其上市公司的主体均是注册地为开曼群岛的离岸公司。这一现象表明，离岸公司对国内经济生活的影响力不可小视。离岸公司现象的存在，必然要涉及我国《公司法》所规定的本国公司、外国公司及其分支机构的相关问题。

（五）红筹公司

红筹公司是指境外注册、中国内地资本控股的境外公司。这里的境外公司包括上市公司和非上市公司。红筹公司是基于红筹股而得名的公司，红筹股概念产生于中国香港证券市场，随着内地证券市场的兴起和发展，20 世纪 90 年代初期，一些中国内地的公司收购中国香港中小型公

---

① 据叶林教授对维京群岛设立离岸公司的考察，其主要优势包括：第一，投资者通过代理人申请注册公司，无须将真实姓名记载于公司登记档案，公司登记机关不提供投资者信息查询，最大限度满足了投资者的保密需求；第二，公司设立和运行成本较低，公司无须拥有最低注册资本额，每年只需要缴纳 2000 美元的费用，无须承担纳税义务，即能维持公司资格；第三，公司不受转投资规则的限制，只需拥有小额资本，亦可在海外拥有庞大投资；第四，公司无须与被控股企业合并财务报表。离岸公司具有境内注册公司无法比拟的优势，并已对我国现实生活产生重大影响。参见叶林：《公司法研究》，中国人民大学出版社 2008 年版，第 52 页。

司并将其改造成中资控股的香港公司，香港特别行政区和国际投资者习惯把这些带有中国内地概念的股票通称为红筹股，因此也有了红筹公司的概念。随着我国对外开放不断扩大，中国境内的内资公司通过并购重组等方式成为境外公司控股股东的案例也越来越多，不少内资公司通过"买壳""借壳"方式成为海外上市公司，中资控股的红筹公司已经遍及全球许多国家和地区，成为我国资本输出和境内公司进入国际资本市场筹资的一条重要渠道。尽管红筹公司在公司股权结构上是中资控股，但同时也属于依照境外法律设立并在境外注册的公司，因此应当属于我国《公司法》上的外国公司范畴。

2019 年修订的《证券法》正式规定了存托凭证为我国的新证券品种。存托凭证是境外企业进入中国境内发行的证券，为外国公司在中国证券市场融资提供了新的渠道，扩大了我国证券市场的双向开放。红筹公司作为境外注册的外国公司，也可以通过存托凭证回归国内证券市场。近年来国家专门出台有关文件，为境外注册的创新型红筹公司回归发行股票或存托凭证提供了现实途径。①

九、关联公司与公司集团

这是根据公司之间是否存在关联关系以及该关联关系的关联程度进行的划分。

（一）关联公司

关联公司是指任何两个或两个以上具有关联关系的公司，换言之，是"独立存在而相互之间又具有稳定、密切的业务联系或投资关系的公司"。② 关联公司在公司形态上不是单体的公司形式，而是一个由多数公司构成的集合体。关联公司是公司实践中多见且较为复杂的现象，公司集团是关联公司的典型表现样态，一般而言，公司集团最集中、最全面地体现了关联公司的性质和特点。关联公司与关联交易有着密不可分的联系，关联交易是包括关联公司在内的关联人之间发生的交易。

1. 关联公司的法律特征。我国《公司法》没有直接规定关联公司的概念，但有规范公司关联交易的规定，从中可以解读出关联公司的几点法律特征：第一，关联公司是复数的公司，它是一种公司的共生态，而不是单体公司样态；第二，构成关联公司的各公司均具有独立的法律地位和主体资格；第三，形成关联公司的纽带是公司间的关联关系。学者们普遍认为，并非公司间的一切关系都能构成关联关系，只有达到一公司能对另一公司实施控制或重大影响的程度，才能认定公司间构成关联关系，两个公司才彼此互为关联公司。③

2. 关联关系。关联关系是认定关联公司是否存在的要素和难点所在。从比较法上看，一些国家和地区的公司法对关联公司有明确的规定，其中就涉及对关联关系的界定。如欧盟《公司法指令》规定，当一家公司直接或间接拥有另一家公司 25% 以上的资本总额时，两公司彼此互为关联公司；当两家公司同时被第三家公司直接或间接地分别持有 25% 以上的股份

---

① 国务院办公厅 2018 年 3 月转发了中国证监会《关于开展创新企业境内发行股票或存托凭证试点的若干意见》，该意见主要内容就是关于符合创新企业条件的红筹公司回归境内发行股票或存托凭证的规定。

② 参见赵旭东主编：《公司法》（第 3 版），中国政法大学出版社 2018 年版，第 15 页。

③ 参见柳经纬、黄伟、嫣青：《上市公司关联交易的法律问题研究》，厦门大学出版社 2001 年版，第 6 页；施天涛：《关联企业法律问题研究》，法律出版社 1998 年版，第 5 页；史际春、温烨、邓峰：《企业和公司法》，中国人民大学出版社 2001 年版，第 380 页。

时,这两家公司彼此互为关联公司。[①]

我国《公司法》第265条对关联关系作出的解释是:“关联关系,是指公司控股股东、实际控制人、董事、监事、高级管理人员与其直接或者间接控制的企业之间的关系,以及可能导致公司利益转移的其他关系。”但这一解释还主要着眼于公司内部关系,具有一定的局限性,并不易于理解和把握。财政部2006年2月发布的《企业会计准则第36号——关联方披露》则从关联方角度对关联关系作出了较为详细的界定。其第3条对关联方的概括规定是:一方控制、共同控制另一方或对另一方施加重大影响,以及两方或两方以上同受一方控制、共同控制或重大影响的,构成关联方。该条还对“控制”“共同控制”“重大影响”进行了解释。[②] 此外,该准则第4条采取列举方式,规定了构成关联方的10种情况。[③] 这些规定,为关联关系的界定提供了基本的依据和思路。关联公司的关联关系可概括为:第一,具有控制与从属关系;第二,具有投资关系;第三,直接或间接地同为第三者所拥有或者控制;第四,其他在利益上具有相关联的关系。

3. 关联公司的样态。基于对关联关系的界定,结合前述对公司类型的划分,笔者认为,我国公司实践中具有关联公司属性的表现样态主要有:(1)公司集团;(2)母子公司;(3)兄弟公司,亦称姐妹公司、关列公司,即同受母公司控制的、处于平行或并列地位的两个或多个子公司;(4)以投资关系联结但未达到母子公司控制程度的公司,如公司与其转投资形成的公司,公司与其通过并购重组等方式持股的公司;[④](5)公司与其重要投资者、关键管理人员或与其关系密切的家庭成员直接控制的其他公司;(6)通过协议形成的具有利益联结关系的公司;(7)通过协同一致的非协议方式形成的具有共同利益的公司,这类公司之间不存在协议,但彼此进行过意思联络或信息交流,并且各公司不能对结果上的一致行为(如集体涨价、限制产量等操控市场的行为)作出合理解释。我国《反垄断法》第16条“本法所称垄断协议,是指排除、限制竞争的协议、决定或者其他协同行为”的规定,实际上是从法律层面承认了实施协同一致行为的公司间具有关联关系,因此,这类公司也应被视为关联公司。

讨论关联公司的主要意义在于规范关联交易,防止关联公司利用关联交易损害公司、中小股东和利益相关者的合法权益。

(二)公司集团

公司集团也称企业集团,是以母子公司为基本架构、由众多的单体公司为了共同的利益通

---

① 参见《欧盟公司法指令全译》,刘俊海译,法律出版社2000年版,第368页。

② 《企业会计准则第36号——关联方披露》第3条规定,“控制,是指有权决定一个企业的财务和经营政策,并能据以从该企业的经营活动中获取利益。共同控制,是指按照合同约定对某项经济活动所共有的控制,仅在与该项经济活动相关的重要财务和经营决策需要分享控制权的投资方一致同意时存在。重大影响,是指对一个企业的财务和经营政策有参与决策的权力,但并不能够控制或者与其他方一起共同控制这些政策的制定”。

③ 《企业会计准则第36号——关联方披露》第4条规定,下列各方构成企业的关联方:(1)该企业的母公司。(2)该企业的子公司。(3)与该企业受同一母公司控制的其他企业。(4)对该企业实施共同控制的投资方。(5)对该企业施加重大影响的投资方。(6)该企业的合营企业。(7)该企业的联营企业。(8)该企业的主要投资者个人及与其关系密切的家庭成员。主要投资者个人,是指能够控制、共同控制一个企业或者对一个企业施加重大影响的个人投资者。(9)该企业或其母公司的关键管理人员及与其关系密切的家庭成员。关键管理人员,是指有权力并负责计划、指挥和控制企业活动的人员。与主要投资者个人或关键管理人员关系密切的家庭成员,是指在处理与企业的交易时可能影响该个人或受该个人影响的家庭成员。(10)该企业主要投资者个人、关键管理人员或与其关系密切的家庭成员控制、共同控制或施加重大影响的其他企业。

④ 这类公司彼此之间尽管没有达到母子公司控制程度,但由于投资持股的利益联结而存在关联关系,属于关联公司的范畴。

过股权联合、协议联合等多种方式构建的公司联合体。公司集团作为公司的联合体，包括控股母公司、子公司、分公司、参股公司、协作公司等不同的单体公司，根据不同公司与控股母公司的关联程度，实践中的公司集团常常分为核心层、紧密层、半紧密层、松散层等不同的层次。公司集团是公司法人的联合，但集团本身不是公司法人。因此，公司集团是最具典型性的关联公司的表现样态。

如同我国《公司法》对关联公司没有直接规定一样，长期以来，《公司法》也未对公司集团作出具体规定，但这并不影响公司集团在经济生活中的存在和不断发展。随着我国持续经济增长和改革开放的不断深化，公司集团对经济生活的影响力越来越大。目前国内大型或特大型的著名公司(包括上市公司和跨国公司)，几乎都采用了公司集团的形式。从我国 A 股上市公司市值排名前 50 名的情况看，截至 2022 年年底其均已采用企业集团的运作方式。① 另外，根据国务院国资委公布的截至 2023 年年底的央企名录，97 家央企中就有 87 家以公司集团的形式出现。②

与公司集团蓬勃发展态势并不完全匹配的另一现象是，公司集团的法律制度供给明显不足。目前还主要依据一些法规来调整公司集团的法律关系。这些法规除了少量的国务院行政法规外，多为层级较低的部门规章和地方性法规。③ 其对公司集团规制的路径主要为两个方面：一是准入规制，主要指公司集团在 2018 年前需要进行工商核准登记，取得《企业集团登记证》，公司集团才能成立；二是行为规制，根据公司集团的关联公司的性质，从关联方认定、合并财务报表、人格混同、税收、信息披露、反垄断等方面对公司集团的关联交易行为进行规制，防止公司集团利用关联交易损害利益相关者的权益。

长期以来，对企业集团进行准入规制的法规主要为原国家工商行政管理总局 1998 年 4 月发布的《企业集团登记管理暂行规定》，该规定对企业集团进行了定义，④规定了企业集团的准入条件，⑤经登记主管机关核准登记，发给《企业集团登记证》，该企业集团即告成立。《企业集团登记管理暂行规定》为企业集团的成立设置了准入门槛和行政许可程序。2018 年 7 月，国务院发布了《关于取消一批行政许可等事项的决定(2018)》(国发〔2018〕28 号)，其中取消的第一项行政许可就是“企业集团核准登记”，标志着实施了 20 年的《企业集团登记管理暂行规定》失效。这一重大举措不仅是对企业集团行政管制的放松，降低其市场准入门槛，更重要的意义在于明确了企业集团的法律属性和规制重点：企业集团具有典型关联公司属性的样态，法

---

① 在 A 股市值排名前 50 名上市公司中，直接在上市公司名称中使用“集团”或“(集团)”字样的有 8 家，占比 16%；上市公司的控股股东为公司集团(即上市公司作为公司集团的核心成员存在)的有 45 家，占比 90%。尽管有 2 家上市公司没有在自己的名称或其控股股东名称中直接使用“集团”称谓，但从其组织架构和股权结构分析，也属于事实上的公司集团。A 股市值 50 强上市公司的统计数据来源于国家企业信用信息公示系统以及企查查官方平台；数据更新截止于 2022 年 12 月 31 日，由笔者指导的 2020 级研究生统计分析。

② 《央企名录》，载国务院国有资产监督管理委员会网，http://www.sasac.gov.cn/n2588045/n27271785/n27271792/index.html?eqid=be4c3e8d0004b613000000066497fa10，2023 年 12 月 31 日最后访问。

③ 如国务院于 2020 年 12 月修订的《企业名称登记管理规定》、2019 年 4 月修订的《企业所得税法实施条例》，原银保监会 2022 年发布的《企业集团财务公司管理办法》，《吉林省企业集团组建与管理暂行办法》(1996 年)，《湖南省企业集团组建与管理暂行办法》(1996 年)等。

④ 第 3 条规定：“企业集团是指以资本为主要联结纽带的母子公司为主体，以集团章程为共同行为规范的母公司、子公司、参股公司及其他成员企业或机构共同组成的具有一定规模的企业法人联合体。企业集团不具有企业法人资格。”

⑤ 《企业集团登记管理暂行规定》第 5 条规定：“企业集团应当具备下列条件：(一)企业集团的母公司注册资本在 5000 万元人民币以上，并至少拥有 5 家子公司；(二)母公司和其子公司的注册资本总和在 1 亿元人民币以上；(三)集团成员单位均具有法人资格。国家试点企业集团还应符合国务院确定的试点企业集团条件。”

律规制应当主要针对企业集团内部的关联交易行为进行，从企业集团的组织规制向行为规制转化，在法律调整方式上也应当由原来的以组织法为重心的事前规制调整到以行为法为重心的事中事后规制上来。笔者注意到，企业集团核准登记取消后，各级市场监管部门对企业集团的名称使用不再设置条件，是否使用由公司自主决定。公司可以在名称中组织形式之前使用“集团”或者“（集团）”字样，表明该公司为企业集团的母公司。企业集团名称应与母公司名称的行政区划、字号、行业或者经营特点保持一致。需要使用企业集团名称和简称的，母公司应当在申请企业名称登记时一并提出，并在章程中记载。母公司全资或者控股的子公司、经母公司授权的参股公司可以在名称中冠以企业集团名称或者简称。各级市场监管部门对企业集团成员企业的注册资本和数量不做审查。[①]

将公司集团定位为关联公司并非我国的首创，1965 年出台的《德国股份法》就将该国的公司集团——康采恩（Konzern）规定为关联企业的主要形式之一。[②] 我国将公司集团纳入关联公司范畴并加以规制的意义主要在于：

首先，有利于对原来以准入管制为重心的规制方式作出调整。原有的规制方式偏重组织法规制，不仅需要遵循“公司形态法定主义”原则来衡量公司集团是否符合成立条件，还得依据法定的组织机构及权力配置来建构和完善公司集团。这种规制既不符合市场的要求，也不符合公司集团作为公司联合体的实际。公司可以通过持股，也可以通过协议或其他方式形成公司间的联合；公司集团内部机构的设置和权力配置，完全可以由公司自治处理，没有必要也没有可能强求一致。公司既可以设置复杂的组织层次，也可以通过简易的组织架构运作。因此，必须对原有的公司集团规制方式作出调整，由原来偏重组织规制的方式向注重行为规制的方式转变。

其次，符合法律对关联公司定位的目的。法律界定关联公司的目的主要在于对其发生的关联交易进行规制，关联交易简言之就是关联方进行的交易行为。对关联公司的准确识别有助于正确判断关联交易的不同形式和性质。法律规制的重心并非在于准入关口，而应集中针对关联公司利用关联交易损害他人利益的行为。

最后，明确对公司集团关联交易规制的重点。公司集团作为关联公司的典型样态，其关联交易具有特殊性。与一般关联交易中交易双方往往存在利益冲突关系不同，公司集团内部关联交易的交易双方完全可能基于利益高度一致而进行交易。笔者将我国《公司法》规定的关联交易称为“利益冲突的关联交易”，[③]将公司集团内部基于利益高度一致而进行的关联交易称为“利益一致的关联交易”。公司集团内部主体完全可能通过这种利益一致的关联交易损害第三人的利益，例如通过关联交易来转移交易一方的公司利润和财产，然后用掏空的公司来规避税收或逃避债务；又如公司集团通过内部公司的联合定价形成垄断价格，以损害国家、消费者利益为代价来达到公司集团整体获得收益的目的。因此，法律对公司集团的行为规制应

---

① 参见《国家市场监管总局关于做好取消企业集团核准登记等 4 项行政许可等事项衔接工作的通知》（国市监企注〔2018〕139 号）。

② 《德国股份法》第 15 条规定，关联企业是指在相互关系上为被多数参与的企业和多数参与的企业、从属企业和控制企业、康采恩企业、相互参与的企业或为关系企业合同的合同当事方的法律上独立的企业。

③ 我国《公司法》规制的关联交易基本为利益冲突的关联交易，如公司与控股股东、实际控制人和董监高直接或间接控制的企业发生的交易，在这些交易中，交易双方利益就处于此消彼长的冲突状态，控股股东、实际控制人和董监高可能利用关联交易损害作为交易一方的公司及其中小股东的利益。

当以这类关联交易为重点，对其施加特别措施，如在合并财务报表、强制信息披露、税收特别管制、公司人格混同识别标准、反垄断等方面作出不同于利益冲突关联交易的要求。笔者注意到，不少国家对此都有相应的法律对策。例如，《德国股份法》对康采恩就有专门的规制措施，有学者认为，康采恩制度实际上是突破公司集团中的各成员公司的独立人格，从而让这些成员公司彼此之间承担债务责任，与公司法人格否认制度有异曲同工之妙。[①] 又如，近年来在美国认同度很高的“单一商业体”理论认为，只要关联公司之间的关系足够紧密，无论是姐妹公司还是母子公司，都可以将它们视为一个商业体，让它们为相互的债务承担责任。[②] 我国财政部有关法规要求企业集团的母子公司必须合并财务报表，将企业集团视为一个会计主体，这并非只是一种财务会计制度的要求，也对公司集团内部单体公司的法人地位提出了挑战，还势必对公司的司法实践产生深远的影响。2023 年修订的《公司法》也开始有了涉及公司集团内部“利益一致的关联交易”的规定，第 23 条关于公司人格否认的规定增加了一款内容，该条第 2 款对于股东利用其控制的两个以上公司实施滥用公司人格逃避债务并严重损害公司债权人利益的行为，明确规定了“各公司应当对任一公司的债务承担连带责任”。这一规定就包括在公司集团场景下母公司及其属下的姐妹公司共同利用公司人格损害债权人利益的特殊情形。[③]

第四节　公司社会责任

一、引论

公司社会责任是公司价值目标具有双重性的体现，更准确地讲，是公司社会价值目标的直接体现。这也是笔者将公司社会责任放到公司基本问题中讨论的理由所在。

公司在现代社会应当扮演何种角色、发挥何种作用？传统公司法理论认为，公司的目的和价值目标只有一个，那就是谋求股东利益的最大化。公司董事只对股东承担信赖义务，股东以外的其他利益相关者的利益，与董事无涉。随着社会经济的发展，公司已成为企业的主导形式，其社会影响力不断增强，社会地位也日益显赫。人们对公司的认识和期待也发生了重大变化。公司已不仅仅是早期的简单的经济组织，而是一个重要的社会组织，公司在作为私法主体的同时，也是社会主体，应当担负起与其社会地位相适应的社会责任。公司的社会责任开始引起人们的关注，自 20 世纪初开始被学界讨论以来，获得越来越广泛的认同并得到法律的确认。我国 1993 年出台的《公司法》还没有公司社会责任的概念和相关表述，到 2005 年修订时才首次对公司社会责任作出规定。《民法典》第 86 条对营利法人提出了“承担社会责任”的要求，2023 年修订的《公司法》在总则第 20 条明确规定：“公司从事经营活动，应当充分考虑公司职工、消费者等利益相关者的利益以及生态环境保护等社会公共利益，承担社会责任。国家鼓励

---

① 参见黄辉：《现代公司法比较研究——国际经验及对中国的启示》（第 2 版），清华大学出版社 2020 年版，第 300 页。

② 参见黄辉：《现代公司法比较研究——国际经验及对中国的启示》（第 2 版），清华大学出版社 2020 年版，第 110 页。

③ 2019 年 11 月最高人民法院发布的《全国法院民商事审判工作会议纪要》第 11 条第 2 款规定：“控制股东或实际控制人控制多个子公司或者关联公司，滥用控制权使多个子公司或者关联公司财产边界不清、财务混同，利益相互输送，丧失人格独立性，沦为控制股东逃避债务、非法经营，甚至违法犯罪工具的，可以综合案件事实，否认子公司或者关联公司法人人格，判令承担连带责任。”这一规定也涉及公司集团的场景，为《公司法》本轮修订增加第 23 条第 2 款的规定提供了相应的依据。

公司参与社会公益活动,公布社会责任报告。”这一规定与原法的相关规定[①]相比,有几点明显的不同:第一,将公司社会责任设置为专条规定,不再像原法那样将公司社会责任与公司必须合规守法、遵守社会公德、商业道德和诚实守信等其他义务合为一条来规定;第二,对公司社会责任涵盖的主要范围作出了界定;第三,对公司社会责任的实现方式也有所涉及。

公司社会责任是社会广泛关注的问题,不仅受到法学尤其是公司法学的高度重视,而且也是经济学、社会学、政治学、管理学、伦理学等学科研究的热点问题。之所以有如此多的学科对公司社会责任感兴趣,除了公司社会责任本身的魅力外,还在于不同学科都可以从自身的角度对公司社会责任作出解读和思考。

二、公司社会责任概念辨析与思考

公司社会责任(corporate social responsibility)是由国外引入的概念,指公司不能仅仅以股东盈利最大化为唯一目的,还应关怀和增进股东利益之外的其他社会利益,并以此作为公司的社会价值目标。“公司社会责任的核心价值观是以人为本,而非以钱为本”。[②]

严格来说,“公司社会责任”作为法律概念并不十分清晰。学界对责任往往有广义和狭义两种不同的解释,广义的责任包括义务。从我国的立法看,责任则更多取狭义的解释,指由违反义务行为所引起的不利法律后果,即法律责任。义务是对主体行为的约束,而法律责任则仅在主体不履行法律义务时才产生。对主体而言,责任是对行为后果的承受,或者说是对不履行义务行为的惩罚。可见,狭义的责任并不等同于法律义务。[③] 如果不对公司社会责任中的“责任”一词作出明确的界定,就可能出现语义上的含混。公司社会责任实际上指公司对社会承担的一种义务,即公司应当为一定行为或不为一定行为的必要性。从《民法典》《公司法》的立法表述来看,条文中“应当”的表述,基本都是法律上的义务性规范的表述方式。因此,公司社会责任完全可以定义为社会义务。既然如此,从另一方面来看,公司社会责任就是对公司行为的一种约束和限制。

将公司社会责任解释为公司社会义务并不仅限于概念的辨析,由此及彼,至少可以启示我们思考公司社会责任的如下问题:

1. 与公司社会责任相对的社会权利。公司社会责任作为一种义务,必然会有与之相对应的权利,由此体现公司与利益相关者彼此间的关系。有权利就有相应的主体,这一主体可称为社会权利主体,也就是 2023 年修订《公司法》后在第 20 条中明确规定的“公司职工、消费者等利益相关者”及“社会公共利益”群体,王保树教授将其称为“公司社会责任受益主体”。[④] 从目前有关规范性文件来看,除了《公司法》第 20 条列举的公司职工和消费者外,利益相关者还

---

① 2005 年《公司法》第 5 条第 1 款规定:“公司从事经营活动,必须遵守法律、行政法规,遵守社会公德、商业道德,诚实守信,接受政府和社会公众的监督,承担社会责任。”

② 刘俊海:《现代公司法》(第 2 版),法律出版社 2011 年版,第 640 页。

③ 以《公司法》为例,相关条文使用的“认股人的权利和义务”“公司董事、监事、高级管理人员的资格和义务”“忠实义务”“勤勉义务”“清算义务”等概念,均是指主体应当或必须为一定行为或不为一定行为的必要性,属于对主体行为的约束;而其他相关条文中使用的“法律责任”“民事责任”“赔偿责任”“违约责任”“连带责任”等概念,均是指主体不履行义务所应当承受的法律后果。

④ 参见王保树:《公司社会责任对公司法理论的影响》,载《法学研究》2010 年第 3 期。

包括债权人、客户、供应商和社区等个人和群体。[①] 利益相关者作为社会权利主体常常具有公众化、非特定化的属性，当公司不履行社会责任时，如果没有特定的主体来主张具体的请求权，这一义务就可能落空。因此，利益相关者主张权利时，往往会以群体的形式出现，甚至由公法上的主体来代为行使，我国《民事诉讼法》规定的公益诉讼制度，就是由公法主体作为原告来追诉包括违反公司社会责任在内的损害社会公共利益的行为人的法律责任。[②]

2.《公司法》关于公司社会责任的规定还不是严格意义上的法律规范，而是带有较强倡导性和宣示性的原则性规定。首先，公司社会责任作为义务，应当具有确定性，而《公司法》第 20 条的相关内容还只是总则中一项原则性规定，在概念上没有使用“义务”的表述，这种抽象的法律原则主要对公司立法和公司行为发挥价值导向作用，不具有强制性，难以起到行为规范的作用。其次，法律规范从逻辑结构上应当是完整的，至少由行为模式和行为后果两部分构成。如果仅有行为模式，缺乏行为后果，行为人不遵守或违反行为模式的要求时就很容易规避法律，逃脱对不利后果的承担。这种没有行为后果的规范也被称为法律中的“软法”条款，缺乏必要的强制约束力和可诉性。《公司法》第 20 条关于公司社会责任的规定正是如此，因此被不少学者认为其更多具有道德上的倡导和宣示的意义。其实，关于公司社会责任的规定不具备完整的规范结构并非我国独有，也并不是立法者的疏漏，其他国家的相关立法也存在同样的问题。如同黄辉教授所言：“虽然有些国家的法律文件中包括了带有公司社会责任色彩的文字，但是，它们并不是强制性的法律义务，而更像是一种道德劝诫，因此这些文字主要具有象征性的意义，而实际作用并不乐观。”[③]

3. 公司社会责任是与公司利益或股东利益处于冲突状态的义务。作为公司社会责任相对方的利益相关者可以分为两类：一类是公司内部的利益相关者，主要指公司职工；另一类是公司外部的利益相关者，包括公司的债权人、消费者、供应商等。公司社会责任作为一种义务，要通过对公司利润的占用体现出来，公司承担社会责任就必然意味着要占用部分公司利润，公司履行义务的多少与对公司利润占用的大小成正比。当公司获取的利润为一定量且公司履行社会责任只针对公司内部利益相关者时，股东与公司职工之间可能构成利益冲突状态；当公司履行社会责任针对公司外部利益相关者时，公司法人和公司股东与外部利益相关者就可能构成利益冲突状态。利益冲突状态意味着冲突双方对某一时段内已定量的公司利润的占用呈此消彼长的关系，即一方占用的增量以另一方占用的减量为条件。那种认为公司履行社会责任与公司利益或股东利益不存在冲突，甚至会促进双方利益增长，有助于公司获得更多利润的观点只能在个别案例中得到验证，并不具有普适意义。不少学者基于以往文献的梳理和论证，发现公司履行社会责任与公司绩效之间未必是正相关的关系。[④] 当公司履行社会责任以公益性捐赠等为内容时，必然意味着公司需要牺牲一定的自我利益作为代价，也必然会影响公司法人和全体股东的利益。

4. 我国《公司法》关于公司社会责任的规定尽管并不完美，但有充分的合理性和必要性。

---

① 如中国证监会 2018 年修订的《上市公司治理准则》第 83 条列举的利益相关者包括“银行及其他债权人、员工、客户、供应商、社区等”。

② 2023 年修正的《民事诉讼法》第 58 条第 1 款规定：“对污染环境、侵害众多消费者合法权益等损害社会公共利益的行为，法律规定的机关和有关组织可以向人民法院提起诉讼。”

③ 黄辉：《现代公司法比较研究——国际经验及对中国的启示》（第 2 版），清华大学出版社 2020 年版，第 20 页。

④ 参见杨力：《企业社会责任的制度化》，载《法学研究》2014 年第 5 期。

随着经济社会的发展,一些复杂的社会现象很难通过法律规制就达到理想的状态。即使在现代法治社会,法律不能也不可能是“万能”的。一些法律制度的设计,本身就并不是完美无瑕的最佳方案,而往往可能是在多元利益冲突环境下进行权衡比较后作出的一种“利大于弊”的选择。这种选择完全可能使设计的制度从一开始就带有缺陷和漏洞。如对有限责任制度的选择就可能出现损害债权人利益的情形;实行“资本多数决“制度就可能出现损害中小股东的情形;将公司定位为营利性法人就可能出现公司为谋求自身利益最大化而损害相关者利益的情形。这就需要采取相应的措施来弥补制度设计的缺陷和不足,弥补措施是多样的,既可以是有针对性的法律漏洞填补或主体行为纠偏,如公司人格否认制度,也可以是道德倡导或号召主体行为自律,如公司社会责任制度。由此观之,公司社会责任规范就是弥补公司基本制度固有缺陷和漏洞、平衡公司强制性规范度难以兼顾的利益关系的调节机制。公司必须要坚持以营利为主要价值目标,营利则要求考虑股东投资回报最大化欲求,这就势必构成公司股东与公司职工、公司与消费者、公司与国家、公司与社区利益、公司与环境保护等利益冲突。公司应当兼顾双重价值目标,在法律难以通过强制手段将利益冲突协调到理想状态时,就需要寻求或借助其他柔性的手段和方式,通过更多鼓励和倡导公司自觉履行社会责任来实现。如提倡公司诚实守信经营,不以损害债权人利益为盈利条件;提倡公司切实提高产品质量和服务水平以满足消费者的合理需求;鼓励公司加强资源节约和环境保护来与社区协调发展;提倡保障生产安全以维护职工合法权益;鼓励公司推进自主创新、技术进步和不断提高持续盈利能力以为国家创造更多税源;鼓励公司参与社会公益事业以促进社会发展等。纵观全球,公司社会责任自 20 世纪提出以来,逐渐得到国际社会的广泛认可;进入 21 世纪后,公司社会责任已经成为全球共识,受到联合国、世界银行、国际标准化组织等极大重视和关注。我国《民法典》《公司法》对公司社会责任的规定,是中国法律顺应时势的现代化标志。通过法律向全社会明确宣示,公司在追求营利最大化目标的同时应当兼顾社会价值目标。公司社会责任不是该不该履行的问题,而是如何更好地履行的问题,法学研究也需要探寻更切合中国实际的公司社会责任实现路径和机制。

三、公司社会责任的性质

对于公司社会责任的性质,学界存在不同认识。王保树教授将公司的社会义务分为三类:一是法律上已规定的义务;二是道德义务;三是经营中发生的既非法律已经明确规定,也非道德性质的义务。① 蒋建湘教授认为企业社会责任分为法律责任、软法责任、道德责任。② 刘俊海教授认为公司的社会责任既包括商法上的社会责任,也包括商业伦理上的社会责任。③ 笔者注意到,在法律对公司社会责任性质规定不明确的情况下,学者们虽然基本认同公司社会责任兼具法律义务和道德义务两种属性,但对它的应然状态主要应当是法律义务还是道德义务还有不同的认识。当然,这里的法律义务主要是指具有确定性的、规范结构完整的、对公司行为有强制约束力的义务。

① 参见王保树:《公司社会责任对公司法理论的影响》,载《法学研究》2010 年第 3 期。
② 参见蒋建湘:《企业社会责任的法律化》,载《中国法学》2010 年第 5 期。
③ 参见刘俊海:《现代公司法》(第 2 版),法律出版社 2011 年版,第 17 页。

认为公司社会责任的应然状态主要是法律义务的支撑观点是：公司社会责任已经得到《民法典》和《公司法》确认，本身就具备法律义务的属性，尽管现行规定还十分原则和不具有可操作性，但并不影响它的应然状态，研究公司社会责任的主要目的就是应当让其具体化和有可操作性，使它真正变成一种法律义务，成为对公司有约束力的"有牙之虎"。一些学者提到，公司社会责任不少已经成为法律义务，如《消费者权益保护法》《产品质量法》《劳动法》《劳动合同法》《环境保护法》中涉及利益相关者权益保护的规范，许多都对公司具有强制约束力，一旦公司违反这些规定，出现损害利益相关者权益的行为，就会依法承担相应的法律责任；如果能够将公司社会责任更多地具体化为这类法律义务，就是公司社会责任期待的应然状态。

应当看到，从法律角度研究公司社会责任时，当然期待它的实然状态是确定的，但事实却并非如此，笔者通过检索发现，目前直接在法律条款中使用"社会责任"表述的只有《民法典》《公司法》《企业国有资产法》《证券法》《旅游法》等少数几部法律，而直接可以将其视同为公司社会责任表述的只有《民法典》和《公司法》。至于《消费者权益保护法》《产品质量法》《环境保护法》等法律中涉及利益相关者权益保护的规范，均是学者基于学术讨论需要而将其纳入公司社会责任范围的。这些没有使用"社会责任"表述但却具有确定内容的法律规范与学者讨论的内涵外延尚不清晰的公司社会责任还有较多的差异。目前，直接涉及公司社会责任或企业社会责任的规定更多见诸相关法规性、政策性和自治性的文件中，如中共中央、国务院及其地方党委政府的文件，国务院行政法规、地方性法规和有关部委规章和证券交易所、行业协会等规则准则等。其中，效力位阶较高文件中的相关规定与《公司法》等法律规定大致相同，即基本为原则性规定。效力位阶较低的文件有的对公司社会责任作出了相对具体的规定，如中国证监会发布的《上市公司治理准则》(2018 年修订)、《深圳证券交易所上市公司自律监管指引第 1 号——主板上市公司规范运作》(2023 年修订)、《上海证券交易所上市公司自律监管指引第 1 号——规范运作)》(2023 年修订)等，但这类文件由于效力位阶较低，对公司约束力还十分有限。这些法规性、政策性、自治性的规定基本都具有三个相同的特征：第一，得到了国家的明示或默示认可；第二，体现了社会对公司行为的期待，具有公共意志性质；第三，不能依靠国家强制力实施，对公司行为还是一种软约束。因此，不少学者也将其称为以软法形式体现的公司社会责任。

笔者认为，公司社会责任的性质无论是当前的实然状态还是未来的应然状态，都应当将其主要定位为一种道德义务，之所以如此，主要是基于如下理由：

1. 从历史演进来看，公司社会责任最初就是以道德责任形式出现的。有学者考证，1924 年美国学者奥利弗·谢尔顿(Oliver Shelton)首次提出企业社会责任的说法，把企业社会责任与企业经营者满足产业内外各种人类需要的责任联系起来，并认为企业社会责任包含道德义务。[①] 后来虽然人们逐渐认同社会责任，并将它纳入法律，但到现在它并没有真正变成法律上的"有牙之虎"，而仍然是作为一项与道德义务并存的法律原则而存在。学者们对其内涵一直存在不同的认知和解读，这一现象从 20 世纪延续至今依然如此，[②]也许还会继续下去。究其

① 参见蒋建湘：《企业社会责任的法律化》，载《中国法学》2010 年第 5 期。

② 笔者 2005 年参加"北京论坛"有关企业社会责任专题讨论时，听到一位日本教授谈到，日本学界 100 年前就开始讨论企业社会责任问题，到今天仍然还在就当时讨论的话题进行争论。

原因，最重要的恐怕就是公司社会责任具有的道德属性，学界向来对其缺乏清晰的界定，对它的批评也从未消停过。公司社会责任的含义固然模糊不清，但恰恰由于该词模糊不清而获得了社会各界的广泛支持。有人认为社会责任意味着公司要有社会良心，有人将公司社会责任与慈善捐赠画上等号，有人则把环境保护、雇员福利等与公司社会责任联系起来。[①] 这些解说都与道德相关。道德丰富的内涵以及随着时代进步而发展的不确定性，也许正是公司社会责任能够引起多学科关注和学者们长期争议的魅力所在。

2. 从现行法律规定来看，公司社会责任很大程度上就是一项道德义务。《民法典》有关公司社会责任的规定是与“遵守商业道德”合为一体来表述的，[②]从中可以解读出公司社会责任本身就含有商业道德的意思，或者说公司履行社会责任也是遵守商业道德的应有之义，甚至还可以说该条规定本身就是一种道德要求。于法律中规定道德要求，是我国民商等法律越来越普遍采用的一项具有中国特色的立法方式。《民法典》第 1 条立法宗旨中关于“弘扬社会主义核心价值观”的要求，就包括了大量的道德内容。[③] 另外，《民法典》第 8 条关于“不得违背公序良俗”的规定，被认为是“法律对伦理要求的具体化”。公序良俗体现了社会的道德利益，将其入法就是对社会主流道德的法律确认，“为道德制度化地进入法律打开了一个缺口”。[④] 同样，《公司法》第 20 条的规定也鲜明地体现了公司社会责任的道德属性，从该条两款的内容来看，公司社会责任尽管是公司的一种义务，但《公司法》并没有如同一般法律义务那样的表述方式，而是在第 1 款针对利益相关者的利益和社会公共利益采用了“应当充分考虑”的表述，第 2 款针对“社会公益活动”采用了“鼓励”的表述，这清楚地表明《公司法》关于公司社会责任的规定并非强制性的义务规范。尽管这种不具有强制性的规范也可以对公司的行为构成约束，但它只能是一种道德上的“软约束”。

3. 从实现路径上看，公司社会责任并非都要采取法律化方式。这里所谓法律化方式，主要是指依靠国家强制力保障。公司社会责任作为道德义务，也是一种行为规范，如果违反也同样有行为后果，只是需要通过非强制的途径来实现。既然如此，就没有必要追求将公司社会责任上升为法律规范，而需要更多地从道德自身内涵出发来思考实现路径问题，包括依靠社会舆论、组织自律、利益诱导、自愿服从等方式。需要指出，尽管一些社会责任的内容可以通过《消费者权益保护法》《产品质量法》《劳动法》《劳动合同法》《环境保护法》等法律的相关规范来体现，但并不等于公司社会责任所有内容都可以或都有必要上升为有法律强制力的规定，对于大量的需要依靠当事人自觉行为来履行的公司社会责任，如诚实守信、合规经营、公益事业的慈善捐赠等，强制性法律规范是难以企及的。如同法治德治的相辅相成一样，法律可以把人的行为调整到守法状态，但难以达到最佳状态。德治与法治的结合以守法为底线，通过发挥道德规范的功能，以德治企，可以把公司的行为调整到最佳状态。可见，承认公司社会责任的道德属性，并不否定在条件具备时将其部分上升为法律，但更为重要的意义是应当从“德治”的高度来看待公司社会责任以及从法治和德治的结合上将

---

① 参见罗培新：《公司道德的法律化：以代理成本为视角》，载《中国法学》2014 年第 5 期。

② 《民法典》第 86 条规定：“营利法人从事经营活动，应当遵守商业道德，维护交易安全，接受政府和社会的监督，承担社会责任。”

③ 社会主义核心价值观为：富强、民主、文明、和谐，自由、平等、公正、法治，爱国、敬业、诚信、友善。

④ 参见谢鸿飞：《论法律行为生效的“适法规范”——公法对法律行为效力的影响及其限度》，载《中国社会科学》2007 年第 6 期。

其落到实处。

4. 从道德的属性来看,公司履行社会责任存在许多与之契合的地方。有学者认为:“所谓道德,就是为了捍卫具有更高价值的规则而不惜牺牲自己暂时利益的精神力量。通俗一点说,只有在自己暂时受损时还坚持某种规则,才被视为是道德行为。因为做对自己有利的事情不需要道德。”①这一学理解释看似简单通俗,却概括揭示了道德的经济内涵:道德是基于高尚的动机而从事的利他行为。公司履行社会责任同样如此,对于处于利益冲突状态的双方而言,在没有法律强制力保障时,公司履行社会责任意味着义务方需要作出利他的行为。当公司利润为一定量时,社会责任的增加,意味着公司及其股东可得利益的减少。

道德义务与履行公司社会责任是能够相容相通的。中华民族的历史和现实的大量事实表明,恻隐之心,人皆有之;每个人心目中都有善端,但人的善端往往处于一种潜在的状态。中国人的善端在大灾大难面前表现得特别明显和充分。在国家、民族和人民生死存亡关头,当地震、疫情等巨大灾害袭来之时,中国人会表现出大爱,义无反顾地救灾,正因如此,我们常常会看到令人泪目的无私表现。在大灾大难面前,人的善端会被充分激发出来,从而形成一种极其有利于弘扬道德的环境。在这种环境和氛围下,政府基本上无须采取什么措施,公司也会积极地承担社会责任。但也要看到,人们认同道德,并不必然意味着就会实施与之相应的行为。如果行为人不具良知或丧失良知,没有廉耻感,道德的规范作用就可能大打折扣。实践事例也表明,人也存在不愿意遵守道德乃至排斥道德的因子,人的善端往往可能因为人欲受到蒙蔽,从而使之不能正确处理义利关系,在环境恶劣的情况下还可能走向反面。因此,我们需要从人的本性出发来建立一种机制和营造一种氛围,使人们潜在的善端转变为显在的道德行为,并成为一种常态,让公司自觉自愿地履行社会责任。②

四、公司社会责任的实现路径

公司社会责任的实现路径是公司社会责任如何落地的措施,也可以说是让公司社会责任更具有操作性的方法。既然公司社会责任是法律的一项原则性规定,具有道德的属性,那么就需要从法治与德治结合上来思考其实现路径,而且更多地考虑道德的特点和规范作用,构建与社会主义市场经济相适应并有利于公司社会责任实现的环境。这里需要首先明确几个基本原则:第一,公司社会责任中为法律确认的义务内容应当成为约束公司行为的底线,公司应当在遵守法律法规的基础上承担社会责任。第二,公司履行社会责任必须尊重公司的营利本质。在社会主义市场经济条件下,我们既不能否认公司作为“经济人”的本性而要求其“大公无私”,更不能为使其履行社会责任而对公司“杀鸡取卵”。第三,社会责任应针对不同的公司有不同的要求。国家应当对不同类型的公司承担社会责任有不同的标准和要求,从而实现效率目标下的公平追求。

(一)公司社会责任的法律化

显然,这里的法律化是指公司社会责任的履行有国家强制力的保障,使其对公司的约束由

---

①　盛洪:《经济学精神》,上海三联书店 2003 年版,第 238 页。

②　参见周友苏、宁全红:《公司社会责任本土资源考察》,载《北方法学》2010 年第 1 期。

“软”变“硬”。公司社会责任的法律化有一个是否合适和是否必要的问题。尽管随着社会的发展,公司社会责任中的法律义务和道德义务存在相互转化的可能性,但对于属于道德义务调整的范围,尤其是不能采取强制措施的领域,应当留给道德规范来调整。对于涉及利益相关者权益保护的内容,需要根据公司社会责任的不同要求分析其法律化的可能,能入法则入法,不能入法则不勉强,道德义务只有在条件允许的情况下才将其转化为法律义务。公司社会责任入法首先需要将其内容具体化和规范化,不能仅仅是法律原则性的规定,如果缺少规范的逻辑结构,即使形式上转化为法律规定,也可能不具有可操作性;其次,公司社会责任的法律化还需要解决公司社会责任的可诉性问题,即权利人在因公司违反社会责任行为而受到侵害时能够获得救济。与利益相关者权益保护相关的《产品质量法》《环境保护法》《劳动合同法》等涉及的法律责任多为公法责任,主要为行政责任和刑事责任,“追究的主体是国家行政机关或代表国家的司法机关,符合公司社会责任相对权利方不特定的特点”。[①] 但对于私法上的民事责任,则需要更多按照《民事诉讼法》第58条关于公益诉讼的规定来进行追诉。只有当违法行为受到追诉时,才能有效发挥法律遏制和减少违法行为的作用。

(二)加强公司合规制度建设

公司合规制度是近年来学界和实务界开始关注的问题。根据赵万一教授的研究,公司合规是指“公司的所有内外部行为除必须符合法律、法规、国际条约和规范性文件的规定外,还要符合商业行为准则、商业惯例、公司章程、内部规章的要求和公序良俗的要求”。[②] 可见,合规既是一种法律要求,又是一种道德要求。各国在合规制度的法律建构中,均将道德要求作为合规制度的核心内容。我国目前一些具有软法性质的文件也开始提出公司合规的要求,如中国证监会2020年修正的《证券公司和证券投资基金管理公司合规管理办法》、[③]国务院国资委2018年发布的《中央企业合规管理指引(试行)》[④]等,但这些行政规章和政策性文件还具有层级低、规范力不强、涉及面限于部门或行业等不足。公司合规制度与公司社会责任的要求具有很大程度上的一致性,从法律上看,《公司法》第20条关于公司社会责任的规定也是公司合规的要求。在这个意义上,加强公司合规制度建设是强化公司社会责任的保障机制之一。

(三)以社会主义核心价值观为指引,加强企业文化建设

社会主义核心价值观许多要求,如自由、平等、公正、法治、爱国、敬业、诚信、友善等,对于公司履行社会责任有着强烈的引导作用。需要特别提到的是,加强企业文化建设应当从中国国情出发,用好中国优秀传统道德本土资源,在坚守法律底线和尊重公司营利性的基础上采取必要措施强化道德规范对公司行为的约束力。公司应当做到不损人利己,充分考虑外部利益

---

① 赵学刚、朱明月:《构建公司法实施的文化保障体系》,载《人民日报》2012年6月7日。

② 赵万一:《合规制度的公司法设计及其实现路径》,载《中国法学》2020年第2期。

③ 《证券公司和证券投资基金管理公司合规管理办法》第2条规定,所有在我国境内设立的证券基金经营机构都应当实施合规管理,其所有经营管理和执业行为都应当符合法律、法规、规章及规范性文件、行业规范和自律规则、公司内部规章制度,以及行业普遍遵守的职业道德和行为准则的要求。

④ 《中央企业合规管理指引(试行)》第2条规定:“本指引所称合规,是指中央企业及其员工的经营管理行为符合法律法规、监管规定、行业准则和企业章程、规章制度以及国际条约、规则等要求。”

相关者合理的利益诉求，在力所能及的范围内做到“博施于民而能济众”；公司应当爱人、正己，不能见利忘义，不能一味追求利润最大化而不顾公众和社会需要。中国优秀道德传统发扬光大，有助于形成倡导公司社会责任的文化环境和氛围，对公司社会责任的实现构成强有力的支撑。国家应当承担起宣传教化的责任，通过正面宣传和领导者的示范表率，让整个社会达成共识，促进社会形成以履行公司社会责任为荣的道德环境和文化氛围。

（四）把公司社会责任纳入公司治理内容

我国《上市公司治理准则》等公司治理文件在《公司法》之外明确规定了公司治理应考虑利益相关者的利益，明确要求上市公司承担社会责任。着眼于将公司社会责任由“政府需要通过监管做的事情改为通过公司治理实现，将运用公权力实现的任务变为通过建立公司与利益相关者的和谐关系实现”。[①] 把公司社会责任与公司治理有机地结合起来，公司可以自觉地承担公益性的社会责任，如扶贫、慈善捐赠、解决就业，面临自然灾害时不裁员、不减薪等，这类高层次的社会责任由公司通过自律和自治规则来实现，成本低，效率高，更具有现代意义。

（五）强化道德规范中他律措施的设计

道德规范包括自律和他律两个方面的内容。从我国目前道德环境的现状出发，应当从强化他律性措施，提升道德规范对公司行为的外部约束力多作考虑。具体措施包括：第一，借助网络等现代通信方式来放大道德评价标准的功能，形成强大的向善抑恶的舆论环境和氛围，对公司履行社会责任的行为进行奖励和表彰，同时也要对严重违反社会主义道德规范的行为进行公开批评谴责。第二，公布公司履行社会责任情况，促使公司自觉履行社会责任。在传统价值观念仍然主导中国人的情况下，相关社会评价会对公司形成强大的舆论压力，从而可以对督促上市公司履行社会责任发挥有效的作用。2023 年修订的《公司法》对公司社会责任的规定就增设了这一内容，其第 20 条第 2 款规定：“国家鼓励公司参与社会公益活动，公布社会责任报告。”第三，有关部门应建立公司社会责任记录制度，对公司履行社会责任的情况进行记载归档。[②]

（六）完善董事义务，将公司承担社会责任作为董事一项重要义务

公司社会责任的实现依赖公司履行相关义务的行为，而公司义务的履行与董事的履职行为直接相关，在这个意义上，公司社会责任是也是通过董事的履职行为来体现的。当我们把公司董事的信义义务看成是基于受托人的道义原则而演化出来的法律规则时，那么让掌握公司控制权的董事替全体股东履行社会责任其实是一脉相承的。因此，“必须使社会责任的实现落实到董事身上。简言之，必须完善董事义务规则，并使董事获得对其所承担义务内涵的准确理解，以使公司社会责任从空中落到地上”。[③] 需要指出，董事义务包括忠实义务和勤勉义务，其中忠实义务的主要内涵是要求董事必须忠实于公司利益，不能将其个人行为目标置于与公

---

① 参见王保树：《公司社会责任对公司法理论的影响》，载《法学研究》2010 年第 3 期。
② 参见周友苏、宁全红：《公司社会责任本土资源考察》，载《北方法学》2010 年第 1 期。
③ 王保树：《公司社会责任对公司法理论的影响》，载《法学研究》2010 年第 3 期。

司利益对立的地位。如果将公司社会责任作为董事义务，就可能产生董事决策行为与公司利益相对立的情形。因此，公司社会责任作为董事义务需要由法律来作出规定。笔者注意到，国外公司法有关公司社会责任的规定，基本都是通过对董事义务的要求来体现的。①

董事在履行公司社会责任的相关义务时，需要协调好内部利益相关者与外部的利益相关者的关系。据媒体报道，贵州茅台在第三届董事会2020年度第四次会议中，通过了四项捐赠议案，其中的两项议案遭到中小投资者的抵制：一项是向仁怀市人民政府捐资2.6亿元专项建设茅台镇骑龙1万吨生活污水处理厂；另一项是向习水县人民政府捐资不超过5.46亿元专项建设习水县习新大道建设工程。一些中小股东不仅先后向上海证券交易所、中国证监会、国家信访局等多部门进行实名举报，同时还有超过230位股东组团欲起诉贵州茅台。其后，该公司第三届董事会2021年度第一次会议作出《关于终止有关捐赠事项的议案》的决议。② 贵州茅台是一家市值超过3万亿元的超大型公司，比一般公司承担更多的社会责任是正常的，作为当地的龙头企业，需要为当地的发展履行相应的义务。向社会捐赠作为履行社会责任的一种方式虽然无可非议，但应当考虑这一捐赠会对股东利益产生实质性影响，需要通过一定的程序和方式听取股东的意见，尤其是广大中小股东意见，不能由少数人说了算。在公司章程没有相应规定，也没有获得股东大会授权的情况下，董事会作出大额捐赠的决议可能涉嫌越权，参与决议的董事也可能涉嫌违反信义义务。

五、公司社会责任与ESG

ESG是近年来商法学界关注频率很高的一个词汇，由环境（Environment）、社会（Social）和治理（Governance）的英语单词首字母组合而成。ESG就其构成的三个部分内容来看，与公司社会责任的内涵有着密切的关系，二者都关涉公司社会价值目标这一本原性的基础问题。

ESG源于本世纪初联合国的有关文件。③ 从现有的研究和资料看，ESG最初是用作指导投资决策的一种理念、方式和原则，联合国在ESG运动的倡导和推动上发挥了关键作用。④ 投资包括了股权投资和债权投资。由于金融机构在投资中的重要地位，ESG首先应用于金融投资领域，联合国的有关文件主要是针对金融投资机构的投资导向和指南，提倡金融机构在投资分析和投资决策过程中将环境、社会和治理方面因素作为投资导向的重要考量指标。根据ESG三个部分的构成内容，投资者的投资导向不仅要考察投资对象的财务指标，而且还需考察其在环境保护、社会责任和治理结构等非财务方面的表现，由此全面了解投资对象的可持续性发展能力，从而对投资收益和投资风险作出全面衡量和评估。目前有关ESG的论著，很多都是从投资角度来进行研究，往往与资本市场、证券投资、绿色金融、绿色投资等概念联系在一

① 如《英国2006年公司法》第172条第1款规定："公司董事必须以一种其善意地相信为了其全体成员利益而促进公司成功的方式行事，并且在如此行事时，已经考虑了：(1)任何决策从长远来看可能的后果。(2)公司雇员的利益。(3)培植与供应商、顾客及其他方的商业关系的必要性。(4)公司的运作对社区及环境的影响。(5)通过高标准的商业行为来维持声誉的愿望。(6)在公司成员之间公平行事的必要。"

② 参见皮海洲：《茅台叫停8亿捐赠只是第一步》，载《金融投资报》2021年2月18日。

③ 学界普遍认为，2004年联合国契约组织首次在其发布的报告《谁关心谁赢》（Who Cares Wins）中提出了ESG的概念。该报告强调了ESG问题对资本市场和金融业的重要性。

④ 2006年，联合国支持的"负责任投资原则"（The Principles for Responsible Investment，PRI）倡议启动，该倡议明确提出了ESG因素在投资决策中的重要性，鼓励投资者考虑ESG问题，并将其纳入决策过程中。

起,认为ESG“主要作为投资决策考量因子得以运用,目的为降低投资风险和获取长期效益”;[①]有学者直接将ESG称为“ESG责任投资原则”。[②]

进一步看,投资者关注ESG实际就是关注投资对象的ESG表现,而投资对象则主要指向公司,无论是股权投资还是债权投资,公司都是其中最重要的主体。良好的ESG表现可以帮助公司实现长期、可持续的利润,对投资回报有着积极的影响。因此,ESG也就成为投资者对作为投资对象的标的公司的要求。投资者对ESG投资的评估也很自然会演变成针对标的公司在环境保护、社会责任、公司治理方面的状况和绩效的评估,其评估标准也会具体化为标的公司的评估指标,促使越来越多的公司为了获得融资在自身的运营管理中引入并遵循ESG理念,以此来提升自身的可持续发展能力,ESG成为衡量公司综合实力的一种重要指标。公司的ESG表现与公司融资和发展构成正相关关系:如果不符合ESG评估标准的要求,公司就可能难以获得融资。反之,ESG表现越好的公司,越有可能在市场上获得融资,也可能赢得更多的发展机会和空间,由此使ESG的应用溢出和超越了最初的金融投资领域,加上其中的环境直接与全球正在积极推进的应对气候变化的“碳中和”“碳达峰”等国家战略紧密相关,ESG成为商界的一种共识并得到越来越多的国家的认同、应用和推广,也成为政府和各种组织评价公司表现、指导投资决策的重要工具,许多国际组织和金融机构都发布了相关的标准和指引。也正是基于此,学者们对ESG的关注和研究也从金融投资更多地集中到公司本身,涉及如何评价公司的ESG表现,ESG的评价标准,公司ESG信息披露,ESG对公司的适用范围,ESG制度建设与完善等问题。ESG已经成为我国民商法学尤其是公司证券法学关注的前沿和热点问题。

应当看到,ESG在当前还缺乏统一的定义,除了ESG本身对应的英文单词为确定的“环境”“社会”“治理”,学者们对概念的解读还存在诸多模糊的地方,对其称谓也不一致,如“ESG理念”“ESG原则”“ESG运动”“ESG标准”“ESG指标”等。[③] 尽管如此,大家都普遍认同在我国《公司法》语境下,ESG与公司社会责任的内涵有着密切的关系。《公司法》关于公司社会责任规定中包含的“生态环境保护”“社会责任”内容与ESG的构成部分基本相同;治理对公司而言无疑指向公司治理,良好的公司治理结构正是公司履行社会责任的重要保证,也是公司制度的核心内涵所在。基于这些相同或相似,ESG三个构成部分也被按照公司社会责任的定义理解为生态环境保护、承担社会责任和公司治理的内容。加上ESG与公司社会责任都是法律法规对公司的一种义务要求,都体现了公司的社会价值目标,都指向公司在非财务方面的表现,都属于和可持续发展能力的重要内容,因此,不少学者认为二者是有着内在关联、彼此交叉重合又相互包容的概念。ESG是对公司社会责任运动的继承与发展,“其共同点都是承认公司的社会性,追求公司的可持续发展”,[④]ESG以公司社会责任为理论基础,正在超越公司社会

---

① 侯东德、韦雅君:《上市公司ESG信息披露框架的构建——基于新发展理念的视角》,载《财经法学》2023年第5期。

② 参见季立刚、张天行:《“双碳”背景下我国绿色证券市场ESG责任投资原则构建论》,载《财经法学》2022年第4期。

③ 基于ESG在我国虽然有了一定的实践,但尚未成为一种成型的制度的实际,笔者认为,比较各种称谓,使用ESG理念比其他概念能更好地反映ESG的本质和内涵,2023年12月中国法学会商法学研究会主办的“ESG背景下的中国公司法变革”研讨会的主旨发言中将ESG定义为:“ESG是投资者考察投资对象在企业环境、社会和公司治理非财务表现的一种价值理念。它要求企业在进行商业活动和决策时,不能单纯考虑追求利润最大化的目标,还需建立起对环境和社会负有责任和公司治理结构不断改善的可持续发展模式,以适应投资者和社会的变化与需求。”

④ 刘俊海:《论公司ESG信息披露的制度设计:保护消费者等利益相关者的新视角》,载《法律适用》2023年第5期。

责任的衡量公司整体健康状况的重要指标。①

应当看到,ESG 毕竟是 21 世纪才产生的概念,且不论目前对其认识还存在因理解不一导致的"自说自话"且缺乏统一的制度规范,尽管其与公司社会责任有不少相似和契合之处,但至少在以下方面还不能等同:

第一,表现形式不同。公司社会责任直接以法律规范为表现形式,《公司法》《民法典》对其从概念定义到具体内容上都有直接明确的规定,尽管这些规定还具有很强的软法属性,但对公司已经具备了法律约束力。ESG 目前还主要是以政策和层级较低的规范性文件(如证券交易所规则)为表现形式,这些政策和规范性文件也并非专门的 ESG 规定,而是其中涉及的相关内容,有的甚至还是学者从不同视角作出的解读,带有明显的理念、原则、价值目标的属性,政策性文件中涉及的 ESG 多为倡导性、宣示性的内容。

第二,应用的范围不同。公司社会责任的应用范围是确定的,按照《公司法》第 20 条的规定,其适用于所有的公司,无论公司的规模大小和属于何种类型,公司社会责任对其都具有普适性。ESG 的应用范围则并不止于公司,如前所述,ESG 作为投资理念、原则的倡议,首先是应用于投资领域,尤其是金融证券市场具有重要地位的金融机构;公司被纳入 ESG 的应用范围主要是基于其作为投资对象或融资主体的地位,是由投资者对 ESG 的要求而传导至公司,使公司也成为 ESG 标准或指标的适用对象,通过公司自身的行为来达到或符合投资者对 ESG 的要求。可见,ESG 应用于公司与公司对融资的需求直接相关,对于大量属于封闭型的中小公司而言,如果其没有市场融资的需求,也就没有必要将其纳入 ESG 的应用范围。正是在这个意义上,学者们对 ESG 涉及公司的研究,主要指向了上市公司,也有学者建议,针对 ESG 信息披露,其适用范围宜界定为公众公司、国有公司、大型非上市公司、环境资源密集型企业与公众福祉敏感型企业。②

第三,对公司的约束力不同。公司社会责任和 ESG 都是一种义务性的要求。公司社会责任尽管可以认为是法律义务,但由于其软法的性质,更多是一种道德约束,并不具有强制性,主要依靠公司的自我约束来实现,如果缺乏相应的外部机制,单向度的公司自律和"利他"还难以保持持续性的驱动力。而 ESG 则是来自投资者传导的义务,虽然现在还缺乏直接的法律规范,但 ESG 对投资者的导向却变成一种对公司具有他律性的外部约束,出于政策指引和可持续发展的考虑,公司如果不能满足投资者的要求就可能难以融资或丧失发展机会,因此,ESG 内含着公司自我利益的驱动力,这种驱动力也是一种来自市场的驱动力或约束力。公司基于自身长远利益的考虑完全可能作出自觉履行 ESG 义务的选择。在 ESG 信息充分透明的情况下,投资者与公司也完全可以通过良性互动来实现 ESG 的要求。公司在满足投资者对 ESG 要求的同时,本身也会受益于融资成功带来的利益和声誉提升、环境改善产生的好处,"从而实现一种良性、可持续、螺旋式上升的互动模式,最终有利于实现公司发展目标"。③ 进一步看,法律对 ESG 的制度供给也可以采取与公司社会责任有别的方式:一是明确 ESG 的要求,设定若干标准或指标;二是对公司 ESG 信息披露作出要求,这种要求可以是强制性的规范,包

---

① 参见季立刚、张天行:《"双碳"背景下我国绿色证券市场 ESG 责任投资原则构建论》,载《财经法学》2022 年第 4 期。

② 参见刘俊海:《论公司 ESG 信息披露的制度设计:保护消费者等利益相关者的新视角》,载《法律适用》2023 年第 5 期。

③ 朱慈蕴、吕成龙:《ESG 的兴起与现代公司法的能动回应》,载《中外法学》2022 年第 5 期。

括对公司 ESG 信息披露真实准确的要求和中介机构审计认证的程序。ESG 需要中介机构提供 ESG 评级指数并通过审计认证程序来提高标的公司 ESG 信息的公信力和可信度，帮助投资者识别具有良好 ESG 表现的公司，从而帮助投资者作出正确的投资决策。可见，ESG 有公司社会责任的理论和实践基础，有基于国家战略的政策导向指引，有公司出于自身利益的内在需求和市场驱动力，其理念、原则上升为法律规范的前景可期，比公司社会责任有更为广阔的制度发展空间。

第二章　公司法的基本问题

第一节　公司法性质解说

一、公司法对公司发展的作用

公司的发展与法律制度密不可分。公司首先是作为一种经济现象存在的,但纯粹的经济现象并不能对社会经济的发展产生多大作用。正是由于法律制度的进步,赋予了公司普遍适用的规范性质,公司才能从经济现象跃升到企业资本组织形式的层次,从而对社会经济的发展和进步产生巨大的推动作用。美国法学教授伯纳德·施瓦茨在评价公司法律制度对美国经济发展的巨大作用时曾谈到:“在企业公司领域,法律发展成为一种特别适合发展中的美国经济的要求的工具。如果仅仅依靠单个企业家的积极性和财力,那种根本改变了这个社会性质的工业发展是难以实现的。正是公司制度,使人们能够聚集起对这个大陆进行经济征服所需要的财富和智慧。”①

如果说市场经济是现代公司产生和存在的基础,那么法律就是公司发展和繁荣必不可少的条件。公司法对公司发展和繁荣的影响和作用主要在于确定了一整套规范的公司运行机制,包括:通过对公司权利能力和行为能力的规定,赋予公司独立的人格和法人地位;通过明确公司内部各机构的职权和相互关系,使社会化大生产对现代化企业要求的“两权分离”变为现实;通过对不同公司形式及其股票交易的有关规定,为投资者根据自身利益需要进行投资提供广阔的空间;通过有限责任的确立,分散商品生产经营的风险,扩大股东的队伍;通过法律明确公司和股东相互的权利义务边界,廓清彼此独立又相互依存的利益关系,为双方的行为提供必须遵循的准则,从而保障公司的健康和顺利发展。如果没有法律的作用,公司运行机制的形成,乃至应有功能的释放,都是不可想象的。正是在这个意义上,伯纳德·施瓦茨教授认为,“公司完全是一种法律的创造物”。②

从公司产生和发展的历史看,公司发展较快的国家,其公司法律制度也相应发达。各国在发展公司过程中,都非常重视公司立法,不仅制定了详密的公司法典,而且形成了一套较为系统的公司法理论。我国自1993年《公司法》出台以来,公司与公司法相互促进。进入21世纪以来,公司已经成为我国企业主导形式,《公司法》也不断完善,逐步建立一套具有中国特色的公司法律体系。在公司法上,公司是作为一种制度而存在的,它是一种形式定型化、行为准则化、运行规范化的企业组织。公司法明确了公司的基本含义和基本形式,确立了公司的法律地位,规定了公司的组织和活动的基本原则。公司法是公司必须遵循的行为准则,也是其顺利发

---

① ［美］伯纳德·施瓦茨:《美国法律史》,王军等译,中国政法大学出版社1989年版,第67页。

② ［美］伯纳德·施瓦茨:《美国法律史》,王军等译,中国政法大学出版社1989年版,第67页。

展和正常活动的根本保证。

二、公司法的特征

公司法作为法律的组成部分，具有一般法律的共性，即都是反映和调整一定社会经济关系，由国家制定和颁布，并由国家强制力保障实施的行为规范。同时，它也具有自身作为商事特别法的特点。尽管我国目前确立了“民商合一”的立法体例，但并不影响对商法与民法的学理区分，以及对商法特性和商法价值的普遍认同。

(一)公司法是商事组织法

组织法也可称团体法，团体是多数个体的联合或集合，团体法以团体组织为调整对象。公司在本质上属于社团法人，尽管公司中也有一人公司的形式，但它并非公司的普遍或典型形式，实践中的公司绝大多数是多数人合资组建的组织。以公司为调整对象的公司法自然也具有团体法的属性。组织法“重内”，即以组织的建立和维护为主要目标，关注内部的组织结构、机构设置、权力分配(领导与被领导)、责任分担等。与组织法相对的是行为法。合同法、证券法等都是典型的行为法。行为法“重外”，即不管主体内部结构如何，只将其视为一个整体(行为主体)，关注行为主体对他人产生什么样的影响或后果。公司法是典型的商事组织法，主要目标就是创设简便易行和运转安全的公司形式，其内容也是围绕创设公司和维护公司展开，由此体现出一些与行为法不同的团体规则，如公司促成、公司维持和公司稳定等，“在公司法中，规范的适用应贯彻企业维持精神，着眼于公司的成立、存续、发展，确实需要解散时，也应依严格程序进行”。[①] 通过对公司内部机构设置和权力配置的规定，使公司内各方利益得以平衡和协调，维护公司内外部的信赖关系，实现吸引投资者的功能。当然，公司法也有一些行为法的内容，如股份转让，但这些行为都与公司的组织特点有关。至于那些与公司组织特点无关的行为如公司买卖货物、签订合同等，则主要受合同法的调整。

(二)公司法是任意性规范与强制性规范的结合

法律规范包括任意性规范和强制性规范。任意性规范是指法律规范留有相当的选择空间，在这一空间范围内当事人可以通过自由协商来选择适用，确定彼此的权利义务关系，并可以协商变更或解除这种关系。强制性规范是指法律规范的权利义务具有绝对肯定形式，不允许当事人相互协议或任何一方任意予以变更或否认。不同性质的法律在两类规范的配比上有所不同。公司法作为商法，虽然也有涉及国家与公司关系的规定(如公司登记)，但主要还是调整公司内部和外部平等主体之间的关系。因此，公司法本质上属于私法范畴。一般而言，公法更多通过强制性规范来体现，私法则更多通过任意性规范来体现。

应当看到，强制性规范与任意性规范的配比选择，不仅受营商环境、立法政策的影响，而且与公司形式密切相关。一般而言，公众型公司的强制性规范所占比重要大一些，如果是上市公司，强制性规范会更多。强制性规范的效力绝大多数及于公司、股东及组织机构的成员。而

---

① 王保树：《从法条的公司法到实践的公司法》，载《法学研究》2006 年第 6 期。

且，管理性强制规范在数量上明显多于效力性强制规范，主要目的在于维持公司运营的秩序。对于封闭型的公司形式，任意性规范的比重要大一些，尤其是规模较小的股份有限公司和有限责任公司，从组织机构的设置到公司治理、从股份转让到利润分配，都有供股东选择的较大空间，股东还可以通过公司章程排除公司法规定的适用。我国《公司法》自1993年出台至今已历经多次修改，每次修改，都会对强制性规范和任意性规范进行调整，而相关调整也基本遵循着加强对上市公司的规制和放松对封闭公司的管制的思路，总体上增加了任意性规范的比重，体现出公司法适应市场经济发展要求的修法精神。

（三）公司法规范是实体规范与程序规范的结合

公司法在规范上采取了实体规范与程序规范结合的法律架构，从总体上看，程序规范占比更多一些，体现了公司法作为组织法的特色。如我国《公司法》关于总则、公司组织机构及其负责人的职权职责、股东基本权利义务、法律责任等规定多属于实体规范内容；而关于公司设立、公司组织机构行使权力的方式、公司变更、公司清算、公司解散等规定，则多属于程序规范的内容。公司法实体规范与程序规范的结合，不仅反映出现代立法一个重要的特点，而且更重要的是能够更好地保证公司的依法运作，充分释放公司应有的功能。如果程序规范缺失，就可能出现公司实践中内部纠纷外部化、实体权利虚置化、司法裁判自由化等问题。

（四）公司法具有国际性

公司法的国际性主要体现在两个方面：第一，从形式上看，无论是实行制定法的大陆法系国家，还是主要实行判例法的英美法系国家，在公司法上都采取了制定法的形式；第二，从内容上看，尽管各国的政治经济情况千差万别，立法上也各有特点，但公司法的实体内容却有趋同之势。进入21世纪后，各国公司法互相借鉴、互相渗透的发展趋势更为明显，如关于公司的组织形态、内部机构、股份发行与转让、上市公司等规定，各国的立法越来越接近，差异越来越小，形成许多国际社会一致认同的规则，还出现了区域性统一的公司立法，如欧盟制定的《公司法指令》。公司法的国际性既顺应了经济全球化的发展趋向，同时也为公司超越国界限制，成为国际上通用的企业形式创造了条件。

三、公司法调整的范围

调整公司的法律规范虽然不仅限于《公司法》现有的条款，一些相关法律部门也存在调整公司的规范，但相比其他法律部门的个别规范，《公司法》对公司的调整是集中系统和全面的，主要指向“一个地位，两个关系”的范围。

1. 公司的主体地位，即围绕着公司独立法人主体资格展开的各种规定。主要包括公司的主体资格或资质的要求、权利能力和行为能力的获得和边界、公司成立条件及其限制、登记制度、公示制度、市场准入控制等。

2. 公司的内部关系，即围绕着公司权力形成及分配展开的各种关系。核心是公司、股东、董监高三个群体之间的关系，同时也包括参与公司决策的其他利益相关者群体，比如职工、债权人等。具体制度上如公司内部机关设置、权力配置和监督机制、董监高的信义义务、控股股东和中小股东间的关系、公司分配关系等。这些关系并不是各自独立的,它们彼此之间的重叠交叉、制约混同是非常明显的,现代公司法甚至带有"牵一发而动全身"的特点。例如,控股股东的行为,既可能是外部关系,又可能是内部关系,还会涉及公司主体地位的独立性;又如,信义义务,看起来是内部关系,但也常常涉及对外签约的有效性、兼并收购的正当性等问题;股东直接诉讼局限在内部关系之上,但派生诉讼往往与外部关系和主体地位纠缠在一起。

3. 公司的外部关系,即围绕着公司意志形成、意思表示和对外行为而展开的各种关系。包括企业的边界——内部关系和外部关系的区分、对外签约权的内部分配、公司和其他企业之间的不同关系的定性、一般交易关系、公司和政府的关系等。

上述范围是基于调整对象作出的表述,属于传统方式的界定。如果换个角度,从已有的研究和实践问题的角度看,现代公司法关注的是公司治理、公司融资和兼并收购三大命题。

公司治理,包括结构、行为和绩效三个层面,关注的是公司的"责权利"关系,即权力配置、行为规则和各方的权利义务;公司融资,关注的是公司的财产结构、组成和变化,比如资本化、资本发行和分配,公司债,与公司运营、税收和分配相关的账务会计制度;兼并收购则关注的是公司变动和公司交易,比如公司价值的计算,兼并和收购的方式以及限制,公司重组等。这三者同样也是相互交叉和重叠的,共同构成了现代公司法的重点部分。其中,公司治理是公司法的核心。后两者中,公司融资和财务会计制度重合度较高,兼并收购和证券法、反垄断法等制度的重合度较高。①

四、公司法立法重点的调整

近年来,各国立法重点向中小型公司倾斜是公司法改革中一个值得关注的动向。不可否认,公司法律制度的设计原型为股份有限公司,更准确地说是作为股份有限公司典型的上市公司,这种适应大型企业的制度设计,符合自由竞争和工业经济时代的背景,自由竞争客观上为大企业的发展提供了制度优势,工业经济对募集大额资金的需求为公众公司的发展提供了动力。在此理念指导下,我们看到的公司法立法场景是:长期以来,许多国家都以股份有限公司或公众公司为公司法的主要构成部分,而将有限责任公司或封闭公司作为特例,采取简化或者选择适用的方式进行规定。进入 20 世纪下半叶以后,随着工业经济时代向知识经济和数字经济时代转变,公司的核心竞争力由原来的规模优势转变为创新能力,公司的组织发生了较大变化,由以前的大企业为主,变成以中小企业为主。为中小企业尽可能营造一个良好的生存环境,已经成为世界各国重要的经济政策取向。各国公司法修订或改革也顺应时代的要求,改变公司法的理念和规制方法,明确表达了发展中小企业的基本态度。如《英国 2006 年公司法》就体现出鲜明的"小公司优先"的立法政策,改变以前长期对占公司总量 98% 的私人公司规制较弱的状况,规定在公司设立过程中,没有在设立证明书中明确载明设立公众公司的,视为设立私人公司,"将公众公司和私人公司两种不同类型的公司一并调整,并以私人公司为基本,公众公司为例外,可谓是正视实际、与时俱进的转变和举措"。② 这一趋势亦反映在德国 2008 年 11 月生效的《有限责任公司现代化与反滥用法》中,该法以简化设立条件、灵活便利运作等

① 参见邓峰:《普通公司法》,中国人民大学出版社 2009 年版,第 42 ~ 45 页。

② 林少伟:《英国现代公司法》,中国法制出版社 2015 年版,第 81 ~ 82 页。

改革措施,促进中小型企业发展,推动国民经济发展。2008 年欧盟委员会制定的《欧洲小型商业法》,更明确提出了一系列具体保障小公司优先的立法原则,并依中小公司需要调整公共政策,小型公司优先原则今天已成为欧盟政策制定的核心。

日本 2005 年公司法改革几乎与英国同步,并且与英国公司法改革秉承的理念也基本一致。日本公司法改革放弃了从规模大小上对公司区分的立法,废止了有限责任公司制度,实现了有限公司、股份公司的一体化,结束了将近 70 年的股份公司与有限责任公司分别立法的历史,制定了统一的公司法典。在有关股份公司的规范体系上,是根据简单到复杂的排位顺序对条文进行设置,建立了公司法的新体系。日本学者认为,日本 2005 年公司法改革不仅仅是法律条文位置的修改,新体系具有划时代意义的是:对于股份公司以所有与经营相分离的上市公司等为原则、对全部已发行股份的转让进行限制的公司为例外这一迄今为止的观念进行了转变,确立公司法是以关于非公开公司的规定为基础的新理念。①

我国《公司法》是采取先规定有限责任公司,然后再规定股份有限公司的立法体例,并将有限责任公司的一些规定适用于股份有限公司,如关于两类公司组织机构的权力配置,似乎采取了以有限责任公司为一般、以股份有限公司为特例的做法,但这并不意味着遵循重视中小公司的立法政策。有学者认为,我国《公司法》仍是以大型公司为主,或至少是以有限责任公司和股份有限公司并重为立法取向的。在出资方式、出资比例及缴足时间、股东会职权、董事任期及职权、监事选任任期及职权、公司财务会计制度和公司合并、分立、增资、减资等方面对两类公司的规定基本或是完全一致,并没有为小型公司创设运作更为灵活的氛围和规则。②

第二节　我国公司法的历史演进与新《公司法》的特色

我国的公司法包括广义和狭义两种理解:广义的公司法包括我国近现代史上从清末、民国和中华人民共和国成立至今这一历史演进过程中的中国公司法律制度;狭义的公司法则主要指中国现行公司法律制度,如果不作特别说明,特指 2023 年 12 月 29 日由十四届全国人大常委会第七次会议修订通过并于 2024 年 7 月 1 日实施的《中华人民共和国公司法》,亦称新《公司法》。

一、我国第一部公司法的产生

从历史演进的角度考察,公司和公司法在中国均是"舶来品"。当蕴含现代企业要素的欧洲"东印度公司"③于 17 世纪初产生时,中国同时期的历史典籍上尚无公司或类似商事组织的相关记载。据学者考证,"公司"一词"并非中国所固有",在古汉语中,"公"含有共同的意思,

---

① 参见[日]江头宪治郎:《新公司法制定的意义》,于敏、杨东译,载王保树主编:《最新日本公司法》,法律出版社 2006 年版,第 5 页。

② 参见张宪初:《全球改革浪潮中的中国公司法》,载王保树、王文宇主编:《公司法理论与实践》,法律出版社 2010 年版,第 38 页。

③ 包括英国 1600 年成立的"东印度公司"和荷兰 1602 年成立的"东印度公司"等,尽管人们对股份公司的最早产生时期有不同的说法,但据亚当·斯密的考察,英国的"东印度公司"已经蕴含着现代公司基本要素。参见[英]亚当·斯密:《国民财富的性质和原因的研究》(下卷),商务印书馆 1972 年版,第 307 ~ 308 页。

“司”则指主持、管理，二者合在一起就是“主持或从事众人共同事务”的意思，因此，“公司”概念很可能是吸收英文“company”一词中“com”具有的公共、共同含义而创造的一个中文新词。①

公司的产生和发展与市场经济密切相关。史实证明，公司不仅存在于我国社会主义市场经济条件下，而且也曾根植于历史上适应公司产生和存在的市场经济土壤中。当近代西方国家市场经济已经有了一定发展时，我国还处于落后的封建社会，自给自足的自然经济仍然占据统治地位，公司形式自然未能在中国土壤上首先产生或与西方国家的公司同步产生。直到19世纪，中国典籍中才有对作为商事组织的公司的记载。② 清代学者魏源(1794—1857年)曾在《海国图志》一书中生动地描述：“西洋互市广东者十余国，皆散商无公司，惟英吉利有之。公司者，数十商辏资营运，出则通力合作，归则计本均分，其局大而联”。③

研究表明，法律是公司发展的巨大推动力。如果没有立法对包括有限责任、股份民主在内的公司基础性制度的规定，具有普遍适用意义的现代公司的迅速发展是不可想象的。正是法律的作用，公司才可能充分发挥出现代企业的组织功能和效率。从比较法的视角看，英国自1600年“东印度公司”产生之后的300余年间，公司并未获得多大发展，直到1855年英国《有限责任法》出台后，英国乃至西方的公司才获得了突飞猛进的动力，迅速成为现代企业的主导形式。④ 而中国的公司尽管是19世纪才逐渐引入，但在公司与公司法的互动关系上却体现出明显的“后发效应”。1904年1月21日，中国历史上第一部公司法由清政府以“公司律”的名称正式颁布实施。《公司律》共131条，分为公司分类及创办呈报法、股份、股东权利各事宜、董事、查账人、董事会议、众股东会议、账目、更改公司章程、停闭、罚例共11节。鉴于《公司律》的制定与颁布实施都比较仓促，且内容上多机械地照搬国外的法律，其不可避免地带有许多先天不足甚至缺陷。尽管如此，《公司律》在中国公司法演进历史中仍然具有特别的地位和意义：其一，《公司律》第一次以立法的形式明确了公司组织的合法地位，开创了中国公司法制的先例；其二，《公司律》是晚清政府重商主义政策的重要体现，通过为公司创办和经营提供法律保护的方式，提高了中国民族工商业的地位；其三，《公司律》对中国公司法演进具有奠基作用，为以后中国接续的公司立法提供了范本。

二、民国时期我国公司法律制度的发展

辛亥革命推翻清王朝后，北洋政府于1914年颁布了《公司条例》。该条例既参考了《公司律》的内容，又兼顾了当时中国社会通行的商事习惯。《公司条例》共6章251条，条文数量较《公司律》有明显的增加。从内容上看，《公司条例》首次以立法的形式明确了公司的法人地位，是我国公司制度发展史上具有里程碑意义的法律。《公司条例》将公司组织形式分为四类：无限公司、两合公司、股份有限公司和股份两合公司。其中关于股份有限公司的规定多达

---

① 参见史际春：《关于公司、企业的若干考证和辨析》，载《法学家》1996年第4期。

② 也有学者认为，在商事组织意义上使用“公司”一词，大致年代为18世纪末或19世纪初。参见范健、王建文：《公司法》，法律出版社2006年版，第13页。

③ (清)魏源：《海国图志》，陈华、常绍温等点校注释，岳麓书社1998年版，第38页。

④ 笔者曾经对西方国家这段时期公司与公司法的互动关系作过较为详细的考察和分析，参见周友苏：《公司法律制度研究》，四川人民出版社1991年版，第54～64页。

132 条，占《公司条例》全部条文的一半以上，反映出股份有限公司在四种公司形式中的重要地位。此外，《公司条例》规定公司可以经营商业、工业、公用事业、金融业等，必须经注册后方可营业。

此后，南京国民政府在《公司条例》的基础上，于 1929 年 12 月 26 日颁布了中国历史上第一部正式以"法"冠名的《公司法》，该法共 233 条，包括通则、无限公司、两合公司、股份有限公司、股份两合公司以及罚则 6 章。《公司法》"博采他邦成规，广征本国习惯"，[①]增加不少新内容，如将公司界定为"以营利为目的设立之团体"，强调了公司的营利性；又如引入公司法人持股制度，为公司间通过相互持股、控股以及兼并、收购等进行产业整合、发展民族经济提供了合法途径；再如修订了公司治理的相关规定，首次规定了股东代表诉讼制度。1946 年，当时的立法机关对该部《公司法》进行了重要修改，增列有限公司和外国公司两种重要的公司形式，法律条文和章节也有较大幅度增加，修改后的《公司法》共 10 章 361 条。

从我国 1913 年、1929 年和 1946 年的三部公司法的历史演进看，民国时期公司立法开始有了一定的经验积累和本土特点，从内容来看，也并未与同时期西方国家的公司法存在太大差距。但与此同时也存在另一个突出的现象，即我国经济生活中的公司极不发达。据江平教授考证，1949 年中国核准登记的公司企业仅为 11，298 家，占当时约 130 万个工商企业的比例不到 1%，而且公司中规模巨大者也不多。[②] 究其原因，恐怕主要还在于民国时期我国市场经济十分落后，当时半殖民地半封建的经济社会性质和长期的战乱决定了我国的经济发展水平与西方国家相比还存在相当大的差距，因而也不可能为公司这一商事组织提供必要的发展环境和市场条件。尽管我国从 20 世纪初就已经有了公司的立法，但由于基础条件的欠缺，民国时期公司法律制度对公司发展的应有推动作用未能得到有效发挥。

三、新中国成立后我国公司法律制度的演进

(一)新中国成立初期的《私营企业暂行条例》

1949 年中华人民共和国成立后，人民政府立即废除了国民党政府的旧法统，停止适用民国时期包括《公司法》在内的一切法律，为新中国社会主义法制建设排除了障碍，并"在短短两三年时间里迅速制定颁布了近 1000 件法律、法令和法规"，[③]其中就有在新中国公司法制史上占有一席地位的《私营企业暂行条例》。

应当看到，作为商事组织的公司在新中国成立初期经历了从逐渐萎缩到完全消亡的过程，这一发展过程与当时历史背景以及对社会主义企业形式的认识密切相关。新中国成立后，人民政府对民国时期遗留的具有官僚资本和私营性质的公司企业分别进行了处理：对属于官僚资本性质的公司进行没收，将其转为国营企业；对其余私营性质的公司仍让其存在和发展。为了限制私营公司的自发性，国家当时也对其进行了必要的管制。1950 年 12 月 29 日，政务院第 65 次政务会议通过了《私营企业暂行条例》，明确了在国营经济领导下，鼓励并扶助有利于国计民生的私营企业发展的总原则。《私营企业暂行条例》共 4 章 32 条，规定了独资、合伙和

---

① 关乃凡：《〈六法全书〉评介》，载《文献》1982 年第 3 期。

② 参见江平主编：《公司法教程》，法律出版社 1987 年版，第 43 页。

③ 曹康泰：《新中国 60 年法治建设的探索与发展》，载《求是》2009 年第 14 期。

公司三种私营企业组织形式,公司包括股份有限公司和有限公司等五种形式。其中股份有限公司为“五人以上的股东所组织,分资本为一定数额的股份,股东就其所认股份对公司负其责任”;有限公司为“二人以上的股东所组织,就其出资额对公司负其责任”。该条例还明确要求“企业非系公司组织者不得使用公司名称”,并对公司的核准登记等事项作出了相应的规定。《私营企业暂行条例》尽管在新中国成立初期适用范围有限,而且具有明显的过渡性,但为当时公司的存在和发展提供了必要的法律保障。

随着新中国成立初期进行的社会主义“三大改造”,①公司作为私营企业被认为是非社会主义公有制的企业形式,于是开始逐步萎缩并最终退出了经济生活,《私营企业暂行条例》也自然不再适用。到1978年改革开放前夕,我国的企业组织基本上就只有两种按照所有制性质命名的公有制形式,即全民所有制企业和集体所有制企业。如果按照财产组织方式对企业进行分类,这两种企业形式又可以合为一类,即独资企业。集体所有制企业尽管从建立之初的财产组织情况来看,带有与公司相同的合资性质,但由于其财产在归属和所有关系上并不十分明确,因此实际上也已演变为与全民所有制企业相差无几的独资性质的企业。企业形式的简单化甚至单一化导致公司企业在当时的经济生活中没有生存的空间,同时也决定了以公司为调整对象的公司法失去存在的必要和可能。

(二)改革开放后我国公司法的出台与修改

1. 新中国第一部公司法的制定与实施

公司是适应市场经济发展的企业组织形式。20世纪70年代末期我国开始改革开放后,公司能够在经济生活中重新出现和发展,与中国共产党确立的一系列社会主义重大经济理论密切相关,包括有计划的商品经济理论、社会主义初级阶段理论和社会主义市场经济理论等。这些理论的确立,不仅为公司的兴起扫清了认识上的障碍,使公司形式能直接进入经济生活,而且为公司的不断发展并最终成为我国企业的主导形式提供了强大的支撑和动力。

理论的突破为公司的兴起和发展开辟了道路,但公司要获得稳定的发展必须依靠立法的确认和保障。我国改革开放后的公司立法走过一条较为曲折的道路,这里面既有认识方面的原因,又有立法体例困扰和缺乏立法经验等方面的原因。

就认识而言,公司自20世纪70年代末期重回经济生活后,尽管人们对公司在社会主义初级阶段存在和发展的必要性有了共识,但对公司制应在多大范围内推行还存在不同的看法。1992年确立的社会主义市场经济,使理论界和实务界对公司的认识有了质的飞跃:公司是适应市场经济的企业资本组织形式,是公有制和市场经济有机结合的有效形式。党的十四届三中全会通过的《关于建立社会主义市场经济体制若干问题的决定》进一步指出,现代企业按照资产构成可以有多种组织形式,国有企业实行公司制,是建立现代企业制度的有益探索。这说明公司立法进程客观上取决于实践中公司的发展,主观上则取决于人们对公司的认识。在对公司认识不断深化的过程中,公司从改革开放初期的中外合资领域不断扩大发展空间,国家也开始出台一些与公司相关的法律法规,如《中外合资经营企业法》(1979年)、《公司登记管理

① 即1953年开始进行的由中国共产党领导的对农业、手工业和资本主义工商业三个行业的社会主义改造,通过改造来实现将生产资料私有制转变为社会主义公有制的任务。这一任务到1956年年底基本完成,标志着社会主义的基本制度在我国初步建立。

暂行规定》(1985年)、《私营企业暂行条例》(1988年)、《有限责任公司规范意见》(1992年)、《股份有限公司规范意见》(1992年)等。这些法律法规对于当时数量有限的公司企业发挥了促进和规范的作用,也为此后公司法的出台做了一定的前期准备。

从当时企业立法体例来看,我国20世纪80年代企业立法最显著的特点是按所有制和行业来制定,如1988年实施的《全民所有制工业企业法》就包括所有制(全民所有制)和行业(工业)两个因素,与公司法按企业财产组织方式和企业承担债务的责任方式相比有着明显的差异。公司法体例可以跨越不同的所有制和行业,企业法体例则可以跨越不同的财产组织和责任形式。公司法体例和企业法体例的并存,完全可能出现各自调整对象的交叉和重叠。如果把公司法强行纳入当时的企业法体例,那么公司立法就需要按所有制和行业来分别进行,针对公司涉及的各种所有制和各种行业制定相应的法律规范。这不仅使立法工作相当繁冗,而且会使公司的形式也杂乱不堪。另外,公司法也很难将跨越不同所有制和不同行业的公司纳入其调整对象。既然如此,那就没有必要也没有理由要求两种企业立法体例上的统一,两种立法体例可以并存。公司法是对原有企业立法体例的突破和创新。

如何选择公司的具体形式,也是当时公司立法过程中一个有争议的问题。一种意见认为,我国公司法规定的公司,应当囊括大陆法系中所有的公司形式,即无限公司、两合公司、股份有限公司、有限责任公司。但多数人认为,我国公司法只宜规定股份有限公司和有限责任公司两种形式,这既符合国际公司法发展趋势,也符合我国国情。立法机关最终采纳了后一种意见。1993年12月29日,八届全国人大常委会第五次会议审议通过了《中华人民共和国公司法》并于1994年7月1日起正式施行。这是新中国出台的第一部公司法(也称1993年《公司法》),标志着新中国成立后我国企业立法实现了重大的历史性跨越。

1993年《公司法》的出台在中国公司法制史上是具有里程碑意义的大事,这部法律共11章230条,在中国公司法中具有承先启后的历史地位,是新中国成立以来第一部条文最多、内容最为详尽的企业法。它的实施,对于推动我国企业改革和公司发展具有非常重要的意义:首先,加快了我国建立现代企业制度的进程。1993年《公司法》确认了公司的法律地位,标志着公司与全民所有制企业、集体所有制企业一样,已经成为我国企业的法定常态模式之一,从而使公司从此前的试行进入了大规模推行的时期,公司作为现代企业制度的典型组织形式也得到社会广泛认同。其次,推进了我国公司的规范化发展。1993年《公司法》实施前夕,我国经济生活中冠有"公司"名称登记的企业共127.7万余家,其中仅有1.3万家左右真正属于《公司法》规定的股份有限公司和有限责任公司,其余则基本为传统的国有企业或集体企业。① 公司名称的混用和滥用,大大减弱了公司应有功能的发挥。1993年《公司法》对此乱象进行了强力规制,②让这些所谓的"公司"退出公司领域,将公司纳入了规范化发展的轨道。最后,促进了我国证券市场的迅速发展。1993年《公司法》规定了股票、公司债券的发行和交易的基本内容,为我国证券市场的发展提供了法律保障,直接孕育和催生了证券法的出台。1998年《证券

---

① 包括不具有公司属性的"劳服公司""商贸公司""实业公司""开发公司"等。参见周友苏:《公司法通论》,四川人民出版社2002年版,第16页。关于当时公司数据的统计还可以参见张绪武主编:《中国私营经济年鉴》,中华工商联合出版社1996年版,第245页;邵宁主编:《国有企业改革实录(1998－2008)》,经济科学出版社2014年版,第31页。

② 该法第224条规定:"未依法登记为有限责任公司或者股份有限公司,而冒用有限责任公司或者股份有限公司名义的,责令改正或者予以取缔,并可处以一万元以上十万元以下的罚款。构成犯罪的,依法追究刑事责任。"

法》颁布后,《公司法》和《证券法》都是调整证券市场的基本法,共同为规范证券市场主体行为、促进证券市场发展,发挥了重要作用。

当然,1993 年《公司法》毕竟是新中国成立后颁布的第一部公司法,受公司尚处于试行阶段、缺乏公司立法经验、公司法学研究刚刚起步等主客观原因影响,这部法律体现出在立法技术和立法理念上的一些不足与缺陷:公司设立门槛过高,难以满足社会资金的投资需求;公司治理结构不够完善,股东会、董事会、监事会、经理层的权利义务需要进一步明确;对股东尤其是中小股东合法权益的保护机制不够完善,对公司债权人、其他利害关系人和社会公众利益也缺乏有效的保护手段;关于股份发行、转让和上市的规定已经不能完全适应公司投融资活动的实际需要;对上市公司监管中出现的新情况、新问题缺乏有效的应对手段,不利于维护资本市场的秩序;缺少对公司以及董事、监事、高级管理人员诚信义务及其法律责任的规定,不能满足建立社会信用制度、维护交易安全的要求;等等。[①] 1993 年《公司法》存在的这些不足与缺陷,成为日后立法机关对其进行修改[②]的重要理由。

2. 1993 年《公司法》实施后的两次修正

1993 年《公司法》颁布实施后有过两次正式的修正,由于只涉及很少的内容,因此被称为"小修"。两次修正的情况为:

(1)1999 年 12 月 25 日九届全国人大常委会第十三次会议通过的《关于修改〈中华人民共和国公司法〉的决定》涉及两个条文:第一,增设国有独资公司监事会并对《公司法》第 67 条作出修改;[③]第二,基于可能推出"创业板"市场的考虑,在《公司法》附则的第 229 条增设一款内容。[④]

(2)2004 年 8 月 28 日十届全国人大常委会第十一次会议通过的《关于修改〈中华人民共和国公司法〉的决定》涉及一个条文。主要是为适应《行政许可法》实施的需要,将《公司法》第 131 条第 2 款关于"以超过票面金额为股票发行价格的,须经国务院证券管理部门批准"的内容删去。

3. 2005 年《公司法》

2005 年,我国对 1993 年《公司法》以"修订"方式进行了"大修"。修订草案由国务院法制办牵头起草,经十届全国人大常委会三次审议后于 2005 年 10 月 27 日通过并于 2006 年 1 月 1 日起施行。修订出台的《公司法》(也称 2005 年《公司法》)在 1993 年《公司法》基础上删除 46 条,新增 41 条,修改条款多达 137 条,最终出台的法律条文有 219 条。

学界对 2005 年《公司法》普遍给予较高评价,认为其是一部"以鼓励投资、放松管制、强化责任等特色见长的法律""它的许多制度和规则,包括在立法理念方面已经引领了 21 世纪公

---

① 参见 2005 年 2 月 25 日国务院法制办公室主任曹康泰在十届全国人大常委会第十四次会议上就《中华人民共和国公司法(修订草案)》所作的说明。

② 1993 年《公司法》自出台至今已经过多次修改。法律修改在立法实践中通常采取"修正"和"修订"两种方式进行。其中"修正"是指对现行法律的局部或者个别条款、某些词句进行修改,修改范围较小,修正草案通过后无需公布该法全文和更改该法原施行时间,只需公布修改的内容和修改内容的施行时间;"修订"则是指对现行法律进行全面修改,修改范围较大,修订草案通过后需要重新公布该法修改后的全文和重新规定施行时间。参见吴高盛:《"修订草案"与"修正案草案"两种法律修改形式的异同》,载《检察日报》2019 年 4 月 29 日。

③ 将第 67 条修改为:"国有独资公司监事会主要由国务院或者国务院授权的机构、部门委派的人员组成,并有公司职工代表参加。监事会的成员不得少于三人。监事会行使本法第五十四条第一款第(一)、(二)项规定的职权和国务院规定的其他职权。监事列席董事会会议。董事、经理及财务负责人不得兼任监事。"

④ 在第 229 条增设的一款的内容为:"属于高新技术的股份有限公司,发起人以工业产权和非专利技术作价出资的金额占公司注册资本的比例,公司发行新股、申请股票上市的条件,由国务院另行规定。"

司法改革的世界潮流”;[①]“结合国情积极引入先进公司立法技术,填补了1993年《公司法》的大量缺漏部分”;[②]“不仅涉及到众多条款的变动,还涉及到公司立法的基本理念、立法精神和立法价值取向的重大变革”;[③]“对实践中亟待解决的问题作出了回应,同时反映出对国际发展潮流的跟进和借鉴,……不仅在现代化方面取得重大进展,而且是中国2001年加入世界贸易组织后一次令人瞩目的体制重构”。[④]

学者们对2005年《公司法》的赞誉,并非应景式的溢美之言,而是基于该法与1993年《公司法》相比,增加了不少既具现代公司理念又有中国特色的制度创新,包括:规定公司人格否认,开创制定法确立“揭开公司面纱”制度的世界立法先例;调整强制性规范与任意性规范的比重,减少管制和加大公司自治,增加规范的弹性和可选择性;通过将实缴制变为有限认缴制,允许设立一人有限责任公司等新规,降低公司准入门槛,与国际通行做法接轨;通过对关联交易、公司对外担保、股东知情权、累积投票制、异议股东回购请求权、独立董事、股东代表诉讼、司法解散等新制度的规定,强化公司治理,加大对中小股东利益的保护力度;通过增加公司社会责任、设置职工监事、强化民事责任、删除国有企业改制公司的特别规定,体现市场经济条件下公平竞争精神和中国公司的现代化品质;针对原公司法简略粗疏和缺乏可操作性的不足,补充完善相关规定,提升法律的实用性和可操作性。

与1993年《公司法》相比,2005年《公司法》虽有诸多制度创新,但并不等于就完全实现了修法预期和达到完善的程度。同其他法律修改一样,公司法的修改也是不同利益主体和不同认识的博弈,博弈的结果往往不可能满足参与博弈的任何一方的期望值,而只能是彼此间的一种妥协。受经济社会发展、法治认识水平和客观环境条件的局限,2005年《公司法》对原法的修改在不少方面也是不彻底的,如对公司设立的管制、公司资本制度的改革、一人公司的适用范围、外商投资公司与内资公司的并轨、公司章程的可选择性等内容。

随着公司实践的发展,公司法修改应当跳出“法律稳定性”的思维定式。公司法作为主要调整市场经济关系的商事法律,对其修改的频率应当高于宪法、刑法、民法典等其他法律,是否修改主要应取决于其是否适应市场经济发展的需要。“在商事立法领域,由于市场上商事活动的复杂性和多变性,导致商事立法即使快速变动也难以全面及时地跟上市场实践的发展。”[⑤]在这个意义上,公司法修改不可能一次到位,也不能指望“毕其功于一役”,而应当对此持发展和宽容的态度。公司法应当建立一种常态化的修法启动机制,缩短修改周期,使之在适应市场经济发展的前提下保持“常修常新”。

4. 2005年《公司法》实施后的两次修正

(1)2013年对《公司法》的修正

2013年对《公司法》的修正[⑥]是我国公司法修法史上的一次重要事件。尽管国家立法机关对这次《公司法》修改采取了“修正”的方式,即属于局部修改,涉及的法律条文也只有12

---

① 江平、赵旭东、陈甦、王涌:《纵论公司法的修改》。转引自刘俊海:《建议〈公司法〉与〈证券法〉联动修改》,载《法学论坛》2013年第4期。

② 赵旭东主编:《改革开放40年法律制度变迁·商法卷》,厦门大学出版社2019年版,第9页。

③ 周友苏:《新公司法论》,法律出版社2006年版,第3页。

④ 张宪初:《全球改革浪潮中的中国公司法》,载王保树、王文宇主编:《公司法理论与实践》,法律出版社2010年版,第37页。

⑤ 陈甦:《司法解释的建构理念分析——以商事司法解释为例》,载《法学研究》2012年第2期。

⑥ 由十二届全国人大常委会第六次会议于2013年12月28日修正。

处，但由于修改内容主要针对公司资本制度，且集中指向公司设立阶段的出资与缴纳，因此这次修改也被称为公司资本制度的重大改革，应当是《公司法》的一次"中修"。也正是基于公司资本制度的重要地位以及资本制度修改对公司发展产生的重大影响，不少学者也将该次修正后的《公司法》称为"2013 年《公司法》"。[①]

2013 年启动对《公司法》的修正，与深化改革的背景相关。当年 11 月，党的十八届三中全会作出《中共中央关于全面深化改革若干重大问题的决定》，明确提出"由先证后照改为先照后证，把注册资本实缴登记制逐步改为认缴登记制"的改革要求，为这次《公司法》修改指明了方向，也决定了修改的主要内容：第一，将注册资本由分期实缴制（也称有限认缴制）改为完全认缴制，公司设立不再有股东出资的最低实缴比例和缴足期限的限制，完全由股东通过公司章程自主约定；第二，取消注册资本最低限额，除特殊类型公司外，不再限制公司设立时首次出资比例和货币出资比例；第三，简化公司登记程序，有限责任公司股东认缴出资额、公司实收资本不再作为公司登记事项，取消公司登记的强制验资程序。由于上述修改几乎都与注册资本和公司登记相关，因此《公司法》这次修改也被称为"注册资本制度改革"和"公司登记制度改革"，修改目的也非常明确：通过对公司准入管制的改革，大幅度降低甚至取消市场主体准入门槛，优化营商环境，鼓励投资兴业，激发市场活力。

尽管 2005 年和 2013 年两次对《公司法》的修改都涉及放松公司准入管制的内容，2013 年修改可以认为是完全放弃了对初始出资的法律管制，但这次修改却并未得到学界的一致叫好。一些学者对此不无忧虑：在中国当前信用环境还十分脆弱的状况下，取消公司准入门槛与不降低对公司债权人的保护水准完全可能不同步，[②]实践中出现的"无资产、无交易、无信用的天价公司与僵尸公司现象、P2P 平台跑路现象以及私募股权基金普通合伙人大范围失信乱象"[③]就是例证，应当正视"与监管相对的公司自治或商业理性也需要一个成长过程"。[④]

（2）2018 年对《公司法》的修正

这次修正是为适应资本市场环境变化而对《公司法》作出的一次"小修"。修改仅涉及 1 条内容，即 2013 年《公司法》第 142 条关于公司回购股份的规定。[⑤] 修改内容主要体现为四个方面：一是放宽了公司回购股份的情形，增加"将股份用于转换上市公司发行的可转换为股票的公司债券"和"上市公司为维护公司价值及股东权益所必需"两种情形；二是简化股份回购决策程序，将原法关于所有回购情形均须由股东大会决议的规定修改为除两种情形必须由股东大会决议外，其余四种情形"可以依照公司章程的规定或者股东大会的授权，经三分之二以上董事出席的董事会会议决议"；三是建立最长不超过 3 年的库存股制度；四是增加对上市公司回购股份的规范要求，包括依法履行信息披露义务和应当通过公开的集中交易方式。这些修改对于建立健全长效激励机制、维护公司投资价值、完善公司治理、优化投资者回报机制具有重要作用。

---

① 采取"修正"方式修改的《公司法》只涉及该法的局部或个别条文，对其修改后的称谓一般都不冠以年份，如 1999 年、2004 年、2018 年三次修正的《公司法》；而采取"修订"方式修改的《公司法》是对该法的全面修改，且要重新公布施行时间，对其修改后的称谓需要冠以年份，如 2005 年《公司法》、2023 年《公司法》。

② 参见赵万一、赵吟：《中国自治型公司法的理论证成及制度实现》，载《中国社会科学》2015 年第 12 期。

③ 刘俊海：《新〈公司法〉的设计理念与框架建议》，载《法学杂志》2021 年第 2 期。

④ 刘燕：《公司法资本制度改革的逻辑与路径——基于商业实践视角的观察》，载《法学研究》2014 年第 5 期。

⑤ 十三届全国人大常委会第六次会议于 2018 年 10 月 26 日通过这一修改。

四、2023年《公司法》修改及新《公司法》的特色

（一）2023年《公司法》修改

2023年《公司法》修改是我国自1993年《公司法》出台后的第二次“大修”，全国人大常委会对本轮《公司法》修改也使用了“修订”的表述。随着我国市场经济的发展、营商环境的不断改善和公司制度的完善，公司已经成为我国经济生活中最重要的市场主体和企业的主导形式，在中国式现代化道路上肩负重大使命。根据本轮《公司法》修订时的官方数据，公司注册登记数量由2013年的1033万家增加到3800万家。① 公司数量在快速增加的同时，现行公司法律制度也存在一些与改革和发展不适应、不协调的问题，主要包括：有些制度滞后于近年来公司创新实践；有些基础性制度尚有欠缺或者规定较为原则；公司监督制衡、责任追究机制不完善；中小投资者和债权人保护需要加强等。这些问题也对公司法修改提出一些具体的需求：第一，《公司法》应当回应和适应国有企业改革和公司治理的需要。第二，《公司法》应当适应持续优化营商环境、激发市场创新活力的需要，为方便公司设立、退出提供制度保障，为便利公司融资投资、优化治理机制提供更为丰富的制度性选择，降低公司运行成本。第三，《公司法》应当适应完善产权保护制度、依法加强产权保护的需要，健全以企业组织形式和出资人承担责任方式为主的市场主体法律制度，规范公司的组织和行为，完善公司设立、运营、退出各环节相关当事人责任，切实维护公司、股东、债权人的合法权益。第四，《公司法》应当适应健全资本市场基础性制度、促进资本市场健康发展的需要，完善公司资本、公司治理等基础性制度，加强对投资者特别是中小投资者合法权益的保护，促进资本市场有效服务实体经济。②

2023年《公司法》修订对原法作了大幅度修改，是1993年《公司法》实施以来修改内容最多、力度最大的一次。③ 据笔者统计，本轮《公司法》修订新增与修改（包括文字修改）的条文数量为228条，其中实质性修改的条文数量达到143条，出台的新《公司法》共15章266条，不仅涉及众多条款的变动，还涉及公司立法的基本理念、立法精神和立法价值取向的重大变革。修订草案从2021年12月提交十三届全国人大常委会第三十二次会议审议到2023年12月29日十四届全国人大常委会第七次会议通过，历时两年，共经最高立法机关的四次审议方得出台，新《公司法》于2024年7月1日正式实施。2023年《公司法》对于完善现代企业制度，优化营商环境，完善产权制度，促进社会主义市场经济健康发展，具有里程碑意义，必将对我国公司的规范运作和公司法治环境的形成发挥重大推动作用。

（二）新《公司法》的特色

新《公司法》的特色集中体现在2023年《公司法》修改的主要内容中，可以概括为以下方面：

---

① 参见十三届全国人大常委会第三十二次会议《关于〈中华人民共和国公司法（修订草案）〉的说明》（2021年12月20日），载中国人大网，http://www.npc.gov.cn/npc/c2/c30834/202312/t20231229_433993.html。

② 参见十三届全国人大常委会第三十二次会议《关于〈中华人民共和国公司法（修订草案）〉的说明》（2021年12月20日），载中国人大网，http://www.npc.gov.cn/npc/c2/c30834/202312/t20231229_433993.html。

③ 参见李小健：《夯实法治根基　提振发展信心——公司法修订草案提请二审》，载中国人大网，http://www.npc.gov.cn/npc/c2/kgfb/202302/t20230203_423423.html。

1.完善《公司法》的立法目的。党的二十大报告明确提出了“完善中国特色现代企业制度,弘扬企业家精神,加快建设世界一流企业”和“全心全意依靠工人阶级,健全以职工代表大会为基本形式的企事业单位民主管理制度,维护职工合法权益”①的要求,为贯彻这一精神,《公司法》在立法目的中增加了“完善中国特色现代企业制度,弘扬企业家精神”和保护职工合法权益的内容。(第1条)

2.公司形态的增加与变通调整。一是增加一人股份有限公司的形式,使“一人公司”的范围由原法只涉及有限责任公司扩展至股份有限公司(第92条)。二是增加国有控股公司的形式,由其与国有独资公司共同构成国家出资公司(第168条)。三是对具有相同封闭属性的有限责任公司和非公众股份有限公司从立法技术上作出处理,使之在组织机构设置和有关规制上基本相同:如关于两类公司都可以不设董事会(第75条和第128条)和监事会(第83条和第133条);两类公司都可以按照公司章程的规定在董事会设置由董事组成的行使监事会职权的审计委员会而不设监事会或者监事(第69条、第121条);将有限责任公司的“异议股东回购请求权”也扩展至非公众股份有限公司(第89条和第161条);对股份有限公司股东增加有限责任公司股东享有的“查阅会计账簿、会计凭证”权利(第110条)。这些调整实际采取了“准用”的变通规定,使两类属性相同的公司的法律规范也基本保持一致,从而对近年来学界关于公司形态变革的讨论作出了积极回应,也丰富和完善了中国特色现代公司制度。

3.完善国家出资公司特别规定。深入总结国有企业改革成果,在原法关于国有独资公司专节的基础上,设“国家出资公司组织机构的特别规定”专章:一是将适用范围由国有独资有限责任公司,扩大到国有独资、国有资本控股的有限责任公司、股份有限公司(第168条)。二是明确党对国有企业的领导,保证党组织把方向、管大局、保落实的领导作用,规定:“国家出资公司中中国共产党的组织,按照中国共产党章程的规定发挥领导作用,研究讨论公司重大经营管理事项,支持公司的组织机构依法行使职权”(第170条)。三是明确国家出资公司由国有资产监督管理机构等根据授权代表本级政府履行出资人职责(第169条);国家出资公司应当依法建立健全内部监督管理和风险控制制度,加强内部合规管理(第177条)。四是落实党中央有关部署,加强国有独资公司董事会建设,要求国有独资公司董事会成员中外部董事应当超过半数(第173条);在董事会中设置由董事组成的审计委员会行使本法规定的监事会职权的,不设监事会或者监事(第176条)。

4.完善公司社会责任的规定。贯彻党的十八届四中全会决定有关要求,加强公司社会责任建设,新《公司法》对原法关于公司社会责任的规定进一步完善,将公司社会责任设置为专条(第20条),不再与公司必须遵守法律法规、社会公德、商业道德和诚实守信等其他义务合为一条来规定,对公司社会责任涵盖的主要范围和主要实现方式作出了规定。

5.建立体系化的公司登记制度。深入总结党的十八大以来持续优化营商环境的改革成果,新增“公司登记”一章(第二章),完善公司登记制度,便利公司的设立和退出。一是明确公司登记事项的对抗效力,“公司登记事项未经登记或者未经变更登记,不得对抗善意相对人”

---

① 习近平:《高举中国特色社会主义伟大旗帜　为全面建设社会主义现代化国家而团结奋斗——在中国共产党第二十次全国代表大会上的报告》(2022年10月16日)。

(第34条第2款);将原法规定的具有登记对抗效力的事项(有限责任公司"股东的姓名或者名称")增加为6项,即公司名称,公司住所,注册资本,经营范围,法定代表人的姓名,有限责任公司股东、股份有限公司发起人的姓名或者名称(第32条)。二是明确公司设立登记、变更登记、注销登记的事项和程序;同时要求公司登记机关优化登记办理流程,提高登记效率,推行网上办理等便捷方式,提升公司登记便利化水平(第41条)。三是充分利用信息化建设成果,要求公司登记事项通过国家企业信用信息公示系统向社会公示,明确公司电子营业执照的法律效力(第32条、第33条等)。四是简化公司退出登记程序。经全体股东对债务履行作出承诺,可以通过简易程序注销登记(第240条);为解决实践中公司注销难、"僵尸"公司大量存在的问题,增加强制注销的内容(第241条)。

6. 完善公司资本制度。为提高投融资效率并维护交易安全,深入总结企业注册资本制度改革成果,吸收借鉴国外公司法律制度经验,丰富完善公司资本制度。一是在股份有限公司中引入授权资本制,即股份有限公司通过公司章程或者股东会可以授权董事会在3年内决定发行不超过已发行股份50%的股份,公司章程或者股东会授权董事会决定发行新股的,董事会决议应当经全体董事2/3以上通过。这样给予了公司发行新股筹集资本的灵活性,并且能够减少公司注册资本虚化等问题的发生(第152条、第153条)。二是为适应不同投资者的投资需求,对已有较多实践的类别股作出规定,包括优先股和劣后股、特殊表决权股、转让受限股等(第144条、第145条)。三是允许公司根据章程择一采用面额股或者无面额股(第142条)。四是按照反洗钱有关要求,并根据我国股票发行的实际取消无记名股(第147条)。五是完善减资制度,包括:增加公司等比例减资制度,即"公司减少注册资本,应当按照股东出资或者持有股份的比例相应减少出资额或者股份,法律另有规定、有限责任公司全体股东另有约定或者股份有限公司章程另有规定的除外"(第224条);增加简易减资制度,即公司按照规定弥补亏损后仍有亏损的,可以减少注册资本弥补亏损;减少注册资本弥补亏损的,公司不得向股东分配,也不得免除股东缴纳出资或者股款的义务;减少注册资本后,在法定公积金和任意公积金累计额达到公司注册资本50%前,不得分配利润(第225条)。

7. 加强对股东出资和股权交易行为的规范,维护交易安全。一是扩大可用作出资的财产范围,明确股权、债权可以作价出资(第48条、第98条)。二是完善认缴登记制,要求股份有限公司发起人应当在公司成立前按照其认购的股份全额缴纳股款(第98条);有限责任公司股东认缴的出资额由股东按照公司章程的规定自公司成立之日起5年内缴足(第47条)。三是增加有限责任公司股东欠缴出资的失权制度,规定:股东未按照公司章程规定的出资日期缴纳出资,经公司催缴后在宽限期内仍未缴纳出资的,公司经董事会决议可以向该股东发出失权通知,自通知发出之日起,该股东丧失其未缴纳出资的股权;失权股权在6个月内未转让或者注销的,由公司其他股东按照其出资比例足额缴纳相应出资;股东对失权有异议的,应当自接到失权通知之日起30日内,向人民法院提起诉讼(第52条)。四是增加有限责任公司股东认缴出资的加速到期制度,规定公司不能清偿到期债务的,公司或者已到期债权的债权人有权要求已认缴出资但未届出资期限的股东提前缴纳出资(第54条)。五是明确股权转让时转让方、受让方的出资责任,规定:股东转让已认缴出资但未届缴资期限的股权的,在受让人承担缴纳出资义务的基础上,明确受让人未按期足额缴纳出资的,转让人对受让人未按期缴纳的出资承担补充责任;股东转让需要出资填补的股权的,转让人与受让人在出资不足的范围内承担连带责任,受让人不知道且不应当知道存在上述情形的,由转让人承担责任(第88条)。

8.优化公司组织机构设置。贯彻落实党中央关于完善中国特色现代企业制度的要求,深入总结我国公司制度创新实践经验,在组织机构设置方面赋予公司更大自主权。一是进一步厘清股东会和董事会的职权划分,明确股东会可以对其职权范围内的部分事项(如发行公司债券)授权董事会作出决议(第59条、第112条)。二是强化公司民主管理,维护职工合法权益。明确公司应当依照宪法和有关法律的规定,建立健全以职工代表大会为基本形式的民主管理制度,公司研究决定改制、解散、申请破产以及经营方面的重大问题,制定重要的规章制度时,应当听取公司工会的意见,并通过职工代表大会或者其他形式听取职工的意见和建议(第17条)。完善关于董事会成员中职工代表的相关规定,明确董事会成员为3人以上,其成员中可以有公司职工代表;职工人数300人以上的有限责任公司,除依法设监事会并有公司职工代表的外,其董事会成员中应当有公司职工代表,公司董事会成员中的职工代表可以成为审计委员会成员(第68条、第69条、第120条、第121条)。三是明确公司在董事会中设置由董事组成的审计委员会行使本法规定的监事会职权的,不设监事会或者监事;明确股份有限公司审计委员会的人员组成和任职要求、审计委员会的议事方式和表决程序(第69条、第121条)。四是为了提高公司治理的灵活性,明确规模较小或者股东人数较少的公司可以不设董事会,设1名董事,该董事可以兼任公司经理(第75条、第128条);规模较小或者股东人数较少的公司还可以不设监事会,设1名监事;有限责任公司经全体股东一致同意,也可以不设监事(第83条、第133条)。

9.强化上市公司治理。一是授权国务院证券监督管理机构对上市公司独立董事的具体管理办法作出规定;要求上市公司的公司章程除法定的记载事项外,还应当依照法律、行政法规的规定载明董事会专门委员会的组成、职权和议事规则以及董事、监事和高级管理人员薪酬与考核机制等事项(第136条)。二是增加上市公司审计委员会职权的规定,明确行使监事会职权的审计委员会与作为董事会专门委员会的审计委员会在职权上的差异(第137条)。三是明确上市公司应当依法披露股东、实际控制人的信息,相关信息应当真实、准确、完整;禁止违反法律、行政法规的规定代持上市公司股票(第140条)。四是明确上市公司控股子公司不得取得该上市公司的股份,对于控股子公司因公司合并、质权行使等原因持有上市公司股份的,不得行使所持股份对应的表决权,并应当及时处分相关上市公司股份(第141条)。

10.强化公司负责人和控股股东的责任。一是在明确董监高忠实义务和勤勉义务内涵的基础上(第180条),采取集中列举与分散规定相结合的方式,完善忠实义务和勤勉义务的具体内容。对忠实义务采取集中列举方式(第182~184条)。对勤勉义务在相关章节作出具体规定,新增董监高维护公司资本充实的勤勉义务和在公司清算中的勤勉义务,其中维护公司资本充实的勤勉义务包括:出现股东未按照章程规定缴纳出资或抽逃出资、公司违法为他人取得本公司或者其母公司的股份提供财务资助、公司违法分配利润或减少注册资本的情形时董监高应当履行的作为义务及其责任(第51条、第53条、第107条、第163条、第211条、第226条)。公司清算中的勤勉义务是将董事规定为“公司清算义务人”,明确其在清算中应当履行的义务,否则就应对给公司和债权人造成的损失承担赔偿责任(第232条)。二是明确董监高责任的三条主线,包括:董监高对公司的责任,即违反忠实义务和勤勉义务应当承担的责任;董事、高管对股东的责任,如股东会作出利润分配决议后,董事会不履行法定须在6个月内分配利润的义务的责任(第212条、第190条);董事、高管对第三人的责任,即"董事、高级管理人员执行职务,给他人造成损害的,公司应当承担赔偿责任;董事、高级管理人员存在故意或者重大过失的,也应当承担赔偿责任"(第191条)。这些内容使董监高的责任具体化和体系化。三是针对实践中控股股东、实际控制人滥用控制地位侵害公司及中小股东权益的突出问题,借鉴一些国家对"影子董事""事实董事"规制的做法,明确:公司的控股股东、实际控制人不担任公司董事但实际执行公司事务的,适用董事对公司负有忠实义务和勤勉义务的规定(第180条);其指示董事、高级管理人员从事损害公司利益或者股东利益的行为,给公司或者股东造成损失的,与该董事、高级管理人员承担连带责任(第192条)。

11. 完善中小股东权利保护的相关规定。一是新增公司机关的会议召开和表决可以采取电子形式的规定,除公司章程另有规定外,公司股东会、董事会、监事会召开会议和表决可以采用电子通信方式,便利公司中小股东参加股东会行使股东权(第24条)。二是完善公司决议瑕疵救济制度,将原法"总则"中集中于一条的规定分解为4条,对公司决议瑕疵救济的具体内容作出较为详细的规定;在原法将决议瑕疵分为决议无效和决议可撤销两种形式的基础上增加了"决议不成立"的形式(第25~28条)。三是规定有限责任公司控股股东滥用股东权利,严重损害公司或者其他股东利益的,其他股东有权请求公司按照合理的价格收购其股权(第89条)。四是完善股东知情权的内容,增加有限责任公司股东查阅会计凭证、股份有限公司股东查阅会计账簿和会计凭证的规定,增加两类公司股东查阅、复制全资子公司相关材料的规定(第57条、第110条)。五是完善股份有限公司少数股东召集临时股东会的程序,规定单独或者合计持有公司10%以上股份的股东请求召开临时股东会会议的,董事会、监事会应当在收到请求之日起10日内作出是否召开临时股东会会议的决定,并书面答复股东(第114条);将股份有限公司临时提案股东的条件由原法规定的持股比例由3%以上降低为1%以上,增加了公司不得提高临时提案股东持股比例的规定(第115条)。六是增加股东双重代表诉讼及其相关程序的规定(第189条)。

12. 适应债券市场发展实践需要,完善相关规定。一是根据《关于国务院机构改革方案的决定》将国家发改委的企业债券审核职责划入中国证监会的要求,删去国务院授权的部门对公开发行债券注册的规定(第195条)。二是明确公司债券可以公开发行,也可以非公开发行(第194条)。三是将债券存根簿改为债券持有人名册(第198条)。四是将发行可转债的公司由上市公司扩大到所有股份有限公司(第202条)。五是增加债券持有人会议决议规则和效力的规定,增加债券受托管理人相关规定(第204条、第205条、第206条)。

第三节 我国公司法律体系的基本框架和主要内容

一、公司基本法

公司基本法即新出台的《公司法》,是公司法律体系的核心和主干。《公司法》由15章构成,分别为:总则;公司登记;有限责任公司的设立和组织机构;有限责任公司的股权转让;股份有限公司的设立和组织机构；股份有限公司的股份发行和转让；国家出资公司组织机构的特别规定；公司董事、监事、高级管理人员的资格和义务；公司债券；公司财务、会计；公司合并、分立、增资、减资；公司解散和清算；外国公司的分支机构；法律责任；附则。共列条文266条。

需要说明，自改革开放以来，我国公司领域长期存在调整内资公司和调整外商投资公司的两套法律系统。内资公司适用《公司法》的规定，外商投资公司则适用以《中外合资经营企业法》《中外合作经营企业法》《外资企业法》为主干的“外资三法”的规定。2019年3月出台的《外商投资法》是新时代规范、管理、鼓励和促进外商投资的基础性立法，它不再将具体的外商投资企业形式作为该法的调整对象，舍弃了具体商事组织的结构和行为方面的规则，结束了长期以来内资公司与外商投资公司在法律调整上的“双轨制”。从规范对象上看，《外商投资法》关注的焦点已经不是具体的外商投资企业形态，而是外国投资者和外国投资行为。该法第31条规定：“外商投资企业的组织形式、组织机构及其活动准则，适用《中华人民共和国公司法》、《中华人民共和国合伙企业法》等法律的规定。”这一定位之变标志着长期在特别法系统中加以规范的外商投资企业向《公司法》《合伙企业法》回归，真正在顶层制度设计层面实现了“凡是在我国境内注册的企业，都要一视同仁、平等对待”[①]的国民待遇。同时，《外商投资法》不再规范企业的组织形式、经营活动等内容。外资企业的组织形式、经营活动等，直接适用统一适用于各类市场主体的法律法规。另外，《外商投资法》还为该法实施预留了5年的过渡期。这些规定，标志着我国实现了内资公司与外商投资公司的并轨以及《外商投资法》与《公司法》的对接和协调。

二、相关法律

相关法律是指与《公司法》关系密切，并直接规范公司行为或与公司相关的行为的法律。其中最主要的有《民法典》《证券法》《刑法》《反垄断法》。

（一）《民法典》

《民法典》于2021年1月1日正式实施。《民法典》采取了民商合一体例，但民商合一并不等于将所有的商事单行法纳入民法典中，《公司法》仍然以商事单行法的形式存在。在民商合一体例下，《民法典》总则编与《公司法》之间是一般法与特殊法的关系，《民法典》总则编关于法人制度和其他基本制度的安排，为公司纠纷案件的处理提供了基础性的制度供给。《民法典》其他各编则与《公司法》构成互为一般法和互为特别法的关系。

（二）《证券法》

《证券法》是与《公司法》关系最为密切的一部法律，“公司法与证券法为母法与子法的关系。证券法是公司法的特别法”。[②]《证券法》调整范围涉及的公司股票、债券的发行与交易，上市公司收购等内容，都直接与公司相关。实务中处理涉及公司的问题也往往要直接适用

---

① 习近平：《决胜全面建成小康社会　夺取新时代中国特色社会主义伟大胜利——在中国共产党第十九次全国代表大会上的报告》（2017年10月18日）。

② 刘俊海：《新〈公司法〉的设计理念与框架建议》，载《法学杂志》2021年第2期。

《证券法》的有关规定。最新修订的《证券法》于2020年3月1日起正式实施，该法第2条第1款集中宣示了公司法的一般法地位："在中华人民共和国境内，股票、公司债券、存托凭证和国务院依法认定的其他证券的发行和交易，适用本法；本法未规定的，适用《中华人民共和国公司法》和其他法律、行政法规的规定。"《公司法》2023年修订后，两部法律进一步实现了良好衔接。现行《证券法》共计14章226条。

（三）《刑法》

《刑法》于1979年7月1日颁布，1997年修订后重新颁布并于同年10月1日起施行，自此之后全国人大常委会已颁布了12个刑法修正案。《刑法》分则第三章第三节就是"妨害对公司、企业的管理秩序罪"，另外还有一些条文专门规定了涉及公司的犯罪。《刑法修正案》与涉及公司犯罪的相关内容包括：

1. 1999年12月25日九届全国人大常委会第十三次会议通过的《刑法修正案》对《刑法》第162、168条作出的修改。

2. 2006年6月29日十届全国人大常委会第二十二次会议通过的《刑法修正案（六）》对《刑法》第161、162、163、164、169条作出的修改，主要是出于适应2005年修订的《公司法》《证券法》的需要。

3. 2011年2月25日十一届全国人大常委会第十九次会议通过的《刑法修正案（八）》对《刑法》第164条作出的修改。

4. 2015年8月29日十二届全国人大常委会第十六次会议通过的《刑法修正案（九）》对《刑法》第164条作出的修改。

5. 2020年12月26日十三届全国人大常委会第二十四次会议通过的《刑法修正案（十一）》对《刑法》第160、161、163、271、272条作出的修改。

6. 2023年12月29日，十四届全国人大常委会第七次会议通过的《刑法修正案（十二）》，对《刑法》第165、166、169条作出的修改。

另外，为适应2013年修订的《公司法》之实施需要，2014年4月十二届全国人大常委会第八次会议通过的《关于〈中华人民共和国刑法〉第一百五十八条、第一百五十九条的解释》规定："刑法第一百五十八条、第一百五十九条的规定，只适用于依法实行注册资本实缴登记制的公司。"根据该规定，《刑法》第158条规定的虚报注册资本罪和第159条规定的虚假出资罪、抽逃出资罪不再适用于实行注册资本认缴制的公司。①

截至目前，《刑法》及其修正案规定的与公司相关的犯罪包括：虚报注册资本罪（第158条），虚假出资罪、抽逃出资罪（第159条），欺诈发行证券罪（第160条），违规披露、不披露重要信息罪（第161条），妨害清算罪（第162条），隐匿、故意销毁会计凭证、会计帐簿、财务会计报告罪（第162条之一），虚假破产罪（第162条之二），非国家工作人员受贿罪（第163条），对非国家工作人员行贿罪（第164条），非法经营同类营业罪（第165条），徇私舞弊低价折股、出

---

① 2013年《公司法》修改实施后至新《公司法》出台前，实行注册资本实缴登记制的公司包括银行业金融机构、证券公司、期货公司、基金管理公司、保险公司、保险专业代理机构和保险经纪人、直销企业、对外劳务合作企业、融资性担保公司、募集设立的股份有限公司，以及劳务派遣企业、典当行、保险资产管理公司、小额贷款公司等。

售企业资产罪(第 169 条),背信损害上市公司利益罪(第 169 条之一),提供虚假证明文件罪(第 229 条),出具证明文件重大失实罪(第 229 条),职务侵占罪(第 271 条),挪用资金罪(第 272 条)等。

(四)《反垄断法》

《公司法》和《反垄断法》分别出台于 1993 年和 2007 年。两部法律的调整对象和调整方法虽各有千秋,但均致力于增强企业活力,鼓励企业做大做强做优,扶持中小微企业健康成长,维护自由公平充分竞争的法律秩序,完善社会主义市场经济体制,推动高质量发展。为囊括个体工商户、个人独资企业、合伙企业和合作社企业等不同市场主体,《反垄断法》虽规制公司垄断行为,但使用了外延更广的"经营者"概念。从实践看,公司制企业是反垄断规制的主要对象。因此,公司是《公司法》和《反垄断法》共同保护和规范的重要市场主体。但因《公司法》与《反垄断法》各有分工,出台时间和历史背景各异,《公司法》未提及"反垄断",《反垄断法》未提及"公司",致使两法自说自话,在法学研究和执法实践中都存在碎片化和孤岛化的现象。

《公司法》修改之后,立法者推动了两法的有机衔接、相辅相成。两法和而不同,都致力于提升公司活力,促进市场经济健康发展。公司并购反垄断执法应秉持包容审慎、处罚谦抑、服务能动的理念,充分尊重并有效保障公司的生存权和发展权;公司并购反垄断审查应采取"原则放行、例外禁止"的政策。落实《反垄断法》的治本之策是激活公司治理机制。公司并购反垄断中的控制权认定规则应尽量对标对表《公司法》。[①]

三、相关行政法规

相关行政法规即国务院颁布或批准的有关公司的法规。主要有《市场主体登记管理条例》《企业信息公示暂行条例》《股票发行与交易管理暂行条例》《企业债券管理条例》《关于股份有限公司境内上市外资股的规定》《证券公司监督管理条例》《证券公司风险处置条例》《金融资产管理公司条例》《企业国有资产监督管理暂行条例》《关于进一步促进资本市场健康发展的若干意见》《关于全国中小企业股份转让系统有关问题的决定》《关于规范发展区域性股权市场的通知》《关于进一步加强资本市场中小投资者合法权益保护工作的意见》《关于进一步优化企业兼并重组市场环境的意见》《关于开展优先股试点的指导意见》等。

四、相关部门规章

相关部门规章包括国家有关部门颁布的规范性文件,具体包括:

1. 国务院证券监督管理机构颁发的规章。国务院证券监督管理机构主要指中国证监会。由于上市公司是证券监管的主要对象,因此,中国证监会颁发的规章中,大量涉及规范上市公司行为的内容。如《上市公司治理准则》《上市公司章程指引》《上市公司独立董事管理办法》《企业内部控制基本规范》《上市公司股东大会规则》《上市公司股权激励管理办法》《关于上市公司实施员工持股计划试点的指导意见》《上市公司董事长谈话制度实施办法》《上市公司

① 参见刘俊海:《论公司法与反垄断法的良性互动》,载《中国流通经济》2021 年第 3 期。

股东、董监高减持股份的若干规定》《上市公司收购管理办法》《上市公司重大资产重组管理办法》《上市公司股份回购规则》《上市公司信息披露管理办法》《到境外上市公司章程必备条款》《股份有限公司境内上市外资股规定的实施细则》等。

2. 其他部门规章。如《市场主体登记管理条例实施细则》(国家市场监督管理总局)、《外国(地区)企业在中国境内从事生产经营活动登记管理办法》(国家市场监督管理总局)、《企业国有资产交易监督管理办法》(国务院国资委、财政部)、《上市公司国有股权监督管理办法》(国务院国资委、财政部、中国证监会)、《外国投资者对上市公司战略投资管理办法》(商务部)、《外商投资创业投资企业管理规定》(商务部)、《关于外国投资者并购境内企业的规定》(商务部)、《外商投资企业合并与分立规定》(商务部)、《企业会计准则——基本准则》(财政部)、《关于加强母公司对子公司财务管理的规定》(原对外贸易经济合作部)、《金融控股公司监督管理试行办法》(中国人民银行)、《金融企业国有资产转让管理办法》(财政部)、《金融企业国有资产评估监督管理暂行办法》(财政部)、《金融企业财务规则》(财政部)等。

五、相关地方性法规和相关政府规章

相关地方性法规是指省级人大或人大常委会制定的规范性文件;相关政府规章是指省级人民政府和设区的市、自治州的人民政府制定的规范性文件。例如,《关于进一步推动提高北京上市公司质量的若干措施》、《北京市促进中小企业发展条例》(2020 年修订)、《上海市企业名称登记管理规定》、《上海市外商投资条例》、《广东省企业和企业经营者权益保护条例》(2017 年修订)、《深圳经济特区股份合作公司条例》(2019 年修正)、《深圳市公司内部员工持股规定》、《四川省企业和企业经营者权益保护条例》等。

当然,上述行政法规和部门规章等法规,是适应当时需要出台的,新《公司法》出台后,根据法制统一的原则,这些法规中与新法冲突的内容也应当作出相应的修改和调整。

第四节　我国“民商合一”立法体例下《公司法》的适用

一、我国“民商合一”的立法体例

(一)“民商合一”立法体例解读

“民商合一”是指一国在确立民法典为民商事法律唯一基础法地位的前提下来建构和整合民商事法律体系的立法体例。“民商合一”在学理上往往可以从立法体例或法律适用两个不同的角度解读。王利明教授认为,“民商合一”是指民法统一调整平等主体之间的人身关系和财产关系,商事法律在性质上属于民事特别法,在商事法律没有就相关问题作出特别规定时相关纠纷适用民事基本法的一般规则。[①] 显然,这一解读更侧重于法律适用的角度,其中的“民法”和“民事基本法”并非同一概念,前者是指广义上的民法,后者则专指民法总则,即现行《民法典》的总则编。

---

① 参见王利明:《民商合一体例下我国民法典总则的制定》,载《法商研究》2015 年第 4 期。

从大量的相关文献看,人们对“民商合一”的理解更多偏向于立法体例的角度,在使用这一概念时常常要在其后加上“体例”或“立法体例”就是例证。在这个意义上,“民商合一”是与“民商分立”相对应的概念:这里的“民商”不是指广义上的民法与商法,而是专指民法典和商法典;“合一”也不是指民法典与商法典的合并,而是指二者中只有民法典总则是整个民商事法律体系中的基础法,在民法典之外不再制定商法典;“分立”则是指民法典与商法典并立,民法典总则作为民事法律体系的基础法,商法典总则作为商事法律体系的基础法。从当今世界各国的情况看,“民商合一”与“民商分立”是制定法国家民商事立法普遍采取的两种体例。其中,选择“民商合一”立法体例的国家,如瑞士、意大利、土耳其、泰国、匈牙利、荷兰、俄罗斯等,除了独立的民法典之外,没有独立的商法典存在;采取“民商分立”立法体例的国家,如法国、德国、日本、韩国、西班牙、卢森堡、阿根廷、墨西哥等,除了独立的民法典外,还有独立的商法典存在。据统计,全世界有40多个国家采取“民商分立”的立法体例。相对而言,采取“民商合一”的国家数量要少一些,采取的时间也要晚近一些,如首开“民商合一”先例的《瑞士民法典》于1907年颁布,而《法国民法典》(1804年)和《法国商法典》(1807年)则先于其一个世纪就已经出台。[①] 另外,一国无论采取“民商合一”还是“民商分立”的立法体例,民法典或商法典都无法适应经济社会生活中商事法律关系的快速变化,不能也不可能将实践中出现的各种商事法律关系都纳入民法典或商法典中调整,只能采取制定单行法的方式来应对,于是出现了大量商事单行法律与民法典或商法典并存的现象。这一现象不仅在采取“民商合一”立法体例的国家非常普遍,即民法典与若干商事单行法并存,而且在采取“民商分立”的不少国家也成为常态,如日本在既有民法典又有商法典的情况下还存在若干独立的商事单行法,2005年《日本商法典》修改时,将公司法从原商法典分离出来,成为独立的商事单行法。[②]

从立法体例上解读“民商合一”的内涵,笔者认为还需要把握如下要点:首先,“民商合一”立法体例是对立法技术或法律体系的描述,并非指民法典和商事单行法的“合一”或以否认现实中的商事法律关系为前提,现代民法典总则中融入商法的内容常常采取“提取公因式”的方式。如我国民法总则的制定过程就是将民商事规则的共通性规律提炼和抽象出来,并赋予各自符合逻辑的位阶。[③] 其次,“民商合一”是指以民法典总则为民商事法律体系的基础法,或者说针对民法典总则的基础法地位作出概括抽象,集中指向民法典总则的法律地位。民法典总则具有统率整合民商事法律关系的基础地位,并不意味着民法典可以囊括所有的商事单行法。在当前采取“民商合一”立法体例的国家中,也没有一部民法典包容了商事法的全部内容,如果人为地将商事单行法纳入民法典中,不仅会使民法典显得臃肿冗长,而且还可能破坏民法典的体系和结构。[④] 因此,无论将“民商合一”体例下民法典的地位强调到多高,都既无必要也不可能达到民法典“一统天下”的程度。再次,“民商合一”作为立法体例的选择之一,与一国的

---

① 参见赵旭东主编:《商法学》(第4版),高等教育出版社2019年版,第16~17页。

② 关于日本公司法从商法典中独立出来的原因,笔者2008年随中国商法代表团访日时就此问题与日本学者作过专门的学术交流。据东京大学、早稻田大学、独协大学、神户大学的日本教授介绍,主要原因为:一是适应公司法频繁修改的需要,商法典庞大的体例不适应经常性的修改;二是适应公司法对公众公司加强管制的需要,加强管制与商法总则中的私法自治理念存在冲突;三是适应公司法适用的需要,原商法典中公司内容的文字表述艰涩难懂,不便阅读理解,独立后的公司法文字表述简明易懂,便于适用。

③ 参见许中缘、颜克云:《商法的独特性与民法典总则编纂》,载《中国社会科学》2016年第12期。

④ 参见钱玉林:《商法漏洞的特别法属性及其填补规则》,载《中国社会科学》2018年第12期。

特定的社会、历史和法律传统密切相关，具有很强的“路径依赖”色彩。新中国成立后，我国民商事立法长期处于空白状态。20世纪80年代开始的民商事立法在体系建构上也有历史因素的影响。我国自1929年起，立法者“依瑞士立法例采用民商合一主义”和“虽在形式上采用民商分别立法，但在实质上仍采取民商合一制度之立法精神”[①]建立民商事立法体例。这一立法体例对改革开放初期社会主义民商事立法具有借鉴的价值，与我国20世纪80年代中期出台的《民法通则》有着历史传承联系。《民法通则》为我国后来的民商事立法搭建了基础框架，对以后作出“民商合一”立法体例的选择形成了强烈的路径依赖。这一选择也表明，“民商合一”的立法体例既不否认民法和商法各自的特点和相对独立存在的价值，也不妨碍民法和商法在法学学科上的分类，正是基于此，包括公司法在内的商法单行法以及公司法学才有独立存在的可能。最后，“民商合一”立法体例的确立只是当时立法者的一种选择，并不代表这一体例固定不变，无论是中国还是世界，都存在立法体例曾经调整和变化的情形。我国清末就曾试图采取“民商分立”的体例；[②]意大利在1942年采取“民商合一”体例前也曾长期实行“民商分立”的体例。[③] 这说明“民商合一”或者“民商分立”并非僵化或一成不变的模式，完全有可能随着时代和法治的发展作出调整。

“立法体例上民商可以分立，也可以合一，但并不影响民法与商法既有共性也有异质的两面性关系。”[④]商法主要对营利性商事活动进行规范，偏重效率价值以及外观主义，强调商事交易的便捷与安全；民法主要对一般人身和财产关系进行规范，偏重追求当事人之间的公平正义。制定法国家“民商合一”与“民商分立”两种立法体例以及民法典和商法典与民商事单行法长期并存的事实本身就说明，民法和商法都有其特定的调整对象和社会关系，都有其存在的合理性、理论依据和实践依据的支撑。民法与商法不仅在立法和司法的理念、原则、思维和价值取向等方面存在差异，而且在立法背景上也有所不同，民法的历史要比商法悠久得多，商法则是近现代才出现的，是直接源于市场经济且以市场经济关系为主要调整对象而具有市场经济基本法的属性。[⑤] 在这个意义上，商法需要更尊重市场经济的规律和体现市场经济的要求。

（二）我国“民商合一”立法体例的确立

2020年5月28日，第十三届全国人民代表大会第三次会议通过了《中华人民共和国民法典》（简称《民法典》）并于2021年1月1日起施行。《民法典》的颁布和实施在中国特色社会主义法治体系建设进程中具有里程碑意义，包括商法学界在内的众多学者都认为，《民法典》的出台，标志着我国“民商合一”立法体例的确立。《民法典》总则编是基础性、综合性的法律，它为整个中国民商事法律体系提供基础性的制度供给，统一适用于所有民商事关系。《民法

---

① 赖源河：《实用公司法》（第3版）（王志诚修订），台北，五南图书出版股份有限公司2020年版，第6～7页。

② 我国清末曾制定过商法典，法典名称为《钦定大清商律》。1903年，清政府命载振、伍廷芳起草商律。是年12月，商律起草完毕并上奏后定名为《钦定大清商律》。《钦定大清商律》由《商人通例》和《公司律》组成。其中《商人通例》9条，《公司律》131条，在体例和内容上均体现了对德日商法典的效仿。参见“钦定大清商律”词条，载百度百科，https://baike.baidu.com/item/%E9%92%A6%E5%AE%9A%E5%A4%A7%E6%B8%85%E5%95%86%E5%BE%8B/8756829，2022年4月21日最后访问。

③ 参见徐国栋：《民商合一的多重内涵与理论反思——以1942年〈意大利民法典〉民商合一模式的解读为中心》，载《中外法学》2019年第4期。

④ 钱玉林：《商法漏洞的特别法属性及其填补规则》，载《中国社会科学》2018年第12期。

⑤ 参见赵万一、赵吟：《中国自治型公司法的理论证成及制度实现》，载《中国社会科学》2015年第12期。

典》总则编所规定的基本原则和关于民事法律行为、民事主体、代理制度的一般性规则，为民商事活动提供基本遵循，其中关于营利性法人的规定，就是典型的商法规范，与《公司法》总则中不少内容相同或近似。《民法典》物权编和《民法典》合同编的规定中许多也是民商事主体从事交易活动的共同规范，就合同种类而言，多数均为实践中的商事合同。

应当看到，由于民法与商法客观上存在的差异，《民法典》总则编作为民商事法律体系的一般法，无法也不可能对商事法律关系的主体、行为、客体等内容作出详细规定，也没有按主体和行为的性质来区分商事主体和民事主体、商事行为和民事行为；《民法典》制定过程中，一些学者建议入法的基本商法规范也因认识不统一等原因而未能最终被采纳；加上《民法典》并未将《公司法》《证券法》《票据法》《保险法》《企业破产法》等大量商事单行法律纳入其中，因此有学者认为我国《民法典》所体现的还是一种最低限度的“民商合一”。[①] 尽管包括笔者在内的众多商法学者也期望《民法典》出台后再制定一部商法通则，通过抽象“商人”（商主体）、“商行为”、“营业”、“商事代理”、“商事账簿”等有别于民事规则的特殊规范，以回应并填补《民法典》的不足及其在商事规范上的立法漏洞，协调和消除有关法律制度之间的矛盾与冲突，科学指导众多商事单行法的适用，形成“民法典＋商法通则＋单行商事法”的我国民商法体系，[②]但实现这一期待还有待条件和时机的成熟。总之，《民法典》在综合吸收各方意见的基础上能够达到目前的整合程度已经实属不易，基本符合中国当前民商立法的实际，是一部具有划时代意义的基础法律。它的颁行标志着我国“民商合一”立法体例的正式形成，我国民商事法律体系也正式进入法典化时代。

二、《民法典》与《公司法》的关系

确立“民商合一”立法体例的意义，不仅是要解决我国民商事法律的体例选择问题，而且更具有实质意义的是在《民法典》与众多商事单行法并存的状态下，明确《民法典》与《公司法》的关系以及如何正确适用的问题。

我国《民法典》基本采取了法学上公认的“潘德克吞”（Pandekten）体系。“潘德克吞”体系又称德国体系，其最大的特点就是民法典编纂时将抽象的共通的一般事项整理成为“总则”，并置于民法典第一编加以规定。[③] 我国《民法典》在沿用该体系以总则编为统率的基础上将“潘德克吞”体系的五编制扩展为七编制，[④]从而体现出民法典编纂上的中国特色。在这一体系下，我国《民法典》与《公司法》的关系可以概括为：

1.《民法典》总则编与《公司法》总体上构成一般法与特别法的关系。《民法典》贯彻“民商合一”体例主要体现在总则编的内容构造与规范选择上，[⑤]民法总则是“民商合一”体例最为集中的表达。[⑥] 2019 年最高人民法院印发的《全国法院民商事审判工作会议纪要》（法〔2019〕

---

① 参见李建伟：《民商合一立法体例的中国模式》，载《社会科学研究》2018 年第 3 期。

② 参见李建伟：《民法总则设置商法规范的限度及其理论解释》，载《中国法学》2016 年第 4 期。

③ 参见陈华彬：《潘德克吞体系的形成与发展》，载《上海师范大学学报（哲学社会科学版）》2007 年第 4 期。

④ “潘德克吞”体系“五编制”即在总则编下，设物权法、债权法、亲属法和继承法各编（1896 年《德国民法典》将物权法和债权法的顺序颠倒）；我国《民法典》的“七编制”即在总则编下，设物权编、合同编、人格权编、婚姻家庭编、继承编、侵权责任编。

⑤ 参见王利明：《民商合一体例下我国民法典总则的制定》，载《法商研究》2015 年第 4 期。

⑥ 参见钱玉林：《民法总则与公司法的适用关系论》，载《法学研究》2018 年第 3 期。

254 号)[①]明确指出:“民法总则与公司法的关系,是一般法与商事特别法的关系”。这是基于我国《民法典》采取“潘德克吞”体系编纂以及《民法典》与《公司法》并存并行的现实作出的定位。这一定位意味着只有《民法典》总则编才具有一般法的地位,而且相对于《公司法》一直都居于这一地位。一些学者在讨论《民法典》与《公司法》的关系时,没对《民法典》总则编与其他各编作出区分,而是将《民法典》整体统一视为《公司法》的一般法。[②]

从法理上看,一般法,顾名思义就是针对一般主体和一般事项适用的法律,其效力范围具有普遍性,法律调整的法律关系相对广泛;特别法,顾名思义就是针对特定主体或特定事项适用的法律,其效力范围具有特定性,调整的法律关系也相对有限。“民商合一”体例下的《民法典》总则编显然要针对所有民商事主体和事项,其效力范围也要及于全部民商事领域。在这个意义上,《民法典》除此之外的其他各编均不具有总则编的这一法律地位,其与《公司法》则处于平等的地位,即都属于总则编之下的分则编的内容,彼此之间也应当是平行和并列的关系。如果将《民法典》物权编和《民法典》合同编众多的商事规范与《公司法》规范进行比较,不难发现,两种规范虽然都来自立法的抽象,但二者不存在抽象程度高低之分,即不存在一种规范是在另一种规范基础之上进行抽象的现象,只存在抽象的对象和法律关系不同之别,两种规范具有平等的法律地位。而《民法典》总则编的规范则不同,是在包括物权编、合同编和公司法在内的众多民商法基础上提取的“公因式”,抽象程度显然高于其分则各编和公司法等民商单行法。因此,《民法典》总则编之外的其他各编与《公司法》之间不构成总则编与分则编的关系。

2.《民法典》总则编与《公司法》之间的关系还不能完全等同于《民法典》总则编与其他各编的关系。这不仅仅因为《公司法》是作为《民法典》之外的单行商事法存在,更重要还是由于《民法典》采用“潘德克吞”体系所致。如前所述,“潘德克吞”体系的发源地为德国,德国建立这一体系的“逻辑起点是在民商分立框架”,是对“民事规则的高度概括和抽象而形成的体系”,[③]这与我国逻辑起点为“民商合一”的体例就有了差异。“民商合一”的性质需要《民法典》总则编不仅对民事规范进行抽象,还应对商事规范进行抽象,在此基础上才符合其作为总则具有的统摄力和内涵。如果《民法典》总则编对《公司法》的商事规范抽象度不够,或只立足于民事规范角度而没照顾到《公司法》的商事法特点,没能站到民商事共通规范的高度来提取“公因式”,就达不到对《公司法》设计理念与制度安排的“提纯萃取”程度,甚至可能出现因规范抽象度低而与《公司法》相关规定发生重合的情况。这种情形目前在《民法典》总则编中已经有所体现。该编关于营利性法人的规定就与《公司法》相关规定相似度很大,因而被学者认为“基本上是移植了公司法总则的大部分规定和提取了公司法中有关有限责任公司和股份有限公司组织机构设立的共同性规定”,从而使《公司法》总则功能式微。[④] 如果没有相应的重述和整合,完全可能在适用时只选择两种重合法律规范的其中之一,造成立法资源的浪费。因此,笔者认为,我国《民法典》总则编与《公司法》的关系属于偏弱型的一般法与特别法的关系。换言之,《民法典》总则编对《公司法》的统摄力还较为有限,也说明《公司法》对《民法典》总则

---

① 鉴于该司法文件在本书中多次引用,本书以下简称《九民会议纪要》。

② 如刘俊海教授认为,《民法典》不仅从法人制度视角对《公司法》的设计理念与制度安排进行了提纯萃取,而且重申了《公司法》作为特别法而优先适用的法律地位,更为公司法案件裁判提供了可资补充适用的一般法律规则。参见刘俊海:《新〈公司法〉的设计理念与框架建议》,载《法学杂志》2021 年第 2 期。

③ 参见许中缘、颜克云:《商法的独特性与民法典总则编纂》,载《中国社会科学》2016 年第 12 期。

④ 参见钱玉林:《商法漏洞的特别法属性及其填补规则》,载《中国社会科学》2018 年第 12 期。

编依存度也相对偏低。这些都是《公司法》适用中需要关注的问题。

3.《民法典》总则编与《公司法》之间还存在某种程度上的疏离关系。所谓疏离关系，即二者尽管从总体上讲是一般法与特别法的关系，但除前面分析的偏弱因素外，公司法还存在相对独立性。《公司法》没有规定的，不一定能在《民法典》总则编中寻到可供适用的相关规范或原则。《民法典》总则编中涉及包括《公司法》在内的一般性商事规范太少，尤其是适用方面的制度供给还呈现明显的不足：从法律条文的数量来看，《民法典》总则编涉及营利性法人的规定仅11条，而且还存在前述与《公司法》条文重合的问题；从内容上看，前述关于体现商事法特点的原则及其一般性规定在《民法典》总则编中明显偏少，存在不少缺失，如私法自治原则、外观主义原则、交易安全原则、商事代理原则等，从而使《民法典》总则编难以为《公司法》提供充分的适用指引和规则，也可能因此产生法律漏洞。《公司法》对《民法典》总则编的依存度不高，必然意味着《公司法》的相对独立性较强。《公司法》作为最典型的商事法律，比《民法典》的物权编、合同编具有更多的商法属性和相对独立性，这也许是包括我国在内绝大多数采“民商合一”体例的国家没有将其纳入《民法典》的重要原因所在。

三、“民商合一”体例下《公司法》的适用要点

《公司法》适用要点也就是适用中的主要问题，需要根据我国“民商合一”的特点并结合公司实践中存在的问题来确定。

1. 根据《民法典》总则编与《公司法》的一般法和特别法关系，当《民法典》总则编与《公司法》调整共同规制的法律关系时：第一，《公司法》没有相关规定的，适用《民法典》总则编的相关规定，《民法典》总则编对《公司法》发挥补充适用的作用；第二，《公司法》有相关规定的，根据《民法典》第11条关于“其他法律对民事关系有特别规定的，依照其规定”的原则，优先适用《公司法》的特别规定；第三，《民法典》总则编与《公司法》的规定一致的，适用其中之一即可；第四，《民法典》总则编与《公司法》的规定不一致的，鉴于本轮《公司法》修订在《民法典》出台之后，根据法律适用“后法优于前法”和“特别法优先”的原则，适用《公司法》的规定。需要注意的是，当《民法典》总则编与《公司法》的规定不一致的，并非都按照“特别法优先”原则来适用，从适用法的角度，只有当一般法与特别法对“同一法律关系”都有规定时，才发生特别法优先适用的问题。①

2. 根据《民法典》除总则编之外的其他各编与《公司法》具有平行地位的关系，二者在适用上应当互为一般法或互为特别法，当其他各编与《公司法》调整的法律关系出现交叉时，需要根据不同的情形来确定具体的适用顺序。以有限责任公司股权转让为例，依照《公司法》有关规定，有限责任公司的股权转让包括合同转让、法院强制执行转让、继承转让等情形。在股权转让情形上，《公司法》显然是一般法，《民法典》合同编是特别法。当涉及采取合同方式转让股权的情形时，合同编关于合同效力、合同履行等一般性的规定具有特别法优先适用的效力；而在股权转让合同的一些特别事项上，《公司法》又作出了与一般合同不同的规定，如有限责任公司股东向股东以外的人转让股权时，其他股东享有优先购买权，此时《公司法》与合同编

---

① 参见钱玉林：《民法总则与公司法的适用关系论》，载《法学研究》2018年第3期。

发生换位,合同编变成了一般法,《公司法》则成为特别法,具有优先适用的效力。

值得指出,鉴于我国“民商合一”体例的特点,《公司法》与《民法典》分则各编适用顺序还有一些特殊问题,如涉及登记在夫妻一方名下的股权的行使是否需要征得配偶同意的纠纷,是适用《民法典》婚姻家庭编的有关规定还是按照《公司法》漏洞填补的方式来处理,需要进一步研究。详见本节下文关于《公司法》漏洞及其填补的有关讨论。

3. 当《民法典》各编和《公司法》及其相关司法解释出现引致条款时,应当依照引致条款的规定确定适用顺序。如《最高人民法院关于适用〈中华人民共和国公司法〉若干问题的规定(三)》[①]第27条第1款规定:“股权转让后尚未向公司登记机关办理变更登记,原股东将仍登记于其名下的股权转让、质押或者以其他方式处分,受让股东以其对于股权享有实际权利为由,请求认定处分股权行为无效的,人民法院可以参照民法典第三百一十一条的规定处理。”

鉴于目前《民法典》总则编关于营利性法人的一般性规定与2023年修订的《公司法》总则具有一定的重合度,根据《九民会议纪要》第3条的规定,二者规定一致的,适用《民法典》或《公司法》皆可。

四、《公司法》漏洞及其填补

法律漏洞是在法律适用过程中经常出现的现象,“当类型化的事实在法律中找不到相对应的法律规范,就可以认定存在法律漏洞”。[②] 简言之,法无明文规定即可能存在法律漏洞。法律漏洞是以制定法为法律适用依据才可能存在的现象,在奉行以判例法为法律适用依据的国家,由于法官造法是一种常态,因此英美法系国家普遍没有法律漏洞的概念。公司法漏洞属于法律漏洞的一种表现形式,主要是指在处理涉及公司法律关系的事务时,公司法缺乏可供适用的明文规定或规定不明确的情况。公司法漏洞包括了广义和狭义两种类型,狭义的公司法漏洞是指公司法本身缺乏可供适用的明文规定或规定不明确的情况;广义的公司法漏洞特指在“民商合一”的环境下,不仅作为特别法的公司法没有可供适用的规定,而且作为一般法的民法典也无可供适用的相应规定的情况。广义的公司法漏洞也可称为“民商合一”下的商法漏洞或民法漏洞。本部分讨论的公司法漏洞,主要针对广义上的概念。

无论是广义还是狭义的公司法漏洞,都包括两种基本情形:一是立法或修法时应当规定而因为种种原因没有规定;二是立法上本来就无须作出规定,可以通过法律漏洞填补的方式来解决适用问题。在现代市场经济条件下,公司法作为最重要的商事法律之一,前一种情形的公司法漏洞属于法律漏洞多发的领域,“是由社会发展的无限多样性和人类认识的局限性所决定的”。[③] 由于市场上商事活动的复杂性和多变性,民商事立法即使快速变动也难以全面及时地跟上市场实践的发展,“商法永远落后于商事实践”,包括公司法在内的民商法出现法律漏洞是常态和通例,“商法永远处在制度供给短缺或者不足的状态”。[④]

---

① 2005年《公司法》修订以来,最高人民法院共发布了5个适用该法的司法解释,其中除第5个司法解释发布时间为2019年4月28日外,其余4个修正后的发布时间为2020年12月29日。鉴于本书多次引用这些司法解释,因而下文将此按照序号分别简称为《公司法司法解释(一)》《公司法司法解释(二)》……《公司法司法解释(五)》。

② 于莹:《民法基本原则与商法漏洞填补》,载《中国法学》2019年第4期。

③ 钱玉林:《商法漏洞的特别法属性及其填补规则》,载《中国社会科学》2018年第12期。

④ 于莹:《民法基本原则与商法漏洞填补》,载《中国法学》2019年第4期。

从法理上看，解决法律漏洞问题主要有两种思路：一是通过立法和修法来完善法律，防止和减少法律漏洞的发生；二是对法律漏洞进行填补以适应现实的需求。法律漏洞填补就成为一项带有专业性和技术性的法律实务。对公司法存在的法律漏洞，既不能否认它是民商立法中的必然现象，也不能苛求立法者通过立法或修法使公司法达到消除漏洞的至善程度，而应当持"有漏洞就填补"的正确态度。我国"民商合一"的立法体例就其蕴含的一般法对特别法的补充适用关系而言，本身就有容许漏洞和漏洞填补的涵义。而且，《民法典》和新《公司法》刚颁行实施，显然不可能一出现公司法漏洞就着手修法。既然公司法漏洞具有不可避免性，那么，公司法漏洞填补也是《公司法》适用的一项常态化任务。

我国《公司法》漏洞的填补不能脱离"民商合一"的立法体例。前述广义的公司法漏洞的产生、存在直接源自"民商合一"的背景，对其法律漏洞的填补也自然成为"民商合一"环境下《公司法》和《民法典》适用的一项专业实务。笔者注意到，近年来学者们对商法漏洞问题的关注和探讨，都是立足于我国"民商合一"的背景并以《公司法》的适用为分析样本，都要涉及"民商合一"体例下我国《民法典》与《公司法》的协同效应问题。

按照"民商合一"立法体例的原理，包括《公司法》在内的商法与《民法典》构成特别法与一般法的关系。在法律适用时，如果《公司法》没有特别规定，首先应当适用《民法典》的一般性规定，即"商法未设规定者，则回归适用民法之补充规定"。[①] 此时，《民法典》作为一般法成为公司法漏洞填补的法律渊源，或者说"民商合一"体例下的《民法典》本身就具有填补《公司法》漏洞的功能，直接作为补充《公司法》适用的法源；如果出现《公司法》和《民法典》都没有规定或规定不明确的情形，《公司法》漏洞填补则涉及更为复杂的过程，面临更多选择和不确定性。下面对两种不同情形的《公司法》漏洞填补分述于后。

1. 关于《公司法》没有特别规定情形的法律漏洞填补。此种情形下的《公司法》漏洞填补也称《民法典》填补方式或一般法填补方式，即发挥作为一般法的《民法典》对作为特别法的《公司法》的补充适用功能，当《公司法》没有特别规定而出现法律漏洞时，转而适用《民法典》上的一般性规定对漏洞进行填补。可见，这种《公司法》漏洞的填补方式虽然看起来相对简单，但须具备的前提条件是《民法典》存在可供适用的一般性规定。如果不具备这一前提条件，就须转向其他《公司法》漏洞填补方式。从《民法典》现有的规定看，对《公司法》的补充适用功能主要涉及《民法典》总则编关于法人制度、民事法律行为和代理制度的相关规定。

第一，关于法人制度的内容，包括：一是《民法典》第 65 条关于"法人的实际情况与登记的事项不一致的，不得对抗善意第三人"的规定，该新设条款不仅统一确认了法人登记事项的真实性推定，而且部分改变了以往司法实践不承认住所登记具有事实推定效力的做法，对《公司法》亦具有补充适用作用。二是《民法典》第 75 条关于法人设立人的行为及其后果的规定，填补了《公司法》未规定有限责任公司设立人的漏洞。

第二，关于民事法律行为的内容，如《民法典》第 134 条第 2 款关于"法人、非法人组织依照法律或者章程规定的议事方式和表决程序作出决议的，该决议行为成立"的规定，该条款明确了"决议行为"作为独立的民事法律行为的属性，可以成为认定股东会、董事会决议成立与否的裁判依据，填补了《公司法》关于公司决议规定的漏洞。

---

① 赖源河：《实用公司法》（第 3 版）（王志诚修订），台北，五南图书出版股份有限公司 2020 年版，第 7 页。

第三,关于代理制度的内容,如《民法典》第 170 条新增了关于职务代理的一般规则,即"执行法人或者非法人组织工作任务的人员,就其职权范围内的事项,以法人或者非法人组织的名义实施民事法律行为,对法人或者非法人组织发生效力。法人或者非法人组织对执行其工作任务的人员职权范围的限制,不得对抗善意相对人",这一规定填补了《公司法》关于董事在执行职务时是否有权对外代表公司以及公司对董事职权的限制能否对抗善意第三人的法律漏洞。

需要说明的是,《民法典》对《公司法》漏洞之补充适用功能主要是针对《民法典》总则编而言的,因为《民法典》总则编之于《公司法》,始终处于一般法的地位,而其他各编之于《公司法》却并不具有这样的地位。如前所述,《民法典》分则各编与《公司法》处于平行地位,在具体适用时可能是互为一般法或互为特别法的关系。例如,对登记在夫妻一方名下的股权的行使是否需要征得配偶同意的处理,尽管《公司法》对此情形没有特别规定而出现了法律漏洞,但能否援引《民法典》婚姻家庭编关于夫妻共同财产的规定①作为一般法来补充适用呢?如果答案是肯定的,势必"将颠覆现行公司法所建立的秩序,诸如股东会决议的效力、公司章程的制定与修改等涉及股东权行使的法律制度体系必将崩溃"。因此,对这一《公司法》漏洞的填补还不能简单地适用《民法典》中有关夫妻共同财产的规定,"必须将这一问题纳入公司法的规范体系中去考虑"。如果不加区分地将《民法典》分则各编的有关规则也视为一般性规定,就可能"导致特定事项缺失规范的目的性和正当性",②而且还可能造成司法实践中"同案不同判"的问题。笔者认为,此时《公司法》与《民法典》婚姻家庭编处于平行的地位,不能按照优先适用或补充适用的原则来执行,而应视为《公司法》和《民法典》均无规定的法律漏洞,需要采取其他填补方式来处理。

2. 关于《民法典》缺乏商事一般性规定情形下的《公司法》漏洞填补。当《公司法》缺乏特别规定而《民法典》也缺乏补充适用的一般性规定时,就会出现回归《民法典》也无法寻到填补漏洞的适用依据的情形。这种情形之所以会在《民法典》中出现,是因为有的法律漏洞立法者当时未能发现,有的即使已被发现,但在立法政策上一时难以取舍或认识不统一而使一些重要的商事一般性规则也未能入法。③ 此外,还有一些与我国"民商合一"体例的特点相关的因素,如《民法典》与《公司法》之间的偏弱型联系、公司法的相对独立性等。此时,《公司法》漏洞填补不仅变得较为复杂,而且更具技术性和专业性。

《民法典》无明文规定并不等于《公司法》的漏洞就无法填补,相关研究表明,《公司法》漏洞填补可以分为法源性填补和非法源性填补。前者是指法律法规指明可以作为《公司法》或《民法典》补充适用的渊源,包括民法基本原则、商事习惯、司法解释、最高人民法院指导性案例、类推等;后者是指虽然法律法规没有指明其可以作为补充适用的渊源,但实践中普遍采用为法律漏洞填补的渊源,主要指法理解释。

第一,民法基本原则。民法基本原则是指《民法典》总则编第一章规定的基本原则,因而被界定为法律漏洞填补的法源之一。民法基本原则具有抽象度高、指导性强、指导面宽的特

---

① 《民法典》婚姻家庭编中第 1062 条第 2 款规定:"夫妻对共同财产,有平等的处理权。"

② 参见钱玉林:《商法漏洞的特别法属性及其填补规则》,载《中国社会科学》2018 年第 12 期。

③ 参见陈甦:《司法解释的建构理念分析——以商事司法解释为例》,载《法学研究》2012 年第 2 期。

点。在“民商合一”体例下，这些基本原则理应属于民商法共同的基本原则。由于我国“民商合一”的特点，一些商法属性鲜明的原则没能入法作为民法基本原则，如外观主义、交易安全等。民法基本原则作为填补《公司法》漏洞的法源，在具体适用时应当保持一定的谦抑度。之所以如此，是因为司法实践中尽管已经有直接援引民法基本原则作为裁判依据的案例，但对此还存在较大争议。司法实践中填补法律漏洞的法源适用常常针对案件事实的认定，①与作为司法裁判依据的民法基本原则存在差异。因此，民法基本原则作为《公司法》漏洞填补法源需谨慎适用。另外，民法基本原则作为填补《公司法》漏洞的法源，在适用顺序上宜排在商事习惯之后，详见后文相关讨论。

第二，商事习惯。商事习惯作为《公司法》漏洞填补法源来自《民法典》的直接规定，即《民法典》第 10 条关于“处理民事纠纷，应当依照法律；法律没有规定的，可以适用习惯，但是不得违背公序良俗”的规定。鉴于商事习惯涉及内容较为复杂，本节将在后面作专题讨论。

第三，司法解释。司法解释主要指最高人民法院对具体适用法律的问题作出的解释。司法解释包括对各类法律适用作出的解释，作为《公司法》漏洞填补的法源，这里的司法解释显然只指涉及《公司法》的内容。司法解释有对内容明确的法律条款作出的补充性解释，也有对法律条款规定不明确的内容作出的明确性解释，其中不少就属于可以填补法律漏洞的内容。

第四，最高人民法院指导性案例。指导性案例是指由最高人民法院统一发布的对全国法院审判工作具有指导作用的案例。《最高人民法院关于案例指导工作的规定》(法发〔2010〕51号)第 7 条规定：“最高人民法院发布的指导性案例，各级人民法院审判类似案例时应当参照。”截至 2023 年年底，最高人民法院发布的指导性案例已经达到 39 批共 224 号，包括了涉及《公司法》适用的有关案例，其中第 15 号指导案例就是填补《公司法》漏洞很有代表性的典型案例。②

第五，类推。类推又称“法律的比照适用”，③是指在处理公司事务时，对《公司法》或《民法典》没有明文规定的，比照最相类似的法律条款来援引适用的行为。可见，类推行为本身就具有填补法律漏洞的含义，从而也成为《公司法》漏洞填补中常见的方式。就类推在司法实践中运用的情况看，裁判过程中对适用类推的逻辑推理类似“法官造法”。正如有学者所言，商事法律漏洞的填补，本质上是站在立法者的地位填补缺失的商事特别法规范，需要研究诸如商事法的学说、判例、一般条款等填补商法漏洞的方法论基础，以求填补的法律规范不失商事特别法的规范。④

第六，法理解释。这里的法理解释是指运用法学原理对《公司法》和《民法典》的相关条款

① 如有学者研究表明，作为漏洞填补法源之一的商事习惯，在司法判决中发挥的作用分为以习惯解释意思表示、以习惯补强证人证言和以习惯确定法律效果。参见彭诚信：《论〈民法总则〉中习惯的司法适用》，载《法学论坛》2017 年第 4 期。

② 指导案例第 15 号由最高人民法院 2013 年发布，该案属于公司人格否认案件。按照当时《公司法》第 20 条第 3 款的规定，公司人格否认所产生的债务连带责任只能施加于股东。而该案中虽然存在关联公司人格混同和严重损害债权人利益的行为，但关联公司彼此间并不具备适用第 20 条第 3 款要求的股东要件，为了填补《公司法》在关联公司规定上的法律漏洞，生效判决认定关联公司的行为违背了法人制度设立的宗旨，违背了诚实信用原则，其行为本质和危害结果与当时《公司法》第 20 条第 3 款规定的情形相当，故参照当时《公司法》第 20 条第 3 款的规定，判决非股东的关联公司承担了债务的连带清偿责任。这一指导性判例也促进了公司人格否认制度的修改完善，新《公司法》第 23 条第 2 款关于“公司股东利用其控制的两个以上公司实施前款规定行为的，各公司应当对任一公司的债务承担连带责任”的规定，就是本轮修订增加的内容。

③ 参见孙国华主编：《中华法学大辞典 · 法理学卷》，中国检察出版社 1997 年版，第 111 页。

④ 参见钱玉林：《商法漏洞的特别法属性及其填补规则》，载《中国社会科学》2018 年第 12 期。

所作的解释。我国目前尚未对法理解释作出明确规定。相对于前述几种填补法律漏洞的法源,法理解释本身不具有法律效力,但其可以通过帮助执法者正确理解法律来发挥作用,因此,法理解释具有辅助填补法律漏洞的功能,但往往需要与法源填补方式结合起来发挥作用。法理解释就方法而言,与立法解释和司法解释并无二致,包括文义解释、体系解释、目的解释等。

当然,《公司法》漏洞填补还不能忽视从立法上尽可能减少法律漏洞的工作。《公司法》要适应我国“民商合一”的立法体例和商事实践发展的需求,实现其价值目标,需要不断完善这一立法体例,要有针对性地创设《民法典》一般性规则和《公司法》特别规则,加强二者的互动与协调,使“公司法规则失灵时,民法规则不应失灵。民法规则失灵时,公司法规则不失灵”①。此外,还可以考虑制定出台“民法典施行法”,对《民法典》实施中民事法与商事法可能出现的不统一、不协调问题进行相应的规制,缓解民商事司法解释、司法政策、司法案例与法律之间已经或可能存在的冲突,构建一个有利于“民商合一”环境下的民商事法治实施的体系。

五、商事习惯在填补《公司法》漏洞中的适用

民商事习惯“是指在某区域范围内,基于长期的生产生活实践而为社会公众所知悉并普遍遵守的生活和交易习惯”。② 我国《民法典》第 10 条关于“法律没有规定的,可以适用习惯”的规定,正式将“习惯”纳入了法律渊源。“从民商事规则区分的角度来言,法源意义上的习惯既可能是民事习惯,也可能是商事习惯”。③ 尽管人们可以从宏观视野上讨论一个国家或一个民族的习惯,也可以从中观角度讨论一个地区或者一个行业的习惯,但从商事实践来看,商事习惯主要存在于市场交易领域。《民法典》涉及习惯的规定多数在合同编,而且大都使用“交易习惯”的表述。④ 通说认为,习惯包括事实上的习惯和法源上的习惯,后者也称习惯法,具有相当于法律规范的拘束力,而前者则无这样的效力。结合我国“民商合一”的立法体例,《民法典》规定的习惯应当指法源意义上的习惯,即习惯法,从范围上包括了民事习惯和商事习惯。“承认商事习惯的法律渊源地位不仅为法官裁量提供依据,还可以搭起沟通民法典总则和商事特别法之间的桥梁,也有利于实现商法和民法的接轨”。⑤ 正是基于商事习惯的法源属性,本节才将其作为《公司法》适用的一个重要问题来讨论。

从《民法典》第 10 条关于习惯的规定来看,我国的商事习惯具有如下法律特征:第一,商事习惯已被《民法典》确认为民商事领域的法源之一,可以在处理民商事纠纷中适用并且具有相当于法律规范的拘束力。第二,该条关于“处理民事纠纷,应当依照法律”的规定表明,商事习惯在适用顺序上只能排在法律之后。这里的法律,结合《民法典》第 11 条的规定来看,不仅指《民法典》,而且还包括民商事单行法,也即在处理民商事纠纷时,只要《民法典》与民商事单行法有明文规定的就应当首先适用。第三,该条关于“法律没有规定的,可以适用习惯”的规定表明,商事习惯在法律没有明文规定的情况下才能作为法源适用,意味着商事习惯的主要功

---

① 刘俊海:《新〈公司法〉的设计理念与框架建议》,载《法学杂志》2021 年第 2 期。

② 王利明:《论习惯作为民法渊源》,载《法学杂志》2016 年第 11 期。

③ 赵忠奎:《“可以适用习惯”的司法应对:以逾期加价条款为样本》,载《社会科学》2021 年第 2 期。

④ 检索表明,《民法典》共有 19 个条款有“习惯”的规定,其中 14 个条款涉及“交易习惯”的规定,在合同编中有 12 个条款涉及“交易习惯”的规定。

⑤ 王利明:《民商合一体例下我国民法典总则的制定》,载《法商研究》2015 年第 4 期。

能是填补商事法律漏洞。

由于我国《民法典》关于习惯的规定还十分原则，而且没有使用"习惯法"的概念，学界对于《民法典》上的习惯是否就等同于习惯法还不时有质疑的声音，但多数学者认同其是有关法律渊源的规定，应当指习惯法，而非事实上的习惯。因此，如何在《公司法》漏洞填补中具体适用商事习惯是一个很具现实性的问题。

1. 商事习惯适用的顺序。根据《民法典》第 10 条的规定，商事习惯的适用顺序只能位于法律规定之后似乎没有疑问，但这里的法律规定是否包括《民法典》规定的基本原则还有不同看法。一种观点认为，民法基本原则毕竟是《民法典》明确规定的，其可以看作法律的组成部分，因此应当优先于习惯适用；另一种观点认为，应当优先适用习惯法，因为民法基本原则较为抽象、概括，不利于具体确定当事人的权利义务关系，而习惯法则较为具体，优先适用习惯法有利于保持法律秩序的稳定。[①] 笔者注意到，我国《民法典》关于习惯适用顺序的规定与一些制定法国家的做法不同，如《日本商法典》第 1 条规定："关于商事，本法无规定者，适用商习惯法，无商习惯法者，适用民法典。"又如《韩国商法典》第 1 条也作出与日本相似的规定："关于商事，本法无规定时，适用商事习惯法；无商事习惯法时，适用民法。"说明日韩两个国家都将商事习惯置于商法地位。但也应看到，日韩两国都采取了"民商分立"的立法体例，在这一体例下，由于商法典及其商事单行法均独立于民法典而存在，其商事法律规范相对"民商合一"体例更为丰富完善。当商事习惯被视为商法时，自然可以取得优先于民法适用的地位。但当包括商事习惯在内的商法都没有特别规定而需要适用民法时，此时民法典中能够作为民商事共同规则适用的一般性规定，往往可能只有高度抽象的基本原则了。这说明"民商分立"环境下商事习惯法优于民法适用的顺序实际上主要是针对民法的基本原则而言的。这可以为我国"民商合一"环境下《民法典》的规定与习惯适用顺序提供启示：《民法典》的规定是否包括对基本原则的规定？或者说习惯作为法源能否具有优先于《民法典》基本原则适用的效力？对此，王利明教授明确认为应当优先适用习惯法。"与民法的基本原则相比，习惯的内容更为具体确定，因此在存在习惯法可以适用的情形下，法官不应当直接适用民法的基本原则。"[②]笔者认同这一观点。

2. 对商事习惯适用的范围应当进行必要的限制。商事习惯毕竟是一种补充性适用的法源，因此，只有当法律存在漏洞时才能适用，就公司法领域而言，只能在《公司法》和《民法典》没有明文规定的情形下作为案件裁判的依据适用。"法官在适用习惯时，首先应当穷尽具体的法律规则，即便是任意性规范，原则上也应当优先于习惯法而适用"。[③]

3. 明确符合商事习惯法的基本条件。这些基本条件即商事习惯作为法律渊源应当具备的条件，包括：第一，其形成具有长期性和恒定性，即商事习惯一定要经过长期社会生活的积淀，并通过商事实践的反复总结检验方能形成；第二，得到社会一定范围内的公认并成为指引人们行为的规范，公认即具有公信力，但仅有公认还不能成为商事习惯，必须要达到在一定社会范围内普遍遵行的程度，才能具有规范商事行为的效力；第三，得到法律的确认且不能违反法律

---

① 参见王利明：《论习惯作为民法渊源》，载《法学杂志》2016 年第 11 期。
② 王利明：《论习惯作为民法渊源》，载《法学杂志》2016 年第 11 期。
③ 王利明：《论习惯作为民法渊源》，载《法学杂志》2016 年第 11 期。

的强制性规定和公序良俗，这里的法律确认是指法律认可商事习惯具有作为法源的属性。商事习惯只有符合这些基本条件才能被视为法源，才能援引适用。

2022 年 3 月 1 日正式实施的《民法典总则编司法解释》第 2 条第 1 款规定，“在一定地域、行业范围内长期为一般人从事民事活动时普遍遵守的民间习俗、惯常做法等，可以认定为民法典第十条规定的习惯”；第 3 款规定，“适用习惯，不得违背社会主义核心价值观，不得违背公序良俗”。

4. 商事习惯的司法适用。商事习惯的司法适用可由当事人自己主张，也可以由法院依职权决定。[①]《民法典总则编司法解释》第 2 条第 2 款规定：“当事人主张适用习惯的，应当就习惯及其具体内容提供相应证据；必要时，人民法院可以依职权查明。”如果当事人要求法院援引商事习惯，应该遵循“谁主张谁举证”的规则，当事人应当举证证明商事习惯的存在，法院也可责令有关当事人承担举证责任，由法院来判定举证的内容是否为商事习惯并判定能否适用于案件处理；如果是法院依职权决定，法官可以主动依职权进行调查并作出确信与否的认定。法官发现商事习惯的方式很多，可以咨询政府部门，也可以借助如证券监管部门规范性文件、交易所规则和行业协会规定等软法性质的文件认定，还可以根据公司实践中当事人认可的规则确定。在实定法约束条件下，商事习惯的司法适用应当注意防止两个方面的倾向：一是法官在认定上的任意性倾向；二是法官为规避风险而对商事习惯弃而不用，从而使商事习惯出现“空置化”的现象。法官在适用《公司法》时应当关注吸收不违背公序良俗的商事习惯，这既有利于及时定分止争，也可为《民法典》不断输送养分。

---

① 参见彭诚信：《论〈民法总则〉中习惯的司法适用》，载《法学论坛》2017 年第 4 期。

第三章　公 司 人 格

第一节　公司人格概论

一、公司人格的含义

顾名思义,公司人格即公司法人的民事主体资格。这里所谓的“人格”,是“主体”和“资格”的合称。《民法典》第 57 条规定:“法人是具有民事权利能力和民事行为能力,依法独立享有民事权利和承担民事义务的组织。”可见,公司人格作为民事主体资格,意味着公司具有民事权利能力和民事行为能力,可以自己的名义独立地从事经营活动,独立地享有民事权利、承担民事义务。《公司法》第 3 条进一步规定:“公司是企业法人,有独立的法人财产,享有法人财产权。公司以其全部财产对公司的债务承担责任。”

公司人格来自法律拟制。公司建立在股东(投资者)投资的基础之上,但股东投资本身并不自动产生公司人格。如同合伙组织产生发展的历史一样,合伙人(投资者)的投资行为并不当然产生新的独立主体,合伙的人格仍然是合伙人自身。正是法律制度的发展,才有可能拟制出与投资者(股东)人格分离的公司法人人格。法律拟制的公司人格的特点在于:首先,公司人格产生于股东投资但并不以否定股东人格为前提,公司人格与股东人格分离且并存的二重性使公司人格独立于股东人格。其次,公司人格以法定性为表征:公司法人的成立条件是法定的,不符合法定要素的主体不能成为公司;公司形态是法定的,投资者只能选择而不能创设公司形态。再次,公司人格的取得必须通过法定程序,公司登记是公司成为法人的必经程序,登记意味着国家对公司人格的认可,撤销登记或注销登记意味着公司人格的灭失。复次,公司人格是为公司从事营利性活动进行的制度创设,公司具有法人人格就能够独立地参与商事活动,法律之所以赋予公司人格,可视为方便公司经营、便利经济活动起见。[①] 最后,公司人格以有限责任为内涵,有限责任以公司人格为表征。股东以投资为限对公司承担责任,公司以全部财产为限对公司债务承担责任,如果股东滥用公司人格和有限责任,公司人格就可能受到法律的否定性评价,债权人可以越过公司人格,依法将债务责任追索至股东。

对公司人格的讨论涉及公司人格的构成要素,以及与公司人格密切相关的公司能力、公司越权和公司人格否认等问题。

二、公司人格的构成要素

公司人格作为一种法律拟制,是一种主观能动性很强的制度创设,其既要符合公司客观现实需要,又要为推动公司发展提供保障和制度供给空间。法律拟制的公司人格包括如下核心

---

① 参见李清池:《商事组织的法律构造——经济功能的分析》,载《中国社会科学》2006 年第 4 期。

构成要素。

（一）独立财产

公司人格的拟制以公司拥有独立法人财产为前提，独立财产是公司人格的核心要素。与自然人取得人格可以与财产无关不同，独立财产是公司法人人格的基础。公司人格的功能在于创设了一个新的法律实体，该法律实体以自己的名义拥有财产和承担债务。公司成立后，股东出资便成了公司财产，而不再是股东财产。公司管理层对公司资产进行经营，并以其承担债务责任。[①] 根据《民法典》《公司法》的规定，公司财产不能与股东投资资产并存，股东出资设立公司，“应当依法办理其财产权的转移手续”；[②]公司成立后，股东不得抽逃出资和随意退股；股东只能依投资对公司享有“资产收益、参与重大决策和选择管理者等权利”，[③]而公司则对投资形成的不动产和动产“享有占有、使用、收益和处分的权利”。[④] 公司人格依独立财产的形成而产生，可以使公司财产免于被公司股东或者管理者的债权人追索；公司以独立财产为后盾，可以为经营活动提供坚实的财产支撑，为公司债务提供财产担保，为公司财产责任承担提供依托和保障。独立财产意味着公司也有自身独立的利益，公司利益与股东利益从总体讲是一致的，但也存在异质化的冲突。维护公司利益很大程度上就是维护公司财产独立，公司法上不少制度，如法定资本制度就是基于公司财产独立的原理设计的。公司独立财产是维持公司人格之必需，也是从事商事交易之必需，不仅可使公司利益免受个别股东的侵蚀，也保护了与公司交易的债权人的利益。

（二）权利能力与行为能力

公司的权利能力与行为能力合称公司能力。与自然人权利能力和行为能力不同，“公司的权利能力和行为能力在取得和消灭时间上是一致的，公司权利能力和行为能力的范围也是一致的”[⑤]。公司的权利能力与行为能力与公司人格并存，具有公司人格就有作为民事主体的权利能力和行为能力，丧失公司人格就意味着权利能力和行为能力的消灭。在民法理论上，权利能力的高度抽象性也使其具有了转用于团体的可能性，从而使法人团体被一并纳入民事主体之中，顺应时代需要。[⑥] 从创设权利能力旨在确立人的主体性来看，权利能力是对民事主体共同特征的一种抽象。[⑦] 民法上的权利能力和人格是名二而实一的关系，[⑧]法人的人格就是法人的民事权利能力。[⑨] 在这个意义上，公司人格与公司能力不可分割，公司人格就是公司能力，反之亦然。公司能力与公司人格不可分割的意义在于，公司权利能力和行为能力是公司能够对外从事民商事活动的前提，也是公司承担民事责任的基础。

---

① 参见黄辉：《现代公司法比较研究——国际经验及对中国的启示》（第 2 版），清华大学出版社 2020 年版，第 102 页。
② 见《公司法》第 49 条第 2 款。
③ 见《公司法》第 4 条第 2 款。
④ 见《民法典》第 269 条。
⑤ 叶林：《公司法研究》，中国人民大学出版社 2008 年版，第 128 页。
⑥ 参见李永军：《论权利能力的本质》，载《比较法研究》2005 年第 2 期。
⑦ 参见谭启平：《非法人组织与其他组织的关系困局及其破解》，载《法学研究》2020 年第 6 期。
⑧ 参见梅夏鹰：《民事权利能力、人格与人格权》，载《法律科学》1999 年第 1 期。
⑨ 参见汪青松：《主体制度民商合一的中国路径》，载《法学研究》2016 年第 2 期。

（三）意思表示

民事法律行为以意思表示为核心行为，没有意思表示就没有法律行为。[①] 公司的组织性特征，决定其不能像具有完全行为能力的自然人那样自主顺畅地作出意思表示，但公司作为法人组织，也必须要有自己的意思表示，否则就不能成为拟制人格的民事主体来从事相应的民事法律行为。因此，意思表示是公司人格不可或缺的构成要素。公司的意思表示通过公司组织机构或依法能够代表公司的个人（如法定代表人）来完成，公司机关（包括组织机构和法定代表人）是公司的表意机关。公司机关依照法律和章程规定的议事方式和表决程序作出的决议是公司的意思表示。鉴于法律对不同类型的公司组织机构的设置有不同的要求，相同类型的公司还可以在法律规定的范围内选择设置不同的组织机构，公司意思的形成和外在表示也不尽相同，由此也产生了公司决议的形成和效力，公司机关、法定代表人、董事高管对外代表公司等一系列问题。

（四）国家认可

国家认可是指公司成立需要履行登记程序来表明公司人格得到国家的正式确认，同时也标志着公司已经符合法律对其人格拟制的基本要求。国家认可体现了公司人格的法定性，不仅取得公司人格的条件是法定的，而且公司人格的形式也是法定的。投资者设立公司可以选择法定的公司形式，但无权创设新的公司形式。国家认可并不仅指公司设立时取得公司人格，也包括公司能力的扩大和缩小，还包括公司人格的消灭。国家认可是现代公司法的一项基本原则，正是由于国家通过法律对公司地位予以确认，公司人格才上升为具有法律约束力的人格，进一步证明了公司人格系由法律拟制这一命题。[②]

第二节 公司能力与公司越权规制

公司通过登记领取营业执照，标志着公司人格得到国家认可，也意味着公司获得权利能力和行为能力。公司能力作为公司人格的构成要素，与公司人格密不可分，互为存在前提。鉴于公司能力还涉及一些较为复杂的问题，需要作专题讨论。

一、公司能力范围

公司能力范围主要指向公司权利能力范围。从理论上讲，公司人格是法律拟制的人格，故公司权利能力也来自法律赋予。但法律并不直接列举性规定公司权利能力的范围，《民法典》第59条只有关于“法人的民事权利能力和民事行为能力，从法人成立时产生，到法人终止时消灭”的概括性规定。《公司法》也没有正向规定公司权利能力范围，但却有对权利能力限制性的规定，即反向消极性规定。这也就意味着，法律没有禁止（限制）的领域便是公司权利能力

① 参见王利明等：《民法学》（第6版），法律出版社2020年版，第187页。
② 参见吴越：《公司人格本质与社会责任的三种维度》，载《政法论坛》2007年第6期。

可以涉及的范围。在此前提下,公司能力可以达到何种范围则在很大程度上取决于公司的意愿,属于公司意思自治的范畴。法律越是进步,公司的权利能力范围越是广泛。“现代公司法承认公司可以从事任何合法经营,除非公司自己愿意设定限制,否则法律不作强制性干预。”① 从正向角度看,公司意志是可变的,决定了公司权利能力范围不是固定不变的,即便今天能够界定,也无法保证其明天不发生变化。随着经济社会的不断变化发展,公司权利能力范围也有无限发展变化的空间。

《公司法》对公司能力范围的反向消极规定意味着公司能力范围并非完全由公司随心所欲决定。研究表明,对公司能力范围的限制来自两个方面:一是公司自我限制,主要指公司通过章程对自身能力进行的限制,防止公司代表人的越权行为。二是法律限制,法律限制可以分为直接限制和间接限制,直接限制主要指公司法和相关法律对公司能力限制的直接规定,间接限制是指公司法和相关法律可以援引适用于公司能力限制的规定。法律对公司能力范围的限制属于公司管制的范畴,随着改革的深化和市场经济体制的完善,这种管制会越来越少,公司自治的空间会越来越大,公司自主决定权利能力和行为能力的范围也会越来越广泛。

二、公司能力范围的限制

(一)公司章程自我限制

公司章程自我限制主要是指公司章程对公司经营范围的规定。经营范围是商事主体从事经营活动的业务范围,直接关系着公司能力范围的大小。经营范围又称公司目的,被普遍认为是公司能力最重要的内容。透过经营范围,市场主体可以预测公司经营的前景和风险,从而决定是否和公司进行交易;股东可以预测投资风险、作出投资决策;经营范围可以对公司控股股东、实际控制人和法定代表人形成约束,如果其超越经营范围从事经营活动造成公司损失,应该对公司承担损害赔偿责任。《公司法》第 33 条规定,公司营业执照应当载明经营范围;第 46 条和第 95 条均将公司经营范围规定为公司章程中的必要记载事项;公司经营范围还必须通过公司登记加以确定,包括初始登记和变更登记。随着法律对公司经营范围的管制越来越宽松,公司章程对经营范围的自我限制,已经成为公司能力范围限制的最重要的方面。《公司法》第 9 条规定:“公司的经营范围由公司章程规定。公司可以修改公司章程,变更经营范围。公司的经营范围中属于法律、行政法规规定须经批准的项目,应当依法经过批准。”这表明公司经营范围除特定许可的项目外,均可以由公司自行选择并可以随时调整,一旦确定就要依法公示并记载于公司营业执照和公司章程;扩大或缩小经营范围,也应当通过依法公示和公司变更登记来完成。

(二)法律直接限制

我国《公司法》和相关法律对公司能力的直接限制包括对股份有限公司和有限责任公司两类公司的共同限制和对股份有限公司的特别限制。

① 施天涛:《公司法论》(第 4 版),法律出版社 2018 年版,第 136 页。

1. 对两类公司权利能力的共同限制。主要包括：

（1）对外投资和对外担保的限制。公司对外投资也称转投资，是指公司按照法律规定投资于其他企业，成为其他企业的股东或者出资人的行为。《公司法》对两类公司对外投资的限制首先来自总则第 14 条的规定：即“公司可以向其他企业投资。法律规定公司不得成为对所投资企业的债务承担连带责任的出资人的，从其规定。”该条表明：第一，公司具有转投资的能力；第二，禁止有的公司成为其他企业的无限责任股东或一般合伙人。《公司法》对公司转投资能力进行限制的理由在于：无限责任股东或一般合伙人要对企业债务承担无限连带责任，一旦其所投资的企业不能清偿债务，公司势必受到牵连，导致公司资产空虚，影响公司股东和债权人的利益。根据《合伙企业法》第 3 条关于“国有独资公司、国有企业、上市公司以及公益性的事业单位、社会团体不得成为普通合伙人”的规定，《公司法》上的国有公司和上市公司不得作为普通合伙人向合伙企业进行转投资。

《公司法》对两类公司对外投资和对外担保的限制还来自总则第 15 条第 1 款的规定：当公司对外投资和对外提供担保时，“公司章程对投资或者担保的总额及单项投资或者担保的数额有限额规定的，不得超过规定的限额”。该款规定表明：第一，公司除具有转投资能力外，还具有对外担保的能力；第二，公司可以通过章程对转投资和对外担保设定限制，如何设定由公司自主决定；第三，公司章程一旦设定限制，便构成对公司能力的限制，公司应当照此执行，如果需要更改就必须通过修改章程和公司登记的程序进行。因此，《公司法》该款内容既是公司自我限制权利能力的规定，也是法律对公司能力进行限制的规定。

（2）清算中公司权利能力的限制。清算中公司是指解散进入清算程序尚未注销公司法人资格的公司。尚未注销公司法人资格意味着公司人格没有消灭。根据《公司法》第 236 条第 3 款关于“清算期间，公司存续，但不得开展与清算无关的经营活动”的规定，公司此时仍然具有公司人格和公司能力，但因其即将消灭而在权利能力和行为能力上受到限制。《公司法》限制的是其“开展与清算无关的经营活动”的能力，但其还具有其他能力，如独立承担债务的责任能力，可以以自己的名义从事与清算相适应的民事活动的能力。

（3）特殊行业公司或经营特许项目。特殊行业公司主要指金融类的公司，包括股份有限公司和有限责任公司。这些公司有特殊的准入规则，另外在公司能力上也有特别的要求。如《证券法》第 121 条规定，注册资本低于人民币 1 亿元的证券公司不得经营证券承销与保荐、证券融资融券、证券做市交易和证券自营业务四项业务任何之一。经营特许项目涉及公司经营范围，如果是需要获得行政许可的项目，《市场主体登记管理条例》第 14 条规定，“经营范围中属于在登记前依法须经批准的许可经营项目，市场主体应当在申请登记时提交有关批准文件”。

（4）对公司借款的限制。《公司法》对公司的一般借款行为未作任何限制，但对公司发行债券的行为作了较为严格的限制。公司发行债券也是公司的一种借款举债行为。按照《公司法》第 194 条的规定，公司发行公司债券应当符合《证券法》规定的发行条件。《证券法》第 15 条规定的发行条件包括：第一，具备健全且运行良好的组织机构；第二，最近 3 年平均可分配利润足以支付公司债券 1 年的利息；第三，国务院规定的其他条件。这就意味着，不符合该条规定条件的公司不具有发行公司债券的权利能力，不得发行公司债券。

2. 对股份有限公司权利能力的特别限制。有限责任公司基于“人合”和更接近于合同的性质,具有较大的自治空间,是否对其权利能力作出限制主要取决于公司自身;而《公司法》对股份有限公司的权利能力则有较多的限制,主要指向公众型的股份有限公司。

(1)对公司为他人提供财务资助的限制。公司为他人提供财务资助是新《公司法》专门针对股份有限公司作出的限制,即第163条规定,股份有限公司除了实施员工持股计划之外,"公司不得为他人取得本公司或者其母公司的股份提供赠与、借款、担保以及其他财务资助"。这一规定表明:第一,提供财务资助的主体为股份有限公司,还包括公司的子公司;第二,财务资助仅针对本公司或者其母公司发行新股或股东转让股份而导致"他人取得本公司股份"的情形;第三,财务资助的内容包括"赠与、借款、担保以及其他财务资助",即属于用公司的财产、资金或资源来给予他人利益或优惠。①

(2)对公司回购股份的限制。根据《公司法》第162条的规定,股份有限公司回购股份实行以禁止为原则,以允许为例外的原则,即除几种例外情形外,②"公司不得收购本公司股份"。这属于对股份有限公司权利能力的限制。

综上可见,《公司法》对公司能力的直接限制已经较为有限,而且这些限制的强制性也相对弱化,违反这些强制性规定并不必然导致越权行为无效,通过承担公法上的行政责任和私法上的民事责任③也可以实现维护一定的公共政策的目的,从而达到法律关系的平衡。因此,这些规范从性质上可以被更多地视为管理性强制规范。

(三)法律间接限制

1. 对公司规模与公司能力相匹配的限制。公司规模取决于股东的投资行为,与公司注册资本的多少直接相关,也决定着公司能力范围的大小。如果公司规模较小,公司能力范围也应与此相当。公司从诚实信用出发就应当从事与自身规模相适应的民商事活动,否则就可能增加交易对方的经营风险,甚至变成欺诈交易对方的行为。2013年《公司法》修改取消注册资本最低限额后,公司实践中出现一些注册资本很低的公司,其中最为极端的就是注册资本仅为1元的"侏儒公司"。这类"侏儒公司"如果从事与其公司能力不相称的市场交易活动,必然会增加市场风险。对公司规模与公司能力匹配的管制弱化,自2013年《公司法》修改后一直是不少学者诟病的问题。"当某一公司设定的资本规模与其营业内容严重脱节、根本不足以应对其可能承受的债务风险时,已不属正常的商业经营而属于过度的商业投机行为,其过小的资本安排应推定为公司设立者规避和转嫁商业风险的不良动机。"④目前可以对"侏儒公司"现象进行规制的主要为公司人格否认制度,《九民会议纪要》第12条关于"资本显著不足"的规定,就涉及"侏儒公司"的情形。如果股东设立"侏儒公司"从事与公司能力严重不匹配的活动,逃避

---

① 财务资助也称财务支援,在我国公司实践中较为普遍。我国台湾地区学者认为,财务支援系指以下列方式提供财务支持:(1)赠与;(2)保证、物保或偿还;(3)贷款或其他约定,依该贷款或约定,提供资助者已履行债务,但相对人并未履行,或对于因贷款或约定所生之权利更新或移转;(4)任何其他导致公司净资产重大减损或无净资产之财务支援行为。参见曾宛如:《公司法制基础理论之再建构》,台北,元照出版有限公司2017年版,第37页。

② 《公司法》第162条规定的例外情形为:(1)减少公司注册资本;(2)与持有本公司股份的其他公司合并;(3)将股份用于员工持股计划或者股权激励;(4)股东因对股东会作出的公司合并、分立决议持异议,要求公司收购其股份;(5)将股份用于转换上市公司发行的可转换为股票的公司债券;(6)上市公司为维护公司价值及股东权益所必需。

③ 例如,《公司法》第163条第3款规定,公司违法提供财务资助,"给公司造成损失的,负有责任的董事、监事、高级管理人员应当承担赔偿责任"。

④ 赵旭东:《资本制度变革下的资本法律责任——公司法修改的理性解读》,载《法学研究》2014年第5期。

债务，严重损害公司债权人利益，应当视为滥用公司人格和有限责任的行为，可以适用《公司法》第 23 条关于公司人格否认的规定，将公司债务追索至出资人。

2. 对公司捐赠行为的限制。我国《公司法》没有对公司捐赠行为作出明确规定，但结合第 20 条关于公司承担社会责任的规定和公司实践来看，公司应当具有为捐赠行为的权利能力。但公司捐赠亦须受合理性标准的限制，即公司捐赠行为必须在数量和目的上均合理才有效。如果公司大股东利用控股地位通过的公司捐赠的决议，完全是为了达到其个体的目的，而且直接影响公司的存续、发展或直接损害到中小股东利益，这一捐赠行为的合法性就应当受到质疑，可以适用《公司法》第 21 条第 2 款关于“公司股东滥用股东权利给公司或者其他股东造成损失的，应当承担赔偿责任”的规定进行规制。

三、公司越权行为规制

（一）公司越权行为的特征

公司越权，顾名思义，是指公司超越其权限范围的行为，更准确地说，就是公司从事了法律和章程限制的公司能力范围之外的行为。例如，公司违反转投资的限制而向一般合伙投资，成为对合伙企业债务承担连带责任的出资人；又如，公司不遵守公司章程关于对外担保不超过 1 亿元的限制性规定，对关联公司提供了 2 亿元财产担保，都属于公司越权行为。公司越权虽然也是一种违法行为，但与公司其他违法行为（如侵权行为或违约行为）相比，具有如下特征：

1. 公司越权包括违反法律规定和违反章程规定两种情形。尽管两种情形都可以认为是广义上的违法，但其违法性是存在差异的。而且就违反法律规定来看，随着公司管制与公司自治的关系不断调整和公司自治空间不断扩大，法律对公司能力管制的规定越来越趋于缓和，强制性规范也更多被视为管理性强制规范。这与公司的侵权行为或违约行为的违法性形成鲜明对比。

2. 公司越权与公司代表权密切相关。公司作为拟制的法人，不能如同自然人那样为意思表示和从事相应的活动，需要通过代表人来进行表意和从事相应的行为，这就涉及法律和章程对公司能力的限制是对法人行为的限制还是对代表人行为的限制的问题，需要对法人行为与其代表人的行为作出界分，对此问题的明确回应是法律规制公司越权行为的前提。而公司的侵权行为或违约行为则少有这样的问题。

3. 公司越权并不必然导致损害他人利益的后果。与侵权行为和违约行为必然导致对第三人或交易相对方利益的损害不同，公司越权行为损害的利益主要指向公司自身及公司内部的主体（如中小股东）。基于此，越权行为的违法性可以经过股东的全体同意而降低甚至消除，因越权行为产生的交易也可以经过股东的全体同意予以追认而有效，追认可以是明示的，也可以是默示的，如对利益的受取即表示对该交易的同意。①

4. 公司越权产生的法律后果主要指向越权行为是否有效的问题，只有当越权行为无效时，才可能涉及他人利益的问题。因此，对公司越权后果的处理与对侵权行为和违约行为的处理存在较大的差异：前者有可能不涉及民事责任及其承担问题，也就可能没有责任相对方的存

---

① 参见施天涛：《公司法论》（第 4 版），法律出版社 2018 年版，第 146 页。

在;后者则相反,不仅必然涉及民事责任及其承担,而且必须以责任相对方存在为前提。

(二)关于公司越权性质的分析

分析公司越权的性质需要讨论法律和章程对公司能力的限制是对公司法人的限制还是对代表人的限制的问题。对此问题的不同认定代表着不同的利益衡量标准,会导致对行为后果处理的差异,对公司和第三人的影响也各不相同,涉及越权行为的效力、公司与代表人的关系、责任的归属和责任分担、如何保护善意第三人等问题。所以,从法理上寻求对其性质的科学解释,实现相关利害关系人利益的平衡,对公司越权行为的法律规制显得非常重要。

1. 关于公司越权性质的两种主要学说①

第一,公司能力限制说。该说认为,违反法律和章程对于公司能力进行限制的行为当然无效,在此基础上还可以进一步划分为公司权利能力限制说和公司行为能力限制说。权利能力限制说与行为能力限制说的差异在于:前者不仅认为行为无效,而且无补正的可能性;后者则认为违反章程对公司能力进行限制的行为可借助变更章程或追认的方式来使之有效。公司能力限制说是英美国家早期采用的观点,但其在理论上和实践中都存在不足,逐渐被各国公司法理论和立法所抛弃。

第二,代表权限制说。此说认为,法律和章程对公司能力的限制仅仅是对董事对外代表权的限制。公司越权行为实际上应属董事超越代表权限的行为,原则上应为有效,只是董事必须对公司承担相应的法律责任。只有在第三人知道或应当知道董事超越了代表权的情况下,公司才可以主张越权行为无效。代表权限制说克服了公司能力限制说的缺陷,实现了当事人之间的利益平衡。就公司和股东而言,可以以此限制董事的权限,如果董事超越代表权限,公司和股东就可以追究董事的责任;就第三人而言,公司章程对公司能力进行限制的条款不得对抗善意第三人,如果第三人明知董事超越了代表权限,仍与公司发生交易,第三人的行为可被视为权利滥用,法律更应该保护公司和股东的利益。所以,此种情况下公司和股东可以对抗恶意的第三人,从而维护交易安全。现代各国公司法大都采用代表权限制说。

2. 我国《民法典》《公司法》的相关规定

我国早期对公司越权,尤其是超越经营范围的行为采取了权利能力限制说,即一是在立法上规定"公司应当在登记的经营范围内从事经营活动",②二是在司法实践中普遍实行"超越经营范围或者违反经营方式所签订的合同应认定为无效合同"的做法。③ 随着市场经济体制的确立和发展,立法机关和审判机关逐渐认识到,采取权利能力限制说会导致大量的合同无效,不利于交易安全,1999 年出台的《合同法》就从立法上采取了代表权限制说,④2005 年《公司法》又将原法中关于权利能力限制说的内容予以删除,从法律上进一步认可了代表权限制说。

根据《民法典》和修订后的《公司法》以及《九民会议纪要》的有关规定,可以清楚地看出我国立法机关和审判机关对公司越权问题的立法态度和具体做法。

---

① 参见周友苏:《新公司法论》,法律出版社 2006 年版,第 77 ~ 79 页。

② 参见 1993 年《公司法》第 11 条规定。

③ 参见《最高人民法院关于在审理经济合同纠纷案件中具体适用〈经济合同法〉的若干问题的解答》[法(经)发〔1987〕20 号,现已失效]。

④ 原《合同法》第 50 条规定:"法人或者其他组织的法定代表人、负责人超越权限订立的合同,除相对人知道或者应当知道其超越权限的以外,该代表行为有效。"

第一,公司法人与法定代表人的关系。根据《公司法》第 10 条的规定,公司的法定代表人按照公司章程的规定,由代表公司执行公司事务的董事或者经理担任。第 11 条则进一步将《民法典》第 61 条和第 62 条关于界定法人与法定代表人之间关系的精神体现于公司之中,明确规定:“法定代表人以公司名义从事的民事活动,其法律后果由公司承受。公司章程或者股东会对法定代表人职权的限制,不得对抗善意相对人。法定代表人因执行职务造成他人损害的,由公司承担民事责任。公司承担民事责任后,依照法律或者公司章程的规定,可以向有过错的法定代表人追偿。”这些规定清楚地表明,我国公司的法定代表人只能由自然人担任,实行一人代表制;代表人具有代表公司为法律行为或意思表示的权利;代表人的行为即公司本身的行为;代表人的职务行为即使存在违法或违反章程的情况,只要相对人属于善意第三人,代表行为产生的包括法律责任在内的法律后果也应当首先由法人承担。

第二,公司越权行为性质。基于代表人行为即公司行为的性质,公司越权行为也就是代表人越权行为,代表人越权也称越权代表。由于公司的拟制性,不可能如同自然人那样为意思表示和从事具体行为,只能通过其代表人的行为来实现。当然,公司行为也有通过代理人实现的情况,但代理人的职务行为也是代表人行为的组成部分,因为在公司实践中,非法定代表人从事代理公司的行为(如订立合同、参加诉讼),都需要得到法定代表人的授权,在这个意义上,代理人的职务行为与其说是由公司授权,不如说是由法定代表人授权更为准确。因此,代理人越权代表公司的行为也属于公司越权行为或越权代表行为的构成部分。代理行为产生的法律后果,也应当依照代表人越权原则来处理。至于代理人与代表人之间的责任分担,可以根据《民法典》关于代理的规定处理。

第三,《九民会议纪要》关于处理公司对外担保的指导意见,表明了最高审判机构对公司越权行为性质的基本立场和态度。长期以来,学者和司法实务界对 2023 年修订前的《公司法》第 16 条[①]规定的公司对外担保行为的效力问题存在很大争议,其实质就是对公司越权行为性质认识的差异。由于该条第 2 款和第 3 款是关于关联担保的程序性规定,因此对公司越权性质的争议就集中在第 1 款上。第 1 款的规定为“公司向其他企业投资或者为他人提供担保,按照公司章程的规定,由董事会或者股东会决议;公司章程对投资或者担保的总额及单项投资或者担保的数额有限额规定的,不得超过规定的限额”。从前述公司越权的理论来看,该款涉及的公司能力限制来自公司章程限制,即公司章程对担保的总额及单项担保的数额的限额规定。由于《公司法》该款对公司对外担保行为规定了“不得超过规定的限额”的内容,因此该款也可被视为法律对公司能力的限制,违反这一限制性规定显然就构成了公司越权行为。对公司越权行为性质的争议又集中于行为效力上:公司越权行为有效,意味着担保合同有效,公司应当履行担保合同义务;公司越权行为无效,意味着担保合同无效,公司应按照无效合同规则处理担保善后事宜。学界和司法界对其效力认识不一,导致“审判实践中裁判尺度不统一,严重影响了司法公信力”。

有鉴于此,《九民会议纪要》第 17 条明确指出“违反《公司法》第 16 条构成越权代表”,这意味着最高人民法院将公司越权定义为代表人越权,即第 17 条规定的“越权代表”。该条还将原《公司法》第 16 条第 1 款中涉及公司章程对公司对外担保能力作出的限额规定解读为

---

① 《公司法》2023 年修订后,该条序号改为第 15 条,规定的内容未作实质性修改。

“对法定代表人的代表权进行了限制”，这一态度与前述“代表权限制说”有着很大程度的契合度和一致性。2023年12月5日起施行的《最高人民法院关于适用〈中华人民共和国民法典〉合同编通则若干问题的解释》（以下简称《民法典合同编司法解释》）对法定代表人的越权及合同相对人的审查义务又有进一步的规定：如果法律、行政法规对合同所涉事项应当由公司股东会或董事会决定已经作出规定，法定代表人没有取得授权而以公司名义订立合同，合同相对人在合同订立时负有合理审查义务，如果“未尽到合理审查义务的相对人主张该合同对法人、非法人组织发生效力并由其承担违约责任的，人民法院不予支持”。[①]

第四，对公司越权即代表人越权或越权代表的认识，可以为解决实践中公司越权对外担保提供清晰的思路和准确适用的法律依据。《九民会议纪要》第17条规定，法定代表人未经授权擅自为他人提供担保的，构成越权代表，人民法院应当根据《民法典》第504条[②]关于法定代表人越权代表的规定，区分订立合同时债权人是否善意分别认定合同效力：债权人善意的，合同有效；反之，合同无效。[③]

（三）公司越权行为规制的要点

公司越权行为规制可以从事前预防、事中事后处理等不同角度来讨论，这里主要涉及事中事后处理的有关问题，即在公司越权行为已经发生的情况下如何具体应对和处理的问题。基于对公司越权行为的特征和性质的认识，公司越权行为规制的要点包括：

1. 如果公司越权行为不损害公司相对人的利益，对公司越权行为的规制应侧重从维护正常市场秩序的公共政策角度来考虑，对违反法律关于公司借贷能力的限制、回购股份的限制、开展与清算无关的经营活动的限制、须经行政许可经营特殊项目的限制等而实施的越权行为；如果通过给予公法上的行政处罚就能达到目的，就没有必要将该类行为认定为无效行为。

2. 如果公司越权行为给公司利益和股东利益造成损害，如违反法律关于公司对外投资的限制、控股股东操控不合理捐赠等，可以根据代表人越权原则直接追究行为人的民事责任；如果公司怠于追究，股东可以通过代表诉讼予以追究。

3. 如果公司越权行为涉及公司相对人利益，如超越章程规定的经营范围、违反章程对外投资或对外担保限制等，应当按照代表人越权行为来处理，法律规制的核心问题是正确认定代表行为的效力以及确定法律后果的承受。

第一，在公司相对人为善意第三人的情况下，代表行为有效，包括法律责任在内的法律后

---

① 该司法解释第20条第1款：“法律、行政法规为限制法人的法定代表人或者非法人组织的负责人的代表权，规定合同所涉事项应当由法人、非法人组织的权力机构或者决策机构决议，或者应当由法人、非法人组织的执行机构决定，法定代表人、负责人未取得授权而以法人、非法人组织的名义订立合同，未尽到合理审查义务的相对人主张该合同对法人、非法人组织发生效力并由其承担违约责任的，人民法院不予支持，但是法人、非法人组织有过错的，可以参照民法典第一百五十七条的规定判决其承担相应的赔偿责任。相对人已尽到合理审查义务，构成表见代表的，人民法院应当依据民法典第五百零四条的规定处理。”

② 《九民会议纪要》第17条原文规定为“根据《合同法》第50条……”，自2021年1月1日《民法典》实施后《合同法》已经废止，《合同法》第50条的基本内容为《民法典》第504条所替代。

③ 需要指出，有学者对公司代表越权担保也提出与《九民会议纪要》第17条不同的解释路径和处理思路，认为公司代表越权担保只发生归属于公司的私法效果，公司应当对其代表的越权行为承担责任，公司在举证证明相对人知道或者应当知道公司代表越权担保的事实的情况下依法取得拒绝承担责任抗辩权。抗辩权在性质上仅仅是对抗相对人请求权的一种权利，不能等同于担保合同是否有效或是否承担责任；抗辩权以相对人请求权之存在为基础，并以法定的“抗辩事由”为条件；权利人不行使或者放弃抗辩权的，不得再行抗辩。参见邹海林：《公司代表越权担保的制度逻辑解析——以公司法第16条第1款为中心》，载《法学研究》2019年第5期。

果全部由公司法人承受；如果代表人越权行为给公司造成损害，公司向相对方承担民事责任后，可以向有过错的法定代表人追偿，如果公司怠于追偿，股东可以启动代表诉讼。

第二，如果公司相对人并非善意第三人，甚至与代表人恶意串通损害公司及其股东利益，根据《民法典》第 154 条关于“行为人与相对人恶意串通，损害他人合法权益的民事法律行为无效”的规定，认定代表行为无效，公司不承受法律后果。因越权代表行为产生的法律关系，按照《民法典》关于无效民事法律行为的有关规定处理。

第三，在认定越权代表行为的效力时，公司相对人的善意是关键要素。根据《九民会议纪要》第 18 条，公司对外担保出现越权代表时，“善意是指债权人不知道或者不应当知道法定代表人超越权限订立担保合同”，否则就不应当认定为善意。这里规定的“债权人不知道或者不应当知道”相当于是施加于公司债权人的一项审查义务。对此《九民会议纪要》第 18 条对《公司法》第 15 条规定的关联担保和非关联担保两种情形在善意之认定上作出了区别性的规定。

第三节　公司人格否认

公司人格否认是公司法理论和司法实践中的一个热点问题。从其发展的历史来看，公司人格否认最早是在法院判例基础上形成的一种公司法理论，肇始于 20 世纪上半叶美国的司法实践，其后为各国及地区所仿效，逐渐发展成为英美法系和大陆法系许多国家和地区所共同认可的法律原则，但都没有采用成文立法来规定。我国自公司制度建立以来，公司实践中滥用公司人格的情况屡有发生并不断增多，这一问题开始受到法律界的关注，学者们逐渐重视对国外情况的介绍和对国内相关问题的研究，[①]普遍主张我国法律应该规定公司人格否认制度。2005 年《公司法》修订时采纳了这一建议，我国因此成为世界上第一个以成文法方式规定公司人格否认制度的国家，被不少学者誉为“一大创举，是我国公司法对世界公司法的一大贡献”。[②] 其后，公司人格否认制度又正式载入 2020 年出台的《民法典》，该法第 83 条第 2 款规定：“营利法人的出资人不得滥用法人独立地位和出资人有限责任损害法人债权人的利益；滥用法人独立地位和出资人有限责任，逃避债务，严重损害法人债权人的利益的，应当对法人债务承担连带责任。”2023 年修订的《公司法》第 23 条在原法基础上对这一制度进一步完善，增加了对利用关联公司损害债权人利益的行为进行规制的内容。

一、公司人格否认的概念

根据我国《民法典》《公司法》的规定，公司人格否认是指当公司股东滥用公司法人独立地位和股东有限责任逃避债务，严重损害债权人利益时，债权人可以越过公司的法人资格，直接请求滥用公司人格的股东对公司债务承担连带责任的法律制度。

公司人格否认在国外有不同的称谓。英美法系国家形象地称之为“刺破公司的面纱”

---

① 我国 2005 年《公司法》修改前，系统研究公司人格否认制度的代表性著作为朱慈蕴：《公司法人格否认法理研究》，法律出版社 1998 年版；其他较为系统涉及这一问题的著作主要有孔祥俊：《公司法要论》，人民法院出版社 1997 年版；周友苏：《公司法通论》，四川人民出版社 2002 年版；赵旭东主编：《公司法学》，高等教育出版社 2003 年版；张民安、蔡元庆主编：《公司法》，中山大学出版社 2003 年版。

② 刘俊海：《现代公司法》（第 2 版），法律出版社 2011 年版，第 545 页。

(piercing the corporate veil)或“揭开公司的面纱”(lifting the veil of corporation)。按照英美法系的法人团体理论,法人对其债务独立承担民事责任,债权人不能穿越法人“面纱”追索法人背后的出资人的债务责任。而“揭开法人的面纱”,即是在特定的情况下,法院可不顾法人的有限责任特性,无视法人的独立主体资格,直接责令法人背后的出资人承担法人的债务或义务。

德国将否认公司人格称为“直索”(Durchgriff),即在特定的情况下,法院可令债权人穿越作为债务人的公司的独立人格,径直向公司法人背后的股东追索。法院赋予债权人的这一权利,被称为“直索权”。德国法上的“直索责任”或者“责任穿透”,基本相当于英美法上的“揭开公司的面纱”。[①]

我国和日本在法理上都更多使用公司人格否认或公司法人格否认的称谓。由于我国《公司法》已经将公司界定为法人,[②]公司人格与公司法人格完全同义,从概念上使用前者较后者更为精练,因此司法界更多使用了公司人格否认概念。[③] 我国之所以普遍认可公司人格否认概念,主要是因为英美国家的“揭开公司的面纱”过于形象化,不太符合法学概念的要求;而德国的“直索”则过于抽象而难以从概念本身明义。20 世纪 90 年代初期,我国学界和司法界很少有人关注公司人格否认问题,以致 1993 年出台的《公司法》完全没有规定或涉及这一制度。早期学界对公司人格否认的认知主要来自对美国、德国和日本相关理论和司法实践的介绍,其中就包括日本学者使用的“公司法人格否认”概念。[④] 由于这一概念比较符合我国学界的认知习惯,于是很快就得到学界和司法实务界的普遍认可和接受。

随着理论研究的逐步深入,我国法官和学者也注意到“公司人格否认”这一概念并不严谨和准确,与公司人格理论也不完全吻合。有法官认为,无论是就语意的表达,还是就程序上的操作乃至于实体上的性质而言,公司人格否认的说法皆不贴切,而且会与该制度的实际内容发生冲突。股东对公司债务承担连带责任表明,公司人格自始没有被否定;被否认的实际上只是股东的有限责任,不能因为否认了股东的有限责任,就认为公司人格被否定了。[⑤] 有学者认为,公司人格否认只是在具体案件中无视公司独立人格的存在,它与公司设立无效和撤销公司登记等,属于不同范畴的概念;[⑥]公司法人格否认的术语表达是词不达意、有迷惑性的。[⑦] 尽管人们从概念内涵上对公司人格否认的质疑不无道理,但鉴于这一概念长期以来为我国学界和司法界普遍接受和广泛使用,已经约定俗成,从解释学上看,只要能对概念本身进行准确界定,赋予其科学内涵,就不妨碍对其正确理解和运用。日本学者森本滋在 20 世纪 90 年代介绍日本的公司法人格否认理论时就将其解释为:“所谓法人格的否认的法理,是指按照法人制度的目的,当认为某公司所保持的形式上的独立性违反了正义、衡平的理念时,或者公司所具有的法的形式超越了法人格的目的,非法地加以利用时,并不全面否定公司的存在,而是在认定它

---

① 参见叶林:《公司法研究》,中国人民大学出版社 2008 年版,第 107 页。

② 我国《公司法》第 3 条第 1 款规定:“公司是企业法人,有独立的法人财产,享有法人财产权。公司以其全部财产对公司的债务承担责任。”

③ 如《九民会议纪要》“二、关于公司纠纷案件的审理”中的第四部分就直接使用了“公司人格否认”的称谓。

④ 参见[日]森本滋:《法人格的否认》,李凌燕译,载《外国法译丛》1994 年第 3 期。

⑤ 参见虞政平:《质疑“公司人格否认”之说》,载《人民法院报》2003 年 6 月 9 日。

⑥ 参见叶林:《公司法研究》,中国人民大学出版社 2008 年版,第 109 页。

⑦ 参见孙日华、杨圣坤:《法人人格与有限责任的关系——兼谈对“法人人格否认”的完善》,载《新疆社会科学》2010 年第 3 期。

作为法人存在的同时，针对特定事例，否定其法人格的机能，以保障公司与股东在法律上一视同仁的地位。”[①]这一解释与我国学者对公司人格否认理论的普遍理解有很大程度的相似性。

二、公司人格否认法理的中国解读

我国自2005年《公司法》确立公司人格否认制度以来，学界和司法实务部门对这一制度进行了大量深入的研究，司法实践中也积累了较为丰富的公司人格否认案例，最高人民法院还出台了相关司法文件和指导性判例，为构建具有中国特色的公司人格否认法理奠定了坚实的基础。这里所谓的“中国解读”，主要就是根据我国《民法典》《公司法》的相关规定，结合学界和司法实务界对此问题的讨论和认知，揭示我国公司人格否认的主要制度内涵和主要制度特色。

（一）公司人格否认的制度内涵

1. 公司人格否认是对公司人格制度固有缺陷的修正和弥补

公司人格来自法律的拟制并建立在有限责任基础之上。公司人格制度和有限责任制度在鼓励投资、企业促成、繁荣市场经济等方面厥功至伟，但与此同时，公司人格制度和有限责任制度则又不可避免地内含着对股东机会主义行为的激励，存在股东滥用公司人格的道德风险，如果缺乏相应的制度约束，则很容易出现损害公司债权人利益的现象。“在现代市场经济条件下，由于融资方式的多样化，为投资者充分利用公司组织形态分散自己的投资风险提供了更多的便利，不仅一人公司大量产生，而且关系十分复杂的公司集团也日趋增多，使得公司独立人格和股东有限责任的维护在传统的公司法律框架中越来越凸显悖论”。[②] 公司人格制度与其他许多法律制度设计一样，不能也不可能达到完美无瑕的程度，制度设计本身就是一个利弊兼有或利大于弊的选择，或者说在出台之时就可能带有自身的某种缺陷。公司人格制度可以说是一柄“双刃剑”，在发挥巨大正效应的同时也存在着增大债权人交易风险的制度缺陷。对于法律制度的缺陷，只要不属于“弊大于利”或“成本大于收益”的情形，应当采取的应对措施并非否定制度本身，而是对制度缺陷加以弥补和对法律漏洞进行填补，尽可能抑制其负效应的出现或消除其负面影响，公司人格否认制度也不例外。公司人格否认就是抑制公司人格制度可能出现的负效应和消除其已经产生的负面影响的制度，它是对公司人格制度“扬正抑负”的辅助性保障措施，在公司人格被滥用的特定情况下起到对该制度缺陷进行弥补和修正的作用。在这个意义上，公司人格否认是公司人格制度的构成部分，是公司人格制度的发展与完善。公司人格之确认与公司人格之否认构成了公司人格制度的辩证统一、不可分离的两个方面。倘若没有公司人格否认，公司人格就可能会成为某些股东规避法律义务的“保护伞”。公司人格否认弥补了单纯的公司人格确认制度的固有缺陷，“有效地防范了不法分子利用公司法人的合法形式和有限责任的特性逃避承担法定或约定的义务，保护了社会公共利益和债权人的利益，使法律从形式上的公平合理走向了实质上的公平合理，极大地丰富了法人理论，使法人制

---

① ［日］森本滋：《法人格的否认》，李凌燕译，载《外国法译丛》1994年第3期。

② 朱慈蕴：《公司独立人格与公司人格否认：从事前规制到事后救济》，载王保树、王文宇主编：《公司法理论与实践》，法律出版社2010年版，第65页。

度更加丰富完善”。[①]

2. 公司人格否认体现了公平正义的法律价值

公平正义是法律的最高价值。公司人格否认是对实践中被扭曲的公平正义的一种矫正。公司人格和有限责任实际上是从效率出发在股东与债权人之间创制的一种利益平衡制度,这一制度体现出的公平是以提高公司及其整个社会的运行效率为基础的,也是以增大债权人交易风险为前提的。因此,债权人利益需要得到更多关注和保护,保护债权人利益也成为公司人格制度的应有之义。如果公司股东滥用公司人格,必然会使有限责任制度所创制和维系的公平出现扭曲和新的失衡,使股东与公司债权人业已形成的利益天平发生倾斜,不仅会背离公司法确立公司人格和股东有限责任的制度目的,而且直接破坏公平正义这一最高法律价值。公司人格否认就是解决公司股东与债权人利益失衡和不公平问题的制度,通过对失衡的利益关系进行重新调整,以使各种利益关系重新恢复均衡,体现了矫正正义。如同 2019 年最高人民法院民二庭负责人就《九民会议纪要》答记者问所指出的那样:“公司人格独立和股东有限责任是公司法的基本原则。否认公司独立人格,由滥用公司法人独立地位和股东有限责任的股东对公司债务承担连带责任,是股东有限责任的例外情形,旨在矫正有限责任制度在特定法律事实发生时对债权人保护的失衡现象。”[②]

进一步看,公司人格否认体现的公平正义价值取向与英国法上的衡平理念相契合。英国的衡平法是与普通法相对应的一种法律。“衡平法”在英文中本身就是“公平”的意思,它是在法院判例基础上形成的。当适用普通法无法完全救济受损害的当事人利益时,法官根据公平原则来处理特殊问题,伸张社会正义,使判决结果既照顾到一般性,又考虑到特殊性。衡平法在特殊正义领域往往可以发挥出特有的功能,弥补了普通法过分僵硬、苛刻和形式主义的不足,能够使问题的处理达到更佳的效果。正是基于此,有学者认为,所谓衡平性规范,是指在法律的一般规定与具体事实不相宜时,授权法官背离法律的字面规定,而根据法律的目的进行裁判的规定。[③] 公司人格否认在英美法上之所以被认为是衡平法原则的运用,就是因为它是通过司法判例确立起来的原则,充分体现了法官在适用法律上的灵活性,通过让过错股东来承担债务责任,保证了法人制度和有限责任制度在特殊领域内合目的性的贯彻。我国将公司人格否认载入成文法是一个创举,但在适用中也须遵循与衡平法相同的理念,从矫正失衡的利益关系上来伸张特殊领域中的公平正义,其目的是使公司人格制度符合公平正义的价值目标。

3. 公司人格否认是对公司人格的暂时性的有条件的否定

公司人格否认的适用并不是从根本上彻底、永久地取消公司的法人主体资格,或者说它不是对公司人格制度的否定,而是在认可公司人格存在的基础上,针对特定事例中实际上已被滥用的形式上的法人空壳予以否认,揭开公司面纱,使其后面的滥用者直接承担法人应承担的责任。公司人格否认不同于法人被解散或被撤销,后者是法人人格的绝对消灭,而前者则是在消除滥用法人行为后又恢复其法人机能,公司独立人格依然为法律所承认。这意味着公司人格否认的效力是有限的,其效力范围仅限于特定的法律关系中。正如《九民会议纪要》所作的阐

---

① 南振兴、郭登科:《论法人人格否认制度》,载《法学研究》1997 年第 2 期。

② 《增强民商事审判公开性、透明度、可预期性——最高法民二庭负责人就〈全国法院民商事审判工作会议纪要〉答记者问》,载《人民法院报》2019 年 11 月 15 日。

③ 参见蔡立东:《公司人格否认制度的衡平性》,载《吉林师范大学学报》2004 年第 1 期。

释:“公司人格否认不是全面、彻底、永久地否定公司的法人资格,而只是在具体案件中依据特定的法律事实、法律关系,突破股东对公司债务不承担责任的一般规则,例外地判令其承担连带责任。人民法院在个案中否认公司人格的判决的既判力仅仅约束该诉讼的各方当事人,不当然适用于涉及该公司的其他诉讼,不影响公司独立法人资格的存续。”这一阐释也是对我国公司人格否认概念内涵的准确解读。

4. 公司人格否认是一种事后救济制度

法律作为一种行为规范,从规制角度可将其分为事前立法预设的规范和事后救济的规范。事前立法预设规范具有普适性和预防性的特点,立法规制的对象往往是不特定的;事后救济规范则常常针对特定的个案和具体的行为,所要解决的也常常是实质公平和特殊正义的问题。公司人格否认是一项保护债权人的制度,保护债权人利益是公司法的一项重要任务。我国《公司法》不仅将其作为立法目的之一来规定,其还体现在许多具体制度中,如公司人格制度、公司资本制度、债务会计制度、合并和分立制度、法律责任制度等。这些制度多数都属于事前立法预设制度,而公司人格否认则是典型的事后救济制度,仅能在发生了损害债权人利益的违法行为,且达到法律规定的危害后果的要求并提起诉讼时才能适用。如同《九民会议纪要》所规定,公司人格否认制度“只有在股东实施了滥用公司法人独立地位及股东有限责任的行为,且该行为严重损害了公司债权人利益的情况下,才能适用”。这一规定也表明,公司人格否认在适用上具有特定性和补充性,只有在公司人格和有限责任被滥用的特定场合,才有补充适用的余地,否则就可能减损公司人格独立和股东有限责任的价值。也正是在这个意义上,有学者认为“公司人格否认属于裁判规范,不是行为规范或者一般法律规范”。[①]

(二)公司人格否认的制度特色

这里讨论的制度特色显然是中国特色,中国特色的公司人格否认制度既要立足于我国法律的规定,同时也需要通过相应的比较研究来体现。制度特色与前述的制度内涵具有很强的相关性,也可以认为是从另一视角对制度内涵的解读。

1. 制度体系上的特色

我国公司人格否认制度是以《民法典》《公司法》的现行规定为核心,并辅之以司法解释、相关司法文件和指导性案例共同构成的制度体系。这里的司法解释是指散见于一些司法解释中的与公司人格否认相关的规定;[②]相关司法文件主要是指《九民会议纪要》,该文件“关于公司纠纷案件的审理”第四部分就是“关于公司人格否认”的专门规定,共有4条内容,对司法审判有很强的指导作用;[③]指导性案例是指最高人民法院发布的涉及公司人格否认的案例。以制定法为核心的制度体系是我国公司人格否认最为显著的特色。从目前对公司法公司人格否认制度的介绍和研究文献来看,世界各国和地区的公司立法中,真正以制定法方式来规定公司人格否认的国家只有我国,其他国家基本都是采取判例法的模式。从我国现有的制定法规定

---

① 叶林:《公司法研究》,中国人民大学出版社2008年版,第108页。

② 如《公司法司法解释(二)》中第18条第2、3款虽然不是直接对公司人格否认的解释性规定,但该条款将实际控制人纳为连带责任规制对象,实际上起到完善公司法人格否认制度的作用,已在实践中获得了积极应用。

③ 《九民会议纪要》指出:“纪要不是司法解释,不能作为裁判依据进行援引。《会议纪要》发布后,人民法院尚未审结的一审、二审案件,在裁判文书‘本院认为’部分具体分析法律适用的理由时,可以根据《会议纪要》的相关规定进行说理。”

来看,由于制定法本身的局限和公司人格否认规则自身难以描述、归纳、界定的特点,立法者只能在制定法中对其作出原则性的规定,而无法对其作出详备的规定。①

制定法与判例法是各具优势的立法方式,不存在孰优孰劣的价值判断标准。随着法律的发展和进步,两大法系相互融合、取长补短的趋势越来越明显,原本作为区分两大法系重要特点的制定法与判例法之间的界限也越来越模糊。制定法在具有内容确定、可预测性、逻辑清晰、便于适用等优点的同时也存在刻板僵硬、缺乏弹性和灵活性、法官自由裁量空间小等不足。"在理论上,各种制定法规范都是有缺陷的,都是可能被规避的。"②而判例法具有的优点恰好弥补了制定法的不足,尤其在公司人格否认这类需要运用衡平理念来解决特殊正义问题的案件中,判例法具有较制定法更多的优势。这也是世界上绝大多数国家没有采取制定法对公司人格否认进行规制的重要原因所在。但判例法也存在法官自由裁量空间大、案件处理上可能因法官认识差异而出现"同案不同判"的问题。我国作为制定法国家,原则上不允许"法官造法",也不可能照抄照搬英美法系国家的做法,更不可能对公司实践中出现的滥用公司人格和有限责任损害债权人利益的行为放任不管。因此,在世界上首创公司人格否认的制定法规则的基础上吸收判例法国家好的经验做法并不断对这一制度加以完善,形成有中国特色的制度体系,基本符合我国国情和司法实践的需要。同时也应看到,制定法在处理公司人格否认案件上还存在先天不足,现有的包括司法解释在内的制定法规则和指导性案例还难以应对司法实践中日趋复杂的案件审理需求。最高人民法院对此有清醒的认识,2019 年出台的《九民会议纪要》侧重从理念角度来对公司人格否认规则的适用要点和难点作出阐释,对于法官正确理解和把握公司人格否认制度的要旨具有非常现实的意义。

2. 制度设计上的特色

公司人格否认无论是采取制定法的方式还是判例法的做法,最终都是以股东承担债务责任为落脚点,因此,其制度设计需要以股东责任为中心,涉及股东范围、股东义务、股东法律责任等内容。从我国立法对公司人格否认的规定来看,其在制度设计上具有如下特点:

第一,法律规制的股东范围涉及股份有限公司股东和有限责任公司股东,这比我国台湾地区只规定股份有限公司股东的范围更为宽泛也更切合公司实际。

第二,股东负有不得滥用公司法人独立地位和股东有限责任损害公司债权人的利益的义务,这一义务是由《公司法》直接规定的强制性义务,而非股东与债权人之间约定的义务。因此,违反该强制性义务所产生的法律责任必然属于侵权责任,在追究股东责任时需要遵循侵权责任的相关法理。

第三,股东责任是对公司债务承担连带责任,即将原本由公司承担的债务责任追索至股东,由股东与公司共同承担连带责任。连带责任是民事责任中较重的责任形式,《民法典》第 178 条规定:"二人以上依法承担连带责任的,权利人有权请求部分或者全部连带责任人承担责任。连带责任人的责任份额根据各自责任大小确定;难以确定责任大小的,平均承担责任。实际承担责任超过自己责任份额的连带责任人,有权向其他连带责任人追偿。"这与我国台湾地区关于"该股东应负清偿之责"的规定有明显差异,前者为连带责任,后者为非连带责任。

---

① 参见朱慈蕴:《公司法人格否认:从法条跃入实践》,载《清华法学》2007 年第 2 期。
② 叶林:《公司法研究》,中国人民大学出版社 2008 年版,第 110 页。

第四,特殊场景下可以将责任主体的适用范围扩大到股东的关联方。以股东责任为中心的公司人格否认制度设计标志着股东是当然的责任主体。按照我国2023年修订前的《公司法》的规定,公司人格否认的民事责任只能施加于实施滥用公司人格行为的股东。但这一规定已经遇到来自公司实践的挑战,公司实践提出了能否将公司人格否认的责任施加于非股东,尤其是同受一个股东控制的“姐妹公司”的问题。2023年修订的《公司法》对这一问题作出了积极回应,在原法关于公司人格否认规定的基础上增加了新的内容,即第23条第2款关于“公司股东利用其控制的两个以上公司实施前款规定行为的,各公司应当对任一公司的债务承担连带责任”的规定。

第五,一人公司的特别适用。《公司法》第23条第3款规定:“只有一个股东的公司,股东不能证明公司财产独立于股东自己的财产的,应当对公司债务承担连带责任。”这一规定表明,法律对一人公司的股东对公司债务承担连带责任的要求更为严格,只有出现“不能证明公司财产独立于股东自己的财产”的情形,即符合通常所说的公司财产与股东财产混同的条件时,股东才承担连带责任。从民事诉讼的举证责任分配来看,这一规定意味着一人公司的公司人格否认实行举证责任倒置,公司股东需要自己举证证明公司财产独立于自己的财产,否则就应当对公司债务承担连带责任。

从《公司法》的有关修改可见,公司人格否认制度的发展完善还应当秉持更加开放的理念,寻求其他路径弥补制定法缺乏弹性的固有缺陷,以公平正义价值作为衡量案件处理正确与否的基本标准,适应公司实践中对实际控制人、隐名出资人、企业集团等规制的需要。随着滥用公司人格行为的不断变化翻新,公司人格否认制度也应当更富有弹性,当行为人滥用公司人格、损害债权人利益达到法律要求的程度并诉至法院时,公司人格否认即可适用,而不限于固定的场合、事由和主体。

3. 制度应用的特色

从可以检索到的公司人格否认案例来看,我国公司人格否认制度自2005年确立以来已经在现实中得到了积极的应用,且案例数量呈现逐年增加的态势。不少学者十分注重我国公司人格否认制度适用情况的实证研究,取得了一些富有价值的成果。透过公司人格否认案件,可以概括出如下特点:①

第一,涉及范围基本为封闭型公司,而且多是针对股东人数较少的小型有限责任公司,公众型公司尚未见到相关案例。这一情况与英美法系国家的情况相似,这些国家相关案件中通常也只涉及闭锁公司或者非上市公司,在上市公司领域很少见到适用公司人格否认规则的典型事例。②

---

① 以下特点主要参考了以下学者通过实证分析后得出的一些结论,如黄辉:《现代公司法比较研究——国际经验及对中国的启示》(第2版),清华大学出版社2020年版,第120～123页;叶林:《公司法研究》,中国人民大学出版社2008年版,第106～108页;谭贵华:《我国公司法人格否认规则的司法适用研究——基于2014年的92份判决书的实证分析》,载《西南政法大学学报》2016年第4期;黄淑涵:《公司法人格否认制度在关联公司间的扩张适用——基于实证研究的视角》,载《荆楚学术》2017年第7期。

② 根据朱慈蕴教授的考察,美国汤普森教授的实证分析样本中,没有公众公司被揭开公司面纱的成功案例,甚至在闭锁公司中,公司股东人数超过9人、被成功地揭开公司面纱的案例几乎不存在。公众公司股权结构相对比较分散,股东很难控制公司;而相比之下,封闭公司股权集中,股东通常都在公司任职,比较容易形成对公司的不当控制,从而导致揭开公司面纱的发生。参见朱慈蕴:《公司独立人格与公司人格否认:从事前规制到事后救济》,载王保树、王文宇主编:《公司法理论与实践》,法律出版社2010年版,第72页。

第二,公司人格否认率从总体上高于英美法系主要国家,而且股东人数越少,否认率越高,涉及一人公司的案件中否认率甚至高达100%;经济欠发达地区的否认率整体上高于经济发达地区。近年来公司人格否认率有下降趋势,主要原因是公司人格否认制度产生震慑作用,以及随着法官对这项制度的理解日益全面和深入,对其的适用更为慎重。

第三,涉及企业集团的相关案件否认率不高反低,这与英美国家涉及企业集团案件否认率比其他公司情形更高的情况形成鲜明对比,反映出我国《公司法》对公司集团相关行为规制上的不足,尤其是对企业集团“过度支配与控制”行为还缺乏必要的认知。

第四,“混同”是最为常见的否认人格理由,混同包括财产混同、营业混同以及人员混同,其中以财产混同适用最多,导致的否认率也最高。与之形成鲜明对比的是,关于“资本显著不足”是否属于公司法人格否认判断的标准或重要因素,并未得到应有的关注。

第五,一些新情况已经在我国实践中出现并有不断增多的趋势。如适用范围从契约之债逐渐延伸到侵权之债、消费者保护、劳工保护、环境保护等领域;反向否认公司人格的案例已有出现,案例中的母子公司不是让股东为公司的债务负责,而是反过来让公司为股东的债务负责。

第六,如何把握“宽严”适度的司法政策成为实务关注的问题。不少学者和法官基于对公司人格否认制度功能的推崇,主张在适用范围、责任认定等方面采取偏严的司法政策,但也有学者认为,对公司人格否认制度的适用应当持慎重、渐进的原则,否则将可能破坏有限责任制度的重要功能,甚至动摇公司法制度的根本,[①]也可能会让公司人格否认制度承受不能承受之重。《九民会议纪要》针对这一问题指出:“在审理案件时,需要根据查明的案件事实进行综合判断,既审慎适用,又当用则用。实践中存在标准把握不严而滥用这一例外制度的现象,同时也存在因法律规定较为原则、抽象,适用难度大,而不善于适用、不敢于适用的现象,均应当引起高度重视。”

三、公司人格否认的法律适用

《公司法》第23条第1款规定:“公司股东滥用公司法人独立地位和股东有限责任,逃避债务,严重损害公司债权人利益的,应当对公司债务承担连带责任。”这一规定是我国公司人格否认制度的核心内容,但还显得十分原则,表明法条的适用还有较大的弹性,需要结合公司人格否认整个制度体系来准确把握和正确适用。本部分侧重从法律责任的构成要件来展开讨论。

(一)主体要件

民事责任的实现必须具备法律规定的构成要件,主体要件位列其首。主体要件需要讨论两个方面的问题:一是公司人格否认的责任主体;二是公司人格否认的责任相对人。

1. 公司人格否认的责任主体

责任主体即公司人格的滥用者,在具体认定上需要关注以下几个方面的问题:

---

① 参见黄辉:《现代公司法比较研究——国际经验及对中国的启示》(第2版),清华大学出版社2020年版,第122页。

(1)责任股东的范围。尽管股东属于《公司法》规定的责任主体,但并不是要将所有股东无差别地纳入承担公司人格否认的责任主体范围。按照《九民会议纪要》的规定,“只有实施了滥用法人独立地位和股东有限责任行为的股东才对公司债务承担连带清偿责任,而其他股东不应承担此责任”。实施滥用公司人格行为涉及公司实践中的参与公司决策和未参与决策的不同情况。如果股东参与了滥用公司人格损害债权人利益的公司决策并投了赞成票或没有表示反对意见,无论其是控股股东还是非控股股东,都应当视为实施了滥用公司人格的行为,都应当对公司人格否认的后果承担民事责任;如果股东没有参与违法决策或完全不知道违法决策,应当视为《九民会议纪要》规定的“其他股东不应承担此责任”的情况。在两个以上股东参与决策的情况下,由于公司人格否认触发的是侵权责任,根据《民法典》第1172条关于“二人以上分别实施侵权行为造成同一损害,能够确定责任大小的,各自承担相应的责任;难以确定责任大小的,平均承担责任”的规定,应当根据参与股东所处的不同地位、发挥作用大小及其过错程度来确定所承担的责任;无法确定的,应当平均承担责任。

(2)公司董事、高管能否成为责任主体。公司实践中,滥用公司人格的行为往往可能是由作为公司的经营管理者的董事、高管具体实施的。董事、高管在公司中居于非常重要的地位,同时承担着法律规定的特别义务和责任。如果董事、高管具有公司股东身份,一旦实施滥用公司人格行为,在法律适用时成为责任主体似乎不存在问题,即可以以其具有的股东身份让其承担责任;但如果董事、高管不具有股东身份,一旦实施了滥用公司人格的行为,在法律适用时就会出现责任主体不适格的问题。笔者认为,股东滥用公司人格的行为与董事高管执行股东会违法决议的行为属于两种在性质上有差异的行为。前者是股东的违法行为,应直接对违法行为承担责任;后者是董事高管的职务行为,应按照履职过错情况来承担责任。鉴于责任上的差异,公司董事、高管实施滥用公司人格行为的,对其履职违法的责任追究都应适用《公司法》关于董事高管义务和责任的规定,或者说按照违反忠实义务和勤勉义务的规定追究责任;如果其具有股东身份,在作为股东承担公司人格否认责任的同时,并不能免除其作为董事高管应当承担的法律责任。

(3)实际控制人能否成为责任主体。根据《公司法》第265条第3项的规定,实际控制人“是指通过投资关系、协议或者其他安排,能够实际支配公司行为的人”。这一规定表明,实际控制人由于其能够实际支配公司,完全有可能也有条件利用自身地位从事滥用公司人格的行为。[①] 实践中,公司实际控制人滥用公司人格的情况也普遍存在。由于2023年修订前的《公司法》对实际控制人的定义中[②]存在“虽不是公司的股东”的表述,从文义上很容易理解为应当将实际控制人排除于股东之外,从而使公司人格否认的责任主体很难直接适用于实际控制人。与此现象并存的是,证券市场一些规范性文件却并未将实际控制人排除在股东之外。

① 根据朱慈蕴教授的研究,实际控制人在公司实践中可分为以下几类:一是通过间接持股的方式控制公司的人,如通过持有母公司股份而间接控制子公司,或者利用姐妹公司交叉持股而获得控制权;二是通过契约方式取得公司控制权的人,即通过托管协议、控制协议等契约方式取得公司控制权的人,常见于关联企业、公司重组等过程中;三是通过各种方式取得投票权而控制公司的人,如通过征集投票权、代理行使表决权、表决权信托等广义的契约方式取得公司控制权;四是通过亲属关系或者其他代理关系实际控制公司的人,亲属关系的情形主要出现在家族企业和封闭型公司中,代理关系则最常见于通过股权代持参与控制公司经营的情形中,实际出资人往往比显名股东更具实权。参见朱慈蕴:《将实际控制人纳入公司法人格否认适用中的法律思考》,载《中国法律》2011年第4期。

② 即原《公司法》第216条对实际控制人的定义:“实际控制人,是指虽不是公司的股东,但通过投资关系、协议或者其他安排,能够实际支配公司行为的人。”

例如,《深圳证券交易所股票上市规则》《北京证券交易所股票上市规则(试行)》等证券交易所规则的有关规定表明,实际控制人也可能是公司股东;①又如,中国证监会发布的《上市公司收购管理办法》等法规性文件均允许实际控制人持有公司股份,意味着实际控制人可以是公司股东。这些规定表明,将实际控制人排除于公司股东之外的立法定义已在一定程度上存在与资本市场实践脱节的问题,有必要重新思考对其的准确表述。② 2023 年《公司法》修订对此作出了积极回应,新《公司法》关于实际控制人的定义已将原法条中"虽不是公司的股东"的表述删除。但也应看到,《公司法》的这一修订只解决了兼有股东身份的实际控制人的法律适用问题,对于实践中并不兼有股东身份的实际控制人的法律适用,还需要进一步讨论。

司法实践中的相关案例实证表明,如果公司人格否认不将具有滥用公司人格的实际控制人纳入违法责任主体,就难以真正实现该制度设置之目的。目前已出现以其他依据将滥用公司人格的实际控制人纳入责任主体的案例,法院在处理案件时直接援引的依据为《公司法司法解释(二)》第 18 条的规定。该条第 2 款是关于控股股东、董事不履行清算义务情形时要对公司债务承担责任的规定,但该条第 3 款规定:"上述情形系实际控制人原因造成,债权人主张实际控制人对公司债务承担相应民事责任的,人民法院应依法予以支持。"参照该条款规定,如果滥用公司人格的行为系实际控制人所为,是可以将责任追索至实际控制人的。③ 当然,将非股东的实际控制人纳入责任主体应当比公司法人格否认一般案件的法律适用更为严格和谨慎。有学者主张在认定上应结合意志因素、行为因素、结果因素来进行综合判断。在意志因素方面,实际控制人有控制公司的意愿,并将自身意志实质性地转化为被控制公司的意志;在行为因素方面,实际控制人实际参与了公司经营管理的决策或执行过程,即有证据表明当事人实施了各种规避法律的不诚信行为,既包括行使控制的行为,也包括维护控制的行为;在结果因素方面,实际控制人通过控制权从公司获取了不当利益,而这种不当利益的掠夺结果是对实际控制人施以揭开公司面纱规则的必要条件。④

(4)隐名出资人能否成为责任主体。按照《公司法司法解释(三)》的规定,隐名出资人也称实际出资人,与名义股东构成合同关系,并不具有当然的股东身份,因此不能将其直接视为股东适用《公司法》第 23 条的规定。公司实践中,隐名出资人的情形比较复杂,有的处于公司实际控制人地位,对公司的经营管理可以发号施令直接干预,但也有的仅仅处于一般委托人地位,完全通过名义股东来行使自己的权利,甚至其他股东也不知道其是公司的实际出资人。因此,对于隐名出资人能否作为责任主体不能采取"一刀切"的方式处理。对于那些虽未显名但已经处于实际控制人地位的隐名出资人而言,如果其从事了滥用公司人格的行为,就不能让其逃逸法外,可参照前述实际控制人的情况处理,让其对公司债务承担责任。如果隐名出资人是通过名义股东实施滥用公司人格的行为,可参照《公司法司法解释(三)》第 26 条规定的原则来处理,即名义股东"以其仅为名义股东而非实际出资人为由进行抗辩的,人民法院不予支持。名义股东根据前款规定承担赔偿责任后,向实际出资人追偿的,人民法院应予支持"。

---

① 如 2023 年 8 月修订的《深圳证券交易所股票上市规则》第 15.1 条第 1 款第 5 项规定:"实际控制人:指通过投资关系、协议或者其他安排,能够实际支配公司行为的自然人、法人或者其他组织。"

② 参见罗正环:《关于公司实际控制人定义的思考》,载《人民法院报》2021 年 12 月 30 日。

③ 参见谭贵华:《我国公司法人格否认规则的司法适用研究——基于 2014 年的 92 份判决书的实证分析》,载《西南政法大学学报》2016 年第 4 期。

④ 参见叶敏、周俊鹏:《公司实际控制人概念辨析》,载《国家检察官学院学报》2007 年第 6 期。

(5)企业集团和关联公司的特殊情形。企业集团也称公司集团,是以母子公司为基本架构并由若干单体关联企业构成的复数企业团体,企业集团是关联公司的典型表现样态。企业集团内部频繁发生关联交易,这些关联交易可能是母子公司之间的交易,也可能是同受母公司控制的两个子公司彼此之间的交易,也即姐妹公司或兄弟公司之间的关联交易。母子公司或姐妹公司之间发生的关联交易也很容易出现滥用公司人格来逃避债务并损害公司债权人利益的情况,而一旦出现这种行为,由于子公司并非母公司的股东,姐妹公司彼此间也一般不存在持股关系,因此,公司人格否认制度的适用就会因行为人没有股东身份而出现障碍,从而使债权人因母子公司或姐妹公司的关联交易而受到损害但不能得到相应的救济。对此,最高人民法院于2013年公布了指导性案例15号"徐工集团工程机械股份有限公司诉成都川交工贸有限责任公司等买卖合同纠纷案",①对公司人格否认的责任主体范围作出了扩张性的界定,将非股东的姐妹公司认定为责任主体,法院判决其承担了关联方公司债务的连带责任。最高审判机关通过判例表明了这样的司法立场:"关联公司人格混同,严重侵害债权人利益的,关联公司相互之间对外部债务承担连带责任。"当然也应看到,由于指导性判例仅仅针对个案的情况,还难以应对复杂的公司实践,如上述指导性案例15号只解决了姐妹公司的责任主体问题,是否可以扩大适用至母子公司和其他关联公司尚存疑。针对司法实践的问题,《九民会议纪要》第11条第2款作出了进一步规定:"控制股东或实际控制人控制多个子公司或者关联公司,滥用控制权使多个子公司或者关联公司财产边界不清、财务混同,利益相互输送,丧失人格独立性,沦为控制股东逃避债务、非法经营,甚至违法犯罪工具的,可以综合案件事实,否认子公司或者关联公司法人人格,判令承担连带责任。"这一规定表明,在企业集团和关联公司样态中,尽管关联公司彼此之间不具有名义上的股东身份,但如果出现滥用公司人格的行为并符合该条规定的其他条件,也可以认定关联公司为责任主体,其中既包括姐妹公司的情形,也包括母子公司之间的反向公司人格否认情形,还包括其他具有关联公司关系的情形。本轮《公司法》修订则将司法实践的做法上升为法律,即第23条第2款的规定:"公司股东利用其控制的两个以上公司实施前款规定行为的,各公司应当对任一公司的债务承担连带责任。"

上述指导性案例15号和《九民会议纪要》的相关规定在2023年修订《公司法》后仍然具有现实意义:我国在公司人格否认的法律适用上,除了依据《公司法》《民法典》,还需要借助指导性案例和法理上的相关理念的指导,这也正是保证公司人格否认制度能够被正确适用的重要特点所在。按照最高人民法院关于"指导性案例,各级人民法院审判类似案例时应当参照"②的规定和各级人民法院要正确把握和理解适用《九民会议纪要》的精神实质和基本内容的要求,人民法院在处理公司人格否认的相关案例时应当遵循指导性案例和《九民会议纪要》体现的法律原则、法律精神和法律理念。

2. 公司人格否认的责任相对人

公司人格否认的责任相对人是指因公司人格被滥用而受到损害并有权主张侵权人对公司债务承担连带责任的当事人,也可将其称之为责任承担的主张者。这一主体是滥用公司人格行为的受害者,《公司法》第23条第1款将其明确界定为"公司债权人"。这一界定排除了某

---

① 《最高人民法院关于发布第四批指导性案例的通知》(法〔2013〕24号)。

② 《最高人民法院关于案例指导工作的规定》(法发〔2010〕51号)第7条。

些公司股东为排除某种不利后果来提起公司人格否认请求的可能,如控股股东为了自己的利益而主张否定公司人格的情形。

公司债权人应当包括自愿债权人和非自愿债权人两种类型。自愿债权人即合同之债的债权人,“在实践中,自愿债权人大多会通过合同条款来维护债权安全”;[①]非自愿债权人包括侵权行为之债的债权人、无因管理的债权人和不当得利之债的债权人,还包括劳动关系中的债权人(劳动者)和行政关系中的特殊债权人(如国家作为税收债权人)等。这也意味着滥用公司人格的行为人可能对这些公司债权人承担侵权责任。学者们普遍认为,法官在处理公司人格否认案件时,有区分自愿债权人与非自愿债权人的必要。因为侵权行为之债的债权人(受害人)在通常情况下往往缺乏事先与侵权人讨价还价的机会,更无充分的时间与机会要求侵权人提供真实、合法、有效的担保手段。而且,侵权行为中的受害人往往是社会弱势群体(如劳动者、消费者),法官在处理相关案件时,应对非自愿的债权人(侵权行为的受害者)稍微宽容一些,而对自愿的债权人稍微吝啬一些。[②] 当然,这里的“宽容”和“吝啬”应主要指向构成要件的认定、举证责任的分配。

(二)行为要件

行为要件涉及对滥用公司人格的行为的认定,只有当责任主体从事滥用公司人格的行为时,才会导致否认公司人格的责任。按照《公司法》第 23 条第 1 款的规定,滥用公司人格的行为即“滥用公司法人独立地位和股东有限责任,逃避债务”。从法条的文义解释来看,认定这一行为具体需把握两点:第一,行为人须有逃避债务的行为,这里的“债务”是指公司对外所负债务,它直接与股东利益相关;这里的“逃避”尽管可能表现为欺骗债权人、抽逃出资、规避法律等形式,但就其实质来看,是一种不履行法定或约定义务的行为。第二,行为人逃避债务的行为是通过滥用公司法人独立地位和股东有限责任来实现的。实践中公司逃避债务可能有多种表现形式,如果行为人采取了滥用公司人格以外的方式,那就应当适用其他相关法律来处理,而不能适用《公司法》第 23 条的规定来追究行为人责任。

对于《公司法》第 23 条第 1 款这一概括性的规定,有学者认为是模糊而难以把握的,[③]即该款不是一个行为模式条款,其判断标准根本是缺失的,[④]实践中没有形成具体统一的操作标准,法官只能依靠经验进行判断,使得法院之间裁判不一致;[⑤]还有学者认为,《公司法》第 23 条第 1 款仅仅规定了人格滥用的构成要件,而没有规定人格混同的构成要件,这使得该条不能适用于人格混同案件。[⑥] 在我国的公司人格否认案件中,人格混同是最常用的理由,其适用比例远高于其他理由。[⑦] 人格混同容易发生在关联公司之间和企业集团内部。人格混同与财产混同密不可分。由于独立财产为公司人格构成要素,财产混同就意味着公司的财产即股东的

---

① 朱慈蕴、皮正德:《公司资本制度的后端改革与偿债能力测试的借鉴》,载《法学研究》2021 年第 1 期。

② 参见刘俊海:《现代公司法》(第 2 版),法律出版社 2011 年版,第 546 页。

③ 参见黄辉:《公司集团背景下的法人格否认:一个实证研究》,载《中外法学》2020 年第 2 期。

④ 参见石纪虎:《论股东滥用公司法人格行为的认定——兼议〈公司法〉第 20 条第 3 款之完善》,载《湘潭大学学报(哲学社会科学版)》2011 年第 3 期。

⑤ 参见李泫永:《公司法人人格否认制度的不足与完善》,载《理论与改革》2012 年第 6 期。

⑥ 参见吴建斌:《公司法人格否认成文规则适用困境的化解》,载《法学》2009 年第 7 期。

⑦ 参见姜婉莹:《公司法人格否认之人格混同情形司法适用研究》,载王保树主编:《商事法论集》第 16 卷,法律出版社 2009 年版,第 307 页;黄辉:《中国公司法人格否认制度实证研究》,载《法学研究》2012 年第 1 期。

财产,公司人格与股东人格出现混淆和同一,不分彼此,也意味着公司的独立人格实际上已经不再存在。因此,财产混同即人格混同。有学者认为,人格混同与人格滥用在认定上大致有如下区别:第一,主观恶意,即人格混同是不考虑主观恶意的,而人格滥用以主观恶意为要件;第二,人格混同适用的主体包括但不限于股东,并且可能存在仅由姐妹公司担责而共同股东不担责的情形;第三,人格混同有独特的判断标准,主要包括人员、财务、业务混同三大要素,审查重点在于公司人格独立性是否存在,而不是股东是否从事了滥用行为。①

从《九民会议纪要》的相关规定看,最高审判机关并没有将人格混同与人格滥用相区别,而是将"人格混同"作为"滥用行为"的一种表现,明确指出:《公司法》规定的滥用行为,"实践中常见的情形有人格混同、过度支配与控制、资本显著不足等"。《九民会议纪要》第10条、第11条、第12条还分别对"人格混同""过度支配与控制""资本显著不足"三种情形进行了界定。这些界定对《公司法》第23条第1款规定的行为要件的认定,显然具有很强的指导作用。

1. 人格混同

认定公司人格与股东人格是否存在混同,最根本的判断标准是公司是否具有独立意思和独立财产,最主要的表现是公司的财产与股东的财产是否混同且无法区分。由此观之,财产混同是人格混同的最重要的判断标准。《九民会议纪要》要求在认定是否构成人格混同时,应当综合考虑以下因素:(1)股东无偿使用公司资金或者财产,不作财务记载的;(2)股东用公司的资金偿还股东的债务,或者将公司的资金供关联公司无偿使用,不作财务记载的;(3)公司账簿与股东账簿不分,致使公司财产与股东财产无法区分的;(4)股东自身收益与公司盈利不加区分,致使双方利益不清的;(5)公司的财产记载于股东名下,由股东占有、使用的;(6)人格混同的其他情形。

最高人民法院公布的《深圳市创梦天地科技有限公司、北京大道天相科技有限公司等著作权许可使用合同纠纷民事二审民事判决书》(〔2021〕最高法知民终380号),涉及对公司人格混同中有关情形的认定,该案二审法官在判决书中阐述的裁判要旨包括:第一,在认定是否构成人格混同时,应当综合考虑"股东无偿使用公司资金或者财产,不作财务记载的;股东用公司的资金偿还股东的债务,或者将公司的资金供关联公司无偿使用,不作财务记载的"等六方面的因素。第二,公司和股东之间的资金往来是否有财务记载是否定公司人格时的重要考虑因素之一。在有财务记载的情况下,如可证明股东与公司之间的法律关系是借贷或者借用,股东与公司就是两个独立的民事责任主体。反之,股东无偿使用公司资金、财产,不作财务记载,可以证明公司人格不独立,已成为股东的工具、另一个自我。这时,应否定公司的人格。

《九民会议纪要》还指出,在出现人格混同的情况下,往往同时出现以下混同:公司业务和股东业务混同;公司员工与股东员工混同,特别是财务人员混同;公司住所与股东住所混同。人民法院在审理案件时,关键要审查是否构成人格混同,而不要求同时具备其他方面的混同,其他方面的混同往往只是人格混同的补强。

① 参见吴建斌:《公司法人格否认成文规则适用困境的化解》,载《法学》2009年第7期;金洪玉:《公司法人格否认的制度困境与类型化分析》,载《暨南学报(哲学社会科学版)》2012年第11期;姜婉莹:《公司法人格否认之人格混同情形司法适用研究》,载王保树主编:《商事法论集》第16卷,法律出版社2009年版,第314~324页。

2. 过度支配与控制

公司控制股东对公司过度支配与控制，操纵公司的决策过程，使公司完全丧失独立性，沦为控制股东的工具或躯壳，严重损害公司债权人利益，应当否认公司人格，由滥用控制权的股东对公司债务承担连带责任。对此《九民会议纪要》列举了实践中常见的情形：(1)母子公司之间或者子公司之间进行利益输送的；(2)母子公司或者子公司之间进行交易，收益归一方，损失却由另一方承担的；(3)先从原公司抽走资金，然后再成立经营目的相同或者类似的公司，逃避原公司债务的；(4)先解散公司，再以原公司场所、设备、人员及相同或者相似的经营目的另设公司，逃避原公司债务的；(5)过度支配与控制的其他情形。

此外，《九民会议纪要》还对关联公司中具有滥用公司人格行为的姐妹公司之间的人格否认、母子公司之间反向人格否认作出了直接回应，规定"控制股东或实际控制人控制多个子公司或者关联公司，滥用控制权使多个子公司或者关联公司财产边界不清、财务混同，利益相互输送，丧失人格独立性，沦为控制股东逃避债务、非法经营，甚至违法犯罪工具的，可以综合案件事实，否认子公司或者关联公司法人人格，判令承担连带责任"。

3. 资本显著不足

《九民会议纪要》对"资本显著不足"作出了界定，是指公司设立后在经营过程中，股东实际投入公司的资本数额与公司经营所隐含的风险相比明显不匹配。股东利用较少资本从事力所不及的经营，表明其没有从事公司经营的诚意，实质是恶意利用公司独立人格和股东有限责任把投资风险转嫁给债权人。由此来看，认定资本显著不足时应当把握如下要点：第一，股东实际投入公司的资本数额与公司经营应当承担的风险，必须达到"明显"不匹配的程度。第二，股东实际投入公司的资本数额与公司经营应当承担的风险明显不匹配的情况必须具有一定的时间性，不宜以暂时的不匹配来轻易否定公司法人格。第三，须有证据证明股东具有利用较少资本从事高风险经营活动，从而损害公司债权人的恶意。鉴于实践中证明股东行为的恶意难度较大，可考虑对举证责任进行重新分配，减轻债权人的举证负担，债权人只需初步提交证据以证明存在股东实际投入公司的资本数额严重不足的情形，接下来的证明责任应由股东承担，或者由法院调查取证。①

公司实践中，一些股东利用《公司法》2013年修改后全面实施认缴制和取消注册资本的最低限额的机会，设立注册资本额极低的"侏儒公司"和注册资本额与设立人现有财力明显不相称的"巨额公司"，股东出资义务和责任被轻易地规避和架空，增大了社会信用风险，债权人利益受到威胁。在认定这些公司是否可以适用公司人格否认规则时，由于资本显著不足的判断标准有很大的模糊性，特别是要与公司采取"以小博大"的正常经营方式相区分，因此在适用时要十分谨慎，应当与其他因素结合起来综合判断。如果难以认定，也可以通过股东出资加速到期制度②来对利益受损的债权人予以救济。

正是由于资本显著不足认定较难，学者们对其作了大量探讨，一些见解也有参考适用的价值。如认为判定应与债权人的地位相关联，自愿之债中要求债权人有更多的审查义务，而非自愿之债的发生不是债权人的意志所为，所以债权人对公司的资本审查义务没有要求，故自愿债

---

① 参见张磊：《认缴制下公司法人人格否认规则的司法适用新探》，载《法律适用（司法案例）》2018年第8期。

② 关于股东出资加速到期制度，本书第五章第六节对此有较为详细的讨论。

权人不得单独以资本显著不足为由揭开公司面纱,非自愿之债中资本显著不足应为揭开公司面纱的重要因素,甚至可以是唯一因素。[①] 在判定时点上,有学者认为资本充足应以公司开始营业时为准,而不是以事件发生时为准;如果公司的初始资本充足,后来由于生意亏了,资本变得不足了,那么,即使在侵权案件发生时资本不足,仍不能以资本不足为由判定股东对公司的债务承担责任。[②] 有学者认为,这里的"资本"指注册资本,不仅包括实缴资本,而且包括待缴资本。[③] 有学者认为,应当以"实收资本"作为判断"资本显著不足"的标准。[④] 还有学者提出了双重测试标准,即"资本显著不足"既要考察认缴资本是否充足,又要考察公司资产的变化是否合理。[⑤]

《九民会议纪要》对如何准确认定《公司法》第 23 条第 1 款规定的行为要件无疑非常有价值,大大丰富了我国公司人格否认制度的内容。在此基础上还需要关注一个问题,行为要件是否需要考量行为人的主观意图?从《公司法》和《九民会议纪要》的相关规定看,似乎没有这样的要求。但笔者也注意到,在大陆法系的公司法理论中,对此一直存在主观滥用论和客观滥用论之争。主观滥用论者主张,为保持公司独立人格和股东有限责任的稳定性和可预测性,公司人格否认应以作为行为人的股东具有主观上的滥用意图作为构成要件,以避免公司人格否认制度被任意扩张。客观滥用论者认为,如果以主观上的滥用意图作为构成要件,那么其举证的难度会使公司人格否认制度的实用性大打折扣,因此主张只要股东实施了滥用公司人格的行为,无论是否具有主观意图,都应该承担责任。两种理论都有一定的道理,但各有侧重。主观滥用理论有利于维护公司独立人格和有限责任制度的稳定性,而客观滥用理论则减轻了债权人的举证责任,有利于保护债权人利益。结合我国的实际,笔者认为在一般情况下,既然《公司法》没有将行为人的主观意图作为要件来规定,只要证明股东有滥用公司人格的行为,就无须以证明行为人具有滥用意图为承担责任的前提,如在上述"人格混同"和"过度支配与控制"两种情形下;但如果是在"资本显著不足"情形下,鉴于资本显著不足的判断标准有很大的模糊性和《九民会议纪要》关于"恶意""与其他因素结合起来综合判断"的要求,行为人是否具有滥用公司人格的主观意图就显得十分重要,应当作为认定考量的重要依据。

(三)后果要件

后果要件即滥用公司人格的行为必须给债权人造成一定的法律后果,否则就不产生否认公司人格的法律适用。由于公司人格否认涉及的是财产性质的民事责任,因此,如果仅有滥用公司人格的行为而未达到法律规定的后果,则不符合对行为人追究财产责任的构成要件。《公司法》第 23 条第 1 款要求股东滥用公司人格的行为必须达到"严重损害公司债权人利益"的程度,否则就不产生适用该条来否认公司人格的法律后果。

值得指出的是,《公司法》第 23 条第 1 款规定的"严重损害债权人利益"是对结果要件的判断认定标准,其中关于"严重"的表述还是一个没有量化的概括性标准。如何认定损害公司

---

① 参见朱慈蕴、梁泽宇:《资本显著不足的适用与研判:理论、实证与规则》,载《法学评论》2021 年第 3 期。
② 参见朱锦清:《公司法学》,清华大学出版社 2017 年版,第 158 页。
③ 参见胡改蓉:《"资本显著不足"情形下公司法人格否认制度的适用》,载《法学评论》2015 年第 3 期。
④ 参见薛波、刘浩然:《"资本显著不足"情形下公司法人格否认制度适用之变革》,载《行政与法》2015 年第 12 期。
⑤ 参见陈群峰:《"资本显著不足"情形下公司法人格否认制度完善研究》,载《法学杂志》2020 年第 11 期。

债权人利益是否达到了“严重”的程度，是一个很具现实意义的实务操作问题。如果没有达到“严重”程度，就不能随意将公司债务责任追溯至股东。否则，就会使公司的有限责任如同儿戏，从而动摇和破坏公司的法理基础。有学者通过实证研究发现，我国司法实践中存在着较为普遍的忽略结果要件的现象，具体表现为对结果要件的论证缺失与对结果要件的判断标准混乱。[①] 不少学者对如何判断“严重”的程度提出了多种认定标准，如依据债权数额的大小或者比例、[②]债权对于受害人的重要程度、[③]公司是否丧失清偿能力等。[④] 学者们指出，由于“严重”的判断标准难以把握，使该条件在实践中几乎被废弃，法官在判决中通常不讨论损害是否严重，似乎在所有案件中都默认损害是严重的。[⑤] 鉴于公司人格否认制度特有的性质，其成文化非常困难，法律需要保持一定原则性，可采取司法解释、指导性判例等方法对其进行补充。[⑥]

应当看到，采取司法解释、指导性案例来对“严重”程度作出界定也同样具有相当的难度，这也许是《九民会议纪要》没有对其作出界定的原因所在。其实，《公司法》作出“严重”这一表述的意旨是在保护债权人利益与维护有限责任原则之间确立一个平衡点。根据这一立法精神，笔者认为，认定滥用公司人格的行为是否已经达到“严重损害债权人利益”的程度，可结合以下几方面情况综合考虑：

1. 债权人的受损情况

从保护债权人角度出发，这是权衡滥用公司人格的行为是否已经达到“严重损害债权人利益”的程度最重要的因素。债权人受损情况多数是可以量化的，如公司不能偿还的债务就是一个确定的数额。考虑到维护有限责任原则的平衡点，一般而言，债权人受损情况的计算最好只以现实的、直接的损失为依据，将来的、间接的损失不宜纳入其中。

2. 公司的偿债能力情况

考虑公司偿债能力情况的意义也在于保护债权人利益与维护有限责任原则二者的平衡。如果公司不能偿还债务是暂时的，尽管债务的数额较大，但可能很快通过克服困难偿还，就不一定非要适用公司人格否认的法律规定不可；如果公司无法偿还到期债务的事实已经持续一段时期，在此期间公司财产状况不但没有好转反而还在进一步恶化，甚至已经达到“资不抵债”的地步，就可以作出达到“严重损害债权人利益”的程度的认定，从而适用公司人格否认的法律规定。

3. 行为人的主观恶意情况

尽管行为人的主观恶意并不是认定滥用公司人格行为的必要条件，但完全可以作为权衡是否达到“严重损害债权人利益”的程度的重要参照。主观恶意在实践中往往可以结合行为人的具体行为作出判定，例如，在行为人采取欺骗债权人的方式来逃避债务的情形中，行为人的主观恶意就十分明显。

---

① 参见吴飞飞、刘嘉霖：《公司法人格否认规则中严重损害债权人利益标准的认定》，载彭冰主编：《金融法苑》第109辑，中国金融出版社2023年版，第144页。

② 参见朱慈蕴：《公司法人格否认：从法条跃入实践》，载《清华法学》2007年第2期。

③ 参见许振安：《论我国公司法人格否认制度的完善》，载《中州学刊》2006年第5期。

④ 参见赵旭东：《公司法人格否认规则适用情况分析》，载《法律适用》2011年第5期；石少侠：《公司人格否认制度的司法适用》，载《当代法学》2006年第5期。

⑤ 参见王军：《中国公司法》，高等教育出版社2017年版，第52页。

⑥ 参见黄辉：《中国公司法人格否认制度实证研究》，载《法学研究》2012年第1期；朱慈蕴：《公司法人格否认：从法条跃入实践》，载《清华法学》2007年第2期。

4. 常规救济措施的应用情况

常规救济措施的应用情况是指将常规救济措施的应用无效作为公司人格否认的适用前提，如果债权人采取了常规救济措施后仍无法实现债权，可以认为达到了“严重损害债权人利益”的程度。有的学者将此种情形称为“遍寻常规之救济措施后仍不能得到救济”。[①] 将常规救济措施应用情况作为认定“严重损害债权人利益”的考量因素，在司法实践中已经得到一定程度的采用。如2020年7月广西壮族自治区高级人民法院发布的《广西壮族自治区高级人民法院民二庭关于审理公司纠纷案件若干问题的裁判指引》（桂高法民二〔2020〕19号）第41条就指出“作为原告的债权人受到的损害必须达到‘严重’程度，即不仅公司对原告的债权丧失清偿能力，且其他法律依据也无法保护债权人利益”。

还需要指出的是，滥用公司人格的行为与结果要件之间还应当有因果关系，也就是说“严重损害公司债权人利益”的后果必须是股东滥用人格的行为引起。这需要债权人证明股东滥用公司人格的行为与债权人利益受到损害的结果之间存在着必然的联系，否则，债权人就难以获得应有的法律救济。

（四）责任形式

责任形式并非责任的构成要件。《公司法》规定的责任形式是行为人对公司债务承担连带责任。这里的连带责任是一种完全的、无限的连带责任，[②]它与《公司法》第50条规定的设立人股东的连带责任[③]相比，尽管二者都是股东所承担的财产连带责任，但其区别在于：第一，前者的连带责任人是公司和滥用公司人格的股东，后者的连带责任人是作为设立人的公司股东；第二，前者是股东对公司债务承担的连带责任，后者是股东对应当缴纳的出资或补缴的出资差额承担的连带责任；第三，前者的责任是对股东有限责任的否认，属于无限责任的范畴，后者并未突破股东有限责任的范围。因此，公司人格否认的连带责任与设立人股东的连带责任是两种有差异的责任。

由于公司人格否认是股东对公司债务承担连带责任，依公平的原则，公司债务产生过程中附带的效果也应视为发生于股东身上，故未履行债务的公司的相关权利也应由股东取得，公司所拥有的各种抗辩权也可由股东来行使。[④]

（五）诉讼规则

公司人格否认的责任需要通过司法程序来实现。《九民会议纪要》对人民法院在审理公司人格否认纠纷案件时如何根据不同情形确定当事人的诉讼地位作出了相应的规定：

1. 债权人对债务人公司享有的债权已经由生效裁判确认，其另行提起公司人格否认诉讼，

---

① 参见吴飞飞、刘嘉霖：《公司法人格否认规则中严重损害债权人利益标准的认定》，载彭冰主编：《金融法苑》第109辑，中国金融出版社2023年版，第156页。

② 《公司法》修法时，对于应当如何规定公司人格否认的法律后果出现过意见的分歧，有全部连带责任说、补充连带责任说、补充责任说和股东单独承担责任说等观点，最终2005年《公司法》采纳了全部连带责任说。参见最高人民法院民事审判第二庭编：《公司案件审判指导》，法律出版社2018年版，第90页。

③ 《公司法》第50条规定：“有限责任公司设立时，股东未按照公司章程规定实际缴纳出资，或者实际出资的非货币财产的实际价额显著低于所认缴的出资额的，设立时的其他股东与该股东在出资不足的范围内承担连带责任。”

④ 参见[韩]李哲松：《韩国公司法》，吴日焕译，中国政法大学出版社2000年版，第49页。

请求股东对公司债务承担连带责任的,列股东为被告,公司为第三人。

2. 债权人对债务人公司享有的债权提起诉讼的同时,一并提起公司人格否认诉讼,请求股东对公司债务承担连带责任的,列公司和股东为共同被告。

3. 债权人对债务人公司享有的债权尚未经生效裁判确认,直接提起公司人格否认诉讼,请求公司股东对公司债务承担连带责任的,人民法院应当向债权人释明,告知其追加公司为共同被告。债权人拒绝追加的,人民法院应当裁定驳回起诉。

第四章　公 司 登 记

公司登记是公司成立的必经程序,也是公司人格得到国家认可的标志。《公司法》本轮修订的重要内容之一,就是增设了“公司登记”一章。从优化营商环境的角度来看,如何通过恰当的法律拟制过程来创设一个商主体是优化营商环境的本源性问题,世界银行对于营商环境的评估问卷中也将商主体的“开办”列为第一项重要指标。

第一节　公司登记的法律性质和效力

一、公司登记的法律性质

《公司法》第 29 条规定:“设立公司,应当依法向公司登记机关申请设立登记。”公司登记属于商事登记的范畴。根据我国《市场主体登记管理条例》的规定,公司登记应当包括设立登记、变更登记和注销登记,其中,设立登记是公司取得商事主体资格的必经程序,也是本节讨论的重点内容。商事主体的设立登记是由登记机关依法通过登记确认市场主体资格和一般经营资格,签发营业执照,并予以公示的行为。登记机关对申请人提交的材料进行形式审查。近年来我国商事登记制度改革中涉及的一个重要理论问题是:商事登记在法律性质上是行政许可行为还是行政确认行为? 现行《行政许可法》第 12 条第 5 项将“企业或者其他组织的设立等,需要确定主体资格的事项”列为可以设定行政许可的事项范围。按照这一规定,包括公司登记在内的商事登记属于行政许可行为。有学者认为,商事登记无论在学理上属于行政许可抑或行政确认,都属于《行政许可法》的调整范围,《行政许可法》所谓的“许可”是大许可概念。[①]这似乎意味着广义的行政许可包括行政确认和狭义的行政许可。

需要明确的是,公司登记在我国法律制度中肯定是一种行政行为。根据现行法律法规的规定,公司登记机关属于政府行政机关(目前为国家市场监督管理总局及各级地方政府下设的市场监督管理局);公司登记具有国家认可的效力;公司登记履行的程序为行政程序;一些公司设立登记和一些经营项目的登记被法律明确规定为行政许可;违反商事登记规定要承受行政处罚的后果等。这些都表明公司登记是行政机关的行政行为,基本不具有民商事行为的法律属性。尽管有学者认为公司登记具有商事行为属性,但也只是强调其在申请登记时属于《民法典》第 133 条规定的“民事主体通过意思表示设立、变更、终止民事法律关系的行为”,并不否认公司登记机关对商事主体登记申请的审查和颁发营业执照是行政行为,说明大家都基本认同公司登记具有行政行为的属性。

---

① 参见 2020 年 8 月 4 日由中国法学会商法学研究会举办的“商事登记专题”系列学术研讨会上北京大学法学院教授湛中乐的发言,笔者因当时主持会议记录下了湛教授发言的观点。

虽然公司登记属于行政行为，然而对其性质一直存在是行政许可行为还是行政确认行为之争。这不单是一个学术上的争论，更关系到公司登记制度乃至整个商事制度改革的理念、取向和具体制度的设计。应当看到，在我国长期实践中，基本认为商事登记属于行政许可。行政许可在法律上是一种授益行为，其内涵是行政主体为行政相对人设定权益或者免除义务，其中最主要的特点是遵循以一般禁止为前提、个别解禁为内容的原则，即在国家一般禁止的前提下，对符合特定条件的行政相对方解除禁止使其享有特定资格或权利，能够实施某项特定的行为。行政机关具有准予的裁量权。《行政许可法》第2条规定："本法所称行政许可，是指行政机关根据公民、法人或者其他组织的申请，经依法审查，准予其从事特定活动的行为。"行政许可作为一种行政管制手段在现代社会虽然必要，但是"一般禁止、个别解禁"和行政机关的审查程序无疑为商事主体的市场准入设置了门槛。随着社会主义市场经济的发展，商事登记制度改革的总体方向应当是放松管制，降低市场准入门槛，而如何在商事登记上对放松管制和降低市场准入门槛的改革取向作出回应，需要对包括公司登记在内的商事登记制度的性质有新的认识：首先，公司登记应当分为普通公司登记和特殊公司登记两种基本类型。普通公司登记是针对一般公司登记的类型，既然是一般，就应当是在数量上占多数或绝大多数的公司；特殊公司登记是针对特定的公司和特定项目登记的类型，"特定"则意味着在数量上比较少或很少的公司。显然，行政许可奉行的"一般禁止、个别解禁"原则不应适用于普通公司的登记而只能针对特殊公司的登记。① 其次，公司的行商权是商事主体的一项基本权利，或者说是否"行商"，取决于公司设立人的自由意志，行商权并非源自授予，而是具有"天赋"性。在这个意义上，设立公司从事商业活动不仅不是法律所普遍禁止的行为，反而是应当被提倡和鼓励的行为。这与行政许可的"授益"属性并不相符。最后，从提倡、鼓励和保护民事主体行商的角度，商事登记的最主要功能是对民事主体行商权的认可，确立商事主体对内对外的关系(权利和义务)，公司登记机关在对公司申请的审查和认可过程中并没有创设新的私法上的相对权，只是通过公示的方式产生了对世权(对抗权)。因此，商事登记不同于行政许可。② 在普通公司登记上，应当确立行政确认理念。所谓行政确认，是指公司登记机关对已符合法定条件的公司主体资格和营业资格依法予以确定、认可并宣告的行政行为。行政确认的基本前提是法律对普遍行为的鼓励或提倡，行政确认行为的作出在于对某一具备条件的主体或行为的一种认定和宣示，行政确认与行政许可二者的价值取向、制度功能是不同的。③

公司登记应当树立以行政确认为主的理念已经成为理论界和实务界的共识，在2023年修订的《公司法》和《市场主体登记管理条例》中也得到很好的体现。《公司法》第31条规定："申请设立公司，符合本法规定的设立条件的，由公司登记机关分别登记为有限责任公司或者股份有限公司；不符合本法规定的设立条件的，不得登记为有限责任公司或者股份有限公司。"这一规定是对公司登记实行"准则主义"的宣示，是公司登记由行政许可性质向行政确认性质转变的重要标志。

当然，行政确认的理念和《公司法》相关的制度设计如何与《行政许可法》现行规定进一步

---

① 本书在第一章第三节"我国公司的类型"中对普通公司和特殊公司作了介绍，其中特殊公司在我国主要是指金融类公司。

② 参见国家市场监督管理总局2020年6月15日发布的《〈中华人民共和国商事主体登记管理条例(草案)〉起草说明》。

③ 参见肖海军：《论公司撤销设立登记制度——以〈公司法〉第199条的适用展开》，载《中国法学》2011年第2期。

对接,还需要《行政许可法》作出回应。前述学者关于行政许可分为“大许可”和狭义许可的认识尽管有道理,但还不能很好地解释现行《行政许可法》将企业设立等需要确定主体资格的事项纳入行政许可范围的规定,而且可能导致适用上的问题。笔者认为,《行政许可法》的这一规定也可以解释为针对特殊公司登记必须适用的内容,而普通公司登记则应当适用修订后的《公司法》及《市场主体登记管理条例》。《行政许可法》与《公司法》《市场主体登记管理条例》在涉及公司登记的事项上应当属于一般法与特别法的关系,按照特别法优先的原则,此时显然应当适用《公司法》及《市场主体登记管理条例》所体现的公司登记属于行政确认的有关规定。具体而言,应当体现《公司法》所确立的公司设立“以准则主义为基本原则,以许可主义为例外情形”的立法精神。①

树立普通公司登记是行政确认行为的理念并将公司登记的性质界定为通过登记确认商事主体资格,对公司登记具有非常现实的指导意义:第一,公司登记奉行真正的准则主义原则,公司登记机关在普通公司登记中是一个程序性、辅助性的消极角色,只要符合公司法定的成立条件,对公司设立申请就应当予以确认,不得以任何理由不予登记,由此体现国家对当事人行商权的认可。第二,公司登记机关对登记申请的审查只能是形式审查,登记机关要从便民利民、鼓励投资创业出发,尽可能简化程序,促成更多公司的设立,使公司登记的创设力得以发挥。如《市场主体登记管理条例》第 19 条第 1 款规定:“登记机关应当对申请材料进行形式审查。对申请材料齐全、符合法定形式的予以确认并当场登记。不能当场登记的,应当在 3 个工作日内予以登记;情形复杂的,经登记机关负责人批准,可以再延长 3 个工作日。”第三,有利于推进“先照后证”“证照分离”的改革,强化企业登记信息公示功能。登记信息公示不仅可以宣示登记的确认功能,而且能够强化公司登记对外效力,即未经登记不得对抗善意第三人的效力。《公司法》第 34 条第 2 款就规定:“公司登记事项未经登记或者未经变更登记,不得对抗善意相对人。”第四,减少涉及一般经营项目商事登记的行政处罚规定,即使出现相关瑕疵,也更多地按照民事救济程序来处理,减少公权力的介入。例如,2023 年修订的《公司法》不再将撤销公司登记作为行政处罚的内容,②删除原法关于公司清算瑕疵由公司登记机关给予行政处罚的两条规定;③又如,2022 年 3 月实施的《市场主体登记管理条例》规定法律责任的条文为 10 条,比已经废止的《公司登记管理条例》规定的法律责任减少了 8 条。

二、公司登记的法律效力

公司登记的法律效力是公司登记的另一功能,但其涉及的范围只限于法律功能,不包括经济功能和社会功能等。法律效力具有法律上的确定含义,即指法律拘束力和法律上的效果。虽然现代各国的公司法在商事主体登记上采取了强制登记与任意登记两种立法例,④但在公

① 参见肖海军:《论公司撤销设立登记制度——以〈公司法〉第 199 条的适用展开》,载《中国法学》2011 年第 2 期。

② 新《公司法》删除原法第 198 条规定的“撤销公司登记”,不再将撤销公司登记置于“法律责任”一章中。

③ 删除的两条规定为:第一,第 205 条:“公司在清算期间开展与清算无关的经营活动的,由公司登记机关予以警告,没收违法所得。”第二,第 206 条:“清算组不依照本法规定向公司登记机关报送清算报告,或者报送清算报告隐瞒重要事实或者有重大遗漏的,由公司登记机关责令改正。清算组成员利用职权徇私舞弊、谋取非法收入或者侵占公司财产的,由公司登记机关责令退还公司财产,没收违法所得,并可以处以违法所得一倍以上五倍以下的罚款。”

④ 参见范健:《德国商法:传统框架与新规则》,法律出版社 2003 年版,第 216 ~ 218 页。

司设立登记上基本采取了强制登记和公司登记成立主义的做法,[①]我国也不例外。我国《民法典》第77条关于"营利法人经依法登记成立"和《公司法》第29条关于"设立公司,应当依法向公司登记机关申请设立登记"的规定表明,只有依法进行登记,公司才能取得法人资格,具有民事权利能力和行为能力。公司登记是取得公司人格的必备要件。根据前述关于公司性质的讨论,公司登记的法律效力有三种:生效效力、对抗效力和公信效力。

(一)生效效力

生效效力即公司登记机关对申请登记的项目依法予以行政确认后产生的法律效果。生效效力是公司登记的一个基础性的效力,在公司设立登记上首先是指法人主体成立的效力,公司依登记成立意味着公司主体"从无到有",即公司登记创设了一个新的主体——公司法人,公司法人的成立也标志着有限责任的产生。因此,公司登记的生效效力在公司法人及其有限责任的产生上就是一种创设效力。对此,《市场主体登记管理条例》第3条明确规定,"市场主体应当依照本条例办理登记。未经登记,不得以市场主体名义从事经营活动"。

其实,包括公司登记在内的民商事登记具有"从无到有"的创设效力的情况比比皆是:民商事主体通过登记可以"从无到有"地产生;民事权利也可以通过登记"从无到有"地获得,如不动产物权依登记产生。[②] 因此,这里以生效效力概念来表达的公司登记的创设效力可归纳为:一是创设了公司法人;二是创设出股东有限责任,即股东受有限责任保护的权利。如果没有登记,公司设立阶段的设立人就不能成为股东和受有限责任保护,而要对债务承担无限连带责任。所以,公司设立登记的生效效力是指对公司创设的效力和对股东有限责任创设的效力。

讨论公司登记效力时,需要辨析登记效力与确认效力这两个有关联的概念。公司登记性质由原来的行政许可转向行政确认,这是否意味着公司登记效力也应当变成行政确认效力呢?笔者认为,确认效力从文义上容易理解为公司登记机关对申请事项确认后产生的效力,"确认"本身不是效力,而是一种行政行为,由确认行为产生的效力是对相关法律事实认可的效力,并不能等同于公司登记本身具有的创设效力。因此,公司登记效力与确认效力是有差异的,公司登记的生效效力不宜使用确认效力这一概念。

(二)对抗效力

对抗效力是指登记义务人与第三人依应登记事项是否登记而享有的主张或抗辩的权利。根据这一定义,对抗效力的含义可以进一步理解为:第一,对抗效力发生于登记义务人与第三人之间,对抗意味着双方都可能对登记事项享有权利并主张这种权利,都可以自己享有权利来抗辩对方的主张。第二,对抗效力的产生取决于是否登记,已经登记对登记义务人产生效力,

---

① 例如,《德国股份法》第38条、第41条和《德国有限责任公司法》第11条,均确认了公司未经登记不为成立的原则;《法国商事公司法》第5条第1款规定,"商事公司自其在《商业及公司登记簿》上注册登记之日即享有法人资格";《日本公司法》第49条、第579条对股份公司和持份公司均有"经设立登记后成立"的规定。本书引用的《德国股份法》《德国有限责任公司法》均来自《德国股份法·德国有限责任公司法·德国公司改组法·德国参与决定法》,杜景林、卢谌译,中国政法大学出版社2000年版;引用的《法国商事公司法》来自《法国商法典》,金邦贵译,中国法制出版社2000年版;引用的《日本公司法》来自《日本公司法典》,吴建斌、刘惠明、李涛合译,周剑龙、张凝审校,中国法制出版社2006年版。后面引用时如无特别情况不再注明。

② 《民法典》第209条规定,"不动产物权的设立、变更、转让和消灭,经依法登记,发生效力;未经登记,不发生效力"。

登记义务人可以向第三人主张权利和抗辩第三人主张；未登记则对第三人产生效力，第三人可以向登记义务人主张权利和抗辩对方主张。在这个意义上，登记对抗效力实质上就是赋予对抗双方依登记与否来识别的一种权利。据此也可将对抗效力分为积极对抗效力和消极对抗效力：积极对抗效力是指已经登记由登记义务人享有权利的情形，消极对抗效力是指未登记由第三人享有权利的情形。第三，登记义务人和第三人享有的权利是指对依登记与否来判断其是否知悉登记事项的内容并因此获得免责或可以追责的权利。已经登记的，推定第三人已经知悉登记事项内容，登记义务人可免责，可以此抗辩第三人对登记事项提出的相关权利主张；未经登记的，则第三人获得否定应登记事项内容的效力的权利，可以对登记义务人进行追责。上述内容中的"第三人"，《公司法》《民法典》也将其称为"善意相对人"。

对抗效力与生效效力一样，都是公司登记产生的效力，或者说都属于公司登记效力的范畴，二者既是并列和并存的关系，同时也存在明显的区别：第一，生效效力主要针对公司主体成立及其有限责任产生而言；而对抗效力则是针对公司登记事项而言的。按照《公司法》第32条的规定，公司法定的登记事项共有六项，包括：(1)名称；(2)住所；(3)注册资本；(4)经营范围；(5)法定代表人的姓名；(6)有限责任公司股东或者股份有限公司发起人的姓名或者名称。这些事项经过登记才具有对抗效力。《公司法》第34条第2款规定："公司登记事项未经登记或者未经变更登记，不得对抗善意相对人。"第二，生效效力是"从无到有"的创设效力，公司未经登记便不能成立，也意味着处于主体不存在的状态，有限责任自然也不会产生；而对抗效力则没有这样的创设力，法律要求登记的事项并非未经登记就不成立或不存在，在公司设立阶段，上述事项尽管尚未登记但事实上也都可能已经存在，只是不具有以公司名义对抗第三人的效力。对此，《民法典》第65条明确规定："法人的实际情况与登记的事项不一致的，不得对抗善意相对人。"第三，生效效力具有普遍性，包括对内和对外的效力。公司登记成立后，包括国家、公司内部主体和不特定的其他所有人都应当承认公司具有法人主体地位和股东有限责任的事实。换言之，公司登记的生效效力及于对内对外的所有人，在这个意义上也可将生效效力称为"对世"效力。而对抗效力则具有相对性，"对抗"顾名思义有"对立""抗辩"的含义。对抗一般是存在权益冲突的双方就权益发生的相互抗衡之争。具体到公司登记上，对抗效力是指在对法定的登记事项所涉及权利义务发生争议时的效力所及范围。从表面上看，对抗效力所及范围在不产生权益争议时似乎也是针对除公司以外不特定第三人，但细究起来却是在权益争议出现时对抗效力才具有意义，也即它的效力所及范围实际上发生在因公司登记项目发生冲突的相对人之间，因此，对抗效力具有一定的局限性，不具有生效效力那样的普遍性。

综上所述，公司登记既具有生效效力也具有对抗效力，公司一经登记，两种效力便随之产生，并各自具有效力所及的特点，不能因一种效力的产生而否认另一种效力的存在。有学者认为，公司登记的生效效力不宜视为创设效力而是对抗效力，公司登记效力应当由"登记成立"变为"登记对抗"。[①] 笔者认为，在《民法典》《公司法》《市场主体登记管理条例》的现行规定下，这一认识如果只针对登记项目是有道理的，但如果还针对公司人格及股东有限责任的产生就并非如此了。

---

① 参见季奎明：《商主体资格形成机制的革新》，载《中国法学》2019年第3期。

(三)公信效力

公信效力是指公司登记效力经公示后对社会公众产生的效力。这里的“公司登记效力”显然是指前述生效效力和对抗效力,公示也就是对公司登记所产生该两种效力的公开宣示。可见,公信效力是建立在该两种效力的基础之上。在这个意义上,公信效力也可以说是派生于生效效力和对抗效力。

公信效力涉及两个方面的效力:第一,公司登记经法定机关依法公示,便推定社会公众已经知悉公司法人成立、股东承担有限责任、《公司法》规定的6项法定登记事项,与公司交易的相对方不得以不知道为由而主张不承担交易风险和损失;第二,公司登记事项经法定机关依法公示,便推定其真实有效,如果出现虚假登记情况,登记义务人要承担相应的责任,甚至虚假的公司登记会被撤销。可见,公信效力的拘束力源于商法上的外观主义原理,对公司、公司股东和善意相对人都具有保护的效力。从功能角度看,公司登记的公信效力可以减小信息不对称,降低交易成本,提高商事信用,减少交易风险,保护交易安全,便于国家对公司进行必要的监督管理。

讨论公信效力时还涉及当公司登记机关的登记信息与公示信息存在矛盾和冲突如何处理的问题。按照《民法典》第66条关于“登记机关应当依法及时公示法人登记的有关信息”的规定,登记信息的公示是登记机关应当履行的一项职责。结合《公司法》第32条第2款、第40条分别对公司登记机关和公司应当通过国家企业信用信息公示系统向社会公示相关信息的要求,《市场主体登记管理条例》第35条关于“市场主体应当按照国家有关规定公示年度报告和登记相关信息”的规定,以及《企业信息公示暂行条例》第11条关于“政府部门和企业分别对其公示信息的真实性、及时性负责”和第12条关于政府部门和企业“发现其公示的信息不准确的,应当及时更正”的规定,公示信息应当具有较登记信息更高的法律效力,如果二者存在矛盾和冲突,如无特别规定,应当以公示信息为准。

第二节 我国公司登记制度的改革

我国自2013年《公司法》修改以来,对以公司登记制度为主的商事登记制度进行了一系列的改革,集中体现为“证照分离”和“多证合一”。

一、“证照分离”改革

“证照分离”是在“先照后证”基础上的深化改革措施,而“先照后证”则是对我国2013年《公司法》修改前长期实行的“证照合一”的公司登记制度的改革。这里的“证”是指公司登记时对公司特定经营项目要求的行政许可凭证,如经营电影放映、旅行业务、银行金融等行政许可凭证;“照”是指公司登记机关颁发的营业执照。所谓“证照合一”,即指营业执照的颁发既代表了国家对公司商事主体资格的行政许可,也代表着国家对公司经营资格的行政许可,说明营业执照上承载了两类行政许可。如果设立公司需要经营资格的行政许可,经营资格的行政许可凭证则是营业执照颁发的前置条件,设立人必须首先取得经营资格凭证才能凭此办理公司登记，经公司登记机关审查后才能颁发营业执照。这就是所谓的"先证后照"。可见，在"证照合一"和"先证后照"的公司登记制度下，公司营业执照本身也具有双重证明意义：既是对公司具备商事主体资格国家认可的证明，同时也是对公司具备经营资格国家认可的证明。营业执照成为公司商事主体资格与公司经营资格"合一"的载体和体现。"合一"也决定了公司无论是经营一般项目还是经营特定项目，按照2013年《公司法》修改之前的规定，其经营资格都需要具备经营范围、经营场所、注册资本最低限额等基本条件，颁发营业执照也必须以具备这些基本条件为前提。因此，公司营业执照与作为公司经营资格条件的经营范围、经营场所、注册资本最低限额等呈一体化绑定状态，未满足这些基本条件，营业执照就不能颁发，公司也就不能成立和开业。

2013年《公司法》修改废除了注册资本最低限额，并全面实行了注册资本的"认缴制"。为了适应降低公司设立准入门槛的改革，公司登记机关实行了"先照后证"改革。所谓"先照后证"，就是公司在暂时还未具备经营资格条件的情况下，只要符合商事主体资格和一般经营资格就可以先领取营业执照，然后再满足特许经营资格要求的条件。一般经营资格包括公司名称和类型、住所（经营场所）、注册资本、经营范围、法定代表人、设立人姓名或者名称。"先照后证"改革的理论基础就是将公司的商事主体资格和经营资格分开对待，将商事主体资格和一般经营资格作为发照条件，发照后就可以开业经营。这一改革举措使经营特许项目的公司可以先领照后办特许证，对于一般公司而言，在没有注册资本最低限额和经营范围由设立人自定的情况下，其设立和开业条件大大降低。随着这一改革的实施，人们很快发现，最直接受惠于"先照后证"政策的是经营一般项目的公司，一些地方在试点中甚至允许暂时还没有住所的一般公司领照开业。而对于需要特许证的公司而言，虽然已经领取了营业执照，但在很多情况下还是不能马上开展经营活动，变化仅仅是"证"从"发照"前移到了"发照"后，原本希望获得主体资格后即可便利地取得许可经营资格的愿景并未得到完全实现。这种情况被形象地比喻为"玻璃门"现象，即还存在"准入不准营"的问题。

为破解"准入不准营"问题，国务院从2015年12月开始试行"证照分离"改革并于2018年10月在全国推开。"证照分离"在"先照后证"基础上将公司商事主体资格与经营资格相区隔，主体资格和一般经营资格实行行政确认制，使一般公司经营资格的取得不再需要获得公司登记机关的许可。由此也促使行政机关削减特许经营项目和加快特许经营资格的审批，同时释放出明确信号：国家对商事主体干预的重心是特许经营资格，对于商事主体资格等则应放松管制。[①] 可见，"证照分离"与"先照后证"两项改革的理论依据都建立在公司商事主体资格与经营资格分离的基础之上，而"证照分离"的改革更为彻底，是对"先照后证"改革的进一步延续和深化。通过"证照分离"，除涉及国家安全、公共安全、金融安全、生态安全和公众健康等重大公共利益外，分别采用适当管理方式将许可类的"证"分离出来，尽可能减少审批发证，有效区分"证"与"照"的功能，着力破解"准入不准营"难题，[②]使公司登记制度改革由"先照后证"逐步深入到如何"减证"的层面，做到"照"后减"证"，能减尽减。

---

① 参见季奎明：《商主体资格形成机制的革新》，载《中国法学》2019年第3期。

② 参见《国务院关于在全国推开"证照分离"改革的通知》（国发〔2018〕35号）。

二、“多证合一”改革

“多证合一”与“证照分离”改革均是商事登记制度改革的组成部分，也属于“放管服”改革①的重要内容。所谓“多证合一”，是指将由多个部门核发的证照进行整合后集中统一到营业执照中体现。多证合一最早是“三证合一”，即原来公司登记时依次分别由工商、质监、税务部门核发营业执照、组织机构代码证、税务登记证，后改为了一次申请、由工商部门核发一个加载企业法人和其他经营性组织统一社会信用代码的营业执照。2016 年 10 月，社会保险登记证和统计登记证又被整合进营业执照，实现了“五证合一、一照一码”。② 可见，“多证合一”与“证照分离”虽然都有个“证”字，但此证非彼证。“证照分离”之“证”是行政许可证，“多证合一”之“证”是指信息采集、记载公示、管理备查类的一般经营项目涉企证照事项，以及企业登记信息能够满足政府部门管理需要的涉企证照事项。“多证合一”改革将过去由多个部门管理的多项证照，改由申请人到一个窗口，填写一张表格，提交一套材料，多部门间实现一网归集、一档管理，极大地简化了办事流程，方便了申请人。同时，部门间通过信息共享实现了登记与监管的有效衔接。2017 年 5 月，国务院要求全国各地在“五证合一”改革基础上，将更多涉企证照进一步整合到营业执照上，实现“多证合一、一照一码”，③在更大范围、更深层次实现信息共享和业务协同。

“多证合一”与“证照分离”同为商事制度改革内容，既有各自不同的特点，又具有相互关联性。

1. 适用的对象不同。“证照分离”的“证”是作为从事特定经营活动的凭证，实行的是非准莫入。而“多证合一”的“证”主要是非许可性质的管理事项，属于告知即可的管理事项。两项改革所调整的对象存在较大差异：前者是将行政审批事项分离出来进行削减，后者是对非行政审批事项的整合。

2. 采取的措施不同。“证照分离”对行政审批事项采取了直接取消审批、审批改为备案、实行告知承诺和优化准入服务四种不同措施；“多证合一”是通过共享部门间企业基础信息和相关信用信息，实现业务协同，从而简化企业准入手续，避免让企业重复登记、重复提交材料，被整合的证照不再发放。因此，“证照分离”对改革事项采取的是因事而异，分类处理的措施；“多证合一”则对被整合事项统一要求，取消发证。

3. 改革的侧重点不同。“证照分离”是通过“照后减证”，改变以审批发证为主要方式的传统管理体制，侧重于通过对行政审批事项的精简，破解“准入不准营”的问题。“多证合一”则更加注重以统一社会信用代码为基础，实现部门间企业基础信息和相关信用信息共享、业务协同，从而打破部门和行业信息壁垒，简化企业准入手续，建立程序更为便利、内容更为完善、流程更为优化、资源更为集约的市场准入新模式，改革侧重于通过对部门管理信息的整合，达到简化准入的目的。

---

① “放管服”改革是简政放权、放管结合、优化服务的简称。“放”即简政放权，降低准入门槛；“管”即创新监管，促进公平竞争；“服”即高效服务，营造便利环境。参见《李克强在全国深化“放管服”改革优化营商环境电视电话会议上发表重要讲话》，载中国政府网，https://www.gov.cn/premier/2019-06/25/content_5403115.htm。

② 《国务院办公厅关于加快推进“五证合一、一照一码”登记制度改革的通知》（国办发〔2016〕53 号）。

③ 《国务院办公厅关于加快推进“多证合一”改革的指导意见》（国办发〔2017〕41 号）。

4. 两项改革之间的联系。尽管两项改革解决的问题不同,采取的措施不同,但殊途同归,其目的都是加快推进政府职能转变,有效降低企业制度性交易成本,激发市场主体活力,营造法治化、国际化、便利化的营商环境。两项改革所适用的事项并不是一成不变的,随着行政审批制度改革的不断深入,一些行政审批事项势必会被取消,这就在"证照分离"与"多证合一"之间搭建了一条单向的桥梁。通过"证照分离"改革被取消的行政审批事项,如果采取备案方式进行管理,即审批改备案的事项,备案的内容又恰好属于信息采集、记载公示、管理备查类,那么它就符合了被"多证合一"整合的条件,按照国务院在全国推进"证照分离"改革通知中的要求,原则上这类事项应尽可能整合到营业执照上,真正实现市场主体"一照一码走天下"。

综上,"证照分离"与"多证合一"两项改革既各有侧重,又相互联系。两项改革的统筹推进,可使二者相互促进,充分发挥各自作用,对进一步深化商事登记制度改革具有十分重要的意义。

第三节　公司登记实务

公司登记实务主要指公司在设立登记、变更登记、注销登记和歇业备案等方面涉及的具体内容。这些内容与公司法人密切相关:设立登记关系着公司法人资格的取得;变更登记代表着公司法人权利能力和行为能力的范围和大小;注销登记则标志着公司法人的消灭;歇业备案关系着公司法人暂停经营活动。根据《公司法》《市场主体登记管理条例》的有关规定,公司登记实务涉及如下主要内容。

一、公司登记机关

《市场主体登记管理条例》第 5 条规定,国务院市场监督管理部门主管全国市场主体的登记管理工作;县级以上地方人民政府市场监督管理部门主管本辖区内的市场主体登记管理工作,加强统筹指导和监督管理。这一规定表明,公司登记必须到县级以上市场监督管理部门办理。《公司法》第 41 条规定:"公司登记机关应当优化公司登记办理流程,提高公司登记效率,加强信息化建设,推行网上办理等便捷方式,提升公司登记便利化水平。国务院市场监督管理部门根据本法和有关法律、行政法规的规定,制定公司登记注册的具体办法。"《市场主体登记管理条例》第 6 条进一步要求,国务院市场监督管理部门应当加强信息化建设,制定统一的市场主体登记数据和系统建设规范;县级以上登记机关应当优化市场主体登记办理流程,提高市场主体登记效率,推行当场办结、一次办结、限时办结等制度,实现集中办理、就近办理、网上办理、异地可办,提升市场主体登记便利化程度。

二、登记事项

公司登记事项是指《公司法》明确列举的登记事项,也可称为法定必要登记事项。根据公司登记的对抗效力,法定必要登记事项未经登记或变更登记,对第三人不产生对抗的效力。根据《公司法》第 32 条的规定,法定必要登记事项包括:公司名称、公司住所、注册资本、经营范围、法定代表人的姓名，以及有限责任公司股东、股份有限公司发起人的姓名或者名称，共计6项。在“证照分离”和“多证合一”的登记制度改革中，《市场主体登记管理条例》从优化营商环境出发，对登记事项亦有不少具体改革措施，旨在降低和放宽公司经营的准入门槛，便利登记申请人，优化公司登记办理流程，提高公司登记效率。

（一）公司名称

《公司法》第6条规定：“公司应当有自己的名称。公司名称应当符合国家有关规定。公司的名称权受法律保护。”第7条又规定：“依照本法设立的有限责任公司，必须在公司名称中标明有限责任公司或者有限公司字样。依照本法设立的股份有限公司，必须在公司名称中标明股份有限公司或者股份公司字样。”由此表明，股份有限公司或有限责任公司都是法定的名称，依法使用既是公司的权利，同时也是公司的义务。实践中一些并非依公司法设立的企业，尽管其名称中冠有“公司”的字样，①但不能视其为公司法意义上的公司，也不受《公司法》的调整。

公司名称由申请人依法自主申报。2020年12月国务院修订通过的《企业名称登记管理规定》，对公司名称登记管理作出较为详细的规定，包括：公司只能登记一个公司名称，公司名称受法律保护；公司名称应当使用规范汉字，民族自治地方的公司名称可以同时使用本民族自治地方通用的民族文字；公司名称由行政区划名称、字号、行业或者经营特点、组织形式组成；跨省经营的公司，其名称可以不含行政区划名称；跨行业综合经营的公司，其名称可以不含行业或者经营特点；公司名称中的行政区划名称应当是公司所在地的县级以上地方行政区划名称，市辖区名称在公司名称中使用时应当同时冠以其所属的设区的市的行政区划名称，开发区、垦区等区域名称在公司名称中使用时应当与行政区划名称连用，不得单独使用；公司名称中的字号应当由两个以上汉字组成，县级以上地方行政区划名称、行业或者经营特点不得作为字号，另有含义的除外；公司名称中的行业或者经营特点应当根据公司的主营业务和国民经济行业分类标准标明，国民经济行业分类标准中没有规定的，可以参照行业习惯或者专业文献等表述；公司应当根据其组织结构或者责任形式，依法在公司名称中标明组织形式；公司名称冠以“中国”“中华”“中央”“全国”“国家”等字词，应当按照有关规定从严审核，并报国务院批准；公司集团名称应当与控股企业名称的行政区划名称、字号、行业或者经营特点一致。控股公司可以在其名称的组织形式之前使用“集团”或者“（集团）”字样；有投资关系或者经过授权的企业，其名称中可以含有另一个企业的名称或者其他法人、非法人组织的名称。

（二）公司住所

《公司法》第8条规定：“公司以其主要办事机构所在地为住所。”按照《市场主体登记管理条例》第11条的规定，公司只能登记一个主要经营场所。省、自治区、直辖市人民政府可以根据有关法律、行政法规的规定和本地区实际情况，自行或者授权下级人民政府对住所或者主要经营场所作出更加便利市场主体从事经营活动的具体规定。一些地方在登记制度改革过程中

---

① 实践中，这类企业主要是指未实行公司改制的全民所有制企业和集体所有制企业，有的在企业名称中仍然冠有“公司”的字样，如“中国铁路总公司”“……开发公司”“……劳动服务公司”。

还出台规范性文件，对公司住所作出更为灵活便利的规定。如四川省成都市2020年6月发布的《成都市企业住所（经营场所）登记管理办法》①就有这样一些放宽规定：（1）登记机关对申请人提交的企业住所（经营场所）使用证明材料进行形式审查。（2）企业住所和经营场所可以分离登记，其中企业住所是指企业主要办事机构所在地，其功能主要是公示企业法定的送达地、确定企业司法和行政管辖地；经营场所是指企业实际从事生产、销售、仓储、服务等经营活动的所在地。（3）允许一址多照，同一地址可以申请登记为两家以上企业住所（经营场所）。（4）企业分支机构在企业登记机关登记管辖区域内的，可申请办理经营场所备案。（5）允许多个企业以一家托管机构的住所（经营场所）地址作为住所登记，并由该托管机构提供住所托管服务，实施企业集群注册登记模式。（6）可以将符合条件的住宅申请登记为企业住所（经营场所）。此外，成都市一些区还实行了以申请人承诺为原则的企业住所登记，申请人承诺后企业住所登记无须再提交房屋产权证明、租赁合同等证明材料，解决部分企业因相关证明不全而无法合法登记的问题，为企业提供更加便捷高效的市场准入服务。②

（三）注册资本

根据《市场主体登记管理条例》第13条的规定，除法律、行政法规或者国务院决定另有规定外，公司注册资本实行认缴登记制，以人民币表示。股东不得以劳务、信用、自然人姓名、商誉、特许经营权或者设定担保的财产等作价出资。《市场主体登记管理条例实施细则》对注册资本登记有更为详细的规定，包括：注册资本应当符合章程规定；注册资本以人民币表示；外商投资公司的注册资本可以用可自由兑换的货币表示；依法以境内公司股权或者债权出资的，应当权属清楚、权能完整，依法可以评估、转让，符合公司章程规定。

（四）经营范围

经营范围是公司从事经营活动的业务范围。《公司法》第9条规定："公司的经营范围由公司章程规定。公司可以修改公司章程，变更经营范围。公司的经营范围中属于法律、行政法规规定须经批准的项目，应当依法经过批准。"《市场主体登记管理条例》第14条总结"证照分离"改革的经验，将经营范围分为一般经营项目和许可经营项目。除经营范围中依法须经批准的许可经营项目外，市场主体拿到营业执照，就可以从事一般经营项目。自行政许可部门批准之日起，公司方可从事许可经营项目。公司申请登记的一般经营范围由公司自行决定，应当按照登记机关公布的经营项目分类标准办理经营范围登记，经营范围中属于在登记前依法须经批准的许可经营项目，市场主体应当在申请登记时提交有关批准文件。

（五）法定代表人的姓名

从《公司法》第32条第1款第5项关于登记事项中"法定代表人的姓名"的表述来看，法定代表人只能由自然人担任。《公司法》第10条又规定："公司的法定代表人按照公司章程的规定，由代表公司执行公司事务的董事或者经理担任。担任法定代表人的董事或者经理辞任

---

① 该管理办法第15条规定："本办法自2020年7月24日起施行，有效期5年。"

② 参见《金牛区首推企业住所申报登记改革》，载《成都日报》2020年9月15日。

的，视为同时辞去法定代表人。法定代表人辞任的，公司应当在法定代表人辞任之日起三十日内确定新的法定代表人。"《市场主体登记管理条例》第12条规定了不得担任公司法定代表人的情形：(1)无民事行为能力或者限制民事行为能力；(2)因贪污、贿赂、侵占财产、挪用财产或者破坏社会主义市场经济秩序被判处刑罚，执行期满未逾5年，或者因犯罪被剥夺政治权利，执行期满未逾5年；(3)担任破产清算的公司、非公司企业法人的法定代表人、董事或者厂长、经理，对破产负有个人责任的，自破产清算完结之日起未逾3年；(4)担任因违法被吊销营业执照、责令关闭的公司、非公司企业法人的法定代表人，并负有个人责任的，自被吊销营业执照之日起未逾3年；(5)个人所负数额较大的债务到期未清偿；(6)法律、行政法规规定的其他情形。

(六)有限责任公司股东、股份有限公司发起人的姓名或者名称

如果仅针对公司设立阶段，有限责任公司股东和股份有限公司的发起人也可以统称为设立人。

三、备案事项

备案事项是指公司应当向公司登记机关报告存案以备查考的事项。《公司法》未对备案事项作出规定，意味着备案事项不具有法定必要登记事项那样的对抗效力。《市场主体登记管理条例》第9条对市场主体的备案事项作出了专门的规定，该条列举的涉及公司的备案事项包括：(1)公司章程；(2)经营期限；(3)有限责任公司股东或者股份有限公司发起人认缴的出资数额；(4)公司董事、监事、高级管理人员；(5)公司登记联络员、外商投资企业法律文件送达接受人；(6)公司受益所有人相关信息；(7)法律、行政法规规定的其他事项。

备案事项尽管不具有法定必要登记事项那样的对抗效力，但在登记上也与法定必要登记事项一样，是公司应当履行的一项法定义务。无论是公司在设立时对备案事项的初始备案，还是公司在成立后对备案事项的变更，一旦引起这些事项产生和变更的事由发生，公司都应当依法进行备案。《市场主体登记管理条例》第47条规定："市场主体未依照本条例办理备案的，由登记机关责令改正；拒不改正的，处5万元以下的罚款。"

四、营业执照

公司法人的成立、存续都与营业执照密切相关。营业执照由公司登记机关签发，是公司成立和拥有法人资格的标志，也是公司得到国家认可的象征。按照《公司法》第33条、第36条的规定，依法设立的公司，由公司登记机关发给公司营业执照；公司营业执照记载的事项发生变更的，公司办理变更登记后，由公司登记机关换发营业执照。《市场主体登记管理条例》对营业执照的取得、营业执照记载的内容和公司登记机关对营业执照的监管有较为详细的规定。

(一)营业执照的取得

依法设立的公司，由公司登记机关发给公司营业执照。公司营业执照签发日期为公司成立日期。《公司法》第38条规定："公司设立分公司，应当向公司登记机关申请登记，领取营业

执照。”这意味着尽管分公司不具有法人资格,但也需要经过公司登记,在领取营业执照后才能开展相应的营业活动。

(二)营业执照的样式

营业执照分为正本和副本,具有同等法律效力。随着电子技术的发展,营业执照采取的样式也由原来单一的纸质营业执照扩展到电子营业执照。《公司法》第33条第3款规定:“公司登记机关可以发给电子营业执照。电子营业执照与纸质营业执照具有同等法律效力。”电子营业执照是指由市场监管部门依据国家有关法律法规、按照统一标准规范核发的载有公司登记信息的法律电子证件。电子营业执照是公司取得主体资格的合法凭证。为加强和规范电子营业执照管理,推进电子营业执照跨行业、跨区域、跨层级应用,充分发挥其在市场主体身份识别和服务社会公众中的作用,国家市场监督管理总局于2018年12月专门发布的《电子营业执照管理办法(试行)》对其作出了较为详细的规定。根据该办法的规定,公司设立登记后,即时生成电子营业执照并存储于电子营业执照库。电子营业执照通过手机等装载了电子营业执照应用程序的智能移动终端进行领取、下载和使用。公司设立登记后首次领取和下载电子营业执照,以及办理变更登记后重新领取和下载电子营业执照,应由经市场监管部门登记的公司的法定代表人领取和下载。法定代表人领取电子营业执照后,可自行或授权其他证照管理人员保管、持有、使用。公司对其电子营业执照的管理和授权使用行为的合法性、真实性、合理性等负责。市场主体办理涉及营业执照记载事项变更登记的,原下载至移动终端的电子营业执照需重新下载。变更法定代表人登记的,原法定代表人下载的电子营业执照将无法继续使用,新任法定代表人需要重新下载电子营业执照。电子营业执照适用于需要提供市场主体身份凭证的场合。社会公众、相关单位和机构使用电子营业执照应用程序或接入电子营业执照系统,可实时联网验证市场主体电子营业执照真伪、查询市场主体身份信息及状态,并可同步比对查验电子营业执照持照人相关信息。只领取电子营业执照的公司,应下载并打印电子营业执照文件,置于住所或营业场所的醒目位置,或通过电子显示屏等方式亮明电子营业执照。

(三)营业执照载明的内容

《公司法》第33条规定,公司营业执照应当载明公司的名称、住所、注册资本、经营范围、法定代表人姓名等事项。可见,营业执照载明的内容基本涵盖了法定必要登记事项。

(四)营业执照的管理

营业执照的管理包括公司对营业执照的日常管理和公司登记机关对营业执照使用的监管。根据《公司法》《市场主体登记管理条例》的有关规定,营业执照的管理内容包括:第一,公司应当将营业执照置于住所或者主要经营场所的醒目位置,从事电子商务经营的公司应当在其首页显著位置持续公示营业执照信息或者相关链接标识。如果违反,由登记机关责令改正;拒不改正的,处3万元以下的罚款,或者依照《电子商务法》处罚。第二,公司营业执照遗失或者毁损的,公司应当通过国家企业信用信息公示系统声明作废,向公司登记机关申请补领。第三,禁止伪造、变造、出租、出借、转让公司营业执照,如果违反,由登记机关没收违法所得,处10万元以下的罚款;情节严重的,处10万元以上50万元以下的罚款,吊销营业执照。第四,营业执照记载的事项发生变更的，公司办理变更登记后，公司登记机关应当及时为市场主体换发营业执照。公司登记机关依法作出变更登记、注销登记和撤销登记决定的，公司应当缴回营业执照。拒不缴回或者无法缴回营业执照的，由公司登记机关通过国家企业信用信息公示系统公告营业执照作废。

五、登记程序

（一）设立登记

设立登记涉及公司法人资格的取得。申请人向公司登记机关申请设立登记，符合设立条件的，登记机关准予登记，颁发营业执照。法律、行政法规或者国务院决定规定设立公司须经批准的，应当在批准文件有效期内向登记机关申请登记。登记机关应当对申请材料进行形式审查。对申请材料齐全、符合法定形式的予以确认并当场登记。不能当场登记的，应当在3个工作日内予以登记；情形复杂的，经登记机关负责人批准，可以再延长3个工作日。

（二）变更登记

变更登记涉及公司权利能力和行为能力的变化。未经变更登记，公司不得擅自改变登记事项；变更登记事项，应当自作出变更决议、决定或者法定变更事项发生之日起30日内向登记机关申请变更登记；变更经营范围，属于依法须经批准的项目的，应当自批准之日起30日内申请变更登记；变更《市场主体登记管理条例》规定的备案事项的，应当自作出变更决议、决定或者法定变更事项发生之日起30日内向登记机关办理备案。

（三）注销登记

注销登记涉及公司人格终止。公司这一市场主体因解散、被宣告破产或者其他法定事由需要终止的，应当依法清算后向登记机关申请注销登记。《公司法》第37条规定："公司因解散、被宣告破产或者其他法定事由需要终止的，应当依法向公司登记机关申请注销登记，由公司登记机关公告公司终止。"公司注销依法须经批准的，应当经批准后向登记机关申请注销登记。

2023年修订的《公司法》在公司注销登记上新增了两项引人注目的制度，即简易注销制度和强制注销制度。按照新法第240条的规定，简易注销是指"公司在存续期间未产生债务，或者已清偿全部债务的，经全体股东承诺，可以按照规定通过简易程序注销公司登记"。按照新法第241条的规定，强制注销是指"公司被吊销营业执照、责令关闭或者被撤销，满三年未向公司登记机关申请注销公司登记的，公司登记机关可以通过国家企业信用信息公示系统予以公告，公告期限不少于六十日。公告期限届满后，未有异议的，公司登记机关可以注销公司登记"。该两项新制度作为公司退出制度的构成部分，从立法体例上置于《公司法》第十二章"公司解散和清算"，本书第十六章第四节对其有专门的讨论。

（四）歇业登记

《市场主体登记管理条例》借鉴域外相关制度，并结合我国前期地方试点经验，建立了市场主体歇业制度，即允许公司适度休眠。歇业登记制度为经营困难的市场主体提供了一个缓冲性制度选择，有利于助企纾困、降低市场主体维持成本，同时也为国家出台相关帮扶政策提供了制度基础。这一制度的最大亮点在于歇业不再是被登记机关否定的应当避免的行为，而是行政法规允许公司基于自身经营计划作出的主动安排。按照《市场主体登记管理条例》的规定，因自然灾害、事故灾难、公共卫生事件、社会安全事件等原因而遭受经营困难的市场主体可自主决定在一定时期内歇业。为构建和谐劳资关系，市场主体应当在歇业前与职工依法协商劳动关系处理等有关事项，并向登记机关办理备案。办理歇业按照备案的程序进行，即应当自作出歇业决议、决定之日起30日内向登记机关办理备案。根据《市场主体登记管理条例》第30条关于“市场主体应当在歇业前向登记机关办理备案”的规定，公司须在办理备案手续后才能歇业。为维护交易安全，登记机关应当向社会公示歇业期限、法律文书送达地址等信息。为避免休眠公司异化为“僵尸企业”，歇业期限最长不得超过3年。

（五）撤销登记

撤销登记是指公司登记机关依照职权和法定程序对已经登记的事项予以撤销的行为。在《公司法》《市场主体登记管理条例》中，撤销登记既是与设立登记、变更登记、注销登记、歇业登记并列的登记形式，同时也是可以将这些并列登记形式予以撤销的方式。撤销登记意味着被撤销的登记的废止，原登记丧失效力。撤销登记在《公司法》2023年修订前作为法律责任中的行政处罚形式之一来规定，《市场主体登记管理条例》和2023年修订的《公司法》则将其作为公司登记形式之一来规定。撤销登记在实践中主要适用于撤销设立登记和撤销变更登记的情形。[①]《公司法》第39条规定：“虚报注册资本、提交虚假材料或者采取其他欺诈手段隐瞒重要事实取得公司登记的，公司登记机关应当依照法律、行政法规的规定予以撤销。”《市场主体登记管理条例》第40条也规定：“提交虚假材料或者采取其他欺诈手段隐瞒重要事实取得市场主体登记的，受虚假市场主体登记影响的自然人、法人和其他组织可以向登记机关提出撤销市场主体登记的申请。”

第四节　公司信息公示

公司信息公示是指公司登记机关、相关政府部门和公司依照法定要求和程序将公司相关信息公之于众的行为。公司信息公示制度是公司登记制度的重要构成部分，《公司法》在“公司登记”一章对其作出了专门的规定。

一、公司信息公示的含义

公司信息公示是企业信息公示制度的主要构成部分。根据国务院2014年8月出台、2024年3月修改的《企业信息公示暂行条例》（本章以下简称《公示条例》）对企业信息的定义，公司信息是指在登记部门登记的公司从事生产经营活动过程中形成的信息，以及政府部门在履

① 关于撤销设立登记，详见本书第五章第六节“公司设立的相关实务问题”的讨论。

行职责过程中产生的能够反映公司状况的信息。由此可见,公司信息涉及公司登记信息和公司存续过程中公司其他相关信息,公司信息公示也包括了公司登记信息公示和公司相关信息公示两个部分的内容。公司登记信息公示是公司登记诸多程序中必须履行的一道程序,也是公司登记机关监督管理职责的体现。公司信息公示通过信息公开制度,将公司有关信息作为公共产品向社会提供,让社会公众能够方便地了解公司有关信息,使公司接受社会监督并以此强化对公司的信用约束。公司信息公示对于维护交易安全和市场公平竞争秩序具有非常重要的意义。

在公司法语境中,公司信息公示是指政府部门和公司主动向社会公开公司登记信息、年度报告、行政许可、行政处罚等依法应当公示的公司信息。《公示条例》作为配合市场主体登记制度改革而出台的重要行政法规,是公司信息公示的具体规范。根据《公司法》、《市场主体登记管理条例》和《公示条例》的规定,公司信息公示具有以下特征:

1. 特定性。公司信息公示的主体、范围、途径等均具有特定性,法律法规对其有特别的规定,从而与一般意义上的公司信息公开相区别。

2. 主动性。信息公示是义务主体主动向社会公众公示公司信息,这与被动的依申请查询公司信息形成鲜明对比。根据《公司法》第 32 条第 2 款关于"公司登记机关应当将前款规定的公司登记事项通过国家企业信用信息公示系统向社会公示"的规定和《市场主体登记管理条例》第 35 条关于"市场主体应当按照国家有关规定公示年度报告和登记相关信息"的规定,作为公司信息公示义务主体的登记机关和公司都应当主动公示相关信息。

3. 法定性。公司信息公示的主体、范围、途径、程序等均须依照法律的规定。公示公司信息对于相关义务主体而言,是一项法定义务,如果违反须承担相应法律责任。根据《公示条例》的规定,市场监督管理部门应当通过企业信用信息公示系统,公示其在履行职责过程中产生的企业信息。这些信息包括注册登记、备案信息,动产抵押登记信息,股权出质登记信息,行政处罚信息以及其他依法应当公示的信息。

二、公司信息公示的构成要素

公司信息公示的构成要素主要包括信息公示主体和信息公示内容两个方面。

(一)公司信息公示主体

根据《公示条例》,公司信息公示主体包括政府部门和公司自身。这里的政府部门通常是指对公司负有监管职责的行政部门,包括市场监督管理部门、税务部门、海关等,其中市场监督管理部门主要指向公司登记机关。

需要指出,政府部门和公司作为信息公示的义务主体,应当对公示信息的真实性和及时性负责。《公示条例》第 12 条规定:"政府部门发现其公示的信息不准确的,应当及时更正。公民、法人或者其他组织有证据证明政府部门公示的信息不准确的,有权要求该政府部门予以更正。企业发现其公示的信息不准确的,应当及时更正;但是,企业年度报告公示信息的更正应当在每年 6 月 30 日之前完成。更正前后的信息应当同时公示。"

(二)公司信息公示内容

公司信息公示内容是指义务主体公示的公司信息的范围。根据公司信息公示的法定性原则，公司信息公示的范围由法律法规规定。

1. 政府部门公示的公司信息范围。市场监督管理部门等政府部门作为市场监管主体，在履行有关公司登记、备案、行政许可和行政处罚等职责过程中，产生了大量反映公司状况的信息，应当依法予以公示。《公示条例》第6条要求公司登记机关公示的其在履行职责过程中产生的企业信息的范围包括：(1)注册登记、备案信息；(2)动产抵押登记信息；(3)股权出质登记信息；(4)行政处罚信息；(5)其他依法应当公示的信息。《市场主体登记管理条例》还具体列举了一些应当由公司登记机关公示的公司信息，如该条例第30条规定的公司歇业期限和歇业期间的法律文书送达地址等信息；第37条规定的公司营业执照作废的信息；第40条规定的撤销公司登记的信息等。另外，《公示条例》第7条第1款还要求公司登记机关以外的其他政府部门公示其在履行职责过程中产生的下列企业信息：(1)行政许可准予、变更、延续信息；(2)行政处罚信息；(3)其他依法应当公示的信息。

2. 公司公示的公司信息范围。公司公示的信息主要包括年度报告和法律法规要求公示的其他信息。按照《公司法》第40条的规定，公司应当按照规定通过国家企业信用信息公示系统公示下列事项：(1)有限责任公司股东认缴和实缴的出资额、出资时间、出资方式，股份有限公司发起人认购的股份数；(2)有限责任公司股东、股份有限公司发起人的股权、股份变更信息；(3)行政许可取得、变更、注销等信息；(4)法律、行政法规规定的其他信息。按照《公示条例》第10条的要求，公司应当自这些信息形成之日起20个工作日内通过企业信用信息公示系统向社会公示。

《市场主体登记管理条例》第35条规定："市场主体应当按照国家有关规定公示年度报告和登记相关信息。"按照《公示条例》第9条的规定，企业年度报告内容包括：(1)企业通信地址、邮政编码、联系电话、电子邮箱等信息；(2)企业开业、歇业、清算等存续状态信息；(3)企业投资设立企业、购买股权信息；(4)企业为有限责任公司或者股份有限公司的，其股东或者发起人认缴和实缴的出资额、出资时间、出资方式等信息；(5)有限责任公司股东股权转让等股权变更信息；(6)企业网站以及从事网络经营的网店的名称、网址等信息；(7)企业从业人数、资产总额、负债总额、对外提供保证担保、所有者权益合计、营业总收入、主营业务收入、利润总额、净利润、纳税总额信息。对于年度报告的7项内容，第1项至第6项规定的信息应当向社会公示，第7项规定的信息由企业选择是否向社会公示。经企业同意，公民、法人或者其他组织可以查询企业选择不公示的信息。

需要说明的是，法律法规对公司登记机关和公司公示信息的范围作出的强制性要求，是保证社会公众获得公司基本信息的首要且成本最低廉的渠道，有学者认为从性质上应当属于信息披露而非行政管制。[①]

三、公司信息公示实务

(一)公司信息的公示途径

根据《公示条例》的规定，市场监督管理部门应当通过国家企业信用信息公示系统公示其

---

① 参见刘燕：《公司法资本制度改革的逻辑与路径——基于商业实践视角的观察》，载《法学研究》2014年第5期。

在履行职责过程中产生的企业信息;其他政府部门可以通过国家企业信用信息公示系统,也可以通过其他系统公示规定的企业信息。《公示条例》同时规定,市场监督管理部门和其他政府部门应当按照国家社会信用信息平台建设的总体要求,实现企业信息的互联共享。从实践看,国家统一归集的企业信用信息主要通过国家企业信用信息公示系统和信用中国网站公开;地方统一归集的企业信用信息一般通过地方公共信用信息共享平台公开,同时也会在地方信用网站上公开;部门归集的企业信用信息通常在部门官网和部门建立的行业信用信息系统上公开。

(二)公司信息公示的督促机制

针对企业不依法公示信息的行为,《公示条例》建立了以下督促机制:

1. 举报和查询机制。《公示条例》第 13 条第 1 款规定:“公民、法人或者其他组织发现企业公示的信息虚假的,可以向市场监督管理部门举报,接到举报的市场监督管理部门应当自接到举报材料之日起 20 个工作日内进行核查,予以处理,并将处理情况书面告知举报人。”第 13 条第 2 款规定:“公民、法人或者其他组织对依照本条例规定公示的企业信息有疑问的,可以向政府部门申请查询,收到查询申请的政府部门应当自收到申请之日起 20 个工作日内书面答复申请人。”

2. 随机抽查机制。根据《公示条例》,国务院和省、自治区、直辖市人民政府市场监管部门应当按照公平规范的要求,根据企业注册号等随机摇号,确定抽查的企业,组织对企业公示信息的情况进行检查。市场监管部门抽查企业公示的信息,可以采取书面检查、实地核查、网络监测等方式;可以委托会计师事务所、税务师事务所、律师事务所等专业机构开展相关工作,并依法利用其他政府部门作出的检查、核查结果或者专业机构作出的专业结论。抽查结果由市场监管部门通过国家企业信用信息公示系统向社会公布。

3. 对违反信息公示规定的查处。《公示条例》第 16 条规定,市场监督管理部门对涉嫌违反本条例规定的行为进行查处,可以行使下列职权:(1)进入企业的经营场所实施现场检查;(2)查阅、复制、收集与企业经营活动相关的合同、票据、账簿以及其他资料;(3)向与企业经营活动有关的单位和个人调查了解情况;(4)依法查询涉嫌违法的企业银行账户;(5)法律、行政法规规定的其他职权。市场监督管理部门行使依法查询涉嫌违法的企业银行账户的职权的,应当经市场监督管理部门主要负责人批准。

4. 经营异常名录制度。根据《公示条例》第 18 条的规定,企业未按照本条例规定的期限公示年度报告或者未按照市场监督管理部门责令的期限公示有关企业信息的,由县级以上市场监督管理部门列入经营异常名录,并依法给予行政处罚。企业因连续 2 年未按规定报送年度报告被列入经营异常名录未改正,且通过登记的住所或者经营场所无法取得联系的,由县级以上市场监督管理部门吊销营业执照。企业被吊销营业执照后,应当依法办理注销登记;未办理注销登记的,由市场监督管理部门依法作出处理。

5. 严重违法失信企业名单制度。根据《公示条例》第 18 条第 2 款的规定,企业公示信息隐瞒真实情况、弄虚作假的,法律、行政法规有规定的,依照其规定;没有规定的,由市场监督管理部门责令改正,处 1 万元以上 5 万元以下罚款;情节严重的,处 5 万元以上 20 万元以下罚款,列入市场监督管理严重违法失信名单,并可以吊销营业执照。被列入市场监督管理严重违法失信名单的企业的法定代表人、负责人,3 年内不得担任其他企业的法定代表人、负责人。

6. 部门联动响应机制。根据《公示条例》第 19 条的规定,县级以上地方人民政府及其有关部门应当建立健全信用约束机制,在政府采购、工程招投标、国有土地出让、授予荣誉称号等工作中,将企业信息作为重要考量因素,对被列入经营异常名录或者严重失信违法企业名单的企业依法予以限制或者禁入。

(三)公司信用修复机制

为鼓励企业重塑信用,《公示条例》建立了公司信用修复制度,第 20 条规定:"鼓励企业主动纠正违法失信行为、消除不良影响,依法申请修复失信记录。政府部门依法解除相关管理措施并修复失信记录的,应当及时将上述信息与有关部门共享。"

第五章　公 司 设 立

第一节　公司设立概述

一、公司设立的含义

(一)公司设立的概念

公司设立是指创办公司的一系列法律行为的总称。《公司法》涉及设立内容的规定包括设立的方式、条件、程序以及设立的发起人等。从概念可见,公司设立具有两个重要的特点:其一,设立是一种法律行为,是由订立出资协议、缴纳出资、制定公司章程、组建公司机构、办理公司登记等一系列法律行为构成的过程;其二,设立需要一定的时间,在设立期间,由于设立人要从事若干法律行为,必然与相关主体构成一系列的法律关系,包括设立人之间、设立人与日后成立的公司之间、设立人与第三人之间所发生的关系,由于这一期间公司尚未成立,这些法律关系必然带有设立阶段的特点。

(二)公司设立与公司成立

公司设立与公司成立是两个既有联系又有区别的概念,它们在时间上属于两个不同阶段。公司设立是为公司成立而进行的发起和准备活动,公司成立则是公司设立行为被法律认可后的法律后果或法律事实状态,必须通过公司登记才能实现。没有设立行为,公司就不可能成立。设立行为的直接目的,就是使公司取得法人资格;但设立行为并不必然导致公司成立的后果,也可能因为种种原因不能实现目的,导致设立失败,公司不能成立。

公司设立与公司成立在法律上的主要区别包括:

1. 法律主体和法律关系不同。公司设立与公司成立作为两个不同的阶段,其区别不仅在于时间上的差异,更重要的在于法律主体和法律关系的不同。设立阶段的主体主要为设立人和设立中的公司,其法律关系主要体现为设立人彼此间、设立人与设立中公司、设立人与第三人的关系。公司成立后的主体主要为公司和股东,随着公司作为新的法律主体的产生,设立中公司转化为公司法人,设立人也转化为公司的股东,此时的法律关系也发生了性质上的变化,主要体现为公司法人与股东间的关系、公司内部股东间的相互关系以及公司法人与第三人的关系。

2. 对设立行为产生的民事后果的承受不同。这里的“民事后果”,除了公司成立或不成立的情况外,还包括可能产生的民事权利和民事责任。基于设立阶段和公司成立后法律关系的变化,对于设立行为所产生的民事后果的承受,《民法典》第75条作出了明确规定:公司成立的,设立人为设立公司从事的民事活动,其法律后果由公司法人承受;设立人为设立公司以自己的名义从事民事活动产生的民事责任,第三人有权选择请求公司法人或者设立人承担。①

---

① 公司设立阶段还普遍存在设立人以未成立公司(设立中公司)的名义从事民事活动的情形,根据《民法典》第75条第2款和《公司法》第44条第4款规定的精神,公司成立后,第三人只能请求公司承担民事责任。

公司未成立的,其法律后果由设立人承受,设立人为二人以上的,享有连带债权,承担连带债务。《公司法》第 44 条作出了与《民法典》第 75 条基本相同的规定,另外还增加了一款内容,第 4 款规定:“设立时的股东因履行公司设立职责造成他人损害的,公司或者无过错的股东承担赔偿责任后,可以向有过错的股东追偿。”

(三)设立时点的界定

1. 设立阶段的起始点和终结点。设立公司是一个时间过程,无论设立行为是否成功,都需要设立人就共同设立公司彼此达成合意。因此,设立人订立设立协议(包括口头和书面协议)是设立阶段的起始点。由于设立公司包括了公司成立和公司不成立两种结果,如果公司成立,公司成立之时为设立阶段终结点;如果公司不成立,则以设立人了结设立法律关系之时为设立阶段的终结点。界定设立阶段的起始点与终结点的意义在于:第一,有助于确定“设立中公司”(后文将专门研究)的存续时间;第二,有助于明确设立人承担的义务和责任。实践中,往往容易将设立人的义务、责任与公司成立后股东的义务、责任相混淆。当发生与公司设立有关的纠纷时,将当事人的行为对照两个不同阶段作出界定,即明确其究竟是发生于设立阶段还是发生于公司成立后的存续阶段,有助于正确认定行为性质,准确适用法律。

值得说明的是,实践中公司的设立阶段并没有法定的期间限制,设立期间的长短取决于设立人的主观行为和客观条件。就一般的公司设立而言,设立阶段也许是一个不长的过程,尤其是在修订后的《公司法》进一步放宽设立准入条件和简化设立程序后,设立人从订立设立协议到公司成立可能在几天甚至更短的时间内就可以完成。由于《公司法》并没有对设立期间作出限制性的规定,因此,也不排除公司设立的时间较长的情况,实践中,笔者就曾遇到设立公司的行为延续数年之久的情况。只要这一行为符合设立的基本特征,不违背法律关于设立的强制性规定,就可以而且应当将其当作设立行为来看待,其间产生的法律关系也应当按照设立的有关法律规定来处理。

2. 公司成立日。《公司法》第 33 条第 1 款规定:“依法设立的公司,由公司登记机关发给公司营业执照。公司营业执照签发日期为公司成立日期。”说明公司成立日应当是设立人向公司登记机关报送了设立必需的有关文件,经公司登记机关核准登记后,公司营业执照签发之日。

公司成立日是具有法律意义的时间,不仅标志着公司自此取得法人资格,可以准确地划定公司设立与公司成立的界限,而且还可以作为一些特殊的公司行为的时点。如《公司法》第 150 条规定:“股份有限公司成立后,即向股东正式交付股票。公司成立前不得向股东交付股票。”

二、公司设立的条件

《公司法》2023 年修订,删除了原法关于公司设立条件的专条规定,[①]但这并不意味着公司设立没有任何条件,根据《公司法》的有关规定,公司设立条件可概括为人、物和行为三要

---

① 2023 年修订前的《公司法》第 23 条规定:“设立有限责任公司,应当具备下列条件:(一)股东符合法定人数;(二)有符合公司章程规定的全体股东认缴的出资额;(三)股东共同制定公司章程;(四)有公司名称,建立符合有限责任公司要求的组织机构;(五)有公司住所。”

件。人的要件指符合法律规定的股东或发起人的人数和资格条件;物的要件指符合法律对设立公司的资本、住所等的规定;行为要件指履行法律规定的制定并通过公司章程、确定公司名称、建立公司机关等程序。按照《公司法》的规定,股份有限公司与有限责任公司的设立条件有的是相同的,但也存在一些差异。

(一)股东或发起人符合法定人数

股东或发起人人数是公司设立的主体条件。这里的"股东"和"发起人"虽然不是同一概念,但在公司设立成功,即公司成立的情况下是没有多大区别的,因为公司成立就意味着发起人法律地位的转化,发起人也成了当然的公司股东。《公司法》规定的"发起人"在公司的设立阶段才最具有实际意义。

1. 有限责任公司的股东人数

《公司法》对有限责任公司的股东人数规定了"单重限制",即只有上限而没有下限:上限为"五十个以下的股东",这里的"五十个以下"应当包括本数;[①]下限为一人。《公司法》第42条规定:"有限责任公司由一个以上五十个以下股东出资设立。"

《公司法》对有限责任公司的股东人数规定上限,主要是考虑到有限责任公司的"人合"属性,股东人数限制在一定范围内有利于维护股东彼此间的信任基础。但随着公司实践的发展,人们逐渐认识到,股东间事实上是否存在信任基础,以及多少人在一起才能够维持信任基础,这是应由当事人自己判断和决定的事情,法律不必进行严格的限制。同时,随着有限责任公司在社会生活中的广泛运营和科学技术尤其是信息技术的发展,严格限制股东人数的做法已明显不适应有限责任公司的经营和发展。一些国家和地区对有限责任公司的有关规定也作出了相应的修改,放松了以往对股东人数的严格限制。[②] 我国《公司法》2023年的修订也许是考虑到人们对有限责任公司的普遍接受度,并没有对股东人数上限作出修改。[③]

2. 股份有限公司的发起人人数

原《公司法》对股份有限公司的发起人人数实行"双重限制",既有上限也有下限,2023年的修订取消了下限规定。《公司法》第92条规定,"设立股份有限公司,应当有一人以上二百人以下为发起人",《公司法》对股份有限公司发起人规定的200人上限,刚好与《证券法》第9条关于公开发行的人数限制相衔接,即向超过200人发行股票就构成公开发行,公司应为公众公司;在200人上限以内发行股票,公司即为发起设立公司,即非公众公司。

(二)有符合公司章程规定的全体股东认缴的出资额

2013年《公司法》修正时完全废除了最低注册资本额制度,将2005年《公司法》规定的公司设立条件之一"股东出资达到法定资本最低限额"修改为"有符合公司章程规定的全体股东

---

① 《民法典》第1259条关于"民法所称的'以上'、'以下'、'以内'、'届满',包括本数"的规定也应当适用于《公司法》的相关规定。

② 《法国商事公司法》第三章是关于有限责任公司的专章规定,第36条规定:"有限责任公司的股东不得超过50人,公司拥有50人以上的股东时,应在2年的期限内将公司转变为股份有限公司。否则,公司解散,但在该期限内股东人数变为等于或低于50人的,不在此限。"我国台湾地区"公司法"在2001年进行修订时则完全取消了有限公司股东人数上限,规定"有限公司由一人以上股东所组成"。

③ 还有一种解释是:设定人数上限与民间融资和国家金融秩序的管制有关,旨在严防以有限责任公司之名行公众融资之实。

认缴的出资额”。这一修改不仅与全球公司法现代化的发展潮流相吻合，[①]而且再次大幅度降低了公司准入门槛，有利于我国营商环境的不断改善优化，公司实践中还出现了注册资本额仅为 1 元的公司。[②] 新《公司法》延续了 2013 年的这一修改。

根据《公司法》第 47 条第 2 款、第 96 条第 2 款的规定，法律、行政法规以及国务院决定对公司注册资本最低限额另有规定的，从其规定。截至 2023 年年底，我国仍然保留着最低资本限额的特殊类型的公司，主要如表 5－1 所示。

表 5－1　保留最低资本限额的特殊类型的公司

<table>
<tr><th colspan="2">依据</th><th colspan="2">特殊行业的公司</th><th>最低资本（元）</th></tr>
<tr><td rowspan="10">法律</td><td rowspan="3">《商业银行法》</td><td rowspan="3">商业银行</td><td>全国性商业银行</td><td>10 亿</td></tr>
<tr><td>城市商业银行</td><td>1 亿</td></tr>
<tr><td>农村商业银行</td><td>5000 万</td></tr>
<tr><td>《保险法》</td><td>保险公司</td><td>内资保险公司</td><td>2 亿</td></tr>
<tr><td rowspan="3">《证券法》</td><td rowspan="3">证券公司</td><td>经营证券经纪，证券投资咨询，与证券交易、证券投资活动有关的财务顾问中的部分或全部业务</td><td>5000 万</td></tr>
<tr><td>经营证券承销与保荐、证券融资融券、证券做市交易、证券自营以及其他证券业务中的一项业务</td><td>1 亿</td></tr>
<tr><td>经营证券承销与保荐、证券融资融券、证券做市交易、证券自营以及其他证券业务中的两项以上业务</td><td>5 亿</td></tr>
<tr><td>《劳动合同法》</td><td colspan="2">劳务派遣公司</td><td>200 万</td></tr>
<tr><td>《期货和衍生品法》</td><td colspan="2">期货公司</td><td>1 亿</td></tr>
<tr><td colspan="4" style="display:none"></td></tr>
<tr><td rowspan="8">行政法规</td><td rowspan="2">《外资银行管理条例》</td><td rowspan="2">商业银行</td><td>外商独资银行</td><td rowspan="2">10 亿</td></tr>
<tr><td>中外合资银行</td></tr>
<tr><td rowspan="2">《外资保险公司管理条例》</td><td rowspan="2">保险公司</td><td>合资保险公司</td><td rowspan="2">2 亿</td></tr>
<tr><td>独资保险公司</td></tr>
<tr><td>《金融资产管理公司条例》</td><td colspan="2">金融资产管理公司</td><td>100 亿</td></tr>
<tr><td>《直销管理条例》</td><td colspan="2">直销公司</td><td>8000 万</td></tr>
<tr><td>《对外劳务合作管理条例》</td><td colspan="2">对外劳务合作公司</td><td>600 万</td></tr>
<tr><td>《城市房地产开发经营管理条例》</td><td colspan="2">房地产开发公司</td><td>100 万</td></tr>
</table>

① 美国在 20 世纪下半叶就放弃了公司法上的最低资本限额制度，2005 年《日本公司法》废除了公司法定最低资本限额制度，2013 年《韩国公司法》也将公司法定最低资本制度予以废除，本书引用的《韩国公司法》来自《最新韩国公司法及施行令》，王延川、刘卫锋编译，法律出版社 2014 年版，后面引用时如无特别情况不再注明。

② 参见吴柳锋、吴冰倩：《四川首家“一元公司”诞生老板还在别人公司上班》，载《华西都市报》2014 年 3 月 7 日，A26 版。

续表

<table>
<tr><th colspan="2">依据</th><th colspan="2">特殊行业的公司</th><th>最低资本（元）</th></tr>
<tr><td rowspan="23">部门规章及规范性文件</td><td rowspan="5">《中国银保监会农村中小银行机构行政许可事项实施办法》</td><td>合作联社</td><td>农村信用合作联社</td><td>300 万</td></tr>
<tr><td rowspan="4">村镇银行</td><td>在县(区)设立</td><td>300 万</td></tr>
<tr><td>在乡(镇)设立</td><td>100 万</td></tr>
<tr><td>投资管理型村镇银行</td><td>10 亿</td></tr>
<tr><td>“多县一行”制村镇银行</td><td>1 亿</td></tr>
<tr><td>《贷款公司管理规定》</td><td colspan="2">贷款公司</td><td>50 万</td></tr>
<tr><td rowspan="2">《关于小额贷款公司试点的指导意见》</td><td rowspan="2">小额贷款公司</td><td>有限责任公司</td><td>500 万</td></tr>
<tr><td>股份有限公司</td><td>1000 万</td></tr>
<tr><td rowspan="2">《保险代理人监管规定》</td><td rowspan="2">保险专业代理公司</td><td>经营区域不限于注册登记地</td><td>5000 万</td></tr>
<tr><td>经营区域为注册登记地</td><td>2000 万</td></tr>
<tr><td rowspan="2">《保险经纪人监管规定》</td><td rowspan="2">保险经纪公司</td><td>经营区域不限于工商注册登记地</td><td>5000 万</td></tr>
<tr><td>经营区域为工商注册登记地</td><td>1000 万</td></tr>
<tr><td>《保险资产管理公司管理规定》</td><td colspan="2">保险资产管理公司</td><td>1 亿</td></tr>
<tr><td>《信托公司管理办法》</td><td colspan="2">信托公司</td><td>3 亿</td></tr>
<tr><td>《企业集团财务公司管理办法》</td><td colspan="2">企业集团财务公司</td><td>10 亿</td></tr>
<tr><td>《金融租赁公司管理办法》</td><td colspan="2">金融租赁公司</td><td>1 亿</td></tr>
<tr><td>《汽车金融公司管理办法》</td><td colspan="2">汽车金融公司</td><td>10 亿</td></tr>
<tr><td>《消费金融公司试点管理办法》</td><td colspan="2">消费金融公司</td><td>3 亿</td></tr>
<tr><td>《货币经纪公司试点管理办法》</td><td colspan="2">货币经纪公司</td><td>2000 万</td></tr>
<tr><td>《融资性担保公司管理暂行办法》</td><td colspan="2">融资性担保公司</td><td>500 万</td></tr>
<tr><td rowspan="3">《典当管理办法》</td><td rowspan="3">典当公司</td><td>从事房地产抵押典当业务</td><td>500 万</td></tr>
<tr><td>从事财产权利质押典当业务</td><td>1000 万</td></tr>
<tr><td>从事其他典当业务</td><td>300 万</td></tr>
</table>

(三)制定公司章程

公司章程是公司存在和活动的基本依据,是公司行为的根本准则。按照《公司法》第 45 条和第 94 条的规定,设立公司,应当由股东(发起人)共同制定(订)公司章程。说明制定(订)公司章程是设立公司的必要条件,也是设立人在设立期间必须履行的一项法律程序。设立阶段制定的公司章程在公司法理上也称为“初始章程”。从制定初始章程的程序上看,有限责任公司与股份有限公司有所不同：有限责任公司的初始章程是由股东（设立人）共同参与制定的，《公司法》要求股东应当在公司章程上签名或者盖章。这也就意味着，公司章程必须由设立公司的全体股东（设立人）通过；而股份有限公司的初始章程由发起人共同制订，由创立大会出席会议的认股人所持表决权的半数以上通过。由此可见，有限责任公司的章程更多地体现了尊重股东“意思自治”的合同性质。

需要指出，公司章程与公司设立协议是两个存在重要区别的文件。也许正是由于有限责任公司的章程与合同接近的性质，公司实践中容易出现将公司章程与设立协议等同的情况。二者虽然都是由公司股东制定的，都反映了股东的意志，都涉及公司成立和运作的一些基本问题，但二者也有明显的区别：其一，对有限责任公司而言，设立协议是任意性文件，法律并不强求当事人一定要订立设立协议，[①]而公司章程则是必备性文件，任何公司成立都必须以提交章程为法定要件。因此，公司章程是要式法律文件，它除反映当事人的主观要求之外，还必须反映和体现法律对公司内外关系的强制性要求，如公司章程必须按《公司法》的规定制定，应当包含法定的记载事项。其二，公司设立协议与公司章程的效力不同。设立协议作为合同，只在设立人之间具有法律约束力，根据合同相对性原理，并不对第三人产生约束力；而公司章程调整的则是公司存续期间所有股东之间、股东与公司之间、公司的管理机构与公司之间的法律关系，制定章程时的股东（设立人）和章程制定后加入公司的新股东都得受章程的约束。从时间上看，设立协议的效力原则上只及于公司设立阶段，而公司章程的效力及于整个公司存续期间。公司成立后，如果设立协议与公司章程对相同事项的规定存在冲突，应当以公司章程为准。当然，在一些特别事项的约定上，如股东认缴出资后的实际缴纳、股东出资的违约责任，只要不与公司章程冲突，设立协议的效力也可以及于公司设立后。

（四）有公司名称，建立符合公司要求的组织机构

1. 有公司名称。公司名称是公司的一项基本民事权利，也是公司成为独立民事主体的重要标志之一。公司的名称必须规定在公司的章程之中，必须依法登记。[②]

2. 建立符合公司要求的组织机构。这是《公司法》对股份有限公司和有限责任公司的设立条件的共同要求。公司组织机构包括股东会、董事会、监事会。2023 年修订的《公司法》在股份有限公司和有限责任公司组织机构设置上具有一些新的内容：第一，根据《公司法》第 75 条和第 128 条的规定，“规模较小或者股东人数较少”的有限责任公司和股份有限公司都可以不设董事会，但都需要“设一名董事，行使本法规定的董事会的职权”，两类公司的“该董事可以兼任公司经理”。第二，根据《公司法》第 83 条和第 133 条的规定，“规模较小或者股东人数较少”的有限责任公司和股份有限公司“可以不设监事会，设一名监事，行使本法规定的监事会的职权”。其中规模较小或者股东人数较少的有限责任公司“经全体股东一致同意，也可以不设监事”。第三，根据《公司法》第 60 条和第 112 条第 2 款的规定，只有一个股东的有限责任公司和股份有限公司“不设股东会”。第四，根据《公司法》第 69 条和第 121 条的规定，有限

---

① 《公司法》第 43 条规定：“有限责任公司设立时的股东可以签订设立协议，明确各自在公司设立过程中的权利和义务。”这里使用的“可以”，意味着是否订立设立协议，取决于股东的意愿。而对股份有限公司而言，设立协议则是必要的，《公司法》第 93 条第 2 款规定：“发起人应当签订发起人协议，明确各自在公司设立过程中的权利和义务。”

② 可参见本书第四章第三节“公司登记实务”中的有关内容。

责任公司和股份有限公司可以按照公司章程的规定在董事会中设置由董事组成的审计委员会,行使《公司法》规定的监事会的职权,不设监事会或者监事。其中,股份有限公司审计委员会成员为 3 名以上,过半数成员不得在公司担任除董事以外的其他职务。第五,除上述规定以外的其他公司,股东会、董事会、监事会则为公司必须设置的组织机构。

《公司法》并没有明确规定公司建立组织机构的时间。根据其关于公司登记的有关规定可以推断出有限责任公司建立组织机构应当与制定章程同时完成。股份有限公司的设立由于分为发起设立和募集设立两种情况,发起设立的股份有限公司建立组织机构的时间与有限责任公司相同;募集设立的股份有限公司根据《公司法》第 104 条的规定,其建立组织机构的时间应当与成立大会的召开同步。

(五)有公司住所

公司住所也称公司法人地址,《民法典》第 63 条规定:"法人以其主要办事机构所在地为住所。依法需要办理法人登记的,应当将主要办事机构所在地登记为住所。"《市场主体登记管理条例》将市场主体的住所也称为"经营场所",其第 11 条规定:"市场主体只能登记一个住所或者主要经营场所。电子商务平台内的自然人经营者可以根据国家有关规定,将电子商务平台提供的网络经营场所作为经营场所。省、自治区、直辖市人民政府可以根据有关法律、行政法规的规定和本地区实际情况,自行或者授权下级人民政府对住所或者主要经营场所作出更加便利市场主体从事经营活动的具体规定。"①

第二节　公司设立人

设立人是指在公司设立阶段从事创办公司的一系列法律行为并对公司设立承担法定责任的人。《公司法》没有直接使用设立人的概念,而是将在股份有限公司设立阶段从事设立活动的行为人称为"发起人",将在有限责任公司设立阶段从事设立活动的行为人称为"股东"。严格来说,对有限责任公司的设立人称"股东"是不准确的,因为法律意义上的股东只能产生于公司成立之后,而非产生于公司的设立阶段,一旦公司设立不成功,设立人是不能取得公司股东地位的。《民法典》有关法人设立的规定中就使用了"设立人"的概念。根据《民法典》第 75 条关于法人"设立人"的规定,设立人不仅指有限责任公司的设立人,而且涵盖了股份有限公司的发起人。

一、有限责任公司设立人

(一)相关概念辨析

1. 设立人与发起人。有限责任公司的设立人尽管从法律地位上类似于股份有限公司的发起人,但与发起人还有些差异。这主要是因为两种公司在设立方式上有所不同。有限责任公司的设立不像股份有限公司那样可分为发起设立和募集设立两种不同的方式,或者说有限责

---

① 可参见本书第四章第三节"公司登记实务"中的有关内容。

任公司的设立只采取一种方式，这种方式虽然类似于股份有限公司的发起设立，但按照《公司法》的规定毕竟还有些区别。例如，《公司法》第 92 条要求股份有限公司“应当有半数以上的发起人在中华人民共和国境内有住所”，而对有限责任公司的设立人则无此要求。

2. 设立人与股东。设立人与股东在法律地位和权利义务上存在明显的差异，区分二者具有准确适用《公司法》的现实意义。

（1）设立阶段的区别。设立人是设立期间的民事主体，股东是公司成立以后的民事主体，法律对二者的民事行为能力有着不同的要求：设立人作为自然人，必须具备完全的行为能力，否则就难以完成设立期间的一系列法律行为；而法律对自然人股东则没有这样的要求，只要其具备民事权利能力即可，也就是说，未成年人或其他不具备完全行为能力的人也可以作为股东。

（2）公司成立后的区别。公司不能成立时，设立人自然不具有公司股东的地位；公司成立时，虽然设立人可以成为公司股东，但其与公司成立后加入的股东也有区别，主要体现在民事责任的承担上，如根据《公司法》第 50 条的规定，作为设立人的股东要对设立时其他股东的“出资填补”情形①承担连带责任，而公司成立后加入的股东则无需承担这一责任。

（3）权利上的区别。与设立人承担的义务和责任相对应，国外的公司立法普遍赋予了设立人不同于一般股东的相应权利，如设立费用返还权、活动报酬请求权以及其他一些利益获得权。我国《公司法》虽未直接作出这样的规定，但公司章程可以规定公司成立后设立人享有一些与其地位相对应的权利，如实践中通过设置类别股来让具有公司创始者地位的设立人持有具有表决权优势的股份。

需要指出，设立人从事设立行为的目的是成立公司。无论设立行为的目的能否实现，在设立期间，设立人应当处于合同当事人的法律地位（一人有限责任公司的情况除外），即设立人相互之间均构成一种“共同风险”的合同关系。因设立行为产生的民事责任，在公司不能成立的情况下，应当由设立人共同承担连带责任；在公司成立的情况下，一般可以转移给成立后的公司承受，但有的需要由设立人单独承担责任或共同承担连带责任，有的还需要由设立人与成立后的公司共同承担责任。

（二）设立人的资格

设立人的资格即设立人应当具备的条件，实践中也存在一些特殊主体能否作为公司设立人的问题：

1. 农村集体经济组织或村民委员会。根据《民法典》第 99 条关于“农村集体经济组织依法取得法人资格”的规定和第 101 条关于“未设立村集体经济组织的，村民委员会可以依法代行村集体经济组织的职能”的规定，农村集体经济组织或村民委员会可以作为投资主体投资设立公司。

2. 居民委员会。根据《民法典》第 101 条关于居民委员会“具有基层群众性自治组织法人资格，可以从事为履行职能所需要的民事活动”的规定，具有投资能力的居民委员会可以投资

① “出资填补”也称“补足差额”，包括两种情形：一是股东未按照章程规定的出资日期缴纳出资的情形；二是股东出资的非货币财产的实际价额显著低于所认缴的出资额的情形。根据《公司法》第 49 条和第 50 条的规定，股东出资存在上述两种情形的，应当由该股东补足差额。

设立公司。

3. 机关法人。机关法人是“有独立经费的机关和承担行政职能的法定机构”，主要指向党政机关法人。从我国现行法律法规的有关规定来看，机关法人一般是不能作为公司设立人的。主要基于如下几个方面的原因：首先，党政机关法人均为国家全额拨款单位，如果作为公司设立人，则意味着可能将应当用于行政公务的国家拨款作为投资，从而影响机关正常的工作进行；其次，党政机关法人作为公司设立人等于经商兴办公司，直接违反了中共中央、国务院有关党政机关不得经商办公司的规定；最后，党政机关法人作为公司设立人可能导致公司政企不分，使之难以真正建立起公司法人治理结构。

但是，机关法人也存在特殊例外的情形。从《公司法》《企业国有资产法》《企业国有资产监督管理暂行条例》的有关规定来看，法律允许特殊的政府机关法人（如国有资产监督管理机构）作为公司设立人。

4. 职工持股会。职工持股会是企业实行公司制改制中出现的机构。1998 年原国家工商总局发布的《公司登记管理若干问题的规定》①曾规定已经办理社团法人登记的职工持股会可以作为公司股东，自 1999 年起民政部门开始叫停职工持股会的社团法人登记。其后中国证监会在有关文件中以职工持股会不再具有法人资格为由，明确“职工持股会不能成为公司的股东”。② 之所以如此，主要是由于职工持股会往往设在工会之下，受工会领导，其持股性质与工会的性质存在一定的冲突，因此，职工持股会不宜再作为公司设立人。

二、股份有限公司发起人

发起人也即股份有限公司的设立人。设立股份有限公司，无论采取什么方式，都必须要有发起人。发起人是指按照法律规定承担包括订立设立协议、制作有关文件并报送有关待批准材料、召开成立大会、提出设立登记申请在内的筹办事务，认购公司股份并对公司设立承担法定责任的法人或自然人。

（一）发起人资格

发起人的资格即发起人应当具备的条件。根据《公司法》的规定，股份有限公司的发起人应当符合以下几个条件：

1. 发起人中一半以上在中国境内有住所。根据《民法典》第 25 条和第 63 条的规定，自然人以户籍登记或者其他有效身份登记记载的居所为住所；经常居所与住所不一致的，经常居所视为住所。法人以其主要办事机构所在地为住所。《公司法》之所以要求一半以上的发起人在中国境内有住所，一是鉴于设立事务较多，发起人在中国境内有住所便于其应对各项工作；二是有利于管理机关对发起人的设立行为进行必要的监督；三是能够在一定程度上减少和防止设立欺诈行为的发生。《公司法》的这一规定也意味着，无论中国人还是外国人，只要在中国境内有住所，都可以成为公司发起人。

2. 发起人中的自然人必须具有行为能力，无行为能力人或限制行为能力人均不能担任发

① 该规定已于 2006 年失效。

② 参见 2000 年 12 月 11 日《中国证监会关于职工持股会及工会能否作为上市公司股东的复函》。

起人。

3. 发起人必须是在所设立公司的章程上署名的人。公司章程必须载明发起人的姓名或者名称。因此，如果只是参与了公司筹建事务，而未在公司章程上署名者，不能算作发起人。

4. 发起人必须认购一定的股份。《公司法》规定发起设立必须由发起人认足公司章程规定的公司设立时应发行的股份；募集设立必须由发起人认购公司全部股份的一定比例。因此，发起人认购股份既是一项权利，又是一项义务。

（二）发起人的法律地位

关于股份有限公司发起人在设立阶段的法律地位，王保树、崔勤之教授持二元论的观点，即发起人个人是发起人合伙中的成员，同时发起人作为一个整体又是设立中公司的机关。① 对此，笔者还有一些思考：在公司设立过程中，以成立大会通过公司章程和选举产生公司组织机构、负责人为界，还可以分为两个时段。在前一时段，发起人是以个人或设立人整体的名义履行设立事务，设立行为所产生的权利义务归属于设立中的公司，因而发起人作为一个整体是设立中公司的机关，作为个人则是设立中公司的开办人；在后一时段，设立中公司对内对外事务则应当由成立大会产生的机构及其负责人来组织和代表，设立人作为一个整体的功能发生转移，但设立人个人作为开办人的地位仍然存在。因为如果公司不能成立，设立中公司消灭，其债务并不是由成立大会或设立中公司的组织机构来承担，而是由发起人个人来承担，并且要负连带责任。由此观之，发起人作为一个整体的法律地位依设立阶段的时段不同而有所不同，但发起人作为个人始终是公司的开办人。这一认识可以较好地解释，当公司募集设立失败时，为什么发起人要承担对认股人返还股款并加算银行同期存款利息的责任。

（三）发起人的权利义务

正因为公司的设立主要依靠发起人的活动和努力，并且发起人要承担很重的责任，因此，发起人应当享有相应的权利，但这些权利往往在公司成立后才能产生或才具有法律上的意义。

1. 发起人的权利。从公司实践的情况看，发起人的权利主要包括：(1) 从公司获得发起行为的劳务报酬；(2) 投资财产可以有多样化选择，包括货币、实物、知识产权、土地使用权和可以用货币估价并可以依法转让的非货币财产；(3) 在章程中规定的特别权益，包括将投资股份设置为优先股、对持股享有优势表决权、优先认购新股、优先购买公司产品、在公司解散时优先分配剩余财产等；(4) 列为公司董事、监事的候选人。

2. 发起人的义务。与上述权利相对应，发起人在设立过程中必然负有法定义务。《公司法》第 93 条规定："股份有限公司发起人承担公司筹办事务。发起人应当签订发起人协议，明确各自在公司设立过程中的权利和义务。"从公司实践情况看，发起人应当履行的义务主要包括：(1) 在法定范围内联合其他发起人；(2) 对所设立公司的经济效益进行可行性调查研究和论证；(3) 依法缴纳出资，《公司法》第 98 条第 1 款规定，"发起人应当在公司成立前按照其认购的股份全额缴纳股款"；(4) 采取一定方式募集资金；(5) 制订公司章程；(6) 办理申请成立公司的有关手续；(7) 召开成立大会，选举公司机构；(8) 对公司不能成立或设立过程中的过错

① 参见王保树、崔勤之：《中国公司法原理》（最新修订第 3 版），社会科学文献出版社 2006 年版，第 148 页。

行为引起的财产后果承担民事责任。

第三节　公司设立方式

设立方式是指公司设立人创办公司所采取的形式。有限责任公司由于股东人数较少,其设立方式较为简单。《公司法》并没有特别规定设立的方式,但从有关法条来看,有限责任公司的设立方式类似于股份有限公司的发起设立方式。股份有限公司的设立包括发起设立和募集设立两种方式。

一、发起设立

发起设立是指由发起人认购公司应发行的全部股份而设立公司。发起设立的认股在发起人中进行,无需向其他社会公众发行股份,因而发起设立又称共同设立或单次设立。由于有限责任公司的设立采取的是类似于股份有限公司发起设立的方式,其设立人也就是公司设立的发起人,因此这里将其与发起设立一并讨论。发起设立的程序包括签订协议、制定公司章程、认缴股份、组建公司机关、设立登记并公告等。

(一)签订发起人协议

发起人协议是发起人之间以设立公司为目的,明确发起人在设立过程中的权利义务的合同。发起人协议对公司能否成功设立关系重大,应采用书面形式。发起人协议主要约定发起人的权利义务。从公司设立实践来看,发起人订立这一协议是十分必要的,尤其是当设立失败,公司不能成立而又涉及法律责任的承担时,有了事先的约定就可以避免发起人之间产生新的纠纷。需要说明,股份有限公司的发起人协议与有限责任公司的设立人出资协议性质基本相同,但《公司法》对二者的要求不同:前者是设立股份有限公司“应当签订”的必备文件;后者则是设立有限责任公司的任意性文件,是否订立完全由设立人自行决定。如果从合同包括书面协议和口头协议两种形式来看,有限责任公司的设立人彼此间也可能会采取口头协议的方式,法律要求股份有限公司发起人“应当签订”的协议是指书面协议。

(二)认缴股份

认缴股份即由设立人协商认足公司发行的全部股份。认缴不等于实际缴纳,是对缴纳出资的一种承诺,这一承诺既是对公司作出的,也是对其他设立人作出的。承诺尽管不等于缴纳,但一旦作出后就具有按照承诺履行的义务。《公司法》第 97 条规定,发起人应当认足公司章程规定的公司设立时应发行的股份,说明设立人的认缴是一种书面承诺,应当记载于公司章程中,公司章程的必要记载事项就包括了股东的出资方式、出资额和出资时间。认缴是公司成立的前提条件,没有股东的认缴行为,公司就不能成立。根据《公司法》第 47 条的规定,有限责任公司的注册资本为在公司登记机关登记的全体股东认缴的出资额。公司成立后,设立人不按照章程规定足额按期缴纳所认缴的出资,应对公司承担相应的责任。

(三)订立公司章程

根据《公司法》的规定,公司章程是由公司设立人制定的。但在公司设立阶段,设立人制定的公司章程从严格意义上看还不完全具有规范公司行为的效力,主要是作为申请设立的必要文件来使用,但对设立人和设立中的公司具有合同的约束力。待公司登记成立后,公司章程成为对公司、公司机关及其成员、全体股东具有法律约束力的文件。

(四)缴纳出资

缴纳出资即发起人按照认缴的股份数向公司缴付出资的行为。2013 年修正的《公司法》将原法规定的注册资本分期实缴制(也称有限认缴制)改为完全认缴制,而且不再规定股东出资的最低实缴比例,也不再对缴足期限作出限制,完全由股东通过公司章程自主约定,约定后设立人应当照此履行自己的出资义务。这说明设立人可以在公司设立阶段缴纳出资,也可以在公司成立后缴纳出资。完全认缴制的实施,对于方便公司设立、激发市场创业活力、增加公司设立数量发挥了十分显著的积极作用,但实践中也出现了因股东认缴期限过长,影响交易安全、损害债权人利益的情形。为了维护资本充实和交易安全,本轮《公司法》修订对认缴制作出了修改。新《公司法》第 47 条规定,有限责任公司全体股东认缴的出资额应当自公司成立之日起五年内缴足;根据第 96 条关于“在发起人认购的股份缴足前,不得向他人募集股份”的规定和第 98 条关于“发起人应当在公司成立前按照其认购的股份全额缴纳股款”的规定,股份有限公司无论采取募集设立还是发起设立的方式,发起人的出资都不允许分期缴纳,或者说法律要求股份有限公司发起人采取实缴制。根据《公司法》第 49 条和第 98 条,作为设立人的股东应当依法履行自己的出资义务;其中有限责任公司的股东“应当按期足额缴纳公司章程规定的各自所认缴的出资额”;股份有限公司的发起人“以货币出资的,应当将货币出资足额存入有限责任公司在银行开设的账户;以非货币财产出资的,应当依法办理其财产权的转移手续”。

(五)组建公司组织机构并申请设立登记

设立人认足公司章程规定的出资并组建相应的公司组织机构后,股份有限公司还可以召开成立大会。《公司法》第 103 条第 2 款规定:“以发起设立方式设立股份有限公司成立大会的召开和表决程序由公司章程或者发起人协议规定。”成立大会召开后,公司还需依照《公司法》第 106 条的规定,由董事会授权代表“于公司成立大会结束后三十日内向公司登记机关申请设立登记”。有限责任公司没有相应的法定要求,设立人认缴出资并组建相应的组织机构后可以直接向公司登记机关报送公司章程以及法律、行政法规规定的其他文件,申请设立登记。《公司法》第 29 条规定:“设立公司,应当依法向公司登记机关申请设立登记。法律、行政法规规定设立公司必须报经批准的,应当在公司登记前依法办理批准手续。”

二、募集设立

募集设立是股份有限公司特有的设立方式。募集设立区别于发起设立主要之点就在于向发起人以外的其他人募股。募集设立涉及对外发行股票，受到法律管制较多，其程序较发起设立要复杂，因此又被称为渐次设立或复杂设立。

按照《公司法》第 91 条的规定，募集设立是指由发起人认购设立公司时应发行股份的一部分，其余股份向特定对象募集或者向社会公开募集而设立公司。这里的“向社会公开募集”也称公募，“向特定对象募集”也称定向募集。无论采取哪一种募集设立方式，根据《公司法》第 97 条第 2 款的规定，发起人认购的股份都不得少于公司股份总数的 35%。另外，公开募集和定向募集都意味着要向发起人以外的其他人发行股份，这就必然会涉及《证券法》有关证券发行的规定。

（一）公募设立方式

公募设立，即向社会不特定的对象募集股份的设立方式。这里的公募也是一种证券公开发行方式，即《证券法》第 9 条规定的“向不特定对象发行证券”的公开发行情形。对于公募形式的公开发行，由于涉及广大社会公众的利益，《证券法》对其管制较为严格，除了要报送募股申请、进行信息披露和履行注册程序外，①还必须进行辅导、保荐等较为复杂的前期工作，而辅导、保荐的对象均是已经成立的股份有限公司，对于尚处于设立阶段的公司发行人来讲，不可能符合辅导、保荐的基本要求，也难以达到《证券法》规定的公开发行其他方面的要求。因此，中国证监会在《公司法》2005 年修改时曾一度主张取消这种设立方式，尽管立法机关没有采纳这一修法意见，在《公司法》中保留了公募设立的方式，中国证监会也曾对这种设立方式有过相关规定，②但实践中基本没有采取这种方式设立的股份有限公司。

（二）定向募集设立方式

2005 年《公司法》修订前，股份有限公司的募集设立只能采取公开募集方式。修法时立法机关认为，允许股份有限公司采用公开募集和定向募集的方式设立，有利于适应投资者选择不同投资方式的需求，鼓励投资创业。定向募集的对象主要为“机构投资者等对投资风险具有较强的识别、承受能力的特定对象”。因此，2005 年《公司法》在保留公募设立方式的同时，增加了定向募集设立方式。③ 结合《公司法》关于股份有限公司发起人上限和《证券法》关于证券公开发行的规定，定向募集设立方式也可能涉及公开发行，如果发起人达到《公司法》规定的上限还采取定向募集设立方式，那就属于《证券法》第 9 条规定的“向特定对象发行证券累计超过二百人”的公开发行。尽管在没有超过 200 人的发起人上限的情况下，股份有限公司完全可以采取发起设立方式，但公司实践中也不排除当事人选择定向募集设立方式，即在不超过

---

① 如《证券法》第 11 条规定，设立股份有限公司公开发行股票，应当符合《公司法》规定的条件和经国务院批准的国务院证券监督管理机构规定的其他条件，向国务院证券监督管理机构报送募股申请和相关文件。第 9 条规定，公开发行证券，依法报经国务院证券监督管理机构注册。未经依法注册，任何单位和个人不得公开发行证券。

② 中国证监会 2006 年 5 月发布的《首次公开发行股票并上市管理办法》第 8 条第 2 款规定：“经国务院批准，有限责任公司在依法变更为股份有限公司时，可以采取募集设立方式公开发行股票。”这一规定一直保留到 2023 年 2 月中国证监会发布《首次公开发行股票注册管理办法》时，该管理办法第 71 条规定废止了《首次公开发行股票并上市管理办法》。

③ 参见原全国人大法律委员会副主任委员洪虎于 2005 年 10 月 22 日在十届全国人大常委会第十八次会议上所作《全国人大法律委员会关于〈中华人民共和国公司法（修订草案）〉审议结果的报告》，载中国人大网，http://www.npc.gov.cn/zgrdw/npc/wbgwyz/hyhd/2005-10/22/content_342189.htm。

200人的范围内,公司章程规定一部分人作为发起人,其他人作为《公司法》规定的“认股人”;[①]由发起人认购不少于公司股份总数的35%的股份后,其余股份由认股人认购。这种情况不仅不违反《公司法》关于募集设立的规定,而且更符合前述《公司法》规定的定向募集设立方式的立法原意。

采取定向募集设立方式需要回答的一个实务操作问题是:认股人由于不具有发起人的法律身份和地位,其认购的股份应当“实缴”还是“认缴”?就《公司法》关于股份有限公司设立的规定来看,似乎并不明确,因为第100条关于“认股人应当按照所认购股份足额缴纳股款”的规定明确指向公募设立方式,即该条规定的“发起人向社会公开募集股份”的情况,并未将“股份向特定对象募集”的定向募集设立纳入其中。如果结合《公司法》第107条关于准用有限责任公司有关规定的内容来看,应当认为认股人可以实行“认缴”。其理由如下:《公司法》第107条关于第49条第3款“适用于股份有限公司”的规定中包含了“认缴”的内容。根据第49条第3款关于“股东未按期足额缴纳出资的,除应当向公司足额缴纳外,还应当对给公司造成的损失承担赔偿责任”的全款规定来看,其中“股东未按期足额”的表述显然是指有限责任公司股东出资认缴的情形。由此可以推导出的结论是:有限责任公司股东的出资认缴可以在一定范围内适用于股份有限公司。在《公司法》明确规定采取发起设立方式的发起人的出资和采取公募设立方式的发起人和认股人的出资均须“实缴”,而采取定向募集设立方式的发起人的出资也须“实缴”的情况下,能够实行“认缴”的只能是定向募集设立方式中的“认股人”。

三、公司改制设立

公司改制设立涉及企业形态的转化,公司改制在我国实践中包括两类情形:一是非公司企业改制为公司,二是公司形态的转化,即股份有限公司和有限责任公司两种公司形式的变更。无论属于哪种公司改制情形,都涉及新公司的设立。因此,公司改制设立就成为一个很具现实讨论意义的问题。

(一)非公司企业改制为公司的设立

从我国现行企业法来看,非公司企业包括国有企业、集体企业、合伙企业和个人独资企业。非公司企业改制为公司,可以选择股份有限公司和有限责任公司作为改制后的公司形式,无论选择哪一种,都要按照《公司法》规定的公司设立要求来进行,包括符合公司设立条件、制定公司章程、建立公司组织机构等。由于公司改制是在原有企业的基础上进行,往往要涉及对原企业资产进行作价折股,因而资产评估成为改制设立的重要特点。在非公司企业改制为公司的情形中,国有企业的公司改制最引人注目。自1993年《公司法》出台以来,国有企业改革的目标逐步清晰:按照建立中国特色现代企业制度的构想,有计划、分步骤地“对国有大中型企业实行规范的公司制改革”。[②] 截至2021年年初,我国国有企业已全面完成公司改制,从法律上厘清了政府与企业的职责边界,使企业的独立市场主体地位从根本上得以确立,实现了从按照《全民所有制工业企业法》注册的企业到全部用《公司法》规范的公司的转变。在已经完成公

---

① 《公司法》关于股份有限公司设立的相关规定中,多处使用了“认股人”的概念。

② 1999年9月22日党的十五届四中全会通过的《中共中央关于国有企业改革和发展若干重大问题的决定》。

司改制的企业中,中央企业集团层面主要还是采取国有独资公司或者国有全资公司的形式,有条件的企业可以进行股权多元化改革。[①] 这意味着央企层面的现有公司形态还可能随着改革的深化发生转化。

(二)公司形态转化的设立

实践中,尽管《公司法》规定了股份有限公司与有限责任公司两种公司形态可以相互转变,但实践中多为有限责任公司向股份有限公司转化。之所以如此,主要是因为股份有限公司的形式更适合公司扩张的需要,公司要想向社会公开发行股份和上市,都必须以具有股份有限公司资格为前提。根据《公司法》第 12 条的规定,有限责任公司变更为股份有限公司,应当符合本法规定的股份有限公司的条件。有限责任公司与股份有限公司相互转化都必须符合一定的条件并依照一定程序来进行。

1. 转化条件。转化条件包括设立人,股份发行、筹办事项符合法律规定,修改章程使之符合拟转化的公司的要求,建立符合拟转化的公司要求的组织机构,有与公司规模相适应的生产经营场所和必要的生产经营条件,等等。比较而言,由于股份有限公司的设立条件较为严格,因而有限责任公司向股份有限公司转化要难一些,股份有限公司向有限责任公司转化则相对容易一些。有限责任公司变更为股份有限公司时,除了应具备股份有限公司设立的基本条件外,根据《公司法》第 108 条的规定,折合的实收股本总额不得高于公司净资产额。有限责任公司变更为股份有限公司,为增加注册资本公开发行股份时,应当依法办理。

2. 股东会作出决议。根据《公司法》第 66 条第 3 款的规定,有限责任公司股东会对变更公司形式作出决议,应当经代表 2/3 以上表决权的股东通过;第 116 条第 3 款规定,股份有限公司股东会对变更公司形式作出决议,必须经出席会议的股东所持表决权的 2/3 以上通过。

3. 有关部门批准。股份有限公司与有限责任公司相互转化都可能涉及批准的问题。《公司法》第 29 条第 2 款规定:"法律、行政法规规定设立公司必须报经批准的,应当在公司登记前依法办理批准手续。"

4. 其他有关程序。变更公司形态,还必须依法办理相应的手续,包括修改公司章程;收回出资证明书,发给股东新公司的股票;分别通知债权人,向公司登记机关申请变更登记;进行公告等。《公司法》第 12 条第 2 款规定:"有限责任公司变更为股份有限公司的,或者股份有限公司变更为有限责任公司的,公司变更前的债权、债务由变更后的公司承继。"

第四节　股 东 出 资

出资作为一种法律行为,是公司设立中的重要内容。股东出资可以分为设立出资和增资出资。在设立阶段,由于公司尚未成立,股东出资从严格意义上讲应当为设立人出资。基于公司实践中设立成功为普遍现象、设立人也会因公司成立而转为公司股东的理由,为讨论方便,本节使用的股东出资概念也涵盖了公司设立过程中设立人出资的情形。在公司注册资本实缴

---

① 参见《国务院新闻办就国企改革发展情况举行发布会》,载中国政府网,https://www.gov.cn/xinwen/2021-02/24/content_5588623.htm。

制下，股东缴纳出资是公司设立不可缺少的前置条件，公司注册资本改为认缴制后，对股东出资在设立中的地位和性质的认识也需要作出相应的调整。

一、公司注册资本认缴制

认缴制是我国公司设立制度的重大改革，其核心含义就是确立了股东可以通过自主协商并以公司章程来确定出资份额如何缴纳的原则。根据2013年修正的《公司法》，对于作为注册资本登记的全体股东认缴的出资，是在设立阶段缴纳还是在公司成立后缴纳，是一次缴纳还是分期缴纳，法律不作强制性干预。2023年《公司法》修订基于资本充实和交易安全的考虑，对有限责任公司增加了"全体股东认缴的出资额由股东按照公司章程的规定自公司成立之日起五年内缴足"的规定。这一规定尽管是对出资缴纳期限设置的管制措施，但并没有改变认缴制的基本内涵，应当是在坚持认缴制的前提下对这一制度的完善。

从2023年修订的《公司法》的相关规定看，认缴制有几个值得关注的特点：

第一，认缴是股东对出资的一种承诺，这一承诺构成公司成立的要件，没有股东对出资的认缴，公司就不能成立。有学者认为，"认"是公司成立的基本条件，而"缴"并非公司成立的必要条件，只是公司经营的必要条件，没有实缴出资，公司可能缺失经营基础。[①] 认缴制反映了对股东出资的认识的调整，如果将股东出资仅仅视为对债权人和利益相关者的一种财产担保，从保护债权人和相关者利益考虑，法律就不应当放弃管制；如果将股东出资视为公司经营的基础和条件，那就应当属于股东自治或公司自治的范畴，因为公司经营对资本需求量的多少，只要不损害他人的利益，完全可以由公司自行决定，国家干预和法律强制并不具有必要性和合理性。

第二，认缴制体现了股东自治和公司自治。股东自治与公司自治不能完全等同，公司自治具有更多团体法和组织法的属性。[②] 在法定的期限内，股东自主决定出资缴纳的次数和自主选择缴纳时间，属于股东自治的范畴。股东认缴后对公司负有缴纳出资的义务，意味着公司因此享有了"出资债权"。在不影响公司债权人利益的前提下，出资债权是否实现以及如何实现都可以交给公司自主决定，出资债权的存在使股东自治转向公司自治，公司可以根据经营现状和整体利益来决定出资债权的行使与否，实现注册资本对外担保功能和对内利用效率的兼顾与平衡。[③]

第三，认缴制在彰显股东自治和公司自治的同时，容易诱发公司实践中股东只"认"不"缴"的问题。认缴制下股东可以自主对缴纳出资作出决定或约定和公司可以对出资债权进行自由处置，都可能对债权人利益构成道德风险，因此，在设立阶段基本放弃前端管制的情况下，加强公司成立后的法律管制就显得十分必要，2023年修订的《公司法》增设的5年出资缴纳期限的规定是针对公司成立后的规制措施，属于后端管制措施。另外，立法机关也考虑到新《公司法》实施前公司设立的实际，在第266条第2款作出专门规定："本法施行前已登记设立的公司，出资期限超过本法规定的期限的，除法律、行政法规或者国务院另有规定外，应当逐步

---

① 参见袁碧华：《"认"与"缴"二分视角下公司催缴出资制度研究》，载《中国法学》2019年第2期。

② 关于股东自治与公司自治的差异，可参见本书第一章第二节关于公司自治的讨论。

③ 参见丁勇：《认缴制后公司法资本规则的革新》，载《法学研究》2018年第2期。

调整至本法规定的期限以内;对于出资期限、出资额明显异常的,公司登记机关可以依法要求其及时调整。具体实施办法由国务院规定。"

第四,认缴制的分期缴纳不适用于股份有限公司。由于2023年修订的《公司法》要求股份有限公司"发起人应当在公司成立前按照其认购的股份全额缴纳股款",有人因此认为股份有限公司不适用认缴制。这涉及对认缴制内涵的认识。从对注册资本制度改革的角度看,认缴制可包括狭义和广义的理解:狭义的理解是把认缴制当成与实缴制相对的概念,即认缴制允许分期缴纳,实缴制不允许分期缴纳,按照这一理解,股份有限公司不适用认缴制是成立的;广义的理解是把认缴制当成取消股东出资准入管制的改革制度,不仅包括分期缴纳的内容,还包括不设最低注册资本额等内容。鉴于新《公司法》只是对股份有限公司发起人不能分期缴纳出资作出规定,仍然保留了对一般股份有限公司设立不要求最低注册资本额的内容,因此,新《公司法》关于股份有限公司发起人出资的规定也只是不适用认缴制的分期缴纳内容,并不是对认缴制的全部内容不适用。在这个意义上,新《公司法》对认缴制的修改可以认为是在坚持认缴制改革的基础上对这一制度的完善。

二、股东出资方式

出资方式也称出资财产种类,是公司法上一个较为复杂的问题。《公司法》第48条和第98条分别规定了有限责任公司和股份有限公司的出资方式,即"股东可以用货币出资,也可以用实物、知识产权、土地使用权、股权、债权等可以用货币估价并可以依法转让的非货币财产作价出资;但是,法律、行政法规规定不得作为出资的财产除外"。可见,《公司法》关于公司股东出资的规定有两个特点:第一,出资方式采取了列举式和概括式相结合的规定。第二,列举的方式可分为货币出资和非货币出资两种类型。其中非货币出资在公司法理上也称为"现物出资"。

(一)货币出资

货币出资也称现金出资,具有价值确定、容易计量等其他出资方式不可比拟的优点。货币出资可以构成公司注册资本的全部或一部分。《公司法》2013年修改后,不再限制货币出资金额占公司注册资本的比例。①

《公司法》第49条和第98条规定,股东以货币出资的,应当将货币出资足额存入公司在银行开设的账户。出资到位的时间应当以出资货币款汇入公司账户的时间为准。原国家工商局对此也有过较为详细的规定:以货币出资的,股东应当将其认缴的出资足额存入新设立公司所在地银行的专用账户。公司成立前,任何单位和个人不得动用专用账户内的资金。"专用账户"的开立、撤销及该账户资金的划转,按照中国人民银行的有关规定办理。

货币出资基于自身的性质,不像现物出资那样要履行《公司法》规定的评估作价、核实财产和办理财产权转移手续等较为复杂的程序,因而在公司实践中一些当事人为了减少麻烦采取先以货币出资形式注册成立公司,再由公司向投资者购买非货币资产的特殊交易形式,由此

---

① 2005年《公司法》规定全体股东的货币出资金额不得低于公司注册资本的30%。

达到与非货币出资相同或者相似的目的。[①] 这种方式实际是一种规避法律程序的行为，其中由公司向投资者购买非货币资产的行为属于公司与股东之间的关联交易，如果出现因交易不公平而损害公司及其他股东和债权人利益的情况，可以按照《公司法》的相关规定进行规制。

《公司法司法解释（三）》）第7条第2款规定："以贪污、受贿、侵占、挪用等违法犯罪所得的货币出资后取得股权的，对违法犯罪行为予以追究、处罚时，应当采取拍卖或者变卖的方式处置其股权。"

（二）实物出资

实物出资是现物出资的一种形式。实物是指有形财产，包括通常所说的动产和不动产。其财产范围比较宽泛，可以是房屋（如厂房、办公用房、仓库等）、机器设备、运输工具以及其他物资财产。对出资人来说，其以实物出资应当对该实物享有所有权或直接支配的处分权。实物作价入股后，依照《公司法》的规定就具有不可抽回的性质，应当由公司支配。因此，用设立担保的实物、租赁给他人的实物出资，类似于以不享有处分权的财产出资的情形。例如，出资人以租赁给他人的实物出资，尽管也可根据《公司法》的规定将该实物的所有权转移至公司名下，但根据"买卖不破租赁"的原则，即《民法典》第725条关于"租赁物在承租人按照租赁合同占有期限内发生所有权变动的，不影响租赁合同的效力"的规定，公司不能对出资的租赁物充分行使支配权。根据《公司法司法解释（三）》第7条第1款，如果出资人以不享有处分权的财产出资，当事人之间对于出资行为效力产生争议的，人民法院可以参照《民法典》第311条关于无权处分的规定处理。根据《民法典》第311条规定的精神，当股东以设立担保的实物或租赁给他人的实物作为出资时，如果出资财产依照法律规定应当登记的已经过户到公司，不需要登记的已经交付给公司，而且公司其他股东并不知情，就属于公司善意受让了该实物出资。担保权人或租赁人就只能向出资人主张相应的权利和要求其承担相应的责任。否则，担保权人或租赁人就可以向公司主张相应的权利，而出资人就应当视为没有履行出资义务。因此，设立担保的实物或租赁给他人的实物原则上不能作为出资。《市场主体登记管理条例》第13条就明确规定，股东不得以设定担保的财产作价出资。

（三）知识产权出资

知识产权出资是指权利人将可以依法转让的知识产权的专有权或使用权作价，投资标的公司以获得股东资格的一种出资方式。知识产权出资在公司实践中十分普遍，它对于我国实施知识产权强国战略、建设创新型国家具有很强的现实意义。根据《民法典》第123条的规定，知识产权是权利人依法对作品、发明、实用新型、外观设计、商标、地理标志、商业秘密、集成电路布图设计、植物新品种等享有的专有的权利。按照我国知识产权立法的划分，知识产权主要包括著作权、专利权、商标权，人们习惯将专利权、商标权和商业秘密权合称为工业产权。公司实践中，作为股东出资的知识产权主要指向工业产权和著作权。知识产权出资需要关注以下几个实务问题：

1. 专利权和商标权的期限。专利权和商标权都是有期限的工业产权。2020年修正的《专

---

① 参见叶林：《公司法研究》，中国人民大学出版社2008年版，第263页。

利法》第42条规定:“发明专利权的期限为二十年,实用新型专利权的期限为十年,外观设计专利权的期限为十五年,均自申请日起计算。”此外,该条还对专利权期限补偿作出了规定:“自发明专利申请日起满四年,且自实质审查请求之日起满三年后授予发明专利权的,国务院专利行政部门应专利权人的请求,就发明专利在授权过程中的不合理延迟给予专利权期限补偿,但由申请人引起的不合理延迟除外。为补偿新药上市审评审批占用的时间,对在中国获得上市许可的新药相关发明专利,国务院专利行政部门应专利权人的请求给予专利权期限补偿。补偿期限不超过五年,新药批准上市后总有效专利权期限不超过十四年。”2019年修正的《商标法》第39条规定:“注册商标的有效期为十年,自核准注册之日起计算。”第40条第1款又规定:“注册商标有效期满,需要继续使用的,商标注册人应当在期满前十二个月内按照规定办理续展手续;在此期间未能办理的,可以给予六个月的宽展期。每次续展注册的有效期为十年,自该商标上一届有效期满次日起计算。期满未办理续展手续的,注销其注册商标。”因此,专利权和商标权作为出资应当在其有效期内。专利权的期限届满或商标权期满而未续展的,不能作为知识产权出资。

2. 著作权作为出资应当是其中的财产权。2020年修正的《著作权法》第10条列举了著作权包括的共17项人身权和财产权,其中发表权、署名权、修改权和保护作品完整权为人身权,不能作为股东出资方式;复制权、发行权、出租权、展览权、表演权、放映权、广播权、信息网络传播权、摄制权、改编权、翻译权、汇编权和应当由著作权人享有的其他权利属于可以许可他人行使和转让并获得报酬的权利,可以作为股东出资方式。

3. 商标权的使用许可权能否作为出资?公司实践中商标权作为出资常常采取商标转让的方式,即公司作为注册商标受让人,随着股东出资完成而取得了商标专用权。根据《商标法》第43条的规定,注册商标除了可以转让外,还可以许可他人使用,即“商标注册人可以通过签订商标使用许可合同,许可他人使用其注册商标”。有学者认为,商标使用许可以被许可人取得注册商标的使用权为目的,不产生转让商标专用权的效果。在非独家使用许可下,商标专用权人在授权公司使用该商标的同时,不仅自己保留了继续使用该商标的权利,还有权授权其他人使用该商标。虽然商标使用许可有价值,也可视为特殊的财产,但却不能实现商标权的转移,不符合《公司法》第48条关于非货币出资“可以依法转让”的条件。因此,在理论上,不应以商标使用许可作为出资财产。[①] 这一认识值得商榷:首先,知识产权作为出资的“依法转让”既包括专用权的转让也包括使用权的转让,在此方面,商标权、专利权和著作权基本相同,根据《专利法》和《著作权法》关于转让和许可使用规定的精神,专利权和著作权作为出资也多为使用权转让,商标权作为知识产权,与专利权和著作权在权利转让上并无特殊之处。其次,在公司设立阶段,股东出资具有鲜明的股东自治特征,股东在协商一致的基础上同意以商标的使用许可作为出资,法律完全没有必要干预。最后,商标权使用许可既然属于具有价值的财产性权利,就可以作为公司对债权人进行交易的担保,即使公司成立后出现“实际价额显著低于公司章程所定价额”的情形,也可以采取出资填补的方式来弥补。这说明是否接受商标使用许可作价出资属于股东自治和公司自治的范畴,没有必要对其施加管制措施。因此,笔者认为商标使用许可可以作为股东出资方式。

---

① 参见叶林:《公司法研究》,中国人民大学出版社2008年版,第260～261页。

（四）土地使用权出资

土地使用权属于我国《民法典》规定的用益物权的范畴。根据《民法典》和2019年修正的《土地管理法》的有关规定，我国实行土地的社会主义公有制，即土地为国家所有和集体所有。土地使用权是指权利人对国家或集体所有土地依法享有的占有、使用和收益的权利。根据土地使用权的用益物权属性和可以依法转让的性质，《公司法》将其规定为股东出资的重要形式之一。土地使用权出资包括国有土地使用权出资和集体土地使用权出资。

1. 国有土地使用权出资

国有土地使用权出资是公司设立中的普遍现象，值得关注的是以划拨土地使用权出资和以设定权利负担的土地使用权出资的问题。《公司法司法解释（三）》第8条规定，出资人以划拨土地使用权出资，或者以设定权利负担的土地使用权出资，公司、其他股东或者公司债权人主张认定出资人未履行出资义务的，人民法院应当责令当事人在指定的合理期间内办理土地变更手续或者解除权利负担；逾期未办理或者未解除的，人民法院应当认定出资人未依法全面履行出资义务。

2. 集体土地使用权出资

集体土地使用权出资是当前公司实务中的热点和重点问题，涉及的内容相对复杂。

（1）作为出资的集体土地使用权与国有土地使用权的区别。第一，权利范围不同。作为出资的国有土地使用权主要是指建设用地使用权，但也包括土地承包经营权，即对国有农用土地承包经营而享有的权利。根据《民法典》第343条，国家所有的农用地实行承包经营的，参照适用用益物权分编的有关规定。作为出资的集体土地使用权包括土地承包经营权、建设用地使用权和宅基地使用权，享有该三项土地使用权的权利人都可以将其作为出资。其中，宅基地使用权是集体土地使用权特有的权利，[①]其权利人只限于农户。2019年修正的《土地管理法》第62条规定，“农村村民一户只能拥有一处宅基地”。第二，法律适用不同。国家土地使用权作为出资主要依据《民法典》和《土地管理法》进行；集体土地使用权作为出资除此之外还须依照《农村土地承包法》进行。与此相对应，国家土地使用权作为出资受到的法律限制较少，集体土地使用权作为出资受到的法律限制较多。

（2）土地承包经营权出资。土地承包经营权是农村土地使用权中最重要的一项权利，之所以如此，是因为其权利客体是农村土地中数量最多的耕地、林地、草地、农田水利用地、养殖水面等农用地。尽管我国从改革开放之初就在农村实行了联产承包责任制，并于2002年出台了《农村土地承包法》，从法律上确认了土地承包经营权，但由于立法上是将土地承包经营权作为一个整体来规定的，如果发生流转也只能作为一个权利整体来转让，这就从制度上限制了土地承包经营权的转让，从而也使土地承包经营权不具有作为股东出资的现实可能性。2010年后，随着党中央国务院一系列农村改革政策的出台，农村土地承包经营权也成为改革重点之一，改革取得的最大进展就是从制度上确立了土地承包经营权的“三权分置”。这里的“三权”即农村集体土地的所有权、承包权和经营权。“三权分置”改革的核心在于土地经营权，改革

---

① 《民法典》第362条规定：“宅基地使用权人依法对集体所有的土地享有占有和使用的权利，有权依法利用该土地建造住宅及其附属设施。”

的目的是形成土地经营权流转的格局。2018 年修正的《农村土地承包法》第 9 条规定："承包方承包土地后，享有土地承包经营权，可以自己经营，也可以保留土地承包权，流转其承包地的土地经营权，由他人经营。"这一规定表明，农民家庭承包的土地可以由农民家庭经营，也可以通过流转经营权由其他主体经营，但是无论土地承包经营权如何流转，土地承包权都属于农户。该法第 36 条、第 37 条规定，"承包方可以自主决定依法采取出租（转包）、入股或者其他方式向他人流转土地经营权"，"土地经营权人有权在合同约定的期限内占有农村土地，自主开展农业生产经营并取得收益"。《民法典》在此基础上进一步明确了土地经营权流转的内容，第 339 条规定："土地承包经营权人可以自主决定依法采取出租、入股或者其他方式向他人流转土地经营权。"这些规定标志着农村土地承包经营权出资法律制度的形成，为土地承包经营权出资提供了最基础也是最重要的法律保证。土地承包经营权出资制度除了土地经营权流转的内容，还包括如下内容：

第一，《民法典》第 342 条关于"通过招标、拍卖、公开协商等方式承包农村土地，经依法登记取得权属证书的，可以依法采取出租、入股、抵押或者其他方式流转土地经营权"的规定，表明非农户可以取得和享有土地承包经营权，[①]也可以采取入股方式将土地经营权作为出资。

第二，《民法典》第 334 条关于"未经依法批准，不得将承包地用于非农建设"的规定和《农村土地承包法》第 18 条关于承包方义务中的"维持土地的农业用途，未经依法批准不得用于非农建设"的规定，说明土地经营权作为出资不能脱离农业生产的范围。

第三，根据《农村土地承包法》第 21 条关于"耕地的承包期为三十年。草地的承包期为三十年至五十年。林地的承包期为三十年至七十年"和"前款规定的耕地承包期届满后再延长三十年，草地、林地承包期届满后依照前款规定相应延长"的规定，土地承包经营权出资的年限也应当受到相应的限制，不能超过原土地承包经营合同剩余的期限。

第四，从出资的有关程序来看，《农村土地承包法》第 36 条规定，以入股方式向他人流转土地经营权，要向发包方备案，这里的发包人指村集体经济组织或者村民委员会。另外，土地承包经营权作为一种用益物权，根据物权公示的原理，需要通过登记方式确认权利的归属。按照《农村土地承包法》的有关规定，国家对耕地、林地和草地等实行统一登记，登记机构应当向承包方颁发土地承包经营权证或者林权证等证书，并登记造册，确认土地承包经营权。因此，如果以土地承包经营权作为出资，应当以此作为出资人的权属证明。土地承包经营权互换、转让的，当事人可以向登记机构申请登记。未经登记，不得对抗善意第三人。

（3）农村建设用地使用权出资。农村建设用地使用权是指在农村非农业用地上设定的用益物权，主要包括农村集体经济组织为兴办企业，乡（镇）村为公共设施、公益事业建设需要使用集体土地而形成的建设用地使用权。《土地管理法》第 60 条规定，"农村集体经济组织使用乡（镇）土地利用总体规划确定的建设用地兴办企业或者与其他单位、个人以土地使用权入股、联营等形式共同举办企业的，应当持有关批准文件，向县级以上地方人民政府自然资源主

① 《农村土地承包法》第 48 条规定，"不宜采取家庭承包方式的荒山、荒沟、荒丘、荒滩等农村土地，通过招标、拍卖、公开协商等方式承包"；第 52 条第 1 款规定："发包方将农村土地发包给本集体经济组织以外的单位或者个人承包，应当事先经本集体经济组织成员的村民会议三分之二以上成员或者三分之二以上村民代表的同意，并报乡（镇）人民政府批准。"

管部门提出申请，按照省、自治区、直辖市规定的批准权限，由县级以上地方人民政府批准”；第63条第1款规定，“土地利用总体规划、城乡规划确定为工业、商业等经营性用途，并经依法登记的集体经营性建设用地，土地所有权人可以通过出让、出租等方式交由单位或者个人使用”；第63条第3款规定，“通过出让等方式取得的集体经营性建设用地使用权可以转让、互换、出资、赠与或者抵押”。这些规定为农村建设用地使用权作为股东出资方式提供了法律依据。2019年4月出台的《中共中央　国务院关于建立健全城乡融合发展体制机制和政策体系的意见》要求：建立集体经营性建设用地入市制度。加快完成农村集体建设用地使用权确权登记颁证。按照国家统一部署，在符合国土空间规划、用途管制和依法取得前提下，允许农村集体经营性建设用地入市，允许就地入市或异地调整入市；允许村集体在农民自愿前提下，依法把有偿收回的闲置宅基地、废弃的集体公益性建设用地转变为集体经营性建设用地入市；推动城中村、城边村、村级工业园等可连片开发区域土地依法合规整治入市；推进集体经营性建设用地使用权和地上建筑物所有权房地一体、分割转让。这一政策的实施，对推动和保障农村建设用地使用权作价出资具有非常积极的意义，使之与国有土地使用权在出资上趋向一致。

（4）宅基地使用权出资。宅基地使用权作为非农业用地的用益物权，从性质上也可划归广义上的建设用地使用权，但由于其还具有不同于一般建设用地使用权的一些特点，《民法典》用益物权分编专设一章来对其作出规定。《民法典》第362条规定，宅基地使用权是指权利人依法对集体所有的土地享有的占有和使用的权利，其有权依法利用该土地建造住宅及其附属设施。宅基地使用权的权利主体是农村村民。随着我国城市化进程的提速，宅基地制度改革也需要进一步深化。《中共中央　国务院关于建立健全城乡融合发展体制机制和政策体系的意见》要求：稳慎改革农村宅基地制度。加快完成房地一体的宅基地使用权确权登记颁证。探索宅基地所有权、资格权、使用权“三权分置”，落实宅基地集体所有权，保障宅基地农户资格权和农民房屋财产权，适度放活宅基地和农民房屋使用权。鼓励农村集体经济组织及其成员盘活利用闲置宅基地和闲置房屋。在符合规划、用途管制和尊重农民意愿前提下，允许县级政府优化村庄用地布局，有效利用乡村零星分散存量建设用地。这些要求为宅基地使用权作为出资提供了政策依据。

（五）股权出资

2023年修订的《公司法》将股权出资正式作为列举的出资方式。《公司法司法解释（三）》第11条对股权出资的司法认定标准作出了规定：符合规定条件的股权作为出资的，人民法院应认定出资人履行了出资义务，即出资发生法律效力。这些条件是：第一，出资的股权由出资人合法持有并依法可以转让；第二，出资的股权无权利瑕疵或者权利负担；第三，出资人已履行关于股权转让的法定手续；第四，出资的股权已依法进行了价值评估。公司实务中，认定股权出资是否符合这四项条件并不难，难点在于当不符合这四项条件时如何判断股权出资的效力？对此需要注意三点：

1. 根据该司法解释第11条第2款的规定，上述四项条件在法律效力上并非等同，只有在不符合其中第一项、第二项和第三项条件时，才可能出现否定股权出资效力的法律后果，即“人民法院应当认定其未依法全面履行出资义务”。而且，当出现不符合该三项条件的情况时，该款还规定了前置救济程序，即“人民法院应当责令该出资人在指定的合理期间内采取补正措施,以符合上述条件”。如果出资人通过补正满足了上述条件,股权出资有效;只有当出资人“逾期未补正”时,否定股权出资效力的后果才能产生。

2. 出现不符合该三项条件的情况,有的是出资人自身原因所致,如股权所在公司章程规定不得转让,出资股权已设置质押担保,股权所在公司股东转让股权应当报经批准而未经批准,出资人未办理出资股权的过户手续等;也有的属于法律对出资股权转让的限制,如有限责任公司股权转让的法定程序限制,①股份有限公司部分股权转让的法定时间限制。② 当这些法定限制存在时,是不可能通过补正措施来消除的。在以有限责任公司股权出资时,出资股东以外的其他股东还可以通过行使优先购买权来阻断股权转让的发生。正是基于这些情形,并非所有的股权都能够作为出资。

3. 当不符合第四项条件,即出资股权未进行价值评估时,并不能出现否定股权出资效力的后果。该司法解释第 9 条规定:“出资人以非货币财产出资,未依法评估作价,公司、其他股东或者公司债权人请求认定出资人未履行出资义务的,人民法院应当委托具有合法资格的评估机构对该财产评估作价。评估确定的价额显著低于公司章程所定价额的,人民法院应当认定出资人未依法全面履行出资义务。”可见,司法解释对不符合价值评估要求的股权出资,最坏的结果就是“认定出资人未依法全面履行出资义务”,而不是完全否定股权出资的效力。对于未全面履行出资义务的股东,还可以采取出资填补和承担相应责任的方式进行处理,从而体现出司法解释尊重公司出资中的股东自治的立法精神。

(六)债权出资

2023 年修订的《公司法》将债权出资也正式作为列举的出资方式。根据国家市场监督管理总局 2022 年 3 月发布的《市场主体登记管理条例实施细则》第 13 条第 3 款的规定,依法以债权出资的,“应当权属清楚、权能完整,依法可以评估、转让,符合公司章程规定”。公司实践中还存在“债转股”的债权出资方式。原国家工商总局 2014 年发布的《公司注册资本登记管理规定》③曾对这种方式的债权出资有过较为明确的规定,按照该规定第 7 条的规定,债权人可以将其依法享有的对在中国境内设立的公司的债权,转为公司股权。转为公司股权的债权应当符合下列情形之一:第一,债权人已经履行债权所对应的合同义务,且不违反法律、行政法规、国务院决定或者公司章程的禁止性规定;第二,经人民法院生效裁判或者仲裁机构裁决确认;第三,公司破产重整或者和解期间,列入经人民法院批准的重整计划或者裁定认可的和解协议。另外,用以转为公司股权的债权有两个以上债权人的,债权人对债权应当已经作出分割;债权转为公司股权的,公司应当增加注册资本。

(七)关于其他出资方式的探讨

关于其他出资方式,《公司法》采取了概括性的立法表述,即第 48 条关于“可以用货币估

---

① 如《公司法》第 84 条规定,股东向股东以外的人转让股权的,其他股东在同等条件下有优先购买权。

② 如《公司法》第 160 条第 1 款规定,公司公开发行股份前已发行的股份,自公司股票在证券交易所上市交易之日起 1 年内不得转让。法律、行政法规或者国务院证券监督管理机构对上市公司的股东、实际控制人转让其所持有的本公司股份另有规定的,从其规定。该条第 2 款规定,公司董监高在任职期间每年转让的股份不得超过其所持有本公司股份总数的 25%;所持本公司股份自公司股票上市交易之日起 1 年内不得转让;该类人员离职后半年内,不得转让其所持有的本公司股份。

③ 该法规现已失效。

价并可以依法转让的非货币财产作价出资”的规定。鉴于这一规定具有模糊性和不确定性，学界和实务界往往对公司实践中一些非法律列举的出资方式存在不同认识，如何判断这些出资方式是否符合《公司法》第48条的规定，笔者认为需要考虑两个方面的因素：

第一，股东出资既是股东彼此之间的合意行为又是公司法人财产的构成基础。股东合意属于股东自治，法律不宜干预，应当尊重股东自主协商的结果；公司法人财产则不仅要作为公司与债权人交易的财产担保，而且还关系着众多相关者的利益，如果进行没有必要的法律管制，就可能损害债权人及相关者的利益。因此，股东出资需要兼顾股东自治与法律管制两个方面的内容。换言之，对股东出资方式的规制应当平衡股东、公司和债权人三者利益。过于宽松的出资方式规制有利于股东和公司，却可能不利于债权人的债权实现；过于严苛的出资方式规制有利于保护债权人，却可能阻碍投资自由和公司运营。

第二，《公司法》第48条对出资方式规定了两项标准：一是具有确定的价值，二是具有可转让性。如果将两项标准都视为具有法律强制性的标准，那么缺少两项标准的任何之一，都不能视为合格的出资方式，都会受到法律的否定评价。但问题并不如此简单。结合前述股东出资的性质来分析，不难发现，对封闭型公司而言，出资价值的确认很大程度上是股东内部的行为，或者说可以由股东通过自主协商来约定，这符合认缴制下公司自治或股东自治的精神。即使出现约定价值偏低的情况，也可以通过“出资填补”的方式来补救，因此，不宜将具有确定价值的标准视为封闭型公司出资的强制性标准。但可转让性的标准则不同，如果股东出资不能通过转让变成公司法人财产，则不仅会增大与公司交易的债权人的经营风险，构成对相关者利益的损害，而且缺乏现实有效的补救措施。因此，股东出资的可转让性应当是具有法律强制性的标准，如果不具备可转让性，就不能视为合法的出资方式。

基于上述理由，笔者对公司实践中一些非法律列举的出资方式作如下分析。

1. 营业出资

营业出资是公司理论和实务上一个有争议的问题。一方面，由于我国法律上没有营业出资或营业转让的概念，而商法理论上讨论的营业包括企业的资产与负债的总和，负债即债务，债务显然不能作为出资，因此反方观点认为，营业不能作为出资。另一方面，营业出资却在公司实践中大量存在，主要为非公司企业实行公司改制设立中以原企业整体资产“折价入股”和公司并购中以企业整体资产作为公司发行新股的对价从而整体并入公司的情形。无论是折价入股还是作为公司发行新股的对价，都相当于以企业整体或整体资产作为出资。这里的整体资产包括原企业资产的“生产经营性资产及负债”，通过评估作价等一系列会计处理，整体资产实际上是企业总资产减去总负债后的净资产部分，包括了企业的人力资本及商誉等无形资产，实际上“是一个或若干包含了财产和财产性权利以及生产、服务、经营和管理人员等各类生产要素的集合”。① 可见，营业是一个具有财产实质内容的概念，为改制和并购实践广泛采用。因此，正方观点认为，营业具有资产的确定性和可转让性，应当属于合法的出资。我国国资管理部门、证券监管机构等对企业改制和企业并购中实际存在的营业出资均有规章予以认可。

在比较法上，营业作为出资在许多国家都得到了法律确认：在德国，营业包括各种非现金

---

① 王军：《企业公司化改组的法律性质及其表述》，载《法学研究》2011年第2期。

出资标的物和债务，可用于出资；在瑞士，“物全体”（营业全体、基础财产、破产财团等）可作为现物出资；日本也允许营业出资；[①]在法国，公司可以其“部分资产出资”，该种出资不同于实物出资，它将使出资公司的“包括动产与不动产、资产与负债在内的部分概括转移”至接受出资的公司。[②]

我国《公司法》对于股东出资形式的表述，应当包括了营业出资的内容。营业出资的难点在于其价值的评估，但无论评估准确与否，基于前述关于出资价值确定性的认识，从尊重股东自治的角度，都不宜将评估作为股东出资的必要条件。因此，营业作为出资具有充分的合理性和合法性。

2. 劳务、信用、姓名、商誉、特许经营权等出资

劳务、信用、姓名、商誉、特许经营权都属于公司营业的构成要素，但这里并非讨论其属于营业的部分作为出资的问题，而是讨论其是否可以单独作为出资标的的问题。

学者对此存在不同认识。反对者认为，劳务的人身属性强，如以它出资就应转为公司可对外承担责任的物质要素，而当公司破产或者偿还债务时却不可能以股东劳务抵偿公司债务，因此劳务不适于作为非货币出资；[③]信用因其价值难以界定，无法有效移转，难以实现债务清偿功能且无法被计入公司的资本而不能作为出资；[④]“鉴于商誉并非一种可以随时充作现物之财产出资，仅系公司合并因支付成本高于其资产公平价值而产生会计处理之科目，不宜作为出资标的”。[⑤]

赞成者认为，对劳务、信用等出资方式的限制是不合理且没有意义的。[⑥] 实践中，对于这些出资方式的限制也有多种规避方式，如通过设定特许经营权质押获得融资，进而以货币完成投资入股；出资人通过合同安排，完成对价财产的替代支付进而转换成股东出资；先通过货币出资完成公司注册，再通过签订劳务合同支付劳动报酬、签订使用权合同支付使用费用等方式来实现对人力资源、信用、商誉等出资形式禁止的法律规避。[⑦] 从劳务等出资实质上是一种人力资源的角度看，允许其作为出资是有充分理由的：人力资源出资不但符合社会公共利益，也符合出资人利益与其他股东利益，而且不会损害公司利益和债权人利益。应该允许股东之间约定人力资源价格，该价格就是妥当的市场价格。人力资源履行中的移转呈现“次履行”的特点，本质上相当于“分期缴纳股款”。虽然人力资源出资会存在评估风险与履行风险，但可以利用现有的出资登记与公示、股东补缴责任、其他股东承担连带责任等机制，以及设置人力资本的股份留存、竞业限制等配套制度来进行风险控制，实现公司资本充实的目的。[⑧] 地方实践已为人力资本出资提供了较为丰富的经验。我国已有多地针对人力资本出资出台了规范性文件，包括《浦东新区人力资本出资试行办法》《温州市人力资本出资入股认定试行办法》《珠海经济特区民营经济促进条例》等，彰显了经济发展对于人力资本这种出资方式的需求以及人力资本对于经济技术的进步所产生的巨大推动力。

---

① 参见[日]志村治美：《现物出资研究》，于敏译，法律出版社2001年版，第140、143、221页。

② 参见[法]伊夫·居荣：《法国商法》（第1卷），罗结珍、赵海峰译，法律出版社2004年版，第696、701页。

③ 参见叶林：《公司法研究》，中国人民大学出版社2008年版，第261页。

④ 参见赵旭东主编：《商法学》（第4版），高等教育出版社2019年版，第178页。

⑤ 赖源河：《实用公司法》（第3版）（王志诚修订），台北，五南图书出版股份有限公司2020年版，第47页。我国台湾地区“公司法”2011年修改时删除了以“商誉”作为出资标的之规定。

⑥ 参见邓峰：《资本约束制度的进化和机制设计——以中美公司法的比较为核心》，载《中国法学》2009年第1期。

⑦ 参见邓峰：《普通公司法》，中国人民大学出版社2009年版，第325页。

⑧ 梁上上：《人力资源出资的利益衡量与制度设计》，载《法学》2019年第3期。

从比较法视野看,不同国家的立法态度大致可以分为三类:第一,禁止型。《德国股份法》第27条第2款明确规定禁止劳务出资;日本对股份公司禁止劳务出资,这可以从《日本公司法》第34条与第38条第1款中推演出来。[①] 第二,许可型。《美国标准商事公司法》[②]第6.21(b)条规定,不论有形还是无形的财产或公司获得的利益都可以作为出资,包括已提供的劳务和待履行的服务合同等;《特拉华州普通公司法》[③]第152条也有类似规定。第三,根据公司类型采取不同做法。《英国2006年公司法》[④]第582条第1款规定,公司配售的股份以及股份上任何溢价,可以货币或者货币等值物(包括商誉和专利技术)缴付;但该法第585条第1款又规定,公众公司不得以将来的服务出资。《法国商法典》[⑤]第L223-7条第2款规定,有限公司"章程得确定以劳务技艺出资的公司股份的认购方式",但该法典第L225-3条第4款规定股份公司的"公司股份不得表示以劳务技艺出资"。

可见,上述正反双方的观点都有相应的理由支撑,比较法上的规定也不统一,对此不能简单地作出优劣或对错的评价。从2023年《公司法》的修订来看,在出资方式的认定上总体上采取了进一步放松管制的做法。但根据《市场主体登记管理条例》第13条的规定,公司股东不得以劳务、信用、自然人姓名、商誉、特许经营权等作价出资。

笔者认为,鉴于股东出资需要兼顾多方利益,尊重股东自治与公司管制都具有同样重要的价值。尽管《市场主体登记管理条例》将劳务、信用、自然人姓名、商誉、特许经营权等排除在出资方式之外,但在处理公司实践中的具体争议时,需要区分不同的公司形式,对于封闭型公司,需要更多偏重股东自治,只要没有出现损害债权人等第三方利益的情况,立法和司法都不宜强行干预,应当尊重当事人意思自治;对于公众型公司,尤其是上市公司,由于涉及社会公众和公共利益,需要对股东出资进行必要的管制,不具有可转让性的出资方式应当予以限制。

三、现物出资的实务问题

由于现物出资较货币出资复杂得多,需要对有关实务问题进一步讨论。

---

① 参见[日]神田秀树:《公司法的精神》,朱大明译,法律出版社2016年版,第159页。

② 本书引用的《美国标准商事公司法》来自《最新美国标准公司法》,沈四宝编译,法律出版社2006年版,后面引用时如无特别情况不再注明。

③ 本书引用的《特拉华州普通公司法》来自《特拉华州普通公司法》(最新全译本),徐文彬、戴瑞亮、郑九海译,中国法制出版社2010年版,后面引用时如无特别情况不再注明。

④ 本书引用的《英国2006年公司法》来自《英国2006年公司法》,葛伟军译,法律出版社2008年版,后面引用时如无特别情况不再注明。

⑤ 目前国内商法学者援引的《法国商法典》有两个通行的中文译本:一为金邦贵教授翻译并由中国法制出版社2000年出版的译本,一为罗结珍教授翻译并由北京大学出版社2015年出版的译本。根据两位教授的说明,《法国商法典》自1808年1月1日施行以来,在20世纪出现了"去法典化"现象,至2000年时,该法典颁布之初的648条中"绝大多数的条款已被废除或修改,继续有效的仅有140条";1966年《商事公司法》"虽然是一项比较完善的现代公司立法,它废止了《商法典》原第三编的全部规定,但在很长时间里这部法律始终没有正式编纂入《商法典》,而是作为一项独立的法律文件汇编在法典之内"。进入21世纪后,法国根据2000年9月18日的法令重新编纂《法国商法典》,到2009年最终推出了由九卷构成的现行《法国商法典》。尽管其形式上实现了"再法典化",但这属于"按照既定法编纂法典",其基本做法是"对特定领域现有的、有效法律条文进行形式上集中、归类、编排、组合,编纂成一部完整的法典,对编入法典的条文(原有)的文字表述不做任何'实质性修改'"。1966年《商事公司法》全文编入现行的《法国商法典》第二卷(第L210-1条至第L252-13条),原《商事公司法》第1条成为《法国商法典》的第L210-1条,依次顺推。基于此,考虑到两位教授对涉及商事公司的具体法律条文在翻译上还并不完全一致,本书对《法国商法典》的援引也采用国内学者目前通行的做法:使用"法国商事公司法"为名称的,采用金邦贵教授的译本;使用"法国商法典"为名称的,采用罗结珍教授的译本。本书后面引用时如无特别情况不再注明。

（一）评估作价

对现物出资的评估作价也称估值，是指将出资现物的价值折算为现金，并换算成公司的股份。估值的过程也就是将现物出资确认为公司股份的过程。《公司法》第48条第2款规定："对作为出资的非货币财产应当评估作价，核实财产，不得高估或者低估作价。法律、行政法规对评估作价有规定的，从其规定。"这一规定表明，评估作价是法律对现物出资的一种管制，评估作价的目的是保证出资以及公司资本的真实，但如何实现这一目的却是公司设立中的难题之一。由于估值方法本身就有较大的自由裁量空间，对于进行评估的专业人士而言，在其收入来源于其提供专业服务的客户时，能否独立公正地估值尚存疑问。由此可见，现物出资的评估需要一套客观公正的评价方式。尽管学者们对其设置的合理性还有质疑，①但它作为法律管制的内容，在可能增加公司设立成本的同时，也肯定有利于降低股东出资的瑕疵，减少出现"掺水股"的风险，从而发挥出增加公司资本真实性、保障债权人利益的功能。我国于2016年出台了《资产评估法》，对资产评估作出了系统规定，涉及资产评估遵循的基本原则、评估专业人员、评估机构、评估程序、监督管理等内容，为规范包括公司现物出资在内的资产评估提供了基础性的制度供给和保障。②

（二）现物出资的财产权转移

1. 动产出资中标的物的所有权转移

动产出资作为现物出资的方式之一，其出资标的物所有权的转移直接关系到股东和公司对出资标的物的风险负担问题。标的物所有权由股东转移至公司也意味着标的物毁损灭失的风险随之转移。《民法典》第224条规定："动产物权的设立和转让，自交付时发生效力，但是法律另有规定的除外。"这里"法律另有规定"的情形包括：

（1）根据《民法典》第225条的规定，以船舶、航空器和机动车等作为出资，其所有权要转移至公司应当依法办理登记过户手续，否则就不具有对抗善意第三人的效力。

（2）根据《民法典》第226条的规定，以动产作为出资，如果公司已经占有该动产，其所有权转移自占有行为生效时发生效力。

（3）根据《民法典》第227条的规定，作为出资的动产在转让到公司前，第三人占有该动产的，股东可以通过转让请求第三人返还原物的权利代替交付。

（4）根据《民法典》第228条的规定，作为出资的动产在转让给公司时，股东会决定由出资股东继续占有该动产的，所有权转移自该决定生效时发生效力。

2. 土地使用权的转移

土地使用权的转移与实物出资标的物所有权的转移一样，也直接关系到股东与公司对出资标的的风险负担。由于出资的标的是土地的使用权而不是土地的所有权，因此，土地使用权

---

① 如刘燕教授认为，《公司法》限制出资形式的目的主要是规避作价难题，"与其纠结于困难的作价问题，不如简单地宣布禁止某些形式的出资"。参见刘燕：《公司法资本制度改革的逻辑与路径——基于商业实践视角的观察》，载《法学研究》2014年第5期。

② 该法第2条规定，资产评估是指"评估机构及其评估专业人员根据委托对不动产、动产、无形资产、企业价值、资产损失或者其他经济权益进行评定、估算，并出具评估报告的专业服务行为"。

的转移与实物出资标的物所有权的转移也有一些差异。这主要涉及土地的交付和土地使用权过户登记的问题。从土地交付来看,如果公司不对土地有效地占有和控制,土地使用权作为出资的实际价值就不能得以实现,土地使用权即使发生转移也没有实际意义;就土地使用权的过户登记来看,土地使用权作为用益物权,按照物权变动的一般规则,股东用其出资不仅需要将土地交付给公司,而且还需采取法定的权利移转形式,即办理土地使用权的过户登记,只有经过登记,公司才能取得真正的、完整的、排他的土地使用权,出资人也才算完全履行了其出资的义务。可见,土地的交付和土地使用权的过户登记是土地使用权作为出资不可分割的两个方面,交付的价值在于对土地的利用,登记的价值则在于权属的认定和法律风险的防范。实践中,只实际交付土地而未办理过户登记或只办理了过户登记而未实际交付土地的情况相当普遍,它们都属于出资义务的部分履行或未完全履行。未交付土地意味着出资人对公司财产的占有使用,会影响公司的财产收益。未办理过户登记则意味着出资人对土地权利的保留,公司对土地的占有和利用缺少法律的效力,以及随时有可能被追索的风险。[①]

根据《民法典》第 214 条的规定,出资人以土地使用权出资,土地使用权转移的时间应当是土地使用权过户登记的“记载于不动产登记簿时”,实践中有几类较为复杂特殊的情形需要关注:

(1)出资人已交付土地给公司但未办理土地使用权过户登记手续的,并不等于土地使用权已发生转移。在办理土地使用权过户登记手续之前,出资人如果另与他人就同一土地使用权签订转让合同,并依法办理了土地使用权过户登记手续,根据《民法典》第 209 条关于不动产物权的转让“经依法登记,发生效力;未经登记,不发生效力”的规定,土地使用权应由已经办理过户登记的受让方取得,出资人应认定为未履行出资义务,因此给公司造成损失的,应当依照《公司法》第 49 条第 3 款的规定对公司承担赔偿责任。

(2)出资人已交付土地给公司但未办理土地使用权过户登记手续的,虽然土地使用权未发生转移,但如果并未发生出资人将土地使用权另行转让的情况,出资人应当按照《公司法》第 49 条第 2 款关于“依法办理其财产权的转移手续”的规定,履行办理过户登记手续的义务,不得以未办理土地使用权过户登记手续为由主张出资行为无效。根据《公司法司法解释(三)》第 10 条,如果土地“已经交付公司使用但未办理权属变更手续,公司、其他股东或者公司债权人主张认定出资人未履行出资义务的,人民法院应当责令当事人在指定的合理期间内办理权属变更手续”。

(3)出资人已办理土地使用权过户登记手续但未交付土地给公司,公司或其他股东有权要求该出资人履行土地交付义务;出资人不履行交付义务的,构成对公司的出资违约,公司可要求其赔偿因此给公司造成的损失;公司债权人在公司财产不足以清偿其债务时,有权诉请对该土地予以强制执行。

(4)出资人与公司的出资关系成立后,出资人就同一土地使用权与其他人签订土地使用权转让合同的,根据 2020 年 12 月修正的《最高人民法院关于审理涉及国有土地使用权合同纠纷案件适用法律问题的解释》第 9 条的规定,公司与其他人均未办理土地使用权过户登记手续,又未合法占有投资开发土地,基于公司与出资人的出资关系成立在先,公司应当视为先支

---

① 参见赵旭东:《土地使用权出资的法律要求》,载《人民法院报》2002 年 1 月 13 日。

付土地使用权转让对价的受让方，公司请求出资人履行交付土地和办理土地使用权变更登记等义务的，应当得到支持。

3.“房随地走”和“地随房走”

出资人以土地使用权出资或以土地之上的房屋出资时，发生的土地使用权转让属于用益物权的转让，而土地之上的房屋的转让则属于所有权的转让。基于土地与房屋的转让标的一个为使用权、一个为所有权，以及土地与房屋的不可分性，根据《民法典》第356条和第357条的规定，二者任何之一用于出资，另外之一则应一并转让，即产生实践中所谓“房随地走”和“地随房走”的牵连效应。①

四、出资瑕疵的救济

出资瑕疵即出资存在的缺陷，更准确地讲，是股东没有履行或没有完全履行出资义务的事实状态。出资是出资人取得股东资格的对价，也是构造健全公司法人的必备条件和公司运营的物质基础，还是公司法人对外交易的财产担保。因此，股东出资关系着股东与公司、股东与股东、股东与债权人及利益相关者的切身利益。注册资本认缴制的实施，尽管降低了公司准入门槛，但并不意味着减轻股东应当履行的出资义务。法律上的实缴制与认缴制的区别，并非股东对出资的“缴”与“不缴”，而是“实缴”为公司成立条件还是“认缴”为公司成立条件。在认缴制下，由于是以认缴为公司成立条件，标志着成立后的公司与出资股东形成一种“出资债权”关系。尽管出资债权是公司享有的一种期权，但绝不意味着股东只认不缴，章程规定的出资期限届至，股东就有按照章程规定缴纳出资的义务。这一义务既是章程义务也是受公司法强制的法定义务。股东一旦作出认缴承诺，无论是一次性缴纳还是分期缴纳，只有依照其承诺的期限足额向公司实际缴纳后，出资义务才算完全履行。

出资瑕疵救济就是对违反出资义务导致的事实状态的弥补措施，或是通过这种措施来使未出资缺陷愈合，恢复到法律规定的应然状态，或是在不能改变缺陷的实然状态下对出资人未履行义务的行为施加一定的惩罚。《公司法》上的出资瑕疵救济分为私力救济和公力救济两种方式，无论采取哪一种救济方式，都是对未履行出资义务的股东依法施加的相应惩罚。

（一）出资瑕疵的私力救济

私力救济也可称为当事人的自力救济。出资瑕疵的私力救济制度是法律赋予公司可以对未履行出资义务的股东采取带有惩罚性的措施的制度。私力救济是与公力救济相对的概念，二者各自具有不同的性质和功能。公力救济是国家公权力机关强制要求出资瑕疵股东履行出资义务和追究出资瑕疵股东法律责任的措施，需要借助行政责任机制和民事责任机制对瑕疵出资行为进行规制与矫正：行政责任机制表现为公司登记部门对瑕疵出资股东采取必要的行政措施予以处罚和惩戒；民事责任机制表现为瑕疵出资股东承担的补缴出资、损害赔偿等民事责任。比较而言，公力救济的规制模式具有以公权力为后盾和保障的优势，但存在“无法彻底

---

① 《民法典》第356条规定：“建设用地使用权转让、互换、出资或者赠与的，附着于该土地上的建筑物、构筑物及其附属设施一并处分。”第357条规定：“建筑物、构筑物及其附属设施转让、互换、出资或者赠与的，该建筑物、构筑物及其附属设施占用范围内的建设用地使用权一并处分。”

解决瑕疵发现的信息困境和诉讼意愿的协调难题”，不能有效地诱致各方当事人矫正瑕疵的局限。[①] 私力救济规制模式尽管具有缺乏公权力介入的劣势，但通过公司治理机制和股东彼此的协调沟通，能够较好地弥补公力救济存在的不足。从《公司法》新规定及相关司法解释来看，对瑕疵出资股东的私力救济已经有基本的制度框架，与公力救济共同构成规制股东瑕疵出资行为的多元救济模式。

1. 瑕疵出资股东的权利限制。《公司法》第 210 条第 4 款规定，“有限责任公司按照股东实缴的出资比例分配利润”，“股份有限公司按照股东所持有的股份比例分配利润”；第 227 条第 1 款规定，“有限责任公司增加注册资本时，股东在同等条件下有权优先按照实缴的出资比例认缴出资”。《公司法》关于以实缴出资比例作为股东行使利润分配权、新股优先购买权的基本依据的规定，在公司章程没有“另有规定”的情形下，实质上相当于剥夺了未缴纳出资股东相应的利润分配权及其新股优先购买权，其中蕴含着允许公司对瑕疵出资股东施加合理权利限制的法律理念，加上对股东权利的限制由公司来具体操作执行，因而是一种典型的私力救济方式。

《公司法司法解释（三）》第 16 条对这种私力救济方式作出了进一步规定：“股东未履行或者未全面履行出资义务或者抽逃出资，公司根据公司章程或者股东会决议对其利润分配请求权、新股优先认购权、剩余财产分配请求权等股东权利作出相应的合理限制，该股东请求认定该限制无效的，人民法院不予支持。”该规定从另一角度认可了公司对瑕疵出资股东权利实施限制的合法性，不啻于是赋予了公司私力救济的权利，为公司合理限制瑕疵出资股东的权利提供了依据。此外，《公司法司法解释（三）》第 10 条第 2 款还规定，出资人以房屋、土地使用权或者需要办理权属登记的知识产权等财产出资，已经办理权属变更手续但未交付给公司使用，公司或者其他股东主张其向公司交付，并在实际交付之前不享有相应股东权利的，人民法院应予支持。此处也体现了对瑕疵出资股东的权利限制。可见，《公司法》及其司法解释的相关规定对股东出资瑕疵行为已经形成了约束和控制。

《九民会议纪要》第 7 条还就股东认缴的出资未届履行期限，股东表决权能否受限阐明了最高审判机关的意见：对未缴纳部分的出资是否享有以及如何行使表决权等问题，应当根据公司章程来确定。公司章程没有规定的，应当按照认缴出资的比例确定。如果股东会作出不按认缴出资比例而按实际出资比例或者其他标准确定表决权的决议，股东请求确认决议无效的，人民法院应当审查该决议是否符合修改公司章程所要求的表决程序，即必须经代表 2/3 以上表决权的股东通过。符合的，人民法院不予支持；反之，则依法予以支持。

2. 公司催缴。公司催缴是 2023 年修订《公司法》确立的一项新制度，是指当股东存在未按照章程规定的出资日期缴纳出资的情形时，公司催促瑕疵出资股东向公司缴纳出资的制度。由于公司催缴具有弥补出资瑕疵的功能而且是公司主动采取的行为，因此应当属于出资瑕疵的私力救济手段。按照《公司法》第 51 条、第 52 条和第 107 条的规定，公司成立后，董事会应当对股东的出资情况进行核查，发现股东未按期足额缴纳公司章程规定的出资的，应当向该股东发出书面催缴书，催缴出资。书面催缴书可以载明缴纳出资的宽限期，宽限期自公司发出出资催缴书之日起，不得少于 60 日。如果公司催缴后瑕疵出资股东按照章程规定履行了出资义

---

① 参见孙箫：《我国瑕疵出资股权的限制问题研究》，载《南京农业大学学报（社会科学版）》2011 年第 3 期。

务,则公司自力救济目的实现。

新《公司法》关于公司催缴的规定,是在《公司法司法解释(三)》有关规定的基础上将其上升为法律的体现。公司催缴具有如下特征:

(1)公司催缴是适用于有限责任公司和股份有限公司的制度。《公司法司法解释(三)》规定的公司催缴只适用于有限责任公司,2023年《公司法》修订不仅将其上升为法律规定,而且将适用范围也扩大到股份有限公司,新《公司法》第107条规定,本法第51条和52条的规定,适用于股份有限公司。

(2)公司催缴是公司的一项义务也是一项权利。从《公司法》第51条的表述来看,该内容首先为法律义务的规定,催缴出资的义务主体为公司董事会,是应当由公司董事会履行的职责,也是公司董事的一项法律义务。从维护公司正常经营和保护债权人利益的目的出发,董事会在公司成立后应当对股东出资情况进行核查,发现股东存在出资瑕疵情形时就应当由董事会向瑕疵出资股东"发出书面催缴书,催缴出资"。其次,公司催缴是建立在公司对股东认缴出资享有出资债权的基础之上的,因此,它又属于公司行使出资债权的行为,是公司可以对存在出资瑕疵的股东采取的私力救济措施。有学者认为,催缴是公司的一项权利而非义务,应当尊重公司的意思自治,"公司有权根据经营需要自主决定是否需要股东实缴出资"。[①] 域外公司法对此也多是作为公司权利来规定的。[②]

(3)催缴的对象只能是存在瑕疵出资行为的股东。在认缴制下,股东依法享有出资期限利益。因此,公司催缴出资只能针对违反出资义务的股东,而非针对因出资期限未届至而没有缴纳出资的股东。存在瑕疵出资行为的股东是指未按期足额缴纳出资的股东。《公司法司法解释(三)》第17条还将"抽逃全部出资"的股东也作为催缴出资的对象。这是因为抽逃出资也是一种违反出资义务的行为,通过催缴程序将抽逃出资返还的行为,也是对出资瑕疵的弥补。

(4)催缴出资存在"宽限期"。宽限期即给予瑕疵出资股东缴纳出资的合理期间,宽限期由公司自己确定,但不能低于法定的60日。

(5)公司催缴不能的救济。实践中公司催缴不能往往存在两种情形:一是瑕疵出资股东对于公司的催缴通知置之不理,拒不履行出资义务;二是公司董事会及其董事怠于履行职责,没有向瑕疵出资股东行使公司债权。对于第一种情形,公司可以进一步采取股东失权的私力救济措施。对于第二种情形,按照《公司法》第51条第2款的规定,"未及时履行前款规定的义务,给公司造成损失的,负有责任的董事应当承担赔偿责任"。当然,公司催缴不能也意味着私力救济出现障碍,此时也可以考虑寻求法律提供的公力救济措施。

3. 股东失权。股东失权是指公司对催缴后仍不履行出资义务的股东采取的让其丧失未缴纳出资部分股权的救济措施,它既是对公司催缴不能的救济,又是公司对股东的一种惩罚。

股东失权是2023年《公司法》修订增加的一项新规,属于加强资本制度后端管制的内容。适用于有限责任公司和股份有限公司,新《公司法》第107条明确规定股份有限公司准用第52

① 参见袁碧华:《"认"与"缴"二分视角下公司催缴出资制度研究》,载《中国法学》2019年第2期。

② 如《英国2006年公司法》要求,公司应在公司章程或内部规章中规范股东认股后股款缴付的情形,可以在公司章程中赋予董事会催缴权利,在缴纳期限届至时或约定的情事发生时或董事会认为必要时,由董事会向股东进行催缴;美国《特拉华州普通公司法》规定,对于部分未实缴股份,董事会有权随时催缴,但应给予股东一定的准备期;《德国股份法》第214条明确规定,通过发行新股进行增资的决议登记后,董事会应不迟延地催告股东领取新股;《意大利公司法》规定,公司成立后,董事有权要求股东在任何时候交付剩余的现金出资。股东欠缴出资,经催告仍未缴纳应缴股款的,董事可以向其他股东或他人销售该股份。

条关于有限责任公司股东失权的规定。

新《公司法》关于股东失权的规定源自《公司法司法解释(三)》,[①]由于该司法解释第17条对股东失权使用了"解除该股东的股东资格"的表述,因此股东失权在公司实践中也被称为"股东除名"或"开除股东"。我国《合伙企业法》第49条关于合伙人未履行出资义务的规定中也使用了"除名"的表述。[②] 在比较法上,允许公司对股东除名已成为不少国家公司法采取的基本态度,但股东除名也需要符合严格的条件和受到严格的程序限制。[③]

按照《公司法》第52条第1款的规定,股东失权是指"股东丧失其未缴纳出资的股权"。这一法律表述表明,股东失权只能针对其未缴纳出资部分的股权,而并非直接指向其享有的整体股东资格。实践中公司股东存在出资瑕疵的行为既可能是没有缴纳全部出资的情形,也可能是没有缴纳部分出资的情形。只有当前者出现时,才有可能影响整体股东资格的丧失,即产生股东被"除名"的后果;而当后者出现时,瑕疵出资股东所丧失的只能是未出资部分的股权,也即该股东对其已经出资的部分仍然享有股东资格。在这个意义上,《公司法》使用的"失权"的概念显然比"解除股东资格"或"除名"的表述更为准确。

根据新《公司法》第51条和第52条的规定,股东失权制度包括如下内容:

1. 股东失权以公司催缴为前置程序。股东失权是公司对催缴后仍不履行出资义务的股东采取的措施,因此,股权失权须以公司催缴不能为前提;如果公司催缴成功,股东失权则不会发生。在这个意义上,公司催缴既是股东失权的前置程序,同时又相对于股东失权独立存在。只有当公司催缴不能时,才有可能启动股东失权程序。

2. 股东失权程序的启动。股东失权需要有催缴不能的事实,实践中公司催缴不能往往是欠缴股东对公司催缴书置之不理,拒不履行出资义务,此时公司可以对欠缴股东采取失权措施。"公司经董事会决议可以向该股东发出失权通知,通知应当以书面形式发出。自通知发出之日起,该股东丧失其未缴纳出资的股权。"由此可见,股东失权也是公司可以依法采取的私力救济手段,包括对失权事由的认定、书面催缴书的发出、董事会作出股东失权的决议、失权通知的发送等,这些都是公司可以自主决定和自主作为的内容。

3. 对失权持有异议的股东可以寻求司法救济。为了防止公司大股东滥用"资本多数决"损害其他股东合法权益,根据《公司法》第52条第3款的规定,股东对失权有异议的,应当自接到失权通知之日起30日内,向人民法院提起诉讼。这里的30日为异议股东寻求司法救济的除斥期间,如果股东在除斥期间内怠于起诉,则其享有的寻求司法救济的实体权利归于消灭。《公司法》关于股东对公司决议表示"异议"的情形,有时还要求具备一定的形式,如第89

---

① 《公司法司法解释(三)》第17条第1款规定:"有限责任公司的股东未履行出资义务或者抽逃全部出资,经公司催告缴纳或者返还,其在合理期间内仍未缴纳或者返还出资,公司以股东会决议解除该股东的股东资格,该股东请求确认该解除行为无效的,人民法院不予支持。"

② 《合伙企业法》第49条规定:"合伙人有下列情形之一的,经其他合伙人一致同意,可以决议将其除名:(一)未履行出资义务;(二)因故意或者重大过失给合伙企业造成损失;(三)执行合伙事务时有不正当行为;(四)发生合伙协议约定的事由。对合伙人的除名决议应当书面通知被除名人。被除名人接到除名通知之日,除名生效,被除名人退伙。被除名人对除名决议有异议的,可以自接到除名通知之日起三十日内,向人民法院起诉。"

③ 如《日本公司法》第608条规定,包含无限公司和有限公司等在内的"持份公司",有权对股东进行除名。《瑞士债法典》第779条第2款规定,在不少于一个月的延期内,付款的股东经两次挂号信催告后仍未付款的,将被开除资格,但并不因此免除支付到期款项的责任。在德国,当某股东本身存在着重要原因,公司难以继续容忍该股东的存在,又没有解决问题的更好办法时,公司可开除该股东,法律上的开除原因,是股东违反了对公司承担的诚信义务。参见[德]托马斯·莱塞尔、[德]吕迪格·法伊尔:《德国资合公司法》,高旭军等译,法律出版社2005年版,第519~523页。

条就有“投反对票”的规定。至于失权股东的“异议”是否也需具备相应的形式，法律没有明确规定。从公司与股东的利益平衡角度考虑，失权股东在除斥期间内提起诉讼的行为就表明是对公司失权决议的异议，因此无需再对异议形式作出特别的要求。

4. 股东失权的善后程序。股东失权后公司还需对失权股份作出相应的处理，《公司法》第52条第2款规定：“依照前款规定丧失的股权应当依法转让，或者相应减少注册资本并注销该股权；六个月内未转让或者注销的，由公司其他股东按照其出资比例足额缴纳相应出资。”可见，股东失权的善后处理可以采取三种方式：一是将失权的股权依法转让，包括转让给公司的其他股东或股东以外的第三人，如果涉及有限责任公司的股份对外转让，要履行其他股东行使优先购买权的法定程序。二是通过减资来注销失权的股份，使公司注册资本与依法已经缴纳和在合法期限内已经认缴的股份总和相一致。减资会直接降低公司的债务清偿能力，必须严格按法定减资程序进行，以保护债权人利益。三是由公司其他股东按照其出资比例足额缴纳相应出资，采取这种方式的前提为失权的股权出现“六个月内未转让或者注销”的情形，一旦采取这种方式即相当于将失权股份转让给公司内部的其他股东。通过股东变更，在不减少公司注册资本的情况下，由其他股东或新股东来履行对公司的出资义务，显然是一种成本低、能够较好兼顾各方利益的方式。

（二）公力救济

公力救济是指由公权力机关要求瑕疵出资股东缴纳出资或追究瑕疵出资股东法律责任的方式。当自力救济存在障碍不能实现时，相关当事人可以通过诉讼方式来寻求公力救济。公力救济对于出资瑕疵的弥补具有强制性。公力救济措施主要包括：第一，如果董事怠于履行催缴出资的义务，符合法定条件的股东可依据《公司法》第189条提起股东代表诉讼，要求瑕疵出资股东、负有责任的董事承担《公司法》第49条第3款、第51条第2款规定的赔偿责任。[①] 第二，当公司不能偿还债务且怠于向瑕疵出资股东催缴时，债权人有权依照《民法典》第535条关于“因债务人怠于行使其债权或者与该债权有关的从权利，影响债权人的到期债权实现的，债权人可以向人民法院请求以自己的名义代位行使债务人对相对人的权利”的规定，提起代位权诉讼。第三，请求公权力机关追究瑕疵出资股东的法律责任，可详见本章下一节关于公司设立责任的讨论。

第五节　公司设立责任

一、公司设立责任的含义

设立责任，顾名思义，就是在设立公司过程中因设立行为所引起的法律责任。在这一过程中，设立行为主要是由设立人[②]来实施的，如制定章程、申请审批、认股出资、选择住所、为即将

---

① 关于股东代表诉讼，可参见本书第十二章第七节的内容。

② 《公司法司法解释（三）》将公司设立人统称为发起人，该司法解释第1条规定：“为设立公司而签署公司章程、向公司认购出资或者股份并履行公司设立职责的人，应当认定为公司的发起人，包括有限责任公司设立时的股东。”而按照《民法典》第75条关于法人设立人的规定，有限责任公司设立时的股东和股份有限公司的发起人宜统称为设立人。

成立的公司开展必要的经营准备等。这些行为必然要引起一系列的法律关系，如设立人与设立中公司之间、设立人相互之间、设立人与第三人（包括债权人、认股人等）之间的法律关系，与此同时，设立行为也可能产生相应的法律责任。设立责任具有如下一些特点：

1. 设立责任主要是围绕着设立人来展开的，其承担主体显然也主要是设立人，包括《公司法》规定的有限责任公司“设立时的股东”和股份有限公司的发起人，设立人责任并不因公司成立而消灭或免除。按照《公司法》的有关规定，公司成立后，设立人作为股东仍然应当对自己在设立阶段的行为和作出的承诺（主要是认缴出资）负有义务，对不履行或不适当履行设立义务的行为承担法律责任。

2. 设立责任包括民事责任、行政责任和刑事责任的内容，从《公司法》的规定和公司实践情况看，以民事责任为多。鉴于本书第十八章将主要讨论《公司法》上的行政责任和刑事责任，因此，本节主要讨论设立中的民事责任。

3. 设立民事责任可以从不同角度进行分类，根据本章的逻辑结构，本节讨论的设立民事责任主要包括三种情形：一是因出资产生的民事责任；二是因设立行为产生的民事责任；三是因设立失败产生的民事责任。

4. 设立责任作为不履行义务的法律后果，虽然可以通过私力救济和公力救济的方式来实现，本节主要讨论以公力救济方式来实现的责任，即主要通过司法介入和司法强制力保障来实现的责任。

二、出资责任

出资责任属于股东责任的范畴，股东包括作为设立人的股东和公司成立后通过增资或受让股权加入公司的股东，虽然出资责任并不限于公司设立阶段，但鉴于《公司法》关于出资民事责任的规定集中于公司设立部分，加上公司实践中出资纠纷也往往与作为设立人的股东相关，因此，本节主要将出资民事责任作为设立责任的构成部分来讨论。根据《公司法》的规定，出资民事责任包括出资赔偿责任和出资填补责任。

（一）出资赔偿责任

出资赔偿责任指股东未按期足额缴纳出资给公司造成损失时向公司承担的赔偿责任。该项责任是本轮《公司法》修订中对原法第 28 条和第 83 条的相关内容[①]进行整合并作出重要修改的内容，体现了对股东出资行为的后端管制。根据《公司法》第 49 条第 3 款和第 107 条的规定，出资赔偿责任适用于有限责任公司和股份有限公司的股东，其承担赔偿责任应当满足法律规定的两个要件：一是股东未按期足额缴纳出资，二是该行为给公司造成了损失。

新《公司法》第 49 条第 3 款的亮点和要点在于：将原法中的“违约责任”改为“赔偿责任”，即原法规定的设立人彼此间的合同违约责任变成了未履行出资义务的股东对公司的侵权责任；民事责任的相对方也随之发生改变，由原来的“按期足额缴纳出资的股东”变成了“公司”。

---

① 即 2023 年修订前的《公司法》第 28 条第 2 款关于“股东不按照前款规定缴纳出资的，除应当向公司足额缴纳外，还应当向已按期足额缴纳出资的股东承担违约责任”的规定和第 83 条第 2 款关于“发起人不依照前款规定缴纳出资的，应当按照发起人协议承担违约责任”的规定。

这一修改看似简单，其实蕴含着法律规制内容和重心的调整。

股东在设立公司过程中的出资（包括认缴和实缴），既在设立人彼此间形成了合同法律关系，同时也构成公司成立后股东与公司之间的出资法律关系。《公司法》作为组织法，其调整出资法律关系的重心显然应当是公司与股东之间的关系，法律责任作为修复受损法律关系的规制手段，其规制重点也应当为公司成立后股东对公司形成的出资关系。沿循这一思路，公司成立后，公司对股东未缴纳的出资享有出资债权；股东作为出资义务人，应当向公司履行按期缴纳的义务。如果股东不履行或迟延履行，就可能对公司造成损害，应当向公司承担损害赔偿责任。与此相对应，公司也应当向未履行出资义务的股东主张权利，包括要求股东向公司足额缴纳出资和对公司受到的损失承担赔偿责任。

需要指出，新《公司法》第 49 条不再规定作为设立人的股东之间的违约责任并不等于对该责任的否定。违约责任是否存在以及如何追究完全可以按照设立人订立的协议来处理，处理的依据也应当主要为《民法典》合同编的有关规定而非《公司法》。随着新《公司法》的实施，应准确把握第 49 条关于规制重心调整的立法精神，适用中还应重点关注公司是否对未缴纳出资的股东行使了追责权。追责权既是公司享有的权利，同时也是公司应当履行的义务，如果公司不履行或怠于履行，造成公司损失，还可以通过其他手段予以救济，如启动股东代表诉讼或追究相关责任人员的赔偿责任。这需要通过司法解释来进一步加以明确。

（二）出资填补责任

出资填补责任是指作为设立人的有限责任公司股东和股份有限公司发起人因出资不足而向公司承担的足额缴纳的责任。这里的“足额缴纳”也即对出资不足的差额部分进行补足，因此也称为补足差额或出资填补。根据《公司法》第 50 条和第 99 条的规定，出资填补包括两种情形：一是设立人对设立时未按照规定实际缴纳的出资[①]向公司补足差额；二是设立人在公司成立后对设立时作为出资的非货币财产的实际价额显著低于所认缴的出资额的情形，向公司补足差额。基于两类情形下设立人都要向公司履行足额缴纳的给付行为，因此出资填补责任也可称“补缴责任”。出资填补责任具有如下法律特征：

1. 出资填补责任是设立人对公司承担的给付责任。由于补缴是对公司的给付，责任的产生必须以公司成立为前提，尽管导致本责任的行为发生在设立阶段，属于设立责任的范畴，但它只有在公司成立后才可能产生。

2. 出资填补责任是基于设立行为瑕疵产生的责任。设立行为瑕疵是指设立人存在“未按照公司章程规定实际缴纳出资”的行为或出现了“作为出资的非货币财产的实际价额显著低于所认缴的出资额”的情形，无论哪种情形，都是设立人的行为瑕疵所致。补缴（填补）是对出资瑕疵的弥补，是对瑕疵出资行为产生的损害的补救，体现了民事责任“补偿性”的特征。

3. 出资填补责任是一种有限的给付责任。补缴作为一种对公司的给付行为，给付的数额只能在法律规定的“出资不足的范围内”进行补足或填补，因而是以差额为限的给付责任。

4. 出资填补责任包括自己责任和连带责任两种情形。自己责任是设立人对自己的出资瑕

---

① 按照《公司法》第 50 条和第 99 条，这里的“未按照规定”对两类公司的设立人而言还有些差别：有限责任公司是指作为设立人的股东未按照章程的规定实际缴纳出资，股份有限公司是指发起人未按照《公司法》关于实缴的规定缴纳出资。

疵行为承担的责任;连带责任是设立人对其他设立人的出资瑕疵行为承担的责任,属于加重责任。新《公司法》第50条和第99条对承担自己责任和连带责任的两种设立人使用的表述为"该股东"和"设立时的其他股东"、"该发起人"和"其他发起人"。

值得注意的是,前述新《公司法》的两条规定是对原法第30条和第93条[①]的修改,其中最引人注目的是将原法该两条中都存在的"公司成立后"的表述予以删除或修改为"公司设立时"。这一修改具有十分重要的适用意义:

第一,进一步明确了作为设立人(发起人)的股东与公司成立后的"加入股东"的区别:前者要对设立时其他设立人的出资瑕疵承担连带责任,而后者则只对自己的出资瑕疵承担责任。

第二,将连带责任的范围限定为"公司设立时",标志着设立人只对这一时段的出资瑕疵承担连带责任,不对公司成立后存续时段的出资瑕疵承担连带责任。存续时段的出资瑕疵不仅涉及"加入股东"的出资瑕疵行为,而且还包括设立人的出资瑕疵行为。其中,设立人在该时段的出资瑕疵行为就包括在设立时认缴并已届出资期限但未缴纳或未届出资期限但依法应当缴纳的情形。2023年修订的《公司法》第50条和第99条对"公司成立后"这一表述的删除和修改,意味着将连带责任的范围不仅限定在出资不足的范围内,而且限定在设立阶段。后一限定具有相当的正当性和合理性,与设立人在不同阶段法律关系变化和责任归属的法理相符:设立人在设立阶段构成的合伙关系决定其应当对他人的设立行为承担连带责任;设立人在公司成立后由合伙关系转变为股东彼此间关系决定其无需对其他股东的欠缴行为承担连带责任。明确《公司法》这一修改的含义有助于解决公司实践中的难题,避免设立人连带责任不恰当扩张可能带来的不公平现象。以笔者曾接受咨询的一个股东纠纷为例:某甲等19位发起人共同设立了A股份有限公司,发起人共认缴公司注册资本3000万元,并在公司设立时按照章程规定缴足首期出资100万元,公司成立。由于某甲系持股1%的小股东,章程规定其除了缴纳首期出资外不再负担其他出资义务,首期出资与注册资本的2900万元差额由其他有经济实力的发起人认缴并分期缴纳。几年后,当2900万元未缴出资的缴纳期限尚未届至时,公司却因资不抵债进入破产程序,负有缴纳出资义务的几位大股东已处于负债累累的状态。根据《企业破产法》第35条和2023年修订前的《公司法》第93条的规定,发起人尚未到期的出资视为已经到期,全体发起人应当对未缴部分承担连带责任。某甲作为已经按照章程完全履行了出资义务并且没有参与公司经营管理事务的小股东,突然收到法院关于自己已被起诉的通知,可能要对2900万元债务承担连带责任,另外自己在银行的全部积蓄300余万元也已被法院采取保全措施。如果公司债权人的这一诉求得到法院支持,势必引起对本案处理结果是否公平公正的质疑。

出资填补责任在具体适用时还需要关注两个方面的问题:其一,出资填补责任与抽逃出资责任尽管都是对公司承担的责任,都只能在公司成立后追究,但出资填补责任是与设立人、设立阶段行为相关的责任,而抽逃出资责任则并不限于设立人的行为,而且只能发生于"公司成立后",需要对二者加以区分。其二,由于出资填补的责任涉及全体设立人,而设立人在公司

① 原法第30条规定:"有限责任公司成立后,发现作为设立公司出资的非货币财产的实际价额显著低于公司章程所定价额的,应当由交付该出资的股东补足其差额;公司设立时的其他股东承担连带责任。"原法第93条规定:"股份有限公司成立后,发起人未按照公司章程的规定缴足出资的,应当补缴;其他发起人承担连带责任。股份有限公司成立后,发现作为设立公司出资的非货币财产的实际价额显著低于公司章程所定价额的,应当由交付该出资的发起人补足其差额;其他发起人承担连带责任。"

成立后可能成为公司的负责人,因此实践中主张出资填补的权利很难由公司及其董事会来行使,而可能由与出资填补有着利害关系的其他股东或债权人来行使;或是依照《公司法》第 189 条提起股东代表诉讼,或是依照《民法典》第 535 条提起代位权诉讼,要求责任人补足出资差额。

三、损害赔偿责任

损害赔偿责任是指设立人因履行公司设立职责造成他人损害而由公司、设立人单独或共同承担的民事责任。该责任与前述出资赔偿责任尽管都是因设立行为瑕疵产生的侵权责任,都具有赔偿损失的内容,但也存在明显的差异:第一,前者是对“他人”造成损害而对第三人承担的责任,后者则是对公司造成损害而对公司承担的责任;第二,承担责任的主体前者包括设立人和公司,后者只涉及设立人。根据《公司法》第 44 条和第 107 条的规定,[①]损害赔偿责任适用于有限责任公司和股份有限公司,该责任具有如下特征:

1. 损害赔偿责任的相对方为受到损害的第三人,包括自然人、法人和其他民事主体。

2. 损害赔偿责任是设立人履行公司设立职责时产生的责任,其行为带有职务行为的性质。由于设立过程中公司尚未成立,设立人履行公司设立职责不可能以公司法人名义进行,而常常采取两种形式:一是以设立人个人或全体的名义进行;二是以设立中公司(拟设立公司)的名义进行。根据《公司法》第 44 条第 3 款的规定,“设立时的股东为设立公司以自己的名义从事民事活动产生的民事责任,第三人有权选择请求公司或者公司设立时的股东承担”。这里的“设立时的股东”在股份有限公司的场景下应当为“发起人”。

3. 损害赔偿的责任人需要根据不同情况来确定。第一,根据公司成立与否来确定。公司成立的,由成立后的公司承担责任,公司对有过错的设立人有追偿权;公司不成立(设立失败)的,由全体设立人承担连带责任,无过错的设立人对有过错的设立人有追偿权。第二,如果属于设立人以自己的名义从事民事活动而产生民事责任的情形,按照前述《公司法》第 44 条第 3 款的规定,第三人可以选择公司或设立人来作为责任的承担者,但无论第三人如何选择,只要设立人有过错,根据《公司法》第 44 条第 4 款的规定,“公司或者无过错的股东承担赔偿责任后,可以向有过错的股东追偿”。

四、设立失败责任

公司设立失败责任是在公司未能设立成功的情况下对设立善后事宜的处理,主要指向设立行为产生的债务责任。具体而言,设立失败责任是指设立人在公司不能成立时承担的债务责任。公司设立尽管在多数情况下会实现设立人的目的,出现设立成功的结果,但也可能出现设立不成功的结果。设立失败责任建立在公司不能成立的基础之上,导致公司设立失败既可能是设立人主观方面的原因,也可能是客观方面的原因,如资本没有筹足、未能满足设立公司的法定条件、公司被撤销登记等。《民法典》第 75 条第 1 款对法人设立失败的责任作出的规定为:“法人未成立的,其法律后果由设立人承受,设立人为二人以上的,享有连带债权,承担

① 《民法典》第 75 条对该项责任也有相应的规定。

连带债务。”2023 年修订的《公司法》将原法关于股份有限公司设立失败责任的规定[①]整合并移至有限责任公司一章中，第 44 条第 2 款作出与《民法典》第 75 条第 1 款基本相同的规定：“公司未成立的，其法律后果由公司设立时的股东承受；设立时的股东为二人以上的，享有连带债权，承担连带债务。”《公司法》第 107 条又对该内容适用于股份有限公司作出了明确规定。据此，把握公司设立失败责任应当关注的要点包括：

1. 公司设立失败的法律关系定位。公司设立失败意味着公司法人主体未能产生，此时的法律关系仍然为设立人彼此间的内部合同关系，但由于设立行为具有涉外性，其带来的涉外法律后果就不能简单按照合同约定来处理。我国《民法典》《公司法》的前述规定显然是将设立失败的法律关系定位为合伙关系，即设立人为多数的，“享有连带债权，承担连带债务”。设立失败的责任承担也应当在此基础上来处理，即设立行为产生的债权债务由全体发起人连带承受，其中的债务责任按照连带责任来处理。这一定位在前述的出资责任中也有体现。

2. 公司设立失败责任的具体承担。公司不能成立时，设立人对设立行为所产生的债务和费用负连带责任。这里的债务，应当包括合同之债和侵权之债；这里的费用，应当包括为设立公司支付的租用房屋、场地的费用，购买办公用品费，办理设立手续费，支付的审计、资产评估、律师费，支付雇员的劳务报酬等。根据《公司法司法解释（三）》第 4 条的规定，设立人对债务和费用的责任承担还可分为三种情形：第一，“债权人请求全体或者部分发起人对设立公司行为所产生的费用和债务承担连带清偿责任的，人民法院应予支持”。第二，如果属于部分设立人承担责任的情况，部分设立人在承担责任后请求其他设立人分担的，人民法院应当判令其他设立人“按照约定的责任承担比例分担责任；没有约定责任承担比例的，按照约定的出资比例分担责任；没有约定出资比例的，按照均等份额分担责任”。第三，如果属于因部分设立人的过错导致公司未成立的情形，其他设立人主张过错设立人承担设立行为所产生的费用和债务的，人民法院应当根据过错情况，确定过错一方的责任范围。

根据《公司法》第 105 条第 1 款的规定，募集设立的股份有限公司“设立时应发行的股份未募足，或者发行股份的股款缴足后，发起人在三十日内未召开成立大会的，认股人可以按照所缴股款并加算银行同期存款利息，要求发起人返还”。一旦出现该款规定的情况，虽然并不一定出现公司不能成立的后果，但《公司法》对认股人作出了类似于设立失败善后处理的规定，发起人此时承担的返还股款的责任并不区分过错与否。在募集设立公司过程中，认股人与设立中公司形成股份买卖合同关系，发起人类似于设立中公司的机关，应对公司成立负善良管理者的义务，如果设立中公司给认股人造成了损害，无论发起人有无过错，都要承担责任。

第六节　公司设立的相关实务问题

本节讨论的相关实务问题是指不便归于前述公司设立问题中的某一类型，但又与公司设立密切相关，具有相对独立性和重要性，实践关注度也较高的实务问题。

---

① 2023 年修订前的《公司法》第 94 条规定：“股份有限公司的发起人应当承担下列责任：（一）公司不能成立时，对设立行为所产生的债务和费用负连带责任；（二）公司不能成立时，对认股人已缴纳的股款，负返还股款并加算银行同期存款利息的连带责任；（三）在公司设立过程中，由于发起人的过失致使公司利益受到损害的，应当对公司承担赔偿责任。”

一、设立中公司与先公司合同

设立中公司与先公司合同是从不同角度对公司设立阶段的特殊法律关系作出的概括。设立中公司是从主体角度对设立阶段法律关系作出的概括,而先公司合同则是从合同(行为)角度对设立阶段法律关系作出的概括。无论从什么角度来讨论,其目的都指向在公司设立阶段因设立行为产生的后果的承受问题。

(一)设立中公司

公司是经登记而成立的法人主体,但其作为法人主体并非登记时突然出现的,而是经历了从发起到逐步完善的过程。从设立人订立设立公司的协议至设立登记完毕领取营业执照的期间,公司虽未正式成立,但它却又是作为一个实体而存在的,在公司法理上称之为设立中公司。设立中公司是将要成立的公司的前身,尽管当时不具有法人资格,但与成立后的公司又是同一实体。设立中公司包括有限责任公司和股份有限公司在设立阶段的状态。一般而言,有限责任公司设立过程较短,股份有限公司设立过程相对较长。尽管学界对设立中公司早有讨论,[①]但 2005 年《公司法》并没有对此进行回应和作出相应的规定。最早使用设立中公司概念的立法文件是 2011 年出台的《公司法司法解释(三)》,其第 3 条规定:“发起人以设立中公司名义对外签订合同,公司成立后合同相对人请求公司承担合同责任的,人民法院应予支持。公司成立后有证据证明发起人利用设立中公司的名义为自己的利益与相对人签订合同,公司以此为由主张不承担合同责任的,人民法院应予支持,但相对人为善意的除外。”由此可见,这里定义的设立中公司的特征包括:第一,设立中公司具有民事主体人格属性,可以以自己的名义对外活动;第二,设立中公司具有民事权利能力,能够与相对人订立合同;第三,设立中公司的人格属性和权利能力是不完全的和受到限制的。

《公司法司法解释(三)》出台后,学界和实务界普遍认可设立中公司是具有一定人格和部分权利能力的组织。尽管如此,设立中公司还不能直接等同于《民法典》上的“非法人组织”。因为《民法典》第 102 条不仅定义“非法人组织是不具有法人资格,但是能够依法以自己的名义从事民事活动的组织”,而且明确“非法人组织包括个人独资企业、合伙企业、不具有法人资格的专业服务机构等”;第 103 条还规定“非法人组织应当依照法律的规定登记”。所以,将未进行登记的设立中公司直接视为“非法人组织”显然与前述规定并不完全吻合。其实,除了《民法典》使用的“非法人组织”,我国还有大量法律法规使用“其他组织”的概念,“组织”是包括《民法典》在内的法律法规在立法表述上的“最大公约数”。[②] 实证研究表明,“其他组织”中包括了具有主体性质的组织和不具有主体性质的组织,因此,有学者认为,可以结合《民法典》和相关法律法规来整合“其他组织”的称谓,引入“其他法人或非法人组织”及“无权利能力组

---

① 参见周友苏:《公司法通论》,四川人民出版社 2002 年版,第 191 ~ 193 页。

② 对于现行立法上的“非法人组织”和“其他组织”,学者们还有“非法人团体”的称谓。按照《民法典》起草过程早期的一种主张,立法中可使用“非法人团体”的概念,该概念大致包括如下内容:第一,有自己的名称、组织机构和场所;有自己的组织章程或者组织规章;有自己享有处分权的财产或者经费。第二,根据法定程序设立。第三,有自己的法定代表人,其行为准用有关法人的法定代表人的规定。第四,活动不得超越章程或者组织规章所规定的范围。第五,对其民事责任,首先以其享有处分权的财产清偿债务,其享有处分权的财产不足以清偿债务的,应当由非法人团体的设立人或者开办人承担民事责任。参见梁慧星主编:《中国民法典草案建议稿》,法律出版社 2003 年版,第 18 页。

织”的立法表达，让未来立法中的“其他组织”回归其语言学含义，实现法秩序中第三类民事主体概念的精确、规范和统一。① 鉴于设立中公司作为公司成立前的准法人形态，在性质上也接近于公司，笔者认为，设立中公司宜归入“其他非法人组织”的范畴。

设立中公司虽然具有一定的人格和部分权利能力，可以以自己的名义从事包括订立合同在内的民事活动，但与成立后的公司法人相比，最大的区别就在于设立中公司没有独立承受民事后果的能力，设立中公司从事民事行为产生的法律后果（包括权利、义务和责任）只能由成立后的公司或设立人来承担。

从主体角度来定位设立中公司的意义在于：

1. 有助于明确设立中公司的组织属性。设立中公司是一种组织形态，而非设立人个人的简单合作关系，采取募集方式设立的股份有限公司更是如此，其组织属性更为明显；设立中公司存在的目的在于使自身获得法人资格，在多数情况下，设立目的达到，公司成立，设立中公司消灭。

2. 有助于区分设立中公司与设立人不同的法律地位和权利义务，较好地认识设立中公司的章程的性质，较为准确地界定成立大会、未登记的公司机关的性质和行使权力的效力范围。如设立人及设立阶段产生的董事对设立中公司负有信义义务；成立大会召开前的设立人、召开后的董事会是设立中公司的意思机关；设立中公司的章程不仅具有合同性质，还更多地具有规范设立中公司及相关主体的效力。

3. 明确设立中公司产生的权利义务的归属。第一，在公司成立的情况下，设立人为公司设立而产生的权利义务归属于设立中公司，无须经其他转移行为，直接归属于新的公司法人；如果设立人利用设立中公司的名义为自己的利益与相对人签订合同，除相对人为善意的情况外，产生的债务由设立人承担；如果设立人以自己名义从事民事活动，对于由此产生的债务责任，第三人有权选择请求公司或者设立人承担。第二，在公司设立失败的情况下，设立中公司则复归为设立者个人，设立债务由设立人承担。如果设立人侵害了设立中公司的利益，则应当对设立中公司承担损害赔偿责任，公司成立后请求赔偿的权利则转移归公司享有。

（二）先公司合同

先公司合同，顾名思义，是指在公司成立之前的设立阶段订立的合同。由于设立阶段公司法人尚未产生，而筹备公司并使公司成立需要进行一些必要的交易，先公司合同便因此产生。先公司合同并不等同于先公司交易，先公司交易包括设立人协议和先公司合同，②先公司合同是先公司交易的形式之一。设立人协议是设立人内部的交易，先公司合同是设立人与第三人进行的外部交易。

先公司合同与设立中公司是讨论公司设立法律关系及其责任归属的两种进路。在比较法上，以德国为代表的大陆法国家一般采用设立中公司的进路，即在承认设立中公司具有某种法律人格的基础上探讨设立责任；而英美判例法国家则并不关注设立中公司的人格，直接从先公

---

① 参见谭启平：《非法人组织与其他组织的关系困局及其破解》，载《法学研究》2020 年第 6 期。

② 参见施天涛：《公司法论》（第 4 版），法律出版社 2018 年版，第 117 页。

司合同入手探讨设立责任。[①] 比较两种进路可见，一个是组织法思路，另一个是行为法思路；尽管讨论的角度有别，但落脚点都相同，即集中指向设立责任的归属问题。

由于先公司合同以合同行为为重点，其对设立责任的讨论必然会围绕合同关系而展开，包括合同当事人、合同效力、合同履行、合同责任等，运用合同法或代理法原理来说明设立责任的归属。这一进路具有尊重意思自治、照顾第三人的诉因和灵活这三大优点，但也存在着单纯用合同法原理难以解释设立中公司的责任归属的缺陷。[②]

从先公司合同来讨论设立责任的归属，需要结合《民法典》《公司法》及相关司法解释的规定，关注要点包括：

1. 由于缔约时公司尚未成立，根据合同相对性原理，先公司合同原则上不能直接约束成立后的公司。成立后的公司对设立阶段订立的合同的权利义务是一种继受关系，因此，以设立人个人责任作为默认的设立责任有其合理性。[③] 如果设立人利用设立中公司名义为个人利益与相对人订立合同，依照《公司法司法解释(三)》第 3 条第 2 款关于"公司以此为由主张不承担合同责任的，人民法院应予支持"的规定，成立后的公司对先公司合同债务享有抗辩权，能够以证据证明的，可以拒绝承担责任。

2. 先公司合同在设立人以自己名义与相对方订立合同的情况下，存在可能诱发设立人和公司的机会主义行为的风险，如果公司在成立后拒绝接受先公司合同或以抗辩权拒绝承担合同债务责任，无疑相当于增加了合同相对方的交易风险。因此，根据《公司法司法解释(三)》第 2 条和第 3 条的规定，既要区别设立阶段的合同履行和公司成立后的合同履行两种情况，同时也要允许设立人以设立中公司名义订立合同，使合同责任在一般情况下自然由成立后的公司继受。

3. 公司成立之后应当如何继受合同权利义务。《公司法》第 44 条第 1 款、第 107 条规定，公司设立时的股东为设立公司从事的民事活动，其法律后果由公司承受。由于该规定较为原则，成立后的公司能否自动继受设立阶段订立的合同的权利义务，还需要结合不同情况来确定。由于公司可以对先公司合同行使抗辩权，如果公司拒绝认可先公司合同，该合同就不能拘束公司。因此，公司对先公司合同的认可十分重要。认可意味着继受，继受可以是明示的，也可以是默示的。明示继受可采用公司决议等方式。明示继受比较清楚，很少发生问题。[④] 默示继受则相对复杂，需要有行为和时间的认定标准。成立的公司继受先公司合同的权利义务后，并非意味着设立人就自动获得免责。如果设立人在设立行为中存在瑕疵，使公司未能如期成立，超过合同约定的履行期，被合同相对人追究违约责任，公司就可以按照《公司法司法解释(三)》第 5 条第 2 款关于承担责任的公司"可以向有过错的发起人追偿"的规定，追究设立人的责任。

二、设立公示

设立公示是指将公司设立的相关信息向全社会公开，是配合认缴制实施而推出的一项制

---

① 参见吴越：《公司设立民事责任归责模式研究——兼评最高法院的司法解释意见稿》，载《法学研究》2007 年第 4 期。

② 参见吴越：《公司设立民事责任归责模式研究——兼评最高法院的司法解释意见稿》，载《法学研究》2007 年第 4 期。

③ 参见方斯远：《先公司合同问题研究》，载《中国法学》2015 年第 3 期。

④ 参见施天涛：《公司法论》(第 4 版)，法律出版社 2018 年版，第 121 页。

度，设立公示中最重要的内容是股东出资及其缴纳信息的公开。不可否认，认缴制的最大优势是通过放松公司准入管制来鼓励投资创业，在股东可以分期缴纳出资和没有最低注册资本额限制的情况下，设立人完全可以“零首付”成立公司。尽管认缴不等于只认不缴，但认缴的制度设计也为设立人的机会主义行为提供了条件，增加了公司资本充实和债权人交易的风险。因此，在前端的公司设立管制放松的同时，应当在公司成立后加强管制，以弥补前端管制放松带来的弊病。设立公示就是公司成立后的一项后端管制措施，是对股东出资的一种监督。

2013 年修改《公司法》前，对公司成立后的股东出资也并非没有监督，只是当时的相关制度立足于内部监督并主要通过公司章程来体现，包括将公司注册资本、出资方式、出资额和出资时间作为章程的必要记载事项，必须将章程置备于公司或让股东查阅、复制，章程作为公司登记的必备内容等，并且将公司和其他足额缴纳出资的股东作为监督主体，由其监督未出资股东的缴纳到位情况。尽管内部监督也有一定的作用，但如果内部人恶意串通损害债权人利益，外部债权人则很难发现和防范。因此，随着认缴制的实施，立足于外部监督的设立公示制度就显得十分重要和必要。2013 年修改《公司法》后，国务院专门出台了《企业信息公示暂行条例》，公司登记机关建立了“国家企业信用信息公示系统”。这一举措标志着以外部监督为主的设立公示制度的建立，公司股东出资及其缴纳情况将置于全社会的监督之下。2023 年修订的《公司法》新增了不少涉及公司信息公示的条款，有的就是专门针对公司设立信息公示的，如第 40 条要求将有限责任公司股东认缴和实缴的出资额、出资方式和出资日期，股份有限公司发起人认购的股份数作为公司强制公示事项，公司应当确保这些公示信息真实、准确、完整。为保证强制公示的规范效力，《公司法》新增了违反信息公示义务的法律责任，第 251 条规定：公司未依照本法第 40 条规定公示有关信息或者不如实公示有关信息的，由公司登记机关责令改正，可以处以 1 万元以上 5 万元以下的罚款。情节严重的，处以 5 万元以上 20 万元以下的罚款；对直接负责的主管人员和其他直接责任人员处以 1 万元以上 10 万元以下的罚款。按照《企业信息公示暂行条例》第 13 条、第 14 条、第 15 条的规定，公民、法人或者其他组织发现公司公示的信息虚假的，可以向公司登记机关举报，接到举报的机关应当自接到举报材料之日起 20 个工作日内进行核查，予以处理，并将处理情况书面告知举报人。公民、法人或者其他组织对公示的信息有疑问的，可以向政府部门申请查询，收到查询申请的政府部门应当自收到申请之日起 20 个工作日内书面答复申请人。公司登记机关对公司公示的信息依法开展抽查或者根据举报进行核查，公司应当配合，接受询问调查，如实反映情况，提供相关材料。抽查是指公司登记机关按照公平规范的要求，根据公司注册号等随机摇号，确定抽查的公司，组织对公司公示信息的情况进行检查。抽查结果由公司登记机关通过国家企业信用信息公示系统向社会公布。对不予配合情节严重的公司，公司登记机关应当通过国家企业信用信息公示系统公示。上述规定的实施和落实，对于遏制和减少公司设立中的虚假现象，保护债权人利益，必将发挥重要作用。

三、股东出资加速到期

股东出资加速到期也称股东出资提前到期，是指在法定的情形出现时，股东出资日期依照章程规定虽未届至，但被视为已经到期，股东应当立即缴纳出资。出资加速到期是 2023 年修订后的《公司法》新增的内容，即第 54 条规定："公司不能清偿到期债务的，公司或者已到期债权的债权人有权要求已认缴出资但未届出资期限的股东提前缴纳出资。"由于《公司法》规定股份有限公司发起人实行出资实缴，所以加速到期只适用于有限责任公司实行认缴制的股东。

股东出资加速到期是对认缴制的完善，属于加强资本制度后端管制的内容。认缴制关于股东出资没有最低限额和期限的要求且完全可由设立人自主约定的特点，无疑会加大股东出资的道德风险，公司设立实践中出现了股东盲目认缴、天价认缴，期限过长的突出现象，一些"巨额公司"的产生就集中体现了这些不正常的现象。所谓"巨额公司"，就是公司注册资本额与设立人现有财力明显不相称甚至达到难以想象的巨额（如上千亿元）而缴纳期限长到荒谬（如 100 年甚至更长）的公司，这种公司也被称为"天价公司"或"百年公司"，出资额和缴纳期限"很大程度上成为股东不负责任的数字游戏"，[①]股东出资义务和责任被轻易地规避和架空，增大了社会信用风险，债权人利益受到威胁。本轮《公司法》修订确立的股东出资 5 年缴足期和股东出资加速到期制度，是对"巨额公司"现象作出的积极回应。有学者认为，股东出资加速到期是与认缴制相伴而生的公司法制度，是在确立认缴制给予股东优惠的同时，防止股东滥用认缴制的重要补漏工具。[②]

股东认缴未届期的出资是否可以加速到期？尽管近年来学界和实务界众说纷纭，但由于我国是制定法国家，如果没有法律上的明文规定，要求股东提前缴纳出资的合法性必然受到质疑，也会受到股东当事人的强力抗辩。一些学者主张援引《企业破产法》第 35 条的规定来参照适用，[③]但在司法实践中很难得到法院判决支持，因为"巨额公司"与企业破产毕竟不是一回事。

从保护交易安全和债权人利益的角度，对"巨额公司"进行规制很有必要，但如何规制却是一个较为棘手的问题。在认缴制下，规制的难点是如何在维护出资股东的利益与保护债权人利益之间寻求一个合理的平衡点。对此笔者认为应当把握的要点是：

首先，保护债权人利益不应以否定认缴制的基本价值为前提。认缴制的基本价值在于通过降低公司准入门槛来鼓励投资创业，从法律规定来看，股东依据其约定的期限出资是其在认缴制下享有的法定权利，也是出资股东享有的期限利益。期限利益在民法理论上一般指在期限到来之前当事人享受的利益。对合同当事人而言，债务人的期限利益就是债务人可在期限到来前不履行债务而不构成违约；对股东而言，出资期限显然是为了承担出资义务的股东利益而定，因为认缴制的一个基本要义是放宽了股东出资的期限，"与实缴制相比，出资期限的设定无疑使承担出资义务的股东获益"。[④] 如果对"巨额公司"现象不加限制地适用出资加速到期要求，公司一旦不能清偿债务，出资股东的期限利益随即丧失，这无疑是对股东享有的出资期限利益的漠视，实质上是以否定认缴制价值为代价来维护债权人利益不受损害。

其次，保护债权人利益应当区分自愿债权人和非自愿债权人。在公司没有侵权行为的正常情况下，与公司交易的债权人都应当是自愿债权人，即自愿与公司订立合同进行交易的市场

---

① 丁勇：《认缴制后公司法资本规则的革新》，载《法学研究》2018 年第 2 期。

② 参见朱慈蕴：《股东出资义务的性质与公司资本制度完善》，载《清华法学》2022 年第 2 期。

③ 该条规定为："人民法院受理破产申请后，债务人的出资人尚未完全履行出资义务的，管理人应当要求该出资人缴纳所认缴的出资，而不受出资期限的限制。"

④ 钱玉林：《股东出资加速到期的理论证成》，载《法学研究》2020 年第 6 期。

主体。自愿债权人应当具备作为“经济人”的理性判断能力和自担交易风险的能力，在股东出资认缴信息已经通过企业信用信息公示系统公示的情况下，应当关注和意识到与“巨额公司”进行交易的风险，如果一出现因出资缴纳引起的不能偿债的情况就动用出资加速到期保护制度而不采取其他手段进行救济，意味着将交易风险和过错全部推向出资股东一方，不符合公平交易的市场原则。

最后，保护债权人利益不能以损害其他制度的价值为代价。如果将股东出资加速到期作为公司非破产情形下的一种普遍适用的原则，有可能架空股东有限责任原则，动摇公司独立人格，损害公司制度的基石；因此，股东出资加速到期尽管有合理性，但在对待“巨额公司”现象上，也应当有限地审慎适用，避免出现“弊大于利”的负面后果。

《公司法》关于股东出资加速到期的新规源于《九民会议纪要》的相关内容，反映出在债权人利益与股东利益平衡上不同的选择：当公司不能清偿到期债务时，是以债权人利益为重，还是兼顾股东的期限利益，《九民会议纪要》作出了倾向于股东利益的选择，对股东出资加速到期采取了“原则禁止，例外适用”的做法。① 2023 年《公司法》修订对此作出了重大调整，立法机关的天平向债权人利益倾斜，对股东出资加速到期的适用不再采用“原则禁止”的做法，按照新《公司法》第 54 条的规定，只要存在“公司不能清偿到期债务”的事实，债权人提出加速到期的请求，就可能得到法院的支持。由此也表明，股东出资加速到期的适用可以不受期限利益的约束。按照最高人民法院资深大法官的认识，“在认缴资本制情况下，公司丧失清偿能力时，已到期债权的债权人要求已认缴出资但未届缴资期限的股东提前缴纳出资，依法认定认缴出资的股东丧失出资期限利益”。②

笔者认为，尽管出资加速到期是对债权人利益保护非常有效的制度，但在适用该制度时，也不能完全置股东享有的期限利益于不顾，需要结合司法实践来正确把握，既要考虑到债权人利益的保护，同时也要兼顾出资股东在认缴制下享有的合法正当的期限利益。这需要对“公司不能清偿到期债务”的实质性条件和具体情形作出列举性的规定，另外还需要对公司或债权人向股东主张出资“加速到期”权利的程序、请求司法救济时是否需要前置条件等加以明确。随着新《公司法》的施行，可考虑通过司法解释对该制度进一步完善。

四、出资瑕疵担保

出资瑕疵担保也称出资瑕疵担保责任，是指公司股东负有保证第三人不能就作为现物出资的标的物向公司主张任何权利的义务，如果第三人基于所有权、用益物权或担保物权等从公司追夺出资标的物，出资人即应承担民事责任。出资人的瑕疵担保在《公司法》上没有直接规定。它源于合同法上的买卖合同瑕疵担保义务。我国《民法典》第 612 条规定，“出卖人就交付的标的物，负有保证第三人对该标的物不享有任何权利的义务”。《公司法司法解释（三）》对现物出资的规定中关于“以不享有处分权的财产出资”“以设定权利负担的土地使用权出

---

① 《九民会议纪要》第 6 条规定：“注册资本认缴制下，股东依法享有期限利益。债权人以公司不能清偿到期债务为由，请求未届出资期限的股东在未出资范围内对公司不能清偿的债务承担补充赔偿责任的，人民法院不予支持。但是，下列情形除外：（1）公司作为被执行人的案件，人民法院穷尽执行措施无财产可供执行，已具备破产原因，但不申请破产的；（2）在公司债务产生后，公司股东（大）会决议或以其他方式延长股东出资期限的。”

② 刘贵祥：《关于金融民商事审判工作中的理念、机制和法律适用问题》，载《法律适用》2023 年第 1 期。

资”“以房屋、土地使用权或者需要办理权属登记的知识产权等财产出资，已经交付公司使用但未办理权属变更手续”以及以存在“权利瑕疵或者权利负担”或未履行关于股权转让的法定手续的其他公司股权出资等情形，也都涉及出资人的瑕疵担保责任。

出资人瑕疵担保制度具有如下法律特征：第一，它是基于出资担保义务而产生的责任；第二，它是公司成立后产生的义务；第三，它是股东对公司承担的义务和责任；第四，承担责任的形式主要是由出资人消除瑕疵或赔偿公司因此遭受的损失。

值得注意的是，按照合同法理论，出卖人的瑕疵担保责任是以买受人不知道买卖标的物存在瑕疵和合同中无免责约定为条件的。根据《民法典》第613条的规定，买受人订立合同时知道或者应当知道第三人对买卖的标的物享有权利的，出卖人不承担瑕疵担保责任。有学者认为，上述规则适用于一般的买卖关系并无不当之处，但对于公司的现物出资则不能简单照搬。一方面，由于瑕疵担保责任是股东对公司承担的责任，来自出资人未履行对公司的瑕疵担保义务，这一义务产生于设立阶段，此时公司尚未成立，因此不存在公司这一主体知道或者应当知道第三人对买卖的标的物享有权利的可能；另一方面，公司设立人在公司设立时可能利用自己的地位而订立免责约定，从而损害公司和其他出资人利益，不符合资本充实原则。因此，对任何存在瑕疵的出资物，公司均可主张权利，要求出资人消除瑕疵或赔偿损失，以维护公司和其他出资人利益，确保公司资本的真实。[①]《公司法司法解释（三）》也体现了这样的精神，如第8条规定，出资人以设定权利负担的土地使用权出资，公司、其他股东或者公司债权人主张认定出资人未履行出资义务的，人民法院应当责令当事人在指定的合理期间内解除权利负担；逾期未解除的，人民法院应当认定出资人未依法全面履行出资义务。

五、撤销设立登记

（一）撤销设立登记的特征

撤销设立登记是撤销商事登记制度的重要组成部分，是指公司登记机关认定公司设立登记中存在虚假登记情况，在公司依法履行相应的补救程序仍未符合法定要求后，可以依利害关系人的申请，决定撤销业已完成的虚假商事登记并使之归于无效，公司已经取得的法人资格亦随之灭失的一项制度。《公司法》第39条对此作出了明确的规定：“虚报注册资本、提交虚假材料或者采取其他欺诈手段隐瞒重要事实取得公司设立登记的，公司登记机关应当依照法律、行政法规的规定予以撤销。”这里的依法予以撤销应当是指撤销公司的设立登记。《市场主体登记管理条例》对撤销市场主体登记也有相应的规定，《市场主体登记管理条例实施细则》第八章则对撤销登记制度作出了较为详细的专章规定。根据这些规定，撤销设立登记具有如下特征：

1. 撤销设立登记是专门针对公司设立登记违法行为进行规制的制度，是撤销登记制度的重要组成部分。撤销登记制度是对公司从设立期间、存续期间到注销期间的违法登记行为进行规制的制度。撤销登记与撤销设立登记的不同点在于：第一，前者涉及的期间是公司“从生到死”的全过程，规制的公司登记行为包括设立登记、变更登记、注销登记等；而后者涉及的期间仅为设立过程，规制的公司登记行为仅为设立登记。第二，二者受到法律规制的方式都是撤

---

① 参见冯果：《股东现物出资若干问题研究》，载《中国法学》1999年第6期。

销违法的公司登记，但撤销设立登记与撤销其他登记在法律后果上却有着性质上的巨大反差。撤销变更登记并不影响公司法人资格和存续，而公司被撤销设立登记的，主体资格自然灭失。说明撤销设立登记实际上是对已经取得的公司法人资格的否定，会导致公司设立行为的无效。因此，撤销公司设立登记也被称为公司设立无效制度。在比较法上，许多大陆法系国家的公司设立无效制度都是由公司法来直接规定的。[①] 我国是由《公司法》作出原则规定，具体内容在《市场主体登记管理条例》及其实施细则中还有较为详细的规定。

2. 撤销公司设立登记的事由是公司设立登记中存在虚假登记的违法行为。《公司法》第 39 条将撤销事由界定为“虚报注册资本、提交虚假材料或者采取其他欺诈手段隐瞒重要事实取得公司设立登记”，尽管在其他登记中也可能存在类似的虚假行为，但公司实践中这些行为主要出现在设立登记中。我国没有将一些国家公司法规定的“章程违法”或“股东无行为能力”纳入设立无效的原因，[②]而是将公司实践中较为多见的虚假登记行为作为撤销公司设立登记的事由。

3. 撤销设立登记是公司登记机关的一项职权行为，公司登记机关行使这项职权必须符合一定的条件和履行一定的前置程序。2023 年修订前的《公司法》将撤销公司登记置于“法律责任”一章中，是将其作为行政处罚方式来规定的，只要具备虚假登记的事由和达到情节严重的程度，公司登记机关无须他人申请就可自行启动处罚程序并径直作出处罚决定。2023 年修订的《公司法》对此作出调整，将撤销公司登记的原则性规定置于新设的“公司登记”一章中，撤销公司登记作为公司登记的一种形式，不再纳入“法律责任”一章中作为行政处罚的内容。《市场主体登记管理条例》第 40 条第 1 款明确规定：“提交虚假材料或者采取其他欺诈手段隐瞒重要事实取得市场主体登记的，受虚假市场主体登记影响的自然人、法人和其他组织可以向登记机关提出撤销市场主体登记的申请。”可见，《公司法》修订前后对撤销公司登记在法理依据和立法价值取向上都存在较大差异：修订前的撤销登记是针对违法行为的行政处罚措施，着眼于对违法行为的惩罚，其目的主要是维护正常的登记管理秩序，只要存在违法行为并符合法定构成要件公司登记机关就可以单方作出处罚决定；修订后的撤销登记则主要是针对设立行为瑕疵的救济措施，着眼于对受损法律关系的修复和对利益受损者的利益补偿，即使公司设立时存在虚假登记的行为，如果没有利害关系人的存在和提出申请，一般按照“不告不理”的原则来处理，公司登记机关就不一定依职权单方作出撤销登记的决定，而可以采取其他措施来处理。按照《公司法》第 250 条的规定，或是由登记机关责令改正，或是给予行为人罚款或吊销营业执照的行政处罚，以达到修复受损法律关系的目的。

（二）撤销公司登记与吊销公司营业执照的比较

2023 年修订前的《公司法》是将撤销公司登记与吊销公司营业执照并列置于一体来规定的，二者都是公司登记机关对同一违法行为可供选择的行政处罚措施。[③] 修订后的《公司法》

① 如《德国股份法》第八部分为“公司的解散和宣告无效”，其中第二章为“公司的无效宣告”，共有 3 条具体规定；《法国商事公司法》第六章第三节从第 360 条至第 370 条都是涉及公司无效的规定。

② 如《法国商事公司法》第 365 条规定：“公司成立后，因意思要件的缺陷或一股东的无行为能力，公司无效。”

③ 2023 年修订前的《公司法》第 198 条规定：“违反本法规定，虚报注册资本、提交虚假材料或者采取其他欺诈手段隐瞒重要事实取得公司登记的，由公司登记机关责令改正，对虚报注册资本的公司，处以虚报注册资本金额百分之五以上百分之十五以下的罚款；对提交虚假材料或者采取其他欺诈手段隐瞒重要事实的公司，处以五万元以上五十万元以下的罚款；情节严重的，撤销公司登记或者吊销营业执照。”

对此作出了调整。根据新《公司法》和《市场主体登记管理条例》的相关规定,二者的主要区别如下:

1. 二者的法律性质不同。吊销营业执照是单纯的行政处罚措施,属于《公司法》"法律责任"一章的内容。只要存在违法行为和符合《公司法》第250条规定的"情节严重"的构成要件,公司登记机关就可以单方依法作出这一处罚决定。撤销公司登记则主要以救济为目的,属于《公司法》"公司登记"一章的内容,《市场主体登记管理条例》则将其置于"监督管理"一章中,表明其与行政处罚的区别。撤销公司登记除了要有利害关系人的存在和提出申请一般才适用外,只要通过其他措施能够修复受损的法律关系和弥补利害关系人的受损利益,就可以不适用这一措施。

2. 二者适用后产生的法律后果不同。撤销公司设立登记属于公司设立无效制度,意味着以不承认公司有效成立为基本前提,撤销设立登记的,公司主体资格自然灭失,意味着公司"死亡",人格不再存续,因此是对公司的一种最严重的否定状态;吊销公司营业执照则是在公司主体人格得到法律认可的基础上对公司的严重违法行为给予的行政处罚,"处罚行为的核心在于剥夺和消灭作为商主体——公司的营业资格,此种惩罚是以承认公司有效成立为基本前提"。①

(三)撤销设立登记制度的适用

2013年《公司法》对认缴制的确立,对撤销设立登记制度的修改完善有着重大影响。从制度设计的价值取向来看,认缴制鼓励投资和企业促成,与否定公司有效设立的撤销设立登记制度恰好是反向的。认缴制的实施,也促进了撤销设立登记制度的修改完善。撤销设立登记具有消灭公司法人人格的效力,必须审慎适用,注意把握多方利益关系的平衡与协调,严防因滥用而背离制度设计初衷。根据《公司法》和《市场主体登记管理条例》的规定,具体适用中应关注的要点包括:

1. 区别实行认缴制和实行实缴制的两类公司的不同适用。根据《公司法》的规定,在公司普遍实行认缴制的情况下,仍有部分公司依法实行实缴制。对于两类不同的公司,在适用撤销设立登记制度上也应有所区别:就实行认缴制的公司而言,应当把握"偏宽"的处理原则,例如即使公司设立过程中存在虚假登记行为,只要不存在第三人利益受损的情形,原则上都属于公司自治解决的问题,不宜采取行政强制措施来解决;又如通过公司自治不能解决的,也应尽可能采取其他替代措施而不动用撤销设立登记制度,只有当利害关系人提出相应诉求时,才可考虑在诉求范围内进行有限制的适用,公司登记机关原则上不采取依职权调查的方式。就实行实缴制的公司而言,应当把握相对"偏严"的处理原则。根据这类公司具有的金融性和公众性的特点,可以采取依职权调查的方式,做到既不能放弃对其进行必要的行政管制,也要在适用时依法、准确和适度。

2. 撤销公司设立登记适用的前置程序。根据《市场主体登记管理条例》的有关规定,前置程序主要是"受虚假市场主体登记影响的自然人、法人和其他组织可以向登记机关提出撤销市场主体登记的申请",如果当事人没有申请或采取必要措施来纠正虚假登记造成的问题,公

---

① 肖海军:《论公司设立登记撤销制度——以〈公司法〉第199条的适用展开》,载《中国法学》2011年第2期。

司登记机关就不宜采取主动介入的方式。

3. 受理申请后的调查程序。按照《市场主体登记管理条例实施细则》第 53 条的规定,公司登记机关受理申请后,应当于 3 个月内完成调查,并及时作出撤销或者不予撤销市场主体登记的决定。情形复杂的,经登记机关负责人批准,可以延长 3 个月。在调查期间,公司和相关人员无法联系或者拒不配合的,登记机关可以将涉嫌虚假登记的公司的登记时间、登记事项,以及登记机关联系方式等信息通过国家企业信用信息公示系统向社会公示,公示期45 日。公司及其利害关系人在公示期内没有提出异议的,登记机关可以撤销市场主体登记。

4. 作出是否撤销公司设立登记的决定。在调查认定虚假登记基本事实清楚的情况下,公司登记机关可以作出撤销公司登记的决定。登记机关作出撤销登记决定后,应当通过国家企业信用信息公示系统向社会公示。根据《市场主体登记管理条例》第 41 条的规定,如果出现下列情形,公司登记机关可以作出不予撤销商事登记的决定:(1)撤销市场主体登记可能对社会公共利益造成重大损害;(2)撤销市场主体登记后无法恢复到登记前的状态;(3)法律、行政法规规定的其他情形。

5. 明确撤销公司设立登记行政决定的效力范围。根据《民法典》第 85 条关于撤销营利性法人违法决议时"营利法人依据该决议与善意相对人形成的民事法律关系不受影响"的规定精神,在从严控制适用的前提下,还应当注意控制撤销公司设立登记行政决定的效力范围,不溯及撤销公司设立登记前的交易行为,尽可能避免和减小因处理违法公司而给市场交易带来的负面影响。

6. 撤销公司设立登记后的追责。撤销公司设立登记是对公司的一种惩戒措施,对公司而言也是最为严厉的惩戒,因为公司设立登记被撤销意味着公司人格的丧失,公司不复存在。因此,还需要对具体的违法行为人进行追责。根据《公司法》的有关规定,导致公司设立登记被撤销的违法行为人面临着民事、行政和刑事三种责任:就民事责任而言,应当按照公司设立失败的责任承担规则,由设立人对债务承担连带清偿责任。就行政责任而言,包括信用惩戒、处以罚款等。《市场主体登记管理条例》第 40 条第 3 款规定:"因虚假市场主体登记被撤销的市场主体,其直接责任人自市场主体登记被撤销之日起 3 年内不得再次申请市场主体登记。登记机关应当通过国家企业信用信息公示系统予以公示。"就刑事责任而言,对在申请商事登记及备案过程中伪造、变造有关文件材料或冒用、买卖、出租、出借身份证明文件、电子证书等涉嫌犯罪的违法行为,由登记机关将相关责任人移送公安机关追究刑事责任。

第六章　公司资本

第一节　公司资本与公司资本制度

一、公司资本

(一)公司资本的含义

资本在现代经济学中被认为是一种生产要素,这种生产要素与物质再生产过程紧密联系,并且能够带来增值。[①] 这一概括体现了资本的经济价值,而从企业活动的角度考察,资本是企业在经济活动中生存和发展的物质基础。资本在公司法中的含义不同于经济学中的概念。通说认为,公司资本是指在公司成立时由章程所确定的由股东出资构成的公司财产总额,既包括货币出资,又包括实物、知识产权、土地使用权等非货币出资。[②] 这一概括着眼于公司成立时的情形。实际上,公司资本涵盖的范围并不止于此,在公司成立时,公司资本除了章程确定的注册资本额外,还包括股份(票)发行溢价的部分;在公司存续期间,公司资本既可能包括量上的增加(增资),又可能包括公积金和未分配利润留存的部分。因此,公司资本应当是指公司章程确定的公司注册资本以及公司其他自有资产的总额。

公司资本不同于公司资产。根据财政部发布的《企业会计准则——基本准则》的定义,企业资产是指"企业拥有或者控制的、预期会给企业带来经济利益的资源"。这里的"拥有或者控制"是指"享有某项资源的所有权,或者虽然不享有某项资源的所有权,但该资源能被企业所控制"。[③] 可见,公司资产除了公司的自有资产外,还包括公司的负债(如发行公司债券筹集的资金和其他借款)。因此,从概念外延看,公司资产比公司资本更为宽泛,公司资本只是公司资产中的自有部分。在通常情况下,公司资产额大于公司资本额;当公司经营不善亏损较大时,公司资产额也可能小于公司资本额。

需要指出,公司资产中的"净资产"与公司资本基本同义。公司净资产是指公司总资产减去全部负债后的净额,在会计准则中净资产与股东权益是相等的,[④]基于公司资本是公司自有资产总额的定义,与股东权益相等的净资产就是公司资本。这从《公司法》第 108 条关于"有限责任公司变更为股份有限公司时,折合的实收股本总额不得高于公司净资产额"的规定中也可以得到证明。由于公司净资产中还可能包括资本公积金、盈余公积金和未分配利润等内

---

① 参见[美]保罗·A.萨缪尔森、[美]威廉·D.诺德豪斯:《经济学》(第 12 版)(上册),高鸿业等译,中国发展出版社 1992 年版,第 88 页。

② 参见范健主编:《商法学》,高等教育出版社 2019 年版,第 127 页。

③ 财政部 2006 年发布并于 2014 年修改的《企业会计准则——基本准则》第 20 条。

④ 根据《企业会计准则——基本准则》第 26 条关于"所有者权益是指企业资产扣除负债后由所有者享有的剩余权益。公司的所有者权益又称为股东权益"的规定,这里的股东权益应当与净资产含义相同。

容,股东权益就应当包括已经成为公司注册资本的部分和尚待转增注册资本的部分。因此,公司资本的概念外延也要大于公司注册资本,或者说与公司资本相等的公司净资产在资本公积金等没有依法转增为注册资本时,公司注册资本额可能小于净资产额。但如果公司负债高或出现资不抵债的情况,净资产甚至可能为零或负数,此时作为股东权益的公司资本也会与之相同,而公司注册资本额则可能大于净资产额。

(二)公司资本的法律特征

1. 公司资本是股东投资于公司的股份财产的总和。这里的“股东投资”,既指股东于公司设立时已经缴纳的出资,又指股东负有分期缴纳义务而尚未缴纳的出资,还指股东投资后财产发生增值可以依法转增股份的资产;这里的“股份”,是指构成公司资本的份额。

2. 公司资本是股东对公司的永久性投资。公司负债到期必须连本带息偿还,而股东的财产一旦投资于公司便成为公司资本,只要公司处于存续状态非经法定程序就不能抽回股金。

3. 公司资本是公司人格的构成要素之一。股东出资设立公司,“应当依法办理其财产权的转移手续”,公司成立意味着股东出资变成公司独立的自有财产,成为公司资本的构成部分,公司以其承担债务责任。公司资本是公司存续和运营最重要的财产基础,也是保证交易安全的前提条件。在这个意义上,公司资本是具有特别法律含义的公司自有资产,是公司法人内涵的应有之义。

4. 公司资本是公司信用的基础。公司资本作为公司法人对外承担债务的财产,是公司债权人利益的财产担保。公司资本构成公司对外交往的信用基础,与公司交易的相对方往往通过公司的资本额判断公司的资信状况。公司如果资不抵债,股东一般不承担大于公司资本的清偿责任。“法律上的信用是指民事主体所具有的偿付债务的能力而在社会上获得的相应的信赖和评价”。[①] 在这个意义上,公司资本主要代表着公司的对外偿债能力和信用,公司资本的量化数额与公司信用在一定程度上成正比。当然,公司信用也与公司资产密不可分,甚至在公司成立后更大程度上依赖于公司资产。这涉及公司资本与公司资产的关系,本章后面将进行专门的讨论。

(三)公司资本的相关概念辨析

1. 注册资本。注册资本在我国是指由公司章程确定,股东认缴或实际缴纳,经公司登记并向社会公示的资本总额。注册资本是公司资本最主要也是最重要的构成内容,如果忽略不计公司资本中尚未转增注册资本的自有资产部分,注册资本就与公司资本完全相同。我国《公司法》上的注册资本具有如下特征:第一,注册资本是自公司成立时就确定的公司资本数额,尽管其在公司存续期内可以增减,但都须依照法律规定的严格程序来进行,不得随意变更;第二,注册资本的确定最初是由股东来协商的,一旦确定就须载入公司章程并经公司登记和公示程序向社会公开,公司存续期内股东依照法律程序对注册资本进行增减,必须履行相应的修改章程、变更登记和公示程序,以保持注册资本的相对稳定和固定;第三,注册资本在认缴制下虽然允许认缴资本和实缴资本并存,但依法确定并载入章程和登记公示后,认缴股东则有按照章

---

① 李晓安、阮俊杰:《信用规制论》,北京大学出版社2004年版,第16页。

程规定的期限缴纳出资的义务,否则就要承担相应的责任。注册资本的这些特征,集中体现了我国公司资本制度的特色。

2. 认缴资本。认缴资本也称认购资本或认购出资,是指股东对注册资本已经认缴的部分。我国《公司法》要求股东应当对注册资本全部认缴,[①]因而认缴资本与注册资本在数额上是相等的。在认缴制下,认缴资本与注册资本基本同义,都是公司设立时必须记载于章程的内容。认缴资本包括了公司成立时的已缴资本和可以分期缴纳的待缴资本。认缴是股东对公司资本中自己出资部分的一种承诺,承诺后股东就与公司构成债权债务关系;除了法律要求实缴的情形,设立人(股东)认缴后就可满足公司成立的资本条件。

3. 实缴资本与待缴资本。从股东角度来看,实缴资本是指股东对注册资本认缴后实际缴纳的部分,与股东已缴资本同义。从公司角度来看,实缴资本也可称为实收资本或实收股本。待缴资本是指股东对注册资本认缴后尚待缴纳的部分,包括未到期和已到期的尚未缴纳出资。可见,实缴资本与待缴资本共同构成认缴资本,都是注册资本的下位概念。实缴资本包括公司设立时股东依法必须实缴的出资和股东根据章程规定实缴的出资。《公司法》第 98 条第 1 款规定:"发起人应当在公司成立前按照其认购的股份全额缴纳股款。"这意味着股份有限公司无论采取募集设立方式还是发起设立方式,发起人都应当在公司设立时实际缴纳认购的出资。

4. 资本公积。资本公积是资本公积金的简称,是我国有关财务会计法规上使用的一个专业术语,属于《公司法》规定的公积金的形式之一。《公司法》规定的公积金包括盈余公积和资本公积。《公司法》第 213 条规定:"公司以超过股票票面金额的发行价格发行股份所得的溢价款、发行无面额股所得股款未计入注册资本的金额以及国务院财政部门规定列入资本公积金的其他项目,应当列为公司资本公积金。"资本公积和盈余公积一样,按照《公司法》的规定可以"转为增加公司注册资本"。资本公积尽管属于公司资本的构成部分,但在转增资本前还不能视为注册资本。

公司资本、注册资本、认缴资本、实缴资本、待缴资本、资本公积以及公司资产、净资产之间的关系如图 6-1 所示。

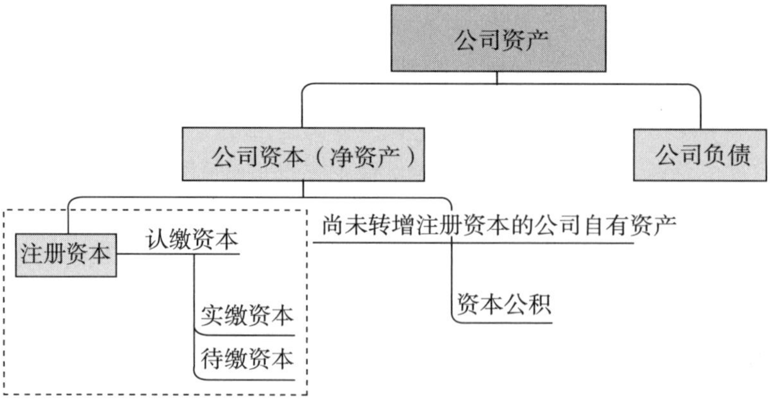

图 6-1 公司资本与相关概念的关系

① 《公司法》第 47 条第 1 款规定,"有限责任公司的注册资本为在公司登记机关登记的全体股东认缴的出资额"。

二、公司资本制度

(一)公司资本制度的基本解读

公司资本制度,顾名思义,是指公司法对公司资本作出的制度安排,更准确地讲,是法律基于公司经营需求和保护债权人利益而对公司资本的形成和利用进行规制的制度约束。根据这一定义,可以对公司资本制度作出如下解读:

1. 公司资本制度是法律对公司资本的一种管制措施。法律管制就是一种制度约束,也是一种行为规制,约束和规制公司及其股东涉及公司资本的行为,要求其按照法律规范来形成公司资本和利用公司资本。

2. 公司资本制度的功能主要指向保证公司经营需求和保护债权人利益。一方面,公司资本作为公司独立拥有的自有资产,是公司经营发展的物质基础和财产保证,公司资本制度要求公司资本拥有量与公司经营内容、规模基本相当和匹配,如果严重脱节就可能因“资本显著不足”而受到法律的否定评价;另一方面,公司资本作为公司信用的象征,是公司对外交易的财产担保,公司资本制度要求公司资本维持在相对稳定的状态,以保证交易安全和维护债权人的合法权益。

3. 公司资本制度对公司资本的管制可以分为前端管制和后端管制两个部分:前端管制主要指法律对公司设立时资本形成的要求,也称公司资本的形成管制或股东出资管制,主要包括对章程载明注册资本、出资形式、认缴期限等事项的要求以及登记公示的要求等内容;后端管制主要指法律对公司运营阶段公司资本利用的要求,也称为公司资本的维持管制,主要包括出资填补、禁止抽逃出资、出资催缴、转投资、利润分配、股份回购、增资减资、公积金、公司人格否认等内容。

(二)公司资本制度的学理分类及其评析

我国学者习惯将公司资本制度分为三种基本的模式,即法定资本制、授权资本制和折中资本制。所谓法定资本制,“是指公司在成立时必须在章程中对公司的资本总额作出明确规定,并要求股东全部认足,否则公司不能成立”。[①] 法定资本制以“资本确定、资本维持、资本不变”三项原则为内涵。所谓授权资本制,是指公司资本在公司设立时和公司成立后均无需固定,注册资本只具有名义资本的性质,由公司章程或者股东会授权董事会根据公司经营发展的需要来决定增加发行公司资本。授权资本制是一种具有弹性和灵活性的资本形成制度,在授权资本制模式下,公司无需遵循资本确定或不变的原则,主要以经营发展的需要为增加发行资本的依据。所谓折中资本制,是指在吸收法定资本制和授权资本制两种制度之优点的基础上形成的制度,它既保持了法定资本制在公司设立时资本确定和公司存续过程中资本相对稳定的特点,同时又吸收了授权资本制灵活的特点,采取诸如可以分期形成公司资本的方式。由于折中资本制还可以根据其更接近于法定资本制或更接近于授权资本制划分出新的种类,也有学者认为折中资本制只是一种资本形成方式的规则选择,并不是一种确定化、固态化的公司资本形

① 冯果:《公司法要论》,武汉大学出版社2003年版,第20页。

成制度。因此,折中资本制也可以认为是对法定资本制或授权资本制的一种改进与完善,而并非一种独立的形式。[①] 基于当今许多国家采用的资本制度包含了董事会对公司成立后的股份发行作出决策的内容,不少学者也认为折中资本制更多体现出授权资本制的特点。我国2023年修订的《公司法》增加了股份有限公司董事会可以决定发行股份的内容,即第152条关于"公司章程或者股东会可以授权董事会在三年内决定发行不超过已发行股份百分之五十的股份"的规定。从资本形成制度来看,由于《公司法》仍然奉行着公司设立时资本确定和公司存续过程中资本相对稳定的做法,[②]第152条相关规定的意义主要在于增加了公司资本分期形成时决策上的灵活性。因此,我国现行的公司资本形成制度更接近于学理上的折中资本制,或者说在保留法定资本制的基础上部分采用了授权资本制的做法。

应当指出,上述对公司资本制度三种模式的学理划分和理解还存在诸多问题。

首先,公司资本制度的三种模式均来自学理上的概括和分类,尽管不少学者认同这一概括和分类,但也有学者在考察英美法系国家大量判例后认为,法定资本制在英美法上也有长期的历史,并且在商事公司的发展历史中存在了很长的时间。[③] 随着公司法的现代化,尤其是两大法系相互取长补短、融合发展的趋势,公司资本制度也在不断改进发展之中。如果将这三种模式与任何国家的具体法律规定进行对照,都会发现存在差异,形式各异的折中资本制在各国得到了更为广泛的应用,很难将某一国家的公司资本制度准确地对应或划归到三种模式的其中之一。[④]

其次,三种模式划分的依据主要指向公司设立时的资本形成方式,即侧重讨论的是公司资本的形成制度,这在包括笔者在内的不少学者的早期公司法论著中都有鲜明的体现。公司资本制度作为法律对公司资本的管制,不仅包括公司设立时的资本形成制度,更多还指向公司运营中的资本维持制度;从公司资本制度的功能来看,保障公司经营发展和保护债权人利益更多而且更需要资本形成后的制度供给,因此,资本形成制度虽然重要但绝非公司资本制度的全部,在认缴制的条件下甚至并非主要的部分。

再次,三种模式基本是以公众型公司为原型来抽象的,尤其是比较三者在资本形成上的优劣时,常常要涉及诸如发行资本、上市公司发行股票、股票面值等概念,以及股东会决策还是董事会决策更优等问题,学者们引用的法律依据几乎都来自境内外公司法关于股份有限公司的规定(否则就不可能涉及公众型公司),这与公司实践中数量占绝对多数的封闭型公司似乎并不搭边。因为大量的小型公司不仅不会存在股票发行问题,而且还可能连董事会这样的公司机构都不存在,但它们同样对公司资本制度供给有着强烈的需求,而且从某种意义上讲,这种需求甚至比运作规范的上市公司更为迫切。由此可见,从学理上抽象的三种模式已经存在与

---

① 参见袁田:《反思折中资本制——以公司资本制度的路径选择为视角》,载《北方法学》2012年第4期。

② 如《公司法》第96条关于"股份有限公司的注册资本为在公司登记机关登记的已发行股份的股本总额"的规定和第十一章关于公司增资、减资应当履行严格程序的相关规定。

③ 参见邓峰:《资本约束制度的进化和机制设计——以中美公司法的比较为核心》,载《中国法学》2009年第1期。

④ 一些学者对两大法系国家资本制度改革情况的考察表明,美国和澳大利亚在20世纪就废除了授权资本制,美国律师协会在1979~1987年修订《示范商业公司法》,完全删除了法定资本、面值、股份溢价、库藏股等一整套传统概念;英联邦国家陆续废止了授权资本概念,《英国2006年公司法》正式废除了授权资本制;日本、韩国取消了最低资本额并放松了不得折价发行规则,法国、德国等则对非公众公司放弃了最低资本额要求。参见刘燕:《公司法资本制度改革的逻辑与路径——基于商业实践视角的观察》,载《法学研究》2014年第5期;黄辉:《现代公司法比较研究——国际经验及对中国的启示》(第2版),清华大学出版社2020年版,第81页。

公司实践脱节的现象。

最后,公司资本制度的三种模式也很难概括我国《公司法》自 1993 年出台以来的历史演进和现实状况。学者们普遍认为,1993 年《公司法》规定的公司资本制度采取了严格法定资本制的形式。但对照分析后不难发现,如果说其“严格”,恐怕也仅指公司资本形成制度而已,即当时的《公司法》采取了章程确定、全部实缴和一次形成的做法;而在公司资本维持制度上却并不“严格”,缺失一些重要的基本制度,如出资催缴、公司人格否认等。2005 年和 2013 年两次对《公司法》作出较大修改后,学者们对我国公司资本制度究竟应当归入哪种模式则存有分歧。有的认为属于折中资本制,但由于折中资本制还可以依据法定资本制或授权资本制分出不同的种类,我国应当划归哪种类型众说纷纭;有的认为尽管公司资本在形成制度上废除注册资本最低限额和实行完全的认缴制,但根据《公司法》关于注册资本无论是否分期缴纳仍然由初始章程一次确定的规定,2013 年《公司法》规定的公司资本制度仍然是法定资本制。① 其实,仅就资本形成制度而言,将其定位为对公司资本管制色彩较重的法定资本制并不符合现实,自 2013 年实行完全认缴制以来,学界对其一直存在批评的声音,主要理由就是法律对资本的管制过于放松,以至于公司实践中对债权人利益构成威胁和伤害的现象增加。但如果用管制较少的授权资本制或折中资本制来定位当时的公司资本制度显然也存在问题,因为按照《公司法》规定,采取公开募集股份方式设立的公众型公司②和一些经营特别项目需要行政许可的特殊公司,还必须实行设立时注册资本一次形成并且必须实缴到位的做法,这类公司的资本形成制度直至今天仍然奉行着真正意义上的“严格法定资本制”。2023 年修订的《公司法》在公司资本制度上有所改进,尽管增加了学理上概括的授权资本制或折中资本制的内容,但也应看到,这一规定仍然属于公司资本形成制度的内容。

基于上述分析,笔者认为,在资本形成制度上概括的“三种模式”显然难以涵盖公司资本制度的全部内容,也不能完全对应于我国《公司法》对公司资本制度的规定。③ 公司资本制度并非局限于公司资本形成制度,而是从公司设立到公司存续全过程中法律对公司资本的全部管制规范的总和。在这个意义上,公司资本制度与以“资本三原则”为内涵的法定资本制的含义最为接近,只是学者们早期对法定资本制的研究多侧重于资本形成制度,少有从涵盖公司存续全过程的广义角度来定义法定资本制的。基于对我国公司资本制度研究的检讨并结合公司实践中资本制度存在的问题,笔者认为使用公司资本制度的概念或从广义上使用法定资本制的概念才能很好地回应公司现实。广义的法定资本制即公司法对公司资本从公司设立到存续的全过程的相关管制制度和规定。在对公司资本制度概念的准确使用上,国内也有学者注意到了这个问题,如在其论著中使用“法定资本制度”“公司法资本制度”“公司法资本管制”之类的表述来概括公司资本制度。④

---

① 参见袁碧华:《“认”与“缴”二分视角下公司催缴出资制度研究》,载《中国法学》2019 年第 2 期。

② 我国公司实践中采取公开募集方式设立股份有限公司的情况非常少见,其原因见本书第五章中有关“募集设立”的内容。

③ 有学者从另一视角也注意到这一问题,认为“授权资本制”的准确名称应当是“授权股份制”。因为股份和资本是两个层面的概念,股份(含出资比例)的功能是划定股东之间的持股比例和确定股东相互之间的权利义务关系,而资本的功能是对债权人债权受偿的保障;授权股份制下的公司资本运作是以“股份”概念为中心的,先有股份,再有资本,股东会授权董事会的权限范围一定是围绕股份数量而不是资本数量而展开的。参见沈朝晖:《授权股份制的体系构造——兼评 2021 年〈公司法〉(修订草案)相关规定》,载《当代法学》2022 年第 2 期。

④ 参见刘燕:《公司法资本制度改革的逻辑与路径——基于商业实践视角的观察》,载《法学研究》2014 年第 5 期。

(三)公司资本制度的管制属性

公司资本制度的管制属性主要是基于其维护交易安全和保护债权人利益的功能所决定的。从制度约束上,任何一种法律制度都是由行为规范构成的,或者说都是对人的行为的一种约束,公司资本制度也不例外。由股东出资形成的公司资本不仅构成公司经营的财产基础,在有限责任制度下也是对交易安全和债权人利益的一种保障,说明公司资本制度与有限责任制度密切相关。

有限责任作为公司制度的基石,其确立是对股东与债权人利益关系调整的结果,在制度设计上作出了有利于股东,更准确地讲是有利于效率的选择。有限责任制度在使股东享受有限责任保护的同时也产生了股东的道德风险,增大了公司债权人的交易风险,从而使保护债权人利益成为公司法的一项重要目标。公司法上的资本制度的实质就是要求股东和公司能够为债权人提供一种偿债能力担保,"缓解二者之间的信息不对称,避免逆向选择和道德风险问题"①。"有限责任的外部性则最终塑造出法定资本制的核心规则",对债权人利益保护成为公司资本制度发展的主要推动力。② 在有限责任制度下,平衡股东与债权人之间的利益关系是公司法的永恒主题,也是公司资本制度的主要内容。法定资本制的制度设计是为了平衡因有限责任制度在给公司带来融资便利、降低股东投资风险的同时,加大了债权人不能得到清偿的概率的情形,实际上是国家对公司信用的一种背书。③ 在这个意义上,法定资本制是基于有限责任而产生的制度,是对有限责任制度缺陷的弥补和对该制度的一种完善措施。

公司资本制度要以保护债权人利益为目标,从制度设计上就必须采取管制的规范,而且需要更多采取强制性义务规范和禁止性规范的形式,否则就不足以规制公司及其股东可能出现的损害债权人利益的行为。包括公司资本制度在内的很多公司法上的制度设计实际上是在市场交易自由和政府管制之间的选择。市场交易自由与政府管制有着不同的价值取向和目标追求:前者侧重追求经济效率,但完全的市场行为无法保证交易安全和避免负外部性的产生;后者侧重追求交易安全和对负外部性的克服,但也可能影响和损害到效率。公司资本制度通过对有限责任带来的道德风险等缺陷的弥补来加强对债权人利益的保护,体现了政府管制的目标。因此,公司资本制度就是实现这一目标的产物。④ 为了尽可能减小对效率的影响和损害,政府的管制方式也需要不断作出调整。

我国《公司法》上的公司资本制度由前端控制制度和后端控制制度两部分内容构成。前端控制主要通过公司设立时的出资制度来实现,后端控制主要通过公司运营阶段的资本维持制度来实现。透过《公司法》的有关制度规定,可以强烈感受到公司资本制度以保护债权人利益为重的立法理念。《公司法》第 1 条就将保护债权人利益列为立法宗旨之一,并在多章通过一系列相关制度的规定,保证了这一立法宗旨的贯彻。

当然,我国公司资本制度以保护债权人利益为重的制度设计并不否认和排斥这一制度的

---

① 黄辉:《公司资本制度改革的正当性:基于债权人保护功能的法经济学分析》,载《中国法学》2015 年第 6 期。

② 刘燕:《公司法资本制度改革的逻辑与路径——基于商业实践视角的观察》,载《法学研究》2014 年第 5 期。

③ 参见赵旭东主编:《公司法学》(第 4 版),高等教育出版社 2015 年版,第 162 ~ 163 页;孙晓洁:《公司法基本原理》,中国检察出版社 2004 年版,第 241 页。

④ 参见邓峰:《资本约束制度的进化和机制设计——以中美公司法的比较为核心》,载《中国法学》2009 年第 1 期。

其他功能，公司资本制度还具有作为公司经营物质基础来促进公司运营效率和加快发展的功能。该项功能与保护债权人利益功能相比，最大的不同就在于其不仅管制属性较弱，而且很大程度上还可被视为公司内部事务，属于公司自治或股东自治的范畴。如在公司资本的前端控制上，两类公司的股东对注册资本的多少，有限责任公司的股东对认缴还是实缴、实缴日期在法定期限内的设定均可自主协商确定；在公司资本的后端控制上，公司经营中是否需要扩大或缩小公司资本规模、是否增资或减资，只要不影响和损害公司债权人的利益，就属于公司自治的范畴，应当由公司自主决定，法律无需介入干预。我国 2013 年《公司法》修改之所以被称为资本制度改革，主要是因为该修改涉及资本制度的前端控制的内容，将原法中对出资管制的内容修改为通过股东意思自治来解决，放松了法律对资本的管制，降低了公司设立的准入门槛。但也带来了一些新的问题，为后端控制的改革和加强提出了新的挑战。2018 年对当时《公司法》第 142 条股份回购制度的修改涉及资本制度后端控制的改革，被认为是“公司资本维持制度改革打响的第一枪”，[①]2023 年《公司法》修订则进一步涉及资本制度后端控制的其他内容，如新《公司法》第 47 条关于有限责任公司股东“五年缴足期”的规定、第 52 条关于股东失权的规定、第 54 条关于股东出资加速到期的规定、第 152 条关于授权资本制的规定等，其总体改革的趋势就是该管则管、该放则放，既保证交易安全和保护债权人利益，同时也充分利用市场机制来提高公司运营效率。

第二节　公司资本制度的控制手段与控制目标

公司资本制度还涉及一些公司法理上的重要问题，对其讨论可以从不同角度揭示公司资本制度的理论内涵。基于前面的分析，本节将围绕公司资本制度的两个重要维度来展开：公司资本制度的控制手段与公司资本制度的控制目标。

一、公司资本制度与“资本三原则”

“资本三原则”即资本确定、资本维持和资本不变。学界普遍将“资本三原则”视为法定资本制的内涵。我国 1993 年《公司法》之所以采取法定资本制作为公司资本形成方式，直接发端于“资本三原则”。“公司法关于股份有限公司和有限责任公司的规定均体现了上述原则，而且适用范围更为广泛，要求更为严格。”[②]“资本三原则”如同法定资本制一样，都是来自法理的总结而不是公司法上的直接规定。按照一般的理解，“资本三原则”的主要内容包括：

1. 资本确定原则。指在公司设立时应在章程中明确规定注册资本总额，股东应将注册资本总额全部认足或募足，公司始得成立。资本确定原则旨在确保公司于成立时即有稳固的财产基础。有学者直接将资本确定原则作为法定资本制的定义，认为“法定资本制又称为确定资本制，要求公司在成立时具有确定的资本总额，而且要求公司资本在公司成立前必须全部认缴或实缴”。[③]

---

① 黄辉：《现代公司法比较研究——国际经验及对中国的启示》（第 2 版），清华大学出版社 2020 年版，第 84 页。

② 江平主编：《新编公司法教程》，法律出版社 1995 年版，第 73 页。

③ 黄辉：《现代公司法比较研究——国际经验及对中国的启示》（第 2 版），清华大学出版社 2020 年版，第 74 页。

2. 资本维持原则。资本维持原则又称资本充实原则，是指公司在其存续过程中，应维持与其资本额相当的实有财产，[①]以维持公司应有的资信，保持公司清偿债务的能力。

3. 资本不变原则。指非因法定原因并经法定程序不得变更公司资本总额，其目的在于防止公司资本总额的减少。资本不变原则的重点在于保持资本的真实。

《公司法》出台后的几次重要修改均涉及公司资本制度的改革，公司资本的形成也从最初的"完全实缴制"变成了"认缴制"。这被不少学者认为是吸收了授权资本制的"资本分期形成"的内容，因而导致了法定资本制的日渐式微，作为法定资本制核心原则和内涵的"资本三原则"也不断受到质疑和批评。本世纪初就有学者认为"资本三原则"理论的历史局限也日渐显现，其在债权人保障机制体系中的功能和地位已发生动摇，为此有必要对其加以全面检讨，以使我国《公司法》所构筑的资本制度及其规范能够顺应时代发展的要求。[②] 基于2013年《公司法》修改后全面实行认缴制，取消强制验资程序，有学者认为，"零"注册资本制度下"资本三原则"已退出历史舞台，或仅余资本维持原则发挥余热；[③]另外，认为资本维持原则不能适应公司需要根据客观情况适时调整公司的资本结构，主张取消资本维持原则的声音也异常强烈。[④]

应当看到，学者们对"资本三原则"批评的同时也不否认它对我国公司立法的重要影响和在公司实践中的普遍应用。如果不将其与法定资本制的局限相联系，"资本三原则"则贯穿于公司设立时的资本形成制度和公司存续中的资本维持制度。如同法定资本制可以有狭义和广义的理解一样，"资本三原则"也可以随着时代的进步和公司法的发展而被赋予新的内涵，对其作出与时俱进的理解和阐释。就资本确定原则而言，不能因为早期法定资本制实行了完全实缴制就否定资本确定对建立公司信用的合理性和积极作用。就资本维持原则而言，不能因为其缺乏应对公司经营的灵活性就否认资本管制对维护交易安全和保护债权人利益的积极作用。而且，资本管制包括前端管制和后端管制，二者不能相互替代，从时间跨度和重要性看，后端管制更为持久也更具管制价值。就资本不变原则而言，其具有与资本维持原则同样的功能并且从属于资本维持原则。因此，"资本三原则"对于公司资本制度而言，不仅仍然具有合理内核，而且具有现实应用价值。管制即控制，其完全可以作为资本控制的具体手段应用于公司实践。其中，资本维持应当作为核心内涵，资本确定为资本维持的前提，资本不变附属并服务于资本维持，资本维持贯穿公司成立后存续的全过程。在此基础上可以形成我国公司资本制度的一条清晰完整的逻辑主线：资本形成以资本确定为控制重点和控制手段；公司运营以资本维持为控制重点和控制手段。

二、资本制度控制手段：资本确定与资本维持

这里所说的资本确定和资本维持，不仅是可以作出不同解释的指导性原则，而且是具有确定内涵的控制手段，应当依据我国《公司法》的相关规定来具体讨论。

---

① 参见范健、王建文：《公司法》(第5版)，法律出版社2018年版，第150页。

② 参见冯果：《论公司资本三原则理论的时代局限》，载《中国法学》2001年第3期。

③ 参见赵万一：《资本三原则的功能更新与价值定位》，载《法学评论》，2017年第1期；施天涛：《公司资本制度改革：解读与辨析》，载《清华法学》2014年第5期。

④ 参见邓峰：《资本约束制度的进化和机制设计——以中美公司法的比较为核心》，载《中国法学》2009年第1期。

(一)资本制度控制手段之一:资本确定

资本确定属于资本的前端管制,也称资本形成管制,是指公司设立阶段设立人依法对公司注册资本的总额、出资份额、出资形式、认缴期限和方式等事项协商确定并依法履行章程记载和登记公示的程序。资本确定的含义包括:

1. 资本确定是针对注册资本而言的,是指对注册资本总额及相关事项的确定。确定不等于法定,确定的过程从性质上看是出资人协商的过程,应当属于股东自治的范畴。《公司法》从2005年到2023年的修改,对注册资本的形成管制越来越少,以有限责任公司为例,出资人对注册资本的总额、出资份额、出资形式、认缴期限和方式等事项均可以自由协商确定。但无论出资人如何协商,注册资本总额及相关事项必须是确定的,不能模棱两可或模糊不定,这是以资本确定的手段进行前端管制的底线。当然,出资人自治空间的扩大并非适用于所有情形,按照《公司法》第47条第2款和第96条第2款的规定,法律、行政法规以及国务院决定对公司注册资本实缴、注册资本最低限额、股东出资期限另有规定的,从其规定。

2. 资本确定与章程、登记和公示制度密切相关。出资人对注册资本总额等事项一旦协商确定,就要依法载入公司章程,并向公司登记机关进行登记。其中,"有限责任公司的注册资本为在公司登记机关登记的全体股东认缴的出资额";"股份有限公司的注册资本为在公司登记机关登记的已发行股份的股本总额"。公司登记后由登记机关签发载明包括注册资本在内的事项的营业执照,并将包括注册资本在内的公司登记事项通过国家企业信用信息公示系统向社会公示。资本确定也会由之前的出资人协商过程转为强制性的资本固定过程。这里的载入章程、营业执照载明和登记公示都是《公司法》规定的必须履行的程序,具有强制性,不履行这些程序公司就不能成立和营业,公司资本也无法形成。章程记载、公司登记、营业执照载明和向社会公示都可以认为是一种公示行为,但其效力有所不同:章程公示的范围有限,其中涉及注册资本的事项只对全体出资人和加入的股东具有约束力和对抗力;公司登记是国家认可的程序,登记后就意味着注册资本的相关事项得到国家的确认,国家为公司公信力背书,注册资本具有了对抗公司股东之外的第三人的效力,当然也对股东有了更强的约束力;营业执照载明和向社会公示都是指依法将注册资本的相关事项向全社会公开,在取得更广范围公信力的同时也意味着对股东的约束力进一步加强。由此可见,注册资本一旦通过章程、登记、营业执照和公示加以固定,法律对资本的管制力度就会越来越强,而股东对此的自治空间则会相对限缩。

3. 资本确定是对公司能力和公司信用的一种宣示。资本确定的目的就是为与公司交易的相对人提供一个稳定的行为预期。相对人可以通过公示的注册资本情况来判断交易风险的大小,由此作出是否与之交易、交易量大小等决策,并且还可以作为公示信息的利害关系人举报公司出资人在资本确定环节中的弄虚作假行为,一旦查实,按照《企业信息公示暂行条例》第18条的规定,相关责任人要承担相应的法律责任,由此也说明资本确定作为管制手段的强制力。

4. 资本确定与认缴制并不冲突。认缴制是一种不同于实缴制的资本形成制度,是指股东在通过认缴方式确定注册资本的基础上,自主选择是采取一次缴清的方式还是采取分期缴纳的方式。认缴制并不影响注册资本在公司成立时一次确定,只是在确定的方式上并非采取

“实缴”而是采取了“认缴”。这说明资本确定与资本的缴纳方式和缴纳期限并不等同,资本确定可以采取实缴或认缴的方式,缴纳期限也可以采取即期或分期的方式。资本确定属于法律管制的内容,资本确定的方式属于股东自治的内容。因此,不少学者认为,认缴制并不影响资本在公司设立之初的确定性,即只要在公司设立之初要求公司的具体资本是确定的即可,至于是否在此基础上再设置最低注册资本金、首次实缴资本数额、实缴期限、验资等条件,并不改变资本确定的本质,在这个意义上我国的认缴制实质上还是法定资本制。①

(二)资本制度控制手段之二:资本维持

资本维持是资本制度的后端控制手段,涵盖了公司存续的全过程,资本维持控制主要的行为目标就是使公司保持与其运营相当的资本数量,经营规模和资本的规模基本匹配,公司资本能够作为公司经营的物质基础和公司对外交易的偿债担保。资本维持的含义包括以下几点:

1. 资本维持是资本确定的继续。如果说资本确定是建立公司信用,资本维持就是维持公司信用。因此,资本维持是资本确定的继续。资本维持的制度设计,要确保公司收到股东认缴的全部资本,如果没有收到,公司有催缴的义务直至让股东失权;资本维持一方面要保证资本确定的真实性,另一方面要保证公司正常经营和应对正常的商业风险。股东利用有限责任保护自身,也须以遵守资本维持原则为代价,保障公司债权人利益。② 资本维持的期间是整个公司存续过程,贯穿于存续中的全部公司资本制度。从公司成立开始,《公司法》第 53 条就规定“公司成立后,股东不得抽逃出资”;直到公司解散进入清算程序时,《公司法》第 236 条还规定,“清算期间,公司存续,但不得开展与清算无关的经营活动。公司财产在未依照前款规定清偿前,不得分配给股东”。可见,资本维持作为一种资本控制手段,主要以强制性规范为表现形式,以保护债权人利益为主要着力点。如果公司在正常经营中,股东破坏资本维持原则,到期不缴纳出资,甚至抽逃出资或通过非法关联交易等手段“掏空公司”,导致公司资本减少,无疑将会直接威胁公司债权人利益。资本维持可以为债权人提供稳定的行为预期,维护交易安全。在此内容上,不仅我国《公司法》如此,“各国关于公司资本制度的绝大多数法律规则都是资本维持原则的直接或间接的体现”③。

2. 资本维持以注册资本为基准,或者说资本制度所要维持相对稳定的对象应当指向注册资本,即在公司设立时确定并公示的注册资本。尽管也有学者认为“实缴资本的数额是公司盈利核算的基础数据”,“实缴资本一经确定就成为不再变动的定量或恒量”④,但资本维持并不直接指向实缴资本,因为实缴资本与注册资本之间的差额(待缴资本)正是资本维持制度需要强制规范的对象,即《公司法》规定的股东认缴出资后应当履行按期缴纳的义务和公司应当履行催缴的义务。因此,资本维持应当以注册资本而非实缴资本为基准。它的目的就是“维持法定注册资本和实缴资本之间的一致。……其核心是保证公司存在着一个固定的,可能理论上会不断增加的数额”。⑤

---

① 参见袁碧华:《“认”与“缴”二分视角下公司催缴出资制度研究》,载《中国法学》2019 年第 2 期。
② 参见林少伟:《英国现代公司法》,中国法制出版社 2015 年版,第 608 页。
③ 赵旭东主编:《商法学》(第 4 版),高等教育出版社 2019 年版,第 161 页。
④ 赵旭东:《资本制度变革下的资本法律责任——公司法修改的理性解读》,载《法学研究》2014 年第 5 期。
⑤ 邓峰:《资本约束制度的进化和机制设计——以中美公司法的比较为核心》,载《中国法学》2009 年第 1 期。

尽管公司成立后包括公司资本在内的公司资产完全可能处于变动中，但注册资本自确定公示后始终是一个相对稳定的数额，这对公司和与之交易的债权人都有意义：就公司而言，资本维持就是要保持与注册资本相当的资产，二者从理论上应当维持在基本匹配的程度。"为维持公司现实之财产大于或等于资本，公司法对于资产发还及处分之行为多所限制。盈余分派、股份赎回、股款对价之鉴定及董事之自我交易等皆予以规范"。就债权人而言，"采行资本维持原则以降低有限责任对债权人之负面影响"。[①] 如果二者差距过大，就可能要履行相应的增资或减资程序，尤其是减资的程序，法律要求更为严格。

3. 资本维持由多项具体制度构成。就具体制度来看，资本维持要比资本确定复杂得多，因为前者涉及公司成立后的存续过程，后者主要涉及公司设立阶段。尽管公司存续过程中注册资本的增加和减少程度也可以认为是资本确定的内容，但相对可能永续存在的公司的资本维持而言，毕竟要简单得多。资本维持的方式很多，包括股东出资的管制，如股东退股禁止、不得折价发行股份、禁止以劳务信用等作为出资、出资填补、出资催缴等；财务会计管制，如公积金限制、利润分配限制（无盈利不得分红）等；增资减资管制；转投资管制；回购与担保管制；解散清算管制；等等。本章第三节将对其中一些制度专门进行讨论。

4. 资本维持也有公司自治或股东自治的空间。如同资本确定一样，资本维持也有公司自治或股东自治的空间，这主要来自公司资本作为公司经营发展的财产基础的属性。从公司经营角度看，只要不影响和损害他人的利益，经营发展应当属于公司内部事务，与经营规模相适应的资本规模的大小、资本的增加和减少，均可以由股东自行决定。从我国《公司法》上涉及资本维持的具体制度来看，资本维持主要体现为管制的内容，在法律上也以强制性规范为主，因此还存在较大的制度改革的空间。对此，有学者质疑资本制度的管制方式，认为采用资本维持的规制方式是一种"刻舟求剑"的方式，"用一个静态的假定去约束一个动态的过程"，造成了很多对公司实际经营的困扰，也造成了很多不切实际的、多余的规制。[②] 如资本维持是否仍然像设立阶段那样以注册资本为基准，以资本为公司信用还是以资产为公司信用，资本维持对债权人保护有无替代机制，等等。2013 年《公司法》修改后，以认缴制为标志的资本制度前端控制改革获得重大进展，学者对资本制度的关注也集中到前端控制中对债权人保护的欠缺和如何对后端控制部分进行改革的问题。

三、资本制度控制目标：公司信用

公司法对公司资本的管制，无论是资本形成还是资本维持，如果从公司对外交易角度看，其实都是在为建立公司信用服务。公司信用是公司对外交易的基础，而公司资本则是公司信用的基础，公司资本的规模代表着公司对外偿债的能力。如果说公司资本制度的对外功能就是保护债权人利益，那么，通过资本制度控制手段所要达到的目标，就是建立与公司能力相当的公司信用。

---

① 曾宛如：《公司法制基础理论之再建构》，台北，元照出版有限公司 2017 年版，第 35 页。

② 参见邓峰：《资本约束制度的进化和机制设计——以中美公司法的比较为核心》，载《中国法学》2009 年第 1 期。

(一)公司信用的含义

公司信用是指公司与交易相对人之间建立起来的信任关系。这里的交易相对人是一个广义的概念,从范围上看包括公司法人之外的包括债权人在内的所有利益相关者,从时间上看包括现实的交易相对人和潜在的、未来的交易相关人。信用是一个可以从经济、法律、伦理等多学科角度进行解读的概念。按照《牛津法律大辞典》的解释,信用(credit)指“在得到或提供货物或服务后并不立即而是允诺在将来付给报酬的做法”。[①] 可见,信用的法律含义是在不能即时清结的情形下交易人凭相互信任进行交易而形成的关系。即时清结是指“一手拿钱、一手交货”的交易情形,不能即时清结意味着交易人相互间会产生债权债务关系,“只有那些合同义务履行不同步的交易才涉及信用问题”。[②] 信用显然是指作为债权人的一方对作为债务人的一方在未来履行债务的一种信任程度,而信任是建立在债务人的财产和道德的基础之上的。财产与资本相关,道德则与人的品质相关。随着交易的反复进行,债务人基于偿债能力和诚信度的履约率越高,社会对其的信任度也会越高,久而久之就能建立起一种商业信誉。公司作为商事主体,公司信用就是公司在市场上建立的商业信誉,既是公司形象的市场体现,也代表着交易相关人对公司的信任程度。

从公司资本制度的角度看,公司信用应当是一种以公司财产为基础的公司对外商业信誉,是公司与债权人交易时代表偿债能力的财产担保。在一般情况下,偿债能力与财产数量成正比,公司财产越多代表着偿债能力越强,同时也意味着公司信用越高。尽管公司信用还包括了对公司股东及董监高的道德义务的要求,如诚实守信、不弄虚作假、不欺骗交易相对方等,但相对于公司财产而言,这些内容属于主观性因素。公司资本制度的作用主要就是为公司债权人提供一种具有客观性的公司信用。对债权人而言,公司信用中主观性因素具有获取信息成本高和可变性大的特点,而客观性因素具有通过公示信息知悉较为容易且可信度高、稳定性强的特点。因此,公司信用中客观性因素越强,公司对外的信誉度就越高,与之交易的相对人的风险就越小。公司信用本身也可以成为一种财产,商业信誉高可以促成交易,带来新的市场机会和财富。由此可见,公司资本是公司信用最重要的构成部分,公司信用是一种具有明显的财产属性的商事信用。

(二)资本信用与资产信用

公司法对公司资本的控制目标是不仅要建立起公司信用,更要维护好公司信用,通过良好的公司信用来降低市场交易的不确定性,包括公司资本制度在内的“完备的商事信用制度让商事交易的所有参与者具有确定的规则可循,可以快速、准确地让商事活动参与者获知交易对手的商事信用如何,提高决策效率、降低沟通成本。从社会整体利益来说,每一笔商事交易效率提高、成本降低,会使得社会整体成本的降低,提高社会的整体效率”。[③]

公司资本制度如何建立和维护公司信用,为交易相关人提供客观真实的偿债能力的公司

---

① [英]戴维·M. 沃克:《牛津法律大辞典》,李双元等译,法律出版社2003年版,第282页。
② 赵磊:《商事信用:商法的内在逻辑与体系化根本》,载《中国法学》2018年第5期。
③ 赵磊:《商事信用:商法的内在逻辑与体系化根本》,载《中国法学》2018年第5期。

信用,涉及资本信用与资产信用的问题,也成为近年来国内公司法学界热衷讨论的一个理论与实务问题。

公司资本和公司资产都属于公司财产的范畴,而且资本信用和资产信用都指向公司交易时对外偿债能力中的财产担保问题。资本信用是指以资本为基础建立的公司信用。在我国现行的公司资本制度下,资本信用又以注册资本为主要衡量指标。如前所述,资本确定和资本维持都是针对注册资本而言的,需要以注册资本为基准。因此,资本信用很容易演变成注册资本信用,使资本确定和资本维持都要以注册资本为重心和标准。而理论研究和公司实践都表明,以注册资本为重心的资本信用并不能真实地反映公司的资产运营状况,这里且不论 2013 年《公司法》修改后注册资本可能会因"认缴制"的实施而名不副实的情况,就以注册资本缴足后的情况而言,它在公司存续的正常经营过程中,永远不可能保持固定不变的状态,而是处于不断增值或损耗的动态变化中。无论是与公司交易的相对人还是证券市场的投资者,如果要决定是否与公司交易或在证券市场投资购买公司股票,其最看重的恐怕并不是注册资本的多少,而是公司的偿债能力和发展潜力的大小。其中与偿债能力直接相关的财务指标则是公司资产,尤其是公司资产中的净资产,也即公司资产减去负债后的结果。净资产可能与注册资本相等,也可能与注册资本存在巨大的差异。如沪市市值第一的"贵州茅台"截至 2023 年 6 月底公司总资产额为 2416.04 亿元,归属于上市公司股东的净资产额为 2009.16 亿元,但其注册资本额仅为 12.56 亿元,公司总资产额和净资产额远远大于注册资本额。[①] 可见,以注册资本为重心的资本信用完全可能难以真实反映包括公司偿债能力在内的公司信用。相对而言,公司资产则可以较为直观地反映公司信用的真实状况。正是基于这样的现实,赵旭东教授最早提出了应当由资本信用向资产信用转变的观点,[②]得到了国内公司法学者的普遍认同,"决定公司信用的并不只是公司的资本,相反,公司资产对公司的信用起着更重要的作用,与其说公司的信用以公司的资本为基础,不如说是以公司的资产为基础"[③];"资产信用学说准确地反映了公司的实际运营需求,揭示了公司法保护债权人利益的最大功效范围"[④]。公司资本信用向资产信用的转变是建立公司信用的必然趋势,也是我国资本制度深化改革的一个重要的突破口。

资本信用向资产信用转变还需要对公司资本和公司资产在公司信用中的地位和功能作出进一步阐释。在公司设立阶段和公司成立之初,公司资本与公司资产基本上是一致的。即使当时注册资本由股东全部认缴后还要分期缴纳,但注册资本是由"股东实缴资本 + 股东待缴资本之和"构成的,待缴资本是公司对股东享有的债权,反过来也是股东对公司的债务。此时注册资本与公司资产也基本相等,公司资产来自股东出资。除非股东到期不缴,否则公司资本就等于注册资本。在公司资本没有发生增值的情况下,公司资本、注册资本和公司资产是没有多大区别的,都是公司的偿债担保,都构成公司信用的基础。与公司交易的相对人也主要是通过公示的注册资本数额来判断公司信用的高低。正是在这个意义上,有学者认为,公司成立之初公司的资本信用与资产信用是公司信用的一体两面。公司资本是公司资产的根本,脱离开

① 参见《贵州茅台酒股份有限公司 2023 年半年度报告》,载上海证券交易所网,https://www.sse.com.cn/disclosure/listedinfo/announcement/c/new/2023-08-03/600519_20230803_WR7V.pdf。

② 参见赵旭东:《从资本信用到资产信用》,载《法学研究》2003 年第 5 期。

③ 赵旭东等:《公司资本制度改革研究》,法律出版社 2004 年版,第 8 页。

④ 叶林:《公司法研究》,中国人民大学出版社 2008 年版,第 240 页。

资本信用,资产信用就是无源之水、无本之木。①

但是,随着公司成立后经营活动的开展,公司资本与公司资产开始分离。对于一个运行中的公司而言,盈利或亏损都是其常态,但这会导致公司注册资本与公司资产的差异。因为公司注册资本在没有依法增资(包括转增资本)或减资时,始终作为一个确定的数额存在,债权人通过公示信息也很容易知道属于公司出资债权的待缴资本的多少及实缴资本的数额,但此时的注册资本很难与公司的真实资产状况保持一致了。公司资产作为"公司拥有或可以控制的全部经济资源",可能远远高于注册资本,如前述贵州茅台的情况;也可能远远低于注册资本,甚至已经成为负数。在公司运营过程中,作为公司承担债务责任的财产,无论是高于注册资本的情形还是低于注册资本的情形,与公司交易的相对人必然会选择公司资产而非注册资本作为公司信用的衡量标准。道理很简单,与贵州茅台交易的相对人绝对不会只以仅相当于其净资产额0.6%的注册资本额作为该公司偿债能力的衡量标准;同样,与一个已经资不抵债、濒临破产的公司交易的相对人也绝对不可能以其注册资本额作为该公司偿债能力的衡量标准。因此,在公司成立后的存续期间,除非公司注册资本与公司资产相等或基本相等,否则,能够真实体现公司偿债能力的公司信用应当是资产信用而非资本信用。这一认识也应当是公司交易相对人的理性选择。"资产信用学说准确地反映了公司的实际运营需求,揭示了公司法保护债权人利益的最大功效范围",②在这个意义上,公司信用由资本信用向资产信用转化不仅是一个理论认知问题,也是富有公司实务操作意义的现实问题。当然,资本信用向资产信用转化的认知深刻地揭示了公司存续期间公司信用的构成和变化情况,但并不意味着资本信用与资产信用相互取代。资产信用"表明不能过分强调资本信用功能,但却不能否定公司资本依然保持着信用功能",③尤其是在公司资本形成之初的阶段。

第三节 我国《公司法》上几项重要的资本制度

我国《公司法》上的资本制度作为公司的一项基础性制度,涉及从公司设立到公司终止的若干具体制度。从时段上看,资本制度可分为资本形成制度和资本维持制度两个大类,在此之下又可以按照不同标准分出具体种类。资本形成制度主要包括股东出资制度和登记公示制度,这已在本书的"公司设立"和"公司登记"两章中分别作了较为详细的讨论。资本维持制度时间跨度长、涉及内容多,本节只选取其中一些在本书其他章节难以涉及的具体制度进行讨论。

一、禁止抽逃出资制度

禁止抽逃出资是资本维持的一项重要制度。根据《公司法》第53条和第107条的规定,公司成立后,股东不得抽逃出资。所谓抽逃出资,是指股东在公司成立后未经法律程序将已经缴纳的出资取回的行为。出资是股东应当全面履行的义务,抽逃出资是对股东法定义务的违

① 参见赵磊:《商事信用:商法的内在逻辑与体系化根本》,载《中国法学》2018年第5期。
② 赵磊:《商事信用:商法的内在逻辑与体系化根本》,载《中国法学》2018年第5期。
③ 叶林:《公司法研究》,中国人民大学出版社2008年版,第241页。

反，也是一种严重侵蚀公司资本的行为，不仅增加了公司债权人的交易风险，而且构成对资本制度的破坏。因此，抽逃出资成为《公司法》明确禁止的行为。关于对抽逃出资的法律规制，需要注意以下几个问题。

（一）抽逃出资的表现形态

由于《公司法》没有明确界定抽逃出资的表现形态，公司实践中一些行为人采取了较为隐蔽的规避法律的做法，从而使股东抽逃出资变得较为复杂。最高人民法院通过调研发现，股东抽逃出资除了采取直接将出资抽回的方式外，还采取虚构合同等债权债务关系将出资抽回、利用关联交易将出资转出等方式，这些行为常常是故意针对公司资本进行的侵害，但又囿于举证的困难使得其在个案中很难被认定。① 为此《公司法司法解释（三）》第12条将公司实践中较为常见的一些资本侵蚀行为明确界定为抽逃出资：（1）制作虚假财务会计报表虚增利润进行分配；（2）通过虚构债权债务关系将其出资转出；（3）利用关联交易将出资转出；（4）其他未经法定程序将出资抽回的行为。

从《公司法司法解释（三）》第12条对几种抽逃出资行为的表述来看，这些行为都具有弄虚作假或欺诈的性质，是变相抽逃出资的行为。鉴于变相抽逃出资行为十分复杂，有学者认为，也可以用广义的"分配"的概念整合包括抽逃出资在内的公司向股东无偿支付财产的行为。从经济性质上看，抽逃出资、利润分配、股份回购和减资等行为都是公司基于股东所持股份而将资产（资金）无偿支付给股东的行为，如果公司未按照法律要求的条件和程序向股东无偿支付财产，就属于"违法分配"的行为，从而便于将实践中各类复杂、隐匿的变相抽逃出资行为都归入"违法分配"行为来进行规制。② 尽管这一认识有一定的法理基础和合理性，但也涉及对"分配"概念的界定问题。基于《公司法》和《公司法司法解释（三）》已经对抽逃出资行为作出了专门的规定，因而宜将其单独作为损害公司权益和债权人利益的一种行为类型。按照该司法解释的规定，公司成立后，公司、股东或者公司债权人以相关股东具有上述行为且损害公司权益为由，请求认定该股东抽逃出资的，人民法院应予支持。

（二）抽逃出资行为的效力

《公司法》第53条对抽逃出资行为直接使用了"不得"的表述，使该条具有明显的禁止性规范的性质，而且，这一禁止性规范应当属于效力性强制规范，抽逃出资行为应当认定为无效民事法律行为。其中"通过虚构债权债务关系将其出资转出"和"利用关联交易将出资转出"的行为还可能涉及相应的合同关系，应当按照《民法典》第154条"行为人与相对人恶意串通，损害他人合法权益的民事法律行为无效"的规定来处理，将其认定为无效合同。

（三）协助抽逃出资的行为人

从《公司法司法解释（三）》第12条界定的抽逃出资行为来看，可能涉及协助股东抽逃出

---

① 参见《规范审理公司设立、出资、股权确认等案件——最高人民法院民二庭负责人答本报记者问》，载《人民法院报》2011年2月16日。

② 参见王军：《抽逃出资规则及公司分配制度的系统性改造》，载《法学研究》2021年第5期。

资的行为人。公司实践中的协助抽逃出资的行为人包括：

1. 公司的其他股东、董事、高管人员或者实际控制人，这些人协助股东抽逃出资的行为并非一般的违反勤勉尽责义务的行为，而往往是故意为之的共同行为。

2. 代垫资金的第三人，常常是指第三人代垫资金协助出资人设立公司、双方约定验资成立后出资人抽回资金偿还该第三人的情形。

3. 通过订立合同协助抽逃出资的合同当事人，如“虚构债权债务关系”的合同中的一方当事人或“关联交易”合同中的一方当事人。

协助抽逃出资的行为同样是违法行为，违反了公司资本制度的规定，行为人应当承担相应的法律责任。

（四）抽逃出资的法律后果

根据《公司法》及其司法解释的规定，抽逃出资的法律后果包括行为人承担法律责任和承受其他后果，主要为以下几点。

1. 刑事责任。2013 年《公司法》修改后，全国人大常委会于 2014 年 4 月 24 日通过《关于〈中华人民共和国刑法〉第一百五十八条、第一百五十九条的解释》，缩小了刑罚打击范围，将抽逃出资罪等公司犯罪限缩于依法实行注册资本实缴登记制的公司，除此之外的抽逃出资行为不再按照犯罪行为处理。

2. 行政责任。《公司法》第 253 条规定：“公司的发起人、股东在公司成立后，抽逃其出资的，由公司登记机关责令改正，处以所抽逃出资金额百分之五以上百分之十五以下的罚款；对直接负责的主管人员和其他直接责任人员处以三万元以上三十万元以下的罚款。”

值得指出，该条所列举的与发起人并列的“股东”是否指公司的全体股东还需要进一步明确，否则就可能出现司法适用上的问题。这是因为：其一，公司成立后，“股东”概念从文义上应当包括作为发起人的股东和公司成立后加入的股东，如果这一理解正确，该条就没有必要将“发起人”单独列举并与“股东”概念相并列，或者说使用股东概念足可将发起人涵盖。其二，《公司法》上与“发起人”具有同样地位的主体是作为有限责任公司设立人的股东，由于《公司法》没有使用《民法典》第 75 条规定的“设立人”概念而是采用了“有限责任公司设立时的股东”的表述，因此，也可能出现对《公司法》本条规定的“股东”的另一种理解，即此“股东”并非指公司的全体股东，而是专指与发起人同具设立人地位的有限责任公司设立时的股东。结合《公司法》关于公司设立的规定和公司实践，笔者认为后一种理解更符合立法原意。有限责任公司设立时的股东和股份有限公司的发起人都属于公司设立人，其地位决定其应当比公司成立后加入的股东负有更多的义务和承担更大的责任。具体而言，设立人对其抽逃出资的行为，不仅要承担私法上的民事责任，而且还应当因该行为造成的社会危害受到必要的惩罚，即承担公法上的行政责任；公司成立后加入的股东虽然也对公司负有不得抽逃出资的义务，但如果违反该义务，只需依照《公司法》第 53 条承担私法上的民事责任，弥补对公司造成的损害，即可达到立法目的。

3. 民事责任。《公司法》和《公司法司法解释（三）》对抽逃出资行为的民事责任作出了较为详细的规定，其中，《公司法》第 53 条第 2 款的相关规定为 2023 年修订新增的内容。根据该条和《公司法司法解释（三）》的规定，股东抽逃出资的民事责任包括如下情形：

(1)股东抽逃出资的,应当由该股东返还抽逃的出资;给公司造成损失的,还应当承担赔偿责任。

(2)如果抽逃出资给公司造成损失,负有责任的董监高应当与抽逃出资的股东承担连带赔偿责任。这里的“负有责任”,主要是指知道或者应当知道股东有抽逃出资的行为但未采取必要措施予以制止的情形。

(3)公司或者其他股东请求协助抽逃出资的其他股东、董事、高级管理人员或者实际控制人对抽逃出资承担连带责任的,人民法院应予支持。

(4)公司债权人请求抽逃出资的股东在抽逃出资本息范围内对公司债务不能清偿的部分承担补充赔偿责任、协助抽逃出资的其他股东、董事、高级管理人员或者实际控制人对此承担连带责任的,人民法院应予支持;抽逃出资的股东已经承担上述责任,其他债权人提出相同请求的,人民法院不予支持。

(5)公司或者其他股东请求抽逃出资的股东向公司返还出资,被告股东以诉讼时效为由进行抗辩的,人民法院不予支持;公司债权人的债权未过诉讼时效期间,其依照该司法解释有关规定请求抽逃出资的股东承担赔偿责任,被告股东以返还出资义务超过诉讼时效期间为由进行抗辩的,人民法院不予支持。

从《公司法司法解释(三)》关于抽逃出资民事责任的规定来看,其在《公司法》规定的基础上还有一些其他内容:一是规定其他股东可以行使诉权;二是规定协助股东抽逃出资的行为人要承担连带责任;三是对责任人关于诉讼时效的抗辩规定了相应的限制。

4. 其他法律后果。主要包括:

(1)对抽逃出资股东的权利限制。公司根据公司章程或者股东会决议对抽逃出资的股东的利润分配请求权、新股优先认购权、剩余财产分配请求权等股东权利作出相应的合理限制,该股东请求认定该限制无效的,人民法院不予支持。

(2)股东除名。这是《公司法司法解释(三)》专门针对有限责任公司抽逃出资的股东作出的规定。根据该司法解释第 17 条,有限责任公司的股东抽逃全部出资,经公司催告缴纳或者返还,其在合理期间内仍未缴纳或者返还出资,公司以股东会决议解除该股东的股东资格,该股东请求确认该解除行为无效的,人民法院不予支持。

鉴于 2023 年《公司法》修订新增的关于股东失权的规定就是对司法解释中股东除名的提升,因此完全可以考虑将抽逃出资的股东除名与股东失权制度的相关规定整合适用,如关于股东除名的善后处理,可以适用《公司法》第 52 条第 2 款的规定,股东除名后,其丧失的股权应当依法转让,或者相应减少注册资本并注销该股权;6 个月内未转让或者注销的,由公司其他股东按照其出资比例足额缴纳相应出资。

二、公司转投资制度

(一)公司转投资的含义及特征

公司转投资也称公司对外投资,是指公司在存续期间通过合法程序向公司以外的其他企业投资从而成为其他企业出资人的行为。之所以称为“转投资”,是因为公司本身就是由股东投资构成,公司成立后将股东已投入的资本再以自己名义向其他企业投资,对公司的股东而

言,显然是一种投资的转移,即“转投资”。《公司法》第14条和第15条都涉及转投资的规定。转投资具有如下特征:

1. 转投资是公司以法人名义从事的行为,即公司在成立并取得法人资格后的存续期内从事的行为。公司在设立期间由于尚未成立,不具备法人资格,因而不可能出现转投资的情况。

2. 转投资的对象受到限制。《公司法》第14条第2款规定:“法律规定公司不得成为对所投资企业的债务承担连带责任的出资人的,从其规定。”根据2006年修订的《合伙企业法》第3条关于“国有独资公司、国有企业、上市公司以及公益性的事业单位、社会团体不得成为普通合伙人”的规定,《公司法》上的国有公司和上市公司不得作为普通合伙人向合伙企业进行转投资。

3. 转投资的数额由公司自主决定,法律不作限制性规定。2005年《公司法》修订前,法律对公司转投资数额的限制为累计投资额不得超过本公司净资产的50%,修订后删除了这一内容。尽管现行《公司法》对此没有限制,但股东完全可以通过公司章程来作出限制性规定,主要旨在防止公司控制股东或公司负责人利用其地位擅自或随意作出转投资决定。

4. 转投资的制度设计涉及对两类相关主体利益的保护。公司转投资是一项具有风险的行为,一旦投资失败就可能给利益相关者带来损失。因此,《公司法》对其进行规制需要考虑两类相关主体的利益:一是股东的利益,股东利益主要指向中小股东的利益,如果控制股东利用转投资来转移公司资产或资源,或使公司成为所投资企业的无限责任股东增加公司经营风险,就必然会损害中小股东利益;二是公司债权人的利益,转投资作为公司的对外投资,如果对其没有任何限制,就可能影响公司偿债能力,增大债权人的交易风险。进一步看,股东利益与债权人利益不仅主体有别,而且性质上存在差异:就股东利益来看,转投资涉及的多是公司内部利益冲突。对封闭型公司的内部利益冲突的协商,完全可以更多地采取公司自治的方式解决,如果股东一致同意对外投资,不存在控制股东利用“资本多数决”来强制小股东的情形,那么,转投资的数额和投资对象都可以尊重公司及其股东的意思自治。就债权人利益来看,由于涉及公司外部的第三人利益,法律需要对公司转投资行为进行干预,作出强制性的规定,但也要根据不同公司类型采取不同的做法。法律干预正好契合了公司资本制度尤其是资本维持制度的内涵。

(二)转投资与公司相关行为的比较

1. 转投资与设立分公司

《公司法》第13条规定,公司可以设立分公司和子公司。公司设立子公司与公司对外投资没有多大差异,是一种典型的转投资行为。设立分公司却有所不同,尽管该行为也需投入必要的资产,但由于分公司在法律上“不具有法人资格,其民事责任由公司承担”,公司对其财产和经营进行管理都基本同于公司的其他内部机构。因此,公司设立分公司虽然有资产投入的内容,但它显然不同于设立子公司的转投资性质,应当属于公司资产的内部转移行为,不能视同于公司对外的转投资,也不应受《公司法》关于转投资的限制性规定的约束。

2. 转投资与公司分立

公司分立是在原有公司基础上“一分为二”或“一分为多”。派生分立中原公司与分立的新公司彼此均具有独立法人资格,其与转投资关系中的投资公司与被投资公司十分类似。但二者的最大区别在于：转投资中的两个公司之间是以投资来联结的股东与公司的关系，或者说形成了投资公司与被投资公司间的控股或参股的关系；而公司分立中的两个公司之间不具有这种产权联结关系，按照《公司法》第222条的规定，公司分立，"其财产作相应的分割"。这一"分割"实际上是原公司股东之间的一种"分家"，原来共存于一个公司的股东变成了存续公司的股东和新设公司的股东，原公司的财产也因股东的"分家"而成为两个不同公司中不同股东持有的股份财产。因此，转投资与公司分立分别适用不同的法律规范。

3. 转投资与公司出资购买债券

公司出资购买债券虽然也可以认为是一种投资行为，但债券投资作为证券投资，与公司法上的转投资行为存在较大区别：购买债券行为使公司与债券发行人之间形成债权债务关系，而转投资形成的是股权关系；债权债务关系意味着债券到期时，公司享有请求债券发行人连本带息偿还"出资"的权利，而在股权关系中，公司作为投资者不仅不能要求偿还"出资"，而且还要以该出资额为限对所投资公司承担债务责任；购买债券主要受证券法规范调整，转投资主要受公司法规范调整。

4. 转投资与股权出资

所谓股权出资，是指股东以其所持有的其他公司的股权作为设立新公司的出资。股权出资实际上是股东将其持有的其他公司股权转让给新设立的公司所有，使新设公司成为其他公司的股东。对新设公司而言，相当于在成立的同时又进行了对外投资。公司以股权出资，意味着会出现两个转投资行为：一是作为出资者的公司的转投资行为；二是新设立公司的转投资行为。因此，《公司法》对转投资的限制应当对两个转投资行为都具有约束力。

（三）转投资对公司资本维持的影响

公司转投资是公司成立后经营策略的一个组成部分，至于公司在经营过程中是否作出转投资的决定，本属公司内部的自治行为，法律无需干预。但从公司资本维持角度来看，转投资行为对其产生直接影响，则又需要对其进行必要的干预。一方面，公司转投资有利于充分发挥资本效用，提高经营效率，通过转投资行为可以实现公司间的优势互补，组建跨国公司和企业集团，进行规模化经营。另一方面，公司转投资又可能对资本维持产生以下负面效应：

1. 虚增资本，不当放大公司信用，助长公司资本的泡沫成分。虚增资本在实践中包括两种情形：第一，单向转投资虚增资本。假设甲公司净资产为6000万元，将其中3000万元等额转投资设立了乙、丙两公司，这时，乙、丙两公司各自拥有的资本皆为1500万元；乙、丙两公司分别再将各自拥有的1500万元的50%（750万元）等额转投资设立丁、戊公司及己、庚公司，这时丁、戊、己、庚四公司各自拥有的资本皆为375万元。至此，甲公司以3000万元转投资共设立6家子、孙公司。加上甲公司自身，7家公司账面上的资本额共计达到1.05亿元（甲公司6000万元+乙公司1500万元+丙公司1500万元+丁公司375万元+戊公司375万元+己公司375万元+庚公司375万元=1.05亿元），其中4500万元纯系由于转投资而虚增的数额。第二，相互转投资虚增资本。如甲、乙两公司各有资本额6000万元，甲、乙两公司相互向对方投资3000万元，此时两家公司在账面上各有3000万元之新增资本，账面资本共计达到1.8亿元，其中6000万元为虚增资本。

转投资行为导致的虚增资本尽管并不违法，但却造成注册资本与实际资本并不相符，公司用一笔资本金建立数个公司，债权人误认为公司资本雄厚，其实不然，甚至可能出现“空壳”经营的情况，影响交易安全，增大债权人风险。也有学者认为，转投资在虚增资本的同时也增加了管理层次和管理成本，出于多层次税收成本、多层次治理成本（含代理人道德风险）、法人人格否认风险等多重因素的考量，理性投资者不会不计成本和风险注册一连串“空壳”公司，虽然《公司法》对转投资数额没有限制，但股东将公司全部财产用于连环投资的现象在现实中不会大量产生。[①]

2. 形成控制与被控制的关联关系，可能通过关联交易来转移利润或资产，掏空公司，逃避债务或税收，损害债权人利益和社会公共利益。

（四）《公司法》对转投资行为的规制及其法律适用

转投资可能产生的公司投资风险、虚增资本和关联交易等问题，主要涉及公司内部股东利益和外部第三人利益的保护，“公司转投资则兼具股东及债权人保护之双重色彩”。[②] 因此，法律规制也需要针对两个方面的利益保护来进行，而且还需要区分公众公司和封闭型公司的不同情形。我国《公司法》关于转投资的直接规定为第 14 条和第 15 条，其中第 14 条是专门针对转投资行为的规定，第 15 条则是对公司转投资和对外担保两种行为的规定，两条规定都较为概括和原则。此外，关于股东利益和债权人利益的保护还可以援引《公司法》其他有关条文以及相关法律规定来进行规制。从债权人保护着眼，法律对转投资行为的干预从理论上讲主要是通过强制信息披露、限制不当关联交易和公司人格否认来发挥事前预防、事中规制和事后救济的功能。本章的主题为公司资本制度，这里侧重从保护债权人利益角度来对转投资规制作些讨论。

1. 违反《公司法》第 14 条关于转投资限制的行为效力

2023 年修订的《公司法》对公司转投资的立法表述作出了调整，将原法的“除法律另有规定外，不得成为对所投资企业的债务承担连带责任的出资人”修改为“法律规定公司不得成为对所投资企业的债务承担连带责任的出资人的，从其规定”。这一修改意味着“原则禁止”规范被“例外禁止”规范所取代，与前述《合伙企业法》第 3 条的表述相吻合，也即除了禁止国有独资公司、上市公司作为普通合伙人向合伙企业转投资之外，对其他类型的公司是否能向合伙企业转投资不作限制，由公司自主决定。如果其转投资行为并未损害公司股东以外的第三人的利益，也不存在控股股东强制其他股东的情况，而是全体股东都愿意承担投资风险，就应当尊重公司的意思自治，认定转投资是合法有效的行为。如果违反《公司法》第 14 条关于“例外禁止”的规定，基于法律对此使用了“不得”的表述，则应当认定其为无效的转投资行为，依照《民法典》关于无效民事法律行为的规定来处理。

2. 违反公司章程关于转投资限制的行为效力

违反公司章程关于转投资限制的行为即《公司法》第 15 条规定的情形。该条除了规定公司对外投资行为外，还规定了公司对外担保的行为。根据本书第三章第二节关于“公司能力

① 参见刘俊海：《现代公司法》（第 2 版），法律出版社 2011 年版，第 111 页。

② 曾宛如：《论公司之转投资、保证与资金贷放》，载王保树、王文宇主编：《公司法理论与实践》，法律出版社 2010 年版，第 159 页。

与公司越权规制”的讨论,违反章程限制的转投资行为应当属于公司越权行为。按照《九民会议纪要》的有关规定,公司越权行为应当视为公司代表人越权行为并按照越权代表的规则处理:第一,在被投资企业为善意相对人的情况下,转投资行为有效;如果越权行为给公司造成损害,公司可以向有过错的行为人追偿。第二,如果被投资企业非善意相对人,转投资行为无效,应当按照无效民事法律行为来处理。如何认定被投资企业为非善意相对人涉及一些较为复杂的问题,主要是确定被投资企业对公司转投资行为是否应负有审查义务。对此可参见本书第七章第五节中“第三人对公司章程事项的审查义务”的有关讨论。如果被投资企业与行为人存在恶意串通,则可直接根据《民法典》第 154 条关于“行为人与相对人恶意串通,损害他人合法权益的民事法律行为无效”的规定来处理。

3. 转投资损害债权人利益的规制

如果转投资行为因虚增资本或关联交易造成了债权人利益的损害,依照《公司法》第 14 条和第 15 条是很难规制的,但也并非无法可依。对此可以援引《公司法》及相关法律的有关条文:第一,《公司法》《证券法》有关信息披露的规定,如果是上市公司的转投资行为,通过信息披露来约束公司转投资行为,可以起到事前预防的作用。第二,《公司法》《证券法》及相关法规关于关联交易的规定,一旦转投资形成公司集团,就需要受诸如合并财务报表等会计规则的约束,如果利用关联交易损害第三人利益,则须承担相应的法律责任,这是一种事中规制的方式。第三,《公司法》第 23 条关于公司人格否认的规定,如果转投资导致控制股东过度控制所投资公司,并利用控制关系滥用公司法人独立地位和股东有限责任,逃避债务,严重损害公司债权人利益,则可以适用该条对受损害的债权人进行救济,将债务责任追索至控制股东。

三、增资减资制度

增资与减资属于《公司法》上有着特定含义的概念,是指公司依照《公司法》规定的程序对公司现有注册资本进行增加或减少的行为。据此可以解读出的含义包括:第一,增资和减资都是针对注册资本而言的,也可称注册资本的增加或减少;第二,“现有注册资本”是指记载于公司章程中并经登记公示的注册资本的确定数额,增资或减资是对确定的资本数额的增减行为;第三,增资或减资需要履行严格的法定程序,包括股东会决议、修改章程、变更登记与公示等;第四,增资和减资都是在公司资本确定后的一种公司行为,从公司资本制度角度看,《公司法》对增资减资的规制都是公司成立后对公司资本的后端控制,属于资本维持管制。

(一)增资

增资即公司注册资本的增加。注册资本的增加与公司资产的增加有所不同:前者是指公司资本的正向增长,后者不仅包括正向增长,还包括公司负债增加的情况,如银行对公司的贷款,银行贷款在增加公司总资产的同时,也增加了公司的负债。如果负债资产的增长大于正向增长的资产,尽管公司总资产增加了,但净资产却会出现负增长,这时与净资产对应的公司资本也会出现减少的情况。注册资本的增加也不完全等同于净资产的增加,净资产是与股东权益、公司资本总额相等同的概念,公司资本包括了注册资本和尚未转增注册资本的公积金、未分配利润、捐赠等公司的自有资产，而这些公司自有资产转增注册资本只产生注册资本增加的后果，并不引起净资产或公司资本总额增加的后果。因此，注册资本增加与净资产增加并不相同。

注册资本增加属于注册资本的正向增长，也被形象地称为“注册资本流入”。根据流入资本的来源，增资可分为公司外部流入和公司内部流入两种情形。前者主要是指采取投资入股方式的流入，后者主要是指以公积金等公司自有资产转增资本的流入。因此，增资也可以分为外部增资和内部增资两种类型：第一，外部增资从公司角度看就是公司发行新股的行为，发行新股也称增发，包括向现有股东增发新股（配股）和向现有股东以外的新股东增发新股，后者意味着有新股东的加入。外部增资从股东角度看就是投资入股的行为。第二，内部增资即用公积金等公司自有资产转增资本的行为。内部增资与外部增资虽然都增大了注册资本的数量，但二者不同点在于：外部增资是公司增发与股东投资并行的双向行为，缺少任何一方的行为，增资就不能完成；而内部增资则只是公司的单向行为，公司股东会依法作出决议便可实施和实现。外部增资的对象通常包括现有股东和新股东，内部增资的对象通常只涉及现有股东。公司实践中，增资的主要方式如下：

1. 增发。增发是外部增资的主要方式。从资本控制角度看，增发主要涉及发行管制问题。如果发行人为公众型公司，发行新股包括公开发行和非公开发行，公开发行还包括首次公开发行和上市公司公开发行，这些发行新股行为与证券市场相关，要受《证券法》的规制；如果发行人为封闭型公司，发行新股就是增资扩股，程序上要简单得多。《市场主体登记管理条例实施细则》第 36 条第 2 款规定：“公司增加注册资本，有限责任公司股东认缴新增资本的出资和股份有限公司的股东认购新股的，应当按照设立时缴纳出资和缴纳股款的规定执行。股份有限公司以公开发行新股方式或者上市公司以非公开发行新股方式增加注册资本，还应当提交国务院证券监督管理机构的核准或者注册文件。”

2. 合并。合并是公司并购重组中常常采用的手段。《公司法》上的合并包括吸收合并（兼并）和新设合并两种形式。无论采取哪种形式，合并完成后都会出现合并存续方，即“合二为一”或“合多为一”的情形，存续方的财产和人员都可能会在原公司的基础上增加，财产增加则可能涉及增资的内容。但也要看到，合并并不必然会出现增资行为，存续公司的注册资本也并非原有公司注册资本的简单相加，往往需要对合并各方的资产进行重新评估，以评估后的资产额作为存续公司确定注册资本的依据。可见，这里的资产评估实际上相当于公司设立时的资本确定行为。在公司并购重组实践中，资产评估后的净资产额可能大于或小于存续公司原有的注册资本额。财政部 2006 年修订的《企业财务通则》第 55 条第 2 款规定：“企业合并的资产税收处理应当符合国家有关税法的规定，合并后净资产超出注册资本的部分，作为资本公积；少于注册资本的部分，应当变更注册资本或者由投资者补足出资。”对于资本公积，存续公司可以决定是否将其用于转增注册资本。

3. 转增。转增即内部增资，是指将公积金（包括资本公积金和盈余公积金）、未分配利润等公司自有资产通过合法程序转增为注册资本的行为。转增的对象为现有股东，转增的形式可分为增加股份数量和股份增值，前者针对股份有限公司，后者针对有限责任公司。增加股份数量的转增在实践中也称“送股”或“送红股”，上市公司常常采取这种方式。其中“送股”是指用公积金转增的情形,“送红股”是指用未分配利润转增的情形。① 股份增值即公司在不改变原股份总数的情况下增加每位股东持股的金额。

4. 债转股。债转股是指债权人将其对公司享有的债权转为公司股权的行为,随着转股行为的完成,债权人的身份也发生变化,变成了公司股东。债转股在性质上相当于债权投资行为,转股完成意味着公司负债的减少,也意味着公司发生了增资行为。公司实践中的债转股包括两种情形:一是可转换为股票的公司债券依法转为公司股份;二是一般债权依法转为股权。前者涉及证券的内容,要受《证券法》《公司法》共同规制;后者在《公司法》上没有直接规定,可以参照债权出资的有关规定执行,如债权作为非货币出资,应当对其进行评估作价,不得高估或者低估作价。

由于增资涉及公司内部和外部利益关系的调整,《公司法》对增资也有一些管制性的规定,主要包括:

第一,增资必须履行的法定程序。一是股东会决议通过的程序。有限责任公司必须经代表2/3以上表决权的股东通过;股份有限公司必须经出席会议的股东所持表决权的2/3以上通过;国有独资公司必须由国有资产监督管理机构决定。二是公司章程修改的程序。三是变更登记和公示的程序。

第二,新股优先认购权。《公司法》第227条规定,有限责任公司增加注册资本时,股东在同等条件下有权优先按照实缴的出资比例认缴出资。但是,全体股东约定不按照出资比例优先认缴出资的除外。股份有限公司为增加注册资本发行新股时,股东不享有优先认购权,公司章程另有规定或者股东会决议决定股东享有优先认购权的除外。

第三,股东对出资的缴纳。《公司法》第228条规定:“有限责任公司增加注册资本时,股东认缴新增资本的出资,依照本法设立有限责任公司缴纳出资的有关规定执行。股份有限公司为增加注册资本发行新股时,股东认购新股,依照本法设立股份有限公司缴纳股款的有关规定执行。”

(二)减资

减资即公司减少注册资本的行为。公司减资是公司资本的流出,属于资本的负增长。减资包括两种起因:一是公司自愿减资,二是法律强制减资。公司自愿减资主要是指公司资本过剩的情形。公司成立后,受公司宗旨、经营范围等情况发生变化之影响,可能会出现公司经营所需要的财产小于公司所拥有的财产的情况,“此时如将这些财产一直存留在公司,不仅对公司一无所用,也无法体现这些财产的价值。与其空置存余,不如返还给股东,以物尽其用”②。只要不影响第三人利益,公司完全可以自主决定启动减资程序,并通过法定的减资程序将过剩资产退还给股东,法律对此不作干预。合法的减资属于股东对投资财产的回收,是实现其股权收益的一种方式,在我国公司实践中已得到较为普遍的运用。法律强制减资显然是对公司减

---

① 如《贵州茅台酒股份有限公司2023年半年度报告》记载了公司曾发生过的送股和送红股的情况:(1)送股。以2005年年末总股本47,190万股为基数,每10股资本公积转增10股,实施后公司股本总额(注册资本)由原来的47,190万股增至94,380万股。(2)送红股。以2014年年末总股本114,199.80万股为基数,对公司全体股东每10股派送红股1股,实施后,公司股本总额(注册资本)由原来的114,199.80万股增至125,619.78万股。资料来源:上海证券交易所网,https://www.sse.com.cn/disclosure/listedinfo/announcement/c/new/2023-08-03/600519_20230803_WR7V.pdf。

② 林少伟:《英国现代公司法》,中国法制出版社2015年版,第616页。

资行为的强行干预,主要有两种情形:一是由于经营管理不善或外部条件恶化导致公司净资产显著少于注册资本;二是发生了法律规定的公司分立、回购、股东失权等情形。此时公司资产不是过剩,而是不能与正常经营相匹配,增加了交易相对方的经营风险。从保护债权人利益角度考虑,法律需要对其进行干预,干预的目的就是使公司注册资本与公司资产的真实状况基本保持一致,保证交易的安全。因此,法律强制减资是公司的一种法律义务,达到法律规定的条件时,公司就应当履行减资义务。与增资相比,减资受到的管制显然要更强。

1. 法律强制减资的情形与程序

(1)分立。分立是指公司依照法定条件和程序分成两个或两个以上具有独立法人资格的公司的行为。公司分立包括新设分立和派生分立两种形式,无论采取哪种形式,都是在原有公司基础上的"一分为二"或"一分为多",涉及原公司财产分割的问题。《公司法》第222条第1款规定:"公司分立,其财产作相应的分割。"因此,分立往往可能要涉及公司减资,需要依照《公司法》有关减资的程序进行。当然,与前述的合并行为一样,由于公司存续过程中净资产与注册资本不一致是常态现象,因此,合并和分立并不必然都要对应增资或减资,如分立时将公司净资产中的公积金和未分配利润等自有资产作为派生分立的新公司的注册资本,存续公司的注册资本也可以保持原状。

(2)回购。回购是指公司将已经发行的股份(票)以合理的价格购回的行为。《公司法》第89条、第161条和第162条分别对有限责任公司和股份有限公司的回购行为作出了规定。其中,第89条和第161条的规定是涉及有限责任公司和股份有限公司"异议股东回购请求权"的回购,属于两类公司被动回购的情形;第162条的规定主要涉及股份有限公司的主动回购,这在《公司法》上属于"原则禁止、例外允许"的公司行为。2018年《公司法》修正就是专门针对该条内容[①]作出的修改,尽管仍然保持了该法条"原则禁止"的性质,但放宽了股份有限公司"例外允许"回购的范围。由于回购涉及"公司持有自己股份",与公司法理会发生冲突,因此,《公司法》对回购后公司持有自己股份有时间限制,如第89条和第161条规定,公司回购的股权,"应当在六个月内依法转让或者注销";第162条规定,股份有限公司"减少公司注册资本"回购的股份,"应当自收购之日起十日内注销"。

(3)股东失权。股东失权是公司对催缴后仍不履行出资义务的股东采取的让其丧失未出资部分股权的措施,《公司法》第52条规定了这一制度。根据该条规定,股东失权是公司对不履行出资义务的股东采取的一项惩罚措施,而且是公司董事会依法行使了催缴职责后股东仍不履行出资义务时才能采取的措施。股东失权后公司需要对失权部分的股权作出处理,否则就可能出现注册资本与认缴资本(股份总额)不一致而导致注册资本虚假的情况。对此,《公司法》第52条第2款作出明确规定,对于股东丧失的股权,公司应当在6个月内依法转让,或者相应减少注册资本并注销该股权。

2. 公司自愿减资中的"股东等比例减资"原则

如前所述,公司自愿减资作为股东对投资财产的回收、实现其股权收益的一种方式在实践中得到普遍应用,但也出现了一些问题,主要表现为大股东利用"资本多数决"作出公司定向减资决议损害中小股东利益;或是对大股东定向减资使之优先于小股东获得投资回收;或是对

---

① 2023年《公司法》修订前,该法条的序号为第142条。

小股东定向减资来稀释其股份,以降低其监督公司和获得收益的能力,甚至将其逐出公司。为了规制此类损害其他股东利益的行为,2023 年修订的《公司法》专门在减资条款中增加了“股东等比例减资”的内容,即第 224 条第 3 款规定:“公司减少注册资本,应当按照股东出资或者持有股份的比例相应减少出资额或者股份,法律另有规定、有限责任公司全体股东另有约定或者股份有限公司章程另有规定的除外。”按照这一规定,适用“股东等比例减资”原则应区分不同情况:除特殊情形外,均应按照“股东出资或者持有股份的比例相应减少出资额或者股份”的规定执行;特殊情形即该款“但书”的规定,其中“法律另有规定”指前述法律强制减资的情况,如《公司法》第 89 条和第 161 条规定的因异议股东行使回购请求权而进行公司回购时适用的非等比例减资;此外,法律也允许股东通过意思自治方式对非等比例减资作出约定,可以在不损害股东利益的情形下,不按照等比例减资的原则执行。①

3. 公司自愿减资程序

公司自愿减资必须严格依照法律规定的程序进行,不仅要履行与公司增资一样的决议通过程序、公司章程修改程序、变更登记和公示程序,而且还要履行《公司法》为减资专门设置的程序。考虑到减资可能对债权人造成的影响和公司经营的需要,2023 年《公司法》修订对减资的程序设计有所增加和完善,主要是将公司自主决定的减资分为一般减资与简易减资两种形式,其中简易减资是新增的形式。所谓“简易”,是指在减资程序履行上,简易减资较一般减资更为简便。

(1)一般减资程序。按照《公司法》第 224 条的规定,公司采取一般减资形式,应当编制资产负债表及财产清单。公司应当自股东会作出减少注册资本决议之日起 10 日内通知债权人,并于 30 日内在报纸上或者国家企业信用信息公示系统公告。债权人自接到通知之日起 30 日内,未接到通知的自公告之日起 45 日内,有权要求公司清偿债务或者提供相应的担保。公司减少注册资本,应当按照股东出资或者持有股份的比例相应减少出资额或者股份,法律另有规定、有限责任公司全体股东另有约定或者股份有限公司章程另有规定的除外。由此可见,公司在一般减资程序中负有三项主要义务:一是通知或公告的义务;二是应债权人的要求提供相应担保的义务;三是依法减少股东的出资额或股份的义务。如果违反这几项义务就可能承受相应的法律后果。

(2)简易减资程序。按照《公司法》第 225 条的规定,公司按照财务会计要求弥补亏损后,仍有亏损的,可以减少注册资本弥补亏损。减少注册资本弥补亏损的,公司不得向股东分配,也不得免除股东缴纳出资或者股款的义务。按照该条规定,这种情形下的减资除了同样需要履行自股东会作出减少注册资本决议之日起 30 日内在报纸上或者国家企业信用信息公示系统公告的程序外,不适用一般减资的其他程序,即公司不受 10 日内通知债权人的限制和不负有向债权人清偿债务和提供担保的义务。因此,该条规定的减资也可以称为简易减资。为了减小简易减资可能对资本维持带来的不利影响,《公司法》第 225 条第 3 款规定,公司按照简易减资程序减少注册资本后,在法定公积金和任意公积金累计额达到公司注册资本 50% 前,不得分配利润。

(3)其他程序。根据《市场主体登记管理条例实施细则》第 36 条第 3 款的规定,公司无论

① 参见林一英:《新〈公司法〉对股东权利保护的完善》,载《法律适用》2024 年第 2 期。

采取何种形式减少注册资本,都"应当于公告期届满后申请变更登记。法律、行政法规或者国务院决定对公司注册资本有最低限额规定的,减少后的注册资本应当不少于最低限额"。

4. 公司违反减资程序的法律后果

《公司法》第226条规定:"违反本法规定减少注册资本的,股东应当退还其收到的资金,减免股东出资的应当恢复原状;给公司造成损失的,股东及负有责任的董事、监事、高级管理人员应当承担赔偿责任。"由此可见,该条规定包括两项法律后果:一是减资行为无效,由股东退还减资所得收入;减免股东出资的,还应当恢复原状。二是赔偿责任,由股东和负有责任的董监高承担因减资无效给公司造成损失的赔偿责任。另外,根据《公司法》第255条的规定,如果公司在减少注册资本时,不依照本法规定履行通知或者公告债权人义务,由公司登记机关责令改正,对公司处以1万元以上10万元以下的罚款。

第四节　我国公司资本制度的改革与完善

自1993年《公司法》出台以来,我国公司资本制度沿循市场化改革的价值取向,随着历次《公司法》的修改持续改革和不断深化,立法理念和制度逻辑也越来越清晰明确,从最初对公司资本较为严苛的管制逐渐转向宽松并富有弹性,公司自治空间得以拓展,《公司法》的商法本质也得到更为充分的体现。

一、新《公司法》对公司资本制度的改革

本轮《公司法》修订(2023年修订)作为一次"大修",涉及公司资本制度的许多内容,概括而言,主要集中在如下几个方面。

(一)坚持保护债权人利益原则,兼顾促进公司经营发展

公司资本制度总体上是对公司资本的一种管制方式,管制的主要目的还是保护债权人利益,这也是《公司法》第1条规定的立法宗旨的重要内容之一。本轮《公司法》修订坚持这一立法宗旨和原则,在原有债权人保护制度的基础上,完善了一些相关制度,如公司人格否认制度、关联交易制度等。与此同时,本轮《公司法》修订也根据公司资本作为公司经营的财产基础,充分考虑到资本制度具有促进公司经营和发展的功能,而公司经营和发展属于公司内部事务,只要不损害第三人利益,就需更多尊重私法自治原则和市场规律,法律从制度设计上不宜强行干预,而应当提供更多的选择和为公司自治提供充分的空间。新《公司法》较好地体现了这一修法思路,其中一个最大的特点就是新增了授权资本制的规定,第152条关于公司可以通过章程或股东会授权的方式由董事会来决定是否增发股份和增加公司资本的规定,不仅可以提高公司增资效率,而且也进一步增强了公司自主经营的灵活性。

(二)巩固资本制度前端管制成果,加强资本制度后端管制措施

资本制度前端管制作为公司资本形成阶段的管制,也称准入管制,具有通过立法预设来实现事前预防功能的特点,2013年《公司法》修改主要是针对资本制度前端管制的改革,以"认缴

制”为主要特点的改革取得了显著的成效。尽管全面实行认缴制后公司实践中也出现了债权人受到的保护偏弱的问题，但本轮《公司法》修订仍然坚持认缴制的改革取向，在此前提下也对存在的问题作出积极回应，修订完善了薄弱环节的相关制度，以此平衡公司股东与债权人的利益关系。加强对公司资本维持的管制，是本轮修法的一大亮点。如规定有限责任公司股东认缴出资的5年缴足期（第47条），要求股份有限公司发起人实缴（第98条）；对认缴制实施后出现的欠缴出资现象新增了公司催缴制度和股东失权制度（第52条）；针对实践中出现的“巨额公司”等现象增加了股东出资加速到期制度（第54条）等。通过资本制度后端管制的加强，有效地弥补了前端控制减弱的缺陷。

（三）以公司偿债能力为重心，提供多形式的制度供给

虽然保护债权人利益可以有多种方式，但从债权人角度来看，最重要的内容还是公司具有偿债能力，自愿债权人对公司偿债能力大小的认知是保证交易安全的重要前提。资本制度对公司偿债能力的约束和交易相对方对公司偿债能力了解的规则，是本轮《公司法》修订加强后端控制的重要内容。如在股东出资上增加对公司董监高的义务和责任（第51条、第53条）、增加出资转让中转让人和受让人的责任（第88条）、完善公司利润分配规则（第211条）、增加瑕疵减资民事责任的规定（第226条）、强制公司通过国家企业信用信息公示系统公示相关信息（第40条）等。值得指出的是，2023年《公司法》修订在总体上加强资本制度后端管制的同时，也根据市场发展实际，放宽了一些原来的资本管制规则，如允许发行无面额股（第142条）和股票不得折价发行只限于面额股票（第148条）。

二、我国公司资本制度深化改革前瞻

虽然2023年《公司法》修订后，我国公司资本制度改革已经取得了较大的进展，但并不意味着已达到臻于至善的程度，“改革永远都在路上”。一些尚未形成共识的公司资本制度改革问题还需要深入讨论。

（一）公司资本制度是否应当弱化债权人保护功能

从国际视野看，公司资本制度的总体发展趋势是管制越来越宽松。随着公司法的现代化发展，传统资本制度保护内容在发生变化，现实中也出现了很多更为有效的债权人保护机制。正是在此背景下，各国都纷纷简化公司资本制度，将该制度的价值目标从债权人保护转为提升公司效率。有学者因此认为，公司资本制度中债权人保护功能已经式微。[①] 但也有学者认为，资本制度的发展趋势并不能替代其现实功能，保护债权人利益始终应当是公司法律制度的“主旋律”之一，放弃或动摇对债权人保护的目标，即是在撼动公司大厦之基础。[②] 应当看到，随着公司法治建设的推进，尽管我国现实中的债权人利益保护较以前有了很大进步，但由于社会信用的整体状况还并不乐观，市场上不讲诚信、虚假欺诈的行为还较多发生，交易安全仍然是法律规制面临的重要问题。公司资本制度虽然不是唯一的债权人保护制度，但在公司场合

① 参见黄辉：《现代公司法比较研究——国际经验及对中国的启示》（第2版），清华大学出版社2020年版，第83页。

② 参见朱慈蕴：《全球化与本土化互动中的公司制度演进》，法律出版社2015年版，第354页。

仍然是最直接、最有效也是最重要的制度,而且在短期内也不会改变这一状况。因此,公司资本制度改革的深化还不能弱化保护债权人利益的功能。换言之,保护债权人利益应当始终作为资本制度最重要的功能,这不是该制度其他功能所能兼顾的。公司资本制度的完善必须从中国国情出发,在今天还需要大力弘扬社会诚信意识的情况下,对其主要功能还不能“喜新厌旧”,否则就很难避免出现事与愿违或“欲速则不达”的结果。

在加强和完善保护债权人利益机制的同时,针对当前社会信用现实,还需要加强与其他债权人保护机制的联动,如商业信用机制、合同保护机制、担保机制、保险机制、信息披露与公示机制、破产机制等,增强市场机制在保护债权人利益中的作用。在多元化机制共同作用下,平衡股东利益和债权人利益,降低保护成本。还应看到,资本制度对债权人利益的保护并非只通过资本形成制度进行,甚至主要不是资本形成制度,对资本形成制度的管制要基本放开,而更多将保护重心放在资本维持制度上,通过事中多方位多手段管制并辅以公司人格否认制度来约束公司及其股东的行为。

资本制度促进公司经营和发展的功能在性质上不属于管制的内容,公司经营对资本需求量的多少,只要不损害第三人利益,应当由公司自行决定,国家干预和法律强制都没有必要性和正当性理由,更多需要通过公司自治的途径来实施。因此,这一功能应当视为资本制度兼有的功能,不能喧宾夺主。

(二)公司资本制度债权人保护路径优化的思考

优化债权人保护路径是公司资本制度完善的应有之义。可以考虑的思路包括:

1. 区分不同债权人实施有差异的保护措施。公司债权人一般可分为两类:自愿债权人和非自愿债权人,其中自愿债权人也称合同债权人,非自愿债权人也称侵权债权人。合同债权人与公司之间产生的债权债务关系源于双方约定,是一种自愿型的债权,因此,合同债权人可通过多种途径保障自身债权。如在与公司签订合同之前,提前了解公司的经营情况和财务信息。在签订合同时,可通过约定要求公司维持一定比例的资产或在某种情况下收回贷款等方式保护自身权益。对于侵权债权人而言,侵权产生的债权债务关系并非自愿,而是源于法律规定,无法通过谈判协商来约定。债权人无法事先了解公司的经营情况,甚至事先根本无法知晓其即将成为公司债权人。① 因此,公司资本制度对于这两类债权人的保护也应当有所差异,将保护措施更多向侵权债权人倾斜。

2. 区分不同公司类型实施不同的保护措施。这里的公司类型并非对应《公司法》上股份有限公司和有限责任公司的简单分类,而是结合资本制度的特点对应于公众型公司和封闭型公司。从法律性质考察,公众型公司更多具有组织属性,封闭型公司更多具有合同属性。由于“认缴制”下分期缴纳出资的盛行,公司资本形成上“一次确定,多次形成”的现象普遍存在,从而成为债权人利益最容易受到损害的领域,也是学者们就 2013 年《公司法》修改存在制度缺陷批评得最为集中的问题。从公司实践看,2023 年《公司法》修订前,分期缴纳出资现象主要发生于封闭型公司,而公众型公司因受《公司法》关于出资的强制性规定的约束几乎不存在此现象。分期缴纳中封闭型公司容易产生债权人利益受损的结果,与学界热衷于对法定资本制、

① 参见林少伟:《英国现代公司法》,中国法制出版社 2015 年版,第 626 页。

授权资本制和折中资本制三种模式孰优孰劣的讨论存在较大程度的脱节,因为该三种模式基本是以公众型公司为原型来抽象的。现实中对债权人保护制度供给需求最为迫切的恰恰不是公众型公司而是数量上占绝大多数的封闭型公司。因此,以债权人保护为"主旋律"的公司资本制度的重心也应当落到封闭型公司上。相对于封闭型公司,公众型公司受到《公司法》《证券法》的规制和约束更多,如上市公司的强制信息披露制度。强制信息披露对于公司而言是一种监管措施,而对于债权人而言则是一种保护措施。因此,资本制度中债权人保护机制应当更多适用于封闭型公司,制度设计上也应更偏重封闭型公司。对公众型公司则更多需要在与资本制度相关的联动机制上着力,完善其商业信用机制、合同保护机制、担保机制、保险机制、信息披露机制、相关主体责任机制方面的保护措施。

需要说明的是,新《公司法》对资本制度所作的修订与笔者上述观点很多是相吻合的,如前述关于加强资本制度后端控制的新制度就主要是针对封闭型公司来设计的,这是资本制度值得肯定的地方和修法的亮点所在。但也有一些制度的调整并非完全令人信服,如对股份有限公司发起人出资一律实行实缴的规定,没有对公众公司和非公众股份有限公司作出区分,使同具封闭属性的有限责任公司和非公众股份有限公司适用了两种不同的资本形成规则,这是否合理还需要随着新《公司法》的实施在公司实践中进行验证。

(三)创新公司偿债能力的制度设计

资本制度对于债权人利益的保护方式可以是多形式的,其中最核心的内容是公司具有与经营和交易相匹配的偿债能力。偿债能力就是一种商事信用,是公司能够给债权人提供的具有稳定交易行为预期的公司信用。如同真实准确的信息披露的功能一样,好的公司信用可以增加交易的确定性,减少交易风险。"从债权人的视角来看,公司资本制度的目标是防止公司因不合理的内部行为危及到债权人的债权安全。但现实中,股东和公司管理者掌控着公司资本的运作,债权人是外部人,难以监控公司内部人的行为。"①在我国《公司法》的制度环境下,债权人对公司偿债能力的了解主要通过注册资本公示和财务信息披露的路径,由于注册资本与企业资产常常存在不统一的状况,债权人知晓的情况也有可能失真。近年来,一些学者注意到国外较为普遍采用的偿债能力测试,为优化债权人保护路径提供了一种新的视角。

偿债能力测试最早是美国1980年规定的一项旨在完善公司资本制度的规则,此后在新西兰、新加坡、日本、英国、澳大利亚及我国香港特别行政区也得到广泛应用。虽然各国或地区应用的场景和具体规则有些差别,但总体上可将其概括为:偿债能力测试是指董事就公司资本流出事项作出决策时对公司未来偿债能力所作出的判断,并对依判断同意的决策向社会作出声明和承诺,如果判断与公司财务状况不符,资本流出的受益人和董事则应当对此承担民事责任。按照学者们的描述,②这里的公司资本流出事项主要是指资本维持体系下的利润分配、回购、减资、财务资助③等可以导致公司资产减少的内容;董事判断是指董事依照一定规则(如美

---

① 朱慈蕴、皮正德:《公司资本制度的后端改革与偿债能力测试的借鉴》,载《法学研究》2021年第1期。

② 参见黄辉:《公司资本制度改革的正当性:基于债权人保护功能的法经济学分析》,载《中国法学》2015年第6期;林少伟:《英国现代公司法》,中国法制出版社2015年版,第611页;朱慈蕴、皮正德:《公司资本制度的后端改革与偿债能力测试的借鉴》,载《法学研究》2021年第1期。

③ 2023年修订的《公司法》第163条新增了财务资助的内容。根据该条规定,财务资助是指公司用自己拥有的财产、资金或资源为他人取得本公司或者其母公司的股份提供赠与、借款、担保等利益或优惠。

国是按照衡平测试、资产负债表测试、资本充足测试规则进行)对公司资产作出的主观预测;声明与承诺是指董事确认公司能够偿还到期债务的声明,声明也构成董事对债权人的一种承诺,属于董事的信义义务;民事责任是指公司偿债能力与董事声明不符时,受益人将获得的资产返还公司,董事要承担补足责任。美国"在大多数情况下都会由董事实际承担补足责任,故董事受信义务的完善是偿债能力测试的前提"。①

可见,公司偿债能力测试作为一项与公司资产流出相关的制度,其功能在于避免了资本维持体系下须在满足债权人的需要后才能惠及股东利益的不足,让公司董事通过自己的商业判断就可决策,并通过董事声明为债权人提供保障,使公司资产减少不再受制于债权人的同意,从而提升了公司行为的灵活性,降低了公司资本调整行为的成本。偿债能力测试加上了董事声明的内容,就意味着公司向债权人提供的偿债信用中加入了董事的个人信用,以董事的信义义务为债权人提供了偿债保证。

公司偿债能力测试在我国《公司法》语境下有着借鉴适用的空间:鉴于我国公司利润分配上已有"未有利润不得分红"②和公积金弥补亏损的机制,与域外公司法上的偿债能力测试主要适用于公司利润分配的情况有所不同。但公司偿债能力测试仍然有适用的空间,主要可针对回购与减资的行为。由于现有制度几乎不存在会计与财源上的限制,可能会成为公司内部人转移资产的通道。对回购和减资行为施加偿债能力测试,作为董事信义义务的要求,当公司该类行为损害债权人利益时,债权人可以起诉董事对该决策所造成的损失承担相应的责任。③

---

① 朱慈蕴、皮正德:《公司资本制度的后端改革与偿债能力测试的借鉴》,载《法学研究》2021 年第 1 期。

② 《企业财务通则》第 51 条规定,"企业弥补以前年度亏损和提取盈余公积后,当年没有可供分配的利润时,不得向投资者分配利润"。

③ 参见朱慈蕴、皮正德:《公司资本制度的后端改革与偿债能力测试的借鉴》,载《法学研究》2021 年第 1 期。

第七章　公 司 章 程

第一节　公司章程概论

一、公司章程的性质与特征

公司章程是指依法制定的规定公司性质、宗旨、组织和活动原则、名称和住所、经营范围、组织机构及其活动方式、权利义务分配等重大事项的文件。一般认为，章程是公司作为一个法人组织的重要标志，也是公司法规定的公司成立和存续的必要前提和条件，《公司法》第5条就明确规定，“设立公司应当依法制定公司章程”。

关于公司章程的性质，国内外主要有三种学说：(1)自治法规说，也称自治规章说。该学说认为，公司章程是公司根据国家赋予的“公司自治立法权”而制定的规定公司组织和其活动的自治法规，“是由作为设立中公司机关的发起人所制定的公司自治规章”，公司中各类人员必须遵守公司章程的规定。此说也为日本之通说，公司章程被视为公司法的一种渊源。[①](2)宪章说。该学说认为，公司章程既不是自治法，也不是契约，而是带有宪章性质的法律文件。公司章程是股东和公司从事商事活动的行动纲领，它规定了公司最为基本的运行规则。[②](3)契约说，也称合同说。该学说认为，公司章程是公司股东在协商一致的基础上就设立公司的权利义务达成一致意见而签订的文件，是股东意思表示一致的结果，体现了股东的共同意志，对每个股东具有效力。因此，从本质上讲，公司章程就是股东之间达成的契约，是多数人的合意。此说亦为英美法系所认同，公司章程在英美法系国家往往被视为一种合同。

上述三种学说作为对公司章程的理论解释，虽然都从不同角度揭示了公司章程的性质和内涵，都有一定的道理，但也存在着与公司章程的对应面宽窄不一的问题，三种学说都有不能完全说明公司章程性质的欠缺。自治法规说和宪章说都存在没有突出公司内部自治的法律技术特征。我国在“民商合一”的立法体例下建立的民事法律行为制度，借鉴了德国法律体系中的意思表示概念，而公司章程的意思表示特征不能通过自治法规说和宪章说得到很好的解释。契约说没有阐明公司章程与一般合同的区别，如一般合同遵循的合意规则与章程遵循的表意规则、合同相对性与章程涉他性的差异。比较而言，我国学界对契约说的接受度更高一些，引用其来阐释公司章程性质的学者也更多一些。之所以如此，主要是因为契约说也是解释公司性质的一种非常有影响力的理论工具，其与公司章程性质的对应面较其他两种学说更广也更有深度。从对公司章程的解释看，对契约说的质疑主要指向公众型公司。因为公众型公司的章程无论是制定修改程序还是具体内容都与合同存在较大差异，以“资本多数决”规则通过的

---

① 参见刘俊海：《现代公司法》(第3版)(上册)，法律出版社2015年版，第138页。

② 参见雷兴虎：《公司与非公司企业法基本问题研究》，湖北人民出版社2020年版，第320、347页。

章程与遵循“意思表示一致”订立的合同有着很大的不同。但公众型公司毕竟只占公司总数的少数，而对数量绝对占优的封闭型公司来说，不仅初始章程的制定来自股东的合意，而且章程修改也往往是在股东合意的基础上形成。可见，仅通过公众型公司章程与合同存在的差异尚不能说明所有的公司章程均是如此。我国《公司法》的历次修改，从总体趋势看是在放松公司管制和扩大公司自治的空间，主要体现在以有限责任公司为代表的封闭型公司的有关规定中。公司自治在封闭型公司中很大程度上表现为股东自治，与合同性质的契合度高。也正是在这个意义上，封闭型公司被认为更多具有合同的属性。因此，用契约理论来解释封闭型公司的章程性质具有较强的适应性和说服力，契约说与其他两种学说可以并存和相互补充。

进一步看，从契约理论的视角来深入理解公司章程的法律性质，需要结合公司契约理论对公司性质的解释来由此及彼地延伸。公司契约理论经历了一个变化的过程，最早见于阿尔钦、登姆塞茨(Alchian & Demsetz)撰写的《生产、信息成本和组织》一文，后来张五常提出了企业要素合约取代产品合约而非科斯所称企业层级结构取代的观点。[①] 公司契约理论与公司法上的利益相关者理论高度相关，企业实质上可被分解为各种不同利益相关者的“契约网”，“一旦我们认为公司不是一个实体而是一系列契约的结合，这个组织(公司)就解体成——投资者、经理、债权人、职员、供应商——他们通过协商在他们之间达成均衡。这也就是说任何公司参与者，即使是股东也不能把他们自己当成公司所有者”。[②]

在公司契约论者看来，每一个公司的参与者都被设想成能够尽最大可能追求自身利益和规避风险的理性人，他们基于对自身利益的追求和对公司的了解签订了各种契约，成为公司众多利益主体中的一员。在公司契约机制中，所有的公司内部关系都是契约选择的结果。[③] 如果撇开契约关系来理解企业，那么企业只能是一个空洞的名词。正如有学者指出的那样：“公司中各方关系虽然错综复杂，但总体上是适应性的，也就是说是合同性的。”[④]还有学者认为，公司契约理论解释了公司契约的本质，因此公司法不应该是一部强制性规范的集合，而应当是一部任意性规范的集合以授权公司参与者就公司事务自由缔结契约。[⑤]

以公司契约理论理解公司章程，公司章程的性质无疑属于一种公司内部契约。需要指出，公司章程的契约属性不意味着其等同于一般意义上的合同，或等同于公司与外部交易相对方订立的民事契约。对于公司“契约”与民事“契约”的关系，有学者认为公司契约是股东间的契约，此种契约像一般民事契约般是股东意思表示的合意，一旦具备契约的构成要件即对公司和公司股东产生法律上的约束力。[⑥] 但更多学者主张区分股东的一般契约行为和组织法上的契约行为。有学者认为，股东设立公司、订立章程的行为属于共同法律行为，其与普通契约在表意人身份、意思表示上具有相同的特点，但在成立和生效要件、法律效果、责任救济等方面具有特殊性。[⑦] 还有学者从公司的团体法性质角度进行审视，认为公司契约理论的发展，包含着契约法与团体法的内容，比如从早期契约法与组织法的分离、并列存在逐渐演变为组织法与契约

---

① 参见林金忠：《否定企业的企业理论：“企业契约论”批判》，载《经济学家》2003 年第 5 期。
② 刘迎霜：《公司契约理论对公司法的解读》，载《当代法学》2009 年第 1 期。
③ 参见刘迎霜：《公司契约理论对公司法的解读》，载《当代法学》2009 年第 1 期。
④ [美]弗兰克·H. 伊斯特布鲁克、[美]丹尼尔·R. 费雪：《公司契约论》，黄辉译，载《清华法学》2007 年第 4 期。
⑤ 参见侯东德：《公司契约理论与中国股东权制度的发展》，载《学术论坛》2009 年第 4 期。
⑥ 参见张民安：《公司契约理论研究》，载《现代法学》2003 年第 2 期。
⑦ 参见韩长印：《共同法律行为理论的初步构建——以公司设立为分析对象》，载《中国法学》2009 年第 3 期。

法的相融——组织法越来越多地被认为属于"契约法"范畴。演变的过程伴随着公司制度的改革,认缴制、企业信用信息公示制度等的出台,将公司契约理论与传统合同法下的"契约自由"原则相区别,团体法本质加持下的公司契约,其意思表示受到更多"私法中团体性契约"性质的限定。[①] 另有学者指出,对于公司契约的理解,还要加入国家在创设公司中的作用。虽然公司的成立和运行的确涉及大量的契约,但这些契约并不是公司得以成立的基础,公司赖以成立的基础是公司的成立符合相关法律的规定。即使某些立法或者司法判例允许权利人通过契约排除公司法某些规定的适用,但绝不可能允许权利人通过契约除去公司的法人人格。[②] 总体来看,公司章程可以理解为一种特殊的公司内部契约,此种契约不同于合同法意义上的普通契约,是一种特殊的民事法律行为,具有组织法上的特点。

基于前述分析,结合我国《公司法》有关公司章程的规定,公司章程与合同相比具有如下特征:

1. 公司章程是约束公司、公司机关及其成员、公司股东的行为规范,是公司行为的基本准则。公司作为人的集合体,是严格依照法律和章程来成立和运作的企业,其行为准则主要有两个:一是公司法,二是公司章程。公司章程是依公司法制定的文件,既不能违反公司法,又不能雷同于公司法。章程是公司设立人和股东的意思自治的集中表现,在公司设立时是设立人意思一致的体现,在公司成立后股东的加入视为对章程条款的无保留的接受。因此,章程对公司所有股东、公司机关及其成员都具有规范的效力。规范在法律上的含义是行为人可以做什么、必须做什么、不能做什么、禁止做什么的行为指引;规范从不同角度可以分为法律规范、自治规范、道德规范、合同规范、章程规范等,规范对人的行为具有约束力。公司章程作为一种行为规范,从规范的意义上与合同规范有相同的属性,都对行为人有约束力,违反规范都要承担相应的责任。但章程约束的对象则超越了合同约束的合同当事人的范围,根据《公司法》第 5 条关于"公司章程对公司、股东、董事、监事、高级管理人员具有约束力"的规定,章程约束的对象首先指向公司,包括公司法人和公司法人机关;其次指向股东,包括订立章程的股东和公司成立后其他加入公司的股东;最后指向公司的董监高等公司管理者。

2. 公司章程是受公司法管制的自治规范。尽管公司法对公司章程的管制强度会因公司类型的不同而有所区别,但无论哪种类型的公司,公司法对章程的管制强度都比合同法对合同的管制强度更大,这成为公司章程与合同的重要区别。公司章程的制定从表面上看完全属于公司内部的事务,可以由公司股东按照意思自治原则来自由设定条款,但在我国,为了维护公司中小股东、社会公众投资者的利益和社会公共利益,公司章程的具体内容、制定和修改的程序都必须纳入法律规制的范围,即章程必须反映和体现《公司法》及相关法律法规对公司内外关系的强制性要求。[③] 这些要求包括在公司章程的制定和修改上必须遵循严格的程序、不能遗漏公司法规定的章程必要记载事项。如果是国有公司,其章程应当按照国务院国资委、财政部发布的《国有企业公司章程制定管理办法》的要求制定;如果是向社会公开发行股票的上市公

---

① 参见蒋大兴:《公司法中的合同空间——从契约法到组织法的逻辑》,载《法学》2017 年第 4 期。

② 参见李诗鸿:《公司契约理论新发展及其缺陷的反思》,载《华东政法大学学报》2014 年第 5 期。

③ 如同哈耶克所说:"只有那些影响到他人的个人行动,或者一如习惯上所描述的那样,只有'涉他人的行动',才会引发对法律规则的阐释或制定。"参见[英]弗里德利希·冯·哈耶克:《法律、立法与自由》(第 1 卷),邓正来等译,中国大百科全书出版社 2000 年版,第 161 页。

司,其章程必须按照中国证监会发布的《上市公司章程指引》的格式和内容来制订。这些管制尽管较大程度上压缩了章程制定者的自治空间,但有其充分的合理性和必要性,公司章程因此成为一个具有法律公信力的文件,是公司对外最为有力的资信证明。

3. 公司章程是具有标准合同属性的特别规范。标准合同是合同的一种特殊形式。从理论上看,标准合同具有节约交易成本、平衡各方利益、缓解当事人"预见不足"、具有漏洞补充机制的优点。这也是依公司法制定的公司章程的本质属性所在。按照契约论的认识,公司法本身也可以视为一种标准合同,"公司法是一项开放式的标准合同。它将公司历史演进中沉淀下来的市场智慧,转化为公共产品,向公司参与方提供,同时在适用性方面保持着限度,允许公司参与方在一定条件下另定规则"。[①] 公司章程在具有标准合同属性的同时,也有不同于一般标准合同的特点:第一,一般标准合同的设计者和提供者为政府机关,公司章程则是直接由法律法规提供,具有更高的抽象度和更强的公信力;第二,二者虽然都具有公共产品属性,但一般标准合同的适用限于一些专业性较强的领域,如银行信贷、建筑施工、房地产交易等,而公司章程的适用对象具有不特定性,所有设立的公司均应按照《公司法》及相关法规规定的必要条款来制定和修改公司章程。

4. 公司章程是具有鲜明组织法属性的行为规范。公司章程与公司法人互为存在的前提。一方面,公司章程是公司成立的必要条件,设立人不制定章程,公司就不能成立;另一方面,公司法人组织又以公司章程等要素为其象征,离开公司法人,公司章程就没有存在的必要。在这个意义上,公司章程具有鲜明的组织法特点,是规范法人组织及其成员的行为准则。合同则只与合同当事人相关,合同的订立和合同的约束力都限于合同当事人,因此,合同具有鲜明的交易法特点。进一步看,公司章程的组织法属性还具备其他一些与合同显著有别的特点:第一,公司章程的更改遵循"资本多数决"的规则而非合同的"意思表示一致"的规则,即使对此持有异议的股东也须受此约束。第二,公司章程体现公司组织的意志而非每位股东的意志;合同则体现了每位当事人的意志,如果没有当事人的合意,合同就不能成立。第三,公司章程对公司机关及其成员、对公司成立后加入的股东同样具有约束力;合同则具有相对性,合同当事人不得为第三人设定义务。第四,公司章程具有一定的公开性,首先,登记是公司的一项法定义务,通过登记不仅标志着公司已经取得法人人格,也意味着公司章程内容向登记机构公开;其次,根据《公司法》第110条关于股份有限公司"股东有权查阅、复制公司章程"的规定,章程对于作为公众投资者的股东也应当公开。而合同则具有私密性,合同当事人没有将合同内容公开的法定义务,反而还可以在合同中约定,合同的内容只限于合同当事人知悉,不准对外泄露。

二、公司章程的类型

公司章程可以依据不同的标准进行分类:

1. 依公司类型的不同,可分为股份有限公司章程和有限责任公司章程。其中,股份有限公司章程还可以分为上市公司章程、非上市公众公司章程和非公众股份有限公司章程。

2. 依公司章程是否为单一文件构成,可以分为单一文件章程和复合文件章程。我国《公

---

① 罗培新:《公司法强制性与任意性边界之厘定:一个法理分析框架》,载《中国法学》2007年第4期。

司法》规定的章程为单一文件构成，不像一些国家那样章程由复合文件构成。复合文件章程主要是一些英美法系国家采取的做法，公司章程由章程大纲（或称组织章程、设立章程、外部章程）和章程细则（或称运作章程、内部章程）两个文件构成。[①] 我国公司实践中由中国证监会发布的《上市公司章程指引》和公司登记机关向社会提供的章程示范文本不属于章程正式文本，公司设立时可以根据自身情况对其选择适用和修正适用。

3. 依公司章程制定的时间不同，可以分为初始章程与修订章程。初始章程是指公司设立时由设立人共同制定的章程。根据《公司法》第 45 条、第 46 条关于“设立有限责任公司，应当由股东共同制定公司章程”“股东应当在公司章程上签名或者盖章”和第 94 条关于“设立股份有限公司，应当由发起人共同制订公司章程”的规定，有限责任公司和发起设立的股份有限公司的初始章程须经全体股东同意才能通过。根据《公司法》关于募集设立股份有限公司的规定，公司章程须由成立大会通过，似乎公司章程的通过实行“资本多数决”原则，但认真考察公司设立的情况，会发现实践中投资者如果不同意公司章程完全可以选择不购买股票，因此这类公司的初始章程的通过实际上是股东合意的结果。[②] 学者们也普遍认为无论是股份有限公司还是有限责任公司，其初始章程的通过都实行了“意思表示一致”的原则，即使有个别例外也可忽略不计，应当视为全体股东的合意。修订章程是指公司成立后对公司章程修改的情形。根据《公司法》的规定，修订章程与初始章程最大的区别在于其通过遵循“资本多数决”的原则。尽管《公司法》将多数界定为“三分之二以上”的复杂多数，但仍然意味着无须全体股东的意思表示一致就可获得通过，而通过后的公司章程对包括不同意股东在内的全体股东都具有约束力。在这个意义上，初始章程是“意思表示一致”的结果，与合同无异；修订章程是“资本多数决”的结果，具有鲜明的组织决策的特色。

三、股份有限公司章程与有限责任公司章程的比较

股份有限公司与有限责任公司作为我国《公司法》上两种不同的公司形式，二者的差异也必然会通过公司章程体现出来。

1. 章程的内容。按照《公司法》第 46 条和第 95 条的规定，有限责任公司章程的必要记载事项为 7 项，股份有限公司章程的必要记载事项为 12 项；[③]如果是上市公司，由于章程必须符合《上市公司章程指引》的规定，因此，其必要记载事项更是大大多于有限责任公司章程的有关规定。就章程任意记载事项来看，按照《公司法》的规定，有限责任公司显然要比股份有限

① 从英美法系国家的公司章程情况看，章程大纲规定公司的外部事务或者外部关系，内容相对简单、明确、原则，是公司设立和取得法人资格的必备法律文件，需要在公司设立时提交公司注册登记机关，公司法都会对章程大纲的内容作出明确的规定；章程细则主要调整公司的内部事务，如公司机关的选择和权力配置、公司管理层的职权与责任、公司各个参与者的利益协调等，公司法通常不对章程细则作出详细规定。参见朱慈蕴：《全球化与本土化互动中的公司制度演进》，法律出版社 2015 年版，第 54～55 页。

② 钱玉林教授认为，虽然采用募集方式设立股份有限公司时，发起人制定的章程须经成创立大会通过，但由于发起人公告招股说明书时应当附有公司章程，若认股人反对公司章程，可以拒绝认购股份；反之，认股人认购股份的行为可以推定为接受公司章程的一种意思表示。同时，创立大会对发起人制定的公司章程的表决结果只有通过和未通过两种，认股人没有修改公司章程的权利，若未通过公司章程，则公司设立失败。因此，经创立大会通过公司章程不具有实质性的法律意义。参见钱玉林：《公司章程“另有规定”检讨》，载《法学研究》2009 年第 2 期。

③ 《公司法》第 46 条第 1 款第 8 项和第 95 条第 13 项关于“股东会认为需要规定的其他事项”的规定不应视为公司章程的必要记载事项。

公司多。由此说明,法律对股份有限公司的规制比有限责任公司要严格。2023 年《公司法》修订后,有限责任公司与非公众股份有限公司的法律差异缩小,国家更注重对公众型公司的干预,留给公众型股份有限公司尤其是上市公司的意思自治的空间相对狭小。

2. 章程的修改。按照《公司法》第 66 条和第 116 条的规定,有限责任公司和股份有限公司章程的修改尽管都必须由股东会的复杂多数通过,但区别在于,有限责任公司的复杂多数通过是指代表公司全部股份 2/3 以上表决权的股东通过;股份有限公司的复杂多数通过是指出席会议的股东所持表决权的 2/3 以上通过。可见,有限责任公司的章程修改对复杂多数的要求更为严格。

3. 章程的公开。两种公司都有将公司章程依法公开的义务,但程度上有所不同。按照《公司法》第 109 条和第 110 条的规定,股份有限公司应当将公司章程置备于本公司,以方便股东查阅和复制;按照《公司法》第 57 条的规定,有限责任公司股东有查阅和复制公司章程的权利,但法律并没有要求公司必须将公司章程置备于公司。由此可见,股份有限公司负有向包括社会公众股东在内的全体股东公开章程的义务,在章程公开程度上要高于有限责任公司。

正是基于两种公司章程上的这些不同,股份有限公司更多地显示出它作为一个组织的特征,而有限责任公司则更多地显示出它接近于合同的特征。与此相对应,我国《公司法》给予了有限责任公司的股东更多的选择余地,股东"意思自治"的空间较股份有限公司更为宽泛。

四、公司章程的效力

章程是具有约束力的规范性文件,依法通过后就会产生相应的效力,包括对内效力和对外效力。

1. 对内效力。公司章程的对内效力是指其作为公司基本准则对公司内部的约束力。按照《公司法》的规定,公司章程是设立公司的必要条件,其记载的内容是公司得以成立和存续的诸多综合要素的具体体现,因此,公司章程的效力主要是指其对内部的效力。首先,内部效力是指公司章程在公司内的统率力,章程作为公司的纲领性文件,在公司内具有"宪章"的地位和作用。所谓公司"宪章",即在公司内具有最高行为准则的效力。"社团之章程为社团之宪章,系社团组织与实现其目的之准则"。[①] 公司章程作为"宪章"的效力不仅体现为公司的基本管理制度、具体规章和内部细则等规范性文件都必须以章程为蓝本来制订,而且还体现为公司各组织机构作出的决定、决议不得违反章程,否则就可能导致决议行为被撤销。根据《公司法》第 26 条的规定,股东会、董事会的会议召集程序、表决方式或者决议内容违反公司章程的,股东自决议作出之日起 60 日内,未被通知参加股东会会议的股东自知道或者应当知道股东会决议作出之日起 60 日内,可以请求人民法院撤销。其次,内部效力是指公司章程的约束力,如前所述,公司法人、全体股东、公司机关及其成员都有依照公司章程行事的义务,公司制度是以公司法和公司章程作为公司行为准则的一种制度。

2. 对外效力。公司章程是否具有对外的效力是一个存在争议的问题,这涉及章程与合同的关系。如果把章程等同于合同,根据合同相对性原理,章程的效力范围就只能限于公司内

---

① 刘清波:《民法概论》(修订版),台北,开明书店 1979 年版,第 58 页。

部,即对公司内部各主体具有约束力,而不能及于公司之外,或者说公司章程对与公司进行交易的第三人没有约束力。但根据《公司法》第 30 条关于申请设立公司应当提交公司章程的规定,第 32 条关于公司登记事项的规定,第 46 条和第 95 条关于章程必要记载事项的规定,第 34 条第 2 款关于"公司登记事项未经登记或者未经变更登记,不得对抗善意相对人"的规定,即使是最接近合同属性的封闭型公司的章程一经登记,其中与《公司法》要求的登记事项相同的内容也依法具有对抗第三人的效力。换言之,公司章程的对外效力就是指对抗效力。

公司章程的对抗效力与其对内效力相比,除适用对象存在内部人和第三人的不同外,其他方面也具有明显的差异:第一,对内效力依章程订立而产生,即使公司尚未登记成立,也对设立人和设立中公司具有约束力;对抗效力则是依登记而产生,未经登记就不具有对抗效力。第二,对内效力是针对公司章程全部内容而言的,或者说公司章程的全部内容对约束对象均有效力,全部内容包括了章程中的必要记载事项和任意记载事项;对抗效力则只针对章程必要记载事项中与《公司法》第 32 条规定的登记事项相同的内容,并且在相同内容中还有个别例外的情况,如《公司法》第 11 条第 2 款关于"公司章程或者股东会对法定代表人职权的限制,不得对抗善意相对人"的规定。可见,公司章程中具有对抗效力的内容要比具有对内效力的内容少了很多。第三,对内效力是一种行为约束力,约束对象为公司、公司机关及其成员、股东等主体的行为;对抗效力则是公司及其内部主体对相关事项涉及的权益进行主张或抗辩的权利。公司法定代表人发生变更后,原法定代表人仍然以公司名义与第三人订立合同,公司与第三人就该合同的履行发生争议时,如果合同订立时公司已经对法定代表人进行了变更登记,则公司可以对第三人关于由公司履行合同义务的主张行使抗辩权;如果公司未进行变更登记,善意第三人则可以依据《民法典》第 65 条关于"法人的实际情况与登记的事项不一致的,不得对抗善意相对人"的规定主张由公司履行合同义务。

五、公司章程的解释

公司章程的解释是指公司机关对章程的内容进行的阐述说明。公司章程发生效力后,有关当事人会因章程记载事项涉及的权益问题发生争议,而公司章程可能存在概括性、原则性的条款,或存在含混不清、模棱两可或可能产生歧义的条款,需要通过阐释来加以明确。公司章程之所以存在这样的问题,既有制定者当时对未来预见不足的原因,也有起草者的认知能力和文字表达能力的原因。因此,章程解释就成为公司实践中一个常见的实务问题。鉴于公司章程对公司的重要性,章程解释也是一件十分严肃的公司事务,关涉相关主体的行为指引和利益关系。章程解释涉及解释主体和解释方式。就解释主体而言,需要在章程内容中加以明确。根据我国的情况,应当由董事会来担当这一职责,其他公司机关限于性质不宜作为解释主体,董事长、总经理或其他公司负责人个人也不宜作为解释主体。董事会对章程的解释不能随意作出,应当设置相应的程序,如召开董事会会议作出解释的决议、表决通过规则、解释文件存档备查、重大问题须提交股东会审议通过等。就解释方式而言,按照一般的理解,对既定规则的解释包括文义解释、体系解释、整体解释、习惯解释、公平解释和诚信解释等多种方式。一些国家对此有专门的法律规定。如在英国普通法中,章程解释的方式受到限制,一般只有文义解释和公平解释两种方式;一旦章程条款模糊或产生歧义,应通过推断的方法解释该条款,使其对应合理的商业效力并符合该条款所在的语言环境;如果文义解释不通,或者通过文义解释得出荒谬结果,则可以以公平原则解释该条款。①

第二节　公司章程的记载事项与章程细则

一、章程记载事项的分类

公司章程的内容是由若干记载事项构成的。从各国情况看,章程记载事项的基本内容都是由法律加以规定的,并且大同小异。② 从我国情况看,不少公司法论著将章程记载事项分为绝对必要记载事项、相对必要记载事项和任意记载事项三类。随着我国公司法律制度的不断完善和相关研究的不断深化,笔者认为原有的分类应当适应我国公司登记制度的实际并结合《公司法》规定的场景和公司章程效力的适用情况作出调整。公司章程记载事项宜分为两种基本类型:一为必要记载事项,二为任意记载事项。其中,必要记载事项还可以分为有对外效力事项和无对外效力事项;任意记载事项也可以分为替代适用事项和非替代适用事项,下面分别述之。

1. 必要记载事项。必要记载事项是指《公司法》规定的公司章程应当载明的事项。《公司法》第 46 条、第 95 条分别对有限责任公司和股份有限公司的章程事项作出了列举规定,其中要求公司章程"应当载明"所列举的事项。法律上规定的"应当"即为"必须""必要",因此,该两条所列举的事项除了最后一项为兜底性的任意记载事项外,其余均为必要记载事项。必要记载事项属于《公司法》上的强制性规范,是对公司和章程制定者规定的一项法律义务,如果不将必要记载事项写入公司章程,属于公司和章程制定者违反法定义务,公司章程就必然存在瑕疵。但该违反法定义务的行为会产生何种法律后果,是否会导致章程的不生效甚至影响公司成立,现行法律法规并未明确规定。在此情况下任何推测性或推导性的结论都有可能受到质疑。

我国台湾地区学者将必要记载事项划分为绝对必要记载事项和相对必要记载事项,其主要源于两类记载事项在公司法上的效力。"绝对必要记载事项系指公司章程必须记载之事项,凡不记载或记载违法,则不仅章程归于无效,且公司之设立亦因未具备要件而归于无效。所谓相对必要记载事项,其记载与否与章程本身之效力无关,唯一旦记载于章程即发生作为章程事项之效力,而该事项为公司法所列举,故有称之为法定任意记载事项。"③可见,我国台湾地区学者划分的两类记载事项直接与章程效力相关,绝对必要记载事项记载与否,直接影响章程本身的效力,甚至还影响到公司的成立;相对必要记载事项记载与否并不影响章程本身的效力,但影响到事项本身是否产生章程的约束力。这一分类和阐释的依据直接对应于我国台湾

---

① 参见林少伟:《英国现代公司法》,中国法制出版社 2015 年版,第 125 页。

② 如《美国标准商事公司法》第 2.02 条将章程记载事项分为三个部分:一是"必须载明"事项(共列 4 项内容);二是"可以载明"事项(共列 5 项内容);三是不必载明要求,即"公司章程中不必载明本法已列举的任何公司权力"。《日本公司法》第 27 条规定,股份有限公司的章程,须记载或记录的事项包括目的、商号、总公司所在地、设立时出资的财产价额或其最低额、发起人的姓名或名称及依据;第 28 条规定,在设立股份有限公司的情形下,下列事项未记载或记录于章程的,不发生效力……第 29 条规定,股份有限公司的章程可记载或记录依本法规定不在章程中规定不产生效力的事项,以及其他不违反本法规定的事项。《德国股份法》第 23 条采用"章程必须规定""章程必须包含""章程可以规定"等立法表述,将章程记载内容予以分类。

③ 王文宇:《公司法论》(第 6 版),台北,元照出版有限公司 2018 年版,第 114 页。

地区“公司法”的相关规定：绝对必要记载事项对应于第129条的规定，相对必要记载事项对应于第130条的规定。[①] 而且该两条均是针对股份有限公司章程作出的规定。

《公司法》关于公司章程事项的规定没有采取如同我国台湾地区“公司法”那样的做法，因此，我国台湾地区学者对公司章程必要记载事项所作的分类不能直接对应于《公司法》的情形：第一，《公司法》第46条和第95条列举的公司章程记载事项分别指向有限责任公司和股份有限公司，而且对两类公司的章程记载事项要求有所不同，并非只针对股份有限公司的情况；第二，该两条列举的章程记载事项都是公司及其章程制定者应当记载于章程的法定事项，法律并未将这些事项作为公司章程生效甚至公司成立的前提条件，而且这些事项与我国台湾地区学者定义的绝对必要记载事项有相同的内容但也存在不少差异；第三，相对必要记载事项的类型不仅难以对应《公司法》上的相应规定，更重要的是该种类型除了有学理区分的意义，缺乏具体的应用价值。正是基于此，本书不再沿用绝对必要记载事项和相对必要记载事项的划分，而统一使用“必要记载事项”来对应我国《公司法》上有关公司章程记载事项的规定，并且结合实际应用的需要进一步将其再作划分。

根据《公司法》第46条和第95条的规定，必要记载事项的法律特征包括：第一，必要记载事项是《公司法》规定必须记载于公司章程的事项，是公司及其章程制定者应当履行的义务；第二，《公司法》对有限责任公司和股份有限公司的必要记载事项还有一些不同的要求；第三，必要记载事项作为章程条款内容，章程登记生效后就会产生效力，根据事项的不同，有的产生对内对外两个方面的效力，有的只产生对内的效力而无对外的效力。基于此，可以将必要记载事项进一步分为有对外效力的必要记载事项和无对外效力的必要记载事项。

2. 任意记载事项。任意记载事项是指法律没有规定必须记载，但公司根据自身实际认为有必要记载于章程的内容。《公司法》第46条第1款第8项和第95条第13项关于“股东会认为需要规定的其他事项”的规定就属于对任意记载事项的概括性规定。

此外，《公司法》有的条款作出了关于公司章程另有规定时，公司章程规定可以替代法律规定适用的表述。[②] 《公司法》上的这类条款可称为“另有规定除外”条款或“排除适用”条款，公司章程上的这类事项可称为“替代适用事项”，属于任意记载事项。对于《公司法》的“另有规定除外”条款，公司章程可以选择规定或不规定。规定的，具有替代《公司法》该条款适用的效力；不规定的，仍然适用《公司法》上的该条款。据此，笔者将任意记载事项也进一步划分为替代适用的任意记载事项和非替代适用的任意记载事项。其中非替代适用的任意记载事项也被称为《公司法》的补充细化条款，在《公司法》条文中以“根据公司章程”或“由章程规定”表现出来。[③] 当然，无论哪一类事项，都并非完全可以由公司章程制定者随心所欲地规定，按照《公司法》的规定，它不能违反法律的强制性规定、公序良俗，还必须依照法律规定的程序来制定。

上述分类的法律意义在于：第一，必要记载事项是每个公司成立和存续不可缺少的内容，

---

① 我国台湾地区“公司法”（2018年修正）第129条规定：“发起人应以全体之同意订立章程，载明下列各款事项，并签名或盖章：一、公司名称。二、所营事业。三、采行票面金额股者，股份总数及每股金额；采行无票面金额股者，股份总数。四、本公司所在地。五、董事及监察人之人数及任期。六、订立章程之年、月、日。”第130条规定：“下列各款事项，非经载明於章程者，不生效力：一、分公司之设立。二、解散之事由。三、特别股之种类及其权利义务。四、发起人所得受之特别利益及受益者之姓名。”

② 如《公司法》第65条规定：“股东会会议由股东按照出资比例行使表决权；但是，公司章程另有规定的除外。”

③ 如《公司法》第74条第2款规定，“经理对董事会负责，根据公司章程的规定或者董事会的授权行使职权”。

应当在章程中作出规定,否则章程内容就可能不完整或存在瑕疵,不能很好地规范公司和有关当事人的行为。第二,有对外效力的必要记载事项经登记后可以产生对内效力和对外效力,其中对外效力就是对抗效力;无对外效力的必要记载事项经登记后只能产生对内效力。第三,任意记载事项作为可以自主决定的内容,需要当事人结合公司情况来作出选择,防止公司在存续、合并或分立、解散过程中出现争议和纠纷,也可减少公司实践中章程雷同的情况。任意记载事项一旦载入公司章程,就有了与必要记载事项同样的效力,但只能是对内的效力。第四,替代适用也即排除法律适用,意味着章程事项具有优先于特定法律条款适用的效力;非替代适用事项作为对《公司法》特定条款的补充和细化,提高了《公司法》的实践性、实用性和可操作性。

二、我国《公司法》上的章程记载事项

我国《公司法》对公司章程记载事项的规定采取了集中列举和分散列举相结合的做法。所谓集中列举,是指将公司章程应当记载的事项集中于一个条文来规定,主要针对的是章程的必要记载事项;所谓分散列举,是指《公司法》在规范某一具体法律关系的条款中涉及公司章程的记载事项,其中既涉及必要记载事项,也包括任意记载事项。

(一)有对外效力的必要记载事项

1. 集中列举的事项。《公司法》第46条和第95条列举了有限责任公司和股份有限公司的章程记载事项,其中列举的必要记载事项与《公司法》第32条关于公司登记事项中相同的内容即为有对外效力的事项。包括:(1)公司名称;(2)公司住所;(3)公司的注册资本;(4)公司经营范围;(5)有限责任公司股东、股份有限公司发起人的姓名或者名称。需要注意的是,《公司法》关于公司章程必要记载事项与公司登记事项在排序和具体表述上还存在一些差异,但并不影响该五项记载内容登记后的对外效力。如果这些事项发生变化,修改章程与依法变更登记互为产生对抗效力的前提条件。按照《公司法》第35条第2款关于“公司变更登记事项涉及修改公司章程的,应当提交修改后的公司章程”的规定,当公司登记事项发生变化时,如果公司不对与之相同的公司章程事项作出修改并提交公司登记机关,登记事项的变更就不能完成;如果登记事项未完成变更,登记事项和与之相同的公司章程事项都不产生“对抗善意相对人”的效力。

2. 分散列举的事项。主要指向《公司法》总则中的条文,包括:(1)第9条,公司的经营范围由公司章程规定;公司可以修改公司章程,变更经营范围。(2)第10条,公司的法定代表人按照公司章程的规定,由代表公司执行公司事务的董事或者经理担任。该两条适用于股份有限公司和有限责任公司。

(二)无对外效力的必要记载事项

1. 集中列举事项。即《公司法》第46条和第95条集中列举的事项,主要指向两类公司在性质上存在差异的内容。包括:(1)组织机构。根据有限责任公司在组织机构的设置上具有灵活性的特点,《公司法》第46条只概略地规定了“公司的机构及其产生办法、职权、议事规则”的事项,至于董事会、监事会是否设置则由当事人选择决定;而第95条根据股份有限公司

在公司组织机构上的特点,要求公司章程必须规定董事会和监事会的组成、职权和议事规则。(2)公司设立。由于有限责任公司不可能采取募集设立方式,因此《公司法》不要求其章程对公司设立方式作出规定,而股份有限公司章程则必须对此作出明确规定。(3)其他内容。根据股份有限公司存在股份和股份发行的特点,《公司法》对其已发行的股份数和设立时发行的股份数、面额股的每股金额,以及发行类别股的,每一类别股的股份数及其权利和义务均要求作为章程必要记载事项。此外,《公司法》还要求股份有限公司章程将公司利润分配办法、公司的解散事由与清算办法、公司的通知和公告办法作为必要记载事项载入。上述内容尽管不属于有对外效力的条款,但都具有对内规范相关主体的效力,而这些内容并非有限责任公司章程法定的必要记载事项。

2. 分散列举事项。分散列举事项虽然散见于《公司法》各章中,但根据法条表述的内容来看,是应当由章程来规定的内容,因此也属于章程的必要记载事项。主要包括:(1)第47条规定,有限责任公司"全体股东认缴的出资额由股东按照公司章程的规定自公司成立之日起五年内缴足";(2)第62条规定,有限责任公司股东会的"定期会议应当按照公司章程的规定按时召开";(3)第66条规定,有限责任公司"股东会的议事方式和表决程序,除本法有规定的外,由公司章程规定";(4)第68条规定,有限责任公司"董事长、副董事长的产生办法由公司章程规定";(5)第73条规定,有限责任公司"董事会的议事方式和表决程序,除本法有规定的外,由公司章程规定";(6)第136条规定,上市公司的公司章程"还应当依照法律、行政法规的规定载明董事会专门委员会的组成、职权以及董事、监事、高级管理人员薪酬考核机制等事项";(7)第145条规定,股份有限公司发行类别股的,应当在公司章程中载明包括类别股分配利润或者剩余财产的顺序、类别股的表决权数、类别股的转让限制、保护中小股东权益的措施和股东会认为需要规定的其他事项;(8)第209条规定,有限责任公司将财务会计报告送交各股东的期限应当由公司章程规定;(9)第70条和第120条规定,有限责任公司和股份有限公司的董事任期由公司章程规定;(10)第74条和第126条规定,有限责任公司和股份有限公司的经理"根据公司章程的规定或者董事会的授权行使职权";(11)第76条和第130条规定,有限责任公司和股份有限公司的监事会成员中职工代表的比例不得低于1/3,"具体比例由公司章程规定";(12)第81条和第132条规定,有限责任公司和股份有限公司"监事会的议事方式和表决程序,除本法有规定的外,由公司章程规定"。

(三)替代适用的任意记载事项

替代适用的任意记载事项具有替代或优先于《公司法》该条款适用的效力,存在于《公司法》分散列举的条款中,包括以下几点:

1. 第24条规定,股份有限公司和有限责任公司的股东会、董事会、监事会召开会议和表决可以采用电子通信方式,"公司章程另有规定的除外"。

2. 第64条规定,有限责任公司章程关于召开股东会会议通知日期的规定如果与《公司法》的规定不同,以公司章程规定为准,即"公司章程另有规定或者全体股东另有约定的除外"。

3. 第65条规定,有限责任公司章程可以作出股东在股东会上不按出资比例行使表决权的规定,即"公司章程另有规定的除外"。

4. 第84条规定,有限责任公司"章程对股权转让另有规定的,从其规定"。

5. 第 90 条规定，有限责任公司自然人股东死亡后，其合法继承人可以继承股东资格，但“公司章程另有规定的除外”。

6. 第 110 条规定，股份有限公司连续 180 日以上单独或者合计持有公司 3% 以上股份的股东，可以依法查阅公司的会计账簿、会计凭证，但“公司章程对持股比例有较低规定的，从其规定”。

7. 第 167 条规定，股份有限公司自然人股东死亡后，其合法继承人可以继承股东资格；“但是，股份转让受限的股份有限公司的章程另有规定的除外”。

8. 第 210 条规定，“股份有限公司按照股东所持有的股份比例分配利润，公司章程另有规定的除外”。

9. 第 219 条第 2 款规定：“公司合并支付的价款不超过本公司净资产百分之十的，可以不经股东会决议；但是，公司章程另有规定的除外。”

10. 第 224 条第 3 款规定：“公司减少注册资本，应当按照股东出资或者持有股份的比例相应减少出资额或者股份，法律另有规定、有限责任公司全体股东另有约定或者股份有限公司章程另有规定的除外。”

11. 第 227 条第 2 款规定：“股份有限公司为增加注册资本发行新股时，股东不享有优先认购权，公司章程另有规定或者股东会决议决定股东享有优先认购权的除外。”

12. 第 232 条第 2 款规定：“清算组由董事组成，但是公司章程另有规定或者股东会决议另选他人的除外。”

依照《公司法》上述条款的规定，章程一旦作出与《公司法》相关条款不同的规定，就可以替代该条款适用。替代适用事项是从公司章程角度抽象的概念，而从公司法角度抽象，则应称为“另有规定除外”条款或“排除适用”条款。

（四）非替代适用的任意记载事项

《公司法》对这类事项多采用“公司章程可以”或类似的表述，表明公司可以在法律提供的自治空间内自主选择是否由章程规定，选择载入章程事项的，虽无替代法律适用的效力，但由章程记载生效后就具有对内规范相关主体的效力，可以对《公司法》相关条款起到细化或补充的作用。这些规定包括以下几点：

1. 第 46 条第 1 款第 8 项和第 95 条第 13 项对任意记载事项的概括性、兜底性的规定，即“股东会认为需要规定的其他事项”。

2. 适用于两类公司章程的任意记载事项。包括：（1）第 11 条规定，法定代表人因执行职务造成他人损害的，由公司承担民事责任。公司承担民事责任后，依照法律或者公司章程的规定，可以向有过错的法定代表人追偿。（2）第 15 条规定，公司章程可以对公司对外投资或对外担保的决议机关、限额作出规定。（3）第 59 条和第 112 条规定，公司章程可以对股东会法定职权以外的职权作出规定。（4）第 67 条和第 120 条规定，董事会可以行使公司章程规定或者股东会授予的其他职权。（5）第 69 条和第 121 条规定，公司可以按照公司章程的规定在董事会中设置审计委员会，行使本法规定的监事会的职权，不设监事会或者监事。（6）第 78 条和第 131 条规定，公司章程可以对监事会法定职权以外的职权作出规定。（7）第 229 条和第 230 条规定，公司章程可以就公司营业期限和法定解散事由之外的其他解散事由作出规定，当出现章程规定的解散事由时,也可以通过修改公司章程来使公司存续。(8)第265条规定,公司章程可以对法律规定之外的公司其他高级管理人员作出规定。

3.适用于股份有限公司章程的任意记载事项。包括:(1)第113条规定,公司章程可以就法定以外的召开临时股东会会议的情形作出规定;(2)第117条规定,股东会选举董事、监事,"可以按照公司章程的规定或者股东会的决议,实行累积投票制";(3)第144条规定,公司可以按照章程的规定发行与普通股权利不同的类别股;(4)第146条规定,"公司章程可以对需经类别股股东会议决议的其他事项作出规定";(5)第152条规定,公司章程或者股东会可以授权董事会在3年内决定发行不超过已发行股份50%的股份;(6)第157条规定,股东转让股份,"公司章程对股份转让有限制的,其转让按照公司章程的规定进行";(7)第160条规定,"公司章程可以对公司董事、监事、高级管理人员转让其所持有的本公司股份作出其他限制性规定";(8)第162条规定,公司在特定情形下回购公司股份时,可以按照公司章程的授权,经2/3以上董事出席的董事会会议作出决议。

值得说明的是,1993年《公司法》曾经将股东的权利义务也列为两类公司章程的必要记载事项。包括笔者在内的公司法学者们对此持否定态度,普遍认为股东的权利义务属法定事项,股东不能自由创设,否则就可能产生法律上的问题。① 2005年《公司法》修改时采纳了学者们的建议,删去了这一内容。但应当注意的是,公司依法设置类别股时,类别股的股东权利属于不同于普通股股东权利义务的特别事项,需要在章程中予以记载,属于按照"意思自治"原则规定的任意记载事项。

三、章程细则

章程作为公司最重要的规范性文件之一,对公司设立和运作中最为重要的问题作出了规定。然而,公司在具体运作过程中还会涉及一些章程没有规定的问题,需要通过其他更为细化的规范性文件来解决,使公司、公司机关及其成员、股东能够更好地依照公司法和公司章程规范运作。这类规范性文件在公司法理上被称作章程细则或内部细则。英美法系国家公司法上也有相应的规定,"公司的内部细则可以包含有关业务经营和事务管理的任何条款,这些条款应和法律或者公司章程保持一致"。②

我国《公司法》没有规定章程细则的内容。《上市公司章程指引》直接使用了章程细则的概念,其第194条规定:"董事会可依照章程的规定,制订章程细则。章程细则不得与章程的规定相抵触。"据此并结合我国公司实践,可以概括出章程细则的若干要点:

1.章程细则是调整公司内部事务的细化性规范文件,必须依照公司章程为蓝本来制订,同样是规范公司、公司机关及其成员、全体股东的行为的重要依据,章程细则应当以书面形式体现。

---

① 公司章程自行设定股东权利的不妥之处在于:第一,如果设定的股东权利是具有物权属性的事项,无疑属于"自我赋权",可能与"物权法定"的原则直接冲突;如果设定的权利是具有债权属性的事项,而又没有相对的义务主体的话,权利的设定就没有意义。第二,由于章程是依照"股份多数决"原则制定通过的,如果章程可以自行设定股东权利,那就很难避免大股东利用自己特殊的地位在章程中作出有损其他股东利益的规定,并通过合法程序把自己的意志强加于公司的情况。因此,股东权利义务应当由法律作出统一的规定,否则就难以保证"股权平等"原则的贯彻。参见周友苏主编:《2005中国公司法修法研究特辑》,四川人民出版社2005年版,第29页。

② 《美国标准商事公司法》第2.06节(b),参见沈四宝编译:《最新美国标准公司法》,法律出版社2006年版,第28页。

2. 章程细则根据重要性程度和涉及的利益关系，可以由作为公司经营决策机关的董事会或作为公司经营管理者的经理直接制定后发生效力，也可以由董事会制定并提交股东会通过后发生效力。

3. 章程细则是公司章程内容的延伸和具体化，就公司实践来看，包括公司机关的议事规则、董事会专门委员会履职指南、董监高的行为准则、独立董事履职细则、投资者关系管理制度、公司对外投资与对外担保管理制度、关联交易管理规则，以及涉及人事管理、内部控制、财务管理、高管薪酬的规则准则等。可见，章程细则具有涉及面广、内容明确具体、易于操作的特点。

4. 章程细则不得与公司章程相抵触。根据公司章程的"宪章"性质，如果章程细则与之抵触，应以章程为准并按照章程的规定作出修改。

第三节　公司章程示范

章程示范也称章程指引，是指以法规形式来对特殊类型公司章程的具体格式和内容范本进行规定，是国家通过章程形式来对特殊公司实行管制的方式。目前我国以法规形式发布的公司章程示范有两种，即上市公司章程示范和境外上市公司章程示范。

一、上市公司章程示范

上市公司章程示范即《上市公司章程指引》。为维护证券市场的健康发展，适应上市公司规范运作的实际需要，中国证监会根据《公司法》及国务院有关文件精神于 1997 年 12 月发布了《上市公司章程指引》（本节以下简称《章程指引》），后历经修改并重新发布，最近一次为 2023 年 12 月修正。《章程指引》对上市公司章程的内容作出了较为详细的规定。

《章程指引》是专门针对上市公司章程的规范性文件。按照中国证监会的规定，《章程指引》的内容由正文和注释两部分组成。正文部分中，以空格标示的内容由公司按照实际情况填入。发行内资股（A 股）或者境内上市外资股（B 股）以及既发行内资股又发行境内上市外资股的上市公司（以下简称上市公司），应当按照《章程指引》注释部分的解释和说明，参考《章程指引》正文部分的规定和要求，在其公司章程中载明《章程指引》正文部分所包含的内容。

《章程指引》规定的是上市公司章程的基本内容，在不违反法律法规的前提下，上市公司可以根据具体情况，在其章程中增加《章程指引》包含内容以外的、适合本公司实际需要的其他内容，也可以对《章程指引》规定的内容做文字和顺序的调整或变动。上市公司根据需要，增加或修改《章程指引》规定的必备内容的，应当在董事会公告章程修改议案时进行特别提示。首次公开发行股票的公司，在其向中国证监会报送申请材料时，其公司章程（或公司章程草案）的内容应当按照《章程指引》的要求起草或修订。

现行的《章程指引》共有 12 章 200 条，与《公司法》关于公司章程的规定相比较，《章程指引》规定的内容全面详尽，明确了公司各机关的职责、权限及各主体的权利义务、责任，可操作性更强，能够起到规范公司及各主体行为的作用，无疑是对《公司法》有关规定过于原则所作的很好补充和完善。如《章程指引》第10条就对章程的效力作了明确规定:本公司章程自生效之日起,即成为规范公司的组织与行为、公司与股东、股东与股东之间权利义务关系的具有法律约束力的文件,对公司、股东、董事、监事、高级管理人员具有法律约束力的文件。依据本章程,股东可以起诉股东,股东可以起诉公司董事、监事、经理和其他高级管理人员,股东可以起诉公司,公司可以起诉股东、董事、监事、经理和其他高级管理人员。

二、境外上市公司章程示范

境外上市公司是指向境外投资人发行股票,股票在境外证券交易所流通转让的上市公司。境外上市公司在境外发行的股票又称H股,因此境外上市公司也简称为H股公司。境外上市公司章程示范即《到境外上市公司章程必备条款》,[①]共21章166条,在《公司法》关于公司章程的规定的基础上,对到境外上市公司的股份与注册资本、减资和购回股份、购回公司股份的财务资助、股票和股东名册、股东的权利和义务、股东会、类别股东表决的特别程序、董事会、公司董事会秘书、监事会、董监高的资格和义务等重大事项进行了详细、全面的规定,使到境外上市公司的章程按照国际通行的原则和标准来制定,有利于到境外上市公司的规范运作。中国证监会规定,对发行境外上市外资股或既发行内资股又发行境外上市外资股的上市公司制定及修改章程不执行《章程指引》的规定,而继续执行《到境外上市公司章程必备条款》的规定。

第四节　公司章程的制定与修改

一、公司章程的制定

(一)公司章程制定的基本原则

从立法与公司设立实践来看,订立章程应遵守真实性、不违法、不重复三项原则。所谓真实性原则,是指章程所记载的内容必须是客观存在的、与实际相符的事实,不能有虚假记载;所谓不违法原则,指章程所记载的事项不得违背法律和行政法规的强制性规定,不能故意为谋取公司利益而规避有关法律法规,不得违反公序良俗和损害社会公共利益;所谓不重复原则,是指公司法已经作了明确规定的内容一般不在章程中再作记载。

(二)公司章程的制定人

我国《公司法》第45条规定:"设立有限责任公司,应当由股东共同制定公司章程。"第94条规定:"设立股份有限公司,应当由发起人共同制订公司章程。"两条规定中分别使用了"制定"和"制订"两个不同的概念。从语义上解释,"制订"有起草、初创的意思,"制定"则有将起草、初创的内容加以确定的意思。有限责任公司股东共同制定公司章程意味着该章程已经取得相当于股东会通过的法律效力;股份有限公司发起人共同制订公司章程则意味着该章程还需成立大会通过后才具有正式的法律效力。

---

① 该规范性文件由国务院证券委员会、国家经济体制改革委员会于1994年9月发布,虽然发布文件的两个部门已经撤销,但该文件仍然为现行有效。

按照《公司法》的规定，有限责任公司股东人数最多可达50人，股份有限公司发起人人数最多可达200人，从操作上考虑，要求全体股东或发起人共同制订章程显然有些不切实际，相当于为公司设立设置了门槛。因此，在公司设立时可以采取委托授权方式选择代理人来参与章程的制订。《市场主体登记管理条例》第18条就规定，“申请人可以委托其他自然人或者中介机构代其办理市场主体登记”。其中，代理人向公司登记机关申请设立登记应当包括制定公司章程的内容。因此，公司设立人可以委托律师、会计师等专业人士制定章程。根据《公司法》第46条第2款和第104条的规定，有限责任公司的章程应当由股东签名或者盖章，表明全体设立股东对章程的确认和通过；股份有限公司的章程应当由公司成立大会通过。

(三)公司章程制定的形式

制定公司章程是一种要式法律行为，章程必须采取书面形式，有的国家法律还作了公司章程必须进行公证的规定。[①] 我国没有对公司章程的公证作出强制性规定，可以由当事人自由选择。

(四)公司章程的生效

根据《公司法》的规定，公司章程虽然由设立人制定，但在公司设立阶段，公司尚未成立，章程还不具有完全的对内和对外的效力，但此时可以对设立人和设立中公司产生一定的约束力。公司章程是公司成立的要件，公司成立则以登记和领取营业执照为标志，因此，公司章程生效也应以公司登记成立为标志。

(五)制定虚假章程的法律责任

按照公司章程制定的真实性原则，公司章程不能有虚假记载，否则制定人就应当承担相应的法律责任。从公司实践情况看，公司章程最可能出现虚假记载的事项就是“公司注册资本”和“股东的出资方式和出资额”。《公司法》对虚报注册资本、提交虚假材料或者采取其他欺诈手段隐瞒重要事实的行为规定了相应的法律责任。《市场主体登记管理条例》第44条、第45条也规定，提交虚假材料或者采取其他欺诈手段隐瞒重要事实取得公司登记的，由登记机关责令改正，没收违法所得，并处5万元以上20万元以下的罚款；情节严重的，处20万元以上100万元以下的罚款，吊销营业执照。实行注册资本实缴登记制的公司虚报注册资本取得公司登记的，由登记机关责令改正，处虚报注册资本金额5%以上15%以下的罚款；情节严重的，吊销营业执照。

二、公司章程的修改

(一)章程修改的含义及基本原则

章程修改是指增加或删减章程记载的内容，包括对章程记载事项的增删，对某一事项的具

---

① 如《日本公司法》第30条规定：章程未经公证人公证的，不产生效力；经公证人公证的章程，在股份有限公司成立前不得变更。

体内容进行字句上的增删，还包括对章程整体结构布局的调整。因此，章程修改应当包括对章程进行实质意义上的变更和形式意义上的变更。根据《公司法》的立法精神，公司章程修改应当遵循的基本原则为：第一，不得违背和规避法律法规；第二，不得损害股东利益，尤其注意防止大股东利用控股的优势对章程作出损害中小股东利益的修改；第三，不得损害债权人和第三人的利益，如通过减资来逃避债务。

(二) 章程修改的事由

公司章程内容应当具有相对稳定性，但并不是不可改变的。《公司法》对公司修改章程的事由并未作出限制，从理论上讲，在法律允许的范围内，无论何时，作出任何程度的修改都是可以的。但《公司法》也规定了一些特别的事由：例如，第 9 条规定，公司可以通过修改公司章程来变更公司经营范围；又如，根据第 89 条第 1 款第 3 项和第 161 条第 1 款第 3 项的规定，出现公司章程规定的营业期限届满或者章程规定的其他解散事由时，有限责任公司和股份有限公司都可以通过修改公司章程规定的解散事由而使公司存续。

《上市公司章程指引》第 189 条对修改公司章程的事由作了较为明确的规定：有下列情形之一的，上市公司应当修改章程：(1)《公司法》或有关法律、行政法规修改后，章程规定的事项与修改后的法律、行政法规的规定相抵触；(2) 公司的情况发生变化，与章程记载的事项不一致；(3) 股东会决定修改章程。

(三) 章程修改的程序

修改公司章程是股东会的一项重要权力，但股东会行使该权力时必须依照法定程序进行才能保证修改有效。在我国，公司修改章程应当遵循的程序主要有：

1. 由公司董事会拟订并提出修改章程的方案；
2. 董事会在股东会召开前将该方案通知各股东；
3. 股东会对修改章程事项进行审议通过；
4. 依据《上市公司章程指引》第 190 条的规定，上市公司股东会决议通过的章程修改事项应经主管机关审批的，须报主管机关批准；
5. 章程修改事项属于法律法规要求披露的信息的，应按规定予以公告。

(四) 章程修改方案的表决

基于章程在公司中的重要地位和作用，《公司法》第 66 条和第 116 条关于修改公司章程的要求是：必须经代表 2/3 以上表决权的股东或出席股东会会议的股东所持表决权的 2/3 以上通过。另外，《公司法》第 87 条规定，有限责任公司股东依法转让股权后，对公司章程的该项修改不需再由股东会表决。

(五) 章程修改的效力

章程修改发生效力必须具备三个条件：一是修改主体合法；二是修改内容合法；三是修改程序合法。只有符合以上三个条件修改的章程才具有法律上之效力。从主体角度讲，修改章程的主体只能是股东会；从内容角度讲，修改后的公司章程不得缺少必要记载事项，对章程内容的修改应符合合规性的要求，如果违反法律、行政法规的强制性规定，将可能产生该项规定无效的法律后果。修改章程本身没有登记生效的条件，因此，章程修改在股东会作出决议后即发生对内效力。但对有对抗效力的必要记载事项进行修改后，必须立即进行变更登记，否则就不产生对抗效力。《公司法》第 35 条第 2 款规定："公司变更登记事项涉及修改公司章程的，应当提交修改后的公司章程。"第 34 条第 2 款规定："公司登记事项未经登记或者未经变更登记，不得对抗善意相对人。"

第五节　公司章程的实务问题探讨

一、公司章程与股东协议的冲突与处理思路

公司设立时设立人需要订立设立协议或出资协议来对彼此的权利义务关系进行约定，公司成立后公司股东也会就涉及公司事务的问题订立一些协议。这些协议生效后如果出现与公司章程冲突的情况，如何认定二者的适用效力就成为公司实践和司法实践中常常遇到的问题。这需要结合本章前面对公司章程性质、类型等基本问题所作的讨论，区分不同情况来理清思路，探寻解决办法。

（一）初始章程与股东协议的冲突与处理思路

初始章程是公司设立阶段股东制定的章程，是全体设立人（股东）的合意，具有鲜明的合同属性，在设立阶段完全可以将其视为合同。但公司成立后初始章程的性质则有了变化，成为公司法人的意思表示，此时初始章程与股东协议不能完全等同。因此，如果二者内容发生冲突，应当区分两种情形来处理：

1. 如果公司设立失败，二者的冲突应当按照合同间冲突的解决原则来处理，如订立时间的先后顺序、意思表示的真实与否、后订立的合同是否对前合同进行修改等规则，二者具有同样的效力层级，没有优先与劣后的区分，其效力认定一般以订立时间为标准，即"新约定优于旧约定"。[①]

2. 公司设立成功标志着公司取得法人资格，初始章程的效力发生变化，不仅对在章程上签名盖章的全体股东有约束力，而且对公司法人、公司机关及其成员（董监高）以及以后加入的新股东也有约束力。此时出现股东协议与初始章程的冲突就应当区别对待：第一，股东协议与公司章程可以同时存在，并行不悖，公司的成立并不对股东协议的效力产生影响。[②] 对于约束股东行为的内容，仍然可以依照合同间冲突的解决原则来处理。尽管新《公司法》删除了原法关于设立人不按照章程规定缴纳出资要对其他守约设立人承担违约责任的规定，[③]将其改为出资瑕疵的设立人对公司承担赔偿责任，[④]但并不等于对违约责任的否定。违约责任是否存在以及如何追究完全可以按照设立人订立的协议来处理，只是处理的依据应当主要为《民法

---

① 参见安晨曦：《公司章程与股东间协议效力冲突与协调——以公司契约论为视角》，载《湖北工程学院学报》2021 年第 1 期。

② 参见周游：《公司法语境下决议与协议之界分》，载《政法论坛》2019 年第 5 期。

③ 如 2023 年修订前的《公司法》第 83 条第 2 款规定："发起人不依照前款规定缴纳出资的，应当按照发起人协议承担违约责任。"

④ 见新《公司法》第 49 条第 3 款和第 107 条的规定。

典》合同编的有关规定而非新《公司法》。第二,对于约束股东行为之外的内容,如涉及公司、公司机关及其成员的规定,根据合同相对性原则,初始章程应当具有高于股东协议的效力,例如,股东协议对公司权利能力、公司机关和董监高的职权作出的扩充或限制,一旦与初始章程的规定不一致,应当服从初始章程的规定。

(二)修订章程与股东协议的冲突与处理思路

修订章程并非依赖合同机制而是按照"资本多数决"原则形成的,从制定到修改的过程,其实质是从股东意思表示到社团意思表示的一种转变,①不能简单地视为合同。修订章程产生于公司成立之后的存续期间,不仅可以约束同意修订章程的股东,而且还能约束不同意修订但意见被否决的股东。因此,修订章程具有鲜明的组织属性。有学者认为,股东协议与公司章程同样作为公司自治机制,股东协议因其灵活性和隐蔽性而在股东之间广泛适用;②在内容上,股东协议同样具有合同和组织的双重属性,如果经有限责任公司全体股东签字就具有替代公司组织规范的效力。③ 笔者认为,公司作为法人组织,《公司法》对其设立和运行既有实体性规定,也有程序性规定,违反任何一种,都是对其组织属性的背离,全体股东签字的协议不能当然等同于公司章程,除非法律有特别的规定。在一般情况下,如果协议与章程不存在冲突可以不否认协议的效力,如果存在冲突,按照法定程序通过的章程应当具有优先适用的效力。从另一角度看,公司章程的效力依据是公司法,而股东协议的效力依据是合同法。尽管两个法律在层级上处于平行地位,但在不同场景下则可能互为特别法。在涉及公司组织的场景下,如果股东协议与公司章程发生冲突,根据特别法优先适用原则,公司章程应当具有优先适用的效力。

需要指出的是,有限责任公司在存续过程中,对于由全体股东同意的协议,《公司法》也规定了四种具有特别适用效力的情形:第一,按照《公司法》第 83 条的规定,规模较小或者股东人数较少的有限责任公司,不仅可以不设监事会,而且"经全体股东一致同意,也可以不设监事";第二,按照《公司法》第 210 条第 4 款的规定,有限责任公司按照股东实缴的出资比例分配利润,但"全体股东约定不按照出资比例分配利润的除外";第三,按照《公司法》第 224 条第 3 款的规定,有限责任公司减少注册资本,应当按照股东出资的比例相应减少出资额,但"全体股东另有约定"的除外;第四,按照《公司法》第 227 条第 1 款的规定,有限责任公司增加注册资本时,股东享有优先认购权,但"全体股东约定不按照出资比例优先认缴出资的除外"。上述四个条款在《公司法》上都属于"另有规定除外"条款,意味着全体股东的约定具有排除法条适用的效力,自然也具有优先于章程适用的效力。

二、公司章程"替代适用事项"能否限制和剥夺股东的固有权利

公司章程中的替代适用事项即《公司法》上"另有规定除外"条款。根据本章前面的列举,《公司法》涉及公司章程替代适用事项的"另有规定除外"条款共有 12 个,即第 24 条、第 64 条、第 65 条、第 84 条、第 90 条、第 110 条、第 167 条、第 210 条、第 219 条第 2 款、第 224 条第 3

① 参见钱玉林:《公司章程"另有规定"检讨》,载《法学研究》2009 年第 2 期。
② 参见张学文:《股东协议制度初论》,载《法商研究》2010 年第 6 期。
③ 参见刘海东:《有限责任公司股东协议的效力认定》,载《江汉论坛》2019 年第 9 期。

款、第 227 条第 2 款、第 232 条第 2 款。《公司法》设置“另有规定除外”条款意味着法律赋予了公司章程替代或排除相关法条适用的效力，给予了公司及其股东很大的意思自治空间，“这一立法用语，揭示了立法者将公司章程从倡导性规范，即向社会诱导性地提倡一种其认为较佳的行为模式的法律规范，转变为可以作为法官判案依据的裁判性规范，从而具有‘法的确信’或‘法的承认’”[①]。从内容上看，《公司法》该 12 个“另有规定除外”条款除了有 4 条涉及公司内部治理的内容外，其余 8 条都是关于股东基本权利的规定，涉及股东表决权、股份转让权、股东知情权、股东资格继承权、利润分配权、优先认购权和不按等比例减资权。

实践中一些公司利用法律赋予的自治空间，采取修订公司章程的形式来作出限制个别股东权利甚至剥夺其股东资格的规定，并以“资本多数决”程序获得股东会通过，从而产生纠纷，民事审判中亦出现不少相关案例。如 2007 年周岩诉大丰市丰鹿建材有限公司股东权纠纷一案，被告以原告违反公司规章制度为由，与原告解除了劳动合同，之后召开股东会修改公司章程，规定股东辞职，被除名、开除或解除劳动合同关系的，股东会可以决定其股权由其他股东受让。虽然原告对该修改投了反对票，但被告仍依照章程修正案的规定转让了原告的股权，遂引发纠纷。原告诉至法院请求确认强行转让其股权的股东会决议无效和公司章程部分条款无效。[②] 该案例涉及的司法问题是：公司是否能用章程替代适用事项来限制或剥夺股东的基本权利？公司实践中与该案例类似的情况还较为普遍，公司利用章程替代适用事项来限制或剥夺股东权利的主要表现有：禁止股东向股东之外的第三人转让股权；规定股东之外的第三人不能取得股东资格继承权；对个别股东的表决权进行限制；要求参加公司员工持股计划的股东离职辞职时必须强制转让其持有的股份等。公司章程作出这样的规定的原因较为复杂，有的是出于维护公司“人合”的需要，有的是出于防止公司人才流失的考虑，有的则是大股东利用持股优势对小股东的欺凌压迫。

对于公司能否以章程替代适用事项来限制或剥夺股东的基本权利的问题，在现有的法律框架下还不能一概而论，需要结合公司章程的不同形式进行分析。

1. 初始章程对股东基本权利限制或剥夺的情形。由于初始章程是按照股东合意方式通过的，因而对被限制或剥夺股东权利的股东而言，自己亦对这一规定投了赞成票，可以视为该股东自愿放弃股东权利的事前约定。根据法律上关于“民事权利可以放弃”的原则，应当认定这种事前放弃并不违反法律规定，属于股东意思自治的行为。公司实践中，通过这种类似自愿的方式来协商解决股东之间的利益冲突，只要不违反公序良俗原则和损害第三人利益，有助于增强公司的人合性和凝聚力，对公司发展具有积极意义，司法就不宜介入干预。在 2018 年最高人民法院发布的指导案例 96 号——宋文军诉西安市大华餐饮有限公司股东资格确认纠纷案中，针对大华公司的章程，法院在裁判理由中提出：“依照《公司法》第二十五条第二款‘股东应当在公司章程上签名、盖章’的规定，[③]有限公司章程系公司设立时全体股东一致同意并对公司及全体股东产生约束力的规则性文件，宋文军在公司章程上签名的行为，应视为其对前述规定的认可和同意，该章程对大华公司及宋文军均产生约束力。”该指导案例的“裁判要点”指

---

① 钱玉林：《公司章程“另有规定”检讨》，载《法学研究》2009 年第 2 期。

② 参见吴晓锋：《股东权不得依公司章程强行转让》，载《法制日报》2007 年 5 月 27 日。

③ 该案发生于 2023 年《公司法》修订前，法院判决引用的“《公司法》第 25 条第 2 款”已为新《公司法》第 46 条第 2 款所替代。

出,“初始章程对股权转让进行限制,明确约定公司回购条款,只要不违反公司法等法律强制性规定,可认定为有效。有限责任公司按照初始章程约定,支付合理对价回购股东股权,且通过转让给其他股东等方式进行合理处置的,人民法院应予支持”。

2. 修订章程对股东基本权利限制或剥夺的情形。由于修订章程采取了与初始章程不同性质的表决通过机制,如果被限制或剥夺权利的股东对这一规定投赞成票或没有明确表示反对,应当视同该股东对自己权利的放弃;但如果被限制或剥夺权利的股东明确表示反对,则存在以“资本多数决”方式来限制或剥夺股东基本权利的问题。如果属于大股东利用持股优势对小股东欺凌压迫的情形,就是明显的违法行为。笔者注意到,前述“周岩诉大丰市丰鹿建材有限公司股东权纠纷案”诉到法院后,一审法院认为,公司章程是公司行为的根本准则,根据公司法资本多数决的基本原则,被告修改公司章程的程序合法,修改的内容不违反现行法律法规,应为有效,故判决原告败诉。原告不服一审判决提起了上诉。二审法院认为,股东权的自由转让是股东固有的一项权利,股东权一经设立,除非经合法转让,或由国家强制力予以剥夺,或公司经清算程序予以分配,否则不能被变动。因此,股东权的自由转让原则应理解为强行性法律规范中的效力规定,凡违反该原则,限制股东权自由转让的章程条款即应归于无效,故撤销了一审判决,予以改判。①

笔者认为,二审法院的判决是正确的。股权作为私权性质的民事权利,是股东的固有权,属于具有股东资格就当然享有的法定权利,除依法定程序予以限制或剥夺外,应当尊重当事人的意思,始符合私法自治的原则。② 民事主体的固有权在没有法律规定或未经法定程序的情况下不受限制或剥夺。章程替代适用事项在未取得当事人同意的情况下无权以“少数服从多数”的方式对其固有权作出不同安排,即使作出,也不能产生排除《公司法》相关规定适用的效力。也正是基于此,有学者从比较法角度对我国《公司法》没有对公司章程可能出现损害股东固有权的情况从立法上采取防御性措施提出批评,认为这是《公司法》存在的法律漏洞之一。③

三、第三人对公司章程事项的审查义务

第三人对公司章程事项的审查义务与公司章程的效力相关,是公司法实务中的一个较为复杂的问题,公司章程效力分为对内效力和对外效力,需要区分不同情况进行讨论。

(一)第三人对章程中有对外效力事项的审查义务

公司章程的对外效力即对抗效力,具有对抗效力的章程事项并非章程全部记载事项,只指与《公司法》第 32 条关于公司登记事项的规定相同的必要记载事项。对抗效力是针对第三人而言的,而且是以公司章程的登记来决定的。基于《公司法》第 35 条第 2 款明确规定了“公司变更登记事项涉及修改公司章程的,应当提交修改后的公司章程”的内容,公司登记事项的变

① 参见吴晓锋:《股东权不得依公司章程强行转让》,载《法制日报》2007 年 5 月 27 日。

② 参见钱玉林:《公司章程“另有规定”检讨》,载《法学研究》2009 年第 2 期。

③ 参见钱玉林:《公司章程“另有规定”检讨》,载《法学研究》2009 年第 2 期。《德国股份法》对此就有相应的防御规定,该法第 179 条规定:“对数个股票种类的比例作不利于其中一个种类的变更的,股东大会决议的生效需经蒙受不利益的股东的同意。关于该同意,蒙受不利益的股东应作出一个特别决议。”第 180 条还规定:“使股东承担从义务的决议,需经全体被涉及的股东的同意后生效。”这里引用的《德国股份法》来自《德国商事公司法》,胡晓静、杨代雄译,法律出版社 2014 年版,第 154 ~ 155 页。

更与公司章程中相同事项的修改及其产生对外效力应当互为前提:公司登记事项变更须以章程相关事项修改为前提;章程修改事项发生对外效力须以登记事项变更为前提。由此表明,章程事项未经登记的,对第三人不产生对抗效力;已经登记的,则可以对抗第三人。登记标志着公司已经履行了公示义务,可以被推定为对第三人的通知,无论第三人知悉与否,都视为其已经知道或应当知道该事项的内容及其产生的对抗效力。因此,第三人对已经登记的有对抗效力事项负有当然的审查义务,即使第三人主张其不知道或不应当知道该事项内容,法律上也推定其已经知道或应当知道,公司及其内部主体就该登记事项涉及权益对第三人享有抗辩的权利。以本章前述公司法定代表人发生变更为例,变更后原法定代表人以公司名义与第三人订立合同,公司与第三人就该合同的履行发生争议时,如果合同订立时公司已经对法定代表人事项进行了变更登记,则第三人在订立合同时就应当对公司法定代表人是否发生变更负有审查义务。无论其实际上是否审查和是否知道这一事实,法律均假定第三人已经知道或应当知道,公司可以对第三人要求公司履行合同义务的主张行使抗辩权,并对不履行合同义务的行为不承担相应的法律责任。

(二)第三人对章程中无对外效力事项的审查义务

章程中无对外效力事项也即仅有对内效力的事项。第三人对此类事项是否有审查义务是一个存在争议的问题。有学者认为,随着"越权原则"与"推定通知理论"在现代公司法上的隐退,[①]法律对公司经营范围外的经营行为之规制已完成由外化到内敛的转换,[②]章程之角色定位亦被严格限定为公司内部治理文件,第三人对章程不应再负审查之义务。也有学者认为,公司章程的对外效力源自章程登记与公示,而我国的公司章程实际上并未登记,只是章程中部分记载事项与商事登记事项存在重叠而已,自无所谓的推定通知作用;公示登记的条款可为第三人提供必要的信息,但第三人不负有查阅的义务。[③] 还有学者认为,"越权原则"与"推定通知理论"的存在与适用是章程具备对外效力之前提,它们在当今世界公司法上的失落与隐退,意味着章程之对外效力也已是明日黄花。[④]

与上述观点形成鲜明对比的是,有学者认为章程的规定可以对抗第三人,第三人负有查阅的义务。进一步讲,是引入"契约附随义务"来论证章程对外的有效性。[⑤] 还有学者认为,应区分不同情况对公司章程的对外效力进行分析,公司章程在一般情况下没有对外效力,它主要是约束公司的股东、董事、监事、高级管理人员,对特定的第三人不产生约束力。但是在个别情形下,如法律法规对公司章程的一些条款进行了强制性的特别干预、以契约方式使公司章程获得对外效力等,章程是能够产生对外效力的,公司章程具有对外效力能更好地解释公司内部行为与外部行为的牵连,在此基础上有助于司法实务中善意规则的类型化认定。[⑥]

笔者认为,上述认识并未将章程事项作出严格区分,笼统讨论第三人对全部章程事项是否

① 参见钱玉林:《公司法第16条的规范意义》,载《法学研究》2011年第6期。

② 参见孙英:《公司目的范围外经营规制:从外化到内敛——兼论双重性民事权利能力对公司越权的适用》,载《法学论坛》2010年第1期。

③ 参见陈进:《公司章程对外效力研究》,载《甘肃政法学院学报》2012年第5期。

④ 参见朱广新:《法定代表人的越权代表行为》,载《中外法学》2012年第3期。

⑤ 参见张艳:《关系契约理论对意思自治的价值超越》,载《现代法学》2014年第2期。

⑥ 参见吴飞飞:《公司章程对外效力重述》,载《广西社会科学》2015年第12期。

具有审查义务很难得出有操作性的结论。本章前面对章程事项所作的分类是具有法律意义的划分，直接来自《公司法》和《市场主体登记管理条例》的规定。这一分类能够回应第三人对章程事项是否具有审查义务的问题，即应当根据章程事项是否具有对外效力来确定，而章程事项是否具有对外效力取决于法律是否直接规定。具有对外效力的，第三人应当负有审查义务，否则就不符合《公司法》规定的“对抗”的法律内涵；而对于不具有对外效力的章程事项，没有对外效力就意味着该类事项不能为第三人设定义务，第三人也不应当负有审查义务。这一认识与《民法典》第 61 条第 3 款关于“法人章程或者法人权力机构对法定代表人代表权的限制，不得对抗善意相对人”的立法精神是相吻合的。另外，从最高人民法院《九民会议纪要》关于公司对外担保的规定中也可以得到印证。按照《公司法》第 15 条的规定，公司章程可以就对外担保的决议机关和限额作出规定。这一章程规定显然并非有对外效力的事项，第三人也不对该事项负有审查义务，如章程关于对外担保的公司决议是由董事会作出还是股东会作出，对外担保限额多少的规定。由于第三人并不负有审查义务，如果公司违反章程规定与第三人订立了合同，根据《九民会议纪要》第 17 条的规定，就应当按照越权代表的规则来处理。而《九民会议纪要》第 18 条对第三人审查义务的要求，并不是针对公司章程事项的审查，而是对公司是否依照《公司法》第 15 条，对关联担保必须由股东会作出决议进行审查。这里审查的对象是公司决议，即决议的程序和决议内容，而不是公司章程事项，二者是两个不同的概念，此审查义务也并非彼审查义务。因此，第三人对公司决议负有的审查义务不能等同于第三人对章程事项的审查义务。在《公司法》第 15 条规定的场景下，第三人之所以对公司决议负有审查义务，是因为公司决议此时被《公司法》第 15 条赋予了对外效力，本来针对公司内部事务的决议也产生了对第三人的义务。这一义务的产生是源于法律的设定①而非源于公司的决议，更不是来自公司章程。由此可以进一步支持笔者的结论：第三人对无对外效力的章程事项不负有审查义务。

其实，对于涉及《公司法》第 15 条对外担保的相关内容，②近年来一直是学界和司法界热衷的话题，认为第三人对非关联担保的章程规定不负有审查义务的观点早就有学者提出，并且也得到了最高人民法院判例的支持。如有学者认为，公司章程并不当然具有约束担保权人的效力，担保权人不具有审查义务。就普通担保而言，公司章程仅对公司、股东、董事、监事、高级管理人员具有约束力，如果担保权人不在上述范围之内，即不受公司章程中关于公司担保决策机构、担保权限规定等的约束，也不因公司章程中对公司担保事项的记载，就推定担保权人知晓越权担保中的法定代表人超过代表权限。③ 还有学者认为，绝不能仅凭章程的记载和备案就认定第三人应当知道董事会超越权限，进而断言第三人恶意。因为随着对“推定通知理论”和“越权理论”的废弃，章程作为公司内部决议的书面载体，它的公开行为不构成第三人应当知道的证据，公司章程不具有对世效力。再加之从交易成本和现实的登记制度角度考虑，强加给第三人对章程的审查义务不具有可操作性和合理性，第三人对章程不负有审查义务。④ 最

---

① 即《公司法》第 15 条第 2 款的规定：“公司为公司股东或者实际控制人提供担保的，应当经股东会决议。”

② 在 2023 年《公司法》修订前，相关讨论所针对的法律条文为原《公司法》第 16 条。2023 年《公司法》修订基本保留了原法第 16 条的内容，所涉修改包括该条的条文序号发生变化和将“股东大会”的表述改为“股东会”等，这些内容均为非实质性的修改。

③ 参见沈晖：《背离公司担保决议规制的法效果——分析路径的困境与出路》，载张仁善主编：《南京大学法律评论》总第 36 期，法律出版社 2011 年版。

④ 参见崔建远、刘玲伶：《论公司对外担保的法律效力》，载《西南政法大学学报》2008 年第 4 期。

高人民法院(2014)民一终字第270号判决认为,《公司法》第16条①“属于公司对内的程序性规定,其并未规定公司以外的第三人对此负有审查义务”;最高人民法院(2015)民一终字第72号判决也认为,“公司是否召开股东会或股东大会,属于公司对内的程序性规定,与公司交易的第三人不应受该内部程序性规定的约束”。

值得指出的是,《九民会议纪要》第18条第1款后半段关于第三人对非关联担保决议审查的表述②还有进一步斟酌的必要。尽管该内容也可以认为仅是对决议而非对章程事项的审查,而且审查的程度也较关联担保要宽松得多,但从文字表述上则又显得有些含糊,似乎也可以解读出对章程事项审查的含义。笔者认为这段表述不仅与同条前半段规定的逻辑不统一,而且还可能存在与《民法典》第504条和第505条规定③的精神相背离的问题。

四、公司章程能否提高公司机关决议表决通过的法定低限标准

根据《公司法》的规定,作为公司机关的股东会、董事会和监事会作出决议,表决通过都需要达到法定的比例低限。《公司法》对比例规定了“过半数”“半数以上”“三分之二以上”等标准。据此有不少人认为,《公司法》上的“以上”可以理解为法律给予公司章程制定者的空间,只要不低于“半数”或“三分之二”的低限,公司和股东就可以采用章程方式自主确定决议通过的比例下限,也即章程可以提高决议通过的法定下限标准。正是基于这一认识,公司实践中出现了不少从实体内容和程序上提高公司机关决议通过难度的章程条款。一些公司在章程中或是将半数以上的法定标准提高到2/3以上,或是将2/3以上的法定标准提高到3/4或4/5以上,甚至还有提高到100%的极端情况。笔者曾在实践中遇到一个由分别持股30%、30%和40%的三位股东共同设立的有限责任公司,其章程规定,公司股东会所有重大决议都必须经全体股东一致同意才能通过。

有学者将这类公司章程条款称为章程的“防御性条款”,其“防御”的对象主要是控制股东与公司管理层,也可包括特定股东。防御性条款可以划分成实体型防御性条款与程序型防御性条款。实体型防御性条款包括了表决权比例提高型防御性条款,程序型防御性条款包括有关决议会议召集、提出提案和表决方式的提高型防御性条款。④ 无论哪种防御性条款,都提高了公司机关决议通过的难度,也强化了公司章程修改的难度。

采用防御性条款来提高公司机关决议通过的表决权比例在我国公司实践中已是较为普遍的现象。由于其可以由公司股东自由选择是否采用,在适用上也没有门槛,能够起到限制“资本多数决”滥用的作用,因而得到了一些学者的认同。“防御性条款的应用,在一定程度上强

---

① 即2023年修订的《公司法》第15条。

② 该部分内容为:“公司为公司股东或者实际控制人以外的人提供非关联担保,根据《公司法》第16条的规定,此时由公司章程规定是由董事会决议还是股东(大)会决议。无论章程是否对决议机关作出规定,也无论章程规定决议机关为董事会还是股东(大)会,根据《民法总则》第61条第3款关于‘法人章程或者法人权力机构对法定代表人代表权的限制,不得对抗善意相对人’的规定,只要债权人能够证明其在订立担保合同时对董事会决议或者股东(大)会决议进行了审查,同意决议的人数及签字人员符合公司章程的规定,就应当认定其构成善意,但公司能够证明债权人明知公司章程对决议机关有明确规定的除外”。

③ 《民法典》第504条规定:“法人的法定代表人或者非法人组织的负责人超越权限订立的合同,除相对人知道或者应当知道其超越权限外,该代表行为有效,订立的合同对法人或者非法人组织发生效力。”第505条规定:“当事人超越经营范围订立的合同的效力,应当依照本法第一编第六章第三节和本编的有关规定确定,不得仅以超越经营范围确认合同无效。”

④ 参见王建文:《论我国引入公司章程防御性条款的制度构造》,载《中国法学》2017年第5期。

化了章程自治,使得公司章程在保护股东权益上发挥了更大的作用”[①],但也要看到,由于防御性条款提高了决议通过的难度,也引发了一些具体问题:首先,这一做法相当于赋予了少数股东一票否决权,使“资本多数决”的原则在这类公司无法体现,形同虚设;其次,一旦股东间出现矛盾很容易形成公司僵局,使公司法上的“异议股东回购请求权”[②]这类协调解决股东利益冲突的机制基本无法发挥作用;最后,使公司机关决议通过的协商谈判成本上升,影响决策效率,降低了公司运行效率,还可能引发部分股东的道德风险。如前面提到的三位股东设立的公司,公司成立后不久股东彼此间就出现矛盾,其中持股30%的股东(担任总经理)实际控制了公司,由于章程要求重大事务均须全体股东同意才能通过,其他两位股东虽然合计持股达到70%,但无法通过修改章程的决议来正常行使其股东权利,使公司长期处于僵局状态,甚至出现抢夺公司财产的现象。

根据《公司法》第46条和第95条的规定以及本章对公司章程事项的分类,章程中公司机关决议的通过条件不属于必要记载事项,更不属于其中有对外效力的事项,因而可以肯定该类事项只能是章程中的任意记载事项。任意记载事项是否载入章程属于公司自治或股东自治的范畴,取决于章程制定者的意志。载入的,对公司机关及其成员产生约束力;不载入的,就应当依照《公司法》的有关规定执行。

笔者对公司实践中提高公司机关决议通过的法定下限标准的做法有如下认识。

(一)制定章程时不宜载入该类事项

这是针对公司章程制定者而言的。如果设立新公司订立章程或公司成立后修改章程,尽管提高公司机关决议通过的法定下限标准属于章程任意记载事项的内容,但笔者不主张将其载入章程,其理由主要有两点。

1. 公司实践中出现的影响公司效率,导致公司僵局的情况表明,提高公司机关决议通过的法定下限标准的做法看似不违法,但可能有违公司制度的基本原理和原则,产生事与愿违和“弊大于利”的结果。

2. 虽然公司实践中对这种做法存在“看似不违法”的认识,但也不无疑问。这主要是因为对于《公司法》上“半数以上”“过半数”“三分之二以上”的规定完全可能存在不同的理解和解释。前述关于“法律给予公司章程制定者的空间”的理解仅是一种认识,这一理解是对法律规定采取文义解释方法得出的结论。仅从文义解释的角度,尚可作出其他解释和理解。以“三分之二以上”的法律表述为例:首先,可以将该表述分为确定的下限和不确定的空间两个部分:“三分之二”为确定的下限,“以上”为不确定的空间;从文义上可以作出不同解释的不在于确定的下限部分,而在于不确定的空间部分。其次,不确定的空间既可以理解为法律给予章程制定者的空间,也可以理解为法律给予决议通过时投票者的空间。由于法律无法预见投票表决时可能出现的情况,因而只能设置一个确定的低限要求。从《公司法》规定的语境看,明确指向的应当是后者,即表决投票时的场景。也就是说,将“以上”理解为法律给予投票者而非章程制定者的空间更为准确。在这个意义上,在章程中载入提高公司机关决议通过的法定下限

---

① 王建文:《论我国引入公司章程防御性条款的制度构造》,载《中国法学》2017年第5期。

② 即《公司法》第89条和第161条的规定,详见本书第九章第五节关于“股份回购”的讨论。

标准的事项就存在法律风险，发生争议时如果按照后一种理解，这类事项就可能被裁判者认定为违反法律规定的内容。当然，在没有权威的立法解释和司法解释的情况下，上述两种理解还不能说谁对谁错，但无疑是加大了公司决议的不确定性风险。笔者将两种理解称为偏宽的理解和偏严的理解，如果按照偏严的理解，公司章程中载入这类事项存在违法风险的可能性就偏大。

（二）对已经成为章程事项的效力的认定

由于公司实践中已经出现以章程来提高公司机关决议通过的法定下限标准的情况，因此需要对这类事项的效力作出判断。在此问题上应当区分不同的公司类型，可考虑的思路包括如下两点：

1. 对有限责任公司而言，根据该类事项属于公司章程任意记载事项的属性和《公司法》第65条关于允许有限责任公司通过章程形式对“股东按照出资比例行使表决权”作出不同于法律规定的安排并可以优先于法律规定适用的规定，公司章程提高公司机关决议通过的法定下限标准的事项只要不违反法律、行政法规的强制性规定，不违反公序良俗和不损害第三人利益，应当尊重公司及其股东的意思表示，视为有效条款，法律和司法都不宜主动对其进行干预。需要注意的是，实践中章程中存在这类条款的，还需要区分初始章程和修订章程的情况，如果是修订章程作出的规定，涉及的利害关系人对该修订条款持反对意见的，一旦对该事项发生争议，该行为就有可能被认定为利用“资本多数决”来损害股东利益的行为。当然，上述的思路也是在偏宽理解下的情形。笔者根据有限责任公司这类更接近合同属性的封闭型公司的性质，倾向于偏宽理解，对封闭型的股份有限公司，也可以准用关于有限责任公司的做法。

2. 对股份有限公司而言，尤其是公众型的上市公司，《公司法》给予其公司自治空间有限，以及按照《公司法》第116条关于“股东出席股东会会议，所持每一股份有一表决权”的规定，可以对《公司法》涉及公司机关决议通过的规定作出偏严的解释，也即不允许公司以章程形式对法定的低限标准作出不同安排。如果已经作出，在没有发生纠纷的情况下，可以按照公司章程存在瑕疵的情况来对待；如果发生纠纷，则可以认定其违法进而否定其效力。

（三）对章程中不产生效力的相关事项的处理

如果提高公司机关决议通过的法定下限标准的章程记载事项违反法律、行政法规的强制性规定，违反公序良俗或损害股东利益，可以按照章程违法来处理：一是提议召开临时股东会并提出修改章程的提案；二是向人民法院提起诉讼；三是提请证券监督管理部门确认公司章程违法并责令纠正。详见本节“公司章程违法的救济”的内容。

五、国有公司章程的特别规定

国有公司在公司企业中具有特殊的影响力，发挥着龙头示范作用。国有公司借助国有股权控制力将国有经济的主导影响力渗透到经济生活的各个方面，是“党和国家事业发展的重要物质基础和政治基础”①。国有公司治理是最具中国公司特色的内容。国有公司经过长期

① 《中共中央、国务院关于深化国有企业改革的指导意见》（中发〔2015〕22号）。

探索已形成成熟经验和定型内容的是:党组织在公司治理中必须发挥领导核心和政治核心的作用。这并非在国有公司中引入新的领导体制和嵌入新的政治结构,而是把党的领导嵌入公司治理各环节,党组织成为公司治理结构的有机组成部分。《公司法》第170条关于国有公司党组织的规定还较为原则,因此,具体内容还需要通过公司章程来完善。国有公司完全可以依托国有资本的控制地位,根据《公司法》的"资本多数决"原则,通过公司章程依法配置各公司机关的权力,使党组织的地位和作用组织化、制度化、具体化、法定化。为此,2020年12月国务院国资委、财政部联合发布了《国有企业公司章程制定管理办法》,对国有公司章程制定、章程的主要内容、制定程序等方面作出专门的规定,为国有公司章程规范化提供了较为详细的指引。国有公司章程的特殊性在于党的领导和国有资产管理,关于国有公司章程的特别内容,详见本书第十一章第四节的有关讨论。

六、非公众型公司章程中的任意记载事项

这里的非公众型公司即封闭型公司,是与公众型公司相对应的公司形态,包括《公司法》上的有限责任公司和发起设立的股份有限公司。[①] 在公司实践中,公众型公司由于《公司法》及相关法规对其章程条款的规定相对详细以及有《上市公司章程指引》作为参照系,其章程的内容也相对完备和规范。但非公众型公司的情况则不一样,尤其是有限责任公司的章程往往是根据当地市场监督管理部门提供的章程范本来制定的,普遍存在简略粗疏的问题。具体表现为:第一,章程内容过于简单,缺乏公司存续和运作的相应规定,尤其是对诸如股东权利行使、股权转让、利润分配、解散清算等可能产生利益冲突的问题缺乏对救济措施的预设性规定;第二,公司章程雷同现象十分突出,基本重复《公司法》的有关规定,同一地区的公司章程几乎如出一辙,缺乏公司自身的特色。究其原因,既有公司对章程的重要意义认识不足的情况,更多的恐怕还是不熟悉《公司法》有关内容所致。因此,需要从实务的角度探讨如何制定出切合公司实际的章程。笔者认为,对非公众型公司而言,正是由于《公司法》赋予了股东较多的意思自治空间,如果符合《公司法》规定的章程替代适用事项或"另有规定除外"条款的要求,章程内容就具有优先于法律条文适用的效力。因此,需要重视任意记载事项在章程中的运用,可重点考虑如下几个方面的内容:

1. 关于公司机关的条款。按照《公司法》的规定,公司章程可以对股东会、董事会、经理法定以外的职权作出规定,也可以对股东会、董事会、监事会的议事方式和表决作出规定,公司章程还可以具体设计公司机关行使职权的有关程序。这就需要结合公司具体情况作出考虑,做到既有灵活性,又要适度,从而保证公司的规范运作。

2. 关于股权行使的条款。依法行使股权是股东最基本的权利,公司章程可以对股东是否按照出资比例行使表决权、股东知情权的行使程序、股权行使受到非法阻碍时的救济措施作出相应的规定。

3. 关于股权转让的条款。有限责任公司的股权转让相对复杂,向股东以外的第三人转让股权更是如此。公司章程可以就股权转让的方式、程序、限制条件以及股东如何行使优先权

---

① 基于国有公司在《公司法》上的特别规定,这里的非公众型公司不将其纳入讨论范围。

(如时间限制、具体程序等)作出规定,这些规定只要不违反法律的基本精神,就可以具有《公司法》第84条第3款规定的“公司章程对股权转让另有规定的,从其规定”的效力。

4. 关于利润的分配条款。该条款主要应当规范公司在盈利情况下的利润分配问题,根据《公司法》第89条和第161条的规定,公司连续5年不向股东分配利润,而公司该5年连续盈利,并且符合本法规定的分配利润的条件的,对股东会该项决议投反对票的股东可以请求公司按照合理的价格收购其股权。据此,公司章程可以就收购价格事先作出规定,一旦出现这种情况就可以避免诉讼之累。

5. 关于解决公司僵局的条款。公司僵局是公司存续中常常出现的问题,不仅影响公司正常的经营,而且还可能损害非控制股东的合法利益。《公司法》尽管规定了可以通过诉讼手段解散公司来解决公司僵局问题,但对公司和股东来说成本都将是高昂的。因此,公司章程就公司僵局作出预先安排很有必要。可以考虑在制定公司章程时专门设置一章,章名为“公司僵局的处理方法”,对出现公司僵局时应当按照何种原则和具体方式来处理作出规定,也可规定届时不再召开股东会或董事会就可解散公司,由此避免公司控制股东利用公司僵局损害其他股东利益,也减少公司因“不死不活”给股东带来的麻烦和损失。

需要指出,上述几个方面涉及《公司法》上的“另有规定除外”条款,是法律赋予有限责任公司意思自治空间最大,也是对有限责任公司章程最有实用价值的内容。股东可以在公司章程和法律“另有规定除外”条款之间自主选择,一旦选择公司章程的替代适用事项,就有高于法律规定的效力。但替代适用事项也不能随心所欲地制定,应当受到必要的限制,如不得违法,不得违反公序良俗,如果没有取得利害关系人的事前同意,不能采取少数服从多数的方式来对股东权利进行限制和剥夺。

七、公司章程违法的救济

公司章程违法的救济主要是指章程记载的事项和内容违反了法律法规的强制性规定,已经或可能对股东或第三人的利益造成损害,有关当事人依法对违法章程条款进行纠正的方式和程序。实践中公司章程违法的情况并不鲜见,尤其是一些公司的大股东利用自身的控股地位,在公司章程中作出有损中小股东利益和社会公众利益、违反有关法律法规的规定。在现行的法律框架下,一旦出现这种情况,有关当事人可以通过以下方式获得法律救济,对违法的章程进行纠正。

(一)提议召开临时股东会会议并提出修改章程的提案

1. 如果该情况发生于有限责任公司,根据《公司法》第62条第2款的规定,代表1/10以上表决权的股东、1/3以上的董事或者监事会有权提议召开临时股东会会议,此时股东有权向股东会提出修改公司章程的提案。如果提案依法获得股东会通过,章程违法的情况就可得以纠正。

2. 如果该情况发生于股份有限公司,根据《公司法》第113条和第115条的规定,董事会、监事会、单独或者合计持有公司10%以上股份的股东有权提议召开临时股东会会议,单独或者合计持有公司1%以上股份的股东有权提出修改公司章程的临时提案。如果提案依法获得股东会的通过，章程违法的情况就可得以纠正。

（二）向人民法院提起诉讼

《公司法》第25条和第190条规定，公司股东会的决议内容违反法律、行政法规的无效；董事、高级管理人员违反法律、行政法规的规定，损害股东利益的，股东可以向人民法院提起诉讼。由于公司章程必须要以股东会决议的方式通过或修改，如果出现公司章程违法的情况，可以根据《公司法》的上述规定以股东会通过章程的决议违法为由来向人民法院提起诉讼，要求确认违法章程的内容无效。

（三）提请证券监督管理部门确认公司章程违法并责令纠正

这一方式是针对上市公司的。中国证监会2022年1月发布的《上市公司现场检查规则》第21条规定，中国证监会及其派出机构对上市公司进行现场检查时，“发现检查对象在规范运作等方面存在问题的，中国证监会可以对检查对象采取责令改正措施”。此外，中国证监会2020年修正的《上市公司收购管理办法》第80条第2款规定：“上市公司章程中涉及公司控制权的条款违反法律、行政法规和本办法规定的，中国证监会责令改正。”因此，如果上市公司章程违法，有关当事人可以向中国证监会及其派出机构提出确认违法并纠正的请求。我国证券市场曾经出现过有关案例，如上海爱使股份有限公司（以下简称爱使公司）的章程第67条针对董事、监事提名的方式和程序，在《上市公司章程指引》的基础上自行增加了4款限制性规定。有人认为其中的内容违反了《公司法》的规定，引起了法律界和证券界人士的关注和争论。针对爱使公司章程存在的问题，中国证监会专门发文，要求爱使公司修改章程。爱使公司于1998年10月31日召开的临时股东大会上表决通过了修改章程的议案。①

---

① 参见周友苏主编：《股市操作的启示与警示——证券法案例举要》，四川人民出版社2000年版，第362～365页。

第八章　公司股东与股权

第一节　股 东 概 论

一、股东的含义

股东,顾名思义即股份的主人,股份的"东家",是指取得公司股份,作为公司组成成员并对公司享有股权的人。股东在现实生活中还有一些不同的称谓:相对于公司的劳动者,可以称为持股者;相对于其他财产权利人,可以称为股份所有人;相对于证券市场的其他参与者,可以称为投资者。具体而言,股东包括两层含义:其一,股东是公司法人组织的成员,或者说,正是若干股东通过投资联合,才可能使公司社团法人得以成立;其二,股东是股权的享有者,只要具有股东资格,就必然形成与公司之间的权利义务关系。股东与股权,二者不可分割,具有股东资格是享有股权的前提,股权则是股东权利的实质内容。

根据《公司法》的规定,在一般情况下,任何股东都只能按其持有股份的种类和份额享受权利、承担义务。从各国立法情况看,除某些特殊行业公司的股份限制外国人取得外,股东资格一般不受限制,任何人都可以成为股东。我国《公司法》规定股东可以是自然人,也可以是法人、各级政府及其下属的国有资产监督管理机构,还可以是外商投资者。无论入股前他们各自的政治、经济地位有何差异,一旦加入公司,就只能以股东的身份来行使股权。在这个意义上,公司股东的法律地位是平等的。

本章所称的股东包括了股份有限公司和有限责任公司两类公司的股东。就作为公司的持股人来看,二者没有多大的不同,但由于公司性质上的区别,决定了二者也存在一些差异。

1. 取得股东资格所受的法律限制有所不同。股东资格的取得大致可分为两种情形:一是在公司设立时取得;二是在公司存续过程中取得。就设立取得的情形看,股份有限公司根据《公司法》第 98 条第 1 款关于"发起人应当在公司成立前按照其认购的股份全额缴纳股款"的规定,无论是采取发起设立还是募集设立的方式,发起人都实行实缴,即缴足其认购的股份后公司方能成立,发起人因此才能取得股东资格。而有限责任公司的设立人仍然实行认缴,依照《公司法》第 47 条第 1 款关于"全体股东认缴的出资额由股东按照公司章程的规定自公司成立之日起五年内缴足"的规定,股东可以依照章程规定分期缴纳出资,或者说出资人可以在"未缴"和"欠缴"的情况下取得股东资格。在这个意义上,有限责任公司股东可以"零首付"成立公司,但股份有限公司股东却不能。存续取得主要指通过公司发行新股或受让股份取得股东资格的情况。根据《公司法》第 227 条的规定,有限责任公司增加注册资本时,除了全体股东另有约定外,股东有权在同等条件下优先按照实缴的出资比例认缴出资;股份有限公司为增资发行新股时,除公司章程另有规定或者股东会决议赋予股东优先认购权之外,股东不享有优先认购权。这表明现有股东以外的第三人要通过公司增资取得新股东资格在两类公司中还有些差异：第三人要成为有限责任公司的新股东在认缴顺序上只能排在公司现有股东之后，如果现有股东行使优先认购权后已没有剩余额度，第三人成为新股东的愿望就可能落空；股份有限公司则不受优先认购权约束，第三人取得新股东资格与公司现有股东增持股权具有同等机会。从受让股份取得股东资格来看，由于股份有限公司的股份转让是自由的，第三人取得公司股东资格取决于转让人与第三人双方的“合意”；有限责任公司则不同，股东向第三人转让股权时，由于《公司法》第84条作出了“其他股东在同等条件下有优先购买权”的规定，因此，第三人要取得股东资格，不仅要有转让人与第三人双方的“合意”，还要受“其他股东”意志的限制，如果其他股东在同等条件下行使《公司法》规定的“优先购买权”，就可能阻止第三人成为公司的新股东。

2. 股东对公司事务的参与度有所不同。根据《公司法》第65条、第66条，有限责任公司股东会就公司事务作出决定，以全体股东所持表决权为基数，其中重大事务的决定必须经代表2/3以上表决权的股东通过。这就意味着，对于公司事务，尤其是重大事务，如果没有法定足数的股东参与，公司就不能作出决策，因此，有限责任公司股东对公司事务的参与度是较高的。而根据《公司法》第116条，股份有限公司股东会就公司事务作出决定，以出席会议的股东所持表决权为基数，这就意味着，无论出席股东会的股东人数和持有的表决权如何，股东会都可以合法地通过任何决议。从公司实践情况看，公众型股份有限公司的中小股东，尤其是上市公司数量众多的公众股东，往往不关心公司事务，也不愿直接参与公司管理。正因为如此，在对具体案件进行处理时，有时需要将公司的股东分为积极股东和消极股东，积极股东是参与公司事务决策的股东，消极股东是不参与公司事务决策的股东。这一划分的现实意义在于：有助于根据二者在公司的实际地位和享有的实际权利，明确二者应当承担的不同责任。

3. 股东在股东会会议上行使股权有所不同。除了持有的类别股外，股份有限公司股东行权须遵循“一股一票”的原则，即《公司法》第116条规定的“所持每一股份有一表决权”；有限责任公司股东按照《公司法》第65条、第66条的规定，虽然原则上“由股东按照出资比例行使表决权”，但“公司章程另有规定的除外”，这意味着公司章程可以作出不按出资比例行使表决权的规定。

二、股东的类型

股东的类型可以从不同角度进行划分，除了本节前面对股份有限公司股东和有限责任公司股东的区分，公司法意义上有实际应用价值的分类还可以包括如下内容。

（一）原始股东和加入股东

这是根据股东资格取得方式作出的划分。

1. 原始股东是指通过原始取得方式获得股东资格的股东。原始取得即公司设立时股东以出资为对价获得公司发行的股份。从另一角度看，原始股东是公司设立阶段的参与者，也称初始股东，包括有限责任公司的设立人、股份有限公司的发起人。在募集设立的股份有限公司中,原始股东除了发起人之外,还包括《公司法》规定的"认股人"。① 说明原始股东都是参与公司设立并获得原始股的股东。公司成立后,参与公司设立的行为人在从法律上转为公司股东的同时,也成为公司的创始人和对公司设立有重要贡献的股东。基于这一地位,原始股东在较一般股东负有更多义务的同时,常常会成为公司的主要负责人和公司机关成员,其中对设立公司有特殊贡献的股东,其持有的股份也可能依照章程的规定成为公司类别股中享有优惠的股份。

2. 加入股东。加入股东是指通过继受取得方式获得股东资格的股东,也可称继受股东。继受取得包括认购公司发行的新股、受让公司股份、继承公司股份等方式。加入股东虽然没有参与公司设立时的制定章程等行为,但继受股份的行为也被视为一种加入行为,加入就意味对公司章程条款的认同和接受,因而同样要受公司章程的约束。

(二)控股股东和非控股股东

这是根据股东持股数量作出的划分。

1. 控股股东。控股股东在《公司法》第 265 条中有明确的定义:出资额或者持有的股份占公司资本总额或股本总额超过 50% 的股东;出资额或者持有股份的比例虽然不足 50%,但依其所享有的表决权已足以对股东会的决议产生重大影响的股东。公司实践中对控股股东的认定难点不在于持股超过 50% 的绝对控股股东,而在于另外两种情形:一是相对控股的股东,即持股不足 50%,但其所享有的表决权已足以对股东会的决议产生重大影响的股东。这一情形的认定较为复杂,需要结合具体的应用场景来认定,如一般公司、国有公司、上市公司等,对此笔者在本书第一章和第十一章中有专门的讨论。② 二是控股股东为复数,即两个或两个以上合计持股达到绝对控股股东所需的持股数量并采取一致行动来形成实际上的控股股东的情形,也可称为"一致行动人控股股东"。笔者之所以将此情形纳入控股股东的范围进行讨论,是因为控股股东在《公司法》《证券法》上是要承担特别义务的主体,实践中的一致行动人控股股东也要承担与控股股东相同的义务。

界定控股股东的法律意义在于:控股股东基于持股优势和在公司中的地位,可能利用"资本多数决"和关联交易来"掏空公司",损害公司和中小股东的利益。与其他股东相比,法律法规对控股股东规定了更多的行为约束,其需要承担更多的法定义务,有的义务与公司董监高对公司承担的忠实义务和勤勉义务相同。③ 控股股东"不担任公司董事但实际执行公司事务的",按照《公司法》第 180 条第 3 款的规定则应当承担与董事相同的忠实义务和勤勉义务。

---

① 认股人是指股份有限公司采取募集设立方式向发起人以外的人募集股份时的认购人,包括"向特定对象募集"(定向募集)和"向社会公开募集"(公募)场景下的认购人,在《证券法》上也称"投资者"。由于采取公募方式设立股份有限公司在实践中鲜有发生,因此,认股人作为原始股东多见于采取定向募集方式设立股份有限公司的场景中。具体可参见本书第五章第三节对"定向募集设立方式"的有关讨论。

② 笔者认为,在没有协议或其他安排的情况下,认定相对控股股东的具体标准可考虑如下内容:对于一般公司(主要指封闭型公司)而言,第一大股东持股比例不低于 30% 或 1/3,且与第二大股东持股比例的差额在 20% 以上时,推定第一大股东为该公司的控股股东;对上市公司而言,第一大股东与第二大股东的持股比例差额为该上市公司发行在外股份总额的 10% 以上时,推定第一大股东为该上市公司的控股股东;对国有公司而言,第一大股东为国有股东时,即使其持股比例不足 30% 甚至低于 20%,但该公司依照国有公司治理模式和准则来规范公司行为的,认定国有股东为该公司控股股东。详见本书第一章第三节关于母子公司和第十一章第一节关于"国有控股公司的界定"的讨论。

③ 如《公司法》第 192 条规定:"公司的控股股东、实际控制人指示董事、高级管理人员从事损害公司或者股东利益的行为,与该董事、高级管理人员承担连带责任。"

2. 非控股股东。非控股股东是相对于控股股东的称谓，在很多场景下也将其概括称为中小股东或少数股东，在证券法理上也称公众投资者。界定非控股股东的意义在于：中小股东在公司中处于弱势地位，《公司法》《证券法》关于股东或投资者保护的一些特别规定，如异议股东回购请求权、股东提案权、累积投票制度等就是针对中小股东利益保护的措施。

（三）控制股东（实际控制人）和非控制股东

这是根据是否对公司形成实际控制作出的划分。

1. 控制股东。控制是指对公司的实际控制力，这里不是以股份持有数量来衡量是否控制，而是以控制人对公司经营管理产生的实质影响力为标准。因此，控制股东与控股股东不能等同，二者的差异在于：控股股东是指持股数量居于优势地位的股东；控制股东是指实际控制公司经营管理重大决策的股东。二者可能发生重合，如果控股股东控制了公司，则控股股东也是控制股东；如果控股股东没能控制公司，控股股东就不能称为控制股东。实践中，确实存在持股比例超过 50% 的股东并不对公司的经营及管理产生控制性影响的情形。[①] 笔者在“公司章程”一章中举到的案例就是这种情形：三位股东在共同设立的有限责任公司分别持股 30%、30%、40%，其中一位持股 30% 的股东实际控制了公司，其他两位股东虽然合计持股 70% 且形成一致行动，但因章程中规定了公司重大事项需要全体股东一致同意才能决定，无法通过修改章程的决议来打破公司僵局。该案例中持股 30% 的股东在存在控股股东的情况下居然还长期实际控制公司，属于较为典型的非控股股东控制公司的现象。

讨论控制股东的意义就在于它往往会与实际控制人相联系。根据《公司法》第 265 条的定义，“实际控制人，是指通过投资关系、协议或者其他安排，能够实际支配公司行为的人”。2023 年《公司法》修订中将原法实际控制人定义中的“虽不是公司的股东”的表述删除，表明实际控制人包括了控制股东。有学者认为，在中国的经济环境中，公司的实际控制主体与股东特别是控股股东有着密切联系，它可能是控股股东，也可能是控股股东的控股股东，因为它可以通过直接控股和间接控股两种方式对公司实施控制。对于实际控制人的界定，应当采用实质重于形式的原则，只要是取得了公司实际控制权的行为人，就是公司的实际控制人。[②] 在企业集团架构中，居于控制核心的母公司对集团内部的控制无论有无持股关系，实际都是集团各实体公司的控股股东和控制股东。

如果将控制股东中不具有形式上控股股东地位的控制人视同实际控制人，那么这里的分类就具有了实际应用意义，因为现行法律法规往往将实际控制人与控股股东并列规定，根据实际控制人的地位也对其设置了与控股股东基本相同的义务和权利限制。如《公司法》第 22 条规定，公司的控股股东、实际控制人不得利用关联关系损害公司利益；公司的控股股东、实际控制人利用关联关系损害公司利益给公司造成损失的，应当承担赔偿责任。《证券法》对实际控制人也规定了较重的法律责任；中国证监会要求上市公司中具有母子关系的公司必须合并财务报表；《九民会议纪要》第 11 条对于“过度支配与控制”的行为进行规制也使用了“控制股

---

① 参见杜静然：《公司治理中的控股股东责任研究》，载《财经理论研究》2018 年第 1 期。

② 参见卞琳琳、程立：《股权结构、实际控制人与企业战略实施风险——基于五粮液、南京新百、万科的案例研究》，载《财会月刊》2016 年第 28 期。

东”的概念,如果存在这类行为,就可能导致公司人格否认的后果和责任。

2. 非控制股东。非控制股东是相对于控制股东的概念。如前所述,非控制股东可能与非控股股东和控股股东都存在对应状况。如果非控制股东处于中小股东地位,就能获得《公司法》对其利益的特别保护;如果股东在持股数量上属于控股股东但并未实际控制公司,其是否还要承担控股股东的义务和责任,是值得进一步讨论的问题。

(四)管理股东和非管理股东

这是根据股东是否参与公司管理并担任公司负责人作出的分类。

1. 管理股东。管理股东也称内部股东,即参与公司日常管理并担任公司管理层重要职务的股东。管理股东与控股股东可能重合,也可能不重合。公司管理层重要职务是指公司的董监高(可合称公司负责人)。根据《公司法》的规定,董监高对公司负有信义义务,包括忠实义务和勤勉义务,具体在《公司法》第八章中有较为详细的规定。

2. 非管理股东。非管理股东是与管理股东相对的概念,也称外部股东。非管理股东只具有一般股东的权利义务,不承担管理股东的信义义务。但公众公司(上市公司和新三板挂牌公司)的非管理股东如果持股达到5%,根据《证券法》第36条关于减持的规定和第44条关于短线交易的规定,其在股票的转让上要受到相应的限制。

(五)国有股东、员工股东

根据股东的身份属性,首先可以划分出的类型是法人股东和自然人股东,然后在此基础上还可以进一步将法人股东和自然人股东划分出若干种类。从我国公司实践看,最具应用意义同时关注度也较高的就是法人股东中的国有股东和自然人股东中的员工股东。

1. 国有股东。国有股东顾名思义就是国家作为持有公司股份的股东。国有持股包括国有独资公司、国有全资公司、国有控股公司和国有参股公司中国家作为股东的情况。其中国有独资公司、国有全资公司、国有控股公司基于国家股东的控制情况,可统称为国有公司。国有参股公司中由于国家并不处于控股地位,因而一般按照普通公司对待。国有股东从抽象意义上指国家,但国家除了特殊情况外,一般不会以民事主体的身份来作为股东。即便以民事主体的身份作为股东,也是以国家法人的身份,因此,国有股东也被称为国有法人股东,属于法人股东的一种特殊类型。根据《企业国有资产法》的有关规定,国务院和地方人民政府依照法律、行政法规的规定,分别代表国家对国家出资企业履行出资人职责;国务院和地方人民政府分别设立国有资产监督管理机构(国资委)并根据本级政府授权来履行出资人职责;国务院和地方人民政府根据需要也可以授权其他部门和机构代表本级人民政府对国家出资企业履行出资人职责。代表本级人民政府履行出资人职责的机构和部门,统称为履行出资人职责的机构。在这个意义上,履行出资人职责的机构是公司中具体的国有股东。可见,国有股东虽然可能都是法人股东,但涵盖的范围包括了《民法典》上特别法人中的机关法人,营利法人中的公司法人和非公司企业法人,非营利法人中的事业单位法人、社会团体法人等。

我国公司法中的国有股东是很具独特性的股东,存在代理链条长的“代理问题”:从国务院和地方人民政府到所属的国有资产管理部门,从国有资产管理部门到其设立的国有资产管理公司,从履行出资人职责的机构到国有公司和国有参股公司,往往要经过多重授权委托,最终才能落实到代表国有股东具体行使股权的自然人。基于国有股东的特点和国有资产保值增值的要求,《企业国有资产法》对国有股权转让作出了较一般股权转让更为严格的限制性规定。第53条规定,国有资产转让由履行出资人职责的机构决定;履行出资人职责的机构决定转让全部国有资产的,或者转让部分国有资产致使国家对该企业不再具有控股地位的,应当报请本级人民政府批准。第55条规定,国有资产转让应当以依法评估的、经履行出资人职责的机构认可或者由履行出资人职责的机构报经本级人民政府核准的价格为依据,合理确定最低转让价格。第57条规定,国有资产向境外投资者转让的,应当遵守国家有关规定,不得危害国家安全和社会公共利益。

2.员工股东。员工股东是指依照员工持股计划持有本公司股份的股东。员工持股计划是指公司根据员工意愿,通过合法方式使员工获得本公司股票并长期持有,股份权益按约定分配给员工的制度安排。员工作为持有人既是设立持股计划的委托人,也是持股计划的受益人。根据现行政策法规①的要求,上市公司员工股的持股对象为包括管理层在内的公司员工。如果是国有控股公司,“参与持股人员应为在关键岗位工作并对公司经营业绩和持续发展有直接或较大影响的科研人员、经营管理人员和业务骨干,且与本公司签订了劳动合同”,不包括公司中由党中央、国务院和地方党委、政府及其部门、机构任命的领导人员和外部董事、监事(含职工代表监事)。上市公司“每期员工持股计划的持股期限不得低于12个月,以非公开发行方式实施员工持股计划的,持股期限不得低于36个月”;如果属于国有控股公司,员工持股“应设定不少于36个月的锁定期。在公司公开发行股份前已持股的员工,不得在公司首次公开发行时转让股份,并应承诺自上市之日起不少于36个月的锁定期”。

三、股东平等原则

股东平等原则是与股权平等原则密切相关的概念,在不少学者的论著中,只使用股权平等的概念而不使用股东平等的概念。之所以如此,是因为从文义上看,股东平等是指主体平等,而股权平等是指客体平等。《公司法》关于“一股一权、一股一票”的规定中体现出来的平等,显然指向股权。股权平等建立在股份民主(资本民主)的基础之上,股份民主作为公司制度的基石,“一股一权”以及在此基础上产生的“资本多数决”是其核心内涵,也是它与“一人一票”的“人头民主”的最大区别。因此,股权平等实际上就是股东享有的权利大小与股东持股的多少成正比关系,持股越多,享有权利越大,反之亦然。股权平等可以排除依身份、地位、权势等非资本因素来享有股权的情形,体现了市场经济条件下的公平原则,但它却不能保证持股比例不同的股东之间的平等。在这个意义上,股东平等如果不与持股多少相联系,就很容易被理解为是针对公司股东而非公司股权的无差别对待,股东平等也会成为建立在“人头民主”而非股份民主基础上的平等。也正是基于此,学者们在使用股东平等的概念时都十分小心,正视其与股权平等的关系,或是对股东平等作出与股权平等相类似的定义,“股东的法律地位一律平

① 关于员工持股的政策法规主要为:2013年11月出台的《中共中央关于全面深化改革若干重大问题的决定》,该决定明确提出“允许混合所有制经济实行企业员工持股,形成资本所有者和劳动者利益共同体”;中国证监会2014年6月发布的《关于上市公司实施员工持股计划试点的指导意见》;国务院国资委、财政部、中国证监会2016年8月发布的《关于国有控股混合所有制企业开展员工持股试点的意见》。

等,公司法关于股东权利义务的所有规定都应一视同仁地适用于全体股东,如同样的股份享有同样的权利、承担同样的义务和责任,股东按其出资或股权比例享有表决权、股利分配权等";[1]或是对股东平等原则作出特别的说明,"股东平等原则并不排除股权内容的不同,也不意味着所有股东都享有同样的权利和义务"。[2]

在涉及股东内部利益关系协调的讨论上,使用股东平等原则比使用股权平等原则更具现实意义。股权平等原则所强调的"一股一权"是建立在股份民主基础上的平等,股权平等在张扬股份民主的同时,"一股一权"和"资本多数决"也会带来股东之间以形式平等掩盖事实不平等的问题。因此,"我们既要充分肯定资本多数决,又要注意矫正这一表决机制的偏颇和异化;既要坚决守护股东平等原则,又不能只满足于形式上的表面平等,而应尽可能通过各种法律形式或手段,追求和实现股东间实质的真正平等"。[3] 股东平等原则能够较好地兼容股东实质平等的内涵。随着公司制度的发展,公司自治空间的不断扩充,股东实质平等也在公司制度中得到了一定程度的应用。例如,《公司法》上的"另有规定除外"条款中就包括了允许有限责任公司由股东自主作出不同于"一股一权"的章程安排,这一安排具有优先于法律适用的效力;又如,《公司法》对控股股东、实际控制人设置相应的义务,对有利于中小股东利益保护的制度设计,从一定程度上弥补了"资本多数决"的制度缺陷;再如,司法实践中对"对赌"投资协议的效力的认可以及新《公司法》对公司股东通过章程来设置的"一股多权"的类别股的确认,也在一定程度上彰显出股东实质平等的精神。在这个意义上,股东平等原则是对股权平等原则的提升和超越。有学者认为,随着公司制度的发展,还需要"推动股东平等原则从抽象意义上的形式平等向着具体意义上的实质平等演进,推动公司的经济民主理念从资本民主向着股东民主甚至更广泛意义上的利益相关者民主迈进"。[4]

股东平等作为《公司法》上一项重要的法律原则,其存在的意义不仅在于保留了股权平等原则适应市场经济发展的积极功能,而且还在此基础上随着公司制度的现代化衍生出一些新的应用功能:首先,股东平等原则从追求股东实质平等的价值取向上有利于加强对少数股东利益的保护,也有利于推动公司法上相关制度的完善。其次,股东平等原则有利于遏制多数股东损人利己的行为,防止多数股东滥用资本多数决规则,作出损害少数股东利益的决议。《公司法》规定控股股东对公司负有信义义务,目的在于防止控股股东滥用资本多数决规则,在追求自己利益最大化时不得使其他股东利益受损,以平衡股东之间的利益。[5] 最后,股东平等原则有利于公司牢固树立社会责任理念,自觉践行社会责任的有关要求,使利益相关者的合法权益得到保障。

第二节　股东名册、出资证明书和股东登记

股东名册、出资证明书和股东登记在公司法上是具有法律意义和效力的文件,与股东和股

---

① 朱慈蕴、皮正德:《公司资本制度的后端改革与偿债能力测试的借鉴》,载《法学研究》2021 年第 1 期。

② 范健、王建文:《公司法》(第 5 版),法律出版社 2018 年版,第 270 页。

③ 赵旭东:《公司治理中的控股股东及其法律规制》,载《法学研究》2020 年第 4 期。

④ 汪青松、赵万一:《股份公司内部权力配置的结构性变革——以股东"同质化"假定到"异质化"现实的演进为视角》,载《现代法学》2011 年第 3 期。

⑤ 参见朱慈蕴、沈朝晖:《类别股与中国公司法的演进》,载《中国社会科学》2013 年第 9 期。

权密切相关,都是表明股东享有股权的外观形式。

一、股东名册

(一)股东名册的意义

股东名册是由公司置备的记载股东个人信息和股权信息的法定簿册。2023 年修订的《公司法》第 56 条和第 102 条分别对有限责任公司和股份有限公司的股东名册作出了规定。需要指出,根据公众型的股份有限公司的股票发行和交易采取"无纸化"形式和公司实践中许多在合法证券交易市场进行股票交易的股份有限公司都进行股票托管登记的实际,这些公司的股票交易需要公司将股份通过证券登记结算机构登记后才能进行,《证券法》对此也作出了相应的要求,[①]而股份登记主要就是对股东姓名(名称)及持股情况的登记。因此,证券登记结算机构的登记与股东名册的记载在对股东持股基本情况的记载上具有了相同的功能。[②] 根据《证券法》的要求,上市公司和新三板挂牌的股份有限公司(公众公司)无论股东人数有多少,股东持股都必须在证券登记结算机构进行登记,从而也使公众公司的股票都成了记名股票。因此,公众型公司的股东名册有了特殊的表现形式,与证券登记结算机构的"证券持有人名册"具有很大程度上的一致性,而且还意味着《公司法》上的股票全部采取记名股票形式,原法规定的无记名股票已经成为历史。据此,股份有限公司的股东名册实际上具有了两种形式:一是《公司法》第 102 条规定的"置备于公司"的形式,实践中多为发起设立的股份有限公司采取的形式;二是股份在依法设立的证券登记结算机构登记的股份有限公司采取的形式。其中第二种形式既要符合《公司法》对股东名册的要求,又要考虑公众型股份有限公司由于股票流动转让频繁使股东随时处于变动状态的实际情况。依《公司法》要求"置备于公司"的股东名册显然难以反映股东频繁变动的情况,而股东也不可能直接向证券登记结算机构提出查阅复制证券持有人名册的请求。因此,公司按照《证券法》第 151 条第 1 款关于"证券登记结算机构应当向证券发行人提供证券持有人名册及有关资料"的规定,应股东查阅复制的请求而让证券登记结算机构提供的本公司持股股东的有关资料,也应当被视为股东名册的构成内容。

股东名册是公司不可缺少的重要文件之一。按照《公司法》关于股东名册要置备于公司和供股东查阅的要求,即使是股东人数众多的公众公司也应当通过证券登记结算机构提供的有关资料来发挥股东名册的功能,使股东能够依法确认自己在公司持有股份的事实。股东名册在公司实务中具有十分重要的意义:第一,股东名册是证明股东持有公司股份的充分证据,股东可以依股东名册主张行使股东权利;第二,股东名册是公司置备于公司供股东查阅复制的文件和依法披露股东情况的主要依据;第三,公司通知股东参加股东会会议或向股东送达公司文件应当依据股东名册的记载来进行。

(二)股东名册的记载事项

按照《公司法》的规定,有限责任公司的股东名册必须记载的事项包括:(1)股东的姓名或

---

① 《证券法》第 150 条第 1 款规定:"在证券交易所或者国务院批准的其他全国性证券交易场所交易的证券,应当全部存管在证券登记结算机构。"

② 《证券法》第 147 条关于证券登记结算机构职能的规定,就包括了"证券持有人名册登记"的内容。

者名称及住所;(2)股东认缴和实缴的出资额、出资方式和出资日期;(3)出资证明书编号;(4)取得和丧失股东资格的日期。股份有限公司的股东名册应当记载的事项包括:(1)股东的姓名或者名称及住所;(2)各股东所认购的股份种类及股份数;(3)发行纸面形式的股票的,股票的编号;(4)各股东取得股份的日期。

股份在依法设立的证券登记结算机构登记的股份有限公司的股东名册,其中记载内容除“发行纸面形式的股票”之外,应当与证券登记结算机构提供的股票持有人名册保持一致。

(三)股东名册的置备

根据《公司法》第102条关于“股份有限公司应当制作股东名册并置备于公司”的规定,将股东名册置备于公司是股份有限公司的一项法律义务。如果将证券登记结算机构提供的股票持有人名册也视为股东名册,是否意味着置备股东名册的义务主体包括了股份有限公司和证券登记结算机构?对照《公司法》《证券法》两部法律的相关规定就会发现,《公司法》上的股东名册与《证券法》上的证券持有人名册还存在一些差异,以上市公司的情况为例:第一,股东名册上记载的“发行纸面形式的股票的,股票的编号”的内容显然不可能在证券持有人名册中出现;第二,股东名册根据《公司法》第102条、第109条的规定要置备于本公司供股东随时查阅复制,证券持有人名册根据《证券法》第151条的规定只有向发行人提供的义务,其他人不能随意查阅;第三,股东名册具有权利推定、对抗和免责的法律效力,证券持有人名册则主要具有证明的效力。所以,证券登记结算机构还不能视同为股东名册的置备主体。

(四)股东名册的法律效力

股东名册作为公司必须置备的法律文件,记载的事项是有法律效力的内容,其效力主要包括以下几点:

1. 权利推定效力。权利推定效力指在与公司的关系上,只有在股东名册上记载的人,才能成为公司股东。在股东名册上记载为股东的人,无须向公司出示股票或者出资证明书,也没有必要向公司举证证明自己的股东资格,仅凭股东名册记载本身就可主张自己为股东。公司也没有义务查证股权的实际持有人,仅需向股东名册上记载的名义上的股东履行各种义务即可。股东名册的权利推定效力是股东名册最重要的法律效力。《公司法》第56条第2款明确规定:有限责任公司“记载于股东名册的股东,可以依股东名册主张行使股东权利”;第86条第2款规定:“股权转让的,受让人自记载于股东名册时起可以向公司主张行使股东权利。”股份有限公司股东名册虽然没有同样的表述,但根据《证券法》第151条第2款关于“证券登记结算机构应当根据证券登记结算的结果,确认证券持有人持有证券的事实,提供证券持有人登记资料”的规定,证券登记结算机构向公司提供的证券持有人名册的记载具有与《公司法》第56条第2款规定的同样的推定效力。

2. 对抗效力。对抗效力是指公司及其股东对股东名册记载内容涉及的权益享有主张或抗辩的权利。这里的对抗效力仅针对公司内部,并不及于公司以外的第三人。之所以如此,是因为按照《公司法》第34条第2款的规定,必须是涉及股东事项的登记才具有对抗第三人的效力。《公司法》第56条第2款的规定虽然没有明示公司内部的对抗效力,但该款关于“记载于股东名册的股东,可以依股东名册主张行使股东权利”的规定则有对抗的含义,意味着公司股东可以依股东名册抗辩未记载于股东名册的他人要求行使股东权利的主张。如在公司实践中常常出现的实际出资人与名义股东就股权归属发生争议时，尽管不否认实际出资人与名义股东之间存在的委托合同的合法效力，但公司其他股东可以依股东名册上未记载实际出资人而抗辩其要求显名的主张，实际出资人并不能当然取得股东资格，而应当按照股份转让的程序来处理。

需要指出的是，在我国公司实践中，一些公司，尤其是不少有限责任公司并没有按照《公司法》的要求在公司设置股东名册，或者即使设置了也没有依照《公司法》的要求进行记载，一旦发生股权纠纷，往往出现股东身份认定上的问题。对此，根据股东名册的性质应当把握两点：第一，在公司没有设置股东名册的情况下，可根据股权的实际占有人来确定股东身份。这里的“占有”主要体现为对公司行使股权，如果股权受让人已事实上在公司行使股权（如分取红利、参与公司管理），则可视同为对股权的“占有”。第二，在没有相反证据的情况下应当以股东名册的记载来认定股东身份，但如果有相反证据证明股东名册记载存在瑕疵（如应当记载却没有记载），并足以推翻其记载，应当依照证据证明的事实来认定股东身份。

3. 免责效力。由于股东名册具有权利推定效力，故股东名册上记载的股东具有形式上的股东资格。因此公司向形式上的股东发出会议通知、分配红利、分配剩余财产、确认表决权、确认新股认购权时，即使该形式上的股东并非实质上的股东，公司也是被免责的。

二、出资证明书

（一）出资证明书的特征

出资证明书在公司法理上也称为“股单”，是有限责任公司依法定的形式和内容向股东签发的证明其出资情况的书面凭证。根据这一定义，出资证明书具有如下法律特征：第一，出资证明书是有限责任公司向股东出具的股权凭证，作为“证明股东所持股份的凭证”，出资证明书与股份有限公司的股票具有同样的性质，只是其并不具有股票那样的证券属性。第二，出资证明书是要式文件，其格式和内容都必须依照《公司法》的规定出具，如必须采取书面形式，内容格式统一，由法定代表人签名和公司盖章。第三，出具出资证明书是有限责任公司成立后必须履行的一项法律义务。出资证明书与股东名册的区别在于：出具出资证明书是公司对股东履行的法律义务，置备股东名册则是公司机关对公司履行的法律义务；前者只限于有限责任公司，后者包括了有限责任公司和股份有限公司。

（二）出资证明书的记载事项

根据《公司法》第 55 条的规定，出资证明书应当记载的事项为：(1)公司名称；(2)公司成立日期；(3)公司注册资本；(4)股东的姓名或者名称、认缴和实缴的出资额、出资方式和出资日期；(5)出资证明书的编号和核发日期。

（三）出资证明书的效力

出资证明书是具有法律效力的书面凭证，其效力主要针对公司内部，即表明公司对股东出资情况和持股权利的认可。《公司法》对出资证明书没有赋予如同股东名册那样的对抗效力，表明出资证明书只具有证权书证的效力。当然,在发生股权争议或股东资格确认纠纷时,出资证明书作为书证较民事诉讼法上的其他证据具有更强的证明力,也无须像"无纸化"股票那样采取由证券登记结算机构等第三人来证明股权存在的方式。

三、股东登记

(一)股东登记的要点

股东登记是指有权登记的机构对股东的姓名(名称)、持股数量等事项所作的记载。如同公司登记一样,股东登记也是一项具有法律意义的活动,它表明了有权登记的机构对股东身份和股东权利的确认和公示。由于有权登记的机构是依法设定的,并外在于公司及其股东而存在,因此,其登记记载的事项不仅具有较高的公信力和证据的效力,而且根据有关法律规定还具有确认法律行为生效、股东资格取得和对抗第三人的效力。

关于有权进行股东登记的机构,公司实践中包括公司登记机关(市场监督管理局)、证券登记结算机构、区域性股权市场运营机构等。其中公司登记机关为《公司法》规定的股东登记机关;证券登记结算机构为《证券法》规定的股东登记机关;区域性股权市场运营机构为中国证监会规定的股票在区域性股权市场发行和交易的中小微公司的股东登记机关。

公司股东登记大致可以分为三种情况:第一,根据《公司法》和《市场主体登记管理条例》的规定,有限责任公司股东或者股份有限公司发起人由公司登记机关进行登记;第二,根据《证券法》第148条关于"在证券交易所和国务院批准的其他全国性证券交易场所交易的证券的登记结算,应当采取全国集中统一的运营方式"的规定,持有上市公司股票和持有新三板挂牌公司股票的股东由证券登记结算机构进行登记;第三,根据中国证监会2017年5月发布的《区域性股权市场监督管理试行办法》第25条关于"区域性股权市场的登记结算业务,应当由运营机构或者中国证监会认可的登记结算机构办理"的规定,持有在区域性股权市场发行和交易的股票的股东可以由该市场的运营机构或者中国证监会认可的登记结算机构进行登记。

(二)股东登记的法律效力

对于股东登记的法律效力,结合有关法律法规的规定,可分为如下几种情况:

1. 根据《公司法》第32条关于登记事项的规定和第34条第2款关于"公司登记事项未经登记或者未经变更登记,不得对抗善意相对人"的规定,有限责任公司股东和股份有限公司发起人的姓名或者名称应当向公司登记机关登记;登记事项发生变更的,应当办理变更登记,否则就不具有对抗善意相对人的效力。这也表明,有限责任公司股东和股份有限公司发起人一经公司登记机关登记,任何第三人如无足以推翻这一事实的相反证据和未经过一定的法律程序,都不得否定其股东资格;反之,尽管有限责任公司股东或股份有限公司发起人已被公司股东名册记载,若未依法登记,则第三人依照《公司法》该规定来否定其股东资格的请求在法律上就可能被支持。

2. 根据《证券法》关于证券登记结算机构的规定,上市公司和新三板挂牌公司的股东身份的取得或丧失,是以在证券登记结算机构的登记过户为依据的,或者说,证券登记结算机构的股东登记具有确定股票交易行为完成和股东身份取得的效力。

3. 根据中国证监会《区域性股权市场监督管理试行办法》的有关规定，在区域性股权市场运营机构或中国证监会认可的登记结算机构进行的股东登记，虽然不直接具有前述公司登记机关和证券登记结算机构的股东登记的效力，但其已带有向社会公示的性质，因此具有较公司内部记载更高的证据效力。

第三节　股东资格的认定

股东资格的认定是一个公司法实务问题，当前发生的公司纠纷民事案件中，许多都涉及股东资格的确认问题。《公司法》对此没有直接的规定，诉到法院的案件，大都需要参照《公司法司法解释（三）》《九民会议纪要》的有关规定。

一、股东资格的取得条件

认定股东资格首先需要明确取得股东资格的标准和条件。股东资格是股东身份的象征，是股东行使股东权利、承担股东义务的基础。根据《公司法》的有关规定，取得股东资格需要具备的条件包括实质条件和形式条件两个方面。实质条件是股东的实际出资，公司作为资本型企业，股东出资构成公司运营和存续的基础条件，因此，股东对公司实际出资是其取得股东资格的对价。这里的实际出资显然不是指对公司的出资承诺，而是向公司实际缴纳出资的状态。形式条件是指股东资格为公众所认知的形式，包括公司章程的记载、股东名册的记载、公司登记机关的登记、公司发给股东出资证明书或股票等。

基于上述实质条件和形式条件的划分，在股东资格取得的问题上，两类条件究竟分别起到哪些作用呢？传统见解认为，取得股东资格必须具备实质条件和形式条件，二者均为股东资格缺一不可的要件，其中实质条件又较形式条件更为重要，因为股东之所以能够成为股东，从根本上讲源于其对公司的投资（出资），形式条件只是实质条件的外在表现，或者说是对股东出资事实的一种记载和证明，因此，自然人或法人如果不对公司实际出资便不具有股东资格。笔者认为，这种认识看似正确，但如果仔细对照《公司法》的有关规定和认真运用公司法理来分析，便会发现其难以经得起法律上的严格推敲，如果用其指导公司实践也会存在不少问题。

1. 股东资格的取得以公司法人成立和存续为前提。按照《公司法》的规定，在设立公司阶段，由于公司没有成立，投资者此时只能处于设立人地位，如果设立公司失败，设立人就不能取得股东资格，设立人的身份是随着公司的成立而转化为公司股东的，如果没有公司法人的成立和存续，股东资格就无从谈起。在这个意义上，公司法人的成立和存续是取得股东资格的必要的前提条件。既然如此，也就意味着股东资格可以借助于和依附于公司的成立而取得。那么，股东对公司实际出资是否为取得股东资格的前提条件呢？按照《公司法》第47条关于“有限责任公司的注册资本为在公司登记机关登记的全体股东认缴的出资额”的规定，只要全体股东对公司章程载明的注册资本全额认缴，有限责任公司就可成立。《公司法》该条规定的是“认缴”而非“实缴”，认缴是股东对出资义务的一种承诺。依照股东制定的章程的规定，股东认缴后既可以立即缴纳出资，也可以分期缴纳出资。2013年《公司法》修改后，由于取消了最低注册资本额的限制，有限责任公司完全可以在股东“零首付”的情形下依法成立。换言之，即使是完全没有实际缴纳出资的股东,也可以随着公司的成立而取得合法的股东资格。由此可以得出如下结论:公司成立和存续是取得股东资格的必要条件,而股东实缴出资却不一定是取得有限责任公司股东资格的必要条件。

2.《公司法》允许有限责任公司股东分期缴纳出资和"零首付"成立公司,意味着法律并不要求实缴出资与取得股东资格必然相联系、互为条件,或者说,法律允许实缴出资与取得股东资格相分离。在认缴制下,股东认缴后可能出现对出资承诺不能完全履行或者完全不能履行的情况,甚至还可能出现最初的认缴本身就是虚假承诺的情况,如公司实践中的"巨额公司"现象,说明是否具有股东资格并不在于其是否实际出资或虚假出资,而在于公司章程、公司股东名册等文件上是否进行了记载。或者说,前述股东资格的形式条件对股东资格的取得才具有决定性的作用。

3. 其实,确认某种事实的存在或某种资格的取得只需满足形式条件的情形在法律上并不鲜见,除了取得股东资格的情况,其他如民商法上的"善意取得""表见代理"制度也遵循着同样的法理。这些以形式要件确定法律效力的做法被认为是"外观主义"或"外观法理"的体现。外观主义是商法最重要的特征和理念。商法"营利性""商人自治""风险防范"的理念决定了商法的最高价值为效益,商法的理念和价值又衍生出外观主义、交易迅捷、交易安全、商事自由等商法原则。[①] 商法外观主义是指当权利表征和实际权利可能处于不一致的情形时,为维护交易安全,应当对于外部人合理信赖权利表征所为的法律行为予以优先保护,其重要表现就是强调外观事实的重要性,对行为主体的主观方面不必苛求。[②] 外观主义在商事领域各个方面都具有重要地位,各国商事法上关于不实登记的责任,字号借用的责任,表见经理人,表见代表董事,自称股东和类似股东者的责任,拟似发起人,票据的文义性、要式性,背书连续的证明力等的规定,都体现了外观主义的要求。[③] 公司法作为商法最重要的构成部分,也需要遵循商法的外观主义原则。在股东资格问题上,公司章程的记载、股东名册的记载、公司登记机关的登记等具有向社会公示的作用,公司发给股东的出资证明书或股票具有证权书证的作用。这些形式都有使社会公众相信其有效的公信力,是维护交易秩序和交易安全的要求,也是现代民商事法律社会本位的价值取向的要求和体现。因此,只要符合取得股东资格的形式条件,即便不具备实际出资的条件,也应当确认股东资格的成立。

4. 如果将股东实际出资作为取得股东资格的必要条件,就难以处理实践中的一些公司实务问题。如在实际出资人与名义股东就股东资格发生争议的问题上,如果以股东实际出资为要件,必然会将名义股东排斥于股东之外。笔者在分析具体案例时发现,在公司盈利的情况下,实际出资人更愿意以其是真正的出资人为由来取得股东资格;但公司长期亏损濒临倒闭或公司人格将被否认的情况下,实际出资人更愿意否认自己的股东资格而不去承担可能产生的法律责任。因此,股东资格的认定是否以股东实际出资为要件还需要将股东对公司承担义务和责任联系起来考虑。

5. 以形式条件来作为确认股东资格的要件并不意味着可以忽视股东实缴出资的实质条

---

① 参见杨峰:《商法思维的逻辑结构与司法适用》,载《中国法学》2020 年第 6 期。

② 参见杨峰:《商法一般条款的类型化适用》,载《中国社会科学》2022 年第 2 期。

③ 参见王保树主编:《中国商事法》,人民法院出版社 2001 年版,第 26 页。

件。根据《公司法》的规定，股东认缴出资后就对公司负有依章程按期缴纳出资的义务和责任；如果股东的出资行为存在瑕疵，即存在虚假出资、抽逃出资和其他出资不实的情况，可以在承认其股东资格的前提下通过相应的法律救济措施来弥补，包括要求其在规定的时间内补足出资、限制其股东权的行使、追究其行政责任和民事责任、符合法定条件时让其失权。通过采取这些法律措施作为补救，可以使受损害的法律关系得以恢复和矫正，使有关当事人受损害的利益得到一定程度的补偿。

二、股东资格的取得形式和丧失原因

(一)股东资格取得的形式

按照民法一般原理，股东资格的取得可以分为原始取得和继受取得两种形式。

1. 原始取得即依法直接取得公司股东资格的形式。原始取得可分为公司成立时取得和公司成立后取得两种情形。公司成立时取得是指公司设立成功，设立人依法在公司成立之日转化为公司的股东。公司成立后取得是指公司成立后发行新股取得股东资格的情形，此时公司已经具有独立的法人主体资格，发行新股意味着公司以股份为对价来获得融资，股东则以出资为对价来直接获得公司股东的资格。

在公司成立时取得股东资格，股份有限公司与有限责任公司有些差异，对于股份有限公司的所有发起人和采取“公募”方式设立的股份有限公司的认股人来说，由于法律规定其出资应当“实缴”，[①]因此，向公司实际缴纳出资是其取得股东资格的法定条件。

2. 继受取得又称传来取得、派生取得，是指因转让、继承、公司合并而取得公司股份。因转让而取得是指通过买卖、赠与、互相交换、受遗赠等从原股东手中受让股份而取得股东资格。其中通过股票买卖合同转让股份是最主要的方式。因继承而取得，是指公司股东死亡，其继承人因继承股份而取得公司股东资格。因合并而取得，是指公司合并时，因合并而丧失法人资格的公司的原股东，依法取得合并后存续公司或新设公司的股东资格。

(二)股东资格丧失的原因

股东资格的丧失是指股东因法定原因或依法定程序而丧失股东身份。从《公司法》有关规定看，股东资格丧失的原因主要有：(1)自然人股东死亡或法人股东终止；(2)股东将其所持有的股份转让给他人；(3)公司法人资格消灭；(4)股份被人民法院强制执行；(5)股份作为质押标的后被依法处分；(6)股份依法被公司回购；(7)通过股东失权程序股东丧失全部股权。

三、股东资格认定常见的实务问题

(一)出资瑕疵情形中的股东资格认定

出资瑕疵主要是指具有虚假出资、抽逃出资或出资不实的行为，或公司成立后需要履行出

---

① 根据《公司法》第100条关于采取“向社会公开募集股份”方式设立股份有限公司的“认股人应当按照所认购股份足额缴纳股款”的规定，公募设立股份有限公司的认股人的出资实行实缴；但采取定向募集方式设立股份有限公司的认股人的出资则可以实行认缴。具体可参见本书第五章第三节对“募集设立”的有关讨论。

资填补义务的情况，根据公司法的有关规定，可以区分不同的情形来作出认定。

1. 出资瑕疵严重，导致公司设立无效的情形。如《公司法》第 39 条规定："虚报注册资本、提交虚假材料或者采取其他欺诈手段隐瞒重要事实取得公司设立登记的，公司登记机关应当依照法律、行政法规的规定予以撤销。"如果公司被撤销设立登记，就意味着公司设立失败，公司解散，法人地位消灭，股东资格也丧失存在前提，因此，可以认定股东资格亦随公司法人资格的消灭而不复存在。

2. 存在出资瑕疵，但并未达到撤销公司设立登记的程度。即使股东出资完全是虚假的或股东出资后又抽逃了全部出资，只要其仍然具备取得股东资格的形式要件，包括股东姓名或名称已为公司章程或股东名册所记载，或需要进行登记的已履行了相应的登记手续，就应当认定瑕疵行为人具有股东资格。但根据《公司法》和有关法律的规定，瑕疵行为人必须承担相应的法律责任：第一，民事责任。包括《公司法》第 49 条第 3 款和第 107 条规定的"股东未按期足额缴纳出资的，除应当向公司足额缴纳外，还应当对给公司造成的损失承担赔偿责任"；第 50 条和第 99 条规定的设立人对设立阶段的出资填补承担的连带责任。第二，行政责任。根据《公司法》第 250 条、第 252 条和第 253 条的规定，虚报注册资本、提交虚假材料或者采取其他欺诈手段隐瞒重要事实取得公司登记的，或者公司的发起人、股东虚假出资，未交付或者未按期交付作为出资的货币或者非货币财产的，又或者在公司成立后抽逃出资的，由公司登记机关责令改正，处以罚款。第三，刑事责任。根据《刑法》第 159 条的规定，公司发起人、股东违反《公司法》的规定未交付货币、实物或者未转移财产权，虚假出资，或者在公司成立后又抽逃其出资，数额巨大、后果严重或者有其他严重情节的，处 5 年以下有期徒刑或者拘役，并处或者单处虚假出资金额或者抽逃出资金额 2% 以上 10% 以下罚金。根据 2014 年 4 月十二届全国人大常委会第八次会议通过的《关于〈中华人民共和国刑法〉第一百五十八条、第一百五十九条的解释》的规定，《刑法》第 159 条规定的虚假出资、抽逃出资罪只适用于依法实行注册资本实缴登记制的公司，不再适用于实行认缴制的公司。

可见，对于存在出资瑕疵但并未达到撤销公司设立登记的程度的情况，法律设计的解决方案不是当然否定股东资格，而是通过让行为人弥补瑕疵或承担相应的责任的方式来恢复受损害的法律关系。

3. 瑕疵出资的股东失权。股东失权是指公司对不履行出资义务的股东采取的让其丧失未出资部分股权的措施。如果股东失权针对的是其全部股权，就会导致对股东资格的完全否定，即公司实践中所称的"股东除名"或"开除股东"。股东失权并不由公权力机关执行，而是由公司来执行，是一种自力救济方式。《公司法》第 52 条对有限责任公司的股东失权作出了规定，第 107 条明确这一规定适用于股份有限公司。关于股东失权制度，详见本书第五章第四节关于"出资瑕疵的救济"的讨论。

需要指出，上述《公司法》关于出资瑕疵处理的规定，尤其是涉及股份有限公司出资瑕疵股东的规定，表明前述关于"股东资格条件"和"出资瑕疵情形中的股东资格认定"的分析结论不仅适用于实行认缴制的有限责任公司的股东，也适用于实行实缴制的股份有限公司的股东。换言之，即使股份有限公司发起人和股东存在违反出资实缴法定要求和出资虚假的行为，只要没有达到撤销公司设立登记的程度，也应让其承担相应的法律责任来弥补出资瑕疵，而不是采取否定其股东资格的做法。

（二）未缴出资的股权转让情形中的股东资格认定

未缴出资的股权包括认缴后未届缴资期的股权和存在瑕疵出资的股权。未缴出资的股权转让即股东将存在未缴出资情形的股权转让给他人的行为。根据前述对出资瑕疵的股东资格认定的处理原则，既然对存在出资瑕疵的股东可以认定其具有股东资格，同理，股东转让未缴出资股权的行为只要不存在其他无效因素，也应当认定为有效。沿循这一思路，进而可以得出股权受让人取得股东资格并可以依法行使股权的结论。对此，《公司法》《公司法司法解释（三）》均予认可。但对于瑕疵行为人如何弥补瑕疵和承担相应的责任的问题，还应当区分股权转让的不同情况来作出处理：

1. 对于股东转让认缴后未届缴资期的股权，取得股权的受让人应当负担出资的义务，该义务也应随股权转让而转移至受让人。《公司法》第 88 条第 1 款规定，“股东转让已认缴出资但未届出资期限的股权的，由受让人承担缴纳该出资的义务”。在此基础上为了维持公司资本充实和保护债权人的利益，平衡股权转让涉及的相关主体的利益关系，《公司法》该款又规定，“受让人未按期足额缴纳出资的，转让人对受让人未按期缴纳的出资承担补充责任”。这一规定主要为了防范公司实践中通过股权转让来逃避出资义务并规避法律责任的行为，如当公司可能出现股东出资“加速到期”的情形时，股东将未届缴资期的股权转让给没有出资能力的关联公司，让其“背锅”来损害债权人利益。与此同时，该规定也可以在正常的股权转让中督促当事人更加慎重地评估对方对未出资部分的履行能力和交易的诚信度。

2. 对于股东转让出资瑕疵的股权，如果受让人知道或者应当知道转让的股权存在瑕疵，则受让人对瑕疵股权也存在过错，《公司法》第 88 条第 2 款规定：“未按照公司章程规定的出资日期缴纳出资或者作为出资的非货币财产的实际价额显著低于所认缴的出资额的股东转让股权的，转让人与受让人在出资不足的范围内承担连带责任；受让人不知道且不应当知道存在上述情形的，由转让人承担责任。”对此，《公司法司法解释（三）》第 18 条对所涉连带责任还有更为具体的规定，其中第 1 款规定，连带责任包括向公司履行出资义务和向债权人在未出资本息范围内对公司债务不能清偿的部分承担补充赔偿责任；第 2 款规定：“受让人根据前款规定承担责任后，向该未履行或者未全面履行出资义务的股东追偿的，人民法院应予支持。但是，当事人另有约定的除外。”

3. 根据行政责任和刑事责任不得转让的法理，出让人应当独自承担出资瑕疵产生的行政责任和刑事责任。

（三）形式要件存在瑕疵情形中的股东资格认定

形式要件存在瑕疵是指取得股东资格的形式要件不具备或不完全具备的情况，如股东名册对股东姓名或名称没有记载，公司成立或股东转让股权后没有变更登记等。虽然股东登记包括公司登记机关登记、证券登记结算机构登记等形式，但由于证券登记结算机构具有股票交易必须通过其才能完成的性质，不太可能出现股东资格形式要件存在瑕疵的情况，因此，这里要讨论的股东登记主要指公司登记机关的登记。根据《公司法》的有关规定和前述关于股东名册记载和股东登记的讨论，应当区分不同情况进行认定。

1. 公司章程具有公司“宪章”的地位和作用，在公司内部具有最高行为准则的效力。按照

《公司法》的规定,公司章程在公司内部具有一定的公示性,因此股东姓名或名称记载于章程者,具有对公司机关和全体股东公示的效力,可作为认定股东资格的依据之一。

2. 根据股东名册权利推定效力,公司股东是记载在股东名册上的人。因此,一般应当按照股东名册记载的股东姓名或名称来认定股东资格,包括对出资人和股权受让人的股东资格的认定。如果公司未置备股东名册,或者因股东名册登记管理不规范,未及时将出资人或者受让人记载于股东名册,但以其他形式能够证明出资人或者受让人股东身份的,如已当选为公司董事参与公司决策或已经分取公司红利等,就可以认定出资人或者受让人具有股东资格。

根据《公司法司法解释(三)》第23条的规定,当事人依法履行出资义务或者依法继受取得股权后,公司未根据《公司法》有关规定签发出资证明书、记载于股东名册并办理公司登记机关登记,当事人请求公司履行上述义务的,人民法院应予支持。

3. 根据《公司法》第34条第2款关于"公司登记事项未经登记或者未经变更登记,不得对抗善意相对人"的规定,如果有限责任公司股东或股份有限公司发起人未经公司登记或其转让股权后未作变更登记,就不具有对抗善意相对人的效力,更直接地说,公司、股东和股份受让人以外的善意第三人完全可以以此为由否定出资人或受让人的股东资格。笔者曾经遇到过这样的案例:某有限责任公司股东甲将其持有的该公司的全部股份转让给乙,乙支付50万元转让金后开始在公司内行使股东权利,但一直没有办理工商登记变更手续。股权转让半年后,甲因一桩债务纠纷败诉,人民法院在甲没有其他财产可供执行的情况下,通过查询工商档案了解到甲在该公司仍然持有股份,遂将该股份冻结并准备强制执行。乙知道后立即以该股份已经转让为由向法院提出异议。从前述《公司法》第34条的规定来看,甲乙双方的股权转让应当办理股东变更登记,没有变更登记不得对抗善意相对人,因此,乙的异议是不能成立的。

4. 如果公司章程记载、股东名册记载的股东与登记的股东不一致,根据公司章程记载、股东名册记载和股东登记的效力,可按以下原则来认定股东资格:

(1)如果股东资格的争议发生于公司与股东、股东与股东或股份出让人与受让人之间,这时的股东登记只具有对外宣示的功能和证权的效力,应当以股东名册和公司章程的记载为认定股东资格的依据,如果股东名册记载存在前述瑕疵情况,可以根据公司章程以及其他证据证明的实际情况来作出认定。

(2)如果公司章程记载与股东名册记载的内容发生冲突,从公示效力来看,《公司法》将公司章程和股东名册置于同等地位,如第57条关于"股东有权查阅、复制公司章程、股东名册"的规定,第109条关于股份有限公司应当将公司章程、股东名册"置备于本公司"的规定,表明股东了解掌握二者的信息渠道是相同的。因此,二者的公示效力也难有高低之分。从法律规定看,公司章程虽为社团的自治性宪章,但意定效力应不及法律直接规定的权利推定效力。如前所述,股东名册具有的权利推定效力直接来自《公司法》第56条关于"记载于股东名册的股东,可以依股东名册主张行使股东权利"的规定,表明公司章程在股东资格认定上的效力较股东名册弱。因此,股东资格原则上应按股东名册的记载为准。

(3)如果股东资格的争议发生于股东与前述第三人之间,则应以股东登记为认定股东资格的依据。

（四）存在隐名出资人情形中的股东资格认定

隐名出资人在实践中又常常被称为隐名股东，是指公司中不具备取得股东资格的形式要件的实际出资人。实践中，隐名出资人虽然向公司实际出资，但在公司章程、股东名册和公司登记等公示文件中却以他人为记载的股东。因此，公司存在隐名出资人就必然还伴随另一主体的存在，即名义股东（也称显名股东）。这里之所以称隐名出资人而不称隐名股东，是因为其是否具有股东地位还处于未确定的状态；之所以称名义股东，是因为名义股东具备了股东的形式要件。基于此，《公司法司法解释（三）》对二者也使用了“实际出资人”和“名义股东”的称谓。本来，根据隐名出资人不具备取得股东资格的形式要件的特点，也可以将其纳入前述股东形式要件存在瑕疵的情况，但也正是由于其涉及与名义股东的关系，认定其是否具备股东资格就不像前述股东形式要件存在瑕疵的一般情况那样简单，因而需要对其专门讨论。

隐名出资的现象在公司实践中普遍存在，有的是当事人出于个人隐私（如不愿公开自身经济状况）的原因而采取隐名出资的方式；也有的是当事人为了规避法律法规关于投资限制的规定（如对投资主体范围、股东人数的限制）而采取隐名出资的方式。《公司法》第 265 条第 3 项将“实际控制人”的含义解释为“通过投资关系、协议或者其他安排，能够实际支配公司行为的人”。如果将这一规定与前文对隐名出资人的定义相对照，不难看出，《公司法》上的“实际控制人”虽不能与隐名出资人等同，但二者却有相互兼容的情形：隐名出资人可能包含实际控制人，实际控制人也可能包含隐名出资人。无论属于上述哪种情况，隐名出资在外观上都表现出并不直接违法的特点。

根据《公司法》和《公司法司法解释（三）》的有关规定，存在隐名出资人时的股东资格认定应当把握如下几个要点：第一，隐名出资人不具有法律上的公司股东地位，也不能以实际出资人地位当然取得股东资格，这是处理隐名出资纠纷的基本前提。第二，隐名出资人虽然不具有法律上的股东资格，但也不能等同于股东之外的第三人。基于隐名出资的行为，隐名出资人与公司、除名义股东之外的其他股东乃至公司债权人都可能产生一定的法律关系。厘清这些关系对于正确处理涉及隐名出资的纠纷至关重要。第三，隐名出资人与名义股东之间的基础法律关系为合同关系，合同是联结二者的纽带。关于这一合同的属性，学界存在不同认识，有的认为是委托或代理关系，也有的认为是股权信托关系。由于公司实践中的情况十分复杂，《公司法司法解释（三）》第 24 条第 1 款只对二者的基础合同关系作了规定：“有限责任公司的实际出资人与名义出资人订立合同，约定由实际出资人出资并享有投资权益，以名义出资人为名义股东，实际出资人与名义股东对该合同效力发生争议的，如无法律规定的无效情形，人民法院应当认定该合同有效。”

在明确上述要点的基础上，处理涉及隐名出资的公司实务问题时，可根据以下不同情况来进行分析：

1. 隐名出资人需要受《公司法》规制的情形。第一，隐名出资人处于实际控制人地位的，应当受《公司法》关于实际控制人的规定的约束，如公司为隐名出资人提供担保，就应按照《公司法》第 15 条的规定，必须经股东会决议，受实际控制人控制的名义股东应当在表决时回避，否则一旦出现担保方面的纠纷，就可能影响担保合同的效力。第二，隐名出资人存在出资不实或抽逃出资的行为，公司、公司其他股东以及公司债权人如果知道隐名出资人，可要求隐名出资人与名义股东共同承担法律上的连带责任,包括足额缴纳责任、出资填补责任、对公司债务不能清偿部分的补充赔偿责任等。

2. 如果隐名出资人与名义股东就合同事项发生争议,应按照《民法典》有关合同的规范来处理。无论合同关系的成立是采取书面形式还是口头诺成的形式,只要不存在合同无效的情形,对双方当事人就都有约束力。《公司法司法解释(三)》第 24 条第 2 款规定:"实际出资人与名义股东因投资权益的归属发生争议,实际出资人以其实际履行了出资义务为由向名义股东主张权利的,人民法院应予支持。名义股东以公司股东名册记载、公司登记机关登记为由否认实际出资人权利的,人民法院不予支持。"

3. 如果隐名出资人与名义股东就涉及公司关系的问题发生争议,除了适用合同规范外,更多还需要适用《公司法》的相关规定。在隐名出资关系成立的情况下,根据合同相对性原理,合同约定只对合同当事人有约束力,并不对公司产生效力,即使合同约定隐名出资人为公司实际股东,隐名出资人也不能凭合同直接向公司主张股东权利,直接取代名义股东,如要求将公司利润直接分配给自己,否认名义股东在公司机关作出的投票表决等行为和意思表示等。

4. 如果名义股东将登记于其名下的股权转让、质押或者以其他方式处分,属于无权处分行为。实际出资人以其对于股权享有实际权利为由,可以向人民法院提起请求认定处分股权行为无效的诉讼,受让人和处分后的股权享有人属于善意的,实际出资人不能直接以股东或股权所有人的名义向其主张权利。名义股东处分股权造成实际出资人损失,实际出资人请求名义股东承担赔偿责任的,人民法院应予支持。

5. 如果隐名出资人向公司要求显名化,基于隐名出资人与公司及其他股东的关系,可区分不同情况来处理:(1)如果其他股东对隐名出资人作为公司实际出资人的情况并不清楚,只知道自己与名义股东构成股东间的法律关系,其他股东与隐名出资人就没有直接的权利义务关系。当隐名股东要求显名化时,应当按照《公司法》第 84 条关于向股东之外的第三人转让股权的规定处理:名义股东和隐名出资人应当就股权转让的数量、价格、支付方式和期限等事项书面通知其他股东,其他股东在同等条件下有优先购买权。对此,《公司法司法解释(三)》第 24 条第 3 款也规定,实际出资人在没有履行向股东之外的第三人转让股权的法定程序的情况下,"请求公司变更股东、签发出资证明书、记载于股东名册、记载于公司章程并办理公司登记机关登记的,人民法院不予支持"。(2)如果其他股东明知隐名出资人的实际出资情况,按照《九民会议纪要》第 28 条的规定,实际出资人能够提供证据证明有限责任公司过半数的其他股东知道其实际出资的事实,且对其实际行使股东权利未曾提出异议的,对实际出资人提出的登记为公司股东的请求,人民法院依法予以支持。公司以实际出资人的请求不符合《公司法司法解释(三)》第 24 条的规定为由抗辩的,人民法院不予支持。

6. 隐名出资人涉公司债权人纠纷的处理。根据股东登记对抗第三人的原则,公司债权人应以显名股东为公司股东,不与隐名出资人产生直接关系。如果涉及二者纠纷,可区分不同情况处理:(1)如果公司存在出资不实或抽逃出资等情况,公司债权人应当向显名股东主张赔偿责任,显名股东向公司债权人承担责任后,可以向隐名出资人追偿因此遭受的损失;公司债权人知道隐名出资人的,也可要求隐名股东与显名股东共同承担连带责任。(2)公司债权人以登记于公司登记机关的股东未履行出资义务为由,请求其对公司债务不能清偿的部分在未出资本息范围内承担补充赔偿责任,股东以其仅为名义股东而非实际出资人为由进行抗辩的,人民法院不予支持。如在王某岐与刘某苹等案外人执行异议之诉再审案中,法院认为"股权代持协议仅具有内部效力,对于外部第三人而言,股权登记具有公信力,隐名股东对外不具有公示股东的法律地位,不得以内部股权代持协议有效为由对抗外部债权人对显名股东的正当权利"①。当然,名义股东承担赔偿责任后,向实际出资人追偿的,人民法院应予支持。

综上可见,隐名出资行为在满足隐名出资人某种需求的同时,也意味着增大其投资风险。因此,公司实践中是否选择隐名出资,当事人还需三思而行。

第四节 股东权利

一、股权的含义

股东权利简称股权,是股东最具实质性的内容。股东与股权不可分割,拥有股东资格即意味着享有股权,否则,作为公司股东就没有意义。谈到股权,人们往往只从权利的角度来讨论。如果从股权与股东的关系来看,股权还应当包括股东对公司负有的义务,或者说股权是股东按其所持有股份享有的权利和承担的义务的总称。在一般情况下,持有同一种类股份的股东,享有同等权利,承担同种义务。股权的含义可以从不同的角度解说,其基本内容包括以下几点:

1. 从主体角度看,股权是股东持有股份享有的权利,股东是持股主体也是享有股权的主体,股东资格是持股和享有股权的前提。

2. 从客体角度看,股权是基于股份而产生的权利,股份是公司法人财产的构成部分,广义的股份包括股份有限公司和有限责任公司的股东的出资份额,股权产生于股份,是股东出资份额的对价。一般而言,股权的大小与持有股份的多少成正比,按股投票、按股分红是公司成立和存续应当遵循的基本准则。

3. 从法律关系角度看,首先,股权体现了股东与公司的权利义务关系。公司是在股东投资财产基础上形成的,股东投资构成了公司法人财产。一方面,股权作为股东投资的对价,是股东对公司享有的权利,即"依法享有资产收益、参与重大决策和选择管理者等权利";另一方面,股权也体现为公司对股东应当履行的义务,包括向股东分配资产收益,维护和保障股东依法参与公司治理的各项权利等。其次,股权也反映了股东彼此间的权利义务关系。公司除了特殊形式外,均为多数股东共同投资组建;股东持股数量上的差异,决定其享有股权的不同;股东彼此间存在同质化的利益,但也存在因持股或对公司控制程度的差异而产生的异质化冲突。控股股东与中小股东、持股多数股东与持股少数股东、控制股东与非控制股东都可能出现彼此间利益冲突的情况,因而股东行使某些权利时,其义务主体除了公司还要指向特定的股东,如控制股东和实际控制人。所以,股权行使还需要关注股东彼此间的利益协调问题。

二、股权的性质

多年来公司法学者们在股权性质的认识上有债权说、物权说(所有权说)、社员权说、股东地位说等不同的观点,其中最为典型的为债权说与物权说(所有权说)两种观点。笔者当年也

① 最高人民法院民事裁定书,(2016)最高法民申3132号。

一度热衷于非此即彼的讨论,[①]以后逐渐认识到,这些观点尽管均具有一定的合理性,但也都存在理论上的缺陷和片面性,致使讨论成为一种"横看成岭侧成峰"式的争论;进一步看,对股权性质进行纯学理的讨论并无多大的实际意义,或者说对公司实务并不具有多少指导作用,而长时间、无休止也无结论地争论甚至可能使之成为一个公司法上的"伪命题"。

民事权利体系是开放的和发展的。过去、现在以及将来均存在某些类型的权利无法被简单地归入自罗马法以来就存在的物权、债权等传统的权利范畴,股权即属于这样的情形。股权来自于公司制度,而公司是近代才产生的,特别是有限责任公司和股份有限公司的大规模兴起也就一百余年的时间。因而,股权的产生在时间上比物权、债权等概念要晚得多。而且,股权作为近现代经济生活中的一种较为复杂的财产现象,体现了财产的价值形态和实物形态在运动过程中的分离,所包含的内容较之物权和债权更为丰富和复杂,因此很难简单地用物权或是债权来给股权定性。

《民法典》是将股权作为一项独立的财产权利来规定的。在《民法典》第一编"总则"的第五章"民事权利"的体例编排上,股权与物权、债权、知识产权等民事权利一样,均采取了专条规定的方式。第125条是对股权的专条规定:"民事主体依法享有股权和其他投资性权利。"由此表明,股权既不是物权,也不是债权,而是一项独立的、与物权和债权具有并列法律地位的财产权利。从该条规定中也可以看出,股权是一种投资性的财产权利。

股权作为一种新的、独立的权利形态,表现为一种综合性的权利。当公司终止存续时,经过法定的清算程序,公司的剩余财产通常是归属于股东的,而且股东有权决定公司剩余财产的分配或归属,因此股东对于公司财产享有最终的处置和所有权。在这个意义上,股权中的确包含着物权的因素。在公司存续期间,公司作为具有独立人格的法人对于其资产享有法人财产权,股东不能作为所有权人直接行使对于公司资产的支配和处置权,因此股东在公司存续期间对于公司最主要的财产性权利就体现为对于公司经营收益分配的请求权,这正是债权特征的反映。另外,按照法律和公司章程的规定,在公司存续期间,股东有权参与公司经营的重大决策和管理,对公司经营以及财务情况享有知情权,并享有制定和修改公司章程的权利,这又体现了一定的人身权特征。因此,股权中综合了物权、债权以及人身权等内容,或者说,股权是财产权和人身权的有机结合。

在不同类型的公司中,股权中的物权、债权和人身权的内容会有不同程度的体现,从而使不同类型公司的股权或者更多地体现出债权性,或者更多地体现出物权性。从实务角度看股权的性质,明确其具有物权和人身权属性的意义在于:根据物权和人身权的对世性和排他性原理,股东权利的义务主体必然是除股东以外的不特定的任何人;明确其具有债权属性的意义在于:根据债权的相对性原理,股东权利的义务主体必然是具体的相对人,或为公司,或为大股东。据此,不仅有助于明确公司实务中经常出现的股东与公司、股东与股东之间纠纷的性质,而且也能为解决纠纷提供相应的法律和法理依据。

---

① 参见周友苏:《我国试行股份制的法律思考》,载《社会科学研究》1988年第4期;周友苏:《关于经营权与法人所有权的比较研究》,载《法律学习与研究》1990年第2期。

三、股权的基本类型及其子权利

（一）股权的基本类型

按照不同的标准，股权可以分为不同的类型：

1. 依照权利行使的目的可分为自益权和共益权。自益权即专为股东自己利益而行使的权利，主要指股东从股份中直接获得利益的权利。共益权即既为股东自己利益，同时又为公司利益而行使的权利，主要指股东参与公司管理的权利。也有学者认为其具有直接为全体股东的共同利益、间接为自己的利益的特性。[①]

2. 依照权利是否为法定可分为固有权与非固有权。固有权是指由公司法直接规定的，不得以公司章程或其他形式予以取消和限制的权利，如上述的自益权；非固有权是指可以公司章程或股东会决议等形式加以限制甚至取消的权利，如优先股股东的表决权。

3. 依照股份的性质可分为普通股东权和特别股东权。普通股东权是指持有普通股份的股东享有的权利；特别股东权是指持有特别股份的股东享有的权利，随着类别股的兴起，特别股东权越来越受到社会的关注。

4. 依照权利行使的方式分为单独股东权与多数股东权。单独股东权是指股东只需持有一股就可由股东一人单独行使的权利，如表决权；多数股东权是指股东必须持有一定数量的股份才可行使的权利，如临时股东会召集请求权、股东提案权、股份有限公司的股东知情权等。

（二）股权的子权利

股权的子权利是指将股权视为一个整体或权利束时其中包含的具体权利。《公司法》没有对股东子权利作列举式的规定，除了第 4 条第 2 款将其概括地表述为“公司股东对公司依法享有资产收益、参与重大决策和选择管理者等权利”，其他具体股权子权利散见于《公司法》各章的有关条文。笔者认为，股权的子权利可归纳如下。

1. 股份收益权。这是股东直接从持有公司股份中获取的财产权利，也即《公司法》第 4 条第 2 款概括的“资产收益”的权利，具体包括：

（1）公司盈余分配权，即股东依法对公司税后利润获得分配的权利。

（2）股份转让权，即股东依法转让自己持有的股份并从中获得对价的权利。

（3）剩余财产分配权，即股东依法对公司解散清算后的剩余财产获得分配的权利。

关于股份收益权的具体研究，可参见本书有关章节的讨论。[②]

2. 参与公司管理权。这是股东基于股东资格而享有的具有人身权性质的权利，也即《公司法》第 4 条第 2 款概括的“参与重大决策和选择管理者等权利”，具体包括：

（1）投票表决权，即股东出席或委托代理人出席股东会并依其所持有的股份份额投票的权利，其中也包含了股东选举或被选举为公司管理者（负责人）的权利。

---

① 参见李建伟：《股东知情权的共益权属性定位及其司法价值》，载《人民法院报》2021 年 8 月 12 日。

② 关于盈余分配权可参见本书第十四章第四节“利润分配”的有关讨论；关于股份转让权可参见本书第九章第三节、第四节关于股份有限公司股份转让和有限责任公司股权转让的讨论；关于剩余财产分配权可参见本书第十六章第三节、第四节关于公司清算的讨论。

（2）提议权，即持有一定比例公司股份的股东提议召开临时股东会会议或董事会临时会议的权利。

（3）召集权，即持有一定比例公司股份的股东在董事会不能履行或者不履行召集股东会会议的职责时，可以自行召集和主持股东会会议的权利。

（4）提案权，即持有一定比例公司股份的股东向股东会会议提出临时提案的权利。

（5）质询权，即股东在公司股东会会议或其他场合就涉及公司事务的事项向公司经营管理机关及其成员提出询问的权利，被询问者对此负有说明之义务。详见本章第五节的专题讨论。

（6）建议权，即股东对公司的经营提出意见和建议的权利。

关于参与公司管理权的一些具体内容，可参见本书第十章“公司组织机构”的相关研究。

3. 知情权。知情权是指股东对公司经营管理、财务状况、重要文件和重大事项知晓和了解的权利。如对公司章程、股东会会议记录、董事会会议决议、监事会会议决议和财务会计报告查询的权利，包括查阅、复制的权利；要求公司依法进行信息披露的权利等。详见本章第五节的专题讨论。

4. 股东诉权。股东诉权是股东对损害公司利益和股东利益的行为向人民法院提起诉讼的权利。详见本书有关章节结合具体问题的讨论。

5. 其他派生权利。这主要指基于前述权利派生的其他股东权利，包括对公司新增资本的优先认购权，异议股东股份回购请求权，有限责任公司股东向股东以外的人转让股份时其他股东在同等条件下的优先购买权等。

第五节　股权的特别问题研究

一、双层股权结构

（一）股权结构的含义

股权结构从语义上是指股权作为一个整体时，其构成部分的搭配和安排。学界使用的股权结构概念通常包括两个方面的含义：一是从股权分布的角度来理解的股权结构。股权分布与股东持股数量密切相关，根据股权分布的不同情况，可将其分为集中型股权结构和分散型股权结构，不同的股权结构对应于不同的公司治理模式。二是从股权内含的权能角度来理解的股权结构。股权作为一种典型的“权利束”，其权能包括股份收益权、参与管理权和知情权等子权利，根据股权整体与部分权能是否在分离基础上重新配置或组合，可将其分为单层股权结构和双层股权结构，分别对应“同股同权”的股份和“同股不同权”的股份，即普通股和类别股。两种含义的股权结构既有区别也有交集：从区别上看，前者的重心在于公司治理结构，后者的重心在于股权权能的创新设计。前者着眼于股权结构的外观分布，具有相对宏观性；后者则着眼于股权结构的分解和重新配置，具有相对微观性。从交集上看，集中型股权结构虽然也不排除双层股权的存在，但双层股权，尤其是适应不同投资者偏好的类别股是建立在分散型股权结构的基础之上的。进一步看，两种含义的股权结构都具有较强的现实意义：从股权分布角度来理解股权结构的意义主要在于公司治理模式的选择，从股权内含权能角度来理解股权结构的意义主要在于满足投资者的不同需求和偏好。考虑到本章的篇幅,本节集中讨论双层股权结构的有关问题。

(二)双层股权结构解说

双层股权结构也称双重股权结构,是指股权整体与其权能分离基础上形成的部分权能并不与股权整体"同股同权"保持一致的制度设计。如同所有权可以分离出占有权、使用权、收益权和处分权的权能一样,股权可以分离出股份收益权、参与管理权和知情权等权能(子权利),双层股权结构正是在分离基础上形成的,所谓"双层"或"双重"是指对部分权能进行重新配置或重新组合后形成的与股权整体存在差异的两个层次。进一步看,双层股权结构是指根据投资者的需要对股权的收益权或表决权作出与其他权能不同的制度设计:在其他权能遵循"同股同权"的前提下,或是对收益的权能进行了扩张或限制;或是对表决的权能进行了扩张或限制;或是对收益与表决两项权能进行了重组。可见,双层股权结构具有三个明显的特点:一是股权整体与其权能分离是其建立的基础和前提;二是分离的部分权能指向收益权和表决权,实践中又主要指向表决权;三是对部分权能的重新配置或组合突破了"同股同权"的原则,或是对分配平等原则的突破,或是对"一股一权"原则的突破。

传统公司法理基于抽象层面的资本平等和股东同质化假定,形成了一元化股东权利配置模式和单一股份类型。这一结构存在明显的缺陷,如在股东权利配置环节限制了公司自治空间,股东异质化偏好无法通过差异化的权利构造得到满足等。不断勃兴的公司自治理念和投资者异质化需求推动股东权利配置模式从一元走向多元、股份类型从单一走向复杂。① 双层股权结构和类别股正是在这样的背景下应运而生的。

双层股权结构中对部分权能进行重新配置的结果是股权整体的一致性与部分权能的不一致性处于并存的状态,从而使单一股权结构变成了"双层"或"双重"的结构,也有了普通股权与特别股权之分:普通股权遵循"同股同权"的原则,特别股权则遵循重新配置后"同股不同权"的原则。在这个意义上,双层股权结构也可以定义为同一股权中普通股权与特别股权并存的双层架构。这一双层架构就是学界和实务界都关注的类别股制度。"类别股是相对普通股而言的。普通股是指传统的、完整具有股权各项权能的股份,而类别股是指股东权利在某些方面有所扩张或限制的股份类型。其理论基础是股权的各项子权利可相互分离,重新组合。"②尽管类别股的部分权能突破了"同股同权"原则,但它能够满足有着不同偏好的投资者的差异化需求。在不违背公序良俗和损害第三人利益的前提下,法律允许当事人通过公司自治或股东自治来对双层股权结构或类别股制度自主地作出安排。

需要说明的是,我国学界对双层股权结构的理解并不统一,由于实践中的双层股权结构主要指向股权中的表决权,将重新配置表决权的股份称为AB股,即其中实行一股一权的称为A类股,实行一股多权的称为B类股。因此一些学者定义的双层股权结构仅指这种AB股结构的股份。显然,AB股结构的双层股权不能涵盖公司实践中遵循同样机理对股权中的收益权进行重新配置而形成的股份,如保证稳定收益的优先股、通过"对赌合同"约定的具有收益补

---

① 参见汪青松:《股份公司股东权利多元化配置的域外借鉴与制度建构》,载《比较法研究》2015年第1期。

② 朱慈蕴、沈朝晖:《类别股与中国公司法的演进》,载《中国社会科学》2013年第9期。

偿或回赎功能的股份等，这些股份在收益权和表决权上都进行了重新配置，而且其表决权多为“一股零权”，即放弃了表决权。这类具有双层股权内涵的股份在实践中呈现出日渐丰富多彩和不断增多的发展趋势。鉴于此，笔者对双层股权结构作出了前述宽泛的解读和定义，按照这一逻辑，AB 股结构的股权应当属于狭义的双层股权结构。

（三）双层股权结构的公司法实践

1. 比较法视野下的双层股权结构。从世界范围来看，不同国家对是否允许狭义的双层股权结构的公司公开发行股票和上市交易的监管态度并不统一，大致有三种类型：第一种是以美国、加拿大和瑞典为首的支持上市型，这三个国家都允许双层股权结构的公司上市交易，而且双层股权结构的公司在各自国内都有着良性的发展趋势。第二种是以英国、荷兰和法国为代表的允许存在型，这些国家虽然允许双层股权结构的存在，但是双层股权结构的公司并未能充分发展，甚至有日渐式微的情况。第三种是包括德国、意大利、西班牙、澳大利亚、日本和韩国等国家的否定型，这些国家对于双层股权结构的公司持否定态度。[①] 德国曾一度允许双层股权结构的公司存在，然而产生了许多公司的管理层和控制股东出于对自身利益的保护，想方设法通过创设并滥用双层股权结构来损害其他股东的利益的现象。1937 年德国国会规定，只有因公共利益需要，并经所在地州一级的最高行政机构批准，才可以使用双层股权结构。1998 年德国正式决定废除双层股权结构，《德国股份法》第 12 条规定不准许赋予股份复数表决权。[②]

2. 我国对双层股权结构的接纳。我国公司立法在很长时间内都没有与双层股权结构相关的概念，公司实践中早期出现的双层股权结构的案例也未引起广泛关注。阿里巴巴集团“合伙人制度”是学界较早关注的一个案例。该合伙人制度的核心之一就是确立合伙人享有提名一半以上非独立董事的权利，并且可以要求在任何情况下确保其在董事会中过半数的席位，这种结构不仅满足了创业者的融资要求，也有利于创业者对公司的控制。[③] 但是，由于这种差异化的股权设计违背了“同股同权”原则，香港联交所拒绝其上市，阿里巴巴转而在美国纽约证券交易所挂牌上市。其后还引发了香港联交所在 2018 年 4 月重新修改上市规则，引入类别股份以解决人力资本出资与控制权的问题。[④] 2014 年京东也采用双层股权结构在美国成功上市，其中创始人刘强东拥有 5.65 亿股，占全部股本 27.6 亿股的 20%，由于其持股部分每股有 20 个表决权，因此其表决权占比达到 83.7%，保证了其对公司保持绝对的控制权。[⑤]

我国证券市场不接纳双层股权结构主要源于当时的监管政策，认为其违背了 2023 年修订前的《公司法》关于“股东出席股东大会会议，所持每一股份有一表决权”[⑥]的规定。其实，《公司法》涉及股权结构的规定并未禁止双层股权结构，反而是为双层股权结构留有制度创新的空间：第一，尽管修订前的《公司法》对股份有限公司规定了“一股一权”“同股同权”[⑦]的原则，

① 参见黄臻：《双层股权结构有效运作的条件》，载《上海金融》2015 年第 6 期。
② 参见《德国商事公司法》，胡晓静、杨代雄译，法律出版社 2014 年版，第 69 页。
③ 参见高菲、周林彬：《上市公司双层股权结构：创新与监管》，载《中山大学学报（社会科学版）》2017 年第 3 期。
④ 参见赵玉：《民法典背景下合伙企业财产制度构造》，载《中国法学》2020 年第 6 期。
⑤ 参见蒋小敏：《美国双层股权结构：发展与争论》，载《证券市场导报》2015 年第 9 期。
⑥ 参见 2023 年修订前的《公司法》第 103 条的规定。
⑦ 参见 2023 年修订前的《公司法》第 126 条的规定。

但又赋予了国务院另行规定类别股的制度空间。[①] 2013 年 11 月颁布的《国务院关于开展优先股试点的指导意见》对优先股作了较为详细的规定,促进了实践中作为类别股之一的优先股的应用。第二,修订前的《公司法》关于有限责任公司股东行使表决权的“另有规定除外”条款[②]赋予了公司章程创制双层股权结构的更为广阔的空间。因此,我国证券市场早期不接纳双层股权结构的原因不在于法律而在于当时监管层的认识。

随着我国经济社会的发展和市场经济体制的不断完善,2018 年《国务院关于推动创新创业高质量发展打造“双创”升级版的意见》明文规定“允许科技企业实行‘同股不同权’治理结构”,这与前期证券监管政策不认同双层股权结构形成了鲜明对比。中国证监会于 2019 年 1 月发布的《关于在上海证券交易所设立科创板并试点注册制的实施意见》不仅允许科技创新企业发行具有特别表决权的类别股份并在科创板上市,而且还在第 5 条对具有特别表决权的类别股作出了明确定义,“每一特别表决权股份拥有的表决权数量大于每一普通股份拥有的表决权数量,其他股东权利与普通股份相同”。这一定义具有两个明显的特点:第一,双层股权结构与上市公司类别股相对应;第二,类别股中的特别股权直接指向投票表决权,说明我国上市公司中的双层股权结构主要指向差异化表决权的内容。目前我国科创板和创业板的上市公司采用双层股权结构已经没有监管政策的障碍,2023 年 8 月修订的《上海证券交易所科创板股票上市规则》在第四章专门规定了“表决权差异安排”的内容,一些沿海发达地区还允许非上市股份有限公司设置双层股权结构。[③]

3. 我国公司采取双层股权结构的主要形式。近年来双层股权结构开始为我国公司所较多采用,展现出双层股权结构的别样价值。实践中公司采取双层股权结构大致有两种情况:

(1)涉及股份收益的类别股。包括优先股和对赌协议设置的特别股:第一,优先股是根据《国务院关于开展优先股试点的指导意见》和中国证监会 2014 年 3 月发布的《优先股试点管理办法》[④]由上市公司和非上市公众公司发行的股份。优先股不同于普通股的配置为:在享有优先分配利润和优先分配剩余财产两项特别权利的同时,优先股股东在一般情况下不出席股东会会议,其所持股份没有表决权。第二,对赌协议设置的特别股一般是指私募基金的投资者与公司或控股股东以协议方式对投资股权的收益权作出的一种特别设置。以前些年对学界和司法界产生很大影响的“海富对赌协议纠纷案”[⑤]为例,该案中私募股权投资者对持有被投资公司 3.85% 股权的表决权并无兴趣而选择放弃,但却特别偏好利润回报的安全性,通过协议约定了获得稳定利润回报的内容,即约定公司应达到的业绩目标和公司在达不到业绩目标时投资者对该部分股权有回购请求权。最高人民法院再审判决对一审、二审判决作出部分改判,其重要的司法价值就在于以最高审判机关名义认可了当事人对股权部分权能进行重新配置的约定。实践中对赌协议当事人对股权收益权和表决权进行的特殊约定往往与优先股设置的机

---

① 即 2023 年修订前的《公司法》第 131 条规定:“国务院可以对公司发行本法规定以外的其他种类的股份,另行作出规定。”

② 见 2023 年修订前的《公司法》第 42 条的规定。

③ 如 2020 年 11 月 1 日实施的《深圳经济特区科技创新条例》第 99 条前两款规定:“在本市依照《中华人民共和国公司法》登记的科技企业可以设置特殊股权结构,在公司章程中约定表决权差异安排,在普通股份之外,设置拥有大于普通股份表决权数量的特别表决权股份。有特别表决权股份的股东,可以包括公司的创始股东和其他对公司技术进步、业务发展有重大贡献并且在公司的后续发展中持续发挥重要作用的股东,以及上述人员实际控制的持股主体。”

④ 中国证监会对该法规作过两次修改,最新修订时间为 2023 年 2 月。

⑤ 参见最高人民法院民事判决书,(2012)民提字第 11 号。

理大同小异。因此有学者认为,优先股典型地体现了类别股的双重属性,其最突出的特点就是事先约定股东的固定回报率以及优先分配、优先清算甚至优先回赎等权利;作为对价,优先股股东通常对公司一般事项没有表决权。优先股股东的权利是双层的,只能通过合同法得到保护。①

(2)涉及表决权的类别股,即差异化表决权股,与普通股实行一股一表决权不同的是,差异化表决权股或是实行一股多个表决权(也称多投票权股),或是实行股份完全无表决权。该种类别股是当前公司实践中最为普遍的形式,由于一些法规政策只规定了这种类别股,因而也有一些学者不将优先股和对赌协议设置的特别股纳入双层股权结构或类别股的范围。根据前述分析笔者认为,无论是差异化表决权股还是优先股等,都具有双层股权结构和类别股的特征,都能适应投资者的不同偏好和需求,对于鼓励投资和推进公司制度的现代化都具有现实价值。

2023 年《公司法》修订正式从法律上确认了双层股权结构。根据新《公司法》第 144 条的规定,公司可以按照公司章程的规定发行与普通股权利不同的类别股,该条列举的类别股包括:(1)优先或者劣后分配利润或者剩余财产的股份;(2)每一股的表决权数多于或者少于普通股的股份;(3)转让须经公司同意等转让受限的股份;(4)国务院规定的其他类别股。由此可见,法律确认的类别股也就是允许公司章程对股权权能作出特别设计的股份,类别股对双层股权结构的设计,既包括对表决权权能的特别设计,也包括对利润分配、股份转让等自益性权能的特别设计。

(四)双层股权结构利弊评析

学者们普遍认为,双层股权结构存在合理性和现实需求:首先,双层股权结构可以有效化解融资需求与控制权稀释的相悖困境,较好地避免在单一股权结构中公司的不断扩张与发展会稀释初始股东的股份,导致决策权降低甚至转移的情况;其次,双层股权结构可以满足股东异质化需求,在使投票权被更有效率地利用的同时,也为股东的投资选择提供了更多可能性;②最后,双层股权结构有助于特定股东(如创始人)在持有少量股份的情况下依旧能够控制公司,能够有效地抵御敌意收购,通过保持公司稳定发展来实现自己的愿景。实践中运用双层股权结构原理来设计类别股的案例不断增多。2004 年谷歌公司用双层股权结构向公众首次发行股票,谷歌创始人和高管持有每股对应 10 个投票权的 B 类股,而公众手中所持有的 A 类股每股所对应的投票权只有一个。③ 我国科创板首先采用双层股权结构的优刻得公司,根据其 2019 年公开披露的《优刻得首次公开发行股票并在科创板上市招股说明书》,该公司为三位共同创始人设置了具有特别表决权的股份,其实际持股比例为 26.84%,由于其股份的表决权是普通股份的 5 倍,经折算后三位共同创始人合计拥有的表决权比例约为 64.71%。通过这一双层股权结构设计,公司的创始人能够牢牢地掌握公司的控制权,能够集中精力关注于公司的长期价值创造,减少了公司治理成本,这是一种有效率的公司治理结构,创始人将“蛋糕”

---

① 参见朱慈蕴、沈朝晖:《类别股与中国公司法的演进》,载《中国社会科学》2013 年第 9 期。

② 参见张欣楚:《双层股权结构:演进、价值、风险及其应对进路》,载《西南金融》2019 年第 6 期。

③ 参见黄臻:《双层股权结构有效运作的条件》,载《上海金融》2015 年第 6 期。

做大之后，普通股东也将获得更大的回报。[①]

如同公司其他制度设计一样，双层股权结构在具有上述优点的同时，也存在一些不可避免的缺陷：首先，在创始人等特定股东所拥有的表决权远大于普通股东的情况下，普通股东几乎无权干涉特定股东的经营行为，[②]特定股东掌握较大控制权可能使公司内外部监督机制失灵，使普通股东的监督权客观上被剥夺，[③]一旦公司内部控制失灵，普通股东沦为附庸，可能会导致特定股东的内部专制与腐败。[④] 其次，双层股权结构具有强大的反收购功能，将使得公司的创始人不受资本市场的约束。当创始人损害普通股东利益的时候，资本市场的约束将大大受到削弱，甚至不会有任何效果。最后，可能增加公司的治理成本，当特定股东出现异常不能正常管控公司时，公司和全体股东的利益都可能受到直接的影响。

（五）双层股权结构的约束机制

基于上述利弊评析，需要关注双层股权结构制度设计的扬利抑弊问题，其中，对特别表决权行使范围进行限制和设置双层股权结构的"日落条款"是设计重点。对特别表决权行使范围的限制主要是指规定特别表决权不适用于公司一些重大事项的决定。根据《上海证券交易所科创板股票上市规则》第 4.5.10 条，上市公司股东对下列事项行使表决权时，每一特别表决权股份享有的表决权数量应当与每一普通股份的表决权数量相同：（1）对公司章程作出修改；（2）改变特别表决权股份享有的表决权数量；（3）聘请或者解聘独立董事；（4）聘请或者解聘为上市公司定期报告出具审计意见的会计师事务所；（5）公司合并、分立、解散或者变更公司形式。

所谓"日落条款"，是指当法律或者公司章程规定的事由出现时，特别表决权股股东所拥有的股份自动转换为普通股或双层股权结构即告终止的条款。"日落条款"有助于平衡特别表决权股股东与普通股股东之间的利益冲突。《上海证券交易所科创板股票上市规则》第 4.5.9 条对"日落条款"作出了较为详细的规定，出现下列情形之一的，特别表决权股份应当按照 1∶1 的比例转换为普通股份：（1）持有特别表决权股份的股东不再符合对上市公司发展或者业务增长等作出重大贡献以及其他相关要求，或者丧失相应履职能力、离任、死亡；（2）实际持有特别表决权股份的股东失去对相关持股主体的实际控制；（3）持有特别表决权股份的股东向他人转让所持有的特别表决权股份，或者将特别表决权股份的表决权委托他人行使。此外，如果出现公司的控制权发生变更的情形，双层股权结构终止。

二、股权信托

（一）股权信托的含义

股权信托是指以公司股权为信托财产而设立的信托，是利用信托原理来控制公司经营的一种法律设计。根据《信托法》第 2 条对信托的定义，股权信托可以定义为：委托人基于对受托人的信任，将其股权委托给受托人，由受托人按委托人的意愿以自己的名义，为受益人的利

① 参见樊健、朱锐：《科创板上市公司双层股权结构中的日落条款》，载《财经法学》2021 年第 3 期。
② 参见于莹、梁德东：《我国双层股权结构的制度构造》，载《吉林大学社会科学学报》2021 年第 2 期。
③ 参见张欣楚：《双层股权结构：演进、价值、风险及其应对进路》，载《西南金融》2019 年第 6 期。
④ 参见程即正：《我国引入双层股权结构的挑战与对策研究——以公司治理为视角》，载《南方金融》2020 年第 10 期。

益或者特定目的，进行管理或者处分的行为。股东的投资活动完全可采取股权信托方式，受托人既可以是信托投资公司，也可以是其他法人和自然人。股权信托既是公司制度的组成部分，与公司法密切相关，又是信托制度的重要内容，涉及信托法的若干原理。作为信托财产的"股权"，既包括有限责任公司的股权，也包括股份有限公司的股权。股权信托的目的往往在于追求受益人的个体利益。因此，股权信托多为私益信托，而非公益信托。

从受托人角度看，信托可以分为资金信托和服务信托两种基本形式。所谓资金信托，是指受托人按照投资者的意愿，以信托财产保值增值为主要信托服务内容，将投资者交付的资金进行管理、运用、处分的信托业务；所谓服务信托，是指受托人运用其在账户管理、财产独立、风险隔离等方面的制度优势和服务能力，为委托人提供除资产管理服务以外的资产流转，资金结算，财产监督、保障、传承、分配等服务的信托业务。[①] 可见，两类信托最大的区别在于：资金信托主要以追求资产的保值增值和获取投资收益为目标，服务信托并不单纯追求收益，而主要是通过提供金融服务来实现对财产的监督、保障、传承及分配的目标。从我国情况看，股权信托有的采取了资金信托的形式，也有的采取了服务信托的形式。

有学者认为，我国公司实践中的隐名出资实际上就是股权信托的一种表现形式。运用信托法框架中的股权信托关系完全可以解释和梳理实际出资人与名义股东之间的权利义务关系。[②] 在股权信托关系中，受托人是名义股东，委托人和受益人则是实际出资人。受托人有义务为实际出资人利益而行使股权，委托人或受益人也有权要求受托人履行股权信托合同约定的义务，如果受托人违反诚信义务，反客为主，假戏真做，意欲将受托股权窃为己有，委托人或受益人可依据《信托法》的规定解除信托合同，并依据《公司法》规定的条件把信托股权移转给受益人或委托人自己。股权信托的关键是妥善保护作为受益人的实际出资人的股权利益。[③]

（二）我国股权信托的主要形态

从我国已经开展的股权信托业务来看，股权信托业务可分为员工持股信托、家族企业股权信托以及表决权信托等形态。

1. 员工持股信托。员工持股信托主要适用于公司员工持股计划，是以信托形式为员工持有公司股权的一种法律架构。具体指公司以员工持股计划名义设立信托账户，指定本公司参加计划的员工为受益人，公司管理人员或信托公司作为受托人，为持股员工的利益购买并持有公司股权，负责员工持股信托账户的管理，并将收取的公司股权分红向受益人分配。[④] 员工持股信托可以分为公众公司员工持股信托与封闭公司员工持股信托，实践中较多的是上市公司员工持股信托。在员工持股场合，虽然单个员工持股甚微，但是受托人接受公司所有持股员工的委托并将其股权合并行使通常会构成对公司行为的有力制衡。从性质上看，员工持股信托属于服务信托的范畴。

2. 家族企业股权信托。家族企业股权信托是指把家族控股股份通过设立信托基金的方式委托给受托人，受托人根据信托合同约定，可以依照委托人的指令或者根据自己的专业知识与

---

① 参见2020年5月原中国银保监会就《信托公司资金信托管理暂行办法（征求意见稿）》公开征求意见的通知。
② 参见刘俊海：《现代公司法》（第3版）（上册），法律出版社2015年版，第355页。
③ 参见刘俊海：《现代公司法》（第3版）（上册），法律出版社2015年版，第355页。
④ 参见姜德广：《员工持股信托的内涵与发展》，载《中国金融》2020年第14期。

技能,行使对公司重大事项和关键人员任免的表决权,掌握公司战略发展方向和重大经营管理事项,达到控制公司经营的目标。家族企业通过股权信托可以在代际传承中保持股份控制权,同时把经营权和决策权转移给外部,获得外部关键人力资本和金融资本,同时分享控制权收益。① 在家族企业传承领域,委托人一般是家族企业的创始人,全资持有或者绝对控制家族企业,委托人将其持有的控制性股权信托给受托人,受托人由此取得公司控制权。从性质上看,家族企业股权信托属于资金信托的范畴。实践中家族企业股权信托也有采取表决权信托方式的,可以归入表决权信托形态。

3. 表决权信托。表决权信托是公司实践中最为典型的股权信托形态,被认为是保护中小股东权益的重要制度设计,目前尚无权威的法律定义。有学者认为表决权信托是一个或数个股东根据协议,在一定期限内,以不可撤回的方法,将其持有的股份的表决权以及和表决权紧密相关的权利转让给一个或数个受托人,后者为实现一定的合法目的在协议约定或法律规定的期限内行使该表决权,股东或股东指定的人享有受益权;它通过集中分散股份,为委托股东提供充分空间,具备表决权征集和股份收购所没有的诸多优势。② 也有学者认为,表决权信托是指股东根据协议将股票所有权转让给受托人,信托期间,受托人行使股票的表决权,参与公司事务管理。③ 还有学者认为,表决权信托是股权信托的一种具体应用,受托人享有股份表决权,委托人享有股份的受益权,④表决权信托存在或设立的核心目的则是保有并维持公司控制权。⑤ 可见,表决权信托通过信托协议联结双方当事人,受托人是股份的名义所有人。由此来看,与其说前述隐名出资现象是股权信托的表现方式,不如说它就是表决权信托。关于表决权信托,本书第十章第五节关于"股东表决权的行使"的讨论中有进一步的阐述。

(三)股权信托的法律规制

我国目前缺少专门调整股权信托法律关系的特别规定。实践中信托公司开展股权信托业务遵循的主要是《信托法》《公司法》以及原中国银行业监督管理委员会⑥发布的《信托公司管理办法》和《信托公司集合资金信托计划管理办法》等法规。股权信托业务开展中涉及的一些重要内容,如委托人和受益人的资格、委托人和受益人的权利、信息披露等还缺乏专门的规定;股权信托适用的法律法规存在不配套的问题;同时股权信托投资退出机制也并不完善。⑦

股权信托法律关系是通过信托合同来体现的。与一般的民事合同不同,信托合同虽然是由委托人和受托人订立的,但是受益人却享有与合同履行相伴的受益权,加之委托人意愿的多样性和变化性、合同的长期性、客观环境变化等因素,使股权信托合同条款极具复杂性和不完全性,委托人、受托人和受益人对此均不具有完全的把控能力,因此股权信托合同可能出现纠

① 参见汪其昌:《股份表决权信托:解决家族企业控制权转移的一种方式》,载《上海经济研究》2010 年第 6 期。

② 参见王保树、朱慈蕴:《寻找商法学发展的足迹——关于 2007 年商法学研究的研究》,载《中国法学》2008 年第 2 期。

③ 参见覃有土、陈雪萍:《表决权信托:控制权优化配置机制》,载《法商研究》2005 年第 4 期。

④ 参见董海芬、郑良秀:《股权信托的应用及其存在问题研究》,载《商场现代化》2006 年第 12 期。

⑤ 参见石慧荣、明朗朗:《股权信托"董事受托人"行为标准研究——公司利益与受益人利益衡量》,载《河北法学》2019 年第 9 期。

⑥ 根据 2018 年 3 月十三届全国人大一次会议批准的《国务院机构改革方案》,不再保留中国银行业监督管理委员会,组建中国银行保险监督管理委员会;根据 2023 年 3 月十四届全国人大一次会议批准的《国务院机构改革方案》,不再保留中国银行保险监督管理委员会,在中国银行保险监督管理委员会基础上组建国家金融监督管理总局。

⑦ 参见汤淑梅:《开展股权信托投资　助推供给侧结构性改革》,载《清华金融评论》2017 年第 7 期。

纷。我国目前解决该类纠纷的主要途径是申请仲裁或者提起民事诉讼，法律救济渠道有限，而仲裁机构和人民法院处理该类案件的主要依据仍然是合同条款和法律规定，并不会超越现行法律框架来认定合同条款的效力。[①]

三、股权共有

股权共有是公司实践中客观存在的一种权利样态，不仅基于民事上的夫妻关系、共同继承等产生，而且在商事领域也频繁出现。现实中大量的公司隐名出资、员工持股等案例中，有不少也存在事实上的股权共有关系。股权共有关系可以出现于股份有限公司，在公司实践中多见于有限责任公司。

（一）资格共有：股权共有的核心内涵

股权共有也称股份共有，有学者认为是指"两个或两个以上的民事法律主体共同享有同一股份权益"[②]。这一界定偏重股权（股份）的财产或财产权属性，还难以准确揭示出股权共有特有的内涵。如果针对同一股份财产或同一股权享有的财产权益而言，股权共有与物的共有或一般性的权利共有并没有多少差异，直接援用《民法典》物权编有关共有的规定就基本能解决其法律适用问题。笔者认为，股权共有并非只是共有人对同一股份权益共同享有的权利，更重要的是共有人对同一股东资格共同享有的权利。其中，资格共有是股权共有最为本质也是最具特色的内容。资格共有可以表述为共有人在具有同一股东资格的前提下对同一股份享有的权利。资格共有是股权共有的前提，也是股权共有不同于物的共有或一般性权利共有的核心要义，从而构成股权共有法律适用的逻辑起点。[③]

1. 资格共有的法理阐释。资格共有在股权共有内涵中的地位源于股权本身的特质。股权是财产权利的一种，它区别于一般财产权利的重要特征是它并非一般人都能享有的权利，而是特指股东对股份财产享有的权利，其中股东和股份都是与公司关联的概念。股东在公司法上是一种特定身份的象征，是需具备一定条件才能取得的主体资格。[④] 在作为股东资格原始取得的公司设立情形中，出资人必须履行或承诺履行出资义务后方能获得股东资格。股东资格的取得是股东对股份财产享有权利的前提和基础，没有股东资格，股权便无从谈起。在这个意义上，股权实际上包含资格性权利和财产性权利。在公司法理上，资格性权利基本可以对应于共益权；财产性权利基本可以对应于自益权。如同财产所有权可以分离出占有、使用、收益、处分权能一样，资格性权利和财产性权利也可以认为是股权中能够分离的两项权能，二者可以在统一于一体的情形下行使，也可以在分离的情形下行使。[⑤] 资格性权利与财产性权利相比较，或许财产性权利对股东更具有实质意义。但对于股权共有而言，资格性权利更具有法律意义。

2. 资格共有的法律规定。资格共有在股权共有中的重要地位有法律上的依据，最为直接

---

① 参见丛彦国：《股权信托合同法律问题研究》，载《南方金融》2015 年第 5 期。

② 沈贵明：《股份共有的公司法规范》，载《法学研究》2010 年第 2 期。

③ 参见周友苏、庄斌：《股权共有中国立法的理论证成及其公司法规范构造》，载《北京理工大学学报（社会科学版）》2022 年第 5 期。

④ 参见周友苏：《新公司法论》，法律出版社 2006 年版，第 223 页。

⑤ 分离情形下行使的典型事例为隐名出资，依照《公司法司法解释（三）》第 24 条的规定，名义股东仍然是公司法意义上的股东，但其所持股东权利中的财产性权利也即投资权益归属于实际出资人，股东权利中的财产性权利与资格性权利分属于实际出资人和名义股东，两者是分离的。

的是《公司法》第 90 条和第 167 条关于股权继承的规定，即“自然人股东死亡后，其合法继承人可以继承股东资格”。该内容不是对资格共有的直接规定，但其中关于“合法继承人”的表述显然包含着单个继承人和数个继承人的情形，或者说其中隐含着实践中常见的数个继承人共同继承同一股东资格的股权共有现象。按照继承人更偏好股权中财产性权利的通常理解，法律就理应首先保护股权继承中的财产权内容。然而该规定却并非如此，其中只涉及“继承股东资格”的内容。这一规定表明：股权属于民法上的财产权，但在股权继承的场景中，法律置于首要位置或强调首先保护的却是“股东资格”，而非财产性权利。之所以如此，主要是基于两个方面的原因：第一，具有股东资格是获得股权中的财产性权利的前提和基础，具有股东资格意味着拥有股权的财产性权利，可以行使分红权、新股优先认购权和剩余财产分配权等自益权及其对公司的其他请求权。但是，拥有股权中的财产性权利却并非可以当然具有股东资格。股权中的资格性权利与财产性权利处于分离的状态，如隐名出资人尽管可以享有股权中的自益权，但却不能当然具有法定的股东资格。第二，股权中的资格性权利比财产性权利更容易受到法律上相关权利的侵蚀和否定，因此需要法律予以明示才能使之获得充分的保护。鉴于继承人往往是外在于公司的第三人，股权继承在法律上也相当于要向公司股东以外的其他人转让股权。《公司法》基于维护封闭型公司“人合性利益”的考虑，对有限责任公司的股权转让设置了其他股东可以行使优先购买权的程序性规定。当有限责任公司的股权发生继承时，一旦其他股东主张优先购买权，如果没有《公司法》第 90 条的明确规定，继承人的股东资格就有可能受到“合法性否定”。此时继承人可以主张继承股权中的财产性权利，但在没有股东资格作为保证的情况下，财产性权利受到侵蚀的风险和耗费的行权成本可能较大，甚至还可能会出现被“一次性买断”的结果，使之不能享受到股权可能产生的长期收益。由此可见，股权中的资格性权利与财产性权利相比，资格性权利不仅是财产性权利的基础，也是财产性权利的保障。资格性权利具有稳定性、长期性和不可限制性，法律上认可资格性权利对于权利人的保护更为充分完整。这也正是《公司法》在股权继承的有关规定中将股东资格置于首要地位的意义所在，从而也为资格共有系股权共有的特有内涵提供了坚实的法律支撑。

资格共有在股权共有中的重要地位还可以从《公司法》的其他规定中得到进一步证实。资格性权利具有民法上的身份权属性，处于股权权能中最为基础的地位，拥有股东资格就意味着股东已经享有完整的股权或者有可能享受到完整的股权。但股权中的财产性权利则并不具有这样的属性和功能：首先，财产性权利对应于自益权，拥有财产性权利并不等于拥有共益权，财产性权利只是股权的构成部分之一。其次，财产性权利在《公司法》上包括分红权、新股优先购买权、剩余财产分配权等，股东享有财产性权利的多少与股东出资具有相关性。根据《公司法》第 210 条第 4 款关于“有限责任公司按照股东实缴的出资比例分配利润”和“股份有限公司按照股东所持有的股份比例分配利润”的规定，公司可以对瑕疵出资股东的财产性权利做出相应的限制甚至让其失权。在股东资格存续的情况下，股东不仅同样可以行使参与公司投票和管理等共益权，还可以通过对出资瑕疵的弥补（如缴纳出资）来获得对受限权利的完全享有。最后，根据《公司法》，股东享有股东资格既可以自己行使全部股权，也可以通过合同将自益权或共益权中的部分内容分离出去委托他人行使；而在不具有股东资格的情况下，他人拥有或行使某些股东权利并不意味着就具有股东主体地位。资格性权利是最能体现股权特色的基础性权利，资格共有是股权共有立法规制中最需要彰显的内容。

（二）股权共有的现实样态

1. 夫妻或家庭成员以共同财产出资而产生的股权共有。这是公司实践中最为典型也是占比最大的股权共有样态，其中又以夫妻共有股权的情形为最。

2. 继承中因数个继承人对同一股权享有继承权而产生的股权共有。这一样态须符合《公司法》第90条规定的"自然人股东死亡后"的场景，并且该股权存在数个"合法继承人"，这些继承人都同意对死亡股东的"股东资格"进行继承。

3. 隐名出资中的股权共有。隐名出资中的股权共有更准确地说是股权共有与隐名出资的交织状态。由于司法实践中将股权共有当成隐名出资来处理，因此也可称之为与隐名出资混同的股权共有。这种样态通常发生于有限责任公司。隐名出资与股权共有具有一些相同点，但基于法律关系上的差异，如不加区别，一律适用《公司法司法解释（三）》关于隐名出资的规定来处理，就可能出现张冠李戴，导致处理上的不公平、不合理。隐名出资与股权共有出现交织并非指所有的隐名出资现象，公司实践中的这类现象主要有：一是多数人以共同财产投资但因各种原因只由其中一人作为显名股东，该显名股东也属于共有人之一而非股权代持者；二是多数人以个人自身财产投资但因受公司股东人数的法定限制而只能选派投资者中的个别人作为持股代表。其中后一类现象多为企业改制为有限责任公司时出现的股权共有。如笔者曾应当地中级人民法院之邀提供咨询意见的一个疑难案件，该案中的某集体企业改制为有限责任公司时，百余名原企业职工持有改制后公司的职工股，公司成立时给每位持股职工均签发了盖有公司公章的股权证明书。由于受公司股东50人人数上限的限制，百余位职工股东只能选派几名职工股东作为代表来行使股权。若干年后该公司几位大股东以合法程序通过公司减资的决议，决定以确定的价格回购全部职工股，几位职工股东代表在没有得到全部职工股东授权的情况下擅自做出同意回购的意思表示，公司回购完成后，该公司很快被另一大公司并购。而持有职工股的几十名职工坚持不同意这一回购行为，拒绝领取已经提存的回购款并要求保有职工股东身份，遂引发纠纷诉至法院。法院在处理该案时遇到的难题是：如果按照隐名出资处理，保留职工股东身份的诉求将无法满足；如果满足保留职工股东身份的诉求，则缺乏相应的法律依据，且可能突破股东人数的法定限制。这类难题的存在，致使一些事实并不复杂的案件变成重大疑难案件，让法院难以判决，判决后也难以让当事人感受到公平。

4. 员工持股计划形成的股权共有。员工持股计划是当前主要在国有公司和上市公司中推行的一项制度。公司通过员工持有股份而分享本公司未来的收益权，员工"形成资本所有者和劳动者利益共同体"，是公司对员工的一种长期激励和利益分享机制。员工持股计划实施范围为股份有限公司。《公司法》《证券法》在相关规定中涉及了员工持股计划的概念，表明对其合法性的认可，但并未对其具体内容作出规定。[①] 国务院国资委、中国证监会等部门发布过一些专门对员工持股计划进行规制的规范性文件。[②] 根据这些规范性文件的规定，员工持股计划是公司员工根据该计划方案的要求由自己出资购买本公司股份，购买后的一定期间内在

---

① 如《公司法》第162条和《证券法》第9条的内容中都涉及"员工持股计划"的表述。

② 这些规范性文件包括：国务院国资委、财政部、中国证监会2016年8月联合发布的《关于国有控股混合所有制企业开展员工持股试点的意见》和中国证监会2014年6月发布的《关于上市公司实施员工持股计划试点的指导意见》、2020年8月发布的《非上市公众公司监管指引第6号——股权激励和员工持股计划的监管要求（试行）》。

股权持有、股权行使、股权管理等方面都具有不同于一般自然人持股的特点的制度。员工持股计划具有较为鲜明的股权共有的属性和特点：第一，员工持股计划在发行员工股后具有一定的持股期限，国有公司和上市公司以非公开发行方式实施员工持股计划的，持股期限不少于36个月，在此期间内员工股要实行集中管理，不得转让。第二，在持股期限内，持股员工可以以个人名义直接持股，也可以通过公司制企业、合伙制企业、资产管理计划等持股平台持有股权，但股权实行集中行使。中国证监会2014年6月发布的《关于上市公司实施员工持股计划试点的指导意见》规定："参加员工持股计划的员工应当通过员工持股计划持有人会议选出代表或设立相应机构，监督员工持股计划的日常管理，代表员工持股计划持有人行使股东权利或者授权资产管理机构行使股东权利。"第三，公司各方股东应就员工股权的日常管理、动态调整和退出等问题协商一致，并通过公司章程或股东协议等予以明确。这些特点表明，员工持股计划是一种按照股权共有原理来设计的制度，是在确认员工本人对员工持股计划享有股东资格的基础上的股权共有形态，包括资格共有和财产共有两个方面，对共有股权的管理和行使由员工持股计划产生的代表来进行。这些设计与股权共有的应然形态还有差异，但已经体现出了股权共有的制度设计的基本内容。

（三）股权共有的法律适用

股权共有属于公司领域发生的问题，应当由商法或公司法进行规制。从世界范围来看，不管是英美法系的美国特拉华州、英国，还是大陆法系的德国、法国、日本、韩国等代表性国家或地区，都在其商法典或公司法中确立了股权共有制度。① 我国属于"民商合一"的立法体例，在股权共有的法律适用上也有自身的特色。基于《公司法》与《民法典》的关系，②共有股权的行使既要遵循《民法典》物权编第八章关于"共有"的一般原理的规定，同时更要遵循《公司法》关于股权原理的规定，由此来解决共有股权法律适用中的一些特殊问题。

需要指出，《民法典》没有关于股权共有的直接规定。究其原因，主要是《民法典》总则编已将股权与物权作为并列的民事权利，从而使居于物权编之下的物的共有（第297条）和权利共有（第310条）的规定无法涵盖股权共有的内容（见图8－1）。

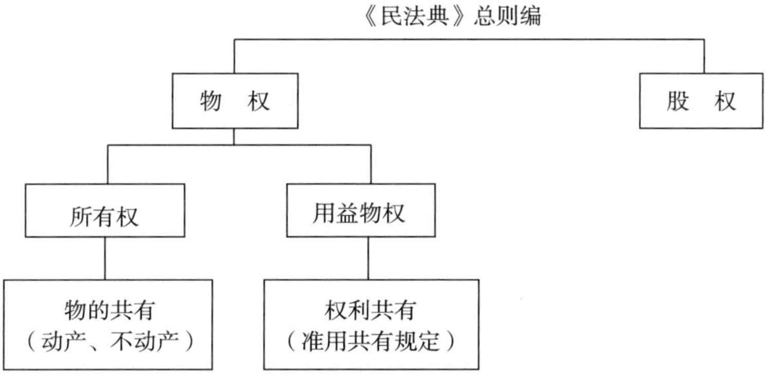

图8－1　股权与《民法典》物权编"共有"的相关规定

---

① 参见周友苏、庄斌：《股权共有中国立法的理论证成及其公司法规范构造》，载《北京理工大学学报（社会科学版）》2022年第5期。

② 本书在第二章第四节的"《民法典》与《公司法》的关系"中对此作了专门讨论。

由图 8 – 1 可见,《民法典》关于共有的规定是针对动产和不动产而言的,不能将作为权利共有的股权共有纳入其中;而对于权利共有而言,《民法典》虽然在物权编第 310 条规定了“两个以上组织、个人共同享有用益物权、担保物权的,参照适用本章的有关规定”,但将该准用性规定直接适用于股权共有也有立法逻辑不能自洽的问题。因此,股权共有适用《民法典》物权编关于共有的规定还缺乏直接的依据。

有学者认为,股权共有属于民法上的“准共有”,符合准共有的主体、客体的基本特征。[①]准共有是指数人按份共有或者共同共有所有权以外的财产权。准共有具有以下特征:其一,准共有的标的是所有权之外的财产权。其二,准共有准用共有的有关规定。其三,准共有准用按份共有或共同共有的规定的前提是,规范该财产权的法律没有特别规定;如果有特别规定,则应首先适用之。[②] 尽管学者们对准共有特征的概括也在一定程度上反映了股权共有的特点,但还不能基于此就将股权共有直接准用《民法典》物权编关于共有的规定。

2023 年《公司法》修订仍然未将股权共有正式入法。基于股权共有的现实存在,需要结合《民法典》的有关规定来把握股权共有法律规制的一些重点问题。

1. 共有股权关系的确定。在此问题上应当主要遵循《民法典》物权编的有关规定。《民法典》将共有分为按份共有和共同共有两种基本类型:按份共有人对共有财产按照其份额享有所有权;共同共有人对共有财产共同享有所有权。在家庭共有、夫妻共有、隐名出资、员工持股等股权共有常见样态中,家庭共同和夫妻共有往往采取共同共有的形式,隐名出资和员工持股往往采取按份共有的形式。共有人有约定的应当按照约定来确定,没有约定或约定不明确的,《民法典》第 308 条规定,“除共有人具有家庭关系等外,视为按份共有”,这里的“家庭关系”应当指家庭直系亲属之间的关系。

2. 共有人的显名。共有人的显名是指将共有人对同一股东资格共同享有股权的事实状态以一定的方式表现出来,让共有人以外的第三人能够知晓。显名包含公开、公示和公信三层意思。公开是指将股权共有的事实向共有人之外的第三人尤其是公司予以明示;公示是指公开股权共有事实采取可以取信于外部的表现方式来让人所“知”;公信是指股权共有因对外公示而产生使人所“信”的效力。三者之间是层层递进的逻辑关系。显名是与隐名相对的概念,意味着共有人不采取隐名方式,是股权共有区别于隐名出资的最重要特点之一。股权共有要得到立法上的认可和保护,共有人显名是必须具备也是立法上要求的先决条件,是股权共有其他法律特征得以成立和存在的前提。共有人显名的法律意义在于:第一,显名作为股权共有成立的必要条件,进一步印证资格共有是股权共有的核心内涵,显名首先是对股东资格的要求,如果仅指股份财产,就与隐名出资没有差异,甚至对股权共有也没有单独立法规制的必要;第二,显名在明示共有人享有共同权利的同时也是对其应当履行的义务的彰显;第三,显名表明法律对共有人行权行为的规范和对其合法权益的保护;第四,显名对外宣示股权共有具有对抗共有人以外的第三人(包括公司及其股东和其他相对人)的效力,第三人不得以“不知”为由来抗辩、损害甚至否定共有人对股东资格和股份财产应当享有的权利。

---

① 我国台湾地区学者郑玉波认为,股份共有,“严格言之,应称准共有为妥”。参见郑玉波:《公司法》,台北,三民书局股份有限公司 1980 年版,第 107 页。

② 参见王利明等:《民法学》(第 6 版),法律出版社 2020 年版,第 411 页。

共有人显名是立法上要求股权共有具备的条件,但却并非对公司实践中众多股权共有人施加的一项强制性要求,而只是给当事人提供的一种选择。选择显名的,股权共有获得公司法的确认,共有人的股东资格受到法律保护,共有股权的行使应接受公司法的调整。不选择显名的,则按照"隐名"的投资方式来处理:[①]当事人并不当然享有股东资格,关于投资权益的财产归属则按照当事人之间的合同约定确定。

与是否选择股权共有的情形一样,共有人采取何种方式显名也是可以由当事人选择的内容。选择股东名册显名记载的,根据股东名册的效力,显名公示的对抗力及于公司及其他股东;选择公司登记记载的,根据公司登记的效力,显名公示的对抗力则要及于公司股东之外的第三人。

3. 共有代表人。共有代表人即代表共有人行使股权的自然人。其特点包括:第一,从法律地位来看,共有代表人是全体共有人的代表人而非代理人。[②] 共有代表人的权利范围直接来源于法律的规定,并不是来自全体共有人的专门授权,因此其权利范围具有稳定性且不会受到其他共有人的干预。第二,共有代表人通常可以选择在股东名册记载或公司登记记载,通过"记载"这种方式公示全体共有人的代表人身份。第三,共有代表人的制度设计主要是为规范共有股权的行使。共有股权的行使从性质上看类似于民法上的共有财产管理,但二者并不等同。按照《民法典》第 300 条关于共有人"没有约定或者约定不明确的,各共有人都有管理的权利和义务"的规定,在共有人没有约定的情形下,"各共有人"都可以管理共有财产。但这一规定却不能适用于共有股权。在股权共有情形下,数个共有人共同拥有一个股东资格,如果在股权行使上事无巨细都让所有共有人形成一致意见,公司管理就无法进行,因此需要从全体共有人中产生一名代表来统一行使股权。

公司实践中,共有股权的相对人为公司,对共有股权行使权利承担义务的对象也必然是公司,公司又主要是依章程、股东名册和公司登记文件上记载的股东来履行召集股东会会议并作出决议、向股东分配利润等义务,并要求股东履行出资义务等。在共有股权的场景下,往往会出现公司登记等文件记载的股东与共有股权人不一致的现象。以家庭共有股权的情况为例,当家庭成员都是股权共有人时,各个共有人不能也不可能凭共有股份来行使股权,常常只会由共有人之一作为公司登记等文件记载的股东,这就需要适用共有股权代表的有关规定。共有股权代表是一个十分特殊的法律问题,它涉及代表产生、代表授权的获得、无授权或授权不明确时代表行为的效力、公司对代表的识别、代表义务和责任等较为复杂的问题,而这些问题也势必与商法外观主义、股东名册和公司登记的效力、表见代表等公司法制度密切相关,在《民法典》无相关规定和相关规定难以适用的情况下,应当通过完善公司法制度的途径来解决。[③]中国证监会《关于上市公司实施员工持股计划试点的指导意见》已经涉及员工持股这类共有

---

① 参见沈贵明:《股份共有的公司法规范》,载《法学研究》2010 年第 2 期。

② 代表人与代理人从代行他人权利和行为效果归属角度而言具有相同性,但二者的差异也显而易见。代表人的代表权限来源于法律的直接规定,具有稳定性,不需要专门的授权,代表人需要依法登记。代理人的代理权限通常来源于被代理人的专门授权,是意定代理,原则上被代理人可以任意撤销代理权,代理人的身份不需要对外公示登记。参见王利明:《民法总则研究》(第 3 版),中国人民大学出版社 2018 年版,第 604 ~ 605、662 页。

③ 在比较法上,公司立法采用了两种途径:一是采取法律"不予规定"的做法,给公司和股份共有人之间合理行使私权留下必要的空间;二是采取强制"由代表人行使共有股权"的做法,如 2005 年《日本公司法》第 106 条规定:"股份属于 2 人以上共有的,共有人确定 1 人为行使该股份权利的人;共有人不将该股份权利行使人的姓名或名称通知股份有限公司的,不得行使该股份的权利。但股份有限公司同意其行使该权利的情形除外。"参见沈贵明:《股份共有的公司法规范》,载《法学研究》2010 年第 2 期。

股权代表的规定，该指导意见规定，参加员工持股计划的员工应当通过员工持股计划持有人会议选出代表，代表员工持股计划持有人行使股东权利。①

4. 共有股权的行使。共有股权的行使主要通过共有代表人的行权行为来实现。由于共有代表人的行权行为并非只代表个人，因此就制度设计而言，目的就是如何规范其行权行为，使之既能保证公司决策和运作效率，又不至于滥用代表权损害其他共有人的利益。对此，一些大陆法系国家和地区有关共有股权行使的规定中具体表述尽管不尽一致，②但都反映出一个共同的特点，即法律原则上不对共有代表人行使的一般性股东权利作出限制，共有代表人可以按照自己的意思行使表决权、股东知情权、利润分配请求权以及股东诉权等各类广泛的股东权。这一方面显示出共有代表人制度与"一事一授权"代理人制度的区别，另一方面也充分体现了股权共有制度设计对公司效率的兼顾。我国司法实践反映出一个值得特别关注的问题：共有代表人是否能够对共有股权进行处分？共有股权的处分包括股权转让、出质等，由于处分涉及全体共有人的利益而且会导致股权共有状态的消灭，实践中因股权共有发生的争议较多集中于股权处分方面。对此可以参照《民法典》关于共有财产处分的规定。《民法典》第 301 条对此列示了三种选择：③第一，共有人另有约定的，从其约定。这体现了私法自治的精神，应当为股权共有在处分上遵循的基本原则。第二，多数决方式。即由 2/3 以上共有份额多数决定，这意味着可能损害不同意转让的共有人的利益。结合《民法典》来看，在共有财产处理上采取这种思路应当是偏重"对共有的不动产或者动产作重大修缮、变更性质或者用途"的情形，而对于共有财产的处分尤其是对于共有股权的处分并不合适，共有股权的处分涉及共有股东资格的消灭，宜由公司法来专门作出特别规定。第三，全体决方式，即全体共有人同意。这一思路是可行的，参照适用该内容不仅体现了保护共有人权益的精神，也与我国司法实践中多数法院的做法相吻合。

5. 对股权共有制度的完善。由于《公司法》对股权共有的规定整体性缺失，导致司法实践中出现对涉及股权共有纠纷的处理不统一的现象。需要通过包括出台司法解释在内的相关途径来予以弥补和完善。完善的内容包括：第一，共有股权行使的规范。其中最重要的是共有股权代表的有关规范，应当明确股权共有人未确定代表人的，不得行使共有股权的权利，但是公司或相关当事人认可的除外。第二，通知和送达的规范。公司对股权共有人的通知和送达以股权共有代表人为具体对象，代表人不明确的，以任一共有人为具体对象。第三，股权共有人承担连带义务和责任的规范，包括承担出资义务、侵权行为责任等的规范。第四，对股权共有人登记的规范，这属于股权共有的基础性规范。④

---

① 与此相同的还有国有控股混合所有制企业员工持股的情形。国务院国资委、财政部、中国证监会于 2016 年 8 月联合发布的《关于国有控股混合所有制企业开展员工持股试点的意见》第 4 条对员工股权管理的规定为：员工所持股权一般应通过持股人会议等形式选出代表或设立相应机构进行管理。该股权代表或机构应制定管理规则，代表持股员工行使股东权利，维护持股员工合法权益；公司各方股东应就员工股权的日常管理、动态调整和退出等问题协商一致，并通过公司章程或股东协议等予以明确。

② 如《德国股份法》第 69 条第 1 款规定，共有代表人可以行使该股票上的权利；《法国商法典》第 L225 – 110 条规定，共有代表人可以代表出席股东大会行使股东权利；《日本公司法》第 106 条规定，共有代表人行使有关该股份的权利。另外，《韩国商法典》公司法编第 333 条和我国台湾地区"公司法"第 160 条也有相似表述。参见周友苏、庄斌：《股权共有中国立法的理论证成及其公司法规范构造》，载《北京理工大学学报（社会科学版）》2022 年第 5 期。

③ 《民法典》第 301 条规定："处分共有的不动产或者动产以及对共有的不动产或者动产作重大修缮、变更性质或者用途的，应当经占份额三分之二以上的按份共有人或者全体共同共有人同意，但是共有人之间另有约定的除外。"

④ 参见沈贵明：《股份共有的公司法规范》，载《法学研究》2010 年第 2 期。

四、股东知情权

(一) 股东知情权的特征

股东知情权顾名思义就是股东对公司情况知晓了解的权利，是股东实现其股东权和利益的基础性权利，具有固有权的属性。根据《公司法》的有关规定，股东知情权具有如下特征：

1. 股东知情权是股权的一项独立子权利，不依附于其他股权子权利而存在。按照本章前面对股权的归纳，知情权不能划归于其他任何股东权利之一，即它既不是股份受益权，也不是参与公司管理权，更不是诉权。最高人民法院有关司法解释也是将公司知情权明确列为股东的一项独立权利。①

2. 股东知情权是股权中的一项基础性权利。公司实践中，股东权利的正常行使往往需要有一个基本前提，即股东对行使权利的相关信息是了解的，了解这些信息的渠道是畅通的，只有股东对公司有关事项“知情”的情况下，才能正确地行使自己的权利。如果股东对公司的情况无从知晓，或者了解的信息是模糊的，就难以作出正确的判断。以参与公司管理权为例，在公司信息知晓上处于劣势的股东，在决策时也往往处于弱势和被动地位。因此，股东知情权是股东参与公司管理的前提和基础。正是基于知情权在股权子权利中的基础性地位，知情权也被定位为股东的固有权。固有权具有与生俱来的属性，有股东资格就享有知情权，股东知情权非依法律规定不能任意剥夺。《公司法司法解释(四)》第 9 条明确规定，不能以公司章程、股东之间的协议等实质性剥夺股东依法享有的知情权。

3. 股东知情权的行使在有限责任公司和股份有限公司两类公司中有不同的要求。有限责任公司的股东知情权属于单独股东权，具有股东资格的股东都可以单独行使这一权利；股份有限公司股东知情权中的查账权属于多数股东权，按照《公司法》第 110 条第 2 款的规定，只有符合“连续一百八十日以上单独或者合计持有公司百分之三以上股份”条件的股东才能行使。

需要指出，本轮《公司法》修订对股东知情权制度作出的重要修改之一就是将原法中只适用于有限责任公司的查账权扩充为两类公司通用的权利。《公司法》第 110 条第 2 款规定，股份有限公司符合法定条件的股东“要求查阅公司的会计账簿、会计凭证的，适用本法第五十七条第二款、第三款、第四款的规定”。当然，鉴于《公司法》《证券法》对股份有限公司中的公众公司有信息披露的强制要求，该款针对股份有限公司的规定实践中主要指向封闭型的非公众公司。

4. 股东知情权的相对方是公司、董监高和控制股东。权利的相对方即义务人。知情权作为法律赋予股东的一项权利，反映了股东与公司、股东与股东之间的权利义务关系。从股东与公司的关系来看，股东知情权则意味着公司具有依照法律规定向股东提供公司有关情况的义务，由于公司事务是由公司负责人来执行的，因此，保障股东知情权实际上又成为公司董监高应当履行的一项义务。2019 年《证券法》修改后，将上市公司控股股东和实际控制人也纳入义务人的范围。《证券法》第 80 条就明确规定，上市公司的控股股东或者实际控制人对重大事件的发生、进展产生较大影响的，应当及时将其知悉的有关情况书面告知公司，并配合公司履

---

① 于 2021 年 1 月 1 日实施的《民事案件案由规定》将“股东知情权纠纷”作为一项独立的“与公司有关的纠纷”的案由。

行信息披露义务。

5. 股东知情权的内容和行使都要受到一定的限制。股东知情权体现了股东与公司、股东与其他股东的法律关系，如果知情权的行使没有受到必要的约束，不仅可能对公司的正常管理造成影响，干扰公司的正常经营，而且可能为股东恶意行使这一权利损害公司和其他股东利益提供条件和方便。因此，《公司法》规定的知情权的内容是限制在一定范围内的，并不是所有的公司情况都要由每一股东知悉。另外，《公司法》在保护股东知情权的同时也对知情权的行使规定了必要的限制，如第57条第2款规定，公司有合理根据认为股东查阅会计账簿、会计凭证有不正当目的，可能损害公司合法利益的，可以拒绝提供查阅。对股东行使知情权设置限制措施可以出于公司的商业秘密、公司的运营效率、公共利益三个方面的原因，[①]限制的目的主要是防止股东滥权而危害公司利益。[②]

（二）股东知情权与信息不对称理论

股东知情权与信息不对称理论密切相关。信息不对称理论由三位获得诺贝尔经济学奖的美国经济学家共同创立，[③]这一理论构成了现代信息经济学的核心，也被包括法学在内的许多学科广泛采用。信息不对称是指市场交易各方拥有的信息不对等，各种交易市场都不同程度地存在信息不对称的问题，占有较多相关信息的一方处于信息优势地位，而另一方处于信息劣势地位。如果信息不对称导致市场失灵，就可能需要政府进入市场实施必要干预。应当看到，信息不对称理论只是描述了一种经济现象及其规律，而非调整具体的社会或者经济关系的制度手段。[④] 信息不对称导致了市场失灵，而法律制度的功能则是平衡信息不对称状况，通过对市场的干预来解决问题。但在很多情况下，法律也只能起到缓解、缓和的作用，而不可能从根本上解决信息不对称的问题。这是因为：一方面，法律制度不可能削减信息优势方的权利或能力，只能主要通过信息披露的方式来解决，这就会出现优势方是否遵守信息披露规则的问题，也即在此问题上存在机会主义的风险；另一方面，在信息披露制度的设计上，还要考虑信息披露与维护公司正常经营的平衡，也就是说，公司信息披露只能是有限的。知情权作为股东的一项基础性权利受法律保护，但并不意味着其行使没有限制。如果对知情权的行使没有必要的约束，不仅可能对公司的正常经营管理造成影响，而且可能为股东滥用这一权利损害公司利益提供条件和方便。公司法需要在缓解信息不对称和维护公司正常经营上保持平衡的立场，过度限制股东及相关者的“知情权”，有可能严重影响股东和相关者权利的实现，损害股东及相关者的正当权益，甚至妨碍公司经营管理机制的形成。如果过度保护股东及相关者的“知情权”，又将威胁到公司的商业秘密，并最终给公司带来混乱。[⑤] 公司法对信息不对称的干预，除了公众型公司的强制信息披露制度和非公众型公司的股东知情权制度，还包括公司信息登记与公示制度的完善。

---

① 参见彭真明、方妙：《股东知情权的限制与保障——以股东查阅权为例》，载《法商研究》2010年第3期。

② 参见李建伟：《“实质性剥夺”股东知情权的公司意思效力研究〈公司法解释四〉第9条的法教义学分析及展开》，载《中外法学》2018年第5期。

③ 即阿克洛夫（George Akerlof）、斯彭斯（Michael Spence）和斯蒂格利茨（Joseph Stiglitz）。

④ 参见叶林：《公司法研究》，中国人民大学出版社2008年版，第156页。

⑤ 参见叶林：《公司法研究》，中国人民大学出版社2008年版，第161页。

(三)股东知情权的内容

股东知情权的内容即股东应当知晓公司情况的范围。根据《公司法》及有关司法解释的规定,公司情况包括公司基本情况和日常经营情况。公司基本情况主要包括公司章程和股东名册记载的情况、公司股东持股情况及其变动情况等。公司日常经营情况主要包括股东会会议记录、董事会会议决议、监事会会议决议和财务会计报告、公司向社会公告的定期报告(如年度报告和中期报告)等记载的情况。这些情况通过公司公开的资料和未公开的资料来体现,其中未公开的资料又可分为核心资料和非核心资料。由于股东对于公开资料的获取和知晓在现代信息社会并不困难,股东知情权的重点显然要指向未公开的资料,尤其是其中的核心资料。由此也涉及如下实务问题:

1."会计账簿"和"会计凭证"。根据《公司法》第 57 条和第 110 条的规定,有限责任公司股东部分股份有限公司股东可以要求查阅公司会计账簿、会计凭证。其中,会计凭证是 2023 年修订的《公司法》在原法规定的会计账簿基础上增加的内容。《会计法》第 15 条规定,"会计帐簿包括总帐、明细帐、日记帐和其他辅助性帐簿";第 14 条规定,"会计凭证包括原始凭证和记帐凭证"。会计账簿和会计凭证都属于公司未公开的资料。长期以来,由于修订前的《公司法》没有明确股东查账权的对象是否包括会计凭证中的"原始凭证"和"记账凭证",导致学界和实务界对此长期存在争议。《公司法司法解释(四)》回避了这一争议,使用了"公司特定文件材料"的表述。结合司法解释的规定来看,股东查账权的对象是否包括会计凭证中的"原始凭证"和"记账凭证",并不由司法解释来界定,而是由法官根据具体案情在判决中确定,该司法解释第 10 条规定,人民法院"对原告诉讼请求予以支持的,应当在判决中明确查阅或者复制公司特定文件材料的时间、地点和特定文件材料的名录"。这一表述也意味着法官在判决中确定的"公司特定文件材料"既可能含有"原始凭证"和"记账凭证",也可能没有"原始凭证"和"记账凭证"。2023 年修订《公司法》后,股东知情权的对象应当以新《公司法》的规定为准。

2. 全资子公司相关材料纳入知情权的范围。为了切实保障股东知情权,2023 年修订的《公司法》在明确查账权的对象包括会计账簿和会计凭证的基础上,还将公司全资子公司的相关材料也纳入股东知情权的范围,按照第 57 条第 5 款和第 110 条第 3 款的规定,股东要求查阅、复制公司全资子公司相关材料的,适用股东对公司的知情权的规定。这里的"全资子公司",应当为公司对其持股达到 100% 的子公司;这里的"相关材料",包括该两个法条列举的公司章程、股东名册、股东会会议记录、董事会会议决议、监事会会议决议、财务会计报告、会计账簿和会计凭证。

3. 股东查账权的诉权主体的范围。2023 年修订的《公司法》将查账权的适用范围扩大到股份有限公司的股东,但对查账权的行使也规定了条件限制,这一限制也适用于股东查账权的诉权主体。同时,《公司法》第 110 条第 2 款还规定"公司章程对持股比例有较低规定的,从其规定"。这一"章程优先适用"的内容也应适用于诉权主体。

4. 公司章程和股东协议能不能对股东知情权作出限制。《公司法司法解释(四)》出台前向社会公开征求意见时,一种观点认为,公司章程和股东协议都属于公司自治或股东自治的内容,如果股东一致通过的章程或彼此间达成的协议对查阅权或查账权进行了一些限制,甚至股东自愿放弃查阅、复制公司文件的权利,应当得到尊重。另一种观点认为,知情权是固有权,非经法律规定不得剥夺和限制;对于按照“资本多数决”原则通过的公司章程,可能出现大股东侵害小股东知情权的情况,因此司法是可以并有理由进行干预的;对于股东协议而言,尽管在一定条件下股东可能自愿放弃查阅权或查账权,但是如果公司的其他股东或者公司损害了股东的利益,股东为了寻求救济而了解跟自己权益受损有关的信息,也当然可以行使知情权。正式出台的《公司法司法解释(四)》在充分考虑不同意见的基础上采用了“实质性剥夺”的表述,即第9条规定,公司章程、股东之间的协议等实质性剥夺股东依据公司法有关规定查阅或者复制公司文件材料的权利,公司以此为由拒绝股东查阅或者复制的,人民法院不予支持。从“实质性剥夺”的文义来看,“剥夺”标志着知情权的丧失和消灭,“限制”则并不意味着知情权的丧失和消灭。“剥夺”和“限制”不能等同。有学者将该规定解读为“知情权的股东固有权本质,即公司自治意思可予以限制但不容忍‘实质性剥夺’”;“限制股东知情权的公司意思的边界止于‘实质性剥夺’”。① 因此,该规定并没有禁止或排除用公司章程或股东协议对知情权作出一定限制;禁止公司章程和股东协议对知情权实质性剥夺的表述体现了司法解释在尊重公司自治基础上对知情权固有权属性的维护。

(四)股东知情权的主体

股东知情权的主体肯定是股东。这看起来是一个很简单的问题,但现实中还存在一些特殊的情况需要讨论。

1. 特殊身份的股东。实践中常有知情权主张人既是股东同时又是(或曾是)公司董监高的情况。由于董监高按照有关规定主要是知情权的义务主体,这里重点讨论具有股东和监事双重身份的主张人行使知情权的情况。据学者所作的实证分析,诉讼案件中原告股东兼任监事的情况最为常见。② 依照《公司法》第79条的规定,监事可以列席董事会会议,并对董事会决议事项提出质询或者建议。说明监事也享有对公司事务的知情权。应当指出,监事知情权与股东知情权是不同的,不能理所当然地将两种知情权混为一体。监事知情权是监事履行职责必须的条件,派生于公司机关的职权,具有某种意义上的“公权”属性;股东知情权作为股东享有的一项独立权利,是股东维护自身权益的一种手段,具有明显的“私权”属性。如果提起股东知情权诉讼的当事人同时具有股东和监事的身份,其应以股东身份行使诉权。

2. 已退出公司的原股东。已退出公司的原股东可能基于股份转让或公司回购等原因而不再具有股东身份。本来,股东知情权的主体是股东,已退出公司的原股东不再是股东知情权的主体。但在司法审判实践中,完全可能出现原股东以自己未退出公司时权益受到侵害为由来主张知情权的情况。对于此类诉讼,法院应当根据行为发生时的状况来作出认定,或者说,是依行为发生时当事人的身份而不是依诉讼时当事人的身份来处理。如果行为发生时当事人具有股东身份,就应当依法享有知情权;如果当事人的这一权利受到侵害,就理应受到法律保护。《公司法司法解释(四)》第7条第2款也规定:“公司有证据证明前款规定的原告在起诉时不

---

① 李建伟:《“实质性剥夺”股东知情权的公司意思效力研究〈公司法解释四〉第9条的法教义学分析及展开》,载《中外法学》2018年第5期。

② 参见李建伟:《股东知情权诉讼研究》,载《中国法学》2013年第2期。

具有公司股东资格的，人民法院应当驳回起诉，但原告有初步证据证明在持股期间其合法权益受到损害，请求依法查阅或者复制其持股期间的公司特定文件材料的除外。”

3. 股东知情权的相对方。股东知情权的相对方即义务方，在知情权诉讼中处于被告的地位。知情权的义务方应为公司和控制股东。这里的控制股东如前所述，并不完全等同于控股股东。知情权作为法律赋予股东的一项权利，反映了股东与公司、股东与股东之间的权利义务关系。从股东与公司的关系来看，股东知情权意味着公司具有依照法律规定向股东提供公司有关信息的义务，由于公司事务是由公司负责人来执行的，因此，保障股东知情权实际上又成为公司董监高应当履行的一项义务。在这个意义上，董监高也是股东知情权的相对方。公司实务中涉及的股东知情权纠纷，往往发生于公司的控制股东与非控制股东之间，“资本多数决”的原则使二者的利益冲突可能从形式上表现为公司与股东之间的冲突。因此，股东知情权的义务主体也不能将控制股东排除在外。《证券法》第 85 条就规定，公司的控股股东、实际控制人对公司信息披露资料中存在虚假记载、误导性陈述或者重大遗漏有过错的，应当与公司承担连带责任。明确股东知情权的相对方的意义在于：在股东知情权诉讼中，当事人可将公司列为被告，同时可以将控制股东列为共同被告。将控制股东列为共同被告时，公司应当为第一被告。

（五）股东知情权的行使

根据《公司法》及《公司法司法解释（四）》的相关规定，在股东知情权的行使上需要关注如下一些实务问题：

1. 知情权行使目的的正当性。知情权行使目的的正当性是指从维护公司正常经营秩序出发，要求股东行使知情权不是出于损害公司和其他股东利益的目的。《公司法》第 57 条第 2 款对此的规定为“公司有合理根据认为股东查阅会计账簿、会计凭证有不正当目的，可能损害公司合法利益的，可以拒绝提供查阅”。该规定通过对“不正当目的”的否定性评价表明了法律要求行使查账权的目的必须正当的立场。公司实践中如何界定“不正当目的”是一个比较棘手的问题，《公司法司法解释（四）》将其明确为四种情形：

（1）“股东自营或者为他人经营与公司主营业务有实质性竞争关系业务的，但公司章程另有规定或者全体股东另有约定的除外”。该项内容是对股东与公司之间存在竞业关系的描述，按照这一规定，只要存在这种竞业关系，就可以直接认定股东行使查账权的行为具有“不正当目的”。对此，《公司法司法解释（四）》在公开征求意见过程中曾有不同的意见。主要认为这里所指的竞业关系是一种客观存在，存在竞业关系并不等于存在“不正当目的”，如果仅因此就可以拒绝股东的查账请求，不啻于剥夺了股东的知情权，而且股东无法从法律上通过其他方式获得救济，不符合知情权作为固有权的性质。也许这一认识不无道理，在该司法解释征求意见过程中最高人民法院曾一度将该内容删掉。① 最后正式出台的司法解释尽管又保留了该项规定，但对此也作了“但书”限制，即“但公司章程另有规定或者全体股东另有约定的除外”。这意味着公司章程和股东协议可以将存在竞业关系的情况排除在“不正当目的”之外。如果公司章程或股东协议另有规定或约定，具有替代该司法解释适用的效力。

---

① 《公司法司法解释（四）》出台前，笔者曾收到最高人民法院民二庭发来的“征求意见稿”，其中该项内容已被删除。

（2）“股东为了向他人通报有关信息查阅公司会计账簿，可能损害公司合法利益的”。该项规定是对可能损害公司利益情形的描述，如果发生争议，需要由公司来举证证明。

（3）“股东在向公司提出查阅请求之日前的三年内，曾通过查阅公司会计账簿，向他人通报有关信息损害公司合法利益的”。该项规定是对以往曾经发生的情形的描述，只要存在这种情形，公司即可行使拒绝权。该情形是否存在则需要公司举证证明。

（4）“股东有不正当目的的其他情形”。这是兜底性的规定，可以将可能发生而司法解释难以充分列举的情形都包括其中，适用时须注意存在被滥用的可能。

2. 依照法院判决行使知情权的情形。依照法院判决行使知情权是指股东行使知情权出现障碍诉到法院，法院判决支持股东行使知情权的情形，主要涉及两个方面的问题：

（1）股东可以委托中介机构行使知情权。《公司法司法解释（四）》第10条第2款对此作出的规定是：“股东依据人民法院生效判决查阅公司文件材料的，在该股东在场的情况下，可以由会计师、律师等依法或者依据执业行为规范负有保密义务的中介机构执业人员辅助进行。”2023年修订的《公司法》对此作了进一步的明确和完善，第57条第3款规定，公司股东查阅公司会计账簿、会计凭证，“可以委托会计师事务所、律师事务所等中介机构进行”。其中并无“该股东在场”和“辅助进行”的要求。根据法律适用原则，应当按照新《公司法》的规定执行。

（2）股东行使知情权负有不得“泄露公司商业秘密”的义务。《公司法司法解释（四）》第11条对股东及中介机构都规定了这一义务，如果违反该义务导致公司合法利益受到损害，就要承担赔偿相关损失的责任。2023年修订的《公司法》第57条第4款规定：“股东及其委托的会计师事务所、律师事务所等中介机构查阅、复制有关材料，应当遵守有关保护国家秘密、商业秘密、个人隐私、个人信息等法律、行政法规的规定。”

3. 未依法履职而妨碍股东知情权行使的董事、高管的责任。《公司法司法解释（四）》第12条对此有明确规定，即公司董事、高管未依法履行职责，导致公司未依法制作或保存《公司法》规定的公司文件材料，给股东造成损失，股东依法请求负有相应责任的公司董事、高管承担民事赔偿责任的，人民法院应当予以支持。该条规定从内容上看十分明确，公司作为股东知情权的相对方，其义务主要是由董事、高管来履行的。如果其妨碍股东知情权的行使并给股东造成损失，就要承担相应的责任。由此也可以引申出股东知情权纠纷法律适用的另一个问题，即董事、高管也可以作为股东知情权纠纷的被告，股东可以直接请求法院判决其承担赔偿责任。

4. 股东知情权的行使方式和手段。股东知情权的行使方式和手段也即股东获取公司信息的途径。根据《公司法》和《证券法》的规定，股东获取公司信息的途径主要有：

（1）通过公司提供或公告的文件获取相关信息。根据《公司法》第209条的规定，有限责任公司应当按照公司章程规定的期限将财务会计报告送交各股东。股份有限公司的财务会计报告应当在召开股东会年会的20日前置备于本公司，供股东查阅；公开发行股份的股份有限公司应当公告其财务会计报告。

（2）股东自己到公司查阅或复制相关信息。《公司法》第57条和第110条的第1款都规定，股东有权查阅、复制公司章程、股东名册、股东会会议记录、董事会会议决议、监事会会议决议和财务会计报告；第57条和第110条的第2款规定有限责任公司股东和股份有限公司符合条件的股东可以要求查阅公司会计账簿、会计凭证；第109条规定，股份有限公司应当将公司章程、股东名册、股东会会议记录、董事会会议记录、监事会会议记录、财务会计报告、债券持有人名册置备于本公司,以供股东查阅。

(3)通过国家企业信用信息公示系统了解和获取相关信息。《公司法》对公司登记机关和公司在国家企业信用信息公示系统公示信息作了明确的规定,如第32条第2款规定了公司登记机关应当将公司登记事项通过国家企业信用信息公示系统向社会公示;第40条规定了股份有限公司和有限责任公司应当通过国家企业信用信息公示系统向社会公示的事项。

5. 隐名出资人是否可以行使股东知情权。隐名出资人往往通过名义股东来主张和实现自己在公司的权益并承担相应的义务。根据商法外观主义的原理,名义股东应当具有合法股东的地位。对于实践中隐名出资人要求行使知情权的情况,应当区分不同情况对待:如果公司及其股东明知当事人是隐名出资人并允许其行使知情权,应当尊重彼此间的"意思自治";如果公司及其股东不允许隐名出资人以股东身份来行使知情权,公司及其股东的主张应当得到支持。

6. 股东行使知情权有无期间限制。股东知情权是一种与股东资格、身份相联系的基础性权利,因此,享有股东资格就享有知情权。在公司存续期间,股东行使知情权不应受期间的限制。公司实践中常常出现股东长期不在公司住所地生活或长期居住在国外,并不参与公司的管理与经营的情况,但这并不能影响股东要求了解公司经营状况的权利,只要其仍然是公司的合法股东,就享有包括查账权在内的知情权,受《公司法》保护。

7. 上市公司股东行使知情权的特别规定。《公司法》第110条第4款规定:"上市公司股东查阅、复制相关材料的,应当遵守《中华人民共和国证券法》等法律、行政法规的规定。"

(六)股东查账权行使不能的司法救济

这是指股东行使查账权遇到障碍时可以依法采取的措施。《公司法》第57条第2款和第110条第2款规定,股东要求查阅公司会计账簿、会计凭证时,公司拒绝提供查阅的,股东可以向人民法院提起诉讼。因此,司法救济是股东在查账权行使受到阻碍时可以依法提起诉讼来使自己权利得以实现的措施。司法救济需要关注的问题包括:

1. 提起诉讼的前置条件。按照《公司法》第57条第2款和第110条第2款的规定,股东向公司提出查账的书面请求后,公司有合理根据认为股东查阅会计账簿、会计凭证有不正当目的,可能损害公司合法利益的,可以拒绝提供查阅,并应当自股东提出书面请求之日起15日内书面答复股东并说明理由。这就表明,股东向公司提出查账的书面请求和公司拒绝提供查阅是提起诉讼获得司法救济的前置条件。由于股份有限公司股东行使查账权还须符合"连续一百八十日以上单独或者合计持有公司百分之三以上股份"的条件,这一条件也应当视为提起诉讼的前置条件,如果不符合这一条件,股东就可能面临诉讼主体不适格的问题。

2. 诉讼举证责任的分配。基于股东提起诉讼需要满足"书面请求"的前置条件,如果股东不能证明自己已经向公司提出书面请求,其知情权就不能获得司法救济。考虑到公司在此事项上处于优势地位,当股东难以证明其已向公司提出过书面请求的情况时,可以要求公司举证。如果公司不能证明自己没有收到股东的书面请求,法院便可受理股东的起诉。

五、股东质询权

（一）股东质询权的含义

股东质询权属于股东参与公司管理权中的具体权利之一，也被认为是股权中共益权的内容。质询权概念多使用于政治领域，是政治生活中民主参政议政的一种重要形式。股东质询权是指股东有权在公司股东会会议或其他场合就涉及公司事务的相关事项向公司经营管理机关及其成员提出询问，被询问者对此负有说明之义务。《公司法》第110条、第187条的规定中涉及了股东质询权的内容，此外还有一些法规也存在质询的有关规定。股东质询权具有如下特征：

1. 股东质询权更多具有参与管理权的性质。质询的本来含义是质疑询问，质疑询问的目的似乎是了解知晓公司的情况，但从实践中质询权行使的情况来看，质询除了可以帮助股东了解公司情况之外，更重要的目的还在于股东可以以此来对公司重大事务和决策进行监督，可以就重大决策提出相关的意见和建议，进而确定是投赞成票还是反对票。因此质询权尽管有与知情权交叉的内容，但学者们普遍不将其划归知情权范畴而将其定位为参与公司管理的一种权利。

2. 股东质询的对象是公司的董事会、监事会、经理班子及其成员，质询的方式是提问和回答，质询的事项是公司经营、人事、财务等方面的内容，被质询的对象对于股东的提问有回答或作出解释与说明的义务。

3. 股东质询一般是在公司股东会会议召开期间进行现场质询，也应包括其他方式，如通过信函或线上进行质询，公司相关负责人对质询的事项应当作出说明。《公司法》第110条关于股东有权对公司的经营提出建议或者质询的规定，并没有特定场合的要求。

可见，股东质询权在公司法上有其独特的制度价值。正是基于此，许多国家的公司法对股东质询权都有明确规定。①

（二）股东质询权的行使

《公司法》对质询权规定得十分概括简略，股东质询权的行使需要关注以下几个方面的问题：

1. 股东质询权行使主体。质询权行使主体毫无疑问就是股东，但实际操作中并不如此简单，涉及不少需要回应的问题：

（1）股东的范围。《公司法》第110条虽然涉及质询权，但该条属于股份有限公司一章中的规定，似乎股东质询权也只是针对股份有限公司的股东而言的，有限责任公司的股东是否享有这项权利呢？从《公司法》第187条的规定来看，其中涉及质询权的内容又包括两种类型的

---

① 如《德国股份法》第131条是对股东质询权的专条规定，其中要求董事会在股东会上就公司情况向每个股东作出答复，答复应符合认真、忠实汇报的原则；章程或者法定的议事规则可以授权大会主持人对于股东的质询权和发言权进行时间上的适当限制，并为此作出详细规定；董事会拒绝答复只能基于法定的情形，不得出于其他原因拒绝答复。《日本公司法》第314条规定："在股东要求在股东会上说明特定事项的情形下，董事、外聘会计、监事及执行官须就该事项进行必要的说明。但有该事项与股东会的议题事项无关、因该说明严重损害股东的共同利益及其他法务省令规定的正当理由的情形除外。"

公司,由此可以肯定,股份有限公司和有限责任公司的股东都享有质询权。股东质询权不属于多数股东权而是单独股东权,其行使不像股权中其他一些子权利那样,需要持股达到一定比例和有持股期限的要求,具有股东资格就可以行使这项权利。考虑到上市公司公众股东集体行动的障碍,中国证监会2018年修改的《上市公司治理准则》第78条规定,鼓励机构投资者通过依法行使质询权合理参与公司治理。

(2)质询权是否可以代理行使?这与质询权的性质相关。质询权更多具有参与管理权的性质,因而不像带有一定专有性的知情权那样,在一些情况下必须要由股东本人来行使,如前述的查账权行使的情形。参与管理权还包括表决权,如同表决权可以代理行使一样,质询权也可以委托他人行使。有学者认为,可考虑将监事会作为股东质询权行使的常设机构,一方面,这不仅符合监事会监督的性质,还可以加大监事会的职权,使监事会的职权具体化,从一定程度上改变监事会职权偏小的情况;另一方面,也可以确保股东质询权行使具有可操作性。①

(3)无表决权的股东是否可以行使质询权?这也与质询权的性质相关。质询权尽管可以划归参与管理权的范围,但并不隶属于其他参与管理权,或者说它是一项与表决权并列的独立权利,并不为表决权所包容。因此,如果股东通过公司章程或股东协议放弃了表决权,并不意味着同时也放弃了质询权。

2. 质询权行使方式和程序的设定。正是由于《公司法》关于质询权的规定十分简略原则,质询权的行使方式和程序可以通过公司章程来加以规定。根据有限责任公司自治空间较大的特点,其股东质询权行使方式和有关程序的具体设定,可根据不同规模公司的实际情况尊重公司的意思自治。在合规的前提下,质询权的有关内容可以由公司章程来规定。如果有限责任公司股东人数较少、公司机关相对简单、公司股东与公司经营管理者高度重合,也可以不予设定。

3. 股东质询公司事务的范围。按照《公司法》第110条的规定,质询权涉及的公司事务范围为"公司的经营"。公司作为以营利为目的的企业法人,其成立后所从事的行为,包括直接的经营行为和公司管理行为,都应当属于公司经营的范围。《公司法》规定的质询权是股东对公司管理行为的一种监督,从立法价值取向看,旨在保护广大中小股东的利益。因此,《公司法》规定的"公司的经营"应当作广义的理解,即对于公司存续过程中的直接经营和公司管理事务,或者说股东对公司生产决策、行政管理、人事安排、财务会计、董事薪酬等各个方面都可以进行质询。但也应看到,公司经营涉及的内容中,也有一些属于公司不宜公开的保密事项,因此质询权的范围也不能漫无边际,需要加以界定。对此可参照国外的一些做法,《德国股份法》上的有关规定具有一定的参考价值。②

4. 股东质询权的相对方的说明义务。根据《公司法》第187条的规定,股东质询权的相对

① 参见陈震:《公司法股东质询权困境的进路》,载《湖北经济学院学报(人文社会科学版)》2008年第4期。

② 《德国股份法》第131条规定,对股东质询时有下列情形,董事会可以拒绝答复:(1)按照理性商人的判断,作出答复会给公司或者一个关联企业带来不小的不利影响的;(2)答复涉及税收估价或者个别税赋的数额的;(3)答复是关于年度资产负债表中列示的标的的价值与该标的的较高价值之间的差别的,除非由股东会确定年度决算;(4)答复是关于编制资产负债表和评估的方法的,只要在附件中对此方法的说明足以了解与事实情况相符的、《商法典》第264条第(2)款规定的关于公司财产、财务和收益状况;股东会确定年度决算的,不适用此规定;(5)董事会将会因作出答复而受到刑罚的;(6)信贷机构或者金融服务机构无须对所使用的编制资产负债表和评估的方法以及在年度决算中已作出的结算、财务报告、康采恩决算或者康采恩财务报告予以说明的;(7)在股东会召开前至少超过7天,并在股东会期间,持续地在公司网站上提供答复的。

方为公司机关的成员，即董监高。公司董监高都负有接受股东质询并对相关事项进行说明的义务，一旦股东就涉及公司经营的问题要求相对方作出说明，董监高就应当勤勉尽责，不得拒绝履行自己的义务。在上市公司股东会会议的场景下，会前应当通知董监高及有关管理人员列席会议，如果股东对公司有关问题进行质询，可以由会议主持人（董事长）指定相关的负责人就质询问题作出答复和说明。

5. 股东质询权行使不能的救济。质询权行使不能的救济属于私法上的救济。《公司法》作为私法，其对股东质询权的救济可以分为内部救济和外部救济。其中，内部救济主要通过私力方式进行，权利人可凭自身的力量或通过公司行使救济权来保护和实现民事权利；外部救济主要通过公力方式进行，权利人可请求公权力机构介入，通过公权力的强制力来保护和实现民事权利。质询权行使不能在多数情况下就是指义务主体不履行自己义务的情形。如果董监高拒绝就股东的合法质询作出答复和说明，可以认为其没有勤勉尽责，违反了《公司法》和公司章程关于董监高义务的规定，可以采取请求未尽责人员采取补救措施或撤销其职务的内部救济方式；如果这一行为损害公司和股东的利益，股东也可以根据《公司法》第 188 条、第 189 条的规定，向人民法院提起诉讼请求司法介入。有学者认为，董监高对说明义务之违反，乃是对股东质询权之侵害，构成违法的决议方法，是股东会决议中的程序性瑕疵。在此种场合下，任何股东均可以决议方法违反法律规定为由向法院提起决议撤销之诉。公司和股东还有权对违反说明义务的董监高参照善管（勤勉）义务之违反追究其对公司和作为第三人的股东的责任。①

---

① 参见刘俊海：《股份有限公司股东权的保护》（第 2 版），法律出版社 2004 年版，第 299 页。

第九章　股份的发行与转让

第一节　股份与股票

一、股份的含义

股份的含义可以从不同的角度解读。从公司资本的角度看，股份是指公司资本的构成单位。《公司法》第142条规定，“公司的资本划分为股份”，表明公司资本是由若干股份组合而成，股份是公司资本的基础。从股东的角度看，股份是股东对公司的投资，也是股东对公司的权利和义务的表现，任何人拥有公司的股份，便对公司享有了股东权，股东对公司的权利义务大小与股东持有公司的股份多少成正比关系。股份是表示股东法律地位的计算单位，股东与股份不可分离，股东权随股份的转让而转移。从股份有限公司股票的角度看，股份是股票这一有价证券依附的物质内容和存在基础，如果没有股份的存在，股票也就成为毫无意义和价值的东西。因此，习惯上有时也把股份与股票视为一体。在公司法理上，股份和股票在很多情况下都可以作为同一概念来使用。

股份概念有广义和狭义之分：广义的股份是指股份有限公司和有限责任公司两种公司的股东出资，狭义的股份只指股份有限公司的股东出资。我国《公司法》采用狭义的股份概念，主要是基于股份与股票关系以及区别两种公司差异的考虑。但公司实践中人们更倾向接受广义的股份概念，因为从股份作为公司资本构成部分和股东对公司投资的基本属性来看，股份有限公司和有限责任公司的股东出资是没有什么差别的。[①] 我国不少公司法学者在论著中也习惯称有限责任公司的股东出资为股份，最高人民法院出台的《公司法》有关司法解释中也将有限责任公司股东持股称为“股份”。[②] 本章讨论的股份，如果与股票相联系时，指股份有限公司的股份，即狭义的股份；其他场景如无特别说明，则指两种公司的股东出资，即广义的股份。

综上所述，公司股份的定义可以被归纳为：由股东出资构成并体现股东权利义务的公司资本构成单位。

二、股票的特征

我国《公司法》第147条第1款规定：股份有限公司的“股份采取股票的形式。股票是公司签发的证明股东所持股份的凭证”。根据这一规定，股份有限公司的股份，无论公开发行还

---

① 从一些国家和地区的公司立法来看，也没有从概念上对两种不同公司的股东出资作出严格的区分，如《法国商法典》第二卷第二编第三章关于有限责任公司和第五章关于股份有限公司的规定中，对股东出资都使用了“股份”的称谓。

② 如《公司法司法解释(五)》第5条规定：“人民法院审理涉及有限责任公司股东重大分歧案件时，应当注重调解。当事人协商一致以下列方式解决分歧，且不违反法律、行政法规的强制性规定的，人民法院应予支持：(一)公司回购部分股东股份；(二)其他股东受让部分股东股份；(三)他人受让部分股东股份……”其中就将有限责任公司股东持股称为“股东股份”。

是非公开发行，都应当被称为股票。我国《证券法》对股票所作的有关规定也与《公司法》的这一含义相同。可见，我国法律规定的股票与有的学者关于只有股份有限公司"公开发行"的股份才能被称为股票的认识[①]是有差异的。按照我国《公司法》和《证券法》的规定，股票应当被定义为：股份有限公司发行的证明股东持有公司股份的要式证券。根据这一定义，可以概括出股票的如下法律特征。

（一）股票是股份有限公司特有的股份表现形式

股票是与股份有限公司联系在一起的。按照《公司法》第147条规定的含义，无论是采取发起设立还是募集设立的股份有限公司，也无论是上市公司还是非上市的股份有限公司，其股份都应当采取股票的形式。可见，股票是股份有限公司区别于有限责任公司的重要特征和主要标志之一。股票是与股份联系在一起的。股票和股份，一个是形式，一个是内容。前者是后者的外在表现形式，是股东享有股权的凭证和依据；后者是前者的具体内容，是股东权利义务指向的对象。股票不能脱离股份而存在。

（二）股票是代表股东权利和股东行使权利的凭证

股票作为股份的表现形式，代表着股东对股份有限公司拥有一定的权利，任何人持有公司股票（股份），便意味着对公司享有了股东权，即股权。股东对公司权利义务的大小与股东持有公司的股票多少成正比关系，在这个意义上，股票是表示股东法律地位的计量单位。股东与股票不可分离，股东地位和股权随着股票的转让而转移，股票是股东行使股权的凭证和依据。根据公司法理，股权包括共益权和自益权。共益权包括参加股东会、投票表决、参与公司的重大决策、选择管理者等权利，自益权包括股息红利分配、转让股票等权利。

（三）股票是与证券市场相联系的证券形式

股票是作为一种证券形式而存在的，《公司法》规定股东持有的股票可以依法转让，这就决定股票与证券市场有着不可分割的紧密联系。我国合法的证券市场包括证券交易所、"新三板"和区域性股权市场，股票可以在合法的证券市场进行买卖。股票通过证券市场的买卖，使之不仅是股份的一种静态的表现方式，而且更是股份动态的一种表现方式，代表着股份财产的运动。通过在证券市场上的流动，股票从内容上和形式上又体现出相对独立于股份的性质：第一，股票对应的实物具有不特定性。同一股份有限公司发行的股票在证券市场上是可以替代的，每一股票并不直接指向公司某一特定财产，因此，股票的转让并不影响公司实物财产的整体性。第二，股票的价格具有不确定性。股票在证券市场上交易时，其交易的价格往往可能背离其面额。从理论上讲，股票的价格应当主要取决于公司的业绩。事实上并不完全如此，股市行情往往要受进入股市的资金流量、银行利率、国内外政治经济形势、股票供求关系、股民心理等因素的影响，尤其在我国证券市场发展的初期，股市运作和股民心理都还不成熟，证券法制也不甚健全，这些因素对股价的涨落还可能经常起着决定性的作用。这既反映出股份财产

---

① 如我国台湾地区有学者认为，"证交法"及"公司法"所欲规范之股票，具有下列特性：（1）须以书面为之；（2）须为公开发行者……参见吴光明：《证券交易法论》（增订13版），台北，三民书局股份有限公司2015年版，第42页。

运动的价值方式与实物运动方式相对独立的发展趋向，同时也说明股票投资所特有的利益性和风险性。

（四）股票是一种要式证券

所谓要式证券，是指股票采用的形式、记载事项、发行和交易，都必须依照法律规定的程序和内容来进行。按照《公司法》规定，股票作为要式证券的内容主要包括：

1. 股票采用的形式。股票采用的形式主要指向两个方面的内容：第一，《公司法》第 147 条第 2 款规定："公司发行的股票，应当为记名股票。"记名股票是指记载股东的姓名或名称的股票，与之相对应的概念为无记名股票。《公司法》2023 年修订前，无记名股票也是股票的法定形式之一，原《公司法》对无记名股票的发行和转让都作了相应的规定。随着我国公开发行和交易的股票全部实行无纸化，股票的发行和交易都需要通过证券登记结算机构来完成，而进入证券登记结算机构的股票都必须是记名股票，从而使《公司法》当时规定记名股票和无记名股票的实践环境有了很大的变化。2023 年《公司法》修订适应这一变化，要求股票都应当采取记名股票的形式，意味着无记名股票已经成为历史。第二，部分股票仍然可以采取纸面形式。《公司法》第 149 条规定，股票采用纸面形式或者国务院证券监督管理机构规定的其他形式。这里的其他形式主要是指无纸化形式。纸面形式根据国务院《股票发行与交易管理暂行条例》有关规定，包括"簿记券式股票"和"实物券式股票"。所谓簿记券式股票，是指发行人按照证监会规定的统一格式制作的、记载股东权益的书面名册；所谓实物券式股票，是指发行人在证监会指定的印制机构统一印制的书面股票。如今证券市场上已经很少见到纸面股票形式，即使采取，按照《公司法》第 147 条的规定，也应当为记名股票的形式。

2. 股票记载的内容。股票对股东权利的记载，无论采取何种媒介为表现形式，法律规定所记载的内容和格式都是固定的。按照《公司法》第 149 条的规定：股票采取纸面形式的，应当载明的事项包括：公司名称；公司成立日期或者股票发行的时间；股票种类、票面金额及代表的股份数，发行无面额股的，股票代表的股份数；股票采用纸面形式的，还应当载明股票的编号，由法定代表人签名，公司盖章；发起人股票采用纸面形式的，应当标明发起人股票字样。

3. 股票的发行和交易。根据《公司法》《证券法》的规定，股票发行和交易都应当依照法定的程序来进行，包括股票的公开发行和上市交易都必须符合法律规定的条件；需要经国务院证券监督管理机构的注册；股票的转让，必须在依法设立的证券交易场所进行；不同的股票转让应当遵循法定的条件和程序等。

三、股份（票）的种类

公司股份可以根据不同的标准划分出若干种类。由于有限责任公司股份较为简单，对股份进行分类，主要是针对股份有限公司而言的，这里讨论的股份分类也基本相当于股票的分类。根据我国《公司法》的有关规定和公司实践的情况，具有法律意义的股份（票）类型大致如下。

（一）A 股、B 股、H 股

这是根据买卖对象和使用的货币作出的划分。几种股份都是上市流通的形式，因此，又可以从股票意义上来进行阐述。

1. A 股。A 股也称人民币普通股,是指由我国股份有限公司发行的,以人民币标明面值,供我国境内投资者、合格境外机构投资者(Qualified Foreign Institutional Investors,QFII)、境内工作和生活的港澳台居民和符合规定的外国人用人民币购买的可上市交易的股票。截至 2023 年 6 月底,我国发行 A 股(包括同时发行 A 股和 B 股)的公司已有 5235 家。[①] 之所以称之为 A 股,主要是相对于 B 股、H 股的称谓而言的。

2. B 股。B 股亦称"人民币特种股票",还有一个规范的名称叫"境内上市外资股"。它是以人民币标明股票面值,专供境内外投资者以外币认购和买卖,在中华人民共和国境内发行、承销,并在上海证券交易所和深圳证券交易所上市交易的股票。《证券法》第 225 条规定:"境内公司股票以外币认购和交易的,具体办法由国务院另行规定。"B 股股票采取记名式,它的投资人在 2001 年 2 月 21 日前限于外国的自然人、法人和其他组织,我国香港、澳门、台湾地区的自然人、法人和其他组织,定居在国外的中国公民和中国证监会规定的其他投资人。2001 年 2 月 21 日,中国证监会和国家外汇管理局共同颁发了《关于境内居民个人投资境内上市外资股若干问题的通知》,允许我国境内居民个人用存入境内商业银行的现汇存款和外币现钞存款以及从境外汇入的外汇资金从事 B 股交易,标志着 B 股市场对境内投资者开放。

自 1991 年 11 月 30 日上海真空电子股份有限公司同上海中银证券公司签约,推出了中国第一只直接向境外投资者发行的 B 股股票以来,截至 2023 年 6 月底,我国有 B 股上市公司 86 家,其中仅发行 B 股的 1 家,同时发行 A 股和 B 股的 73 家。[②] 目前法律法规对 B 股作出专门规定的除《证券法》外,主要还有 1995 年 12 月发布的《国务院关于股份有限公司境内上市外资股的规定》及中国证监会的有关规定。

3. H 股。其规范名称为"境外上市外资股"。《证券法》第 224 条规定:"境内企业直接或者间接到境外发行证券或者将其证券在境外上市交易,应当符合国务院的有关规定。"可见,境外上市外资股是指境内公司(企业)向境外投资人募集并在境外上市的股份。其中所说的境内公司是指在中华人民共和国境内依照《公司法》注册的公司,境外上市是指股份有限公司向境外投资人发行的股票,在境外证券交易所流通转让。境外上市外资股采取记名股票形式,以人民币标明面值,用外币认购;在境外上市可以采取境外存托凭证形式或者股票的其他派生形式。之所以称之为 H 股,最初是依股票在境外上市的不同国家和地区的英文名称的首字母来作为该种股票的名称,于是就有了 H 股(Hong Kong,在中国香港挂牌上市的外资股)、N 股(New York,在纽约挂牌上市的外资股)、S 股(Singapore,在新加坡挂牌上市的外资股)、L 股(London,在伦敦挂牌上市的外资股)之称,后来鉴于在中国香港上市的 H 股占了境外上市外资股的绝大部分,为了统计方便,中国证监会决定将所有在境外上市的外资股统统简称为 H 股。

我国从 1993 年开始进行国有大中型企业到境外上市的试点,截至 2023 年 6 月底,我国共有境外上市外资股(H 股)公司 542 家,其中,在香港联交所主板和创业板上市的 172 家,在新

---

① 参见《中国上市公司协会统计月报 2023 年 6 月》,载中国上市公司协会网,https://www.capco.org.cn/,2024 年 1 月 7 日最后访问。

② 参见《中国上市公司协会统计月报 2023 年 6 月》,载中国上市公司协会网,https://www.capco.org.cn/,2024 年 1 月 7 日最后访问。

加坡交易所上市的60家，在纳斯达克交易所上市的226家，在纽约交易所上市的65家，在美国证券交易所上市的9家，在伦敦交易所上市的10家。[①] 法律对H股作出专门规定的除前述《证券法》外，专门调整H股的法规还包括原国务院证券委员会和原国家经济体制改革委员会1994年9月联合发布的《到境外上市公司章程必备条款》等。

(二)有面额股与无面额股

这是根据股票票面上是否载明金额作出的划分。

1. 有面额股(面额股、额面股)。有面额股即股东持股凭证上载明确定金额的股份。面额表示每一单位股份所代表的资本额。就我国证券市场实践来看，公开发行的普通股票的票面金额一般为人民币1元，优先股票面金额为100元。

2. 无面额股。无面额股也称无额面股，即持股凭证上不载明金额，只注明股份数量或占总股本比例的股票。“由于公司股份总数是确定的，只需记载无额面股的股份(权)数量，就能够表达股东所持股份(权)数在公司总股本中的比例，所以无额面股也称为比例股。”[②]尽管不少国家法律允许发行无面额股票，并呈现出额面股向无额面股转换的现象，[③]但我国本轮修订前的《公司法》只规定了面额股的形式，不允许股份有限公司发行无面额股票。对此，不少学者持批评态度，认为面额股的股票面值存在如下问题：第一，我国股份有限公司资本维持需要依靠股票面值和股票不得折价发行两项制度来维系，而股票面值并不能代表股票的真实价值，它只是股份的原始价值尺度，一旦公司开始营运，就会产生一个新的且经常变动的价值尺度——“每股净资产值”，当每股净资产值高于面值时，新股东加入就需要溢价出资以获得股份，面值尺度也就毫无意义；如果是上市公司，还有第三个价值尺度——“每股市值”，它与面值差距可能更大，当公司进行并购重组需要涉及增资或回购等市场化交易时，常常只能采用每股市值而非面值作为主要参考依据。[④] 第二，股票面值制度更不能体现公司真实的偿债能力，股票面值对应的注册资本完全可能存在与公司实际偿债资产严重脱节现象，净资产值和股票市值是反映公司真实偿债能力的两个概念，但目前并不能在我国《公司法》上得到反映，由此可能使公司资本出现虚假，不利于对债权人的保护。第三，为了防止出现“掺水股”和公司资本虚假情况，股票面值制度必然要禁止折价发行股票，这不利于公司根据自身情况灵活应对市场变化，还可能随之产生规避税收的问题。

比较而言，无面额股则有助于真实揭示公司的信用基础，如实反映公司的价值，使公司股份价值能够与公司资产的变化挂钩，避免债权人对公司信用形成误解；能够准确反映公司股东的真实权益，简化公司重组；无面额股对股票发行价格不设限制还可提高公司财务的灵活性，

---

① 参见《中国上市公司协会统计月报2023年6月》，载中国上市公司协会网，https://www.capco.org.cn/，2024年1月7日最后访问。

② 叶林：《公司法研究》，中国人民大学出版社2008年版，第251页。

③ 德国由额面股向无额面股转换的重要原因是欧元的实施，因为采用比例股就不用表明每股的面值，这样就无须将马克换算成欧元，也就不会出现换算中必然出现的余额折算问题；法国由额面股向无额面股转换也是为了便于从法郎过渡到欧元，1998年法国商法准许不再在公司章程中保持股票面值的规定；日本公司法原来具有大陆法系传统，但经过数次美国法化的法律修改，已废除了面额股，改而采用无额面股。参见叶林：《公司法研究》，中国人民大学出版社2008年版，第249～250页。美国已废除票面价值这一制度；新西兰1993年《公司法》明确规定，股份不需具有名义或票面价值。澳大利亚2001年《公司法》也明确规定，股份不具有票面价值。参见林少伟：《英国现代公司法》，中国法制出版社2015年版，第584页。

④ 参见刘燕：《公司法资本制度改革的逻辑与路径——基于商业实践视角的观察》，载《法学研究》2014年第5期。

使会计处理简单化,增加公司融资的自由度,更适合于公司筹集资本。

2023 年《公司法》修订,在股份种类上的修改亮点之一就是正式确认了无面额股的合法地位,允许股份有限公司发行无面额股,新《公司法》第 142 条第 1 款规定,“公司的全部股份,根据公司章程的规定择一采用面额股或者无面额股”。此外,新《公司法》一些条文还就无面额股涉及的有关内容作出了相应规定。如第 142 条第 2 款、第 3 款规定:公司可以根据公司章程的规定将已发行的面额股全部转换为无面额股或者将无面额股全部转换为面额股;采用无面额股的,应当将发行股份所得股款的 1/2 以上计入注册资本。第 213 条规定,发行无面额股所得股款未计入注册资本的金额“应当列为公司资本公积金”。

(三)普通股与类别股

这是根据股东享有股权的内容作出的划分。

1. 普通股。顾名思义,普通股是《公司法》规定的普通种类的股份,对应于人们从一般意义上所说的公司的股份。普通股所代表的股东权利在每股上是相同的,公司法理上的“一股一权”“一股一票”都是针对普通股而言的。普通股是公司数量最多、最基本的一种股份,它构成公司资本的最主要部分。普通股有如下两个特点:

第一,普通股的股东承担的财产风险是全面的,或者说普通股代表的是全风险型的股份。首先,普通股的股利获取在顺序上必须排在公司债和优先股之后,在数量上是不固定的。这也意味着,只有当公司偿还债务和分配优先股的股利后,普通股才可能有获得股利的机会。普通股的股利率完全取决于公司的盈利,盈利多,股利率就“水涨船高”,反之则低,甚至可能连一分钱也分不到。其次,公司破产或解散时,如果尚有剩余财产可供分配,普通股的分配顺序也是排在债权和优先股之后。持有普通股的股东的利益与公司法人的利益联系最为密切:如果公司获得巨利,持有普通股的股东是主要的受益者;如果公司亏损,他们又是主要的承受者。

第二,普通股所代表的股权的内容是完全的,也就是说,普通股的股权包括自益权和共益权的全部内容。普通股的股东既享有分配股利的权利,又享有参加投票表决进而参与公司管理的权利。

2. 类别股。类别股是《公司法》2023 年修订增加的股份种类,新《公司法》对类别股的具体内容作出明确的规定。类别股包括优先股、劣后股、差异化表决权股、转让受限股等形式。鉴于类别股涉及内容较为复杂,本章第二节将对其进行专门讨论。

(四)掺水股、库存股

掺水股和库存股都不是按照确定标准划分的股份类别,而是在一定场景下产生且具有法律意义的特殊股份,如果一定要有与之相对应的股份,那就是非掺水股和非库存股。

1. 掺水股。掺水股顾名思义就是带有一定“水分”的股份。掺水股的水分就是具有一定程度的虚假成分。这类股份并不一定属于非法股份,而常常是指存在某些瑕疵的股份。例如《公司法》第 48 条要求对作为出资的非货币财产的价值应当通过评估作价来确定,“不得高估或者低估作价”。而在具体操作时,不同人对同一财产出现高估或低估都是可能的。如果对非货币出资的价值作出高估,掺水股就产生了。掺水股对公司和债权人的利益都可能构成损害,需要从法律上有相应的补救措施,这也被称为掺水股责任。《公司法》第 99 条规定,发起人“作为出资的非货币财产的实际价额显著低于所认购的股份的,其他发起人与该发起人在出资不足的范围内承担连带责任”。

掺水股有时也与股票面值制度相关联。如果公司发行有面额股票,而发行价格低于票面价额,此时该股份票面记载的金额与实际价值之间就有了“掺水”的内容,相当于获得股份的股东尚未支付全部对价的情况。为了避免这种“掺水”现象,《公司法》第 148 条规定,面额股股票的发行价格不得低于票面金额。

2. 库存股。库存股是指公司为了实现特定目的将已经发行在外的股份购回并在一定期限内合法持有的股份。根据这一定义,库存股具有以下特征:

第一,库存股是公司持有自己股份的情形。按照《公司法》的规定,公司原则上是不能持有自己股份的,[①]但法律允许回购的情形例外,也即《公司法》第 162 条规定的几种情形。[②]

第二,库存股是公司通过回购方式获得并持有的股份。《公司法》对公司回购行为不仅是“原则禁止,例外允许”,而且对回购的股份亦有严格的限制。“库存”顾名思义即“仓库储藏”的意思,库存股也称库藏股,因此,公司对回购的股份只能“库藏”,不能用于市场炒作牟利。

第三,库存股是公司为实现特定目的而持有股份,这里的“特定目的”,按照《公司法》第 162 条的规定,包括公司减资、公司合并、实施员工持股计划或者股权激励、应对异议股东行使回购请求权或公司发行可转债的转换、维护公司价值及股东权益所必需等目的。[③] 公司实践中员工持股或股权激励都得满足一定人员和时间的条件才能实施,因而也常常将这类库存股称为“预留股份”,“预留”也就意味着需要“库存”。

第四,库存股是有期限的,《公司法》根据不同情形规定了公司回购股份后“库藏”的期限,最短为 10 天,其次为 6 个月,最长不超过 3 年。在此期限内公司必须为实现特定目的将库存股转让或注销,否则就可能构成违法。

第五,库存股由于是公司持有自己的股份,在“库藏”期间不能享有一般股份那样的表决权和参与分配权。[④] 另外,按照《公司法》第 162 条第 3 款的规定,属于实施员工持股计划或者股权激励、应对公司发行可转债的转换、维护公司价值及股东权益所必需情形的库存股,公司持股数不得超过本公司已发行股份总额的 10%。

四、股票的失效

股票的失效有两种不同的情况:一种是指股票所代表的股东的权利义务从法律上归于消

---

① 公司持有自己股份存在如下问题:第一,具有操纵市场的风险;第二,易为内幕交易所利用;第三,可能虚增股票价值;第四,规避优先购买权。参见林少伟:《英国现代公司法》,中国法制出版社 2015 年版,第 660 页。

② 《公司法》第 162 条关于股份有限公司回购的规定除了第 1 款第 4 项规定的“股东因对股东会作出的公司合并、分立决议持异议,要求公司收购其股份”情形外,其他五项情形均属于公司的权利,是指公司主动作为的情形;而第 89 条和第 161 条关于有限责任公司和非公众股份有限公司回购的规定则属于股东权利,是指公司被动作为的情形,从库存股含义来看,应当是公司主动作为的情形。因此,这里不把有限责任公司和非公众股份有限公司的回购纳入库存股的情形来讨论。

③ 有学者认为,库存股优点在于:首先,它为公司的融资提供更大的灵活性。在出售库存股时,公司可以较低的成本,获得更多的资金。其次,它有利于增加公司股价的稳定性。再次,库存股有利于管理层持股计划的实施。最后,库存股可提高投资回报率。参见林少伟:《英国现代公司法》,中国法制出版社 2015 年版,第 661 页。

④ 《公司法》第 116 条第 1 款规定,“公司持有的本公司股份没有表决权”。第 210 条第 5 款规定,“公司持有的本公司股份不得分配利润”。

灭,股票所体现的股份不复存在;另一种是指股票的废止,即股票作为有价证券的票面作用丧失,并不对应于其所代表的股份和股东的权利义务。《公司法》规定的注销股份和公司催告程序而产生的股票失效,就是上述两种情况的具体体现,下面分别述之。

(一)注销股份

在一般情况下,股票一经发行,公司则不能采取收购自己股票的举措。因为这样做一则可能导致股票价格非正常涨落,由公司人为地操纵股市价格;二则造成公司自己持有自己的股份,影响公司资本的充实和损害股东的权益。但是,股份有限公司如果减少公司注册资本、与持有本公司股份的其他公司合并,或者对公司合并、分立决议持异议的股东行使股份回购请求权,法律则允许公司收购自己的股份,但收购后必须在规定时间内注销该部分股份。股份的注销就意味着股份在法律上的消灭。因此,这些被公司收购后予以注销的股份从股票形式上也自然变成了无效股票。

(二)经过公示催告程序

当记名股票丧失时,只要经过民事诉讼法规定的公示催告程序,人民法院作出了除权判决,股票就丧失其原有效用,被视为无效股票。该股票的持有人不能因此取得股东地位和权利义务,而丧失股票也并不意味着丧失股东地位和权利义务,经过申请公司补发新股票后,其法律地位和权利义务不受任何影响。《公司法》第 164 条规定:“股票被盗、遗失或者灭失,股东可以依照《中华人民共和国民事诉讼法》规定的公示催告程序,请求人民法院宣告该股票失效。人民法院宣告该股票失效后,股东可以向公司申请补发股票。”公示催告是我国民事诉讼法规定的特殊诉讼程序,是一种司法救济手段,用以调整票据、有价证券丧失后所产生的法律关系。对于公众公司而言,股票已经实现无纸化管理,是否拥有和拥有多少股票要依赖证券登记结算机构设立的证券账户来体现和证明,因而不会出现如同纸面股票那样的丢失情况,但非公众股份有限公司仍然可能存在纸质股票,丢失后对公示催告程序还有需求,这正是本轮修订的《公司法》仍然保留该条规定的原因。

1. 公示催告的含义。公示催告是法院根据权利者(如股票原来持有者)的申请,将申请内容向社会公告,在一定期限内无其他人对公示催告内容提出申报权利或者其他异议时,法院可进行除权判决,宣告股票无效。当然,并非所有的股票持有者均可申请公示催告,只有当股票发生被窃、丢失或者灭失情况时,权利人才可提出申请。

2. 公示催告的申请手续。公示催告由股东以书面方式向发行股票的公司住所所在地的法院提出申请,同时应附有说明公示催告申请人的资格及股票被盗窃或灭失等事实的书面材料,包括股票的种类、证号、编号、发行年月日、股数、每股的金额、公司制作的股票发行证明书、转让证明书或与此相应的证券公司的买卖证明书等。如果要说明股票被窃或灭失的事实,还需要有公安局派出所的报案证明,消防队等其他政府有关部门签署的受灾证明书等。

公示催告是根据权利者的申请进行的,法院不能依其职权主动进行,只能采取不告不理的方式;但是否根据申请发出公示催告的公告,则是法院的职权。公告可在人民法院公告栏内张贴,也可在法院所在地的公共场所张贴,还可载于新闻报刊。公示催告期间由法院根据情况决定,但不能少于60 日。如在期限内仍无他人向法院申报权利,法院可作除权判决,宣告被窃或灭失的股票失效。

3. 公示催告程序审理具有特殊性。其特殊性表现在：第一，人民法院以公告方式来确定股票利害关系是否存在，以及申报权利人的主张是否成立，只是从程序上进行审查；第二，公告期届满无人申报权利时，人民法院不直接作出宣告该股票无效的判决，而必须由申请人向法院提出宣告该股票无效的申请，人民法院才可以作出除权判决。

4. 除权判决的法律效力。一经法院作出除权判决，股票即失去其效用，同时，申请人对公司就取得了股票占有人的地位。公司应无条件地将申请人视为股东。这时，被窃、丢失的股票即使被其他人占有，也不再具有法律效用，除权判决的申请人可向公司要求再补发与原股票等值的股票。

第二节　股份发行

股份发行是指公司设立时及成立后为募集资本而出售股份的行为。由于有限责任公司采取类似于发起设立的方式，公司成立后涉及的增资问题也相对简单，股份发行主要涉及股份有限公司的有关问题。股份有限公司股份采取股票形式，股份发行即股票发行。股票发行是证券发行中最重要也是最为复杂的一种形式，同时也是《公司法》《证券法》规制的重点内容。

一、股票发行的原则

《公司法》《证券法》都对股票发行的原则有所涉及，其中《证券法》是在第一章“总则”的内容中规定了证券发行与交易须遵循保护投资者合法权益原则，“三公”原则、诚实信用原则等；《公司法》是在第六章“股份有限公司的股份发行和转让”的内容中规定了较为具体的股票发行的原则，主要有：

1. 发行的同种股票应当具有同等权利。该规则也被称为“同股同权”原则。股票是股份的表现形式，不同的股票所体现的权利不同。我国已经允许股份有限公司发行类别股，无论股票类别的多少，都应当保证同种类的股票具有同等权利，允许不同种类的股票之间存在权利差异。《公司法》第 143 条第 1 款规定：“股份的发行，实行公平、公正的原则，同类别的每一股份应当具有同等权利。”

2. 同次发行的同种股票，每股的发行条件和价格应当相同。这一规则也常被称为“同股同价”原则，其含义是：同次发行的同种股票，不论其发行对象是单位或者个人，其发行价格和条件应该保持一致，不能有所区别。《公司法》第 143 条第 2 款规定：“同次发行的同类别股份，每股的发行条件和价格应当相同；认购人所认购的股份，每股应当支付相同价额。”

在先后进行的不同次发行中，发行条件和价格可以体现差异。如募集设立公司时发起人认购股份的价格与公开发行时股东购买股票的价格不同，并未违反“同股同价”的原则。因为发起人必须在面向社会公众公开发行前完成不低于总股本 35% 的股份认购，否则就不能向社会公众发行股票，在这个意义上，公司对发起人发行的股票和对社会公众发行的股票分别属于非公开发行和公开发行，二者的性质明显不同，应当被视为两次发行。如果强行要求发起人和社会公众适用相同的发行条件和价格，与发起人在设立公司过程中的法律地位、付出的代价和承担的风险与责任就完全不匹配,造成权利义务失衡,必然会损害发起人的积极性,不利于公司的设立。

3. 面额股股票不得采用折价发行的方式。面额股股票价值的表现形式多种多样,根据发行价格和票面面额的关系,可以将证券发行分为溢价发行、平价发行和折价发行三种形式。平价发行也称等额发行或按面额发行,是指发行人以票面金额作为发行价格的发行方式。这种发行方式通常在证券市场发展初期采用。溢价发行是指发行人按高于面额的价格发行股票,这是证券市场通行的方式,但须遵循法律法规的相关规定。《证券法》第 32 条就规定:“股票发行采取溢价发行的,其发行价格由发行人与承销的证券公司协商确定。”折价发行是指以低于面额的价格发行新股的发行方式。《公司法》第 148 条规定:“面额股股票的发行价格可以按票面金额,也可以超过票面金额,但不得低于票面金额。”

二、股票发行的方式

股票发行的方式可以依照不同的标准进行划分,公司法上有法律意义的发行方式如下。

(一)公开发行与非公开发行

1. 股票公开发行又称公募,是指公司向不特定社会公众和一定数量的特定对象[①]发行股票的行为。公开发行是股票发行中最基本、最常用的方式。在公开发行的情况下,股票发行的对象涉及社会公众投资者,在提高了发行成功率的同时,也可能因公司失信给整个股票市场带来风险,因此各国(地区)对公开发行都设有严格的条件和程序,我国《证券法》关于证券发行的规制也主要针对公开发行。公开发行的优点主要表现在:投资者的范围基本没有限制,公司能够进行大规模的资金筹集;避免因发行对象受限而导致股票发行单位价格受到操纵;可以保证较高的发行成功率等。公募发行也存在一定的缺点,如发行的条件和前置程序较为复杂,发行过程耗时较长,发行活动的参与人较多,发行费用较高,信息披露较为严格等。

《证券法》第 9 条第 2 款第 2 项规定了“向特定对象发行证券累计超过二百人,但依法实施员工持股计划的员工人数不计算在内”的情形。这是关于员工持股计划的员工人数豁免计算的规定。基于这一规定,在含有员工持股计划的发行中,即使发行对象超过 200 人,也可以不执行公开发行的条件和程序,因此相当于对员工持股计划公开发行的豁免。

2. 股票非公开发行是指公司向累计不超过 200 人的特定投资者发行股票的行为。非公开发行也称“私募”,与“公募”相对应。我国证券立法在一定程度上借鉴了美国私募制度的相关内容,[②]但并未直接使用私募的法律概念,只有个别官方文件有类似表述。如将区域性股权市场定位为“私募股权市场”。[③]

非公开发行是与公开发行并行的股票发行方式,它有效地拓展了公司和投资者的投融资渠道,不仅广泛适用于非上市公司在证券交易所之外的场所发行股票,而且也是上市公司发行

---

① 即《证券法》第 9 条规定的“向特定对象发行证券累计超过二百人”的情形。

② 美国法语境下的证券私募(private placement)是指针对特定对象、采取特定方式、接受特定规范的证券发行方式,其发行对象主要是拥有相当资产或收入的机构或个人,具备足够投资知识经验的人,了解发行人有关信息、能够自我保护的人等。它与公开发行的最核心区别在于不必接受 1933 年《证券法》所规定的公开发行注册程序的约束。参见郭雳:《美国证券私募发行法律问题研究》,北京大学出版社 2004 年版,第 3～4 页。

③ 《国务院办公厅关于规范发展区域性股权市场的通知》(国办发〔2017〕11 号)第 1 条规定,“区域性股权市场是主要服务于所在省级行政区域内中小微企业的私募股权市场”。

股票的手段之一。非公开发行与公开发行不仅在人数上有200人界限的区别,而且在发行方式、发行对象、发行场所等方面也存在较大的差异。如《证券法》第9条关于"非公开发行证券,不得采用广告、公开劝诱和变相公开方式"的规定;2023年2月中国证监会发布的《上市公司证券发行注册管理办法》第55条关于向特定对象发行证券的"每次发行对象不超过三十五名"的规定等。尽管在非公开发行的情况下,股票发行的对象涉及面较窄,但由于其发行条件和程序有所简化或得以豁免,蕴含着相应的市场投资风险。非公开发行对于投资者往往有适当性管理的要求,针对的发行对象是具有一定投资经验和承受市场风险能力的投资者。如投资基金、保险公司等专业机构投资者和符合相应条件的个人投资者。另外,公司也可根据自身现实需求,专门针对特定对象非公开发行股票,如针对战略投资者发行股票,实施公司员工持股计划等。

需要指出,随着证券市场的发展,一些国家的股票发行出现了公募与私募相融合的国际发展趋势。①

(二)首次发行与再次发行

1. 首次发行。首次发行是指公司第一次向投资者发行股票的方式。首次发行在证券市场上非常受人关注,在《公司法》《证券法》上也具有十分重要的地位。首次发行股票还可以分为公司设立时的首次发行和存续公司的首次发行,后者又可进一步分为首次公开发行和首次非公开发行。从公司设立来看,采取募集设立方式的首次发行股票是否成功可能决定着股份有限公司能否成立;从公开发行来看,存续股份有限公司的首次公开发行股票(Initial Public Offering,IPO)意义重大,IPO成功意味着公司可能因此取得上市资格,由一般的股份有限公司变成上市公司,不仅可以直接使公司资产大幅度增值,而且还会带来一系列市场附加效应,由此也成为众多存续公司追逐的发展目标。也正因如此,法律法规对IPO有较为严格的准入门槛限制,包括发行条件、辅导与保荐、审核程序等要求。

2. 再次发行。再次发行是指首次发行股票后又发行股票的行为。再次发行股票也可分为再次公开发行和再次非公开发行。《公司法》和《证券法》意义上的再次发行股票即发行新股,需要遵循增资和发行的相关规定。上市公司再次发行股票还可分为"增发"和"配股"两种方式。按照《上市公司证券发行注册管理办法》第3条的规定,"增发"是向不特定对象募集股份的方式;"配股"是向原股东配售股份的方式。无论属于哪种方式,发行对象都对其购买的股票支付了对价。实践中还存在一种不支付对价的再次发行方式,即上市公司将其公积金、盈余及资产重估增值等转增资本,然后按照比例无偿分配给股东的发行方式,被称为"送股"。

三、股票发行的条件

股份有限公司的股票发行条件中,公开发行显然要比非公开发行严格得多。在公开发行的情形中,首次公开发行股票是最为严格的一种形式。

① 有学者认为,国际上公开市场与私募市场的融合发展的趋势呈现出几个方面的特点:其一,公开发行市场引入私募发行或非公开发行;其二,私募发行中引入公开发行的因素或做法;其三,私募发行的公开转售;其四,私募市场也逐步走向"阳光化"与公开化。参见邢会强:《新三板市场的法律定位》,载郭锋主编:《证券法律评论》2017年卷,中国法制出版社2017年版,第90~91页。

(一)募集设立股份有限公司发行股票的条件

按照《公司法》第 91 条第 3 款的规定,募集设立是指由发起人认购设立公司时应发行股份的一部分,其余股份向特定对象募集或者向社会公开募集而设立公司。如果是采取向社会公开募集股份的方式,属于《证券法》上的“公开发行证券”的情形,受《公司法》《证券法》的规制。《证券法》第 9 条规定:“公开发行证券,必须符合法律、行政法规规定的条件,并依法报经国务院证券监督管理机构或者国务院授权的部门注册。未经依法注册,任何单位和个人不得公开发行证券……”

由于法律法规对于公开发行股票的公司有十分严格的资格条件限制以及要求公开发行股票必须履行辅导、保荐、审核、注册等复杂程序,对于股份有限公司尚处于设立阶段的发行人来讲,很难达到法律规定的要求,在这一阶段公开向社会发行股票很可能会给投资者造成较大的风险,尽管 2023 年修订前的《公司法》规定了募集设立包括“向社会公开募集”的方式,中国证监会也曾经对“采取募集设立方式公开发行股票”的情况作出过规定,[①]但实践中采取这一方式来设立股份有限公司的情况很少发生。

中国证监会 2023 年 2 月发布的《首次公开发行股票注册管理办法》第 10 条明确规定首次公开发行股票的条件之一是“发行人是依法设立且持续经营三年以上的股份有限公司”。这一条件的设置表明,中国证监会不再允许设立股份有限公司公开发行股票。虽然 2023 年修订的《公司法》仍然保留了采取公募设立方式发行股票的规定,但如果没有相应的配套规定,实践中难有采取这种方式来发行股票和设立公司。

按照《公司法》的规定,募集设立还包括采取定向募集设立方式,表明募集设立可以采用非公开发行证券方式发行股票。《公司法》第 92 条关于设立股份有限公司的发起人的规定、第 97 条第 2 款关于募集设立发起人认购的股份不得少于公司“股份总数的百分之三十五”的规定和第 96 条第 1 款关于“在发起人认购的股份缴足前,不得向他人募集股份”的规定,都可以被视为设立股份有限公司非公开发行股票的条件。

(二)存续股份有限公司首次公开发行股票的条件

存续股份有限公司首次公开发行股票是指股份有限公司成立后初次向社会公开发行股票的行为,其主要目的就是在证券交易所上市,因此,存续公司首次公开发行股票的条件与公司上市条件密切相关,二者也是审核机构是否通过和注册机构是否注册需要综合考量的指标。鉴于证券交易所分为主板、创业板、科创板等板块,不同板块的上市条件存在差异,首次公开发行股票的条件也有所不同。

根据《证券法》第 12 条第 1 款的规定,公司首次公开发行新股,应当符合的条件是:第一,具备健全且运行良好的组织机构;第二,具有持续经营能力;第三,最近 3 年财务会计报告被出具无保留意见审计报告;第四,发行人及其控股股东、实际控制人最近 3 年不存在贪污、贿赂、侵占财产、挪用财产或者破坏社会主义市场经济秩序的刑事犯罪;第五,经国务院批准的国务

---

① 即中国证监会 2022 年 4 月修正发布的《首次公开发行股票并上市管理办法》(已于 2023 年 2 月失效)第 8 条第 2 款规定:“经国务院批准,有限责任公司在依法变更为股份有限公司时,可以采取募集设立方式公开发行股票。”

院证券监督管理机构规定的其他条件。这五项是拟在所有板块上市的公司首次公开发行股票都应当遵循的法定条件。根据上述法定条件的第五项要求，中国证监会针对不同板块规定了相应的条件。具体可参见《首次公开发行股票注册管理办法》的有关内容。

四、股份有限公司发行新股

股份有限公司发行新股是指公司成立后再次发行股份的行为，包括公开发行新股和非公开发行新股的情形，其中，公开发行新股还包括首次公开发行新股和上市公司发行新股的类型。发行新股除了应当遵循《公司法》规定的股票发行原则、发行形式和发行条件外，还应按照《公司法》对新股发行的有关规定进行。

（一）发行新股的决议

按照《公司法》第151条的规定，公司发行新股一般是由股东会作出决议，决议的事项应当包括：(1)新股种类及数额；(2)新股发行价格；(3)新股发行的起止日期；(4)向原有股东发行新股的种类及数额；(5)发行无面额股的，新股发行所得股款计入注册资本的金额。关于新股的发行价，《公司法》允许公司可以根据经营情况和财务状况，确定其作价方案。

新《公司法》增加了公司章程或者股东会授权董事会决定发行新股的情形，详见本节后面关于股份授权发行的专题讨论。

（二）公开发行新股的程序

1. 根据《公司法》第154条的规定，公司向社会公开募集股份，应当经国务院证券监督管理机构注册，公告招股说明书。招股说明书应当附有公司章程，并载明下列事项：(1)发行的股份总数；(2)面额股的票面金额和发行价格或者无面额股的发行价格；(3)募集资金的用途；(4)认股人的权利和义务；(5)股份种类及其权利和义务；(6)本次募股的起止期限及逾期未募足时认股人可以撤回所认股份的说明。公司设立时发行股份的，还应当载明发起人认购的股份数。

2. 根据《公司法》第155条的规定，公司向社会公开募集股份，应当由依法设立的证券公司承销，签订承销协议。

3. 根据《公司法》第156条第1款和第2款的规定，公司向社会公开募集股份，应当同银行签订代收股款协议。代收股款的银行应当按照协议代收和保存股款，向缴纳股款的认股人出具收款单据，并负有向有关部门出具收款证明的义务。

4. 根据《公司法》第228条第2款的规定，股份有限公司为增加注册资本发行新股时，股东认购新股，依照本法设立股份有限公司缴纳股款的有关规定执行。鉴于增资发行新股属于公司成立后的公司法人行为，与公司设立时公司主体尚未产生的情况不同；另外设立股份有限公司有募集设立和发起设立两种方式，募集设立还可分为公募设立和定向募集设立的方式，不同的设立方式中因股份发行而产生的股东认购股份也存在差异，因此，需要区别不同情况来执行《公司法》设立股份有限公司缴纳股款的有关规定。

5. 根据《公司法》第156条第3款的规定，公司发行股份募足股款后，应予公告。

(三)新股发行的优先认购权

优先认购权是指原股东对公司发行的新股享有优先认购的权利。2023 年修订前的《公司法》只就有限责任公司股东对新增资本的优先购买权作出规定,而未就股份有限公司股东是否对新股享有优先购买权作出规定。新《公司法》弥补了这一缺陷,第 227 条第 2 款规定:"股份有限公司为增加注册资本发行新股时,股东不享有优先认购权,公司章程另有规定或者股东会决议决定股东享有优先认购权的除外。"这一规定表明,公司章程规定或股东会决议决定股东享有优先认购权的,公司章程或股东会决议具有优先于《公司法》适用的效力。

五、股份授权发行

股份授权发行是 2023 年《公司法》修订新增的重要内容之一,涉及学界广泛关注和讨论的"授权资本制"的内容。这里之所以不使用授权资本制作为股份授权发行的替代性概念,主要是因为授权资本制是以公司资本为核心的概念,集中指向公司资本的形成,股份授权发行是以股份为核心的概念。虽然股份发行与公司资本也存在密切的关联,但毕竟还不能完全相等。从立法上看,资本制度的重心和价值取向主要着眼于债权人利益的保护,需要更多体现管制的内容,不仅包括对资本形成的管制,而且还包括对公司整个存续过程中资本维持的管制;股份发行的重心和价值取向则主要着眼于公司经营规模的扩大和股东利益的保护,需要提供更多也更有效率的法定选择方式,以适应不同公司的差异化需求。股份授权发行的内涵是法律允许公司将发行股份的决策权授予董事会,本质上属于公司自治和公司治理问题。因此,比较股份授权发行与授权资本制两个概念,前者更能直接地表达本节所要讨论的主题。

(一)股份授权发行的特点

《公司法》第 152 条第 1 款规定:"公司章程或者股东会可以授权董事会在三年内决定发行不超过已发行股份百分之五十的股份……"根据这一规定,可以解读出股份授权发行的若干特点:

1. 股份授权发行是指公司成立后发行新股的行为。公司发行股份包括设立时的发行和公司成立后的发行,鉴于法律对处于不同阶段的两类发行行为有着不同的要求,为了以示区别,在公司证券的理论和实务中常常将前者称为设立发行,将后者则称为新股发行或发行新股。《公司法》第 152 条明确将授权发行的内容界定为"发行不超过已经发行股份百分之五十的股份",表明该种发行属于公司成立后发行新股的行为。

2. 股份授权发行的主体为股东会。尽管《公司法》第 152 条规定了授权的方式包括"公司章程或者股东会",但从该规定的文义上可以看出,这里的"公司章程"显然是指公司采取的事先授权方式,公司章程必须经股东会通过,而"股东会"则是指通过召开股东会会议的临时授权方式。无论采取哪种方式,都表明决定股份发行的法定权力主体是作为"公司权力机构"的股东会。这里的"授权"并不意味着权力来源的变化,而是指权力行使方式的变通。《公司法》的规定是为公司提供的选择,至于是否选择授权发行股份的方式,则由公司自主决定。公司可以通过章程预先授权或者股东会临时授权的方式将发行股份的决定权授予董事会行使,当然也意味着公司可以通过公司章程或者股东会将已经授予董事会的权力收回。在这个意义上，授权发行股份虽然具有强化董事会地位的作用，但并不等于董事会是决定股份发行的法定权力机构。

3. 股份授权发行只针对股份有限公司股份发行的情形。股份授权发行的基本内容是董事会在授权范围内根据公司发展情况适时地决定发行股份，具有灵活性，因而是一种节省发行成本和提高发行效率的制度，其主要适用于“两权分离”程度高的公众公司，尤其是上市公司。基于我国《公司法》对有限责任公司的股东人数设有上限，实践中这类公司基本可对应于封闭型公司，一般没有对外发行股份的需求，立法上也并未将有限责任公司股东出资称为股份，这一做法与一些国家的立法有所不同。①

4. 股份授权发行有明确的期限和发行比例的限制，即《公司法》第 152 条规定的“董事会在三年内决定发行不超过已发行股份百分之五十的股份”。法律之所以要对股份授权发行作出相应的限制，主要是防止董事会可能出现滥用授权以及协调因新股发行稀释原有股东持股权利而产生新老股东的利益冲突。《公司法》第 152 条规定的限制也是基于我国公司现实的考虑。在比较法上，德国和英国都对股份公司有 5 年最长授权期限的规定，以防止董事会拥有永久发行权；在授权发行比例上，日本也规定，公开公司的股东会授权董事会的可发行股份总数不得超过已发行股份总数的 4 倍。②

（二）股份授权发行的法律适用

我国的股份授权发行虽然总体上属于公司自治的范畴，但并不等于其完全不受法律约束，作为一项股份发行的特别制度，新《公司法》除了第 152 条对股份授权发行作出集中规定外，还在其他一些条款中直接或间接地涉及相关的内容。股份授权发行既要适用新股发行的一般规则，还要受一些特别规则的约束。

1. 按照《公司法》第 152 条第 1 款关于“以非货币财产作价出资的应当经股东会决议”的但书规定，一旦出现该种情形，股份授权发行不得采取董事会决议的方式。这一规定既可以被视为董事会获得的授权自动撤销的法定情形，也可以被视为法律对公司章程或股东会授权的法定限制。这一规定可以防止董事会以不公允的价格向特定方发行股份，损害现有股东的利益。

2. 股份授权发行作为新股发行，应当受《公司法》有关股东出资规定的约束：如第 96 条第 1 款关于“在发起人认购的股份缴足前，不得向他人募集股份”的规定，第 98 条第 1 款关于“发起人应当在公司成立前按照其认购的股份全额缴纳股款”的规定。如果违反该两款规定，公司就不具备发行新股的条件，股份授权发行也不应发生。如果董事会不顾这一情形仍然决议发行，应当属于董事会决议违法的行为。

3. 公司章程或者股东会根据《公司法》第 152 条的规定作出的授权如果明确了具体的限

---

① 有学者考证，美国、英国公司法没有股份公司和有限公司的区分，对所有类型公司均允许股份授权发行，德国、日本也允许有限责任公司或非公开公司的股份授权发行，但有更严格的配套措施。该学者因此认为，我国的股份授权发行的适用范围也可以一些规模较大、股东人数较多、两权有所分离而有授权需求的有限责任公司。参见沈朝晖：《授权股份制的体系构造——兼评 2021 年〈公司法〉（修订草案）相关规定》，载《当代法学》2022 年第 2 期。

② 参见《德国股份法》第 202 条，《英国 2006 年公司法》第 551 条第 3 款，《日本公司法》第 37 条第 3 款、第 113 条第 3 款、第 180 条第 3 款。这里引用的《日本公司法》，参见《新订日本公司法典》，王作全译，北京大学出版社 2016 年版。

定时间(如两年内)和发行比例的限制(如不超过已发行股份的30%),董事会在作出发行股份的决定时必须受此内容的约束。如果董事会不在规定的期限和比例内发行股份,不仅属于违反公司章程或股东会决议的行为,也属于违反《公司法》规定的董事会决议违法行为。

4. 董事会在授权范围内决定新股发行应当符合《公司法》要求的程序。《公司法》第152条第2款规定:"董事会依照前款规定决定发行股份导致公司注册资本、已发行股份数发生变化的,对公司章程该项记载事项的修改不需再由股东会表决";按照第153条的规定,董事会作出发行新股的决议采取复杂多数通过的表决程序,即"董事会决议应当经全体董事三分之二以上通过"。如果在未达到这一程序要求的情况下发行新股,应当属于董事会决议违法的情形。

5. 董事会违法决议的救济。一旦出现股份授权发行中的董事会决议违法情形,需要适用《公司法》有关事后规制的条文来处理,如依照《公司法》第25~28条、第125条第2款规定对董事会决议瑕疵进行司法救济,[①]按照《公司法》第189条和第190条追究董事违反信义义务的法律责任。

六、类别股及其发行的特别规定

(一)类别股含义

类别股作为本轮《公司法》修订增加的股份种类,学界对其已有较多的讨论,类别股也成为广泛使用的一个概念。按照有的学者定义:"类别股是相对普通股而言的。普通股是指传统的、完整具有股权各项权能的股份,而类别股是指股东权利在某些方面有所扩张或限制的股份类型。其理论基础是股权的各项子权利可相互分离,重新组合。"[②]笔者认为,将与普通股相对的股份概念称为类别股并不完全准确。"类别"的汉语语义为不同的种类,如果用来指代股份种类,类别股就应当指包括普通股在内的所有股份种类,或者说不应当将普通股排除在类别股之外。因此,类别股概念还难以经得起严格的推敲。实际上,与普通股相对且更适宜也更准确的概念应当为特别股。"特别股相对普通股而言是具有特殊权利内容的股份。特别股分为优先股和劣后股。所谓'优先'或'劣后'都是相对'普通'而言的,优先股东享有的权利优于普通股东,而劣后股东享有的权利则少于普通股东。"[③]

与类别股相对的概念应当是单一股。类别股意味着在其之下还可划分出若干股份种类,单一股则意味着在其之下无种类可分。从单一股到类别股恰好对应了我国股份种类演变的历史。自1993年《公司法》出台以来相当长时间内,我国股份种类都只有单一的普通股,直到2013年11月颁布了《国务院关于开展优先股试点的指导意见》,才从立法上打破了这种局面,使《公司法》上的单一普通股规定逐渐发展为实践中多种股份类型并存的格局。如果将这种包括普通股、优先股和其他特别股多元并存的股份统称为类别股是准确的,不仅可以与以前单一股份种类相区别,而且还能为建立类别股制度提供理论和实践依据。2023年《公司法》在股份类别上的修改就是以种类多元的类别股制度取代了以前种类单一的股份制度。

---

① 可参见本书第十章第五节中关于"公司决议瑕疵的救济"的专题讨论。

② 朱慈蕴、沈朝晖:《类别股与中国公司法的演进》,载《中国社会科学》2013年第9期。

③ 周友苏:《公司法通论》,四川人民出版社2002年版,第216页。

当然,考虑到类别股概念已经被学界广泛接受,如同"公司人格否认"等公司法理概念一样,尽管从语义推敲上不无疑问,但只要具体定义准确,并不影响人们对其正确含义的理解,因此,本书也继续沿用这一概念。

(二)类别股与双层股权结构

如果把类别股与本书第八章中关于双层股权结构的讨论相对照,不难发现,类别股与双层股权结构都指向同一对象,即公司的股份或股权。对股东而言,持有股份即享有股权,二者不可分割。因此,类别股与双层股权结构有很大程度上的交叉重合和相同性,只是类别股是从股份角度来抽象的问题,而双层股权结构则是从股权角度来抽象的问题。一方面,可以认为类别股与普通股构成了股权双层结构:普通股实行同股同权,类别股则实行同股不同权;另一方面,也可以认为在股权双层结构的基础之上产生了类别股,双层股权结构就是指股权整体与其权能分离基础上形成的部分权能并不与股权整体"同股同权"保持一致的制度设计,所谓"双层"是指对股权的部分权能进行重新配置或重新组合后形成与股权整体存在差异的两个层次。对此,本书第八章第五节已有较为详细的讨论。

(三)类别股的主要形式

根据《公司法》第144条的规定,类别股的主要形式包括:

1. 优先股。优先股即《公司法》第144条第1款第1项规定的优先"分配利润或者剩余财产的股份"。优先股的具体内容主要依据国务院《关于开展优先股试点的指导意见》和中国证监会2023年2月修订发布的《优先股试点管理办法》来设置和规制。按照两个法规的规定,优先股试点有利于为发行人提供灵活的直接融资工具,优化企业财务结构,推动企业兼并重组;有利于丰富证券品种,为投资者提供多元化的投资渠道,提高直接融资比重,促进资本市场稳定发展。

目前试行的优先股具有的特点包括:第一,优先股每股票面金额为100元。第二,优先股的发行。上市公司可以发行优先股,非上市公众公司可以向特定对象发行优先股。上市公司已发行的优先股不得超过公司普通股股份总数的50%,且筹资金额不得超过发行前净资产的50%。第三,优先股股东的权利义务的配置。根据权利义务对等的法律原则,优先股股东享有股东权中一些权能的优先须以其他权能受到限制作为对价,这种限制也被视为优先股股东的义务。优先股的内容主要有:其一,优先分配利润。优先股股东按照约定的票面股息率,优先于普通股股东分配公司利润。公司应当以现金的形式向优先股股东支付股息,在完全支付约定的股息之前,不得向普通股股东分配利润。其二,优先分配剩余财产。公司因解散、破产等进行清算时,公司财产依法进行清偿后的剩余财产,应当优先向优先股股东支付未派发的股息和公司章程约定的清算金额。其三,优先股股东对等的义务主要体现为对其表决权的限制。在一般情况下,优先股股东不出席股东大会会议,所持股份没有表决权;但修改公司章程中与优先股相关的内容、一次或累计减少公司注册资本超过10%、公司合并、分立、解散或变更公司形式、发行优先股等重大事项除外。当出现"公司累计3个会计年度或连续2个会计年度未按约定支付优先股股息"等损害优先股东利益的情形时,优先股表决权恢复,"优先股股东有权出席股东大会与普通股股东共同表决,每股优先股股份享有公司章程规定的一定比例表决权”。

2. 劣后股。劣后股即《公司法》第 144 条第 1 款第 1 项规定的劣后“分配利润或者剩余财产的股份”。如同优先股的“优先”是相对于普通股的设计原理一样，劣后股在分配利润或剩余财产上的“劣后”安排也是相对于普通股而言的。劣后股与优先股相比，后者不同于普通股的权能安排主要来自政策法规的规定，而前者不同于普通股的权能安排则主要来自公司章程的规定。

3. 差异化表决权股。按照《公司法》第 144 条第 1 款第 2 项的规定，差异化表决权股即“每一股的表决权数多于或者少于普通股的股份”。这是当前公司实践中最为常见一种类别股形式。股东通过章程或协议对股份的表决权进行了差异化配置，配置后的表决权不再遵循“一股一权”的原则，而是根据股东的多元化需求进行设计：或是一股多权，如实践中出现一股十个表决权，甚至更多表决权的超级表决权股；或是表决权受限，在一定条件不得行使；或是无表决权股，即股东为获取稳定利润分配而完全放弃表决权的股份。

根据上海证券交易所 2023 年 8 月修订的《上海证券交易所科创板股票上市规则》的有关规定，在该交易所科创板上市的公司可以实行表决权差异安排，主要包括如下内容：

第一，可以实行表决权差异安排的，须为首次公开发行并上市前设置，设置应当经出席股东大会的股东所持 2/3 以上的表决权通过；没有设置的，不得在首次公开发行并上市后以任何方式设置此类安排。

第二，持有特别表决权股份的股东应当为对上市公司发展或者业务增长等作出重大贡献，并且在公司上市前及上市后持续担任公司董事的人员或者该等人员实际控制的持股主体；持有特别表决权股份的股东在上市公司中拥有权益的股份合计应当达到公司全部已发行有表决权股份 10% 以上。

第三，公司章程规定每份特别表决权股份的表决权数量应当相同，且不得超过每份普通股份的表决权数量的 10 倍。

第四，上市公司应当保证普通表决权比例不低于 10%，单独或者合计持有公司 10% 以上已发行有表决权股份的股东有权提议召开临时股东大会，单独或者合计持有公司 3% 以上已发行有表决权股份的股东有权提出股东大会议案。

第五，特别表决权股份不得在二级市场进行交易，但可以按照交易所有关规定进行转让。

第六，上市公司股东对公司章程作出修改和改变特别表决权股份享有的表决权数量的事项行使表决权时，每一特别表决权股份享有的表决权数量应当与每一普通股份的表决权数量相同。

4. 转让受限的股份。即《公司法》第 144 条第 1 款第 3 项规定的“转让须经公司同意等转让受限的股份”。这里的转让受限是指由公司章程作出的规定，《公司法》第 160 条第 2 款就有“公司章程可以对公司董事、监事、高级管理人员转让其所持有的本公司股份作出其他限制性规定”的内容。可见，《公司法》允许章程对公司负有重要职责的持股主体转让股份设置法定范围之外的其他限制。这种限制可以是转让对象的限制，如只能转让给特定的主体；可以是转让时间的限制，如在章程规定的时间内不得转让；也可以是转让数量的限制，如转让不得超过持股数的一定比例；还可以是转让价格的限制。

由于股份转让是股权中自益权的内容，属于股东财产权重要构成部分，除了股东自愿同意放弃外,如果公司章程是按照“资本多数决”方式作出的限制性规定,就可能出现合法性受到质疑的问题。因此,股份有限公司的章程要对股份转让作出限制,需要把握的要点包括:一是符合法律、行政法规和监管部门的有关规定;二是不能违反公序良俗和社会公共利益;三是避免出现违反《公司法》第21条关于“不得滥用股东权利损害公司或者其他股东的利益”的规定。

(四)类别股发行的特别规定

根据类别股与普通股不同的特点,《公司法》对不同类别股的发行也作了一些特别的规定,主要包括:

1. 公司章程的特别规定。根据《公司法》第145条,发行类别股的公司,应当按照类别股的种类,在公司章程中载明一些特别事项,包括类别股分配利润或者剩余财产的顺序,类别股的表决权数,类别股的转让限制,保护中小股东权益的措施,股东会认为需要规定的其他事项。

2. 公开发行的特别规定。根据《公司法》第144条第2款,公开发行股份的公司不得发行差异化表决权股和转让受限的类别股,但公开发行前已发行的除外。这一规定也意味着,发行差异化表决权股和转让受限股只能在公开发行之前。前述《上海证券交易所科创板股票上市规则》对差异化表决权股就有与《公司法》类似的规定,要求公司不得在首次公开发行并上市后以任何方式设置差异化表决权股。

3. 差异化表决权的排除。根据《公司法》第144条第3款,公司发行差异化表决权股的,对于监事或者审计委员会成员的选举和更换,类别股与普通股每一股的表决权数相同。这一规定表明,在选任监事或审计委员会成员上,排除公司章程对差异化表决权的设置的适用,差异化表决权股恢复到普通股的状态。这一规定使股东在选择公司监督机构成员上享有平等权利,维护公司监督机制正常运行而不受类别股设置的影响。

第三节　股份有限公司的股份转让

股份转让是指股东将其持有公司的股份转移给他人持有的行为。股份转让从公司形态上可分为股份有限公司的股份转让和有限责任公司的股份转让,前者也称股票转让,后者也称股权转让。由于两类公司的股份转让存在较多的差异,需要分别讨论,因此本节只涉及股份有限公司股份转让的有关问题。

股份有限公司的股份转让属于股票转让。股票转让从形式上是证券转让,从实质上是股东资格和股东权利义务的转让。转让的成立,意味着出让人转让部分的股权丧失,受让人获得相应的股权或股东资格,凭股票对公司行使股权。

股份转让自由是股份有限公司的显著特征之一,没有这一特征,股份有限公司的功能发挥就受到限制。《公司法》第157条就明确规定:“股份有限公司的股东持有的股份可以向其他股东转让,也可以向股东以外的人转让;公司章程对股份转让有限制的,其转让按照公司章程的规定进行。”出让人和受让人只要按法律规定履行了必要的手续,转让就具有法律上的效力,受到法律的保护。股票是股份有限公司与证券市场的联结点,股票的转让正是二者联结起来的有机运动方式之一。

一、股票转让的特征

(一)股票转让凸显出权利转让的属性

股票转让是转让股份权利的行为。股票作为证券的属性,使股票体现的股权也有了一些变化:首先,股票的流通性使股权包含的权利内容单一化,财产权性质得以强化;其次,股票使股权的权利属性“单边化”,即持有人只享有向公司主张收益的请求权,而这一权利并不需要以对公司承担相应的义务为前提。在现今证券市场上以“无纸化证券”为主的情况下,股票多数已经成为一种通过电子方式来记录股份权利的非实物凭证。股权依赖特定账户下的记录来证明,使无纸化股票权利性质得以凸显,传统意义上的“谁持有股票谁就享有股份权利”也在很大程度上变成了“谁是电子记载的持有人谁就享有股份权利”。股票转让(权属变动)也就没有必要进行实物交换,而须通过证券登记结算机构的清算、交收、过户等程序和对相关证券账户数据的记增、记减来实现。股票转让作为权利转让的属性和特点也就显得更为突出。

(二)股票转让需要在合法场所进行

根据《公司法》第158条,股份有限公司股东转让其股票,应当在依法设立的证券交易场所进行或者按照国务院规定的其他方式进行。我国《证券法》规定的股票合法交易场所为:证券交易所,包括上海证券交易所、深圳证券交易所和北京证券交易所;国务院批准的其他全国性证券交易场所,对应的市场为全国中小企业股份转让系统(也称“新三板”);按国务院规定设立的区域性股权市场,对应的市场为各省、自治区、直辖市和计划单列市建立的区域性股权市场。股票可以进入这些合法场所进行交易转让。

(三)股票转让可以通过集中交易和非集中交易的方式实现

集中交易主要是证券交易所采取的方式。与一般的交易行为相比,集中交易有着自身的特殊性和复杂性:如交易不是当事人“一对一”的讨价还价,而是主要依照集中竞价的规则来进行;交易双方并不通过面对面来实现交易,而是要通过券商(证券公司)、证券交易场所、登记结算公司一系列的机构和环节;交易不仅涉及交易双方当事人的关系,还涉及与证券交易场所、证券公司等诸多的参与者和服务者的关系;股票交易的价格并不完全取决于股票本身内含的价值(上市公司的经营状况),还受制于国家经济政策、政治局势与证券市场的资金入市量(供求关系)等因素的影响,在有的情况下,后者可能还要对价格的形成和涨跌起决定性的作用。股票的集中交易除了在证券交易所进行外,也为“新三板”市场所采用。①

非集中交易方式是与集中交易相对应的方式,证券交易所在主要采取集中交易方式的同时,也存在非集中交易方式,如股票的大宗交易、协议转让等。非集中交易在其他股票交易场所更多地被采用,有的甚至只能采取这种方式,如区域性股权市场就不得采取集中竞价、连续竞价等集中交易方式,股票交易主要采取协议转让的方式。

---

① 参见徐明:《新三板理论与实践》(上册),中国金融出版社2021年版,第251页。

(四)股票转让要受到较多规则的约束

一方面,股票转让从基础法律关系上看仍然是一种合同买卖关系,因而需要遵循《民法典》有关合同的基本规则;另一方面,股票作为要式证券,还要受《公司法》、《证券法》、中国证监会规章、证券交易场所规则和证券行业规范的约束。《公司法》第165条规定:"上市公司的股票,依照有关法律、行政法规及证券交易所交易规则上市交易。"也应看到,法律规定的约束除了对特定持股人的股票转让限制外,还包括对受让人的限制,如合格投资者要求等。因此,法律法规对股票转让设置的约束并不影响股票自由转让的性质,而且从总体上看要比有限责任公司的股权转让要小。

二、股票转让的限制

股票转让的限制也就是股份有限公司股份转让的限制,这里的限制与类别股中转让受限股不同,前者是法律法规对股票转让的限制,后者是公司章程对股票转让的限制。《公司法》《证券法》在保护股份有限公司股份自由转让的同时,对股票的转让有一些限制性的规定,以防止股份转让可能出现的弊病,保护公司、股东和其他利害关系人的合法权益,维护交易安全。这些限制主要针对一些具有特别身份的主体。

(一)公开发行股份前的股东

公开发行股份前的股东主要指向作为公司发起人的股东,其中包括控股股东。此外,还可能涉及在此期间持有公司股票的公司员工。[①]《公司法》第160条第1款第1句规定:"公司公开发行股份前已发行的股份,自公司股票在证券交易所上市交易之日起一年内不得转让。"如果持有这种股份的股东属于控股股东,该款第2句对其作出更为严格的限制:"法律、行政法规或者国务院证券监督管理机构对上市公司的股东、实际控制人转让其所持有的本公司股份另有规定的,从其规定。"

(二)公司负责人

这里的公司负责人是指包括公众公司和非公众股份有限公司的董监高。公司负责人在公司所处地位决定了其与公司有着比一般职工更为密切的利害关系。《公司法》第160条第2款规定,"公司董事、监事、高级管理人员应当向公司申报所持有的本公司的股份及其变动情况"。在持股数量确定的前提下,《公司法》该条对公司负责人股份转让所作的限制包括三个方面:第一,董监高在就任时确定的任职期间每年转让的股份不得超过其所持有本公司股份总数的25%。第二,董监高所持本公司股份自公司股票上市交易之日起1年内不得转让。第三,如果董监高离职,在离职后半年内,离职的董监高不得转让其所持有的本公司股份。另外,《公司法》该条还允许在上述法定限制基础上"公司章程可以对公司董事、监事、高级管理人员转让其所持有的本公司股份作出其他限制性规定"。

---

① 根据《公司法》《证券法》有关规定:公司发起人为200人以下,发行股票累计超过200人则为公开发行,但依法实施员工持股计划的员工人数不计算在内。因此,公开发行股份前的股东一般来说只包括发起人股东和持有员工股的股东。

（三）国有股股东

国有股权转让属于国有资产转让的形式之一，在国有独资公司、国有全资公司、国有控股公司和国有参股公司都可以发生。国有股权转让关系到国有资产的安全和整个国民经济的发展，《企业国有资产法》对国有股权转让作出了较一般股权转让更为严格的限制性规定。如第53条规定，国有资产转让由履行出资人职责的机构决定。履行出资人职责的机构决定转让全部国有资产的，或者转让部分国有资产致使国家对该企业不再具有控股地位的，应当报请本级人民政府批准。第54条第2款规定，除按照国家规定可以直接协议转让的以外，“国有资产转让应当在依法设立的产权交易场所公开进行”。第55条规定，国有资产转让应当以依法评估的、经履行出资人职责的机构认可或者由履行出资人职责的机构报经本级人民政府核准的价格为依据，合理确定最低转让价格。第57条规定，国有资产向境外投资者转让的，应当遵守国家有关规定，不得危害国家安全和社会公共利益。

《证券法》第60条关于“国有独资企业、国有独资公司、国有资本控股公司买卖上市交易的股票，必须遵守国家有关规定”的内容，也体现了法律对国有股股票交易的限制。

（四）公司自己

按照《公司法》规定，除特殊情况外，股份有限公司不得持有本公司的股票。否则，就可能违反资本充实原则的公司运行机理，侵害股东利益，影响股票市场的交易。《公司法》第162条对此的限制性规定有：

1. 公司除了减少公司注册资本，与持有本公司股份的其他公司合并，将股份用于员工持股计划或者股权激励，股东因对股东会作出的公司合并、分立决议持异议并要求公司收购其股份，将股份用于转换公司发行的可转换为股票的公司债券，上市公司为维护公司价值及股东权益所必需的法定情况外，不得收购本公司股份。

2. 公司不得接受本公司的股票作为质押权的标的。这是指公司债务人向公司提供担保的情况。这里的公司债务人既可能是股东，也可能是第三人；但担保人一定为公司股东。公司股东以自己持有的公司股权为自己与公司的债务或第三人与公司的债务提供担保，一旦担保结果发生，公司以自己股票受偿无异于持有自己的股票，因此，《公司法》第162条第5款明确规定：“公司不得接受本公司的股份作为质权的标的。”

（五）公司股票的质权人

公司股票的质权人即公司以股票作为质押时的担保权人。《公司法》第160条第3款规定：“股份在法律、行政法规规定的限制转让期限内出质的，质权人不得在限制转让期限内行使质权。”

（六）公众公司的大股东和董监高

公众公司的大股东和董监高是指《证券法》规定的上市公司、新三板挂牌公司中持有5%以上股份的股东和这类公司董监高。《证券法》对公众公司的大股东和董监高的股份转让规定了不同于一般公司的特别限制。第44条第1款规定，前述人员将其持有的该公司的股票或者其他具有股权性质的证券在买入后6个月内卖出，或者在卖出后6个月内又买入（“短线交易”行为），由此所得收益归该公司所有，公司董事会应当收回其所得收益。但是，证券公司因购入包销售后剩余股票而持有5%以上股份，以及有国务院证券监督管理机构规定的其他情形的除外。该条第2款还规定：“前款所称董事、监事、高级管理人员、自然人股东持有的股票或者其他具有股权性质的证券，包括其配偶、父母、子女持有的及利用他人账户持有的股票或者其他具有股权性质的证券。”

此外，中国证监会2017年5月发布的《上市公司股东、董监高减持股份的若干规定》对上市公司的大股东和董监高通过转让来减持股份还有一些具体的限制：

1. 大股东（控股股东和持股5%以上的股东）不得减持的情形：第一，上市公司或者大股东因涉嫌证券期货违法犯罪，在被中国证监会立案调查或者被司法机关立案侦查期间，以及在行政处罚决定、刑事判决作出之后未满6个月的；第二，大股东因违反证券交易所规则，被证券交易所公开谴责未满3个月的。

2. 大股东在3个月内通过证券交易所集中竞价交易减持股份的总数，不得超过公司股份总数的1%。

3. 董监高不得减持股份的情形：第一，董监高因涉嫌证券期货违法犯罪，在被中国证监会立案调查或者被司法机关立案侦查期间，以及在行政处罚决定、刑事判决作出之后未满6个月的；第二，董监高因违反证券交易所规则，被证券交易所公开谴责未满3个月的。

（七）上市公司员工持股计划参与人

这里的员工持股计划参与人也即员工股东，与前述公开发行股票前的员工股东，尽管都属于公司内部员工持股的情况，但二者的区别在于：一是员工持股的时间起点不同；二是对员工持股转让限制的期限不同。根据中国证监会2014年6月发布的《关于上市公司实施员工持股计划试点的指导意见》关于“每期员工持股计划的持股期限不得低于12个月，以非公开发行方式实施员工持股计划的，持股期限不得低于36个月”的规定，上市公司持股计划参与人在此期限内所持有的公司股票不得转让。

三、股票转让的基本形式

股票转让的基本形式是指股票出让人与股票受让人采取的转让形式。根据《公司法》《证券法》的规定，股票转让的基本形式如下。

（一）公开转让与非公开转让

公开转让即通过证券交易所或“新三板”进行的股票转让，其中在证券交易所进行的转让也即上市股票转让。如前所述，证券交易所主要采取集中交易的方式，这种交易虽然也含有合同属性，但其转让的成交和股票交付都是依照证券交易所和证券登记结算机构的技术规程来操作的。与股票公开转让相对应的公司概念即公众公司，包括上市公司和非上市公众公司。[①]

① 根据中国证监会2023年2月修订发布的《非上市公众公司监督管理办法》第2条的定义，符合两个条件的即为非上市公众公司：第一，股票向特定对象发行或者转让导致股东累计超过200人；第二，股票公开转让。对于非上市公众公司的“股票公开转让”，该管理办法第4条规定：公开转让股票应当在全国中小企业股份转让系统（新三板）进行，公开转让的公众公司股票应当在中国证券登记结算公司集中登记存管。

非公开转让即在证券交易所和新三板市场以外的合法场所进行的股票转让,主要采取协议转让的方式,更多地体现出双方当事人协商一致的意思表示过程。无论是采取公开转让还是非公开转让的方式,都应当遵循《公司法》第 158 条规定进行:“股东转让其股份,应当在依法设立的证券交易场所进行或者按照国务院规定的其他方式进行。”如果是在证券交易所转让股票,要遵循《公司法》第 166 条的规定:“上市公司应当依照法律、行政法规的规定披露相关信息。”

(二)背书转让与其他方式转让

2023 年《公司法》修订后,由于股票依法全部采取记名股票形式,除通过证券登记结算机构以“无纸化”方式交易的股票外,其余的股票还应当按照记名股票的特点来转让。新《公司法》第 159 条第 1 款规定:“股票的转让,由股东以背书方式或者法律、行政法规规定的其他方式进行;转让后由公司将受让人的姓名或者名称及住所记载于股东名册。”这一规定表明,股票可以采取背书方式或其他方式进行转让。对于股票转让涉及股东名册的变更,该条第 2 款又规定:“股东会会议召开前二十日内或者公司决定分配股利的基准日前五日内,不得变更股东名册。法律、行政法规或者国务院证券监督管理机构对上市公司股东名册变更另有规定的,从其规定。”

第四节　有限责任公司的股权转让

有限责任公司股份转让也称股权转让,是公司实务运作中经常涉及的、较为复杂的一个问题。有限责任公司的“人合”性质,使公司内部关系的协调和维护显得非常重要,股东之间的相互信赖、和谐相处、相对稳定的合作关系是公司存续发展的基础。《公司法》针对有限责任公司股份转让的重要性和实践中存在的问题,专列“有限责任公司的股权转让”一章,作为第四章,不仅突出了有限责任公司的股份转让在《公司法》中的地位,而且大大增强了有关规定的实务性和可操作性。《公司法司法解释(四)》共有 7 条内容对有限责任公司股权转让作出了进一步的规定。

一、有限责任公司股权转让的特征

《公司法》第四章规定的有限责任公司股权转让有广义和狭义之分,广义的股权转让包括约定转让和法定转让两种基本形式:约定转让是指合同转让的情形,即出让人与受让人协商一致的转让;法定转让是指出现法律规定的事件和行为时依法转让的情形,如强制执行、继承、共有财产分割等。狭义的股权转让只指合同转让。本节只讨论合同转让的情形。股权合同转让具有如下特征。

(一)股权转让包括财产权利和股东资格的双重转让

这与股权本身的性质相关。股权是一项投资性的民事权利,在《民法典》总则编中是作为与物权并列并独立的民事权利来规定的。股权包括财产权和资格权两方面内容,其财产权与物权法上动产、不动产和用益物权的转让相比，既有相同之点，也有特别之处；其资格权即取得股东资格的权利，属于人身权的范畴。"股权是一种兼具人身权与财产权性质的特殊权利形态，是投资者基于股东身份而获得的针对公司有形和无形财产的概括性权利。"[①]因此，股权转让既是出让人对公司享有财产权益的转让，也是其转让部分的股东资格的让渡。

（二）股权转让是具有涉他性质的合同行为

尽管股权转让从本质上看是一种合同关系，需要遵循合同法上的一般原理，如出让人与受让人平等协商，意思表示一致，经过要约承诺的订立合同过程等，但股权本身的特殊性，使股权转让的法律关系并非完全发生于出让人与受让人之间，往往还会涉及除此之外的第三人，尤其是在股东向股东以外的人转让股权的情形下，完全可能产生股东与公司、公司其他股东和公司债权人等第三人的法律关系，从而也使股权转让合同具有"涉他性"的特点。虽然股权转让不会带来公司资本的增减，但会带来股权结构的改变和股东成员的转换，对公司的组织结构和资本结构产生或多或少的影响，并影响或改变公司债权人的信赖及预期，进而对其利益产生间接的影响。在这个意义上，股权转让也是对股东与公司、股东与其他股东、股东与债权人之间利益关系作出的调整，在一定程度上突破了传统契约交易的相对性，从而使合同交易具有涉他性。[②]

（三）股权转让受《公司法》《民法典》合同编的规制

股权转让的涉他性决定其在受交易规则调整的同时，还须受团体法和组织法的规制。股权转让并不仅仅等于合同行为，股权转让要发生权属变动的效果，还需公司行为的介入，如果公司不配合进行相应的变更登记，股权转让的权属变动还可能遇到障碍，甚至导致不发生权属的最终变动，因此，股权转让还应当遵循《公司法》有关特别规定。《公司法》作为组织法，需要在股东自由处分财产和维护组织稳定性上保持平衡，既要尊重股东的意思自治，也要维护有限责任公司"人合"的性质，如设置优先购买权的程序和规定公司配合变更登记的义务。在股权转让上，《公司法》与《民法典》的合同编是平行的法律关系，即互为一般法和特别法，应根据股权转让的不同情况来确定二者的适用顺序。在尊重合同当事人合意和股东意思自治的同时，不能忽略其他利益主体的合法权益。股权处分不是单纯的股东私权处置，股东与公司的身份关系决定了股权处分对公司、其他股东和债权人都可能产生影响，从而决定了股东处置股权不可能完全采取"我行我素"的模式，而是要受公司团体意志和作为团体法的公司法的限制。如何厘定股权转让中的私权自治与法律管制边界，是《公司法》立法和司法要解决的重要问题之一。

（四）股权转让需要遵循商事交易的一般规则

股权转让本质上是一种商事交易行为，需要遵循商事活动外观主义的法理，贯彻效率和安全价值。商行为具有营业性、持续性和公开性，不拘泥于意思表示的主观性而坚守外观的形式

① 罗培新：《抑制股权转让代理成本的法律构造》，载《中国社会科学》2013 年第 7 期。
② 参见冯果、段丙华：《公司法中的契约自由——以股权处分抑制条款为视角》，载《中国社会科学》2017 年第 3 期。

要求，从而淡化了商行为与意思表示之间的联系。商事交易活动要求便捷迅速，交易当事人往往不会对交易相对人进行细致调查，仅仅凭借外观就对其产生信任，法律对这种外观信任予以保护。[①] 股权转让在财产权利的转移上与交易标的为动产和不动产的一般买卖合同存在差异。如权利转让并非以动产交付或不动产登记过户为标志，而是遵循特殊的登记对抗主义的原则，权利的交付也根据不同情况丰富多彩，使善意相对人依据公司登记记载来识别股东的身份，有利于保证交易效率和交易安全。

（五）股权转让纠纷常常会涉及规避法律法规的问题

现实中的公司财产往往主要由动产、不动产和用益物权构成，包括房屋、设备、土地使用权和自然资源等。这些公司财产也是股权的权利客体指向的对象，其在正常流转中，常常可能要涉及税收和相关的法律管制，如根据《矿产资源法》第 6 条，除特定的情形外，“探矿权、采矿权不得转让”。公司实践中，常常会出现一些当事人通过股权转让的方式来转移对土地使用权等用益物权的实际控制权和支配权，从而规避法律法规对这些公司财产转让可能产生的税收管制和其他管制，由此会涉及对规避行为的合法性判断和认定的问题，直接关系到股权转让的合同效力问题。在公司众多的股权转让纠纷中，股权转让合同的效力问题一直是困扰理论界与司法实务部门的重大疑难问题。[②]

（六）股权转让包括股东间转让股权和向股东以外的人转让股权两种基本形式

两种股权转让形式由于转让对象不同，受让人一种为公司原股东，另一种为股东以外的第三人，两种股权转让对公司的影响程度和合同的涉他性也有了本质区别。因此，《公司法》对不同股权转让的管制程度也存在较大的差异。

二、股东之间转让股权

股东之间转让股权即公司股份在股东内部进行的让渡。《公司法》第 84 条第 1 款规定：“有限责任公司的股东之间可以相互转让其全部或者部分股权。”从公司法理上看，由于这一转让行为发生于股东内部，它只会影响公司内部股东出资比例及权利的增减，不会破坏股东之间的“人合”关系，对于股东之间相互转让出资，法律不作特别的限制，或者说股份在股东内部进行让渡应当是自由的。只要转让股份的股东与受让股份的股东在协商基础上达成意思表示一致的协议，股份转让就是合法有效的行为。公司实践中股东间转让出资主要涉及以下实务问题。

（一）公司章程对股东间转让出资的限制

《公司法》第 84 条第 3 款规定：“公司章程对股权转让另有规定的，从其规定。”这一规定属于《公司法》上的“另有规定除外”条款，也称公司章程的“替代适用条款”，意味着《公司法》赋予公司章程具有替代或排除相关法条适用的效力。从理论上讲，公司章程对股东间转让股

---

① 参见万方：《股权转让合同解除权的司法判断与法理研究》，载《中国法学》2017 年第 2 期。

② 参见罗培新：《抑制股权转让代理成本的法律构造》，载《中国社会科学》2013 年第 7 期。

权作出的限制性规定，只要不违背法律和行政法规的强制性规定，就应当肯定其具有优先适用的效力。但公司实践操作中并不如此简单：一是何为违背法律和行政法规的强制性规定难以界定；二是公司章程对股权转让的限制在没有具体规定情形下是否可以由股东随心所欲？如何把握好股权转让限制条款的“度”，是公司实践中一个难点问题，需要加以关注和讨论。

公司章程对股权转让限制包括对转让对象的限制、对转让数量的限制和对转让价格的限制等。如规定股权转让只能在现有股东间进行，不允许向股东以外的第三人转让；股权转让不得超过现有持股若干比例；对外转让股权须经股东一致同意或其他股东必须无条件同意并放弃优先购买权；股东转让股权必须按照章程规定的价格等。对此有学者认为，公司章程对股份转让的限制不能没有边界，尽管可以对股份转让施加限制条件，但不能禁止股份转让，否则相当于否认股份持有者的处分权，也磨灭了股份作为个人财产的性质，还不利于公司的长期发展。① 也有学者认为，公司章程对股权转让的限制必须有利于增进公司的整体福祉，而不能损害公司股东的核心利益和正当预期。如果剥夺了股东的股份转让权这一核心权利，其正当性就存在问题，股权转让通道的保有是公司章程抑制条款不能触动的底线，法律或公司章程可以对其转让作出限制，但不能完全禁止其转让。②《最高人民法院关于适用〈中华人民共和国公司法〉若干问题的规定（四）（征求意见稿）》对前述观点也一度采纳，该稿第29条就规定“有限责任公司章程条款过度限制股东转让股权，导致股权实质上不能转让，股东请求确认该条款无效的，应予支持”。尽管这一内容也代表了最高人民法院的一种认识，但最终出台的《公司法司法解释（四）》删除了这一内容。其之所以如此，很可能是因为对公司自治与股东自治二者关系的考量。

公司自治与股东自治尽管具有很大程度上的一致性，甚至在很多场合下可以不分彼此，但也不能完全相同：公司自治是组织行为，遵循“资本多数决”原则就可以形成公司意志；股东自治则须体现股东个体意志，如果公司的股东为复数时，就应当遵循意思表示一致的合同原则才能形成群体意志。公司股权转让属于股东权利重要构成部分，而且这一权利被视为股东权中的固有权，非经法律规定和依照法定程序，不得以“少数服从多数”的方式进行剥夺和限制。由此来看，《公司法》第84条第3款关于章程“另有规定”除外的规定与其说是法律对公司自治的尊重，不如说是对股东自治的尊重更为准确。如果公司制定或修改的章程中关于股权转让限制的条款是经过股东一致同意的真实意思表示，章程的效力就应当得到认可，其对股权转让的限制可以被视为股东对私权的自我放弃；如果公司制定或修改的章程中关于股权转让限制的条款是按照“资本多数决”原则作出，没有得到权利受到限制的股东的同意，就等于是违背股东自治原则来对股东固有权的限制和剥夺，其正当性和合法性就存在问题。

根据本书第七章对公司章程的研究，公司章程分为初始章程和修订章程，初始章程是根据股东一致同意的规则通过，修订章程则可能是按照“资本多数决”的原则通过。公司章程条款涉及公司存续运作的规范到股东行为的规定，包括公司内部事务和股东权益的制度安排。如果仅是对公司内部事务和公司组织行为的规范，不涉及作为私权性质的股权，无论是初始章程还是修订章程，其所作出与《公司法》不同的“另有规定”均符合团体自治法制定与修改的逻

---

① 参见林少伟：《英国现代公司法》，中国法制出版社2015年版，第149页。

② 参见冯果、段丙华：《公司法中的契约自由——以股权处分抑制条款为视角》，载《中国社会科学》2017年第3期。

辑，具有正当性的基础。但对于涉及作为私权性质的股权，任何对个别股东权的不同安排，除依法定程序予以限制或剥夺外，应当尊重股东个别意思表示，始符合私法自治的原则。[①] 换言之，遵循“资本多数决”原则形成的修订章程，如果相关条款中存在对个别股权予以限制或剥夺的“另有规定”，在持股股东不同意的情况下，不具有“从其规定”的效力，或者说没有排除或优先于《公司法》适用的效力。[②]

公司章程对股权转让的限制还涉及另外一种情形，即对作为董监高的公司负责人转让其股份作出的限制是否与一般股东等量齐观？有限责任公司的负责人往往可能具有股东和管理者的双重身份，但《公司法》对其转让股份并没有如同股份有限公司的负责人那样在法律上作出限制。笔者认为，公司章程对其作出高于一般股东的限制是符合《公司法》立法精神的，其中既有公司负责人权利义务对等和保护股东信赖利益的考虑，也有维护公司稳定发展的团体法内在机理的要求。具体而言，公司章程对作为公司负责人的股东转让出资作出一些特别限制，无论是初始章程还是按照资本多数决原则通过的修订章程，即使没有得到公司负责人的同意，也具有排除或优先于《公司法》适用的效力。当然，这种高于一般股东的限制尽管有其合理性，但也应当适度，一是不超过《公司法》关于股份有限公司负责人转让股份的限制，二是不宜高于向股东之外的第三人转让出资的条件。[③]

需要说明的是，公司章程对股东转让股权的限制不仅存在于股东间相互转让股权的情形，还包括股东向股东以外的人转让股权的情形，如对优先购买权的限制。以上讨论的有关法理和原则，也适用于公司章程对股东向股东以外的人转让股权作出限制的情形。

（二）存续形成的一人公司的法律适用

一人公司在实践中可能存在两种情形：一是由一个股东设立的一人公司，公司登记自始亦按一人公司相称；二是存续形成的一人公司，即指两个以上股东设立的普通有限责任公司或股份有限公司，但在存续期间因股份转让使公司的全部资本归于一人的情况。由于在公司登记上仍然保留着设立时的普通公司状态，存续形成的一人公司就会产生法律适用的问题。

首先需要明确的是，基于《公司法》对一人公司适用范围的扩大，当公司全部资本因股份转让归于一人时，无论是有限责任公司还是股份有限公司，都不影响公司的存续。但存续形成的一人公司是依股东人数而适用一人公司的规范，还是依原登记的公司形态而适用普通公司的规范，需要从法律适用上予以明确。

根据《公司法》的规定，一人公司与普通公司比较，还存在一些差异。从总体上看，《公司法》为了更好地保护交易相对人的利益，降低交易风险，对一人公司设置了较普通公司更多的管制。如在公司人格否认的法律适用上，《公司法》对一人公司作出了较普通有限责任公司更为严格的规定：“只有一个股东的公司，股东不能证明公司财产独立于股东自己的财产的，应当对公司债务承担连带责任。”（第 23 条第 3 款）由此可见，明确存续一人公司的法律适用，涉

---

① 参见钱玉林：《公司章程“另有规定”检讨》，载《法学研究》2009 年第 2 期。

② 德国公司立法上一些规定与本书结论十分相似，如《德国股份法》第 179 条规定：“如果将目前多种股票之间的比例关系改变为对一种股票不利，股东大会的决议仅在取得受损害的股东同意后才有效。”同时，第 180 条规定：“一项决议使股东负担从属义务的，为使其有效，其需要全体被涉及的股东的同意。”

③ 《法国商事公司法》第 47 条第 2 款就规定了公司章程可对股东之间转让出资加以限制，但应低于向与公司无关的第三人转让出资的限制。

及存续公司的权利能力和行为能力，也直接关系到存续公司的切身利益。

2023 年《公司法》修订对原法涉及一人公司的内容有较多的调整：除将一人公司的适用范围扩大到股份有限公司外，还有一个重要内容就是将一人公司一律表述为“只有一个股东的公司”。从文义上看，这一表述完全可以涵盖一人公司在实践中的两种情形，即一个股东设立形成的一人公司和普通有限责任公司因股份转让而存续形成的一人公司。因此，对存续形成的一人公司，无论其是否保留了设立登记时的普通公司形态，只要符合《公司法》规定的“只有一个股东”的情形，就应当将其纳入一人公司的范畴并按照一人公司的相关规定来予以适用。

三、股东优先购买权

股东优先购买权是《公司法》为维护有限责任公司“人合”利益而对股东对外转让股权设置的限制性制度。股东对外转让股权也称股东向股东以外的人转让股权，是指股东将自己持有公司股份的全部或一部分转让给公司股东之外的第三人的行为，受让人因此将取得股东身份，出让人因此或是减少持有公司的股份，或是丧失股东身份。与股东间转让出资最大的不同在于：股东向股东以外的人转让出资虽然并不改变其他股东在公司中的投资比例，但原股东之间构成的和谐稳定、相互信赖的“人合”关系可能受到影响。因此，为了保证有限责任公司的内部稳定，许多国家和地区对股东向公司外第三人转让出资作出限制。①我国《公司法》也不例外，第 84 条从两个方面规定了股东对外转让股权的限制：一是优先购买权的限制；二是公司章程“另有规定”的限制。鉴于前面已经对公司章程“另有规定”的限制作了相应的讨论，这里集中讨论对优先购买权的限制。

股东优先购买权也称其他股东优先购买权，是指有限责任公司中除股权出让人以外的其他股东对拟转让的股份在同等条件下优先购买的权利。优先购买权是有限责任公司股权对外转让中多发的公司实务问题。《公司法》第 84 条第 2 款规定：“股东向股东以外的人转让股权的，应当将股权转让的数量、价格、支付方式和期限等事项书面通知其他股东，其他股东在同等条件下有优先购买权。股东自接到书面通知之日起三十日内未答复的，视为放弃优先购买权。两个以上股东行使优先购买权的，协商确定各自的购买比例；协商不成的，按照转让时各自的出资比例行使优先购买权。”根据这一规定并结合《公司法司法解释（四）》《九民会议纪要》的有关规定，优先购买权在司法适用中涉及如下理论和实务问题。

（一）优先购买权的法律效力

优先购买权是法律赋予除股权出让人以外的公司其他股东的一项权利。优先购买权具有限制股东对外转让股权的效力，其效力是通过阻却股权转让合同的履行和变更股权转让合同的关系来体现。其中，阻却合同履行的效力就是阻止股权对外转让的发生，变更合同关系的效力还可以将股权对外转让变成公司内部股东的转让。因此，优先购买权的法律效力体现出维

---

① 《韩国商法典》第 556 条规定：“转让持份，依意思表示来进行，但是转让给他人时，受让须经大会的特别决议之限制。……此限制，可以根据章程加重，而不得缓和。”美国法根据对有限责任公司闭锁性和人合性维护的需要，允许股东在公司章程、组织细则、股东之间的协议或者是公司和股东间的协议对股权转让作出限制，这些限制可以确保公司其他股东决定谁可以成为该公司的股东。我国台湾地区也有相关规定：“股东非得其他全体股东过半数之同意，不得以其出资之全部或一部，转让于他人。前项转让，不同意之股东有优先受让权；如不承受，视为同意转让，并同意修改章程有关股东及其出资事项”。

护公司“人合”性质的价值取向。

优先购买权的法律效力源于其形成权的属性。优先购买权在本质上属于形成权。[①] 所谓形成权，即当事人可以依单方意思表示或行为而无须与相对方形成合意或借助相对方的行为就可以产生、变更、消灭法律关系的权利。形成权的行使，可以变更或消灭原有的法律关系，也可以形成新的法律关系。按照《公司法》第 84 条第 2 款对优先购买权的规定，其他股东在条件成就时行使优先购买权，只需单方作出购买出让股权的意思表示，就会产生阻却生效股权转让合同继续履行的效力；不仅如此，还具有依单方意思表示就可变更生效股权转让合同的受让方的效力，将合同受让人由股东以外的第三人变更为自己，从而使原来的股权对外转让变成公司内部股东间的转让。在这个意义上，优先购买权还具有一定的强制缔约的效力。

（二）优先购买权行使的限制

优先购买权作为形成权的属性和效力，意味着优先购买权的行使会对股权出让人和原拟受让人的权利构成限制和影响。《公司法》为了兼顾公司“人合”性质的维护和股东对股权的自由处分，平衡双方利益，对优先购买权的行使也设置了相应的限制，主要包括两个方面：

1. 同等条件。同等条件是其他股东优先购买权产生和行使的前提。由于优先购买权具有与出让方强制缔约的效力，《公司法》第 84 条第 2 款关于“其他股东在同等条件下有优先购买权”的规定清楚地表明，同等条件是优先购买权产生的前提，当然也是行使优先购买权的前提。如果其他股东连优先购买权都不具有，何谈优先购买权的行使？同等条件从文义上理解，可以将其解读为不低于出让人与原拟受让方就股权转让约定的条件，其中又主要指向双方当事人约定的交易价格。但这一理解并不能很好地解决司法实践中出现的复杂情况。如股权转让合同约定的转让总价为 1000 万元，而交易双方又约定，受让人在两年内分三期才付清全部合同价款。这一支付方式与一次性“即时清结”的支付方式存在较大的差异，前者显然是在交易价格上对受让方的一种优惠方式。因此，《公司法司法解释（四）》第 18 条规定，人民法院在判断是否符合《公司法》规定的“同等条件”时，“应当考虑转让股权的数量、价格、支付方式及期限等因素”。但也应指出，在综合考虑该司法解释所列的这些因素时，仍然需要将交易价格作为“同等条件”的最主要或最重要的因素。因为考量数量、支付方式和期限等因素也要以交易价格为基础，或者说考量的目的主要在于看其是否可能对实际交易价格产生影响，由此来确定真实交易价格才对成交起着决定性的作用。在这个意义上，其他股东如果不按照出让人与原拟受让人协商确定的同等价格来行使优先购买权，其与出让人强制缔约的合理性和合法性就会受到质疑。从平衡其他股东与出让股东利益上考虑，只有在交易价格同等的条件下才可能实现二者的兼顾。

2. 除斥期间。除斥期间是指优先购买权行使的合法期间，也即作为形成权的优先购买权的法定期限。优先购买权的行使应当有期间的限制，否则就可能损害股权出让人自由处分股权的利益。其他股东在除斥期间内怠于行使优先购买权的，则该权利消灭。按照《公司法》第

---

① 王泽鉴教授将优先购买权界定为附条件的形成权。认为优先权人得依一方的意思表示形成以义务人和第三人买卖合同同样条件为内容的合同，无须义务人（所有权人或出卖人）的承诺，不过此项权利附停止条件，须待义务人出卖标的物与第三人时，才能行使。参见王泽鉴：《民法学说与判例研究》（第 1 册），北京大学出版社 2009 年版，第 183 页。

84条第2款的规定,对外转让股权的出让人负有书面通知其他股东的法定义务。这里书面通知的内容,包括“股权转让的数量、价格、支付方式和期限等事项”。“股东自接到书面通知之日起三十日内未答复的,视为放弃优先购买权。”这一规定表明,优先购买权行使的一般除斥期间为30日。《公司法司法解释(四)》第19条还对其他股东行使优先购买请求权规定了三个依序排列期限:第一,公司章程有规定的,从其规定;第二,章程无规定或规定不明确时,以通知确定的时间为准;第三,通知确定的期间短于30日或者未明确行使期间的,行使期间为30日。

《公司法》第85条对人民法院因强制执行产生的优先购买权的除斥期间作出了特别规定:“人民法院依照法律规定的强制执行程序转让股东的股权时,应当通知公司及全体股东,其他股东在同等条件下有优先购买权。其他股东自人民法院通知之日起满二十日不行使优先购买权的,视为放弃优先购买权。”

(三)优先购买权的分别行使

这里的“分别行使”均是针对出让股权而言的,实践中包括两种情形:

1. 多数股东对出让股权主张优先购买权。当享有优先购买权的股东为两个以上的多数人时,如果该多数股东同时对出让的股权主张优先购买权,按照《公司法》第84条第2款的规定,两个以上股东行使优先购买权的,应当协商确定各自的购买比例;协商不成的,按照转让时各自的出资比例行使优先购买权。如果多数股东并非同时,而是先后主张优先购买权,则应当结合前述《公司法》关于除斥期间的规定来处理:后主张权利的股东仍在除斥期内的,应被视为同时主张的情形;超过除斥期的,后主张的股东则丧失优先购买权。

2. 优先购买权人只就出让股权的一部分主张优先购买权。司法实践对此存在不同看法,在类案处理上并不完全一致。例如,某公司有A、B、C三个股东,B股东欲将自己持有的占公司股份总额55%的股份全部转让给股东外第三人D股东;A股东意欲在自己现在持股40%的基础上再增加11%,使自己能够达到完全控股的地位,因此,A股东提出对B股东转让出资中占公司股份总额11%的部分主张优先购买权,当B股东坚持要将自己持股的55%作为一个整体转让时,法院该如何处理就面临着难题:如果将出让股权的数量也视为同等条件的要件,A股东的主张就不会得到支持;按照笔者前述观点,出让股权数量只是可能影响出让价格的考量因素,如果A股东主张优先购买权受让的部分股权的价格并不低于B股东出让股权的要价时,根据《公司法》设置优先购买权主要是维护公司人合性利益的价值取向,优先购买权不仅可以针对转让出资的全部来行使,也可以针对转让出资的部分来行使,而且B股东出让的股权并非不可分物,可以分割后进行转让,在同等条件下也不影响B股东转让利益的实现。因此,A股东的诉求应当得到支持。

(四)优先购买权的通知义务

通知义务是出让股东应当履行的义务,通知义务是否履行或完全履行,直接关系到优先购买权的行使。《公司法》第84条第2款关于“股东向股东以外的人转让股权的,应当将股权转让的数量、价格、支付方式和期限等事项书面通知其他股东”的规定表明,通知义务就是出让股东将出让股权的有关事项告知其他股东。如果出让股东没有履行通知义务,其他股东就无从知道也无法行使优先购买权;如果出让股东的通知存在瑕疵,如在通知事项中虚假陈述,隐瞒真实内容,也同样会影响优先购买权的行使。对此,《公司法司法解释(四)》针对出让股东没有履行通知义务或履行义务存在瑕疵的司法救济作出了相应的规定,详见后面的讨论。

另外,《公司法司法解释(四)》还就一些特殊场景下如何认定出让股东的通知义务作出特别规定。第22条规定:通过拍卖向股东以外的人转让有限责任公司股权的,适用《公司法》规定的"书面通知""通知""同等条件"时,根据相关法律、司法解释确定;在依法设立的产权交易场所转让有限责任公司国有股权的,适用《公司法》规定的"书面通知""通知""同等条件"时,可以参照产权交易场所的交易规则。

(五)股权出让人放弃转让权

股权出让人放弃转让权是指当其他股东行使优先购买权时,由于优先购买权在同等条件下具有强制缔约的效力,股权出让人在无法控制转让进程的情况下而决定放弃转让的权利。这里的"放弃转让",也即股权出让人对已经准备出让股权的一种"反悔"行为,对此反悔行为的法律认可或司法认可,意味着是赋予股权出让人反悔的权利。因此,放弃转让权也被称为股权出让人的"反悔权"。对股权出让人的反悔行为是否认可,《公司法》没有明确规定,司法实践中对此存在争议,曾出现过这样的案例:

A有限公司由三位股东出资设立。甲持有50%的股份。公司成立三年后甲拟将自己持有的股份转让15%给股东之外的第三人乙。甲通知了其他两位股东并说明了转让价格,两位股东明确表示不行使优先购买权,同意甲对外转让。股权转让后两位股东发现甲对外转让股权的实际条件与通知的内容存在差异,主要是附加了受让人乙可以分三期付款的优惠条件(第一期付款40%,第二期40%,第三期20%)。就此,两位股东向法院提起诉讼,要求行使自己的优先购买权并撤销甲乙之间的转让行为。当甲感觉一审法院的判决可能对自己不利时,当庭提出自己不转让股权了,对此,两审法院均判决甲败诉,其理由是优先购买权作为形成权,并不属于甲的权利,而是属于其他两位股东单方行使的权利,一旦行使就具有强制缔约效力,甲无权放弃应当由其他股东来行使的权利。

在本案中,甲作为股权出让方,在庭审中当庭作出不转让股权的意思表示显然是一种反悔行为,两审法院的判决是对反悔权的否定。学界对股权出让人能否享有反悔权曾有不同的认识:一种观点认为,应当赋予出让股东反悔权,以形成一种价格拍卖机制,从而最大限度地保护出让股东的利益;①另一种观点则认为,优先权人一经向出让股东作出有效的行使优先购买权的单方意思表示,即在优先权人和出卖人之间成立股权转让合同,这一合同的内容和出让股东与第三人之间的合同内容相同。这一合同虽然未经要约、承诺等缔约程序,但其系依法律规定的方式而产生,也具有生效合同的全部效力。②

笔者认为,股权出让人能否享有反悔权需要结合《公司法》关于有限责任公司股权转让的立法精神和优先购买权的性质来认识。前述关于《公司法》第84条第2款的讨论分析已经充分表明,《公司法》该款关于股东行使优先购买权的规定产生的法律效果是通过阻却转让合同的生效或履行来否定股权的对外转让,限制外部人员通过购买股份加入公司的任意性,从而

---

① 参见蒋大兴:《股东优先购买权行使中被忽略的价格形成机制》,载《法学》2012年第6期。

② 参见赵旭东:《股东优先购买权的性质和效力》,载《当代法学》2013年第5期。

明显地体现出法律维护有限责任公司人合利益的价值取向。而股权出让人通过反悔行为来放弃股权对外转让,并没有影响和损害公司的人合利益,只是影响了出让人与优先权人之间股权转让合同关系的成立。既然《公司法》上的优先购买权主要是维护有限责任公司人合利益,而重心并非在于保障其他股东通过优先购买权取得出让的股权,那么在股权出让人放弃对外转让并不损害公司人合性利益的情况下,司法就没有介入的必要,而需要更多地尊重当事人的意思自治,赋予股权出让人放弃转让权(反悔权)恰恰是兼顾双方当事人的利益,尊重和张扬了股东对股权自由转让的权利。正是基于此,《公司法司法解释(四)》第 20 条规定:"有限责任公司的转让股东,在其他股东主张优先购买后又不同意转让股权的,对其他股东优先购买的主张,人民法院不予支持,但公司章程另有规定或者全体股东另有约定的除外……"根据这一规定,前述案例两审法院的判决存在对《公司法》有关立法精神把握不当的明显缺陷。

(六)损害优先购买权的救济

损害优先购买权包括前述股权出让人没有履行通知义务或履行义务存在瑕疵而导致优先购买权受损的行为,此外还包括采取欺诈、恶意串通手段导致优先购买权受损的行为等。根据《公司法司法解释(四)》和《九民会议纪要》的相关规定,优先购买权受损的救济途径主要为:

1. 其他股东因优先购买权受到侵害未能正常行使的,可以在法定的除斥期内行使优先购买权。尽管此时股权对外转让行为可能已经发生,但优先购买权的行使可以阻断和消灭已经或正在发生的股权转让关系,如果行权受到阻碍就可以诉请司法救济。《公司法司法解释(四)》第 21 条第 1 款规定,"其他股东主张按照同等条件购买该转让股权的,人民法院应当予以支持"。该款同时规定的除斥期是:第一,其他股东自知道或者应当知道行使优先购买权的同等条件之日起 30 日;第二,自股权变更登记之日起超过 1 年。如果其他股东在除斥期内不行使优先购买权,期满则丧失这一权利。

2. 受害股东可以提请法院确认已经发生的股权转让行为的效力,但必须以主张优先购买权为前提条件,否则人民法院对其请求"不予支持"。《公司法》规定优先购买权的目的主要在于维护有限责任公司人合利益,当优先购买权受到侵害时,法律救济的目的也主要在于排除优先购买权行使的障碍来保障公司人合利益不受损害,如果其他股东不以主张优先购买权为前提,必然不属于法律专门保护的内容,法院对其请求"不予支持"就具有合法性和合理性。在受害股东主张优先购买权的情况下,法院对已经发生的股权转让行为的效力判定以对优先购买权成立与否的确认为前提。换言之,与其说是法院对已经发生的股权转让行为的效力的判定,不如说是对优先购买权成立与否的确认更为准确。认定优先购买权成立的,其形成权的效力自然可以否定已经发生的股权转让行为的效力;认定优先购买权不成立的,已经发生的股权转让行为就肯定是有效行为。

3. 对已成立生效的股权转让合同,不应仅仅因为损害股东优先购买权认定合同无效、撤销合同,而是应在"原则有效"的基础上来处理。这是因为:股权转让合同的订立属于合同行为,基于《民法典》的规定而成立和生效,只要是在当事人双方合意并没有违反《民法典》第 153

条、第154条的规定情形,[①]就应当是有效合同;而损害优先购买权则是股权转让合同生效后(当事人恶意串通除外)违反《公司法》关于股权转让限制性规定的行为,属于合同生效后履行中存在的问题。两种性质的行为,前者受《民法典》关于合同成立生效的条款规制,后者主要受《公司法》关于优先购买权条款的规制。易言之,《公司法》关于优先购买权的规定只影响股权转让合同的实际履行,并不影响股权转让合同本身的效力。如有学者所言,公司其他股东享有优先购买权,受影响的仅仅只是该股权转让或变动的实际履行,并不构成对股权转让合同效力本身的实质性影响,不能因出让人违反《公司法》或公司章程关于股权转让的限制性规定,而认定该股权转让合同无效。[②] 对此,《九民会议纪要》第9条也指出,审判实践中,部分人民法院往往以保护其他股东的优先购买权为由认定股权转让合同无效,属于对《公司法司法解释(四)》第21条规定的理解存在偏差。对该条规定的准确理解应当是:既要注意保护其他股东的优先购买权,也要注意保护股东以外的股权受让人的合法权益,股权转让合同如无其他影响合同效力的事由,应当认定有效。损害其他股东优先购买权的行为,如果导致其他股东无法行使优先购买权,可以请求损害赔偿。

4. 股东以外的股权受让人,因股东行使优先购买权而不能实现合同目的的,可以依法请求出让股东承担相应民事责任。如《九民会议纪要》第9条指出的那样:"……虽然股东以外的股权受让人关于继续履行股权转让合同的请求不能得到支持,但不影响其依约请求转让股东承担相应的违约责任。"

(七)股东优先购买权与股东优先认缴权的区别

股东优先认缴权来自《公司法》第227条关于"有限责任公司增加注册资本时,股东在同等条件下有权优先按照实缴的出资比例认缴出资"的规定。根据该规定,优先认缴权是公司赋予有限责任公司股东的一项优先的权利,"认缴"在性质上也可被视为一种购买行为,因此该优先权利也被一些人视为有限责任公司股东的优先购买权。尽管将优先认缴权称为优先购买权并无不妥,但此优先购买权非彼优先购买权,或者说优先认缴权与本部分讨论的优先购买权还存在差异,二者主要区别在于:

1. 优先购买(认缴)针对的资本和交易相对方不同。优先购买权购买的资本是出让股东拟转让的股份,拟转让股份作为公司资本的构成部分,应当属于公司资本的存量部分,其交易相对方是作为出让方的股东;优先认缴权认缴的资本是公司拟新增的资本,应当属于公司资本的增量部分,其交易相对方是作为股份发行人的公司。

2. 优先权行使的范围不同。优先购买权行使的范围可以包括出让股东拟转让的全部股份。优先认缴权行使的范围限于认缴人"实缴的出资比例";换言之,如果认缴人没有实缴出资,则不具有优先认缴权。

3. 优先权的效力不同。优先购买权具有阻断和否定出让人与股东以外的第三人业已成立

---

① 《民法典》第153条规定:"违反法律、行政法规的强制性规定的民事法律行为无效。但是,该强制性规定不导致该民事法律行为无效的除外。违背公序良俗的民事法律行为无效。"第154条规定:"行为人与相对人恶意串通,损害他人合法权益的民事法律行为无效。"

② 参见肖海军:《股权转让合同效力认定的商法规则——以〈公司法〉修改为视角》,载《上海政法学院学报(法治论丛)》2022年第3期。

的股权转让合同的效力;优先认缴权却不具有这样的效力,认缴人除了能在“实缴的出资比例”范围内优先认缴公司部分新增资本外,不能就新增资本的其他部分享有优先认缴权。或者说,公司新增资本时,如果有股东放弃自己的优先认缴权,其他股东也不能就放弃部分享有优先认缴权;如果公司与股东以外的第三人就放弃部分订立了认购合同,其他股东不能以优先认缴权为由来阻断和否定该认购合同的效力。

4. 优先权保护的利益重心不同。优先购买权适用于股权转让,其功能主要是通过阻却股权转让给股东以外的第三人来维护有限责任公司人合利益;优先认缴权适用于增资扩股,其功能主要是在促进公司发展壮大的同时兼顾公司原股东的利益,公司发展壮大意味着新股东的加入,当公司发展壮大与公司人合利益发生冲突时,保护重心会更多向公司发展机会倾斜。

四、股权转让的实现

股权转让的实现是指股权转让合同全部履行完毕,达到合同双方当事人预期的目的。股权转让除了遵守《民法典》的合同规则之外,还须受《公司法》的调整。这就决定了股权转让的实现也有了不同于一般合同的特殊性。一般合同基于合同的相对性特征,只要双方当事人各自全面履行约定的义务就能够达到合同双方当事人的预期目的;但股权转让合同仅靠股权转让人与受让人双方履约行为并不都能达到合同预期目的。根据《公司法》关于股权转让的特别规定,股权转让合同在成立生效后,其有效履行还要受一些法律上限制性条件的影响,如《公司法》关于其他股东行使优先购买权、股权转让的事实需得到公司内部确认(修改公司章程与变更股东名册)、变更公司登记等规定,这些限制性条件往往可能阻碍股权转让合同的实际履行。如果其他股东依法行使优先购买权,就会产生阻却股权转让合同履行的效力;如果公司不依照《公司法》规定履行必要的确认、登记等配合义务,股权转让同样可能受到阻碍而不能达到预期效果,股权转让也可能难以真正实现。因此,股权转让合同签订后,能否产生股权实际变动的效果,首先取决于转让人的积极履约行为;其次要受制于《公司法》或公司章程的限制性规定、股东之间的个别约定;另外还须经公司、其他股东的配合。[①] 在这个意义上,股权转让并非只涉及转让人与受让人之间的内部法律关系,还具有明显的“涉他性”,股权转让的实现也需要依靠合同双方当事人和包括公司在内的“他人”的行为才能真正完成。

2023 年《公司法》修订,针对股权转让的“涉他性”,从几个方面来增加和完善了相关主体的义务,从立法上保证股权转让合同的真正实现。

第一,增设了转让人通知公司的法定义务。根据《公司法》第 86 条的规定,股东转让其股权的,应当书面通知公司,请求变更股东名册,需要办理变更登记的,并请求公司向公司登记机关办理变更登记。通知义务发生的情形应当包括股东之间的股权转让和向股东以外的人进行的股权转让,无论属于哪种情形,转让人都负有书面通知公司的法定义务。如果违反该法定义务,给受让人或相关主体造成损害,转让人就得承担损害赔偿的责任。

第二,完善和增设了公司的相关义务。根据《公司法》第 87 条的规定,股权转让合同成立

---

① 参见肖海军:《股权转让合同效力认定的商法规则——以〈公司法〉修改为视角》,载《上海政法学院学报(法治论丛)》2022 年第 3 期。

生效后，在转让人和受让人已履行合同义务并通知公司的情形下，公司应当及时注销原股东的出资证明书，向新股东签发出资证明书，并相应修改公司章程和股东名册中有关股东及其出资额的记载。其中，对公司章程的该项修改不需要再由股东会表决。

第三，增设了公司不履行相关义务时的司法救济。根据《公司法》第 86 条第 1 款的规定，当转让人书面通知公司并请求其向公司登记机关办理变更登记后，公司无正当理由不得拒绝。公司拒绝或者在合理期限内不予答复的，转让人、受让人可以依法向人民法院提起诉讼。《公司法司法解释（三）》第 23 条也规定：当事人依法履行出资义务或者依法继受取得股权后，公司未根据《公司法》的相关规定签发出资证明书、记载于股东名册并办理公司登记机关登记，当事人请求公司履行上述义务的，人民法院应予支持。

第五节　股份转让的特别问题

本节讨论股权转让的特别问题涵盖的范围包括：一是股份有限公司与有限责任公司股份转让中一些具有共性和普遍性的问题，如股权交付、股份回购、股份置换、股份质押、股份让与担保、股份拍卖等；二是法定原因的股份转让，如法院强制执行、继承、离婚等导致股份转让的情形；三是公司实践中存在争议的股份转让问题，如股权转让合同效力认定、共有股权转让的法律适用、股权能否与其权能分离转让等。

一、股份交付

股份交付即股权交付，属于股份转让中的一个环节，是股份有限公司和有限责任公司两种公司的股份转让均面临的问题。股权交付是指股份转让以此为界，在这一时点之前，股权归属于作为原权利人的出让人，之后则归属于作为新权利人的受让人。在这个意义上，股份转让与股权交付是两个既有联系也有区别的概念。股份转让主要指向股份权利转移的过程，股权交付则主要指向股份权利已经转移的事实。换言之，股份转让表明股份转让合同关系的成立以及出让人负有依合同约定向受让人移交股权的义务，而股权交付则表明股权移交的实现。在股份转让合同关系成立的情况下，出让人可能依约履行义务，将股权移交给受让人，也可能未履行义务而使股权移交没有完成，受让人享有的就只是权利交付和违约赔偿的请求权而不是对股权的真正持有。由此可见，股权交付不仅涉及权利归属和交付义务的履行，而且关系到股份上的权利义务、风险和责任的承受。交付的完成，受让人在具有股东资格和享有股份权利的同时，也要承受股份上负担的义务，如分期出资未缴纳出资的义务、出资填补义务、已质押股份出质和可被用于偿债的义务等；交付尚未完成，意味着这些权利义务的承受人仍然没有发生变化。股权交付问题较为复杂，不仅引起出让人、受让人以及第三人的权利关系的变化，而且还涉及《公司法》《证券法》中一些特殊规制的问题。

（一）股权交付的特点

股权交付是股权转移的标志。“股权的本质是一种财产性与人身性混合的权利，由于其本身不具有实体性,不具有物理交付的可能。”[①]股权在《民法典》上又是一项与物权、债权、知识产权相并列的独立财产权利。因此,股权转让与具有物理形态的实物转让、用益物权转让和知识产权的转让在标的交付上都有区别。

1. 股权交付主要以权属变更为标志。股权出资也是股权转让的形式之一,即股东以自己对其他公司持股享有的股权作为出资,转让给新设公司的行为。在《公司法》对股权交付没有规定的情况下,透过《公司法司法解释(三)》对股权出资交付的规定可以窥见最高司法机关所持态度和对股权交付的理解。在公司法理上,除货币以外的其他出资均称现物出资,包括房屋、土地使用权、知识产权和股权等,这些现物出资都涉及股东将出资标的交付给公司的问题。该司法解释对股权交付作了不同于房屋、土地使用权、知识产权交付的要求。第 10 条规定:以房屋、土地使用权和知识产权作为出资标的,办理权属变更手续和交付出资标的是衡量出让人是否全面履行出资义务的两个不可缺少的条件。比较而言,交付出资标的比办理权属变更手续更为重要。如果出资标的已经交付给公司但未办理权属变更手续,虽然属于未完全履行出资义务的行为,但出让人承受的法律后果仅是“在指定的合理期间内办理权属变更手续”,并不影响出让人“自其实际交付财产给公司使用时享有相应股东权利”;如果已经办理权属变更登记但未将出资标的交付给公司使用,尽管也是未完全履行出资义务的行为,但出让人承受的法律后果却是“在实际交付之前不享有相应股东权利”。可见,司法解释对这三种现物出资的要求重在出资标的的交付;也即公司对出资标的有效地占有和控制,否则,出资标的的价值就不能得以实现,即使其发生权属变更也没有多少实际意义。

但《公司法司法解释(三)》对股权的相关规定则有所不同,第 11 条规定了股权出资应当由出让人履行“股权转让的法定手续”,但没有规定出让人交付出资标的给公司使用的要求。履行“股权转让的法定手续”意味着办理权属变更手续即完成了出资标的的交付,或者说办理好权属变更手续就包含了交付出资标的的内容。这一要求符合股权出资的实际。股权出资作为一种权利移转,不是新设公司可以直接占有和使用的财产,而主要表现为对持股公司收益分配的请求权和参与管理权,其价值是通过“持有”而不是像其他现物出资那样通过自己占有和使用来体现。持有主体的变动完全可以在不影响持股公司对财产占有和使用的前提下,通过变更权利归属来完成。根据商法外观主义原理,股权归属主要通过股权记载形式来体现。股东名册、公司章程、公司登记记载的股权,意味着股权持有人取得股东资格。股权记载形式的价值在于对股权归属和股东资格的认定和法律风险的防范。股权行使若无股东资格的支持,则可能丧失合法性。股权包含资格性权利和财产性权利,资格性权利与财产性权利相比较,或许财产性权利对股东更具有实质意义。但对于股权归属而言,资格性权利更具有法律意义。[②] 因此,股东资格和股权权属变更即股权记载的变更。换言之,股权交付应当主要以权属变更和股东资格变更为标志。至于如何认定权属变更,则是后面要进一步讨论的问题。

2. 股权交付针对不同的公司和不同的股份有着不同的表现。根据《公司法》《证券法》的

---

① 万方:《股权转让合同解除权的司法判断与法理研究》,载《中国法学》2017 年第 2 期。

② 参见周友苏、庄斌:《股权共有中国立法的理论证成及其公司法规范构造》,载《北京理工大学学报(社会科学版)》2022 年第 5 期。

规定,股份有限公司和有限责任公司两类公司的股份转让存在较多的差异。进一步看,股份有限公司还可以分为上市公司和非上市股份有限公司,二者的股份虽然都以股票为表现形式,但上市公司股票和非上市公司股票的转让也有着不同的方式和约束条件。这些不同情形决定了股权交付也会存在一些特殊的问题:如出让人持有的股权如何完成权利交付;股权权属变更针对不同的主体,是以证券登记结算机构的过户登记还是依公司变更登记或股东名册记载变更为时点标志等。因此,股权交付问题还需要结合不同的情况来讨论。

(二)股份有限公司的股票交付

股份有限公司的股份采取股票形式。股票转让涉及的股权交付可以分为公众公司的股票交付和非公众股份有限公司的股票交付两种情形。《公司法》第159条第1款规定:“股票的转让,由股东以背书方式或者法律、行政法规规定的其他方式进行;转让后由公司将受让人的姓名或者名称及住所记载于股东名册。”由此可见,“法律、行政法规规定”的方式和“股东名册”都可以作为确定股票交付方式的依据。

1. 公众公司的股票交付

公众公司包括上市公司和“新三板”的挂牌公司。公众公司股票已经全面实现了无纸化,股东持股无法凭借实物券来体现。根据《证券法》第35条第1款,进入交易的股票“必须是依法发行并交付的证券”。这一规定表明,股票交付是股票交易得以进行的必要前提。只是在无纸化背景下,股票交付不再是实物占有的转移,而是变成了权利在出让人与受让人之间的转移,使股票交付变成了完全的权利交付。无纸化股票对于谁是股权的享有者主要依据电子记载来识别,这一电子记载在证券登记结算机构即“电子化证券登记簿记系统”。股票交付是否完成,需要依据电子化证券登记簿记系统的登记记载来确认,即股票权属或股东资格是否在该登记系统上发生变更。根据《证券法》第151条第2款关于“证券登记结算机构应当根据证券登记结算的结果,确认证券持有人持有证券的事实”的规定,在证券交易所交易的股票是否交付或者说股东资格是否发生转移均应依据证券登记结算机构的记载来确认。证券登记结算机构办理登记过户的时间就是股票交付的时点标志。由于相关法规对不同证券品种的清算交收有着不同的时间要求,证券登记结算机构办理某一具体证券的登记过户时间也不尽相同。如上市公司A股股票交易目前实行“T+1”交收制度,“登记交付”的时间就是股票成交后的次日;B股交易实行“T+3”交收制度,“登记交付”的时间就是股票成交后的第3个交易日。因此,上市交易的股票就按照“登记交付”原则来确定股票交付时点。

2. 非公众股份有限公司的股票交付

非公众股份有限公司的股票目前分为托管股票和非托管股票两种类型。根据笔者调查,不少地方成立了诸如托管中心之类的机构,为公司提供办理股票登记、代理分红派息、查证咨询、信息披露等服务。[①] 对于股票托管的股份有限公司,如果其股票发生转让,托管机构均要求其必须办理股权变更登记。由此可以对托管股票和非托管股票的交付作出如下辨析:

(1)托管股票的交付。托管股票转让根据托管机构的要求应当办理股权变更登记。尽管

---

① 如成都托管中心是一家经四川省人民政府批准设立,受四川省金融工作局监管,在四川全省范围内开展非上市公司股权登记、托管服务的股权托管机构。参见成都托管中心官网信息,https://www.cdtg.com.cn/,2024年1月8日最后访问。

各地托管机构可以根据中国证监会2022年5月修订发布的《证券登记结算管理办法》第2条关于“未在证券交易场所交易的证券,委托证券登记结算机构办理证券登记结算业务的,证券登记结算机构参照本办法执行”的规定来办理股权变更登记手续,但由于法律上没有赋予其如同登记结算机构那样的地位和职权,被托管公司股票交付与托管机构股权变更登记的关系可以结合不同的情况来判定。根据《公司法》等法律法规的规定,应当把握的几项原则是:第一,在不与法律规定和当事人约定冲突的情况下,可以托管机构的股权登记变更登记为股票交付的标志;第二,如果出让人与受让人对股票交付有约定且不与法律规定相冲突,则以双方的约定为股票交付的标志,即约定具有优于托管机构变更登记的效力;第三,如果法律法规对股票交付有特殊要求,如关于记名股票转让需要股东名册变更登记,则以法律法规规定为准。

(2)非托管股票的交付。根据现行法律法规的规定,非托管股票的股份有限公司都应当属于发起设立公司。① 按照《公司法》第147条第2款关于“公司发行的股票,应当为记名股票”的规定,非托管股票需要按照记名股票的规则来办理,即以股东名册的变更为股票交付的标志。尽管记名股票转让引起发起人变更的还需要履行公司登记机关的变更登记程序,但无论这一程序是否履行,也无论其履行是在股东名册变更之前还是之后,均不影响股东名册变更为股票交付的标志。

(三)有限责任公司的股权交付

从《公司法》有关规定看,有限责任公司股权交付与前述非上市股份有限公司记名股票交付的情形有些相似。需要讨论的是股权交付的时点是以股东名册记载变更为准还是以公司登记变更为准的问题。

1. 股东名册变更对股权交付的效力

在股权转让中,鉴于股权交付对受让人行使股权的重要地位和作用,股东名册变更对股权交付的效力也得以彰显。股东名册变更具有对抗公司的效力即意味着在没有履行股东名册变更的情况下,公司不对受让人承担法定义务。这与《公司法》第56条第2款关于“记载于股东名册的股东,可以依股东名册主张行使股东权利”的精神完全吻合。因此,有限责任公司的股权转让应当与公司股东名册的变更相对应,在不涉及出让人与受让人以外的第三人的情况下,应当以股东名册记载变更作为股权交付的标志。2023年修订的《公司法》在涉及有限责任公司股权转让的规定中专门增加了与此相关的内容,即第86条第2款规定:“股权转让的,受让人自记载于股东名册时起可以向公司主张行使股东权利。”这一新规表明:股权转让自股东名册记载之时,受让人就正式取得股东资格并拥有对抗公司的效力,可以抗辩公司及其股东对受让股权主张的权利。由此也说明股东名册在公司诸多法律文件中的重要地位。

但在我国公司实践中,有限责任公司往往还存在未置备股东名册,或者因股东名册登记管理不规范,未及时将出让人或者受让人记载于股东名册的情况。因此在处理具体问题时需要有一定的灵活性。如果因此产生争议,可根据受让人对股权的实际行使情况来考量。如果受

① 根据中国证监会2023年2月修订发布的《非上市公众公司监督管理办法》第2条、第4条的规定,股东累计超过200人和股票公开转让的公司为公众公司,公众公司股票应当在中国证券登记结算公司集中登记存管。因此,非托管股票的公司都应当为发起设立的股份有限公司。

让人事实上在公司分取红利，参与公司管理，公司及其他股东也认可其股东地位，只要争议不涉及第三人，即使没有将受让人记载于股东名册，也可认定股权交付已经完成。

2. 公司变更登记对股权交付的效力

根据《公司法》第 32 条和第 34 条的规定，公司应当将有限责任公司的股东姓名或者名称向公司登记机关登记，该登记事项发生变更的，应当依法办理变更登记。该登记事项未经登记或者未经变更登记的，不得对抗善意相对人。说明对善意相对人来说，认定股权交付应当以公司登记变更为标志。这里的善意相对人是指公司外部的第三人，不应包括公司的其他股东。公司登记变更具有面对社会的公示力和公信力，而且也是股份转让必须履行的法律程序，以其作为对公司以外的第三人认定股权交付的标志，不仅可以督促当事人依法及时履行股份转让必需的程序，而且能够更好地体现公平公正的法律精神。

按照公司变更登记只具有对抗善意相对人效力的原理，在不涉及善意相对人的情况下，如果出资股权已经发生权利交付但尚未办理公司变更登记，出让人将股权再次转让或以其他方式进行处分，就属于无处分权的行为。对此可参照《公司法司法解释（三）》第 27 条的规定来处理：如果受让人是善意受让且支付了合理的价格，可以依《民法典》第 311 条规定取得股权，但出让人须承担相应的责任；如果因此给受让人造成了损失，受让人可以请求出让人承担赔偿责任。对于未及时办理公司变更登记的行为，如果公司有过错，则公司有过错的董事、高级管理人员或者实际控制人也应承担相应责任；如果受让人对于未及时办理变更登记也有过错，可以适当减轻公司董事、高级管理人员或者实际控制人的责任。

（四）股份交付地

讨论股份交付地的直接意义主要在于确定因股权转让合同纠纷产生的民事诉讼管辖。股份转让是发生于出让人和受让人之间的合同行为，实践中出让人与受让人因转让合同发生的纠纷，就存在如何确定管辖法院的问题。自 2024 年 1 月 1 日起施行的《民事诉讼法》第 24 条规定："因合同纠纷提起的诉讼，由被告住所地或者合同履行地人民法院管辖。"如果股权转让合同的当事人选择"合同履行地"起诉，股份交付地对人民法院确定诉讼管辖就有了实际意义。

在股份转让合同中，由于当事人转让的标的是权利而非实物，因此不能像购销合同那样以"交货地点为合同履行地"，而应当以"股份交付地"为合同履行地。结合前述对股份交付不同情况的讨论，确定股权交付地也有以下两种不同的情况：

1. 对公众公司的股票和非公众股份有限公司托管的股票而言，股份交付地应当为股票登记结算机构的所在地，或者说该股票登记结算机构所在地就是股份转让合同的"合同履行地"。

2. 对股份有限公司未托管股票和有限责任公司股份而言，如果股份交付只针对合同出让人和合同受让人，其交付应当以股东名册的变更为准，因此，股份交付地也应当为股东名册的置放地。根据《公司法》第 56 条关于"有限责任公司应当置备股东名册"和第 109 条关于股份有限公司应当将股东名册"置备于本公司"的规定，股东名册置放地应当为公司住所地，即公司的"主要办事机构所在地"。因此，股份交付地应当为公司住所地，或者说公司住所地就是股权转让合同的"合同履行地"。

二、股份回购

股份回购也属于股份转让的特殊形式，是指依照有关法律法规规定的特殊程序来进行的股份转让。《公司法》对股份有限公司和有限责任公司两类公司的股份回购分别作出了相应的规定。根据股份回购的性质和立法价值取向，可以划分为两种类型：一类为《公司法》第 162 条规定的主要适用于公众公司的股份回购，另一类为《公司法》第 89 条和第 161 条规定的适用于有限责任公司和非公众股份有限公司的股份回购。鉴于两类回购存在较多的差异且适用条件也不同，为了易于区分和论述上的方便，笔者将前者称为股份回购，将后者称为公司回购。其中股份回购是从回购行为的客体角度来抽象的概念，公司回购则是从回购行为的主体角度来抽象的概念。无论哪种回购，都是以股份为客体并以公司为主体的购买行为。

（一）股份回购

1. 股份回购的特征

股份回购是指股份有限公司在符合法定情形的前提下为实现特定目的将已经发行在外的股票购回并在法定期限内予以转让或注销的行为。《公司法》第 162 条是对股份回购的直接规定。尽管该条的适用对象为股份有限公司，从文义上似乎可理解为所有类型的股份有限公司，但该条规定的回购情形基本上与证券市场相关，结合《公司法》第 161 条的适用范围为非公众股份有限公司，股份回购应当主要指向公众股份有限公司即公众公司的回购行为。股份回购既要适用《公司法》，也要适用《证券法》及相关法规的规定。股份回购具有以下特征：

（1）股份回购遵循“原则禁止，例外允许”的原则。所谓原则禁止就是应当遵守《公司法》第 162 条第 1 款关于“公司不得收购本公司股份”的规定；所谓例外允许，就是只有当法定事由出现时，公司才能进行股份回购。《公司法》第 162 条第 1 款列举的例外允许的情形为：第一，减少公司注册资本；第二，与持有本公司股份的其他公司合并；第三，将股份用于员工持股计划或者股权激励；第四，股东因对股东会作出的公司合并、分立决议持异议，要求公司收购其股份；第五，将股份用于转换公司发行的可转换为股票的公司债券；第六，上市公司为维护公司价值及股东权益所必需。

（2）股份回购主要是公司的主动作为，在性质上属于公司为实现特定目的而行使权利的行为。《公司法》第 162 条第 1 款列举的六项股份回购情形，除了“股东因对股东会作出的公司合并、分立决议持异议，要求公司收购其股份”是公司被动作为外，其他五项均是公司为实现特定目的而主动作为的情形。2018 年《公司法》规定了一些股份回购的法定情形，如“将股份用于员工持股计划或者股权激励”“将股份用于转换上市公司发行的可转换为股票的公司债券”“上市公司为维护公司价值及股东权益所必需”，这些专门针对上市公司规定的回购情形，适应了公司现实需求，尤其是关于“维护公司价值及股东权益所必需”情形的规定，具有较大的弹性空间，有利于公司灵活利用证券市场的机制和功能，促进公司稳定健康发展。据媒体报道，自 2018 年以来，股市 A 股回购潮就不断出现。回购金额成倍增长，上市公司不少以“市值管理”为由进行股份回购，另外，实施股权激励或员工持股计划也是回购的主要原因之一。[①]

(3)股份回购受到较为严格的管制。由于股份回购主要系公司以自利为目的的自主行为，其适用范围又主要为公众公司，势必关系到包括社会公众投资者在内的公司全体的利益，法律需要对其施加较为严格的管制，除适用《公司法》第162条外，股份回购还要受《证券法》及相关规范性文件的规制。如上市公司的股份回购就必须适用中国证监会2023年12月修订发布的《上市公司股份回购规则》，该法规对上市公司回购股份的条件、回购方式、回购程序和信息披露、以集中竞价交易方式回购股份、以要约方式回购股份、监管措施、法律责任等都作了较为详细的规定。此外，证券交易所关于股份回购的专门规则，[②]对上市公司的股份回购也起着重要的规范作用。

2. 股份回购的功能

股份回购常常被公众公司当成一种经营手段来使用，尤其是上市公司，股份回购已经成为资本市场的一项基础性制度安排，是国际通行的公司实施并购重组、优化治理结构、稳定股价的必要手段。上市公司可以通过股份回购来缩减股本(减资)，使流通在外的股票减少，从而提高每股盈余，降低其市盈率，导致股价上涨，让股东在出售股票中获得利益。从证券市场实践来看，上市公司股份回购的意义主要在于：

(1)代替股利分配，国外不少公司还利用股份回购来规避现金分红的法律限制，如税收等。

(2)改善公司资本结构，通过股份回购，减少公司资本，提高剩余资金利用率，从而提高股份收益率。

(3)反收购措施。股份回购可以提高目标公司发行在外的股票的价格，减少在外流通的股份，给收购方造成更大的收购难度，用来抵御收购。

(4)稳定公司股价。在股价过低时回购股票，是维护公司形象的有效途径。

到目前为止，我国上市公司已有多起公开披露的股份回购，从其操作情况来看，收到较好的效果。中国证监会、财政部、国资委2018年11月共同发布的《关于支持上市公司回购股份的意见》要求，上市公司要切实增强投资者回报意识，充分有效运用法律规定的股份回购方式，积极回报投资者。鼓励上市公司在章程或其他治理文件中完善股份回购机制，明确股份回购的触发条件、回购流程等具体安排。

3. 股份回购应当规制的主要事项

按照《公司法》《证券法》和有关法规的规定，上市公司回购股份涉及的规制事项主要包括以下几点：

(1)回购股份的条件。《上市公司股份回购规则》第8条规定，上市公司回购股份应当符合的条件包括：公司股票上市已满6个月；公司最近1年无重大违法行为；回购股份后，上市公司具备持续经营能力和债务发行能力；回购股份后，上市公司的股权分布原则上应当符合上市条件；公司拟通过回购股份终止其股票上市交易的，应当符合证券交易所的相关规定；中国证

---

① 参见《A股或掀三年来最猛回购潮》，载《金融投资报》2021年2月5日。

② 如2023年12月发布的《上海证券交易所上市公司自律监管指引第7号——回购股份》《深圳证券交易所上市公司自律监管指引第9号——回购股份》《北京证券交易所上市公司持续监管指引第4号——股份回购》。

监会、证券交易所规定的其他条件。

(2)回购股份数的限制。对回购股份数,一般应由股东会根据公司自身的情况自主决定,法律不作强行限制。但也有特殊情况,如《公司法》第162条第3款规定,属于将股份用于员工持股计划或者股权激励、将股份用于转换公司发行的可转换为股票的公司债券和上市公司为维护公司价值及股东权益所必需的回购,公司合计持有的本公司股份数不得超过本公司已发行股份总额的10%。

(3)回购股份的方式。上市公司回购股份可以采取证券交易所集中竞价交易方式、要约方式和中国证监会认可的其他方式进行。《公司法》第162条第4款规定,属于将股份用于员工持股计划或者股权激励、将股份用于转换公司发行的可转换为股票的公司债券和上市公司为维护公司价值及股东权益所必需的回购,应当通过公开的集中交易方式进行。《关于支持上市公司回购股份的意见》规定,上市公司以现金为对价,采用要约方式、集中竞价方式回购股份的,视同上市公司现金分红,纳入现金分红的相关比例计算。

(4)回购股份的价格。关于股份回购的价格,如果采取证券交易所集中竞价交易方式和要约方式回购,应当是相对公平的市价。《上市公司股份回购规则》对以集中竞价交易方式回购股份和以要约方式回购股份分别设专章作出特殊规定:如第32条要求,上市公司通过集中竞价交易方式回购股份占上市公司总股本的比例每增加1%的,应当自该事实发生之日起3个交易日内予以公告;第33条规定,上市公司以要约方式回购股份的,要约价格不得低于回购股份方案公告日前30个交易日该种股票每日加权平均价的算术平均值。

如果按照协议回购的方式来进行,现行法律法规尚无有关价格的规定。在国外,股份回购协议定价一般采取以净资产为标准,以一定倍数的市盈率为标准,以市价、一定时期内的平均价或最高价为标准等方式。根据我国的实际情况,从股东财富最大化的角度来讲,如果公司的盈利能力较强,股份回购对社会公众股东是有利的,但对于该公司的绩差股而言,依净资产定价,回购市盈率势必会很高,就可能侵犯其他股东的利益。因此,股份回购采取协议回购方式的,定价应当根据上市公司资产质量、盈利能力、市场前景来综合考虑。

(5)回购股份资金来源。按照《上市公司股份回购规则》的规定,回购股份资金来源由公司自主决定,但应当合法合规,董事会作出包括拟用于回购资金总额和资金来源在内的回购股份方案,须提交股东会通过并予以公告。

(6)回购股份的处理。《公司法》第162条第3款规定:属于减少公司资本原因回购的,应当自收购之日起10日内将回购的股份注销;属于合并原因和异议股东要求公司收购其股份原因的回购,应当自收购之日起6个月内转让或者注销。属于将股份用于员工持股计划或者股权激励、将股份用于转换公司发行的可转换为股票的公司债券和上市公司为维护公司价值及股东权益所必需的回购,公司持有的本公司股份应当在3年内转让或者注销。

(7)信息披露。上市公司收购本公司股份的,应当依照《证券法》及相关法规、规则的规定履行信息披露义务。

4. 股份回购需要防范的违法行为

从国外和我国实践的情况看,股份回购作为一种公司经营策略虽被普遍采用,但也容易产生一些违法行为,主要有以下几点:

(1)内幕交易和操纵股价。上市公司回购本公司股票,如果没有相应的信息披露规范,容易产生少数内幕人士利用内幕消息进行股票炒作,导致股价大起大落,使广大投资者蒙受损失。

(2)误导投资者。如果无条件允许上市公司回购股份,就会使经营不善的上市公司通过回购来抬高本公司股价,从而打乱股价结构,误导投资者,导致证券市场的管理混乱。这就是当前证券监管机关需要重点防范和打击的"忽悠式回购"的现象。

(3)损害债权人利益。股份回购中采取公司减资的方式,必然涉及公司债权人的利益。如果缺乏必要的规制,完全可能损害债权人利益。如不对回购量有所限制,公司就可能因大量的现金支付而影响债务正常偿还;又如缺少信息披露的有关要求,债权人就难以行使《公司法》规定的要求公司偿还债务或提供相应的债务担保的权利。

(4)损害中小股东的利益。由于我国目前上市公司的股本结构不尽合理,公司股东大会往往可不征求中小股东意见就通过股份回购的决议。这就可能出现大股东利用回购来侵害其他中小股东利益问题。如回购定价过高就会直接侵害其他股东利益。

(二)公司回购

公司回购是对股份回购的另一称谓。这一称谓不仅突出了公司作为股份回购主体的地位,而且还强调了股份回购是属于公司法定义务的性质。公司回购可被定义为:公司因股东行使回购请求权而将发行在外的股份购回的行为。《公司法》第89条和第161条分别对有限责任公司和非公众股份有限公司的回购行为作出了规定,加上《公司法》第162条第1款第4项对股份有限公司合并、分立时公司回购的规定以及第219条第1款对两类公司适用简易合并程序时的公司回购的规定,公司回购的适用范围涵盖了所有的公司类型。其中,《公司法》第89条第3款关于有限责任公司控股股东滥权压制的回购规定、第161条关于非公众股份有限公司的回购规定、第219条第1款关于简易合并程序的回购规定,都是2023年修订的《公司法》新增的内容。

1. 公司回购的特征

公司回购的特征,可以通过与前述《公司法》第162条规定的股份回购的比较体现出来:

(1)公司回购是封闭型公司应当履行的一种法律义务。《公司法》第162条关于股份回购的规定基本属于赋权性的规定,即它是公司拥有权利的规定,属于公司自主决定并愿意为之的行为;而《公司法》第89条和第161条关于公司回购的规定则属于公司的义务性规范,是公司在被动状态下不得不为之的行为。

(2)公司回购义务的相对方是享有回购请求权的股东,即作为权利主体的股东。公司回购与股份回购尽管都是股份转让的特殊方式,都是以公司作为股份的受让人,但二者的回购出让方不同:后者是公司将发行在外的股份主动购回的行为,如果是针对上市公司的股份回购,回购股份的出让方一般为公司不特定的股东,即通过证券市场购买公司股票的社会公众股东;前者虽然也是公司购回股份的行为,但股份的出让方只能是特定的股东,即对符合法定情形的股东会决议投反对票或以其他方式持异议的股东、有限责任公司受控股股东滥权压制的股东以及简易合并程序适用时的股东,这些股东依法对公司享有回购请求权。公司回购也被定义为股东行使回购请求权而产生的股份回购。

(3)公司回购以股东行使回购请求权为成立前提。《公司法》对公司回购和股份回购的成立有着不同的要求:按照第89条和第161条的规定,公司回购虽然要求符合法定事由,但并非出现任何法定事由之一就可回购股份,回购还必须以股东行使回购请求权为前提,如果缺少这一前提，公司回购则不能成立；而第162条规定的股份回购尽管也要求符合法定事由，但除了该条第1款第4项规定的“股东因对股东会作出的公司合并、分立决议持异议，要求公司收购其股份”的情形之外，其他五项事由引起的股份回购均与股东行使回购请求权无关。换言之，如果出现该五项情形之一，是否进行股份回购由公司自主决定，因为股份回购属于股份有限公司的权利，公司可以行使，也可以放弃。

（4）公平定价是公司回购得以实现的关键因素。回购作为一种特殊的股份转让，本质上仍然属于合同行为，需要作为回购受让人的公司与作为回购出让人的股东通过要约承诺的环节来达成协议，其中回购股份的定价是协议成立的关键因素。如果公司任意压低回购价格使双方达不成协议，股东就有权向人民法院提起诉讼，请求法院以判决方式来确定公平的回购价格。《公司法》第89条和第161条规定的“合理的价格”就包含在回购价格协商不成时司法介入的内容。可见，公平定价是公司回购实现的核心内容，也正是基于此，公司回购也被称为“异议股东评估权”（appraisal rights for dissent shareholders），是“法律赋予对该交易有异议的股东请求公司以公平价格回购其股份的权利”。[①] 相比而言，《公司法》第162条规定的股份回购的定价则相对简单，由于回购并非公司义务而是公司权利，回购又主要通过证券市场来完成，回购价格在公司与股东交易中并不由法律来强制规定，或是由双方当事人协商确定，或是通过集中竞价方式产生。

（5）公司回购的制度价值主要在于保护中小股东的利益。这与《公司法》第162条规定的股份回购（不包括该条第1款第4项）有明显区别。后者的制度价值主要在于为公司提供一种经营方式和手段，旨在提高公司效率，增强公司凝聚力和向心力，保护公司及全体股东的利益；而公司回购作为一种主要针对异议股东采取的行为，其制度价值主要在于弥补“资本多数决”可能产生的缺陷，当中小股东无法在公司重大问题决策上与大股东抗衡和受到控股股东滥权压制时，通过股份回购可以平衡异质化股东间的利益冲突。回购意味着股东可以选择合法方式退出公司，避免利益冲突的激化，从而兼顾公司制度的效率和公平，起到保护股东，更准确地说是保护公司中小股东利益的作用。

2. 回购请求权

公司回购以股东行使回购请求权为成立前提，回购请求权的成立与否，决定着公司回购能否发生。因此，回购请求权在公司回购中具有非常重要的地位，也是公司回购与股份回购的本质区别所在。

（1）回购请求权的法律属性。回购请求权作为股东享有的民事权利，既是一种请求权，同时还具有形成权的法律属性。请求权在法律上并不等于请求内容的实现，还需要借助相对义务人的行为。如果公司不履行“按合理的价格收购其股权”的法定义务，股东请求权内容就会落空。对此，《公司法》第89条和第161条又规定了法律强制的手段，如果公司拒绝履行法定义务，股东就可以向法院起诉，由司法机关帮助股东实现请求权内容。在这个意义上，回购请求权被赋予形成权的性质，意味着股东可以依单方意思表示就能在公司与自己之间产生回购法律关系，如果公司不同意缔约或不按照公平的价格回购股份，股东还可以向人民法院提起诉讼，通过公力救济方式来实现权利，完成公司回购。

---

① 施天涛：《公司法论》（第4版），法律出版社2018年版，第568页。

(2)回购请求权的行权。回购请求权的行权即股东可以向公司主张回购的权利。股东行权需要符合法定的条件。根据《公司法》的规定,股东行权首先要有法定事由,法定事由即《公司法》规定的客观事实,如果法定事由没有出现,回购请求权就不能成立,股东行权也无从谈起。《公司法》对于法定事由的规定,在有限责任公司和非公众股份有限公司上还存在差异:第一,根据第 89 条的规定,有限责任公司产生回购请求权的法定事由包括两类情形,一类是股东可以对股东会决议投反对票的情形,另一类是控股股东滥权压制的情形。当出现第一类情形时,股东行权除了要求存在第 89 条第 1 款列举的法定事由,还需要股东"对股东会该项决议投反对票",否则股东就不能行权,说明法定事由和投反对票均为回购请求权成立和行权的要件;当出现第二类情形时,《公司法》并没有将股东表达异议方式作为回购请求权成立和行权的要件,只要出现控股股东滥权压制的客观事实,回购请求权就成立,股东就可以行权。这里的"控股股东滥权压制"情形,是 2023 年修订的《公司法》新增的内容,第 89 条第 3 款将其表述为"公司的控股股东滥用股东权利,严重损害公司或者其他股东利益的",该情形一旦出现,"其他股东有权请求公司按照合理的价格收购其股权"。这种以法定事由为回购请求权行权前提的情形还存在于公司简易合并的情形,《公司法》第 219 条第 1 款就是关于该情形的规定。基于此,笔者把股东回购请求权分为异议股东回购请求权和泆定事由下股东回购请求权两种类型。前者即《公司法》第 89 条第 1 款、第 161 条、第 162 条第 1 款第 4 项规定的情形,后者即《公司法》第 89 条第 3 款、第 219 条第 1 款规定的情形。第二,《公司法》第 161 条对非公众股份有限公司股东回购请求权的产生,只规定了股东可以对股东会决议投反对票的情形,没有规定控股股东滥权压制的情形。换言之,符合法定事由和股东"对股东会该项决议投反对票"的两个要件,股东回购请求权就成立,股东就可以依法行权。

3. 法定事由的具体情形

《公司法》对有限责任公司和非公众股份有限公司规定的具体情形还存在个别差异。根据第 89 条第 1 款的规定,股东可以对股东会决议投反对票的法定事由的具体情形为:第一,公司连续 5 年不向股东分配利润,而公司该 5 年连续盈利,并且符合《公司法》规定的分配利润条件的;第二,公司合并、分立、转让主要财产的;第三,公司章程规定的营业期限届满或者章程规定的其他解散事由出现,股东会通过决议修改章程使公司存续的。根据第 161 条的规定,股东可以对股东会决议投反对票的法定事由除了"公司合并、分立"的内容外,其他与有限责任公司的完全相同。究其原因,第 161 条第 1 款之所以将"公司合并、分立"的内容排除在外,是因为第 162 条关于股份回购的法定事由中已经有了该情形的规定。① 由此也产生了如何理解该条第 1 款第 4 项关于"股东因对股东会作出的公司合并、分立决议持异议"的规定的法律适用问题。

值得指出,当出现《公司法》第 89 条第 1 款、第 161 条规定的法定事由时,股东对股东会该项决议是否投反对票属于股东可以选择的权利,股东既可以投反对票来表达异议,也可以放弃这一权利或投赞成票;如果股东放弃权利或因故未能投反对票,回购请求权则不能产生。

---

① 《公司法》第 161 条只规定了"公司转让主要财产"的情形,而"合并、分立"的情形则是由《公司法》第 162 条第 1 款第 4 项来规定。笔者认为,该法定事由无论是从保护中小股东利益属性上还是从立法逻辑结构上考虑,都可以移到第 161 条中来规定,从而使第 162 条规定的法定事由全部为公众公司可以主动作为的情形。

4. 公司回购实务操作的有关问题

《公司法》第 89 条和第 161 条规定的内容还涉及公司回购一些值得讨论的实务操作问题：

(1)股东对股东会决议的异议方式。如前所述，回购请求权成立的构成要件之一是股东“对股东会该项决议投反对票”。这里的“反对票”作为表达异议的方式，应当采取书面记载的形式，否则就可能因时过境迁而难以说明自己是否真的作出了明确反对的意思表示。

这里还需要对与前述《公司法》第 162 条第 1 款第 4 项规定的法定事由的理解与适用作些讨论。该项规定的完整表述是：“股东因对股东会作出的公司合并、分立决议持异议，要求公司收购其股份”。由此可见，该项规定应当是公司应股东行使回购请求权而被动采取回购行为的情形，其制度设计的价值主要是保护中小股东利益，回购属于公司应当履行的义务。尽管该项法定事由似乎置于第 161 条中更显立法逻辑的严谨，但由于它是 2023 年修订前的《公司法》中的已有规定，因而仍然完整保留在第 162 条规定中。① 由此也会产生两个值得关注的适用问题：第一，由于第 162 条的适用范围为股份有限公司，因而该项的适用范围则应当包括所有的股份有限公司，即公众公司和非公众股份有限公司，从而体现出该项与只适用于非公众股份有限公司的第 161 条在适用范围上的差异。第二，该项规定并未将第 161 条规定的“对股东会该项决议投反对票”作为回购请求权成立的要件，而是采用了“对股东会作出的公司合并、分立决议持异议”的表述。二者差异在于前者是“投反对票”，后者是“持异议”。这就产生对“持异议”如何理解和如何适用的问题。笔者认为，从文义解释的角度看，二者不能等同，“持异议”的外延显然要大于“投反对票”，或者说“投反对票”仅为表达“持异议”的方式之一，股东完全还可以通过其他方式来表达异议，甚至可以将股东请求公司回购股份的行为也视为表达异议的方式。据此，根据第 162 条该项体现的保护中小股东利益的制度价值，对于中小股东表达异议方式的要求宜宽不宜严。如果属于法定事由下的股东回购请求权，立法不仅不要求以“投反对票”为异议方式，而且不以异议为行权要件；如前述《公司法》第 89 条第 3 款规定的控股股东滥权压制和第 219 条第 1 款规定的简易合并情形，一旦出现法定事由，“其他股东”就可以直接向公司行使回购请求权。

(2)回购协议。按照回购请求权的形成权性质，股东只要行使回购请求权，公司就有购回其持有股份的义务。由此来看，公司回购似乎不存在还需要公司与股东协商订立回购协议的问题。但认真分析《公司法》第 89 条和第 161 条的内容就会发现，法律又规定了公司与股东通过彼此协商订立回购协议的内容，包括回购价格、回购时间、回购方式等。当然，如果不能在公平价格的基础上达成回购协议，回购请求权就可能由一般请求权向形成权的性质转化。这里的形成权是指股东单方行使就可以使回购关系成立的权利，因而是具有强制缔约效力的权利，其效力来自司法介入，是以诉权为保障的效力。

(3)股东的诉权。按照《公司法》第 89 条第 2 款和第 161 条第 2 款的规定，自股东会会议决议通过之日起 60 日内，股东与公司不能达成股权收购协议的，股东可以自股东会会议决议通过之日起 90 日内向人民法院提起诉讼。这里“股东与公司不能达成股权收购协议”，既可

---

① 第 162 条的规定是 2018 年《公司法》修正涉及的内容，该次《公司法》修正只对 1 个条文的内容作出修改，这一条文即原《公司法》第 142 条。2023 年修订的《公司法》除对原条的法条序号和个别文字作了调整外，对其内容则完整保留。

能是双方当事人不能就回购合同的内容、主要是回购价格协商一致的情况,也可能是公司一方不愿或拒绝与异议股东进行协商的情况。无论出现哪种情况,鉴于回购是公司的一项法律义务和异议股东的形成权,双方不能达成协议并不意味着法律义务的免除和形成权的消灭。股东完全可以通过诉讼程序由法院来督促公司履行义务,帮助自己实现权利。

(4)回购股份的处理。《公司法》第89条第3款和第161条第3款对回购股份的处理也作出了相同的规定。公司回购后不能长期持有自己的股份,否则不仅与公司运作的基本法理发生冲突,而且还可能产生公司与股东、股东与股东之间的利益冲突问题。因此《公司法》要求公司"收购的本公司股权,应当在六个月内依法转让或者注销"。

5.有限责任公司能否将股份回购作为公司主动作为的运营方式

按照《公司法》第89条的规定,公司回购是有限责任公司应当履行的一项义务,属于公司不得不为的被动行为。有限责任公司能不能像股份有限公司那样,将股份回购作为公司一项权利,主动运用其来应对和处理公司实务中的一些棘手问题呢?司法实践对此存在不同认识:第一种观点认为,根据资本维持原则及《公司法》关于"股东不得抽逃出资"的效力性强制性规定,除《公司法》规定的回购情形外,应禁止有限责任公司收购其他股东股权,以确保公司资本充实,保护债权人利益;第二种观点认为,根据"法无禁止皆可为"的原则,只要股东与公司协商同意且不违反法律和行政法规的强制性规定,有限责任公司就可回购其股权。①

2019年出台的《公司法司法解释(五)》支持了第二种观点,第5条规定,人民法院审理涉及有限责任公司股东重大分歧案件时,当事人通过协商一致方式来解决分歧,能够恢复公司正常经营,避免公司解散,且不违反法律、行政法规的强制性规定的,人民法院应予支持,其中就包括了"公司回购部分股东股份""公司减资"等方式。这些方式与《公司法》第89条的规定相比,最重要的区别就在于它们是由公司主动作为的运营手段,属于公司权利而非义务。

需要指出,2023年修订的《公司法》第219条第1款关于简易合并中涉及股东回购请求权的规定,本书将在第十五章第一节结合公司合并中的有关问题展开讨论。

三、股份置换

股份置换又称股权置换,是指在股份转让中,受让方以自己持有另一公司的股份作为对价,换取对方股份的行为。可见,股份置换也是股份转让的一种形式。与股份转让一般形式不同的是,受让方用自己持有股权作为支付出让方股份的对价,会产生新的股权转让关系,即股权出让方在接受股权作为支付对价的同时,自己也变成了对方股权的受让方。股份置换多应用于公司并购,适用于股份有限公司和有限责任公司两类公司的股份转让。实践中的股份置换主要有以下情形。

(一)公司存量资本的股权置换

这种置换方式往往由两个公司的控股股东之间通过相互持股来实现,如A公司的控股股东甲持有本公司60%的股份,B公司控股股东乙持有本公司60%的股份。甲乙两人各以自己

① 参见周建良:《有限责任公司收购股东股权问题探讨》,载《人民法院报》2016年6月15日。

持有本公司股份的30%与对方置换,置换的结果是:甲和乙作为出让方各在减少持有原公司30%股份的同时,又均作为受让方获得对方公司30%的股份,而A、B两个公司在原有注册资本不变的情况下增加了新的股东。股份与股份的置换,可以是等额的,也可以是非等额的,如甲也可以自己持有A公司股份的20%与乙持有B公司股份的30%置换。置换后的持股情况为:甲持有A公司40%的股份和B公司30%的股份,乙持有A公司20%的股份和B公司30%的股份。股份置换作为一种经营策略,可以通过吸收新的股东来加强公司间的相互协作,改善和提高公司经营管理水平。

(二)公司增量资本的股权置换

增量资本的股权置换主要发生于公司并购重组中。一方面,目标公司以增量资本作为对价,置换认购股东用于支付对价的股权;另一方面,认购股东则以持有其他公司的股份作为对价,置换目标公司增加发行的股份或增加的注册资本。如目标公司A原有注册资本1亿元,拟增加注册资本1亿元,增加部分向新股东甲定向发行;甲以自己持有B公司51%的股权作为对价与目标公司发行的新股进行置换,置换成功后A公司的注册资本通过增资变成2亿元,A成为持有B公司51%股权的母公司,而甲成为持有A公司1亿元股份的新股东。股权置换以股份作为支付对价,对股份转让双方当事人而言,可以减少转让中的现金支出,使资产转让的税收负担递延,还能使股份出让人在其他公司拥有一定的权益。但股权置换也有不足:股份出让人获得其他公司的股份并非现金,是一种具有风险的权益财产;受让人也可能因股份支付而丧失对原公司的控制权。

(三)非上市公司与上市公司股权置换

上市公司收购中的股权置换,如果收购方为非上市公司,无论其是通过证券市场购买上市公司大股东持有的股份,还是购买上市公司的增量股份,股权置换的结果可能是非上市公司在向上市公司注入新资产的同时成为上市公司的控制股东,从而使收购变成"买壳上市"。实践中发生的买壳上市,上市公司的"壳资源"成为一种交易对象,即作为股权置换的对价构成部分。买壳上市的情形常常发生于处于严重亏损的上市公司,通过股权置换来对亏损的目标公司进行重组,可能实现各利益主体多赢的局面:非上市公司通过与上市公司换股的机会,可能使自己成为上市公司控制股东,节省正常上市需要耗费的成本;上市公司通过股权置换在壳资源中注入新的资产,使其重新焕发活力;上市公司的公众股东可能因重组导致股价上扬而获利;上市公司债权人也可能因资产注入使债权偿还有了保障。"通过建立股份置换的管道实现非上市公司和上市公司各自经济目标,对于社会稳定的维护和资本市场的繁荣,无疑具有现实意义。"[①]当然,买壳上市的股权置换也容易出现规避法律、损害中小股东利益等情况,需要加强监管和信息披露、资产评估、财务会计等方面的法律规制。

四、股份质押与股份让与担保

股份质押与股份让与担保都是以股权作为担保的方式,都涉及股份转让的问题。根据

---

① 朱慈蕴:《非上市公司与上市公司股份置换引发的法律思考》,载《人民法院报》2008年11月19日。

《民法典》和自2021年1月1日起施行的《最高人民法院关于适用〈中华人民共和国民法典〉有关担保制度的解释》(以下简称《民法典担保司法解释》)的有关规定,股份质押属于典型担保形式,股份让与担保则属于非典型担保的形式。

(一)股份质押

1. 股份质押概述

股份质押也称股权质押。根据《民法典》关于担保物权的有关规定,担保物权上的质押包括动产质押和权利质押两种形式。股份质押是指以股份作为权利质押的标的,当债务人届期不履行债务时,债权人有权将该股份依法转让以优先受偿。

按照《民法典》第440条,债务人或者第三人可以以自己有权处分的并可以转让的股权出质作为担保。股份因具有财产价值及可转让性,无论其是否采取股票形式,都可以成为质押担保的标的。因此,股份质押适用于股份有限公司和有限责任公司的股份,但法律、行政法规禁止或限制转让的股份不能设立质押。如《公司法》第162条第5款就规定:"公司不得接受本公司的股份作为质权的标的。"又如以国有股权质押的,尽管有关法律法规并非禁止,但对其出质有较为严格的限制,必须经国有资产管理部门审批,不能随意质押。

有学者认为,股权质押担保制度具有三大积极功能:一是鼓励出质股东充分盘活股权资源,拓宽融资渠道;二是赋予债权人(质权人)对质押股权交换价值的控制权和优先受偿权,满足债权人的担保需求;三是不妨碍目标公司对实物形态财产享有的物权和经营权,不干扰目标公司的正常经营活动。[①] 另外,在股份质押担保中,由于作为出质人的股东往往也可能是债务人,它实际上还可以为股东提供一个补充性的收回投资的方式(用股份抵偿自己的债务)。我国公司实践中,因股权质押出现的股份转让情况并不鲜见,有关部门为规范股权质押行为发布了一些相应的规范性文件,其中也涉及对股权质押的限制和规范因质押权行使而转让股份的内容。[②]

2. 股权质押合同

根据《民法典》第427条,设立质权,当事人应当采用书面形式订立质押合同。这里的当事人是指出质人与质权人,其中,出质人包括债务人或者第三人,质权人为债权人。质押合同一般包括下列条款:(1)被担保债权的种类和数额;(2)债务人履行债务的期限;(3)质押财产的名称、数量等情况;(4)担保的范围;(5)质押财产交付的时间、方式。

3. 出质登记

出质登记是股权质押非常重要的内容。《民法典》第443条第1款规定,以"股权出质的,质权自办理出质登记时设立"。这说明股权出质登记是质权设立的前提条件。需要注意的是,质权设立与质押合同的生效是有区别的。质权属于物权范畴,质权设立标志着发生担保物权的效力;质押合同属于合同(债权)范畴,《民法典》第502条规定,"依法成立的合同,自成立时生效"。质押合同生效,标志着合同双方当事人产生权利义务关系,包括进行出质登记使质权设立的义务。因此,股权质押合同订立后,如果没有依法办理出质登记,只是质押合同生效

---

① 参见徐海燕:《有限责任公司股权质押效力规则的反思与重构》,载《中国法学》2011年第3期。

② 这些规范性文件包括《关于上市公司国有股质押有关问题的通知》(财政部2001年10月发布)、《证券公司股票质押贷款管理办法》(中国人民银行、原中国银监会、中国证监会2004年11月联合发布)、《股权出质登记办法》(国家市场监督管理总局2020年12月修改)。

而质押合同设定的质权并未生效。因此,股权出质是否登记,是衡量质权是否设立或生效的标准,同时也是判断股权质押合同是否得以履行的依据。

出质登记可以防止股权在设立质押后被转让。出质登记意味着对股权质押进行了公示。质权设立标志着质权发生法律效力,可以起到防止股权在设立质押后被转让,从而损害质权人的利益的作用。《民法典》第 443 条第 2 款规定,股权出质后,不得转让,但经出质人与质权人协商同意的可以转让。出质人转让股权所得的价款应当向质权人提前清偿债务或者提存。根据民法及担保制度原理,股份质权的效力及于股份的孳息,该孳息的质押无须另行特别约定和登记。股份的质押一经生效,由其所产生的孳息包括送股、转增股份当然具有同样的质押效果。[①]

出质登记包括设立登记、变更登记和注销登记。根据国家市场监督管理总局 2020 年 12 月修改的《股权出质登记办法》规定,在市场监督管理部门进行的股权出质登记包括的主要内容有:(1)登记事项包括出质人和质权人的姓名或名称,出质股权所在公司的名称,出质股权的数额。(2)申请出质登记的股权应当是依法可以转让和出质的股权。对于已经被依法冻结的股权,在解除冻结之前,不得申请办理股权出质登记。(3)申请股权出质设立登记、变更登记和注销登记,应当由出质人和质权人共同提出;申请股权出质撤销登记,可以由出质人或者质权人单方提出。出质股权数额变更,以及出质人、质权人姓名(名称)或者出质股权所在公司名称更改的,应当申请办理变更登记;出现主债权消灭、质权实现、质权人放弃质权或法律规定的其他情形导致质权消灭的,应当申请办理注销登记;质押合同被依法确认无效或者被撤销的,应当申请办理撤销登记。(4)申请人应当对申请材料的真实性、质押合同的合法性有效性、出质股权权能的完整性承担法律责任。登记机关应当将股权出质登记事项在国家企业信用信息公示系统公示,供社会公众查询。

需要指出,《民法典》出台后,以股权出质的,出质登记机构不再仅仅是原《物权法》规定的"证券登记结算机构"和"工商行政管理部门"。[②] 根据《证券法》第 148 条,证券的登记、结算既可以是证券登记结算机构,也可以是"其他依法从事证券登记、结算业务的机构"。实践中,除证券登记结算机构、市场监督管理部门的股权出质登记机关外,各地建立的区域性股权市场运营机构、托管中心等机构也可以为有限责任公司和非上市公司提供股权出质登记服务。

4. 质权的实现

质权作为担保物权,其设立的目的在于保证债务的履行和债权的实现。如果债务得到履行,质权设立目的达到,也就没有实现的必要。因此,质权的实现一方面要以债务未能得到履行为前提条件;另一方面,质权的实现也就是债权受偿,法律对其实现方式也有特别的要求。《民法典》第 436 条第 2 款规定:"债务人不履行到期债务或者发生当事人约定的实现质权的情形,质权人可以与出质人协议以质押财产折价,也可以就拍卖、变卖质押财产所得的价款优先受偿。"按此规定,质权人处置质押的股份,可以选择与出质人协议以质物折价,或直接依法拍卖、变卖的方式。质押财产折价或者变卖的,应当参照市场价格。债务人履行债务或者出质

① 参见杜万华主编:《中华人民共和国民法典实施精要》,法律出版社 2021 年版,第 339 页。

② 《民法典》出台前,出质登记受原《物权法》调整,根据原《物权法》第 226 条,以证券登记结算机构登记的股权出质的,质权自证券登记结算机构办理出质登记时设立;以其他股权出质的,质权自工商行政管理部门办理出质登记时设立。该条规定表明,出质登记的法定机构为证券登记结算机构和工商行政管理部门(现为市场监督管理部门)。《民法典》中不再有出质登记法定机构的内容。

人提前清偿所担保的债权的,质权人应当返还质押财产。

公司实践中存在有限责任公司股东以其存在出资瑕疵的股权出质的现象,虽然根据《公司法》的有关规定并不因此而否定其出质行为的有效,但出质人没有履行缴纳出资的义务而导致质权人实现债权或优先受偿权不能而受到损失的,出质人应当依照《公司法》的有关规定向质权人承担相应的赔偿责任。

(二)股份让与担保

股份让与担保也称股权让与担保,是让与担保的形式之一。在《民法典担保司法解释》中,让与担保是作为与所有权保留、融资租赁、保理等具有担保功能的非典型担保形式来规定的。股权让与担保与其他让与担保相区别的最大特点就在于其担保标的为股权而非其他。

股权让与担保的法律含义为:债务人或者第三人与债权人订立合同,约定将其享有的股权转让至债权人名下,债务人到期清偿债务,债权人将该股权返还给债务人或第三人,债务人到期没有清偿债务,债权人可以将股权拍卖、变卖、折价用以偿还债权。

股权让与担保与股权质押的相同之处在于:第一,二者所要达到的真实目的都是为债务履行提供质权担保;第二,二者都是以合同方式来设立和联结的质权担保;第三,二者的质权实现都是以债务人到期没有清偿债务为前提,法律对质权实现的方式都有同样的要求。

股权让与担保与股权质押的区别在于:第一,股权让与担保采取了股权转让的外观形式,而将其作为担保债务履行的真实目的加以隐藏,与此同时还需要履行与外观形式相符合的一系列法律程序,如订立股权转让合同、股东会决议同意、放弃优先购买权、办理公司变更登记等;而股权质押合同则采取了真实目的与外观形式相统一的直接设定担保质权的形式。正是基于此,股权让与担保被视为名为股权转让、实则质权担保的非典型担保形式;而股权质押则是名实相符的典型担保形式。第二,股权让与担保由于采取股权转让的外观形式,质权设立无须以出质登记为前提;而股权质押必须履行出质登记后质权才能设立。第三,如果担保债务得以履行,即质权无须实现的情形下,股权让与担保由于股权转让并非其真实意图,常常需要在订立股权转让合同的同时订立附随的回购合同,以确保在质权无须实现时能够恢复到担保前股权未转让的真实状态;而股权质押在合同订立上显然无须有如此烦琐的操作方式。第四,股权让与担保正是基于其担保功能才可能得到法律认可,当其质权实现时,如果不遵循法律关于拍卖、变卖、折价用以偿还债权等规定来操作,而是采取"假戏真做"或"以假当真"的方式来解决股权处置时,其行为效力就可能受到法律的否定;而股权质押基于名实相符的特点则不存在这样的问题。

股权让与担保通过股权转让的外观方式,将股权与担保人的其他责任财产相分离,最大限度地减少乃至消除债务不履行的法律风险,其所具有的增信功能及稳定融资秩序的裨益显而易见,在商事实践中显示出顽强的生命力,司法制度对这一实践也经历了由否定到肯定的演变历程。[①]《九民会议纪要》第 66 条就规定:"当事人订立的具有担保功能的合同,不存在法定无效情形的,应当认定有效。虽然合同约定的权利义务关系不属于物权法规定的典型担保类型,但是其担保功能应予肯定。"《民法典担保司法解释》第 68 条也规定:"债务人或者第三人与债

---

① 参见蔡立东:《股权让与担保纠纷裁判逻辑的实证研究》,载《中国法学》2018 年第 6 期。

权人约定将财产形式上转移至债权人名下，债务人不履行到期债务，债权人有权对财产折价或者以拍卖、变卖该财产所得价款偿还债务的，人民法院应当认定该约定有效……”

当然，也正是由于作为股权让与担保外观的股权转让并非当事人之间的真实意思表示，对股权让与担保的性质和效力的认定也具有一定的难度，需要结合不同情形来处理。根据《民法典》第146条关于“行为人与相对人以虚假的意思表示实施的民事法律行为无效。以虚假的意思表示隐藏的民事法律行为的效力，依照有关法律规定处理”的规定，尽管股权转让合同存在虚假意思表示，但如果将其视为设定担保质权的合同行为的附随构成部分，法律对其可不作干预；如果出现将股权转让合同“假戏真做”的情形，即把股权真实转让给债权人时，法律就不能对虚假意思表示的行为的效力予以认可。《九民会议纪要》第71条规定：“……合同如果约定债务人到期没有清偿债务，财产归债权人所有的，人民法院应当认定该部分约定无效，但不影响合同其他部分的效力。”《民法典担保司法解释》第68条第2款也规定：“债务人或者第三人与债权人约定将财产形式上转移至债权人名下，债务人不履行到期债务，财产归债权人所有的，人民法院应当认定该约定无效，但是不影响当事人有关提供担保的意思表示的效力……”第69条还进一步明确：“股东以将其股权转移至债权人名下的方式为债务履行提供担保，公司或者公司的债权人以股东未履行或者未全面履行出资义务、抽逃出资等为由，请求作为名义股东的债权人与股东承担连带责任的，人民法院不予支持。”这些规定表明，既然是股权让与担保，就应当按照担保质权的性质而不能依照其外观所体现的股权转让来处理合同效力问题。按照法律规定的质权实现方式来将“财产折价或者以拍卖、变卖该财产所得价款偿还债务的”，人民法院就会认定其有效；否则法院就会视其为无效行为而采取不予支持的态度。

五、股份拍卖

股份拍卖也称股权拍卖，是指依照我国《拍卖法》规定的程序转让股份的买卖方式，通过拍卖人以公开竞价的形式，将股权转让给最高应价者。公司实践中的股份拍卖既有股份出让人非自愿的股份拍卖，如前述股份质押和法院强制执行股权的情形；也有股份出让人自愿的股份拍卖，如根据《企业国有资产法》有关规定，履行国有资产出资人职责的政府及其机构从有利于国有经济布局和结构的战略性调整出发，可以决定转让公司部分和全部国有股权，其中也包括通过拍卖程序转让。

2015年修正的《拍卖法》第6条规定：“拍卖标的应当是委托人所有或者依法可以处分的物品或者财产权利。”表明公司股份可以作为拍卖标的。2020年修正的《最高人民法院关于人民法院民事执行中拍卖、变卖财产的规定》（本章以下简称《拍卖规定》）第2条规定，“人民法院对查封、扣押、冻结的财产进行变价处理时，应当首先采取拍卖的方式”。该司法解释对法院民事执行中拍卖作出较为详细的规定。按照《拍卖法》和《拍卖规定》，股份拍卖的主要内容如下。

（一）拍卖当事人

拍卖作为一种特殊的买卖行为，其法律关系的当事人包括拍卖人、委托人、竞买人和买受人。拍卖人是指依法取得从事拍卖业务的许可、符合拍卖法规定条件设立的从事拍卖活动的企业法人。委托人是指委托拍卖人拍卖股权的公民、法人或者其他组织。竞买人是指参加竞购拍卖标的的公民、法人或者其他组织。买受人是指以最高应价购得拍卖标的的竞买人。根据《拍卖规定》第3条关于"人民法院拍卖被执行人财产,应当委托具有相应资质的拍卖机构进行,并对拍卖机构的拍卖进行监督"的规定,人民法院在股权拍卖中也可以作为特别的委托人主体。

(二)拍卖标的

股份拍卖必然是以股份为拍卖标的。根据《拍卖法》的有关规定,作为拍卖标的的股权,应当是委托人持有并可以转让的股权;如果依法或者按照国务院规定需要经审批才能转让的股权,在拍卖前,应当依法办理审批手续,否则就不能进入拍卖程序。

(三)保留价

按照《拍卖规定》的要求,拍卖应当确定保留价。拍卖财产经过评估的,评估价即为第一次拍卖的保留价;未作评估的,保留价由人民法院参照市价确定,并应当征询有关当事人的意见。如果出现流拍,再行拍卖时,可以酌情降低保留价,但每次降低的数额不得超过前次保留价的20%。保留价确定后,依据本次拍卖保留价计算,拍卖所得价款在清偿优先债权和强制执行费用后无剩余可能的,应当在实施拍卖前将有关情况通知申请执行人。申请执行人于收到通知后5日内申请继续拍卖的,人民法院应当准许,但应当重新确定保留价;重新确定的保留价应当大于该优先债权及强制执行费用的总额。

(四)价格评估

《拍卖规定》第4条规定:"对拟拍卖的财产,人民法院可以委托具有相应资质的评估机构进行价格评估。对于财产价值较低或者价格依照通常方法容易确定的,可以不进行评估。当事人双方及其他执行债权人申请不进行评估的,人民法院应当准许。对被执行人的股权进行评估时,人民法院可以责令有关企业提供会计报表等资料;有关企业拒不提供的,可以强制提取。"《拍卖法》第28条第2款规定:"拍卖国有资产,依照法律或者按照国务院规定需要评估的,应当经依法设立的评估机构评估,并根据评估结果确定拍卖标的的保留价。"

(五)拍卖程序

1. 委托人与合法的拍卖人签订书面委托股权拍卖合同。拍卖人应当于拍卖日7日前发布股权拍卖公告,并在拍卖前展示拍卖股权的有关资料,展示时间不得少于2日。

2. 拍卖师应当于拍卖前宣布拍卖规则和注意事项,拍卖股权无保留价的,拍卖师应当在拍卖前予以说明;拍卖股权有保留价的,竞买人的最高应价未达到保留价时,该应价不发生效力,拍卖师应当停止拍卖标的的拍卖。

3. 竞买人的最高应价经拍卖师落槌或者以其他公开表示买定的方式确认后,拍卖成交;买受人为以最高应价购得拍卖标的的竞买人;拍卖成交后,买受人和拍卖人应当签署成交确认书。

4. 拍卖成交后，拍卖股权需要依照《公司法》规定办理股东名册和公司登记变更手续。

（六）拍卖有限责任公司股权中其他股东优先购买权行使

有限责任公司股权拍卖中其他股东行使优先购买权主要涉及如何适用《公司法》规定的“通知”和“同等条件”的问题。按照《拍卖规定》第11条，人民法院应当在拍卖5日前以书面或者其他能够确认收悉的适当方式，通知优先购买权人于拍卖日到场，优先购买权人经通知未到场的，视为放弃优先购买权。第13条规定：“拍卖过程中，有最高应价时，优先购买权人可以表示以该最高价买受，如无更高应价，则拍归优先购买权人；如有更高应价，而优先购买权人不作表示的，则拍归该应价最高的竞买人。顺序相同的多个优先购买权人同时表示买受的，以抽签方式决定买受人。”

六、强制执行引起的股份转让

强制执行引起的股份转让也被称为法定原因转让，即股份转让并非出于出让人与受让人协商一致的行为，而是因某种特定的法律事实的发生而引起的。按照《民事诉讼法》的有关规定，股权作为财产权的一种，可以成为保全和执行的对象。现实中公司股东有可能成为某一债权债务关系的债务人。当该股东因债务作为诉讼中的被执行人而其除公司股份外已无其他财产来供清偿债务时，人民法院就应当依法对其持有的公司股份采取强制执行措施，从而导致该股份的转让。由于公司股东都有可能成为债务人，现实中强制执行引起的股份转让涉及股份有限公司和有限责任公司两种公司可能出现的情形。

强制执行是人民法院采取的具有国家强制力的措施，涉案股东必须而且只能依照法院的指令执行，否则就可能承担相应的法律后果，直至刑事责任。但也要看到，不同种类公司的股份在转让上存在差异，股份有限公司的股份作为股票在转让上受到限制较少，但有限责任公司股份基于公司人合性因素的考虑，法律对其转让设置了较为复杂的限制。法院在采取强制执行措施时也要遵守这些限制性的规定。2020年12月修正的《最高人民法院关于人民法院执行工作若干问题的规定（试行）》（本章以下简称《执行工作规定》）和自2022年1月1日起施行的《最高人民法院关于人民法院强制执行股权若干问题的规定》（本章以下简称《执行股权规定》），对股份有限公司股票和有限责任公司股份的强制执行作出了相应的规定。《执行股权规定》第2条明确要求：“被执行人是公司股东的，人民法院可以强制执行其在公司持有的股权，不得直接执行公司的财产。”

（一）对股份有限公司股份的强制执行

《执行工作规定》第37条规定：“对被执行人在其他股份有限公司中持有的股份凭证（股票），人民法院可以扣押，并强制被执行人按照公司法的有关规定转让，也可以直接采取拍卖、变卖的方式进行处分，或直接将股票抵偿给债权人，用于清偿被执行人的债务。”根据《公司法》有关规定，股份有限公司股份采取股票形式，在股票转让上除了公司发起人、公司负责人和实施员工持股计划的股票持有人有时间和转让比例的限制外，其他转让基本没有限制。因此，法院强制执行产生的股票转让的情形是：首先，法院采取措施将被执行人的股票进行扣押；

其次，或由法院采取相应措施转让，如拍卖、变卖、直接将股票抵偿给债权人，或指令作为被执行人的股东依照公司法要求自行转让；最后，将转让后获得的价款用于清偿被执行人的债务。

需要指出，根据2001年9月发布的《最高人民法院关于冻结、拍卖上市公司国有股和社会法人股若干问题的规定》第8条规定，人民法院强制执行上市公司国有股和社会法人股时，“必须进行拍卖。股权的持有人或者所有权人以股权向债权人质押的，人民法院执行时也应当通过拍卖方式进行，不得直接将股权执行给债权人”。

（二）对有限责任公司股份的强制执行

法院对有限责任公司股份的强制执行受到的限制主要来自《公司法》关于其他股东有优先购买权的规定。《公司法》第85条结合公司实践的需要，对强制执行产生的股权转让作出专条规定，要求人民法院依照法律规定的强制执行程序转让股东的股权时，应当通知公司及全体股东；同时明确“其他股东在同等条件下有优先购买权”；其他股东自人民法院通知之日起满20日不行使优先购买权的，视为放弃优先购买权。《公司法》2023年修订，取消了原法关于股东对外转让股权“应当经其他股东过半数同意”的程序。因此，《执行工作规定》要求人民法院强制执行有限责任公司股权时履行“征得全体股东过半数同意”的程序也应被废止。

按照《执行工作规定》的要求，股权的强制转让采取两种方式：一是法院将股权拍卖、变卖或以其他方式转让；二是被执行人自由选择股权受让人的转让。为了防止损害债权人利益，自由选择股权受让人的转让必须置于人民法院的监督之下，使之不脱离强制执行的性质。

（三）强制执行股份的相关程序

根据《公司法》和《执行工作规定》的有关规定，强制执行股份有限公司和有限责任公司的股份需要依照法定的程序来进行，这些相关程序包括：

1. 债权人申请。《执行工作规定》第17条第1款规定：“生效法律文书的执行，一般应当由当事人依法提出申请。”因此，法院启动股权执行程序应坚持当事人申请的原则。鉴于对公司股权的强制执行可能对公司股权结构、公司法人治理、公司人合利益等产生影响，当被执行人确无其他财产可供执行时，法院才对被执行人的股权进行强制执行。在接到当事人的执行申请后，法院应查明被执行人确无其他财产可供执行，或其他财产不足以清偿所欠债务，如果被执行人债务比较微小，与股权价值相差悬殊，则不能执行该股权，应该执行该股权的收益。①

2. 法院对拟执行的股权予以冻结。这种冻结不以被执行人是否同意为条件。按照《执行工作规定》有关规定，对被执行人在有限责任公司的股权，法院可以采取冻结措施。冻结股权的，应当通知有关公司不得办理被冻结股权的转移手续，不得向被执行人支付股息或红利。被执行人不得自行转让被冻结的股权。被执行人或其他人擅自处分已被冻结股权的，法院有权责令责任人限期恢复原状或承担相应的赔偿责任。有关企业收到法院发出的协助冻结通知后，擅自向被执行人支付股息或红利，或擅自为被执行人办理已冻结股权的转移手续，造成已转移的财产无法追回的，应当在所支付的股息或红利或转移的股权价值范围内向申请执行人承担责任。根据《执行股权规定》第8条第3款，股权所在公司或者公司董事、高级管理人员

---

① 参见佘俊林：《执行有限责任公司股权的程序探讨》，载《人民法院报》2008年12月26日。

故意通过增资、减资、合并、分立、转让重大资产、对外提供担保等行为导致被冻结股权价值严重贬损，影响申请执行人债权实现的，申请执行人可以依法提起诉讼。

3. 对已冻结股权估价。估价是股权强制执行中一个关键的环节，法院通过依法评估，确定股权的真实价值，会使执行案件得到合理、公正的解决，对股东、债权人和受让人也是一种保护。股权评估可由债权人和债务人双方选择评估机构，如当事人协商不成，由法院委托评估机构。《执行股权规定》第 16 条规定，生效法律文书确定被执行人交付股权，因股权所在公司在生效法律文书作出后增资或者减资导致被执行人实际持股比例降低或者升高的，人民法院应当按照下列情形分别处理：(1)生效法律文书已经明确交付股权的出资额的，按照该出资额交付股权；(2)生效法律文书仅明确交付一定比例的股权的，按照生效法律文书作出时该比例所对应出资额占当前公司注册资本总额的比例交付股权。

4. 股权转让后相关事宜的处理。根据《公司法》第 87 条，依法转让股权后，“公司应当及时注销原股东的出资证明书，向新股东签发出资证明书，并相应修改公司章程和股东名册中有关股东及其出资额的记载。对公司章程的该项修改不需再由股东会表决”。《执行股权规定》第 17 条第 2 款规定：“生效法律文书仅确认股权属于当事人所有，当事人可以持该生效法律文书自行向股权所在公司、公司登记机关申请办理股权变更手续；向人民法院申请强制执行的，不予受理。”

七、继承与离婚引发的股份转让

继承与离婚引发的股份转让也是属于法定原因转让的形式之一，在股份有限公司和有限责任公司中都可能产生。相比而言，股份有限公司由此引发的股份转让较为简单，而有限责任公司由此引发的股份转让则较为复杂，更需要法律对其进行规制。《公司法》及相关司法解释对有限责任公司继承引起的股份转让作出相应的规定；《民法典》婚姻家庭编及相关司法解释则对离婚引起的股份转让作出了相应的规定。

(一)继承引发的股份转让

《公司法》第 90 条规定：有限责任公司“自然人股东死亡后，其合法继承人可以继承股东资格；但是，公司章程另有规定的除外”。实践中如何具体适用该规定，存在几个需要讨论的问题。

1. 如何理解该条中“继承股东资格”的法律内涵？《公司法》关于股权的规定表明，股权包含的子权利可以分为资格性权利和财产性权利。其中，资格性权利即取得股东资格的权利，与股东身份密不可分，主要体现股权的人身权属性。在公司实践中，股权的资格性权利与财产性权利可以是统一的，也可能如同财产所有权可以分离出占有、使用、收益、处分权能一样，资格性权利和财产性权利也可能发生分离。例如，根据《公司法》第 210 条第 4 款关于“公司按照股东实缴的出资比例分配利润”的规定，如果股东认缴出资后并没有实际缴纳，尽管其可以取得股东资格，但依法却不能享有利润分配等财产性权利；又如，在隐名出资的情况下，隐名出资人尽管可以享有股权的财产性权利，但却不能当然具有法定的股东资格。和财产性权利相比，资格性权利处于更为基础和重要的地位。享有资格性权利意味着具有股东资格，具有股东资格就可以享有财产性权利，即使因为出资瑕疵而导致财产性权利受到限制，但仍然可以通过弥补瑕疵（缴纳出资）来获得对缺失财产权的享有。但是如果没有股东资格，享有股权的财产性权利也可能处于不稳定状态。当隐名出资人与名义股东发生利益争议时，隐名出资人由于不具有当然的股东资格，常常可能因此导致其财产性权利受到侵蚀甚至丧失。可见，资格性权利在股权权能中居于基础的地位。

《公司法》第 90 条对股权继承中的“股东资格”作出特别的规定不仅基于前述理由，还在于股权继承发生时股权中的资格性权利比财产性权利更容易受到法律上相关权利的侵蚀和否定。鉴于继承人往往是外在于公司的第三人，股权继承在法律上也相当于要向公司股东以外的其他人转让股权。《公司法》基于有限责任公司“人合”利益的考虑，对股权对外转让设置了优先购买权的限制，一旦其他股东行使优先购买权，《公司法》第 90 条关于“其合法继承人可以继承股东资格”的明确规定，保证了继承人的股东资格不被“合法性否定”的可能。如果没有股东资格作为保证，即使继承人还可以继承股权的财产性权利，财产性权利受到侵蚀的风险和耗费的行权成本也可能较大，甚至还可能会出现被“一次性买断”的结果，使之不能享受到股权可能产生的长期收益。由此可见，资格性权利不仅是财产性权利的基础，也是财产性权利的保障。资格性权利具有稳定性、长期性和不可限制性，法律上认可资格性权利对于权利人的保护更为充分完整。这也正是我国《公司法》在股权继承中将股东资格置于首要地位的意义所在。[①]

2. 如何理解《公司法》第 90 条中“公司章程另有规定的除外”的立法原意？该规定属于公司章程的“替代适用事项”或法律上的“另有规定除外”条款，表明《公司法》允许公司章程对继承股东资格作出限制。作出限制的法理如同设置优先购买权可以阻止股权对外转让一样，都是为了维护有限责任公司的“人合”利益，平衡公司利益与股东个体利益的冲突。根据《公司法》第 90 条的规定，由于该条是对“股东资格”作出的规定，无论是从文义解释，还是从法律逻辑自洽的角度看，公司章程“另有规定”的适用范围都只能是针对“股东资格”作出不同于《公司法》规定的安排。换言之，公司章程对股权继承的“另有规定”应当限制在股东资格的范围内，不能扩大到财产性权利的内容。如果公司章程采取“资本多数决”的决策方式作出的“另有规定”限制或剥夺了股权的财产性权利，必然意味着对被继承人的合法财产权和继承人的合法继承权的侵害，其合理性和合法性都会受到质疑。如同有学者指出，在《公司法》第 90 条的适用上，必须关注公司章程具体规定的正当性。公司章程可以规定继承人不能继承股东资格，但不能笼统地否定继承人的继承权。凡章程规定继承人不能继承股东资格者，应同时规定公司买回股权，使继承人实现继承相应财产的权利。[②]

如前所述，股权包含资格性权利和财产性权利，股权继承应是对全部权利的继承，法律允许公司章程为了公司“人合”利益而对股东资格作出限制，并不意味着可以将范围扩大到股权权能的其他内容。本书关于公司章程的研究也表明，公司章程在没有得到作为被继承人的自然人股东及其合法继承人同意的情况下，不能以“资本多数决”的方式来限制或剥夺其合法的财产权。这里的被继承人同意，是基于被继承人对自己财产的处分；继承人同意，是基于对继

---

① 参见周友苏、庄斌：《股权共有中国立法的理论证成及其公司法规范构造》，载《北京理工大学学报（社会科学版）》2022 年第 4 期。

② 参见王保树、朱慈蕴：《寻找商法学发展的足迹——关于 2007 年商法学研究的研究》，载《中国法学》2008 年第 2 期。

承权的放弃。在没有取得同意的情况下,公司章程不得限制或剥夺被继承人或继承人的合法权利。当被继承人死亡事件发生,其合法继承人向公司主张继承时,如果公司章程没有作出“另有规定”,继承人依《公司法》第90条规定可以取得被继承人的股东资格;如果公司章程“另有规定”,继承人除了不能取得股东资格外,其对股权财产性权利的继承权应当受到保护。公司可以合理的价格将被继承人股权回购,然后将股款支付给继承人。

需要指出,作为被继承人的自然人股东,生前对自己股权中除股东资格之外的财产性权利也可以按照自己的意愿进行处分,作出法定继承之外的其他安排,如将股权的财产性权利指定由法定继承人中的一人或者数人继承,也可以将股权赠与国家、公益事业或法定继承人以外的组织(包括本公司)或个人。除了可以采取自己表示同意的公司章程“另外规定”的方式外,还可以按照《民法典》第1133条规定的遗嘱方式来处理。

3. 继承人取得股东资格是否还需履行《公司法》对有限责任公司股份转让的限制性程序?这里的限制性程序即《公司法》第84条第2款规定的优先购买权行使程序。如果继承人原来不是公司股东,继承股东资格就相当于股东向第三人转让股份。在公司章程没有对继承股东资格“另有规定”的情形下,继承人是当然取得股东资格,还是按照《公司法》规定,需要其他股东放弃行使优先购买权后才取得股东资格?

根据前述对《公司法》第90条关于“股东资格”规定的讨论,该条的规定本身就是对继承人取得股东资格的保障,也意味着不允许其他股东对此再主张优先购买权。如果公司章程没有对继承股东资格“另有规定”,继承人应当是当然取得股东资格,其他股东不得对股东资格的继承享有优先购买权。《公司法司法解释(四)》第16条也明确规定,有限责任公司的自然人股东因继承发生变化时,其他股东主张依据公司法规定“行使优先购买权的,人民法院不予支持”。有学者在认同此观点的基础上还进一步就继承人如何取得股东资格提出建议:第一,自然人股东死亡后,如果公司章程没有相反的规定,其继承人可以马上向公司申请股东变更手续。如果公司未在该合理期限内办理手续的,推定死亡自然人股东的继承人取得股东资格。第二,在死亡股东的继承人完成取得股东资格的手续前,公司应该尽量避免召开股东会;如果公司必须召开股东会,死亡股东的继承人有权参加股东会并参加表决。第三,如果公司章程规定死亡股东的继承人取得股东资格由股东会决定,则死亡股东的继承人有权参加此次股东会并对是否允许其取得股东资格表决。①

(二)离婚引发的股份转让

离婚常常涉及夫妻共同财产的分割。共同财产分割包括共有人协商一致的分割和出现法定原因的分割,离婚引起的共同财产分割显然属于后者,由此也涉及法定原因的股份转让问题。

自2021年1月1日起施行的《最高人民法院关于适用〈中华人民共和国民法典〉婚姻家庭编的解释(一)》(本章以下简称《婚姻家庭编司法解释(一)》)对离婚共有财产分割涉及的股份转让作出了较为明确的规定,包括股份有限公司和有限责任公司两种情形:

1. 股份有限公司的情形。《婚姻家庭编司法解释(一)》第72条规定:夫妻双方分割共同

---

① 参见楼建波:《论有限公司股东的股权继承与股东资格继承》,载《当代法学》2007年第5期。

财产中的股票、债券、投资基金份额等有价证券以及未上市股份有限公司股份时，协商不成或者按市价分配有困难的，人民法院可以根据数量按比例分配。

2. 有限责任公司的情形。涉及有限责任公司夫妻共同财产分割比股份有限公司的复杂，主要涉及股份转让中相关程序。与继承股东资格的情况不同，离婚导致的股份转让需要履行其他股东行使优先购买权的程序。《婚姻家庭编司法解释（一）》第 73 条规定，人民法院审理离婚案件，涉及分割夫妻共同财产中以一方名义在有限责任公司的出资额，另一方不是该公司股东的，按以下情形分别处理：

（1）夫妻双方协商一致将出资额部分或者全部转让给该股东的配偶，其他股东过半数同意，并且其他股东均明确表示放弃优先购买权的，该股东的配偶可以成为该公司股东。

（2）夫妻双方就出资额转让份额和转让价格等事项协商一致后……该股东的配偶可以成为该公司股东。如果其他股东行使优先购买权，虽然根据优先购买权的形成权性质可以阻断股权转让关系，但并不等于该股东配偶的财产权利的丧失，虽然其不能成为该公司股东，但应保障其取得股权转让的价款。

八、共有股份转让的法律适用

共有股份是一种权利共有现象，是指两个或两个以上的民事主体共同享有同一股东资格和股份权益，其现实样态主要为家庭成员共有（以夫妻共有为典型）、隐名出资共有和员工持股共有等。共有股份转让也即共有股权转让，包括股份有限公司和有限责任公司两类公司发生的共有股权转让情形。

股权共有在《民法典》上没有直接规定。这主要由于股权在《民法典》中是由总则编规定的与物权相并列的一项独立的民事权利。而共有则是物权编下的内容。这就决定了作为股权范畴的共有股权不能划归到物权下位概念中来规定。因此，股权共有在《民法典》上还缺乏直接的规定。公司实践中的股权共有常常只有共有人之一作为公司登记的股东，由于《公司法》也缺乏对股权共有的相关规定，由此引发不少因共有股权转让产生的纠纷。

共有股权转让涉及最多的问题就是作为共有人之一的公司登记股东对共有股权的处分行为是否有效？与之相关的问题是股权转让中受让人是否对公司登记股东的行为负有审查义务？以登记在夫妻一方名下的共有股权的转让为例，存在适用《民法典》婚姻家庭编与适用《公司法》的冲突问题，不同的法律适用可能导致不同的处理结果：第一，如果适用《民法典》婚姻家庭编的有关规定，股权作为夫妻共同财产，依据《民法典》第 1062 条关于“夫妻对共同财产，有平等的处理权”的规定，在未取得配偶一方同意而转让共有股权就可能涉及无权处分的行为，无权处分的部分可能无效。与此同时，相应的受让人对受让股权是否为共有股权也应负有审查义务，否则就可能承担无效行为的法律后果。第二，如果适用《公司法》有关规定来处理，在尊重交易效率和交易安全的基本原则下，根据公司登记对抗和外观主义原理，登记股东的处分行为原则上应当是有效的。这一原则不仅体现在夫妻共有股权的处理上，而且也体现在隐名出资情形下对实际出资人与名义股东的关系处理上。根据《公司法司法解释（三）》第 25 条和《民法典》第 311 条的规定，如果受让人属于善意第三人，名义股东转让出资的行为就应当被认定为有效，实际出资人不能直接以股东或股权所有人的名义向善意受让人主张权利。

遵循同样的原理,在夫妻共有股权处理上,受让人只要不是出于恶意串通,对登记股东的出资行为不应负法定审查义务,其受让的股权就应当受到法律保护。

商法学者普遍认同适用《公司法》原则来处理司法实践中夫妻共有股权的转让。根据商法原理,夫妻对共有股权的平等处理权并不意味着未征求配偶一方同意的股权转让行为无效或者可撤销。夫妻双方对共有股权的平等处理权是《民法典》婚姻家庭编为夫妻之间的内部法律关系创设的,但不能用于对抗善意受让人,和谐的夫妻关系固然重要,但不能凌驾于交易安全的价值之上。夫妻之间是否就共有股权的转让达成了一致意见,都不具有对世效力,不得对抗善意第三人。善意受让人只要有正当理由确信登记股东为适格的出让方,即使未征得配偶一方同意,也无法否定股权转让行为的法律效力。①

当然,从《民法典》关于"夫妻应当互相忠实,互相尊重,互相关爱"的要求和构建夫妻双方和谐的婚姻关系来看,夫妻一方在转让共有股权时应当告知配偶,并征得配偶的同意,但这一道德义务的约束不应及于共有股权转让的善意受让人。股权转让权根据《公司法》的规定应由股东本人独立行使,至于股权转让获得的对价,应依照《民法典》婚姻家庭编的有关规定,认定为夫妻共同财产。② 如果股东在出让股权时未与配偶协商或未告知配偶,擅自处分共有股权行为构成对配偶共有权的侵害,可参照《婚姻家庭编司法解释(一)》第 28 条关于夫妻一方擅自处分共同所有的房屋的规定,"离婚时另一方请求赔偿损失的,人民法院应予支持"。

九、股权转让合同效力的认定

股权转让虽然包括了合同转让和法定原因转让,但实践中最多的还是合同转让。在合同转让中,转让合同的效力认定成为公司实务首先面临的问题,法院在审理股权转让合同纠纷时,大部分案件都需要对合同效力进行认定,只有在确定合同效力之后,才涉及当事人其他请求是否得到支持的问题。而法官对股权转让合同效力的认定,存在不少有争议的理论和难点问题。本部分主要讨论有限责任公司股权转让合同效力认定。

尽管关于股权转让合同的法律规制跨越了《民法典》合同编与《公司法》两个领域,但《公司法》对有限责任公司股权转让的规制重心在于维护公司人合性利益,对股权转让合同效力基本没有涉及。因此,认定股权转让合同的效力需要更多从《民法典》合同编中寻找相应的法律依据。

(一)股权转让合同成立与生效

股权转让合同与其他民商事合同一样,都需要经历要约承诺的依法订立和成立的过程。根据《民法典》第 502 条,依法成立的合同,自成立时生效。"依照法律、行政法规的规定,合同应当办理批准等手续的,依照其规定。未办理批准等手续影响合同生效的,不影响合同中履行报批等义务条款以及相关条款的效力。"这一规定表明,双方当事人订立的合同可能出现合同成立但未生效的情形。在股权转让合同中,合同成立但未生效有两种较为特

① 参见刘俊海、徐海燕:《让夫妻间的股权悲情故事不再重复上演》,载《人民法院报》2011 年 11 月 9 日。
② 参见钱玉林:《民法总则与公司法的适用关系论》,载《法学研究》2018 年第 3 期。

殊的情形：第一，国有股权转让需要履行审批程序的情形。《企业国有资产法》第 53 条规定，国有资产转让由履行出资人职责的机构决定。履行出资人职责的机构决定转让全部国有资产的，或者转让部分国有资产致使国家对该企业不再具有控股地位的，应当报请本级人民政府批准。如果国有股权合同已经签订，但有关审批手续尚未履行或尚未履行完毕，该合同就处于已经成立但未生效的状态。第二，转让未届缴资期限的股权。未届缴资期限的股权是《公司法》第 88 条规定的“已认缴出资但未届出资期限的股权”的简称。公司实行认缴制后，此类股权在现实中大量存在，股东在持有未届缴资期限的股权的同时也负有到期向公司缴纳的义务，从而构成与公司之间的债权债务关系，公司为应缴出资的债权人，股东为应缴出资的债务人。股东转让未届缴资期限的股权，本质属于债务转让。如果适用《民法典》的规定，按照该法第 551 条关于“债务人将债务的全部或者部分转移给第三人的，应当经债权人同意”的规定，未届缴资期限的股权转让就需要经过作为债权人的公司同意，如果没有经过公司的同意，就会出现原股东转让出资债务的行为是否对公司发生效力和转让合同此时是否成立但未（对公司）生效的问题。

对于上述两种特殊情形，在我国“民商合一”立法体例下，应结合《民法典》《公司法》有关规定来进行规制：

1. 根据《民法典》第 119 条关于“依法成立的合同，对当事人具有法律约束力”和第 465 条关于“依法成立的合同，受法律保护”的规定，合同只要成立，尽管没有生效，也与无效合同有着本质的区别：无效合同不受合同法律保护，成立但未生效合同是受合同法律保护的合同。如同《九民会议纪要》第 37 条指出的那样：“……无效合同从本质上来说是欠缺合同的有效要件，或者具有合同无效的法定事由，自始不发生法律效力。而未生效合同已具备合同的有效要件，对双方具有一定的拘束力，任何一方不得擅自撤回、解除、变更，但因欠缺法律、行政法规规定或当事人约定的特别生效条件，在该生效条件成就前，不能产生请求对方履行合同主要权利义务的法律效力。”

2. 根据《民法典》第 502 条第 2 款关于“不影响合同中履行报批等义务条款以及相关条款的效力”和“应当办理申请批准等手续的当事人未履行义务的，对方可以请求其承担违反该义务的责任”的规定，尽管合同最终因条件不能成就未生效，但对于已成立合同中的“报批等义务条款以及相关条款”所规定的义务仍然需要履行，尤其对于应当办理报批等手续的当事人而言，未履行相关义务的，就可能“承担违反该义务的责任”。对此，2023 年 12 月发布的《民法典合同编司法解释》第 12 条有更为详细的规定：第一，合同依法成立后，负有报批义务的当事人不履行报批义务或者履行报批义务不符合合同的约定或者法律、行政法规的规定，对方请求其继续履行报批义务的，人民法院应予支持；对方主张解除合同并请求其承担违反报批义务的赔偿责任的，人民法院应予支持。第二，人民法院判决当事人一方履行报批义务后，其仍不履行，对方主张解除合同并参照违反合同的违约责任请求其承担赔偿责任的，人民法院应予支持。第三，负有报批义务的当事人已经办理申请批准等手续或者已经履行生效判决确定的报批义务，批准机关决定不予批准，对方请求其承担赔偿责任的，人民法院不予支持。但是，因迟延履行报批义务等可归责于当事人的原因导致合同未获批准，对方请求赔偿因此受到的损失的，人民法院应当依据《民法典》第157条的规定处理。[①]

3. 对于未届缴资期限的股权转让合同，有学者认为，其批准同意债务转让的机关和程序可由公司章程规定，若章程未规定，则需结合《民法典》第551条和《公司法》关于公司决策的规定，由其他股东过半数以上批准同意。经过合法程序批准的原股东不再承担认缴出资责任而由受让股东承担；若受让股东出资不足，基于批准行为的重要职务属性，应由董事等批准机关成员承担信义义务。[②] 这一观点尽管不无道理，但2023年《公司法》修订对前述相关内容已经作出了回应：一是删除原法关于股东向股东以外的人转让股权"应当经其他股东过半数同意"的规定；二是新增对未届缴资期限的股权转让的规范，即第88条规定："股东转让已认缴出资但未届出资期限的股权的，由受让人承担缴纳该出资的义务；受让人未按期足额缴纳出资的，转让人对受让人未按期缴纳的出资承担补充责任。未按照公司章程规定的出资日期缴纳出资或者作为出资的非货币财产的实际价额显著低于所认缴的出资额的股东转让股权的，转让人与受让人在出资不足的范围内承担连带责任；受让人不知道且不应当知道存在上述情形的，由转让人承担责任。"从上述两处修改来看，未届缴资期限的股权转让合同无须经过公司同意就已经生效。

（二）如何正确把握"效力性强制性规定"和"管理性强制性规定"

《民法典》第153条第1款规定："违反法律、行政法规的强制性规定的民事法律行为无效。但是，该强制性规定不导致该民事法律行为无效的除外。"在股权转让合同中，常常会涉及"违反法律、行政法规的强制性规定"的行为，而如何认定这类行为和把握"该强制性规定不导致该民事法律行为无效"的情形，成为股权转让合同的效力认定上一个棘手的难题。

司法实践中，为了准确认定"违反法律、行政法规的强制性规定"的行为，避免以此为由认定合同无效，不当扩大无效合同范围的情形，最高人民法院在出台的有关司法解释中将这类行为分为"效力性强制性规定"和"管理性强制性规定"两种情形，明确"违反法律、行政法规的强制性规定"限于"效力性强制性规定"；违反管理性强制性规定的，法院应当根据具体情形认定合同效力。[③] 但审判实践中又出现了另一种倾向，有的法院认为凡是行政管理性质的强制性规定都属于"管理性强制性规定"，不影响合同效力。《九民会议纪要》第30条明确指出，"这种望文生义的认定方法，应予纠正"。该条对如何正确把握"效力性强制性规定"和"管理性强制性规定"作出进一步的规定，要求慎重判断"强制性规定"的性质，特别是要在考量强制性规定所保护的法益类型、违法行为的法律后果以及交易安全保护等因素的基础上认定其性质，并在裁判文书中充分说明理由。该条规定还指出：强制性规定涉及金融安全、市场秩序、国家宏观政策等公序良俗的，交易标的禁止买卖的，违反特许经营规定的，交易方式严重违法的，交易场所违法的，应当认定为"效力性强制性规定"。关于经营范围、交易时间、交易数量等行政管理性质的强制性规定，一般应当被认定为"管理性强制性规定"。《民法典合同编

---

① 《民法典》第157条规定："民事法律行为无效、被撤销或者确定不发生效力后，行为人因该行为取得的财产，应当予以返还；不能返还或者没有必要返还的，应当折价补偿。有过错的一方应当赔偿对方由此所受到的损失；各方都有过错的，应当各自承担相应的责任。法律另有规定的，依照其规定。"

② 参见杨士民：《认缴未到期股权转让中出资责任的认定》，载《人民法院报》2021年10月14日。

③ 参见《最高人民法院关于适用〈中华人民共和国合同法〉若干问题的解释（二）》（2009年4月发布，现已废止）和《最高人民法院关于当前形势下审理民商事合同纠纷案件若干问题的指导意见》（2009年7月发布）。

司法解释》第 16 条对于如何认定“合同违反法律、行政法规的强制性规定”作出了更为明确具体的规定。[①]

结合到股权转让合同的效力认定,《公司法》第 84 条关于有限责任公司股东对股东以外的人转让股权设置的“优先购买权”程序,功能主要是维护有限责任公司的人合利益,而“并非保障其他股东取得转让股权”,不属于认定股权转让合同效力的法源。如果违反这些程序,不应当被视为违反了效力性强制性规定。最高人民法院法官认为,“对此类合同的效力,公司法并无特别规定,不应仅仅因为损害股东优先购买权认定合同无效、撤销合同,而应当严格依照合同法规定进行认定”。[②]《九民会议纪要》第 9 条也指出,审判实践中,部分人民法院往往以保护其他股东的优先购买权为由认定股权转让合同无效,属于对《公司法司法解释(四)》第 21 条规定的理解存在偏差。对该条规定的准确理解应当是:既要注意保护其他股东的优先购买权,也要注意保护股东以外的股权受让人的合法权益,股权转让合同如无其他影响合同效力的事由,应当被认定有效。对于损害其他股东优先购买权的行为,导致其他股东无法行使优先购买权的,可以请求损害赔偿。

另外,《九民会议纪要》第 31 条还就违反规章的合同效力作出规定,指出违反规章一般情况下不影响合同效力,但该规章的内容涉及金融安全、市场秩序、国家宏观政策等公序良俗的,应当认定合同无效。人民法院在认定规章是否涉及公序良俗时,要在考察规范对象基础上,兼顾监管强度、交易安全保护以及社会影响等方面进行慎重考量,并在裁判文书中进行充分说理。

(三)股权转让合同涉及矿业权、房地产权等内容时的效力认定

法院审理的股权转让合同纠纷中,不少是以股权转让方式来使公司控制权发生转移,从而也使原控制股东享有的矿业权、房地产权等利益发生实际转让的案件,由此牵涉到股权转让合同的效力认定问题。法院在审理上认识还不尽一致,以涉及矿业权(包括探矿权和采矿权)的案件为例,大致有三种认识:合同无效、合同未生效和合同有效,三种认识的主要理由综述如下:

1. 认为合同无效的主要理由是:第一,由于涉及矿业权的实际转让,不是当事人真实意思表示,符合《民法典》第 146 条关于“行为人与相对人以虚假的意思表示实施的民事法律行为无效”的规定;第二,根据 2009 年修正的《矿产资源法》第 6 条的规定,探矿权、采矿权原则上不得转让,禁止将其倒卖牟利,因此,以股权转让方式来转让公司享有的矿业权是违反法律强

---

① 根据该司法解释第 16 条,有下列情形之一,由行为人承担行政责任或者刑事责任能够实现强制性规定的立法目的的,人民法院可以依据《民法典》第 153 条第 1 款关于“该强制性规定不导致该民事法律行为无效的除外”的规定认定该合同不因违反强制性规定无效:(1)强制性规定虽然旨在维护社会公共秩序,但是合同的实际履行对社会公共秩序造成的影响显著轻微,认定合同无效将导致案件处理结果有失公平公正;(2)强制性规定旨在维护政府的税收、土地出让金等国家利益或者其他民事主体的合法利益而非合同当事人的民事权益,认定合同有效不会影响该规范目的的实现;(3)强制性规定旨在要求当事人一方加强风险控制、内部管理等,对方无能力或者无义务审查合同是否违反强制性规定,认定合同无效将使其承担不利后果;(4)当事人一方虽然在订立合同时违反强制性规定,但是在合同订立后其已经具备补正违反强制性规定的条件却违背诚信原则不予补正;(5)法律、司法解释规定的其他情形。法律、行政法规的强制性规定旨在规制合同订立后的履行行为,当事人以合同违反强制性规定为由请求认定合同无效的,人民法院不予支持。但是,合同履行必然导致违反强制性规定或者法律、司法解释另有规定的除外。

② 杜万华主编、最高人民法院民事审判第二庭编著:《最高人民法院公司法司法解释(四)理解与适用》,人民法院出版社 2017 年版,第 16 页。

制性规定的行为;第三,以股权形式转让可能会导致国家税收的流失。

2. 认为合同未生效的主要理由是:国务院 2014 年修订的《探矿权采矿权转让管理办法》第 10 条规定,探矿权、采矿权"批准转让的,转让合同自批准之日起生效"。以股权转让的方式转让的合同未经审批机关批准,因此不能生效。

3. 认为合同有效的主要理由是:第一,在以股权转让矿业权的合同中,很难从外观形式上判断当事人的真实意思是转让股权还是矿业权,抑或二者兼有;即使能够认定是"以虚假的意思表示实施的民事法律行为",根据《民法典》第 146 条第 2 款关于"以虚假的意思表示隐藏的民事法律行为的效力,依照有关法律规定处理"的规定,其转让矿业权行为的效力还需要结合《矿产资源法》的规定来判定。第二,根据《矿产资源法》第 6 条的规定,探矿权和采矿权也并非完全不可转让,该条第 1 款第 2 项就允许"已取得采矿权的矿山企业,因企业合并、分立,与他人合资、合作经营,或者因企业资产出售以及有其他变更企业资产产权的情形而需要变更采矿权主体的,经依法批准可以将采矿权转让他人采矿"。该款列举的允许转让的内容,应当包括股权转让的情形。第三,关于股权转让可能涉及国家税收流失与股权转让合同的效力是两个不同性质的问题,不宜置于一体来讨论。

笔者基本赞同第三种观点,对此还需要补充的几点理由是:第一,如同前述关于股权转让合同的成立与生效的讨论一样,矿业权转让未经批准而导致的合同未生效并不等同于合同无效,如果履行相关批准程序后仍然可能成为生效合同,即使不能批准,也不能按照无效合同来处理,而应适用前述《九民会议纪要》的有关规定;第二,股权转让合同不同于一般买卖合同,前者是一种商事合同,需要遵循外观主义的形式要求,贯彻交易效率和交易安全的价值理念,而普通的买卖合同更注重探究合同当事人之间真实的意思表示以及遵循公平原则,①因此,股权转让合同更多应当遵循商事合同的原则来判断其效力,而不宜适用《民法典》第 146 条第 1 款关于"以虚假的意思表示实施的民事法律行为"的规定来认定当事人的行为性质;第三,股权转让并没导致矿业权的转移,受让人通过转让合同取得的是公司股权,如果股权转让导致公司控制权的转移,也不能说是矿业权的转让,因为矿业权仍然属于公司享有的权利,受让人通过公司控制权转移来享有矿业权的利益并不与直接成为矿业权的受让人相同。笔者注意到,股权转让并不引起公司矿业权、房地产权权属发生变更转移的观点也得到国家税务总局有关税收政策的认可。②

因此,涉及矿业权、房地产权的股权转让合同原则上应当被认定为有效合同。

十、股权权能的部分转让

股权权能的部分转让是理论上和实务中存在争议的问题。有学者认为,股权是一种兼具人身权与财产权性质的特殊权利形态,是投资者基于股东身份而获得的针对公司有形和无形

① 参见万方:《股权转让合同解除权的司法判断与法理研究》,载《中国法学》2017 年第 2 期。

② 如国家税务总局 2002 年 8 月 16 日在《关于股权变动导致企业法人房地产权属更名登记不征契税的批复》中指出:"宁波中百股份有限公司因北京首创集团受让其 26.62% 的股权而于 2000 年更名为宁波首创科技股份有限公司,2001 年哈工大八达集团受让宁波首创科技股份有限公司 16.62% 的股权,企业再次更名为哈工大首创科技股份有限公司。上述由于股权变动引起企业法人名称变更,并因此进行相应土地、房屋权属人名称变更登记的过程中,土地、房屋权属不发生转移,不征收契税。"

财产的概括性权利。[①] 如同所有权可以划分出占有、使用、收益、处分的权利一样,股权也是由若干权能构成的权利束。尽管学者们对股权权能的概括还不尽一致,但都围绕着《公司法》第4条第2款关于"资产收益、参与重大决策和选择管理者等权利"的规定从不同角度进行归纳和展开。如根据公司的社团法人属性,将股权定位为社员权,其权能分为人身权和财产权;又如将股权权能划分为收益分配、股份处分的自益权和参与公司管理的共益权;再如将股权权能概括为投票权、收益权、剩余财产分配权和占有及处分权;还如本节关于股权继承讨论中将股权权能分为资格性权利和财产性权利等。

从理论上讲,权利的享有和权利的行使是可以分离的。有学者认为,权利的享有和权利的行使为两个相互关联又相互独立的法律事实,权利享有表征的是静的法律状态,其法律效力在于确定权利的归属,而权利行使表征的是动的法律状态,其法律效力在于实现权利的内容,权利享有和权利行使的事实性分离,意味着可以对二者进行分别规制,[②]也意味着股权权能分别转让有了可能。股权转让在属性上至少应包括财产权利的转移和股东身份的让渡,股权的转让毋宁说是纯粹权利的转让,还不如说是身份的概括继受,股权受让方在继受权利的同时也继受了义务,其义务来源于股权行使外部性所产生的代理成本。[③]

从公司实务来看,股权转让只针对部分权能已经得到法律法规和司法判例一定程度的认可,主要情形包括:第一,《公司法》第90条关于继承股东资格的规定。如前所述,该条允许"公司章程另有规定的除外"从文义上只针对股权中具有人身权属性的股东资格,当公司章程作出了这样的除外规定时,继承人仅能继承股权的财产性权利,不能享有身份属性的股东资格,事实上使被继承的股权权能在转让中出现了财产权利与股东资格的分离。第二,《公司法司法解释(三)》关于隐名出资的规定。根据该司法解释第24条的规定,隐名出资关系中享有股东资格的并非实际出资人而是名义股东,名义股东仍然是公司登记的股东,但其所持股权的财产性权利归属于实际出资人,股权权能中的股东资格与财产性权利分属于实际出资人和名义股东。第三,《证券法》、国务院及其证券监管部门关于征集投票权和对股东投票权的有关规定。[④]《证券法》第90条规定,上市公司董事会、独立董事、持有1%以上有表决权股份的股东可以公开请求上市公司股东委托其代为出席股东大会,并代为行使提案权、表决权等股东权利。《九民会议纪要》对"对赌协议"的认可,是对股权中的投票权可以与其他权利分离的肯定,也意味着在一定程度上承认了股权权能可以分别转让的合法性。第四,司法判例。有学者考证,[⑤]近年来一些法院的判决对股权权能分别转让持肯定态度。如在"世欣荣和投资管理股份有限公司诉长安国际信托股份有限公司等信托合同纠纷案"中,最高人民法院认可了股份收益权可以成为信托财产的观点,就意味着股份收益权具有确定性和可转让性;[⑥]在"兰有金诉黄传贵、陈乾股权转让纠纷案"中,法院认为"股权的财产权和非财产权可以分开行使的事

① 参见罗培新:《抑制股权转让代理成本的法律构造》,载《中国社会科学》2013年第7期。

② 参见蔡立东:《股权让与担保纠纷裁判逻辑的实证研究》,载《中国法学》2018年第6期。

③ 参见罗培新:《抑制股权转让代理成本的法律构造》,载《中国社会科学》2013年第7期。

④ 该类规范包括2013年11月颁布的《国务院关于开展优先股试点的指导意见》、2018年《国务院关于推动创新创业高质量发展打造"双创"升级版的意见》、中国证监会2018年9月修订发布的《上市公司治理准则》、2019年1月发布的《关于在上海证券交易所设立科创板并试点注册制的实施意见》等。

⑤ 参见钱玉林:《股权转让行为的属性及其规范》,载《中国法学》2021年第1期。

⑥ 参见最高人民法院民事判决书,(2016)最高法民终19号。

实状态使得股权转让合同可以约定转让股权的财产权,也可以约定股权整体转让";[1]在"张居德诉南阳鑫源黄金有限公司股权转让纠纷案"中,法院也表达了类似的观点,认为股权收益权可以单独转让,受让人并不当然具有股东资格。[2]

应当看到,上述法律法规和司法判例对股权权能的分离转让的认可有的还只是一种间接肯定,有的是逻辑推理得出的结论,并非无懈可击。如同有学者所言:"在某种意义上,股权财产性权利与股东资格的分离,如果仅仅作为一种契约性的存在,那么在一定期限内对公司产生的影响可能并不太大,但随着时间的推移,股权财产性权利的受让人与保有股东资格的转让人之间难免会发生利益的冲突,届时人合性会沦为空洞的形骸,最终会动摇公司的治理基础甚至公司的生存和发展。"[3]尽管股权权能的分离转让在理论和实践中仍然存在认识上的分歧,但并不影响对其进一步的探讨和实践,其现实意义在于:第一,可以使股权的取得和转让多元化,适应不同偏好投资者需要;第二,为现实中双层股权结构和类别股的存在和发展提供理论和实践基础;第三,有助于从制度设计上对股权权能分离进行必要的规范,如对投票权有偿转让禁止,对优先股、股份回购、股权双层结构中"日落条款"等内容的完善。

---

① 云南省高级人民法院民事判决书,(2015)云高民二终 174 号。

② 参见河南省高级人民法院民事判决书,(2015)豫法民三终 00219 号。

③ 钱玉林:《股权转让行为的属性及其规范》,载《中国法学》2021 年第 1 期。

第十章　公司组织机构

公司组织机构又称公司机关。公司作为具有权利能力和行为能力的企业法人，其意思表示和具体行为都必须通过一定的组织机构体现出来。公司组织机构包括股东会、董事会或董事、经理、监事会或监事四大机关。

公司组织机构与公司治理有着密切的联系。公司治理涉及的内容都与公司组织机构直接相关。公司治理作为一种法人治理结构，首先涉及公司组织机构的设置和权力配置；公司治理作为一种行为，意味着公司各组织机构的运转和发挥作用，存在于公司存续的全过程；公司治理作为一种机制，通过公司各组织机构及其成员依法行使职权，彼此间相互配合又相互制衡来形成。总之，公司治理涵盖了公司机关的设置、运行和职权职责，以及公司机关及其成员的行为规范，不同的公司治理结构可以产生不同的治理效果。美国公司机关的“单层制”结构和德国公司机关的“双层制”结构是西方国家具有代表性的两类公司治理结构。[①] 我国《公司法》对公司组织机构的规定，体现出鲜明的中国特色。

第一节　股　东　会

股东会是由全体股东组成的公司权力机构，股份有限公司和有限责任公司的股东会均相同。2023 年修订前的《公司法》对股份有限公司权力机构的称谓是“股东大会”，新《公司法》将其修改为“股东会”，使两类公司的权力机构的称谓完全一致。根据《公司法》第 60 条和第 112 条的规定，只有一个股东的有限责任公司和股份有限公司不设股东会，股东可就公司有关事项作出决定，但应当采用书面形式，并由股东签名或者盖章后置备于公司；根据《公司法》第 172 条的规定，国有独资公司不设股东会，由履行出资人职责的机构行使股东会职权；除此之外的股份有限公司和有限责任公司都应当设置股东会。

一、股份有限公司的股东会

《公司法》第 111 条规定：“股份有限公司股东会由全体股东组成。股东会是公司的权力机构，依照本法行使职权。”股东会在《公司法》中是作为公司权力机关被规定的，但在实践中，人们又习惯将股东会会议也称为股东会。股东会会议一般要求持有公司股份的全体股东参

---

① 众多研究资料显示，美国公司机关的“单层制”结构是很有代表性的公司治理结构。公司机关只有股东会和董事会，股东会下设董事会；股东会的权力限于公司法及章程明文列举的部分，未列举的部分全部都归董事会；董事会拥有很大的权力，董事会是集经营决策、业务执行、公司监督和对外代表于一身的机关。德国公司机关的“双层制”结构也是很有代表性的公司治理结构。公司机关由股东会、监事会、董事会组成，三者为上下级关系；股东会之下设监事会，监事会向股东会负责并报告工作；监事会之下设董事会，董事会向监事会负责并汇报工作；股东会是公司的权力机关，监事会是公司的监督机关，同时也是董事会的领导机关；董事会为公司的经营决策机关、业务执行机关和对外代表机关。

加,因此又叫股东全会。从理论上讲,股份有限公司是由股东投资组成的,股东是公司权力的最终来源。由于股东往往不可能全体都参与到公司事务之中,进行公司的直接管理,这就需要由股东会这种机构来表达股东意思,体现股东对股权的行使。因此,股东会在公司的诸机构中处于最基础的地位,是公司的最高权力机构,公司其他机构行使的职权,许多直接或间接来自股东会。

(一)股东会的种类

股东会是股份有限公司的非常设机构,一般采取股东年会和临时股东会两种形式来行使权力。公司发行类别股的,还需要依照公司章程规定的类别股股东会的形式来体现类别股股东的意志。

1. 股东年会。股东年会是指依照公司法和公司章程的规定每年定期召开的股东会议,又叫定期例会或股东常会。股东年会通常对公司年度报告、年度利润分配预案或年度亏损弥补方案、董事会工作报告、监事会工作报告、上年度财务决算报告、本年度财务预算报告、聘请本年度审计机构的方案、修改公司章程,以及选举公司董事、监事等进行审议并作出决定。

2. 临时股东会。临时股东会是在定期例会之间临时召开的讨论决定公司重大事项的股东会议。临时股东会往往是在有特别情况出现,需股东会决策时,董事会或监事会认为有必要召开或应符合法定人数的股东的要求而召开。由于这种股东会决定公司的特别事项,因此又可称之为特别股东会。

临时股东会还可以分为法定临时股东会和非法定临时股东会。所谓法定临时股东会是指出现法律规定的情形时,董事会必须召开的临时股东会;尽管非法定临时股东会也是在出现特殊情形时召开的临时会议,但这种特殊情形不是法定的,股东会召开与否,由公司董事会根据情况来决定,董事会可以决定召开,也可以决定取消召开,而不是像前者那样非开不可。

我国《公司法》第 113 条规定了应当召开临时股东会的情形,包括:(1)董事人数不足《公司法》规定人数或者公司章程所定人数的 2/3 时;(2)公司未弥补的亏损达股本总额 1/3 时;(3)单独或者合计持有公司 10% 以上股份的股东请求时;(4)董事会认为必要时;(5)监事会提议召开时;(6)公司章程规定的其他情形。

上述六种均为召开法定临时股东会的情形。一旦出现,就应当依法在"两个月内召开临时股东会会议",这是法律为公司董事会设定的一项义务。按照《公司法》第 113 条的规定,当出现应当召开临时股东会的法定事由时,公司董事会应当在两个月内召开临时股东会而不是着手召集股东会。也就是说,为了保证该临时股东会在两个月内举行,算上法定的通知和公告时间,董事会应当在法定事由出现一个月内左右就着手召集,否则便无法在两个月内召开临时股东会。

3. 类别股股东会。类别股股东会也称为股东会的类别股股东表决制度,是指在股份有限公司的股份由普通股和类别股构成的情形下,如果股东会对某一提案作出决议将可能使类别股股东的权益遭受损害,法律或章程规定由该类别的股东所组成的股东会对该提案作出决议,类别股股东会的决议是股东会决议生效的必备条件。类别股股东会不是公司的机关,其实质是一种会议形式。设立类别股股东会的意义在于,防止在数量上占优势的股东通过控制股东会决议来不当损害数量上处于劣势的类别股股东的利益。

类别股股东会作为股东会制度的构成部分，是公司法兼顾不同类别的股东之间异质化利益偏好的制度设计，保证以股东会决议形式而生成的公司意志能够涵盖不同类别股东的意思表示。[①] 许多国家的公司法明确规定了类别股股东表决制度。[②] 我国《公司法》2023 年修订前尽管也为类别股的设置留下了法律空间，[③]但长期没有出台具体的关于类别股设置和类别股股东会的法律规定。我国上市公司实践中早就有不同类别的股东存在，如出于历史原因一度形成的股权分置，实际上就是指持有流通股和非流通股两种不同类别股份的股东的情况。股东在取得不同类别股份的基础上支付了不同的对价，客观上存在流通股股东与非流通股股东的利益冲突问题。为了尊重历史，保护社会公众股股东的权益，中国证监会曾出台过有关规定[④]对两类股东的利益冲突进行协调，规定对于一些事项[⑤]除了按照法律、行政法规和公司章程规定，经全体股东会表决通过外，还需经参加表决的社会公众股股东所持表决权的半数以上通过，方可实施或提出申请。中国证监会于 2022 年 1 月修订发布的《上市公司股东大会规则》对存在普通股和优先股的上市公司的股东会的分类表决进行了相应的规定。[⑥]

2023 年《公司法》修订首次从立法上确立了类别股制度，不仅增加了类别股的定义、类别股的设置、类别股的发行等相关规定，而且还就类别股股东会及其决议方式作出了规定。根据新《公司法》第 146 条第 1 款的规定，发行类别股的公司，有需要特别多数通过的事项，可能对类别股股东的权利造成损害的，除应当依法经股东会决议外，还应当经出席类别股股东会议的股东所持表决权的 2/3 以上通过。该条第 2 款还规定“公司章程可以对需经类别股股东会议决议的其他事项作出规定”，表明类别股股东会的有关细化的内容可以由公司章程来作出规定。

《到境外上市公司章程必备条款》为了适应境外做法，对公司章程中涉及类别股股东会的有关内容提供了较为详细的示范参照，根据其第 72 条的规定，召集类别股股东会的程序是：(1)合计持有在该拟举行的会议上有表决权的股份 10% 以上(含 10%)的两个或者两个以上

---

① 参见汪青松、赵万一：《股份公司内部权力配置的结构性变革——以股东“同质化”假定到“异质化”现实的演进为视角》，载《现代法学》2011 年第 3 期。

② 如《日本公司法》第 323 条规定(有必要经类别股东大会决议意旨的情形)：在类别股份发行公司中，作为某类别股份的内容，对应经股东大会(董事会设置公司的，为股东大会或董事会；第 478 条第 8 款规定的清算人会设置公司的，为股东大会或清算人会)决议的事项，规定除经该决议外还须经由该类别股份的类别股东组成的类别股东大会决议的意旨的，该事项未按该章程的规定，在股东大会、董事会或清算大会决议外经由该类别股份的类别股东组成的类别股东大会决议的，不发生效力，但该类别股东大会上可行使表决权的类别股东不存在的情形除外。《法国商法典》第 L225－99 条也规定：股东大会修改某一类别股份权利的决定，须经该类别股东特别会议批准，方为最终决定。《韩国商法典》第 435 条至第 436 条也有规定，第 435 条(种类股东大会)：(1)种类股东大会在公司发行数种股份的情形下，因变更章程而有可能损害某一种类股东时，除了有股东大会的决议之外，还应有该种类股东大会的决议。(2)第 1 款之决议，应以出席大会的股东所持表决权数的 2/3 及该种类发行股份数的 1/3 以上数来进行。(3)除了有关无表决权的种类的股份的规定之外，有关股东大会的规定，均准用于第 1 款之大会。第 436 条(准用规定)：根据第 344 条第 3 款规定按不同种类股份作出特殊规定的情形及因公司合并将要给某一种类股东带来损害之情形。

③ 即 2023 年修订前的《公司法》第 131 条规定：“国务院可以对公司发行本法规定以外的其他种类的股份，另行作出规定。”

④ 如中国证监会于 2004 年 12 月发布的《关于加强社会公众股股东权益保护的若干规定》(现已失效)。

⑤ 这些事项包括：(1)上市公司向社会公众增发新股(含发行境外上市外资股或其他股份性质的权证)、发行可转换公司债券、向原有股东配售股份(但具有实际控制权的股东在会议召开前承诺全额现金认购的除外)；(2)上市公司重大资产重组，购买的资产总价较所购买资产经审计的账面净值溢价达到或超过 20% 的；(3)股东以其持有的上市公司股权偿还其所欠该公司的债务；(4)对上市公司有重大影响的附属企业到境外上市；(5)在上市公司发展中对社会公众股股东利益有重大影响的相关事项。

⑥ 《上市公司股东大会规则》第 23 条规定，优先股股东出席股东大会会议时，有权与普通股股东分类表决，其所持每一优先股有一表决权，但公司持有的本公司优先股没有表决权：(1)修改公司章程中与优先股相关的内容；(2)一次或累计减少公司注册资本超过 10%；(3)公司合并、分立、解散或变更公司形式；(4)发行优先股；(5)公司章程规定的其他情形。上述事项的决议，除须经出席会议的普通股股东(含表决权恢复的优先股股东)所持表决权的 2/3 以上通过之外，还须经出席会议的优先股股东(不含表决权恢复的优先股股东)所持表决权的 2/3 以上通过。

的股东,可以签署一份或者数份同样格式内容的书面要求,提请董事会召集临时股东会或者类别股股东会议,并阐明会议的议题。董事会在收到前述书面要求后应当尽快召集临时股东会或者类别股股东会议。前述持股数按股东提出书面要求日计算。(2)如果董事会在收到前述书面要求后30日内没有发出召集会议的通告,提出该要求的股东可以在董事会收到该要求后4个月内自行召集会议,召集的程序应当尽可能与董事会召集股东会议的程序相同。股东因董事会未应前述要求举行会议而自行召集并举行会议的,其所发生的合理费用,应当由公司承担,并从公司欠付失职董事的款项中扣除。

(二)股东会的召开

1. 股东年会的召开。我国《公司法》第113条规定,股东会应当每年召开一次年会,但没有规定应于每年的什么时候召开,也没有规定两次股东年会之间的最长间隔期限。《上市公司股东大会规则》第4条规定,上市公司年度股东会每年召开一次,应当于上一会计年度结束后的6个月内举行。会计年度指每年的1月1日至12月31日。

2. 召开临时股东会需要讨论的两个问题。《公司法》第113条规定,单独或者合计持有公司10%以上股份的股东有权请求公司召开临时股东会。该规定有两个实务问题值得讨论。

(1)持有公司10%以上无表决权股份的股东是否有权要求召开股东会?这里的无表决权股份包括两种情况:一是《公司法》第116条第1款规定的"公司持有的本公司股份";二是依照公司章程设置的类别股股份。前者是公司暂时持有自己的股份,显然不可能将公司视为自己的股东来召开股东会。[①] 后者往往是股东以自己在某些方面获得优惠(如优先分红)为对价形成的股份。从《公司法》内容看,尽管没有对无表决权股份作出限制性规定,但在一般情况下,无表决权股份的股东不能请求召开临时股东会,理由如下:其一,无表决权股份往往是股东以获取固定或优先的股利回报作为对价而放弃了对公司行使经营管理权的股份,从权利义务对等的角度看,放弃经营管理权也意味着放弃了与之相关的要求召开临时股东会的权利;其二,无表决权的股份因为不具有在股东会上的表决权,故而即使允许持有无表决权股份的股东提议召开临时股东会,这样的股东会也几乎不会产生什么实际意义,持有无表决权股份的股东的诉求难以得到彰显,相反倒极有可能无端浪费公司、公司高级管理人员、其他股东以及公司其他利益相关者的时间、精力和物力。世界各主要国家的公司法均明确规定只有持有具有一定数量表决权股份的股东方可提议召开临时股东会。

此外,《国务院关于开展优先股试点的指导意见》(国发〔2013〕46号)也明确规定,在涉及《公司法》关于请求召开临时股东会、召集和主持股东会、提交股东会临时提案、认定控股股东等需要计算持股比例时,"仅计算普通股和表决权恢复的优先股"。这里的"普通股"是指具有完全表决权的股份;"表决权恢复的优先股"即该指导意见规定的"公司累计3个会计年度或连续2个会计年度未按约定支付优先股股息的,优先股股东有权出席股东大会,每股优先股股份享有公司章程规定的表决权。对于股息可累积到下一会计年度的优先股,表决权恢复直至公司全额支付所欠股息。对于股息不可累积的优先股,表决权恢复直至公司全额支付当年股

---

① 不仅《公司法》第116条第1款明确作出"公司持有的本公司股份没有表决权"的规定,《上市公司股东大会规则》第31条第3款也规定,"公司持有自己的股份没有表决权,且该部分股份不计入出席股东大会有表决权的股份总数"。

息。公司章程可规定优先股表决权恢复的其他情形”。该规定表明,表决权恢复的优先股是基于公司难以兑现约定的承诺而恢复到与普通股相同表决权的股份,其表决权恢复意味着可以填补优先股股东因未按约定取得优先股股息而形成的“权利真空”,实现权利义务的对等安排。这是优先股在表决权上的一种例外的情形。

(2)依法尚未缴纳的股份是否可以被计算在持有10%以上股份之内?根据《公司法》的规定,采取“向特定对象募集”方式设立股份有限公司的“认股人”可以实行认缴,[①]这就使公司实务中可能出现已经取得股东资格但尚未缴纳完毕出资的股东。对于尚未缴纳完毕出资的股东,《公司法》只限制了其分取红利的权利,并未限制其共益权的行使,因此,在计算持有10%以上股份时,可以将依法尚未缴纳的股份包括在内,即应当按照章程的记载来计算持股比例,或者说以章程记载的该请求召开临时股东会的股东持有的股份总数除以公司总股份数即可。

(三)股东会的职权

股东会是公司的权力机关,公司的其他机构,如董事会、监事会、经理均直接或间接隶属于股东会,服从和执行股东会的决议。法律规定了股东会作为公司权力机构的职权。股东会的职权主要来自两个方面:一是法律法规规定;二是章程赋予。另外,在某些特殊情况下,股东会可以代行董事会无法行使的权力,如根据《公司法》第139条和第185条的规定,公司“出席董事会会议的无关联关系董事人数不足三人的,应当将该事项提交股东会审议”就属于这类情形。当董事会出现僵局或无法满足法定人数要求而不能进行决策时,也可以由股东会对相关事项作出决议。“学者们通常将公司法和公司章程赋予股东会的权力称为原设权力,而将代行的本属于董事会的权力称为剩余权力。”[②]

1. 法律规定的职权。《公司法》关于股东会职权的规定采取了列举加概括的方式,根据第112条和第59条的规定,股东会的职权主要是:(1)选举和更换董事、监事,决定有关董事、监事的报酬事项;(2)审议批准董事会的报告;(3)审议批准监事会的报告;(4)审议批准公司的利润分配方案和弥补亏损方案;(5)对公司增加或者减少注册资本作出决议;(6)对发行公司债券作出决议,也可以授权董事会对发行公司债券作出决议;(7)对公司合并、分立、解散、清算或者变更公司形式作出决议;(8)修改公司章程;(9)公司章程规定的其他职权。

《公司法》关于股东会职权除了第112条和第59条规定的上述事项外,还有一些条款涉及股东会的特别法定职权,如:(1)第15条规定,公司为公司股东或者实际控制人提供担保的,应当经股东会决议。(2)第135条规定,上市公司在一年内购买、出售重大资产或者向他人提供担保的金额超过公司资产总额30%的,应当由股东会作出决议。(3)第151条和《证券法》第13、14条等规定,公司发行新股应当由股东会作出决议。(4)第152条规定,公司章程或者股东会可以授权董事会在3年内决定发行不超过已发行股份50%的股份。但以非货币财产作价出资的应当经股东会决议。(5)第162条规定,公司因减少公司注册资本或与持有本公司股份的其他公司合并而收购本公司股份的,应当经股东会决议。(6)第202条规定,股

---

① 参见本书第五章第三节中“定向募集设立方式”的有关内容。

② 黄辉:《现代公司法比较研究——国际经验及对中国的启示》(第2版),清华大学出版社2020年版,第176页。

份有限公司经股东会决议，或者经公司章程、股东会授权由董事会决议，可以发行可转换为股票的公司债券。

2. 章程赋权。根据《公司法》第 112 条的规定，股东会职权中还包括“公司章程规定的其他职权”。中国证监会 2023 年 12 月修正发布的《上市公司章程指引》第 41 条明确了上市公司股东会除法定职权以外的几项可以由章程来规定的职权：(1)对公司聘用、解聘会计师事务所作出决议；(2)审议本章程指引规定的公司对外担保事项；(3)审议公司在 1 年内购买、出售重大资产超过公司最近一期经审计总资产 30% 的事项；(4)审议批准变更募集资金用途事项；(5)审议股权激励计划和员工持股计划；(6)审议法律、行政法规、部门规章或本章程规定应当由股东会决定的其他事项。

需要指出，股东会作为股份有限公司的权力机关，虽然《公司法》规定其可以通过章程自我赋权，但其自我赋权也并非没有边界。一是不能违反法律、行政法规的规定；二是不能滥用股东权利限制或剥夺其他股东，尤其是中小股东的权利。

(四)股东会的召集

根据《公司法》规定和我国公司实践情况，股东会的召集主体和召集程序如下。

1. 董事会。各国公司法大都规定，在通常情况下，股东会由董事会召集。我国《公司法》第 114 条规定，股份有限公司股东会会议由董事会负责召集，董事长主持。《公司法》之所以规定在通常情况下股东会应当由董事会召集，主要目的是防止股东出于个人利益的考虑不当干涉公司经营的情况发生，以确保公司经营的效率。因此，董事会享有的股东会召集权是固有权，不得通过公司章程进行剥夺。如果非法律法规规定的情形，则未经董事会召集而形成的股东会决议是违反法律程序的决议，按照《公司法》第 26 条的规定，股东可以行使撤销请求权。

董事会作为公司机关，提议召集股东会的应当为具体的个人董事。《公司法》并没有就董事提议的内容作出规定。公司实践中一般由董事长提议，董事长也可以根据其他董事的建议来提议。中国证监会 2023 年 8 月发布的《上市公司独立董事管理办法》第 18 条规定，独立董事享有“向董事会提议召开临时股东大会”的特别职权。《上市公司股东大会规则》第 7 条规定，对独立董事要求召开临时股东会的提议，董事会应当根据法律、行政法规和公司章程的规定，在收到提议后 10 日内提出同意或不同意召开临时股东会的书面反馈意见。董事会同意召开临时股东会的，应当在作出董事会决议后的 5 日内发出召开股东会的通知；董事会不同意召开临时股东会的，应当说明理由并公告。

2. 监事会或股东。《公司法》第 114 条第 2 款规定，董事会不能履行或者不履行召集股东会会议职责的，监事会应当及时召集和主持；监事会不召集和主持的，连续 90 日以上单独或者合计持有公司 10% 以上股份的股东可以自行召集和主持。该款规定的“不能履行”一般是指董事会在履行职责中遇到客观障碍，即客观不能；“不履行”一般是指董事会故意不履行职责，即主观不能。另外，对该款规定的“持有公司百分之十以上股份的股东”的持股比例计算，如同前述《国务院关于开展优先股试点的指导意见》中的情形一样，“仅计算普通股和表决权恢复的优先股”。

根据上述规定，对于股东会召集权，董事会拥有的是首级召集权，监事会拥有的是次级召集权，股东拥有的是又次级召集权。也就是说，只有当董事会不能履行或者不履行召集股东会会议职责时，监事会才有权召集股东会；只有当监事会也不召集时，符合条件的股东才能召集股东会。无论是股东年会还是临时股东会，行使股东会召集权时均应当遵循这一顺序。

3. 召集顺序更替的衔接程序。对于召集人来说，召集股东会既是职权，也是职责，即法定义务，而且就公司实践来看，更多应当是一种职责体现。为了使职责能够得到切实履行，需要在顺序更替上设置相应的衔接程序。否则就可能出现因董事会、监事会的召集职责不清而使《公司法》规定的更替顺序无法进行的情况。尽管《公司法》对董事会召集股东年会和临时股东会有期间上的限制，如临时股东会应当在出现法定情形后的两个月内召开，但当董事会不能履行或者不履行召集职责时，则缺乏进一步的详细规定。对此，《上市公司股东大会规则》规定了上市公司的有关程序：

（1）监事会向董事会提议召开临时股东会的，应当以书面形式向董事会提出，董事会在收到提案后 10 日内提出同意或不同意召开临时股东会的书面反馈意见；董事会同意召开临时股东会的，应当在作出董事会决议后的 5 日内发出召开股东会的通知，通知中对原提案的变更，应征得监事会的同意；董事会不同意召开临时股东会，或者在收到提案后 10 日内未作出反馈的，视为董事会不能履行或者不履行召集股东会会议职责，监事会可以自行召集和主持。

（2）按照《公司法》第 114 条第 3 款的规定，符合法定要求的股东（含表决权恢复的优先股股东）“请求召开临时股东会会议的，董事会、监事会应当在收到请求之日起十日内作出是否召开临时股东会会议的决定，并书面答复股东”。《上市公司股东大会规则》第 9 条规定，董事会同意召开临时股东会的，应当在作出董事会决议后的 5 日内发出召开股东会的通知，通知中对原请求的变更，应当征得相关股东的同意；董事会不同意召开临时股东会，或者在收到请求后 10 日内未作出反馈的，提议股东有权向监事会提议召开临时股东会，并应当以书面形式向监事会提出请求；监事会同意召开临时股东会的，应在收到请求 5 日内发出召开股东会的通知，通知中对原请求的变更，应当征得相关股东的同意；监事会未在规定期限内发出股东会通知的，视为监事会不召集和主持股东会，符合法定要求的持股期限和比例的提议股东可以自行召集和主持。

（3）监事会或股东决定自行召集股东会的，应当书面通知董事会，同时向证券交易所备案。在股东会决议公告前，召集普通股股东（含表决权恢复的优先股股东）持股比例不得低于 10%。监事会和召集股东应在发出股东会通知及发布股东会决议公告时，向证券交易所提交有关证明材料。对于监事会或股东自行召集的股东会，董事会和董事会秘书应予配合。董事会应当提供股权登记日的股东名册。董事会未提供股东名册的，召集人可以持召集股东会通知的相关公告，向证券登记结算机构申请获取。召集人所获取的股东名册不得用于除召开股东会以外的其他用途。监事会或股东自行召集的股东会，会议所必需的费用由公司承担。

对于非上市的股份有限公司，可以参照《上市公司股东大会规则》的上述规定，结合该公司的情况在公司章程中对股东会召集顺序更替衔接作出规定。

（五）股东会的提案

股东会的提案是针对应当由股东会讨论的事项所提出的具体议案。实际上，股东会的召开过程也就是对每个具体议案作出通过或不通过的决议的过程。列入股东会议程的议案只有提交股东会审议，才可能被通过；没有列入股东会议程的议案，不能提交股东会讨论，自然也不可能被审议通过。因此，向股东会提出议案是一项十分重要的权利。从《公司法》具体规定看，可以向股东会提出议案的主体为：

1. 董事会。由于董事会是公司经营意思形成机关和业务执行机关，通常情况下，股东会的议案由董事会提出。《公司法》虽然没有直接规定董事会的提案权，但从相关法条规定的股东会职权来看，其中不少内容都表明董事会有向股东会提出议案的权利。

根据《上市公司股东大会规则》的规定，上市公司股东会提案的内容应当属于股东会职权范围，也即股东会可以作出决议的范围。提案应当有明确议题和具体决议事项，并且符合法律、行政法规和公司章程的有关规定。股东会通知中未列明或不符合前述规定的提案，股东会不得进行表决并作出决议。

2. 监事会。根据《公司法》第 78 条第 5 项和第 131 条的规定，监事会作为公司监督机关，可以向股东会提出提案。

3. 股东。《公司法》第 115 条第 2 款规定，单独或者合计持有公司 1% 以上股份的股东，可以在股东会召开 10 日前提出临时提案并书面提交董事会，临时提案应当有明确议题和具体决议事项。董事会应当在收到提案后两日内通知其他股东，并将该临时提案提交股东会审议。根据该款规定，有三点需要说明：第一，股东提案权有可能是单个股东行使的权利，即单个股东持有股份的比例须达到公司股份的 1% 以上（股份包括普通股和表决权恢复的优先股），也可能是多数股东行使的权利，即多数股东持有股份的相加之和须达到公司股份的 1% 以上。本轮《公司法》修订将原法关于股东提案须达到 3% 的持股比例的要求降低为 1%，适应股份有限公司股权日益分散化的趋势，有利于中小股东的利益保护。该款还特别规定，公司不得提高提出临时提案股东的持股比例。第二，股东提案权的行使在程序及事项上有所限制，即应在法定的期限内提出临时提案并书面提交董事会，并且，临时提案的内容应当属于股东会职权范围。如系监事会召集的股东会，则提案相应向监事会提交。《公司法》之所以作出这样的限制，主要是防止个别股东的恶意行为。第三，董事会对股东提案负有通知其他股东并将该提案提交股东会审议的义务；如系监事会召集的股东会，监事会则负有通知其他股东和提交股东会审议的义务。

《公司法》关于股东提案权的规定，适用于所有的股份有限公司，对于维护中小股东利益，加强股东对公司经营管理的参与和监督，具有积极的现实意义。

（六）股东会的通知和公告

通知和公告都具有将股东会有关信息告诉股东让其知晓的功能。通知是针对特定股东的告诉方式，公告是针对不特定股东的告诉方式，具有广而告之的属性。二者是公司采取的两种不同的方式，《公司法》对其要求也有所差异。

1. 应当采取公告的情形。根据《公司法》第 115 条第 3 款的规定，公开发行股份的公司，应当以公告方式作出通知。

2. 通知和公告的起算日。《公司法》第 115 条第 1 款规定，召开股东会，召集人应当将会议召开的时间、地点和审议的事项于会议召开 20 日前通知各股东；临时股东会应当于会议召开 15 日前通知各股东。该规定中的“20 日”“15 日”都存在如何确定其起算日的问题，因为起算日的确定又涉及通知“期间”的计算问题。公司实践中已出现因对此认识不统一而引发的纠纷,原告以召集程序违法诉到法院要求依照《公司法》有关规定[①]撤销股东会决议。[②]

对于起算日的确定存在以发信主义还是到达主义为确定标准的问题。所谓发信主义即以通知发出或公告之日为起算日,所谓到达主义即以通知收到之日为起算日。由于公众型公司人数众多,各股东收到通知的时间无法统一且难以逐一确定,采取到达主义显然是不现实的,因此应当以发信主义为统一标准。封闭型公司原则上也应当采取发信主义,但如果公司章程另有规定,应当从其规定。采取发信主义还需要对发信日作出界定。通知发出的当日是否计算在期间之内?《民法典》第201条第1款规定:“按照年、月、日计算期间的,开始的当日不计入,自下一日开始计算。”因此通知发出的当日不应计入,期间应当从发信的次日开始计算;开会日为始日,不宜计入期间。《公司法》第115条规定的通知和公告的期间应当为从通知或公告发出的次日至开会的前一日。

3. 通知和公告的有关注意事项。通知和公告是股东会召集人应当履行的法定义务。如前所述,召集人在一般情况下应当为董事会;但如果出现股东会由监事会召集和主持或由符合法定情形的股东自行召集和主持的情形,监事会和股东都可能成为召集人,需要履行通知和公告的义务。按照《公司法》第115条第4款的规定,股东会不得对通知中未列明的事项作出决议。按照《上市公司股东大会规则》第14条的规定,符合法定条件的股东在股东会召开10日前提出临时提案并书面提交召集人的,召集人应当在收到提案后两日内发出股东会补充通知,公告临时提案的内容。除此之外,召集人在发出股东会通知后,不得修改股东会通知中已列明的提案或增加新的提案。

《上市公司股东大会规则》还就上市公司通知和公告的有关事项作出了较为详细的规定,包括:第一,股东会通知和补充通知中应当充分、完整披露所有提案的具体内容,以及为使股东对拟讨论的事项作出合理判断所需的全部资料或解释。拟讨论的事项需要独立董事发表意见的,发出股东会通知或补充通知时应当同时披露独立董事的意见及理由。第二,股东会拟讨论董事、监事选举事项的,股东会通知中应当充分披露董事、监事候选人的详细资料;除采取累积投票制选举董事、监事外,每位董事、监事候选人应当以单项提案提出。第三,股东会通知中应当列明会议时间、地点,并确定股权登记日。股权登记日与会议日期之间的间隔应当不多于7个工作日。股权登记日一旦确认,不得变更。第四,召集人发出股东会通知后,无正当理由,股东会不得延期或取消,股东会通知中列明的提案不得取消。一旦出现延期或取消的情形,召集人应当在原定召开日前至少两个工作日公告并说明原因。

(七)股东会的出席者

1. 公司股东。公司的全体股东都有权出席或委托代理人出席股东会。无表决权的股东(公司持有自己股份的情况除外)也有权出席股东会,因为无表决权股东的身份只是限制其对股东会议案的表决权,但股东会参与权是基于股东身份而产生的。从利益关系上看,无表决权股东的法律地位毕竟不同于公司债权人,股东会议决有关公司经营管理的事项与无表决权股东的利益有一定关系。因此,无表决权股东应当享有知情权及对公司经营行为的监督权。当

---

① 指2023年修订前的《公司法》第22条第2款。

② 参见葛文:《股东会召集通知起算日研究》,载《人民法院报》2007年6月6日。

公司股东会所作决议违反法律、行政法规或公司章程时,无表决权股东还享有诉权。同样的道理,出资存在瑕疵但取得股东资格的股东也有权出席股东会。

股东可以亲自出席股东会,也可以委托代理人代为出席和表决,代理人不必是公司股东。个人股东亲自出席会议的,应出示本人身份证和持股凭证;委托他人出席会议的,应出示委托人身份证、代理人身份证、授权委托书和持股凭证。法人股东应由其指派的股东代表出席会议,股东代表可以是法人的法定代表人,也可以是法人指派的其他人。法定代表人出席会议的,应出示本人身份证、能证明其具有法定代表人资格的有效证明及持股凭证;其他人作为股东代表出席会议的,应出示代表人身份证、法定代表人身份证明书、法人出具的授权委托书和持股凭证。国有股股东委托股东代表的,须填写"国有股股东代表委托书",该委托书是股东代表在股东会上行使表决权的凭证。

2. 董事。股东会由董事会召集,且股东会的主要意义就在于听取和审议董事会对公司情况的汇报和报告,因此董事会全体成员全程参与股东会应无疑义。上市公司董事会秘书也应当参加股东会。

3. 监事和高级管理人员。《公司法》没有对监事和高级管理人员参加股东会作出强制性规定,从公司实践看,为了加强监事会对股东会程序和内容的监督力度,避免监事会成为花瓶式的摆设,监事会应当出席股东会,依照法律和公司章程对股东会的程序和内容进行监督。高级管理人员作为公司的重要负责人,往往需要就公司重大事务作出说明,因此也应当出席股东会。根据《公司法》第 187 条的规定,股东会要求董事、监事、高级管理人员列席会议的,董事、监事、高级管理人员应当列席并接受股东的质询。

《上市公司股东大会规则》第 26 条规定,上市公司召开股东会,全体董事、监事和董事会秘书应当出席会议,经理和其他高级管理人员应当列席会议。

(八)股东会的法定人数

《公司法》对出席股份有限公司股东会的法定人数没有作出强制性要求,只规定股东会作出决议时,必须经出席会议的股东所持表决权的过半数或 2/3 以上通过。之所以如此,主要是因为股份有限公司中的公众型公司尤其是上市公司的股权分散,绝大多数社会公众股东关心的是股票的流转收益,而不太关注或根本不关心公司的经营管理,缺乏参与股东会的积极性。此即谓社会公众股东的"理性冷漠"或"集体行动障碍"。股东基于谋求自我利益最大化动机,在集体行动中除非有更大的激励或独立的激励,否则个人通常不会采取行动以实现他们共同的或集团的利益。① 如果法律强制规定出席股东会人数的下限,而公司实践中又经常性出现达不到法律要求低限的情况,就可能影响公司运作效率。因此,我国《公司法》自 1993 年出台后尽管历经修改,但仍然维持了对股东会出席人数不作强制性要求的做法。

应当看到,《公司法》对股东会出席人数难以作出统一限制,而且在公司实践中这种限制只宜适用于上市公司。对于非上市的股份有限公司,"公司法如此规定并不妨碍公司章程对

① 参见[美]曼瑟·奥尔森:《集体行动的逻辑——公共物品与集团理论》(第 1 版),陈郁等译,格致出版社、上海人民出版社 2018 年版,第 38~39 页。

出席股东会会议的股东所代表的股份的最低比例作出规定”。[①] 就上市公司而言，出于保护中小股东利益的考虑，中国证监会从其他方面鼓励社会公众股东参与股东会，《上市公司股东大会规则》中就对公开征集股东投票权和股东通过网络进行投票作出了规定，如第31条规定，公司董事会、独立董事和符合法定条件的股东可以公开征集股东投票权。征集股东投票权应当向被征集人充分披露具体投票意向等信息。禁止以有偿或者变相有偿的方式征集股东投票权。除法定条件外，公司不得对征集投票权提出最低持股比例限制。公开征集股东投票权制度和股东网络投票制度的推行，使社会公众股东参与股东会的难度和成本大幅度降低，股东参与股东会积极性不高的局面正在得到改善。

在股份有限公司股东出席股东会的制度设计上，我国台湾地区“公司法”的相关规定具有特色。该“法”第174条对出席股东会股东所持有的表决权有法定足数的要求：普通决议由代表已发行股份总数超过半数的股东出席，出席股东表决权数过半数通过。但是当出席股东代表的股份数达不到这一法定足数时，该“法”又规定了一个补救措施，即采取“假决议”的方式。按照该“法”第175条的规定，当出席股东代表不足已发行股份总数过半数股东之定额，而有代表已发行股份总数1/3以上股东出席时，得以出席股东表决权过半数之同意，为假决议，并将假决议通知各股东，于1个月内再行召集股东会，此时如仍有已发行股份总数1/3以上股东出席，并经出席股东表决权过半数之同意，即视同普通决议。我国台湾地区的这一做法，对于大陆非上市股份有限公司通过公司章程设计相关条款具有参考价值。

（九）股东会的主持

《公司法》第114条规定，股东会会议由董事长主持。董事长不能履行职务或者不履行职务的，由副董事长主持；副董事长不能履行职务或者不履行职务的，由过半数的董事共同推举一名董事主持。可见，主持股东会是董事的职责，就此依序排列为董事长、副董事长、其他董事。董事长不履行或不能履行主持职责的，副董事长应当履行次级主持职责；副董事长也不履行主持职责时，董事会推举的董事应当履行又次级主持职责。与前述股东会召集权稍有不同的是，董事长、副董事长、董事会推举的董事对股东会的主持权同时也是相关董事的职责。如果相关董事怠于履行职责，应当承担相应的法律责任。

但是，当监事会依法行使股东会召集权时，该次股东会的主持权同样应由监事会行使而不再由董事会行使。但监事会作为自然人的集合体，笼统地作为主持人恐非妥当。可考虑遵循董事会召集的股东会由董事长主持的法理，监事会召集的股东会由监事会主席主持；监事会主席不履行或不能履行职务时，由副主席主持股东会；未设副主席或副主席也不履行或不能履行职务的，由过半数的监事共同推举一名监事主持。

同样，当股东依法行使股东会召集权时，股东会的主持权由召集股东行使。但当召集股东为法人或有多个股东时，由谁来行使股东会主持权？可考虑分不同情况对待：当股东为法人时，应由该法人股东的法定代表人或指定代理人行使主持权；当有多个股东时，应由该多个股东按照股权比例推选一名代表股东来主持股东会。

关于监事会和股东召集的股东会的主持人顺序及产生程序，可以由公司章程作出具体

---

① 王保树、崔勤之：《中国公司法》，中国工人出版社1995年版，第201页。

规定。

(十)股东会的决议

股东会的决议是股东会依照法律和章程规定的程序作出的决定。股东会决议需要以股东投票的形式来作出,而且必须经过持有多数股份的股东的同意才能形成。这就涉及一系列的问题。

1. 股东会决议的种类。股东会的决议分普通决议和特别决议。按照《公司法》的规定,普通决议是指在股东会上以出席会议的股东所持表决权的过半数通过的决议;特别决议是指在股东会上以出席会议的股东所持表决权的2/3以上通过的决议。对于通过普通决议所需的票数也可称之为简单多数;对于通过特别决议所需的票数也可称之为复杂多数。各国公司法一般都不对普通决议的事项作列举式的规定,因为股东会作为公司权力机构,需要其作出决议的事项太多,因而是无法从立法上进行一一列举的,否则就会挂一漏万。但各国公司法几乎都对特别决议的事项作出了列举式的规定。这实际上就意味着:除了列举的需要由股东会特别决议的事项之外,其他都属于普通决议的事项。我国《公司法》对普通决议的事项没有作出列举式的规定,但《上市公司章程指引》(2023年修正)第77条对上市公司股东会的普通决议事项作出了列举式与概括式结合的规定,具体为:(1)董事会和监事会的工作报告;(2)董事会拟定的利润分配方案和弥补亏损方案;(3)董事会和监事会成员的任免及其报酬和支付方法;(4)公司年度预算方案、决算方案;(5)公司年度报告;(6)除法律、行政法规规定或者公司章程规定应当以特别决议通过以外的其他事项。

《公司法》对于特别决议所列举的事项包括:(1)增加或者减少注册资本;(2)公司合并、分立、解散;(3)修改公司章程;(4)变更公司形式;(5)上市公司在1年内购买、出售重大资产或者向他人提供担保的金额超过公司资产总额30%的。

《上市公司章程指引》第78条针对上市公司的特殊情况,在《公司法》规定的基础上增加了一些需要特别决议的事项:(1)公司的分拆;股权激励计划;法律、行政法规或本章程规定的,以及股东会以普通决议认定会对公司产生重大影响的、需要以特别决议通过的其他事项。(2)《公司法》第135条规定的"公司资产总额百分之三十的"在《上市公司章程指引》中明确为"公司最近一期经审计总资产百分之三十的"。

公司章程能否提高股东会决议生效的法定条件?笔者认为,如果上市公司以公司章程来规定比《公司法》更为严格的条件,无论针对普通决议还是特别决议,都等于是赋予少数股东以否决权,这不仅对大多数股东不公平,而且也是对股份平等和股份多数决原则的违背,另外还可能使股东会难以形成决议,出现公司僵局,从而影响效率,最终损害公司和全体股东的利益。因此,不宜提高上市公司普通决议或特别决议生效的法定条件。具体理由可参见本书第七章第五节关于"公司章程能否提高公司机关决议表决通过的法定低限标准"的讨论。

2. 股东会决议的表决程序。《公司法》只涉及股东会表决程序中的个别问题。《上市公司股东大会规则》对上市公司股东会表决程序的规定则较为具体,主要有:

(1)股东与股东会拟审议事项有关联关系时,应当回避表决,其所持有表决权的股份不计入出席股东会有表决权的股份总数,股东会决议的公告应当充分披露非关联股东的表决情况。

(2)股东会审议影响中小投资者利益的重大事项时,对中小投资者的表决应当单独计票。

单独计票结果应当及时公开披露。

(3)同一表决权只能选择现场、网络或其他表决方式中的一种。同一表决权出现重复表决的以第一次投票结果为准。

(4)除累积投票制外,股东会对所有提案应当逐项表决。对同一事项有不同提案的,应当按提案提出的时间顺序进行表决。除不可抗力等导致股东会中止或不能作出决议外,股东会不得对提案进行搁置或不予表决。

(5)出席股东会的股东,应当对提交表决的提案发表以下意见之一:同意、反对或弃权。证券登记结算机构作为内地与香港股票市场交易互联互通机制股票的名义持有人,按照实际持有人意思表示进行申报的除外。未填、错填、字迹无法辨认的表决票或未投的表决票均视为投票人放弃表决权利,其所持股份数的表决结果应计为"弃权"。

(6)股东会对提案进行表决前,应当推举两名股东代表参加计票和监票。审议事项与股东有关联关系的,相关股东及代理人不得参加计票、监票。股东会对提案进行表决时,应当由律师、股东代表与监事代表共同负责计票、监票,并当场公布表决结果,决议的表决结果载入会议记录。通过网络或其他方式投票的公司股东或其代理人,有权通过相应的投票系统查验自己的投票结果。

(7)股东会会议现场结束时间不得早于通过网络或其他方式投票的时间,会议主持人应当在会议现场宣布每一提案的表决情况和结果,并根据表决结果宣布提案是否通过。在正式公布表决结果前,股东会现场、网络及其他表决方式中所涉及的公司、计票人、监票人、主要股东、网络服务方等相关各方对表决情况均负有保密义务。

(十一)股东会决议投票方式

股东会决议投票方式也即决议的表决方式。根据《公司法》和有关法规的规定,结合公司实践,具体可分为以下不同的类型:

1. 记名投票和无记名投票。《公司法》对此没有强制性的规定,但《上市公司章程指引》第86条规定,上市公司股东会"采取记名方式投票表决"。之所以这样规定,是因为出席股东会的股东可能持有的表决权数不相等,若采取无记名投票方式,则无法计算出赞成与反对的情况,也无法向社会公告表决结果。

另外,举手表决如果记载于股东会会议记录中,也可以视为记名投票方式。《到境外上市公司章程必备条款》第66条规定,股东会可以采取举手表决方式,会议主席根据举手表决的结果,宣布提议通过情况,并将此记载在会议记录中,作为最终的依据,无须证明该会议通过的决议中支持或者反对的票数或者其比例。但是,如果下列人员在举手表决前或举手表决刚刚进行后提出以投票方式表决,则应当采取投票方式表决。这些人员为:会议主席;至少两名有表决权的股东或者有表决权的股东的代理人;单独或者合并计算持有在该会议上有表决权的股份10%以上(含10%)的一个或者若干股东(包括股东代理人)。

2. 现场投票和网络投票。现场投票是指股东或其代理人到股东会会议现场进行集中投票;网络投票是指股东通过互联网络方式进行远程非现场投票。网络投票对于降低会议成本,吸引股东尤其是上市公司社会公众股东积极参与投票,有效监督公司管理层,改进公司经营管理绩效都有积极作用。《上市公司股东大会规则》第21条规定,公司股东会采用网络方式的,应当在股东会通知中明确载明网络方式的表决时间以及表决程序。股东会网络方式投票的开始时间,不得早于现场股东会召开前一日下午3:00,并不得迟于现场股东会召开当日上午9:30,其结束时间不得早于现场股东会结束当日下午3:00。

3. 直接投票和累积投票。直接投票是通过决议通常采取的表决方式,普通股按照"一股一票"的原则,每一股份对某一决议事项只有一表决权,这一表决权只有直接针对某一决议事项行使才能有效,否则就会无效。股东会表决,多数采取直接投票方式,只要表决符合法定的人数和票数,决议就可获得通过。

累积投票是专门适用于股份有限公司股东会选举董事和监事的表决方式。《公司法》第117条规定:"股东会选举董事、监事,可以按照公司章程的规定或者股东会的决议,实行累积投票制。本法所称累积投票制,是指股东会选举董事或者监事时,每一股份拥有与应选董事或者监事人数相同的表决权,股东拥有的表决权可以集中使用。"根据该规定,我国的累积投票制度的特点是:第一,累积投票制仅适用于选举董事和监事事项,对于其他事项不宜采用;第二,并不是所有的股份有限公司在选举董事和监事时都必须采取累积投票方式,只有当公司章程中有相应规定或股东会作出相关决议时才能适用累积投票方式。中国证监会2018年修订的《上市公司治理准则》第17条规定,上市公司董事、监事的选举,应当充分反映中小股东意见。股东会在董事、监事选举中应当积极推行累积投票制。单一股东及其一致行动人拥有权益的股份比例在30%及以上的上市公司,应当采用累积投票制。采用累积投票制的上市公司应当在公司章程中规定实施细则。

累积投票是公司法专家参照政党选举中的比例投票制而设计的表决方法。其含义是:在选举公司董事或监事时,每一股份都拥有与所选举的董事或监事人数相等的若干表决权数,股东可以将这些表决权数集中起来投到其希望当选的人名下。如果把选举每一个董事都当成一项需要通过的公司决议,那么股东会选举若干名董事就等于需要通过若干项决议。在这个意义上,累积投票实际上就是将每一股份对多个董事或监事所含有的多项表决权集中到对某一董事或监事的表决上。这种方法的效果是使拥有较少股份的股东也可选出符合自己意愿的董事监事,防止大股东利用多数股份的优势完全控制公司董事监事选举的现象。例如,某一由1000万股组成的公司要选5名董事,一股对选举一名董事只有一票。如要按照直接投票方式分别选举,获过半数票即当选,那么,某股东只要持有该公司股份表决权的51%,5名董事就可以由该股东完全决定下来。但如果按照累积投票法,将一股对选举5名董事含有的5票集中起来,投到一个董事名下,那么,某股东只要持有公司股份的200万股有表决权的股份就可以保证一名董事会全票当选。有人把累积投票等同于对股东投票权的限制,这其实是一种误解。通过上述例子可见,无论股东持股多少,累积投票都不对股东一股一票的表决权进行任何限制,只是在此基础上进行了创新。我国《公司法》2005年修订时正式引入累积投票制,按照全国人大常委会法工委编的有关《公司法》释义,规定累积投票制是"为了防止股东大会中处于控制地位的股东凭其优势把持董事、监事的选举,致使持股分散的公众股东提名的董事、监事丧失当选的机会","通过累积投票制,中小股东提名的人选有可能进入董事会、监事会,参与公司的经营决策和监督,虽不足以控制董事会、监事会,但至少能在其中反映中小股东的意见,使大股东提名的董事、监事在行事时有所顾忌,有所制约,而实现董事会、监事会内部一定程度上的监督”。①

4. 分类投票。分类投票是指把公司有表决权的股份分成不同的类别，按不同类别来进行投票的方式，也称类别股投票方式。2023 年修订的《公司法》第 146 条就对分类投票作出了规定。按照该条第 1 款的规定，发行类别股的公司，在股东会作出修改公司章程、增加或者减少注册资本的决议，以及公司合并、分立、解散或者变更公司形式的特别决议，可能对类别股股东的权利造成损害时，除应当依法经股东会以复杂多数作出决议外，还应当经出席类别股股东会议的股东所持表决权的 2/3 以上通过。该条第 2 款还规定：“公司章程可以对需经类别股股东会议决议的其他事项作出规定。”

另外，根据《公司法》第 68 条、第 120 条和第 130 条的要求，公司董事会成员为 3 人以上，其成员中可以有公司职工代表；职工人数 300 人以上的公司，除依法设监事会并有公司职工代表的外，其董事会成员中应当有公司职工代表；监事会成员中应当有适当比例的公司职工代表，其中职工代表的比例不得低于 1/3，职工董事和职工监事由公司职工通过职工代表大会、职工大会或者其他形式民主选举产生。

《上市公司股东大会规则》第 23 条对上市公司股东会普通股和优先股的分类投票表决作出了规定：当涉及公司重大事项和优先股相关事项需要股东会投票表决时，公司召开股东会会议应当通知优先股股东，并遵循《公司法》及公司章程通知普通股股东的规定程序。优先股股东出席股东会会议时，有权与普通股股东分类表决，其所持每一优先股有一表决权。这些表决事项包括：(1)修改公司章程中与优先股相关的内容；(2)一次或累计减少公司注册资本超过 10%；(3)公司合并、分立、解散或变更公司形式；(4)发行优先股；(5)公司章程规定的其他情形。对这些事项的决议，除须经出席会议的普通股股东（含表决权恢复的优先股股东）所持表决权的 2/3 以上通过之外，还须经出席会议的优先股股东（不含表决权恢复的优先股股东）所持表决权的 2/3 以上通过。

(十二)股东会的记录

《公司法》第 119 条规定：“股东会应当对所议事项的决定作成会议记录，主持人、出席会议的董事应当在会议记录上签名。会议记录应当与出席股东的签名册及代理出席的委托书一并保存。”

二、有限责任公司的股东会

股东会作为有限责任公司的权力机构，与股份有限公司的股东会的性质是完全相同的，《公司法》第 59 条和第 112 条对两类公司股东会的职权也作出了相同的规定。但应当看到，有限责任公司毕竟是封闭型公司，与股份有限公司的公众型公司存在较多差异，二者的股东会在性质和法律规定的职权方面具有相同之处的同时，在不少方面还存在区别。

(一)股东会会议的种类

同股份有限公司股东会一样，有限责任公司股东会也有定期会议和临时会议。就定期会

---

① 安建主编：《中华人民共和国公司法释义》，法律出版社 2005 年版，第 155 页。

议来看，股东会年会是一年一次，而《公司法》没有对股东会定期会议的举行时间作出明确规定，而是留给公司章程确定。就临时会议来看，根据《公司法》第 62 条的规定，如果出现代表 1/10 以上表决权的股东、1/3 以上的董事、监事会或者不设监事会的公司的监事提议召开临时会议的情形，公司应当召开临时股东会会议。但对在什么时间以什么样的程序召开临时股东会会议，《公司法》也未作规定，留待公司章程或股东自行决定。关于《公司法》该条规定的代表 1/10 以上表决权股东，与《公司法》第 113 条规定的股份有限公司中可以请求召开临时股东会的股东相比，尽管对持有公司股份的比例的要求都相同，但有限责任公司的股东是指单个股东，不包括“合计持有”公司股份的股东。

（二）股东会会议的形式

与股份有限公司中的公众公司相比，有限责任公司的股东人数可能要少得多。考虑到这一实际情况，《公司法》作出了较为灵活的规定，即在一般情况下，以召开股东会会议的形式来决议事项，但根据第 59 条第 3 款的规定，全体股东对需要议决事项以书面形式一致表示同意的，可以不召开股东会会议，直接作出决定，并由全体股东在决定文件上签名或者盖章。

（三）股东会的职权

《公司法》第 59 条、第 112 条关于有限责任公司和股份有限公司的股东会职权的规定看起来是完全相同的，但结合《公司法》关于两类公司股东会的其他有关规定看，也完全可能出现一些差异。如第 59 条第 1 款第 1 项中，“选举和更换董事、监事”是适用于两类公司股东会的职权，但如果与第 117 条规定的股份有限公司股东会在选举董事、监事时可以采用累积投票方式相联系，情况就可能发生变化。累积投票法作为有利于中小股东的方式，可以保证中小股东也能选举出代表自己的董事、监事。由于《公司法》并未对有限责任公司作出这样的规定，因此，有限责任公司就可能采取一般的选举方法，在这种情况下，中小股东就不能完全保证代表自己的董事、监事候选人顺利当选。

当然公司实践中的情况也并非尽如上述理论推导那样，由于有限责任公司具有人合性的特点，因此《公司法》没有作出规定并不意味着股东对此无所作为。实践中有限责任公司的股东们一般在设立公司时就会对董事会和监事会成员的分配作出协商，这种协商有的可能通过公司章程体现出来，有的则是通过股东会选举来反映，而选举过程无非是将这种协商合法化。也许正是考虑到了这一点，《公司法》才没有对有限责任公司股东会规定累积投票的方式。

（四）股东会会议的召集、主持与通知

股东会会议由董事会召集，董事长主持，但首次股东会会议由出资最多的股东召集和主持。《公司法》第 63 条规定，董事长不能履行职务或者不履行职务的，由副董事长主持；副董事长不能履行职务或者不履行职务的，由过半数的董事共同推举一名董事主持。

董事会不能履行或不履行股东会会议召集职责的，由监事会召集；监事会不能履行或不履行股东会会议召集职责的，代表 1/10 以上表决权的股东可以自行召集并主持。这里的代表 1/10 以上表决权的股东没有如同股份有限公司在相同情形下的股东那样，还存在“合计持有”和连续持股 90 日以上的限制。说明《公司法》对于有限责任公司召集股东会会议的股东的要

求要比股份有限公司的低。

关于有限责任公司股东会会议召开的通知时限,《公司法》不像针对股份有限公司股东会那样用强制性规范(即公司不得以章程予以变更)来规定,而是采取了任意性规范的形式。第64条规定,召开股东会会议,应当于会议召开15日前通知全体股东;但是,公司章程另有规定或者全体股东另有约定的除外。

(五)股东会会议的出席者

《公司法》对有限责任公司股东会的出席者没有像对股份有限公司股东会那样作出较为具体的规定,但根据公司实践情况看,有限责任公司股东会除了股东本人出席外,也可以由股东委托的代理人出席;董事会成员、监事会成员、经理均应列席股东会,但不享有表决权。

(六)股东会会议的议事方式、表决程序和股东表决权行使方式

《公司法》第66条第1款规定:"股东会的议事方式和表决程序,除本法有规定的外,由公司章程规定。"这说明法律给予了有限责任公司较大的意思自治空间。

与股份有限公司股东会决议一样,有限责任公司股东会决议也分为普通决议和特别决议。股东会通过两种不同的决议,《公司法》规定的股东表决权行使的方式也有所不同。第66条第2款规定,股东会作出决议应当经代表过半数表决权的股东通过;该条第3款规定,股东会作出修改公司章程、增加或者减少注册资本的决议,以及公司合并、分立、解散或者变更公司形式的决议,应当经代表2/3以上表决权的股东通过。这说明法律对于通过特别决议的规定是强制性的。另外,《公司法》第65条对于表决权的行使采用了任意性规范,即"股东会会议由股东按照出资比例行使表决权;但是,公司章程另有规定的除外"。这说明在股东会通过决议上公司章程的规定具有优先于法律适用的效力。从理论上讲,公司章程既可以规定股东按照出资比例行使表决权,也可以规定股东不按照出资比例行使表决权,甚至可以规定按照股东人头实行"一人一票"。这与股份有限公司股东会必须按照普通股"一股一票"的原则来通过决议明显不同。

第二节 董 事 会

在我国《公司法》上,董事会是由股东会选任的由全体董事组成的负责公司经营决策、业务执行并对外代表公司的法定常设机关。《民法典》则将董事会称为"执行机构"。[①] 根据《公司法》第75条和第128条的规定,"规模较小或者股东人数较少"的有限责任公司和股份有限公司,都可以不设董事会,设一名董事,行使《公司法》规定的董事会的职权。除此之外,两类公司都应当设置董事会。《公司法》及其相关法律法规对公司董事会及其构成作了较为详尽的规定。公司形态不同,董事会的构成也有一些差异。

---

① 《民法典》第81条规定:"营利法人应当设执行机构。执行机构行使召集权力机构会议,决定法人的经营计划和投资方案,决定法人内部管理机构的设置,以及法人章程规定的其他职权。执行机构为董事会或者执行董事的,董事长、执行董事或者经理按照法人章程的规定担任法定代表人……"

一、“董事会中心主义”评析

“董事会中心主义”是中国公司法研究中使用频率非常高的一个术语。尽管学者们对其有不同的解读,但就论述的语境而言,“董事会中心主义”往往是在公司治理的场景下来讨论的问题,主要涉及公司的权力结构和权力配置;“中心主义”有“地位至上”的含义,因此,“董事会中心主义”实际上就是指董事会在公司治理中居于公司权力中心的地位,享有经营管理公司的实质决策权,有学者也将其称为“董事会优位”。①

在我国公司治理的场景下,“董事会中心主义”至少可以解读出如下含义:第一,“董事会中心主义”是与“股东会中心主义”相对应而存在的一种理论总结。这是因为,董事会与股东会两个公司机关谁应当是公司权力的中心、在公司运作中谁更“至上”和“优位”,谁应当在法律上被配置更多更大的权力,这是公司治理模式上长期存在争议的理论和实务问题。当公司权力作为定量化的内容存在时,权力在公司内部机关的配置必然呈“此消彼长”的关系,董事会权力加强就意味着股东会权力的削弱,不同的配置会导致不同的公司治理效果。在这个意义上,只有当“董事会中心主义”与“股东会中心主义”对应时才具有讨论的价值。第二,“董事会中心主义”与公司的股权结构密切相关。“董事会中心主义”建立在“两权分离”的基础上,在股东与经营者高度重合即两权不分的公司,尤其是连董事会都可以不设的封闭型公司,公司的权力机关与执行机关几乎重合,代理成本可以忽略不计,以股东会为权力中心是最简便和最有效率的公司治理方式,在此语境下来讨论“董事会中心主义”显然没有实际意义。“董事会中心主义”的权力配置只有指向公众型公司尤其是上市公司才有意义。研究表明,“股权集中度与股东或经营者对公司的控制成正相关或负相关的紧密关联:股权越是集中,单一或少数股东对公司的控制权越大;反之,股权越是分散,经营者越容易取得对公司的控制权”②。根据上市公司“两权分离”程度的不同,不同权力配置所要解决的“代理问题”也有差异,一般而言,在股权集中化基础上产生的“股东会中心主义”的权力配置容易产生异质化股东之间的利益冲突,公司治理的重点要着眼于对控股股东的行为规制;在股权分散化基础上产生的“董事会中心主义”的公司治理容易产生股东与经营管理层之间的利益冲突,公司治理的重心要着眼于通过对公司董监高的行为进行规制来解决“内部人控制”问题。第三,“董事会中心主义”与公司“剩余权”的归属密切相关。所谓“剩余权”是指公司法上没有明确列举而公司机关可以在公司运作中行使的权力。从立法上看,区分“董事会中心主义”和“股东会中心主义”的标准是十分模糊的,在职权法定化、法律法规又不允许将法定化的职权通过公司章程从一个公司机关转移到另一个机关的情况下,③两个公司机关谁是权力中心往往就可以借助法律列举职权之外的公司“剩余权”作为判定标准之一。“董事会中心主义”即立法将全部默示的管理权力配置给董事会的方式,除公司法规定由股东会行使的权力外,董事会可以行使其他一切权力。④如果公司“剩余权”归属于股东会,那就是采取了“股东会中心主义”的方式。

---

① 参见朱慈蕴:《全球化与本土化互动中的公司制度演进》,法律出版社 2015 年版,第 139 页。

② 赵旭东:《公司治理中的控股股东及其法律规制》,载《法学研究》2020 年第 4 期。

③ 如中国证监会于 2023 年修正的《上市公司章程指引》第 41 条在列举了股东会职权后在注释中强调:“上述股东大会的职权不得通过授权的形式由董事会或其他机构和个人代为行使。”

④ 参见赵旭东主编:《公司法学》(第 4 版),高等教育出版社 2015 年版,第 293 页。

我国《公司法》对有限责任公司和股份有限公司的股东会、董事会的职权采取了没有区分的一体化表述方式，[①]将股东会定性为"公司的权力机构"，对其职权的兜底性规定中又有"公司章程规定的其他职权"的表述，许多学者认为我国公司立法将公司剩余权赋予了股东会，因而是采取了"股东会中心主义"的做法。[②]"现实中广泛存在的董事会不过是控股股东对公司控制权的延伸、董事席位由股东按资瓜分而不是选举产生。"[③]但也有学者认为，公司实际运行并非完全如同立法安排那样，公司的"主要事项"或"重大事项"的议案则是由董事会提出的，股东会不过是一个消极的批准机关，属于会议性质，股东会虽然地位很高但实际上并不如此。[④]董事会享有决定或制定的权力，即经营管理公司的实质决策权，公司权力运作实际上是以董事会为中心的。无论是上述哪种认识，学者们也普遍认为，随着公司股权分散化趋势越来越明显，公司立法应当扩大公众型公司董事会的法定职权。

2023 年《公司法》修订关于董事会的权力配置的一个最大的亮点，就是允许股份有限公司和有限责任公司采取"单层制"的权力结构，即董事会依照公司章程规定设置由董事组成的审计委员会，行使法律规定的监事会职权，不设监事会或者监事。这不啻意味着加大了董事会的职权。但从总体上看，新《公司法》并没有采纳不少学者建议的"董事会中心主义"权力配置的立法表达。尽管修法过程中一度将董事会定性为"公司的执行机构"，并不再对董事会职权进行列举，而是按照"剩余权"归属的方式将其概括性规定为"行使本法和公司章程规定属于股东会职权之外的职权"。[⑤]但这一做法最终并未得到立法机关的采纳。新《公司法》仍然保留了修订前对董事会权力配置的基本架构和立法表述，如对董事会的职权仍然采取了列举的做法，将董事会职权的兜底性规定表述为"公司章程规定或者股东会授予的其他职权"。因此，我国《公司法》关于公司权力配置的规定还很难用"董事会中心主义"或"股东会中心主义"来概括。

笔者认为，从公司治理角度笼统地说我国公司权力配置是应当采取"董事会中心主义"还是应当采取"股东会中心主义"并不是准确的表述。如前所述，"董事会中心主义"或"股东会中心主义"还只是一种理论上的概括抽象，并非具有确定内涵的概念，也没有形成固定的模式。公司组织机构的权力配置也不可能存在普适性的统一模式，且不论公司组织机构设置上还存在监事会、经理等公司机关，也不论我国公司还分为股份有限公司和有限责任公司，[⑥]二者还可以进一步划分出公众型公司和封闭型公司，仅就作为公众公司典型的上市公司来看，也还存在公司股权结构的差异。尽管股权分散化是上市公司发展的总体趋势，但国内大量的文献也表明，目前我国上市公司还属于股权结构相对集中的状况，尤其是国有公司的股权集中现

---

① 《公司法》对有限责任公司的股东会和董事会的职权都分别作了列举性规定，对股份有限公司的股东会和董事会的职权则都概括规定为：本法关于有限责任公司的股东会和董事会的职权的规定，适用于股份有限公司的股东会和董事会。

② 参见高圣平：《公司担保相关法律问题研究》，载《中国法学》2013 年第 2 期。

③ 郑彧：《论实际控制人的法律责任：公法的路径依赖与私法的理念再生》，载《财经法学》2021 年第 3 期。

④ 参见邓峰：《普通公司法》，中国人民大学出版社 2009 年版，第 555 页。

⑤ 参见 2021 年 12 月十三届全国人大常委会第三十二次会议审议并公开征求意见的《中华人民共和国公司法（修订草案）》（一审稿）第 62 条和第 124 条，载中国人大网，http://www.npc.gov.cn/flcaw/，2023 年 4 月 20 日最后访问。

⑥ 就有限责任公司而言，有学者认为公司治理的主要矛盾是股东之间的矛盾，人民法院受理的大量决议效力诉讼、股权转让诉讼、股东侵权诉讼与代表诉讼、知情权与查账权之诉、强制分配盈利之诉和公司解散之诉等表明，有限责任公司股东之间的内斗和大股东对中小股东的欺压是存在的最为典型和突出的问题，也是公司治理状态和治理效果的生动写照。参见赵旭东：《公司治理中的控股股东及其法律规制》，载《法学研究》2020 年第 4 期。

象更为突出。对非国有公司而言，公司治理的重点是要解决股权集中产生的控股股东、实际控制人与中小股东之间的利益冲突问题；而对国有公司而言，公司治理的重点则是要解决由于代理链条长而产生的“内部人控制”问题。[①] 公司治理处于不断变化的动态过程中，没有最佳的公司治理模式，只有最适合的公司治理；公司权力配置必须符合每个公司不同的实际情况，适合的就是最好的。因此，我国《公司法》对公司权力配置的设计只能是原则性的框架。对于封闭型公司需要为公司自治留足空间；对于公众型公司，宜为其提供更多的可选方案，由公司根据实际选择适合自身的具体方式。在这个意义上，“股东会中心主义”和“董事会中心主义”作为一种理论概括，更多具有学术研究的价值，不能将其机械地套用到公司立法和公司治理的实际操作中。“与其在公司治理结构上强行追求法定一律，反倒不如赋予公司章程更大的制度创制空间，以利于投资者依其经验、能力与偏好自主选择公司治理模式。”[②]

二、董事会制度

（一）董事会的法律特征

根据《公司法》的规定，我国董事会具有以下法律特征：

1. 董事会是公司法定和必备的常设机构。《公司法》要求除“规模较小或者股东人数较少的”有限责任公司和股份有限公司之外，董事会是多数公司不可缺少的必设机构，而且还是常设机构。从公司实际运作情况看，公众型公司尤其是上市公司的股东会往往由于股东人数众多和分布分散，具有召集不易的特点，其在公司法上既不是常设机关，也不直接参与经营管理，股东通过股东会表达的意愿和决策必须通过董事会来具体贯彻执行。因此，董事会具有常设机构的性质，其常设性表现在：第一，董事会的成员是固定的，在董事任期届满前，股东会不得无故解除其职务；第二，董事会决议的内容多为公司经常性的重大事项，因此，董事会会议召开的频率也大大高于非常设的股东会，常常是 1 ~ 2 个月就得举行一次；第三，公众型公司的董事会一般都得设置专门的工作机构和人员来处理日常事务，在上市公司，董事会秘书则是必设的公司高级管理人员职位。

正是由于董事会的常设性，决定了董事会拥有领导公司日常事务的实权。规模较小或者股东人数较少的有限责任公司和股份有限公司虽然可以不设董事会，但也须设一名董事，行使《公司法》规定的董事会职权。

2. 董事会是公司执行机构和经营决策机构。执行机构是《民法典》对董事会的定位。首先，执行机构是相对于权力机构的股东会而言的，董事会应当忠实地执行股东会作出的决议。其次，执行机构作为常设机构，是公司业务的执行机构。公司业务涉及外部业务和内部业务两大部分，包括对外代表公司和对内处理公司重要事务。其中，经营决策是公司事务最为重要的构成部分。董事会不仅要决定公司的经营计划和投资方案、负责制订提交股东会决议的重大事务的提案、召集股东会会议，而且要决定公司内部管理机构的设置，负责制定公司的基本管理制度，决定公司的高级管理人员的聘免等。公司从事管理的具体执行机关和人员，都必须服

---

① 参见周友苏、周春光：《国有公司规范的体例调适与制度安排——以〈公司法〉新一轮修改为契机》，载顾功耘主编：《公司法律评论》总第 21 卷，法律出版社 2021 年版。

② 陈甦：《我国公司立法的理念变迁与建构面向》，载《中国法律评论》2022 年第 3 期。

从董事会的领导。

3. 董事会行使的职权具有法定性。虽然董事会的成员基本由股东会选举产生,但董事会一经产生则相对独立运作,依法行使其职权。在我国《公司法》中,股东会职权和董事会职权都是法定的,《公司法》第67条第2款列举了董事会的10项职权,除了第10项"公司章程规定或者股东会授予的其他职权"属于兜底性的概括规定,其余9项都是具有确定内容的规定。另外,该条第3款关于"公司章程对董事会职权的限制不得对抗善意相对人"的规定,也意味着董事会职权对外的法定性、固定性和稳定性。董事会行使职权不受股东会或股东的非法干预。股东会对董事的选任、解任必须依照《公司法》和公司章程规定的程序进行;股东会不能以决议的形式限制或减少董事会的法定职权。董事会职权的法定性,既反映了现代公司所有权与经营权分离的必然要求,同时也体现了《公司法》按照现代社会分权与制衡原则对公司组织机构的权力配置。

因此,董事会在公司中拥有充分的实际权力,是公司的核心和中枢,在公司的诸机构中占有非常重要的地位。《中共中央、国务院关于深化国有企业改革的指导意见》(中发〔2015〕22号)指出,国有公司健全公司法人治理结构,"重点是推进董事会建设,建立健全权责对等、运转协调、有效制衡的决策执行监督机制,规范董事长、总经理行权行为,充分发挥董事会的决策作用……切实解决一些企业董事会形同虚设、'一把手'说了算的问题,实现规范的公司治理。要切实落实和维护董事会依法行使重大决策、选人用人、薪酬分配等权利"。

(二)董事会的组成

董事会是由若干名董事组成的委员会机构,也就是说,单一的董事不可能形成董事会。我国《公司法》关于董事会组成的规定有三个特点:一是董事会成员均为自然人,从董事任职的法定资格来看,法人不能作为董事会成员。二是董事会组成人数只有下限没有上限。2023年修订的《公司法》取消了原法关于董事会成员上限的规定,[①]第68条将董事会成员的下限定为3人,具体人数由公司自行决定,法律不作干预。三是董事会必须设董事长一人,可以设副董事长。设副董事长职位的,人数也由公司决定。从公司实践来看,董事会成员无论多少,都以奇数组成为宜。

董事会的人数及人员构成应符合有关法定要求,确保董事会能够进行富有成效的讨论,作出科学、迅速和谨慎的决策。董事会应具备合理的专业结构,其成员应具备履行职务所必需的能力。《上市公司治理准则》第25条规定:"董事会的人数及人员构成应当符合法律法规的要求,专业结构合理。董事会成员应当具备履行职责所必需的知识、技能和素质。鼓励董事会成员的多元化。"

按照《公司法》第68条和第120条的规定,职工人数300人以上的有限责任公司和股份有限公司,"除依法设监事会并有公司职工代表的外,其董事会成员中应当有公司职工代表";其他公司董事会成员中"可以有公司职工代表"。《公司法》第173条第2款规定:"国有独资公司的董事会成员中,应当过半数为外部董事,并应当有公司职工代表。"

---

① 2023年修订前的《公司法》第108条和第44条规定,股份有限公司的董事会成员为5人至19人,有限责任公司的董事会成员为3人至13人。

(三)董事会的职权

董事会依《公司法》和公司章程的规定行使职权。《公司法》第67条和第120条对董事会的职权作出了列举式的规定:(1)召集股东会会议,并向股东会报告工作;(2)执行股东会的决议;(3)决定公司的经营计划和投资方案;(4)制订公司的利润分配方案和弥补亏损方案;(5)制订公司增加或者减少注册资本以及发行公司债券的方案;(6)制订公司合并、分立、解散或者变更公司形式的方案;(7)决定公司内部管理机构的设置;(8)决定聘任或者解聘公司经理及其报酬事项,并根据经理的提名决定聘任或者解聘公司副经理、财务负责人及其报酬事项;(9)制定公司的基本管理制度;(10)公司章程规定或者股东会授予的其他职权。《上市公司章程指引》第107条列示了上市公司董事会的16项职权,其中在《公司法》上述规定的基础上进一步细化的职权包括:第一,制订公司的年度财务预算方案、决算方案;第二,制订公司发行债券或其他证券及上市方案;第三,拟订公司重大收购、收购本公司股票的方案;第四,在股东大会授权范围内,决定公司对外投资、收购出售资产、资产抵押、对外担保事项、委托理财、关联交易、对外捐赠等事项;第五,决定聘任或者解聘董事会秘书及其他高级管理人员,并决定其报酬事项和奖惩事项;第六,制订本章程的修改方案;第七,管理公司信息披露事项;第八,向股东大会提请聘请或更换为公司审计的会计师事务所;第九,听取公司经理的工作汇报并检查经理的工作;第十,法律、行政法规、部门规章或本章程授予的其他职权。

从权利和义务的结合上看,董事会行使职权同时也是在履行职责,《公司法》和《上市公司章程指引》列示的由公司章程规定的董事会上述职权,从另一角度看也是董事会的职责。

《公司法》第172条规定,国有独资公司不设股东会,由履行出资人职责的机构行使股东会职权。履行出资人职责的机构可以授权公司董事会行使股东会的部分职权,但公司章程的制定和修改,公司的合并、分立、解散、申请破产,增加或者减少注册资本,分配利润,应当由履行出资人职责的机构决定。

根据《公司法》第75条和第128条的规定,"规模较小或者股东人数较少"的公司,"可以不设董事会,设一名董事,行使本法规定的董事会的职权。该董事可以兼任公司经理"。

(四)董事会会议

董事会是"委员会制"的组织机构,其权力行使主要通过董事会会议形成决议的方式来体现。董事会会议是董事会借以行使权力和履行职责的手段,是董事会形成各项决议的前提,所以,董事会会议显得十分重要。

1. 董事会会议的形式。《公司法》第123条规定,股份有限公司董事会会议有例会和临时会议两种形式。例会也叫常会,是定期召开的会议。《公司法》明文规定董事会会议的例会每年度至少召开两次,没有上限规定。公司章程可据此确定公司董事会会议的例会的会次、会期等。召开例会的,应在会议召开10日前通知全体董事。

临时会议是介于例会之间的特别会议,它的特殊之处就在于不定期,往往是在出现特殊情况时召开的。《公司法》第123条第2款规定了股份有限公司应当召开董事会临时会议的情形:(1)代表1/10以上表决权的股东提议时;(2)1/3以上董事提议时;(3)监事会提议时。董事长应当自接到提议后10日内,召集和主持董事会会议。董事会召开临时会议,可以另定召集董事会的通知方式和通知时限。

《上市公司独立董事管理办法》第 18 条规定,经全体独立董事过半数同意的,独立董事有权提议召开董事会会议。

2. 董事会会议的召集。《公司法》第 72 条和第 122 条规定,董事会会议由董事长召集和主持。董事长不能履行职务或者不履行职务的,由副董事长召集和主持;副董事长不能履行职务或者不履行职务的,由过半数的董事共同推举一名董事召集和主持。

召开临时会议的通知方式及通知时限应由公司章程具体规定。根据《上市公司章程指引》第 117 条的规定,上市公司董事会会议通知的内容包括:会议日期和地点;会议期限;事由及议题;发出通知的日期。董事会会议应有事先拟定的议题。

《上市公司治理准则》第 31 条规定,董事会会议应当严格依照规定的程序进行。董事会应当按规定的时间事先通知所有董事,并提供足够的资料。两名及以上独立董事认为资料不完整或者论证不充分的,可以联名书面向董事会提出延期召开会议或者延期审议该事项,董事会应当予以采纳,上市公司应当及时披露相关情况。

3. 董事出席。《公司法》第 73 条和第 124 条规定,有限责任公司和股份有限公司“董事会会议应当有过半数的董事出席方可举行”。董事会的议事方式和表决程序除《公司法》有规定外,由公司章程规定。出席董事会会议既是董事的权利,也是董事的义务。鉴于董事会会议讨论、决议的公司事务对参与者的知识和能力有相当要求,因而,原则上董事应亲自出席董事会会议。如果董事因故不能出席,可以书面委托其他董事代为出席董事会会议,委托书中应载明授权范围。代为出席会议的董事应当在授权范围内行使董事的权利。董事未出席董事会会议,亦未委托代表出席的,视为放弃在该次会议上的投票权。

由于出席董事会是董事的法定职责和义务,当董事不能履行其职责时,可能对公司的经营管理造成危害,对此,《上市公司章程指引》第 99 条规定,上市公司董事连续两次未能亲自出席,也不委托其他董事出席董事会会议,视为不能履行职责,董事会应当建议股东会予以撤换。

《上市公司独立董事管理办法》第 20 条第 2 款规定,独立董事连续两次未能亲自出席董事会会议,也不委托其他独立董事代为出席的,董事会应当在该事实发生之日起 30 日内提议召开股东大会解除该独立董事职务。

值得指出的是,董事出席董事会作为一项职责,具有很强的人身性,董事不能无限制地委托他人代为出席。由于《公司法》对此未作出强制性的规定,而中国证监会的上述规章和规范性文件只能对上市公司具有约束力,因此,未上市股份有限公司和有限责任公司可以通过章程对公司董事亲自出席董事会会议作出必要的限定。

对于董事会会议,除了董事应当参加,根据《公司法》第 74 条和第 126 条的规定,有限责任公司和股份有限公司的经理都应当列席董事会会议;根据《公司法》第 79 条和第 131 条的规定,公司监事可以列席董事会会议。设置监事会的主要目的就在于监督公司董事、高管是否守法合规经营,是否忠实、勤勉地履行职责。要真正做到这一点而不是沦为“花瓶监事”,参加董事会会议是一个非常重要的途径。因此,公司可以通过章程将列席董事会会议作为监事的一项职责。与此相适应,为了便利经理和监事履行职务,董事会每次召开会议均需按照章程规定通知经理和监事。

4. 董事会会议记录。《公司法》第 73 条第 4 款和 124 条第 3 款规定:“董事会应当对所议事项的决定作成会议记录，出席会议的董事应当在会议记录上签名。”董事会对会议记录应当归档保存。通常，在签字时，董事有权要求在记录上作出某种说明性记载。董事将依照该记录记载的情况对董事会决议承担法律责任。因此，董事会会议记录在决定董事是否承担责任时具有证据的作用。

《上市公司章程指引》第 123 条规定，董事会会议记录包括如下内容：(1)会议召开的日期、地点和召集人姓名；(2)出席董事的姓名以及受他人委托出席董事会的董事(代理人)姓名；(3)会议议程；(4)董事发言要点；(5)每一决议事项的表决方式和结果(表决结果应载明赞成、反对或弃权的票数)。

5. 董事会会议决议。董事会会议决议既是董事会行使职权的体现，又是其行使职权的前提。董事会会议的一切决议都应符合法律、行政法规和公司章程的规定，服从股东会的决议。这里需要关注的问题包括：

(1)决议原则。董事会作出决议，应当符合两个基本原则：一是一人一票的原则，即每一个董事对所要决议的每一事项都享有一票表决权。二是少数服从多数的原则，即多数决原则，与股东会通过决议不同的是，前者实行“人头多数决”，后者实行“股份多数决”。《公司法》第 73 条第 3 款和 124 条第 2 款规定，有限责任公司和股份有限公司“董事会决议的表决，应当一人一票”。

(2)决议通过的条件。《公司法》第 73 条和第 124 条都规定，有限责任公司和股份有限公司的董事会作出决议，在过半数的董事出席的前提下，“应当经全体董事的过半数通过”。值得注意的是，这里所说的“全体董事”是指董事会的全体董事，而非出席董事会会议的全体董事。《公司法》也规定了董事会需要复杂多数才能通过决议的情况，如第 153 条关于“公司章程或者股东会授权董事会决定发行新股的，董事会决议应当经全体董事三分之二以上通过”的规定。除了法定情况之外，董事会决议哪些需要简单多数通过，哪些需要复杂多数通过，还可由公司章程具体规定。《到境外上市公司章程必备条款》第 88 条规定，董事会对制定公司增加或者减少注册资本的方案以及发行公司债券的方案；拟定公司合并、分立、解散的方案；制订公司章程修改方案进行决议时，必须由 2/3 以上的董事同意才能通过。

《公司法》第 73 条规定，董事会通过决议的条件之一是必须有过半数的董事出席董事会会议，而对“出席”是亲自出席还是代理出席没有作出限定。这就有可能出现若干董事集中委托一个董事出席董事会的情况，甚至可能出现一个接受多人委托的董事也可以合法召开董事会会议并作出有效决议的情况，从而使董事会虚置，对此还应当通过公司章程来加以完善。

《到境外上市公司章程必备条款》第 93 条第 3 款规定，董事会作出决议，当反对票和赞成票相等时，董事长有权多投一票。该规定实际上是赋予了董事长在投票中的特权。由于该规定与《公司法》第 73 条和第 124 条关于“董事会决议的表决，应当一人一票”的规定相冲突，因此如果不是境外上市有特别要求，到境外上市公司章程应当与《公司法》保持一致。

(3)决议方法。董事会的职责是对公司经营管理中的重要问题作出决议，在就议案进行表决前，董事应当就所议事项进行讨论并交换意见。董事会决议表决方法由公司章程进行规定，无论采取哪种方式表决，董事都应当明确表示自己的意见。根据《公司法》关于董事要对董事会决议承担责任的规定，董事会表决不能采取无记名投票方式，否则就可能难以准确判断董事发表了何种意见。

(4)表决权的排除。董事会作出决议时,与决议事项有关联关系的董事不能行使表决权,以此避免将董事利益置于与公司利益相冲突的境地。《公司法》第139条对上市公司关联董事表决权的排除作了规定。即上市公司董事与董事会会议决议事项所涉及的企业或者个人有关联关系的,该董事应当及时向董事会书面报告。有关联关系的董事不得对该项决议行使表决权,也不得代理其他董事行使表决权。该董事会会议由过半数的无关联关系董事出席即可举行,董事会会议所作决议须经无关联关系董事过半数通过。出席董事会会议的无关联关系董事人数不足3人的,应当将该事项提交上市公司股东会审议。《公司法》第185条针对董事涉及"自我交易""谋取公司商业机会""竞业限制"而需公司董事会决策的情形,明确要求董事会决议时"关联董事不得参与表决,其表决权不计入表决权总数。出席董事会会议的无关联关系董事人数不足三人的,应当将该事项提交股东会审议"。

三、董事

(一)董事的法律地位

董事是指在公司董事会担任特定职位的成员,也即具有董事法律地位的人。董事是与董事会密切相关的概念,二者互为存在条件。一方面,董事会作为公司机关,依照《公司法》规定必须由一定的复数成员构成,董事就是组成董事会的成员,董事会是以董事为基础建立的组织机构;另一方面,《公司法》只规定了董事会职权而并没有对董事职权作出规定,意味着董事履行职务需要以董事会的名义进行,原则上不能单独为公司行为。除了"规模较小或者股东人数较少"而不设董事会的公司外,董事会是董事行使职权的前提,离开董事会,董事就会失去存在的条件。

由于我国《公司法》未规定董事的职权,董事一般只能以董事会名义行使职权,因此除了依法成为法定代表人的董事(实践中多为董事长)可以享有对外代表权外,其他董事个人均无权对外代表公司。如果公司章程规定公司法定代表人是经理而非董事长,董事长也与其他董事一样,只具有董事会成员的法律地位,除在职务分工上享有召集和主持董事会的职权外,在其他方面并无特权,仍然需要以董事会名义才能从事行为和对外代表公司。这既与英美法系一些国家公司法上除了极少数个例,包括董事长在内的每个董事均有同等投票权和对外代表权的规定有着明显的不同;①也与大陆法系一些国家公司法上董事是公司的个别机关,董事可以单独成为公司的管理者并可单独对外代表公司作出意思表示的规定存在差异。② 一些学者因此对我国《公司法》上董事的法律地位存有疑问:在董事长不是公司的法定代表人的情况下,董事执行职务时是公司的代理人还是代表人、公司章程对董事职权的限制能否对抗善意第三人?③ 在董事长是公司的法定代表人的情况下,董事长对外代表公司的行为损害公司利益时,应由董事长独立承担责任,还是应由全体董事共同承担责任?"如果董事只以团体成员身份发挥职责,而忽视了个人行为在公司内部的作用,董事也就无须在决议责任以外再行承担其

---

① 参见叶林:《公司法研究》,中国人民大学出版社2008年版,第192页。
② 参见邓峰:《普通公司法》,中国人民大学出版社2009年版,第532~533页。
③ 参见钱玉林:《民法总则与公司法的适用关系论》,载《法学研究》2018年第3期。

他个人责任。”①

学者们对董事法律地位的疑问源于我国《公司法》在董事职权职责配置上还存在一些不够清晰的问题。2023年《公司法》修订对此作出了改进和完善。根据新《公司法》的规定，可以将董事的法律地位概括为：第一，董事是董事会成员，以董事会名义行使职权，除独立董事外，董事不具有个人职权；第二，董事以公司名义从事行为时处于代理人地位，需要公司法定代表人的授权；第三，董事作为法定代表人时可以对外代表公司，此时是基于法定代表人的身份而非董事的身份，《公司法》并没有赋予董事和董事长当然对外代表公司的职权；第四，与其法律地位相匹配，董事不对正常的履职行为承担法律责任，只对有过错的职务行为和董事会决议瑕疵承担责任。

（二）董事的分类

公司实践中，可以按照不同的标准将董事分为若干类型，对此也使用一些对应的术语。其中，具有法律意义的董事术语如下：

1. 独立董事与非独立董事。这是根据董事在公司决策时所处的地位来进行的划分。独立董事是根据《公司法》第136条关于“上市公司设独立董事”的规定在上市公司董事会专门设置的董事职位。非独立董事是与独立董事对应存在的概念，是指除独立董事以外的其他董事。独立董事与非独立董事以是否具有独立性为最大区别：前者的独立性来源于法律的规定和要求，后者的非独立性来源于其代表的股东利益或选举人利益。② 根据《公司法》和相关法规的规定，独立董事不仅不在上市公司担任除董事外的其他职务，也不与其所受聘的上市公司及其主要股东、实际控制人存在直接或者间接利害关系，独立董事在作为董事参与公司决策过程中完全凭自己独立客观判断来发表意见和投票。基于“独立性”的要求，对独立董事在任职资格条件、产生程序、享有的法定职权上都有特别的要求，其也被赋予了更大的职权。区分独立董事与非独立董事的法律意义在于辨识各自拥有的不同职权，有的职权只有独立董事才享有，如对关联交易的独立审查权、对公众股东股权代理征集等。法律设置独立董事职位，主要是针对公众型公司尤其是上市公司社会公众股东人数多的实际，通过独立董事制度来对公司董事会的决策形成制衡，保证董事会决策的公平合规，防止大股东滥用“资本多数决”控制公司，维护公司的整体利益和中小股东的合法利益不受侵害。

2. 执行董事与非执行董事。这是根据董事是否在公司内担任除董事职务以外的其他职务或直接参与公司的经营管理来进行的划分，是则为执行董事，否则为非执行董事。执行董事也被称为内部董事，即从事公司日常经营管理事务的董事。在比较法上，内部董事和外部董事的称谓似乎在美国更常用，而在英国和澳大利亚，则更常用执行与非执行董事的术语。③ 我国《民法典》中有“执行董事”的概念，④2023年修订的《公司法》也正式使用了“执行公司事务的董事”“外部董事”的概念。⑤ 从这些规定可见：第一，执行董事与非执行董事的设置并非法律

---

① 叶林：《公司法研究》，中国人民大学出版社2008年版，第192页。

② 职工董事作为非独立董事是由公司职工通过职工代表大会、职工大会或者其他形式民主选举产生的，在履职时需要代表公司职工的利益。

③ 参见黄辉：《现代公司法比较研究——国际经验及对中国的启示》（第2版），清华大学出版社2020年版，第169页。

④ 参见《民法典》第81条。

⑤ 参见《公司法》第10条、第173条。

强制,而是由公司章程自行确定。第二,执行董事不仅执行公司内部事务,《民法典》第81条和《公司法》第10条还规定其可依照法人章程成为法定代表人。第三,非执行董事需要由具有相对独立地位的人士来担任,如《公司法》第173条要求国有独资公司董事会成员中应当有过半数的"外部董事"。因此,非执行董事与外部董事基本相当。我国现行有效的一些政策法规使用的类似概念,也与新《公司法》上述规定的含义基本相同。如《中共中央、国务院关于深化国有企业改革的指导意见》(中发〔2015〕22号)明确要求国有独资、全资公司"董事会外部董事应占多数";《国务院办公厅关于进一步完善国有企业法人治理结构的指导意见》(国办发〔2017〕36号)将国有独资公司和国有全资公司的董事长、总经理定义为"内部执行董事";《国务院关于推进国有资本投资、运营公司改革试点的实施意见》(国发〔2018〕23号)规定,国有资本投资、运营公司的董事会由执行董事、外部董事、职工董事组成。由此可见,我国法律法规中的"执行董事"显然是与内部董事相当、而与外部董事相对应的概念;外部董事就是非执行董事。

外部董事作为不在任职公司担任其他职务并不参与公司日常经营管理的非执行董事,不是公司的雇员,与公司之间也不存在劳务契约。我国已经在国有公司推行专职外部董事制度。按照前述法律规定,国有独资、全资公司的董事会中的外部董事应当占多数;国有控股公司应有一定比例的外部董事。为了规范外部董事的行为和管理,国务院国资委还专门出台了外部董事的有关文件,如2009年3月发布的《董事会试点中央企业外部董事履职行为规范》,2017年发布并于2019年修正的《中央企业专职外部董事薪酬管理暂行办法》。

外部董事、非执行董事与独立董事的概念存在着交叉重合。独立董事一定是外部董事或非执行董事;但外部董事或非执行董事的外延更为宽泛,除了独立董事,还包括非独立的外部董事或非独立的执行董事。与非独立的外部董事或非执行董事相比,对独立董事不仅有"外部性"要求,而且在"独立性"上有更高的要求。

3. 正式董事与影子董事。这是根据董事是否正式通过股东会法定程序产生来作出的划分。正式董事也称法律董事,是正式通过法定程序产生的董事;影子董事没有董事名义,但公司董事却是按其指示和意愿在行使职权,因而他是藏在正式董事身后的影子,是事实上具有操控公司能力的人,被称为"躲在影子中"的董事(shadow director)。影子董事主要是英国公司法中使用的概念,[①]与之相似的概念还有事实董事,即在名义上不是董事,但对外宣称是公司董事并实际履行了只有董事才能履行的职责。尽管影子董事和事实董事没有正式董事的名义,但公司法仍然将其认定为董事,使法律约束董事的各种义务规则对其同样适用,如必须承担董事相应的诚信义务,对不当决策的后果承担法律责任等。影子董事作为法律概念的意义在于:防止"垂帘听政"或"挂羊头,卖狗肉"的行为,也防止对董事责任的追究"张冠李戴"。[②]

2023年修订《公司法》前,我国长期没有影子董事或事实董事的概念,而公司实践中却普遍存在类似的现象,即实际控制人或不具有董事名义的控股股东实际操控公司的现象。在这些受操控的公司中,存在不少事实上利用类似影子董事地位来损害公司及其中小股东利益并

---

① 《英国2006年公司法》第251条规定,所谓影子董事,是指公司董事习惯于根据其指导(directions)或指示(instructions)而行事的人,但排除提供专业建议的会计师、律师和税务专家等。如被认定为影子董事,须有两大关键要素:一是其对公司董事发出指导或指示,二是公司董事根据该指导或指示行事。参见林少伟:《英国现代公司法》,中国法制出版社2015年版,第369页。

② 邓峰:《普通公司法》,中国人民大学出版社2009年版,第532页。

逃避法律责任的违法情形。修订后的《公司法》对此作出了回应:第 180 条第 3 款规定,公司的控股股东、实际控制人不担任公司董事但实际执行公司事务的,适用董事忠实义务和勤勉义务的规定。此外,2019 年修订的《证券法》在有关规定中,明确将上市公司控股股东和实际控制人纳入规制范围。[①] 中国证监会也明确了上市公司治理要"抓关键少数"和惩处证券违法行为要"追首恶"的监管思路,这里的"关键少数"首先指向上市公司的控股股东和实际控制人,其次才是董事、监事、高级管理人员。由此也体现出我国正在从立法和司法上不断完善上市公司治理的相关制度,提高法律规制的力度和准确度。

(三)董事的选任

按照《公司法》的规定,董事的选任需要符合法律规定的资格条件和相应的程序,关于董事的资格条件将在本书第十二章中进行专题讨论,这里只涉及董事产生的相关程序。

1. 股东董事的选任程序。股东董事由股东会选举产生,除了股份有限公司的董事选举"可以依照公司章程的规定或者股东会的决议,实行累积投票制"外,其他情形下的股东董事按照普通程序选举产生。

2. 职工董事的选任程序。职工董事由公司职工通过职工代表大会、职工大会或者其他形式民主选举产生。

3. 国有独资公司董事的选任程序。《公司法》第 173 条规定,国有独资公司董事由履行国有出资人职责的机构委派。

4. 独立董事的选任程序。独立董事选任程序相对一般董事选任程序较为复杂,详见本节后面对独立董事的专题讨论。

(四)董事的职权

我国《公司法》中董事的职权是一种"集体权力",即董事职权需要通过董事会来行使。但董事通过董事会来行使职权并不等于董事没有职权。在董事"一人一票"的委员会制决策体制下,董事参与董事会对公司重大决策事项发表意见和投票就是董事行使职权的主要方式。董事会的权力也通过董事的行为来形成和得以体现。委员会制决策体制的优势是民主,可以听取委员会成员的不同意见和集中大家的智慧,但其也可能存在影响效率甚至造成决策僵局、决策责任无人承担等不足,与公司作为商事主体应当适应市场变化决策迅捷的要求发生冲突。因此,在董事职权问题上是采取委员会制还是个体责任制总是存在着不同的看法和相关争议。

个体责任制需要与个体的职权相匹配。从《公司法》和相关法规来看,涉及董事个体的内容基本是资格、义务和责任的规定,只有个别条文涉及董事个体性职权的规定,如《公司法》第 62 条关于 1/3 以上的董事可以提议召开临时股东会的规定。对此也有学者认为,这类规定很难算是一个个体性权力,或者说法律法规并未明确这是单独权力还是集体权力。[②] 在现代社会中,决策迅捷的要求往往使公司的控制权掌握在少数董事手中,尤其是在一些董事可以控制相当程度的表决权的情况下,董事成为了公司的个别常设机关,可以单独成为公司的管理者,

---

① 如《证券法》第 84、85、93、94、181、185、196、197 条都是涉及控股股东和实际控制人的义务和法律责任的规定。

② 参见邓峰:《普通公司法》,中国人民大学出版社 2009 年版,第 542 页。

并可以单独地对外代表公司作出意思表示，尽管在一些国家已经得到了公司法的认可，但是否适用于我国的公司实际，还值得进一步研究。

当然，《公司法》也规定在特殊例外的情形下，董事也有相当于个体性的职权，如第 75 条和第 128 条规定，“规模较小或者股东人数较少”的公司可以不设董事会，设一名董事，“行使本法规定的董事会的职权”。在这种特殊情形下，董事不仅有个体性职权，而且权力还相当大。

（五）董事的辞任、解任和董事延时履职制度

1. 董事的辞任、解任。董事的辞任、解任都是 2023 年《公司法》修订新增的内容。董事的辞任是指董事自己向公司要求辞去董事职务的情形；董事的解任是指公司股东会解除董事职务的情形。无论是辞任还是解任，都需要履行相应的法定程序。《公司法》第 70 条第 3 款和第 10 条第 2 款规定，董事辞任的，应当以书面形式通知公司，公司收到通知之日辞任生效；担任法定代表人的董事辞任的，视为同时辞去法定代表人。第 71 条规定，股东会可以决议解任董事，决议作出之日解任生效；无正当理由，在任期届满前解任董事的，该董事可以要求公司予以赔偿。

2. 董事延时履职制度。根据《公司法》第 70 条第 2 款的规定，董事延时履职制度是指董事任期届满未及时改选，或者董事在任期内辞任导致董事会成员低于法定人数的，在改选出的董事就任前，原董事仍应当依照法律、行政法规和公司章程的规定，履行董事职务。

正是基于董事会与董事互为存在前提的关系，当出现前述法定情形时，如果原董事不继续履行其职责，就可能影响董事会决策，甚至引起公司的混乱和失控。董事延时履职制度在《上市公司章程指引》第 100 条有更为详细的规定：“董事可以在任期届满以前提出辞职。董事辞职应向董事会提交书面辞职报告。董事会将在两日内披露有关情况。如因董事的辞职导致公司董事会低于法定最低人数时，在改选出的董事就任前，原董事仍应当依照法律、行政法规、部门规章和本章程规定，履行董事职务……”

四、董事长

股份有限公司董事长由董事会选举产生，有限责任公司董事长的产生办法由公司章程规定。只要公司设置董事会，董事长就是公司必设的职位。《公司法》第 10 条规定，公司的法定代表人按照公司章程的规定，由代表公司执行公司事务的董事或者经理担任。也就是说，董事长可以根据公司章程规定担任公司的法定代表人，也可以不担任这一职务。

（一）董事长的法律地位

我国《公司法》规定的董事长既是公司董事会的成员，同时又可能是公司的法定代表人。从董事会成员的角度来看，董事长与其他董事一样，也应符合董事任职的条件，承担董事的各项义务，遵守一切有关董事的法律规定。但从董事会负责人和公司法定代表人的角度来看，董事长的法律地位又与一般的董事有所不同。

1. 董事长是股东会的当然主持人和董事会会议的当然召集人、主持人。

2. 作为法定代表人的董事长对外代表公司法人，无须授权委托即可直接从事对公司产生重大影响的法律行为，《公司法》第 11 条规定，法定代表人以公司名义从事的民事活动，其法律后果由公司承受。公司章程或者股东会对法定代表人职权的限制，不得对抗善意相对人。法定代表人因执行职务造成他人损害的，由公司承担民事责任。公司承担民事责任后，依照法律或者公司章程的规定，可以向有过错的法定代表人追偿。与此同时，作为法定代表人的董事长也须承担越权代表的责任。[①]《上市公司治理准则》第 93 条还要求“董事长对上市公司信息披露事务管理承担首要责任”。

3. 董事长对公司重要业务活动均可过问并给予指导，享有比一般董事更为广泛的权力。《国务院办公厅关于进一步完善国有企业法人治理结构的指导意见》就要求国有公司总经理在董事会闭会期间向董事长报告工作。

从董事长享有的不同于其他董事的权力来看，最有实权的是作为公司法定代表人的权力。由于公司法定代表人具有对内的唯一性和对外的代表性，完全可能出现当董事长意见与多数董事意见相左时董事长利用法定代表人地位使个人意见超越董事会而成为公司意志的情况。有学者因此认为，如果“过度强调法定代表人的唯一性，不仅会在公司内部形成高度集权，还容易使公司承受巨大风险”。[②]

从比较法上看，关于董事长的法律地位，一些国家或地区的法律中也有与我国《公司法》相似的规定，如《法国商事公司法》规定，董事会从其成员中选举一名董事长。董事长负责全面领导公司的工作，并对此承担责任。在公司与第三人的关系中，董事长代表公司。除法律明确赋予股东会的权力以及法律特别留给董事会的权力外，在公司宗旨的范围内，董事长拥有在任何情况下以公司名义进行最广泛活动的权力。[③]

（二）董事长的选任

股份有限公司的董事长由全体董事选举产生。按照《公司法》第 122 条的要求，董事长“由董事会以全体董事的过半数选举产生”。董事长应当为自然人。由于董事长是董事会必设的职位，因此，董事会举行的第一次会议必须选举产生董事长。当董事长一职出现空缺时，选举董事长就成为董事会的一项重要职责。如果董事长担任法定代表人，按照《公司法》第 10 条第 2 款、第 3 款的规定：担任法定代表人的董事或者经理辞任的，视为同时辞去法定代表人。法定代表人辞任的，公司应当在法定代表人辞任之日起 30 日内确定新的法定代表人。《公司法》第 68 条第 2 款规定，有限责任公司董事长的产生办法由公司章程规定。这也就意味着，有限责任公司的董事长可以由董事会选举产生，也可以采取其他方式产生，如由大股东直接委派等。

---

① 基于法定代表人行为即公司行为的性质，公司越权行为也就是法定代表人的越权行为，即越权代表行为。根据《民法典》第 154 条、第 504 条和《九民会议纪要》的规定，在公司相对人为善意第三人的情况下，代表行为有效，包括法律责任在内的法律后果全部由公司法人承受；如果法定代表人的越权行为给公司造成损害，公司向相对方承担民事责任后，可以向有过错的法定代表人追偿，如果公司怠于追偿，股东可以启动股东代表诉讼。如果公司相对人并非善意第三人，甚至与法定代表人恶意串通来损害公司及其股东利益，则代表行为无效，公司不承受法律后果，因越权代表行为产生的法律关系，按照《民法典》关于无效民事法律行为的有关规定来处理。关于越权代表的讨论，详见本书第三章第二节关于“公司越权行为规制”的讨论。

② 叶林：《公司法研究》，中国人民大学出版社 2008 年版，第 145 页。

③ 参见《法国商事公司法》第 110 条、第 113 条。

从《公司法》的相关规定看，董事长作为董事会成员，其任期与董事相同。任期届满，连选可以连任。鉴于董事长职位的重要性，有的国家的公司法对董事长的任职资格还作出了特殊的限制。[①] 我国《公司法》未对董事长的任职资格作出与一般董事不同的规定。《国务院办公厅关于进一步完善国有企业法人治理结构的指导意见》要求国有独资、全资公司的董事长、总经理原则上分设。

（三）董事长的职权

1993 年《公司法》赋予了股份有限公司董事长较大的权力，其中可以单独行使的职权就有5 项。[②] 2005 年《公司法》突出了董事会集体决策作用，强化了对董事长的制约，删去了原法中单独规定董事长职权的规定。2023 年修订的《公司法》将原法关于法定代表人只能“由董事长、执行董事或者经理担任”[③]的规定修改为“由代表公司执行公司事务的董事或者经理担任”，表明公司中可以担任法定代表人的人的范围进一步扩大。《公司法》规定，董事长的职权主要有主持股东会和召集、主持董事会会议并检查董事会决议的实施情况。除此之外，董事长只能行使章程授予的职权。

《上市公司治理准则》第 33 条规定：“董事会授权董事长在董事会闭会期间行使董事会部分职权的，上市公司应当在公司章程中明确规定授权的原则和具体内容。上市公司重大事项应当由董事会集体决策，不得将法定由董事会行使的职权授予董事长、总经理等行使。”

《上市公司章程指引》第 112 条规定，上市公司章程可以规定董事长行使的职权除了《公司法》规定的之外，还包括一项为“董事会授予的其他职权”，该条属于兜底性规定，具有较大的伸缩性。为此该条在该规定后又增加了一款注释，即“董事会应谨慎授予董事长职权，例行或长期授权须在章程中明确规定”。

（四）对董事长不履行职责的救济措施

我国《公司法》赋予了董事长较一般董事更多的职权，使董事长在公司内具有不同于一般董事的法律地位。这些职权从另一角度看，也就是董事长对公司的义务和职责。如果董事长不履行法律规定的职责，不仅是个人的一种失职，而且会对公司正常经营带来较大的影响和损失。因此，当董事长不履行职责时，法律上应当有相应的救济措施。《公司法》第 63 条、第 72 条、第 122 条规定：董事长不能履行职务或者不履行职务的，由副董事长履行职务；副董事长不能履行职务或者不履行职务的，由过半数的董事共同推举一名董事履行职务。如果公司未设置副董事长职务，在董事长不能履行职务或者不履行职务时，可直接由过半数的董事共同推举一名董事履行职务。这里的“履行职务”就是指董事长主持股东会、召集和主持董事会会议以及检查董事会决议的实施情况。

副董事长作为董事会成员，是公司任意设置的董事会职务。按照《公司法》第 122 条的规

---

① 如《法国商事公司法》第 110－1 条规定，董事长任职年龄不超过 65 岁，达到年龄限制时，视为自动辞职。第 111 条规定，任何人不得同时担任两个以上其住所设在法国本土上的股份有限公司的董事长职务。

② 1993 年《公司法》规定董事长可单独行使的职权包括：（1）主持股东会和召集、主持董事会会议；（2）检查董事会决议的实施情况；（3）在董事会闭会期间，对公司的重要业务活动给予指导；（4）签署公司股票、公司债券；（5）公司根据需要，由董事会授权董事长在董事会闭会期间，行使董事会的部分职权。

③ 参见 2005 年《公司法》第 13 条的规定。

定,副董事长“由董事会以全体董事的过半数选举产生”,其职责是“协助董事长工作”。由于《公司法》没有对副董事长的职数作出限制性规定,因而实践中可能出现有多名副董事长的情况。倘若公司设置了两名或两名以上的副董事长,当出现董事长不能履行或不履行职务的情况时,由哪一名副董事长来履行董事长职责就可能成为实践中的一个问题。这就需要在设置多名副董事长职位时列明顺位。当董事长不能履行职务或不履行职务时,首先由第一副董事长代行董事长职权;第一副董事长不能履行职务或不履行职务时,由第二副董事长代行董事长职权,依次类推;当所有副董事长不能履行职务或不履行职务时,才由过半数的董事共同推举一名董事代行董事长职权。

五、独立董事

独立董事是上市公司董事会成员中一个特别的职位。《公司法》第 136 条第 1 款规定:“上市公司设独立董事,具体管理办法由国务院证券监督管理机构规定。”独立董事作为上市公司董事会制度的构成部分,是上市公司治理结构的重要环节,被称为“公司治理现代化的标配”。[①] 国务院办公厅 2023 年 4 月发布的《关于上市公司独立董事制度改革的意见》和中国证监会 2023 年 8 月发布的《上市公司独立董事管理办法》,与《公司法》《证券法》共同构成我国独立董事制度的核心内容。

(一)独立董事的含义

《上市公司独立董事管理办法》第 2 条对独立董事的定义为:“独立董事是指不在上市公司担任除董事外的其他职务,并与其所受聘的上市公司及其主要股东、实际控制人不存在直接或者间接利害关系,或者其他可能影响其进行独立客观判断关系的董事。独立董事应当独立履行职责,不受上市公司及其主要股东、实际控制人等单位或者个人的影响。”根据这一规定,独立董事包括了如下特点:第一,除董事职务外不在公司担任其他任何职务;第二,除任职外与公司没有任何交易和可能影响其独立性的关系;第三,在履行职务中,应当对履职事务独立客观地作出判断,不受他人的控制和影响;第四,具有法律法规赋予的有别于一般董事的特别职权,即单独以独立董事的名义行使的职权。

尽管独立董事也被称为非执行董事或外部董事,但实际上三者之间还是有一些差别的。“非执行”主要是指不从事公司日常经营事务的管理;“外部”则强调与公司关系的疏密程度,“外部董事”较“内部董事”肯定要疏远公司得多。可见,“非执行”和“外部”都只是保证“独立”的客观条件,或者说是“独立”的形式要件,并不必然代表着“独立”。对独立董事的“独立”,除了有不得担任董事以外的其他职务等形式要件的要求,还有实质要件的要求,即他能够在不受其他董事控制和影响的情况下,对公司决策和有关事务作出独立的判断并发表独立的意见。因此,“独立”较“非执行”及“外部”来说,不仅含义更为宽泛,标准也更为严格。

---

① 邢会强:《上市公司独立董事制度改革的解读与展望》,载《中国银行业》2023 年第 6 期。

不同国家和地区对独立董事的认识并不统一。[①] 有的将非执行董事、外部董事也称为独立董事,而有的则将非执行董事中与公司没有任何利益冲突的董事才称为独立董事,也称独立非执行董事。在我国,[②]独立董事被定位为独立非执行董事,在多年实践基础上逐步形成前述对独立董事的准确定义,表明我国证券监管机关对独立董事的性质、地位和功能的认识也越来越成熟。

(二)独立董事的"独立性"标准

独立董事的关键在于独立,即董事具有独立性的特征,或者说法律上对其有独立性的要求,这是保证其独立行使职权的前提。如何认定独立董事的"独立性"呢? 各国和地区的具体标准并不完全相同。

在美国,独立董事被界定为与公司经营董事及管理层没有"重要关系"(significant relationship)的董事。美国对"独立性"标准的认识重在强调"无利害关系"(disinterested)。其背后信奉的理念是:董事作为公司成员是有感情的,只有将其置身于公司利益冲突之外,才有"独立"可言。这一理念已日渐为很多国家所认同,且不同程度地体现在各国引入独立董事的实际运作乃至立法之中。澳大利亚关于外部(独立)董事的独立性的含义是:在最近两年不得是该公司或附属公司的雇员;在最近两年不得是附属公司的执行董事;在最近两年不得与该公司或附属公司有实质性业务往来或专业服务关系;不得在该公司或附属公司有实质的利益,也不得与在该公司或附属公司有实质利益者有关联。[③] 独立董事基于它的独立性,可以较内部人士更好地履行监督职责。独立董事不仅作为一个整体,而且作为单个个体,就其有效地履行监督公司之职责承担责任。[④]

我国香港特别行政区的《上市规则》及《公司收购与合并守则》对独立性列出了相应的标准条件,即持有占发行人已发行股本总额不超过1%的股份权益者,交易所一般不视为有损其独立性,但如该董事从发行人的关联人士处以馈赠形式或其他财务资助方式取得该等股份,则倾向于显示其非独立性。为显示其独立性,该董事一般不应在发行人或其附属公司的业务中拥有任何财务或其他权益(不论过去或现在,但前段所规定范围以内的股权或作为董事或专业顾问而收取的利益则除外);此外,该董事一般亦不应与发行人的关联人士有任何联系(不论过去或现在),但出任专业顾问则除外。上述任何一种情况,可能都会影响该董事作出判断时的独立性。从各国和地区对独立董事"独立性"标准的规定内容来看,有三个方面是基本相同的:第一,独立董事与公司不存在任何雇佣关系;第二,独立董事与公司不存在交易关系;第三,独立董事与公司高层职员不存在亲属关系。

我国内地上市公司独立董事制度在结合内地公司实践的基础上较为充分地借鉴了国际上通行的做法,对独立性的标准有十分明确的界定。《上市公司独立董事管理办法》除前述第2

---

① 如《美国证券交易商协会章程》规则D第二部分对独立董事的定义是:"独立于管理层,董事会认为其作为一名委员会成员与任何影响行使独立判断能力的关联方无任何关系,上市公司或其子公司内的经理和雇员都不能作为独立董事。"

② 有学者总结,中国(内地)公司设独立董事最初是为了满足中国香港联交所的上市规则(1993年青岛啤酒在香港上市),而后成为中国公司境外上市的惯例,最后发展成一项对于全部上市公司和部分金融公司的法定要求。参见方流芳:《独立董事在中国:假设和现实》,载《政法论坛》2008年第5期。

③ 参见周友苏主编:《上市公司法律规制论》,商务印书馆2006年版,第77页。

④ 参见[美]马丁·洛伊:《公司治理:公众公司董事指南》,刘燕译,法律出版社2005年版,第1页。

条对独立董事的定义外,还从职责定位、任职资格等方面对独立董事的独立性作出了明确的要求。独立董事的独立性主要体现在两个方面:一是独立于公司内部和外部的相关主体,包括主要股东和实际控制人、与上市公司存在利害关系的单位和个人;二是独立履行职责,独立董事不是公司某个或部分利益主体的代言人,而是公司利益、公司全体股东利益尤其是中小股东利益的维护者。

《关于上市公司独立董事制度改革的意见》要求,各地应建立独立董事独立性定期测试机制,通过独立董事自查、上市公司评估、信息公开披露等方式,确保独立董事持续独立履职,不受上市公司及其主要股东、实际控制人影响。对不符合独立性要求的独立董事,上市公司应当立即停止其履行职责,按照法定程序解聘。

(三)独立董事制度效用评析

独立董事制度源自美国,是美国法上的产物。[①] 美国法上的独立董事具有两个主要功能:一个是监督执行董事,并在执行董事出现利益冲突时进行决策;另一个是协助执行董事,为执行董事提供信息和建议。美国更加偏重独立董事的监督功能,要求独立董事在人数上决定性地压倒执行董事。[②] 在英美法系国家的公司制度中,独立董事虽不是一个独立的监督机构,但在单层制公司治理模式下发挥着对公司经营层进行监督的作用,其功能类似于大陆法系国家双层制公司治理结构下的监事会。无论是单层制还是双层制的公司机关设置,其监督机制的建立都是为了解决由于两权分离而产生的“代理问题”。投资者在选择将其财产投入公司以追求更大投资效益的同时,就不得不解决对经营者进行监督的问题。只有通过监督防止代理人的“败德”行为,投资者的利益才会有所保障。合理的监督机制既要能够对经营者进行有效监督,又不能影响和降低公司经营的效率。各国公司制度尽管有许多差别,但在公司法人治理结构中均应坚持经营职能与监督职能相分离,双层制是在董事会之外另设机构行使监督之责,单层制则是在董事会内部实现独立董事监督职能与内部董事经营职能的分开。

在董事会中设立独立董事究竟能否实现监督公司经营管理层的目的呢?英美法系国家对独立董事制度的效用一直存在争议。多数人认为,独立董事具有“独立性”,能够站在客观、公正的立场来监督经营者,董事会下设的提名委员会、薪酬委员会及审计委员会全部或大部分由独立董事组成,能使独立董事有充分的权力对经营者进行监督与制约。从逻辑上看,独立董事应如人们所期望的那样发挥监督作用,但也有观点认为独立董事制度并不像人们所期望的那样有效。因为独立董事获得的回报与公司业绩基本无关,从而使之在监督公司经营者经营行为上缺乏足够的动力;独立董事既要参与公司决策又要履行监督职责,这种角色的冲突也可能使独立董事的“独立性”难以保证;另外不能获取充分的公司信息也会成为制约独立董事执行监督职能的重要因素。所以,独立董事的效用会大打折扣。

我国针对上市公司全面实施独立董事制度是从本世纪初开始的,以中国证监会2001年8月发布的《关于在上市公司建立独立董事制度的指导意见》为标志。有学者认为,我国建立独立董事制度的背景与英美法系国家不同,虽然有克服大股东控制、监事会实效不佳等现实问题

---

① 参见邓峰:《普通公司法》,中国人民大学出版社2009年版,第533页。

② 参见黄辉:《现代公司法比较研究——国际经验及对中国的启示》(第2版),清华大学出版社2020年版,第170页。

的预期，但更多则是公司境外融资需求与官方强制性制度变迁综合作用的结果。[①] 与英美法系国家相比，我国在双层制的公司治理结构下建立的独立董事制度具有几个鲜明的特点：第一，独立董事的任职条件较为严格，对独立性要求较高，符合外部董事或非执行董事的条件并不等于就符合独立董事的条件；第二，独立董事占董事会成员的比例较低，底限为1/3，并不要求占多数；第三，独立董事除享有一般董事的全部职权外，还享有与一般董事不同的"单独权"，需要就可能涉及公司利益冲突的重大事务事先审查和发表独立意见。因此，独立董事除了发挥监督作用，还要参与公司的决策。

也应看到，我国的独立董事制度在实施过程中也并不如制度设计者期望的那样令人满意，并没有完全达到预期的目的。一些不能发挥应有作用的独立董事被人戏称为"花瓶董事"，有人甚至还提出应当取消独立董事制度的主张。也有一些学者认为，独立董事制度源于"单层制"的公司治理结构，而我国《公司法》一直采取以监事会为专门监督机构的"双层制"公司治理结构。因此，我国上市公司治理结构存在"叠床架屋"的双轨制问题，应当"允许公众公司从监事会与独立董事制度中选择其一"[②]，让公司自主地根据自身的实际情况和长远发展目标作出选择，并在选择的监督机制的范围内吸收另一种监督机制的优点，进一步实现自身完善。[③]

尽管人们对独立董事制度的效用如何还存在诸多疑问，但并不能因此否定独立董事制度，因为没有任何一项制度是完美无缺的。独立董事制度在我国实施20余年的实践也表明，这一制度发挥了不可替代的作用。上市公司独立董事在制衡大股东滥用权力的行为，尤其是利用关联交易来"掏空公司"的侵权行为，防止经营管理层在股权分散结构上出现"内部人控制"现象，维护社会公众股东利益等方面发挥了重要作用，独立董事队伍在实践中也逐步形成。正如《关于上市公司独立董事制度改革的意见》所作的肯定："上市公司独立董事制度是中国特色现代企业制度的重要组成部分，是资本市场基础制度的重要内容。独立董事制度作为上市公司治理结构的重要一环，在促进公司规范运作、保护中小投资者合法权益、推动资本市场健康稳定发展等方面发挥了积极作用。"当然，社会各界也不能对独立董事制度期望过高，仅仅依靠独立董事制度来彻底解决上市公司的"代理问题"也是不现实的，公司治理的完善是公司存续中一个永恒的课题。《关于上市公司独立董事制度改革的意见》也明确指出了独立董事制度还存在的主要问题，即"独立董事定位不清晰、责权利不对等、监督手段不够、履职保障不足等"。因此，应当在继续推进独立董事制度的基础上对其不断改进完善。这一主张也得到了立法机关和管理层的认可，自2005年《公司法》将独立董事正式确认为上市公司必须设置的职位以来，独立董事制度也在公司实践中不断发展完善。2023年《公司法》修订进一步肯定了这一制度并加以完善，如允许公司在组织机构设置上自由选择"单层制"或"双层制"的结构，选择"单层制"而不设监事会的，应当设置由董事组成的审计委员会，且中国证监会要求审计委员会的成员过半数为独立董事，实践中上市公司董事会其他专门委员会的成员构成中也以独立董事为多数。据学者考证，大陆法系国家的意大利、西班牙和法国也允许公司在组织机构

---

① 参见朱慈蕴：《全球化与本土化互动中的公司制度演进》，法律出版社2015年版，第141页。

② 刘俊海：《新〈公司法〉的设计理念与框架建议》，载《法学杂志》2021年第2期。

③ 参见朱慈蕴：《全球化与本土化互动中的公司制度演进》，法律出版社2015年版，第258页。

设置上选择“单层制”或“双层制”，而实践中仅10%的公司选择双层制等专门委员会。① 由此看来，我国独立董事制度将会随着新《公司法》的实施获得更大的发展空间。随着独立董事制度的不断完善，必将促进我国上市公司治理更有成效也更具现代化。

(四)我国的独立董事制度体系

目前我国的独立董事制度体系已基本形成，其架构以《公司法》《证券法》关于独立董事的专门规定为基础，以《关于上市公司独立董事制度改革的意见》和《上市公司独立董事管理办法》为主干，再加上中国证监会出台的《上市公司治理准则》《上市公司章程指引》、证券交易所出台的《股票上市规则》《上市公司自律监管指引第1号——规范运作》等涉及独立董事的有关规章规则，以及中国上市公司协会发布的《上市公司独立董事履职指引》《独立董事促进上市公司内部控制工作指引》等自律规范。其中，《关于上市公司独立董事制度改革的意见》和《上市公司独立董事管理办法》是当前独立董事制度改革最重要的方向指引和行为规范。

(五)独立董事职责定位

独立董事定位是独立董事制度改革的核心问题。针对独立董事定位长期不清晰的问题，《关于上市公司独立董事制度改革的意见》作为独立董事制度改革的指导性文件，不仅明确了独立董事具有参与决策、监督制衡和专业咨询的三大职责，而且还进一步指出：要“强化独立董事监督效能，确保独立董事发挥应有作用”“更加充分发挥独立董事的监督作用”，表明独立董事职责的重心在于监督。《上市公司独立董事管理办法》进一步将该三大职责的定位落实为具体的行为规范，第3条从总体上要求“独立董事对上市公司及全体股东负有忠实与勤勉义务”“在董事会中发挥参与决策、监督制衡、专业咨询作用”，第17条还对该三大职责作出了进一步的规定：(1)参与董事会决策并对所议事项发表明确意见；(2)通过对关联交易、并购重组、信息披露、审计、内控、董事和高级管理人员任免薪酬等重大事项的审核审查，对上市公司与其控股股东、实际控制人、董事、高级管理人员之间的潜在重大利益冲突事项进行监督，促使董事会决策符合上市公司整体利益，保护中小股东合法权益；(3)对上市公司经营发展提供专业、客观的建议，促进提升董事会决策水平。

从《关于上市公司独立董事制度改革的意见》和《上市公司独立董事管理办法》的上述规定看，独立董事的主要职责在于监督，尤其是2023年《公司法》修订将公司机关的设置由“双层制”结构调整为可以选择“单层制”后，一旦上市公司选择后者而不设监事会，独立董事就得承担起监督机构的主要职责。因此，独立董事在上市公司的地位和作用都会得到进一步强化。将监督作为独立董事的主要职责，符合对独立董事的定位，从某种意义上讲，独立董事的三大职责都与监督相关，或者说都是以监督职责为核心来展开的。除了专门的监督职责定位，独立董事通过对重大决策事项的审核审查，可以对公司重大决策进行事前把关；通过参与董事会投票表决，可以发挥公司重大决策的事中制衡作用；通过运用自身的专业知识为上市公司提供有价值的专家建议，可以提升公司重大决策的科学性。这些都包含着对公司组织机构整个运营过程监督制衡的内容。

---

① 参见王涌：《独立董事的当责与苛责》，载《中国法律评论》2022年第3期。

(六)独立董事的任职条件

《关于上市公司独立董事制度改革的意见》《上市公司独立董事管理办法》都对独立董事的任职资格提出了要求,其中,《关于上市公司独立董事制度改革的意见》要求的任职条件属于原则性的规定,即"独立董事应当具备履行职责所必需的专业知识、工作经验和良好的个人品德,符合独立性要求",可概括为专业知识、工作经验、个人品德和独立性四个方面的要求。《上市公司独立董事管理办法》则从任职条件出发来对独立董事的任职资格作出较为具体的规定,包括积极条件①和消极条件②两个方面的内容。

除积极条件和消极条件外,《上市公司独立董事管理办法》还规定了独立董事的一些特别的任职条件,如第 5 条关于上市公司独立董事中至少包括一名会计专业人士的规定,意味着对会计专业人士担任独立董事的积极条件的特别要求;又如第 8 条关于独立董事原则上最多在 3 家境内上市公司担任独立董事的规定和第 13 条关于独立董事连续任职不得超过 6 年的规定,意味着任职公司数量和任职年限都是对独立董事的消极条件的特别要求。

上述任职条件是独立董事任职的合格条件,符合条件并不等于就能够担任独立董事。《关于上市公司独立董事制度改革的意见》还要求证券监督管理机构要加强对资格认定工作的组织和监督,拓展优秀独立董事来源,适应市场化发展需要,探索建立独立董事信息库,鼓励具有丰富的行业经验、企业经营管理经验和财务会计、金融、法律等业务专长,在所从事的领域内有较高声誉的人士担任独立董事。

独立董事如果出现不符合任职条件的情形,应当立即停止履职并辞去职务。未提出辞职的,董事会知悉或者应当知悉该事实发生后应当立即按规定解除其职务。

(七)独立董事的选任、解任和辞任

1. 选任。独立董事的选任应当按照《上市公司独立董事管理办法》的规定进行。《上市公司独立董事管理办法》第 5 条规定,"上市公司独立董事占董事会成员的比例不得低于三分之一",这里的"三分之一",根据《民法典》第 1259 条的规定应当包括本数。如某上市公司董事会成员为 9 人,其中独立董事就应当至少为 3 人。

(1)提名。上市公司董事会、监事会、单独或者合并持有上市公司已发行股份 1% 以上的股东可以提出独立董事候选人,并经股东会选举决定。独立董事的提名人在提名前应当征得

---

① 积极条件即《上市公司独立董事管理办法》第 7 条规定的条件:(1)根据法律、行政法规和其他有关规定,具备担任上市公司董事的资格;(2)符合该办法第 6 条规定的独立性要求;(3)具备上市公司运作的基本知识,熟悉相关法律法规和规则;(4)具有 5 年以上履行独立董事职责所必需的法律、会计或者经济等工作经验;(5)具有良好的个人品德,不存在重大失信等不良记录;(6)法律、行政法规、中国证监会规定、证券交易所业务规则和公司章程规定的其他条件。

② 消极条件即《上市公司独立董事管理办法》第 6 条规定的不得担任独立董事的人员:(1)在上市公司或者其附属企业任职的人员及其配偶、父母、子女、主要社会关系;(2)直接或间接持有上市公司已发行股份 1% 以上或者是上市公司前 10 名股东中的自然人股东及其配偶、父母、子女;(3)在直接或间接持有上市公司已发行股份 5% 以上的股东或者在上市公司前 5 名股东任职的人员及其配偶、父母、子女;(4)在上市公司控股股东、实际控制人的附属企业任职的人员及其配偶、父母、子女;(5)与上市公司及其控股股东、实际控制人或者其各自的附属企业有重大业务往来的人员,或者在有重大业务往来的单位及其控股股东、实际控制人任职的人员;(6)为上市公司及其控股股东、实际控制人或者其各自附属企业提供财务、法律、咨询、保荐等服务的人员,包括但不限于提供服务的中介机构的项目组全体人员、各级复核人员、在报告上签字的人员、合伙人、董事、高级管理人员及主要负责人;(7)最近 12 个月内曾经具有第 1 项至第 6 项所列举情形的人员;(8)法律、行政法规、中国证监会规定、证券交易所业务规则和公司章程规定的不具备独立性的其他人员。

被提名人的同意。提名人应当充分了解被提名人的职业、学历、职称、详细的工作经历、全部兼职等情况，并对其担任独立董事的资格和独立性发表意见。被提名人应当就其符合独立性和担任独立董事的其他条件作出公开声明。董事会中设置提名委员会的，提名委员会应当对被提名人的任职资格进行审查，并形成明确的审查意见。

（2）股东会选举。在召开股东会选举独立董事时，公司董事会应当对独立董事候选人是否被证券交易所提出异议的情况进行说明；对于证券交易所提出异议的独立董事候选人，公司不得将其提交股东会表决。股东会选举两名以上独立董事的，应当实行累积投票制。鼓励上市公司实行差额选举。中小股东表决情况应当单独计票并披露。

（3）当选后的任期。当选的独立董事每届任期与上市公司其他董事任期相同，任期届满，可以连选连任，但是连续任职不得超过 6 年。

2. 解任。解任即解除独立董事职务。独立董事任期届满前，上市公司可以经法定程序解除其职务；提前解除独立董事职务的，上市公司应当及时披露具体理由和依据。独立董事有异议的，上市公司应当及时予以披露。

独立董事连续两次未能亲自出席董事会会议，也不委托其他独立董事代为出席的，董事会应当在该事实发生之日起 30 日内提议召开股东会解除该独立董事职务。

3. 辞任。辞任即独立董事辞职。独立董事在任期届满前可以提出辞职。独立董事辞职应当向董事会提交书面辞职报告，对任何与其辞职有关或者其认为有必要引起上市公司股东和债权人注意的情况进行说明。上市公司应当对独立董事辞职的原因及关注事项予以披露。

独立董事辞职将导致董事会或者其专门委员会中独立董事所占的比例不符合《上市公司独立董事管理办法》或者公司章程的规定，或者独立董事中欠缺会计专业人士的，拟辞职的独立董事应当继续履行职责至新任独立董事产生之日。上市公司应当自独立董事提出辞职之日起 60 日内完成补选。

（八）独立董事的职权

与其他公司董事一样，独立董事行使《公司法》和公司章程规定的职权，此外，《上市公司独立董事管理办法》还规定了独立董事的一些特别职权。这些特别职权是一般董事不具有的职权，与一般董事的职权属于董事会的“集体权力”不同，独立董事的特别职权是独立董事才能行使的权力，其中有的由独立董事通过董事会专门委员会行使，有的由过半数的独立董事共同行使；如果独立董事仅为一人，就可能成为独立董事个人行使的职权。因此，独立董事职权具有“单独权”的属性。《上市公司独立董事管理办法》第三章的多个条文规定了独立董事的特别职权，可大致归纳为以下几类：

1. 独立决定权。独立决定权是指无须履行董事会决议的程序，只要经独立董事过半数同意就可以独立行使的职权。按照《上市公司独立董事管理办法》第 18 条第 1 款第 1 项的规定，该项职权限于“独立聘请中介机构，对上市公司具体事项进行审计、咨询或者核查”的范围。

2. 事前认可权。事前认可权是指过半数独立董事对公司关联交易等事项进行事前审查认可后，才能提交董事会讨论决策。《上市公司独立董事管理办法》第 23 条规定，应由独立董事事前认可的事项为：（1）应当披露的关联交易；（2）上市公司及相关方变更或者豁免承诺的方案；（3）被收购上市公司董事会针对收购所作出的决策及采取的措施；（4）法律、行政法规、中国证监会规定和公司章程规定的其他事项。

对关联交易等事项的事前审查认可也被认为是独立董事的批准权,是独立董事非常重要的一项职权。在比较法上,许多国家都非常重视独立董事的这一权力。欧洲法院不愿事后审查独立董事已经批准的利益冲突交易,美国法院通常尊重独立董事的意见,从而避免对利益冲突交易进行仔细审查。当独立董事没有批准时,法院通常评估利益冲突交易的公平性;即使无利害关系的董事已经批准,法院有时还要审查利益冲突交易的公平性。①

3. 提议权。提议权是指过半数独立董事同意即可独立提出议案建议或通过董事会专门委员会向公司提出议案建议的职权。独立董事提议后,公司董事会或相关机构必须作出回应:或是召开董事会或股东会;或是依提议的内容提交董事会审议表决。其中,由独立董事独立行使的提议权即《上市公司独立董事管理办法》第 18 条第 1 款第 2 项、第 3 项规定的"向董事会提议召开临时股东大会"和"提议召开董事会会议";需通过董事会专门委员会行使的提议权即《上市公司独立董事管理办法》第 26 条规定的审计委员会提交董事会审议的事项、②第 27 条规定的提名委员会向董事会提出建议的事项、③第 28 条规定的薪酬与考核委员会向董事会提出建议的事项。④

4. 股东权利征集权。股东权利征集权也称股东权代理征集权,是指独立董事在上市公司股东会召开前依法公开请求股东委托其代为出席股东会并代为行使提案权、表决权等股东权利的职权。《上市公司独立董事管理办法》第 18 条第 1 款第 4 项对该项职权作出了规定,《证券法》第 90 条也规定了独立董事的这一职权。关于股东权代理征集权的有关内容,详见本章第五节关于"股东表决权的行使"的讨论。

5. 发表独立意见权。发表独立意见权是指独立董事对可能损害上市公司或者中小股东权益的事项发表独立意见的职权。《上市公司独立董事管理办法》第 18 条第 1 款第 5 项规定了这一职权。

《上市公司独立董事管理办法》还就独立董事履职方式作出了较为详细的规定:独立董事履职事项涉及应披露信息的,上市公司应当及时办理披露事宜;上市公司不予披露的,独立董事可以直接申请披露,或者向中国证监会和证券交易所报告。为了解决独立董事履职信息不足的问题,第 19 条规定,独立董事在董事会会议召开前可以与董事会秘书进行沟通,就拟审议事项进行询问、要求补充材料、提出意见建议等。董事会及相关人员应当对独立董事提出的问题、要求和意见认真研究,及时向独立董事反馈议案修改等落实情况。针对实践中一些独立董事履职不尽责的情形,《上市公司独立董事管理办法》还规定了相应的约束条款:如要求独立

---

① 参见[美]莱纳·克拉克曼、[英]保罗·戴维斯等:《公司法剖析:比较与功能的视角》,刘俊海、徐海燕等译,北京大学出版社 2007 年版,第 139 页。

② 根据《上市公司独立董事管理办法》第 26 条的规定,具体事项为:(1)披露财务会计报告及定期报告中的财务信息、内部控制评价报告;(2)聘用或者解聘承办上市公司审计业务的会计师事务所;(3)聘任或者解聘上市公司财务负责人;(4)因会计准则变更以外的原因作出会计政策、会计估计变更或者重大会计差错更正;(5)法律、行政法规、中国证监会规定和公司章程规定的其他事项。

③ 根据《上市公司独立董事管理办法》第 27 条的规定,具体事项为:(1)提名或者任免董事;(2)聘任或者解聘高级管理人员;(3)法律、行政法规、中国证监会规定和公司章程规定的其他事项。

④ 根据《上市公司独立董事管理办法》第 28 条的规定,具体事项为:(1)董事、高级管理人员的薪酬;(2)制定或者变更股权激励计划、员工持股计划,激励对象获授权益、行使权益条件成就;(3)董事、高级管理人员在拟分拆所属子公司安排持股计划;(4)法律、行政法规、中国证监会规定和公司章程规定的其他事项。

董事通过定期获取上市公司运营情况等资料、听取管理层汇报、与内部审计机构负责人和承办上市公司审计业务的会计师事务所等中介机构沟通、实地考察、与中小股东沟通等多种方式履行职责;独立董事按规定出席股东会、董事会及其专门委员会、独立董事专门会议;应当亲自出席董事会会议,因故不能亲自出席会议的,独立董事应当事先审阅会议材料,形成明确的意见,并书面委托其他独立董事代为出席;独立董事每年在上市公司的现场工作时间应当不少于15天;独立董事应当向公司股东会提交年度述职报告,对其履行职责的情况进行说明。

(九)独立董事履职保障

1. 工作条件保障。为了保证独立董事有效行使职权,上市公司应当为独立董事履行职责提供必要的工作条件和人员支持;董事会秘书应当确保独立董事与其他董事、高级管理人员及其他相关人员之间的信息畅通,确保独立董事履行职责时能够获得足够的资源和必要的专业意见。

2. 知情权保障。上市公司应当保障独立董事享有与其他董事同等的知情权。为保证独立董事有效行使职权,上市公司应当向独立董事定期通报公司运营情况,提供资料,组织或者配合独立董事开展实地考察等工作。上市公司可以在董事会审议重大复杂事项前,组织独立董事参与研究论证等环节,充分听取独立董事意见,并及时向独立董事反馈意见采纳情况。

上市公司应当及时向独立董事发出董事会会议通知,提供相关会议资料,并为独立董事提供有效沟通渠道;董事会专门委员会召开会议的,上市公司原则上应当不迟于专门委员会会议召开前3日提供相关资料和信息。上市公司应当保存上述会议资料至少10年。

两名及以上独立董事认为会议材料不完整、论证不充分或者提供不及时的,可以书面向董事会提出延期召开会议或者延期审议该事项,董事会应当予以采纳。

3. 排除干预保障。独立董事行使职权时,上市公司有关人员应当积极配合,不得拒绝、阻碍或隐瞒相关信息,不得干预其独立行使职权。独立董事依法行使职权遭遇阻碍的,可以向董事会说明情况,要求董事、高级管理人员等相关人员予以配合,并将受到阻碍的具体情形和解决状况记入工作记录;仍不能消除阻碍的,可以向中国证监会和证券交易所报告。

4. 经费保障。第一,独立董事聘请专业机构的费用及行使其他职权时所需的费用由上市公司承担。第二,上市公司可以建立独立董事责任保险制度,降低独立董事正常履行职责可能引致的风险。第三,上市公司应当给予独立董事与其承担的职责相适应的津贴,津贴的标准应当由董事会制订预案,股东会审议通过,并在上市公司年度报告中进行披露。除上述津贴外,独立董事不得从上市公司及其主要股东、实际控制人或者有利害关系的单位和人员取得其他利益。

六、行使监事会职权的审计委员会

行使监事会职权的审计委员会属于在董事会中设置的机构,是2023年《公司法》修订的一大亮点之一,也是新《公司法》新增的重要制度之一。按照《公司法》第69条和第121条的规定,有限责任公司和股份有限公司“可以按照公司章程的规定在董事会中设置由董事组成的审计委员会,行使本法规定的监事会的职权,不设监事会或者监事”。另外,《公司法》第176

条对国有独资公司也作出了类似的规定："国有独资公司在董事会中设置由董事组成的审计委员会行使本法规定的监事会职权的，不设监事会或者监事。"可见，国有独资公司设置行使监事会职权的审计委员会是直接依据法律该条规定而不是"按照公司章程的规定"。

行使监事会职权的审计委员会是对我国公司治理结构进行改革的一项重要的制度创新，为公司治理结构中监督机构的设置提供了新的选择。

（一）行使监事会职权的审计委员会的特征

根据《公司法》的有关规定，行使监事会职权的审计委员会具有如下特征：

1. 行使监事会职权的审计委员会是法律为公司提供的公司治理结构的选择方案。这一方案适用于有限责任公司和股份有限公司，两类公司中除了属于国有公司的还有一些特别规定，[①]其余都可以自由选择"双层制"或"单层制"的公司治理结构。

2. 行使监事会职权的审计委员会与董事会专门委员会具有不同的法律地位和职责。《公司法》除了对行使监事会职权的审计委员会作出专门规定外，也有涉及董事会专门委员会的规定，如第136条、第137条就有上市公司"董事会专门委员会"和"董事会中设置审计委员会"的表述。实践中审计委员会也是上市公司专门委员会的必设机构之一。行使监事会职权的审计委员会与董事会专门委员会相比，主要的不同点在于：第一，按照《公司法》关于公司组织机构设置的规定，除了"规模较小或者股东人数较少"可不设监事会的公司和国有公司之外，其他公司都应当在行使监事会职权的审计委员会与监事会二者中任选其一，一旦公司作出了"不设监事会或者监事"的选择，行使监事会职权的审计委员会就会成为公司的必设机构；而按照《公司法》第136条、第137条以及中国证监会和国务院有关规范性文件的规定，包括审计委员会在内的董事会有关专门委员会除了在上市公司和国有公司是董事会的必设机构外，其他公司则没有法律上的硬性要求。第二，行使监事会职权的审计委员会一旦设立，该审计委员会就具有双重地位，不仅作为隶属于董事会的专门委员会之一存在，而且还是公司的监督机构，具有监督机构的地位和职能，应当履行监事会的职权职责；而董事会专门委员会主要是作为董事会经营决策辅助机构存在，尽管其审计委员会也具有一定的监督职能，但毕竟还不是公司专门的监督机构，不具有监事会那样全面的监督职责。这也意味着，如果审计委员会已经成为行使监事会职权的机构，在兼顾董事会专门委员会职责的同时，应当把其作为监督机构的职责置于首位。监督是现代公司制度不可缺少的职能，也是公司监督机构最重要的职责。相对而言，其辅助决策的职能则居于次要地位。因此，行使监事会职权的审计委员会应当把更多的精力放在其监督职责上。

3. 行使监事会职权的审计委员会是由复数董事组成的委员会机构。这一特点表明，该审计委员会无论是行使哪一类与其地位相当的职权（包括监督的职权和辅助决策的职权），都只能以审计委员会的名义来行使，《公司法》第121条关于该审计委员会决议方式等作出的明确规定表明，作为行使监事会职权的审计委员会成员的董事（包括独立董事）不能以个人名义行使职权。

4. 行使监事会职权的审计委员会是对董事会功能的强化。设置行使监事会职权的审计委员会，不仅可以提升董事会的地位，而且强化了董事会的职权，减少和避免了公司组织机构及

---

① 关于国有公司的特别规定详见本节关于"董事会专门委员会"的相关内容。

其成员设置上的“叠床架屋”以及职责上的交叉重合，有助于提升公司效率。

（二）行使监事会职权的审计委员会的组成

《公司法》对行使监事会职权的审计委员会的组成有明确的要求，根据《公司法》第 69 条和第 121 条的规定：

1. 该审计委员会只能由董事构成。

2. 公司董事会成员中的职工代表可以成为该审计委员会的成员。

3. 两类公司的该审计委员会对作为成员的董事的要求存在差异。《公司法》第 121 条规定，股份有限公司的审计委员会成员由“三名以上”董事组成，“过半数成员不得在公司担任除董事以外的其他职务，且不得与公司存在任何可能影响其独立客观判断的关系”。《公司法》第 69 条对有限责任公司审计委员会成员则没有人数和任职资格方面的要求，可由公司章程自行规定。当然，审计委员会作为委员会机构，其成员人数应当由复数构成，即董事不能少于两名。

《公司法》第 121 条对审计委员会成员的“独立客观判断”等要求，与独立董事的性质和职责相同，因此，上市公司的该审计委员会成员应当由独立董事组成，独立董事要在其中发挥主导作用。

（三）行使监事会职权的审计委员会的职权

根据《公司法》的有关规定，行使监事会职权的审计委员会的职权来自两个方面：一是《公司法》关于监事会职权的规定，二是《公司法》关于董事会专门委员会职权的规定。

1. 监事会的职权。《公司法》第 78 条和第 131 条是对两类公司监事会职权的集中规定，此外，还有一些有关监事会职权的规定散见于其他条文中，如第 79 条规定的监事质询权，第 79 条和第 80 条规定的公司经营情况调查权，第 189 条关于股东代表诉讼中监事会的前置诉讼提起权等。这些职权有的在由董事会审计委员会来行使时，还可能存在如何顺畅衔接的问题。

2. 董事会专门委员会职权。《公司法》对上市公司董事会专门委员会职权的规定，只有第 137 条涉及上市公司审计委员会的内容。具体可参见本节对上市公司董事会专门委员会职权的讨论。

（四）行使监事会职权的审计委员会的行权程序

这里的行权程序是指该审计委员会在行使监事会职权时的相关程序。《公司法》第 121 条第 3 款、第 4 款、第 5 款作出了具体规定：

1. 审计委员会作出决议，应当经审计委员会成员的过半数通过。

2. 审计委员会决议的表决，应当一人一票。

3. 审计委员会的议事方式和表决程序，除本法有规定的外，由公司章程规定。

七、董事会专门委员会

（一）董事会专门委员会的特征

董事会专门委员会是指由董事会成员组成，为董事会行使职权提供帮助和为其经营决策提供咨询建议,并可以对公司财务会计进行监督的董事会内部机构。2023年《公司法》修订增加了对董事会专门委员会的规定。除前述《公司法》第69条和第121条关于行使监事会职权的审计委员会的规定外,第121条第6款还有关于股份有限公司"可以按照公司章程的规定在董事会中设置其他委员会"的规定;第136条也有上市公司章程"应当依照法律、行政法规的规定载明董事会专门委员会的组成、职权"的规定。

董事会专门委员会行使《公司法》和公司章程规定的职权。相关证券监管法规和国务院文件对上市公司和国有公司设置专门委员会还有明确的要求和较为详细的规定。

根据《公司法》和相关法规的规定,董事会专门委员会具有如下特征:

1. 董事会专门委员会的设置与否由公司章程确定,但上市公司和国有公司应当设立。

2. 董事会专门委员会的成员由董事组成,董事会专门委员会是董事履行职责的一种形式,董事会专门委员会的办事人员可由公司董事会办公室人员兼任。

3. 董事会专门委员会主要具有董事会辅助机构的性质,所谓辅助机构,是指董事会专门委员会本身并非决策或职权行使机关,而是为董事会的决策提供建议并为其行使职权提供帮助的机关。从中国证监会有关法规规定来看,董事会专门委员会尽管是由董事构成的,但对有关决议事项并无最终决定权,因而其并非独立的公司决策机构,只是决策辅助机关,基本上相当于顾问机构或者决策建议机构。[①] 虽然董事会专门委员会中也有审计委员会,但如果不是将其设置为行使监事会职权的审计委员会,监事会仍然存在,该审计委员会就只是主要作为董事会辅助机构存在,不具有前述的公司监督机构的独立地位和独立的职权。

公司实践中,一些规模庞大的公司的董事会,既要执行股东会议决议,又担负着大量的日常事务的决策和管理工作,任务繁重,责任重大,为了保证决策和管理的科学性,在董事会下设立若干专门委员会来为董事会决策提供咨询建议并协助董事会进行一些专业性、辅助性的监督管理工作,如事前审查把关,是完善公司治理的重要内容。2023年修订《公司法》前,我国的董事会专门委员会就属于这种性质:一般是根据董事会的决议来设立,各专门委员会的负责人由董事担任,负责各专门委员会的董事往往是某方面事务的专家。设立董事会专门委员会有利于克服董事会作为会议体机关的缺陷,有利于实现董事会对公司业务的实时监控和领导功能。[②]

(二)上市公司董事会专门委员会

根据《公司法》和中国证监会的相关规定,上市公司董事会应当设立审计委员会,并可以根据需要设立战略、提名、薪酬与考核等相关专门委员会。可见,审计委员会是上市公司董事会的必设机构,其他专门委员会则由上市公司根据自身需要设置。公司实践中上市公司董事会普遍设有这些机构。当然,这里的审计委员会如果未被设置为行使监事会职权的监督机构,其具有的职责就只能限于法律法规规定的范围。《公司法》第137条规定,上市公司在董事会中设置审计委员会的,董事会对下列事项作出决议前应当经审计委员会全体成员过半数通过:

---

① 参见蒋大兴:《上市公司治理的细则地带——在私人治理与公共干预之间》,载王保树、王文宇主编:《公司法理论与实践》,法律出版社2010年版,第275页。

② 参见谢增毅:《董事会委员会与公司治理》,载《法学研究》2005年第5期。

(1)聘用、解聘承办公司审计业务的会计师事务所;(2)聘任、解聘财务负责人;(3)披露财务会计报告;(4)国务院证券监督管理机构规定的其他事项。由此可见,尽管作为董事会专门委员会的审计委员会对这些事项进行了事前审查通过,但最终决策仍然要由董事会“作出决议”,从而也表明了作为董事会专门委员会的审计委员会与作为监督机构的审计委员会在职权性质上的重大差异。换言之,后者在行使监事会职权时,只须依照《公司法》第121条规定的程序即可,无须再按照第137条的规定还须通过董事会“作出决议”的程序。

《上市公司治理准则》第38条至第43条对上市公司董事会专门委员会作出了具体的规定,其内容包括:

1. 上市公司审计委员会、提名委员会、薪酬与考核委员会中独立董事应当占多数并担任召集人,审计委员会的召集人应当为会计专业人士。

2. 战略委员会的主要职责是对公司长期发展战略和重大投资决策进行研究并提出建议。

3. 审计委员会的主要职责是:(1)监督及评估外部审计工作,提议聘请或者更换外部审计机构;(2)监督及评估内部审计工作,负责内部审计与外部审计的协调;(3)审核公司的财务信息及其披露;(4)监督及评估公司的内部控制;(5)负责法律法规、公司章程和董事会授权的其他事项。

4. 提名委员会的主要职责是:(1)研究董事、高级管理人员的选择标准和程序并提出建议;(2)遴选合格的董事人选和高级管理人员人选;(3)对董事人选和高级管理人员人选进行审核并提出建议。

5. 薪酬与考核委员会的主要职责是:(1)研究董事与高级管理人员考核的标准,进行考核并提出建议;(2)研究和审查董事、高级管理人员的薪酬政策与方案。

6. 各专门委员会可以聘请中介机构提供专业意见,其履行职责的有关费用由上市公司承担。

7. 各专门委员会对董事会负责,各专门委员会的提案应提交董事会审议决定。

(三)国有公司董事会专门委员会

国有公司包括国有独资公司、国有全资公司和国有控股公司。关于国有公司董事会专门委员会的设置,除了《公司法》第176条关于国有独资公司在董事会中设置审计委员会的规定,《国务院办公厅关于进一步完善国有企业法人治理结构的指导意见》中还有更为具体的规定,要求国有公司董事会应当设立提名委员会、薪酬与考核委员会、审计委员会等专门委员会,为董事会决策提供咨询,其中薪酬与考核委员会、审计委员会应由外部董事组成。改进董事会和董事评价办法,完善年度和任期考核制度,逐步形成符合企业特点的考核评价体系及激励机制。

《国务院关于推进国有资本投资、运营公司改革试点的实施意见》要求国有资本投资、运营公司董事会下设战略与投资委员会、提名委员会、薪酬与考核委员会、审计委员会、风险控制委员会等专门委员会。专门委员会在董事会授权范围内开展相关工作,协助董事会履行职责。

八、董事会秘书

董事会秘书简称董秘,是上市公司的一个特别的职位,也是上市公司必设的重要职位。其他公司是否设置这一职位,可根据公司的具体情况来决定。《公司法》第 138 条规定:“上市公司设董事会秘书,负责公司股东会和董事会会议的筹备、文件保管以及公司股东资料的管理,办理信息披露事务等事宜。”从公司实践看,上市公司董秘在公司管理中的作用是十分重要的,尤其是在治理完善的上市公司,更是一个不可缺少的重要角色。本部分讨论主要针对上市公司董事会秘书。

(一)董事会秘书的法律地位

《公司法》第 265 条明确将上市公司董秘纳入公司高级管理人员范围,《上市公司治理准则》中也有类似规定。因此,法律、法规及公司章程对公司高级管理人员的有关规定,适用于上市公司董秘。董秘对董事会负责,承担法律、法规及公司章程对公司高级管理人员所要求的义务,享有相应的工作职权,并获取相应的报酬。至于非上市公司也设置董秘的,该职位是否纳入高级管理人员范围,由公司自主决定并由公司章程作出规定。

(二)董事会秘书的任职资格

根据《公司法》第八章关于高级管理人员资格的规定和证券交易所对董事会秘书的资格要求,董秘需要具备的任职资格条件主要为:第一,具有良好的职业道德和个人品质;第二,具备履行职责所必需的财务、管理、法律等专业知识;第三,具备履行职责所必需的工作经验;第四,取得证券交易所认可的董事会秘书资格证书;第五,不应有《公司法》规定的不得担任公司董监高的情形之一和证券交易所规定的不得担任董秘的情形之一。

(三)董事会秘书的选任

董事会秘书由董事长提名,经董事会聘任或者解聘。董事会聘任董秘,应向股东会报告,并通过公共传播媒介向社会公众披露。上市公司董事会秘书空缺期间,董事会应当及时指定一名董事或高级管理人员代行董事会秘书的职责,董事会未指定代行董事会秘书职责的人员或董事会秘书空缺时间超过 3 个月的,由公司法定代表人代行董事会秘书职责,直至公司聘任新的董事会秘书。

(四)董事会秘书的职责

《公司法》《上市公司治理准则》《上市公司章程指引》和证券交易所的有关规则对董事会秘书的职责均有相应的要求,主要包括以下三个方面。

1. 负责上市公司信息披露管理事务。包括:(1)负责公司信息的对外发布;(2)制定并完善公司信息披露事务管理制度;(3)督促公司相关信息披露义务人遵守信息披露相关规定,协助相关各方及有关人员履行信息披露义务;(4)负责公司未公开重大信息的保密工作;(5)负责上市公司内幕知情人登记报备工作;(6)关注媒体报道,主动向公司及相关信息披露义务人求证,督促董事会及时披露或澄清。

2. 协助上市公司董事会加强公司治理机制建设。包括:(1)组织筹备并列席上市公司董事会会议及其专门委员会会议、监事会会议和股东会会议;(2)建立健全上市公司内部控制制度;(3)积极推动上市公司避免同业竞争,减少并规范关联交易事项;(4)积极推动上市公司建立健全激励约束机制;(5)积极推动上市公司承担社会责任。

3.负责上市公司投资者关系管理事务,完善公司投资者的沟通、接待和服务工作机制。包括:(1)保管公司股东持股资料;(2)办理公司限售股相关事项;(3)督促公司董事、监事、高级管理人员及其他相关人员遵守公司股份买卖相关规定;(4)其他公司股权管理事项。

《上市公司治理准则》第28条第2款规定,董事会秘书作为上市公司高级管理人员,为履行职责有权参加相关会议,查阅有关文件,了解公司的财务和经营等情况。董事会及其他高级管理人员应当支持董事会秘书的工作。任何机构及个人不得干预董事会秘书的正常履职行为。上海证券交易所于2023年12月修订的《上海证券交易所上市公司自律监管指引第1号——规范运作》要求,董事长应当保障董事会秘书的知情权,为其履职创造良好的工作条件,不得以任何形式阻挠其依法行使职权。董事长在接到有关上市公司重大事项的报告后,应当要求董事会秘书及时履行信息披露义务。

第三节　经　　理

经理在我国公司实践中常常被称为总经理,也被称为总裁。我国《公司法》中的经理属于在董事会领导下负责公司日常经营管理并对董事会负责的业务执行机关。

一、经理的法律地位

在比较法上,我国的公司经理与境外法律规定的情况有些不同。经理在我国《公司法》中主要是作为一种公司管理职位而存在。但在境外,尤其是在大陆法系国家和地区,经理不仅是一种职位,更是作为"经理权"而存在。经理权是基于经理这一职位取得的对外代表公司和对内经营管理的权力。具有经理的职位意味着享有了法律上的经理权,经理只是经理权的外观形式。经理权的核心内涵是商事主体的对外代表权,也称商事职务代理权。[①] 经理权旨在界定经理与商事主体、商事主体与第三人的关系。经理在各国立法上的称谓并不统一,如总经理、首席执行官、总裁等,但无论是否使用经理的概念,只要享有法律规定的经理权,就具备了经理人的实质内容,就能从事相关的商事代理行为,其行为也就可以对商事主体和第三人产生法律效力。经理权具有法定性,它由法律直接规定,具有确定的内涵,以便于第三人对经理行为的效力有明确的识别和把握。《日本商法典》第21条规定,"经理有权代替商人实施一切与其营业相关的裁判上或裁判外行为","对经理代理权的限制,不能对抗善意第三人"。学者普遍认为,"公司经理权属于商事代理权的一种,主要表现为两大权能:内部的管理权能和对外的代表权能。大陆法系各国商事立法多侧重于规定对外的代表权能,对内的管理权能则留给公司章程自行规定"[②]。

其实,境外商法上的公司经理权与我国《民法典》和《公司法》上的法定代表人享有的权力非常相似。根据《民法典》第61条关于"代表法人从事民事活动的负责人,为法人的法定代表

---

① 在商事主体外部代表权能上,英美法系不区分代表与代理的概念,因此也可以将代表权称为代理权。参见赵旭东主编:《商法学》(第4版),高等教育出版社2019年版,第227页。

② 赵旭东主编:《商法学》(第4版),高等教育出版社2019年版,第227页。

人。法定代表人以法人名义从事的民事活动，其法律后果由法人承受”的规定，法定代表人享有的法定权力主要指向对外代表权；根据《公司法》第10条关于“公司的法定代表人按照公司章程的规定，由代表公司执行公司事务的董事或者经理担任”的规定，对法定代表人的称谓并不需要统一，经理、董事长、董事都可以担任法定代表人，其对内管理的职权或是主要由法律规定，或是主要由公司章程规定。

我国《公司法》上的经理制度与境外商法上的经理制度存在明显的差异，差异并不在于经理对内管理的职权，而在于经理对外的代表权。我国经理制度并不是基于商事职务代理理念来设计的，而主要是从企业内部经营管理角度作出的规定，经理职位并不必然与对外代表权对应，如果经理不担任公司法定代表人，经理的职权就基本为对内经营管理权，所涉及的法律关系也基本是企业内部的管理关系。从公司的内部管理职能看，《公司法》2023年修订后，在保持有限责任公司任意设置、股份有限公司必须设置经理职位的原有规定不变的基础上，对经理的职权作出了较大的修改，即由原法的列举规定①改为概括规定。尽管原法在列举了8项经理职权后还有章程“另有规定”除外的表述，但公司实践中的经理职权基本按照列举的内容来确定。2023年修订的《公司法》删除了关于经理职权的列举规定，第74条和第126条将经理职权统一表述为“根据公司章程的规定或者董事会的授权行使职权”。这意味着公司完全可以根据自身实际通过章程对经理职权予以设置。

二、经理的聘任

(一)经理的资格

聘任经理首先需要确认受聘者是否符合经理的法定任职资格。根据《公司法》第265条的规定，经理属于高级管理人员。《公司法》第八章专章规定了包括经理在内的公司董事、监事、高级管理人员的资格和义务，公司拟聘任的经理应当符合法定的资格条件。

根据《公司法》第127条的规定，股份有限公司董事会可以决定由董事会成员兼任经理。《上市公司章程指引》第96条也规定，上市公司董事可以由经理或者其他高级管理人员兼任，但为了避免董事会和经理层高度混同，该指引同时规定，兼任经理或者其他高级管理人员职务的董事以及由职工代表担任的董事，总计不得超过公司董事总数的1/2。

中国证监会于1999年5月发布的《关于上市公司总经理及高层管理人员不得在控股股东单位兼职的通知》指出，为保证上市公司与控股股东在人员、资产、财务上严格分开，上市公司的总经理必须专职，总经理在集团等控股股东单位不得担任除董事以外的其他行政职务。另外，总经理及高层管理人员(副总经理、财务主管和董事会秘书)必须在上市公司领薪，不得由控股股东代发薪水。

有限责任公司比股份有限公司具有更大的公司自治空间，其董事会成员与公司经理是否可以兼任以及如何兼任，原则上都由公司自主决定。《公司法》第75条规定，在只设一名董事

---

① 2023年修订前的《公司法》第49条对经理职权列举规定为：(1)主持公司的生产经营管理工作，组织实施董事会决议；(2)组织实施公司年度经营计划和投资方案；(3)拟订公司内部管理机构设置方案；(4)拟订公司的基本管理制度；(5)制定公司的具体规章；(6)提请聘任或者解聘公司副经理、财务负责人；(7)决定聘任或者解聘除应由董事会决定聘任或者解聘以外的负责管理人员；(8)董事会授予的其他职权。

而不设董事会的有限责任公司,该董事可以兼任经理。此外,《公司法》和有关规范性文件对国有公司经理任职还有一些特别的规定。《公司法》第 174 条规定,"国有独资公司的经理由董事会聘任或者解聘。经履行出资人职责的机构同意,董事会成员可以兼任经理";《国务院办公厅关于进一步完善国有企业法人治理结构的指导意见》要求,"国有独资、全资公司的董事长、总经理原则上分设,应均为内部执行董事"。这意味着总经理也应当为公司董事。

(二)聘任经理的程序

根据《公司法》第 74 条和第 126 条的规定,经理由公司董事会决定聘任或者解聘。如果需要设置副经理,应由经理提名,董事会聘任,其解聘程序也一样。

《上市公司治理准则》对上市公司包括经理在内的高管的聘任作了相应的规定,包括:(1)应严格按照有关法律法规和公司章程的规定进行,控股股东、实际控制人及其关联方不得干预正常选聘程序,不得越过股东会、董事会直接任免经理等高管,鼓励公司采取公开、透明的方式进行选聘。(2)公司应当和经理等高管签订聘任合同,明确双方的权利义务关系,其聘任和解聘应当履行法定程序并及时披露。(3)经理可以在任期届满以前提出辞职。有关经理辞职的具体程序和办法由经理与公司之间的劳务合同规定。

董事会作出聘任经理的决定后,应由公司与经理作为聘任合同的签约主体,如果双方就权利义务发生争议,也是由公司而不是董事会作为仲裁或诉讼的主体。

三、经理的职权和报酬

(一)经理的职权

《公司法》第 74 条和第 126 条对经理的职权作出了概括性的规定,即"根据公司章程的规定或者董事会的授权行使职权"。这一规定具有较大的弹性,除了公司章程的规定外,董事会还可以授予经理相应的职权。根据《公司法》第 75 条的规定,不设董事会的有限责任公司,"设一名董事,行使本法规定的董事会的职权",如果有限责任公司只设一名经理,经理还可以行使董事会的职权。

《公司法》第 74 条和第 126 条要求有限责任公司和股份有限公司"经理列席董事会会议"。这一规定具有法定性,既是经理的一项职权,也是一项职责,公司不得以章程作出变更。

《上市公司章程指引》第 128 条列举了上市公司经理的职权,包括:(1)主持公司的生产经营管理工作,组织实施董事会决议,并向董事会报告工作;(2)组织实施公司年度经营计划和投资方案;(3)拟订公司内部管理机构设置方案;(4)拟订公司的基本管理制度;(5)制定公司的具体规章;(6)提请董事会聘任或者解聘公司副经理、财务负责人;(7)决定聘任或者解聘除应由董事会决定聘任或者解聘以外的负责管理人员;(8)本章程或董事会授予的其他职权。

按照《上市公司章程指引》第 129 条和第 130 条的规定,经理应制订经理工作细则,报董事会批准后实施,经理工作细则包括下列内容:(1)经理会议召开的条件、程序和参加的人员;(2)经理及其他高级管理人员各自具体的职责及其分工;(3)公司资金、资产运用,签订重大合同的权限,以及向董事会、监事会的报告制度;(4)董事会认为必要的其他事项。

(二)经理的报酬

根据《公司法》关于董事会职权的规定,经理的报酬应当由董事会决定。当董事会成员兼任经理时,由于董事会成员与公司经理是不同的职业角色,有着不同的工作内容和工作职责,从理论上讲应当允许兼任经理的董事会成员既享有董事职位的报酬,也有权获取经理职位的报酬,但公司实践中一般是将两种报酬合一,根据法律和公司章程的规定由股东会或董事会决定,只是如果由董事会决定时,兼任经理的董事会成员应当回避表决。

按照《上市公司治理准则》第59条和第60条的规定,上市公司对包括经理在内的高管的绩效评价应当作为确定其薪酬以及其他激励的重要依据。经理及其他高管的薪酬分配方案应当经董事会批准,向股东会说明,并予以充分披露。

根据《国务院办公厅关于进一步完善国有企业法人治理结构的指导意见》的要求,国有公司对经理层成员实行与选任方式相匹配、与企业功能性质相适应、与经营业绩相挂钩的差异化薪酬分配制度,有序实行市场化薪酬,探索完善中长期激励机制。

《公司法》第129条规定:"公司应当定期向股东披露董事、监事、高级管理人员从公司获得报酬的情况。"

第四节　监　事　会

《公司法》2023年修订对我国的监事会制度作出了两项重大调整:第一,第83条和第133条规定,"规模较小或者股东人数较少"的有限责任公司和股份有限公司,"可以不设监事会,设一名监事,行使本法规定的监事会的职权";其中有限责任公司"经全体股东一致同意,也可以不设监事"。第二,第69条和第121条规定,有限责任公司和股份有限公司可以依照公司章程的规定在董事会中设置由董事组成的审计委员会,行使《公司法》规定的监事会的职权,不设监事会或者监事。

除此之外,监事会是股份有限公司和有限责任公司两类公司必须设置的公司机关,是由股东会和公司职工选举产生并主要向股东会负责,对公司董事会、高级管理层及其成员的履职行为和公司财务、公司内控、公司风控、公司信息披露等业务活动进行监督,维护公司及股东的合法权益的公司常设监督机构。

一、监事会的法律地位

监事会的法律地位涉及公司机关的设置情况。在比较法上,监督是各国或地区公司法都必不可少的内容,但是否在公司内设置专门的监督机构却有不同做法,大体可分为两种基本类型:一是在股东会下不设专门的监督机构,通过董事会内职能有别的董事结构和董事会监督经营管理层来形成公司内部的监督机制。这种类型也被称为"单层制"的公司结构,以美国为典型,公司董事会由内部董事和外部董事组成,外部董事也称独立董事,可以通过直接参与决策来对董事会执行公司事务形成监督。二是在股东会下设置专门的监事会,通过监事会来对董事会、经营管理层及其成员的履职行为和公司业务活动形成监督。这种类型也被称为"双层制”的公司治理结构，为大陆法系国家或地区普遍采用。可见，只有在“双层制”公司治理结构下才存在监事会这一机关。进一步看，在实行“双层制”的大陆法系的国家和地区，对监事会的称谓和权力配置也不尽相同。就称谓而言，有的称监事会，也有的称监察人，[①]但均为股东会下设的公司机关；就权力配置而言，有的是仅具监督职能的公司机关，[②]有的是具有监督职能和对公司重大决策事项有审查批准权的公司机关。[③]

我国2023年修订前的《公司法》在公司机关设置上与大陆法系国家或地区的普遍做法基本相同，只采取“双层制”的公司治理结构，新《公司法》虽然对此作出了重要调整，允许公司选择“单层制”，但这并不意味着所有公司都会采取“单层制”的公司治理结构，对于大型的公司尤其是上市公司和国有公司而言，监事会将仍然是重要的公司机关，从职能上还需要进一步加强。正是基于此，新《公司法》在简化董事会、经理的职权规定的同时，对监事会的职权不仅保留了列举的规定，还增加了相应的职权。从法律地位上看，监事会具有以下特征：

1. 监事会是由股东会和公司职工选举产生的公司常设机构，在公司权力结构上和董事会一样，都主要隶属于股东会并主要对股东会负责；监事会与董事会彼此并无隶属关系，是平行对等的制衡关系；监事会于股东会休会期间代表公司行使监督权，监督包括董事会在内的公司机关的行为。

2. 监事会是由若干监事组成的委员会机构。也就是说，监事会成员作为单一的自然人，不能作为公司机关存在（规模较小或者股东人数较少的只设监事的公司情况除外），只能以监事会名义行使“集体权力”。

3. 监事会只对公司业务活动实施监督。这是我国公司监事会与德国公司监事会最为明显的区别。[④] 我国公司监事会仅仅是公司的监督机构而不是公司的经营决策机构，除特殊的诉讼外，对外不能代表公司。此外，作为公司常设的业务监督机构，监事会并不直接干预公司的业务决策和日常事务，它的功能在于监察督促，监察督促的对象主要是公司财务等业务活动和董事会及其董事、经理及其他高管履行职务的行为。

二、监事会制度设计的理论解说

监事会是根据权力制衡原理来设计的公司监督机构。公司作为人的集合体，必然产生管理行为和管理权力行使的问题，而管理权力的行使，就会出现学界热衷讨论的“代理问题”。这里的“代理”是一种广义上的代理，指权力行使者与权力委托者之间的关系。具体就公司而言，全体股东和公司法人是公司权力的委托者，行使公司权力的董事、经理是股东的代理人。公司经营者逐步脱离股东控制的两权分离现象，一方面促进了管理的专业化，但另一方面也产

---

① 如德国、法国、日本均称监事会，我国台湾地区称为监察人。

② 如我国台湾地区的监察人系属股份有限公司之法定、必备、常设之监督机关，对公司业务和公司财务随时进行监督。参见王文宇：《公司法论》（第6版），台北，元照出版有限公司2018年版，第488页。

③ 德国在此上为典型，根据《德国股份法》第四章“股份有限公司的组织机构”的有关规定，监事会职权包括：（1）任命董事会成员；（2）决定董事的报酬；（3）听取董事会对重大问题的报告；（4）特别事项的同意实施权；（5）对公司业务实行监督；（6）为公司的利益而有必要时召集股东会；（7）在诉讼上和在诉讼外，相对于董事代表公司。

④ 德国监事会作为股份有限公司的必设机构，不仅吸纳职工参与公司管理，还负责选任公司董事并监督董事会履行职责，对公司重大事务具有决策权。参见［德］托马斯·莱塞尔、［德］吕迪格·法伊尔：《德国资合公司法》，高旭军等译，法律出版社2005年版，第129～130页。

生了公司的“代理问题”,即作为所有者的股东及其公司法人与作为经营者的董事、经理之间的利益冲突和协调问题。在公司实际运作中,作为代理人的经营者与作为委托人的股东及其公司都是具有独立利益和行为目标的“经济人”,各自的行为目标不可能完全一致。经营者在行使职权的过程中,从谋求自身利益最大化的倾向出发,不可避免地存在“机会主义倾向”和可能侵蚀委托者利益的“道德风险”,完全可能出现怠惰偷懒、不负责任决策,甚至中饱私囊来损害委托人利益的情况。委托人与代理人间又存在严重的信息和责任不对称,委托人对代理人努力程度的大小,有无机会主义行为较难观察,代理人对自身行为产生的消极后果(如企业亏损)能够承担的责任与委托人以全部资产来承担的责任也极不对等。这就产生了如何通过制度设计,最大限度减少委托人与代理人之间行为目标的差异,促使代理人采取适当的行为以最大限度地增加委托人的效用的问题。

监事会主要是为了解决委托人与代理人的行为差异而作出的制度设计。监事会作为股东会产生的机构,是股东意志和公司意志的直接体现,通过行使监督职能,形成对经营者的直接约束,不断矫正经营者可能出现的偏离股东和公司行为目标的行为。现代公众公司中的股东会本是监督公司经营者的最佳机构,但由于公司往往规模巨大,股东会召集不易,中小股东尤其是社会公众股东普遍存在“搭便车”心态下的“集体行动障碍”问题,因而设置监事会专门对经营者行为进行监督,符合股东和公司的整体利益,体现了现代社会权力制衡的要求。监事会履行职责的过程,实际上就是解决“代理问题”的重要步骤。“代理问题”的解决需要委托人支付相应的“代理成本”,如同阿尔钦和登姆塞茨教授所言,企业其实就是一个队生产,为了防止队生产中有人偷懒,就要有人监督,而为了防止监督者偷懒,就有必要让监督者来索取剩余利益。① 提高监事会工作效率,充分发挥监事会职能,是降低“代理成本”的应有之义。在这个意义上,设计监事会制度的重心在于如何解决好公司治理中的代理问题以及如何降低代理成本的问题。

从我国《公司法》监事会制度设计和制度的实施情况来看,存在一些有争议的问题,对这些问题的深入讨论和澄清,有助于提高监事会制度的实施绩效。

1. 监事会是谁的利益代表,监事会应当对谁负责？应当看到,当从“代理”角度来讨论监事会制度设计原理时,监事会是作为股东利益代表而存在的。正是由于董事和经理等管理者可能因“道德风险”而出现“败德”行为,股东就必须支付代理成本来对管理者进行监控,监事会产生于股东会和其工作报告由股东会审议批准的法律规定也表明了其作为股东利益代表的法律地位。但也应看到,代理理论毕竟是一种认识,尽管已经得到学界的普遍认同,但它也只是阐释监督制度合理性和监事会法律地位的有说服力的理论之一。随着现代社会民主管理和公司社会责任的理论的勃兴与发展,公司并非只是股东之公司,公司必须兼顾利益相关者的利益的理念也在不断加强和深入人心,民主管理和社会责任的理论同样成为当今社会阐释公司监督和监事会法律地位的重要理论之一。加上我国《公司法》关于职工监事“不得低于三分之一”的规定以及并没有如同董事会那样有“对股东会负责”的规定,不少学者认为,监事会不应当只是股东利益的代表,而应当是公司利益的代表。鉴于股东利益、职工利益以及其他利益相

① 参见[美]A. A. 阿尔钦、[美]H. 登姆塞茨:《生产、信息费用和经济组织》,载[美]R. 科斯等:《财产权利与制度变迁——产权学派与新制度学派译文集》,刘守英等译,上海三联书店、上海人民出版社 1994 年版,第 67～72 页。

关者的利益都可统一于公司利益之中,因此,监事应当"为公司而监事",无论是股东监事,还是职工监事,都应"为公司利益负责",监事会职权的设计和行使也应更多从维护公司利益来考虑。①

值得指出,从理论上讲,虽然监事会作为公司利益的代表和应当对公司利益负责更具有理论上的周延性和说服力,但不可否认在公司诸多利益相关者的利益中,股东利益仍然是最重要和最具制度驱动力的部分,否则公司制度就没有存在的必要了。因此,在对待监事会法律地位和职权行使上,仍然应当秉持以股东利益为主要导向的理念,在此基础上兼顾多元主体的利益,这应当成为包括监事会在内的所有公司机关正确履行职责的基本原则。

2. 关于监事会职权配置。新《公司法》关于监事会职权的配置虽然保留了列举规定的做法,但监事会职权如何配置才能适度仍然是一个有待讨论的问题。应当看到,我国的监事会制度尽管在公司的规范运作方面发挥了积极作用,但实践中也存在不尽如人意的地方,主要在于其并没有真正履行公司日常监督机构的职责,不少公司监事会形同虚设。我国证券市场近年来先后查处了一批上市公司违法违规案件,但涉案的公司中几乎没有一家公司的监督机构就公司的违法违纪行为提出过纠正并向有关部门进行报告,处于监督一线的公司常设监督机构基本未起监督作用,甚至还出现"猫鼠"共同作案的怪事。因此,如何在公司治理中加强和完善监事会职权配置成为很有现实意义的话题。笔者认为应当把握的要点包括:第一,公司内部的监督并非越强大越好,公司的监督是需要支付代理成本的,公司监督的目标服务于公司治理效能的提升,盈利最大化和追求效率是公司治理效能提升的重要表现。监督意味着对公司权力的分解和制衡,公司监督越强势,意味着公司权力受到的限制越多,完全可能对公司的运行效率构成影响;公司作为营利性法人,盈利最大化和追求效率都应当是最重要的目标,其他行为都应当服从和服务于这一目标,不能脱离公司效率抽象探讨公司内部监督或权力制衡的问题,否则,监督制衡再完善也不具有实际意义,容易引致"舍本逐末"的现象。第二,公司监督没有最好的模式,只有最适合公司实际的方式。监督职权配置必须适合每个公司不同的实际情况,适合的就是最好的。不同公司对监督也有不同的需求,一般而言,封闭型公司两权分离程度较低,在股东与经营者高度重合的情况下,甚至没有必要设置专门的监督机构。公众型公司在股权集中和股权分散的情况下对监督的需求也有不同:股权集中意味着存在异质化股东之间的利益冲突,公司内部监督容易"空洞化",中小股东利益容易受到侵害,因此监督也需要更多指向控股股东和实际控制人,来自公司外部的监督比公司内部监督更为有效;股权分散则意味着"内部人控制"不同程度地存在,此时需要有一个强大的监事会,代表全体股东利益对经营者进行必要的监督。国有公司尽管属于股权结构集中的公司,但由于其代理链条长,通过层层授权,国有股东对公司的控制力逐层衰减,更容易出现失控的现象,因而应当加强对经营者的监督。可见,公司法关于监督制度的设计不能不分公司情况强求一律,而应当提供更多的监督方式来供当事人选择,并要留足由公司自主配置监事会职权的空间。第三,监事会要有效率,必须拥有足以对抗被监督对象相关行为的权力,即所谓"以权力制衡权力",否则,监督就可能落空。如我国《公司法》第 78 条第 3 项规定了监事会拥有的"当董事、高级管理人员的行

① 参见蒋大兴:《上市公司治理的细则地带——在私人治理与公共干预之间》,载王保树、王文宇主编:《公司法理论与实践》,法律出版社 2010 年版,第 279 页。

为损害公司的利益时,要求董事、高级管理人员予以纠正”的职权,但严格来讲还不能说这一职权是纠正权,因为从法律表述上看,它只是监事会的一种建议请求权,需要借助董事、高级管理人员的行为才能实现;如果董事、高级管理人员对监事会提出纠正的要求不予理会,法律又没有规定相应的救济措施,则完全可能使监事会拥有的这一权力空置。由此说明监事会监督职权的设置要做到科学合理,还需要不断完善。

3. 关于监事会与独立董事的职能的交叉重叠。不可否认,独立董事在很大程度上也是一种监督制度设计,英美法国家普遍不采取监事会的“单层制”公司权力结构,并非对公司监督制度的不重视,很大程度上是基于其已经存在的独立董事制度。我国对独立董事制度的引进来自英美法系,而公司法上的监事会制度则源于大陆法系,在一个公司中采用两种来源不同的监督机制,必然会使公司内部监督职能存在交叉重合的地方。这一现象已经受到不少学者批评,他们认为应当在两种制度中任选其一。[①] 2023 年修订的《公司法》并没有完全采纳这一意见,而是在保留两种制度的基础上为不同的公司提供了一定的选择空间。由于独立董事是上市公司必须设置的职位,因此,公司法提供的选择对象只能针对监事会,而且也更多适用于非上市的公司。这也意味着,对上市公司而言,监事会制度和独立董事制度都有存在的必要。从比较法上看,采用“双层制”结构的大陆法系主要国家和地区也普遍引入了独立董事制度。如 2002 年《日本商法典》直接植入了英美独立董事制度,德国也在不变革根本公司治理模式的前提下,引入了职能实际类似于独立董事的独立监事,两大公司治理模式在公司权力监督与制衡层面呈现出了前所未有的交融甚至双向趋同。[②] 我国台湾地区“证券交易法”于 2006 年修正后也新增了独立董事的内容。[③] 该“法”第 14-2 条规定,已依该“法”发行股票之公司,得依章程规定设置独立董事。但主管机关应视公司规模、股东结构、业务性质及其他必要情况,要求其设置独立董事,人数不得少于二人,且不得少于董事席次五分之一。

需要指出,尽管监事会和独立董事都具有监督的职能,但二者还是存在较多的差异:首先,监事会是一个机构,以独立机构来行使权力,而独立董事则是以董事的个体来行使权力的,权力内容和行使方式都有所不同;其次,监事会是代表公司利益来行使权力的,产生于股东会的制度设计使之更多倾向于对大股东利益的维护,独立董事尽管也要求代表公司利益,但制度设计目标主要是维护中小股东利益;最后,监事会不具有经营决策权,只能通过列席董事会对董事履职行为进行监督,而独立董事直接参与董事会的经营决策,对其他董事和高管则是一种决策过程的监督。

三、监事会的构造

(一)人数

根据《公司法》第 76 条和第 130 条的规定,有限责任公司和股份有限公司设监事会的,其

---

① 参见朱慈蕴:《全球化与本土化互动中的公司制度演进》,法律出版社 2015 年版,第 258 页;邓峰:《普通公司法》,中国人民大学出版社 2009 年版,第 578 页。

② 参见朱慈蕴:《全球化与本土化互动中的公司制度演进》,法律出版社 2015 年版,第 141 页。

③ 参见林仁光、林建中:《台湾地区独立董事制度实证调查初步结果》,载王保树、王文宇主编:《公司法理论与实践》,法律出版社 2010 年版,第 299~300 页。

成员不得少于3人。《公司法》没有对监事会的人数上限作出规定，可以由公司自主决定。中国证监会批准由中国上市公司协会于2015年发布的《上市公司监事会工作指引》（以下简称《监事会指引》）要求上市公司监事会人数“一般为奇数”。

（二）监事的选任

《公司法》第76条和第130条规定，公司监事会由股东代表和适当比例的公司职工代表组成，股东代表监事由股东会选任，职工代表监事由公司职工通过职工代表大会、职工大会或者其他形式民主选举产生。

1. 职工代表监事的选任。按照《公司法》的规定，监事会职工代表的具体比例由公司章程规定，但不得低于监事会总人数的1/3。职工代表由公司职工民主选举，可通过公司职工大会或职工代表大会等方式进行。这一规定，体现了职工对公司进行民主管理的精神，有利于调动职工的积极性，也符合我国社会主义国家性质和当今公司立法发展的国际潮流。

值得一提的是，职工代表监事必须从职工中产生，而不能从职工以外的人中产生。目前公司实践中普遍存在职工持股的情况，许多职工往往又是股东，具有双重身份。但是，职工股东成为监事大都并非以其股东身份当选，而是以其职工身份当选的。由于职工持股所占公司股份比例很小，如果职工以股东身份参加股东会的监事选举，按照“股份多数决”的原则是极难当选的。因此，职工代表监事只能由公司职工民主选举产生。《监事会指引》第6条中的倡导推荐事项规定，建议上市公司财务、资产、投资管理部门的工作人员不兼任职工监事。

2. 股东代表监事的选任。按照《公司法》的有关规定，监事会成员除职工代表监事外，其余必须是股东代表监事。股东代表监事由股东会选举产生，其选举的方式和程序与选举董事完全相同。

需要说明的是，虽然《公司法》第76条和第130条规定的“股东代表”从法律条文的含义来看是指从若干股东中产生的代表，但结合第59条关于股东会“选举和更换董事、监事”的表述来看，非公司股东也可以当选为监事，也即监事会可以由股东代表、职工代表和非股东组成。随着公司规模的发展，管理专业化的要求，对监事的要求也会越来越高。如《上市公司治理准则》第45条就规定，上市公司“监事会的人员和结构应当确保监事会能够独立有效地履行职责。监事应当具有相应的专业知识或者工作经验，具备有效履职能力”。如果将监事人选局限于股东和职工之内，要达到上述法人治理结构的要求恐怕是不现实的。

此外，虽然公司股东包括法人股东和自然人股东两种情况，但结合《公司法》第178条等条款关于监事资格、义务和法律责任的规定来看，法律排除了法人作为监事的可能，即监事只能由自然人担任。

根据《公司法》第76条第4款和第130条第4款规定：“董事、高级管理人员不得兼任监事。”

（三）监事的任期

《公司法》规定的监事的任期为确定的期限。根据第77条和第130条第5款的规定，监事的任期每届为3年，监事任期届满，连选可以连任。这与《公司法》对董事任期的规定有些不同。第70条关于董事任期的规定是“由公司章程规定，但每届任期不得超过三年”。这就意味着，由公司章程规定的董事任期可以少于3年，而监事的任期是法定的3年，不得以章程减少。《公司法》之所以对监事任期作此规定，主要是考虑到监事职务的特殊性，如果任期过短不利于监督工作持续稳定地正常进行。

监事任期届满，如果需要更换，股东会选任的监事由股东会更换，职工担任的监事由公司职工通过民主选举更换。

同董事一样，《公司法》也规定了监事的延时履职制度。《公司法》第77条第2款规定，监事任期届满未及时改选，或者监事在任期内辞职导致监事会成员低于法定人数的，在改选出的监事就任前，原监事仍应当依照法律、行政法规和公司章程的规定，履行监事职务。

（四）监事会主席

《公司法》第76条和第130条规定，监事会设主席一人，股份有限公司监事会还可以设置副主席职位。监事会主席和副主席均由全体监事过半数选举产生。监事会主席负责召集和主持监事会会议；监事会主席不能履行职务或者不履行职务的，由监事会副主席召集和主持监事会会议；监事会副主席不能履行职务或者不履行职务的或者没有设置监事会副主席的，由过半数的监事共同推举一名监事召集和主持监事会会议。

《监事会指引》第22条专门对监事会主席职责作出规定：(1)召集、主持监事会会议；(2)组织履行监事会职责；(3)签署监事会报告和其他重要文件；(4)代表监事会向股东会报告工作；(5)法律法规及公司章程规定的其他职责。

四、监事会的职权

监事会应当依照法律、行政法规和公司章程的有关规定行使监督职权，忠实履行监督职责。根据《公司法》第78条及有关规定，监事会的职权可分为两大类：实体性职权和程序性职权。

（一）实体性职权

实体性职权又可分为两类，即会计监察权和业务监察权。所谓会计监察权，指监事会有权对公司的财务报表、会计凭证等实施检查、调查，必要时可以聘请会计师事务所等协助检查公司财务状况。如《公司法》第78条第1项关于“检查公司财务”的规定就是对监事会的会计监察权的规定。所谓业务监察权，指监事会有权对公司业务进行实时监督，有权对董事、高级管理人员执行公司职务的行为进行实时监督等。《公司法》第78条第2项关于“对董事、高级管理人员执行职务的行为进行监督，对违反法律、行政法规、公司章程或者股东会决议的董事、高级管理人员提出解任的建议”的规定；第3项关于“当董事、高级管理人员的行为损害公司的利益时，要求董事、高级管理人员予以纠正”的规定，都属于对监事会业务监察权的规定。

（二）程序性职权

为了确保上述实体性职权的实现，有必要赋予监事会相应的程序性职权。没有程序性职权保障，实体性职权就可能难以行使。《公司法》规定监事会的程序性职权包括以下几点：

1. 召开临时股东会的提议权和股东会的召集及主持权。根据《公司法》第 78 条和第 131 条的规定,监事会有权提议召开临时股东会。监事会提议召开临时股东会时,董事会应当召集临时股东会。另外,无论是股东会年会还是临时股东会,当董事会不能履行或不履行召集股东会的职责时,监事会有权召集和主持股东会。

2. 股东会提案权。监事会有权依《公司法》第 78 条或依照公司章程向股东会提出提案。

3. 公司经营情况调查权。《公司法》第 79 条第 2 款和第 131 条规定,监事会发现公司经营情况异常,可以进行调查;必要时,可以聘请会计师事务所等协助其工作,费用由公司承担。《上市公司治理准则》第 47 条规定,监事会依法行使职权时可以独立聘请中介机构提供专业意见。此外,根据《公司法》第 80 条和第 131 条的规定,监事会可以要求董事、高级管理人员提交执行职务的报告。董事、高级管理人员应当如实向监事会提供有关情况和资料,不得妨碍监事会或者监事行使职权。

4. 质询权。《公司法》第 79 条第 1 款和第 131 条规定,监事可以列席董事会会议,并对董事会决议事项提出质询或者建议。

5. 诉讼提起权。即《公司法》第 189 条规定的股东代表诉讼中由监事会来提起诉讼的前置程序。当股东依法提起代表诉讼前,可以书面请求监事会或者不设监事会的有限责任公司的监事向人民法院提起诉讼,监事会或者不设监事会的有限责任公司的监事收到书面请求后,应当以公司名义提起诉讼。

除上述《公司法》明示的职权外,公司还可以章程的形式授予监事会其他职权。《公司法》第 82 条规定:"监事会行使职权所必需的费用,由公司承担。"

(三)监事会的监督工作重点

《监事会指引》对监事会行使职权中的监督重点作出了较为具体的规定,对监事会从事日常工作具有较强的指导作用。

1. 对董事会、董事履职的监督重点:(1)遵守法律法规、规章以及其他规范性文件的情况;(2)遵守公司章程、股东会议事规则、董事会议事规则,执行股东会决议,在经营管理、重大决策中依法行使职权和履行义务的情况;(3)改善公司治理以及加强内控体系建设和内控制度执行有效性的情况;(4)发展战略、经营理念、资本管理、人事管理的情况;(5)信息披露及维护中小股东和其他利益相关者利益情况;(6)董事参加会议、发表意见、提出建议的情况,特别是通讯会议方式表决时董事充分发表意见的情况;(7)股东会对董事会、董事会对经理的授权事项及授权执行情况;(8)独立董事履职和独立性情况;(9)董事会专门委员会的执行情况;(10)其他需要监督的事项。

2. 对高管层和高管履职的监督重点:(1)遵守法律法规、规章以及其他规范性文件的情况;(2)遵守公司章程和董事会授权,执行股东会、董事会和监事会相关决议,在职权范围内履行经营管理职责的情况;(3)持续改善经营管理、风险管理和内部控制的情况;(4)管理公司信息披露的情况;(5)其他需要监督的事项。

3. 对公司财务的检查监督重点:(1)合并、分立、解散或者变更公司形式等重大财务决策和执行情况;(2)批准设立分支机构、收购兼并和关联交易等重大财务决策事项;(3)重大财务政策调整;(4)重大资产处置方案;(5)经营计划和投资方案,年度财务预算及决算方案、利润分配方案及弥补亏损方案、增加或减少注册资本方案等；(6)对外部审计机构的聘用程序进行监督。

监事会发现董事会和高级管理层及其成员在财务决策和执行等方面存在违法违规行为的，应责令纠正。情节严重的，可提议公司根据相关程序对相关人员予以罢免。必要时，监事会可以将董事会、高级管理层及其成员在财务决策、执行等方面存在的违法违规行为和公司处理的情况向公司所在地的证券监管机构或公司上市地证券交易所报告。

4. 对公司内部控制建设的监督重点：(1)内部控制制度、机制的合规性、完善性以及实行的有效性；(2)风险识别指标的设置及其调整的科学性、完善性、合理性；(3)内部控制评价的执行情况；(4)内部控制责任的追究、落实情况；(5)内部控制专项报告的客观性、充实性、有效性；(6)监事会认为的其他需要监督的事项。

5. 对风险控制的监督重点：(1)资本运作的合规性和资本使用的科学性；(2)董事会和高级管理层的风险管控机制；(3)风险管理战略、风险偏好及其传导机制；(4)风险管理政策和程序；(5)风险识别、评估、计量、检测和控制的情况；(6)风险管理和风险控制解决机制和方案；(7)监事会认为的其他需要监督的事项。

6. 对公司信息披露的监督重点：监事应督促公司董事会、高级管理层及其相关人员，重视并按相关规定进行信息披露，确保披露信息的真实、准确、完整、及时、公平。应对公司的招股说明书、上市公告书签署书面确认意见，对定期报告内容的真实性、准确性、完整性无法保证或者存在异议的，应陈述理由和发表意见，并予以披露。监事会负责公司信息披露管理制度的监督。应对信息披露事务管理制度的实施情况进行定期或不定期检查，对发现的重大缺陷及时督促公司董事会进行改正，并根据需要要求董事会对制度予以修订。监事应督促公司制定重大事件的报告、传递、审核、披露程序，对内幕信息知情人管理制度实施情况进行监督。发现信息披露存在违法违规问题的，应进行调查并提出处理建议。公司未及时履行信息披露义务，或者披露内容与实际情况不符的，相关监事应立即向证券交易所报告。

7. 对公司重大事项审议的监督重点：(1)对募集资金使用的监督；(2)对公司的关联交易进行监督，对关联董事、关联股东的相关行为进行关注；(3)对股权激励和员工持股计划名单的核实监督；(4)对公司及相关方承诺的审核监督；(5)对公司其他重大事项的监督。

五、监事会会议

监事会会议是监事会行使职权最重要也是最主要的方式。公司应在公司章程中规定监事会议事规则，监事会会议应严格按规定程序进行。

(一)监事会会议的种类

监事会会议有定期会议和临时会议两种会议形式。定期会议由公司章程规定每年的召开次数和召开时间，按照《公司法》第81条和第132条的规定，有限责任公司的监事会每年度至少召开一次会议，股份有限公司的监事会每半年至少召开一次会议。

临时会议应在何种情形下召开由公司章程规定，但监事提议召开临时监事会会议的，应当召开临时监事会会议。虽然《公司法》第81条和第132条规定“监事可以提议召开临时监事会会议”,但这里的“可以”应当理解为“有权”,即监事有权提议召开临时监事会会议。监事一旦提议,监事会主席就负有召集临时监事会会议的法定义务。如果监事会主席不履行该法定义务,则应由监事会副主席履行召集和主持监事会会议的职责。如果监事会副主席也不履行职务或不能履行职务或没有监事会副主席的,则过半数的监事可推举一名监事召集和主持临时监事会会议。

(二)监事会会议议事内容

监事会会议议事内容就是监事会在职权范围内将要作出决议的内容。《上市公司治理准则》第48条规定,上市公司监事会可以要求董事、高级管理人员、内部及外部审计人员等列席监事会会议,回答所关注的问题。

(三)监事会会议决议

监事会作为委员会制的机构,是通过会议形式来行使职权的,其中,会议决议是非常重要的环节。

1. 通过决议的条件。通过决议的条件指出席会议的法定人数和通过决议的法定人数。《公司法》第81条第3款和第132条第3款规定:“监事会决议应当经全体监事的过半数通过。”由此可见,监事会会议须有半数以上监事参加才有决议能力,并须经全体监事的过半数同意决议才可获得通过。

2. 表决方式。根据《公司法》第81条第2款和第132条第2款的规定,监事会的议事方式和表决程序,由公司章程规定。该两条的第4款都规定:“监事会决议的表决,应当一人一票。”表决可采取举手方式,也可采取投票方式。由于监事应当对决议承担相应的责任,因此,采取投票表决的,应当为记名方式。具体可由章程予以规定。

3. 决议形式。监事会会议应当就每个列入议程的议案以书面形式作出决定。决定的文字记载方式有两种:纪要和决议。一般情况下需备案的作成纪要,需上报或公告的作成决议。

4. 决议通过的法律效果。监事会会议应充分发扬议事民主,尊重每个监事的意见,并且在作出决定时允许监事保留个人的不同意见。保留不同意见或持反对意见的监事应服从和执行监事会作出的合法决定,不得在执行决定时进行抵触或按个人意愿行事,否则监事会可提请股东会或职工代表大会罢免其监事职务。

(四)监事会会议记录

《公司法》第81条和第132条均在第5款规定:“监事会应当对所议事项的决定作成会议记录,出席会议的监事应当在会议记录上签名。”《上市公司章程指引》第148条也规定,上市公司监事会应当将所议事项的决定做成会议记录,出席会议的监事应当在会议记录上签名。监事有权要求在记录上对其在会议上的发言作出某种说明性记载。监事会会议记录作为公司档案至少保存10年。

第五节 公司组织机构的特别问题

一、上市公司的特别规制

根据《公司法》第134条的规定,上市公司"是指其股票在证券交易所上市交易的股份有限公司"。上市公司是公司中最具代表性的现代企业形式,公司、公司法的很多理论、精神、原则、理念,都是以上市公司为原型来概括抽象的。上市公司在公司中具有很高的地位,它作为我国国民经济发展的中坚力量,在公司中发挥着龙头和示范的作用。从制度上看,上市公司是公司法、证券法两个法律共同调整的主要对象,上市公司制度构成公司制度的核心内容之一。加强对上市公司的法律规制,既是当今市场经济发达国家关注的重要问题,也是我国公司证券法制建设的重大现实问题。上市公司作为公众公司,既要遵循《公司法》关于普通公司的一般规则,同时也涉及不少需要特别规制的问题。基于上市公司的地位和作用,笔者曾对上市公司特别规制问题作过较为系统的研究。[①] 2023年《公司法》修订,在"上市公司组织机构的特别规定"专节的基础上又增加了一些新的内容,以加强对上市公司的特别规制。就该节具体规范来看,并非只限于组织机构的内容。根据本书的体例设计,上市公司的一些特别问题已见诸各章内容之中,从兼顾本书体例和上市公司的特别问题出发,下面的讨论如果各章已有涉及,只作原则性介绍并列出位于各章的目录。

(一)规制上市公司的法律体系

规制上市公司的法律体系是以《公司法》为核心,并由《证券法》和一系列法规和规范性文件构成的规范体系,这里的"法律"显然是广义的概念。其中,中国证监会的有关规章和规范性文件占有相当大的比重。这不仅是上市公司规范体系中的重要构成部分,也是上市公司与其他类型公司的重要区别之一。上市公司是证券市场最重要的主体,也是证券监管的主要对象,中国证监会发布的规章和规范性文件中,大量涉及对上市公司的规制,包括上市公司的章程指引、股票发行与交易、公司治理等从公司设立到公司退出等方方面面的规范,不仅数量多,内容详细,而且修改也十分频繁,如果缺乏即时跟踪和关注,就难以适应上市公司规范运作的需要。关于上市公司法律体系的具体规范,可参见本书第二章第三节的有关介绍。

(二)公司集团的特别规制

公司集团也称企业集团,是上市公司富有特色的内容。根据笔者掌握的数据,上市公司和央企公司基本采取了公司集团架构或以公司集团形式出现。[②] 但与实践中公司集团蓬勃发展的态势并不完全匹配的另一现象是,《公司法》长期缺乏对公司集团的直接规定,甚至没有"公司集团"或"企业集团"的法律概念,这成为公司实践与之明显脱节的原因之一。近年来我国

---

① 笔者曾主持国家社会科学基金项目"中国上市公司法律规制若干问题研究",课题最终成果《上市公司法律规制论》由商务印书馆于2006年出版。

② 参见本书第一章第三节关于"关联公司与公司集团"的讨论。

规制公司集团的一个重要动向就是基本放弃了"准入规制"的做法,[①]与此同时则是加强对其行为进行规制的力度。2023年《公司法》修订也体现了这一特点,尽管仍然没有使用公司集团的概念,但在包括"上市公司组织机构的特别规定"在内的有关章节中新增了一些与企业集团密切相关的规定,这些规定涉及的主要内容如下。

1. 关联交易规制

公司集团是以母子公司为基本架构,由众多单体公司构建的公司联合体。公司集团是公司法人的联合,但集团本身不是公司法人。公司集团是关联公司的典型样态。在这个意义上,《公司法》对公司集团的调整也主要体现为对其关联交易行为的规制。笔者的研究表明,[②]公司集团涉及的关联交易具有两种基本表现形态:一是"利益冲突"的关联交易,主要体现为公司控股股东、实际控制人或董监高利用关联关系可能损害公司利益的关联交易;二是"利益一致"的关联交易,即交易双方在利益一致的基础上进行的关联交易,这类交易可能损害的利益主要指向交易双方之外的第三人(包括国家、债权人和中小股东),例如公司集团内部的单体公司通过关联交易来转移交易一方的公司利润和财产,然后以掏空的公司来规避税收或逃避债务;又如公司集团通过内部公司的联合定价来形成垄断价格,以损害国家、债权人和消费者利益为代价来达到公司集团整体获得收益的目的。这两种关联交易的形态表明,公司集团的关联交易具有特殊性,尤其是利益一致的关联交易值得重点关注。2023年《公司法》修订新增的一些条款也可以被认为是专门针对公司集团关联交易的规定:

(1)对利益冲突的关联交易的规制。《公司法》新增的对这类关联交易规制的法条包括:第一,《公司法》第57条第5款和第110条第3款关于公司股东可以查阅全资子公司的相关材料的规定。通过这一规定,可以对公司集团架构中母公司及其股东或董监高利用全资子公司从事有损母公司利益的关联交易起到规制作用。第二,《公司法》第139条关于董事报告和回避表决的规定,即"上市公司董事与董事会会议决议事项所涉及的企业或者个人有关联关系的,该董事应当及时向董事会书面报告。有关联关系的董事不得对该项决议行使表决权,也不得代理其他董事行使表决权。该董事会会议由过半数的无关联关系董事出席即可举行,董事会会议所作决议须经无关联关系董事过半数通过。出席董事会会议的无关联关系董事人数不足三人的,应当将该事项提交上市公司股东会审议"。从该条内容可见,对于利益冲突关联交易的规制主要是程序控制,包括报告关联关系、回避表决、对决策机构和决策人数进行限定等。第三,《公司法》第189条第4款关于"股东双重代表诉讼"的规定,即股东可以对损害公司的全资子公司利益的行为人提起代表诉讼,其中就包括了公司集团中利益冲突的关联交易的情形。详见本书第十二章第七节关于"股东双重代表诉讼"的讨论。

(2)对利益一致的关联交易的规制。《公司法》在公司人格否认的规定中新增的一款内容可以被视为对这类关联交易的规制,即第23条第2款关于"股东利用其控制的两个以上公司实施前款规定行为的,各公司应当对任一公司的债务承担连带责任"的规定。该规定的内容表明,公司集团中的母公司利用同受其控制的两个或两个以上公司来逃避债务、损害债权人利

---

① 主要是指2018年前公司集团需要进行工商核准登记,必须符合法规规定的准入条件和取得《企业集团登记证》才能成立,2018年国家废止了企业集团核准登记,各级市场监管部门对企业集团的名称使用不再设置条件,是否使用由公司自主决定,参见本书第一章第三节关于"关联公司与公司集团"的讨论。

② 参见本书第一章第三节关于"关联公司与公司集团"的讨论。

益的情形恰好与此相符。在此情形下,母公司与其控制的子公司之间、同受母公司控制的兄弟子公司之间,都有可能在母公司操纵下从事利益一致的关联交易(如订立转移一方资产或掏空一方公司的协议),此时的交易之所以被定义为"利益一致",就是因为关联交易的结果以债权人利益受损为代价而满足了公司集团的整体利益,使公司集团及其交易各方成为最终的获益者。《公司法》2023 年修订前对该类行为还难以规制,修订后的新规弥补了这一法律漏洞,如果公司集团出现这种情形,从事关联交易行为的"各公司应当对任一公司的债务承担连带责任"。

2. 母子公司相互持股规制

公司集团出于整体利益或整体发展战略的考虑,内部公司之间相互持股行为较为普遍。公司相互持股包括两种情形:一是普通公司的相互持股,即两个或两个以上的公司相互持有对方股份(股票)的情形;二是母子公司的相互持股,即具有控制地位的母公司与具有从属地位的子公司之间彼此持有对方股份(股票)的情形。对于普通公司的相互持股,属于《公司法》上的公司转投资行为,可能出现虚增资本、[1]关联公司之间的"人格混同"等问题。《公司法》及其相关法规都对其有一些相应的规制措施,除公司人格否认的规定外,财政部、中国人民银行、中国证监会等五部门于 2014 年 8 月发布的《金融资产管理公司监管办法》第 96 条也涉及相关的规制,即"集团母公司应当识别和明确集团内相互持股产生的双重或多重的资本杠杆,避免资本的重复计算。持续关注对于集团与其他集团之间的相互持股以及集团通过未受监管的中间控股公司对附属法人机构持股,充分考虑上述行为对集团资本管理可能造成的不利影响"。

对于母子公司的相互持股,《公司法》2023 年修订前还缺乏特别的规范,基本是按照普通公司相互持股来对待的。母子公司之间构成的控制与从属的法律关系表明,母公司持有子公司股份属于法律允许的正常行为,而子公司持有母公司的股份则可能与《公司法》的有关规定产生冲突:一是该行为相当于母公司将投入子公司的股份买回,与《公司法》关于回购股份"原则禁止,例外允许"的原则相冲突;二是如果将子公司持股视为股份回购,而子公司又参与母公司分红,则与《公司法》第 210 条第 5 款关于"公司持有的本公司股份不得分配利润"的规定相冲突。由此可见,《公司法》对于公司集团相互持股的规制,应当集中指向母子公司中子公司持有母公司股份的行为。

在比较法上,多数国家公司法对于子公司持有母公司的股份(或称从属公司持有控制公司的股份)都有禁止或限制性的规定。[2] 我国学者的研究表明,世界银行不鼓励子公司持有母公司股权,如果持有,则必须在 1 年之内转让股权并且无法行使投票权。母子公司交叉持股的优点在于便于建立联盟、促进互信,提升公司整体价值;其缺点在于可能会导致投票权相互委

---

① 关于转投资产生的虚增资本现象,可参见本书第六章第三节关于"公司转投资制度"的相关讨论。

② 《法国商事公司法》对交叉持股持严格禁止态度,第 358 条第 1 款规定,一个股份有限公司持有另一公司的资本超过 10% 时,后一个法人则不能再持有前者发行的任何股票(参见[法]伊夫·居荣:《法国商法》(第 1 卷),罗结珍、赵海峰译,法律出版社 2004 年版,第 643 页);《德国股份法》规定,从属公司原则上不能取得控制公司股份,违规而取得的股份不得行使任何权利,并且应于自取得控制公司股份之日起 1 年内转让;从属公司在法定例外情形下取得控制公司的股份不得行使任何权利,且总数不得超过控制公司股份总额的 10%,超过部分应于 3 年内转让(参见《德国商事公司法》,胡晓静、杨代雄译,法律出版社 2014 年版,第 69～72、88、94～96、229～230 页);《英国 2006 年公司法》规定,原则上子公司不得成为母公司的股东,在法定例外情形下虽允许子公司持有母公司股份,但不能行使表决权(参见葛伟军:《英国公司法要义》,法律出版社 2014 年版,第 175～177 页);美国法规定,子公司持有的母公司股份将被视为"库藏股"(treasury shares),不能享有表决权(参见[美]罗伯特·C. 克拉克:《公司法则》,胡平等译,工商出版社 1999 年版,第 291 页)。

托行使,固化利益结构,甚至出现大股东之间结成同盟,侵害中小股东利益的情形。[①]

2023 年修订的《公司法》对子公司持有母公司股份的规制作出了回应,新增的第 141 条结合我国公司实际规定的内容为:“上市公司控股子公司不得取得该上市公司的股份。上市公司控股子公司因公司合并、质权行使等原因持有上市公司股份的,不得行使所持股份对应的表决权,并应当及时处分相关上市公司股份。”这一规定表明,我国对子公司持有母公司股份采取了原则禁止、例外允许的做法,对于例外允许持有的股份,也进行了较为严格的限制,即不得行使其“对应的表决权”,并且应当“及时处分”。这里的“处分”包括采取《公司法》第 161 条第 3 款关于回购股份“依法转让或者注销”的措施。

(三)上市公司组织机构的特别规制

根据《公司法》关于上市公司组织机构特别问题的设计,上市公司组织机构的特别问题除了涉及企业集团的有关内容外,还包括独立董事、行使监事会职权的审计委员会、董事会专门委员会和董事会秘书,鉴于这几种制度已在本章前面讨论过,这里主要涉及重大决策的规制问题。《公司法》第 135 条规定:“上市公司在一年内购买、出售重大资产或者向他人提供担保的金额超过公司资产总额百分之三十的,应当由股东会作出决议,并经出席会议的股东所持表决权的三分之二以上通过。”对照《公司法》第 59 条和第 112 条关于公司股东会职权的一般性规定,第 135 条的内容显然是对上市公司股东会决策的强制性规范。之所以如此,主要是考虑到上市公司中存在大量的社会公众股东,为了防止少数股东滥用“资本多数决”来损害中小股东利益,法律需要对涉及上市公司重大资产的处置施加必要的管制。当然,第 135 条既可被认为是对作为上市公司组织机构的股东会的特别规定,也可被认为是针对上市公司控股股东和实际控制人的特别规制措施。

(四)上市公司控股股东、实际控制人的特别规制

近年来证券市场上多发的违法行为中,很多都是控股股东和实际控制人的行为,或者是他们指示、操纵的行为。随着上市公司股权分散化和控股股东的持股比例呈减少的趋势的不断发展,意味着控股股东实施违法行为时,可以“以小博大”,以较小的成本来获得最大的违法利益。《证券法》2019 年修订后,将上市公司控股股东和实际控制人纳入证券市场重点规制对象,要求其在特定的场景下也应承担公司负责人的义务和责任。《公司法》2023 年修订延续了这一做法,将中国证监会采取的一些行之有效的做法上升为法律,对上市公司控股股东和实际控制人施加了一些特别规制。除前述第 135 条的规定外,还新增了关于信息披露的内容,按照第 140 条的要求:第一,“上市公司应当依法披露股东、实际控制人的信息,相关信息应当真实、准确、完整”;第二,“禁止违反法律、行政法规的规定代持上市公司股票”。据此可见,该条规定尽管是针对上市公司设置的义务,但规制的对象明确指向了控股股东和实际控制人。结合该条两款的内容,这里的“代持上市公司股票”显然是指代持控股股东和实际控制人的股份的情况。代持股份也即隐名出资现象,《公司法》原则上不对非上市公司的代持股份进行干预,尊重公司和股东的意思自治。但在上市公司,由于有对控股股东和实际控制人信息披露的要

---

① 参见罗培新:《世行营商环境评估之“保护少数投资者”指标解析——兼论我国公司法的修订》,载《清华法学》2019 年第 1 期。

求，如果允许其股份被其他人代持，必然可能出现公司披露的相关信息与“真实、准确、完整”的法定标准相背离的情况。

二、公司合规管理

（一）公司合规管理的含义和基本特征

公司合规管理也被称为企业合规管理或公司合规治理。按照目前我国有关法规和规范性文件的规定，公司合规是指公司机构及其成员的经营管理和职务行为符合法律、法规、规章和规范性文件、行业规范和自律规则、公司内部规章制度，以及行业普遍遵守的职业道德和行为准则。[①] 公司合规管理是指公司制定和执行合规管理制度，建立合规管理机制，防范合规风险的行为。所谓合规风险，是指公司及其成员在经营管理过程中因违规行为引发法律责任、造成经济或者声誉损失以及其他负面影响的可能性。可见，公司合规管理的主体，包括执行主体和管理对象都指向公司、公司机构及其成员，说明它是一项针对公司内部管理的制度。公司作为法人，其行为主要是由公司机关及其成员的行为来体现的，因此，笔者将其作为公司组织机构的特别问题来讨论。

公司合规管理是近年来我国政府监管部门大力倡导并在一些重要的国有企业、金融领域企业和上市公司推进的一项制度建设，也受到越来越多的国有公司和民营公司的重视。《公司法》第 177 条对国家出资公司的合规管理作出了明确规定：“国家出资公司应当依法建立健全内部监督管理和风险控制制度，加强内部合规管理。”公司实践中一些部门和行业也出台了有关的规章和规范性文件，如国务院国资委在 2022 年 8 月发布的《中央企业合规管理办法》、中国证监会于 2020 年修正的《证券公司和证券投资基金管理公司合规管理办法》、国务院反垄断委员会于 2020 年 9 月发布的《经营者反垄断合规指南》、原保监会于 2016 年 12 月发布的《保险公司合规管理办法》、原银监会于 2006 年 10 月发布的《商业银行合规风险管理指引》等。根据现有合规管理的法规和规范性文件，公司合规管理具有如下法律特征：

1. 合规管理是公司的自律性管理活动，属于公司内部行为范畴，主要通过公司内控制度来防范和应对合规风险。这里的合规风险主要是指法律风险，即公司机关及其成员的经营管理或职务行为违反法律法规和准则而使公司被依法追究法律责任、采取监管措施、给予纪律处分以及出现财产损失或商业信誉损失的风险。合规管理与公司治理存在交集，虽然也有人认为合规管理属于公司治理的构成内容，但二者并不完全等同：公司治理的重心在于治理结构，即公司组织机构的设置和权力配置，公司治理结构需要通过法律的外部强制来构建，不同的公司治理结构在治理方式上也存在差异；合规管理的重心在于自律管理，是在治理结构既定的基础上通过内部自律机制的完善来防范和应对法律风险的，从而实现公司的良治和善治。

2. 合规管理的内核是“合规”，合规要求遵守的规则非常宽泛，包括众多与公司运营密切相关的法律法规，如公司法、证券法、环保法、金融法、知识产权法、反不正当竞争法、刑法及其相关法规等，不仅如此，还包括行业规范和自律规则、公司内部规章制度，以及行业普遍遵守的职业道德和行为准则，不仅关系到日常经营活动的行为规范，而且涉及环境保护、数据和隐私

---

①　参见《证券公司和证券投资基金管理公司合规管理办法》第 2 条的规定。

保护、知识产权保护、反商业贿赂、反垄断、反洗钱、反恐怖融资、贸易管制、财务税收等方面的规则，除了有法律强制性的要求外，还有许多道德约束的内容。“道德要求既决定了合规制度的建设方向，同时也是合规制度能否达到预期目标的关键因素。”[①]任何单一的法律都不能也不可能对公司合规内容作出列举和具体的规定，即便是作为合规管理核心法的公司法，也只能对其概括性地作出倡导性、宣示性规定，如我国《公司法》第 19 条关于“公司从事经营活动，应当遵守法律法规，遵守社会公德、商业道德，诚实守信，接受政府和社会公众的监督”的规定，就有对公司合规管理的总体性要求。

3. 合规管理涵盖公司运营的各个方面，涉及公司所有管理机构、业务部门及其成员，贯穿决策、执行、监督、反馈等各个环节，重点是公司机关及其董监高通过合规管理，完善企业内部一系列制度，提高公司内部各管理和业务机构及其人员的合规意识和水平，树立起全员合规、合规从管理层做起、合规创造价值、合规是公司生存基础的理念，使合规成为企业文化建设的重要构成内容。

4. 合规管理是一项“于己于人”都有价值的活动。尽管合规管理是公司自律性的管理行为，但合规管理制度的建立完善一方面可以从内部控制上减少和预防违法违规行为的发生，从而有益于维护社会经济秩序；另一方面，合规管理又是公司自身形象和行为预期的一种对外展示，虽然它不能完全杜绝自身的违法行为，但一旦发生难以避免的违法行为时，合规管理可以作为一种与公权力机关和解谈判的筹码和条件，并以此来减轻和免除相应的处罚。如《证券公司和证券投资基金管理公司合规管理办法》第 36 条规定，公司通过有效的合规管理，主动发现违法违规行为或合规风险隐患，积极妥善处理，落实责任追究，完善内部控制制度和业务流程并及时向中国证监会或其派出机构报告的，依法从轻、减轻处理；情节轻微并及时纠正违法违规行为或避免合规风险，没有造成危害后果的，不予追究责任；对于公司的违法违规行为，合规负责人已经按照本办法的规定尽职履行审查、监督、检查和报告职责的，不予追究责任。

（二）公司合规管理的现实意义

公司合规管理是进入本世纪才越来越引人关注的问题，学者们对其兴起和发展的缘由也是众说纷纭。合规管理作为一种法律风险的管理措施，从制度设计的动因看是对现有法律规制公司违法行为的缺陷的弥补。其中既有公司违法事件波及面大导致负面后果严重的因素，更有现行法律事后规制方式可能伤及无辜，难以确保公平公正的考虑。本世纪初国际上著名的“安然案件”“世通案件”“安达信案件”发生后，尽管执法机构对这些公司及其涉案人员进行了依法处理，但也造成了诸如企业破产、员工失业、经济和金融遭遇严重动荡等后果。近年来我国上市公司领域出现的如康美药业、金亚科技、欣泰电气等典型财务造假案件，也反映出尽管违法行为主要是控股股东或实际控制人所为，但最终处理结果却是上市公司成为行政罚款和巨额民事赔偿的承担者，导致其退市或进入破产清算程序，上市公司受到“二次伤害”，使少数人的违法行为由多数人买单，公司全体股东、全体员工、债权人等都成为了违法后果的承受者，社会为此支付了沉重的代价，由此也提出了这样的处理结果是否符合公共利益和司法公正等问题。如果放弃对违法公司的处理，势必会助长公司的违法行为，造成对社会经济秩序更

---

① 参见赵万一：《合规制度的公司法设计及其实现路径》，载《中国法学》2020 年第 2 期。

大的危害。公司合规管理主要是基于这样的背景产生的,我国也不例外。公司合规管理作为一种弥补现行法律规制缺陷的制度,不仅可以通过自律自控来达到“防患于未然”的预防效果,适应提高公司管理水平的监管要求,而且还可以以合规管理作为条件来换取刑事机关和行政监管机关对公司已有违法违规行为的减轻处罚或不予处罚。从国际视野看,美国、英国、法国、澳大利亚、新加坡等国家普遍建立起对企业暂缓起诉协议制度,其中企业合规与暂缓起诉协议存在三个方面的关系:一是涉案企业建立合规计划,是检察机关与其达成暂缓起诉协议的前提条件之一;二是在暂缓起诉协议中,企业通常都要承诺完善合规计划,也就是提出全面重建合规管理体系的具体方案;三是在考验期之内,检察机关会对企业重建合规计划的进展情况进行持续不断的监控。国外的暂缓起诉协议制度如同其司法实践中实行的辩诉交易制度一样,符合“利益兼得原理”,能够满足整个社会、检察机关和涉案企业的利益,最大限度地避免了负面的社会效果,因此具有合理性和社会现实基础。[①] 德国的企业合规制度具有两个方面的显著功能:一是在遭遇法律风险之前,如果企业积极主动地履行了相应的企业合规义务,构建了完备的企业合规体系,可减轻或免除其之后承担的法律责任;二是在对企业启动法律制裁程序之后,企业仍可采取合规补救措施来降低处罚力度,如在刑事处罚程序启动之后企业及时建立或完善了相关的合规规范,以表明该规范在将来可有效预防违法犯罪行为的发生,这可以成为量刑从宽的考量因素。[②]

近年来为改善企业营商环境,我国检察机关正在探索企业合规不起诉制度。从最高人民检察院到一些地方检察院,出台了关于开展企业合规不起诉试点的文件,旨在以不起诉来激励企业制定或完善合规计划,从而促进企业的健康发展。2021 年 6 月,最高人民检察院与司法部、财政部等 9 部门联合发布了《关于建立涉案企业合规第三方监督评估机制的指导意见(试行)》,并公开发布了 4 起企业合规指导案例,即涉及污染环境、虚开增值税专用发票、对非国家工作人员行贿、串通投标的公司犯罪案件,检察机关结合公司及其成员犯罪情节较轻的情况,引导并督促涉案企业作出合规承诺并开展合规建设,并对其进行合规考察监督,最终根据合规整改情况依法作出不起诉或建议减轻处罚的决定。按照上述文件,适用企业合规不起诉的案件,既包括公司、企业等实施的经济犯罪、职务犯罪案件,也包括公司、企业实际控制人、经营管理人员、关键技术人员等实施的与生产经营活动密切相关的犯罪案件;不起诉的内容,包括“合规不批捕”“合规不起诉”“合规从宽量刑建议”“合规从宽处罚建议(行政处罚建议)”。有学者认为,企业合规不起诉对于涉案公司、企业及其相关人员而言,是一项非常有力度的从宽处罚情节,对于预防企业未然犯罪、在犯罪发生后减少处罚可能给社会带来的震荡和负面效果而言,具有积极的正面意义。[③]

检察机关试行的这一制度,其设计原理既有国外暂缓起诉协议制度的影子,也是对我国 2019 年《证券法》修订后确立的“行政和解”制度原理的借鉴。所谓行政和解,是指中国证监会对涉嫌证券违法的单位(主要是上市公司)或者个人进行调查期间,被调查的当事人书面申请,承诺在中国证监会认可的期限内纠正涉嫌违法行为,赔偿有关投资者损失,消除损害或者

---

① 参见陈瑞华:《企业合规视野下的暂缓起诉协议制度》,载《比较法研究》2020 年第 1 期。

② 参见吴伟:《德国企业合规制度的特点》,载《人民法院报》2021 年 12 月 3 日。

③ 参见黎宏:《企业合规不起诉改革的实体法障碍及其消除》,载《中国法学》2022 年第 3 期。

不良影响的,中国证监会可以决定中止调查。被调查的当事人履行承诺的,中国证监会可以决定终止调查。① 行政和解尽管可能是执法机关作出了某些让步和妥协,但在总体效果上是得大于失的,明显优于放过证券违法行为的选择,最终起到制裁、教育和遏制证券违法行为的作用,不仅可以缓解执法机关与相对人之间因事实或者法律关系不确定而导致的分歧和对立,而且可以通过执法方式的调整,在双方都能接受的情况下,达到处罚证券违法行为的目的。② 可见,"行政和解"与检察机关试行的"企业合规不起诉"的设计原理具有一定程度上的相似性,差异在于执法机关一个是行政机关,一个是司法机关;在执法方式的调整上,一个是行政处罚方式,一个是刑事处罚方式。由此也说明了公司合规管理在应对违法风险上的功能,合规管理不仅对社会有益,对公司自身也具有重要的价值和现实意义。

(三)公司合规管理制度的建立和完善

1. 原则和要点。公司合规管理作为一项"于己于人"都有利的工作,其建立和完善需要把握几项基本的原则和要点:第一,以预防和减少违法违纪行为为管理目标,公司应根据自身实际来开展合规管理,无须追求整齐划一和流于形式的模式;第二,根据合规管理主要是非外部强制和《公司法》只能对此作出原则性规定的特点,制定和完善合规管理制度要从加强自我约束着手,必须注重其中的道德规范的含量,尤其要体现社会主义市场经济条件下的商业道德和商事习惯的内容;第三,根据合规管理的法规和规范性文件变化较快的特点,需要经常性关注法律和相关文件的修改,随时对公司章程及内部相关制度作出相应调整,保证公司有规可依,完善合规管理制度应当"永远都在路上"。

2. 机构和人员。大型公司、专业性公司可以依据行业或部门的要求来设置专门的机构和人员,制定相应的合规制度;而规模较小的公司,则可以不设置专门机构而是指定专门人员来负责这项工作。对于设置专门机构的公司,合规负责人一般是高级管理人员。根据《中央企业合规管理办法》第 11 条至第 15 条对中央企业的要求:第一,企业设立合规委员会,可以与法治建设领导机构等合署办公,统筹协调合规管理工作,定期召开会议,研究解决重点难点问题;第二,企业应结合实际设立首席合规官,不新增领导岗位和职数,由总法律顾问兼任,对企业主要负责人负责,领导合规管理部门组织开展相关工作,指导所属单位加强合规管理;第三,企业业务及职能部门承担合规管理主体责任,企业应当在业务及职能部门设置合规管理员,由业务骨干担任,接受合规管理部门业务指导和培训;第四,企业合规管理部门牵头负责本企业合规管理工作,企业应当配备与经营规模、业务范围、风险水平相适应的专职合规管理人员,加强业务培训,提升专业化水平;第五,中央企业纪检监察机构和审计、巡视巡察、监督追责等部门依据有关规定,在职权范围内对合规要求落实情况进行监督,对违规行为进行调查,按照规定开展责任追究。

3. 公司机关的职责。合规作为公司一项自律性管理工作,包括党组织、董事会、经理层在内的各公司机关和企业的主要负责人都有相应的职责,按照《中央企业合规管理办法》第 7 条至第 10 条的规定:第一,企业党组织发挥把方向、管大局、促落实的领导作用,推动合规要求在

① 参见《证券法》第 171 条的规定。
② 参见周友苏、蓝冰:《证券行政责任重述与完善》,载《清华法学》2010 年第 3 期。

本企业得到严格遵循和落实,不断提升依法合规经营管理水平。第二,企业董事会发挥定战略、作决策、防风险作用,主要履行以下职责:审议批准合规管理基本制度、体系建设方案和年度报告等;研究决定合规管理重大事项;推动完善合规管理体系并对其有效性进行评价;决定合规管理部门设置及职责。第三,企业经理层发挥谋经营、抓落实、强管理作用,主要履行以下职责:拟订合规管理体系建设方案,经董事会批准后组织实施;拟订合规管理基本制度,批准年度计划等,组织制定合规管理具体制度;组织应对重大合规风险事件;指导监督各部门和所属单位合规管理工作。第四,企业主要负责人作为推进法治建设第一责任人,应当切实履行依法合规经营管理重要组织者、推动者和实践者的职责,积极推进合规管理各项工作。

4. 不断扩大公司合规管理的适用范围。公司合规目前还处于在国有公司和上市公司试行阶段。随着《公司法》对合规制度的确认,公司合规管理将在更大范围内推行。公司合规管理无论是作为公司的义务还是公司的权利,在制度的适用上对所有的公司都应当一视同仁。合规管理制度的建立,不仅可以防范法律风险、规范公司的运作,还可以作为一项与公权力机关和解谈判的筹码和条件,并以此来减轻和免除公司在生产经营中可能受到的处罚。合规管理对公司而言,无疑具有正向激励的作用。因此,在现有的基础上应当扩大公司合规管理的覆盖面。对于民营的中小型公司,只要其依照合规制度合理地制定和落实有关合规管理措施,就具有免责的可行性。对于那些还没有建立合规管理制度的公司,当其出现违法行为可能受到处罚时,如果其在有关部门的指导下主动建立完善合规管理制度,符合条件的也可以依照有关规定对其免责。

三、股东表决权的行使

股东表决权的行使是指股东在股东会审议公司有关事项时依法作出意思表示。这一问题本可在本章第一节中讨论,但由于其涉及的问题较为复杂,且实务操作性较强,因此作为特别问题来讨论,主要针对股东人数众多的公众公司的情形。

股东表决权是股东参与公司意思形成的具体方式,它在性质上是一种固有权,属于股权中参与公司管理的共益权的内容。《公司法》第 116 条第 1 款规定:“股东出席股东会会议,所持每一股份有一表决权……”这就是通常所称公司“一股一票”“资本多数决”制度的直接法律依据。当然,“一股一票”是指普通股,不包括类别股的特殊情形。这里就股东表决权的讨论,也主要以普通股为基础。从《公司法》和公司实践来看,在股东表决权上有以下问题需要讨论。

(一)表决权的不统一行使

表决权的不统一行使是指股东持有两股以上的股份时,可以用一部分股份的表决权来对股东会议案表示赞成,用另一部分股份的表决权来对议案表示反对。我国公司实践中存在不少“隐名出资”、股权共有现象,如果多个“实际出资人”都由一个名义股东来行使股权或共有股权代表行使股权时,就有可能出现表决权不统一行使的情况。

关于是否允许表决权的不统一行使,有肯定说与否定说之争。肯定说认为,一个股份享有一个表决权,持有数个股份则享有数个表决权,没有理由要求数个表决权必须统一行使;否定说认为,每一股东享有的表决权是一个整体,持股数额的多少只决定表决权的影响力,不能允许表决权不统一行使。基于公司法“一股一票”的规定，根据民事主体意思自治的一般原则，股东应当享有不统一行使表决权的权利，肯定说有一定道理。但若无限制地允许表决权的不统一行使，则会造成股东会运作的混乱。因此，大多数国家或地区的公司法规定，对于行使表决权的名义股东，当其为了反映背后数名实际股东各自的真实意思时，方可不统一行使表决权。

我国《公司法》对表决权的不统一行使未作规定，《到境外上市公司章程必备条款》第68条规定：“在股票表决时，有两票或者两票以上的表决权的股东（包括股东代理人），不必把所有表决权全部投赞成票或者反对票。”该条规定赋予了到境外上市公司的股东可以不统一行使表决权的权利。笔者认为，鉴于我国《公司法》没有对表决权不统一行使作出否定的规定，公司实践中实际存在可能导致表决权不统一行使的情况，根据股东自治原则，只要股东不损害公司和其他股东利益，就不宜对这一做法强行禁止。

（二）弃权票的计票

按照“资本多数决”的原则，《公司法》规定股东会决议须经出席会议股东所持表决权的过半数或2/3以上通过，公司实践中持有表决权股份的股东除了投赞成票或反对票外，有时还会投弃权票。这就产生了投弃权票的行为是否合法以及弃权票在计票时应被视为反对票还是赞成票的问题。当赞成票和反对票与股东会决议通过所需的票数接近时，弃权票如何计票可能就是决议能否通过的关键。

1. 股东在股东会上投弃权票应当为我国现行制度允许的行为。基于《公司法》中对此没有明确规定，可以肯定法律并未禁止这一行为。根据“法无禁止即可为”的原则，如果公司章程规定股东可投弃权票，就应当将其视为合法。《上市公司章程指引》第89条规定，上市公司“出席股东大会的股东，应当对提交表决的提案发表以下意见之一：同意、反对或弃权”，这进一步说明股东投弃权票也是证券监管部门认可的行为。

2. 弃权票究竟应计为赞成票还是反对票。对此有两种对立的观点，对立来自对《公司法》有关董事投票的规定的不同认识，由此也推及股东的投票。根据《公司法》第125条第2款的规定，董事应当对董事会的决议承担责任。如果决议违法，“经证明在表决时曾表明异议并记载于会议记录的，该董事可以免除责任”。对于该规定中的“表明异议”有着不同解读：一是认为“异议”就是指反对意见，即对决议投了反对票，弃权票和同意票都不属于对决议持反对意见，弃权票应当被视为同意票；二是认为“异议”并非仅指反对意见，只要是没有表示同意的都应当算作“异议”，弃权票应当计为反对票。这两种认识从文义解释上尽管都不能说错误，但将弃权票视为同意票或反对票也并不完全准确，因为弃权票本身就代表着投票者既不赞成也不反对的一种态度，股东往往出于对所要表决的事项不够了解，或者对表决事项有保留意见，认为需要进一步修改完善，赞成或反对都不能准确表达自己意愿，从而投了弃权票。因此，弃权票从性质上来看是投票人在既不赞成又不反对的情况下作出的中立选择，这种选择属于投票人正确表达自己意愿的一种权利，应当得到法律的认可和尊重。

3. 将弃权票作为与赞成票、反对票并列的形式进行计票。根据《公司法》第116条关于股东会对于普通决议须经出席会议的股东所持表决权过半数通过、对于特别决议须经出席会议的股东所持表决权的2/3以上通过的规定：第一，弃权票不能计入出席会议股东所持表决权数，或者说不能以弃权票所代表的表决权数来扣减出席会议股东所持股份数，出席会议股东所持股份数不受弃权票的影响；第二，既然弃权票代表着投票者既不赞成也不反对的态度，那就应当从赞成票或反对票中将其剔除，如果弃权票过多，导致赞成票未过半数或未达到2/3时，此时弃权票的效力就可能相当于反对票；①第三，按照《上市公司章程指引》第89条第2款的规定，投票人未填、错填、字迹无法辨认的表决票、未投的表决票均视为投票人放弃表决权利，其所持股份数的表决结果应计为“弃权”。

(三)股东表决权代理

股东表决权代理是指代理人受股东的委托而代其在股东会上行使表决权的行为。表决权代理既可为股东提供行使表决权之便，又可使股权分散的公司出席股东会的股份数达到相对多的程度。

我国《公司法》第118条规定，股东可以委托代理人出席股东会，但对代理人的资格没有作出规定。根据民法上代理制度的一般原理，凡是具有民事行为能力的自然人均可以作代理人。对于代理人是否必须为公司股东，《上市公司章程指引》第60条规定，股东可以亲自出席股东会，也可以委托代理人代为出席和表决但并未对该股东代理人是否为公司股东作出规定；《到境外上市公司章程必备条款》第56条第7项就有关于代理人可以不是股东的规定。股份有限公司是资合公司，股东之间没有如同人合公司那样的人身信任关系。由于股份的流动性，股东之间可能互不认识，若要求代理人必须是股东，则可能使那些既不能直接出席又不愿委托其他股东代为出席的股东放弃表决权的行使，有违表决权代理制度保障股东权利的立法目的。

按照《上市公司章程指引》第61条至第62条的规定，上市公司股东委托代理人出席股东会包括两种情形：一是法人股东委托代理人出席。受托的代理人出席会议应出示本人身份证、法人股东单位的法定代表人依法出具的书面授权委托书；如果是法定代表人出席会议，应出示本人身份证、能证明其具有法定代表人资格的有效证明。二是个人股东委托他人出席。代理人应出示委托人身份证、代理人身份证、授权委托书及持股凭证。授权委托书应当载明的内容有：代理人的姓名；是否具有表决权；分别对列入股东会议程的每一审议事项投赞成、反对或弃权票的指示；对可能纳入股东会议程的临时提案是否有表决权，如果有表决权应行使何种表决权的具体指示；委托书签发日期和有效期限；委托人签名(或盖章)。委托人为法人股东的，应加盖法人单位印章。委托书应当注明：如果股东不作具体指示，股东代理人是否可以按自己的意思表决。《上市公司章程指引》对表决权代理行使的相关规定虽仅适用于上市公司，但也可扩展准用于普通股份有限公司。

《上市公司章程指引》第64条规定，代理投票授权委托书由委托人授权他人签署的，授权签署的授权书或者其他授权文件应当经过公证。经公证的授权书或者其他授权文件，和投票代理委托书均需备置于公司住所或者召集会议的通知中指定的其他地方。

代理人应按股东的授权行使表决权，当代理人不履行代理职责或越权行使代理权时，根据代理的一般原理，其应对股东承担损害赔偿责任，但不会影响股东会决议的效力。当股东委托数个代理人时，各代理人在各自代理权限内行使表决权。

在作出授权后，委托人可以撤回授权吗？从理论上讲应该可以，因为委托代理关系具有较

① 参见高景言：《董事会表决中的弃权票，你会投么?》，载《董事会》2021年第8期。

强的人身信任关系,委托人与代理人都享有终止委托代理关系的权利。但关于普通委托代理关系终止的规定并不完全适用于表决权的代理行使,如《到境外上市公司章程必备条款》第63条规定:"表决前委托人已经去世、丧失行为能力、撤回委任、撤回签署委任的授权或者有关股份已被转让的,只要公司在有关会议开始前没有收到该等事项的书面通知,由股东代理人依委托书所作出的表决仍然有效。"

(四)股东权代理征集

1. 股东权代理征集的含义

股东权代理征集是指上市公司董事会、独立董事、符合法定条件的股东和投资者保护机构作为征集人,自行或者委托证券公司或证券服务机构,公开请求公司股东委托其代为出席股东会,并代为行使提案权、表决权等股东权利的行为。2019年修订的《证券法》第90条对股东权代理征集正式作出了具体规定。[①] 股东权代理征集与前述股东表决权代理有相同点,即都是由代理人受托代理行使股东权利。但二者也有明显的差异:

首先,代理权产生的方式不同。股东表决权代理是由股东委托代理人为自己利益或依照自己意愿来行使权利,股东权代理征集则是代理人主动向股东公开请求为其代理出席股东会并行使股东权利。前者是股东主动发起的代理要约行为,委托代理关系的成立取决于代理人的承诺;后者则是代理人主动发起的代理要约行为,代理权征集也被称为"代理权委托劝诱"行为,委托代理关系的成立则取决于委托人(股东)的承诺。

其次,对代理人的要求不同。股东表决权代理对代理人要求简单,具有行为能力的股东或他人都可以担任;股东权代理征集的代理人则必须是符合法定条件的自然人或机构。按照《证券法》第90条的规定,征集人(代理人)是指"上市公司董事会、独立董事、持有百分之一以上有表决权股份的股东或者依照法律、行政法规或者国务院证券监督管理机构的规定设立的投资者保护机构"。

再次,建立代理关系的依据不同。股东表决权代理主要是依照委托代理的合同规则来建立的,只要双方协商一致,可以无偿代理,也可以有偿代理;股东权代理征集则需要依照《证券法》和证券监管法规来建立,征集人须受公开披露征集文件、禁止有偿征集等规则的约束。

最后,代理适用的范围不同。股东表决权代理可以适用于不同的公司,包括上市公司和非上市公司,代理权范围则限于股东表决权;股东权代理征集则只能适用于上市公司,代理权范围不仅包括股东表决权,还包括股东提案权等股东权利。

2. 股东权代理征集的制度功能

(1)增强中小股东话语权。股东权代理征集是现代公司规模膨胀和股权高度分散背景下的产物。上市公司股权分散而极富流动性,持股少且高度分散的中小股东虽然从总体上看可能持有公司的多数股票,但因普遍存在"搭便车"的群体心理和受制于"集体行动障碍",很难

---

① 《证券法》第90条规定:"上市公司董事会、独立董事、持有百分之一以上有表决权股份的股东或者依照法律、行政法规或者国务院证券监督管理机构的规定设立的投资者保护机构(以下简称投资者保护机构),可以作为征集人,自行或者委托证券公司、证券服务机构,公开请求上市公司股东委托其代为出席股东大会,并代为行使提案权、表决权等股东权利。依照前款规定征集股东权利的,征集人应当披露征集文件,上市公司应当予以配合。禁止以有偿或者变相有偿的方式公开征集股东权利。公开征集股东权利违反法律、行政法规或者国务院证券监督管理机构有关规定,导致上市公司或者其股东遭受损失的,应当依法承担赔偿责任。"

有效地通过行使股权的一致行动来实质性地影响公司的决策和管理。通过股东权代理征集，可以克服中小股东行权成本高昂等集体行动障碍，将分散的股东权集中统一行使，形成足以影响公司决策的话语能力。因此，股东权代理征集成为《证券法》上保护投资者权益的重要措施之一。

（2）获取公司控制权。在上市公司治理中，尽管中小股东向来处于被动地位，但在公司控制权争夺中，由于可以将股东表决权委托他人代为行使，因此通过征集代理权可以集聚中小股东表决权，进而通过运用表决权获得公司控制权。因此，包括股东表决权在内的代理权征集往往成为争夺公司控制权的工具。和一般代理制度的功能一样，法律设计表决权代理制度最初的本意也是为了弥补和扩充民事主体的民事行为能力，使当事人意思自治得以真正实现。但随着公司制度的发展，在现代大规模的上市公司中，表决权代理出现了与本来宗旨不同的、为达到“代理人的目的”而被运用的情况。① 从我国实践来看，证券市场上陆续发生的“君万事件”“胜利股权之争”“广西康达”“郑百文”“青岛双星”“电广传媒”等多起表决权征集事件，其目标均是围绕上市公司控制权展开的。尽管我国《证券法》设计股东权代理征集制度主要是出于保护中小投资者的目的，但股东彼此间在合法前提下对公司控制权的争夺，不仅是一种正常的市场竞争行为，还有助于形成公司治理需要的监督制衡关系。因此，证券法律法规并不禁止将股东权代理征集用于合法争夺公司控制权的目的。

3. 上市公司股东权代理征集制度的主要内容

（1）征集主体。根据《证券法》第 90 条的规定，上市公司股东权代理征集的主体包括三类：第一类是上市公司董事会或独立董事；第二类是持有 1% 以上有表决权股份的股东；第三类是依法设立的投资者保护机构。《证券法》将依法设立的投资者保护机构作为征集主体，凸显出了股东权代理征集在保护投资者制度中的重要价值。

（2）征集方式。《证券法》第 90 条规定了自行或者委托征集两种方式，其中委托征集只能通过证券公司、证券服务机构进行。《证券法》规定的委托征集方式，使股东权代理征集具有较强的可操作性，特别是在以保护投资者利益为目的的征集中，委托征集可以依托证券公司或证券服务机构的信息数据进行，使征集更为高效便捷。

（3）代为行使的股东权范围。《证券法》第 90 条规定征集人可代为行使的股东权利包括提案权和表决权等。规定征集人可代为行使股东提案权，使不能行使提案权的小股东享有了对公司经营决策提出独立意见和建议的可能，克服了中小股东只能就既有提案进行被动表决的制度障碍，对于维护中小股东权益，完善公司治理具有重要作用。

（4）合法征集要求。《证券法》第 90 条规定进行股东权代理征集应当披露征集文件，禁止以有偿或者变相有偿的方式公开征集。同时明确公开征集股东权利违反法律、行政法规或者国务院证券监督管理机构有关规定，导致上市公司或者其股东遭受损失的，应当依法承担赔偿责任。

（五）表决权信托

1. 表决权信托的含义和在我国的实践

表决权信托（voting trust）是利用信托原理来设计的一种股份表决权行使方式，具体指股

---

① 参见［韩］李哲松：《韩国公司法》，吴日焕译，中国政法大学出版社 2000 年版，第 377 页。

东在一定期间内以不可撤回的方式将其持股股权中的表决权转移给受托人,由受托人持有并集中行使,股东则享有股份受益权。表决权信托是美国首创的一种制度,后为许多国家沿用,在国外尤其是美国公司法实践中十分盛行。我国《公司法》没有对其作出规定,《信托法》也没有涉及相关的内容,但公司实践中已经出现一些表决权信托的案例。例如,2002 年青岛啤酒与美国的安海斯—布希公司(以下简称 AB 公司)签署战略投资协议,协议执行完毕,AB 公司将持有青岛啤酒 27% 的股份。为了保证国有股东对青岛啤酒的控制权不会易主,双方在协议中约定:AB 公司将其持有 7% 的股份的表决权信托给青岛市国资委行使,通过表决权信托方式,不仅使青岛啤酒获得融资,而且保障了公司股权结构的稳定。[①] 又如,2009 年福耀玻璃的董事长曹德旺将其持有的价值 10 亿的股份捐赠给某慈善机构,曹德旺为了使自己对福耀玻璃的实际控制权不变,在捐赠协议中约定,受捐赠方在持股期间,将其享有的表决权交由公司第二大股东行使。再如,2014 年阿里巴巴赴美上市,在招股说明书中与各大股东达成协议,将日本软银集团持有的 34.4% 的股份中的表决权交由马云和蔡崇信行使。[②]

从这些案例可见,表决权信托在我国公司实践中还主要运用于公司控制权的维护,其设计较为灵活多样,既与公司法密切相关,又涉及信托法的若干原理,与双层股权结构、类别股制度也有关联。其对于持股不具明显优势的股东尤其是公司创始人的作用是十分重要的,可以巩固提高其在公司股东中的地位,加强其对公司的控制力和影响力。表决权信托也完全可以适用于中小股东表决权的集中行使,因此也被认为是一种有利于中小股东的制度设计。

2. 表决权信托的特征

结合我国公司实践并参照境外较为成熟的相关规范,表决权信托具有如下特征:

(1)表决权信托是将作为股权权能之一的表决权分离出来单独行使的制度设计。从理论上讲,权利的享有与权利行使是可以分离的,这在公司股权上体现得尤其突出。股权的完整形态是自益权和共益权的合一,统一由股东行使。其中,受益权是自益权的主要内容;表决权是共益权的主要内容。基于公司股东的异质化特点和股东投资的多元化偏好,也根据股东可能受某些条件限制不能行使表决权或本身不愿意行使表决权的实际状况,表决权信托制度设计的运行机理是:股东可以借助一定的形式将表决权权能从股权中分离出来,转移给他人行使,而完整地保留了受益权,甚至还可以表决权转移为对价来保证受益权优先得到受偿。这一制度运行机理不仅催生了包括优先股在内的类别股,也使股权中的投票表决权得到了更有效率的利用。正是基于此,现代各国法律均较为普遍地承认表决权信托的合法性。[③] 但也有学者根据信托法原理认为,表决权作为股权的权能并不能直接产生财产利益,其作为信托财产的独立性和特定性面临严重障碍;[④]我国《信托法》应当明确表决权可以作为信托的客体,或者通过特别立法的方式对其加以规范。[⑤]

(2)表决权信托中股东对表决权权能的处置具有相对长期性和不可撤回性。按照信托原理设计的表决权信托具有将表决权权能从股权中分离出来单独行使的功能,基于信托契约的

---

① 参见熊宇翔:《表决权信托运用的一个成功范例》,载《证券日报》2003 年 5 月 18 日。
② 参见宫佳利:《我国移植股东表决权信托制度的探索》,载《中国集体经济》2021 年第 2 期。
③ 参见施天涛:《公司法论》(第 4 版),法律出版社 2018 年版,第 350 页。
④ 参见罗昆、肖海银:《股权型基金会的法人治理问题探讨》,载《北京航空航天大学学报(社会科学版)》2020 年第 1 期。
⑤ 参见刘倚源:《构建我国的表决权信托制度——以中小股东利益保护为中心》,载《甘肃政法学院学报》2014 年第 6 期。

约束,股东对表决权的让渡具有长期性和在约定期间内的不可撤回性,以至于股东对受托人如何行使表决权都无法加以控制。正是在这个意义上,我国有学者认为在表决权信托协议达成后,受托人成为股份的名义所有人,即“登录股东”。[①] 美国学者甚至认为这是一种所有权的让渡,“表决信托把股份的法定所有权授予了受托人,而且股份是以受托人的名字登记在公司的簿册中的……尽管表决权信托协议可以限制受托人对某些事项进行表决的权力,或者限制受托人未经实际所有人同意而向第三人转让其所持有股份的权力,但在表决权信托中,对股份的法定所有权以及整个的表决权都是与衡平法上的股份所有权相分离的”[②]。

(3)表决权信托须固定信托当事人权利义务并对外公开。表决权信托设立后,受托人不仅是表决权的行使人,而且还成了公司的名义股东。《美国标准商事公司法》要求表决权信托协议订立后,股东将其信托的股份转让给受托人并办理股东名义变更。这就势必产生受托人的“道德风险”,即受托人可能实施损害委托人利益的行为。因此,对表决权信托当事人权利义务的固定和对外公开都显得十分必要。其中权利义务的固定需要通过信托合同来实现。我国台湾地区“公司法”第356-9条规定:“股东得以书面契约约定共同行使股东表决权之方式,亦得成立股东表决权信托,由受托人依书面信托契约之约定行使其股东表决权。”表决权信托毕竟不等同于股权转让,受托人所获得的仅仅是股权中的出席股东会行使表决权的权能,包括受益权在内的其他股权权能并不属于受托人。信托合同往往约定:受托人无权以其受托股份为其他债权人设定质押,无权出售或更换公司财产,无权增发新股,无权合并、分立及解散公司,等等。如果受托人越权侵犯了信托人的权利,应承担相应的法律责任。[③] 对外公开是指表决权信托的建立和行使不能仅限于当事人之间,还应当让公司及其他股东知晓。前述我国台湾地区“公司法”第356-9条还规定:“股东非将第一项书面信托契约、股东姓名或名称、事务所、住所或居所与移转股东表决权信托之股份总数、种类及数量于股东常会开会三十日前,或股东临时会开会十五日前送交公司办理登记,不得以其成立股东表决权信托对抗公司。”表决权信托对外公开是保护委托人利益和善意第三人利益的重要法律措施。

(4)表决权信托关系中的受托人应当履行信托法上一般受托人的受信义务,即受托人在行使表决权时负有忠实义务、善良管理人的注意义务。如果受托人违反受信义务,不当运用公司资金、贪污、受贿、谋取私利及从事其他违法、违反信托的行为,就会导致受托人被解职或信托契约失去效力的后果。此外,受托人执行信托事务产生的侵权行为,由其自己对被侵权者负责。

3. 表决权信托与相关制度的辨析

表决权信托作为一种投票机制,与公司实践中一些涉及投票的其他制度和做法有相同之处,有时容易产生混淆,需要加以辨析。

(1)表决权信托与隐名出资。二者都存在名义股东(登记股东),名义股东与委托人之间都存在合同关系,股份表决权都是由名义股东来行使的。二者的主要区别在于:第一,表决权信托以信托合同来固定委托人与名义股东(受托人)的关系,信托合同是一种正式的格式合

① 参见王保树、朱慈蕴:《寻找商法学发展的足迹——关于2007年商法学研究的研究》,载《中国法学》2008年第2期。
② [美]罗伯特·W.汉密尔顿:《公司法概要》,李存捧译,中国社会科学出版社1999年版,第163页。
③ 参见梅慎实:《现代公司机关权力构造论》(修订本),中国政法大学出版社2000年版,第284页。

同,不仅要体现信托原理,而且必须采取书面形式;而隐名出资通常以普通合同来固定实际出资人与名义股东的关系,无论在内容还是形式上都没有特殊的要求,有的甚至没有书面合同的形式。第二,表决权信托要求在一定范围内对外公开,起码应当在公司范围内公开信托关系,否则就不具有对抗公司和第三人的效力;隐名出资常常是实际出资人与名义股东在隐秘的状态下建立的合同关系,实践中不少“隐名出资”不仅不对外公开,而且公司内部人员也不知道实际出资人的存在,如果隐名出资的当事人之间发生纠纷,尤其是发生涉及其他股东或第三人的纠纷,实际出资人的利益很容易受到名义股东“机会主义”行为的损害。

(2)表决权信托与股权共有。二者都存在将表决权权能从股权中分离出来由他人或代表人行使的特点。二者的主要区别在于:第一,表决权信托中行使表决权的受托人是外在于委托人的他人;而共有股权中行使表决权的受托人是共有股权的内部共有人之一,是在共有人中产生的代表人。第二,表决权信托关系构成中,股权要发生名义上的转移并且要求向公司公开转移的信托法律关系;而股权共有关系中,股权不发生名义上的任何转移,需要向公司公开的是股权共有关系。第三,表决权信托主要源于委托人与受托人的约定;而股权共有则主要源于法律规定,如夫妻共有财产的范围,员工持股计划的设计。

(3)表决权信托与表决权代理。二者都具有将表决权从股权中分离出来单独行使,同时受益权不受影响的特点。二者的主要区别在于:按照信托原理设计的表决权信托具有长期性和在约定期限内的不可撤回性,受托人行使表决权具有较大的自由度;而按照代理原理来设计的表决权代理,很可能是每召开一次股东会,股东对代理人的选择和具体的授权都有变化,被授权的代理人在表决中必须体现股东意志,基本没有自治空间,否则就可能因越权代理而被撤销代理人资格。

(4)表决权信托与股东权代理征集。二者也都具有将表决权从股权中分离出来单独行使,同时受益权不受影响的特点。二者的主要区别在于:第一,主体不同。表决权信托的委托人无论是单个还是多数都是特定的,受托人基本不受主体资格的限制;股东权代理征集的委托人是不特定的多数人,在代理关系形成前处于不确定状态,受托人是受到资格限制的特定主体,如独立董事、符合法定条件的股东和投资者保护机构。第二,受托行使权利的范围不同。表决权信托限于表决权;股东权代理征集除了表决权,还包括提案权等共益权。第三,委托关系的形成方式不同。表决权信托基于当事人双方主动协商的信托合同而形成;股东权代理征集则基于征集人依照《证券法》规定的程序向公众投资者征集而形成。

四、公司决议瑕疵的救济

(一)公司决议的法律性质

公司决议瑕疵救济,首先需要弄清公司决议的法律性质。根据公司决议的意思形成过程及效力特征,《民法典》将其定性为民事法律行为中的决议行为。《民法典》第134条规定,法人依照法律或者章程规定的议事方式和表决程序作出决议的,该决议行为成立。民事法律行为中的决议行为和与之相似的合同行为的主要区别如下:

1. 决议行为一般属于多方法律行为,关涉多数人的利益诉求;而合同行为则多为双方行为,关涉的诉求面相对较小。

2. 决议行为是具有团体性质的法律行为，团体成员共同意思的形成遵循团体（组织）法的规则，一般按照“少数服从多数”的原则形成；而合同尽管也存在多方行为的情形，但无论是双方行为还是多方行为，都必须按照“意思表示一致”规则才能成立。

3. 决议行为对团体全体成员（包括不同意决议的少数成员）都具有约束力，合同行为只对意思表示一致的各方才具有约束力。公司决议不仅约束着投票赞成决议的多数公司成员，还约束着投票反对或不支持决议的少数公司成员。对这些少数公司成员而言，他们在享受公司法赋予的投票权利的同时，不得不承受公司决议可能带来的诸多不利益。① 在这个意义上，决议行为除了遵循行为法的一般规则外，还应受组织法规则的约束。行为法的规则以合同为原型，组织法规则以多数人建立的组织为原型，二者在规制合同行为和决议行为上有着明显的区别：前者的重心在于意思与表示的一致及双方意思表示的一致；后者的重心在于公司意思的形成。公司决议在本质上是组织法上的“公意”现象，而非行为法上的“合意”现象。②

正是基于上述性质，公司决议如果出现瑕疵情形，与民事法律行为中的单方行为和合同行为存在瑕疵时在法律适用及其处理原则上也有所不同。由于公司决议瑕疵可能引起公司组织内外法律关系的变化，使公司决议瑕疵的救济不可避免会涉及公司内部利益关系与公司外部利益关系的平衡问题，在法律适用上也会面临行为法与组织法的冲突与协调的问题。按照“资本多数决”原则作出的公司决议，因其瑕疵导致的无效或被撤销必然损及包括反对决议的少数股东在内的全体股东的利益，如果按照一般法律行为来处理无效或被撤销的决议，不仅对无辜少数股东不公，而且还会影响公司稳定和对外交易安全。因此，公司决议瑕疵的救济除了要适用《民法典》关于调整法律行为的规范外，更应关注和准确把握《公司法》关于调整公司组织规范的适用，在适用中还必须兼顾公司内外部各方的利益并体现公司稳定、公司效率与交易安全等组织法的价值取向。

（二）公司决议瑕疵救济的特点

公司决议瑕疵亦称决议违法，是指股东会、董事会通过的决议内容或决议程序违反法律、行政法规和公司章程的情形，决议违法包括决议内容违法和决议程序违法。公司决议瑕疵救济是指通过诉讼程序来对违法决议宣告无效或予以撤销，以及对违法决议已经或可能引起的后果消除侵害和进行补救的过程。2023 年《公司法》修订对公司决议瑕疵救济的内容作出了两点重要修改：第一，将原法“总则”中集中于一条的规定分解为 4 条，即由第 25 条至第 28 条来对公司决议瑕疵救济的具体内容作出较为详细的规定。第二，在原法将决议瑕疵分为决议无效和决议可撤销两种形式的基础上增加了“决议不成立”的形式。根据这些规定，可以概括出公司决议瑕疵救济的几个重要特点：

1. 公司决议瑕疵的救济是对决议违法的司法救济，是由当事人诉到法院并通过民事诉讼程序来解决纠纷的方式。《公司法》之所以要规定以诉讼为解决纠纷的基本手段，是因为在“资本多数决”的决策背景下，不太可能指望由股东会或董事会自身来纠正公司违法决议，非控制股东也很难通过不执行决议的抗辩方式来获得自我救济，因而只能通过司法干预的强制

---

① 参见叶林：《股东会决议无效的公司法解释》，载《法学研究》2020 年第 3 期。

② 参见周淳：《组织法视阈中的公司决议及其法律适用》，载《中国法学》2019 年第 6 期。

方式来对违法决议宣告无效、不成立或予以撤销。

2. 公司决议瑕疵救济只针对股东会的决议和董事会的决议，不包括其他公司机关的决议。《公司法》之所以只对股东会和董事会的瑕疵决议的救济作出规定，是因为这两个公司机关为公司的权力机构和执行机构，其作出的决议可以代表公司法人的意志，具有对内对外的效力，因此可被称为公司决议；而监事会和高管层基于其机关的性质，尽管也可以作出决议，但其决议并不具有公司决议的性质和效力，如果出现瑕疵也不必采取诉讼方式而可以通过公司内部程序来进行处理。

3. 公司决议瑕疵救济的目的主要是对违法决议的纠正和可能造成的损害的补救。决议瑕疵并不必然引发危害的结果，也可能仅仅是作为一种违法的事实状态存在而没有直接的危害结果发生，因此，公司决议瑕疵救济之诉的性质主要为确认之诉。如果瑕疵决议实施给股东及利益相关者造成了损失，受害人需要另外提起损害赔偿的给付之诉。法院对纠纷的处理也是首先对公司决议是否无效或是否可撤销作出裁判，然后才能以此为基础对其他诉讼请求作出裁判。

应当看到，除《公司法》关于公司决议瑕疵救济的规定外，《民法典》关于营利法人的规定中，也有一条与《公司法》类似的规定（第 85 条）。最高人民法院于 2016 年 12 月通过并于 2020 年 12 月修正的《公司法司法解释（四）》对此作出了较为具体的 6 条规定，其中一些内容在本轮《公司法》修订中得以采纳，提高了司法处理公司决议瑕疵纠纷的可操作性。

（三）公司决议违法的类型

1. 公司决议违法的三种类型。《公司法》第 25 条、第 26 条、第 27 条将决议违法分为决议无效、决议可撤销和决议不成立三种情形：决议无效是指“股东会、董事会的决议内容违反法律、行政法规”；决议可撤销是指“股东会、董事会的会议召集程序、表决方式违反法律、行政法规或者公司章程，或者决议内容违反公司章程”；决议不成立也可称为未成立的决议，是指决议不存在或不符合法定成立条件。

需要指出的是，决议不成立在本轮《公司法》修订前是由《公司法司法解释（四）》来规定的类型，被认为是司法解释采用“立法性司法解释”技术而径直作出的规定。[①] 但该规定出台后受到学界和司法界的普遍认同和好评，因而也在本轮《公司法》修订中得到立法确认。

2. 决议不成立的情形。《公司法》第 27 条列举了决议不成立的四种情形：

（1）公司未召开股东会、董事会会议作出决议。这一情形也被称为决议不存在。《公司法司法解释（四）》对这种情形增加了例外的规定，即依据《公司法》或者公司章程规定可以不召开股东会而直接作出决定，并由全体股东在决定文件上签名、盖章的除外。需要指出，这里的《公司法》规定的例外情形不是指股东未到现场参加表决的股东会决议，而是指《公司法》第 59 条第 3 款关于有限责任公司股东会决议“可以不召开股东会会议”的情形。《公司法》第 24 条规定：“公司股东会、董事会、监事会召开会议和表决可以采用电子通信方式，公司章程另有规定的除外。”

（2）股东会、董事会会议未对决议事项进行表决。

---

① 参见李建伟：《公司法学》（第 4 版），中国人民大学出版社 2018 年版，第 307 页。

(3)出席会议的人数或者所持表决权数未达到《公司法》或者公司章程规定的人数或者所持表决权数。

(4)同意决议事项的人数或者所持表决权数未达到《公司法》或者公司章程规定的人数或者所持表决权数。

也可将上述(2)(3)(4)三种情形统称为“未形成有效决议”的情形。

3. 法院是否应当允许当事人提起“确认决议有效之诉”？这是在《公司法司法解释(四)》的起草过程中存在争议的观点。正方观点认为,公司决议瑕疵救济的诉讼需要法院对决议效力作出有效还是无效的确认,既然当事人可以提起确认决议无效之诉,那就也应当允许当事人提起确认决议有效之诉,通过法院的审理确认,可以消除当事人因决议效力争议而产生的不确定性。反方观点则认为,在公司决议效力的确定上,除了法院确认决议无效的外,其他都应当属于决议有效的情形,因此无须在司法解释中规定确认决议有效之诉。《公司法司法解释(四)》在起草过程中一度接受了正方观点,在公开征求意见稿中规定了确认决议有效之诉的类型,但最终出台时将其删除,即采纳了反方的观点。需要指出,尽管司法解释的正式文本没有规定确认决议有效之诉,但并不意味着司法实践中对确认决议有效之诉的请求不予受理。

(四)公司决议违法的诉讼主体

1. 原告。公司决议违法包括了三种类型,但《公司法》只在第 26 条对可撤销决议诉讼的原告作出了规定,即明确为“公司股东”,而对无效决议和决议不成立这两种类型的诉讼的原告未作出规定。之所以如此,主要是因为可能受该两种类型的违法决议侵害或影响的当事人并不限于公司内部的股东,还可能包括与决议内容有利害关系的职工、债权人等其他主体。《公司法》对此未作明确规定,人民法院可根据《民事诉讼法》第 122 条第 1 项关于“原告是与本案有直接利害关系的公民、法人和其他组织”的规定来作出判断。[①]

2. 被告。公司决议违法情形中,无论是股东会决议还是董事会决议,一旦作出就是能以公司名义对外发生效力的决议。因此,根据《公司法司法解释(四)》第 3 条的规定,无论是对哪种公司决议违法类型提起诉讼,“应当列公司为被告”。

尽管司法解释将被告确定为公司争议不大,但也有人认为,公司决议违法是由少数自然人的违法行为造成的,违法行为人实际上主要为控股股东、实际控制人或董事,以公司为被告意味着少数人的违法行为由公司买单,也即公司的全体股东、员工甚至利益相关者都承受了个别人违法行为的后果,因此以公司作为被告看似符合法理,但可能会导致不公平。这一认识尽管不无道理,但并没有考虑到公司决议违法诉讼的性质是确认之诉,即诉讼的结果只是确定决议的有效或无效、撤销或不撤销,并不涉及给付之诉的内容。因此,公司作为诉讼被告是合理的。《日本公司法》第 834 条也规定,公司是股东会决议瑕疵诉讼的唯一适格被告。“将公司作为股东会决议瑕疵诉讼的被告,除了团体法视野下的考量,还基于诉讼法上的权衡。”[②]如果违法决议给公司造成了损失,公司承担相应责任后,《公司法》上还有相应的关于救济措施的规定。

---

① 也有学者认为,公司决议只具有约束股东及董事、监事的内部效力而不具有外部效力,债权人等外部主体对决议效力不存在法律上的利益,无权主张确认决议无效或不存在。参见丁勇:《组织法的诉讼构造:公司决议纠纷诉讼规则重构》,载《中国法学》2019 年第 5 期。

② 蒋丽华:《日本股东会决议瑕疵诉讼适格被告说》,载《人民法院报》2022 年 5 月 6 日。

如依据第21条关于“公司股东滥用股东权利给公司或者其他股东造成损失的，应当承担赔偿责任”的规定和第125条关于“董事会的决议违反法律、行政法规或者公司章程、股东会决议，给公司造成严重损失的，参与决议的董事对公司负赔偿责任”的规定，追究对违法决议负有责任的控股股东或董事的赔偿责任。

（五）可撤销决议中的“轻微瑕疵忽略”

公司决议瑕疵可以根据瑕疵的性质分为内容违法瑕疵和程序违法瑕疵：内容违法瑕疵主要指向决议无效的情形；而程序违法瑕疵则主要指向决议可撤销的情形，即“会议召集程序、表决方式违反法律、行政法规或者公司章程”。公司实践中，存在一些对决议内容没有实质影响的轻微瑕疵，如在通知的时间方面就经常性出现未留足法定期间的情况，如果一律都撤销，不仅意味着公司得重新作出决议，增加了公司的运营成本，而且对其他大多数股东甚至第三人也可能造成不利影响。因此，《公司法》第26条第1款在规定可撤销决议的情形的同时，还有关于“但书”的规定，即“但是，股东会、董事会的会议召集程序或者表决方式仅有轻微瑕疵，对决议未产生实质影响的除外”。《公司法司法解释（四）》第4条也有类似的规定，“但会议召集程序或者表决方式仅有轻微瑕疵，且对决议未产生实质影响的”，人民法院对要求撤销决议的诉求“不予支持”。

根据《公司法》《公司法司法解释（四）》关于公司决议瑕疵救济的立法精神，正确适用“轻微瑕疵忽略”的规定需要注意两点：第一，“轻微瑕疵忽略”的适用范围虽然不包括无效决议中的决议内容违法，但应包括可撤销决议中的“决议内容违反公司章程”的情形。第二，对“轻微瑕疵”的认定需要正确把握“对决议未产生实质影响”的构成要件。所谓未产生实质影响是指决议虽有程序瑕疵，但其仍然符合决议成立的法定条件，如因召集或表决程序瑕疵使部分董事或股东未能到会参加表决，但董事会或股东会的决议符合法定的或章程规定的“过半数”或“三分之二以上”等通过的要求。

（六）提起公司决议可撤销或无效之诉的除斥期间与诉讼时效期间

根据《公司法》的相关规定，除斥期间只针对决议可撤销之诉，诉讼时效期间针对决议无效之诉和决议不成立之诉。二者的区别不仅在于期间的长短不同，还在于超过法定期间的法律效力不同：超过除斥期间是撤销权本身的整体消灭，而超过诉讼时效期间仅是胜诉权的消灭，请求权仍然存在。

根据《公司法》第26条的规定，决议可撤销的除斥期间为60日，即“股东自决议作出之日起六十日内”“未被通知参加股东会会议的股东自知道或者应当知道股东会决议作出之日起六十日内”可以请求人民法院撤销。在公司实践中，出现过公司控制股东和董事会恶意不将公司决议事实通知股东的失信行为，[①]新《公司法》将“知道或者应当知道”作为除斥期间的起算日，是符合实际且更为合理科学的规定。值得注意的是，这里的“知道或者应当知道”的起

---

① 参见刘俊海：《新〈公司法〉的设计理念与框架建议》，载《法学杂志》2021年第2期。

算日只针对股东。根据《民法典》第152条关于撤销权消灭的规定[1]并结合我国公司实践的具体情况，《公司法》第26条第2款又规定了最长除斥期间，即“自决议作出之日起一年内没有行使撤销权的，撤销权消灭”。

《公司法》对决议无效之诉没有规定诉讼时效期间，司法实践中则应适用法律关于一般诉讼时效期间的规定。根据《民法典》第188条的规定，提起公司决议无效和决议不成立的诉讼时效期间为3年，即“诉讼时效期间自权利人知道或者应当知道权利受到损害以及义务人之日起计算”。

(七)法院对公司违法决议判决的效力

公司作为营利法人，公司决议效力包括对内和对外两个方面：对内效力涉及公司内部的相关主体，对外效力则涉及与公司交易的相对人。公司违法决议被法院宣告无效、撤销或者确认不成立后，应当按照《公司法》《民法典》的相关规定来处理。其中有两个需要关注的问题：

1.《公司法》第28条第1款规定：“公司股东会、董事会决议被人民法院宣告无效、撤销或者确认不成立的，公司应当向公司登记机关申请撤销根据该决议已办理的登记。”这一规定包括两个方面的含义：第一，法院判决效力可以溯及判决作出之前依决议进行的登记行为。按照《公司法》有关公司登记的规定，登记包括设立登记、变更登记和注销登记；登记事项包括公司名称、公司住所、注册资本、经营范围、法定代表人的姓名，有限责任公司股东、股份有限公司发起人的姓名或者名称等内容，说明登记主要涉及公司内部利益关系的调整，而且是由公司登记机关作出的具有公法性质的行为。法院判决效力对其溯及所涉利益关系并不复杂，由公司登记机关来执行程序较为简单，成本也相对较低。第二，撤销登记需要由公司提出申请，撤销登记也是公司的一项法律义务，如果公司不予履行，就得承担相应的责任。

2.根据《公司法》第28条第2款关于“股东会、董事会决议被人民法院宣告无效、撤销或者确认不成立的，公司根据该决议与善意相对人形成的民事法律关系不受影响”的规定，法院判决效力不溯及私法性质的民事法律关系。只要与公司交易的相对人是善意第三人，其与公司已经形成的交易就不受决议无效、撤销或者不成立的影响。之所以如此，主要是基于商法外观主义的法理，在一般情况下，善意相对人对交易过程中公司意思表示如何形成既无从了解，也没有义务去调查，只能以外观形式来确定公司的意思表示，公司决议无效或被撤销也不能当然殃及善意相对人使其受损；当然如果交易相对方并非善意，甚至与公司决议决策者恶意串通来损害公共利益或违背公序良俗，那就应另当别论。《公司法》关于法院对公司违法决议判决效力的规定，体现了维护交易便捷和安全的商法外观主义理念。

(八)伪造签名的公司决议的定性与处理

伪造签名的公司决议是指伪造股东或董事签名而形成的股东会或董事会决议，是近年来公司决议瑕疵纠纷中较为多发的类型。由于伪造签名属于侵权违法行为，违法行为又导致了

---

[1] 《民法典》第152条规定：“有下列情形之一的，撤销权消灭：(一)当事人自知道或者应当知道撤销事由之日起一年内、重大误解的当事人自知道或者应当知道撤销事由之日起九十日内没有行使撤销权……当事人自民事法律行为发生之日起五年内没有行使撤销权的，撤销权消灭。”

公司决议存在瑕疵，因此，对伪造签名的公司决议的性质认定和处理就具有了复杂性，需要对其进行专门讨论。

1. 伪造签名的公司决议的样态

根据伪造签名行为导致的公司决议的虚假程度，首先可以将其分为完全虚假的决议和部分虚假的决议两种基本情形。其中，部分虚假的决议还可进一步分为两种状况：一是不符合决议构成要件的部分虚假决议；二是符合决议构成要件的部分虚假决议。这里的构成要件是指决议在表决方式上是否符合法定或公司章程规定的出席人数、表决权数和表决权通过的比例。可见，伪造签名的公司决议可以分为三种样态：完全虚假的伪造签名决议、不符合决议构成要件的伪造签名决议和符合决议构成要件的伪造签名决议。据此可以对照《公司法》及其司法解释关于公司决议瑕疵的有关规定来对不同伪造签名的公司决议作出定性并进行相应的处理。

2. 伪造签名的公司决议的定性和处理原则

（1）对完全虚假的伪造签名决议和不符合决议构成要件的伪造签名决议，应当定性为公司决议瑕疵中"决议不成立"的类型。其中，完全虚假的伪造签名决议是《公司法》第 27 条关于决议不成立的规定中的"未召开股东会、董事会会议作出决议"和"股东会、董事会会议未对决议事项进行表决"的情形，即在没有召开股东会或董事会或虽已召开但未进行表决的情况下伪造了公司决议，属于完全的"无中生有"的伪造情形；不符合决议构成要件的伪造签名决议属于《公司法》第 27 条规定中的后两种情形，即尽管也有部分股东或董事出席会议并进行了表决，但没有达到法定或公司章程规定的出席人数和表决权比例。因此，这两种样态都应当按照《公司法》第 27 条关于"决议不成立"的规定来进行处理。如果符合上述"决议不成立"的情形，被伪造签名者和股东、董事、监事、债权人等利害关系人都可以提起请求公司决议不成立之诉。

（2）符合决议构成要件的伪造签名决议的定性要相对复杂一些。就决议本身已经满足《民法典》关于作为民事法律行为的决议的构成要件而言，[①]似乎可以将其定性为有效决议，至于其中伪造签名的行为，尽管其具有违法性，但由于决议已经获得多数参会股东或董事的同意，符合法定或章程规定的构成要件，因而可以将伪造签名的行为认定为决议表决程序上的轻微瑕疵而予以忽略。但问题并非如此简单，公司实践中伪造签名的情况也十分复杂，需要结合具体情况来进行分析。

首先，从行为性质来看，伪造签名不仅是导致决议虚假的行为，而且是一种典型的侵权行为，侵犯了被伪造签名者的人格权（姓名权）和作为财产权的股权，应当受到否定性评价。既然伪造签名决议的违法行为人具有侵权违法和决议违法的双重违法性质，如果仅因符合决议要求的构成要件就将决议瑕疵认定为可以忽略的轻微瑕疵，则完全有可能放纵其中存在的侵权违法行为，伪造签名的行为所导致的决议瑕疵与通知行为缺陷所导致的决议瑕疵毕竟还存在质的差异。

其次，关于伪造签名行为对决议瑕疵程度的影响也不能一概而论，即都属于轻微瑕疵或都

---

① 《民法典》第 134 条第 2 款规定："法人、非法人组织依照法律或者章程规定的议事方式和表决程序作出决议的，该决议行为成立。"

属于严重瑕疵。从公司实践情况看,如果瑕疵决议的内容与被伪造者的利益或公司利益相关,有可能直接或间接损害被伪造者的利益,由于伪造签名行为属于决议表决方式瑕疵,如果被伪造签名者提起决议撤销之诉,应当得到人民法院的支持;如果瑕疵决议的内容并不损害被伪造签名者的利益或公司利益,如公司变更经营范围而股东或董事出于出国等原因不能参加表决而被伪造了签名的情况,就可以按照轻微瑕疵忽略来处理。至于伪造签名行为构成对被伪造签名者人格权的侵害,是否予以追究取决于被伪造签名者的意愿,如果追究也应当以侵权责任起诉而不是以公司决议瑕疵纠纷起诉。

五、公司僵局及其救济

(一)公司僵局的含义

公司僵局是指在公司存续运行中由于股东或董事之间发生分歧或纠纷,且彼此不愿妥协而处于僵持状况,导致公司权力机构或执行机构不能按照法定程序作出决策,从而使公司陷入无法正常运转甚至瘫痪的事实状态。公司僵局是公司实践中难以杜绝的一种不和谐状态,它多发生于封闭型的公司,包括有限责任公司和非公众的股份有限公司。从某种意义上说,公司僵局是由于公司制度安排而不可避免产生的一种现象。公司作为“资本型”的企业,必然要求将作为维系公司正常管理和经营的基本要素的股份民主和有关资本运作的基本原则贯彻到整个公司的存续和运作过程当中。然而,公司的经营管理又需要真诚与合作的“人合”精神。当公司的“资合”要素与“人合”要素发生冲突时,公司僵局就可能出现。从各国的公司立法上看,由于很难对公司僵局进行“防患于未然”的预先规制,因此,人们对其关注也主要集中于如何对公司僵局进行法律救济的问题。近年来,随着我国公司制度的发展,实践中涉及公司僵局的问题逐渐增多,《公司法》顺应实践的需要,在第 231 条规定了作为化解公司僵局的措施之一的司法解散制度。

(二)公司僵局的主要情形

根据公司实践来看,公司出现僵局时,股东会或董事会因对立一方的拒绝参会而无法有效召集,或任何一方的提议都不被对方接受和认可,即使能够举行会议也无法通过任何议案。按照不同的标准,公司僵局可以作如下划分:

1. 按照引发公司僵局的原因,可分为因意见分歧陷入的僵局和因纠纷陷入的僵局。所谓因意见分歧陷入的僵局是指股东之间或董事之间在对重大问题的认识上持有不同意见,形成分歧,互不妥协,导致公司无法形成一致的意志而进入僵局的状态;所谓因纠纷陷入的僵局是指股东之间或董事之间不仅在认识上存在分歧,而且还进一步发展形成对立,酿成纠纷,直接破坏了公司“人合”的环境和氛围,纠纷双方往往相互指责,各不相让,甚至故意阻挠对方意志的实现,使公司无法形成一致的意志而进入僵局的状态。实际上,这两种形式都是因存在分歧对立而产生的僵局,只是在程度上有所差别罢了,前者的分歧对立仅在于认识上,后者的分歧对立还掺入了利益冲突的因素。

2. 按照产生僵局的机构,可分为股东会僵局和董事会僵局。所谓股东会僵局是指发生于股东层面的僵局,即当需要股东会作出决策时,由于股东彼此之间的分歧对立使决议无法通过而形成的公司僵局;所谓董事会僵局是指发生于董事层面的僵局,即当需要董事会作出决策时,由于董事之间存在分歧对立使决议无法通过而形成的公司僵局。当然,由于公司股东可能兼任董事,在很多情况下,股东会层面的分歧也就是董事会层面的分歧,二者可能是同一的。但值得注意的是,股东会层面的分歧与董事会层面的分歧的同一并不等于出现僵局情况的同一,“如果股东陷入僵局,公司还可以继续运作,因为此时董事会将无限期地任职,而董事会层面出现的僵局就可能阻止公司继续运营,尽管董事长或总经理可能继续开展业务,他们通常完全不顾陷入僵局的董事会和其他派别的股东”。①

3. 按照表决权行使情况,可分为表决权均等僵局和否决权僵局。所谓表决权均等僵局是指存在分歧对立的股东或董事双方拥有的表决权是相等的,按照公司“资本多数决”原则,双方互不相让就必然出现决议无法通过而陷入僵局的状况;所谓否决权僵局是指根据公司法规定,一些重大问题必须以 2/3 或更大的多数表决权通过才能形成决议,如果对立一方持有行使否决权需要的票数,就能阻止决议的通过,从而使公司陷入僵局。

笔者在咨询中曾遇到过这样的真实案例:A、B、C 三个股东共同出资设立一家有限责任公司,A 股东持股比例为 37%,B 股东持股比例为 33%,C 股东持股比例为 30%。A 股东因持股比例最大当选为公司董事长兼总经理(法定代表人),B 股东和 C 股东由于均不在公司所在地,只分别担任了公司董事会的一般成员。三位股东一致同意的公司章程中规定:“股东会的决议必须经持有公司资本 2/3 以上和超过股东人数 2/3 的股东同意方可作出”;“公司章程应当由全体股东一致同意方可修改”。公司成立后,由于 A 股东占据有利地位,公司逐步由其控制,以至 A 股东不仅基本将 B 股东和 C 股东排除于公司管理决策之外,甚至以保密为由不让 B 股东和 C 股东了解公司的财务状况,也不向两个股东派发红利。其后,C 股东通过合法程序将自己持有的公司股份全部转让给 B 股东,B 股东成了公司第一大股东,于是提出重新选举产生董事会的要求,但按照该公司章程前述条款,由于 A 股东以自己持有的股份屡次行使否决权,使股东会不能作出任何决议,不仅阻止新的董事会的产生,也无法对不合时宜的公司章程作出修改,公司因此陷入僵局,出现占持股比例仅 37% 的小股东居然完全控制公司,限制甚至剥夺持股比例占 63% 的大股东行使股权的可能。

(三)公司僵局产生的损害

公司僵局无论对公司还是对股东的利益都会构成严重的损害。下面分别述之。

1. 对公司利益构成的损害。公司的正常运行是通过股东行使权利和公司管理机构行使职权实现的。在封闭型公司中,由于股东人数较少,更需要股东相互之间具有真诚与合作的精神。如同人与人之间合作的效果可以用算式“1 + 1”来表示一样,公司股东之间的合作也可以出现不同的结果:(1)1 + 1 > 2。这一结果为最佳,表明股东间的合作非常成功。(2)1 + 1 = 2。这一结果也属较好的,因为它基本达到了合作的目的。(3)1 < 1 + 1 < 2。这一结果虽然令人失望,没能达到合作的目的,但还不是最差的。(4)1 + 1 < 1。这一结果是最差的,对立双方争斗导致相互力量的耗减和抵消,不仅不能达到合作目的,而且还会严重损害效率。股东之间的合作在出现公司僵局的状况时,应当属于“1 + 1 < 1”的最差结果。之所以如此,就是因为股东或董

---

① [美]罗伯特·W. 汉密尔顿:《公司法概要》,李存捧译,中国社会科学出版社 1999 年版,第 213 页。

事之间的利益冲突和矛盾导致公司出现运行障碍，严重者甚至使公司的运行机制完全失灵，股东会、董事会无法对公司的任何事项作出决议，公司的一切事务陷于瘫痪，公司的运行陷于停滞和混乱。经营决策无法作出，业务活动不能正常进行，必然导致公司财产的大量耗损和流失。

2. 对股东利益构成的损害。由于股东各方之间已经丧失了最起码的信任，相互合作的基础已完全破裂，因此控制公司一方往往可能直接侵害另一方的利益。如同美国公司法学者罗伯特·W. 汉密尔顿所指出的那样，在公司僵局出现时，"多数派也很可能利用各种手段来'折磨'少数派，比如罢免他们所担任的带薪的职务，停止支付股利，让他们坐等一年，等等"。"与合伙企业相比，不公开公司中纠纷所产生的问题更为严重。如果一派对公司拥有有限的控制权，那么少数派就处于一种弱势甚至是无助的地位。""一般来说，少数派无权强制解散公司，也无权分享管理果实。"①

从我国公司实践来看，在公司僵局状态中，通常是控制公司的股东通过控制公司的经营和财产来实施不公平的行为，造成对非控制股东事实上的强制，剥夺了非控制股东的合法权利。

(四)预防公司僵局的事先安排

容易理解的是，待公司僵局出现时再来考虑当事人协商解散公司是困难的，甚至是不可能的，因此，"为避免棘手的代价昂贵的问题，有必要预先制定计划"。② 如果在公司设立阶段或成立时股东相互之间就作出某种约定：一旦出现公司僵局，应当按照何种原则和具体方式来处理公司解散的有关事宜，届时不再召开股东会或董事会。尽管这种约定与公司设立时股东彼此间的合作气氛有些不合拍，但当事人要订立这样的条款却并不困难，"先说断，后不乱"，如果日后出现公司僵局的情况，就可以有效地减少许多处理方面的麻烦。这种事先安排可考虑在制定公司章程时专门在其中设置一章，章名为"公司僵局的处理方法"。罗伯特·W. 汉密尔顿在他的《公司法概要》中讨论过这一方式，他认为"对于真正陷入僵局的公司来说，最切合实际的解散办法是在一项谈妥的交易中由一派买入另一派的股份。通常保留一个运营的公司比解散一个公司要好，一个公司的经营资产(包括无形的商誉)作为一个整体的价值通常要比分拆后高。虽然陷入僵局的各方在僵局发生之后有时可能达成出售协议，但更合乎逻辑的解决办法是，在各方和睦相处时就提出这个问题，并预先达成一项协议，约定出现僵局后一方就以公平的价格买进另一方的股份"。③

此外，股东之间也可以通过分享公司控制权的办法来尽可能避免僵局的出现。如股东可以在章程中约定一方担任董事长但在董事会占少数席位，另一方不担任董事长但在董事会占多数席位；或者在章程中约定一方担任执行董事，另一方担任总经理，并明确执行董事无权决定聘任或解聘总经理。我国《公司法》尊重有限责任公司的人合属性，给了有限责任公司很大的自治空间，股东可以利用这些制度资源，尽可能地维护自身的合法权益。

---

① ［美］罗伯特·W. 汉密尔顿：《公司法概要》，李存捧译，中国社会科学出版社1999年版，第213页。
② ［美］罗伯特·W. 汉密尔顿：《公司法概要》，李存捧译，中国社会科学出版社1999年版，第207页。
③ ［美］罗伯特·W. 汉密尔顿：《公司法概要》，李存捧译，中国社会科学出版社1999年版，第213页。

(五)公司僵局的事后救济

由于难以尽善尽美地对公司僵局进行事前预防,因此,人们对公司僵局的关注重点集中在出现这一情况时的救济手段上。既然公司僵局导致的结果可能是"1 + 1 < 1",从经济的角度来考虑,那就不如解除合作,只选择"1"更为划算。因此,公司僵局如果出现"1 + 1 < 1"的结果,则解散公司应当说是一种收益大于成本的事后救济方式。此时如果不允许解散公司或采取其他救济方式,就等于是认可控制公司的股东对其他股东权利的侵犯和对公司财产的非法占有。《公司法》对公司僵局的事后救济规定的强制方式为司法解散,即第 231 条的规定:"公司经营管理发生严重困难,继续存续会使股东利益受到重大损失,通过其他途径不能解决的,持有公司百分之十以上表决权的股东,可以请求人民法院解散公司"。《公司法司法解释(五)》第 5 条对公司僵局的事后救济的其他方式作出了进一步的规定:人民法院审理涉及有限责任公司股东重大分歧案件时,应当注重调解。当事人协商一致以下列方式解决分歧,且不违反法律、行政法规的强制性规定的,人民法院应予支持:(1)公司回购部分股东股份;(2)其他股东受让部分股东股份;(3)他人受让部分股东股份;(4)公司减资;(5)公司分立;(6)其他能够解决分歧,恢复公司正常经营,避免公司解散的方式。

需要指出,国内一些论著将《公司法》规定的司法解散与公司僵局相等同,这其实是一种误读。公司僵局是公司的一种事实状态,而司法解散则是公司僵局发生后进行法律干预的一种救济方式;公司僵局可以采取事前预防、事中调解和事后救济的方式进行干预,就事后救济方式而言,也有回购、转让股份、减资、分立等多种方式,而司法解散则仅为事后救济的干预方式之一。从性质上看,司法解散又是一种最严厉的强制干预手段,解散公司是对公司商事主体资格的彻底消灭,使之不能再从事任何商事经营活动。与其他事后救济方式相比,司法解散并不是一种最"经济"的手段。因此,解决公司僵局必须慎用司法解散的救济手段。关于如何正确适用《公司法》第 231 条关于司法解散的规定,详见本书后面第十六章第二节关于司法解散的专题讨论。

第十一章　国家出资公司的特别规制

第一节　国家出资公司的界定

一、国家出资公司的基本含义

国家出资公司也可简称为国有公司，是国有企业中最重要的构成部分。国有企业是我国企业的中坚力量，在国民经济中占有非常重要的地位。国有企业包括公司企业和非公司企业。截至2020年年底，我国国有企业已全面完成公司制改制，实现了从依照《全民所有制工业企业法》注册的企业到公司企业的转变。[①] 虽然目前一些政策法规还习惯将国有公司与非公司国企统称为国有企业，但公司不仅是国企改制选择的目标，而且成为中国特色现代企业制度当之无愧的主导力量，国有企业的主要形式毫无疑问已经是国有公司。国有公司中许多都是大型或特大型的公司，例如截至2023年年底，在沪深两市市值排名前10位的20家上市公司中，国有公司就占了13家，[②]充分说明国有公司在上市公司中发挥着龙头和示范作用。国有公司的国有资产属于全民所有，是保障人民共同利益的重要力量；国有公司借助其股权控制力将国有经济的主导影响力渗透到经济生活的各个方面，以适应我国经济发展中市场目标与社会目标的统合；国有公司是党和国家事业发展的重要物质基础和政治基础。2023年《公司法》修订适应了国有公司的发展现状，将其组织机构的特别规定的内容独立成章，从立法上对国有公司的法律地位作出了及时的回应，从而成为本轮修法的最大亮点之一。

《公司法》第168条第2款规定："本法所称国家出资公司，是指国家出资的国有独资公司、国有资本控股公司，包括国家出资的有限责任公司、股份有限公司。"根据这一定义，可以解读出国有公司的几点基本含义：

1. 国有公司是国家出资的公司。国家出资意味着出资标的是国有资产，国家是国有公司的股东，但由于国家的性质和高度抽象性，国家股东只能由中央和地方政府充任，即《公司法》第169条第1款规定的"由国务院或者地方人民政府分别代表国家依法履行出资人职责，享有出资人权益"。需要指出，尽管作为国家股东的各级政府也可以授权国资监管机构或者其他部门、机构代其履行出资人职责，但这些部门和机构在《公司法》该款规定中并没有"享有出资人权益"的表述，因而不具有国务院或者地方人民政府那样的股东地位，依《公司法》第169条第2款的规定，只能将其"统称为履行出资人职责的机构"。

---

① 2021年2月23日，时任国务院国资委主任郝鹏在国务院新闻办举行的新闻发布会上介绍我国国企改革有关情况时谈到，国有企业已全面完成公司制改制，以前国有企业是按照《全民所有制工业企业法》注册的，现在全部用《公司法》来规范国有企业。参见《国务院新闻办就国企改革发展情况举行发布会》，载中国政府网，https://www.gov.cn/xinwen/2021-02/24/content_5588623.htm。

② 资料来源：上海证券交易所网，http://www.sse.com.cn/market/stockdata/marketvalue/main/；深圳证券交易所网，https://www.szse.cn/market/stock/active/index.html，2024年1月11日最后访问。

2. 国有公司是国有资本在公司总股本中占优势的公司。根据国家出资在公司资本中占有的比重,《公司法》将国有公司分为国有独资公司和国有资本控股公司。国有独资公司即公司注册资本全部由国有资本构成、国家授权单一机构行使国有股权的公司;国有资本控股公司即国有资本在公司股本中占控股地位的公司。就公司资本构成所包含的国有资本来看,公司实践中还存在国有参股公司,即国有资本也是公司资本的构成部分但不占控股地位的公司。由于国有参股公司相对普通公司并不具有太多的特殊性,除了国有股权的行使和处置需遵循国有资产管理的特别法规定外,其余都应执行《公司法》关于普通公司的规范,《公司法》未将国有参股公司纳入国家出资公司特别规定的范围。

3. 国有公司是营利性法人。国有公司无论是国有独资还是国有控股,都必须以股份有限公司和有限责任公司为基本形态。《公司法》对国有公司的这一界定对应了《民法典》第 76 条第 2 款关于"营利法人包括有限责任公司、股份有限公司和其他企业法人等"的规定,表明国有公司应当是"以取得利润并分配给股东等出资人为目的"的营利性法人。这是对国有公司基本属性的法定化,对于强化国有资产的保值增值,加大对国有公司的经营者和国有资产监管者的责任约束,具有十分现实的意义。与此同时,也表明国有公司必须受《公司法》关于股份有限公司或有限责任公司的规范约束,国家出资公司组织机构的专章规定在《公司法》上具有特别法的地位,如同《公司法》第 168 条第 1 款规定:"国家出资公司的组织机构,适用本章规定;本章没有规定的,适用本法其他规定。"

当然,强调国有公司的营利性并不等于否定其特殊性。国有公司不是普通公司,其担负的不仅有普通的商事营业任务,还有国家责任、社会责任和政治责任。国有公司作为国有经济和国有企业的主导形式,应当在新时代获得更大的发展,为经济社会作出更多的贡献。

二、国家出资公司的立法

国家出资公司是通过立法来界定的。国家出资公司正式得到《公司法》全面确认经历了一个发展演变的过程。1993 年《公司法》出台时,虽然国有公司已经普遍存在于当时的股份制试点中,但《公司法》并没有对其作出全面反映,只在有限责任公司一章中规定了国有独资公司的形式。之所以如此,主要是因为国有企业改革的思路和目标并不明晰:第一,尽管当时已经明确国有企业改革的目标就是建立现代企业制度,但现代企业制度是否就是以公司形式为主导的,在认识上并不统一,[①]在"股份制"还处于试行阶段、国企改革最终以何种形式为主导尚不清晰的情况下,《公司法》中过多涉及国有公司的内容显然是不现实的;第二,《公司法》只确立了国有独资公司的法律地位,这在很大程度上是在现代企业制度探索形式上的"试水",基本可适应当时国企改制试点的需要,既然是"试水",就没有必要列专章来全方位规定国有公司;第三,《公司法》把国有公司当作公司的一般形式来看待并适用一般公司的调整规范,不仅可以灵活控制国有企业进行股份制试点的范围,而且还可以应对当时对国有企业的特殊性缺乏必要抽象和提炼的立法困境。

1993 年《公司法》实施后,公司制度的迅速发展和国企改革的深化程度很快就超越了立法之

---

① 按照 1993 年 11 月党的十四届三中全会通过的《中共中央关于建立社会主义市场经济体制若干问题的决定》的表述:"现代企业按照财产构成可以有多种组织形式。国有企业实行公司制,是建立现代企业制度的有益探索。"

初的实践。1997 年党的十五大报告明确提出,建立现代企业制度是国有企业改革的方向,要按照"产权清晰、权责明确、政企分开、管理科学"的要求,对国有大中型企业实行规范的公司制改革,使企业成为适应市场的法人实体和竞争主体。① 这一定位标志着国有企业改革的目标已基本清晰。进入 21 世纪后,国有企业实行公司改制不再是《公司法》出台时"建立现代企业制度的有益探索"的初期目标,也不再满足 20 世纪 90 年代中后期提出的"有计划、分步骤地实行规范的公司制改革"的目标,②而是明确要求 2020 年实现"国有企业公司制改革基本完成"的目标。③

随着思路的清晰和目标的明确,国有企业改革大踏步朝这一目标快速迈进,国有控股公司的数量也越来越多。仅以上市公司为例,据国务院国资委负责人介绍,截至 2020 年 10 月,我国资本市场中各级国有控股的上市公司超过了 1000 家,占 A 股市场的 26% 左右,市值占 32% 左右。④ 但是,国有公司的发展并没有在《公司法》修法中得到应有的体现,尽管 2005 年和 2013 年两次对《公司法》作出了较大幅度的修改,但均未触及国有独资公司的立法体例,也没有从立法上及时回应国有公司的发展现实。《公司法》缺乏对国有公司系统性制度的安排,包括国有公司的定义、国有公司的基本形式、国有公司的治理结构等基本内容。

国有公司法律制度的缺失并不等于现实中的国有公司不需要法律规制。正是基于公司立法上的应然状态与实然状态的差距,为了弥补《公司法》制度供给的不足,实践中国有公司治理的多数规范来自中共中央和国务院的相关政策性文件(见表 11－1),客观上形成了《公司法》和政策性文件并行规制国有公司的局面。这也被一些学者概括为"国企改革进程愈加显示出国有公司制度构建中的自体系化趋向",⑤甚至有学者认为我国实际上有两套公司法在运行。⑥

表 11－1　中共中央、国务院关于国有企业的主要政策性规定

名称	出台时间
《中共中央关于国有企业改革和发展若干重大问题的决定》	1999 年 9 月 22 日
中共中央办公厅、国务院办公厅印发《关于进一步推进国有企业贯彻落实"三重一大"决策制度的意见》	2010 年 6 月 5 日
《中共中央、国务院关于深化国有企业改革的指导意见》	2015 年 8 月 24 日
中共中央办公厅印发《关于在深化国有企业改革中坚持党的领导加强党的建设的若干意见》	2015 年 9 月 20 日
《国务院关于国有企业发展混合所有制经济的意见》	2015 年 9 月 23 日
《国务院办公厅关于加强和改进企业国有资产监督防止国有资产流失的意见》	2015 年 10 月 31 日
《中共中央组织部、国务院国资委党委关于扎实推动国有企业党建工作要求写入公司章程的通知》	2017 年 3 月 15 日

---

① 参见 1997 年 9 月 12 日江泽民在中国共产党第十五次全国代表大会上所作的题为《高举邓小平理论伟大旗帜,把建设有中国特色社会主义事业全面推向二十一世纪》的报告。

② 参见 1999 年 9 月 22 日党的十五届四中全会通过的《中共中央关于国有企业改革和发展若干重大问题的决定》。

③ 参见《中共中央、国务院关于深化国有企业改革的指导意见》(中发〔2015〕22 号)。

④ 时任国务院国资委副主任翁杰明于 2020 年 10 月 12 日在国务院新闻办举行的国务院政策例行吹风会答记者问时提到的相关数据。参见中国政府网,https://www.gov.cn/xinwen/2020zccfh/35/index.htm,2024 年 1 月 11 日最后访问。

⑤ 陈甦:《我国公司立法的理念变迁与建构面向》,载《中国法律评论》2022 年第 3 期。

⑥ 参见蒋大兴:《国企为何需要行政化的治理——一种被忽略的效率性解释》,载《现代法学》2014 年第 5 期。

续表

名称	出台时间
《国务院办公厅关于进一步完善国有企业法人治理结构的指导意见》	2017 年 4 月 24 日
中共中央办公厅、国务院办公厅印发《关于加强国有企业资产负债约束的指导意见》	2018 年 9 月 13 日
中共中央印发《中国共产党国有企业基层组织工作条例(试行)》	2019 年 12 月 30 日
《关于新时代推进国有经济布局优化和结构调整的意见》	2020 年 11 月 2 日

2023 年《公司法》修订,从立法体例上将国有公司单列一章,以"国家出资公司组织机构的特别规定"冠名,沿循了《公司法》以往的修法逻辑,即对特殊公司采取专节特别规定的方式。[①]这一做法具有立法成本低、规范统合性高、修法思路连贯三个方面的优势,不仅解决了国有公司系统性制度在《公司法》中的安放问题,满足了国有公司在《公司法》上的特别法律地位的需求,而且对国有公司在运作中的主要制度作出了特别的规定,在《公司法》框架内建立了有特色的国有公司较为系统的法律规范,集中体现了国有公司突出党的领导的公司治理结构和国有资产管理的两大特点。但也应看到,2023 年修订的《公司法》关于国有公司主要涉及组织机构方面的内容,有关公司治理的规定还较为原则。因此,上述中共中央、国务院的文件在新《公司法》实施后仍然对国有公司具有很强的规范作用。

三、国有独资公司的界定

国有独资公司即公司注册资本全部由国有资本构成、国家授权单一机构行使国有股权的公司。这一定义包含了两层意思:第一,国有独资公司的全部出资为国有资本,其出资人是抽象意义上的国家,进一步看,国家和作为国家代表的政府都可以被界定为《公司法》上的出资人,即国家股东;第二,由于国家的抽象性,需要政府或政府的机构来代表国家行使国有股权,而行使国有股权的政府或机构不能是复数。关于国有独资公司的理解和界定,难点不在第一层意思而主要在于第二层意思。这需要对国有独资公司和公司实践中的国有全资公司作出界分。

国有独资公司与《公司法》上的一人公司的法理相通,按照股东人数可以将公司划分为一人公司和合资公司。这里的股东人数是以抽象意义上的国家来作为基数还是以行使国有股权的机构作为基数,虽然在理论上还存在争议,但公司立法是以后者为基数的。因此,国有独资公司应当为国有一人公司,即不仅是由国家单独出资,而且是由政府委托一个机构行使国有股权的公司,如中国国家铁路集团有限公司就是依据《公司法》经国务院批准设立,由国家单独出资并由财政部代表国务院履行出资人职责的国有独资公司。[②]

国有全资公司是指两个以上国有投资主体出资设立并分别履行出资人职责的公司,如中国贵州茅台酒厂(集团)有限责任公司就属于国有全资公司,其注册资本分别由贵州省国资委

① 如 1993 年《公司法》以专节规定了国有独资公司,2005 年《公司法》以专节增加了"一人有限责任公司的特别规定"和"上市公司组织机构的特别规定"。

② 参见中国国家铁路集团有限公司官网,http://www.china-railway.com.cn/gsjs/gsjj/,2024 年 1 月 11 日最后访问。

持股90%和贵州金融控股集团有限责任公司持股10%，这两个股东分别代表贵州省政府和贵州省财政厅履行出资人职责。① 正是由于国有全资公司符合《公司法》对合资公司的界定，修订前的《公司法》将其纳入普通有限责任公司一章进行规制。虽然没有直接使用国有全资公司的称谓，但有关法条将其表述为“两个以上的国有企业或者两个以上的其他国有投资主体投资设立的有限责任公司”。② 基于此，一些规制国有企业的法规和政策性文件使用了“全资公司”这一概念。③

2023年修订的《公司法》将国有独资公司的范围由原法限定的有限责任公司扩大到了股份有限公司和有限责任公司，又将原法第44条关于国有全资公司的表述全部删除，由此产生了实践中仍然存在的国有全资公司应当归入国有独资公司还是归入国有控股公司的问题。从新《公司法》关于国有独资公司的表述及其法人治理的规定来看，不宜仅因“国家出资”的共同属性就将国有全资公司归入国有独资公司。以甲地政府与乙地政府共同出资设立的A公司为例，从出资均为国有资产上看，A公司应当是国家出资的国有全资公司，如果将其视为国有独资公司，按照《公司法》关于国有独资公司不设股东会的规定，甲地政府与乙地政府的利益关系就难以协调，甚至还可能导致公司难以运作的情形。这说明国有全资公司宜归入国有控股公司的范围。法律对“控股”并无上限规定，抽象意义上的国家100%控股并不影响不同地方政府依各自出资比例来享有和行使股权。虽然国有独资公司和国有全资公司的资本构成都是国有资产，但履行出资人职责的机构却有“一人”与“多人”之分，国有独资公司属于特殊的一人公司，不应包括国有全资公司在内。《中共中央、国务院关于深化国有企业改革的指导意见》也指出，“对需要实行国有全资的企业，也要积极引入其他国有资本实行股权多元化”。新《公司法》将原法中国有全资公司的有关内容删除不仅可以将全资公司一并纳入国有控股公司统一规范，还可以为国有控股公司的设立提供更多的选择，同时也便于国有全资公司与国有独资公司在公司治理上适用不同的法律规范，明确两类公司履行出资人职责的机构不同的法律义务，有助于相关履职责任的落实。

四、国有控股公司的界定

国有控股公司也可称国有资本控股公司，是公司实践中数量最多的国有公司，其中的典型就是国有上市公司。国有控股公司多为混合所有制的国有公司。它可以“放大国有资本功能，提高国有资本配置和运行效率，实现各种所有制资本取长补短、相互促进、共同发展”。④ 国有资本的放大功能就是通过控股公司来支配更多的资本，使国有经济发挥出更大的控制力和影响力。2023年修订前的《公司法》除涉及前述国有全资公司的内容外，完全没有关于国有控股公司的概念和地位的规定，实践中的国有控股公司只能适用《公司法》关于普通公司的相关规范。新《公司法》关于国有公司独立成章的内容中，不少是针对国有控股公司的规定，国

① 参见“中国贵州茅台酒厂(集团)有限责任公司”，载爱企查，https://aiqicha.baidu.com/company_detail_54062451519140，2024年1月11日最后访问。

② 《公司法》(2018年修正)第44条第2款。

③ 如《中共中央、国务院关于深化国有企业改革的指导意见》(中发〔2015〕22号)第8条中就规定，“国有独资、全资公司的董事会和监事会均应有职工代表”。

④ 《中共中央、国务院关于深化国有企业改革的指导意见》(中发〔2015〕22号)。

有独资公司的规定基本是对原法相关内容的整合。在这个意义上,对国有控股公司的界定是新《公司法》关于国有公司规范的适用首先需要解决的问题。

国有控股公司的界定直接关系到《公司法》"国家出资公司组织机构的特别规定"专章的适用范围,因而需要对国有控股公司的类型作出进一步划分。根据国有资本的控股程度,国有控股公司可分为绝对控股公司和相对控股公司。其中,绝对控股公司可以依照《公司法》第265条关于"控股股东"的解释来进行界定,即国有资本占公司注册资本总额50%以上的,就可认定该公司属于绝对控股的国有公司并将其纳入国有公司调整范围。国有资本控股最高可以达到100%,即国有全资公司。相对而言,国有相对控股公司的界定则要复杂得多。

国有相对控股公司的界定标准在《公司法》中并无明确的规定,但它却是《公司法》适用中一个非常重要的实务问题。这需要结合国有公司的实践情况进行讨论,符合这一标准,可以认定该公司为国有控股公司并适用《公司法》关于国有公司的特别规定,否则就属于国有参股公司并适用《公司法》关于普通公司的规定。对此,笔者在本轮《公司法》修法过程中曾在不同场合表达过自己的观点,认为界定国有相对控股公司的标准应当包括以下内容。[①]

1. 国家股东是公司的第一大股东。在国有资本占公司资本总额不足50%的情形下,国家股东作为公司第一大股东应当是界定相对控股国有公司的首要条件。如果国家股东连公司第一大股东的身份都没有,何谈控股地位?又何谈是国有控股公司?笔者曾对国有上市公司中国家股东作为第一大股东的持股比例数据作过统计和实证分析。数据显示,截至2022年年底,我国共有A股上市公司5067家,[②]其中第一大股东为国家股东的公司为1372家,这一数据与前述国务院国资委负责人介绍的情况基本相符。其中,国家股东作为第一大股东的持股比例分布如表11-2所示。

表11-2 国家股东作为第一大股东的持股比例分布(源于2022年年底上市公司的信息披露)

第一大股东持股比例	国有上市公司数量(合计1372家)	所占比例
50%以上(包含50%)	313家	22.8%
30%~50%(包含30%)	531家	38.7%
20%~30%(包含20%)	360家	26.2%
20%以下(不包含20%)	168家	12.3%

资料来源:笔者指导的研究生根据CSMAR系列研究数据库资料整理。

通过表11-2数据可以得知:首先,第一大股东持股比例高于50%的国有上市公司有313家,占比不足1/4,说明早期国有股"一股独大"的现象有所改变,在一定程度上反映出国有公司的股权结构变化有渐次分散的信号。其次,上市公司中国有第一大股东的持股比例低于50%以下的占比为77.2%(大于3/4),表明国有相对控股公司在国有上市公司中占据了主导地位,也说明国有相对控股公司应当成为国有公司需要重点规制的对象。最后,

① 笔者曾于2020年10月在中国法学会商法学研究会举办的"'公司法修改巡回论坛'第六场:'国有公司治理改革与公司法修改'""中国法学会商法学研究会2021年年会"上作过大会主题发言;另可参见周友苏、周春光:《国有公司规范的体例调适与制度安排——以〈公司法〉新一轮修改为契机》,载顾功耘主编:《公司法律评论》总第21卷,法律出版社2021年版。

② 参见《中上协统计月报(2022年12月)》,载中国上市公司协会网,https://www.capco.org.cn/pub/zgssgsxh/sjfb/dytj/202303/20230324/j_2023032413561700016796375007544775.html。

国有相对控股公司在控股30%～50%、20%～30%、20%以下的不同区间中的占比呈逐次减少的趋势。第一大股东的持股比例越低,股权所对应的表决权数量就越少,股东通过表决权来对股东会决议产生重大影响的难度就越大。由此也产生两个问题:第一,国有第一大股东的持股是否应当设置下限?如果没有下限,能不能仅凭国家股东是公司的第一大股东就将该公司界定为国有控股公司?第二,国家股东作为公司第一大股东是认定国有相对控股公司的必要条件还是充分条件?换言之,是否还需要具备其他必要条件的情况下才能认定其符合国有相对控股公司的标准?

2. 符合《公司法》关于相对控股的法定外观标准。这一标准意味着从否定的角度回答了前面提出的两个问题,即国有相对控股公司除了具备国家股东是公司第一大股东的条件外,还应当根据《公司法》第265条对相对控股的解释,符合国家股东"所享有的表决权已足以对股东会的决议产生重大影响"的条件。根据笔者的统计和实证分析,在上市公司实践中,已经出现在股权分散的情况下没有控股股东和实际控制人的现象。① 即便国家股东在这类公司中是第一大股东,也难以符合《公司法》上对控股界定的标准。《公司法》关于相对控股的法定标准可根据国家股东的持股情况和实际控制情况来作出判断,前者可称持股条件,后者可称实际控制条件。由于该标准基本可依据《公司法》及其相关法规来作出判断,因此是较为直观明了的标准,也可称之为法定外观标准,其具体内容分述如下:

第一,持股条件具体指国家股东在公司中的持股地位和持股比例。关于持股比例可以考虑设置一个基本下限,具备公司第一大股东身份且国家股东持股比例达到下限的,即视为符合持股条件的要求。关于持股比例的下限,2016年8月由国务院国资委、财政部、中国证监会三部门联合发布的《关于国有控股混合所有制企业开展员工持股试点的意见》第3条第5项规定,"实施员工持股后,应保证国有股东控股地位,且其持股比例不得低于公司总股本的34%";中国证监会2020年修正的《上市公司收购管理办法》第84条规定,"投资者可以实际支配上市公司股份表决权超过30%"可认定为"拥有上市公司控制权"。这些关于国家股东持股比例下限的规定,可以作为界定国有相对控股公司的参考标准,但由于不够统一且法规层级较低,可考虑通过行政法规或司法解释来明确统一的适用标准。

第二,实际控制条件具体指符合《公司法》关于表决权足以对股东会决议"产生重大影响"的要求。这一条件尽管相对抽象,但可以参照有关法规的规定来界定,包括两种途径:其一,国有第一大股东与第二大股东持股有足够的差距,②第二大股东的意见不能对第一大股东的决定构成实质影响,第一大股东可以直接依自身持股的表决权对公司机关决议产生重大影响。其二,国有第一大股东通过协议或其他安排,与其他股东形成一致行动人,保证国家股东的优势表决权,取得对国有公司的实质控制。对于这种情况,笔者通过对第一大股东持股比例在

---

① 截至2022年年底,在5271家上市公司中,没有直接控股股东的有184家,没有实际控制人的为159家;既没有直接控股股东又没有实际控制人的为70家。数据来源:笔者指导的研究生根据CSMAR系列研究数据库资料整理。

② 笔者曾就母子公司划分标准对第一大股东和第二大股东的持股差距作过研究,认为对上市公司而言,若第一大股东与其第二大股东拥有该上市公司的有表决权股份之差额为该上市公司发行在外股份总额的10%以上,则推定其第一大股东为该上市公司的相对控股母公司;对于非上市公司(包括有限责任公司)而言,若其第一大股东拥有的该公司的有表决权股份占其股份总额的30%以上,且与其第二大股东拥有的表决权股份之差额在20%以上,则推定第一大股东为该公司的相对控股母公司。参见周友苏:《新公司法论》,法律出版社2006年版,第35页。

20%以下的国有相对控股公司的持股比例与实际控制情况①进行分析发现，在掌握公司实质控制权上，有5家公司②是通过《表决权委托协议》取得的，有8家公司③是通过《一致行动人协议》取得的，共占总数的65%，可见，协议约定路径成了国有第一大股东取得实质控制权的主要方式。据此，即便国有第一大股东的持股比例没有达到30%，甚至还低于20%，只要与第二大股东的持股比例存在足够差距，或已经通过协议约定等方式取得对公司的实际控制权的，也应当视为符合认定国有相对控股公司的法定外观标准。

3. 国有公司治理标准。这是认定国有相对控股公司最具实质意义的标准。前述基于《公司法》关于相对控股的解释界定的标准毕竟还不是专门针对国有公司的特别规定，因而笔者将其称为法定外观标准。相对法定外观标准而言，国有公司治理标准是界定国有相对控股公司更为重要的标准。国有公司是国有企业的主导形式，是“党和国家事业发展的重要物质基础和政治基础”。④ 国有公司不仅要具有国有企业的形式，更须具备国有企业的实质内容。因此，这一标准必须与国有企业的性质、行为目标以及党和国家对国有企业的控制程度密切相关，从某种意义上讲，实质标准不仅是《公司法》上的识别标准，更是一种政治标准，不符合这一标准的，不能划归国有公司的范畴。笔者认为，最能体现国有公司实质标准的就是国有公司的治理模式。国有公司治理是国有公司最为鲜明的特征，也是界定国有公司最重要的标准。如前所述，国有公司治理模式主要是由党中央和国务院的政策文件进行规定的，其中最重要也是最核心的内容就是党的领导，党的领导要融入公司治理的各环节，党组织在公司治理中必须发挥领导核心和政治核心的作用，包括党管干部、党组织对公司“三重一大”事项的决策作用，在公司章程中对党组织参与公司治理的内容作出规定等。⑤ 新《公司法》第170条就对这些内容集中概括规定为：“国家出资公司中中国共产党的组织，按照中国共产党章程的规定发挥领导作用，研究讨论公司重大经营管理事项，支持公司的组织机构依法行使职权。”笔者认为，将国有公司特有的治理模式作为界定国有相对控股公司的实质标准，不仅是从学术上来讨论的问题，本轮《公司法》修订后，也已经成为新《公司法》对国有公司的规范中的重要内容。

综上所述，界定国有控股公司的标准可以明确为：第一，国家股东持股达到50%以上的公司，属于国有绝对控股公司（包括国有全资公司），应当适用《公司法》关于国有公司的规定来规范公司行为；第二，国有第一大股东持股在30%～50%的公司，属于当然的国有相对控股公司，也应当适用《公司法》关于国有公司的规定来规范公司行为；第三，对于国有第一大股东持股不足30%的公司，虽然不能直接将其界定为国有相对控股公司，但应当结合公司股权结构和公司治理模式选择等要素来进行判定，如果该公司依照国有公司治理模式和准则来规范公

---

① 选取第一大股东持股比例在20%以下的国有相对控股公司更能反映出国有股东掌控公司的话语权的方式，笔者随机选取了20家第一大股东持股比例在20%以下的国有相对控股公司进行分析，分别是600638. SH新黄浦、300281. SZ金明精机、300088. SZ长信科技、000725. SZ京东方A、300091. SZ金通灵、002564. SZ天沃科技、000837. SZ秦川机床、603637. SH镇海股份、600653. SH申华控股、600103. SH青山纸业、002783. SZ凯龙股份、000420. SZ吉林化纤、002449. SZ国星光电、600601. SH方正科技、600116. SH三峡水利、603111. SH康尼机电、002958. SZ青农商行、300649. SZ杭州园林、000547. SZ航天发展、002063. SZ远光软件。数据来源：根据以上各公司2022年第三季度报告资料整理。

② 300088. SZ长信科技、000725. SZ京东方A、300091. SZ金通灵、002564. SZ天沃科技、000837. SZ秦川机床。

③ 603637. SH镇海股份、600653. SH申华控股、600103. SH青山纸业、002783. SZ凯龙股份、000420. SZ吉林化纤、300649. SZ杭州园林、000547. SZ航天发展、002063. SZ远光软件。

④ 《中共中央、国务院关于深化国有企业改革的指导意见》（中发〔2015〕22号）。

⑤ 参见2010年6月5日中共中央办公厅、国务院办公厅印发的《关于进一步推进国有企业贯彻落实“三重一大”决策制度的意见》。

司行为，则应当认定为国有相对控股公司。

第二节　国有资产管理的特别规制

国有公司作为公司的一种特别形态，受《公司法》和《企业国有资产法》的双重调整。公司国有资产管理是国有公司最具特色的内容之一，主要通过国家股东和国有股权的行使体现出来，需要结合《企业国有资产法》确立的我国特有的国有资产管理体制来讨论。

一、国家股东

(一)国家股东的法律特征

国家股东是国有公司中国有股权的所有者和权利的享有人。根据《公司法》《企业国有资产法》的有关规定，国有股权作为国有资产，其所有权应当归属于国家，即国家是法律上的股东。虽然国家股东与普通股东都是公司股东，都是基于出资而对公司股份享有股权，但由于国家是一个由地域、人群、政府和主权等要素构成的政治综合体和抽象体，其作为国有公司的股东还存在一些相异于普通股东的法律特征：

1. 国家股东具有法定性。法定性标志着股东的身份和地位具有不可变更性和不能替代性。国家股东的法律地位主要由《企业国有资产法》来规定，国家股东是以国家法人这一身份获得的民事主体资格。作为民事法人，国家也具有法律的拟制性，需要有相应的主体来代表国家，按照《企业国有资产法》第4条的规定，国务院和地方政府“分别代表国家对国家出资企业履行出资人职责，享有出资人权益”。可见，国家法人和国家法人的代表都具有法定性，排除了国家和政府以外的其他任何主体成为国家股东的可能。这与《公司法》上的普通股东相比存在差异，普通股东虽然包括了自然人股东和法人股东两种基本类型，但两类股东均不具有国家股东的法定性，符合法律条件的自然人和法人都可以取得股东资格，而且法人股东的法定代表人只能是自然人。

2. 国家和政府都具有国家股东的法律地位。国家股东从称谓上看，似乎只有国家才是唯一的股东，政府只能是国家法人的代表。但如同前述国家股东具有法定性一样，国家与政府的关系并不等同于普通法人股东与其法定代表人的关系，政府本身就是国家的象征，政府与国家作为民事主体时是不可截然分开的一个整体。根据《企业国有资产法》的规定，国有公司的“国有资产属于国家所有即全民所有。国务院代表国家行使国有资产所有权”。地方政府“对国家出资企业依法享有资产收益、参与重大决策和选择管理者等出资人权利”。这一规定与《公司法》第4条关于股东享有股权的法律表述完全一致，表明政府享有与股东并无二致的股权，正是在这个意义上，国务院和地方政府都是国有股权的所有者，都应当被视为国家股东。

3. 国家股东在对国有股权的持有(所有)与对国有股权的行使上并不处于统一状态。这与普通股东在持股与股权行使上形成鲜明对比。普通股东持有公司股份，除了自愿委托他人代理行使股权之外，往往是由自己亲自行使，从而在持股和股权行使上呈现统一状态。国家股东在国有股权行使上却有较大的差异，国家的性质和高度抽象性决定其不可能作为国有股权的行使者，作为国家代表的中央和地方政府也不可能就股权行使的各类事项都亲力亲为，除了少数重大事项外,其余的都要依法授权由政府下属的履行出资人职责的机构来行使,从而形成在国有股权的持有与行使上的分离状态,由此也产生了国家公司中关于国有股权行使特有的授权委托机制和公司治理中特别的"代理问题"。

(二)国家股东的法律形态

根据《企业国有资产法》和国务院于 2019 年 3 月修订发布的《企业国有资产监督管理暂行条例》的规定,国家股东作为民事主体,通过两种法律形态体现出来:

1. 国家。国家是包括国有股权在内的企业国有资产的所有人,根据《企业国有资产监督管理暂行条例》第 3 条关于"企业国有资产,是指国家对企业各种形式的投资和投资所形成的权益,以及依法认定为国家所有的其他权益"的规定,国有股权是企业国有资产的主要构成内容。国家股东是法律对国有资产的归属进行界定而抽象的民事主体。根据《企业国有资产法》第 3 条关于"国有资产属于国家所有即全民所有。国务院代表国家行使国有资产所有权"的规定,国家作为国有资产的所有者,具有无可争议的国家股东身份和地位。如前所述,国家股东作为民事主体,由于只能作为持股主体,更多具有法律上的象征意义。

2. 国务院和地方政府。按照《企业国有资产法》第 4 条第 1 款的规定,"国务院和地方人民政府依照法律、行政法规的规定,分别代表国家对国家出资企业履行出资人职责,享有出资人权益";《企业国有资产监督管理暂行条例》第 4 条将其进一步表述为"国家实行由国务院和地方人民政府分别代表国家履行出资人职责,享有所有者权益,权利、义务和责任相统一,管资产和管人、管事相结合的国有资产管理体制"。该规定清楚表明:国务院和地方政府在企业国有资产监管体制中具有双重身份。一方面,国务院和地方政府作为国家代表,具有国有股权出资人和所有者的地位,应当视同国家股东;另一方面,国务院和地方政府还应当代表国家"履行出资人职责",即具有国有股权行使者的地位,从而使国家股东不仅具有法律上的象征意义,而且可以通过国有股权的行使将国家意志贯彻落实到国有公司的运营之中。在这个意义上,国务院和地方政府是享有完全的国有股权的股东。

二、国有股权的行使

基于国有股权的持有(所有)与国有股权的行使的分离,国有股权的行使成为国有公司运营中一个非常重要的问题。

(一)国有股权行使主体

国有股权的行使主体在法律上包括三个层次:

1. 国务院和地方政府。国务院和地方政府可以合称政府。如前所述,政府具有持股主体和行使主体的双重地位和身份。政府作为国有股权的行使主体也直接来自法律的规定,《公司法》第 169 条第 1 款规定:"国家出资公司,由国务院或者地方人民政府分别代表国家依法履行出资人职责,享有出资人权益……"这里的"履行出资人职责",是政府行使国有股权的法定依据。因此,国务院和地方政府可以直接被界定为国有股权的行使主体。需要说明的是,由于国务院和地方政府具有持股主体和行使主体的双重身份,其"履行出资人职责"只是股权行使的部分内容，甚至是少数内容。按照法律法规的规定，股权行使的更多内容还需要通过政府授权委托“履行出资人职责的机构”来完成。

2. 履行出资人职责的机构。履行出资人职责的机构是指受托代表本级政府行使股权并履行国有资产监管职责的机构。履行出资人职责的机构是国有股权最主要的行使主体，其居于政府与国有公司之间，起着承上启下的作用，既要按照法律规定和国家政府的要求履行职权，又要对国有公司的国有股权负有保值增值的责任。因此，履行出资人职责的机构是国有股权行使的不同层次中最具特色的主体。从法律上看，履行出资人职责的机构具有如下法律特征：

（1）履行出资人职责的机构具有受托人的法律地位。这里的“受托人”是指履行出资人职责的机构，虽然其是政府下属的部门或机构，但在法律上却并非像政府那样，可以直接作为国家代表来持有股权，而只能是作为政府的授权代理人，受托并代表本级人民政府行使国有股权。履行出资人职责的机构不能像《公司法》上的其他股东那样可以自主决定和直接行使全部股东权利，而要受到来自法律和本级政府的一定的限制，如决定国有公司合并、分立、解散、申请破产等重大事项需要报经同级政府的批准，不得自由转让国有股权等。换言之，国有公司这类重大事项的决定权应当由政府直接行使。

（2）履行出资人职责的机构负有较多的法律义务。履行出资人职责的机构就其法律称谓而言，更多是从义务角度来对其主体性质作出的概括。从《公司法》第 169 条第 2 款对履行出资人职责的机构的界定来看，国务院和地方政府虽然也要“依法履行出资人职责”，但同时还“享有出资人权益”，而履行出资人职责的机构则不具有这一法定的权利。正是在这个意义上，履行出资人职责的机构主要是一个义务主体的概念，与普通股东主要是一个权利主体的概念不同。普通股东在公司法上除了履行出资义务，更多是对公司享有股权的主体。当然，履行出资人职责的机构在行使国有股权时也拥有法律赋予的职权，主导着国有公司的重大事务的决策。如同法律将其他行政机关的职权也界定为职责一样，履行出资人职责的机构拥有的职权同时也是一种法律义务。这一义务主要是指对委托方和国有资产负有的义务：就授权委托的政府而言，履行出资人职责的机构负有受托人的信义义务；就国有资产而言，履行出资人职责的机构负有保值增值和依法监管的义务。

（3）履行出资人职责的机构包括政府授权的机构或国有法人单位。根据《公司法》《企业国有资产法》《企业国有资产监督管理暂行条例》的规定，履行出资人职责的机构包括：

第一，国有资产监督管理机构，即国资委。国资委是国务院和地方政府下属的国有资产监督管理的特设机构，也是履行出资人职责的专门机构和主要机构。根据《企业国有资产监督管理暂行条例》的规定，国资委根据政府授权，代表本级人民政府依法履行出资人职责，依法对企业国有资产进行监督管理；国资委不行使政府的社会公共管理职能；上级政府国资委依法对下级政府的国有资产监督管理工作进行指导和监督。

第二，其他机构。其他机构是对法律规定的其他部门和机构的统称。《企业国有资产法》第 11 条第 2 款规定：“国务院和地方人民政府根据需要，可以授权其他部门、机构代表本级人民政府对国家出资企业履行出资人职责。”该规定中的“其他部门”是指政府除国资委以外的其他下属部门，如财政部（厅、局）等，与国资委不同的是这些部门还要行使本级政府的其他社会公共管理职能；该规定中的“机构”是指政府授权的政府部门以外的其他主体，2023 年修订前的《公司法》也将其称为“其他国有投资主体”，如大型的国有独资公司。①

3. 股东代表。政府和履行出资人职责的机构都具有机构的性质，而公司股权的行使则最终需要由具体的自然人来进行。根据《企业国有资产法》第 13 条的规定，股东代表是履行出资人职责的机构委派到国有公司代表国家股东参加股东会、发表意见并行使表决权的自然人。股东代表往往具有国家机关公务员的身份。

综上所述，国家股东在国有股权持有和行使上的分离产生的多重主体充分体现了我国国有资产监管体制的特殊性。由于国家的高度抽象性以及政府具有的多种职能，国有股权只能通过授权委托的方式来行使。国务院和地方政府既是国有股权的持有主体，同时也是国有股权的行使主体。履行出资人职责的机构及其委派的股东代表人只具有国有股权行使主体的地位。在授权委托关系中，授权和受托的主体、方式以及不同主体的权限范围都主要由《企业国有资产法》和《公司法》规定，具有法定性和确定性。

(二)国有股权行使的内容

国有股权行使的内容主要是指政府和政府授权的履行出资人职责的机构及其派出的股东代表依照《公司法》《企业国有资产法》《企业国有资产监督管理暂行条例》对国有公司行使国家股东权利的各自不同的权限。

1. 政府行使国有股权的内容

根据《公司法》第 169 条的规定，政府可以自己“依法履行出资人职责”，也可以授权下属的机构或部门履行这一职责，表明政府是当然的国有股权行使主体。《企业国有资产法》第 4 条对国务院和地方政府行使股权的国有公司范围作出了划分：国务院代表国家对关系国民经济命脉和国家安全的大型国家出资公司，重要基础设施和重要自然资源等领域的国家出资公司行使股权，具体名单由国务院确定并公布；省级政府和设区的市级政府分别代表国家对由国务院负责行使股权以外的国有公司行使股权，具体名单由省级或市级政府确定和公布，并报上级政府国资委备案。国务院和地方人民政府行使股权的内容包括：

(1)建立健全与社会主义市场经济发展要求相适应的国有资产管理与监督体制，建立健全国有资产保值增值考核和责任追究制度，落实国有资产保值增值责任。

(2)授权下属的国资委和其他部门、机构代表本级人民政府对国有公司履行出资人职责。

(3)对履行出资人职责的机构依法报请本级人民政府批准的有关国有股权行使的重大事项审查批准。

(4)依法任免应当由本级政府任免的国有独资公司董监高等企业管理者。

(5)对本级政府授权履行出资人职责的机构履行职责的情况进行监督。

(6)当发生战争、严重自然灾害或者其他重大、紧急情况时，国务院作为国有资产所有权代表，可以以国家名义依法统一调用、处置公司包括国有股权在内的国有资产。

① 根据中国国家铁路集团有限公司官网的“公司简介”，该公司为“国家授权投资机构和国家控股公司”，应当具有履行出资人职责的机构的法律地位。参见中国国家铁路集团有限公司官网，http://www.china-railway.com.cn/gsjs/gsjj/，2024 年 1 月 11 日最后访问。

2. 履行出资人职责的机构行使国有股权的内容

根据《企业国有资产法》的规定，履行出资人职责的机构对国有公司行使的国有股权的内容包括：

（1）依照法律、行政法规的规定，制定或者参与制定国有公司的章程。

（2）委派股东代表参加国有公司召开的股东会会议，并对股东代表应当在股东会上提出提案、发表意见、行使表决权等作出指示。

（3）依照法律、行政法规以及公司章程履行出资人职责，保障出资人权益，防止国有资产损失。维护公司作为市场主体依法享有的权利，除依法履行出资人职责外，不得干预公司经营活动。

（4）对本级人民政府负责，向本级人民政府报告履行出资人职责的情况，接受本级人民政府的监督和考核，对国有资产的保值增值负责。按照国家有关规定，定期向本级人民政府报告有关国有资产总量、结构、变动、收益等汇总分析的情况。

（5）依照法律、行政法规以及公司章程的规定，任免或者建议任免国家出资企业的下列人员：第一，任免国有独资公司的董事长、副董事长、董事、监事会主席和监事；第二，向国有资本控股公司的股东会提出董事、监事人选。对拟任命或者建议任命的董事、监事、高级管理人员的人选，应当按照规定的条件和程序进行考察。考察合格的，按照规定的权限和程序任命或者建议任命。

履行出资人职责的机构任命或者建议任命的董监高利用职权收受贿赂或者取得其他非法收入和不当利益的；侵占、挪用企业资产的；在企业改制、财产转让等过程中，违反法律、行政法规和公平交易规则，将企业财产低价转让、低价折股的；并造成国有资产重大损失的，由履行出资人职责的机构依法予以免职或者提出免职建议。

（6）根据国家建立的国家出资企业管理者经营业绩考核制度，对其任命的公司管理者进行年度和任期考核，并依据考核结果决定对公司管理者的奖惩；按照国家有关规定，确定其任命的国家出资公司管理者的薪酬标准；对于由本级人民政府依法任免的国家独资公司管理者进行考核、奖惩并确定其薪酬标准。

（7）决定国有公司的国有股权转让，如果转让全部国有股权或者转让部分国有股权致使国家对该公司不再拥有控股地位的，应当报本级人民政府批准。

（8）决定国有独资公司合并、分立，增加或者减少注册资本，发行债券，分配利润，以及解散、申请破产的事项；对于重要的国有独资公司、国有资本控股公司的合并、分立、解散、申请破产以及法律、行政法规和本级人民政府规定应当报经本级人民政府批准的重大事项，履行出资人职责的机构在作出决定或者向其委派参加国有资本控股公司股东会会议的股东代表作出指示前，应当报请本级人民政府批准。

（9）国有独资公司改为国有资本控股公司或者非国有资本控股公司，或国有资本控股公司改为非国有资本控股公司的，应当依照法定程序，由履行出资人职责的机构决定或者由公司股东会决定；对于重要的国有独资公司、国有资本控股公司的改制，履行出资人职责的机构在作出决定或者向其委派参加国有资本控股公司股东会会议的股东代表作出指示前，应当将改制方案报请本级人民政府批准。

（10）根据需要，可以委托会计师事务所对国有独资公司的年度财务会计报告进行审计，或者通过国有资本控股公司的股东会决议，由该公司聘请会计师事务所对公司的年度财务会计报告进行审计，维护出资人权益。

3. 股东代表行使国有股权的内容

股东代表行使国有股权的内容相对简单，按照《企业国有资产法》的规定，主要就是接受履行出资人职责的机构的委派，参加国有公司召开的股东会会议，按照委派机构的指示提出提案、发表意见、行使表决权，并将其履行职责的情况和结果及时报告委派机构。股东代表未按照委派机构的指示履行职责，造成国有资产损失的，依法承担赔偿责任；属于国家工作人员的，还要依法给予行政处分。

第三节　国有公司治理的特别规制

《公司法》对国有公司组织机构的专章规定，主要指向国有资产的监管和公司治理。国有资产监管的内容在前一节中已有所涉及。公司治理包括公司治理结构、公司治理行为、公司治理过程、公司治理规则和公司治理效果等方面的内容。国有公司治理的目标，就是要形成更加符合我国基本经济制度和社会主义市场经济发展要求的国有资产管理体制、现代企业制度、市场化经营机制。公司治理是公司制度永恒的主题。[①]

国有公司治理作为贯穿公司存续全过程的制度，基于国有资产管理的背景和要求，除了在公司组织机构设置和权力配置上体现的特点，在公司治理行为上，如公司机关、控股股东和实际控制人、法定代表人和董监高的义务与责任等方面都有一些与普通公司治理不同的特殊问题。本轮《公司法》修订将国有公司组织机构的特别规定单列一章，突出了国有公司与普通公司的应然差别，就是充分考虑到国有公司治理的特殊性。

一、公司治理结构中党组织的领导地位和作用

坚持党的领导，是国有企业的本质特征和独特优势，是完善中国特色现代企业制度的根本要求，与公司组织机构的设置和权力配置密切相关。“中国特色现代国有企业制度，‘特’就特在把党的领导融入公司治理各环节，把企业党组织内嵌到公司治理结构之中，明确和落实党组织在公司法人治理结构中的法定地位……”[②]因此，我国国有公司制度必须突出党组织在公司治理中的核心地位，从立法上明确和保证党组织在公司治理中的地位和作用。2023 年修订前的《公司法》虽然在总则中对于党组织在公司开展党的活动作出了规定，但还只是针对一般性公司的原则性规定，不能适应国有公司的性质和加强党的领导的要求。2023 年修订后的《公司法》除了在总则中仍然保留原法关于党组织的一般性规定，还在国有公司专章中对国有公司党的领导问题作出了专门规定，即依据党章规定，明确党对国有企业的领导，保证党组织把方向、管大局、保落实的领导作用。从《公司法》第 170 条的规定可见：第一，《公司法》明确了党组织在国有公司中的领导地位，将实践中党中央和国务院关于国有公司治理政策的核心内

① 关于公司治理的含义、基本理论和主要问题，本书第一章第二节对此有过较为详细的讨论。
② 习近平：《论坚持党对一切工作的领导》，中央文献出版社 2019 年版，第 148 页。

容直接上升为法律，体现了依法治国的基本理念。第二，《公司法》关于党组织领导作用的规定并非在国有公司中引入新的领导体制和嵌入新的政治结构，更不是对公司治理结构的取代，而是通过明确党组织在公司治理中的地位和作用，把党的领导融入国有公司治理各环节，涵摄整个公司治理过程，使党组织成为国有公司法人治理结构的有机组成部分。第三，党组织在公司治理中的地位和作用还需要通过公司章程来实现，现行规定还较为原则，其中既有立法技术上考量的因素，同时也为国有公司章程留足了相应的空间。公司章程本身就是公司治理结构的集中体现，章程条款只要不违反法律、行政法规的强制性规定，就具有规范公司内部各行为主体的效力，也意味着具有法律上的效力。国有公司完全可以依托国有资本的控制地位，根据《公司法》的“资本多数决”原则，通过公司章程依法配置各公司机关的权力，使党组织的地位和作用组织化、制度化、具体化、法定化。公司章程可以明确规定党组织和其他治理主体的权责边界，形成各司其职、各负其责、协调运转、有效制衡的公司治理机制。实践中，许多国有公司通过公司章程将党组织的机构设置、职责分工、工作任务和工作方式纳入公司的管理体制、管理制度、工作规范之中。通过这些规定，保证党组织对公司“三重一大”事项有足够的决策影响力，使党组织真正成为公司法人治理结构的有机组成部分。①

公司章程在公司治理中发挥着基础作用，通过公司章程贯彻落实《公司法》关于党组织的规定和完善国有公司治理时应当把握以下要点：首先，明确发挥党组织在国有公司中的领导核心和政治核心作用应以提高企业效益、实现国有资产的保值增值为重要目标。国有公司作为营利性法人必须将提高效益放在非常重要的位置，不能本末倒置。其次，党组织对公司治理的介入是全方位的，针对国有公司在公司治理上的特点，更多引导和促进公司治理上“善治”与“良治”的机制的形成，当前尤其应当加快形成董事会、经营管理者行为规范化的监督机制。最后，发挥共产党员在国有公司治理中的先锋模范作用，不断增强党组织在公司内部的领导力、号召力和凝聚力。

国务院办公厅于2017年4月发布的《关于进一步完善国有企业法人治理结构的指导意见》对国有企业党的领导提出了更为明确具体的要求：坚持党的领导。落实全面从严治党战略部署，把加强党的领导和完善公司治理统一起来，明确国有企业党组织在法人治理结构中的法定地位，发挥国有企业党组织的领导核心和政治核心作用，保证党组织把方向、管大局、保落实。坚持党管干部原则与董事会依法选择经营管理者、经营管理者依法行使用人权相结合，积极探索有效实现形式，完善反腐倡廉制度体系。

第一，明确党组织在国有企业法人治理结构中的法定地位，将党建工作总体要求纳入国有企业章程，明确党组织在企业决策、执行、监督各环节的权责和工作方式，使党组织成为企业法人治理结构的有机组成部分。要充分发挥党组织的领导核心和政治核心作用，领导企业思想政治工作，支持董事会、监事会、经理层依法履行职责，保证党和国家方针政策的贯彻执行。

第二，充分发挥纪检监察、巡视、审计等监督作用，国有企业董事、监事、经理层中的党员每

① 如宜宾五粮液股份有限公司通过对公司章程进行修订，将党组织在公司治理中的地位与作用进一步予以强化。公司章程明确依据《中国共产党章程》《中国共产党国有企业基层组织工作条例（试行）》的规定，国有企业重大经营管理事项必须经党委研究讨论后，再由董事会或者经理层作出决定，同时强调董事会决定公司重大问题必须由公司党委前置研究讨论，还对党委领导班子的构成与党委的具体职责进行了细化规定。参见深圳证券交易所五粮液公司章程（2021年6月）公告，载深圳证券交易所网，http://www.szse.cn/disclosure/listed/bulletinDetail/index.html?73096f84-38fd-4d16-a291-68f0a7f6f092，2022年3月12日最后访问。

年要定期向党组(党委)报告个人履职和廉洁自律情况。上级党组织对国有企业纪检组组长(纪委书记)实行委派制度和定期轮岗制度,纪检组组长(纪委书记)要坚持原则、强化监督。纪检组组长(纪委书记)可列席董事会和董事会专门委员会的会议。

第三,积极探索党管干部原则与董事会选聘经营管理人员有机结合的途径和方法。坚持和完善双向进入、交叉任职的领导体制,符合条件的国有企业党组(党委)领导班子成员可以通过法定程序进入董事会、监事会、经理层,董事会、监事会、经理层成员中符合条件的党员可以依照有关规定和程序进入党组(党委);党组(党委)书记、董事长一般由一人担任,推进中央企业党组(党委)专职副书记进入董事会。在董事会选聘经理层成员工作中,上级党组织及其组织部门、国有资产监管机构党委应当发挥确定标准、规范程序、参与考察、推荐人选等作用。积极探索董事会通过差额方式选聘经理层成员。

二、国有公司特殊的“代理问题”

“代理问题”或“代理成本”是关于公司治理的讨论中最有影响力的一种理论,也是学者们分析公司治理问题时热衷使用的概念。[①] 虽然也可以用它来对国有公司治理作出一定的阐释,但是这种理论主要是以普通公众型公司为原型进行的抽象,并不能很好地说明国有公司治理中的“代理问题”。我国国有公司中特别的国有资产管理体制,决定了国有公司治理中“代理问题”的特殊性。

以普通公众型公司为原型抽象的“代理问题”与股东人数和股权结构密切相关,股东“公众化”程度越高,“代理问题”也就越突出。为了保持委托人与代理人行为目标的一致性或减小行为目标的偏离度,需要提高代理人对委托人的忠诚度并对代理人行为进行必要的监督约束,“代理成本”也就因此产生。公司治理就是为解决“代理问题”而作出的制度设计,其制度逻辑十分清晰:通过公司治理来降低和减少“代理成本”。一方面,对代理人施加忠实义务、勤勉义务和法律责任,约束控股股东、实际控制人和董监高的行为,督促其自觉为公司追求经营效率最大化目标尽职尽责;另一方面,采取有效的监督措施来防止和减少控股股东、实际控制人和董监高损害公司利益的行为。国有公司治理也要着眼于解决“代理问题”,即最大限度减少“代理成本”,最大程度提高公司效率,以实现国有资产的保值增值。

国有公司与普通公司在公司治理中面临的“代理问题”尽管具有共性但也有各自的特殊性。以上市公司为例,研究表明,解决“代理问题”采用的公司治理方式与公司股权集中和股权分散两类结构具有相关性:在股权集中,尤其是“一股独大”的情形下,公司治理面临的主要问题是控股股东或实际控制人与中小股东因异质化形成的利益冲突,重点是防止和避免控股股东或实际控制人采取关联交易等手段来“掏空公司”的行为。中国证监会当前针对一般上市公司中出现的此类行为采取的是抓“关键少数”和“追首恶”的思路,其规制对象主要指向控股股东或实际控制人。在股权分散的情形下,如果达到没有控股股东或实际控制人的程度,则公司治理亟须解决的主要问题是作为公司管理者的董监高不履行信义义务,甚至损害公司利益及全体股东利益的“内部人控制”。

---

① 可参见本书第一章第二节关于“公司治理”的讨论。

但是,一般上市公司治理中解决"代理问题"的这一思路却并不一定适用于国有上市公司。尽管国有上市公司中"一股独大"的现象已逐渐减少,但无论是国有绝对控股公司还是国有相对控股公司,都不存在因股权分散化而没有控制股东的情况。那么,是否能因国有公司股权集中而将国有公司治理重点定位为控股股东或实际控制人"掏空公司"而损害公司和中小股东利益的行为呢？回答显然是否定的。应当看到,国有上市公司在公司治理上面临的"代理问题"有着不同于一般上市公司的特殊性：

1. 代理链条过长,容易出现"所有者缺位"和对代理末端缺乏有效控制的情况。代理链条过长主要源于国有资产的授权委托机制。国有资产至少需要几次授权委托才能到达企业管理者的层次。由于国有公司中国有资产主体的特殊性,国家、政府及其下属的国有资产管理部门、国有公司管理者之间存在的层层委托代理关系加剧了代理问题的复杂性。① 按照《企业国有资产法》的规定,国有资产属于全民所有,只能由国务院或地方政府作为国家代表行使对国有公司的出资人权利,这就有了法律规定的第一层次的授权委托关系;国务院和地方政府对其享有的国有公司股权不可能大小事项都亲力亲为,需要授权委托给其下属的国有资产监督管理机构或其他机构来履行出资人的监管职责,这就有了第二层次的授权委托关系;而国资委等履行出资人职责的机构还需要委派有关工作人员作为股东代表到国有公司具体行使股权或选派工作人员到国有公司担任管理者,于是又有了第三层次的授权委托关系;如果出资人是国有企业,则还可能有第四层次甚至更多层次的授权委托关系。与民营公司通常由出资人股东担任公司管理者相比,国有公司从出资人到管理者可能会多出二至三个层次,如果任何一个层次上的代理机制不健全或具体人员履职不力,就可能出现"所有者缺位"或代理链条上必要监督制约脱节的问题,从而增大"代理成本"。

2. 与代理链条过长问题相伴,国有上市公司在股权相对集中的情况下容易出现的问题主要不是控股股东或实际控制人通过"掏空公司"来损人利己的问题,因为作为控股股东的国家或人民政府不具有损人利己的动机,作为其代理人的管理者一般也不愿冒风险去做损人不利己的事情,而问题恰恰是一般上市公司在股权分散情况下容易出现的"所有者缺位"和"内部人控制"现象。国有控股股东对公司管理者行为的影响体现为股权上的超弱约束。② 我们看到,如果国有资产代理链条末端存在监督机制薄弱或监督制衡缺失的情况,作为代理人的管理者,尤其是作为国有公司主要负责人的董事长、总经理则可能因此控制公司,变成了公司实际上的"老板",一旦权欲私欲膨胀不受控制,就可能出现机会主义行为:或是过分地在职消费、增大公司成本;或是以权谋私、贪污贿赂;或是偷懒怠惰、不负责任、玩忽职守,导致包括国有大股东在内的全体股东利益受损。例如,近年国有公司出现的赖小民案就十分典型:赖小民在担任中国华融资产管理股份有限公司党委书记兼董事长期间,利用职权之便收受贿赂共计折合人民币 17.88 亿余元。这种为个人私利而不惜损害包括自己委托人在内的全体股东利益的现象并不鲜见,可见"内部人控制"产生的问题的危害程度之大。

3. 国有公司监督机制较为薄弱。公司组织机构形式上的完备与治理效果的完美并不能相提并论。虽然国有公司组织机构在形式上较为完整,但功能效果的体现却不尽如人意,尤以监督

---

① 参见林琳、潘琰:《经营环境不确定性、内部控制质量与国有上市公司的价值创造效果》,载《湖南社会科学》2019 年第 2 期。

② 参见杨华军、胡奕明:《制度环境与自由现金流的过度投资》,载《管理世界》2007 年第 9 期。

机制的薄弱为甚。投资者多元往往只是徒有其表，经济民主理念难以真正贯彻于公司运行的实践，[①]监事会难以落实监督职责，监督机制在内部控制人的操控下明显失灵。对国有公司管理层的监督事实上只能由政府来履行，而政府监督效能可能会因履职不力和信息不对称的原因受到弱化。同时，国有公司管理者的任职大多与政府的行政行为有着千丝万缕的联系，管理者的薪资收入受企业经营效益的影响较小，管理者缺少内生性利润激励制度，而私人股东的外部监督也难以形成有效机制，造成内部人实质掌握了公司控制权。权力制衡机制的缺乏自然会导致内部人滥用权力风险的增加，不利于国有公司的持续稳定发展。

国有公司治理也需主要解决"代理问题"，国有公司代理问题是代理链条过长而出现的"内部人控制"，或是管理者为谋求个人私利贪污受贿，或是管理者不尽职尽责（怠惰）而损害包括国家股东在内的公司全体股东利益的现象。因此，国有公司治理的"关键少数"不一定是控股股东和实际控制人，而应主要指向作为公司负责人的董监高，尤其是公司董事长、总经理等管理层的核心人员。

三、国有独资公司的法人治理

（一）国有独资公司概述

国有独资公司是国有公司的两种主要形式之一。2023 年修订前的《公司法》在立法体例上将国有独资公司置于有限责任公司专章中的一节，并且与"一人有限责任公司"并列，意味着原法上的国有独资公司一是属于有限责任公司的范畴，二是可以划归为一人公司的表现形式。如前所述，修订后的《公司法》对国有独资公司的界定也出现变化：第一，随着"一人公司"的范围扩大到股份有限公司，国有独资公司不再限于有限责任公司范畴，可以选择采取股份有限公司的形式；第二，随着《企业国有资产法》和新《公司法》在国家股东界定和表述上的统一，即明确为国家和政府，而政府下属的部门和机构是属于国家股东授权的"履行出资人职责的机构"，对国有独资公司的范围界定也进一步清晰，国有独资公司只指由政府下属的一个机构履行出资人职责的国有一人公司，国有全资公司应纳入国有控股公司的范围。

国有独资公司的形式在许多国家和地区都存在。从境外的情况看，政府利用公权力组成营利性之独资公司，系由于某些具有公益性的事业涉及国家安全和整个国民经济，不适合由政府以外之自然人或一般法人经营或参与经营，而应由政府独资经营。因此，政府必须责无旁贷地单独投资设立经济组织，即国有独资公司。[②] 按照各国（地区）的通行做法，国有独资公司的范围大都限制在涉及国民经济命脉和国计民生的重要行业和关键领域，如航天、交通、邮政、电力及军工等，关系到公共利益和国家安全。在我国，国有独资公司与国有控股公司在功能发挥上虽然都体现出了国家对国民经济的控制力，但也还存在一定的区别：前者要更多体现出国家的全民性和公益性，后者则要更多体现出公司的营利性。

我国 1993 年《公司法》设计国有独资公司制度的主要原因是为国有企业改制成为公司提供便利和更多的选择形式。由于当时的国有企业在企业形式上的主导地位和资本构成情况，

---

① 参见赵万一、华德波：《公司治理问题的法学思考——对中国公司治理法律问题研究的回顾与展望》，载《河北法学》2010 年第 9 期。

② 参见赵德枢：《一人公司详论》，中国人民大学出版社 2004 年版，第 118 页。

采取国有独资公司作为改制形式不仅可减少改革成本,而且可以在企业产权结构、领导体制、经营方式、职工安置等内容都基本不变的情况下就能达到变更企业组织形式的目的,因此国有独资公司成了当时不少国有企业改制试点的选择。随着党和国家"积极发展多元投资主体的公司"[①]和国有企业混合所有制改革的推进,国有独资公司的数量也被控制在一定的范围之内。2015 年 8 月出台的《中共中央、国务院关于深化国有企业改革的指导意见》对于推进国有企业混合所有制改革提出了具体的要求,即"对于适宜继续推进混合所有制改革的国有企业,要充分发挥市场机制作用,坚持因地施策、因业施策、因企施策,宜独则独、宜控则控、宜参则参,不搞拉郎配,不搞全覆盖,不设时间表,成熟一个推进一个"。据国务院国资委有关负责人介绍,在已经完成公司改制的企业中,中央企业集团层面主要是采取国有独资公司或者国有全资公司的形式。[②] 这也就意味着,国有独资公司形式将会长期存在。在《公司法》历次修订中尽管学者对于国有独资公司应否继续纳入《公司法》的调整范围存在不同的看法,但多数人认为,国有独资公司作为一种特殊的公司形式,有其形成的历史原因及存在价值,在我国整个企业改革过程中发挥了重要的作用,不宜因其涉及国有资产监管的问题而另行立法对其单独调整。2023 年修订的《公司法》从立法技术上和内容上对原法的规定作了一些调整和修改,确认了近年来国有资产监管体制改革的成果,使《公司法》关于国有独资公司的规定更为科学和完善,也更具有操作性。

(二)国有独资公司与非公司国有企业的比较

这里所谓的非公司国有企业,是指受《全民所有制工业企业法》(以下简称《企业法》)调整的国有企业。1993 年《公司法》出台前,当时占企业主导地位的国有企业基本都受该法的调整。[③]《公司法》实施后,随着国有企业改革不断推进和深化,国有企业大部分或绝大部分已经改制为公司,未改制企业仍然适用该法的规定。《企业国有资产法》第 5 条规定,"本法所称国家出资企业,是指国家出资的国有独资企业、国有独资公司,以及国有资本控股公司、国有资本参股公司",说明国有出资企业可以划分为两类:国家出资公司与非公司的国有企业。从当前党中央、国务院有关政策文件来看,国有企业是更为普遍使用的称谓,之所以如此,也是因为国有企业中还存在非公司的企业形式。国有独资公司和非公司国有企业的出资人都是国家,企业资产都属于国有资产,但二者在法人治理结构上有着明显的区别:

1. 组织机构设置不同。国有独资公司按照《公司法》的要求设置公司机关,其中,董事会和经理是必设机关。非公司国有企业按照《企业法》的要求设置企业管理机关,其中,厂长(管理委员会)和职工代表大会是必设机关。

2. 权力配置不同。国有独资公司根据《公司法》实行董事会领导下的经理负责制,董事会在公司处于中心地位,享有经营决策权,董事长为法定代表人;经理由董事会聘任或者解聘并向董事会负责,享有经营管理权。非公司国有企业根据《企业法》实行厂长负责制;厂长为企

---

① 参见 1999 年 9 月出台的《中共中央关于国有企业改革和发展若干重大问题的决定》。

② 参见 2021 年 2 月 23 日在国务院新闻办公室举行的新闻发布会上国务院国资委主任郝鹏、国资委秘书长、新闻发言人彭华岗介绍国企改革发展有关情况并回答记者的提问,载国务院国有资产监督管理委员会,http://vod.sasac.gov.cn/folder19/folder31/2021-02-23/PU0Cr4myhsEgRrO2.html。

③ 《全民所有制工业企业法》于 1988 年 8 月 1 日正式施行,于 2009 年 8 月作出修正;该法第 65 条规定:"本法的原则适用于全民所有制交通运输、邮电、地质勘探、建筑安装、商业、外贸、物资、农林、水利企业。"

业法定代表人，在企业处于中心地位，拥有法律赋予的经营决策权和经营管理权。

3. 决策方式不同。国有独资公司董事会决策实行“委员会制”，即在董事会内采取少数服从多数的方式作出决策，即使作为法定代表人的董事长同时也是董事会成员，在董事会表决时也只能行使自己应有的一票的权利，不能以个人意见否决多数董事的意见。非公司国有企业的厂长采取“个人责任制”的决策方式，“厂长在企业中处于中心地位，对企业的物质文明建设和精神文明建设负有全面责任”；企业设立的管理委员会，由企业各方面的负责人和职工代表组成，厂长担任主任，管理委员会是协助厂长决策的机构，不能以少数服从多数的方式否决厂长的意见。

4. 监督制约机制不同。国有独资公司的经营者（董事长、经理）根据《公司法》主要受履行出资人职责的机构和董事会的制约；非公司的国有企业的厂长根据《企业法》主要受政府主管部门和职工代表大会的制约，其中职工代表大会是“企业实行民主管理的基本形式，是职工行使民主管理权力的机构”。

（三）国有独资公司组织机构的设置和权力配置

国有独资公司法人治理结构主要涉及组织机构的设置和权力配置，就国有独资公司内部组织机构来看，董事会和经理是必设的公司机关。

1. 履行出资人职责的机构

《公司法》第 172 条规定：“国有独资公司不设股东会，由履行出资人职责的机构行使股东会职权……”可见，履行出资人职责的机构在此情况下相当于国有独资公司股东会。《国务院办公厅关于进一步完善国有企业法人治理结构的指导意见》（本章以下简称《治理结构指导意见》对此有进一步的细化规定，要求对直接出资的国有独资公司，出资人机构重点管好国有资本布局、规范资本运作、强化资本约束、提高资本回报、维护资本安全。出资人机构依据法律法规和公司章程规定行使股东权利、履行股东义务，有关监管内容应依法纳入公司章程。《公司法》第 172 条在规定履行出资人职责的机构可以授权公司董事会行使股东会的部分职权的同时，明确公司章程的制定和修改，公司的合并、分立、解散、申请破产，增加或者减少注册资本，分配利润等重大事项规定必须由履行出资人职责的机构决定。

2019 年 4 月国务院印发《改革国有资本授权经营体制方案》，其中指出国有资产管理体制中“政企不分、政资不分的问题依然存在，出资人代表机构与国家出资企业之间权责边界不够清晰，国有资产监管越位、缺位、错位的现象仍有发生”。为了提高国有资本运行效率，提出了优化出资人代表机构履职方式的具体措施，包括实行清单管理，制定出台出资人代表机构监管权力责任清单，清单以外事项由企业依法自主决策；强化章程约束，依法依规、一企一策地制定公司章程；发挥董事作用；创新监管方式等。

2. 董事会

董事会是国有独资公司的必设公司机关。《公司法》第 173 条第 1 款规定：“国有独资公司的董事会依照本法规定行使职权。”董事会是公司治理结构中最重要的部分，也是处理好所有权与经营权的关系、落实好国有资产经营责任的关键。

（1）董事会成员的构成和产生。根据《公司法》第 173 条的规定，国有独资公司的董事会成员中，应当过半数为外部董事，并应当有公司职工代表；董事会设董事长一人，可以设副董事长。根据《治理结构指导意见》的要求,国有独资公司董事长应为内部执行董事,是公司的法定代表人,对公司改革发展负首要责任,应定期向董事会报告工作;董事会成员由履行出资人职责的机构委派,但职工代表董事由公司职工代表大会选举产生;董事长、副董事长由履行出资人职责的机构从董事会成员中指定,董事长要及时向董事会和国有股东报告重大经营问题和经营风险;董事对履行出资人职责的机构负责,接受其指导。

(2)外部董事制度。《公司法》关于国有独资公司外部董事的规定是2023年修订的《公司法》新增的内容,该内容将国有公司实践中试行的外部董事制度上升为法律,并且属于法律上的强制性规定。外部董事是相对于内部董事的称谓,是指只参与董事会决策,不担任公司内部管理职务的董事会成员。我国试行实践中国有公司的外部董事是指具备相应资格条件并由履行出资人职责的机构按一定程序遴选,在国有非上市公司任职的非内部董事。如果在国有上市公司担任外部董事,则为独立董事。外部董事的设置,旨在改变以往国有公司董事会成员主要由公司内部人员组成的状况,通过外部董事在董事会占多数这样的制度安排,实现决策层与执行层的分离,增强董事会的独立性,改变公司内部存在的"一把手个人说了算"的局面。按照《治理结构指导意见》的规定,要拓宽外部董事来源渠道,扩大专职外部董事队伍,选聘一批现职国有企业负责人转任专职外部董事,定期报告外部董事履职情况。国有独资公司要健全外部董事召集人制度,召集人由外部董事定期推选产生。外部董事要与出资人机构加强沟通。

国有公司的外部董事还可分为专职外部董事和兼职外部董事,专职外部董事是指由政府国资委遴选并受其委派到非上市国有公司任职的非内部董事。根据国务院国资委和一些省级政府国资委的文件的规定,专职外部董事应具备10年以上企业经营管理或相关经济工作经验,从省属国有企业负责人、社会专业人才和省级党政机关、事业单位领导干部中择优遴选;每名专职外部董事服务2~3户企业,初次任职年龄一般不超过55周岁,在同一企业任职时间最长不超过6年;专职外部董事要求身份专职、能力专业、履职专管、职责专用;专职外部董事主要履行国有资产保值增值责任,发挥在董事会中优化决策和监督制衡的作用,不承担任职企业其他岗位职责。①

(3)董事会的职权。根据《公司法》第172条的规定,国有独资公司董事会拥有比普通公司董事会更大的权力。前者除了可以行使后者的全部职权外,还可以根据履行出资人职责的机构的授权,"行使股东会的部分职权"。也正是基于此,考虑到国有独资公司董事的特殊性,《公司法》第175条对国有独资公司的董事和高级管理人员作出了明确的兼职限制,即"国有独资公司的董事、高级管理人员,未经履行出资人职责的机构同意,不得在其他有限责任公司、股份有限公司或者其他经济组织兼职"。

按照《治理结构指导意见》的规定,国有独资公司要依法落实和维护董事会行使重大决策、选人用人、薪酬分配等权利,增强董事会的独立性和权威性,落实董事会年度工作报告制度;董事会应与党组织充分沟通,开展国有独资公司董事会选聘经理层试点,加强对经理层的管理和监督。

(4)董事会议事规则。根据《治理结构指导意见》的规定,包括国有独资公司在内的国有

① 参见四川省人民政府办公厅于2016年3月发布的《关于深化省属国有企业董事会改革建立专职外部董事队伍的意见》。

公司应当规范董事会议事规则。董事会要严格实行集体审议、独立表决、个人负责的决策制度,平等充分地发表意见,一人一票表决,建立规范透明的重大事项信息公开和对外披露制度,保障董事会会议记录和提案资料的完整性,建立董事会决议跟踪落实以及后评估制度,做好与其他治理主体的联系沟通。董事会应当设立提名委员会、薪酬与考核委员会、审计委员会等专门委员会,为董事会决策提供咨询,其中薪酬与考核委员会、审计委员会应由外部董事组成。改进董事会和董事评价办法,完善年度和任期考核制度,逐步形成符合企业特点的考核评价体系及激励机制。

(5)董事会审计委员会等专门委员会。董事会审计委员会等专门委员会一般是针对上市公司设计的董事会内部机构,《公司法》2023 年修订的一个亮点就是根据我国公司治理实际,允许公司选择单层制的治理模式,公司可以通过公司章程选择在董事会中设置由董事组成的审计委员会,行使监事职权的,可以不设监事会。《公司法》第 176 条对国有独资公司监事会的设置也作出了明确规定:"国有独资公司在董事会中设置由董事组成的审计委员会行使本法规定的监事会职权的,不设监事会或者监事"。由此可见,国有独资公司与一般公司在监事会和审计委员会的设置上还有差别:前者"设置审计委员会"和"不设监事会或者监事"都具有法定性,标志着国有独资公司没有选择的空间;而后者"设置审计委员会"和"不设监事会或者监事"则"可以按照公司章程的规定",意味着一般公司对该两个机构任选之一的设置有选择的空间。

3. 经理

国有独资公司的经理是一个很重要的职位,也是《公司法》规定的必设公司机关,第 174 条规定:"国有独资公司的经理由董事会聘任或者解聘。经履行出资人职责的机构同意,董事会成员可以兼任经理。"根据这一规定并结合《治理结构指导意见》的有关规定,公司实践中应当注意以下几个问题:

第一,经理作为公司机关应当包括以经理为首的经理层,经理层是公司的执行机构,依法由董事会聘任或解聘,接受董事会管理和监督。经理由履行出资人职责的机构建议聘免,经理层对董事会负责,依法行使管理生产经营、组织实施董事会决议等职权,向董事会报告工作,董事会闭会期间向董事长报告工作。董事会成员尽管可以兼任经理,但不得以董事职位代替经理的职位,或者说当董事兼任经理时,其不仅要履行董事的职责,而且必须履行法律和公司章程规定的经理职责,《治理结构指导意见》将经理定位为内部执行董事的地位,也含有同时要履行经营决策和经营管理职责的要求。

第二,按照《治理结构指导意见》的要求,国有独资公司的董事长和总经理原则上分设,而且要求由董事长担任公司法定代表人。因此,国有独资公司经理依此规定不担任公司的法定代表人。

第三,根据《治理结构指导意见》的要求,建立规范的经理层授权管理制度,对经理层成员实行与选任方式相匹配、与企业功能性质相适应、与经营业绩相挂钩的差异化薪酬分配制度,国有独资公司经理层逐步实行任期制和契约化管理。根据企业产权结构、市场化程度等不同情况,有序推进职业经理人制度建设,逐步扩大职业经理人队伍,有序实行市场化薪酬,探索完善中长期激励机制,实行内部培养和外部引进相结合,畅通企业经理层成员与职业经理人的身份转换通道。

四、国有控股公司的法人治理

(一)国有控股公司法人治理的规制

国有控股公司是国有公司中数量最多的形式。《公司法》关于国有公司组织机构和权力配置的特别规定，主要是针对国有独资公司的内容，表明立法对国有控股公司采取的规制方式需要按照《公司法》第 168 条第 1 款的规定执行，即“国家出资公司的组织机构，适用本章规定;本章没有规定的，适用本法其他规定”。因此，《公司法》关于股份有限公司和有限责任公司一般原理的规定，也适用于国有控股公司。

应当看到，国有控股公司与国有独资公司一样，属于公司的特殊形态，前述关于国有公司因国有资产监管体制而产生的特别“代理问题”同样反映在国有控股公司的公司治理中，在股权分散的国有上市公司尤为突出。作为国家和政府的国有控股股东，虽然不具有普通公司控股股东、实际控制人常见的“掏空公司”、损害中小股东利益的动机，但由于代理链条长的客观实际，容易出现因代理成本高而导致的公司决策效率低、委派履职人员怠惰偷懒和以权谋私等问题，针对这些问题，公司治理应当更多强调提高决策效率、对股东代表与公司经营者施加更多义务约束、强化必要的监督制衡机制等内容。因此，国有控股公司治理结构应当在《公司法》框架下，更多适用党中央国务院针对国有公司特殊性作出的政策法规性文件的规定。公司治理处于不断变化的动态过程中，没有普适性的最佳公司治理模式，只能寻求最适合国有公司实际的不同治理方式，适合的就是最好的。应充分发挥公司章程在公司治理中的基础作用，公司法人治理结构要“一企一策”地在公司章程中予以细化。

(二)建立功能强大的董事会

建立功能强大的董事会是国有控股公司法人治理的重要内容。公司实践表明，国有公司董事会是公司组织机构的中枢，在公司的诸机构中占有非常重要的地位。《中共中央、国务院关于深化国有企业改革的指导意见》明确指出，国有公司健全公司法人治理结构，“重点是推进董事会建设，建立健全权责对等、运转协调、有效制衡的决策执行监督机制，规范董事长、总经理行权行为，充分发挥董事会的决策作用”。

强化董事会功能不能回避公司治理模式选择上的“董事会中心主义”与“股东会中心主义”的理论之争。考察公司发展历史和现状不难发现，两种理论对应于不同的公司股权结构，都有其合理性与不足之处。一般而言，在股权结构分散化的公司，“董事会中心主义”具有更多的合理性和优势;而在股权结构集中化的公司，“股东会中心主义”具有更多的合理性和优势。前述关于国有公司特有的“代理问题”的分析表明，国有公司虽然总体上属于股权结构集中化的公司，但却具有在股权结构分散化情形下才出现的公司治理问题。因此，国有公司治理不能简单套用普通公司治理模式，治理的重点为应当着重解决由于代理链条长而产生的“内部人控制”问题。建立功能强大的董事会的公司治理结构主要是从权力配置上来考虑的，不仅符合党中央国务院关于国有公司健全法人治理结构的要求，也能很好地契合国有公司实践中董事长通常是由党委书记兼任的制度安排，不仅有利于发挥董事会的作用，也有利于党组织发挥政治核心和领导核心的作用。建立功能强大的董事会包括以下要点:

1. 董事会权力配置。全面落实《公司法》第67条和第120条关于董事会职权的规定，并按照《中共中央、国务院关于深化国有企业改革的指导意见》的要求，“切实落实和维护董事会依法行使重大决策、选人用人、薪酬分配等权利，保障经理层经营自主权，法无授权任何政府部门和机构不得干预”。

2. 董事会成员构成。对国有股东推荐的董事的任职资格应有特别要求，主要通过董事体现出资人意志，要建立健全董事人才储备库和董事选聘、考评与培训机制；根据《公司法》关于职工董事的规定，国有控股公司董事会原则上设置职工董事，同时应保证有一定比例的外部董事；明确董事会成员与党组织的成员“双向进入”机制，党组织书记、董事长一般由一人担任；董事长、总经理原则上分设，对于董事长行权应有特别规定，赋予董事长充分的职权，董事长对公司重要业务活动均可过问并给予指导，享有比一般董事更为广泛的权力，总经理在董事会闭会期间向董事长报告工作。以上内容都应成为公司章程中的必要条款。

3. 董事会专门委员会。董事会专门委员会是为董事会经营决策提供咨询建议并为其行使职权提供帮助的董事会内部机构，董事会专门委员会以董事为成员构成，依照公司章程和董事会授权履行职责。需要指出，董事会的专门委员会中也包括了审计委员会，该审计委员会与《公司法》第176条规定的国有独资公司中设置的行使监事会职权的审计委员会在法律地位和职权上还存在差异，当国有独资公司设置后者时，公司审计委员会应当具有董事会专门委员会和监事会的双重地位和职能，[①]应当主要行使监事会的监督职能。对国有控股公司而言，《公司法》对是否设置行使监事会职权的审计委员会没有强制要求，可以由公司作出选择，如果国有控股公司选择设置监事会，根据《治理结构指导意见》的规定，国有公司董事会还应当设置包括审计委员会在内的专门委员会，为董事会决策提供咨询，其中薪酬与考核委员会、审计委员会应由外部董事组成。董事会专门委员会作为董事会的决策辅助机关，可以提升董事会决策的科学性和权威性，有助于增强董事会的功能。

（三）形塑公司治理的协调制衡机制

公司治理过程就是在股权多元化基础上形成的公司内部利益关系协调与平衡的一种状态。公司治理的效果如何，一是关注治理是否形成一种协调制衡机制，二是关注这一机制是否能够实现提高公司效率的目标。针对国有公司代理链条长的特点，公司治理形成的协调制衡机制应当是“权责对等、运转协调、有效制衡的决策执行监督机制，规范董事长、总经理行权行为，充分发挥董事会的决策作用、监事会的监督作用、经理层的经营管理作用、党组织的政治核心作用”。公司治理涵盖了决策、执行和监督三个环节。根据国有公司实践反映的有关代理末端监督制衡薄弱的问题，当前尤其要重视公司内部约束机制对作为代理人的公司管理者的履职行为的监督，确保代理人与委托人的行为目标一致。

国有公司的监督机制可以包括内部监督与外部监督两部分。对于国有公司的内部监督而言，外部董事制度有着积极的优化作用，应注意发挥外部董事的作用；内部监督主要是要加强监事会的职权。虽然《公司法》规定规模较小或者股东较少的公司可以不设监事会，但国有控股公司尤其是国有上市公司从自身实际出发，应当加强对经营者的监督，因此应当选择设置监

---

① 关于两种审计委员会的区别，可参见本书第十章第二节关于“行使监事会职权的审计委员会”和“董事会专门委员会”的讨论。

事会或由董事组成的行使监事会职权的审计委员会，代表全体股东利益对经营者进行必要的监督。为了保证监督机构有职有权，需要设计保证其职权行使的程序和机制，体现国有控股公司监督机构的特殊性，加强内部监督，监督机构应当对有关财务，董事、经理的履职行为，公司内控和风控，信息披露等事项发表监督意见。

（四）建立完善经营者的激励与约束相结合的机制

针对国有公司代理链条长，容易出现代理链条末端失控的"内部人控制"的实际，国有控股公司治理中的"关键少数"不是如普通上市公司那样直接指向控股股东和实际控制人，而应指向公司董事长、总经理等管理层人员，需要在公司治理上注重建立经营者约束与激励相结合的机制。约束机制主要是强化公司法上董监高信义义务的约束，董监高应当竭力为公司利益最大化服务，而不能将自己的利益凌驾于公司利益之上。根据《治理结构指导意见》的要求，公司董监高应当遵守法律法规和公司章程，对公司负有忠实义务和勤勉义务。执行董事和经理层成员未及时向董事会或国有股东报告重大经营问题和经营风险的，应依法追究相关人员责任。企业党组织成员履职过程中有重大失误和失职、渎职行为的，应按照党组织有关规定严格追究责任。

第四节　国有公司其他特别规制问题

一、国有控股公司中国有优先股和员工股的设置

国有控股公司的股份设置涉及两类特殊的股份：一是国有优先股；二是员工股。需要说明的是，两类股份都存在于公司股份多元化的背景下，不可能在股权单一化的国有独资公司和国有全资公司中进行设置，因此，涉及国有公司的国有优先股和员工股只能存在于混合所有制的国有控股公司中。如果仅从混合所有制角度看，国有优先股和员工股还可以在国有参股公司中进行设置，但由于国有参股公司不被纳入国有公司范围，而适用《公司法》关于普通公司的规范调整，所以这里只讨论国有控股公司的国有优先股和员工股的有关问题。

（一）国有优先股的设置

优先股属于公司法中的类别股范围。根据《公司法》第 144 条关于"公司可以按照公司章程的规定发行下列与普通股权利不同的类别股"的规定，优先股是与普通股相对应的公司股份，属于该条第 1 款第 1 项规定的优先"分配利润或者剩余财产的股份"。

2013 年 11 月国务院颁发了《关于开展优先股试点的指导意见》，随后中国证监会又发布了《优先股试点管理办法》（2023 年 2 月修订），允许公司设置优先股，上市公司与新三板挂牌公司率先启动了优先股试点工作。根据这两个文件的规定，持有优先股的股东对于股东会一般事项没有表决权，但优先股的股份持有人优先于普通股股东分配公司利润和剩余财产。由于上述文件没有对公司和股份的类型进行限制，因此，理论上任何公司都可以任意设置不同于普通股的优先股份。

2015 年 9 月出台的《国务院关于国有企业发展混合所有制经济的意见》（国发〔2015〕54

号)第14条提出,探索完善优先股和国家特殊管理股方式。国有资本参股非国有企业或国有企业引入非国有资本时,允许将部分国有资本转化为优先股。在少数特定领域探索建立国家特殊管理股制度,依照相关法律法规和公司章程规定,行使特定事项否决权,保证国有资本在特定领域的控制力。这一规定表明,国有公司可以设置国有优先股份,让部分国有股权转化为优先股,可以强化国有资本收益的功能,确保国有资产的保值增值,同时也有利于解决国有资产管理体制仍然不同程度存在的"政企不分、政资不分"的问题。如果要保持国有资本在参股特定领域时的控制力,也可以设立特殊管理股,用于行使特定事项的否决权,以保证国家利益不受损害。国有优先股的设置需要通过公司章程来加以确认和固定。

(二)员工股的设置

1.员工股概述。员工股在《公司法》《证券法》上也称员工持股计划,分别有相应的条文使用这一称谓。[①] 员工股是指公司的内部职工持有的本公司的股份。公司通过员工持有股份而分享本公司未来收益权,员工既是劳动者,又是所有者,"形成资本所有者和劳动者利益共同体",是公司对员工采取的一种长期激励和利益分享机制。

国有控股公司实施员工持股计划的现实意义主要在于:第一,巩固混合所有制改革成果。如前所述,员工股作为员工个人持有的股份,只能存在于股权结构多元化的公司,股权结构单一的国有独资公司和国有全资公司都不具备这一条件,混合所有制是国企公司制改革的一项重要成果,其中员工持股本身就是实现股权多元化的一种方式,有利于股权结构优化,可以在国资、民资及员工持股之间形成相互的利益制衡。第二,促进社会财富分配机制公平。在一定程度上缓解了社会分配不公、劳资矛盾,员工持股制度能够在一定程度上保障员工退休后的生活,是社会保障的重要组成部分,有利于完善社会保障制度并弥补养老金缺口。第三,增强公司的凝聚力和向心力。员工持股的主要目的是建立对员工的长效激励机制,使企业与员工利益相一致。

2.员工股的政策法规依据。《公司法》《证券法》上涉及的员工持股计划并没有区分国有公司和普通公司。公司实践中实行员工持股计划的主要为国有公司和上市公司。对此有专门的政策法规予以规制。主要为《中共中央、国务院关于深化国有企业改革的指导意见》[②]和经国务院同意,国务院国资委、财政部、中国证监会于2016年8月联合发布的《关于国有控股混合所有制企业开展员工持股试点的意见》两个政策性文件,这是当前指导国有控股混合所有制公司员工持股的主要依据和准则性文件。此外,中国证监会对上市公司、非上市公司公众公司的员工持股试点也出台了相应的规范性文件。[③] 这些政策法规为国企混合所有制改革实施

---

① 如《公司法》第162条规定:"公司不得收购本公司股份。但是,有下列情形之一的除外……将股份用于员工持股计划或者股权激励……"《证券法》第9条规定:"……有下列情形之一的,为公开发行……向特定对象发行证券累计超过二百人,但依法实施员工持股计划的员工人数不计算在内……"

② 该指导意见第19条规定:"探索实行混合所有制企业员工持股。坚持试点先行,在取得经验基础上稳妥有序推进,通过实行员工持股建立激励约束长效机制。优先支持人才资本和技术要素贡献占比较高的转制科研院所、高新技术企业、科技服务型企业开展员工持股试点,支持对企业经营业绩和持续发展有直接或较大影响的科研人员、经营管理人员和业务骨干等持股。员工持股主要采取增资扩股、出资新设等方式。完善相关政策,健全审核程序,规范操作流程,严格资产评估,建立健全股权流转和退出机制,确保员工持股公开透明,严禁暗箱操作,防止利益输送。"

③ 如2014年6月发布的《关于上市公司实施员工持股计划试点的指导意见》,2020年8月发布的《非上市公众公司监管指引第6号——股权激励和员工持股计划的监管要求(试行)》。

员工持股计划提供了坚实支撑。如果国有控股公司属于上市公司,实施员工持股计划应遵循国有公司和上市公司两个方面的政策法规。

3. 员工入股。根据《关于国有控股混合所有制企业开展员工持股试点的意见》(本章以下简称《员工持股意见》)第3条的规定,国有控股公司的员工入股主要涉及如下内容:

(1)员工范围。参与持股人员应为在关键岗位工作并对公司经营业绩和持续发展有直接或较大影响的科研人员、经营管理人员和业务骨干,且与本公司签订了劳动合同。党中央、国务院和地方党委、政府及其部门、机构任命的国有企业领导人员不得持股。外部董事、监事(含职工代表监事)不参与员工持股。如直系亲属多人在同一企业时,只能一人持股。

(2)员工出资。员工入股应主要以货币出资,并按约定及时足额缴纳。按照国家有关法律法规,员工以科技成果出资入股的,应提供所有权属证明并依法评估作价,及时办理财产权转移手续。上市公司回购本公司股票实施员工持股,须执行有关规定。公司和公司的国有股东不得向员工无偿赠与股份,不得向持股员工提供垫资、担保、借贷等财务资助。持股员工不得接受与公司有生产经营业务往来的其他企业的借款或融资帮助。

(3)入股价格。在员工入股前,应按照有关规定对公司进行财务审计和资产评估。员工入股价格不得低于经核准或备案的每股净资产评估值。国有控股上市公司员工入股价格按证券监管有关规定确定。

(4)持股比例。员工持股比例应结合公司规模、行业特点、企业发展阶段等因素确定。员工持股总量原则上不高于公司总股本的30%,单一员工持股比例原则上不高于公司总股本的1%。公司可采取适当方式预留部分股权,用于新引进人才。实施员工持股后,应保证国有股东控股地位,且其持股比例不得低于公司总股本的34%。国有控股上市公司员工持股比例按证券监管有关规定确定。根据《关于上市公司实施员工持股计划试点的指导意见》第6条的规定,上市公司全部有效的员工持股计划所持有的股票总数累计不得超过公司股本总额的10%,单个员工所获股份权益对应的股票总数累计不得超过公司股本总额的1%。员工持股计划持有的股票总数不包括员工在公司首次公开发行股票上市前获得的股份、通过二级市场自行购买的股份及通过股权激励获得的股份。

(5)持股方式。持股员工可以个人名义直接持股,也可通过公司制企业、合伙制企业、资产管理计划等持股平台持有股权。通过资产管理计划方式持股的,不得使用杠杆融资。持股平台不得从事除持股以外的任何经营活动。

4. 员工股权管理。员工股权管理涉及员工股权管理主体、股权流转、股权分红等内容,《员工持股意见》第4条对这些内容作出了具体规定。

(1)股权管理主体。员工所持股权一般应通过持股人会议等形式选出代表或设立相应机构进行管理。该股权代表或机构应制定管理规则,代表持股员工行使股东权利,维护持股员工合法权益;公司各方股东应就员工股权的日常管理、动态调整和退出等问题协商一致,并通过公司章程或股东协议等予以明确。笔者认为,基于员工股权属于多数员工按份持有而需要管理的状况,员工股权在管理期内应当属于股权共有形态,这里的“股权代表或机构”也应当属于共有股权的代表人。[①]

---

① 本书在第八章对“股权共有”问题作了较为详细的讨论,可参见该章第五节“股权共有”的内容。

(2)股权流转。实施员工持股,应设定不少于36个月的锁定期。在公司公开发行股份前已持股的员工,不得在公司首次公开发行时转让股份,并应承诺自上市之日起不少于36个月的锁定期。锁定期满后,公司董事、高级管理人员每年可转让股份不得高于所持股份总数的25%。持股员工因辞职、调离、退休、死亡或被解雇等原因离开本公司的,应在12个月内将所持股份进行内部转让。转让给持股平台、符合条件的员工或非公有资本股东的,转让价格由双方协商确定;转让给国有股东的,转让价格不得高于上一年度经审计的每股净资产值。国有控股上市公司员工转让股份按证券监管有关规定办理。

(3)股权分红。员工持股公司应处理好股东短期收益与公司中长期发展的关系,合理确定利润分配方案和分红率。公司及国有股东不得向持股员工承诺年度分红回报或设置托底回购条款。持股员工与国有股东和其他股东享有同等权益,不得优先于国有股东和其他股东取得分红收益。

(4)破产重整和清算。员工持股企业破产重整和清算时,持股员工、国有股东和其他股东应以出资额为限,按照出资比例共同承担责任。

二、国有公司章程的特别内容

根据《公司法》关于国有公司的特别规定,国有公司与普通公司在特征上的最大不同,一是国有资本对公司的控制力,二是党组织在公司治理中的领导核心和政治核心的作用。保证《公司法》关于国有公司这两个方面的规定的落实,除了准确适用法律法规的有关规定外,还需要发挥公司章程在公司治理中的基础性作用。根据《公司法》关于国有公司组织机构的特别规定还较为原则的实际及其提供的空间,需要通过公司章程把党的领导嵌入公司治理各环节,使党组织成为公司治理结构的有机组成部分。依法制定的章程是公司自治的体现,具有规范公司内部各行为主体的效力,也具有法律所认可的效力。国有公司完全可以依托国有资本的控制地位,根据《公司法》的"资本多数决"原则,通过依法配置各公司机关的权力,使党组织的地位和作用组织化、制度化、具体化、法定化。为了规范国有公司制定章程的行为,国务院国资委、财政部于2020年12月联合发布了《国有企业公司章程制定管理办法》(本章以下简称《章程管理办法》),对国有公司章程制定、章程的主要内容、制定程序等方面作出了专门的规定,要求国有独资公司、国有全资公司和国有控股公司章程制定过程中的制订、修改、审核、批准等管理行为适用该办法,为国有公司章程提供了较为详细的指引。国有公司章程的特殊性,"特"就特在党的领导和国有资产管理上,应当而且必须让这两个方面的内容在公司章程中得到充分体现,成为约束公司及其各公司机关的决策行为、规范公司董监高负责人的行为的公司"宪法"。有学者认为,将企业党组织内嵌到公司治理结构之中是一项系统工程。在法理上,需要创新阐释国有公司章程性质,国有公司章程不仅是公司的自治规范,还应认定为"企业内部的根本法",其条款效力来源具有复合性,既有法定内容亦有意定内容,既有党组织及党员意志亦有股东意志。①

① 参见陈甦:《我国公司立法的理念变迁与建构面向》,载《中国法律评论》2022年第3期。

(一)国有公司党组织的地位作用在章程中的体现

2017年3月发布的《中共中央组织部、国务院国资委党委关于扎实推动国有企业党建工作要求写入公司章程的通知》明确指出,"把党建工作要求写入国有企业公司章程。这是落实党组织在公司法人治理结构中的法定地位的重要制度安排,是把加强党的领导和完善公司治理统一起来、建设中国特色现代国有企业制度的重要举措"。该通知将国有企业党建工作写入章程分为两类情形:第一,对国有独资公司和国有资本绝对控股的公司而言,应当带头将党建工作要求写入公司章程,为党组织有效开展工作、发挥作用提供制度保障。要根据党章、《公司法》和中央有关规定,在公司章程中明确党建工作总体要求,写明党组织的设置形式、地位作用、职责权限,写明党务工作机构及人员配备、党建工作经费保障等内容和要求,明确党委(党组)研究讨论企业重大问题的运行机制,一般应就党组织单设一章,使党建工作要求在公司章程中得到充分体现。第二,对国有资本相对控股的国有公司而言,应当把党建工作基本要求写入公司章程,防止简单化、"一刀切"。要注意听取其他股东包括机构投资者的意见,做好释疑解惑工作,使章程修改过程成为宣传贯彻党的路线方针政策的过程,成为凝聚共同愿景、汇聚各方力量的过程。要通过章程修改,推动企业党建工作制度化、规范化,促进党组织围绕生产经营开展活动、发挥作用。根据这些要求,国有公司在具体操作时,应当结合公司不同情况在公司章程中体现党组织地位和党建工作的相关内容。

1. 章程总则的相关内容。章程总则是关于章程事项的总括性、原则性规定。一般而言,首先应将规范国有公司依据的重要规定作出列举,除列举《公司法》等法律法规外,还应将中共中央的重要文件列入,如中共中央办公厅发布的《关于在深化国有企业改革中坚持党的领导加强党的建设的若干意见》,以示公司章程中加强党的领导和党组织作用的法律法规和政策依据。其次,章程总则还应当对党的领导和党组织在公司法人治理结构中的地位作用作出总括性的表述,如公司党组织是公司法人治理结构的有机组成部分,发挥领导作用,把方向、管大局、保落实。在公司发展中坚持党的建设同步谋划、党的组织及工作机构同步设置、党组织负责人及党务工作人员同步配备、党的工作同步开展。

2. 党组织对公司"三重一大"事项决策的内容。根据中共中央办公厅、国务院办公厅2010年6月印发的《关于进一步推进国有企业贯彻落实"三重一大"决策制度的意见》,国有公司的"三重一大"是指"重大决策、重要人事任免、重大项目安排和大额度资金运作",国有公司党委(党组)集体讨论决定"三重一大"事项,并形成党组织意见。按照《章程管理办法》第9条关于"明确党组织研究讨论是董事会、经理层决策重大问题的前置程序"的规定,公司章程应当作出相应的程序性规定,如规定"董事会决定公司重大问题,应当事先听取公司党委的意见"。

3. 公司党组织专章的内容。主要涉及党组织的产生与成员、党组织的职责、党组织工作机构设置、党组织工作保障等。如规定:(1)公司设立党委及其党委成员构成;设立纪委及其纪委成员构成;党委书记、副书记和纪委书记、副书记的产生。(2)党委、纪委的职责。党委职责包括依照规定讨论和决定公司重大事项;落实全面从严治党要求,坚持党要管党、从严治党,坚持党对企业的领导不动摇,坚持服务生产经营不偏离,发挥领导作用,保证监督党和国家方针政策在公司的贯彻执行,在思想上政治上行动上同党中央保持高度一致,落实党风廉政建设主体责任;落实党管干部和党管人才原则,坚持党组织对公司选人用人的领导和把关作用,着力培养一支高素质企业领导人员队伍;领导公司思想政治工作和工会、共青团等群团组织,支持职工代表大会开展工作,坚持用社会主义核心价值体系引领企业文化建设;加强基层党组织和党员队伍建设,充分发挥基层党组织战斗堡垒作用和党员先锋模范作用,为企业做强做优做大提供坚强组织保证,确保党的领导、党的建设在企业改革发展中得到充分体现和切实加强。(3)党组织工作机构和党务工作人员配备。(4)党组织工作保障。公司为党组织活动的开展提供必要条件,保障党组织活动的场所和经费。

(二)国有资产监管内容在章程中的体现

1. 履行出资人职责的机构监管国有公司章程制定过程中的制订、修改、审核、批准。

2. 国有公司章程的制定管理应当坚持依法治企、坚持权责对等原则,切实规范公司治理,落实企业法人财产权与经营自主权,完善国有企业监管,确保国有资产保值增值。

3. 国有公司章程中的经营范围应当符合出资人机构审定的公司发展战略规划。

4. 履行出资人职责的机构应当对国有公司的章程执行情况进行监督检查,对违反公司章程的行为予以纠正,对因违反公司章程导致国有资产损失或其他严重不良后果的相关责任人进行责任追究。

(三)国有公司其他特别内容在章程中的体现

《章程管理办法》第 5 条规定,国有公司的章程一般应当包括但不限于以下必要记载事项:总则;经营宗旨、范围和期限;出资人机构或股东、股东会;公司党组织;董事会;经理层;监事会(监事);职工民主管理与劳动人事制度;财务、会计、审计与法律顾问制度;合并、分立、解散和清算;附则。由此可见,国有公司章程应当包括的必要记载事项中,除公司党组织之外,其他内容与法律法规对上市公司要求的章程必要记载事项基本相同。因此,国有公司的特别内容还需要在这些必要记载事项中来反映,除前述国有资产监管内容外,还应包括:国有优先股、员工股设置;国有独资公司的外部董事人数限制及其产生;职工民主管理;内部控制、风险控制和合规管理等。

(四)国有公司章程制定的特别要求

根据《公司法》《章程管理办法》的规定,国有独资公司与国有控股公司在章程制定程序上还有一些不同的要求:

1. 国有独资公司章程由履行出资人职责的机构负责制定。这是《公司法》第 171 条的明确要求。根据《章程管理办法》第 16 条的规定,国有独资公司董事会制订的章程须报履行出资人职责的机构批准。这里的"制订"并非"制定",具有起草章程的含义。另外,履行出资人职责的机构可以授权新设、重组、改制企业的筹备机构等其他决策机构制订公司章程草案,并报履行出资人职责的机构批准。《章程管理办法》第 18 条还规定,履行出资人职责的机构负责修改公司章程,公司董事会可以根据企业实际情况,按照法律、行政法规制订公司章程修正案,报履行出资人职责的机构批准。

2. 国有控股公司设立时,股东共同制定公司章程。股东会负责修改公司章程,董事会应当按照法律、行政法规及公司实际情况及时制订章程的修正案,经与履行出资人职责的机构沟通后，报股东会审议。

3. 国有控股上市公司章程制定管理应当同时符合证券监管相关规定。

三、国有股权转让的特别问题

国有股权转让属于国有资产转让行为。《企业国有资产法》第 51 条规定，“国有资产转让，是指依法将国家对企业的出资所形成的权益转移给其他单位或者个人的行为”。国有股权转让的特别问题源于我国国有资产监管体制的特殊性。国有股权转让包括在证券交易所的上市转让和非上市转让。《证券法》第 60 条规定：“国有独资企业、国有独资公司、国有资本控股公司买卖上市交易的股票，必须遵守国家有关规定。”这里的国家有关规定，主要是指《企业国有资产法》对包括国有股权在内的国有资产转让的有关规定。

《企业国有资产法》基于国有股东的特点和国有资产保值增值的要求，在第五章“关系国有资产出资人权益的重大事项”中专设一节“国有资产转让”，对包括国有股权在内的国有资产的转让作出了较为详细的规定。总体来看，这些规定多为限制性规定，也属于强制性规定，如果违反，行为人就要承担相应的法律责任。

（一）国有股权转让的基本原则

根据《企业国有资产法》的有关规定，国有股权转让应当遵循的基本原则包括：

1. 应当有利于国有经济布局和结构的战略性调整，防止国有资产损失，不得损害交易各方的合法权益。

2. 等价有偿和公开、公平、公正。

3. 向境外投资者转让的，应当遵守国家有关规定，不得危害国家安全和社会公共利益。

（二）国有股权转让的限制

国有股权转让，无论是涉及股份有限公司的股份，还是有限责任公司的股权，也无论是上市公司的股票还是非上市公司的股份，其转让与普通自然人或法人持有的股权的转让相比，都有或多或少的法定限制，包括转让条件、转让程序等方面的限制。

1. 股权转让的决定。国有股权转让是对国有资产的处分，理论上应当由国家股东作出决定，但国家股东涉及国家、政府、履行出资人职责的机构三个不同层次。《企业国有资产法》第 53 条根据国有股权不同情形的转让，对决定的机关作出了相应的规定：第一，国有股权转让由履行出资人职责的机构决定；第二，履行出资人职责的机构决定转让全部国有股权的，或者转让部分国有股权致使国家对该公司不再具有控股地位的，应当报请本级人民政府批准。

2. 股权转让的场所。《企业国有资产法》第 54 条第 2 款规定，“除按照国家规定可以直接协议转让的以外，国有资产转让应当在依法设立的产权交易场所公开进行”。从保证国有股权转让的“公开、公平、公正”原则来看，该款规定的“依法设立的产权交易场所”应当是指能够公开进行国有股权交易的场所，除了《证券法》上规定的证券交易所、国务院批准的其他全国性证券交易场所（新三板）外，还包括依照有关法规由省级人民政府批准设立的产权交易机构。其中，在证券交易所或新三板转让国有股权的，应当依照《证券法》的规定进行；在产权交易机构转让国有股权的，按照本款的规定，“转让方应当如实披露有关信息，征集受让方；征集产生的受让方为两个以上的，转让应当采用公开竞价的交易方式”。

3. 股权转让的价格。《企业国有资产法》第 55 条规定：“国有资产转让应当以依法评估的、经履行出资人职责的机构认可或者由履行出资人职责的机构报经本级人民政府核准的价格为依据，合理确定最低转让价格。”

4. 涉及关联交易的国有股权转让。《企业国有资产法》第 56 条规定，依照法律法规可以向本公司的董监高或者其近亲属，或者这些人员所有或者实际控制的企业转让的国有股权，在转让时，上述人员或者企业参与受让的，应当与其他受让参与者平等竞买；转让方应当按照国家有关规定，如实披露有关信息；相关的董监高不得参与转让方案的制定和组织实施的各项工作。

（三）国有股权转让中的股东优先购买权

国有股权转让中的股东优先购买权并不是在所有国有公司中都存在的，根据《公司法》将股东优先购买权置于有限责任公司股权转让部分，它只存在于国有资本控股或参股的有限责任公司。《公司法》第 84 条关于股东优先购买权的规定为：“股东向股东以外的人转让股权的，应当将股权转让的数量、价格、支付方式和期限等事项书面通知其他股东，其他股东在同等条件下有优先购买权。股东自接到书面通知之日起三十日内未答复的，视为放弃优先购买权。”《公司法司法解释（四）》第 22 条第 2 款专门就“在依法设立的产权交易场所转让有限责任公司国有股权”作出了特别的解释性规定，表明有限责任公司国有股权转让中的特别问题主要是由转让场所引致的，涉及《公司法》第 84 条中的“书面通知”“同等条件”在此类转让中如何正确适用的问题。

按照现行法律法规的规定，国有股权转让原则上应当通过产权交易场所进行，尽管目前可以进行国有股权转让的场所还包括证券交易所、新三板市场等，但由于这两类场所转让的都是股份有限公司的股票，不涉及股东优先购买权的问题，因此，有限责任公司国有股权转让中涉及优先购买权的法律适用问题，基本都发生于各地由省级政府批准设立的产权交易所。为此，国务院国资委 2009 年 6 月发布了《企业国有产权交易操作规则》，要求省级以上国资委选择确定的产权交易机构进行的企业国有产权交易适用该规则。各地产权交易所则根据该规则的要求分别制定了大同小异的相关交易规则，如北京产权交易所就于 2016 年 12 月专门出台了《北京产权交易所企业国有产权转让股东行使优先购买权操作细则》（以下简称《北京产权交易所细则》），上海联合产权交易所、天津产权交易中心、重庆联合产权交易所等也制定了类似的规则，对在该交易所进行的国有股权转让中涉及行使优先购买权的行为进行规制。由此也产生了国有股权转让中关于如何正确适用《公司法》的一些特别问题。

1. 关于书面通知

按照《公司法》第 84 条的规定，国有股权的转让方在股权转让时负有向有限责任公司其他股东通知的义务，而且必须采取“书面通知”的方式。关于在产权交易所转让国有股权时如何进行书面通知的法律规定，《公司法司法解释（四）》第 22 条第 2 款的要求是“可以参照产权交易场所的交易规则”，这意味着前述《企业国有产权交易操作规则》及相关产权交易所的规则可以适用于对书面通知的认定，从而涉及以下两个方面的问题：

（1）书面通知的形式。根据《企业国有产权交易操作规则》第 9 条的规定，转让方应当通过产权交易所发布产权转让公告，“转让方应当在产权转让公告中披露转让标的基本情况、交易条件、受让方资格条件、对产权交易有重大影响的相关信息、竞价方式的选择、交易保证金的设置等内容”。这种“产权转让公告”是否可以代替《公司法》上的“书面通知”？回答应当是否定的。因为通过产权交易所公开披露的公告并不具有法定的公示效力，优先购买权人也没有关注或阅读产权交易所公告的法定义务，所以，产权交易所发布的公告肯定不能代替法律要求的书面通知，国有股权的转让方在发布公告的同时，还应当履行单独对其他股东书面通知的义务。根据《北京产权交易所细则》的规定，转让方负有两次通知义务：一是在向产权交易所提交信息披露申请前，应就股权转让事项书面通知其他股东，征询其放弃或行使优先购买权的意见，并要将征询的意见予以披露；二是如果其他股东未放弃优先购买权，转让方应在公告发布之日起 5 日内就信息公告内容、行权期限、方式及后果等通知其他股东。

（2）书面通知的时间。书面通知的时间关系到优先购买权人的行权问题。《公司法》第 84 条只规定了优先购买权人自接到书面通知之日起的行权期间，即“三十日内未答复的，视为放弃优先购买权”，并未对转让人何时向优先购买权人发出书面通知作出规定。由于国有股权转让主要采取公开挂牌竞价转让的方式，在未成交时，交易价格具有较大的不确定性。如果转让人在发布公告的同时就书面通知优先购买权人，则无法满足对于作为书面通知中最重要必要事项的交易价格的法定要求，例如竞买成交的情形。实践中，为了兼顾交易效率和优先购买权人的行权，产权交易所有关规则均采取了公告时就通知优先购买权人的做法，如前述北京产权交易所要求在公告后的 5 日内书面通知优先购买权人。按此执行也势必出现这样的问题：缺少最终交易价格事项的书面通知能否视同为《公司法》上的书面通知？如果可以，《公司法》第 84 条规定的 30 日期间是否从此通知收到之日起算？根据前述《公司法司法解释（四）》关于书面通知“可以参照产权交易场所的交易规则”的规定，缺少最终交易价格事项的书面通知虽然可以视同《公司法》上的书面通知，但 30 日的法定期间是否从通知收到之日起算，还需要结合下面讨论的“同等条件”的适用来综合判定。

2. 关于同等条件

根据《公司法司法解释（四）》第 18 条的规定，判断是否符合《公司法》上的“同等条件”时，“应当考虑转让股权的数量、价格、支付方式及期限等因素”。通过产权交易所转让股权涉及的优先购买权如何适用“同等条件”的问题，按照该司法解释的规定也可以“参照”产权交易所的交易规则，其中最需要关注的应当是交易价格。根据《企业国有资产法》《企业国有产权交易操作规则》《北京产权交易所细则》的有关规定，在产权交易所进行国有股权转让采取公开竞价的方式，竞价形成的“最终报价”是认定“同等条件”最重要的内容。其涉及的问题较为复杂，有的还与前述的书面通知时间密切关联。

（1）场内行权与场外行权。产权交易所规则对优先购买权人的行权规定了场内行权和场外行权两种方式：所谓场内行权，是指优先购买权人在向交易所提出受让申请并交纳交易保证金后，就受让方的最终报价在同等条件下当场表态行使优先购买权的方式；所谓场外行权，是指优先购买权人未向交易所提出受让申请或未交纳交易保证金的，就受让方的最终报价在规定的期间内以书面形式表态行使优先购买权的方式。可见，无论是场内行权还是场外行权，受让方的最终报价是认定“同等条件”最为重要的标准。

需要说明的是,选择场内行权的优先购买权人并非直接的竞买受让人。按照《北京产权交易所细则》的规定,如果只有一个意向受让方,且只有一个场内行权的优先购买权人,由意向受让方在转让底价的基础上,再进行一次报价,该报价即为最终报价,优先购买权人以最终报价行权。如果采取场内行权的方式,优先购买权人就最终报价在同等条件下当场表态是否行使优先购买权;优先购买权人当场未表态的,视为放弃优先购买权。只有当转让方没有征集到意向受让方时,转让方才可以按照交易所规则与场内行权的优先购买权人成交;当场内行权的优先购买权人为两人或两人以上时,可以通过竞价确定受让方。

(2)优先购买权人行权的法律效力。受让方最终报价产生意味着同等条件的成就,即价格作为同等条件的最终参照已经形成,优先购买权人可以以此为购买价来行使优先购买权。优先购买权作为形成权,行权意味着产生阻断转让人与受让人拟成交的股权转让的效力,或者说行权具有依权利人单方意思表示就可以强制与转让人重新缔约的效力。

(3)行权期间的界定。行权期间是指优先购买权行权的有效期间,在期间内的行权能够产生法律效力,否则就视为放弃优先购买权或不产生法律效力的行为。《公司法》第 84 条第 2 款规定的"三十日"是普通股权转让中优先购买权的行权期间,当同等条件成就后,优先购买权人自接到书面通知之日起 30 日内未答复的,就"视为放弃优先购买权"。根据《公司法司法解释(四)》关于国有股权转让中优先购买权的行使可以参照产权交易所交易规则的规定,行权期间也可以区分场内行权和场外行权进行界定:

第一,场内行权的期间起算日可以按照前述关于参照产权交易所规则发出的书面通知时间来界定,即公告时就以书面方式通知优先购买权人并为其收到的时间。如果最终报价出现在法定的 30 天期间之内,优先购买权人当场表态行使优先购买权也属于在法定期间行权,行权即产生法律效力;如果出现《企业国有产权交易操作规则》第 20 条规定的"在规定的公告期限内未征集到符合条件的意向受让方"的情形,时间就会拖长,到最终报价出现时可能已经超过了法定的 30 天期间,此时应根据司法解释的规定参照产权交易所的交易规则,只要优先购买权人在最终报价出现时"当场表态行使优先购买权",也应视为在法定期间行权,行权产生法律效力。

第二,场外行权的期间起算日为何时?如果依场内行权的方式来界定,同样可能出现超出 30 天法定期间的情形。对此,《北京产权交易所细则》第 10 条规定,最终报价出现后的 3 个工作日内,转让方书面通知优先购买权人征询其是否行使优先购买权,优先购买权人收到转让方征询文件之日起 30 日内明确表示放弃行使优先购买权或逾期未表态的,则转让方与最终报价的受让方的股权转让成交。这一规定表明,场外行权的期间起算日为优先购买权人收到转让方的征询文件之日。尽管以此作为行权期间的起算日也符合司法解释关于参照适用产权交易所交易规则的规定,但显然会影响交易效率。笔者注意到,北京产权交易所该规则的出台时间早于《公司法司法解释(四)》,很有可能是因为考虑到不能违反《公司法》上的 30 天期间的规定才作出如此的设计。《公司法司法解释(四)》出台后,在可以按照该司法解释提供的空间来操作且不违反《公司法》的情况下,从兼顾交易效率和优先购买权人的行权利益考虑,完全可通过修改产权交易所的交易规则来缩短这一期间。

四、国有公司的内部控制、风险控制和合规管理

内部控制、风险控制和合规管理主要是针对大中型企业的管理制度。我国公司的这三项制度是进入本世纪后才逐步建立起来的，主要在国有公司和上市公司中实施。2023 年《公司法》修订，专门对国有公司的这三项制度作出了原则性的规定，新《公司法》第 177 条规定："国家出资公司应当依法建立健全内部监督管理和风险控制制度，加强内部合规管理。"

（一）内部控制和风险控制

国有公司的内部控制和风险控制主要依据国务院国资委发布的两个法规，即 2006 年 6 月发布的《中央企业全面风险管理指引》和 2019 年 10 月发布的《关于加强中央企业内部控制体系建设与监督工作的实施意见》。此外，国有公司根据不同的公司类型，在内部控制和风险控制上还应执行财政部、中国证监会、审计署等部门 2008 年 5 月发布的《企业内部控制基本规范》、中国证监会《上市公司治理准则》（2018 年修订）中的有关规定。关于公司内部控制和风险控制，本书第十四章第五节有较为详细的讨论，其中也涉及国有公司的内容，在此不赘述。

（二）合规管理

合规管理是国有公司近年来推进的一项制度，通过试行取得了较好的效果，在国有大中型公司中已经广泛推行。国务院国资委在 2018 年 11 月发布了《中央企业合规管理指引（试行）》，2023 年《公司法》修订正式将这一制度上升为法律，新《公司法》第 177 条中就涉及"加强内部合规管理"的内容。根据现有国有公司合规管理的法规和规范性文件，国有公司的合规是指公司及其员工的经营管理行为符合法律法规、监管规定、行业准则和企业章程、规章制度以及国际条约、规则等的要求。合规管理是指以有效防控合规风险为目的，以公司和员工经营管理行为为对象，开展包括制度制定、风险识别、合规审查、风险应对、责任追究、考核评价、合规培训等有组织、有计划的管理活动。由此可见，国有公司的合规管理具有四个主要特点：第一，合规管理是主要针对国有大型公司、上市公司和重点公司实施的一项制度，实施目的在于提升公司依法合规经营管理水平，打造法治国企，保障公司持续健康发展；第二，合规管理以公司和公司员工的经营管理行为为管理对象，其中公司作为法人，其行为是通过公司机关合规运作体现的，公司员工的经营管理行为属于职务行为；第三，合规管理不仅要求行为人遵守法律法规，而且还要遵守监管规定、行业准则、公司章程、规章制度、国际条约等属于软法范畴的行为规范；第四，合规的内容是通过合规管理来防控合规风险，所谓合规风险，是指公司及其员工因不合规行为，引发法律责任，受到相关处罚而造成经济或声誉损失以及其他负面影响的可能性。

按照《中央企业合规管理指引（试行）》（本章以下简称《合规管理指引》）的规定，属于央企的国有公司在合规管理上的要点主要包括：

1. 合规管理职责划分。合规管理是关系公司整体的管理工作。国资委负责指导监督公司的合规管理工作；公司董事会、监事会、经理层从公司治理和法定职责上都对合规管理负有相应的责任；公司应当设立合规委员会，与公司法治建设领导小组或风险控制委员会等合署，承担合规管理的组织领导和统筹协调工作，定期召开会议，研究决定合规管理重大事项或提出意

见建议,指导、监督和评价合规管理工作,由公司相关负责人或总法律顾问担任合规管理负责人;公司业务部门负责本领域的日常合规管理工作;监察、审计、法律、内控、风险管理、安全生产、质量环保等相关部门,在职权范围内履行合规管理职责。

2. 合规管理重点。按照《合规管理指引》,公司合规管理重点包括重点领域、重点环节和重点人员,这些重点也是公司容易出现合规风险的地方。其中重点领域包括市场交易、安全环保、产品质量、劳动用工、财务税收、知识产权、商业伙伴等;重点环节包括制度制定环节、经营决策环节、生产运营环节等;重点人员包括管理人员、重要风险岗位人员、海外人员等。海外投资经营行为也是合规管理需要强化的内容。

3. 合规管理内容。按照《合规管理指引》,公司的合规管理内容包括:第一,建立健全合规管理制度,制定全员普遍遵守的合规行为规范,针对重点领域制定专项合规管理制度,并根据法律法规变化和监管动态,及时将外部有关合规要求转化为内部规章制度。第二,建立合规风险识别预警机制,全面系统梳理经营管理活动中存在的合规风险,对风险发生的可能性、影响程度、潜在后果等进行系统分析,对于典型性、普遍性和可能产生较严重后果的风险及时发布预警。第三,加强合规风险应对,针对发现的风险制定预案,采取有效措施,及时应对处置。对于重大合规风险事件,合规委员会统筹领导,合规管理负责人牵头,相关部门协同配合,最大限度化解风险、降低损失。第四,建立健全合规审查机制,将合规审查作为规章制度制定、重大事项决策、重要合同签订、重大项目运营等经营管理行为的必经程序,及时对不合规的内容提出修改建议,未经合规审查不得实施。第五,强化违规问责,完善违规行为处罚机制,明晰违规责任范围,细化惩处标准。畅通举报渠道,针对反映的问题和线索,及时开展调查,严肃追究违规人员责任。第六,开展合规管理评估,定期对合规管理体系的有效性进行分析,对重大或反复出现的合规风险和违规问题,深入查找根源,完善相关制度,堵塞管理漏洞,强化过程管控,持续改进提升。

五、国有公司违规经营投资的追责制度

国有公司因代理链条长故而在“代理问题”上存在特殊性,由此作为公司经营者的董事高管成为公司治理的重点,尤其是作为“一把手”的董事长和总经理,应当是公司治理中要抓住的“关键少数”。因此,在加强监督制衡的同时,应当从国有公司治理的特殊性出发,建立起国有公司经营投资的问责追责机制。国有公司还存在一些突出的问题,如“管理不规范、内部人控制严重、企业领导人员权力缺乏制约、腐败案件多有发生等”。[①] 2023 年修订的《公司法》结合董事会职能的扩大也加强了董监高信义义务和责任的约束,但这些都是针对所有公司作出的普适性规定,还缺乏一定的针对性。2016 年 8 月发布的《国务院办公厅关于建立国有企业违规经营投资责任追究制度的意见》(以下简称《国企违规责任追究意见》)根据国有企业代理链条长的特点,对违规经营投资行为的问责追责作出了较为系统的规定,主要指向国有公司经营者、决策者的偷懒怠惰、不负责任随意决策、失职渎职、以权谋私、贪污受贿等行为。

建立健全责任追究制度是依法治国、法治社会的重要体现,已经成为近年来我国政治经济

---

① 2015 年 10 月发布的《国务院办公厅关于加强和改进企业国有资产监督防止国有资产流失的意见》。

生活的新常态，包括党政领导干部责任追究制度在内的各类责任追究制度都在不断完善。国有公司的管理者是国有资产的经营者和代理人，要保证管理者的行为在“代理”中不发生目标的偏移，需要从激励和约束两个方面来缩小和消除差距，其中约束就是要强化相应的责任，通过责任追究制度来督促经营管理人员勤勉尽职，为全民守护好宝贵的国有资产，使之实现保值增值，避免国有资产的流失。《国企违规责任追究意见》明确要求：“在 2020 年年底前，全面建立覆盖各级履行出资人职责的机构及国有企业的责任追究工作体系，形成职责明确、流程清晰、规范有序的责任追究工作机制，对相关责任人及时追究问责，国有企业经营投资责任意识和责任约束显著增强。”

（一）追责范围

根据《国企违规责任追究意见》，违规经营投资包括九个方面的内容：

1. 集团管控方面。所属子企业发生重大违纪违法问题，造成重大资产损失，影响其持续经营能力或造成严重不良后果；未履行或未正确履行职责致使集团发生较大资产损失，对生产经营、财务状况产生重大影响；对集团重大风险隐患、内控缺陷等问题失察，或虽发现但没有及时报告、处理，造成重大风险等。

2. 购销管理方面。未按照规定订立、履行合同，未履行或未正确履行职责致使合同标的价格明显不公允；交易行为虚假或违规开展“空转”贸易；利用关联交易输送利益；未按照规定进行招标或未执行招标结果；违反规定提供赊销信用、资质、担保（含抵押、质押等）或预付款项，利用业务预付或物资交易等方式变相融资或投资；违规开展商品期货、期权等衍生业务；未按规定对应收款项及时追索或采取有效保全措施等。

3. 工程承包建设方面。未按规定对合同标的进行调查论证，未经授权或超越授权投标，中标价格严重低于成本，造成企业资产损失；违反规定擅自签订或变更合同，合同约定未经严格审查，存在重大疏漏；工程物资未按规定招标；违反规定转包、分包；工程组织管理混乱，致使工程质量不达标，工程成本严重超支；违反合同约定超计价、超进度付款等。

4. 转让产权、上市公司股权和资产方面。未按规定履行决策和审批程序或超越授权范围转让；财务审计和资产评估违反相关规定；组织提供和披露虚假信息，操纵中介机构出具虚假财务审计、资产评估鉴证结果；未按相关规定执行回避制度，造成资产损失；违反相关规定和公开公平交易原则，低价转让企业产权、上市公司股权和资产等。

5. 固定资产投资方面。未按规定进行可行性研究或风险分析；项目概算未经严格审查，严重偏离实际；未按规定履行决策和审批程序擅自投资，造成资产损失；购建项目未按规定招标，干预或操纵招标；外部环境发生重大变化，未按规定及时调整投资方案并采取止损措施；擅自变更工程设计、建设内容；项目管理混乱，致使建设严重拖期、成本明显高于同类项目等。

6. 投资并购方面。投资并购未按规定开展尽职调查，或尽职调查未进行风险分析等，存在重大疏漏；财务审计、资产评估或估值违反相关规定，或投资并购过程中授意、指使中介机构或有关单位出具虚假报告；未按规定履行决策和审批程序，决策未充分考虑重大风险因素，未制定风险防范预案；违规以各种形式为其他合资合作方提供垫资，或通过高溢价并购等手段向关联方输送利益；投资合同、协议及标的企业公司章程中国有权益保护条款缺失，对标的企业管理失控；投资参股后未行使股东权利，发生重大变化未及时采取止损措施；违反合同约定提前支付并购价款等。

7. 改组改制方面。未按规定履行决策和审批程序;未按规定组织开展清产核资、财务审计和资产评估;故意转移、隐匿国有资产或向中介机构提供虚假信息,操纵中介机构出具虚假清产核资、财务审计与资产评估鉴证结果;将国有资产以明显不公允低价折股、出售或无偿分给其他单位或个人;在发展混合所有制经济、实施员工持股计划等改组改制过程中变相套取、私分国有股权;未按规定收取国有资产转让价款;改制后的公司章程中国有权益保护条款缺失等。

8. 资金管理方面。违反决策和审批程序或超越权限批准资金支出;设立"小金库";违规集资、发行股票(债券)、捐赠、担保、委托理财、拆借资金或开立信用证、办理银行票据;虚列支出套取资金;违规以个人名义留存资金、收支结算、开立银行账户;违规超发、滥发职工薪酬福利;因财务内控缺失,发生侵占、盗取、欺诈等。

9. 风险管理方面。内控及风险管理制度缺失,内控流程存在重大缺陷或内部控制执行不力;对经营投资重大风险未能及时分析、识别、评估、预警和应对;对企业规章制度、经济合同和重要决策的法律审核不到位;过度负债危及企业持续经营,恶意逃废金融债务;瞒报、漏报重大风险及风险损失事件,指使编制虚假财务报告,企业账实严重不符等。

(二)资产损失认定

资产损失程度的大小是追责的主要依据。对违规行为的界定在很多地方都与损失直接相关,没有损失就不一定追责。损失包括了金额和影响两个方面的内容,金额通过计量方法来确定,影响则需要结合违法行为来综合判定。

1. 直接损失和间接损失。直接损失是与相关人员行为有直接因果关系的损失金额及影响,具体指因违规行为造成的财产减少,如国有资产的灭失、减少、毁损等;间接损失是由相关人员行为引发或导致的除直接损失外能够确认计量的其他损失金额及影响,一般是指可得利益,即预期的收益或利润。间接损失的认定往往建立在直接损失的基础之上,也就是说,直接损失是计量间接损失的前提。

2. 一般资产损失、较大资产损失和重大资产损失。这是关于损失程度大小的界定,涉及违纪违法和犯罪行为查处的损失标准,应当遵照相关党内法规和国家法律法规的规定执行;涉及其他责任追究处理的,由履行出资人职责的机构和国有企业根据实际情况制定资产损失程度划分标准。

划分一般损失、较大损失和重大损失的意义在于:第一,追责的方式不同。如果是一般损失,则不涉及扣减薪酬的问题,只有达到较大损失和重大损失的程度,才会采取扣减薪酬的追责方式,而且较大损失和重大损失扣减薪酬的金额也有区别。第二,追责的主体不同。一般资产损失由本公司依据相关规定自行开展责任追究工作,上级企业或履行出资人职责的机构认为有必要的,可直接组织开展;达到较大或重大资产损失标准的,应当由上级企业或履行出资人职责的机构开展责任追究工作;多次发生重大资产损失或造成其他严重不良影响、资产损失金额特别巨大且危及企业生存发展的,应当由履行出资人职责的机构开展责任追究工作。

3. 资产损失的金额及影响的认定。对此可根据司法、行政机关出具的书面文件,具有相应资质的会计师事务所、资产评估机构、律师事务所等中介机构出具的专项审计、评估或鉴证报告,以及企业内部证明材料等进行综合研判认定。相关经营投资虽尚未形成事实损失,经中介机构评估在可预见未来将发生的损失,可以认定为或有资产损失。

(三)经营投资责任认定

经营投资责任根据工作职责划分为直接责任、主管责任和领导责任。按照《国企违规责任追究意见》的规定,不同责任与追责处理的方式和程度相联系。如扣减薪酬上,直接责任人和主管责任人就比领导责任人承担的责任要重。

1. 直接责任。是指相关人员在其工作职责范围内,违反规定,未履行或未正确履行职责,对造成的资产损失或其他不良后果起决定性直接作用时应当承担的责任。直接责任具有两个重要特点:一是属于主动作为的责任;二是属于故意行为的责任。公司负责人承担直接责任的情形包括:第一,本人或与他人共同违反国家法律法规和公司内部管理规定;第二,授意、指使、强令、纵容、包庇下属人员违反国家法律法规和公司内部管理规定;第三,未经民主决策、相关会议讨论或文件传签、报审等规定程序,直接决定、批准、组织实施重大经济事项,并造成重大资产损失或其他严重不良后果;第四,主持相关会议讨论或以文件传签等其他方式研究时,在多数人不同意的情况下,直接决定、批准、组织实施重大经济事项,造成重大资产损失或其他严重不良后果;第五,将按有关法律法规制度应作为第一责任人(总负责)的事项、签订的有关目标责任事项或应当履行的其他重要职责,授权(委托)其他领导干部决策且决策不当或决策失误造成重大资产损失或其他严重不良后果。

2. 主管责任。是指相关人员在其直接主管(分管)工作职责范围内,违反规定,未履行或未正确履行职责,对造成的资产损失或不良后果应当承担的责任。主管责任属于不作为的责任,不作为即应当做而没有做的行为,从主观上有故意也有过失。

3. 领导责任。是指主要负责人在其工作职责范围内,违反规定,未履行或未正确履行职责,对造成的资产损失或不良后果应当承担的责任。其特点与主管责任相同,主要负责人一般指单位的“一把手”,副职往往承担主管责任。

(四)责任方式

1. 组织处理。包括批评教育、责令书面检查、通报批评、诫勉、停职、调离工作岗位、降职、改任非领导职务、责令辞职、免职等。

2. 扣减薪酬。扣减和追索绩效年薪或任期激励收入,终止或收回中长期激励收益,取消参加中长期激励资格等。

3. 禁入限制。5 年内直至终身不得担任国有公司董监高。

4. 纪律处分。由相应的纪检监察机关依法依规查处。

5. 移送司法机关处理。针对的是触犯刑律,应当追究刑事责任的犯罪行为。《刑法》上有一些专门针对国有公司经营管理人员的犯罪。这些犯罪包括第 165 条规定的“非法经营同类营业罪”、第 166 条规定的“为亲友非法牟利罪”、第 167 条规定的“签订、履行合同失职被骗罪”、第 168 条规定的“国有公司、企业、事业单位人员失职罪”和“国有公司、企业、事业单位人员滥用职权罪”、第 169 条规定的“徇私舞弊低价折股、出售公司、企业资产罪”,这些犯罪的主体直接指向国有公司董事、经理、工作人员、直接负责的主管人员和国有公司上级主管部门直接负责的主管人员。另外,《刑法》第271条、第272条关于公司人员"职务侵占罪"和"挪用资金罪"的规定都还单列一款,规定"国有公司、企业或者其他国有单位中从事公务的人员和国有公司、企业或者其他国有单位委派到非国有公司、企业以及其他单位从事公务的人员"有前述行为的,应当按照"贪污罪"和"挪用公款罪"定罪处罚。

第十二章　公司董事、监事、高管的资格和义务

公司董事、监事、高管在公司法理上可合称为公司负责人。由于其地位的特殊性，《公司法》设专章规定了公司负责人的资格和义务。

第一节　公司负责人的资格和义务概论

公司法学者普遍认为，公司负责人义务是公司治理的核心内容之一，也是整个公司制度的核心内容之一，具有很强的理论性和实践性。在许多讨论公司治理的论著中，公司负责人义务都以“董事义务”的概念来表述，董事义务成为使用频率非常高的一个术语，也集中体现了作为本章主题的公司负责人的资格和义务的含义：第一，在公司负责人的资格和义务中，资格是担任公司负责人职位的条件，其约束力主要限于准入；而义务是公司负责人履行职责的行为规范，其约束力存在于公司存续的全过程，公司治理对义务规范的需求显然更多也更为具体。资格条件在《公司法》上主要体现为消极条件，即不得担任公司负责人的条件，因此，资格也可以视为一种义务。第二，从公司负责人法定义务的排序看，董事义务是最多也是最重的，其次是高管，再次是监事，而且监事的主要义务就是对董事高管的履职行为进行监督。因此，《公司法》对公司负责人义务规范的配置主要指向了董事和高管，其中董事义务又最具有代表性。就董事会和经营管理层都属于公司业务执行机关，且公司内部董事常常又兼有经理等高管职务而言，也可以认为董事义务涵盖了高管义务。第三，如同公司治理关于“董事会中心主义”的讨论一样，强调董事会的地位和作用并不意味着对其他公司机关职能的否定，同样，强调董事义务也并非对其他公司负责人义务的取代，而是突出董事义务的重要性，因此，董事义务应当是公司负责人义务最为集中的体现。也正是在这个意义上，本节表述的董事义务，在有的情形下也可以作为公司负责人义务的代称和简称。

对公司负责人义务的重视源于公司治理中的“代理问题”。公司作为法人，其运营关系到众多相关者的利益，公众型公司尤其是上市公司的“两权分离”带来了公司法人特有的“代理问题”，公司负责人作为公司机关成员和公司最重要的管理者，同时又是众多利益相关者的代理人。研究表明，包括股东在内的利益相关者与公司管理者始终存在利益冲突。公司治理的重要目标，就是建立和完善一系列机制来协调缓和利益相关者与公司管理者之间存在的利益冲突。在公司“代理问题”中，公司负责人代表公司从事的职务行为存在较高的“道德风险”，而且这种风险与两权分离的程度成正比，分离程度越大，风险越高。这就需要通过法律来对以董事为代表的公司负责人的行为进行强力约束，遏制和减少其可能出现的偷懒怠惰、不负责任或为谋求私利而损害公司及其利益相关者的“败德”行为。公司负责人义务作为董监高应当为一定行为或不为一定行为的必要性，对董监高行使公司权力的行为构成制约。公司发展的

历史和现实证明,公司管理者能否正确行使手中的权力,除了需要从制度上建立相应的监督机制外,还应当要求权力执掌者具备较高的个人素质。因此,从法律上要求公司管理者符合一定的资格条件并对其设置相应的义务和责任很有必要。我国《公司法》从中国实际出发,将公司董事、监事、高管的资格和义务独立列章规定,不仅凸显该部分内容的重要性,而且对于完善我国公司治理结构,保护公司和股东的利益,促进职业公司管理者队伍的成长和成熟,具有十分重要的现实意义。

《公司法》第八章关于公司负责人的资格和义务的规定有几个值得关注的特点:

1. 资格条件适用于所有公司类型的公司负责人,无论是股份有限公司还是有限责任公司,也无论是国有公司还是民营公司,担任董监高职务都统一适用《公司法》第八章规定的资格条件。不仅如此,《公司法》在董监高的资格条件上也采取了不加区别的同一标准,即董事、监事、高管任职资格的基本标准完全同一,不分彼此,不符合担任董事资格条件的自然人,也不适合担任监事和经理。

关于高管的范围,《公司法》第 265 条第 1 项将其解释为"公司的经理、副经理、财务负责人,上市公司董事会秘书和公司章程规定的其他人员"。这一列举不仅明确了受资格条件和相关义务约束的高管人员范围,而且还授权公司可以通过章程将法律未列举的人员纳入公司的高管范围,如实践中一些公司设置的总裁、首席执行官、财务总监、总会计师、总法律顾问等人员。

2. 公司负责人的义务与法律责任密切相关。义务与责任在有的情形下是作为相同概念使用的,因为广义的责任也包括义务,如公司社会责任就是指公司的一种社会义务。但从立法上看,法律责任更多的是从狭义上使用的概念,是指不履行法律义务应当承担的后果。《公司法》主要是从狭义上界定公司负责人的义务和责任。换言之,《公司法》第八章中规定的义务和责任是有区别的。如《公司法》第 179 ~ 185、187 条是关于公司负责人的义务的规定;而第 186、188、191、192 条则是关于公司负责人法律责任的规定。《公司法》关于公司负责人的义务和责任的配置并不完全对等:法律义务是针对所有董监高的规定,而法律责任则有的只涉及董事和高管,并不包括监事在内。之所以如此,主要是考虑到董监高担负不同职责。董监高作为担负三类不同职责的人员,各自在公司中的法律地位是有差异的。董事处于公司经营决策者的地位,高管处于公司行政管理者的地位,监事处于公司事务监督者的地位。从权力的分配上看,公司董事和高管显然要优于监事,是公司权力主要执掌者。基于监事本身就是作为董事、高管的监督者而存在,其法律义务主要是履行监督职责,因此,法律对公司负责人的责任约束也应主要指向董事、高管。《公司法》虽然对董监高三者的义务规定了相同的内容,但在责任规定上却有明显的差异:如《公司法》第 191 条关于赔偿责任和第 192 条关于连带责任的规定,其适用主体就没有将公司监事纳入其中。

3.《公司法》关于"忠实义务"和"勤勉义务"的规定是对公司负责人的基本义务要求。严格来讲,公司负责人的义务十分宽泛,涵盖公司营运全过程的方方面面。但《公司法》第八章作为公司负责人义务的专章规定,并没有面面俱到,只对最能体现公司负责人与公司及其股东关系的基本义务作出规定,也即忠实义务和勤勉义务。对于忠实义务和勤勉义务,公司法学界还有不同的概括,有的将其合称为诚信义务,①也有的将其合称为受信义务,②但更多学者将其合称为信义义务。无论哪种称谓,学者们对其解读都是基于信托关系和代理关系,不同称谓主要是出于翻译理解上的差异。本书采用多数学者认同的信义义务作为合称。从信托关系上看,公司作为合资性质的法人组织,公司负责人无论是否为控股股东,其以公司名义从事的行为,都是对公司独立财产的一种支配行为,代表着公司及全体股东的利益,体现出公司及全体股东与公司负责人之间的信赖和委托关系。公司负责人应当"受人之托、忠人之事",尽职尽责,真正体现公司法人的意志和全体股东的利益。近年来,随着公司法研究的深入,一些学者认为,公司负责人的信义义务不仅应当包括忠实义务和勤勉义务,还应包括合规义务、善意义务、公平义务、信息披露义务等内容;也有学者认为,目前我国确立合规制度的基础性条件尚欠缺,但以适当方式确立董事善意义务规则是完全可行的。③

4. 公司控股股东和实际控制人在特定的场景下也应承担公司负责人的义务和责任。实践中控股股东往往都担任了公司负责人,但也有例外,而实际控制人不担任公司负责人的情况较为普遍。由于控股股东和实际控制人法律地位的特殊性,无论其是否担任公司负责人,公司都可能受其控制,使之很可能居于公司实际负责人的地位。在这种情形下,如果让其完全逃逸于公司负责人的义务约束之外是不公平的。2023 年《公司法》修订专门增加两个方面的内容:第一,借鉴一些国家公司法规制"事实董事"或"影子董事"的做法,④《公司法》在第 180 条第 1 款、第 2 款规定董监高对公司负有忠实义务和勤勉义务的同时,还在第 3 款明确规定:"公司的控股股东、实际控制人不担任公司董事但实际执行公司事务的,适用前两款规定。"第二,考虑到控股股东、实际控制人与公司负责人因处于不同地位在具体行为上还存在一定的差异,《公司法》第 192 条规定:"公司的控股股东、实际控制人指示董事、高级管理人员从事损害公司或者股东利益的行为的,与该董事、高级管理人员承担连带责任。"

第二节 公司负责人的资格

公司负责人的资格也即该类人员的任职条件。鉴于董事、监事、高管职位的重要性,各国公司法无不对其规定相应的任职资格。在公司法理上,任职资格包括积极资格和消极资格。积极资格即任职必须具备的条件,或者说,具备这些条件才可以选任为公司负责人;消极资格即不得任职的条件和情形,或者说,具备这些条件或情形就不能选任为公司负责人。

一、积极资格

我国《公司法》对公司负责人的积极资格没有作出明确集中的规定,从比较法和我国公司实践看,公司负责人的积极资格涉及以下条件。

① 参见邓峰:《普通公司法》,中国人民大学出版社 2009 年版,第 438 ~ 439 页。
② 参见施天涛:《公司法论》(第 4 版),法律出版社 2018 年版,第 406 页。
③ 参见王建文:《论董事"善意"规则的演进及其对我国的借鉴意义》,载《比较法研究》2021 年第 1 期。
④ 如《英国 2006 年公司法》第 251 条的规定。参见本书第十章第二节关于"董事"的讨论。

(一)持股条件

持股条件即担任公司负责人是否需要持有本公司一定比例的股份为前提。随着职工监事的普遍存在以及经理人员职业化的发展趋势,各国公司法对于公司监事和高管人员均无持股条件的要求。但对董事却有不同的立法例:第一,肯定式。法律明文规定董事依法应持有一定数额的资格股,否则不能担任董事职务,如法国、英国。[①] 第二,否定式。法律和公司章程均不得强行规定董事须为公司股东,如日本。[②] 第三,折衷式。董事的选任无资格股的限制,但允许公司章程约定董事须为公司股东,如德国和美国。三种模式各有长短:"英国立法,旨在谋求公司基础的稳固,董事须持有一定数额的股份,其与公司的利害关系较为密切,对于公司的业务更能认真执行;日本现制,旨在谋求公司经营的便利,其董事选任资格既无限制亦可与股东以外求才,而适应企业所有与企业经营分离之趋势。至于德美两国则折衷于英日两国。就其立制而言,孰优孰劣,何去何从,因依各国情定之,殊难一概而论。"[③]

我国公司实践中尽管董事持有公司股份是十分普遍的现象,但《公司法》未将持股作为董事任职条件来规定。之所以如此,主要是考虑到董事会是公司的经营决策机构,为了保证科学决策,需要更多高素质人士的参与,而持股的条件则限制了公司经理人员和社会专家成为董事的可能,也不利于独立董事制度的推行。另外,国有独资公司的董事,按照《公司法》的规定,或是由履行出资人职责的机构委派,或是由职工代表大会选举产生,也不可能持有公司股份。因此,公司股东及非股东均可被选任为董事。

(二)国籍条件

任职的国籍条件主要是指公司负责人是否只限于本国人。多数国家对此没有限制,董事、监事、高管既可以是本国人,也可以是外国人。但也有一些国家限制担任该几种职务的自然人的国籍或居民身份。[④] 我国《公司法》对公司负责人的国籍没有直接限制,但对股份有限公司发起人的住所则有限制,根据《公司法》第 92 条的规定,须有半数以上的发起人在中国境内有住所。由于发起人在公司成立后多为公司负责人,而住所又往往可能与国籍密不可分,所以,这一规定也可认为是对公司负责人国籍的间接限制。

---

① 《法国商事公司法》第 95 条规定:"每位董事必须拥有一定数量的公司股份,该数量由公司章程确定,但不得低于公司章程规定的股东有权参加普通股东大会所持有的股份数。董事在被任命的当天不拥有要求数量的股份,或在其任职期间停止拥有这一数量的股份时,如未在 3 个月的期限内依法纠正此状况,视为自动辞职。"英国曾规定董事应持有一定数额的资格股份,未具备此种资格者,应于选任后 2 个月内获得。参见[英]迈恩哈特:《欧洲九国公司法》,赵旭东等译,中国政法大学出版社 1988 年版,第 26 页。

② 《日本公司法》第 331 条规定:股份有限公司不得在章程中规定董事需为股东的意旨。但属于非公众公司的股份有限公司除外。

③ 林咏荣:《公司董监资格股问题的商榷》,载林咏荣主编:《商事法论文选辑》(上册),台北,五南图书出版公司 1984 年版,第 133 页。

④ 如法国规定,除少数例外,外国人可以成为董事。除欧洲经济共同体国民外,外国人欲成为法国公司的董事长或总经理须持有外国商人证。瑞典规定:"董事、常务董事必须是在瑞典居住的瑞典籍公民,然而瑞典商业部门可以批准放宽上述限制,但其前提是公司董事会中 2/3 以上的成员是居住在瑞典的瑞典籍公民。""如果公司未能按上述规定组成董事会或任命常务董事,并将这一情况通知注册机构的话,将会导致公司的清算。"参见毛亚敏:《公司法比较研究》,中国法制出版社 2001 年版,第 179 页。

(三)身份条件

身份条件即具备何种身份可以担任公司负责人。这里主要讨论两个问题:

1. 公司董事是否只限于自然人,或者说法人能否担任公司董事?一些国家,如英国、比利时、荷兰规定,法人可以担任董事,但须指定一名有行为能力的人作其常任代表;而另一些国家,如美国、德国、奥地利、意大利、瑞士、丹麦、瑞典等规定,董事须是自然人,法人不能担任董事。从我国《公司法》第八章的规定来看,法律关于公司负责人的资格、义务和责任都是针对自然人设定的,因此,包括董事在内的公司负责人只能由自然人担任,法人不能担任董事。

2. 公司董事在其他公司兼任董事是否受到限制?多数国家对此没有明确的规定,但《法国商事公司法》第92条规定:"同一自然人不得同时担任8个以上公司住所设在法国本土的股份有限公司董事会的董事。"我国《公司法》没有对董事的兼职作出直接规定,但《上市公司治理准则》第22条第1款规定,董事应当保证有足够的时间和精力履行其应尽的职责。《上市公司独立董事管理办法》第8条规定,独立董事原则上最多在3家境内上市公司担任独立董事,并应当确保有足够的时间和精力有效地履行独立董事的职责。

(四)年龄条件

年龄条件即董事、监事、高管任职的年龄限制,包括最高年龄和最低年龄的限制。有的国家和地区规定了最高年龄和最低年龄限制,①我国《公司法》上的董事、监事、高管均由自然人担任,法律对其年龄的上限没有强制性规定,但对下限则有间接的规定。根据《公司法》第178条关于公司负责人不得是"无民事行为能力或者限制民事行为能力"的规定,结合《民法典》第17条和第18条的规定,董事、监事、高管必须由18周岁以上的公民担任。

值得说明的是,《民法典》第18条第2款规定:"十六周岁以上的未成年人,以自己的劳动收入为主要生活来源的,视为完全民事行为能力人。"一般来讲,这种人应该是以自己的独立劳动取得固定的或者连续且较稳定的收入,并能以此维持当地群众的一般生活水平,基本具备独立生活能力。虽然法律赋予这部分人与成年人相同的法律地位,但在公司实践中,由于对工作性质与社会阅历的要求,一般都不太可能由这个年龄层次的人来担任公司负责人的职务。

(五)业务能力和品行条件

对于担任董监高的业务能力和品行条件,我国《公司法》没有作出普适性的规定,但也有法律法规对一些专业性公司或专门董事作出了相应的规定。如《证券法》第124条规定:"证券公司的董事、监事、高管,应当正直诚实、品行良好,熟悉证券法律、行政法规,具有履行职责所需的经营管理能力。"《上市公司独立董事管理办法》第7条要求上市公司独立董事应当具备上市公司运作的基本知识,熟悉相关法律法规和规则;具有5年以上履行独立董事职责所必需的法律、会计或者经济等工作经验;具有良好的个人品德,不存在重大失信等不良记录。

---

① 如《法国商事公司法》规定,章程应规定担任董事职务的年龄限制;章程未作明确规定的,高于70岁的董事人数不得超过在职董事人数的1/3。任何违反此规定的任命,一律无效。董事长和总经理的年龄不得超过65岁,达到年龄限制的,视为自动辞职。

二、消极资格

我国《公司法》对公司负责人资格的有关规定，几乎都属于消极资格的内容。《公司法》第178条第1款规定，具有下列(一)至(六)情形之一的不得担任公司的董事、监事和高管。

(一)无民事行为能力或者限制民事行为能力的人

依照我国《民法典》及相关规定，无民事行为能力的人包括三类：一是不满8周岁的未成年人；二是8周岁以上不能辨认自己行为的未成年人；三是不能辨认自己行为的成年人。限制民事行为能力的人包括两类：一是8周岁以上的未成年人；二是不能完全辨认自己行为的成年人。限制民事行为能力人可以从事某些民事活动，在其相应的民事行为能力范围内的行为有效，同时具有一定的民事责任能力，但不能承担公司负责人的职责。所以，未满18周岁的人、不能辨认自己行为和不能完全辨认自己行为的成年人不能担任公司的董监高。

(二)犯罪后未达到一定期限的人员

按照《公司法》第178条第1款第2项的规定，因贪污、贿赂、侵占财产、挪用财产或者破坏社会主义市场经济秩序，被判处刑罚，或者因犯罪被剥夺政治权利，执行期满未逾5年，被宣告缓刑的，自缓刑考验期满之日起未逾2年，不能担任公司董监高。对于《公司法》规定的这一消极资格，有三个方面的内容值得注意：

1. 法律该项限制的第一类人是某些曾以贪利和私欲为明显动机而犯罪的人，这里将其统称为经济犯罪。其中含有三个要件：一是只能限于列举范围的人，即具有贪污、贿赂、侵占财产、挪用财产或者破坏社会主义市场经济秩序行为的人。其中"贿赂"包括受贿、单位受贿、行贿、对单位行贿、介绍贿赂、单位行贿等行为；"破坏社会主义市场经济秩序"应当与《刑法》第三章规定的"破坏社会主义市场经济秩序罪"的行为相对应。二是这些人因自己的行为而受刑罚处罚，这里的"刑罚"包括《刑法》规定的主刑和附加刑。三是其刑罚执行期满后的时间尚未逾5年。这三点条件缺一不可，否则不在限制之列。

2. 法律该项限制的第二类人是犯罪被判剥夺政治权利的人。剥夺政治权利作为我国刑罚附加刑的一种，性质上是比较重的刑罚，主要适用于危害国家安全的犯罪和其他严重破坏社会秩序的犯罪，不适用于罪行较轻的一般刑事犯罪。这一限制含有两个要件：一是犯罪人的犯罪行为受到剥夺政治权利的刑罚处罚；二是刑罚执行期满尚未超过5年。这两个要件须同时具备。另外，在具体认定时应该注意剥夺政治权利的刑期起算问题。

3. 法律该项限制的第三类人是犯罪被宣告缓刑的人。这是2023年《公司法》修订时新增的类型。根据《刑法》第72～73条的规定，对于被判处拘役、3年以下有期徒刑的犯罪分子，对其中不满18周岁的人、怀孕的妇女和已满75周岁的人，应当宣告缓刑；如果同时符合犯罪情节较轻、有悔罪表现、没有再犯罪的危险、宣告缓刑对所居住社区没有重大不良影响的条件的，可以宣告缓刑。缓刑有考验期限，拘役的缓刑考验期限为原判刑期以上1年以下，但是不能少于2个月；有期徒刑的缓刑考验期限为原判刑期以上5年以下，但是不能少于1年。缓刑考验期限，从判决确定之日起计算。《公司法》对该类人员任职董监高的限制为"自缓刑考验期满之日起未逾二年”。

(三)对企业破产负有个人责任的负责人

按照《公司法》第178条第1款第3项的规定,担任破产清算的公司、企业的董事或者厂长、经理,对该公司、企业的破产负有个人责任的,自该公司、企业破产清算完结之日起未逾3年的,不能担任公司董监高。对《公司法》规定的这一消极资格需要关注的是:

1. 该项所指公司、企业被进行的是破产清算,而不是其他类型的解散清算。按照《企业破产法》第2条的规定,破产清算是企业法人不能清偿到期债务,并且资产不足以清偿全部债务或者明显缺乏清偿能力,被人民法院宣告破产的情形。根据《企业破产法》的规定,公司、企业进入破产程序后并不一定都要进行破产清算,与破产清算程序并列的还有重整程序和和解程序,如果公司、企业执行完毕人民法院批准的重整计划或按照人民法院认可的和解协议规定的条件清偿债务,也可以不进入破产清算程序。

2. 董事或者厂长、经理对破产负有个人责任是构成法律该项限制的必要条件。法律之所以要在此强调“个人责任”,主要是基于公司、企业破产的情形较为复杂,在有的情况下,破产并非都与经营者的个人原因相关。如国有企业在改制中实行的政策性破产或因发生不可抗力而破产等情形。如果破产与董事、厂长、经理的个人原因无关,不需要由其承担个人责任,则该董事、厂长、经理就不应受《公司法》该项规定的限制。

3. 必须是对该公司、企业进行的破产清算已经完结,且从完结之日起至今未超过3年。逾期则不在此限。这里的“破产清算完结之日”按照现行《企业破产法》的有关规定,应当指公司登记机关注销破产企业登记之日。

4. 受《公司法》该项限制的只能是曾在该公司、企业担任董事或者厂长、经理的人,不包括该公司、企业的其他人。

(四)对被吊销营业执照、责令关闭处罚负有个人责任的法定代表人

按照《公司法》第178条第1款第4项的规定,担任因违法被吊销营业执照、责令关闭的公司、企业的法定代表人,并负有个人责任的,自该公司、企业被吊销营业执照、责令关闭之日起未逾3年的,不能担任公司法的董监高。对《公司法》规定的这一消极资格需要说明的几点是:

1. 吊销营业执照即公司、企业经营资格的丧失,是登记机关对公司、企业的行政处罚,意味着公司、企业在生产经营活动中有重大的违法行为。责令关闭也是指公司、企业因违反法律、行政法规的规定而被有关行政执法部门依法采取停止营业的行政处罚。如根据《药品管理法》第115条的规定,公司未取得药品生产许可证、药品经营许可证或者医疗机构制剂许可证生产、销售药品的,责令关闭。

2. 吊销营业执照与责令关闭都是对违法公司、企业的一种行政处罚措施,但侧重点有所不同:前者主要是偏重从法律层面上剥夺公司、企业的营业资格,使其不能再以法人名义对外从事经营行为;而后者则是行政机关依法对违法公司、企业责令停止全部生产经营活动的行政处罚,偏重从事实层面上使企业的运作停止下来。2021年修订的《行政处罚法》第9条正式将责令关闭纳入行政处罚的法定种类,使之成为一种永久性、严厉的全面禁止违法公司、企业继续经营的惩戒方式。根据《公司法》第229条的规定,依法被吊销营业执照、责令关闭属于强制

解散的事由。解散后经过清算程序,公司归于消灭。

3. 公司、企业因违反法律规定而被吊销营业执照或者责令关闭,就一般情况而言,其法定代表人负有不可推卸的领导责任或直接责任;但实践中也可能有特殊情况,如法定代表人出于身体原因住院且对其所任职公司、企业的违法行为并不知情,如果让其对此负责就可能有失公平。因此,“负有个人责任”是构成《公司法》该项限制的必要条件。

4. 对负有领导责任或直接责任的法定代表人,就其信誉、品格以及能力、心理等诸方面来讲,在较短时期内被选任为新的公司的董事是极不适宜的。法律规定的3年时间限制是恰当的。需要注意的是,该项限制的只是这类公司、企业的法定代表人,法定代表人以外的其他董监高则不受该项规定的约束。

(五)个人信用存在瑕疵的人员

按照《公司法》第178条第1款第5项的规定,个人因所负数额较大债务到期未清偿被人民法院列为失信被执行人的,不能担任公司董监高。对《公司法》规定的这一消极资格需要关注的是:

1. 个人信用存在瑕疵的构成要件:一是个人负债达到“数额较大”并到期未清偿;二是被法院列为失信被执行人。其中第二个构成要件是2023年《公司法》修订新增的内容,表明两个要件都必须具备。如果只有前一个要件而没有被法院列为失信被执行人,则不能适用《公司法》的该项限制。

2. 失信被执行人是人民法院依法对未履行生效法律文书确定的义务的行为人采取的一种信用惩戒措施,根据2017年修正的《最高人民法院关于公布失信被执行人名单信息的若干规定》,被执行人未履行生效法律文书确定的义务,并具有下列情形之一的,人民法院应当将其纳入失信被执行人名单,依法对其进行信用惩戒:(1)有履行能力而拒不履行生效法律文书确定义务的;(2)以伪造证据、暴力、威胁等方法妨碍、抗拒执行的;(3)以虚假诉讼、虚假仲裁或者以隐匿、转移财产等方法规避执行的;(4)违反财产报告制度的;(5)违反限制消费令的;(6)无正当理由拒不履行执行和解协议的。被执行人具有上述第2项至第6项规定的情形的,纳入失信被执行人名单的期限为2年。被执行人以暴力、威胁方法妨碍、抗拒执行情节严重或具有多项失信行为的,可以延长1~3年。

失信被执行人在实践中也被称为“老赖”,如果法院决定将被执行人纳入失信被执行人名单,则意味着该失信被执行人的个人商业信用和承担责任的能力都存在瑕疵,因此,其不宜担任董监高的职务。

(六)具有其他法定情形的人

除了前述《公司法》第178条第1款列举的五种情形,《公司法》和其他有关法律法规规定的一些情形也应当属于对公司负责人消极资格的规定,主要指受到职业、职务及某种身份限制的人,包括:

1. 根据《公司法》第76条第4款和第130条第4款的规定,董事、高管不得兼任监事。

2. 根据《证券法》第124条的规定,有下列情形之一的,不得担任证券交易所的负责人:因违法行为或者违纪行为被解除职务的证券交易场所、证券登记结算机构的负责人或者证券公司的董监高，自被解除职务之日起未逾5年的；因违法行为或者违纪行为被吊销执业证书或者被取消资格的律师、注册会计师或者其他证券服务机构的专业人员，自被吊销执业证书或者被取消资格之日起未逾5年的，不得担任证券公司的董事、监事、高管。

3. 根据《证券投资基金法》第18条的规定，公开募集基金的基金管理人的董事、监事、高管，不得担任基金托管人或者其他基金管理人的任何职务。

4. 2018年修订的《公务员法》第59条第16项规定，公务员不得"违反有关规定从事或者参与营利性活动，在企业或者其他营利性组织中兼任职务"。据此，除了国有独资公司的情况外，公务员在一般情况下不得兼任公司董事、监事、高管的职务。

5. 根据中国证监会2021年6月发布的《证券市场禁入规定》第7条的规定，违反法律、行政法规或者中国证监会有关规定，情节严重，被中国证监会认定为市场禁入人员的，在收到证券市场禁入决定后，3～10年内不得担任任何发行人（包括上市公司、非上市公众公司、公司债券发行人和法律、行政法规以及中国证监会规定的其他证券发行人）的董事、监事和高管职务；情节特别严重的，永久不得担任前述职务。

（七）违反消极资格规定的处理

如果违反《公司法》第178条第1款关于公司董监高的消极资格的规定，将会导致相应的法律后果，可分两种不同的情况来处理：

1. 如果公司违反《公司法》第178条第1款的规定选举、委派董事、监事或者聘任高管，应当按照《公司法》第178条第2款的规定处理，即"该选举、委派或者聘任无效"。这里的"无效"应当属于自始无效。

2. 如果董事、监事、高管在任职期间出现违反《公司法》第178条第1款规定的情况的，由于公司董事、监事或者高管可能已经从事了一系列职务行为，如以公司名义与他人订立了合同或从事了其他交易行为，为了保护与公司交易的善意第三人的利益和维护社会经济流转的正常秩序，就不能按照自始无效来处理。对此，在不否认交易行为的效力的情况下，按照《公司法》第178条第3款的规定来处理，即"公司应当解除其职务"。其中，对董事、监事（不含职工董事、监事）的职务的解除，应当由股东会依照《公司法》的相关规定作出决议；对于高管职务的解除则应当由董事会依照《公司法》的相关规定作出决议。

第三节　公司负责人的信义义务

公司负责人的信义义务是对《公司法》对董监高要求的忠实义务和勤勉义务的合称。根据《公司法》第180条的规定，董事、监事、高管对公司负有忠实义务和勤勉义务。

一、信义义务的基本解读

信义义务在公司负责人所有义务中居于核心地位。从某种意义上讲，其他义务均与信义义务相关，或者说是信义义务的延伸和具体化。信义义务作为法律义务的一种，必然依托一定的法律关系而产生。对于法律关系的理解，两大法系有着不同的阐释：英美法系国家普遍根据信托原理来理解信义义务，认为公司负责人属于信托法律关系中的受托人；大陆法系国家普遍根据委任原理来理解信义义务，认为公司负责人属于委任关系中的受任人。无论按照哪种阐释角度，公司法理都基本一致地认为，受托人或受任人是受公司和全体股东委托而从事公司负责人的职务行为。[①] 因此，受托人应当对委托人忠实、诚信，秉承"受人之托，忠人之事"的原则，认真谨慎地办理委托事务，不能借受托人的身份从事损害委托人利益的行为。信义义务与公司负责人在公司的法律地位密切相关。正是基于中文的"信义"概念中有"信赖""信任""受信""忠义"的含义，与两大法系国家对董事义务的定义最为接近，信义义务概念得到包括笔者在内的我国多数学者的认同。

我国学者普遍接受对信义义务解说的两种理论，即"信托说"和"代理说"。其反映在不少学者的相关论著中，无论相关论著是否直接使用这一表述，在具体阐释信义义务内容时都或多或少借助了这两种理论的观点，解说的目的也主要在于阐释其由来和现实状态，并非一定要将信义义务归于或等同于这两种理论。

信托说源于英美法上的信托制度，信托制度已经成为当今世界广泛应用的一种精巧而独特的法律设计。根据我国《信托法》的规定，信托是指委托人基于对受托人的信任，将其财产权委托给受托人，由受托人按委托人的意愿以自己的名义，为受益人的利益或者特定目的，进行管理或者处分的行为。[②] 信托制度的法律特征包括：第一，委托人与受托人之间基于高度信任建立法律关系；第二，信托财产具有独立性；第三，受托人依法对独立财产进行支配、管理和处分；第四，受托人的行为目标不在于利己，而是旨在实现他人的利益；第五，法律对受托人的资格、品行和能力有着严苛的要求并设置了严格的法律责任，集中体现为信托义务。信托制度的这些特征不仅可以解释公司及其股东与公司负责人的关系，而且也能较为准确地说明公司负责人信义义务的内涵。也正是基于此，有学者认为："用信托观念改造我们的董事义务，用信托制度更新我们的公司制度，这样董事的义务设计才能真正找到其法源基础，公司的社会责任承担才能真正明确其义务之根源。"[③]

代理说并非直接对应民法上的代理关系，而主要指公司治理中得到广泛应用的"代理问题"理论。本书前面的一些讨论中也有涉及。运用"代理问题"学说来阐释信义义务，其重心并不在于公司负责人与公司及其股东之间的代理关系，而在于如何应对"代理成本"的问题。公司制度不可避免带来了代理问题和与之相伴的代理成本，法律对公司负责人设置信义义务的主要目的旨在降低代理成本。公司治理结构中异质化利益主体间的利益冲突导致了代理成本的升高，其中典型表现之一就是公司及其股东与管理者因行为目标不一致产生的代理成本，如董事经理从事与公司利益冲突的交易和懈怠渎职行为。在公司股权分散的情况下，由于中小股东没有能力也难有动机去监督公司管理层，这类行为很难事先预防和事后发现，导致董事经理职务行为中的"道德风险"。公司治理所要解决的主要问题就是如何持续有效地降低代理成本，一个可行的路径是对董事经理设定信义义务，以法律的强制力并辅以道德约束来防范其不当行为。可见，信义义务是降低公司代理成本的若干治理措施中的一种。

---

① 随着公司社会责任理论的发展，也有人认为公司负责人是受包括股东在内的全体利益相关者的委托而从事公司职务行为。

② 参见我国《信托法》第2条。

③ 赵万一：《我们应该向英国公司法学习什么(代序言)》，载林少伟：《英国现代公司法》，中国法制出版社2015年版，第7～8页。

需要指出的是,信托说和代理说并不意味着信义义务就可以完全归源于既有的信托或代理法律关系。首先,作为信义义务依托的信义法律关系结构虽然可以运用信托原理来作出合理解释,但其并不等同于信托法律关系。如有学者认为,传统信托中的受托人不得将信托财产用于冒险和投资的属性,无法全面展现信义关系中董事为实现公司营利目的所担负的促进公司利益的职责;信托以委托人将信托财产转移给受托人为要件,而董事却不能将公司资产据为己有;代理、合伙乃至家庭成员之间虽无信托关系,却也存在信义关系。[①] 其次,信义关系中董事以公司名义从事的职务行为尽管十分类似于代理关系中的代理行为,但其也不等同于代理义务。公司法上董事的经营决策权不仅较之于委托人授权的代理权要大,而且并不需要对超出其权限范围的行为后果自动承担责任,说明董事职务行为的效力在范围上远远超过传统代理行为的效力,其行为的独立性也远大于代理行为。因此,有学者认为,将董事信义义务定位为信托义务或代理义务均有不足,信义义务是一种独立的法律义务,“董事义务就是董事义务”。在现代公司制度下,董事与公司及股东的关系并不简单等同于信托关系或代理关系,董事义务以信托义务和代理义务为主要模型,参考其他信义义务的特征,再结合董事义务的特殊环境逐渐发展而成,不仅适用于董事,而且扩展适用于所有的公司负责人。[②]

二、信义义务的内容

我国《公司法》对公司负责人设定的信义义务主要指向忠实义务和勤勉义务。忠实义务要求公司负责人行事须以公司利益为基点,为促进公司成功而尽心竭力,不得借机为个人谋取私利,“应当采取措施避免自身利益与公司利益冲突,不得利用职权牟取不正当利益”,因而被认为是法律对公司负责人品行上的要求。勤勉义务也称注意义务,要求公司负责人“执行职务应当为公司的最大利益尽到管理者通常应有的合理注意”,即处理公司事务应当如同处理自己的事务一样,善意、合理、审慎地履行自己的职责,尽到处于相似位置上的普通人在相同或类似情况下所应表现出的注意义务,因而被认为是法律对公司负责人能力上的要求。也有学者认为,忠实义务可以化解董事的谋私本性,勤勉义务可以应对董事的懈怠无能。[③] 进一步看,信义义务还可以分为作为义务和不作为义务。所谓作为义务即公司负责人应当主动为一定行为来实现法律规定的要求;所谓不作为义务即公司负责人不得从事某种行为以满足法律规定的要求。一般而言,我国《公司法》上的忠实义务多属于不作为义务,法律是从消极角度规定公司负责人不得为一些禁止性或限制性的行为;而勤勉义务则多属于作为义务,法律是从积极角度要求公司负责人必须有一定的作为。另外,尽管两种义务均以维护公司整体利益为宗旨,但二者的规制重点不同:忠实义务主要规范公司负责人与公司之间的利益冲突关系,勤勉义务旨在推动公司负责人发挥聪明才智,二者共同成为评价董事履职的主要标准。[④] 如同有学者指出的那样,公司负责人“既不能野心勃勃、心怀不臣之心,为公司服务的同时获取个人利益。也不能碌碌无为,平平庸庸,以防因个人过失而造成公司受损”[⑤]。

---

① 参见叶林:《董事忠实义务及其扩张》,载《政治与法律》2021 年第 2 期。

② 参见黄辉:《现代公司法比较研究——国际经验及对中国的启示》(第 2 版),清华大学出版社 2020 年版,第 189 ~ 190 页。

③ 参见傅穹:《公司利益范式下的董事义务改革》,载《中国法学》2022 年第 6 期。

④ 参见叶林:《董事忠实义务及其扩张》,载《政治与法律》2021 年第 2 期。

⑤ 林少伟:《英国现代公司法》,中国法制出版社 2015 年版,第 512 ~ 513 页。

从《公司法》第八章关于忠实义务和勤勉义务的具体规定上看,似乎法律更加注重忠实义务的制度设计。《公司法》对忠实义务既有概括性规定,也有列举性规定,列举的忠实义务不仅较为详细具体,而且还有相应的责任内容;而《公司法》对勤勉义务则主要是概括性规定,并未作出集中列举式的规定。其实,信义义务中忠实义务重于勤勉义务并非我国公司法独有的现象,也不完全属于立法的疏漏,而是有着法理依据和公司实践的需求。从法理上看,忠实义务本身就是一种"先公后私"的义务,顾名思义就是"公司利益优先,董事利益劣后"。进一步解读,"先公后私"就是要求董事为公司利益忠诚尽力、殚精竭虑,在执行职务行为时不得将个人利益置于与公司利益冲突的地位,当公司利益与董事利益发生冲突时,必须以公司的最佳利益为重,不得将自身利益置于公司利益之上,不得谋取私利。当董事的行为被认定为违反忠实义务时,该行为通常也会被宣告无效。[①] 因此,忠实义务不仅是法律上的规范,也是一种道德上的要求,要求董事必须具有忠诚于公司及其全体股东利益的品行,法律义务和道德义务的叠加,势必加重忠实义务在信义义务中的分量。从公司实践来看,董事违反忠实义务的行为居多,而且在社会信用体系不健全的情况下,违反忠实义务的行为比违反勤勉义务的行为给公司带来的伤害程度可能更大,司法实践中追究董事的民事责任也多为违反忠实义务的行为。因此,需要加强对公司负责人失信悖德行为的规制,忠实义务应当是我国《公司法》中信义义务的重点和关键所在。[②] 勤勉义务作为对董事履职能力的要求,在制度设计和规范适用上都有特别之处,相对于忠实义务而言,对其准确把握的难度会更大一些。

三、信义义务与诚信义务和代理义务的辨析

(一)信义义务与诚信义务辨析

诚信义务源于民法上的诚信原则。《民法典》第 7 条规定:"民事主体从事民事活动,应当遵循诚信原则,秉持诚实,恪守承诺。"诚信原则被称为民法的"帝王条款",不仅在《民法典》总则中占据显要位置,而且在分则中也有相应的规定。此外,在其他数十部法律中,如《证券法》《票据法》《消费者权益保护法》《食品安全法》《广告法》《安全生产法》《个人信息保护法》《反不正当竞争法》《民事诉讼法》等也都规定了诚信原则。学者们普遍认为,诚信义务是对民事主体从事民事活动的基本要求,诚实信用,严守诺言,不能欺诈蒙骗,把自己利益的获得建立在损害他人和社会利益的基础之上。提倡鼓励利己利人、利益双赢,反对损人利己、损人损己、利益双输,对于一切市场主体和一切市场行为发挥着规制与约束作用。[③]

我国《公司法》在对公司负责人的规定中,只使用了忠实义务和勤勉义务的概念,并没有诚信义务的直接表述,学界因此存在一些不同的认识。有学者认为,信义义务就是诚信义务在公司法上的延伸,将英文(fiduciary duty)译为"信义义务"或"受信义务"是受我国香港地区译文的影响,其含义是公司的管理者,或者掌控公司权力的人应当诚实信用地按照公司利益最大

① 参见王建文:《论董事"善意"规则的演进及其对我国的借鉴意义》,载《比较法研究》2021 年第 1 期。

② 参见刘俊海:《论上市公司董事的法律角色、法律风险与法律思维》,载王保树、王文宇主编:《公司法理论与实践》,法律出版社 2010 年版,第 320 页。

③ 参见刘俊海:《现代公司法》(第 2 版),法律出版社 2011 年版,第 235 页。

化的原则履行自己的职责，因此可直接译为诚信义务。[①] 也有学者认为，诚信义务原本是一种道义义务，后上升为法律上的义务，主要适用于合同的履行，再后来发展成为民法乃至商法的基本原则，因此信义义务可以说是诚信义务的下位概念。[②] 还有学者认为，忠实义务是诚信原则派生的具体规则，可作为诚信原则的一种表达形式。[③]

诚信义务与信义义务如果从其具有道德义务的属性看，二者确实具有模糊和交叉重合的地方，应当看到，这两类义务其实都从道德义务发展而来，其中内含的“诚实”或“忠实”都可以解读出道德的要求。由于道德本身具有的抽象性和不确定性，人们对其理解就有较大的弹性空间，可以从不同角度作出相应的解释，因而前述学者对二者关系的解读并非没有道理，但这种解读存在的最大问题就是在具体适用时容易出现随意性，难以起到规范行为的作用。

需要指出的是，诚信义务和信义义务毕竟都已上升为法律义务，应当比道德义务具有更大程度上的确定性。《民法典》《公司法》及其相关法规并没有将二者等同或等量齐观，从法律上看，二者也并不具有上下位概念的隶属关系，而是有着不同要求和特定内涵的两个概念。

1.《民法典》上的诚信义务要求对交易相对方诚实守信，其中最重要的内涵就是“不损人利己”，在此前提下，民事主体只要在合法范围内追求自身利益最大化就是受法律保护的行为，也应当被认为是符合诚信义务的基本要求的行为。但《公司法》上的信义义务则不同，忠实义务要求作为受托人的董监高对作为委托人的公司及其全体股东忠诚忠实，其中最重要的内涵是“先公后私”，不得将自身利益凌驾于公司利益之上，否则就可能将“所得的收入收归公司所有”。可见，忠实义务对义务方的要求明显高于诚信义务对义务方的要求，体现出明显的利他主义思想；而诚信义务则并不排斥和反对利己主义的存在，在不损害他人利益的前提下，义务方完全可以追求自身利益的最大化。

2. 我国公司法领域中诚信义务的义务方被特定化到股东，而信义义务的义务方被特定化到公司负责人，尤其是董事、高管。尽管《公司法》上没有诚信义务的表述，但《公司法》第21条中关于股东“不得滥用股东权利损害公司或者其他股东的利益”的规定，与诚信义务的含义是基本相同的。有学者认为该规定是对股东信义义务的要求，[④]“与股东负有忠实义务在本质上是相同或相似的”[⑤]。笔者认为这一认识值得商榷。因为从《公司法》第21条的表述中很难解读出忠实义务中“先公后私”、公司利益至上的核心内涵，但却可以解读出诚信义务中“不损人利己”的核心内涵来。因此，该规定应当是对股东诚信义务的要求而非信义义务的要求。事实上，基于股东投资者的地位，法律没有理由更无必要去要求其“先公后私”，相反要鼓励和保护其追求“投资回报最大化”的欲求动机，只要股东不以损害公司和其他股东利益为获利前提，就应当认为股东行为满足了诚信义务的要求。对此，《上市公司治理准则》第63条针对控股股东和实际控制人的义务的表述就更为清楚明确：“控股股东、实际控制人对上市公司及其他股东负有诚信义务。控股股东对其所控股的上市公司应当依法行使股东权利，履行股东义务。控股股东、实际控制人不得利用其控制权损害上市公司及其他股东的合法权益，不得利用

---

① 参见邓峰：《普通公司法》，中国人民大学出版社2009年版，第438～439页。
② 参见施天涛：《公司法论》（第4版），法律出版社2018年版，第406页。
③ 参见叶林：《董事忠实义务及其扩张》，载《政治与法律》2021年第2期。
④ 参见施天涛：《公司法论》（第4版），法律出版社2018年版，第410页。
⑤ 叶林：《董事忠实义务及其扩张》，载《政治与法律》2021年第2期。

对上市公司的控制地位谋取非法利益。”

对信义义务与诚信义务的法律含义作出区分的意义在于：第一，在公司法上，信义义务是对公司负责人的要求，是调整公司负责人与公司关系的行为规范，公司负责人应当对公司忠诚忠实，勤勉尽责，以公司利益为先；而诚信义务则是对股东的要求，主要是调整股东与股东、股东与公司、股东与债权人之间关系的行为规范。股东尤其是控股股东应当诚信待人，不得滥用控股股东权利损害其他股东、公司和债权人利益。第二，信义义务和诚信义务尽管内含道德要求，但作为法律上有明确定义的义务，应当严格按照法律规定来执行，在法律适用上，二者不宜混淆也不能混淆。

(二) 信义义务与代理义务辨析

信义义务与代理义务是在理解上和法律规则上存在交叉重叠的两个概念，也是在讨论公司负责人义务时往往容易产生混淆的两种法律关系。之所以如此，主要是因为：第一，在公司治理的语境下讨论信义义务，不可避免地要运用到学界广泛接受的“代理问题”理论，需要将公司负责人置于“代理问题”理论中的代理人地位，由此来解说信义义务的产生，缩小代理人与委托人行为目标的差异以及降低代理成本等问题，这些与“代理”相关的讨论，必然也使信义义务具有了代理义务的属性。第二，从法律规定来看，代理分为法定代理和委托代理，其中委托代理又可分为一般委托代理与职务代理。职务代理是指代理人根据法人或非法人组织中所担任的职务，依据其职权对外实施民事法律行为的代理。[①] 职务代理是与组织行为相联系的代理行为，因此也可称之为组织行为代理。按照《民法典》第 170 条的规定，执行法人工作任务的人员，就其职权范围内的事项，以法人的名义实施的民事法律行为，对法人发生效力。可见，公司负责人以公司名义实施的职务行为属于职务代理行为，应当受《民法典》中关于委托代理义务规范的约束。也正是基于此，有学者认为，《公司法》第 181 条所列忠实义务规则与民事代理规则具有高度相似性。[②]

但是，信义义务与代理义务也不能等同，二者存在一些明显的差异：

1. 义务约束范围的差异。信义义务作为调整公司与其负责人的关系的规范，不仅约束公司负责人对外代表公司的行为，即要求其在职务代理时对公司忠实忠诚，而且还约束公司负责人处理公司内部事务的行为，即要求其必须以公司利益为上，不得损害公司利益；而《民法典》上的代理义务则是调整委托人、代理人和相对人三方关系的规范，就其中的职务代理而言，义务约束只能及于公司负责人以公司名义实施的对外行为。相对而言，信义义务对公司负责人的行为约束范围比代理义务更为宽泛，如《民法典》对委托代理人设置的不得“自己代理”和“双方代理”的义务（第 168 条），虽然与《公司法》第 182 条规定的董监高从事自我交易时应当履行的程序，第 183 条规定的限制董监高谋取公司商业机会，第 184 条规定的董监高竞业限制等义务相似，即义务约束效力也可以及于此，但对于《公司法》第 181 条规定的董监高侵占公司财产、挪用公司资金、擅自披露公司秘密等行为则力所不能及，需要由《公司法》上的忠实义务规范来约束和规制。

---

① 参见杜万华主编：《中华人民共和国民法典实施精要》，法律出版社 2021 年版，第 85 页。

② 参见叶林：《董事忠实义务及其扩张》，载《政治与法律》2021 年第 2 期。

2. 义务建立的基础不同。虽然《民法典》将职务代理也纳入了委托代理的范围，但民法上的一般委托代理与公司负责人对外代理公司的职务代理还存在区别：前者的代理权和代理义务主要建立在个体法规则的基础之上，属于意定代理的范畴，委托人（被代理人）的意思是发生委托代理的前提条件，委托授权是基于委托人意志进行的。① 因此，一般委托代理受委托人意志支配的空间较大，具有较大的随意性，委托授权可以随时授予或收回。职务代理的代理权和代理义务则主要建立在团体法规则的基础之上，受到团体规则的诸多拘束与规制，不像个体法上的权利义务的产生和实现那样主要取决于个体自身的意志，而是很大程度上来自《公司法》依照团体法规则作出的规定。换言之，公司负责人义务主要建立在法定义务基础之上，公司负责人一旦依法产生，就具有法定和公司章程规定的代理权限和信义义务，非经法定程序不得随意增减或取消，因而职务代理义务具有法定性、程序性和相对固定性。也正是在这个意义上，两大法系国家普遍不把董事与公司的关系称为委托代理关系，而将其界定为信托关系或委任关系。信托关系或委任关系在解释董事义务上比委托关系具有更接近于实际的理论说服力。

3. 义务约束的程度不同。代理义务基于委托关系，《民法典》上并没有对代理人有"忠实"之类表述的严格要求，说明代理人更多应适用总则上的诚信原则为义务规则，因而义务约束的程度相对宽松；而信义义务则基于信托关系或委任关系，对受托人有诸如前述以公司利益至上的"先公后私"的义务要求。我国《公司法》上最能体现这一要求的就是第 181 条第 4 项关于收受佣金的规定，如果董监高"接受他人与公司交易的佣金归为己有"，其"所得的收入应当归公司所有"。这里的"佣金"在很多场合下都是合法收入，但出于公司利益至上和"先公后私"的义务性质，董监高收取佣金就属于违反忠实义务的行为。由此也说明信义义务是一种比诚信义务具有更为严格要求的法律义务。

4. 违反义务的后果不同。根据《民法典》的规定，代理人出现违反代理义务的行为，如自己代理、双方代理、越权代理、未经同意转委托时，如果得到被代理人同意或追认，存在瑕疵的代理行为可以被"治愈"，即代理行为后果由被代理人承受，代理人免除民事责任。如果违反《公司法》上的信义义务，尤其是违反忠实义务，原则上不予免除董监高的责任，《公司法》第 182 ~ 184 条规定的"经董事会或者股东会决议"，应当仅限于董事事先获得董事会或股东会的同意，而不包括事后追认。② 如果未获得公司机关的同意，不仅其"所得的收入应当归公司所有"，而且按照《公司法》第 188 条的规定，董事、监事、高管执行职务违反法律、行政法规或者公司章程的规定，给公司造成损失的，应当承担赔偿责任。

四、信义义务需要讨论的实务问题

虽然我国《公司法》将信义义务的内容概括为忠实义务和勤勉义务，但结合公司制度和证券市场的发展现状，尤其是上市公司的实际，信义义务在立法和司法上还存在一些需要深入讨论的实务问题。

---

① 参见王利明、杨立新、王轶、程啸：《民法学》（第 6 版），法律出版社 2020 年版，第 244 页。

② 参见叶林：《董事忠实义务及其扩张》，载《政治与法律》2021 年第 2 期。

(一)信义义务的设置应针对不同对象有所区别

1. 不同的公司形态。《公司法》上的信义义务并没有区分公司形态来设置,但这并不等于所有类型的公司负责人的信义义务都是同一的。法律设置的只是最基本的信义义务,并不禁止和限制相关法规和公司根据自身情况,对公司负责人规定更高的信义义务。如中国证监会就针对上市公司社会公众股东众多、股权结构分散、信息不对称、容易出现"内部人控制"等实际,对公司负责人规定了更为严格的信义义务,而且信义义务也不只限于忠实义务和勤勉义务。对公司负责人信义义务的设置而言,不同的公司类型不仅指向上市公司与非上市公司,而且还应指向国有公司与非国有公司、股权结构集中型公司与分散型公司、家族型公司和公众型公司等,不同的公司对公司负责人信义义务有不同的要求。

2. 不同的公司负责人。如果将董监高资格也视为广义上的公司负责人义务,《公司法》关于董监高信义义务的设置存在同一性:一是董监高资格条件的同一;二是在法律规定的具体条文中,董监高忠实义务和勤勉义务的同一。在公司法上,且不论董监高职务性质的不同,仅就董事而言也还有内部董事和外部董事之分,上市公司的外部董事中还有独立董事的职务,不同职务的董事,在履职要求上也存在差异,信义义务也应当有所区别,但这些差异被现行立法的同质化预设所掩盖。当然,完全指望《公司法》立法来作出区分肯定有一定的难度,除了可以通过法规来细化,行业规范还可以为不同公司提供示范章程条款供当事人选择,由当事人通过公司章程将董事信义义务具体化和个性化。

(二)信义义务的法定范围可以进一步扩充

随着证券市场和上市公司发展,越来越多的大型和超大型公司不断产生,对公司负责人素质和能力的要求也越来越高,公司法领域开始出现一些不能以传统的忠实义务和勤勉义务内涵所包容的新义务要求,近年来学界对此讨论的一些义务类型值得关注。

1. 公司合规义务。虽然公司合规是以公司为主体,但合规作为公司一项自律性管理,合规管理的组织实施都需由公司负责人来执行,合规也主要是指公司机关及其成员的职务行为必须合规,因此,合规义务也应当首先指向公司负责人。合规义务与传统的忠实义务和勤勉义务比较,虽然有一些相同和交集之处,但无论是制度设计理念还是具体内容都存在不少差异,二者不能等同。如董事根据商业判断做出经营决策,虽然主观意图是为实现公司和全体股东利益,但却违反了法律法规或公司章程的情形,此情形下董事在决策过程中既不存在自身利益与公司利益的冲突,也没有偷懒怠惰或未勤勉尽责的不作为现象,这就难以用信义义务来约束涉及违反合规义务的问题。由此来看,公司负责人的信义义务不能仅限于忠实义务和勤勉义务,2023 年《公司法》修改后,将原法作为忠实义务和勤勉义务的前置内容分离出来,独立设置成一条专门的义务性规定,即第 179 条关于"董事、监事、高级管理人员应当遵守法律、行政法规和公司章程"的规定,该内容就包含对董监高合规义务的要求。从该义务与忠实义务和勤勉义务设置的位序上看,《公司法》清楚地表明了董监高应当在合法合规的前提下遵行信义义务的含义。有学者因此认为,2023 年《公司法》对原法的这一调整,使合规义务成为董事义务体系中最为基础的义务，也成为董事对第三人责任的立法论和解释论依据。[①]

2. 董事善意义务。对董事善意义务的讨论基于实践中对忠实义务和勤勉义务认定的难题。例如，在上市公司反收购场景中，董事为抵御“外来人”控制公司往往会采取各种反收购措施，如果滥用这些措施，就可能出现在维护控股股东利益的同时损害中小股东利益和不利于公司长远发展的情况。此时要认定董事存在与公司利益冲突或未勤勉尽责的行为是十分困难的，如果不能认定，就很难适用忠实义务和勤勉义务对董事行为进行约束。又如，在公司慈善捐赠场景中，董事作出的决策尽管减少了公司可能分配给股东的利润，但却不能认定董事违反了忠实义务和勤勉义务。对此，我国有学者介绍了美国司法实践的一些做法。如美国特拉华州相关判例表明，勤勉义务和忠实义务规则无法约束董事的一些职务行为，如反收购、慈善捐赠等，由此提出董事的“善意义务”。如果董事出于善意从事反收购或慈善捐赠的行为，不属于违反信义义务；如果不是出于善意，则应受到追究。善意义务的内涵比勤勉义务和忠实义务更加丰富，可以促使董事作出更加深思熟虑的决策，有效提升公司的治理水平，还能为法院提供合适的裁判规则。因此，善意义务应当成为董事实施所有行为时必须遵守的义务。[②]

3. 董事公平义务。董事公平义务是指当异质化股东利益发生冲突时董事应当立足公平立场来作出公司决策的要求。传统的忠实义务要求董事忠诚于公司，主要旨在协调董事与公司之间的利益冲突，强调董事利益需要服从公司利益；而董事公平义务则是针对提名或选举董事的股东利益与其他股东利益发生冲突时对董事的要求，即也应以公司整体利益为重来作出决策。如果没有公平义务的约束，董事选择的忠诚对象完全可能是所提名或选举的股东而不是代表全体股东利益的公司。公司实践中的多数情形下，董事实际上是在按照“资本多数决”原则作出的决策。因此，公平义务要求董事在作出商业决策时必须公平对待不同类别的股东，强调董事对公司整体利益的维护，而不能仅服务于其所提名或选举的个别股东。忠实义务与公平义务将其对象设定为公司利益，但所要解决的利益冲突不同：忠实义务的要求是解决董事与公司之间的利益冲突，公平义务的要求是解决异质化股东之间的利益冲突。可见，忠实义务还不能完全涵盖公平义务的内容。强调董事公平义务，董事公平对待各类股东以及其他利益相关者，有利于我国公司董事决策更加明确地指向公司利益，进而增强公司的社团性。[③]

4. 公司负责人信息披露义务。公司负责人信息披露义务在法律法规上有直接的规定。《证券法》第 82 条第 3 款规定：“发行人的董事、监事和高级管理人员应当保证发行人及时、公平地披露信息，所披露的信息真实、准确、完整。”中国证监会 2021 年修订的《上市公司信息披露管理办法》第 4 条规定，“上市公司的董事、监事、高级管理人员应当忠实、勤勉地履行职责，保证披露信息的真实、准确、完整，信息披露及时、公平”。这两项规定表明：第一，信息披露是上市公司负责人的一项法律义务。第二，上市公司负责人信息披露义务是保证义务。基于发行人或上市公司为信息披露的直接义务人，公司负责人应当保证发行人或上市公司披露的信息在程序上及时公平，在信息内容上真实、准确、完整；如果没有履行该项义务，公司负责人则要承担与保证义务相当的责任，即“与发行人承担连带赔偿责任”。第三，中国证监会将信息

① 参见邹海林：《公司法上的董事义务及其责任配置》，载《法律适用》2024 年第 2 期。

② 参见王建文：《论董事“善意”规则的演进及其对我国的借鉴意义》，载《比较法研究》2021 年第 1 期。

③ 参见朱慈蕴、沈朝晖：《类别股与中国公司法的演进》，载《中国社会科学》2013 年第 9 期。

披露义务视为公司负责人的忠实义务和勤勉义务。其实,如果从忠实义务和勤勉义务的传统定义来看,信息披露义务与之还存在一定的差异,最主要的就是信息披露制度设计的目的是保护投资者利益,主要是中小投资者利益,与信义义务要求公司负责人对公司,以及作为主要委托人的控股股东的忠诚关联度并不高,甚至还可能是冲突的。可见,信息披露义务肯定不宜被视为忠实义务,最多可以将其纳入勤勉义务的范围,但也不一定周延。因此,信息披露义务是应当纳入信义义务的构成部分还是作为一种与之并列的独立义务,尚需进一步讨论。

(三)信义义务应当辅以经营判断规则来建立公司负责人免责机制

法律关于公司负责人信义义务的设置并非多多益善,义务约束也要有限度,如果约束过多,势必降低经营决策和执行的效率,抑制公司负责人发挥主动性,最终的受损者也只能是公司和全体股东。如何把握好其中的"度"是司法实践中的难题之一。近年来学界十分关注公司负责人免责机制的建立问题,其中最重要的内容就是如何在对公司负责人施加信义义务约束的同时适用"经营判断规则"来对其正常的经营决策行为加以保护。经营判断规则也称商业判断规则,主要是针对勤勉义务的适用缺陷而建立的一种补救措施。鉴于勤勉义务在立法上采取较为抽象的规定,故其在司法适用中存在一定的障碍,较之忠实义务来说更难以准确把握。尽管中国证监会对上市公司董监高的勤勉义务有一些规章性的规定,但仍然存在不少问题,其中较为突出的就是当前行政处罚中认定董监高违反勤勉义务而被追责的案例相对较多。这就需要建立以经营判断规则为抗辩事由的公司负责人尤其是董事的决策行为免责机制。关于经营判断规则的具体内容,详见本章后面的讨论。

(四)控制股东和实际控制人是否应承担信义义务

我国公司实践中,股东与公司负责人合一的情况十分普遍,尤其是控股股东或其代表[①]常常与董事长或法定代表人同为一人。另外还有一种现象,即有一类虽不担任公司登记的董事长或法定代表人的职务,但却实际掌控公司经营决策权和管理权的人,即《公司法》上的实际控制人。实际控制人的地位相当于国外的事实董事或影子董事。控股股东或实际控制人是否应当负有公司负责人的信义义务是学界和业界一个有争议的问题。"倘若大股东与经营者合一,此时又究竟是以股东身分还是经营者身分作成决策之问题。自然也延伸出大股东有无如同经营者般负有忠实义务之议题。"[②]

对控股股东和实际控制人要不要施加公司负责人的信义义务,需要明确控股股东义务与公司负责人的信义义务是否为同一性质的义务。答案是否定的。信义义务最重要的是忠实义务,公司负责人作为受托人的性质被制度要求必须忠诚于公司,竭力为公司利益最大化服务,不得将自身利益凌驾于公司利益之上,因此忠实义务是"先公后私"的义务;而控股股东的股东性质决定了制度上允许其谋取自身利益,追求投资回报最大化。如同有学者所言,作为理性的经济人,控股股东投资而享有控股权就是为实现自身财富最大化,并有权为此而斗争,投资

① 这里所称"控股股东",是指控股股东为自然人的情形。这里所称"其代表",是指控股股东为法人的情形。
② 曾宛如:《公司法制基础理论之再建构》,台北,元照出版有限公司 2017 年版,"自序"。

就是为了收益,否则,任何一个理性经济人都不会投资设立公司。[①] 因此,法律对控股股东的义务要求不是绝对的公司利益至上,只是在追求自身利益最大化过程中不得损害非控股股东,尤其是中小股东的利益。控股股东和实际控制人在公司中的控制地位使其可以支配或影响非控股股东的利益,而非控股股东的合法利益应当不受控股股东的不当侵害。可见,控股股东义务和公司负责人义务在性质上是存在差异的,也就是前述诚信义务与信义义务的差异。这种差异决定了义务的内容也是有区别的。这在《公司法》上有明确的体现,如《公司法》第 21 条将包括控股股东在内的股东的主要义务概括为:“公司股东应当遵守法律、行政法规和公司章程,依法行使股东权利,不得滥用股东权利损害公司或者其他股东的利益”;而《公司法》第 179、180 条将公司负责人的主要义务规定为:“董事、监事、高级管理人员应当遵守法律、行政法规和公司章程”,对公司负有忠实义务和勤勉义务。这说明控股股东主要受诚信义务的约束,公司负责人主要受信义义务的约束。另外,《证券法》2019 年修订后,将信息披露责任主体的范围由原法中的公司董监高扩大到控股股东和实际控制人。[②] 但也只限于信息披露义务,如前所述,就信息披露义务是否应纳入信义义务的范畴,还需要进一步讨论。

尽管控股股东义务与公司负责人义务存在性质上的差异,但根据我国公司实践中控股股东和实际控制人对公司控制的现实,也不能完全排除将信义义务施加于控股股东和实际控制人。第一,对未担任公司负责人职务的控股股东或实际控制人而言,当其控制公司的行为可以确信为事实董事或影子董事的情形下,应当对其施加信义义务;当其指示董事、高管从事损害公司或者股东利益的行为时,应当与该董事、高管承担连带责任。这在《公司法》第 180 条第 3 款和第 192 条中已有明确规定。第二,对于兼任公司负责人的控股股东而言,其需要履行两个方面的义务,即公司负责人义务和股东义务,两种义务没有优先与劣后之分,应当根据不同的场景来明确何种义务更为重要。在股权较为集中的公司,针对控股股东与中小股东的异质化矛盾的突出问题,需要更多强调控股股东不得损害中小股东利益的义务,抑制其可能滥用控股股东权利的行为;在股权较为分散的公司,针对“内部人控制”的突出问题,则需要更多强调公司利益至上的信义义务。

第四节　公司负责人忠实义务的具体适用

一、忠实义务的适用要点分析

我国《公司法》第 180 条根据公司负责人的地位,对其提出“对公司负有忠实义务,应当采取措施避免自身利益与公司利益冲突,不得利用职权牟取不正当利益”的概括性总体要求。忠实义务作为首要的信义义务,较勤勉义务而言,更多的是对公司负责人品德方面的要求,而勤勉义务则更多的是对公司负责人能力方面的要求。公司作为一个组织体,对外是完整独立

---

① 参见黄辉:《现代公司法比较研究——国际经验及对中国的启示》(第 2 版),清华大学出版社 2020 年版,第 247 页。

② 《证券法》第 85 条规定:“信息披露义务人未按照规定披露信息,或者公告的证券发行文件、定期报告、临时报告及其他信息披露资料存在虚假记载、误导性陈述或者重大遗漏,致使投资者在证券交易中遭受损失的,信息披露义务人应当承担赔偿责任;发行人的控股股东、实际控制人、董事、监事、高级管理人员和其他直接责任人员以及保荐人、承销的证券公司及其直接责任人员,应当与发行人承担连带赔偿责任,但是能够证明自己没有过错的除外。”2019 年修订前的《证券法》第 69 条为相同内容的规定,但责任主体中没有“发行人的控股股东、实际控制人”。

的法律主体，对内则有相对独立的财产和成员，因而是一个“公共财产”和“集体利益”的载体。“忠实义务的本质是要求董事等高管人员不能将自己的私利，置于与公司利益（公共或集体利益）相冲突的位置或情形”，[①]不得利用角色和职位谋取个人私利。因此，忠实义务又被称为避免利益冲突义务。我国《公司法》规定的忠实义务在适用时需要把握以下几个要点：

1.《公司法》对忠实义务的规定采取了两种立法方式。从立法技术上看，这两种方式是：第一，概括性规定，即前述《公司法》第180条的规定，概括性规定只对忠实义务进行定义；第二，列举性规定，即《公司法》第181～184条关于忠实义务具体类型的列举。列举性规定又采取了集中列举和分散规定相结合的方式。其中，《公司法》第181条为集中列举规定，该条列举的6项内容除最后一项“违反对公司忠实义务的其他行为”属于兜底性规定外，其余5项都是具体的违反忠实义务的行为；《公司法》第182、183、184条为分散性规定，分别涉及自我交易、谋取公司商业机会、竞业限制三类公司实践中董监高的多发行为，也属于与董监高忠实义务直接相关而应当受《公司法》规制的行为。

2.《公司法》上忠实义务的两种基本类型。2023年《公司法》修订前，不少学者对原法规定的忠实义务的内容和结构提出了批评意见，有学者认为忠实义务应当按照利益冲突的程度进行分类。[②] 2023年修订的《公司法》将忠实义务由原来的2条规定增加到5条规定，根据该5条规定的内容，忠实义务可以分为两种基本类型：第一，董监高不得从事的行为；第二，非经“董事会或者股东会同意”，董监高不得从事的行为。由于法律上“不得”的表述就是禁止的意思，忠实义务的两种类型也可表述为绝对禁止的忠实义务和相对禁止的忠实义务。所谓绝对禁止的忠实义务，就是董监高无论在何种情形下都不得从事的行为；换言之，即使该行为获得股东会或董事会形式上的批准也不得从事。所谓相对禁止的忠实义务，是指附前提条件的禁止行为，当不符合该前提条件时才属于不得从事的行为；如果董监高从事该行为经过了“董事会或者股东会同意”，则是合法行为。《公司法》第181条集中规定的忠实义务属于绝对禁止的忠实义务，而第182、183、184条分散规定的忠实义务则属于相对禁止的忠实义务。

3.违反忠实义务的行为具有三个基本特点：一是该行为违反了法律、行政法规和公司章程的规定；二是董监高利用职权从事的行为；三是董监高因此牟取了不正当利益。

4.董监高违反忠实义务应当承担相应的法律责任。违反忠实义务的法律责任在《公司法》上有明确的规定，主要是民事责任；构成犯罪的，刑法上还有相应的规定。有学者认为，负担忠实义务的义务方的民事责任，应当以无过错责任为主，以过错责任为辅；这种责任往往是个人责任，无须对他人的行为负责。[③]

二、不得侵占公司财产、挪用公司资金的义务

按照《公司法》第181条第1项的规定，公司董监高负有忠实义务的第一项就是不得“侵

---

① 邓峰：《普通公司法》，中国人民大学出版社2009年版，第460页。

② 如黄辉教授认为，按照利益冲突的程度将忠实义务分为三类：第一类是涉及不得自我交易的义务，自我交易包括董事与公司之间的商业交易和控制董事薪酬的决定，即关联交易；第二类是涉及不得侵占公司财产和公司机会的义务，即董事不得为了自己或第三人的利益盗用公司财产、信息和机会；第三类是其他避免利益冲突的义务，包括董事须保持自己的自由裁量权和董事任职于多家公司的有关规则等。参见黄辉：《现代公司法比较研究——国际经验及对中国的启示》（第2版），清华大学出版社2020年版，第215页。

③ 参见邓峰：《普通公司法》，中国人民大学出版社2009年版，第451页。

占公司财产、挪用公司资金”。该项义务涉及两类行为，即侵占公司财产的行为和挪用公司资金的行为。该两类行为都是对公司利益的直接侵害，与忠实义务内含的董监高应当忠诚于公司利益，从事职务行为不能存有私心的要求完全相悖，属于绝对禁止的忠实义务的情形。依照该项内容并结合相关法律规定，需要在适用中关注如下问题。

（一）侵占公司财产和挪用公司资金的行为表现方式

1. 侵占公司财产的行为表现方式。侵占公司财产是指董监高利用职权非法将公司财物据为己有的行为。公司实践中，董监高侵占公司财产包括两种表现形式：一是董监高利用职务之便直接侵占公司财产，如通过冒领、截留、窃取等方式占有公司的钱财；二是董监高利用自己在公司的地位和职务，通过违法关联交易将公司资产转移归为己有。这里的违法关联交易是指以不公允价格进行的关联交易，如董监高在自己及其控制的企业与公司发生的交易中，利用职权让公司以高价买入或低价售出，导致公司资产或资源的损失，以达到侵占公司财产的目的。侵占公司财产以直接损害公司利益的方式牟取个人私利，是一种严重的违反忠实义务的行为。

2. 挪用公司资金的行为表现方式。挪用公司资金是指董监高利用职权将公司资金供自己使用或借贷给他人使用的行为。挪用公司资金与侵占公司财产在行为表现方式上的主要区别在于：第一，挪用的资金只能是公司所有或处于公司经营、管理、使用中的资金，不包括实物状态的其他公司财产；侵占公司财产中的“财产”则不限于公司的资金，还包括一切具有价值的实物财产和其他资源。第二，挪用资金的目的在于非法取得资金的使用权，但主观上并不企图永久占有而是打算用后归还；侵占公司财产的目的则在于非法取得公司财物的所有权，而不仅仅是暂时使用的问题。

《公司法》该项规定的挪用公司资金是一个概括的表述，并未明确挪用公司资金的具体情形。根据《刑法》第272条关于挪用资金罪的规定和其他有关法律法规涉及挪用资金的规定，公司实务中董监高挪用公司资金主要有三种情形：一是挪用资金供自己使用；二是董监高以公司名义与他人签订合同或达成默契，将公司资金借贷给他人使用；三是董监高将资金留存于公司但擅自改变公司确定的资金用途。有学者认为，在上述第二种和第三种情形下，董事未从中谋取私利，不涉及忠实义务，但有可能构成董事违反勤勉义务。[①] 因此，在董监高挪用公司资金的行为中，既可能有违反忠实义务的情形，也可能有违反勤勉义务的情形。

（二）侵占公司财产和挪用公司资金的行为主体

2023年《公司法》修订对侵占公司财产和挪用公司资金的行为主体作出调整，增加了监事为行为主体。虽然这一修改具有合理性，但也要看到，侵占公司财产和挪用公司资金都是利用职务之便的违法行为，而监事与董事、高管的职务行为是有区别的。董事和高管在公司具有经营决策和经营管理的职权，能够直接管理和支配公司的财产，具有侵占公司财产和挪用公司资金的职务便利条件；相对而言，监事依法只具有监督的职权，尽管不能排除其侵占公司财产和挪用公司资金的可能，但其在职务上不具备董事、高管的便利条件。因此，侵占公司财产和挪用公司资金的行为主体应当主要指向公司董事和高管。

---

① 参见叶林：《董事忠实义务及其扩张》，载《政治与法律》2021年第2期。

(三)侵占公司财产和挪用公司资金的法律责任

董监高侵占公司财产和挪用公司资金属于严重违反忠实义务的行为,也是违反法律强制性规定的无效行为,行为人应当承担相应的法律责任:第一,按照《公司法》第 186 条的规定,董监高侵占公司财产或挪用公司资金违法所得的收入应当归公司所有。第二,按照《公司法》第 188 条的规定,董监高侵占公司财产或挪用公司资金的行为给公司造成损失的,行为人应当承担赔偿责任。第三,侵占公司财产和挪用公司资金行为构成犯罪的,依法追究刑事责任,可依照《刑法》第 271 条规定的"职务侵占罪"或第 272 条规定的"挪用资金罪"处理。关于该两罪的犯罪构成和量刑等内容,可参见本书第十八章第四节"公司法上的刑事责任"中的有关讨论。

三、不得将公司资金以其个人名义或者以其他个人名义开立账户存储的义务

根据《公司法》第 181 条第 2 项的规定,董监高不得将公司资金以其个人名义或者以其他个人名义开立账户存储。该项内容属于《公司法》上绝对禁止的忠实义务。该项义务规定的适用需要关注如下问题。

(一)违反该项义务的行为特点和表现形态

违反该项义务的行为是将公司资金以个人名义开立账户存储。需要注意的是,这里的"公司资金"只能是公司所有或处于公司经营、管理、使用中的资金,不包括实物状态的其他公司财产和资源。这里的"以个人名义"是指以自然人而非法人的名义,其中既包括以作为董监高的行为人的名义,也包括以其他个人的名义。

根据法律法规对公司财务会计的要求,公司应当依照法律、行政法规和国家统一的会计制度建立本公司的财务、会计制度。《公司法》第 217 条第 2 款明确规定:"对公司资金,不得以任何个人名义开立账户存储。"从公司实践看,董监高将公司资金以个人名义开立账户存储至少包括三种情形:一是利用职权以个人账户或自己控制的第三人账户收取公司资金,用于满足董监高自身利益;二是未经股东会或董事会授权或批准,以个人或他人名义存储公司资金,该存储资金仍然用于公司营业;三是经过股东会或者董事会授权或批准,以个人或他人名义存储公司资金,如公司为减少账面收入而授权董监高以个人名义存储公司资金,或者为公司利益以董监高名义开设"小金库"。在前述三种情形中,第一种情形显然属于违反忠实义务的行为;但第二种和第三种情形由于并未损害公司利益,有学者认为不属于违反忠实义务,而是违反其他法律义务的行为。[①] 该两种情形如果是经股东会、董事会同意,并且从表面上看还有利于增进公司利益的话,似乎不属于与公司利益冲突的违背忠实义务的行为。但从该行为的违法性上看,却会对公司利益构成直接或间接的潜在损害,而且可能是长期的损害,不仅对公司的长远发展不利,也不符合公司应当依法合规经营和董监高应当依法履职的基本准则。另外,即使董监高从事这一行为已经得到公司股东会或董事会的决议认可,由于其违法性,股东会或董事

---

① 参见叶林:《董事忠实义务及其扩张》,载《政治与法律》2021 年第 2 期。

会的决议也应当属于无效决议；董监高作为该决议的参与者或执行者，不能将个人责任一推了之。因此，将董监高将公司资金以任何个人名义开立账户存储纳入其违反忠实义务的情形，完全符合我国《公司法》对忠实义务内涵的定义。

（二）违反该项义务的法律责任

董监高违反《公司法》该项法定义务，应当承担相应的法律责任：第一，按照《公司法》第186条的规定，行为人违法获得的收入应当收归公司所有；第二，如果违反该项义务的行为给公司造成损失，则应依照《公司法》第188条的规定承担赔偿责任。

四、不得利用职权贿赂或者收受其他非法收入的义务

根据《公司法》第181条第3项的规定，董监高不得利用职权贿赂或者收受其他非法收入。董监高利用职权贿赂或者收受其他非法收入是一种显著损害公司利益的行为，属于违反《公司法》上绝对禁止的忠实义务。该项义务规定的适用应关注如下问题。

（一）违反该项义务的构成要件和行为特点

违反该项义务的构成要件为两个方面：一是董监高具有贿赂或者收受其他非法收入的行为；二是这些非法收入的获取是利用了董监高的职权之便。二者只要缺少其一，都不构成对本义务的违反。

董监高利用职权贿赂属于在公司领域发生的商业贿赂的一种形态。根据现行有效的《关于禁止商业贿赂行为的暂行规定》第2条的规定，商业贿赂是指经营者为销售或者购买商品而采用财物或者其他手段贿赂对方单位或者个人的行为。这里的“财物”，是指现金和实物，包括经营者为销售或者购买商品，假借促销费、宣传费、赞助费、科研费、劳务费、咨询费、佣金等名义，或者以报销各种费用等方式，给付对方单位或者个人的财物。这里的“其他手段”，是指提供国内外各种名义的旅游、考察等给付财物以外的其他利益的手段。商业贿赂包括实践中常见的“吃回扣”行为。根据《关于禁止商业贿赂行为的暂行规定》第5条的规定，回扣是指经营者销售商品时在账外暗中以现金、实物或者其他方式退给对方单位或者个人的一定比例的商品价款。在账外暗中给予对方单位或者个人回扣的，以行贿论处；对方单位或者个人在账外暗中收受回扣的，以受贿论处。

《公司法》规定的董监高利用职权贿赂的行为作为商业贿赂的形态之一，与一般的商业贿赂行为相比，除了行为主体只能为公司董监高的特点外，其他行为内容与一般的商业贿赂相同，即包括“受贿”“索贿”“行贿”的行为。其中的“行贿”行为虽然在实践中有可能是出于为公司谋取利益而采取的行为，似乎不属于违背忠实义务的行为，但如同前述董事为公司利益而以自己名义开设“小金库”的行为一样，由于违法行为会对公司利益构成直接或间接的长期损害，不符合董事依法履职的基本准则，所以也应当视同违反忠实义务的行为。

另外，违反《公司法》该项义务的行为除董监高利用职权贿赂之外，还包括“收受其他非法收入”的行为。“收受其他非法收入”虽然并不像商业贿赂那样以为他人谋取利益为交换条件，但该项收入的性质违法，因此也是与董监高对公司负有忠实义务的法律要求相违背的

行为。

(二)违反该项义务的法律责任

董监高利用职权贿赂或者收受其他非法收入属于严重违反忠实义务的行为,也是违反法律强制性规定的无效行为,应当承担相应的法律责任:第一,按照《公司法》第 186 条的规定,董监高因此获得的收入应当归公司所有;第二,按照《公司法》第 188 条的规定,董监高贿赂或者收受其他非法收入的行为给公司造成损失的,行为人应当承担赔偿责任;第三,董监高贿赂构成犯罪的,可依照《刑法》第 163 条关于“非国家工作人员受贿罪”和第 164 条规定的有关行贿罪的规定处理。关于上述犯罪的犯罪构成和量刑等内容,可参见本书第十八章第四节“公司法上的刑事责任”中的有关讨论。

五、不得接受他人与公司交易的佣金归为己有的义务

按照《公司法》第 181 条第 4 项的规定,董监高不得接受他人与公司交易的佣金归为己有。该项义务也属于《公司法》上绝对禁止的忠实义务。该项义务规定的适用需要关注如下问题。

(一)违反该项义务的行为特点

违反该项义务的行为是董监高接受他人与公司交易的佣金归为己有。对于该行为的内容,可作如下理解:

1. 这里的“佣金”并非人们一般理解的商业“回扣”,而是一个专门的法律术语。我国已有不少法律正式使用了这一概念,如《证券法》《反不正当竞争法》《拍卖法》《保险法》《公证法》《农民专业合作社法》《海事诉讼特别程序法》等。检索相关法律条文可以发现,法律上规定的“佣金”是指从事中介服务的行为人(或机构)获得的报酬。它与商业“回扣”的主要区别在于:第一,“回扣”常常是交易一方给予对方代理人的费用,而“佣金”是交易一方或双方给予提供中介服务的行为人的费用,这里的行为人是相对于交易双方的第三人。第二,“回扣”在法律上属于非法的收入,一些涉及回扣规定的法律,如《建筑法》《旅游法》《资产评估法》《药品管理法》都是将收受回扣行为作为非法行为来规定的。《刑法》更是明确规定,对收受回扣的行为要“以受贿论处”,如果达到一定程度就要构成非国家工作人员受贿罪。“佣金”则是从事中介服务应当获得的合法报酬。“回扣”是交易过程中买卖一方代理人获得的非法收入,前述《关于禁止商业贿赂行为的暂行规定》就规定,其给予的方式具有“账外暗中”的特点;而“佣金”是交易过程中独立于买卖双方的第三方获得的合法收入,更直接地说,“佣金”实际上就是合同法中居间人获得的居间报酬。如果将“佣金”等同于“回扣”,则《公司法》该项对董监高的行为规制就没有必要,因为这样一来收受“回扣”的行为完全可以被纳入前述《公司法》第 181 条第 3 项规定的董监高不得利用职权贿赂的义务中。

2. 这里的“他人与公司交易的佣金”应当是指他人与公司通过中介进行交易而支付的中介服务费用。因为既然佣金是合法的中介费用,在他人与公司的交易中,无论哪一方给付了佣金,都意味着一定是有中介服务及其中介行为人的存在,否则就可能是支付给对方代理人的

“回扣”。由此也可以推导出两点事实;第一,这里的“他人与公司交易”是通过中介人提供中介服务进行的交易;第二,给予中介人“佣金”的,既可能是公司一方,也可能是他人一方,甚至还可能是双方。

3. 根据《公司法》该项规定是针对董监高设定的义务来看,为他人与公司的交易提供中介服务的也只能是董监高。如果将董监高不视为中介人而将其置于公司代理人的地位,《公司法》该项规定的就不能是“佣金”,而只能是“回扣”。其实,在公司实践中,董监高以中介人身份而不是公司代理人身份为公司与他人的交易提供中介服务的情况(如介绍某项业务并促使其成交)并不少见。尤其是在建筑类公司中,如果谁能给公司介绍来建筑业务,无论是公司外部人士还是内部人士,内部人士又无论是一般员工还是董监高,在成功订立合同后都可能依公司管理规定得到相应比例的佣金。按照一般的情况,中介人从交易双方获得“佣金”是正当、合法的,但由于董监高具有公司负责人的身份和地位,根据公司忠实义务的要求,其“佣金”是不应当“归为己有”的,而是应当交给公司的。也正是基于此,笔者才将忠实义务的核心内涵定义为“先公后私”。

4. 违反该项义务的行为是公司董监高个人从事的行为,也可能是与公司交易的相对方在秘密状态下给予介绍业务的董监高佣金而不为其任职公司知悉的行为。从公司实践来看,佣金本身具有合法性,只是因为董监高对公司负有忠实义务而不能“归为己有”,如果是非董监高的一般员工为公司介绍业务人而从中获得佣金,则不受该义务的约束。

(二)违反该项义务的法律责任

如果董监高接受他人与公司交易的佣金归为己有,应当依法承担《公司法》第186条规定的归入责任[①]和第188条规定的赔偿责任。值得指出的是,根据前述“佣金”的性质,对于董监高接受他人与公司交易的佣金归为己有的行为,无论“佣金”数额有多大,都只能按照民事方式来处理,而不能按《刑法》第163条规定的“非国家工作人员受贿罪”和第271条规定的“职务侵占罪”来处理。

六、不得擅自披露公司秘密的义务

根据《公司法》第181条第5项的规定,董监高不得擅自披露公司秘密。擅自披露公司秘密是一种严重损害公司利益的行为,因此该项义务也属于《公司法》上绝对禁止的忠实义务。该项义务规定的适用,需要关注如下问题。

(一)违反该项义务的行为特点

违反该项义务的行为是擅自披露了公司秘密。这里的“公司秘密”尽管不限于商业秘密,但主要是指商业秘密。根据《反不正当竞争法》(2019年修正)第9条第4款的规定,商业秘密是指不为公众所知悉、具有商业价值并经权利人采取相应保密措施的技术信息、经营信息等商业信息。在实践中,商业秘密往往指生产流程、产品配方、营销策略、客户名单、专有技术等。

---

① 关于归入责任,详见本书第十八章第二节“公司法上的民事责任”中的有关讨论。

公司秘密除了商业秘密外，还包括一切可能对公司利益产生影响的信息，譬如公司投标的标底，谈判的底线，重大交易和诉讼的情况等。公司秘密对于公司的重要性是不言而喻的，其泄漏会极大地削弱公司的竞争力。由于董监高自身职务的便利性，公司秘密对其几乎是处于透明状态，因此，保护公司秘密是董监高的一项重要的忠实义务。

违反该项义务的行为是公司董监高的个人行为，是该类人员"擅自披露"的行为。因此，经过公司机关同意披露或法律规定必须对外披露的公司信息，不属于该项义务所指的公司秘密的范围。

（二）违反该项义务的法律责任

如果董监高擅自披露公司秘密，应当依法承担《公司法》第 186 条规定的归入责任和第 188 条规定的赔偿责任。由于公司秘密包括商业秘密在内，所以，如果董监高擅自披露公司商业秘密，其不仅要承担《公司法》规定的民事责任，而且可能依照《反不正当竞争法》第 21 条的规定，承担相应的行政责任；[①]如果因此给公司造成了重大损失，还可能依照《刑法》第 219 条的规定承担刑事责任。[②]

七、限制自我交易的义务

（一）限制自我交易义务的基本解读

2023 年修订的《公司法》对董监高忠实义务的结构安排作出较大调整，修改了原法将绝对禁止行为和相对禁止行为的忠实义务集中到一条中规定的结构，将相对禁止行为的忠实义务从集中规定中抽出并单独列专条规定，限制自我交易义务就是其中之一。《公司法》第 182 条对该项义务作了专条规定。绝对禁止的忠实义务与相对禁止的忠实义务作为学理上的划分，其核心区别是以公司机关的批准与否为标准：前者无论公司机关批准与否都不得从事，后者则以公司机关批准为限，不批准的不得从事，批准的则可以从事。

按照《公司法》第 182 条的规定，限制自我交易义务是指董监高"直接或者间接与本公司订立合同或者进行交易，应当就与订立合同或者进行交易有关的事项向董事会或者股东会报告，并按照公司章程的规定经董事会或者股东会决议通过"。这里的董监高"直接或者间接与本公司订立合同或者进行交易"，在公司法理上也就是"自我交易"。由此可见，《公司法》第 182 条规定的该项义务与第 181 条规定的前述各项义务最明显的区别在于：法律对董监高施加的义务不是完全禁止自我交易，而是设置了相应的条件限制，满足法定条件即为合法交易，否则就是违背忠实义务的行为。

自我交易（self-dealing）是指董监高为自己或为他人利益与其所任职的公司进行的交易。由于董监高为交易一方，公司是交易对方，交易双方存在明显的利益冲突关系，所以，自我交易是典型的关联交易形式之一。从国外公司法看，不少国家或地区的公司法都对自我交易行为

---

① 《反不正当竞争法》第 21 条规定："……违反本法第九条规定侵犯商业秘密的，由监督检查部门责令停止违法行为，没收违法所得，处十万元以上一百万元以下的罚款；情节严重的，处五十万元以上五百万元以下的罚款。"

② 根据《刑法》第 219 条第 1 款的规定，有侵犯商业秘密行为，情节严重的，处 3 年以下有期徒刑，并处或者单处罚金；情节特别严重的，处 3 年以上 10 年以下有期徒刑，并处罚金。

进行必要的规制。之所以如此,在于自我交易作为关联交易,是一柄“双刃剑”,它在可能增加公司交易机会、节约交易成本、提高交易效率而给公司带来利益的同时,也可能因董监高的特殊地位,出现损害公司利益的情况。出于交易主体谋求自身利益最大化动机,“公司与董事之间在进行自我交易时存在的危险,是公司有可能在这种交易中受到不公平的对待”[①]。法律规制的内容,包括自我交易的适用范围、自我交易行为的许可批准和违反自我交易规定的法律责任等。从不同国家和地区的公司法看,对自我交易的规制包括绝对禁止和严格限制两种形式。英美法最初的判例和立法均为绝对禁止自我交易。如同美国公司法学者罗伯特·W.汉密尔顿所说:“早期的普通法认为,所有的自我交易性质的交易都自动地是可以撤销的,一切听由公司来选择。”[②]随着市场发展,绝对禁止暴露出诸多问题,不利于公司利益最大化目标的实现,从扬利抑弊角度考虑,各国或地区的公司立法多趋于采取限制自我交易的形式。我国《公司法》亦不例外,对自我交易的规制也采取了限制而非绝对禁止的做法。《公司法》第 182 条关于自我交易的规定并没有使用如同第 181 条对绝对禁止行为那样“不得”的表述,而主要是对自我交易的限制条件的内容。自我交易作为董监高违反忠实义务的行为,只能是违反法定限制条件的行为。因此,本部分将《公司法》第 182 条规定的董监高忠实义务概括为“限制自我交易的义务”。

(二)限制自我交易义务的适用要点

1. 自我交易形式包括董监高与公司的直接交易和间接交易两种情形。2023 年《公司法》修订前,法律对自我交易行为的限制仅限于直接交易的形式,即交易一方为董事、高管的情况。[③] 司法实践中有法院通过案例实证发现,公司实际操作中,董事、高管本人直接与公司进行交易的情况很少,大多是董事、高管另设其他公司与其任职的公司进行对手交易,如果将其视为“自我交易”,按照《公司法》的规定,就应当将董事、高管另设公司所得的收入收归其任职公司所有,而另设公司的收入不等于该董事或高管本人的收入,因而能否将该另设公司的收入归董事、高管任职的本公司所有,在法律上还存在操作上的较大障碍。[④]

学者普遍认为,自我交易应当涵盖直接交易和间接交易两种形式,将间接交易纳入自我交易的范围,可以有效防止董监高做出利用“第三人”的形式规避法律的行为,使自我交易不仅包括董监高本人与本公司的交易行为,而且包括与董监高有利害关系的第三人与本公司的交易行为。交易只是一种手段或形式,最终目的是通过交易获得利益。董监高与公司通过直接的自我交易获取利益,与董监高通过其利害关系人与公司进行交易获取利益没有本质上的区别,就其对公司利益可能产生风险和损害实质上是相同的。董监高的利益本身就包括通过自身直接获得的利益,也包括通过利害关系人而间接获得的利益。[⑤] 至于“有利害关系”的具体

---

① [美]罗伯特·W.汉密尔顿:《公司法概要》,李存捧译,中国社会科学出版社 1999 年版,第 264 页

② [美]罗伯特·W.汉密尔顿:《公司法概要》,李存捧译,中国社会科学出版社 1999 年版,第 264 页。

③ 2023 年修订前的《公司法》第 148 条将自我交易的义务主体限定为董事、高管,且将该项义务表述为“违反公司章程的规定或者未经股东会、股东大会同意,与本公司订立合同或者进行交易”。结合法条全文来看,其只包括董事、高管与公司直接交易的形式。

④ 参见吴金水等:《强化尽忠尽职 完善公司治理——上海二中院关于涉公司董事、高管忠实义务纠纷审理情况的调研报告》,载《人民法院报》2016 年 12 月 1 日。

⑤ 参见李燕:《透视美国公司法上的董事忠实义务——兼评我国〈公司法〉对董事忠实义务之规定》,载《现代法学》2008 年第 1 期。

判断标准，有学者认为可以适用两种基本标准：一是情感标准，即董监高是否与第三人之间具有特殊感情联系，其范围包括父母、配偶、子女及其他近亲属等；二是利益标准，即董监高是否与第三人之间具有直接的物质利益联系，如有无投资关系（是不是第三人的股东）、管理关系（是不是第三人的董监高）等。①

2023年《公司法》修改将间接交易纳入自我交易的范围，《公司法》第182条不仅在第1款增加了“间接与本公司订立合同或者进行交易”的形式，而且还在第2款规定间接交易的情形：“董事、监事、高级管理人员的近亲属，董事、监事、高级管理人员或者其近亲属直接或者间接控制的企业，以及与董事、监事、高级管理人员有其他关联关系的关联人，与公司订立合同或者进行交易，适用前款规定。”可见，该款定义的间接交易，其范围涵盖了与董监高具有关联关系的关联人和公司发生的交易。基于此，《公司法》及其司法解释涉及关联交易的规定应当适用于董监高自我交易，如根据《公司法司法解释（五）》第1条和第2条的规定，如果董监高利用关联交易损害公司利益，可以提起损害赔偿诉讼或合同无效或撤销合同的诉讼。

2. 法律对自我交易的限制主要通过设置必要程序并要求得到公司批准来体现。董监高履行了法定的必要程序并得到公司批准，自我交易就是合法的行为，否则就是违反忠实义务而受法律否定的行为。这里的“必要程序”，主要包括董监高向公司报告和回避关联交易的表决；这里的“公司批准”，是指自我交易得到公司董事会或股东会的决议的认可。《公司法》对自我交易行为设置的限制包括：第一，董监高从事自我交易时应当履行报告义务。根据《公司法》第182条的规定，董监高如果直接或者间接与本公司订立合同或者进行交易，“应当就与订立合同或者进行交易有关的事项向董事会或者股东会报告”。报告的内容应当及时、真实、准确和完整。报告义务是董事会或股东会作出是否同意与之发生关联交易的前提，如果董监高没有履行这一义务，则属于违反忠实义务的行为；如果董监高报告后公司没有及时召集和召开董事会或股东会作出决议，则是公司机关的失职，可以依照公司决议瑕疵的情形作出处理。第二，回避表决的义务。根据《公司法》第185条的规定，回避表决是指董事会对关联交易决议表决时，关联董事不得参与表决，其表决权不计入表决权总数。“出席董事会会议的无关联关系董事人数不足三人的，应当将该事项提交股东会审议。”《公司法》该条之所以没有规定股东会决议的情形，是因为在股东会通过决议时董监高并无表决权，但如果董监高同时具有控股股东或实际控制人的身份，根据《公司法》有关关联交易的规定，控股股东和实际控制人也应当回避表决。第三，获得批准的限制。获得批准是指董监高的自我交易行为应当得到董事会或股东会以决议方式作出的认可，认可即意味着公司同意。至于认可是采取董事会决议还是股东会决议的方式，可根据公司章程关于关联交易的规定或关于两个机关权限的规定来确定。是否批准董监高的自我交易属于公司自治的范畴，只要符合法定程序，公司批准或不批准都是合法行为。董事会或股东会批准的，自我交易就是公司认可的行为，也是法律允许的行为。董事会或股东会不批准的，表明自我交易不为公司认可，自我交易就属于不能从事的行为。如果董监高在没有得到批准的情况下仍然利用职权从事自我交易，就属于违反忠实义务的行为。

按照《公司法》第182条的规定，董事会或股东会决议应当“按照公司章程的规定”作出。这一规定体现了公司自治的精神，也表明公司批准董监高自我交易可能出现两种情况：一是公

① 参见储育明、张启兵：《公司法中的自我交易制度研究》，载《安徽大学学报》1998年第5期。

司章程对自我交易有专门规定的,应当依照公司章程的规定执行;二是公司章程没有对自我交易作出专门规定,公司也应当依照公司章程关于股东会召集召开的规定作出决议。这也意味着,无论公司章程对自我交易规定与否,自我交易的批准都应当由董事会或股东会决议通过。如果董监高在自我交易行为发生时没有向公司报告,发生后公司才知晓,此时董事会或股东会决议是否可以对已经完成的自我交易行为进行追认?根据自我交易并非绝对禁止行为的性质,笔者认为,追认行为符合公司自治的要求,如果已经完成的自我交易得到董事会或股东会决议的追认批准,也应当视为合法有效。

3. 自我交易包括订立合同和进行交易两类行为。根据《公司法》第 182 条的规定,订立合同是与进行交易并列的行为。本来,合同也是一种交易行为,但订立合同并不意味着合同的必然生效,另外进行交易也并非一定要以书面合同的订立为前提。法律将订立合同行为与进行交易行为并列的意义在于:只要董监高与公司有订立合同的行为,无论这一行为是否已经构成双方当事人的交易关系,是否产生交易的后果,也无论进行的自我交易是否订立了书面合同,两种行为一旦发生,董监高都有向公司报告的义务,都要履行由公司批准的程序。根据我国有关关联交易的法律法规的规定,“交易”是指当事人之间发生的转移资源或义务的事项。因此,可以纳入该条规定的“交易”范围的,包括:购买或销售商品;购买或销售除商品以外的其他资产;提供或接受劳务;代理;租赁;提供资金(包括以现金或实物形式);担保和抵押;管理方面的合同;研究与开发项目的转移;许可协议;赠与;债务重组;非货币性交易;双方共同投资;等等。

(三)违反限制自我交易义务的法律责任

《公司法》对违反限制自我交易义务的行为规定了两项民事责任,具体为:

1. 归入责任。依照《公司法》第 186 条的规定,公司可以将董监高违反该项义务行为获得的收入收归公司所有。

2. 赔偿责任。依照《公司法》第 188 条的规定,如果董监高违反该项义务的行为给公司造成损失,则应承担赔偿责任。

八、限制谋取公司商业机会的义务

(一)限制谋取公司商业机会义务的基本解读

限制谋取公司商业机会在一些公司法论著中也被称为“篡夺公司机会禁止”。《公司法》第 183 条是对该项义务的专条规定,表明它与前述限制自我交易义务一样,属于相对禁止的忠实义务。该条将限制谋取公司商业机会定义为:“董事、监事、高级管理人员,不得利用职务便利为自己或者他人谋取属于公司的商业机会。”由于该条在规定中使用了“不得”的表述,容易让人误读为是绝对禁止的忠实义务;但结合该条的全部内容看,如果经过董事会或者股东会决议批准,谋取公司商业机会则是董监高可以从事的行为。因此,笔者对该项义务没有使用“篡夺公司机会禁止”或“不得谋取公司商业机会”的概括,而仍然保持与限制自我交易相同的“限制……”的表述方式,从而与《公司法》第 181 条规定的绝对禁止的忠实义务相区别。

进一步看,限制谋取公司商业机会义务与前述限制自我交易义务相比,尽管二者都属于相对禁止义务，但《公司法》关于两种义务的具体规定仍有差异：《公司法》第 183 条关于限制谋取公司商业机会的规定采取了“原则禁止，例外允许”的表述方式；而《公司法》第 182 条关于限制自我交易的规定则采取了“原则允许，例外禁止”的表述方式。这表明两类义务在法律规制上还存在程度上的差别，即法律对谋取公司商业机会的限制更加严格。之所以如此，在于自我交易属于关联交易，与公司利益冲突的程度相对小一些，公允的关联交易还可以节省交易成本；而谋取公司商业机会是将本应属于公司的商业机会谋为己有，不仅与公司利益构成冲突，而且可能直接损害公司利益。因此，法律对其采取“原则禁止，例外允许”的规制方式就显得很有必要。

限制谋取公司商业机会最早是英美法系国家公司法规定的一项内容，也作为董事的忠实义务的组成部分而存在。日本传统的公司法理论并无此法理，但有学者借鉴美国判例法，认为董事基于其在公司中的地位，将公司与第三人间的交易机会转为己用，既不应纳入《日本商法典》第 264 条规定的竞业禁止义务的范围，也不应纳入第 243 条之一第 3 项规定的善管注意义务的范围，而有必要承认此为忠实义务的独立存在。[①] 在现代市场经济中，商业机会就是利益，商业机会的根本价值并不体现在归属，而是在于利用。[②] 对于公司而言，商业机会虽然并不能直接等同于现实的公司财产，但却往往就是公司存在和发展的机遇，董监高谋取属于公司的商业机会实质是以隐形方式侵害公司潜在可得的利益。因此，董监高作为公司的受托人从事这一行为势必将自身置于与公司利益冲突的境地。《公司法》限制董监高谋取公司的商业机会不仅属于忠实义务的一项重要内容，也是民法中的诚实信用原则在现代公司中的必然逻辑引申。

（二）限制谋取公司商业机会义务的适用要点

根据《公司法》第 183 条的规定，限制谋取公司商业机会义务在适用中需要把握以下要点：

1. 行为要件的把握。根据《公司法》第 183 条第 1 款关于“利用职务便利为自己或者他人谋取属于公司的商业机会”的规定，董监高谋取公司商业机会在行为上须符合两个构成要件：第一，董监高为自己或他人谋取的是属于公司的商业机会，由此表明董监高在与公司利益发生冲突时没有将公司利益置于自身利益之上，违背了忠实义务“先公后私”的要求。第二，董监高对忠实义务的违反属于职务行为，是“利用职务便利”从事谋取商业机会的行为。

2. 公司商业机会的认定。公司商业机会应当是与公司经营活动密切相关且可以为公司带来利益的现实机会。有学者认为，公司商业机会可以定义为：董监高在执行公司职务过程中获得的，并有义务向公司披露的，与公司经营活动密切相关的各种机会。[③] 从司法实践上看，判断是否构成公司商业机会应结合商业机会的成熟程度、公司对商业机会利用的能力和态度、法律法规许可等几个方面的情况综合考虑。《公司法》第 183 条第 2 款据此排除了两种可能属于公司的商业机会的情形：第一，公司自愿放弃的商业机会，即董监高“向董事会或者股东会

① 参见［日］田中诚二、堀口亘、川村正幸：《新版商法》（第 9 合订版），千仓书房 1991 年版，第 203 页。
② 参见袁崇霖：《公司机会规则的反思与体系建构》，载《法学研究》2022 年第 2 期。
③ 参见刘俊海：《股份有限公司股东权的保护》（第 2 版），法律出版社 2004 年版，第 454 页。

报告,并按照公司章程的规定经董事会或者股东会决议通过”。这里的“决议通过”从文义上看似乎是指董事会或者股东会同意报告的董监高自己利用该商业机会,但实际上更可能是公司董事会或者股东会明确表示公司不会利用该商业机会。第二,公司不能利用的商业机会,即“根据法律、行政法规或者公司章程的规定,公司不能利用该商业机会”。另外,由于谋取公司商业机会是职务行为,该行为应当发生在董监高任职期间。董监高离职后不再负有《公司法》规定的该项义务。①

3. 可以利用公司商业机会的情形。既然限制谋取公司商业机会属于董监高相对禁止的忠实义务,那就意味着在符合法定条件的情况下董监高可以合法地利用公司商业机会。《公司法》第 183 条第 2 款对董监高可以利用公司商业机会的情形采取特殊的表述方式,即“按照公司章程的规定经董事会或者股东会决议通过”。如前所述,“决议通过”尽管很可能是公司不会利用该商业机会的意思表示,但它却内含了认可董监高可以利用该商业机会的意思。当然,这里的“决议通过”是以董监高“已经向董事会或者股东会报告”为前提,如果董监高没有主动履行这一义务,就不可能出现决议通过的情况。

根据《公司法》第 185 条的规定,董事会对公司是否利用董监高报告的商业机会事项进行表决时,如同前述董监高自我交易获得批准的情形一样,应当按照关联董事回避等法定程序进行。

(三)违反限制谋取公司商业机会义务的法律责任

董监高违反限制谋取公司商业机会的义务,按照《公司法》的规定应当承担两项法律责任:第一,依照《公司法》第 186 条的规定,公司可以将行为人违反该项义务获得的收入收归公司所有;第二,依照《公司法》第 188 条的规定,董监高违反该项义务的行为给公司造成损失的,行为人应当承担赔偿责任。

九、竞业限制的义务

(一)竞业限制义务的基本解读

竞业限制作为忠实义务在一些论著中也称“竞业禁止”。如同前述限制谋取公司商业机会被称为“篡夺公司商业机会禁止”一样,使用“禁止”的表述都有将该义务当成绝对禁止的忠实义务的可能。但是,《公司法》对该两种义务的规定却并没有这种意思,无论是《公司法》第 183 条还是第 184 条的规定,其中的义务都属于相对禁止的忠实义务。当其成为禁止性义务时,都必须符合或满足法律规定的限制性条件,因此,笔者对相对禁止义务都使用了“限制”的概括表述,而没有使用一些论者常用的“禁止”的表述。“竞业禁止”在司法实践中很容易被望文生义地当成法律上的禁止性规范,笔者在公司实践中就遇到过股东、董事因转让股份与“经营竞业”有关而被法院以股份转让合同“违反法律、行政法规的强制性规定”为由认定为无效

---

① 在万谷健志损害公司利益责任纠纷案中,法院认为,根据设计行业一般惯例,设计公司的商业机会往往和设计师的能力密切相关。本案被告离职后,客户自行将有关项目的设计工作委托被告新任职的公司处理,符合行业惯例。而且被告离职后,已不再负有公司法上所规定的对原告公司的忠诚、勤勉义务。故法院判决驳回原告的诉讼请求。参见上海市浦东新区人民法院民事判决书,(2017)沪 0115 民初 20934 号。

的情况。其实,从立法本意上说,对从事竞业的限制与从事竞业行为的法律后果并不是禁止性规范与无效行为的关系,因为根据《公司法》的规定,违反竞业限制义务的法律后果并不是该行为无效,而只是将经营竞业的所得收归公司所有。司法实践中出现法律适用不当的问题,不能说与"竞业禁止"的概念表述没有关系。

《公司法》第 184 条规定:"董事、监事、高级管理人员未向董事会或者股东会报告,并按照公司章程的规定经董事会或者股东会决议通过,不得自营或者为他人经营与其任职公司同类的业务。"这里的"自营或者为他人经营与其任职公司同类的业务"也即"经营竞业"。经营竞业的行为与谋取公司商业机会的行为有时存在互相交叉的情况,但也并不完全相同。因为董监高经营竞业的活动未必都通过谋取公司商业机会来进行,而董监高谋取的公司商业机会也未必都用于与公司争夺市场份额。因此,《公司法》将竞业限制与谋取公司商业机会限制作为相对禁止的忠实义务,分别置于不同的条文中规定。

(二)竞业限制义务的适用要点

根据《公司法》第 184 条的规定,竞业限制义务的适用需要把握如下要点:

1. 经营竞业的理解。董监高经营竞业包括两类情形:一是自己经营与其任职公司同类的业务;二是为他人经营与其任职公司同类的业务。两类情形的行为既包括董监高自己投资设立公司与任职公司构成同业竞争关系,也包括担任与任职公司有同业竞争关系的其他公司的重要职务,如董事长或总经理。这里之所以将担任与公司有同业竞争关系的其他公司的重要职务也列入经营竞业的行为,是因为按照忠实义务的要求,公司负责人应当对所任职公司竭尽全力,而对所任职公司任何之一的竭尽全力,都意味着影响了其所任职的另一公司的可得利益,即对另一公司没有履行忠实义务。当然,董监高得到任职公司批准兼职的情况另当别论。《公司法》第 175 条明确规定,国有独资公司的董事、高管"未经履行出资人职责的机构同意,不得在其他有限责任公司、股份有限公司或者其他经济组织兼职"。

值得指出的是,《公司法》规定的"自营或者为他人经营"应当包括"为自己谋划经营或者为他人谋划经营"的行为。这一理解偏重于以经营竞业取得的经济效果的归属为认定是否存在经营竞业行为的标准。如果董监高在形式上并不担任自己投资设立的公司或他人公司的任何职务,但为自己谋划经营或者为他人谋划经营,并使经营竞业的经济效果归属于自己或者他人,则形成与自己所任职公司实际上的争夺市场份额的竞争关系。从《公司法》规定竞业限制的立法意图来看,"为自己谋划经营或者为他人谋划经营"显然是应当受到规制的行为。

2. 竞业限制的范围。《公司法》第 184 条规定的竞业限制范围是指"与其任职公司同类的业务"。所谓"同类的业务",既可以是完全相同的商品或服务,也可以是同类或者类似、具有竞争关系或者替代关系的商品或服务。判断是否"同类"的关键在于董监高经营的事业是否与公司存在竞争关系,如果构成同业竞争,抢占了公司的市场份额,就属于同类业务的范围。

公司实践中还有两种情形值得注意:一是竞业限制应当包括董监高在任职期间为离任后从事竞业做准备的行为,但在认定上应将竞业严格限制在同类业务的范围之内,而不能扩张到不同类的业务。二是竞业限制还应包括董监高的"挖角"行为,即董监高在任职期间,游说公司员工到其他公司就业的行为,如一些公司董监高将本公司的业务技术骨干介绍到其他同类业务的公司工作,自己从中获得某种利益。有人认为,这种行为违背忠实义务,应当受到董事竞业规则的约束。①

3. 竞业限制的期间。竞业限制既可以发生于公司营业阶段,也可以发生于公司准备营业阶段或试营业阶段,还可以发生于公司暂时中止营业阶段。至于董监高在被解任或辞职后能否从事与原任职公司同类业务的经营,只要行为人在卸任后从事的经营竞业没有利用原任职公司的财产、信息或机会,就应当认定无义务违反之构成。

4. 经营竞业的允许。同限制谋取公司商业机会的义务一样,《公司法》第 184 条对经营竞业的限制也只能在一定的范围之内。法律对经营竞业的允许需要同时满足两个条件:一是董监高已将经营竞业的情况向董事会或者股东会报告;二是按照公司章程的规定,经董事会或者股东会决议通过。当然,这里的董事会决议,应当按照《公司法》第 185 条的规定作出,必须履行关联董事回避表决等法定程序。如果符合《公司法》规定的条件和程序,董监高自营或为他人经营竞业就可以不受竞业限制义务的约束。

《公司法》之所以规定的是竞业限制而非竞业禁止,是因为立法设置竞业限制义务的本意是要求董监高忠实于公司,不得从事"损公肥私"的经营竞业行为;而法律不能,也不可能禁止董监高从事"肥私不损公"的经营竞业行为。因此,《公司法》不能对所有的经营竞业的行为都予以禁止,只能对经营竞业作出必要的限制。至于哪些是"损公肥私"的经营竞业行为,哪些是"肥私不损公"的经营竞业行为,完全可以由公司及其股东自己作出判断,而无需由立法来预设。立法预设往往是需要制度运行成本的方式,由于其必须以不特定多数人为假设的规制对象,故在防止某种违法行为发生的同时,也直接影响其假设的规制对象的行为效率,进而影响社会效率。如果董事会或股东会同意董监高经营竞业,法律就没有必要对其干预。

(三)违反竞业限制义务的责任

董监高违反竞业限制义务与前述违反限制自我交易义务或限制谋取公司商业机会义务一样,也应当依《公司法》第 186 条和第 188 条的规定承担两类责任,即归入责任和损害赔偿责任。

第五节　公司负责人勤勉义务的具体适用

一、勤勉义务适用概述

《公司法》第 180 条第 2 款规定:"董事、监事、高级管理人员对公司负有勤勉义务,执行职务应当为公司的最大利益尽到管理者通常应有的合理注意。"2023 年《公司法》修订对勤勉义务的规定有所丰富完善,在原法只涉及勤勉义务概念规定的基础上不仅增加了对其定义的表述,而且新增了一些勤勉义务的具体规范,由此表明法律对勤勉义务的基本要求:第一,勤勉义务是董监高履职的行为准则;第二,勤勉义务的履行应当符合公司最大利益的行为目标;第三,勤勉义务以"管理者通常应有的合理注意"为行为底线。

勤勉义务在公司法理上又称注意义务或善管义务,主要是法律对公司董监高能力上的要

---

① 参见杜军:《公司法中董事竞业规则的解释与完善》,载《人民法院报》2008 年 12 月 11 日。

求。公司董监高在执行职务时,应当从公司利益出发,认真负责,保证履职行为的合法性、合理性和效率性。勤勉义务设置的意义在于防止公司董监高因偷懒怠惰、注意不足而造成公司利益的损失,如果其履行职责时没有达到合理谨慎的程度,造成公司利益的损失,则应对公司承担侵权赔偿责任。

勤勉义务与忠实义务相比,其最大的特点就是不像忠实义务那样易于把握。之所以如此,是因为忠实义务是对董监高处于与公司利益冲突状态下的要求,而勤勉义务则是对董监高处于为公司最大利益而履职状态下的要求。因此,对勤勉义务标准的认定也是各国公司法面临的一个普遍性的难题。根据学者的考察,勤勉义务作为法律术语源于英美法的创造,其理论基础主要为信托关系;大陆法系国家基于委任关系认识普遍将其民法或商法上规定的善管义务适用于公司董事。虽然在两大法系融合和公司治理发展的趋势影响下,一些大陆法系国家在公司法中也开始使用勤勉义务的称谓,但"相关规定都较为简单,远不如英美等国详细"。[①] 勤勉义务在我国法律中并非仅为《公司法》规定,笔者通过检索发现,包括《证券法》在内的一些法律,如《全国人民代表大会和地方各级人民代表大会代表法》《公务员法》《法官法》《检察官法》《证券投资基金法》《企业国有资产法》等,也使用了"勤勉尽责""谨慎勤勉"等表述,但均未对什么是"勤勉"进行定义。从这些法律规定看,如同《公司法》一样,勤勉是对担任特定职务的人员的义务要求,与其履行的职责密切相关。对特定人员的勤勉要求包括依法认真履行职责、提高工作质量和效率、清正廉洁、公道正派、忠于职守、恪守职业道德等。从"勤勉"一词的汉语释义看,其中就包括了勤奋、勤劳、努力、刻苦、不懈的内容,将其作为法律义务,显然是对行为人主观能力的一种较高要求。由于没有具体定义,"勤勉"在作为行为规范上就成为一种抽象的要求。2023 年修订的《公司法》通过对勤勉义务的首次定义,从一定意义上弥补了我国法律对相关主体勤勉义务要求的不足。

根据《公司法》关于勤勉义务是一种"合理注意"义务的要求,结合英美法系国家对勤勉义务或大陆法系国家对善管义务的定义来看,使用汉语的"注意"作为义务术语更能准确地对应这一法律义务的内涵,即"应当以一名在类似情况下合理人所应有的谨慎来履行职责"[②]。换言之,注意义务是对处于相同位置的正常普通人的适当要求;善管义务的全称为善良管理人的注意义务,其义务主体指向的"善良管理人"也属于正常普通的主体。因此,勤勉义务在公司法上是针对管理者并不过分的一般性要求。事实上,在公司"资本多数决"制度下,普通人基于持股而担任公司负责人是正常现象,各国公司法均未对公司董监高的资格设置特别严格的条件,要求过高或过低都可能与法律设置这一义务的目的不完全相符。我国《公司法》对勤勉义务的定义综合吸收和借鉴了两大法系相关规定中的合理内核,这从《公司法》对董监高采取消极资格条件的规定上也可以得到反映。

勤勉义务作为公司负责人的行为指引和规范,法律只能是对其设置针对相同情形下正常管理者通常应有的合理注意义务。如果要求过高,则可能遏制公司负责人的主观能动性和创新热情,不符合公司营利性本质和股东投资要求的风险与利益相一致的原则;如果要求过低,则可能助长公司负责人偷懒怠惰的心理和行为。因此,确定勤勉义务的具体规范是公司法面

---

① 任自力:《公司董事的勤勉义务标准研究》,载《中国法学》2008 年第 6 期。

② 《美国标准商事公司法》第 8.30 条。参见沈四宝编译:《最新美国标准公司法》,法律出版社 2006 年版,第 101 页。

临的两难选择。实践中公司负责人履职时是否勤勉尽责会因公司形态和规模、公司经营状态、公司股权结构、公司权力配置、公司负责人个人素质以及担任的具体职务等情况的不同而有差异。仅就公司负责人担任的职务而言，董事、经理、监事负有不同职责，董事还有内部董事与外部董事、一般董事与独立董事的职务区别，职务不同，甚至专业经验不同，勤勉义务的标准也应有所区别。因此立法上很难采取“一刀切”的统一要求，不可能采取像忠实义务那样的列举式做法，因为列举也很可能挂一漏万。另外，立法上还必须考虑到给公司负责人留出必要的履职“容错”空间，这也导致了勤勉义务内涵的抽象性和认定标准上的不确定性。尽管新《公司法》关于勤勉义务的规定较原法有了很大的进步，但仍然需要解决认定标准的不确定性问题。近年来，我国上市公司发生了不少虚假陈述的案件，这些上市公司董监高分别受到了中国证监会对其作出的处罚，处罚理由主要是其没有履行勤勉义务，尤其是受罚的独立董事，几乎无一例外被中国证监会认定为违反了勤勉义务。正是基于此，勤勉义务的适用成为公司实践中备受关注和颇具争议的问题。

法律上对勤勉义务的规定直接关系到司法实践中对公司负责人违反勤勉义务的行为认定和责任追究。由于勤勉义务的判断标准还具有较大程度上的不确定性，是否违反勤勉义务目前主要依赖法官的自由裁量。虽然一些法院的具体判决对勤勉义务的认定也有特色和适用的参考价值，[①]但这并不意味着能够很好解决勤勉义务本身存在的适用难题。其实，勤勉义务的适用难题也并非我国仅有，国外也面临同样的问题，如美国法院解决勤勉义务认定困难形成了一系列判断标准，包括“平等机会规则”“可反驳的合法商业目的规则”“经营判断原则”“实质公平原则”等，但这些始终都是无法统一的抽象规则，总是面临各种争议。[②]

对勤勉义务的立法规定和司法适用上存在的问题为法学理论和司法实践对此探索提供了很大的空间。无论是国内还是国外，学界和司法界对此一直在进行不懈的研究，并在很多方面取得了积极的成果，积累了不少实务方面的经验。但是，勤勉义务的施加和违反勤勉义务的认定还需要结合我国的实际从立法和司法两个方面进行深入的研究。

二、勤勉义务的法定内容

2023 年修订的《公司法》针对原法对勤勉义务缺乏定义和具体规定的不足，在定义勤勉义务内涵的同时还增加了一些具体规定，在立法体例上也作出与忠实义务的不同安排。新增的条款并非集中在一章中列举，而是分别在其他章节的相关场景中结合董监高的责任来作出规定，主要涉及以下内容：

1. 维护公司资本充实的勤勉义务。这是 2023 年《公司法》修订的亮点之一，通过新增董监高维护公司资本充实的勤勉义务，完善了公司资本制度。具体内容包括：(1)《公司法》第 51 条和第 107 条关于董事对股东出资负有义务的规定，涉及董事对股东的出资情况负有核查

---

① 如北京市高级人民法院(2018)京行终 4657 号行政判决书对欣泰电气外部董事胡某勇与中国证监会的二审行政诉讼案作出判决，其中涉及对董事勤勉义务判断的相关表述为：“法律对公司董事的勤勉义务规定较为原则，没有相应的细化标准”，提出判断董事的勤勉义务应采取适度标准，即“董事应当善意、合理、审慎地履行自己的职责，尽到处于相似位置上的普通谨慎的人在相同或类似情况下所需要的注意义务，而且当董事会决议违反法律法规规定的时候，董事如果认为自己尽到了勤勉尽责义务，应当就自己善意、合理、审慎地履行职责承担相应的举证责任”。

② 参见赵旭东：《公司治理中的控股股东及其法律规制》，载《法学研究》2020 年第 4 期。

和催缴的义务，如果未主动履行该法定义务，“给公司造成损失的，负有责任的董事应当承担赔偿责任”。(2)《公司法》第53条和第107条关于董监高对股东抽逃出资负有义务的规定，如果对抽逃出资的行为默许、坐视不管甚至协助，“给公司造成损失的，负有责任的董事、监事、高级管理人员应当与该股东承担连带赔偿责任”。(3)《公司法》第163条关于董监高对公司违法为他人取得本公司或者其母公司的股份提供财务资助负有义务的规定，如果对公司违法提供财务资助的行为不闻不问，或者明知违法也不予制止，“给公司造成损失的，负有责任的董事、监事、高级管理人员应当承担赔偿责任”。(4)《公司法》第211条关于董监高对公司违法分配利润负有义务的规定，如果参与违法分配利润的公司决定并对决议通过表示同意，或者出现违法分配利润事实后没有对如何退还采取相应措施，“给公司造成损失的，股东及负有责任的董事、监事、高级管理人员应当承担赔偿责任”。(5)《公司法》第226条关于董监高对公司违法减资负有义务的规定，如果参与违法减资的公司决定并对决议通过表示同意，或者出现违法减资事实后没有对如何退还采取相应措施，“给公司造成损失的，股东及负有责任的董事、监事、高级管理人员应当承担赔偿责任”。

上述勤勉义务由于分散于各章，本书有关章节结合民事责任对其都有涉及和讨论，在此不予详论。

2. 接受股东质询的勤勉义务。《公司法》第187条规定：“股东会要求董事、监事、高级管理人员列席会议的，董事、监事、高级管理人员应当列席并接受股东的质询。”接受股东质询的勤勉义务在公司法理上也可称为董监高的说明义务。与这一义务相对应的是股东享有的质询权。《公司法》第110条就规定，股东有权对公司的经营提出建议或者质询。为确保股东质询权的行使，法律自然要设定董监高的说明义务。这一义务的特点包括：第一，是董监高对股东承担的作为的义务，与前述公司负责人承担的不作为的义务形成对比，因此该义务也被认为应划归为公司负责人的勤勉义务。第二，该义务的履行须有两个前提：一是以股东会会议召开为前提，董监高应当列席股东会会议；二是股东会会议上如果没有股东向董监高质询，该义务也不能成立。其中，前一个前提是履行说明义务的必要程序，具有附随义务的属性，也即说明义务的前提。第三，违反该义务的救济，这实际上也是对股东行使质询权不能的救济。《公司法》没有对此作出直接的规定。有学者认为，董监高说明义务之违反，乃是对股东质询权之侵害，构成违法的决议方法，是股东会决议中的程序性瑕疵。在此种场合下，任何股东均可以决议方法违反法律为由向法院提起决议撤销之诉。公司和股东还有权对违反说明义务的董监高参照善管(勤勉)义务的违反追究其对公司和作为第三人的股东的责任。① 笔者认为，如果董监高拒绝就股东的质询作出答复和说明，可以认为该做法是违反法律规定的行为。尽管《公司法》没有对义务人直接规定法律责任，但鉴于该义务的相对人是股东，因此可以适用《公司法》第190条的规定，即如果这一行为损害股东利益，股东就可以向人民法院提起诉讼。

3. 参与董事会决议的勤勉义务。《公司法》第125条第2款规定：“董事应当对董事会的决议承担责任。董事会的决议违反法律、行政法规或者公司章程、股东会决议，给公司造成严重损失的，参与决议的董事对公司负赔偿责任；经证明在表决时曾表明异议并记载于会议记录的，该董事可以免除责任。”从该款内容看，参加董事会决议是董事履职的主要方式，董事对董

---

① 参见刘俊海：《股份有限公司股东权的保护》(第2版)，法律出版社2004年版，第299页。

事会决议发表意见和投票应当负有“为公司的最大利益尽到管理者通常应有的合理注意”的义务，在此过程中出现违法违规的瑕疵也显然是对勤勉义务的违反。但该款作为勤勉义务的规定也存在明显的缺陷：一是只涉及董事履职瑕疵责任，其规范的效力还不能当然延伸及于监事和高管；二是董事免责方式还十分单一，没有涉及“商业判断规则”的董事免责事由的内容，具体可参见本节后面关于“商业判断规则”的讨论。

4.公司清算中的勤勉义务。根据《公司法》第232条的规定，公司依法解散，应当进入清算程序，“董事为公司清算义务人”。这一规定表明，董事对公司清算负有相应的作为的义务，这一义务应当属于董事履职中的勤勉义务。如果“清算义务人未及时履行清算义务，给公司或者债权人造成损失的，应当承担赔偿责任”。

需要指出的是，一些法规性文件对《公司法》规定的勤勉义务进行了细化。如中国证监会2023年修正的《上市公司章程指引》第98条专门就上市公司董事的勤勉义务作出较为具体的规定，表明上市公司可以通过公司章程对《公司法》第180条第2款定义的勤勉义务进行细化。其细化的内容包括：(1)应谨慎、认真、勤勉地行使公司赋予的权利，以保证公司的商业行为符合国家法律、行政法规以及国家各项经济政策的要求，商业活动不超过营业执照规定的业务范围。(2)应公平对待所有股东。(3)及时了解公司业务经营管理状况。(4)应当对公司定期报告签署书面确认意见。保证公司所披露的信息真实、准确、完整。(5)应当如实向监事会提供有关情况和资料，不得妨碍监事会或者监事行使职权。(6)法律、行政法规、部门规章及本章程规定的其他勤勉义务。该条最后还在注释中规定：“公司可以根据具体情况，在章程中增加对本公司董事勤勉义务的要求。”从《上市公司章程指引》列举的勤勉义务看，其是否与勤勉义务的性质完全吻合还值得进一步讨论。该指引列举的勤勉义务的内容更接近本节前面讨论的合规义务、公平义务和信息披露义务。如前所述，对这三类义务是否划归勤勉义务，学者们还有不同的认识。有的认为它们是应当与信义义务并列的独立义务，有的则认为是可以由信义义务作扩充解释的义务。也正是基于对这些义务是否为勤勉义务还有疑问，有学者甚至认为我国“不存在真正注意义务的责任追究，而只是合规义务的责任追究而已”①。

还需指出的是，2023年修订的《公司法》关于勤勉义务的新规虽然较原法有了明显的进步，但对公司董监高免责机制并未作出相应回应，二者出现发展不平衡的状况。学者研究表明，同一时期国际公司法改革中对董事和高管普遍出现了加强问责和加强保护均衡发展的趋势。②

三、违反勤勉义务行为的认定

违反勤勉义务行为的认定是勤勉义务适用中最大的难题之一。在《公司法》对勤勉义务的规定从总体上不及忠实义务那样具体的情况下，如何准确判断公司董监高的行为勤勉尽责，以及其是否违反勤勉义务并非易事。对此，需要明确几个要点：第一，勤勉义务是在公司董监高履行职务时才负有的义务，违反勤勉义务属于公司董监高的履职行为瑕疵。因此，应当将违

① 邓峰：《普通公司法》，中国人民大学出版社2009年版，第501页。

② 参见张宪初：《全球改革浪潮中的中国公司法》，载王保树、王文宇主编：《公司法理论与实践》，法律出版社2010年版，第44页。

反勤勉义务置于公司董监高的履职过程来考察,"与忠实义务重在考察董事的职业操守是否存在污点不同,勤勉义务关注的是董事的决策过程是否有瑕疵"①。第二,公司董监高的履职行为,尤其是其中的决策行为,是在面临诸多条件限制和未来不确定性的情况下作出的,而对公司董监高违反勤勉义务的认定则主要是依据其履职行为产生的结果作出的判断。在条件约束完全不同的情况下,行为人与裁判者对行为瑕疵的认知完全可能出现很大的偏差,故应当避免裁判者"事后诸葛亮"式的简单认定。第三,勤勉义务是一种作为的义务,要求公司董监高必须有所作为才是履行了法律义务,而在有所作为的过程中出现一些行为瑕疵,是任何正常人都在所难免的。因此,立法和司法都要注意保护"干事"和"能干事"的人,给予其在干事中一定的"容错"空间,只有这样才能更好地调动起干事者的积极性;否则就可能挫伤公司董监高,尤其是处于决策地位的董事的主观能动性,不符合公司利益和全体股东利益最大化的要求。

基于我国《公司法》及相关法规在勤勉义务规定上的不足以及司法实践中存在的法律适用问题,不少学者在对域外立法经验考察的基础上,结合我国实际提出了一些有价值的关于勤勉义务认定的思路和完善相关制度的建议,主要包括:

1. 将违反勤勉义务划归侵权行为的范畴,可以适用侵权法上的有关规则来对该行为进行认定,采取过错责任或过错推定责任的规则,无过错则无责任。过错推定建立在原告负有举证责任的基础之上。明确行为瑕疵主要是属于公司董监高的主观过失行为,而不像违反忠实义务那样属于故意为之的行为。违反勤勉义务主要表现为偷懒怠惰,决策时不负责任,不依法依规办事。违反勤勉义务承担侵权责任的前提是给公司造成损失,损失应当依照《民法典》侵权责任编的有关规定来确定。

2. 勤勉义务对公司董监高而言,既有能力上的要求,也有道德上的要求。勤勉义务作为信义义务的构成部分,其道德上的要求就是指引公司董监高本着善意、谨慎之心来处理公司事务,是对公司董监高履职行为进行价值评判的标准。但勤勉义务作为注意义务,与忠实义务的不同在于它更多的是对行为人能力上的要求。研究表明,注意义务是一种能力维持规范,其功能在于将行为人遵守行为规范的能力维持在一定的水平之上。② 违反忠实义务的行为人在公司利益与自己利益冲突的情形下往往对义务规范持有反对或敌视的态度,因而其主观上多为故意心理;而违反注意义务的行为人常常是对义务规范持有认同的态度,因而其主观上多为过失心理。基于此,违反勤勉义务的行为人应当是对自己欠缺规范遵守能力负有责任而不是对破坏规范的行为承担责任。也有学者认为,我国《公司法》上关于公司董监高勤勉义务的规定属于德法模式上的严格勤勉义务,责任较重,并不完全符合中国公司治理的实际需求,应当适当放宽。③

3. 认定公司董监高是否违反勤勉义务不能只关注以结果为导向的规则,而应将重点放在董事的决策过程而非决策结果上。同时还必须建立勤勉义务的免责机制。既然忠实义务在《公司法》上还有股东追认和宽宥的免责机制,那么勤勉义务作为注意义务更应建立免责机制。免责机制实际上就是法律提供的"容错"空间,许多国家和地区的公司法普遍建立了相应

① 任自力:《公司董事的勤勉义务标准研究》,载《中国法学》2008 年第 6 期。
② 参见陈璇:《注意义务的规范本质与判断标准》,载《法学研究》2019 年第 1 期。
③ 参见任自力:《公司董事的勤勉义务标准研究》,载《中国法学》2008 年第 6 期。

的免责机制,如日本公司的董事违反勤勉义务时存在诸多免责情形:对于其重大过失所致损失,一律承担赔偿责任;对于善意的一般过失,则可依法免除部分或全部赔偿责任。① 就英美等判例法国家来说,有关董事勤勉义务的规定在整体上存在一个由宽松到严格再到宽松的螺旋式演进过程。其在立法中明确规定董事违反勤勉义务时承担责任的例外情形,同时,辅之以形式或实质上的商业判断规则,避免董事在违反勤勉义务时承受过重的民事责任,从而影响其商业决策的热情。② 公司董监高的免责机制包括多种制度,除引入商业判断规则外,还可以运用商业保险来建立公司董监高风险转移机制;同时公司可以为董监高提供一定的经济补偿,建立公司的自我保护机制,以减轻公司负责人的经营决策风险等。我国香港特别行政区《公司条例》明确允许公司对董事在民刑事诉讼胜诉或被判无罪后对其承担的支出进行补偿,以及为董事、高管和公司审计师可能因疏忽、违规、失职而产生法律责任及在相应的民刑事司法程序中进行辩护而产生法律责任购买保险,但欺诈行为被排除在外。③

4. 建立公司董监高责任有限和适度的相关制度。这是平衡公司负责人与公司及其股东的利益关系的重要内容,也是公司治理健康发展的必要保证。公司董监高承担违反勤勉义务的赔偿责任应当有合理的限额,当其履职存在瑕疵并给公司造成损失时,如果基于种种原因不能适用相应的免责机制为其提供保护,也应当将其承担的赔偿责任控制在一个适度的范围之内。相关赔偿标准不能仅以公司利益损失与赔偿责任完全相当来确定,而应考虑到公司经营风险和股东投资风险的因素,着眼于公司董监高与公司、公司股东长期利益的平衡。既要对董事违反勤勉义务的过失行为起到惩戒的作用,也不至于使其赔偿责任过重,影响吸引精英人才担当公司董监高职务的积极性。如果因为普通过失就需要承担责任,将不会有人愿意或者敢于担任这一职务。有学者认为,合理的责任限额可借鉴日本公司法的立法经验,在董事没有故意或重大过失的情况下,将董事的赔偿责任量化为其可从公司获得的年度平均收入的一定倍数。如可规定,董事长的赔偿责任上限为其年度平均收入的 8 倍,副董事长为 6 倍,一般业务董事为 4 倍,独立董事为 3 倍等。④

2023 年《公司法》修订增设了一条关于董事履职责任保险的规定,即《公司法》第 193 条规定:"公司可以在董事任职期间为董事因执行公司职务承担的赔偿责任投保责任保险。公司为董事投保责任保险或者续保后,董事会应当向股东会报告责任保险的投保金额、承保范围及保险费率等内容。"这一规定应当是对董事勤勉义务制度的进一步完善。

四、商业判断规则

商业判断规则(business judgment rule)又称经营判断规则或业务判断规则,是对公司经营决策者合理失误免责的一项法律制度,其核心内容是:公司决策者作出与已无利益冲突的商业决策,只要是出于善意并基于合理的信息,即使该决策在事后看来是对公司有害或失误的,也

① 《日本公司法》第 425 条规定,"董事执行职务善意且无重大过失的,可经股东大会决议,依法免除其第 423 条第 1 款下的部分或全部赔偿责任";第 426 条规定,"公司可以章程规定,在董事执行职务善意且无重大过失的情形下,经董事会或半数以上其他董事的同意,依法免除其第 423 条第 1 款的责任"。

② 参见任自力:《公司董事的勤勉义务标准研究》,载《中国法学》2008 年第 6 期。

③ 参见张宪初:《全球改革浪潮中的中国公司法》,载王保树、王文宇主编:《公司法理论与实践》,法律出版社 2010 年版,第 44 页。

④ 参见任自力:《公司董事的勤勉义务标准研究》,载《中国法学》2008 年第 6 期。

不能追究决策者的责任。商业判断规则源于美国的法律制度,[①]目前已为许多国家引入并广泛适用于董事合理经营决策失误的免责。由于我国尚未直接在《公司法》中规定这一制度,这里只能结合域外有关立法和我国公司实践来讨论该制度的内容。

(一)商业判断规则的适用场景

商业判断规则的适用要受到以下几个方面的限制:

1. 适用对象限制。作为免责规则,商业判断规则只能适用于享有商业决策权的决策者。公司的商业决策权也即经营决策权,在不同类型的公司中可能会有所不同,封闭型公司两权分离程度低,股东会和董事会都可能享有经营决策权,或者说股东与董事都可能是经营决策者;公众型公司,尤其是股权结构分散的公司,两权分离程度高,经营决策权主要由董事会享有,董事应当是公司的经营决策者。域外公司法规定的商业判断规则只针对公司董事适用,属于董事免责规则,因而适用的公司场景基本可以排除封闭型公司。但在中国的公司场景下,虽然商业判断规则的适用对象也可以大致与域外相同,但也有两点例外:第一,我国的国有公司由于特殊的“代理问题”(如代理链条长),即使作为“一人公司”的国有独资公司或股东人数有限的国有全资公司,也可能出现如同股权结构分散的公众型公司的“内部人控制”问题,因此,商业判断规则的适用也应当包括这类公司。第二,在我国公司治理的权力配置中,包括经理在内的高级管理人员在一定条件下也是公司的经营决策者,如经理担任公司法定代表人时,其参与经营决策的权力并不亚于公司董事长,甚至还会更大,因而商业判断规则的适用对象还应包括公司高管在内。[②]

2. 违反义务类型的限制。商业判断规则的免责只能适用于违反勤勉义务的行为而不包括违反忠实义务的行为。尽管忠实义务和勤勉义务都属于董事信义义务的范畴,但如前所述,二者也有明显的差异。忠实义务主要约束董事与公司利益冲突的行为,要求董事“先公后私”,不得将自身利益置于公司利益之上,因而违反忠实义务往往是董事的故意行为。勤勉义务主要是约束董事的履职行为,要求董事认真谨慎,不偷懒怠惰,因此,董事违反勤勉义务是一种过失行为。参与决策的董事应与公司无利害关系也没有从决策中获得个人的经济利益,如果存在董事与公司利益冲突,就须将其纳入忠实义务调整的范围。商业判断规则只针对董事违反勤勉义务的行为免责,是对董事履职行为失误的一种保护措施,而不对董事的“不忠”行为进行庇护。

3. 勤勉义务范围的限制。由于法律对勤勉义务规定的抽象性,违反勤勉义务涵盖的范围也具有较大的弹性。但商业判断规则针对违反勤勉义务的免责只能适用于商业决策的场合,即董事经营决策的行为。这一违反义务的行为在法律上属于作为过程中的瑕疵行为,也即“干事中的失误”,而非不履行职责、偷懒怠惰等“不干事”等不作为场景下违反注意义务的行为。明确商业判断规则只适用于商业决策范围的意义在于:在董事作为的情形下,“商业判断

---

① 据学者考证,美国首创商业判断规则这一司法审查标准。该判断规则源于普通法,经常为学界引用的是 1984 年美国法官在 Aronsont v. Lewis 一案中的解释:商业判断规则建立在这样一种假定之上:董事在行使决策之职责时,会在知悉的基础上,出于善意,为公司最佳利益行事。如缺乏董事滥用裁量权的证据,则董事的判断受法院的保护。指证董事违反职责的原告应当承担举证责任,以推翻前述假设。参见林少伟:《英国现代公司法》,中国法制出版社 2015 年版,第 529 页。

② 本部分讨论中使用的董事概念也应当是广义的,泛指包括董事、高管在内的公司决策负责人。

规则采用的是低于普通过失的重大过失标准”,[①]“法院应当只是去考察决策作出的程序,并且按照重大过失标准来作实体判断”。[②]

(二)商业判断规则的免责条件

商业判断规则顾名思义就是采取商业标准来判断董事决策是否符合勤勉义务的要求。勤勉义务是董事行为规范的指引,商业判断规则是对董事是否合理履行职责的一种事后评价。评价的标准既非行政标准也非法官的主观臆断,而只能是符合商业(市场)要求和经营要求的标准,按照这一标准来衡量董事决策失误是否符合免责的条件。因此,商业判断规则的免责条件是董事可采取的一种防御手段。如果不符合这些条件,董事免责就不能成立。免责条件在域外法上有不同的规定,[③]可概括为实体条件和程序条件两个方面的内容。

1. 实体条件。实体条件是“指公司董事在授权范围内,以善意与适当之注意而为的行为,即便造成公司损害或损失,亦无庸承担法律上责任”。[④] 实体条件包括:第一,董事掌握商业决策的合理的信息量。这里的“合理信息量”是指董事会获得可供作出决策合理的信息量,董事也认为已经了解和掌握关于商业决策的必要信息。“合理”也即“适当”的意思,即使事后证明没有达到正确决策需要的充分程度,也只是属于一般过失,而非在缺少必要信息或信息严重不足的情况下盲目作出商业决策的重大过失。重大过失是不能免责的。第二,董事对商业决策持有善意。这里的“善意”是指不能被推断为构成恶意的有损公司利益的行为。董事对自己作出商业决策怀有正当目的并认为是符合公司利益的行为,董事与商业决策事项不存在个人利益的冲突,其也不从决策中获取个人利益。第三,董事没有滥用决策权。董事作出商业决策的行为不能构成其他重大过失行为,比如浪费、异常行为、非法、欺诈、越权等。

2. 程序条件。程序条件即诉讼程序上的推定条件。当原告对董事提起因违反勤勉义务的损害赔偿诉讼时,法院不愿对董事会所作之决定随意为“事后诸葛”之訾议。[⑤] 法院并不评判董事作出商业决策的好坏和是否合理,而且依商业判断规则假定董事的决策行为具有善意,董事被默认为符合注意义务的要求。主张其违反注意义务的举证则需由原告负责,原告为了推翻法院的假定必须证明董事不符合商业判断规则的免责条件。[⑥] 在这个意义上,我国有法官认为,商业判断规则形式上是一种法律的推定,在能证明公司董事是在符合善意、合理知悉和有利于公司最大利益这几个条件下作出决策的事实情况下,就先推定董事已经履行了对公司的义务,无须对决策后果负责。也就是说,原告必须证明董事在决策时不符合善意或其他前提条件,否则法院就会推定董事履行了对公司的义务。在此过程中,大部分的举证责任转移到原

---

① 施天涛:《公司法论》(第4版),法律出版社2018年版,第432页。

② 邓峰:《普通公司法》,中国人民大学出版社2009年版,第522页。

③ 如美国法上商业判断规定基于一个既定的假设:董事在没有自我交易、没有个人利益冲突的情况下,合理谨慎、善意地行事,那董事理应比法院更有能力和资格作出商业决策。任何认为董事决策不适当的人,须承担推翻该假设的证明责任。如在代表诉讼中,股东认为公司董事批准或允可的交易缺乏公正性,那么董事只有在没有利害关系、独立于交易、作出决策前获悉了所有相关信息的三个前提下,才有权适用商业判断规则。如缺乏上述任何一条,董事将无法援引商业判断规则免责。参见林少伟:《英国现代公司法》,中国法制出版社2015年版,第530页。

④ 曾宛如:《公司法制基础理论之再建构》,台北,元照出版有限公司2017年版,第194页。

⑤ 参见曾宛如:《公司法制基础理论之再建构》,台北,元照出版有限公司2017年版,第193页。

⑥ 参见邓峰:《普通公司法》,中国人民大学出版社2009年版,第522页。

告身上。[①] 只有当原告证明商业判断准则不适用,即董事与决策事项存在自身利害冲突,决策是基于恶意作出的,或是于信息严重缺失的情况下作出的(具有重大过失)时,原告才能开始主张董事违反勤勉义务;原告在举证责任上克服上述门槛后,法官方开始实质审查董事所作之商业决策,此时举证责任将转换至被告董事。[②] 董事证明自己的决策符合商业判断规则的要求方能获得免责。

(三)商业判断规则的主要功能

商业判断规则是为正常的商业决策提供的一项免责制度。商业决策是存在风险的决策。在受主客观条件约束的情况下,面对市场未来的不确定性,任何决策者都不能保证自己作出的商业决策是百分之百正确的。正是基于此,商业判断规则最重要的功能是为决策风险提供"安全港"的制度保障,将决策风险可能对决策者带来的不利后果限制在一定的范围之内,从而成为公司董事、高管正常履职的一项保护制度。"让董事在诚实善意的情况下对错误决策承担责任既不利于股东的最佳利益,也不利于整个国家经济的发展……"[③]如果没有商业判断准则的制度保护,董事、高管就会倾向于保守,不愿为公司营利事业进行必要的商业冒险,可能出现以平庸对待投资者追求投资回报最大化的现象。"支撑着商业判断原则的一项认知是,如果对经理们的商业决定都加以严格的司法审查,反而不利于股东利益。"[④]商业判断规则的制度设计是富有创意和现实意义的,它的推行实施,有效降低了董事、高管的履职风险,有助于正向激励董事、高管积极进取,致力于追求公司利益,从而提升公司经营效率,在可能有失误的同时,也可能会为公司和全体投资者创造和带来利益最大化的结果。

商业判断规则是一项鼓励董事、高管有所作为的制度,是对其履职作为过程中的"容错"机制,免责不针对董事、高管偷懒怠惰的不作为或"不干事"的行为,从而也成为保证勤勉义务得以正常履行的制度。

(四)我国公司制度中的董事免责

尽管我国公司制度目前对商业判断规则还付之阙如,但《公司法》《证券法》中也涉及董事及其他负责人的免责规定,分述如下:

1.《公司法》第125条涉及的董事免责。该条第2款在董事对董事会决议承担责任的内容中涉及董事免责的规定,即"经证明在表决时曾表明异议并记载于会议记录的,该董事可以免除责任"。结合该款全部内容可见:第一,免责内容属于责任中的"但书"规定,并非免责的专款规定,免责在该款中居于从属地位,表明立法者设置该款的主要意图在于追责;第二,免责的条件为"表明异议"和"记载于会议记录",从表述的文义上看,两个条件均为要件,缺一不可,而且举证责任归于董事本人;第三,规定的内容十分原则,缺乏不少具有可操作性的程序。

《公司法》第125条第2款涉及的董事免责规定虽然在适用场景上与商业判断规则基本

---

① 参见樊雪:《公司董事违反勤勉义务的责任追究》,载《人民法院报》2008年7月24日,第6版。

② 参见曾宛如:《公司法制基础理论之再建构》,台北,元照出版有限公司2017年版,第194页。

③ 张宪初:《全球改革浪潮中的中国公司法》,载王保树、王文宇主编:《公司法理论与实践》,法律出版社2010年版,第44页。

④ [美]弗兰克·伊斯特布鲁克、[美]丹尼尔·费希尔:《公司法的经济结构》,张建伟、罗培新译,北京大学出版社2005年版,第102页。

相同,都是针对董事在商业决策过程中违反义务的情形,但二者差异甚大:首先,商业判断规则的适用只针对违反勤勉义务的场景,而且只针对董事存在重大过失的情形;而《公司法》第125条第2款规定的董事违反的义务,只是"董事会的决议违反法律、行政法规或者公司章程、股东会决议"的概括表述,并未区分董事对该违法违规的决策是属于违反忠实义务还是违反勤勉义务,是故意违反还是过失违反,如果是过失违反,是属于重大过失还是一般过失。尽管本节前面也将该义务主要解读为勤勉义务,但可能还存在不严谨的地方。其次,商业判断规则要求免责应当具备董事对决策事项具有"合理信息量""善意""无利害冲突"等实体条件;而《公司法》第125条第2款则缺乏类似的表述。最后,商业判断规则内含对董事决策行为免责的假定,这一假定建立在原告负有举证责任的基础上。如果原告不能举证证明董事决策不适用商业判断规则,免责的假定就成立。《公司法》第125条第2款的规定与之刚好相反,不仅没有免责的假定,反而要求董事首先承担举证责任,如果不能证明"异议"和"记录"的存在,董事免责就不成立。因此,我国《公司法》第125条第2款涉及的董事免责规定与商业判断规则差距甚远,二者基本不能同框比较。也正是基于此,我国公司实践中,董事违反勤勉义务被追究行政责任和民事责任已不在少数,但极少有董事适用该款规定获得免责的案例。以独立董事承担责任为例,据学者统计,2004年至2019年的16年间,中国证监会共出具145份针对独立董事"未尽勤勉义务"而作出的行政处罚文件,一些独立董事不服行政处罚提起了行政诉讼,均以败诉结案,败诉理由与行政处罚理由基本一致,即法院认为免责事由不成立。这也意味着《公司法》第125条第2款关于董事免责的规定难以得到执行,董事对董事会决议失误实际承担了"签字即罚"的责任。[①]

2.《证券法》第85条涉及的免责内容。该条是关于违反信息披露法定义务承担责任的规定,由信息披露义务人承担直接赔偿责任,并由发行人的控股股东、实际控制人、董事、监事、高级管理人员承担连带赔偿责任。其中董监高的连带责任实行过错推定的原则,实践中董监高承担连带责任的事由基本为违反勤勉义务。《证券法》第85条在规定责任的同时以但书方式规定了连带责任人的免责条件,即"但是能够证明自己没有过错的除外"。该免责规定与《公司法》第125条第2款中的免责内容相比,适用范围不限于董事,还扩大到监事、高管、控股股东和实际控制人,免责内容更为简略,需由公司负责人承担举证责任。这意味着法律上首先假定公司负责人已经违反了法定义务,其如果不能证明自己没有过错,就是当然的责任承担者。因此,该但书规定实际上是对连带赔偿责任采取了过错推定原则,[②]也意味着是对公司负责人加重责任的法律规定,与着眼于对公司董事履职保护的商业判断规则的免责机制并非相向而行。从公司实践来看,当商业决策导致公司损失已经发生时,在法律上缺乏实体和程序上的免责条件的规定的情况下,公司负责人要证明自己的履职行为没有过错是非常困难的。因此严格来讲,《证券法》的该条规定不能划归免责规定的范畴,与域外商业判断规则基本不是一回事。

正是由于我国公司法中还没有真正建立起商业判断规则的制度,根据公司实践发展,学界普遍认为,商业判断规则符合公司经营业务的复杂性,符合商业决策的自身特点,符合董事会

---

① 参见曾洋:《重构上市公司独董制度》,载《清华法学》2021年第4期。

② 参见周友苏主编:《证券法新论》,法律出版社2020年版,第565页。

的运作特点，体现出“不以成败论英雄”的理念，有利于鼓励董事、高管在公司经营中放开手脚，大胆经营，积极进取，更好地为公司与股东们创造价值。[①] 不少学者对引入商业判断规则提出了一些有价值的建议：第一，商业判断规则对董事、高管的免责保护，仅针对商业决策的一般过失行为，董事、高管应当对商业决策的重大过失负责，还应对商业决策之外的履职行为的一般过失负责。[②] 第二，商业判断规则应当明确构成要件，包括积极作为、董事和高管与该决策不存在利害关系、合理信息与主观善意等要件。[③] 第三，商业判断规则的适用应当合理分配举证责任，以“假定”以及“由原告举证推翻假定”的制度设计来体现商业判断规则背后的价值理念。[④] 第四，商业判断规则可考虑采取司法解释与指导性案例相结合的方式试行，借助司法解释与指导性案例首先获得法院在适用上的普遍性，在吸纳集体理性的基础上适时上升为法律。法院在适用时仍需要一定程度的介入审查，但这种审查应当建立在广泛认可董事经营决策权的前提上，并以程序性审查为主，原则上不对决策内容进行实质审查。[⑤] 第五，商业判断规则的立法应当与勤勉义务完善结合。细化勤勉义务的内容和衡量标准，在公司法现有勤勉义务的条文后另设条文规定勤勉义务的要求，或设定兜底条款并授权公司章程自治。[⑥]

第六节　董事越权与董事对第三人的责任

一、董事越权概论

董事越权也称董事越权代理公司，[⑦]主要指董事、经理在代表(理)公司活动时，违反法律法规、公司章程规定或股东会、董事会的决议，超越法律和公司授予的权限从事的行为。从定义可见，董事越权并非泛指董事、经理超越其职权的所有行为，而仅指向其超越代理权的行为，也即越权代理公司的行为。董事越权虽然也可划归公司负责人义务的范畴，属于董事、高管违反义务的行为，但由于其涉及较多的相关问题，如公司代理或代表，表见代理，无权代理，行为效力，公司、代理人和相对人的责任等，所有这些都不是简单的法律义务能够包容的，需要从更广的视角和更宽的领域展开讨论。

董事越权作为越权代理公司的行为，行为人首先指向能够拥有对外代表公司职权的自然人主体，显然，这一主体不可能包括公司的全体董监高，只能指向其中特定的自然人主体。我国公司中的这一主体集中指向公司法定代表人，按照《公司法》第 10 条的规定，代表公司执行公司事务的董事或者经理都可能依公司章程成为法定代表人。当然，对外代表公司也有通过代理人来实现的情况，但代理人的职务行为从某种意义上讲，也属于代表人行为的组成部分，因为在公司实践中，非法定代表人从事代理公司的行为(如订立合同、参加诉讼)，都需要得到法定代表人的授权。在这个意义上，代理人的职务行为与其说是由公司授权，不如说是由法定

---

① 参见刘俊海：《现代公司法》(第 2 版)，法律出版社 2011 年版，第 989 页。
② 参见郑佳宁：《公司高管信义义务的适用、强化及矫正》，载《月旦法学杂志》2020 年第 11 期。
③ 参见王琨：《经营决策与司法审查的边界——域外商业判断规则的价值选择及制度启示》，载《金陵法律评论》2013 年第 1 期。
④ 参见赵鑫：《美、日、澳商业判断规则比较——渊源、适用及其对我国的启示》，载《人民论坛 · 学术前沿》2020 年第 16 期。
⑤ 参见傅穹、陈洪磊：《商业判断规则司法实证观察》，载《国家检察官学院学报》2021 年第 2 期。
⑥ 参见郭司雨：《商业判断规则的成文法表述研究》，载《上海法学研究》2020 年第 7 卷。
⑦ 在一些公司法论著中，董事越权代理公司也称“董事越权代表公司”，本节不使用后者是因为两个概念的基础法律关系均为民法上的代理关系，使用“董事越权代理公司”便于与“表见代理”等概念对接。

代表人授权更为准确。因此,代理公司的行为也属于代表行为的构成部分。本节使用“董事越权”概念是基于董事处于公司负责人的中心地位和担负的重要职责,用其指代各类越权代理行为,能够较好地概括和集中体现越权代理公司的行为性质。国内不少公司法论著也是在这个意义上使用了董事越权概念。尽管监事在个别特定的场合下也可以对外代表公司,但鉴于其为特殊的例外情形,故不将其纳入本节的讨论范围。

与一些国家公司法上数个董事甚至全体董事均可对外代表公司的做法不同,我国公司的法定代表人具有法定性和唯一性,即只能在具备董事或者经理身份的人员中选任,法定代表人只能由一人担任。《公司法》赋予了法定代表人特别的职权,从权力配置上看,我国公司董事的职权主要来自《公司法》对董事会职权的规定,或者说,董事主要是借助于董事会行使职权。因此,作为一般董事尤其是公司的外部董事,在尚不具备单独行使公司权力的条件下,很难发生越权代理公司的行为。但包括法定代表人在内的从事公司管理的内部董事则不同,法律赋予法定代表人的特别职权决定了内部董事以公司名义对外活动,或者说代表或代理公司从事民事行为是经常的、大量的,因此,内部董事应当是越权代理公司的主要行为人。

在我国《公司法》中,经理是一个与董事越权密切相关的概念。经理职位一旦设置,经理的职权大小便可以由公司章程自行规定。在公司运营中,经理与董事的法律地位基本相同,都是公司的负责人,但在经理担任法定代表人的情况下,其拥有的权力大于董事。《公司法》对经理也规定了与董事基本相当的法律义务。因此,越权代理公司的行为,许多都可能是经理的越权行为。

尽管董事越权与公司越权是两个不同的概念,前者是自然人越权,后者是法人越权,但由于公司法人的拟制性,法人不可能如同自然人那样为意思表示和从事具体行为,只能通过其代表人的行为(也包括代表人授权的代理行为)来实现。我国公司的法定代表人只能由自然人担任,实行一人代表制,代表人具有代表公司或授权他人代表公司为法律行为或意思表示的权力。在这个意义上,代表人的行为即公司本身的行为。随着公司制度的发展,公司自治空间不断扩大,法律对公司能力的限制越来越少,对公司能力的限制更多来自章程。于是出现了法律或章程对公司能力的限制究竟是对公司能力的限制还是对公司代表人的限制的问题,由此也产生了公司超越法律或章程限制的行为,究竟是公司越权还是代表人越权的问题。本书第三章关于“公司越权行为规制”的研究表明,现代各国公司法对此大都采用代表权限制说,我国《民法典》《公司法》及其司法解释的相关规定也体现出对代表权限制说的认可。因此,公司越权行为实际上就是代表人的越权行为,二者从很大程度上具有不可分割性。明确董事越权与公司越权的关系的意义在于:准确认识董事越权的行为性质和行为效力,正确适用“表见代理”的原则来确定法律责任的归属与分担,保护善意相对人的利益。

董事越权的基础法律关系应当源于民法上的代理关系。虽然在董事越权的具体场合中还存在行为人是公司代表人还是公司代理人之分,代表和代理的法律性质也有一些差异,但行为人对外以公司名义从事行为,应当属于公司法人与行为人之间的一种委托代理关系。在代理关系中,公司处于委托人或被代理人的地位,行为人(董事)处于受托人或代理人的地位,也只有在公司与董事之间构成代理关系的基础上,才可能有“越权”的问题。在公司法理上,关于董事与公司的关系有信托说、委任说、代理说等不同的观点,但具体讨论到董事越权问题时,学者们都几乎无争议地将二者之间的法律关系界定为民法上的代理关系。因为从与公司交易的相对人角度看,无论是英美法系国家公司法还是大陆法系国家公司法,董事都是处于公司的代理人地位,都应按代理的基本原则来处理董事越权代理公司所产生的公司、董事和相对人的权利、义务和责任问题。[①] 如果不以民法上的代理关系对待这一实务问题,就可能会使董事越权脱离法律现实变得没有意义。董事是作为公司的代表人还是代理人对与公司交易的相对人来讲并不重要,重要的是董事代表(理)公司的行为后果应当由公司承担。在这个意义上,越权代表公司的行为也可以称为越权代理公司的行为。

二、董事越权的种类和行为效力

(一)董事越权的种类

关于董事越权的讨论并非局限于理论上的意义,更重要的是如何从法律上对董事越权行为进行规制。董事越权行为是公司实践中可能经常发生的普遍现象,可以从不同角度来对其进行分类。从法律规制的角度看,董事越权代理公司行为主要涉及公司、越权行为人、相对人三方的法律关系,其中越权行为人包括公司法定代表人和法定代表人授权委托的代理人两种情况,相对人又包括善意相对人和非善意相对人两种情况。因此,董事越权行为的发生会导致法律调整的法律关系十分复杂。基于前述关于董事越权的基础法律关系属于民事代理的定位,董事越权的行为包括"代表"和"代理"两种情况。根据《民法典》关于代理和代表的有关规定,董事越权代理公司可以分为以下三类:

1. 绝对无权代理行为。根据《民法典》第 171 条的规定,绝对无权代理行为是指行为人没有代理权、超越代理权或者代理权终止后仍然以公司代表人或代理人实施,并且没有得到公司追认的行为。

2. 相对无权代理行为。相对无权代理行为是指行为人从事无权代理行为后得到公司追认的行为。追认是一种事后认可的补救措施,追认可以使无权代理行为的性质发生转变,变成有权代理行为。但追认是有法律限制的,根据《民法典》第 171 条第 2 款的规定,相对人可以催告公司自收到通知之日起 30 日内予以追认。公司未作表示的,视为拒绝追认。另外,行为人实施的无权代理行为被公司追认前,善意相对人还享有"撤销的权利"。

3. 表见代理行为。表见代理行为即越权代理公司行为在客观上具有代理权的表象,构成足以让相对人"有理由相信行为人有代理权"外观的行为。根据《民法典》第 172 条的规定,董事越权中的表见代理的成立应具备如下要件:第一,须有行为人绝对无权代理行为的存在;第二,绝对无权代理行为是以公司名义实施的并具有公司代理权的外观;第三,公司代理权外观让相对人在主观上善意且无过失地相信行为人有代理权。鉴于表见代理行为还涉及代表行为与代理行为的区分,以及如何认定善意相对人等一系列实务问题,本节后面将专题对其进行讨论。

(二)董事越权代理公司的行为效力

董事越权代理公司的行为效力,是指越权行为人从事的代理行为有无法律效力,当然也会

① 参见董峻峰:《董事越权代表公司法律问题研究》,载《中外法学》1997 年第 1 期。

影响因越权行为与相对人成立的法律关系(如合同)的效力问题。基于前面对董事越权行为种类的划分,董事越权代理公司的行为效力可分述如下:

1. 绝对无权代理行为。根据《民法典》第 171 条和第 172 条的规定,行为人从事了“没有代理权、超越代理权或者代理权终止后”的无权代理行为,在法定期限内没有得到公司追认,而且不构成表见代理的,该代理行为“对被代理人不发生效力”。需要指出的是,《民法典》第 171 条规定的“不发生效力”只针对被代理人。该条第 3 款关于“行为人实施的行为未被追认的,善意相对人有权请求行为人履行债务或者就其受到的损害请求行为人赔偿”的规定并未就绝对无权代理行为对相对人的效力作出认定,行为是否有效应当依据《民法典》关于法律行为效力等的相关规定作具体判定。

2. 相对无权代理行为。根据《民法典》第 171 条的规定,相对无权代理行为属于追认有效的行为,对公司发生法律效力。董事越权代理得到公司追认的就成为有权代理公司的行为。对于公司如何追认,《民法典》该条除了有时间限制性规定外,还规定了善意相对人的撤销权,即“行为人实施的行为被追认前,善意相对人有撤销的权利。撤销应当以通知的方式作出”。法律赋予善意相对人撤销权的规定,有助于防止公司只追认于己有利的越权代理行为而把经营风险转嫁给善意相对人。

公司对董事越权代理行为是否追认属于公司自治的范畴,可以通过股东会或董事会作出普通决议承认并接受其对公司的效力,并不要求过问相对人对行为人越权代理是善意还是非善意的。公司追认的形式可以是明示的,也可以是默示的。但在相对人催告追认的情况下,追认行为必须是明示的。“被代理人未作表示的,视为拒绝追认。”明示追认的意思表示应当向相对人作出或采取公告形式。在相对人没有催告追认的情况下,追认也可以采取默示方式。如果公司不作否认表示,自己履行义务或接受相对人履行义务,则可以推定公司对越权代理行为已作出了追认。《民法典》第 503 条规定:“无权代理人以被代理人的名义订立合同,被代理人已经开始履行合同义务或者接受相对人履行的,视为对合同的追认。”

3. 表见代理行为。在表见代理成立的情况下,为了保护相对人的利益,维护交易安全,《民法典》对此作出明确的规定,不仅在第 172 条规定了“相对人有理由相信行为人有代理权的,代理行为有效”,还在第 504 条进一步规定:“法人的法定代表人或者非法人组织的负责人超越权限订立的合同,除相对人知道或者应当知道其超越权限外,该代表行为有效,订立的合同对法人或者非法人组织发生效力。”该两条规定的内容也印证了本节两个需要进一步明确的观点:第一,董事越权代理包括越权代理和越权代表两类行为,两类行为的基础法律关系均为代理关系;第二,表见代理的认定还需要对代表行为和代理行为作出区分,区分的意义在于对公司代理权外观的准确把握。

三、董事越权中的表见代理

如前所述,董事越权行为中如果出现表见代理的情形,越权代理行为对公司具有效力,应当首先由公司承受越权行为的法律后果,之后才能按照代理的有关规定追究越权行为人的法律责任。法律规定表见代理的意义在于保护交易安全,其中又侧重于保护表见代理法律关系的善意相对人的利益。表见代理的成立须具备无权代理行为、公司代理权外观和相对人善意三个要件。其中,对公司代理权外观和相对人善意两个要件的认定,是规制董事越权代理行为的重点和难点所在。

(一)公司代理权外观的认定

公司代理权外观即具有代理公司对外为法律行为的表象。公司实践中最具典型性的代理权外观表象有两种:一是代理行为人身份外观,其中有代表人和代理人之分;二是公司公章外观,由于公司公章是公司的书面象征,加盖公司公章的文书便具有公司书面意思表示的外观,包括行为人获得代理授权和代理权限的外观。按照《九民会议纪要》第41条第2款的规定,法定代表人或者其授权之人在合同上加盖法人公章的行为,表明其是以法人名义签订合同,除《公司法》等法律对其职权有特别规定的情形外,应当由法人承担相应的法律后果。当然,公章还有真公章和假公章、公司订约意思表示和授予代理权意思表示等不同情况之分,公章外观往往又与代理行为人身份外观交织在一起,从而使公章作为公司代理权外观的认定十分复杂。限于篇幅和有学者对此已有较为翔实的研究,①本节主要针对代理行为人身份的外观进行讨论。对此,需要区分公司法定代表人对外代表公司与法定代表人委托授权的代理人对外代理公司的不同情形:

1. 法定代表人为越权行为人的情形。《公司法》第11条第1款规定:"法定代表人以公司名义从事的民事活动,其法律后果由公司承受。"这也就意味着,法定代表人本身就具备对外代表公司的外观,或者说只要具有法定代表人身份,无须证明其是否得到公司的授权就具有对外代表公司的权利外观。因此,在这个意义上,可以说法定代表人的行为就是公司法人的行为。在认定代理权的外观上,如果越权行为人为法定代表人,相对人一方无需举证就可构成表见代理;如果要否定表见代理,则需要由公司一方举证证明行为人不具备法定代表人身份(包括以前是现在不是的证明);如果不能证明,表见代理成立,越权代理的行为后果应由公司承担。对此,除法律对法定代表人代理公司的行为有明确的限制性规定外,公司不能以章程或股东会对法定代表人的限制为由来抗辩表见代理的成立。

2. 公司代理人为越权行为人的情形。公司代理人本身并不具有表见代理的权利外观,代理人只有在取得法定代表人授权的前提下,才能具备代理权外观。因此,当越权代表的行为人不是法定代表人时,认定构成表见代理首先需要相对人一方举证证明行为人获得公司代理的授权(包括盖有公司公章和法定代表人签名的授权),否则其就不具备代理权外观,表见代理也可能难以成立。反之,只要公司一方举证证明行为人没有获得公司代理的授权,就可能否定表见代理的存在,也意味着行为人越权代表行为的成立;该行为对公司不发生效力,其后果由行为人与相对人承受。

3. 区分越权代表的行为人是法定代表人还是公司代理人的身份对相对人而言,还具有另一层意义:如果行为人是法定代表人,相对人不负有对表见代理权利外观的审查义务。这一义务主要指对公司章程或股东会对法定代表人权利限制的审查。例如,公司章程规定法定代表人对外签约金额不得超过1亿元,而该法定代表人与相对人签订了价值2亿元的合同,相对人并不负有在签约时审查该法定代表人是否越权的法定义务。这是因为,《公司法》第11条第2

---

① 参见陈甦:《公章抗辩的类型与处理》,载《法学研究》2020年第3期。

款明确规定:“公司章程或者股东会对法定代表人职权的限制,不得对抗善意相对人。”但如果行为人是代理人,相对人则负有审查行为人是否获得代理权的法定义务,否则,按照《民法典》第171条第4款的规定就可能构成“相对人知道或者应当知道行为人无权代理”的情况,表见代理就不能成立。

(二)相对人善意的认定

相对人善意也是表见代理成立的必备要件。认定“善意”可以与认定“非善意”的情形结合起来,只要能确认二者任何之一,就意味着对另一情形的确认。《民法典》对“非善意”的情形有三种表述:一是《民法典》第164条第2款关于“代理人和相对人恶意串通”的表述;二是《民法典》第171条第4款关于“相对人知道或者应当知道行为人无权代理”的表述;三是《民法典》第504条关于“相对人知道或者应当知道其超越权限”的表述。从性质上看,三种情形显然不能等同:第一种应当属于《民法典》上的无效民事行为,是法律否定的行为;第二种和第三种并非无效和受否定的行为,而只是对被代理人(或公司)不产生效力的瑕疵行为。其中,第二种是对代理情形的表述,第三种是对代表情形的表述。基于前述关于代理和代表的基础法律关系的定位,该两种情形从性质上也可视同代理的情形。本节对《民法典》表述的上述三种情形冠以“非善意”的合称。[①] 据此,结合《民法典》的有关规定,对相对人善意的认定也可以如同对代理权外观认定那样分为不同的情形:

1. 如果相对人与公司的法定代表人或代理人存在《民法典》第164条第2款规定的“恶意串通”行为,即可否定相对人善意,表见代理不成立。

2. 当法定代表人为越权行为人时,由于其代理权外观已经通过法定代表人身份体现出来,认定相对人的“非善意”应当较代理情形更宽松一些,即对相对人负有的审查义务要求的标准应当低一些。尽管《民法典》第171条第4款和第504条中都有“相对人知道或者应当知道”的表述,但在具体认定上应当根据二者外观上的差异作一定的区分。

3. 当公司代理人为越权行为人时,由于代理人不具备代表人那样的身份外观,认定相对人“非善意”的条件就需要严格一些。换言之,相对人对代理人是否具有公司授权和授权的大小负有审查的义务,具体认定应当适用《民法典》第171条第2款的规定。如果相对人知道或者应当知道行为人无权代理,则可认定相对人不属于“善意”情形,表见代理不成立。当然,认定法律上的“相对人知道或者应当知道行为人无权代理”的情形也并非易事,对此,有学者认为,基于交易效率的考虑,相对人仅需信赖行为人之代理权声明,或信赖由其行为通常可推知代理权存在的事实即可,原则上并无审查代理权有无之义务,因此该条所称“善意”应指“非因过失而不知行为人无代理权”。[②] 也有学者结合公司公章使用情况认为,在适用表见代理的场合,应当由相对人证明自己有理由相信行为人有代理权;但在构成表见代理的情形中存在行为人使用真公章的事实,这就已经有充分的致人相信的行为外观存在,相对人无需其他证据去证明其有理由相信行为人有代理权。[③]

---

① 最高人民法院在《民法典担保司法解释》《九民会议纪要》等司法解释及司法解释性质文件中也使用了“非善意”的概念。

② 张家勇:《论无权代理人赔偿责任的双层结构》,载《中国法学》2019年第3期。

③ 参见陈甦:《公章抗辩的类型与处理》,载《法学研究》2020年第3期。

(三)公司对外担保中表见代理的认定

《公司法》第15条对公司对外担保作出了规定。[①] 由于学界和司法界对该规定长期存在较大争议,审判实践中也出现裁判尺度不统一的现象。《民法典担保司法解释》[②]《九民会议纪要》针对司法存在的疑难问题作出了必要的阐释,其中主要涉及两个方面的内容:一是违反《公司法》第15条规定的对外担保行为性质的认定,是公司越权还是法定代表人越权?二是如何认定越权行为及其处理,其中的难点就涉及表见代理的认定问题。

1.关于违法对外担保行为性质的认定。按照《九民会议纪要》第17条的规定,违反《公司法》第15条[③]构成越权代表,明确将违法对外担保行为的性质界定为"越权代表",表明对"公司越权"认识的不支持。《民法典担保司法解释》第7条也是针对法定代表人越权担保行为作出的规定。关于公司越权和代表越权的性质之争,本书在第三章中对"公司越权行为规制"有较为详细的讨论,在此不再赘述。但需要说明的是,《九民会议纪要》第17条使用的"越权代表"和《民法典担保司法解释》第7条规定的法定代表人"超越权限代表公司"与本节讨论中使用的"越权代理"在含义上并无二致。本节对"越权代理"的阐释多次提到"代表人越权"和"代理人越权"两种情形,基于二者的基础法律关系均为代理,才统一使用"越权代理"的表述;而《九民会议纪要》第17条和《民法典担保司法解释》第7条也并不否定公司违法担保中还存在代理人越权的情形,只是要侧重阐释违法担保中法定代表人的越权行为才使用了"越权代表"的表述。基于代理公司的行为需要由法定代表人授权的实际,代理也可以视为代表行为的构成部分。换言之,"越权代表"的表述也包括"代表人越权"和"代理人越权"两种情形。

2.关于越权代理中表见代理的认定。按照前述越权代理公司的种类划分,公司违法对外担保的越权代理认定的难点并非绝对无权代理和相对无权代理的情形,而是表见代理的情形。表见代理的成立,意味着担保合同有效,公司应承担担保责任;而表见代理必须具备公司代理权外观和相对人善意两个要件才能成立。两个要件中的"代理权"即《九民会议纪要》中的"代表权","相对人"即《九民会议纪要》中的"债权人"。这里对表见代理两个要件的认定分述如下:

(1)《公司法》第15条第1款关于公司对外担保"不得超过规定的限额"和第2款关于关联担保"应当经股东会决议"的规定将公司章程等对法定代表人的限制变成了法定限制,从而使对法定代表人的代理权外观的认定不能简单适用《民法典》第61条的规定,即按"法定代表人的行为就是公司行为"的法则来认定,还需要有法定代表人没有违反法定限制的外观。这也意味着《公司法》对债权人(相对人)在订立担保合同时施加了审查的义务。最高人民法院

---

① 《公司法》第15条共有三款内容:"公司向其他企业投资或者为他人提供担保,按照公司章程的规定,由董事会或者股东会决议;公司章程对投资或者担保的总额及单项投资或者担保的数额有限额规定的,不得超过规定的限额。"(第1款)"公司为公司股东或者实际控制人提供担保的,应当经股东会决议。"(第2款)"前款规定的股东或者受前款规定的实际控制人支配的股东,不得参加前款规定事项的表决。该项表决由出席会议的其他股东所持表决权的过半数通过。"(第3款)

② 该司法解释的全称为《最高人民法院关于适用〈中华人民共和国民法典〉有关担保制度的解释》(法释〔2020〕28号),2021年1月1日起施行。

③ 此处的"《公司法》第15条"是原法第16条的规定。2023年《公司法》对该条的修改,除了法条序号变动外,法条内容基本未变。《九民会议纪要》出台于2023年《公司法》修订前,其对该法条的引用,使用的法条序号为"《公司法》第16条"。本书中有关讨论涉及《九民会议纪要》这一内容时,按照2023年修订的《公司法》规定将法条序号改为"《公司法》第15条"。

2023年12月发布的《民法典合同编司法解释》第20条也明确了这一规则。①

(2)基于《公司法》第15条的法定限制,公司代理人越权构成表见代理,不仅要证明其存在代理授权的外观,还要证明其没有违反法定限制的外观。这同样意味着法律对债权人在订立担保合同时施加了审查的义务。

(3)在认定法定代表人或代理人已经具备代理权外观后,认定相对人善意就是表见代理能否成立的关键。《九民会议纪要》第17条对此专门针对法定代表人越权的情形作出规定:"债权人善意的,合同有效;反之,合同无效";《民法典担保司法解释》第7条也规定"相对人善意的,担保合同对公司发生效力","相对人非善意的,担保合同对公司不发生效力"。由于《公司法》第15条对公司对外担保设置了法定限制,也相当于对相对人施加了法定审查义务,因此,对善意认定的要求明显要高于一般越权代理的情形。《九民会议纪要》第18条和《民法典担保司法解释》第7条第3款是对善意认定的专门规定,其中的要点包括:第一,认定善意的总体标准是"相对人在订立担保合同时不知道且不应当知道法定代表人超越权限",这显然是一种十分严格的标准。第二,将公司对外担保分为关联担保和非关联担保两种类型,关联担保即"公司为公司股东或者实际控制人提供担保";要求两类担保在善意的判断标准上应当有所区别。第三,在关联担保情形下判断相对人是否构成善意,应当由相对人举证证明其订立合同时履行了审查义务,审查内容包括决议的表决程序符合《公司法》第15条的规定,即在排除被担保股东表决权的情况下,该项表决由出席会议的其他股东所持表决权的过半数通过,签字人员也符合公司章程的规定。第四,在非关联担保的情形下,"只要债权人能够证明其在订立担保合同时对董事会决议或者股东会决议进行了审查,同意决议的人数及签字人员符合公司章程的规定,就应当认定其构成善意,但公司能够证明债权人明知公司章程对决议机关有明确规定的除外"。第五,债权人对公司机关决议内容的审查一般限于形式审查,只要求尽到必要的注意义务即可,标准不宜太过严苛。公司以机关决议系法定代表人伪造或者变造、决议程序违法、签章(名)不实、担保金额超过法定限额等事由抗辩债权人非善意的,人民法院一般不予支持。但是,公司有证据证明相对人知道或者应当知道决议系伪造、变造的除外。

(4)公众公司越权对外担保时对相对人善意的认定。这里的公众公司是指上市公司(包括其控股的子公司)和在"新三板"挂牌的公司。由于公众公司涉及众多中小投资者利益,《证券法》及相关法规明确规定其有信息披露的义务,其中担保事项属于必须披露的内容。因此,当公众公司出现越权担保时,认定相对人是否为善意(是否履行了审查义务)就相对简单。按照《民法典担保司法解释》第9条的规定,可分为两种情形:第一,相对人根据公众公司公开披露的关于担保事项已经在董事会或者股东大会决议通过的信息,与公众公司订立担保合同,相对人主张担保合同对公众公司发生效力,并由公众公司承担担保责任的,人民法院应予支持。这就意味着如果公众公司越权担保中存在该种情形,应认定相对人为善意,表见代理成立,由公众公司承担担保责任。第二,相对人未根据公众公司公开披露的关于担保事项已经在董事

---

① 该司法解释第20条第1款规定:"法律、行政法规为限制法人的法定代表人或者非法人组织的负责人的代表权,规定合同所涉事项应当由法人、非法人组织的权力机构或者决策机构决议,或者应当由法人、非法人组织的执行机构决定,法定代表人、负责人未取得授权而以法人、非法人组织的名义订立合同,未尽到合理审查义务的相对人主张该合同对法人、非法人组织发生效力并由其承担违约责任的,人民法院不予支持,但是法人、非法人组织有过错的,可以参照民法典第一百五十七条的规定判决其承担相应的赔偿责任。相对人已尽到合理审查义务,构成表见代表的,人民法院应当依据民法典第五百零四条的规定处理。"

会或者股东大会决议通过的信息，与公众公司订立担保合同，公众公司主张担保合同对其不发生效力，且不承担担保责任或者赔偿责任的，人民法院应予支持。这也意味着如果公众公司越权担保中存在该种情形，应认定相对人为非善意，表见代理不成立，公众公司不承担担保责任。

四、董事越权的法律责任

董事越权代理公司的法律责任是指越权行为人及相关主体承受越权代理行为产生的法律后果。鉴于越权代理公司的行为建立在民事代理法律关系的基础之上，法律责任的分担和界定应当适用民事代理制度的一般原则；由于董事越权又涉及代理公司的行为，还应当适用《公司法》及其司法解释的相关规定。根据董事越权代理公司的种类及其效力界定，不同性质的董事的越权代理行为，其法律责任也有区别。

（一）绝对无权代理的法律责任

绝对无权代理是指无权代理行为没有得到公司追认且不符合表见代理，由于绝对无权代理只是对公司不发生效力，其仍然可能对越权行为人和相对人有约束力。《民法典》第 171 条将其中的相对人分为善意和非善意两种情形，两种情形下产生的责任分别为：

1. 善意相对人有权请求行为人履行债务或者就其受到的损害请求行为人赔偿。但是，赔偿的范围不得超过被代理人追认时相对人所能获得的利益。

2. 相对人知道或者应当知道行为人无权代理的，相对人和行为人按照各自的过错承担责任。

（二）相对无权代理的法律责任

相对无权代理属于追认有效的行为，对公司发生法律效力。如果追认有效的行为是合同，公司就应当根据《民法典》合同编的有关规定，全面履行合同义务，如果产生责任，也应当由公司承担。对于越权代理的行为人是否承担相应的责任，属于公司自治范畴，由公司自主决定。如公司可以根据内部管理规定对越权行为人实施一定的惩戒，也可以根据《公司法》第 188 条关于公司负责人执行公司职务时如果违法违规，“给公司造成损失的，应当承担赔偿责任”的规定，追究越权行为人的民事责任。

（三）表见代理的法律责任

1. 表见代理意味着越权行为对公司产生效力，越权行为产生包括责任在内的法律后果均由作为被代理人的公司承担，如果表见代理越权行为涉及对外担保，一旦担保责任发生，“债权人请求公司承担担保责任的，人民法院依法予以支持”。

2. 在表见代理成立的情况下，如果越权行为人为法定代表人，其行为给他人造成损害的，根据《公司法》第 11 条第 3 款关于“法定代表人因执行职务造成他人损害的，由公司承担民事责任。公司承担民事责任后，依照法律或者公司章程的规定，可以向有过错的法定代表人追偿”的规定，公司应当首先对他人承担民事责任，然后再依法追究给公司造成损失并有过错的法定代表人的损害赔偿责任。

3.公司承担表见代理责任后，无论是代表人还是代理人越权代理公司，只要其越权行为给公司造成了损害，公司均可以依照《公司法》第188条的规定，要求行为人对公司"承担赔偿责任"。如果公司怠于追究行为人的损害赔偿责任，符合法定条件的股东可以依照《公司法》第189条的规定，提起股东代表诉讼。

五、董事对第三人的责任

董事对第三人的责任是近年来学界关注的一个热点问题，2023年《公司法》修订在第八章新增专条对其作出回应。《公司法》第191条规定："董事、高级管理人员执行职务，给他人造成损害的，公司应当承担赔偿责任；董事、高级管理人员存在故意或者重大过失的，也应当承担赔偿责任。"有学者将该制度评价为"在理论层面是对法人组织体说的修正更新和对法人人格否认制度的补充，在实践层面是对董事滥权行为的有效规制和对公司及第三人利益的有效保障"。①

（一）董事对第三人责任与董事越权的关系

董事对第三人责任与董事越权是两个密切关联的问题。董事对第三人责任是从董事责任角度抽象出来的概念，董事越权是从董事行为角度抽象出来的概念，虽然抽象角度不同，但二者都涉及董事行为和董事责任。

从董事行为来看，董事对第三人责任也是由董事行为引发的，只是法律将董事行为限定在职务行为的范围；而董事越权行为既有职务越权行为，也包括非职务越权行为，如在表见代理的场合下，董事的无权代理行为甚至个人行为也可能因担任的职务使相对方相信其能够代理公司。在这个意义上，董事越权比董事对第三人责任涵盖的行为范围更为宽泛。

从董事责任来看，无论是董事对第三人责任还是董事越权产生的责任，二者都包含对第三人的责任，只是前者可以直接指向董事，涉及董事对受到侵害的第三人的责任；后者除了董事责任外，还包含公司对第三人的责任。在不少董事越权的场合，往往是先由公司对第三人承担责任，之后公司才对有过错的董事享有追偿权。在这个意义上，董事越权涉及第三人责任的范围相对较小，或者说它属于董事对第三人责任中的一种情况。

可见，董事对第三人责任与董事越权之间存在相互交叉和彼此包容的关系，二者都属于董事行为应受法律规制的重要问题。

尽管董事对第三人责任与董事越权之间存在交叉和包容的关系，但《公司法》将董事对第三人责任作了专条规定，表明其又是一个相对独立的问题，该制度与董事越权制度的差异主要表现为：第一，董事越权尽管也涉及董事对第三人责任，但重心在于明确公司责任，法律规制的目的主要在于保护善意相对人的利益；董事对第三人责任虽然也涉及公司对第三人责任，但重心在于明确董事责任，法律规制的目的主要在于保护受害人的利益，同时有警示威慑董事行为的效用。第二，董事越权导致的责任一般没有对行为的特别要求，董事实施越权行为就可能产

① 徐强胜、王萍萍：《论董事对第三人责任——兼评〈公司法（修订草案）〉第一百九十条》，载《河南社会科学》2023年第7期。

生相应的后果和责任;董事对第三人责任则在行为方面有较为严格的要求:一是必须限于董事的职务行为,二是董事职务行为必须存在"故意或重大过失",否则,董事对第三人的责任就不能成立。

(二)董事对第三人责任的法律适用

根据《公司法》第191条的规定,董事对第三人责任可以定义为董事、高管在职务行为中因故意或重大过失造成他人损害的,应当对受害人承担赔偿责任。董事对第三人责任的法律适用需要把握两个基本的要点:第一,该责任属于侵权责任,需要适用《民法典》侵权责任编的一般原则和规定,如行为人承担责任应符合法律规定的构成要件。第二,该责任是一种特殊的侵权责任,具有不同于一般侵权责任的特点,还必须适用《公司法》上的特别规定及其基本法理。具体而言,适用中需要关注的问题包括:

1. 主体。这里的主体包括责任主体和责任的相对方。

(1)《公司法》第191条规定的责任主体并不等于董事对第三人责任的主体,董事对第三人责任只是该条规定的情形之一。除此之外,该条还规定了公司作为责任主体的情形,即关于"公司应当承担赔偿责任"的内容。由于对第三人造成的损害是董事职务行为所致,而职务行为在法理上属于代理法人的行为,为法人行为所吸收,其法律后果由法人承受,故损害赔偿责任也应当是公司的责任。因此,《公司法》第191条首先就董事职务行为造成的损害规定由公司承担赔偿责任。这与《公司法》第11条第3款关于"法定代表人因执行职务造成他人损害的,由公司承担民事责任"的规定精神是一致的。需要注意的是,《公司法》第191条将公司列为责任主体与前述董事越权中表见代理的情形不同:前者的公司是与董事共同作为责任主体,对于第三人而言,可以直接向董事或公司单方追责或共同追责,公司与董事在承担责任上没有先后顺序之分,董事是否承担责任取决于作为受害人的第三人;而后者则是先由公司承担责任,再由公司依据追偿权追究有过错的董事的责任。这与《公司法》第11条第3款关于法定代表人的规定一样,即"公司承担民事责任后,依照法律或者公司章程的规定,可以向有过错的法定代表人追偿"。实践中,公司在承担责任后是否向董事追偿具有不确定性,一旦公司怠于或拒绝追偿,也没有股东提起代表诉讼,就意味着公司为董事的过错行为买单。在这个意义上,董事是否承担责任取决于公司。

(2)董事对第三人责任中的"董事"应当作广义理解。《公司法》第191条明确将其界定为"董事、高级管理人员",该条之所以将作为公司负责人的监事排除,是因为董事和高管在公司实践中处于决策者的地位,而监事显然不具有这样的职权。不将监事列入责任主体,体现了权力与责任的平衡。

(3)责任相对方显然是作为受害人的第三人,也即《公司法》第191条规定的"他人"。他人属于不特定的主体,从文义上包括公司股东在内的所有第三人。但也有学者认为,基于《公司法》第190条已经规定了董事对股东的责任,根据法条位置进行体系解释可知《公司法》第191条中的"他人"不应当包括公司股东在内。[①]

---

① 参见徐强胜、王萍萍:《论董事对第三人责任——兼评〈公司法(修订草案)〉第一百九十条》,载《河南社会科学》2023年第7期。

2. 构成要件。董事对第三人责任必须符合法律规定的三个构成要件：一是董事、高管存在职务行为；二是董事、高管的职务行为给他人"造成损害"；三是董事、高管对损害后果具有"故意或者重大过失"。如果只具备前两个要件，只能构成公司对第三人的责任，董事、高管的责任不成立；只有三个要件同时具备，董事、高管的责任才能成立。

（1）董事、高管存在职务行为。职务行为是指执行公司机关职务的行为。董事、高管作为公司机关成员，执行职务时处于公司代理人的地位，需要具备公司代理人的外观，包括正式的董事或高管的职务身份，以公司名义从事行为等。如果缺乏相应的外观，是否为《公司法》第191条要求的职务行为就会被质疑。如果职务身份发生变化，不再担任董事、高管职务而以公司名义从事活动就可能是其个人行为；在没有得到公司追认的情况下，就属于与执行职务无关的行为，或是构成无权代理，或是构成表见代理。有学者认为，表见代理也应被认定为职务行为，进而可使之适用董事对第三人责任。[①] 这一认识尽管有一定的道理，但表见代理的基础法律关系为代理，主要适用《民法典》有关代理的规定，而董事对第三人责任的基础法律关系为侵权责任，主要适用《民法典》侵权责任编和《公司法》的有关规定。二者之间尽管有交叉和包容的关系，但也存在不少差异，对此还需要进一步深入讨论。

（2）董事、高管的职务行为给他人造成损害后果。董事对第三人责任作为侵权责任，必须以损害发生为前提，这不仅见诸《民法典》的相关规定，而且也是《公司法》第191条的明确要求。由于损害后果是赔偿额主张的依据，根据侵权责任具有的补偿性质，损害后果应当是可以计量的损失，以实际发生的损失为限，不宜将属于可得利益的间接损失也计算在内。无论第三人主张损害赔偿的请求是向作为责任主体的公司或董事、高管任选其一提起，还是同时向二者提起，都需要第三人举证证明自己因职务侵权行为受到损害的事实，无实际损失或抽象的无法计量的损失则意味着侵权责任不能成立。

（3）董事、高管对损害后果存在"故意或者重大过失"。这是董事对第三人责任主观方面的特别要求，这一要件是作为侵权行为人的董事、高管对损害后果的主观心理状态，即行为人过错。对此值得讨论的问题包括：

第一，过错分为故意和重大过失。重大过失意味着职务行为中的一般过失可以为公司法人行为所吸收，只有重大过失才构成董事、高管的过错要件。需要指出的是，法定代表人尽管是从董事、经理中产生，但这里的董事、高管不应包括法定代表人在内。法定代表人的职务行为应当适用《公司法》第11条的规定。该条作为法定代表人的专条规定，[②]其第3款不仅明确法定代表人的职务行为"造成他人损害的，由公司承担民事责任"，而且还明确法定代表人承担过错责任的原则：一是责任顺序在"公司承担民事责任后"；二是作为责任相对方的追责者为公司而非"他人"；三是对法定代表人的追责并非公司的强制性义务，该款使用的"可以"的表述意味着公司也可以豁免法定代表人的过错责任。关于法定代表人对第三人责任明显轻于一般董事的这一制度安排，有学者认为法定代表人具有代表公司的外观，应当承担比一般董事

---

① 参见王长华：《董事对第三人责任的认定》，载《西部法学评论》2017年第2期。

② 其内容源于《民法典》第62条的规定："法定代表人因执行职务造成他人损害的，由法人承担民事责任。法人承担民事责任后，依照法律或者法人章程的规定，可以向有过错的法定代表人追偿。"

更高的注意义务，其责任应当等于或大于一般董事之责任。[①] 笔者认为，《公司法》第 191 条与第 11 条关于董事、高管和法定代表人对第三人责任的规定在客观上存在差异，对此可以通过司法解释来明确法律适用中的问题：如果认为有必要将董事、高管和法定代表人的责任统一，根据《公司法》第 191 条位于第八章和第 11 条位于“总则”的安排，完全可以通过明确一般法（条款）与特别法（条款）的适用原则来实现。

第二，对过错要件的认定。是采取前述认定损害后果由第三人举证的原则，还是采取过错推定原则？过错是行为人的一种心理状态，要求受害人举证证明肯定会有较大的难度，实际上也会加大侵权责任成立的难度。从《公司法》规定董事对第三人责任的立法目的主要旨在保护受害人利益以及威慑董事行为来看，可考虑采取侵权责任的过错推定原则，实行举证责任倒置。只要第三人因职务侵权行为受到损害，就可推定行为人具有故意或重大过失，如果行为人能够举证证明自己没有过错，则可获得免责。对主观要件的认定实行过错推定原则能够较好平衡侵权行为人与受害人的关系。根据《民法典》第 1165 条第 2 款的规定，认定董事对第三人责任是否采取过错推定还应当符合“依照法律规定”的条件。在《公司法》第 191 条没有明确的情况下，也可以通过司法解释的方式作出规定。

另外，在对行为人主观过错的认定上，还应当对不同类型的董事作出区分，如内部董事与外部董事，执行董事与非执行董事，担任法定代表人的董事与一般董事。根据董事地位、岗位、职责和对公司信息掌握程度的不同，对于内部董事、执行董事，担任法定代表人的董事，认定主观过错的标准可严格一些，而对其他董事则应当宽松一些。

3. 责任方式。《公司法》第 191 条对于“赔偿责任”的明确意味着董事对第三人责任不采取连带责任的方式。2023 年《公司法》在修订过程中，曾一度规定责任方式为行为人与公司承担连带责任。[②] 考虑到不同情况下行为人过错程度的差异，如果不分情况一刀切地要求董事都承担连带责任会有失公平。2023 年修订的《公司法》第 191 条最终将责任方式确定为“赔偿责任”，意味着受到损害的第三人尽管可以直接向作为侵权行为人的董事或高管提起赔偿的请求，但必须以过错程度为确定董事或高管的赔偿责任大小的依据。

需要指出的是，近年来一些上市公司负责人对公司虚假陈述行为承担了较重的个人赔偿责任，由此也引发了学界对于公司负责人履职中个人赔偿责任是否应设置限额的关注。在比较法上，一些国家法律对公司负责人尤其是外部董事作出了必要的限额规定，具有参考价值。[③] 在法律适用上我国也可以考虑采取司法解释的方式对相关内容逐步完善。

第七节　股东代表诉讼

一、股东代表诉讼概论

股东代表诉讼是指当公司的利益受到公司董监高或其他人侵害而公司不能或怠于起诉

---

① 参见徐强胜、王萍萍：《论董事对第三人责任——兼评〈公司法（修订草案）〉第一百九十条》，载《河南社会科学》2023 年第 7 期。

② 参见《中华人民共和国公司法（修订草案）》（一次审议稿）第 190 条。

③ 如《日本公司法》第 425 条就是关于公司负责人赔偿责任限额的规定，其中涉及不同责任人员的界定、赔偿限额计算依据、赔偿限额的确定程序等内容。参见《日本公司法典》，吴建斌等译，中国法制出版社 2006 年版，第 210～212 页。

时，股东为了公司的利益以自己的名义代表公司提起的诉讼。《公司法》第 189 条是对股东代表诉讼的专条法律规定。此外，《证券法》有 2 条涉及股东代表诉讼的规定，《公司法司法解释（四）》中有 4 条规定、《公司法司法解释（五）》中有 2 条规定分别涉及股东代表诉讼的内容，其后出台的《九民会议纪要》中也有 4 条规定涉及股东代表诉讼的内容。这些规定从一个侧面表明，股东代表诉讼是司法实践中多发的涉公司案件类型，也是学界和司法界广泛关注的公司实务问题。

股东代表诉讼又称为股东派生诉讼或股东衍生诉讼。关于"派生"或"衍生"的一种解释是：这种诉讼本来应当是由公司作为原告提起的诉讼，当公司利益受到损害时为了自身利益而提起诉讼的正宗原告本来就应当是公司，而正是因为公司不能或怠于提起诉讼才由此派生或衍生出以股东为原告的诉讼。可见，股东派生（衍生）诉讼概念所蕴含的意思在于强调它是由正宗诉讼所"派生"或"衍生"出来的，或者说是在强调公司的主体地位。另一种解释是：股东代表诉讼是由股东直接诉讼所派生或衍生而来，后者为正宗，前者为派生。无论哪种解释，派生或衍生都未能很好地反映股东代表诉讼的内涵。从文义上看，股东代表诉讼概念明显有强调股东在诉讼中的主体地位的意思。股东作为诉讼原告，处于正宗公司代表人的地位，股东代表诉讼是基于代理原理，为维护公司的利益而进行的诉讼。"原告股东不是以属于他们个人的诉因而起诉的。他们根据属于公司的诉因而以代表人资格进行诉讼……"①当公司负责人损害公司利益的时候，尽管公司存在独立人格和独立利益，但其作为拟制法人的属性又只能由公司负责人作为代表来主张权利，而处于被诉讼地位的公司负责人肯定不能，也不可能正当地代表公司，此时股东才是正宗的代表人，股东比现任公司负责人能更好地代表公司的利益。股东代表诉讼因此具有了正当性和正宗性。也有学者认为，股东代表诉讼兼具"派生"和"代表性"：一方面起诉股东是代位公司行使诉权，以避免因公司消极不行使诉权而遭受损失；另一方面起诉股东是代表全体股东行使诉权，以维护全体股东所应享有的"间接利益"。② 正是基于股东在诉讼中的代表地位，股东代表诉讼较一般民事诉讼存在诸多差异，如原告资格的认定、股东提起诉讼的条件、诉讼终止、诉讼担保、诉讼费用的负担、撤诉以及诉讼和解等方面。

根据《公司法》及其司法解释的有关规定，股东代表诉讼具有如下要点：

1. 股东代表诉讼是基于股东身份而产生的诉讼。股东代表诉讼是由股东提起的民事诉讼，股东作为原告是诉讼成立的前提。诉讼既可能是单个股东提起，也可能是由多个股东共同提起。无论采取哪种形式，其诉讼原告都是确定的股东。换言之，必须具有公司股东的身份才是适格的原告。也正是基于此，股东代表诉讼是一种特殊的民事诉讼。尽管它要遵循民事诉讼的一般原则，但民事诉讼法并不直接规定这一形式，而是由《公司法》或《证券法》对其作出具体规定。我国除了《公司法》的规定外，《证券法》第 44 条和第 94 条也对股东代表诉讼作出了规定。其中《证券法》第 44 条是规制"短线交易"的规定。根据该条规定，如果上市公司大股东和公司负责人从事了"短线交易"行为，应当由公司对其行使归入权，而公司董事会怠于行使或不行使的，"股东有权要求董事会在三十日内执行。公司董事会未在上述期限内执行的，股东有权为了公司的利益以自己的名义直接向人民法院提起诉讼"。《证券法》第 94 条是关于投资者

① ［美］罗伯特·W.汉密尔顿：《公司法概要》，李存捧译，中国社会科学出版社 1999 年版，第 337 页。

② 参见刘凯湘：《股东代表诉讼的司法适用与立法完善——以〈公司法〉第 152 条的解释为中心》，载《中国法学》2008 年第 4 期。

保护机构提起股东代表诉讼的规定。投资者保护机构从性质上是具有公益性的非营利法人，作为公司股东并不追求投资回报利益，而是基于保护中小投资者的需要，目前投资者保护机构持有证券交易所全部上市公司每家1手（100股）A股股票。当出现“发行人的董事、监事、高级管理人员执行公司职务时违反法律、行政法规或者公司章程的规定给公司造成损失，发行人的控股股东、实际控制人等侵犯公司合法权益给公司造成损失”的情况时，投资者保护机构可以为公司利益以股东身份向人民法院提起股东代表诉讼，其持股比例和持股期限不受《公司法》规定的限制。

2. 股东代表诉讼与股东直接诉讼有明显的区别。《公司法》和《证券法》中基于股东身份产生的诉讼可以分为股东直接诉讼和股东代表诉讼两种形式。股东直接诉讼是《公司法》第190条规定的“董事、高级管理人员违反法律、行政法规或者公司章程的规定，损害股东利益的，股东可以向人民法院提起诉讼”的情形。可见，股东直接诉讼是股东自身利益受到损害时对公司董事、高管提起的诉讼。进一步看，股东直接诉讼还包括个人诉讼和共同诉讼的形式。个人诉讼是指股东以个人名义提起的诉讼；共同诉讼是指原告股东人数众多，其诉讼标的为同一种类的诉讼。共同诉讼可以采取“代表人诉讼”的形式，按照《民事诉讼法》第56条的规定，“当事人一方人数众多的共同诉讼，可以由当事人推选代表人进行诉讼。代表人的诉讼行为对其所代表的当事人发生效力”。

尽管股东直接诉讼与股东代表诉讼有相同之处，都是基于股东地位，而且都是以股东名义提起的诉讼，尤其是股东直接诉讼中“代表人诉讼”形式，更是与股东代表诉讼有近似的性质，即都具有代表他人利益进行诉讼和诉讼后果由其所代表的当事人承受的性质，但二者毕竟是两种不同的法律设计，其区别也是十分明显的，主要体现为：

第一，从二者的诉讼构成要素来看，作为原告的股东的法律地位有所不同。股东直接诉讼中的原告仅具有股东的身份和地位；股东代表诉讼中的原告除了具有股东的身份和地位，还具有公司代表人的地位。这种公司代表人的资格并非自然产生的，而是需要通过履行一定的前置程序才可能具有。如果公司机关受其成员利益相关事项之影响而不能维护公司利益时，股东就可以通过一定程序获得代表公司的资格，进行维护公司利益的民事诉讼活动。

第二，从二者的诉讼目的来看，股东直接诉讼是股东为了自身利益提起的诉讼，若股东胜诉，因该诉讼取得的利益归于股东。因此，股东享有的直接诉讼权利在本质上应当属于股权中的自益权内容。股东代表诉讼是为公司利益提起的诉讼，胜诉而产生的利益亦归属于公司。显然，股东为公司利益提起诉讼的权利应当属于股权中的共益权内容。共益权是指股东为公司利益同时兼为自己利益而行使的权利。

公司是由股东投资组成的法人实体，从这个意义上讲，公司与股东的利益具有不可分割性。或者说公司的利益中必定包括股东的利益；一切损害公司利益的行为，也都是损害股东利益的行为。因此，股东代表诉讼从形式上是为公司利益进行的诉讼，但实际上也直接关系股东的自身利益。诉讼胜诉产生的利益虽归于公司，但引起公司股份价值的增加或补偿公司受到的损失必然会惠及股东，直接或间接地使股东受益。

第三，从二者的适用情况来看，股东直接诉讼只适用于公司内部人员侵害股东利益的情况。《公司法》第190条将侵害股东利益的行为人界定为董事、高管，如果除此之外的主体发生侵害股东利益的行为，一般不发生依《公司法》追究其责任的诉讼，而应依《民事诉讼法》规定提起诉讼来追究其责任。股东代表诉讼适用的范围比较广泛,凡是公司依法享有的诉权,只要公司机关不能或怠于行使,股东均可以代表诉讼形式提起。因此,股东代表诉讼中的被告除了包括前述股东直接诉讼的被告外,还可以是损害公司利益的其他主体,如《公司法》第 189 条第 3 款规定的“他人”。

第四,从二者的股东享有的诉权来看,股东代表诉讼中作为原告的股东仅享有程序意义上的诉权,实体意义上的诉权仍然属于公司,说明股东代表诉讼使程序意义上的诉权与实体意义上的诉权发生分离;而股东直接诉讼中作为原告的股东既享有程序意义上的诉权,又享有实体意义上的诉权。

第五,从公司在诉讼中所处的法律地位来看,在股东直接诉讼中,公司一般不会成为诉讼当事人;而在股东代表诉讼中,由于股东是代表公司进行的诉讼,因此,股东只是名义上的原告,公司才是实质上的原告,公司在理论上是不可能成为被告的。按照《公司法司法解释(四)》第 24 条的规定,“应当列公司为第三人参加诉讼”。

第六,从二者的判决结果的归属来看,在股东代表诉讼中,股东胜诉的利益应当归于公司,作为原告的股东只能与其他股东一起间接分享公司由此获得的利益;如果股东败诉,则由败诉股东承担自己的诉讼费用,而且还可能承担被告进行诉讼的合理费用。在股东直接诉讼中,胜诉或败诉的结果均由作为原告的股东承受。

3. 股东代表诉讼是在公司利益受到侵害但公司不能或怠于采取诉讼行动的前提下产生的。股东代表诉讼作为股东代表公司进行的诉讼,需要符合两个基本的要件才能产生:一是公司利益受到了直接侵害;二是公司不能或怠于采取诉讼行动。就公司利益受到损害来看,虽然公司的利益与股东利益不可截然分开,但公司与股东在法律上毕竟是两个不同的主体,也有各自相对独立的利益,在很多情况下,对公司利益的侵害并不直接表现为对股东利益的侵害。如果把公司利益与股东利益完全混为一体,势必造成实践中股东直接诉讼与股东代表诉讼的混同,从而导致诉讼的重复。

公司作为享有独立人格的民事主体,当其利益受到违法行为侵害时,按照常理应当由公司作为主体向法院提起诉讼,诉请法院判定侵害人承担损害赔偿责任。但也必须看到,公司作为法人,其诉权是由法人机关来行使的。在一般情况下,公司机关能够代表公司及时行使公司诉权,提起诉讼,使公司受到侵害的权利得到救济。但在有的情况下,公司也完全可能出现不能或怠于提起诉讼的情况。所谓“不能”是指客观上存在障碍,如公司机关因董事长或总经理辞职一时不能履行职责;所谓“怠于”是指主观上存在障碍,如侵害公司利益的主体是公司的董监高、控股股东、实际控制人以及与之有利益关系的其他主体时,公司董事会就可能怠于为公司利益提起诉讼。在此情况下,如果没有法律上的救济措施,放任公司董事会的失职行为,最终将会殃及股东的切身利益。因此,股东代表诉讼的实质是对公司和股东受损的利益的一种救济措施,由股东代表公司提起损害赔偿之诉,是在兼顾公司和股东是两个不同的法律主体的基础上为保护公司和股东利益,尤其是中小股东利益作出的制度设计。

4. 股东代表诉讼是股东以自己名义提起的诉讼。股东代表诉讼尽管是由股东代表公司利益提起的诉讼,但并不是以公司名义提起的。如前所述,在公司不能或怠于行使诉权的情况下,如果仍然坚持要由公司以自己的名义提起诉讼,不仅事实上不可能,而且在法律上也存在难以逾越的障碍。因此,只有在股东以自己的名义提起诉讼的情况下,诉讼才可能正常进行,诉讼的目的也才可能得以实现。在公司实践中，提起诉讼的股东既可能是单个人，也可能是数人。在公司利益受到侵害的情况下，即使一个股东以个人名义提起诉讼，也可以构成股东代表诉讼。

股东以自己的名义为公司利益提起诉讼，在性质上与代位权有些相似，故也有人称股东代表诉讼为代位诉讼。在我国，代位权概念来自《民法典》合同编，按照《民法典》第535条的规定，代位权是指由于债务人怠于行使其债权或者与该债权有关的从权利，影响债权人到期债权的实现，债权人可以向人民法院请求以自己的名义代位行使债务人对相对人的权利。由此观之，股东代表诉讼与《民法典》上的代位权也存在明显的差异：

第一，代位权虽然也被称为间接诉权或代位诉权，但它却并非诉讼程序上的权利，属于实体法上的权利；而股东代表诉讼既是股东的一种实体权利，又是其在诉讼程序上的一种权利，而且主要为程序上的权利。

第二，代位权是债权人以自己的名义行使本属于债务人的权利，所得的利益归自己；而股东代表诉讼的股东虽以自己的名义起诉，但判决胜诉的利益归公司，而不归自己，股东仅作为名义上的原告，公司才是真正的原告。

二、股东代表诉讼的法律适用

从我国公司实践来看，股东代表诉讼既可能发生于股份有限公司，也可能发生于有限责任公司。《公司法》第189条及其司法解释的规定适用于所有类型公司股东代表诉讼的一般情况，《证券法》的有关规定只适用于上市公司股东代表诉讼的特殊情况，二者之间为一般法和特别法的关系。在具体适用上，如果上市公司的股东要提起股东代表诉讼，《证券法》有特别规定的，首先适用其规定；《证券法》没有规定的，以《公司法》第189条规定的原则来处理。

(一)股东代表诉讼的主体

股东代表诉讼的主体包括原告和被告，下面分别述之。

1. 原告。股东代表诉讼的原告肯定是股东，但涉及股东的一些问题还需要进一步明确：

(1)股东身份的确定。《九民会议纪要》第24条明确了何时成为股东不影响起诉的原则，规定“股东提起股东代表诉讼，被告以行为发生时原告尚未成为公司股东为由抗辩该股东不是适格原告的，人民法院不予支持”。

(2)股东持股比例和持股期限。《公司法》第189条针对股份有限公司的股东规定了限制性条件：股东须单独或者合计持有公司1%以上股份，持股达到连续180日以上。按照《公司法司法解释(一)》第4条的规定，《公司法》该条规定的合计持有公司1%以上股份，是指两个以上股东持股份额的合计；180日以上连续持股期间，应为股东向人民法院提起诉讼时，已期满的持股时间。对此限制需要注意几点：第一，该限制不针对有限责任公司的股东，或者说有限责任公司股东提起股东代表诉讼没有持股比例和持股期限的限制。第二，如果属于《证券法》第44条规定的上市公司大股东和公司负责人从事“短线交易”的行为，尽管该条没有对提起诉讼的股东的资格作出限制，但根据前述一般法和特别法的适用原则，提起诉讼的股东应当符合《公司法》第189条规定的持股比例和持股期限的要求。第三，如果属于《证券法》第94条规定的投资者保护机构提起股东代表诉讼的情况，依照该条规定，持股比例和持股期限不受

《公司法》规定的限制。

法律对原告资格条件作出一定的限制是各国的通例，其主要目的是防范股东代表诉讼被滥用而出现"恶意诉讼"的情况。作为以保护公司整体利益为目的和以中小股东利益为重的制度，股东代表诉讼的设计基于原告股东主观必须是善意的假设，即股东提起代表诉讼只能是为了公司利益，而不是通过提起该种诉讼来损害公司利益或其他股东的利益，达到损人利己的目的。如果股东提起诉讼是为了追求个人或第三人的不正当利益，或者以干扰公司生产经营、损害公司股东权益为目的，或者为公司竞争对手牟取竞争优势，则可能被认定为"恶意诉讼"。[①]

2. 被告。我国《公司法》对此的规定与一些国家的做法不同。[②] 按照《公司法》第 189 条的规定，股东代表诉讼的被告应当是"董事、监事、高级管理人员"和"他人"；《公司法司法解释（五）》在此基础上将控股股东和实际控制人也纳入被告范围。实践中对"他人"存在两种不同的理解：第一，"他人"即公司以外的第三人，不包括公司股东在内；第二，根据公司具有独立法人资格的地位，公司股东是独立于公司法人的民事主体，因此，"他人"应当指包括公司股东在内的所有他人，或者说，"他人"是指除了该条列举的"董事、监事、高级管理人员"和公司外的所有对公司实施不正当行为而对公司负有民事责任的当事人。从文义解释上看，后一种理解似乎更为符合立法原意，同时与《证券法》第 44 条将持有上市公司股份 5% 以上的股东纳入股东代表诉讼被告的范围相吻合。但也有学者认为，将"他人"解释为除公司董监高外的任何第三人显然违背了股东代表诉讼制度的本质，应当将与公司无控制关系的"他人"排除在外，才能贯彻股东代表诉讼的立法目的。[③]

3. 公司在股东代表诉讼中的地位。《公司法》对此没有明确规定。从公司是股东代表诉讼的实质利益关系者及胜诉利益享有者来看，公司应当是股东代表诉讼的当事人之一。在公司不能或怠于起诉的情况下，将公司列为被告或原告可能出现的问题是：如果将公司列为被告，原告股东对公司不仅无诉讼请求，而且原告胜诉获得的利益还应当归属于公司，与民事诉讼原理明显相悖；如果法院强行将公司列为原告，且不论在公司没有提起民事诉讼意愿的前提下法律不能强制的问题，即便公司表示愿意作为原告参加诉讼，诉讼的性质也势必因此而发生转变，即变成公司针对加害行为人的直接诉讼，股东代表诉讼也就没有再存在的意义。

《公司法司法解释（四）》第 24 条明确规定公司在股东代表诉讼中应当列为第三人参加诉讼。依据《民事诉讼法》的规定，第三人可分为有独立请求权的第三人与无独立请求权的第三人。显然，公司在股东代表诉讼中不属于有独立请求权的第三人。无独立请求权的第三人是指对当事人双方争议的诉讼标的虽无独立的请求权，但与案件的处理结果有利害关系而参加诉讼的人。无独立请求权的第三人在诉讼中的特征是：其与诉讼中的原告或被告具有实质意义的法律关系，参加诉讼是为了支持一方当事人。股东代表诉讼中的公司虽与原告、被告都可能存在实质意义上的法律关系，但它在诉讼中往往会处于中立地位，并不会支持任何一方当事

---

① 参见刘凯湘：《股东代表诉讼的司法适用与立法完善——以〈公司法〉第 152 条的解释为中心》，载《中国法学》2008 年第 4 期。

② 美国法不对被告的范围加以限制，凡是侵害公司利益的人，均可以作为股东代表诉讼中的被告，而不仅仅局限于公司负责人等公司内部人员。《日本公司法》第 847 条将被告界定为公司董事、监事、高级管理人员、发起人和清算人，就行使决议权而接受公司所提供利益的股东，以及用明显极为不公正的发行价格认购股份者。

③ 参见钱玉林：《商法漏洞的特别法属性及其填补规则》，载《中国社会科学》2018 年第 12 期。

人。因此,公司也似乎难以对应无独立请求权的第三人。应当看到,股东代表诉讼本身就是一种特殊的民事诉讼制度,不可能用民事诉讼的一般法理来对公司的地位作出合理的阐释,故应当跳出既有的理论框架,运用公司法有关理论对其作出新的界定。在我国现行的法律框架下,如果公司在诉讼中没有明确的法律地位必然会出现相应的问题。因此,将公司视作无独立请求权的第三人较为适宜。

(二)提起股东代表诉讼的前置程序

这里讨论的前置程序实际上是对股东代表诉讼设置的一项限制性措施。由于公司是独立的民事主体,当公司利益受损时首先应当由公司的机关代表公司对侵害人提起诉讼。由于股东代表诉讼是股东为公司利益提起的诉讼,为了确保股东代表诉讼的提起真正符合公司利益,各国公司法普遍规定除特殊情况外,原告股东在起诉前首先必须请求公司机关采取救济措施,即要求公司对侵害公司利益的加害人提起诉讼。只有当公司机关不能、怠于或拒绝采取适当措施后,原告股东才可以提起派生诉讼。① 这一前置程序也被称为"竭尽公司内部救济原则"。

我国《公司法》规定的股东代表诉讼制度也有前置程序的内容。

1. 在一般情况下,必须履行的前置程序为:首先,如果属于董事或高管违反《公司法》第188条规定的情况,由原告股东向公司监事会提出书面请求,请求其向人民法院提起诉讼;如果监事或《公司法》第189条第3款规定的"他人"为诉讼被告,或者以《证券法》第44条规定的"短线交易"情形中所涉及主体为被告,则原告股东书面请求的机关为董事会。其次,前述公司机关收到书面请求后拒绝提起诉讼或者自收到请求之日起30日内未提起诉讼。如果没有履行上述程序,股东不能直接向人民法院提起代表诉讼。

当股东履行上述程序时,如果前述公司机关应股东请求提起诉讼,则股东代表诉讼会被自然阻断,恢复到以公司为原告的正常诉讼。《公司法司法解释(四)》第23条对此作出两项规定:第一,当监事会应股东请求对董事、高管提起诉讼时,应当列公司为原告,依法由监事会主席代表公司进行诉讼;第二,当董事会应股东请求对监事或他人提起诉讼时,应当列公司为原告,依法由董事长代表公司进行诉讼。该两项规定表明,公司机关提起的诉讼,原告为公司,股东代表诉讼至此应属于尚未启动的状态。

2023年修订的《公司法》正式施行后,股东代表诉讼在前置程序上还会面临一个非常现实的问题:如果公司在监督机构的设置上选择由董事会审计委员会来行使监事会职权而不设监事会,前置程序中原告股东"书面请求监事会向人民法院提起诉讼"的程序应当如何履行?换言之,在公司不设监事会的情况下,该程序是否履行?如果履行是否需要向行使监事会职权的审计委员会提起请求?从法律适用角度看,该问题显然应当由最高人民法院通过司法解释来解决。笔者认为,当公司选择"单层制"的组织结构时,行使监事会职权的审计委员会虽然具有公司监督机构的地位和属性,但其还具有董事会专门委员会的地位和属性,此时请求"由董

---

① 《美国标准商事公司法》第7.42条规定,股东代表诉讼的前置程序为:(1)已向公司提出权利要求,并要求采取恰当的行动实现此要求;(2)从权利要求提出时起已经过了90天,除非早已被公司通知其权利要求已被排斥,或者除非等待90天期限结束的结果是公司会遭受不可补救的损害。《日本公司法》第847条前三项规定:"自6个月以前持续持有股份的股东,可以书面请求公司提起追究董事责任的诉讼。公司自前项请求之日起30天以内,不提起诉讼时,前项股东可以代为公司提起诉讼。因经过前项期间,公司有不能恢复损害之虞时,虽然有前两项的规定,但第一项的股东可立即提起前项的诉讼。"

事组成的审计委员会”来对“董事、高级管理人员”提起诉讼,完全可能出现由于原告被告的身份、地位、机构上的混同而需要回避的情形。根据股东代表诉讼主要是维护公司利益和以中小股东利益为重的制度设计价值,从便利中小股东行权考虑,股东代表诉讼可以越过请求监事会提起诉讼的前置程序,符合条件的股东可以直接以董事和高管为被告向人民法院提起诉讼。

2. 前置程序诉讼的性质。股东依照《公司法》第 189 条第 1 款向公司机关提出书面请求后,如果公司机关应股东请求提起了诉讼,这一诉讼的性质是直接诉讼还是代表诉讼?《公司法司法解释(四)》在出台前的讨论中对此存在争议,其“征求意见稿”也一度将该前置诉讼称为“代表诉讼”之一,即代表诉讼可分为股东提起的诉讼和监事或董事(包括全体或部分)提起的代表诉讼。无论该种代表诉讼的原告是全体还是部分的监事或董事,其都是作为自然人主体参加诉讼,公司则是参加诉讼的第三人。只有当公司以法人的名义提起诉讼,即原告为公司时,才是直接诉讼。《公司法司法解释(四)》最后出台时将前置程序诉讼的性质定位为直接诉讼,其第 23 条明确作出了“应当列公司为原告”的规定。

3. 在特殊情况下,即《公司法》第 189 条第 2 款规定的“情况紧急、不立即提起诉讼将会使公司利益受到难以弥补的损害的”,原告股东可直接向人民法院提起代表诉讼,或者说原告股东可以不履行前述一般情况下的程序起诉。至于什么是“情况紧急、不立即提起诉讼将会使公司利益受到难以弥补的损害的”,应当由人民法院根据诉讼实际来作出认定。

4.《证券法》第 94 条规定的由投资者保护机构提起的股东代表诉讼,由于该条并没有规定相应的前置程序,是否执行《公司法》第 189 条规定的前置程序从文义解释上尚有不同的理解。《公司法》第 189 条对原告进行的包括股东资格、前置程序在内的限制,主要旨在实现防范“恶意诉讼”的立法目的,结合投资者保护机构的性质来看,投资者保护机构提起的股东代表诉讼应当不受前置程序的限制,可直接进入股东代表诉讼程序。

5. 正确适用前置程序。这不仅指前述由投资者保护机构提起股东代表诉讼的情形,也包括其他股东代表诉讼的情形。《九民会议纪要》第 25 条规定:“……一般情况下,股东没有履行该前置程序的,应当驳回起诉。但是,该项前置程序针对的是公司治理的一般情况,即在股东向公司有关机关提出书面申请之时,存在公司有关机关提起诉讼的可能性。如果查明的相关事实表明,根本不存在该种可能性的,人民法院不应当以原告未履行前置程序为由驳回起诉。”

(三)股东代表诉讼的相关程序与内容

由于《公司法》第 189 条只是对股东代表诉讼的条件和前置程序作出了规定,并未规定股东代表诉讼的相关程序和内容,故这里有必要对诉讼的一些具体问题作出讨论。

1. 管辖。根据《民事诉讼法》对普通管辖的规定,通常实行原告就被告的原则。但在股东代表诉讼中,由于被告为多数人且居住地不一,若实行原告就被告的原则,不但不便于股东提起代表诉讼,而且也不便于公司参加诉讼。为此,在司法实践中,可考虑借鉴日本实行专属管辖的做法,由公司所在地人民法院管辖。

2. 案由。按照《公司法》第 189 条的规定,股东代表诉讼的案由似乎只能限于“损害公司利益责任纠纷”的范围;根据《公司法司法解释(五)》第 2 条的规定,关联交易合同存在无效、可撤销或者对公司不发生效力的情形,公司没有起诉合同相对方的,股东可以依法提起股东代表诉讼。可见，该情形下的案由应当是"公司关联交易损害责任纠纷"与"确认合同效力纠纷"的竞合，超出前述《公司法》第189条规定的案由范围。

3. 原告的权利、义务和责任。股东代表诉讼是股东为了公司利益而提起的，按照《公司法司法解释（四）》第25条的规定，股东代表诉讼胜诉后，"胜诉利益归属于公司。股东请求被告直接向其承担民事责任的，人民法院不予支持"。当然这并不意味着原告股东在胜诉时不享有任何权利，也不意味着原告股东在败诉时不承担责任。从股东代表诉讼的制度设计来看，原告股东胜诉时要享有一定的权利，败诉时独自承担败诉的不利后果，对公司及被告承担一定的责任。

（1）原告在胜诉时享有的权利。这主要是指股东代表诉讼原告对公司享有的诉讼费用补偿请求权。根据《公司法司法解释（四）》第26条的规定，原告的"诉讼请求部分或者全部得到人民法院支持的，公司应当承担股东因参加诉讼支付的合理费用"。这里的"合理费用"包括向法院支付的诉讼费用、聘请诉讼代理人支付的费用，以及支付的诸如交通费等其他费用。但公司仅在其因胜诉所获取利益范围之内支付该费用，如果原告股东的实际诉讼费用高于公司所获取的赔偿，公司也仅在其受偿数额内对原告股东进行补偿。

除此之外，在特定情况下原告股东还应享有比例性个别赔偿请求权。该特定情况是指当被告是大股东时，原告股东胜诉后作为被告的大股东自身也能间接享受到公司因此获得的利益，这就可能违背公平原则。因此，可考虑因原告股东胜诉而产生的赔偿金不归于公司，而在善意股东之间按其持股比例进行分配，原告股东因而享有比例性的个别赔偿请求权。

（2）原告在诉讼中的义务。主要包括两项：一是告知义务，即原告股东在正式向法院提起代表诉讼后，有义务立即向公司告知该诉讼；如果在诉讼中出现调解、和解或撤销诉讼的情况，也应当通知公司。二是担保义务。在股东代表诉讼中，由于被告主要是公司的董监高、控股股东、实际控制人等内部人员，若错告或原告股东滥用诉权，很可能给公司的利益造成损害，或给被告造成经济或名誉的损害。为防止原告股东滥用诉权，法院可依被告的请求命令原告股东提供担保，原告股东因此负有了提供担保的义务。我国《公司法》对此没有明确规定，但有的国家公司法规定了这一义务。①

（3）原告败诉所承担的责任。股东代表诉讼中原告败诉时承担的责任包括对公司的责任及对被告的责任。就原告对公司承担的责任而言，原告股东只要不是恶意提起的诉讼，就不应当对公司承担任何责任；当原告股东是恶意提起诉讼时，只要诉讼给公司造成了损害，原告股东就应对公司承担相应的赔偿责任。就原告对被告承担的责任而言，只有当原告股东提出的股东代表诉讼显然无正当理由时，其对被告才承担支付合理费用的责任，其他情况下无须对被告承担责任。因为，股东代表诉讼败诉时原告股东承担的责任将直接影响股东是否愿意为公司利益提起代表诉讼，根据权利义务对等原则，由于股东是为公司利益提起的诉讼，不宜对原告股东施以过重的责任。如果原告股东败诉时不承担任何责任，则可能导致股东滥诉现象的发生。总的来说，原告股东败诉时将承担自己所花费的诉讼费用，也就是原告对公司及被告应承担最低限度的责任。

4. 判决的法律效力。如果判决原告股东在股东代表诉讼中胜诉，则判决效力及于公司和

---

① 如《日本公司法》第847条规定："股东提起责任追究等之诉的，法院可依被告的请求，命令该股东设立相应的担保。被告提出前款的请求时，须阐明提起责任追究等之诉为恶意行为。"

原被告双方,胜诉的利益归于公司,原告获得相应的补偿,被告赔偿公司损失;若原告股东在股东代表诉讼中败诉,则判决的效力不仅及于公司和原被告双方,而且及于其他股东,即其他股东不得就同一理由再次提起股东代表诉讼。

5. 被告的反诉。根据《九民会议纪要》第 26 条的规定,股东针对他人侵犯公司合法权益,给公司造成损失的事由提起股东代表诉讼,被告以原告股东恶意起诉侵犯其合法权益为由提起反诉的,人民法院应予受理。被告以公司在涉案纠纷中应当承担侵权或者违约等责任为由对公司提出的反诉,因不符合反诉的要件,人民法院应当裁定不予受理;已经受理的,裁定驳回起诉。

6. 股东代表诉讼的诉讼时效。有学者认为,股东提起代表诉讼的时效原则上应自股东知道或者应当知道公司权利被侵害时起计算。① 如果仔细分析就会发现该观点不太合理。因为在大多数情况下,一般股东没有机会及时知道或者应当知道公司权利已经受到了侵害,若严格按照自股东知道或者应当知道公司权利被侵害之时起算时效,可能一部分股东代表诉讼会面临超过时效的困境。从另一方面看,能及时知道或应当知道公司利益受到侵害之人,往往正是那些拒绝或怠于行使公司诉权,任由公司诉讼时效届至而漠不关心的被告。显然,股东代表诉讼的时效如果完全依照股东知道或者应当知道公司权利被侵害时起计算,对原告股东来讲可能不公平。由于《公司法》没有对此作出规定,可以通过司法解释的方式来明确。从大陆法系国家的情况看,诉讼时效期间一般较长。②

三、股东双重代表诉讼

(一)股东双重代表诉讼的含义

股东双重代表诉讼是股东代表诉讼的一种特殊形式,是对母子公司架构下的股东代表诉讼的一种描述,也可简称为双重代表诉讼。2023 年修订的《公司法》对股东代表诉讼制度进行了丰富完善,其最大亮点就是从立法上正式确认了股东双重代表诉讼制度。《公司法》第 189 条第 4 款就是涉及这一内容的新规定:"公司全资子公司的董事、监事、高级管理人员有前条规定情形,或者他人侵犯公司全资子公司合法权益造成损失的,有限责任公司的股东、股份有限公司连续一百八十日以上单独或者合计持有公司百分之一以上股份的股东,可以依照前三款规定书面请求全资子公司的监事会、董事会向人民法院提起诉讼或者以自己的名义直接向人民法院提起诉讼。"据此可以对双重代表诉讼作出如下解读:

1. 定义。股东双重代表诉讼是指由公司的股东为原告,对损害公司全资子公司利益的行为人提起的诉讼。换言之,当出现公司全资子公司的董监高因违法职务行为给公司带来损失的情形时,或者出现他人侵犯公司全资子公司合法权益造成损失的情形时,如果母公司及其全资子公司均不能或怠于提起诉讼,符合法定条件的母公司股东可以依法对行为人提起诉讼。由此可见,双重代表诉讼是股东代表诉讼的一种特殊形式。

---

① 参见刘俊海:《论股东的代表诉讼提起权》,载王保树主编:《商事法论集》第 1 卷,法律出版社 1997 年版。

② 如《法国商事公司法》第 247 条规定:"向董事提起的赔偿诉讼,无论是公司诉讼还是个人诉讼,其诉讼时效期间均为 3 年,自导致损失行为发生之日起计算,或者,该行为被隐瞒的,自其被披露之日起计算。但该行为被认定为犯罪行为时,其诉讼时效期间为 10 年。"

2. 特征。第一,股东双重代表诉讼启动的诉因是母子公司架构中的全资子公司的利益受到非法侵害,根据《公司法》的规定,非法侵害人或是全资子公司的董监高,或是“他人”;当子公司不能或怠于起诉,母公司也怠于起诉时,股东双重代表诉讼便可以启动。第二,股东双重代表诉讼的原告股东具有“双重代表”的身份和地位。所谓“双重代表”,是指原告股东在诉讼中同时代表母子公司对损害全资子公司利益的加害人提起了诉讼。“双重代表”是该诉讼最重要的特征和核心构成。母子公司的股权结构使二者在利益上形成“一荣俱荣,一损俱损”的关系,尤其是当母公司持有子公司 100% 的股份时,二者的利益更是不可分割;对全资子公司利益的损害也成为对母公司及其股东利益的损害,全资子公司的损失也意味着母公司的损失。当公司不能或怠于提起诉讼时,由母公司股东来提起诉讼具有正当性,可以起到保护母子公司利益的作用。基于母子公司的股权架构,原告股东在取得母公司代表资格的同时,如同母公司法定代表人一样,从理论上也可以成为子公司的股东代表,完全可以“双重代表”的身份来维护母子公司利益和自身利益。第三,股东双重代表诉讼具有一般股东代表诉讼的基本构成要素。股东提起诉讼需要遵循股东代表诉讼的基本原理,如符合股东资格条件、股东在诉讼中处于公司代表地位、诉讼目的是维护公司利益、胜诉利益归公司等。与此同时,股东双重代表诉讼又是股东代表诉讼的一种特殊形式,股东代表诉讼法理在母子公司架构下的应用又会产生一些特殊的适用问题。如双重代表诉讼的提起是否履行一般代表诉讼的前置程序?根据《公司法》第 189 条第 4 款的规定,原告股东书面请求全资子公司的监事会、董事会提起诉讼或者以自己的名义直接提起诉讼在该款表述上处于平等并列地位,似乎没有前置与后置之分。按照这种理解,如果原告股东选择直接提起诉讼,就无须以书面请求全资子公司监事会、董事会提起诉讼为前置程序。但也可以有另外一种理解,即按照《公司法》第 189 条的前三款规定执行,仍然需要按照一般股东代表诉讼来履行前置程序。对此,需要通过司法解释作出回应,以保证适用的准确性。第四,股东双重代表诉讼能够较好地应对和解决母子公司架构下的一些复杂的损害公司利益的问题。如利用全资子公司法人地位为屏障来规避法律的行为,母公司通过对全资子公司的过度控制并利用关联交易掏空全资子公司等损害其公司利益的行为。任何侵害全资子公司的行为,只要母子公司不能或怠于起诉,母公司股东就可以依照《公司法》关于双重代表诉讼的规定提起诉讼,追究违法行为人的法律责任。

(二)股东双重代表诉讼制度确立中的争议问题

随着我国资本市场的发展和现代企业制度的推行,以母子公司为架构的公司集团化经营已成普遍现象。当子公司受到违法行为侵害,尤其是公司内部人员违法对公司造成损害,而子公司及母公司均怠于提起诉讼时,如何维护母公司及母公司股东的利益已成为现实中需要解决的问题。2023 年《公司法》修订前,由于立法上没有承认股东双重代表诉讼,司法实践中法官在审理公司案件时遇到该类情况往往难以处理。《公司法司法解释(四)》在出台前曾就有关问题进行过专门的讨论,当时的“征求意见稿”也一度在股东代表诉讼的内容中规定了双重代表诉讼,作为股东代表诉讼的特殊形式。但是,该内容最终未能进入 2017 年正式发布的《公司法司法解释(四)》,说明最高审判机关对双重代表诉讼的认识还存在分歧。其实,双重代表诉讼在法理上和实务上的争议,并非我国独有的现象。据学者考证,早于 20 世纪初,美国实务界便开始讨论是否应承认双重代表诉讼,而法院之见解也有歧异,赞成与反对各有其理论。不容否认的是,双重代表诉讼之争论显然较一般代位诉讼更大。其中既有立法上的原因,也有商业上的考量,评估是否采用双重代表诉讼绝非易事。①

透过学界和实务界关于我国是否建立股东双重代表诉讼的一些争议,有助于加深对《公司法》确立的该制度的理解和适用。

1. 关于双重代表诉讼与公司人格冲突的问题。反方观点认为,双重代表诉讼意味着赋予起诉股东作为母公司与子公司双重代表的地位,可能与两个公司在公司法上具有的独立人格存在冲突。独立人格是相对于母子公司彼此而言的,认可母公司股东可以作为子公司代表提起诉讼,不啻于"无视"或"穿越"了母公司人格,因此,双重代表诉讼有违公司法关于公司独立人格的规定。正方观点认为,不能以登记来确定一个公司本身是否独立,在母子公司架构中,母公司与子公司的独立人格与一般公司彼此间的关系不同。由于母子公司特殊的股权联系,二者构成彼此间的关联关系和控制关系,如果利用这种关系损害他人利益,就要受到法律的限制,甚至可以将其视为一个主体来对待。

2. 关于损害子公司利益的行为是适用公司人格否认还是双重代表诉讼的问题。尽管母子公司架构中子公司利益受损在很多情况下可能是母公司对子公司的过度控制所致,但对于这种行为的规制是否只能或必须采用双重代表诉讼的方式存在不同认识。反方的观点认为,母公司滥用控制权本身就是公司人格否认适用的一种场景,《九民会议纪要》第 11 条第 2 款就规定:"控制股东或实际控制人控制多个子公司或者关联公司,滥用控制权使多个子公司或者关联公司财产边界不清、财务混同,利益相互输送,丧失人格独立性,沦为控制股东逃避债务、非法经营,甚至违法犯罪工具的,可以综合案件事实,否认子公司或者关联公司法人人格,判令承担连带责任。"因此,双重代表诉讼并不是唯一的法律规制方式。正方的观点则认为:第一,双重代表诉讼适用的场景并非只有母公司滥用控制权的行为,还适用于子公司利益受损的其他场景,如母公司或子公司的董监高对子公司利益的侵害,公司外部人员侵害子公司利益造成损失等,这些场景下适用公司人格否认还难以完全规制违法行为。第二,公司人格否认针对的是公司债权人利益受损的情形,主要保护的是公司债权人的利益,而双重代表诉讼针对的是公司利益受损的情形,主要保护的是公司(包括母公司和子公司)的利益。第三,公司人格否认诉讼的原告按照《公司法》第 23 条的规定应当是"公司债权人",这就杜绝了某些公司股东为排除某种不利后果提起公司人格否认请求的可能;而双重代表诉讼作为股东代表诉讼的特殊形式,原告只能是法律对其资格条件有所限制的股东。第四,公司人格否认的责任是将债务追溯至股东,在母子公司架构下主要是追溯至母公司;而双重代表诉讼则是将责任追溯至侵害子公司利益的加害人。因此,公司人格否认与双重代表诉讼显然不能相提并论,更不能彼此替代。

3. 关于子公司的适用范围问题。既然双重代表诉讼是针对子公司利益受损采取的诉讼措施,这就需要回答什么是子公司和如何划定子公司的适用范围。母子公司的关系构成源于持股比例,如果达不到持股比例的相应要求就不属于母子公司关系。母子公司按照持股比例可以分为母公司对子公司的绝对控股和相对控股两种情形,其中相对控股的界限一直是公司实务中规制的难点所在。但在双重代表诉讼中,确定子公司的适用范围,难点似乎并不在相对控

① 参见曾宛如:《公司法制基础理论之再建构》,台北,元照出版有限公司 2017 年版,第 181 ~ 182 页。

股,因为相对控股中基于母子公司利益联系并未达到前述“一损俱损”的程度,所以基本可以将相对控股情形排除在股东双重代表诉讼之外。股东双重代表诉讼对子公司适用范围的确定的难点恰恰在于绝对控股的情形。绝对控股是指母公司持有子公司50%以上的股份,达到100%的比例时子公司就为全资子公司。在绝对控股情形下对子公司适用范围的界定,是选择所有还是部分则成为股东双重代表诉讼有争议的问题。反方的观点认为,既然双重代表诉讼就是解决子公司利益受损的问题,为什么要将全资子公司以外的其他绝对控股的子公司排除在外呢?因为持股达到50%以上就意味着母子公司利益关系联结程度已经相当紧密,如果持股比例更高,甚至达到90%~99%,其与全资子公司就没有实质性的差异,将其予以排除,就可能在司法实践中出现对这些子公司不公平的问题。但这一认识并没有得到立法机关的认同,《公司法》最终将子公司范围定位为“全资子公司”。

(三)股东双重代表诉讼的具体适用

《公司法》第189条第4款的规定,标志着从立法上构建起具有中国特色的本土化股东双重代表诉讼制度。需要结合《公司法》第189条其他各款的内容来明确股东双重代表诉讼的适用,既要遵循股东代表诉讼的一般原理,也要考虑到母子公司架构可能产生的一些特殊问题。

1.子公司范围的界定。《公司法》第189条第4款虽然已将股东双重代表诉讼中的子公司明确为“全资子公司”,但该款既非针对子公司范围的解释,也非对子公司的界定,而是对具有全资子公司情形适用股东代表诉讼的指引性的规定。因此,司法实践中法官在处理具体案件时还具有一定的灵活性,笔者认为可以根据股东双重代表诉讼的立法精神,从强化对公司负责人行为规范的角度,对于母公司持股90%以上的子公司,如果出现公司利益受损情况,也不是不可以将其视同全资子公司来适用股东双重代表诉讼。

2.诉讼原告。股东双重代表诉讼的原告只能是母公司的股东。在母子公司架构中,当子公司利益受到侵害时,虽然母公司作为子公司的股东从理论上也可以提起股东代表诉讼,但由于全资子公司的股东的唯一性,母公司要启动对子公司加害人的诉讼是非常简单和容易的事。也正是母公司不能或怠于启动这一诉讼才可能有双重代表诉讼的产生,因而在股东双重代表诉讼中,原告只能是母公司的股东,而不可能是作为子公司唯一股东的母公司。当然,母公司股东应当符合一般股东代表诉讼的原告适格条件,即《公司法》对一般股东代表诉讼中原告持股比例和持股期限的要求。

3.诉讼被告。股东双重代表诉讼是针对全资子公司受到的侵害提起的诉讼,基于母子公司的架构,根据《公司法》第189条的规定,子公司受到侵害的情形可能包括:其一,子公司的董监高对子公司的侵害;其二,“他人”对子公司的侵害;其三,母公司的董监高对子公司的侵害;其四,母公司作为控股股东对子公司的侵害,如母公司过度控制子公司并利用关联交易“掏空”子公司损害子公司利益。在这四种情形中,第一种和第二种情形符合《公司法》第189条第1款和第3款的规定,可以将子公司的董监高和“他人”作为被告。第三种情形中的侵权人是母公司的董监高的个人行为,考虑到母子公司各自在法律上的独立法人地位,可将母公司董监高视同《公司法》第189条第3款规定的“他人”。第四种情形的被告的确定相对复杂,如果将母公司列为被告,如前所述会与股东代表诉讼制度设计产生冲突,导致诉讼无法进行。基于公司法人行为实际上是由作为自然人的董事、控股股东或实际控制人以公司名义作出的决定并由其具体执行实施,从另一角度看,董事、控股股东或实际控制人对公司法人的侵权行为存在过错并负有责任。因此,母公司对子公司的侵权行为如果对母子公司都造成了损失(如受到行政处罚),可以将作出公司决议的董事、控股股东或实际控制人列为该种情形的被告,其法律地位也可视同《公司法》第189条第3款规定的“他人”。

4. 防御机制。股东双重代表诉讼制度是一把“双刃剑”,一些学者认为,为了防止双重代表诉讼可能被滥用,在赋予母公司股东提起双重代表诉讼权利的同时,也应有相关的防御机制,如明确适格原告的主观要件、赋予公司治理机关阻却代表诉讼的权利、赋予公司中途阻止代表诉讼的权利等,以平衡相关方的利益诉求。[①] 由于股东双重代表诉讼制度刚刚确立,故还需要通过司法实践来进一步检验其功能并发现其存在的问题,通过司法解释、指导性案例等方式对这一制度不断加以完善。

四、股东代表诉讼需要讨论的特殊问题

(一)关于“公司替代原告”

所谓“公司替代原告”,是指股东代表诉讼提起后,公司向法院申请由自己来替代股东作为原告的情形。《公司法司法解释(四)》出台前的“征求意见稿”曾对公司替代原告作出规定,即人民法院审理股东依据公司法规定提起股东代表诉讼的案件后,公司申请替代股东诉讼的,应当征得股东的同意。股东同意的,其已实施的诉讼行为有效;另行提起诉讼的,不予受理或者驳回起诉。

从法理上看,股东代表诉讼尽管是以股东的名义进行的诉讼,但股东在法律地位上是公司的代表,是为公司利益进行的诉讼,胜诉利益也是归属于公司。之所以要以股东自己的名义提起,是因为公司利益受损时公司遇到了不能或怠于起诉的障碍。基于此,如果公司可以排除障碍,直接以公司名义提起诉讼,当然是可以替代股东原告的。“股东派生诉讼是一种异态机制,由公司自行起诉更妥帖……”[②]在这个意义上,公司替代原告是让正在进行的由股东主导的诉讼恢复到本来应当由公司提起并主导的诉讼轨道上来。

但是,如果公司替代原告并不是基于维护公司利益的目的,而是出于违法行为人逃避责任的目的作为对抗股东代表诉讼的一种防御手段,一旦公司替代股东成为原告,根据民事诉讼原告可处分自己诉讼权利和实体权利的规定,公司就可能通过处分原则来庇护损害公司利益的行为人。这不仅会让公司受损的利益得不到应有的补偿,而且会使股东代表诉讼制度设计的目的完全落空。因此,公司替代原告的适用就得加以限制,需要设置“应当征得股东同意”的程序,否则就“不予受理或者驳回起诉”。但这一设置也只是考虑到司法实践中的一种可能,完全还可能出现另一种情形:如果股东代表诉讼中的原告股东是滥用股东权利,恶意起诉公司,损害公司正常经营管理,那么这一程序设置就会出现问题,即公司就无法利用法律手段来

---

① 参见林少伟:《我国双重股东代表诉讼的本土化构建路径》,载《广东社会科学》2020年第3期;樊纪伟:《公司法实施中的双重代表诉讼制度确立与构建》,载《天津法学》2019年第2期;李秀文:《母公司股东权益保护视角下我国多重代表诉讼制度构建》,载《东南学术》2019年第6期。

② 李建伟:《股东派生诉讼前置程序的公司参与》,载《中国法律评论》2022年第3期。

进行对抗。在股东不同意公司替代的情况下(在股东恶意提起诉讼的情况下,实际上是不可能获得股东同意的),恶意股东的损害行为就可能得不到制止。如何避免法院在遇到类似情况时不至于陷入两难境地,由于对此的考虑还不够成熟,最终正式出台的司法解释文本取消了这一规定。尽管如此,法官在司法实践中如果遇到这种情况,需要在把握股东代表诉讼制度设计精神和基本法理的基础上灵活作出处理。

(二)关于调解、和解的司法审查

根据《民事诉讼法》的有关规定,人民法院根据自愿和合法的原则对民事纠纷进行调解,双方当事人也可以和解。《公司法》对股东代表诉讼中的调解和和解制度没有加以规定,而国外公司法基于股东代表诉讼中调解和和解的特殊性,一般对此都有相应的规定。[①]

无论是依据《民事诉讼法》的规定,还是从保护公司权益、提高股东代表诉讼效率的角度来看,都应当准许诉讼当事人进行调解和和解。但也应看到,在股东代表诉讼中,股东是公司的代表,被告是侵害公司利益的董监高或其他人,完全可能出现双方当事人为满足自身利益而不顾公司利益达成某种妥协方案的情形。为了防止被告与原告股东的私下交易,法院应当对调解与和解进行司法审查,不允许当事人损害公司和其他股东利益的行为出现。有学者认为,在股东代表诉讼的和解中,公司的角色往往是消极的,最为活跃的当事人是原告(尤其是原告律师)和实施错误行为的被告,因为只有他们才与和解具有真正的利害关系。因此就存在这样的危险:原告与被告可能以牺牲公司利益为代价从和解中获得各自的利益,如原告得到一笔补偿金,被告免予承担可能的责任,二者皆大欢喜,但公司却因此受损。因此,股东代表诉讼的和解必须遵守一定的程序,包括法院的审查、通知与听证、异议、进入调查程序等。[②] 其中法院对调解或和解的审查非常重要,在司法实践中,尽管调解是由法院主导的,但也不排除当事人自愿达成和解协议后,申请法院制作调解书,赋予和解协议具有调解的强制执行力。要注意防止名为调解,实际上仅是法院在当事人和解协议上盖章确认的现象出现。法院对调解或和解审查的具体内容如下:

1. 当事人达成的协议是否得到股东会的决议同意。根据《九民会议纪要》第27条的规定,公司是股东代表诉讼的最终受益人,为避免原告股东与被告通过调解损害公司利益,人民法院应当审查调解协议是否为公司的意思。只有在调解协议经公司股东会、董事会决议通过后,人民法院才能出具调解书予以确认。至于具体决议机关,取决于公司章程的规定。公司章程没有规定的,人民法院应当认定公司股东会为决议机关。

2. 调解或和解的当事人之间是否存在恶意串通损害公司权益的可能。主要应审查当事人是否履行了一些必备的程序以及在履行过程中的公开透明程度如何。如为保障公司和其他股东的参与和异议机会,当事人必须将和解协议之内容通知公司和其他股东,包括封闭型公司采

---

① 如《美国标准商事公司法》第7.45条规定,非经法院同意,股东代表诉讼程序不可以停止或者调解;如果法院决定程序的停止或者调解将实质性地影响公司股东或者某一类别股东的利益,则法院应指示向将受影响的股东发出通知。又如《日本公司法》第850条是对股东代表诉讼和解的专条规定,其中规定:“在股份有限公司非为有关责任追究等之诉中的和解当事人的情形下,就该诉讼中的诉讼标的,不适用民事诉讼法第267条的规定。但该股份有限公司同意的情形除外。”在和解的情形下,“法院须向股份有限公司通知和解的内容,且催告对该和解有异议时应在2周内提出异议的意旨。股份有限公司在前款期间内未依书面提出异议的,视为股东同意以依同款规定通知的内容进行和解”。

② 参见施天涛:《公司法论》(第4版),法律出版社2018年版,第487~491页。

取书面形式通知其他股东，公众型公司采取公告形式通知其他股东；通知的内容必须包括和解协议或调解协议草案之内容，标明其他股东的异议提起时间、受理机关和处理程序，以方便公司和其他股东提起异议或参与和解。如果不通过相应的审查，和解协议不发生效力，人民法院也不能制作正式的调解书。

3. 调解或和解是否会影响利益相关者的权益，这里的利益相关者主要指公司的中小股东、职工和债权人等人员。法院应主要审查和解协议或调解协议草案内容的合法性、公正性和合理性，如果涉及专业性问题，难以判定当事人有无诈害公司权利之时，应征询相关机构和专家意见。

（三）关于原告撤诉申请的司法审查

根据《民事诉讼法》的规定，在股东代表诉讼进行过程中原告还可以申请撤诉。基于与前述调解与和解可能出现的情形一样的原因，原被告双方当事人为满足自身利益进行私下交易，损害公司和其他股东利益，如被告承诺，原告股东如果撤诉就给予其相应的经济补偿，提起诉讼的股东可能会在股东代表诉讼进行过程中以书面形式向法院请求撤回起诉。尽管撤诉也是民事诉讼原告处分自己诉讼权利的一种方式，但这种处分必须合法，不得有规避法律或损害他人利益的行为。《民事诉讼法》对于民事诉讼中的撤诉本来就有相应的规制措施，《民事诉讼法》第 148 条第 1 款规定："宣判前，原告申请撤诉的，是否准许，由人民法院裁定。"股东代表诉讼具有"代位性"和"代表性"的特点，在正常情况下，原告股东是代表全体股东为维护公司合法权益而提起诉讼，但也会有原告出于非善意的目的，与被告私下串通，在获得个人利益或实现个人目的后提出撤诉申请的情形。因此，股东代表诉讼已经提起后，法院更须依照《民事诉讼法》和《公司法》的规定对当事人的撤诉申请进行审查，依照职权决定是否准许当事人撤诉。法院对撤诉申请不仅要进行形式上的审查，而且要进行实质上的审查，只有在判定原告的撤诉申请不违背法律法规、不侵害公司利益的情况下才能予以认可。在法院认可之前，准备撤诉的股东应负有通知公司以及其他股东的义务，以保障公司和其他股东提起诉讼的机会。①

（四）关于前置程序的豁免

如前所述，股东代表诉讼的前置程序是《公司法》对股东提起代表诉讼规定的限制性程序。设置这一程序的原因在于：一是从法理上看，当公司利益受到损害时，公司应当是为自己利益主张权利的正宗原告，股东代表诉讼只是在公司不能或怠于起诉情形下的一种辅助性救济措施；如果能够通过设置限制性的前置程序，使股东代表诉讼在成立前恢复到以公司为正宗原告的状态，就可以实现制度设计的目的。因此，原告股东需履行"竭尽公司内部救济"的前置程序，如果在诉讼过程中能够出现"公司替代原告"的情形，法律原则上也是允许的。二是设置前置程序有助于防止股东滥用诉权，阻却其通过恶意诉讼干扰公司的正常经营和管理秩序。为了使这一理念得以贯彻，无论是作为股东代表诉讼制度发源地的英美法系国家还是作为制度移植者的大陆法系国家，立法都对该诉讼的适用规定了较为严格的前置程序。总结各国的做法，在前置程序的设计上大致可以分为"合并模式"和"分离模式"两种情况：所谓合并

① 参见刘凯湘：《股东代表诉讼的司法适用与立法完善——以〈公司法〉第 152 条的解释为中心》，载《中国法学》2008 年第 4 期。

模式,是指将前置程序视为股东代表诉讼程序的构成部分,只是前置程序需要得到法院的“诉讼准许”后,才能进入“正式诉讼”的程序。在前置程序阶段,法院不会对案件进行实体审理。这种模式的具体内容是在立法上要求“原告股东在进入正式代表诉讼开审之前,必须先向法院提出允许自己代表公司起诉的申请,如果法院认为原告股东的诉前申请不符合法律规定,则正式的股东代表诉讼程序不会被启动”①。所谓分离模式,是指不将前置程序视同股东代表诉讼程序的构成内容,立法上要求股东在起诉前必须先向公司机关(如董事会、监事会)提出由公司自己来提起诉讼的请求,如果公司机关拒绝诉讼或在特定期限内不予回应或起诉,原告股东才能正式提起代表诉讼。可见,合并模式和分离模式都有前置程序,只是前者将前置程序纳入法院管辖的法律程序,后者则不将前置程序纳入法院管辖的法律程序。从我国《公司法》第189条的规定看,显然我国采用了分离模式的做法。也正是基于前置程序与诉讼程序的分离,有学者将前置程序阶段的股东称为“前置程序请求人”,将诉讼阶段的股东称为“诉讼程序原告”;二者虽有联系,但毕竟是两个不同的法律关系主体,“前置程序中的适格请求人,并不能当然成为股东代表诉讼的适格原告”。②

立法上前置程序的设置,在防止股东代表诉讼可能出现的“恶意诉讼”等实务问题的同时,也可能带来一些负面效应,如人为地设置了股东代表诉讼的障碍,不利于这项制度中保护中小股东设计理念的贯彻落实。因此,各国一般还会配套规定“豁免规则”,即允许原告股东在某些特殊情况下免于履行前置程序而直接向法院提起股东代表诉讼。③ 我国《公司法》第189条第2款也有相应的规定,即“情况紧急、不立即提起诉讼将会使公司利益受到难以弥补的损害的,前款规定的股东有权为公司利益以自己的名义直接向人民法院提起诉讼”。可见,“豁免规则”是对前置程序适用的例外规定。鉴于我国《公司法》关于豁免前置程序的规定仅有“情况紧急”一种事由,且缺乏具体情形的列举,司法实务中对于“情况紧急”是否为适用豁免前置程序的唯一事由存在不同的理解。因此,当出现不属于“情况紧急”的特殊情形时,能否适用豁免前置程序规则就成为需要明确的问题。对此,《九民会议纪要》第25条对因公司治理机制失灵的事由而豁免前置程序作出了相应的规定:“一般情况下,股东没有履行该前置程序的,应当驳回起诉。但是,该项前置程序针对的是公司治理的一般情况,即在股东向公司有关机关提出书面申请之时,存在公司有关机关提起诉讼的可能性。如果查明的相关事实表明,根本不存在该种可能性的,人民法院不应当以原告未履行前置程序为由驳回起诉。”可见,《九民会议纪要》该条规定并未以“情况紧急”为适用豁免前置程序的唯一事由。易言之,最高审判机关认为在不属于“情况紧急”的特殊情形下也可以适用《公司法》第189条关于豁免前置程序的规则。这种对于适用豁免前置程序的“特殊情形”,在一些国家公司法上也有相应的规定。④

无论是出于“情况紧急”还是“非情况紧急”的事由,由于《公司法》第189条关于豁免前置

① 朱慈蕴:《全球化与本土化互动中的公司制度演进》,法律出版社2015年版,第238页。

② 沈贵明:《股东代表诉讼前置程序的适格主体》,载《法学研究》2008年第2期。

③ 如《日本公司法》第847条第4款规定:“尽管有第1款及第3款的规定,在因同款期间届满有可能对股份有限公司造成无法恢复的损害的,第1款的股东可及时为股份有限公司立即提起责任追究等之诉,但责任追究之诉以谋取该股东或第三人的不正当利益或加害于该股份有限公司为目的的除外。”

④ 如前注《日本公司法》第847条第4款中提到的“但责任追究之诉以谋取该股东或第三人的不正当利益或加害于该股份有限公司为目的的除外”,就是对适用豁免前置程序的“除外”特殊情况的规定。

程序的规定还属于抽象性、概括性的表述，虽然具有包容性和灵活性，但也存在适用上的不稳定性，需要在司法实践中将其进一步类型化。对此，学界和司法界也作出了很多努力，取得了一些具有操作意义的成果。

1."情况紧急"事由的具体类型。有学者结合已有的学术成果与司法经验，认为"情况紧急"事由可以类型化的情形包括：第一，公司丧失或即将丧失对大额资产的控制，且具有挽回的可能性；第二，公司相关权利行使的期间或者诉讼时效即将经过；第三，正在进行、持续、具有扩张性的侵害公司利益的其他行为。①

2."非情况紧急"事由的具体类型。有学者认为可考虑的情形包括：第一，被告同时包括董事和监事的情形；第二，原告兼有股东和监事双重身份的情形；第三，公司治理结构不完整的情形；第四，公司清算的情形。② 最高人民法院民事审判第二庭编著的关于《九民会议纪要》释义的论著对公司治理结构失灵情况下可以豁免前置程序的情形作出了进一步列举：第一，公司相关机构不存在或者因公司陷入经营僵局当中，相应的公司机构或者有关人员已不在其位或不司其职，股东无从提起请求的情形。第二，股东准备起诉董事或者高级管理人员，按照前置程序要求应先书面请求公司监事会或者监事以公司名义起诉。假如该董事与监事受同一名股东或者实际控制人控制，则监事根本不可能起诉该董事。第三，向其进行先诉请求的董事或者监事本身即为被告。第四，董事会多数成员或者执行董事本身与他人损害公司利益的行为有利害关系。第五，虽然董事会成员或者执行董事本人与诉称的损害公司利益行为不存在利害关系，但却可能受到与该行为有关的利害关系人控制而失去独立性，因而可能免除先诉请求。③ 这些体现最高人民法院审判法官的认识，对于理解和适用《公司法》第189条的相关规定，具有较高的参考价值。

---

① 参见李建伟：《股东派生诉讼前置程序的公司参与》，载《中国法律评论》2022年第3期。

② 参见朱慈蕴：《全球化与本土化互动中的公司制度演进》，法律出版社2015年版，第239～245页。

③ 参见最高人民法院民事审判第二庭编著：《〈全国法院民商事审判工作会议纪要〉理解与适用》，人民法院出版社2019年版，第211～213页。

第十三章　公司债券

第一节　公司债券概论

一、公司债券的基本含义

公司债券是公司债的证券表现形式。公司债属于民法上债的形式，是指公司为了筹集资金而向债权人借贷并约定在一定期限内还本付息的公司债务。公司债券属于证券法上的证券品种，依照《公司法》第194条第1款规定："本法所称公司债券，是指公司发行的约定按期还本付息的有价证券。"公司债券与公司债，如同股票与股份的关系一样，是形式与内容的关系，二者互为表里。公司债券是公司债的外在证券表现形式，是持券人享有债权的凭证和依据；公司债是公司债券的具体内容，是持券人权利义务指向的对象。公司债券不能脱离公司债而存在。《证券法》第2条将股票、公司债券、存托凭证作为并列的主要证券品种，表明公司债券在诸多证券品种中的重要地位。公司债券作为公司资产的组成部分之一，既是债的形式之一，又是证券的主要品种之一，具有鲜明的证券属性，公司债券即公司债的证券化。公司债证券化的意义在于：公司举债不仅要受《公司法》调整，还需要依照《证券法》上有关发行、交易和监管等的规定进行。

公司在生产经营过程中需要大量资金，既包括作为公司资本的永久性资金，又包括短期、中期资金。公司募集这些资金主要通过两种方式：一种是发行股票，但这可能难以尽快完成并与公司所需短期、中期资金性质不吻合；另一种是借贷，即签订合同与债权人形成的金钱借贷和向特定或不特定的对象发行公司债券而募集资金。由于公司债募集对象广泛、利率固定、期限灵活、具有流通性，因而成为公司迅速、大量募集资金的另一有效手段。负债经营是现代企业普遍采用的方式，而发行公司债券就是法律规定公司可以采用的一种负债经营方式。

需要指出，公司债券有广义和狭义之分。狭义的公司债券是指以"公司债券"冠名的债券，法律法规对公司债券调整范围的界定，也以使用这一名称的债券为限。换言之，没有使用公司债券名称的，即使其具有与公司债券相同或近似的属性，也不纳入公司债券的调整范围。长期以来，我国《公司法》《证券法》对公司债券的调整就将与其性质相似的企业债券和非金融企业债务融资工具（以下简称企业债务融资工具）[①]排除在外。广义的公司债券并不完全依债券名称来定义范围，而是依据发行人的企业属性和发行债券的性质来确定。发行人发行的债券具有"还本付息"和"有价证券"特征的，无论其发行的债券使用的是公司债券还是企业债券或企业债务融资工具的名称，也无论发行人是公司还是非公司企业，都可以视为公司债券，只

---

① 关于企业债券和企业债务融资工具详见本章第五节的专题讨论。

是还需要将公司债券与金融公司发行的金融债券相区分。[①] 有学者认为,采用广义上的公司债券一方面有助于理顺现有债券规则的相互关系,避免发行人从中进行监管套利;另一方面有助于债券相关案件的处理,企业债券和企业债务融资工具至少应当"类推适用"《公司法》上的公司债券规则。[②]

广义的公司债券逐渐得到监管部门和司法机关的认同和应用。如中国人民银行将我国境内发行交易的债券分为政府债券、中央银行票据、金融债券、国际机构债券和公司信用类债券五大类,其中公司信用类债券即以作为发行人的公司的信用作为发行保证的债券。中国人民银行、国家发展改革委和中国证监会2020年12月联合发布的《公司信用类债券信息披露管理办法》第2条第1款就明确规定,公司信用类债券"包括企业债券、公司债券和非金融企业债务融资工具"。最高人民法院2020年7月发布的《全国法院审理债券纠纷案件座谈会纪要》也指出:"对具有还本付息这一共同属性的公司债券、企业债券、非金融企业债务融资工具适用相同的法律标准。"可见,"公司信用类债券"与广义的公司债券概念非常相近。2023年修订的《公司法》和现行《证券法》虽然仍然沿袭了原有的狭义范围来定义公司债券,但中国证监会2023年10月修订发布的《公司债券发行与交易管理办法》(以下简称《公司债券管理办法》)第1条就对公司债券作出了"公司债券(含企业债券)"的表述,明确将企业债券纳入该规章调整的范围。鉴于企业债务融资工具目前仍独立存在,尚未如企业债券那样直接纳入公司债券调整范围,且调整企业债券、企业债务融资工具的行政法规和部门规章仍然有效,公司债券调整范围的改革尚在进行之中,[③]为了援引《公司法》《证券法》有关规定时保持概念上的清晰和逻辑上的自洽,本章对公司债券的论述还不能完全使用广义的概念,除了第四节的特别问题探讨外,其他部分仍不包括企业债务融资工具这一债券形式。

理解公司债券的含义,还可以通过其与相关概念的比较辨析来进一步深化:

1. 公司债券与股票。债券与股票都是用以筹集资金的手段,都是证券形式,均可以转让、流通,其所代表的公司债和公司资本都属于公司资产的范围,都受中国证监会的注册监管。二者也有着明显的区别:第一,发行的主体不同。在《公司法》上,只有股份有限公司才能作为公开发行股票的主体;而根据《公司法》和有关法规规定,股份有限公司和有限责任公司都可以发行公司债券。第二,持有主体的法律地位不同。债券是公司发给持券人的债权凭证,股票则是公司发给持股人的股权凭证;债券持有人为公司债权人,股票持有人为公司股东。股东可以参与公司经营管理事务,债券持有人则不享有这种权利;股东以其所认购的股份为限对公司承担责任,债券持有人则对公司经营状况不承担责任。第三,代表的财产性质不同。公司债券所体现的债权是公司定期支付债券的固定利息,以及在债券到期日归还本金;股票所体现的股权包括在公司盈利分配时获得利润分配,在解散或破产的情况下获得剩余财产的分配。因此,公司债券代表的财产是一定期限内的公司资产,股票代表的财产是长期性甚至永久性的公司资

① 金融债券是由银行等金融机构发行的债券,如果仅从债券发行人的企业属性来看,银行等金融机构基本采取了公司的组织形式,其发行的金融债券似乎也可以纳入公司债券的范围,但金融债券的发行和交易与公司债券存在较大的差异,是一种独立的证券品种,还不能将其与公司债券相提并论。参见周友苏主编:《证券法新论》,法律出版社2020年版,第93~94页。

② 参见叶林:《公司债券非公开发行的规范模式》,载《法学研究》2021年第3期。

③ 2023年3月10日十四届全国人大一次会议通过的《关于国务院机构改革方案的决定》第4条规定,中国证监会由国务院直属事业单位调整为国务院直属机构后,要"强化资本市场监管职责,划入国家发展和改革委员会的企业债券发行审核职责,由中国证券监督管理委员会统一负责公司(企业)债券发行审核工作"。

产。第四,利益和风险不同。债券的利息是固定的,并且先于股票红利分配;如果在债券本金尚未归还时公司解散或破产,债券本金先于股票本金分配。因此,债券投资风险相对较小,而股票投资风险相对较大,如果公司盈利多,股票红利率可能高于或大大高于债券利息率。另外,股票可能随公司资本的增加而增值,而债券则不具有这一性质。

2. 公司债券与贷款之债。公司债券与公司贷款都是公司举债和融资的方式,都构成公司负债经营的资产,公司都要定期支付利息和到期归还本金。二者的区别在于:第一,主体不同。公司债券是公司向社会发行的有价证券,如果公开发行,任何人购买公司债券都可能成为公司债权人,在这个意义上,公司债券主体具有广泛性和不特定性;贷款的主体一般只限于银行等金融机构,因此,贷款的主体只能是特定的。第二,形式不同。公司债券采取证券形式,贷款采取借贷合同形式。证券可以在证券市场上流通和自由转让,并可质押和继承,但合同则只能是当事人双方留作证明债权关系的凭据,不能到市场上流通和自由转让,也不能质押和继承。

3. 公司债券与企业债务融资工具。尽管中国证监会已经将企业债券纳入公司债券的范围,但三类债券品种还是存在一些差异,主要在于:第一,适用的法律法规不同。公司债券是依照《公司法》和《证券法》来规范的债券形式;作为国务院行政法规的《企业债券管理条例》仍然有效,对企业债券还有规范的效力,企业债券称谓仍然存在,意味着企业债券除了适用《公司法》《证券法》外,还受该行政法规的规制;企业债务融资工具主要是依据中国人民银行发布的《银行间债券市场非金融企业债务融资工具管理办法》来规范的债券形式。这些法律法规关于三者的发行条件、交易规则等方面的规定也存在差异。第二,发行人不同。公司债券的发行主体为公司,包括股份有限公司和有限责任公司;企业债券和企业债务融资工具的发行主体目前主要为公司,但也还包括了少数非公司制企业。① 第三,监管机关不同。2023 年国务院机构改革后,公司债券和企业债券的注册监管由原来的中国证监会和国家发展改革委分别负责改为统一由中国证监会负责,而企业债务融资工具注册监管机关仍为中国人民银行监管下的中国银行间市场交易商协会。② 第四,发行或交易场所不同。就现有规定来看,公司债券可以在证券交易所、全国中小企业股份转让系统(新三板)、区域性股权市场发行和交易;企业债券则可以选择在银行间债券市场或证券交易所发行和交易;企业债务融资工具则只能在银行间债券市场发行和交易。证券交易所市场与银行间债券市场在交易、登记、结算规则方面也存在较多的差异。第五,发行条件不同。《证券法》及《公司债券管理办法》对公司债券(含企业债券)公开发行条件的规定较为明确具体,并且还对非公开发行有相应规定;《银行间债券市场非金融企业债务融资工具管理办法》对企业债券、企业债务融资工具发行条件的规定较为概括和原则,具有弹性,没有公开发行和非公开发行之分。正是基于这些差异,一些学者将我国公司、企业债券市场中公司债券、企业债券、企业债务融资工具并存称为“三足鼎立”现象,将三类债券品种分别在证券交易所市场和银行间债券市场发行交易称为“两市分割”局面。③

---

① 如上海证券交易所上市企业债券“2018 年第十二期中国铁路建设债券(十年期)”(代码 127907),发行人为中国铁路总公司,发行总额为 100 亿元,发行日期为 2018 年 8 月 23 日,上市日期为 2018 年 8 月 27 日。这里的铁路总公司就并非《公司法》上的股份有限公司或有限责任公司。

② 根据中国人民银行 2008 年 4 月发布的《银行间债券市场非金融企业债务融资工具管理办法》第 4 条规定,企业发行债务融资工具应在中国银行间市场交易商协会注册;第 18 条规定,中国人民银行依法对交易商协会进行监督管理。

③ 参见叶林:《公司债券非公开发行的规范模式》,载《法学研究》2021 年第 3 期。

二、规制公司债券的法律体系

1. 法律。调整公司债券的主要法律为《公司法》《证券法》,2023 年《公司法》修订根据公司债券管理体制改革要求,适应债券市场发展实践需要,对"公司债券"一章的内容作出较多修改:一是将原法关于"发行公司债券的申请经国务院授权的部门核准"的内容修改为"公开发行公司债券,应当经国务院证券监督管理机构注册";二是明确公司债券可以公开发行,也可以非公开发行;三是将债券存根簿改为债券持有人名册;四是将发行可转债的公司由上市公司扩大到所有股份有限公司;五是增加关于债券持有人会议决议规则和效力的规定,增加债券受托管理人相关规定。修改后的"公司债券"专章共列 13 条,比原法新增 3 条。

《证券法》2019 年修订后,涉及公司债券内容的最大变化就是其与股票等其他证券品种一样,公开发行全面实行注册制。2023 年《公司法》修订后,《证券法》关于"国务院授权的部门"对公司债券注册监管的规定还需要作出相应调整。现行《证券法》关于公司债券的规定共计 8 条,涉及公司债券的发行、交易、信息披露、投资者保护等方面的内容。

另外,《民法典》也有涉及公司债券的相关规定,如第 473 条第 1 款规定:要约邀请是希望他人向自己发出要约的表示;拍卖公告、招标公告、招股说明书、债券募集办法、基金招募说明书、商业广告和宣传、寄送的价目表等为要约邀请。这一规定与原《合同法》相比,正式将"债券募集办法"(实践中常被称为"债券募集说明书")纳入《民法典》的规定中,并将其性质定义为要约邀请。

2. 相关规章和规范性文件。公司债券作为重要的证券品种,与股票及其他证券品种一样,除了《证券法》《公司法》对其进行原则性规定外,其公开发行与交易还主要依据证券监管部门的相关规章和规范性文件来进行规制,这些规章和规范性文件主要包括:

第一,《公司债券管理办法》。中国证监会于 2015 年 1 月根据《公司法》《证券法》的有关规定发布这部规章,最新修订日期为 2023 年 10 月,其中最重要的修改就是推动企业债券与公司债券协同发展,贯彻落实党中央、国务院关于机构改革中"划入国家发展和改革委员会的企业债券发行审核职责,由中国证券监督管理委员会统一负责公司(企业)债券发行审核工作"的重要部署,强化资本市场监管,将企业债券总体纳入公司债券监管框架。①

第二,其他规章和规范性文件,包括中国证监会 2020 年 12 月发布、自 2021 年 1 月 31 日起实施的《可转换公司债券管理办法》,中国人民银行、国家发展改革委、中国证监会于 2020 年 12 月联合发布的《公司信用类债券信息披露管理办法》和 2020 年 6 月联合发布的《关于公司信用类债券违约处置有关事宜的通知》等。

2023 年《公司法》修订后,上述文件涉及公司债券的注册监管机构的内容也需要作出相应调整。

3. 有关债券纠纷案件审理的司法文件。最高人民法院为指导各级人民法院妥善审理债券纠纷案件,于 2019 年 12 月在北京召开了全国法院审理债券纠纷案件座谈会,根据会议研讨的情况,起草形成了《全国法院审理债券纠纷案件座谈会纪要》,经最高人民法院审判委员会民

---

① 参见《〈公司债券发行与交易管理办法〉修订说明》,载中国证监会官网,https://www.gov.cn/gongbao/2023/issue_10886/202312/content_6921380.html。

事行政审判专业委员会审议通过,并经商国家发展和改革委员会、中国人民银行、中国证监会等相关部门同意,于 2020 年 7 月 15 日正式发布。

《全国法院审理债券纠纷案件座谈会纪要》是我国第一部审理债券纠纷案件的系统性司法文件,主要针对公司债券、企业债券、企业债务融资工具三类债券的发行和交易活动所引发的三类民商事纠纷案件的审理问题统一裁判尺度。三类纠纷案件是指债券违约纠纷案件、欺诈发行和虚假陈述纠纷案件以及发行人破产案件。《全国法院审理债券纠纷案件座谈会纪要》全文共计 34 条,分别就债券纠纷案件审理的基本原则,诉讼主体资格的认定,案件的受理、管辖与诉讼方式,债券持有人权利保护的特别规定,发行人的民事责任,其他责任主体的责任,发行人破产管理人的责任等七个方面的法律适用问题进行了规定。《全国法院审理债券纠纷案件座谈会纪要》的出台,有利于优化债券纠纷案件审理程序、统一法律适用,进一步畅通法治化救济渠道,提升司法救济效率,促进形成责任明晰、过罚相当、责权利对称的治理约束机制,对于更好保护债券持有人合法权益、保障债券市场持续健康发展,平稳有序化解风险、维护国家经济金融安全具有十分重要的意义。

三、公司债券的种类

根据《公司法》、《证券法》和《公司债券管理办法》的有关规定以及我国债券发行的实践,公司债券可以从不同角度进行分类。

(一)普通公司债券和特别公司债券

这是根据公司债券的性质作出的划分。

1. 普通公司债券。普通公司债券即内容上具有债券一般属性的债券,现行法律法规涉及公司债券的规定,如无特别说明,均是针对普通公司债券的规范。

2. 特别公司债券。特别公司债券即在债券的发行对象、募集资金使用、债券权利等内容上具有某些特殊属性的公司债券。特别公司债券的名称和形式随着经济社会发展不断推陈出新。目前我国证券市场上的特别公司债券主要有:

(1)可转换公司债券。这是《公司法》和《证券法》都有特别规定的公司债券,也是我国实践中较为普遍采用的一种公司债券,本节后面将对其进行专门讨论。

(2)绿色公司债券。绿色公司债券是指将募集资金用于支持绿色产业项目的公司债券。发行绿色公司债券除了需要符合法律法规的相关规定外,还必须符合绿色产业项目的要求和认定标准。根据中国证监会 2017 年 3 月发布的《关于支持绿色债券发展的指导意见》第 2 条规定,绿色公司债券募集资金投向的绿色产业项目主要参考中国金融学会绿色金融专业委员会编制的《绿色债券支持项目目录》要求,重点支持节能、污染防治、资源节约与循环利用、清洁交通、清洁能源、生态保护和适应气候变化等绿色产业。绿色公司债券属于绿色债券的一种,绿色债券还包括绿色政府债券和绿色金融债券。近年来我国绿色债券发展很快,发行的绿色债券中以绿色金融债券为主。按符合气候债券倡议组织(CBI)定义的绿债发行规模计,中国为 2022 年世界上最大的绿色债券发行市场。2022 年,被纳入 CBI 绿色债券数据库的中国绿色债券达人民币5752亿元,其规模引领全球。[①] 随着我国生态文明建设不断发展,绿色公司债券还有很大发展空间。

(3)创新创业公司债券。创新创业公司债券是指符合条件的创新创业公司、创业投资公司依法定程序发行的公司债券。根据中国证监会2017年7月发布的《关于开展创新创业公司债券试点的指导意见》的规定,创新创业公司,是指从事高新技术产品研发、生产和服务,或者具有创新业态、创新商业模式的中小型公司。创业投资公司,是指符合有关规定,[②]向创新创业企业进行股权投资的公司制创业投资基金和创业投资基金管理机构。

(4)可续期公司债券。可续期公司债券是指公司依法定程序发行、附可续期选择权的公司债券。这里的附可续期选择权是指债券发行条款中设置的发行人到期可以选择续期的权利。可续期公司债券除须依法律法规关于公司债券的一般性规定来规范运作外,还须遵循证券交易所的有关规则。[③] 2016年3月,浙江省交通投资集团有限公司公开发行的可续期公司债券在上海证券交易所上市交易,成为我国首支由中国证监会核准的可续期公司债券。实践中的可续期公司债券一般都设置有续期选择权、利息递延支付、强制付息事件等特殊属性的条款。[④] 基于这些特殊条款,可续期债券对发行人的信用资质有较高的要求。[⑤]

(5)熊猫公司债券。熊猫公司债券是指由境外公司在中国境内发行的以人民币计价的公司债券。熊猫公司债券是熊猫债券的一种。熊猫债券还包括境外金融机构和国际多边金融机构在中国境内发行的以人民币计价的金融债券。[⑥] 熊猫债券在性质上属于具有涉外因素的债券。根据国际惯例,国外机构在一国发行债券时,一般以该国最具特征的吉祥物命名。据此,我国将境外机构在华发行的人民币债券命名为熊猫债券。熊猫公司债券是近年才进入我国证券市场的熊猫债券,据报道,2018年年初,招商局港口控股有限公司[⑦]及普洛斯洛华中国海外控股(香港)有限公司"一带一路"公司债券在深圳证券交易所成功发行,成为市场首批公开发行的"一带一路"熊猫公司债券。[⑧]

(二)公开发行的公司债券和非公开发行的公司债券

这是按照公司债券发行对象和方式作出的划分。《公司法》第194条第2款规定:"公司债券可以公开发行,也可以非公开发行。"实践中,公开发行通常简称为公募,非公开发行通常简称为私募。

---

① 参见张冰洁:《〈中国可持续债券市场报告2022〉发布 中国绿债发行规模引领全球 转型类债券市场蓄势待发》,载中国金融新闻网,https://www.financialnews.com.cn/yh/yw/202306/t20230610_272652.html。

② 主要指中国证监会2014年8月发布的《私募投资基金监督管理暂行办法》和国家发展改革委等10个部门2005年11月发布的《创业投资企业管理暂行办法》。

③ 主要有上海证券交易所2017年12月发布的《上海证券交易所公司债券预审核指南(四)特定品种——可续期公司债券》和深圳证券交易所2023年10月发布的《深圳证券交易所公司债券发行上市审核业务指引第7号——专项品种公司债券》。

④ 续期选择权是指公司债券即将到期时,发行人有权延长债券期限而暂时不兑付本次债券本息,以获得中长期的资金支持;利息递延支付是指发行人具备可以延迟支付利息的选择权;强制付息事件是指公司向普通股东分红、发行人减资等情形。

⑤ 按照沪深两个证券交易所的规定,可续期公司债券的发行人的主体评级和债项评级均应达到AA+及以上,浙江省交通投资集团有限公司在公开发行可续期公司债券时的两项评级均达到AAA。

⑥ 如2005年10月,国际金融公司(IFC)和亚洲开发银行(ADB)获准在我国银行间债券市场分别发行人民币债券11.3亿元和10亿元,成为首批在我国境内发行的熊猫债券。

⑦ 招商局港口控股有限公司于1992年在香港联交所上市,是首家在我国香港上市的红筹公司。

⑧ 参见王兴亮:《首批"一带一路"公募熊猫债在深交所成功发行》,载中国一带一路网2018年2月8日,https://www.yidaiyilu.gov.cn/p/47535.html。

1. 公募公司债券。根据《证券法》第 9 条规定，公募公司债券应当指“向不特定对象”发行和“向特定对象发行证券累计超过二百人”的公司债券。法律法规对公募公司债券规定了较为严格的发行条件，且其公开发行必须依法报经中国证监会注册。

2. 私募公司债券。私募公司债券是指不采取广告、公开劝诱等公开发行方式向专业投资者发行且发行对象不超过 200 人的公司债券。① 相对于公募公司债券而言，私募公司债券在发行及后续监管上较为宽松。

（三）记名公司债券和无记名公司债券

这是根据公司债券是否载明持有人姓名或名称作出的划分。《公司法》2023 年修订前，我国公司债券分为记名债券和无记名债券两种形式。② 新《公司法》根据我国公司债券发行和交易的现状，删除了无记名债券的形式，其第 197 条规定：“公司债券应当为记名债券。”

记名公司债券是指将债券持有人的姓名或名称记载于债券和公司债券存根簿的公司债券。记名公司债券的权利只能由记名持有人本人行使，除此以外的其他人不能凭此向公司主张债权。根据《公司法》第 198 条第 1 款的规定，公司发行公司债券应当置备公司债券持有人名册。该条第 2 款规定了公司债券持有人名册应当记载的事项：（1）债券持有人的姓名或者名称及住所；（2）债券持有人取得债券的日期及债券的编号；（3）债券总额，债券的票面金额、利率、还本付息的期限和方式；（4）债券的发行日期。根据《公司法》第 199 条的规定，公司债券的登记结算机构应当建立债券登记、存管、付息、兑付等相关制度。这一规定表明，公司债券的发行交易和还本付息都需要通过公司债券登记结算机构来完成。

（四）有担保公司债券和无担保公司债券

这是根据公司债券有无担保作出的划分。

1. 有担保公司债券。有担保公司债券即公司发行的对债权人提供了债务还本付息担保的公司债券。为公司债券提供担保，是提升公司债券发行人信用的重要措施。担保人既可能是发行人，也可能是发行人以外的其他人（如公司股东），其担保资产既可能是担保人的实物形态财产，也可能是股票、债券等证券，其中证券还包括担保人持有的发行公司股票。与无担保公司债券相比，有担保公司债券通过债券“增信”措施，增强偿债保障，提高了对债权人的保护程度。

2. 无担保公司债券。无担保公司债券是指没有采取担保措施而仅凭发行人信用发行的公司债券，无担保公司债券主要适用于信用等级相对较高的债券发行人。

第二节　公司债券的发行与转让

按照《公司法》第 194 条第 3 款的规定：“公司债券的发行和交易应当符合《中华人民共和

---

① 《公司债券管理办法》第 34 条规定：非公开发行的公司债券应当向专业投资者发行，不得采用广告、公开劝诱和变相公开方式，每次发行对象不得超过二百人。

② 2023 年修订前的《公司法》第 156 条规定：“公司债券，可以为记名债券，也可以为无记名债券。”

国证券法》等法律、行政法规的规定。”据此,公司债券的发行和转让首先应当适用《公司法》《证券法》的规定。在对公司债券的规定上,《公司法》较为原则,具有基本法属性;《证券法》较为具体,具有特别法的属性。在涉及公司债券的发行条件、发行程序、发行担保和公司债券转让的内容时,需要更多适用《证券法》及中国证监会发布的系列法规规章等的规定。

一、公司债券的发行条件

公司债券发行分为公开发行和非公开发行,二者有着不同的发行条件。另外,可转换公司债券作为特殊的公司债券,与公开发行的公司债券和非公开发行的公司债券也有差异。

(一)公开发行公司债券的条件

《证券法》第15条第1款规定了公开发行债券的三项条件:(1)具备健全且运行良好的组织机构;(2)最近3年平均可分配利润足以支付公司债券1年的利息;(3)国务院规定的其他条件。《公司债券管理办法》第14条在此基础上增加了一项内容,即“具有合理的资产负债结构和正常的现金流量”。这些规定与《证券法》2019年修订前规定的6项条件相比,较大幅度简化了发行条件,而且不再规定财务指标的有关限额,[①]体现了证券发行注册制改革的精神。

《公司债券管理办法》第16条对发行人的资信状况标准的规定,也应视为对公司债券发行人发行条件的要求,该条规定,资信状况符合以下标准的公开发行公司债券,专业投资者和普通投资者可以参与认购:(1)发行人最近3年无债务违约或者延迟支付本息的事实;(2)发行人最近3年平均可分配利润不少于债券1年利息的1.5倍;(3)发行人最近一期末净资产规模不少于250亿元;(4)发行人最近36个月内累计公开发行债券不少于3期,发行规模不少于100亿元;(5)中国证监会根据投资者保护的需要规定的其他条件。未达到以上规定标准的公开发行公司债券,仅限于专业投资者参与认购。

《证券法》第17条规定的不得再次公开发行公司债券的情形,可以视为公司债券公开发行的消极条件,包括:(1)对已公开发行的公司债券或者其他债务有违约或者延迟支付本息的事实,仍处于继续状态;(2)违反《证券法》规定,改变公开发行公司债券所募资金的用途。按照《证券法》第15条第2款的规定,公开发行公司债券筹集的资金,必须按照公司债券募集办法所列资金用途使用;改变公司债券募集办法所列资金用途,必须经债券持有人会议作出决议。公开发行公司债券筹集的资金,不得用于弥补亏损和非生产性支出。

(二)非公开发行公司债券的条件

根据《公司债券管理办法》第34条规定,非公开发行公司债券的条件是:(1)面向专业投资者发行。根据该办法第12条第3款规定,发行人的董事、监事、高级管理人员及持股比例超过5%的股东,可视同专业投资者参与发行人相关公司债券的认购。(2)不得采用广告、公开劝诱和变相公开方式发行。(3)每次发行对象不得超过200人。

---

① 2019年修订前的《证券法》第16条规定的财务指标限额包括:股份有限公司的净资产不低于人民币3000万元,有限责任公司的净资产不低于人民币6000万元;累计债券余额不超过公司净资产的40%;最近3年平均可分配利润足以支付公司债券1年的利息。

(三)发行可转换公司债券的条件

可转换公司债券是特殊的公司债券,是一种兼具“股性”和“债性”的混合证券品种,故其发行条件有异于普通公司债券之处。根据《证券法》第15条第3款规定,可转换公司债券的发行除了符合公开发行债券的条件外,还应当遵守上市公司发行新股的规定。但是,按照公司债券募集办法,上市公司收购本公司股份用于转换公司债券的除外。

二、公司债券的发行程序

1. 公司作出决议。《公司法》第59条和第112条规定,股东会可以“对发行公司债券作出决议”,也可以“授权董事会对发行公司债券作出决议”。《公司债券管理办法》第10条规定,发行公司债券,发行人应当依照《公司法》或者公司章程相关规定对发行债券的金额、发行方式、债券期限、募集资金的用途、其他按照法律法规及公司章程规定需要明确的事项作出决议。如果对增信机制、偿债保障措施作出安排,也应当在决议事项中载明。

2. 信用评级。按照《公司债券管理办法》的有关规定,证券自律组织依照相关规定对公司债券信用评级等进行自律管理。如果证券自律组织对公开发行公司债券的信用评级有特别要求,应当按照证券自律组织的要求执行,信用评级应当委托具有从事证券业务资格的资信评级机构进行。评级机构评级后应当及时向市场公布首次评级报告、定期和不定期跟踪评级报告;公司债券的期限为1年以上的,在债券有效存续期间,应当每年至少向市场公布1次定期跟踪评级报告。非公开发行公司债券是否进行信用评级由发行人确定,并在债券募集说明书中披露。

3. 发行人申报发行文件。根据《证券法》第16条的规定,申请公开发行公司债券,应当向中国证监会报送下列文件:公司营业执照、公司章程、公司债券募集办法、中国证监会规定的其他文件。依照《证券法》规定聘请保荐人的,还应当报送保荐人出具的发行保荐书。发行人应当按照由依法负责注册的中国证监会规定的申请文件格式、报送方式报送申请文件。

4. 依法注册。根据《国务院办公厅关于贯彻实施修订后的证券法有关工作的通知》第2条的规定,依法由中国证监会负责作出注册决定的公开发行公司债券申请,由中国证监会指定的证券交易所负责受理、审核。

根据《证券法》规定,中国证监会应当自受理发行申请文件之日起3个月内,依照法定条件和法定程序作出予以注册或者不予注册的决定,发行人根据要求补充、修改发行申请文件的时间不计算在内。不予注册的,应当说明理由。

按照《公司债券管理办法》第36条的规定,非公开发行公司债券,承销机构或依法可以自行销售的发行人应当在每次发行完成后5个工作日内向中国证券业协会报备,中国证券业协会在材料齐备时应当及时予以报备。报备不代表中国证券业协会实行合规性审查,不构成市场准入,也不豁免相关主体的违规责任。

5. 公告募集办法。《公司法》第195条第1款规定:“公开发行公司债券,应当经国务院证券监督管理机构注册,公告公司债券募集办法。”根据《证券法》第23条的规定,发行公司债券的申请经注册后,发行人应当依照法律、行政法规的规定,在公司债券公开发行前公告公开发行募集文件，并将该文件置备于指定场所供公众查阅。《公司法》第195条第2款对公司债券募集办法应当载明的主要事项有详细的规定：(1)公司名称；(2)债券募集资金的用途；(3)债券总额和债券的票面金额；(4)债券利率的确定方式；(5)还本付息的期限和方式；(6)债券担保情况；(7)债券的发行价格、发行的起止日期；(8)公司净资产额；(9)已发行的尚未到期的公司债券总额；(10)公司债券的承销机构。

6. 发行公司债券。根据《公司法》第196条的规定，公司以纸面形式发行公司债券的，应当在债券上载明公司名称、债券票面金额、利率、偿还期限等事项，并由法定代表人签名，公司盖章。根据《证券法》第26条的规定，向不特定对象发行公司债券，法律、行政法规规定应当由证券公司承销的，发行人应当同证券公司签订承销协议。

三、公司债券的增信与担保

1. 公司债券增信。公司债券增信即增加公司债券发行人的信用等级。公司债券作为公司的借贷融资，其发行和交易的定价主要依赖于发行人的还本付息能力，因而公司债券本质上是一种信用产品。通过信用增加措施，提升其信用等级，在提高发行人还本付息能力的同时，也意味着为债券投资者提供偿债保障，有利于提高债券市场融资效率。根据《公司债券管理办法》第64条第1款规定：发行人可采取内外部增信机制、偿债保障措施，以提高偿债能力，控制公司债券风险。内外部增信机制、偿债保障措施包括但不限于下列方式：(1)第三方担保；(2)商业保险；(3)资产抵押、质押担保；(4)限制发行人债务及对外担保规模；(5)限制发行人对外投资规模；(6)限制发行人向第三方出售或抵押主要资产；(7)设置债券回售条款。

2. 公司债券担保。担保是公司债券增信的重要措施，但增信本身属于发行人自愿选择并采取的措施，而担保在有的情况下则是监管部门要求发行特定公司债券必须采取的措施。

四、公司债券的转让

公司债券作为证券品种之一，和股票一样可以在证券市场上自由转让和流通。但是法律也有一些限制性的规定，如我国禁止非证券经营机构和公民个人经办债券的转让业务。《公司法》第200条规定：公司债券可以转让，转让价格由转让人与受让人约定；公司债券的转让应当符合法律、行政法规的规定。按照《证券法》第79条的规定，公司债券上市交易的公司和上市公司一样，在上市交易阶段应当依法编制、报送和披露定期报告和临时报告，其中的年度财务会计报告应当经会计师事务所审计。在证券交易所上市交易的，按照证券交易所的交易规则转让。

关于转让的方式，应当根据公司债券的不同类型遵照相关法律规定进行。由于公司债券全部采取记名债券形式，按照《公司法》第201条的规定，公司债券由债券持有人以背书方式或者法律、行政法规规定的其他方式转让，转让后由公司将受让人的姓名或者名称及住所记载于公司债券持有人名册。依法发行的公司债券，法律对其转让期限有限制性规定的，在限定的期限内不得买卖。

《证券法》第37条对于公开发行的证券和非公开发行的证券的转让场所作了原则规定，按照这一规定，公募的公司债券应当在证券交易所上市交易或者在新三板交易；私募的公司债券可以在证券交易所、新三板和区域性股权市场转让。《公司债券管理办法》在此基础上作了进一步的细化规定:公募公司债券在证券交易所或新三板交易的,应当符合两个交易场所的上市或挂牌条件;私募公司债券除了可以申请在证券交易所、新三板和区域性股权市场转让交易外,还可以申请在"证券公司柜台"转让交易;私募公司债券仅限于在专业投资者范围内转让,转让后持有同次发行债券的投资者合计不得超过200人。

根据《国务院办公厅关于规范发展区域性股权市场的通知》(国办发〔2017〕11号)和中国证监会2017年5月发布的《区域性股权市场监督管理试行办法》的有关规定,区域性股权交易市场的定位为"私募股权市场",是"为其所在省级行政区域内中小微企业证券非公开发行、转让及相关活动提供设施与服务的场所",在该市场转让的私募公司债券仅限于"可转换为股票的公司债券"。

五、公司债券的回购交易

公司债券回购交易属于证券回购交易的范畴。证券回购在性质上是一种证券交易行为,包括了股票回购、债券回购和其他证券品种的回购。债券回购包括不同种类的债券回购,公司债券回购是买卖双方当事人对公司债券的一种处置行为。按照有关法规和证券交易所有关规则的规定,在证券交易所进行的债券交易分为现货交易和回购交易两种形式,回购交易还可进一步分为买断式回购交易和质押式回购交易两种基本的形式。

1. 公司债券买断式回购交易。买断式回购交易是指公司债券持有人将债券卖给购买方的同时,交易双方约定在未来某一日期,卖方再以约定价格从买方处购回相等数量同种债券的交易。可见,买断式回购交易在法律上具有的特点是:第一,回购行为是在债券买卖已经成交的前提下发生的,或者说,债券持有人享有的证券权利已经发生了由出卖人向买受人的转移,即所谓"买断"。第二,债券在被"买断"的同时,买卖双方以合同形式又设定了双方在未来某一日期法律地位互换的义务,即原买受人变成出卖人,原出卖人变成买受人,从而使债券权利再次发生转移,即复归于初次交易前的状态。第三,双方设定的法律地位互换的义务是一种债权义务,或者说能否得到履行取决于债务人的行为,如果债务人不作为,"买断"后的证券权利就不能产生复归的结果。

2. 公司债券质押式回购交易。质押式回购交易是指公司债券持有人在将债券质押的同时,将相应债券以标准券折算比率计算出的标准券数量为融资额度而进行的质押融资,交易双方约定在回购期满后返还资金和解除质押的交易。可见,质押式回购交易在法律上具有的特点是:第一,在性质上属于以债券权利作为质押标的的担保行为,尽管也称为"交易",但债券权利并没有产生"买断"的法律效力,而只是作为了质押担保的出质标的,因此,质押式回购交易实际上就是《民法典》上的权利质押行为,《民法典》第440条明确规定了债务人或第三人可以自己有权处分的债券权利出质。第二,债券权利作为质押标的是为了融资的需要,这与现实中股票质押贷款的性质基本相同,都是一种融资行为。只是股票质押贷款的质押标的为股权,资金融出方(贷款方)一般为银行;而债券质押式回购交易的质押标的为债券权利,资金融出方为质权人,而质权人并非一定是银行。第三,融资额度并非以债券现券票面记载作为计算依据,而是需要以标准券折算比率计算出的标准券数量为融资额度。

对于公司债券回购交易两种形式的法律性质，需要结合《民法典》及司法解释有关规定来加以确定。第一，质押式公司债券回购符合《民法典》关于权利质押的特征，属于典型担保中的质押类型。第二，买断式公司债券回购可以划归法理上的让与担保形式。所谓让与担保，是指债务人或者第三人与债权人订立合同，约定将其财产转让至债权人名下，债务人到期清偿债务，债权人将该财产返还给债务人或第三人；债务人不履行到期债务的，债权人有权将财产折价或者以拍卖、变卖该财产所得价款偿还债务。根据这一定义，买断式公司债券回购与之基本相符。在《民法典》出台前，原《物权法》《担保法》上没有关于让与担保的明确规定，将买断式债券回购定位为让与担保在适用上缺乏相应的法律依据。随着《九民会议纪要》的出台，最高审判机关将让与担保作为非典型担保的一种予以认可，《九民会议纪要》第 71 条对让与担保进行了直接规定。《民法典》出台后，《民法典担保司法解释》进一步将这类行为明确定位为“非典型担保”，其第 68 条第 1 款明确规定：“债务人或者第三人与债权人约定将财产形式上转移至债权人名下，债务人不履行到期债务，债权人有权对财产折价或者以拍卖、变卖该财产所得价款偿还债务的，人民法院应当认定该约定有效……”同时，基于其作为非典型担保的属性，第 68 条第 2 款、第 3 款对让与担保的有关适用问题作出了详细的规定。①

第三节　可转换公司债券

可转换公司债券可简称为“可转债”，顾名思义是指在一定条件下可以转为公司股票的债券。可转债是我国公司债券中法律规范较为完备同时又备受投资者关注的一种特别债券，除了《公司法》《证券法》的专门规定外，中国证监会发布并于 2021 年 1 月 31 日起施行的《可转换公司债券管理办法》是调整可转债的主要规章。目前学者和证券业界人士讨论的公司债券，不少内容涉及可转债。可转债作为结合股票和债券的特点来设计的证券形式，具有较强的专业性和技术性。

一、可转换公司债券的特征

可转换公司债券是指公司依法发行、在一定期间内依据约定的条件可以转换成本公司股票的公司债券。根据《公司法》第 202 条、第 203 条和《可转换公司债券管理办法》的有关规定，可转债具有如下法律特征：

1. 可转债属于《证券法》规定的具有股权性质的证券。2019 年修订的《证券法》在一些法条中使用了“具有股权性质的证券”的概念，②但并未对这一概念作出解释，《可转换公司债券

---

① 《民法典担保司法解释》第 68 条第 2 款规定：“债务人或者第三人与债权人约定将财产形式上转移至债权人名下，债务人不履行到期债务，财产归债权人所有的，人民法院应当认定该约定无效，但是不影响当事人有关提供担保的意思表示的效力。当事人已经完成财产权利变动的公示，债务人不履行到期债务，债权人请求对该财产享有所有权的，人民法院不予支持；债权人请求参照民法典关于担保物权的规定对财产折价或者以拍卖、变卖该财产所得的价款优先受偿的，人民法院应予支持；债务人履行债务后请求返还财产，或者请求对财产折价或者以拍卖、变卖所得的价款清偿债务的，人民法院应予支持。”第 3 款规定：“债务人与债权人约定将财产转移至债权人名下，在一定期间后再由债务人或者其指定的第三人以交易本金加上溢价款回购，债务人到期不履行回购义务，财产归债权人所有的，人民法院应当参照第二款规定处理。回购对象自始不存在的，人民法院应当依照民法典第一百四十六条第二款的规定，按照其实际构成的法律关系处理。”

② 参见《证券法》第 40 条、第 44 条、第 187 条、第 189 条。

管理办法》第 2 条直接将可转债定义为具有股权性质的证券。其之所以如此，是因为可转债兼具债券和股票双重属性，在转换股票前具有债券的属性，其持有人处于公司债权人地位，不享有股东的权利和义务，但持有人依法享有在法律规定的期间内将其转为股票的权利，因此，它又是一种内含着公司股票期权的债券形式；一旦转换，它就完全具备了股票的属性，持有人也成为公司的正式股东。可转债是否转换成股份，取决于持有人的意愿，《公司法》第 203 条就有“债券持有人对转换股票或者不转换股票有选择权”的规定。持有人要求将其转换为股票的，公司不得拒绝，“应当按照其转换办法向债券持有人换发股票”；持有人不愿转换的，公司应于期满后偿还本息。

2. 可转债的发行具有特殊性。首先，可转债的发行人应当为股份有限公司。这与普通公司债券的发行人包括股份有限公司和有限责任公司不同，因为依照《公司法》规定只有股份有限公司才能采取股票形式，也才可能为可转债提供转换为股票的前提条件；这里的股份有限公司包括了上市公司、非上市公众公司和非公众股份有限公司。2023 年《公司法》修订将发行人的范围由只限于上市公司扩大到所有股份有限公司。其次，可转债可以采取公募和私募的方式发行。公募即向不特定对象公开发行可转债的方式。根据《可转换公司债券管理办法》的规定，公募发行的场所为证券交易所和国务院批准的其他全国性证券交易场所（新三板），公募发行的公司应当为上市公司和新三板挂牌公司。私募即向特定对象发行可转债的方式。私募发行场所除了证券交易所和新三板以外，还包括区域性股权市场；[①]私募发行可转债的公司应当包括所有符合条件的股份有限公司。最后，可转债的发行需要履行严格的法定程序。这一程序较普通公司债券更为严格。由于可转债具有“转股”属性，如果其公开发行就不仅是公司内部的一种集资行为，而且是与上市交易和社会公共利益相联系的集资行为，因此必须对其进行严格控制和管理。根据《公司法》第 202 条的规定，股份有限公司经股东会决议，或者经公司章程、股东会授权由董事会决议，可以发行可转换为股票的公司债券，并规定具体的转换办法。上市公司发行可转换为股票的公司债券，应当经中国证监会注册。发行可转换为股票的公司债券，应当在债券上标明可转换公司债券字样，并在公司债券持有人名册上载明可转换公司债券的数额。根据《证券法》及其有关法规规定，公开发行可转债与公开发行股票一样，应当采取承销方式，实行保荐人保荐。如果是上市公司发行可转债，除应符合上市公司发行股票的条件外，还应当符合中国证监会 2023 年 2 月发布的《上市公司证券发行注册管理办法》关于可转债发行的特别条件的规定，包括：(1)具备健全且运行良好的组织机构。(2)最近 3 年平均可分配利润足以支付公司债券 1 年的利息。(3)具有合理的资产负债结构和正常的现金流量。(4)交易所主板上市公司向不特定对象发行可转债的，应当最近 3 个会计年度盈利，且最近 3 个会计年度加权平均净资产收益率平均不低于 6%；净利润以扣除非经常性损益前后孰低者为计算依据。上市公司存在下列情形之一的，不得发行可转债：第一，对已公开发行的公司债券或者其他债务有违约或者延迟支付本息的事实，仍处于继续状态；第二，违反《证券法》规定，改变公开发行公司债券所募资金用途。[②]

---

① 《区域性股权市场监督管理试行办法》第 2 条规定：“在区域性股权市场非公开发行、转让中小微企业股票、可转换为股票的公司债券和国务院有关部门认可的其他证券，以及相关活动，适用本办法。”这一规定表明，可转债可以在区域性股权市场发行和转让。

② 参见《上市公司证券发行注册管理办法》第 13 条和第 14 条的规定。

3. 可转债的转让具有特殊性。可转债作为股份有限公司发行的债券,尽管与股票和普通公司债券一样可以依法转让、质押和继承,但也有其特殊性:首先,公募发行的可转债应当在证券交易所上市交易或者在新三板交易,证券交易所应当根据可转债的风险和特点,完善交易规则,防范和抑制过度投机;如果在证券交易所进行可转债程序化交易,应当符合中国证监会的规定,并向证券交易所报告,不得影响证券交易所系统安全或者正常交易秩序。其次,私募发行的可转债除了可以在证券交易所和新三板转让外,还可以在区域性股权市场转让,但均不得采用公开的集中交易方式转让;上市公司向特定对象发行的可转债转股的,所转换股票自可转债发行结束之日起18个月内不得转让。

4. 可转债具有确定的转换期。所谓转换期是指可转债转换为股票的起始日至结束日的期间。按照《可转换公司债券管理办法》《上市公司证券发行注册管理办法》的有关规定,可转债自发行结束之日起不少于6个月后方可转换为公司股票,因此起始日为上市公司发行可转债结束之日起6个月后;由于转股期限由公司根据可转债的存续期限及公司财务状况确定,因此,结束日为公司在法定期限中确定的具体日期的最后1天。依《上市公司证券发行注册管理办法》第62条第2款的规定,可转债持有人对转股或者不转股有选择权,并于转股的次日成为上市公司股东。

5. 可转债约定的票面利率普遍低于同期银行存款利率和普通公司债券的利率,尤其是公开发行的可转债。[①] 由于可转债到期可以转换为股票,投资者购买可转债主要是着眼于今后的转股获利而不是着眼于债券的票面利率,因此,投资者对发行公司的发展前景预期越高,可转债的票面利率可能就越低,对于那些极具发展潜力、高速成长的公司而言,发行可转债是一种低成本的融资方式。从上市公司实践情况来看,上海证券交易所2021年发行的6年期可转债,每张面值为100元人民币,第1年的票面利率几乎都为0.2%,之后逐年递增,到第6年的利率为2.0%。例如2021年6月21日公开发行可转债“节能转债”[②]3000万张,募集资金总额30亿,期限6年,票面利率第1年0.2%、第2年0.4%、第3年0.6%、第4年1.5%、第5年1.8%、第6年2.0%。该年上海市其他可转债如“南银转债”“长汽转债”“环旭转债”“珀莱转债”等,票面利率也大同小异。[③] 而当时我国银行2年期定期存款利率为2.10%,3年期定期存款利率为2.75%;1~5年贷款利率为4.75%,5年以上贷款利率为4.90%。[④]

6. 可转债是一种利益与风险并存的投融资方式。首先,对发行公司而言,其好处在于公司融资成本较低,有利于公司改善股本结构,提高对募集资金的使用效率。与此同时也有相应的风险,如由于“债转股”对原有股份的稀释,有可能造成发行公司股价下跌,增加发行公司股利分派负担;如果转换股份失败,将增大公司财务还本付息的压力。其次,对投资者而言,购买可转债的好处主要在于其是一种可以“保本的股票”,可以使投资者直接获得证券市场的资本收益;不足之处主要在于投资者须付出比投资普通公司债券和投资同额股票更高的代价,承担转股可能失败从而大于投资普通公司债券的风险。

---

① 1997年3月发布的经国务院批准的《可转换公司债券管理暂行办法》第9条第5项规定:“可转换公司债券的利率不超过银行同期存款的利率水平”,尽管该法规于2006年5月废止,但上市公司在实践中仍然实际执行着这一规则。

② 发行人全称为“中节能风力发电股份有限公司”。

③ 资料来源:上海证券交易所官网(http://www.sse.com.cn/disclosure/listedinfo/announcement/),2021年12月19日最后访问。

④ 资料来源:《中国人民银行决定下调存贷款基准利率并降低存款准备金率》,载中国人民银行官网2015年10月23日,http://www.pbc.gov.cn/zhengcehuobisi/125207/125213/125440/125835/2968725/index.html。

二、可转换公司债券的种类

《公司法》《证券法》尽管都有对可转债的规定，但均未涉及种类的划分。《公司债券管理办法》对可转债则有分类的相关规定，涉及的种类包括：

1. 普通可转债，即内容上具备可转债一般属性的债券，法律法规对可转债的规定，如无特别说明，均是针对普通可转债的规范。

2. 可交换公司债券。可交换公司债券是指公司股东以质押其持有的股票为条件发行的可转债，债券持有人在转换期内可按约定的条件用债券换取发行人质押的公司股票。《公司债券管理办法》第11条规定，上市公司、股票公开转让的非上市公众公司股东可以发行附可交换成上市公司或非上市公众公司股票条款的公司债券。

可交换公司债券与普通可转债都具有"债转股"的性质，即在一定时间内依据约定条件可以将债券转换成公司的股票。二者的主要区别在于：第一，债券发行人不同。普通可转债的发行人为公司自身，可交换公司债券的发行人则为公司的股东，通常是公司持股较多的大股东或控股股东。第二，债券的担保不同。普通可转债可以采取保证、抵押和质押的担保形式；如果提供担保的标的是股票，则只能是发行人持有的其他公司的股票。可交换公司债券必须采取质押方式提供担保，而且质押的股票一定是发行人持有的本公司的股票，否则债券持有人届时要将债券转换为股票就可能没有保障。第三，普通可转债的"债转股"需要采取增发新股的方式来实现，并必须履行《公司法》上增资的相应程序；可交换公司债券的"债转股"则不采取增发新股的方式，而是通过公司现有股权的转让来实现。

3. 分离交易的可转债。可转债作为兼有债券和股票的双重属性的债券，具有两种证券权利：一是债券权利，可以请求发行人还本付息；二是购买发行人股票的权利，持券人可按债券发行时约定的价格、认购比例和期间等条件，购买发行人的股票（包括购买新股和受让质押股票）。分离交易可转债正是基于两种证券权利并存的原理来设计的公司债券。这里所谓"分离交易"，是指该债券的债权凭证与认股权可以分别上市交易，其中认股权是以可交易的权证形式存在，而普通可转债中的认股权既非以权证形式存在，也不能独立成为买卖对象。可见，"分离交易"和"认股权证"是分离交易可转债与普通可转债的主要区别。关于分离交易的可转债，《公司债券管理办法》第2条规定中也有涉及："发行公司债券，可以附认股权、可转换成相关股票等条款""上市公司发行附认股权、可转换成股票条款的公司债券，应当符合上市公司证券发行管理的相关规定。股票公开转让的非上市公众公司发行附认股权、可转换成股票条款的公司债券，由中国证监会另行规定"。[①]

三、可转换公司债券的基本术语解读

从法律上看，可转债作为一种技术性的制度设计，涉及若干基本术语，了解这些具有较强专业性的基本术语，有助于准确运用法律，保证公司债券的发行和交易及其相关活动规范运

---

① 中国证监会2020年2月修正发布的《上市公司证券发行管理办法》（现已失效）曾对分离交易的可转债有过相应的规定（第27条、第31～34条）。

作，从而达到可转债制度设计的目的。

1. 基准股票，又称基础股票或正股。基准股票是指持有人依据所持可转债可以转换的发行公司的普通股票。就我国上市公司而言，发行公司的股票可能有A股、B股及H股之分，发行人可以选一种作为可转债的基准股票。在已经发行可转债的公司中，有的选择A股作为基准股票（如深宝安等），有的选择B股作为基准股票（如中纺机、深南玻等），有的则选择H股作为基准股票（如镇海炼化等）。当然，选择B股和H股作为基准股票的发行人应当具有B股、H股的发行与上市资格。

2. 票面利率。从我国公司债券的实践来看，可转债每张面值为100元。票面利率即可转债确定的利息率，由发行公司与主承销商协商确定，但必须符合国家的有关规定。票面利率主要依据发行时市场利率水平、公司债券资信等级和可转债的要素组合等情况综合确定。市场利率水平高，票面利率也高；而公司债券资信评级高，票面利率则相对较低；同等条件下，设有回售条款的可转债利率较之未设此条款的利率低。在国际市场上，通常设计的可转债的票面利率为同等风险情况下的市场利率的2/3左右。也有的可转债没有票面利率，即零息可转债，债券到期时不必支付利息，而是在发行时用发行折扣作为补偿。利率的支付一般每年1次，根据我国有关法规规定，在可转债到期时仍未转换股票的，发行人一次性支付本息，不计复利，并在到期日后5个工作日内完成本息支付，在整个债券有效期间公司不需支付利息。但设置强制性转股条款的可转债必须每年付息一次。

3. 期限，又称存续期，与一般债券的期限内涵相同。不同点是：可转债的期限与投资价值成正相关关系，期限越长，股票变动和升值的可能性越大，可转债的投资价值就越大，因而对投资人来说，可转债的期限越长越好。欧洲国家发行的可转债一般期限较长，通常为7～10年之间。相比之下，我国发行的可转债的期限较短，为1～6年。

4. 转换期。转换期是指可转债转换为股票的起始日至结束日的期限。发行公司既可制定一个特定的转换期限，也可不限制转换的具体期限。不限制转换具体期限的可转债，其转换期为可转债上市日至到期停止交易日。

5. 转股价格。转股价格是指募集说明书事先约定的可转债转换为每股股份所支付的价格。持券人如果将可转债转为股份，不仅在购买可转债时要按照发行价格支付，而且在转股时还得按照转股价格支付。换言之，持券人到转股时必须对公司有两次支付行为。

转股价格过高或过低都达不到可转债制度设计的目的。《可转换公司债券管理办法》第9条对上市公司发行可转债的转股价格作出规定：上市公司向不特定对象发行可转债的转股价格应当不低于募集说明书公告日前20个交易日发行人股票交易均价和前一个交易日均价，且不得向上修正；上市公司向特定对象发行可转债的转股价格应当不低于认购邀请书发出前20个交易日发行人股票交易均价和前一个交易日均价，且不得向下修正。

6. 赎回。赎回是指发行人在发行一段时期后，可以按照赎回条款生效的条件提前购回其未到期的发行在外的可转债。这有些类似于股票的回购。赎回行为通常发生在上市公司正股市场价持续一段时间高于转股价格达到某一幅度时（国际上通常把正股市场价达到或超过转股价格100%～150%作为涨幅界限，同时把该涨幅持续30个交易日作为赎回条件），公司按事先约定的价格买回未转换的债券。赎回价格一般规定为可转债面值的103%～106%，越接近转债到期日，赎回价格越低。我国前述“节能转债”的赎回条款内容为：第一，可转债到期后的赎回。在到期后 5 个交易日内,公司将按债券面值的 110%(含最后一期利息)的价格赎回全部未转股的可转债。第二,可转债在转股期内赎回。如果公司股票在转股期内任何连续 30 个交易日中至少 15 个交易日的收盘价格不低于当期转股价格的 130%(含 130%)或者本次可转债未转股余额不足人民币 3000 万元,公司有权按照可转债面值加当期应计利息的价格赎回全部或部分未转股的可转债。

赎回条款由可转债发行人制订并在募集说明书中公布。从法律性质上看,赎回权是一种选择权,发行人可以选择赎回,也可以选择不赎回。《可转换公司债券管理办法》第 11 ~ 14 条均为对赎回作出的规定,内容包括:第一,募集说明书可以约定赎回条款,规定发行人可按事先约定的条件和价格赎回尚未转股的可转债。第二,发行人在决定是否行使赎回权或者对转股价格进行调整、修正时,应当遵守诚实信用的原则,不得误导投资者或者损害投资者的合法权益。第三,在可转债存续期内,发行人应当持续关注赎回条件是否满足,预计可能满足赎回条件的,应当在赎回条件满足的 5 个交易日前及时披露,向市场充分提示风险。第四,发行人应当在赎回条件满足后及时披露,明确说明是否行使赎回权。发行人决定行使赎回权的,应当披露赎回公告,明确赎回的期间、程序、价格等内容,并在赎回期结束后披露赎回结果公告。发行人决定不行使赎回权的,在证券交易场所规定的期限内不得再次行使赎回权。发行人决定行使或者不行使赎回权的,还应当充分披露其实际控制人,控股股东,持股 5% 以上的股东、董事、监事、高级管理人员在赎回条件满足前的 6 个月内交易该可转债的情况,上述主体应当予以配合。

7. 回售。回售一般是指上市公司正股市场价格在一段时间内连续低于转股价达到某一幅度时,可转债持有人按事先约定的价格将所持可转债卖回给发行人的行为。根据《可转换公司债券管理办法》第 11 条第 2 款的规定,募集说明书可以约定回售条款,规定可转债持有人可按事先约定的条件和价格将所持可转债回售给发行人。募集说明书应当约定,发行人改变募集资金用途的,赋予可转债持有人一次回售的权利。

回售的设计,有利于保护投资人利益,可增加可转债对投资者的吸引力,使可转债得以顺利发行。回售对持券人而言,是其享有的要求发行人回购债券的权利,这种权利从性质上讲是持券人享有的一种卖出期权,它授权持券人在发行公司股票价格持续低于转股价格时,可以将其债券回售给发行公司或继续持有债券,因而是一种选择权。回售的规定可以减少持有人因不愿转换而产生的利益损失。

回售条款也由可转债发行人制订并在募集说明书中公布。如果订立回售条款,票面利率则可订得更低,使可转债对投资者更具有吸引力。前述“南银转债”的回售条款内容为:“若南银转债募集资金运用的实施情况与公司在《募集说明书》中的承诺相比出现变化,该变化被中国证监会认定为改变募集资金用途的,南银转债持有人享有一次以面值加上当期应计利息的价格向公司回售其持有的南银转债的权利。在上述情形下,南银转债持有人可以在公司公告后的回售申报期内进行回售,该次回售申报期内不实施回售的,自动丧失该回售权。除此之外,可转债不可由持有人主动回售。”

四、可转换公司债券投资者利益保护

可转换公司债券投资者利益保护涉及两类主体:一是可转债发行人的股东;二是可转债的

债券持有人。由于可转债自身的特殊性,在债券投资者利益保护上有其特有的内容。因此,可转债投资者利益保护尽管可以纳入证券投资者保护的范畴,但与单一的债券持有人保护无论是在保护方式上还是保护内容上都有着明显的区别,需要单独进行讨论。

可转债投资者利益保护,包括发行人股东的利益保护和债券持有人的利益保护两个方面:

1. 对可转债发行人的股东利益的保护。可转债不仅会增加公司的负债,与股东的利益关系甚大,而且在可转债转换为股份后,会对发行人的股东产生两个后果:一是发行人股份的价值会被稀释,可能致使股价下跌,直接影响发行人的股东的利益;二是发行人原有股东对公司的控制力将被削弱。因此,可转债发行中发行人股东的利益保护也非常重要。为保护可转债发行人的股东的利益,实践中应当采取两个方面的措施:

第一,由股东会来对发行可转债作出决议。按照《公司法》有关股东会的规定,上市公司申请发行可转债,应由股东会作出决议。上市公司股东会作出的决议应包括发行规模、转股价格的确定及调整原则、债券利率、转股期、还本付息的期限和方式、赎回条款及回售条款、向原股东配售的安排、募集资金用途等事项。

第二,由股东会来决定发行人的股东享有优先认购权。根据中国证监会 2023 年 2 月修订发布的《证券发行与承销管理办法》第 34 条第 2 款规定,上市公司向不特定对象发行可转债的,可以全部或者部分向原股东优先配售,优先配售比例应当在发行公告中披露。

2. 对可转债持有人利益的特殊保护。可转债具有债券与股票的双重属性,作为债券,它能够为投资者保证本金及利息的最低收益;转换后的股票则使持有人能够享受公司增值所产生的利润。但也应看到,可转债具有较高的投机性、波动性、风险性,上市公司发行的可转债更是如此,这一特点将随着正股价格的波动而进一步放大,部分可转债成为“高危”产品,与散户投资者的投资经验、风险承受能力等并不匹配。因此在要求引导投资者理性参与可转债交易的同时,必须重视持有人的保护,需要有一些相应的制度设计:

第一,投资者适当性管理制度。证券交易场所应当根据可转债的特点及正股所属板块的投资者适当性要求,制定相应的投资者适当性管理规则。证券公司应当充分了解客户,对客户是否符合可转债投资者适当性要求进行核查和评估,不得接受不符合适当性要求的客户参与可转债交易。证券公司应当引导客户理性、规范地参与可转债交易。

第二,证券交易场所应当加强对可转债的风险监测,建立跨正股与可转债的监测机制,并根据可转债的特点制定针对性的监测指标。可转债交易出现异常波动时,证券交易场所可以根据业务规则要求发行人进行核查、披露异常波动公告,向市场充分提示风险,也可以根据业务规则采取临时停牌等处置措施。

第三,持有人保护措施,包括担保措施、回售措施、反稀释措施,其中担保和回售在前面的讨论中已经涉及,这里只讨论反稀释措施。可转债转股价格在发行时确定后,如果发行人因分立、增发新股、送配股等事项改变其股份的构成而使股份的价值下降,而可转债的持有人仍按原定转股价格将其债券转换为股份,则其转换股份的价值大大降低,有可能损害持有人的利益。此种情形发生时对其采取的相应补救被称为反稀释措施。《可转换公司债券管理办法》第 10 条对此有相应的规定:“募集说明书应当约定转股价格调整的原则及方式。发行可转债后,因配股、增发、送股、派息、分立、减资及其他原因引起发行人股份变动的,应当同时调整转股价格。上市公司可转债募集说明书约定转股价格向下修正条款的,应当同时约定:(一)转股价格修正方案须提交发行人股东大会表决，且须经出席会议的股东所持表决权的三分之二以上同意，持有发行人可转债的股东应当回避；（二）修正后的转股价格不低于前项通过修正方案的股东大会召开日前二十个交易日该发行人股票交易均价和前一个交易日均价。”可见，我国立法对反稀释措施的规定是要求发行人在股份变动时调整转股价格，但调整的原则及方式由当事人意思自治决定，既强调保护持有人利益的价值取向，同时也在一定程度上尊重当事人的意愿，具有一定的灵活性。

第四节　公司债券持有人保护制度

一、公司债券持有人保护制度概说

公司债券持有人保护制度属于《证券法》上投资者保护的重要内容之一。《证券法》关于投资者保护的规定主要以公众投资者为保护对象。因此，公司债券持有人保护也主要针对采取公募形式的公司债券的持有人。公募公司债券持有人是债券市场的公众投资者，通过购买公司债券为公司提供资金，成为公司融资对象，其合法权益应当受到法律保护。2019 年修改的《证券法》增加规定了公募公司债券持有人保护制度的内容，根据该法第 92 条的规定，公募公司债券持有人保护制度包括两项重要的内容：一是债券持有人会议制度；二是债券受托管理人制度。其中，债券持有人会议是由债券持有人组成并为全体持有人整体利益而采取会议形式行使权利的决议机构。债券持有人会议将分散的持有人组织起来形成一个整体对外进行意思表示，集体议事、集体行权，以维护债券持有人集体利益。按照《证券法》第 92 条第 1 款的要求，公开发行公司债券，应当设立债券持有人会议，发行人应当在募集说明书中说明债券持有人会议的召集程序、会议规则和其他重要事项。

债券受托管理人是起源于英美法系的保护债券持有人权益的制度，[①]我国《证券法》第 92 条第 2 款规定发行人应当为债券持有人聘请债券受托管理人，债券持有人会议可以决议变更债券受托管理人。债券受托管理人应当勤勉尽责，公正履行受托管理职责，不得损害债券持有人利益。

《证券法》关于债券持有人会议和债券受托管理人两项制度的规定，尽管还是原则性的，但已经在公司债券实践中得到应用。《公司债券管理办法》也专设“债券持有人权益保护”一章，完善了两项制度的相关内容。这些规定构建了公司债券治理机制的基本框架。有学者针对两项制度的现实运行状况认为，尽管市场化条件下围绕投资者保护建立了公司债券治理的新机制，但从实践来看，这套机制并未充分发挥作用，投资者维权存在重重困难，具体体现在：债券持有人会议未能发挥议事平台及形成集体决议的作用，反而成为投资者维权的绊脚石；债券受托管理人未能充分发挥作为投资者利益代言人的作用，维权效果不佳。[②]

债券持有人会议和债券受托管理人从性质上看应当属于公司债券持有人的组织性保护制度，即债券持有人通过专门设立的机构来保护其所持有的公司债券利益。组织性保护制度应

① 参见冯果等：《债券市场风险防范的法治逻辑》，法律出版社 2016 年版，第 86 页。
② 参见洪艳蓉：《论公司债券市场化治理下的投资者保护》，载《兰州大学学报（社会科学版）》2020 年第 6 期。

当更多由《公司法》来规制。[①] 2023 年《公司法》修订对此作出了积极回应，新增的 3 条内容就是关于公司债券持有人的组织性保护制度的专门规定。

二、公司债券持有人保护制度的主要内容

《公司法》关于公司债券持有人保护的规定主要通过债券持有人会议制度和债券受托管理人制度来体现。

（一）债券持有人会议制度

1. 债券持有人会议及其运行规则的建立。《公司法》第 204 条第 1 款规定："公开发行公司债券的，应当为同期债券持有人设立债券持有人会议，并在债券募集办法中对债券持有人会议的召集程序、会议规则和其他重要事项作出规定……"这一规定表明，债券持有人会议是公募公司债券的必设组织机构。《公司债券管理办法》第 62 条规定，公司债券的发行人应当在债券募集说明书中约定债券持有人会议规则。债券持有人会议规则应当公平、合理。债券持有人会议规则应当明确债券持有人通过债券持有人会议行使权利的范围，债券持有人会议的召集、通知、决策生效条件与决策程序、决策效力范围和其他重要事项。

2. 债券持有人会议的职权。《公司法》第 204 条第 1 款对债券持有人会议的职权作出了概括性的规定，即"债券持有人会议可以对与债券持有人有利害关系的事项作出决议"。《公司债券管理办法》第 63 条对应当由债券持有人会议决议的事项作出了较为具体的规定，要求债券受托管理人在出现如下情形时按规定或约定召集债券持有人会议：（1）拟变更债券募集说明书的约定；（2）拟修改债券持有人会议规则；（3）拟变更债券受托管理人或受托管理协议的主要内容；（4）发行人不能按期支付本息；（5）发行人减资、合并等可能导致偿债能力发生重大不利变化，需要决定或者授权采取相应措施；（6）发行人分立、被托管、解散、申请破产或者依法进入破产程序；（7）保证人、担保物或者其他偿债保障措施发生重大变化；（8）发行人、单独或合计持有本期债券总额 10% 以上的债券持有人书面提议召开；（9）发行人管理层不能正常履行职责，导致发行人债务清偿能力面临严重不确定性；（10）发行人提出债务重组方案的；（11）发生其他对债券持有人权益有重大影响的事项。

3. 债券持有人会议的职权行使方式。债券持有人会议作为公司债券的组织机构，其行使职权只能通过会议决议的方式来体现。会议决议应当按照债券募集办法中对债券持有人会议的召集程序、会议规则所作的规定进行。根据《公司法》第 204 条第 2 款规定："除公司债券募集办法另有约定外，债券持有人会议决议对同期全体债券持有人发生效力。"

（二）债券受托管理人制度

1. 债券受托管理人的聘免与职责。根据《公司法》第 205 条的规定，公开发行公司债券的，发行人应当为债券持有人聘请债券受托管理人，由其为债券持有人办理受领清偿、债权保全、与债券相关的诉讼以及参与债务人破产程序等事项。第 206 条第 2 款还规定："受托管理人与债券持

① 参见刘迎霜：《公司债券受托管理的信托法构造》，载《法学评论》2020 年第 3 期。

有人存在利益冲突可能损害债券持有人利益的,债券持有人会议可以决议变更债券受托管理人。”

根据《公司债券管理办法》第 58 条规定,债券受托管理人由本次发行的承销机构或其他经中国证监会认可的机构担任;债券受托管理人应当为中国证券业协会会员。为本次发行提供担保的机构不得担任本次债券发行的受托管理人。

《公司债券管理办法》第 59 条就公募公司债券受托管理人的职责作了较为详细的列举:(1)持续关注发行人和保证人的资信状况、担保物状况、增信措施及偿债保障措施的实施情况,出现可能影响债券持有人重大权益的事项时,召集债券持有人会议;(2)在债券存续期内监督发行人募集资金的使用情况;(3)对发行人的偿债能力和增信措施的有效性进行全面调查和持续关注,并至少每年向市场公告一次受托管理事务报告;(4)在债券存续期内持续督导发行人履行信息披露义务;(5)预计发行人不能偿还债务时,要求发行人追加担保,并可以依法申请法定机关采取财产保全措施;(6)在债券存续期内勤勉处理债券持有人与发行人之间的谈判或者诉讼事务;(7)发行人为债券设定担保的,债券受托管理人应在债券发行前或债券募集说明书约定的时间内取得担保的权利证明或其他有关文件,并在增信措施有效期内妥善保管;(8)发行人不能按期兑付债券本息或出现募集说明书约定的其他违约事件的,可以接受全部或部分债券持有人的委托,以自己名义代表债券持有人提起、参加民事诉讼或者破产等法律程序,或者代表债券持有人申请处置抵质押物。

2. 债券受托管理人的义务。《公司法》第 206 条第 1 款明确了债券受托管理人的义务并将其概括表述为:“债券受托管理人应当勤勉尽责,公正履行受托管理职责,不得损害债券持有人利益。”可见,这一义务与《公司法》关于董监高义务的概括表述基本相同,在性质上也应当属于信义义务的范畴。

3. 债券受托管理人的责任。《公司法》第 206 条第 3 款对债券受托管理人的责任也有明确规定,即“债券受托管理人违反法律、行政法规或者债券持有人会议决议,损害债券持有人利益的,应当承担赔偿责任”。

第五节　公司债券需要探讨的特别问题

一、公司信用类债券的现状及其整合

公司信用类债券属于中国人民银行对我国境内债券划分的类别之一,是公司债券、企业债券和企业债务融资工具的合称,实践中也被称为“三类债券”。如本章第一节所述,公司信用类债券是以作为发行人的公司(企业)的信用作为发行保证的债券。这一概念目前已经得到我国债券监管部门和最高人民法院的认可并使用于相关规章或规范性文件之中。“三类债券”的客观存在也被称为公司信用类债券的“三足鼎立”现象。这一现象既有其历史演变成因,也反映出我国债券监管体制的现状。

(一)公司信用类债券的历史变迁

公司信用类债券作为“三类债券”的合称,其历史变迁轨迹是从最初单一的企业债券发展到公司债券的产生与并立,再到债务融资工具的创设,从而形成目前的“三足鼎立”局面。

企业债券起步于20世纪80年代我国改革开放初期，为了适应企业融资的需求，国务院于1987年3月发布了《企业债券管理暂行条例》，由于《公司法》尚未出台，股份制（公司）处于试行阶段，该行政法规被冠上“企业债券”的名称不足为奇。1993年出台的《公司法》虽然已有“公司债券”的专章规定，但公司数量在我国企业总数中占比很小，远未达到后来的占主导地位的程度，立法机关让公司债券与企业债券并存符合当时企业改革的实际。《企业债券管理暂行条例》于1993年8月作出较大修改后正式定名为《企业债券管理条例》，该行政法规确立的企业债券的独立地位并未因《公司法》出台后的历次修改而受到动摇，2011年1月经部分修改后一直沿用至今。企业债券在演变过程中出现明显变化：一是发行主体中的非公司企业越来越少，并逐渐为公司企业所取代；二是企业债券的主管机关从中国人民银行转变为国家发展改革委，这与国家发展改革委为审批企业固定资产投资的机构相关，企业债券融资规模和资金用途涉及固定资产投资，因而不仅企业债券而且公司债券的发行管理也成为其监管的内容。这一监管体制直到2023年3月后才又有所调整。

公司债券在1993年出台的首部《公司法》中就有了专章规定，其后又得到1998年出台的首部《证券法》的进一步确认，并将其列于股票之后，使之在我国众多证券品种中具有“排名第二”的法律地位，[①]中国证监会以两个法律为上位法不断出台对其发行和交易进行规范的相关规章，进一步强化了公司债券的地位。《公司法》《证券法》出台后的多次修改中除了对公司债券的监管机关有所调整外，其他内容均未作实质性的改动，基本保留了初始规定的原貌。但是两个法律始终未将早已存在的企业债券纳入公司债券之中或对企业债券作出专门的规定，“这并不是立法漏洞，而是立法机关有意为之，即容忍企业债券继续存在于公司债券之外”[②]。

企业债务融资工具是继企业债券和公司债券之后由中国人民银行于2008年4月发布的《银行间债券市场非金融企业债务融资工具管理办法》正式创设的新债券品种，虽然其没有使用“债券”作为名称，但却是一种与公司债券和企业债券的融资性质基本相同的债券品种。据学者考证，企业债务融资工具是从“短期融资券”发展而来的，是在企业债券和公司债券双重挤压下创设的一种融资工具；企业债务融资工具规则恰好填补了小额发行、短期债券和私募发行等市场空白，避开了与企业债券和公司债券监管规则的直接冲突；企业债务融资工具由于降低了债务融资的条件，废除了对发行人“负债率”和“偿付能力”的限制，明确采用市场化利率形成机制，迅速赢得市场欢迎。[③]

（二）“三足鼎立”的利弊评析

公司信用类债券“三足鼎立”现象发展演变至今，有其历史延续和监管体制的成因，也有为适应企业融资需求另辟蹊径或金融创新的内容。应当看到，“三类债券”的并存，在关照到我国金融监管体制相对稳定的前提下对推动企业融资方式改革，促进我国证券市场发展发挥了积极作用，这正是其具有相对合理性和现实合法性的重要基础所在。但也应看到，“三足鼎立”的现状也不可避免地给我国债券市场的发展带来一些不适应和不协调的问题。

---

① 参见《证券法》第2条。
② 叶林：《公司债券的私法本质及规则展开》，载《清华法学》2022年第2期。
③ 参见叶林：《公司债券的私法本质及规则展开》，载《清华法学》2022年第2期。

1. 立法定义的同质化与立法规制的分散化产生的不协调。立法定义的同质化是指“三类债券”在立法定义上基本相同的状况。《公司法》第194条第1款对公司债券的定义为“公司发行的约定按期还本付息的有价证券”;《企业债券管理条例》第5条对企业债券的定义为“企业依照法定程序发行、约定在一定期限内还本付息的有价证券”;《银行间债券市场非金融企业债务融资工具管理办法》第2条对企业债务融资工具的定义为“具有法人资格的非金融企业(以下简称企业)在银行间债券市场发行的,约定在一定期限内还本付息的有价证券”。从这些立法定义可见,“三类债券”都包括了“约定”“还本付息”“有价证券”的基本构成内容。立法规制的分散化是指“三类证券”在具有同质化构成要素的情况下却分别由法律、行政法规和规章来调整,同属“有价证券”却只有公司债券受《公司法》《证券法》的规制,而两部法律中的公司债券概念并不包括企业债券和企业债务融资工具,使得《企业债券管理条例》和《银行间债券市场非金融企业债务融资工具管理办法》两个规章明显缺乏上位法依据,[①]性质相同的“三类债券”彼此间也缺乏应有的法律逻辑联系。

2. 发行主体的公司化与债券名称的多样化导致的不协调。发行主体的公司化是指立法上虽然对发行主体的表述有“公司”与“企业”的区分,但在当今公司已经成为我国企业主导形式的背景下,实践中发行企业债券和企业债务融资工具的主体也绝大多数是公司,如上海证券交易所2021年公告上市交易的企业债券,只有极少数发行人为非公司的企业,其余都为公司法上的股份有限公司和有限责任公司。[②] 债券名称的多样化是指“三类债券”被分别冠上不同的称谓,虽然发行主体已经趋同,但是长期以来“公司”发行的具有相同性质和融资功能的债券却不能统一称为“公司债券”,因而也可以不受《公司法》《证券法》的规制,甚至还出现在规章上已经定义为有价证券的企业债务融资工具不使用“债券”为其名称的特殊现象。这说明债券立法与债券的实然状况出现了明显的脱节,不仅背离了立法最初根据发行主体是否为“公司”来区分不同债券的初衷,而且还面临着难以适应公司债券进一步发展的尴尬。

3. “三类债券”的发行与交易因法制不统一出现的不协调,主要体现在两个方面:

(1)“三类债券”在公开发行与非公开发行上出现两种“注册制”的混淆。根据《证券法》第9条的规定,证券发行包括公开发行与非公开发行两种基本类型,公开发行有较为严格的条件和注册要求,即“公开发行证券,必须符合法律、行政法规规定的条件,并依法报经国务院证券监督管理机构或者国务院授权的部门注册。未经依法注册,任何单位和个人不得公开发行证券”。这一规定表明,“注册”在《证券法》上具有很强的行政许可性质,注册制是一种对证券公开发行的行政控制程序;公司债券公开发行才需要实行注册制,非公开发行则无须履行“先注册后发行”的程序,发行人“在每次发行完成后五个工作日内向中国证券业协会报备”即可。[③] 这从《证券法》涉及公司债券的规定基本与“公开发行”“上市”相关也可得到证明。[④]

---

① 虽然《银行间债券市场非金融企业债务融资工具管理办法》明确其直接上位法为《中国人民银行法》,但是该法律几乎没有关于非金融企业债券的直接规定。

② 参见上海证券交易所官网,https://bond.sse.com.cn/bridge/home/,2021年12月20日最后访问。

③ 《公司债券管理办法》第36条规定:“非公开发行公司债券,承销机构或依照本办法第三十九条规定自行销售的发行人应当在每次发行完成后五个工作日内向中国证券业协会报备。中国证券业协会在材料齐备时应当及时予以报备。报备不代表中国证券业协会实行合规性审查,不构成市场准入,也不豁免相关主体的违规责任。”

④ 参见《证券法》第10条、第15条、第16条、第17条、第92条。

企业债务融资工具没有公开发行和非公开发行之区分，相关规章要求其发行必须实行注册制。① 这就意味着该类债券无论是公开发行还是非公开发行都要履行“先注册后发行”的程序。就“三类债券”的非公开发行来看，公司债券可以依法律不实行注册制，企业债券纳入公司债券调整范围后也可以与公司债券相同，而企业债务融资工具却要依法实行注册制，似乎企业债务融资工具比公司债券履行的发行程序更为复杂，受到的行政管制更多。这明显与该类债券非公开发行的实际不符，表明“三类债券”在适用法制不统一的情况下出现了两种“注册制”，或者说《证券法》上的“注册制”与企业债务融资工具实行的“注册制”发生了混淆。据学者考证，企业债务融资工具非公开发行采取的“注册”程序在性质和效果上类似于公司债券非公开发行时采取的“报备”手续，属于自律性的监管措施，与行政许可性质的注册制完全不能相提并论，此“注册制”非彼“注册制”。②

（2）“三类债券”在发行和交易环节存在“多头监管”和“二元分割”。其中“多头监管”体现在发行和交易两个环节，“二元分割”则突出反映在交易环节。如前所述，“三类债券”分属不同机构监管，即公司债券主要由中国证监会监管，企业债券长期由国家发展改革委监管，企业债务融资工具由中国银行间市场交易商协会监管，“多头监管”因此而生。2023 年国务院机构改革后，公司债券和企业债券的“多头监管”问题得到解决，③但企业债务融资工具的监管体制仍然维持现状。“多头监管”容易出现的问题：一是监管机构的职责可能交叉重合，导致交易成本提高和监管资源浪费；二是因监管措施不统一而产生“监管套利”行为。实践中，发行人对于“三类债券”的选择往往取决于对适用法律法规的选择。由于 2023 年国务院机构改革前企业债券和企业债务融资工具的发行条件相对宽松，法规规定较为原则而具有灵活掌握的空间，因而构成发行选择的制度激励，成为更多发行人选择发行企业债券或企业债务融资工具的重要动因。④

在债券交易环节，由于“三类证券”的交易主要是在证券交易所和银行间债券市场进行，对其监管的内容主要是信息披露，因而这一环节的一线监管任务又主要由证券交易场所来承担。鉴于证券交易所和银行间债券市场分别受到中国证监会和中国人民银行依照不同法律法规实施的监管，因而两个市场又处于“二元分割”状态，这种状态同样可能导致出现监管套利、交易成本提高和监管资源浪费的问题。⑤

① 《银行间债券市场非金融企业债务融资工具管理办法》第 4 条规定：“企业发行债务融资工具应在中国银行间市场交易商协会（以下简称交易商协会）注册。”

② 参见叶林：《公司债券非公开发行的规范模式》，载《法学研究》2021 年第 3 期。

③ 中共中央办公厅、国务院办公厅 2023 年 10 月发布的《中国证券监督管理委员会职能配置、内设机构和人员编制规定》第 3 条第 1 款规定：“国家发展和改革委员会的审核非上市公司发行企业（公司）债券职责，划入中国证券监督管理委员会。”第 5 条规定的中国证监会的主要职责中，包括监管公司（企业）债券在交易所市场的发行、上市、挂牌、交易、托管和结算等工作，负责债券市场统一执法工作。

④ 根据中国证券业协会的通报，截至 2021 年 12 月 31 日，我国存续的公司信用类债券发行主体共计 3565 家。其中，公司债券和企业债券的发行人分别为 1194 家和 1480 家。参见邢萌：《中证协：截至 2021 年底存续的公司信用类债券发行主体达 3565 家》，载《证券日报》2022 年 3 月 11 日。

⑤ 需要指出，随着我国金融改革的不断推进和深化，债券市场“二元分割”现象也出现新的发展动向。2022 年 1 月，经中国人民银行和中国证监会批准，上海证券交易所、深圳证券交易所、全国银行间同业拆借中心、银行间市场清算所股份有限公司、中国证券登记结算有限责任公司联合发布《银行间债券市场与交易所债券市场互联互通业务暂行办法》，该办法规定互联互通是银行间债券市场与交易所债券市场的投资者通过两个市场相关基础设施机构连接，买卖两个市场交易流通债券的机制安排。这一规则的出台，是我国境内债券市场互联互通机制建设的重要举措，为构建银行间债券市场与交易所债券市场互联互通规则基础，保障互联互通业务规范有序开展迈出了非常重要的一步。

（三）公司信用类债券的整合

公司信用类债券"三足鼎立"产生的不协调现象对我国债券市场发展提出了亟须解决的如下问题：第一，统一债券市场基础法。应当确立《公司法》《证券法》为规制债券市场的基础法的地位，改变目前存在的不能将同属"有价证券"的债券加以统合、企业债务融资工具不受《公司法》《证券法》调整和相关债券法规等缺乏上位法依据的状况。第二，形成相互联通的一体化债券市场。应当改变目前证券交易所与银行间债券市场彼此分割、"三类债券"不能在统一的市场机制下发行交易的状况。第三，重构"三类债券"名称。应当改变立法概括不精准、债券名称与债券发行主体不匹配、"三类债券"名称彼此交叉重合的现象。第四，优化债券监管体制。应当改变多头监管、监管职责不清和重合、监管资源浪费导致的实践中监管套利和交易成本不当提高的状况。

针对上述问题，我国理论界和实务部门尽管还存在不少争议，但比较一致的认识是应当通过整合"三类债券"的现有规则来消除"三足鼎立"的不协调现象，对此学界提出不少建设性思路。一些金融学者认为，构建一体化的债券市场，提高债券市场的财富管理功能，是我国债券市场改革和发展所必须解决的重要问题之一。解决债券市场一体化问题的关键是制度一致、机制相通、信息共享。[①] 法学学者则更关注法律上的解决之道，认为 2019 年修订的《证券法》对公司债券规定的不足明显可见，未来构建一个完整、系统的公司债券法制，仍足以令人期待。[②] 公司债券发展目前面临制度瓶颈，主要在于监管权力的不当分割，需进一步考量如何取消管制、统一公司债券的市场结构和监管体系，逐步用交易所债券市场统合银行间债券市场，由中国证监会逐步统合债券市场的发行与交易监管。[③] 鉴于各债券品种具有同质性，应当回归其证券本质而纳入《证券法》统一调整；在确定债券制度的基本原则和主线的基础上整合和完善行政法规、部门规章和自律规则，从而形成有机统一的债券法律体系。[④] 考虑中国资本市场改革分阶段推进的现实路径，参照专门制定《证券投资基金法》《信托法》来规范基金、期货、信托等"类证券"产品的经验，可考虑制定"债券法"作为统领整个债券市场的基础法。[⑤]

"三类债券"的整合关键在于立法规则的整合，立法规则的整合首先又在于概念上的统一。监管部门近年来对此作出不少努力，取得了积极的进展。中国人民银行关于"公司信用类债券"为债券类型之一的分类，从概念上为"三类债券"的整合奠定了良好的基础，得到相关部门的认同和响应。由"三类债券"的监管部门联合发布的《公司信用类债券信息披露管理办法》不仅将"公司信用类债券"作为规范性文件名称，而且在第 2 条中对其作出了明确界定，即公司信用类债券"包括企业债券、公司债券和非金融企业债务融资工具"。此外，中国人民银行等六部门[⑥]于 2021 年 8 月联合发布的《关于推动公司信用类债券市场改革开放高质量发展的指导意见》提出要"积极配合司法机关，为债券市场提供有力司法保障。

① 参见吴晓求、陶晓红、张焞：《发展中国债券市场需要重点思考的几个问题》，载《财贸经济》2018 年第 3 期。
② 参见洪艳蓉：《新〈证券法〉债券规则评析》，载《银行家》2020 年第 3 期。
③ 参见蒋大兴：《被忽略的债券制度史——中国（公司）债券市场的法律瓶颈》，载《河南财经政法大学学报》2012 年第 4 期。
④ 参见冯果：《债券的证券本质与债券市场法制化：〈证券法〉修订背景下的债券法律体系重构与完善》，载《证券法苑》2016 年第 1 期。
⑤ 参见李曙光：《为什么中国需要一部〈债券法〉》，载《财新周刊》2020 年第 10 期。
⑥ 该六部门为中国人民银行、国家发展改革委、财政部、中国银保监会（已撤销）、中国证监会、国家外汇管理局。

推动民商事审判工作对企业债券、非金融企业债务融资工具、公司债券适用相同的法律标准”。

应当看到,以公司信用类债券作为整合“三类债券”上位概念的思路虽然具有合理性和可行性,但也并非无懈可击,主要障碍来自《公司法》《证券法》对公司债券的现行规定。如果公司信用类债券不能适用统一的法律或公司债券不能涵盖现有的公司信用类债券,公司信用类债券不协调现象就难以消除。因此,解决公司信用类债券存在的问题还有赖于《公司法》的进一步完善。可喜的是,2023 年《公司法》修订已经对公司信用类债券领域存在的问题有所回应,新《公司法》对“公司债券”一章作出的较多修改中,最引人注目的就是删除原法中“发行公司债券的申请经国务院授权的部门核准”的内容。这一修改也是对 2023 年 3 月 10 日十四届全国人大一次会议通过的《关于国务院机构改革方案的决定》中关于中国证监会由国务院直属事业单位调整为国务院直属机构,将国家发展改革委的企业债券发行审核职责划入中国证监会资本市场监管职责,明确由中国证监会“统一负责公司(企业)债券发行审核工作”的改革作出的立法回应。随着公司(企业)债券监管体制的调整,公司信用类债券存在的问题有望逐步得到解决。

二、股债融合的法律问题

股债融合顾名思义即股权与债权的融合,融合并非指股债不加区分地合为一体,而是指在某项投资或合同关系中股权与债权相互交织的现象。现实中的股债融合往往与投融资相关,主要体现在公司证券和担保等民商事领域中,如优先股、可转换公司债券、股票与债券的回购、“对赌协议”、信托融资和让与担保等。如果说融资主要包括股权融资和债权融资两种方式,那么股债融合就是结合二者特点发展起来的新型融资手段。近年来,随着《民法典》的出台和《公司法》《证券法》的修改完善,民商法研究的不断深化和相互渗透,股债融合已经成为学界和业界广泛关注的一个前沿问题。

股债融合的法理源自股权融资和债权融资的属性。股权与债权是公司法中的两个基础性概念,传统上二者的区分划定了股票与债券、股东与债权人的法律边界,在公司治理、公司融资、资本制度以及破产制度中对其均存在不同的制度安排。随着现代公司制度的演进,股权与债权逐渐发生交错趋同的现象。尤其体现在公司融资实践中,人们不仅通过一般的合同安排实现股与债的混用,还通过证券这一更具标准化的“合同”来实现股与债的并存。① 股权、债权作为民事财产权利设计,二者之间本身就具有内在的相通性,随着证券期权概念的引入,“普通债权人的权利不过是一种相对于担保债权人的买入期权,而股权是一种股东对普通债权人的买入期权”。② 公司与投资者完全可能结合股权与债权的特点和相通性来创设介于股权融资和债权融资之间的新型融资工具,股债融合的混合型融资方式就是其中的重要内容。股债融合作为一种客观的经济现象,已经发展成为当前经济生活中的一种金融工具,普遍适用于投融资领域,融资方式不断创新,融合的内容也更加丰富多彩。在全球范围内,商事金融实践中不断涌现出为数众多的具备股债双重属性的证券品种,包括优先股、可转换公司债券、永续债

---

① 参见许德风:《公司融资语境下股与债的界分》,载《法学研究》2019 年第 2 期。

② 许德风:《公司融资语境下股与债的界分》,载《法学研究》2019 年第 2 期。

券等。优先股设置的“优先权利相对固定了投资者的风险收益，使公司中的一部分股权开始摆脱风险负担、剩余索取的公司法图景，被注入了债权的元素”[①]。在我国的公司融资实践和制度安排中，优先股、可转换公司债券和永续债券等证券品种已经非常普遍。学界和司法实务界越来越务实地看待股债融合的存在与发展，逐步形成和明晰了这样的理念：股债融合的方式如果不是出于违法的目的，没有损害第三人利益和违背公序良俗，法律就不应对其加以禁止和不当限制，司法审判也应尊重这样的交易安排。

“名股实债”是股债融合的一种表现方式，法院在审判中常常遇到这类由股权与债权的交织所带来的司法困惑问题。“名股实债”在实践中可以有多种形式，如本章前面讨论的“买断式公司债券回购”和近年来常见的“对赌协议”都涉及“名股实债”引发的问题。其实，“名股实债”并非严格的法律概念，它是投资方将资金以股权投资的方式投入目标公司，通过约定刚性兑付条款实现退出，取得固定回报的一种投资方式。从法律关系上看，“名股实债”有的是当事人双方约定以股权投资为名，而真实构成的却是彼此间的债权债务关系，与《民法典》第146条第2款规定的“以虚假的意思表示隐藏的民事法律行为”基本相符；有的还涉及更为复杂的关系，如有学者对“对赌协议”深入分析后认为，“对赌协议的投资要素构成和配置既不同于股权投资，也不同于债权投资，而是介乎于两者之间具有‘股债融合’特征的‘第三种投资’”。[②] 由于“名股实债”的股权投资协议中载入了固定收益的条款，不符合股权投资共担风险、共享收益的基本特征。一旦发生争议，“名股实债”必然要接受交易是股权投资还是债权投资，合同是有效还是无效的法律评判。对此，司法机关也经历了一个认识逐步深化的过程。2014年最高人民法院民二庭第四次法官会议纪要结合具体的合同案例指出，对于“名股实债”的合同，应根据当事人的投资目的、实际权利义务等因素综合认定其性质：投资人的目的在于取得目标公司股权，且享有参与公司经营管理的权利的，应认定为股权投资；反之，投资人的目的并非取得目标公司股权，而仅是获取固定收益，且不享有参与公司经营管理权利的，应认定为债权投资，投资人是目标公司或有回购义务的股东的债权人。2019年最高人民法院发布的《九民会议纪要》肯定了“名股实债”合同具有明显的担保功能，认可了让与担保合同的效力，不是简单以当事人的意思表示的虚假与否来确定担保行为的效力。随着《民法典》的实施，2021年施行的《民法典担保司法解释》第68条直接将其定义为非典型担保形式，虽然没有直接使用让与担保的概念，但该条对让与担保的含义和纠纷的处理作出了较为详细的规定。有关内容可参见本章第二节关于公司债券回购交易的讨论。

股债融合产生的公司融资方式和证券产品对传统的股债区分的理论框架产生了较大冲击，并且对公司法乃至证券法的相关制度安排提出了新的需求。“股权和债权只不过是不同的公司融资工具，其法律性质上并无根本性差异，两者的区别仅在于收益、成本和风险的不同而已”。[③] 有研究指出：股债融合带来的一大挑战是传统意义上股债区分的风险标准、控制标准、信义义务标准不再行之有效。为了应对股债融合的冲击，我国未来的公司法改革，应着力提升公司法回应企业融资创新的能力，以股债融合串联公司法制度规范，整体推进公司融资制

① 潘林：《优先股与普通股的利益分配——基于信义义务的制度方法》，载《法学研究》2019年第3期。
② 赵旭东：《第三种投资：对赌协议的立法回应与制度创新》，载《东方法学》2022年第4期。
③ 赵旭东：《第三种投资：对赌协议的立法回应与制度创新》，载《东方法学》2022年第4期。

度、公司治理制度、公司并购制度的结构性改革。① 有学者认为,“对赌协议”具有鼓励投资的正当价值,现实对其有着很强的商业需求,但其与《公司法》资本维持原则的冲突也带来适用上的法律障碍和束缚,需要立法上作出相应的回应,如通过《公司法》关于盈余分配和股权回购规则的除外规定,在不弱化或损及债权人保护的前提下,使“对赌协议”的融资功能得以充分释放和施展。②

三、公司债券违约风险的应对

公司债券的本质是一种标准合同形式,债券发行人与购买者之间构成债权债务关系,而合同关系就会涉及合同的履行和违约的问题。公司债券市场存在三大风险,即信用风险、利率风险和流动性风险。③ 所谓信用风险,是指公司债券的发行人无法偿还公司债券的利息或者本金的风险。

我国债券市场发展较晚,在很长时间内债券都有刚性兑付,因此没有发生发行人无法兑付债券本金和利息的情况。2014 年“11 超日债”违约,打破了我国债券市场的“刚性兑付”,开启了我国债券市场违约历程。整体而言,我国公司信用类债券的违约率有逐步上升的势头。④ Wind 数据显示,2016 年信用债券平均违约率仅有 0.1889%,2017 年上升至 0.2536%,2018 年进一步攀升至 0.6165%,2019 年再提升至 0.9091%。2020 年截至 12 月 4 日,信用债券市场违约率已经突破 1%,达到 1.1075%。⑤ 被称为全国首例公司债券欺诈发行案的“五洋建设”公司债券违约案就是一个典型案例。“五洋建设”公司债券发行人为五洋建设集团股份有限公司(以下简称五洋建设),2015 年五洋建设获准向合格投资者公开发行面值不超过 13.6 亿元的公司债券,第一期公司债券“15 五洋债”发行规模为 8 亿元,最终票面利率为 7.48%;第二期公司债券“15 五洋 02”发行规模为 5.6 亿元,最终票面利率为 7.8%。2017 年 8 月,五洋建设不能于债券到期日按期足额支付利息及回售款项,构成违约;经查,证券监管机关认定五洋建设以虚假申报文件骗取公开发行公司债券核准,构成欺诈发行公司债券的行为。⑥ 该案再次表明,公司债券发行尽管受到较为严格的法律管制,但仍然存在违约风险。债券是基本没有投资风险的证券品种的认识已经受到来自市场的严重挑战。当然,我国目前信用债券市场的违约率依然还是全球最低,低于穆迪统计的全球企业债违约率 1.6% 的平均水平,也低于中国银行业 2% 的不良贷款率。

尽管我国公司信用类债券的违约率不高,但是公司债券的违约涉及债券持有人利益,违约处置不当还可能导致局部金融风险。因此,根据市场化和法治化的精神与理念,妥善处置公司债券违约至关重要。鉴于此,2020 年 6 月中国人民银行会同国家发展改革委、中国证监会联合发布了《关于公司信用类债券违约处置有关事宜的通知》。

当前,我国公司债券违约处置的法律法规和规范性依据体系包括:《民法典》《公司法》《证

---

① 参见李安安:《股债融合论:公司法贯通式改革的一个解释框架》,载《环球法律评论》2019 年第 4 期。

② 参见赵旭东:《第三种投资:对赌协议的立法回应与制度创新》,载《东方法学》2022 年第 4 期。

③ 参见于绪刚主编:《中国债券法律与实务》,法律出版社 2020 年版,第 261 页。

④ 参见陈果静:《债券违约处置有了“统一标准”》,载《经济日报》2020 年 8 月 1 日。

⑤ 参见罗曼:《超千亿信用债取消发行　债市重新定价如箭在弦》,载《证券时报》2020 年 12 月 17 日。

⑥ 参见《中国证监会行政处罚决定书(五洋建设集团股份有限公司、陈志樟、王永敏等 21 名责任人员)》,载中国证券监督管理委员会官网,http://www.csrc.gov.cn/csrc/c101928/c1042578/content.shtml,2023 年 12 月 14 日最后访问。

券法》《企业破产法》等法律和《企业债券管理条例》《公司债券管理办法》《公司信用类债券信息披露管理办法》等法规、规章和其他规范性文件。此外，还包括自律监管规则，如中国银行间市场交易商协会 2010 年 4 月发布的《银行间债券市场非金融企业债务融资工具突发事件应急管理工作指引》、中国证券业协会 2023 年 10 月修订的《公司债券受托管理人处置公司债券违约风险指引》、上海证券交易所 2017 年 3 月发布的《上海证券交易所公司债券存续期信用风险管理指引(试行)》等。

我国公司债券违约的处置方式具体包括：第一，自主协商，包括保证担保、抵押担保和质押担保情况下的担保求偿；第二，债务重组，指债务人发生财务困难无法按原定条件偿还债务时，债权人按照其与债务人达成的协议或者法院的裁定做出让步，一般分为资金筹措和偿还谈判；第三，政府协调，指在地方政府协调下，发行人从金融机构、其他企业筹措资金以偿还债务；第四，司法诉讼，包括违约求偿诉讼(财产保全)以及破产诉讼(重整、和解和清算)，前者为一般民事诉讼程序，后者主要适用《企业破产法》的规定。

《关于公司信用类债券违约处置有关事宜的通知》对公司债券违约处置作出的安排主要包括：一是明确违约处置的基本原则；二是建立健全受托管理人等投资者保护制度，充分发挥受托管理人和债券持有人会议制度在债券违约处置中的核心作用；三是明确违约处置各方的职责与义务，强化发行人契约精神，加大投资者保护力度，明确中介机构责任；四是建立健全多元化的债券违约处置机制，提高处置效率；五是加强监管协调，加大债券市场统一执法力度。

第十四章　公司财务会计

第一节　公司财务会计概述

一、公司财务会计含义

公司财务是指公司在生产经营活动中有关资金筹集、运用和收益分配的活动，也就是理财的活动。公司会计是指以货币为主要计量尺度，对公司的整个财务活动和经营状况以记账、算账、报账等方式进行核算与监督的活动。公司的财务和会计虽是公司的两种活动，但二者在公司经营中又是紧密结合在一起的，甚至是融为一体的，在称谓上也往往将二者作为一个整体合称。公司财务会计是公司存续和运作不可缺少的重要环节。公司作为具有独立法人地位的主体，根据有限责任的原理，股东个体的财力和信用都不与公司发生直接关联，公司以自己拥有的法人财产作为债务的担保；同时，在股东人数众多的公司中，不可能让每位股东都直接参与公司的经营管理，股东只能依法通过选举董事、监事等方式将公司事务委托给相应的机构和专门人员进行管理。怎样才能保证公司、股东以及公司债权人的利益各得其所，不受损害，这是公司存续和运作的重大问题。公司除了需要建立和完善公司内部的组织机构，加强内部治理和外部监督外，还需要全面准确地执行按规范化要求建立的整套财务会计制度。

公司的财务会计制度主要涉及财务会计管理、财务会计报告、公积金制度、利润分配、内部审计等内容。

二、国家统一的会计制度

《公司法》第 207 条规定："公司应当依照法律、行政法规和国务院财政部门的规定建立本公司的财务、会计制度。"这里的"法律、行政法规和国务院财政部门的规定"主要包括如下内容：

1. 法律。除《公司法》的相关规定外，与公司财务会计相关的法律主要有《会计法》，该法自 1985 年出台后已经几次修改完善，最近一次修正为 2017 年 11 月。

2. 行政法规。主要为《企业财务会计报告条例》，该条例由国务院令第 287 号公布，于 2001 年 1 月 1 日起施行。

3. 国务院财政部门的规定。主要是指财政部制定的规章和规范性文件，包括：(1)《企业财务通则》(2006 年修订)。(2)《企业会计准则——基本准则》(2014 年修改)。(3)企业会计具体准则，即财政部自 2006 年以来为规范企业会计确认、计量和报告行为，保证会计信息质量，根据《会计法》《企业会计准则——基本准则》等国家有关法律、行政法规、部门规章等，制定了《企业会计准则第 1 号——存货》《企业会计准则第 2 号——长期股权投资》等 38 项具体准则，自 2007 年 1 月 1 日起在上市公司范围内施行，鼓励其他企业执行。这些具体会计准则有相当一部分随着实践发展而不断修订。(4)企业会计准则解释和关于执行会计准则的相关问题解答。"企业会计准则解释"是财政部为贯彻实施企业会计准则,根据执行情况和有关问题作出的解释,以部门规范性文件形式发布,自 2007 年发布《企业会计准则解释第 1 号》以来,截至 2023 年 10 月已经发布共计 17 号解释;关于执行会计准则的相关问题解答是指 2007 年以前财政部对企业会计准则有关问题的解答,[①]其中涉及不少有关公司财务会计的具体内容,具有较强的指导性和适用性,目前仍然有效。

这些相关法律法规以及国务院财政部门的规定,构成我国国家统一的会计制度,是我国公司财务会计活动必须遵循的行为准则。

三、财务会计管理的内容与任务

公司财务会计管理是公司管理中十分重要的内容,是公司管理者应该而且也必须高度重视和认真对待的一个问题。公司是以资本为基础建立起来的经济实体,任何一项经营活动都是和公司资产的运行相联系的。因此,财务会计管理处于公司各项管理活动中十分重要的地位。公司财务会计的主要作用就是采用价值形式,对公司的一切经营活动进行记录、核算、分析、管理,以求最佳效益,实现公司的经营目的。

(一)财务管理的内容

财务管理是指公司以合法有效的手段,组织财务活动,理顺各方面的财务关系,最大限度地提高资金筹集和运用的经济效益,使资金获得应有的流动性、竞争性和增值性,以求得更多的收益分配。财务管理的具体内容有三方面:

1. 资金的筹集。设立公司必须拥有一定数额的资金,这是显而易见的,同时也是法律规定的必要条件。如果不能筹集到一定数额的资金,公司的财务管理也就失去了基础。

决定筹资应该从筹集来源、筹集方式和筹集开销的成本费用计算等诸方面权衡利弊,择优选择方案。否则,集资决策的失误往往导致经营的失败。通常的筹资方式包括发行股票、公司债券或者凭借商业信用租赁、向银行或者其他金融机构借款等,具体哪种方式更适合自己,怎样筹划最有利,不同的公司有着不同的选择。

2. 资金的运用。这是公司投资决策的内容。筹到的资金必须尽快尽好地运用,否则,不仅不会增值,而且还会贬值,所以,资金的有效利用是至关重要的。公司要尽量避免盲目投资,要对投资的各项目进行分析、研究和比较,编制各项目的投资预算和全面综合预算,重大项目还应该进行专项研究。无论是投资于流动资产(如货币资金、存货或短期投资)还是固定资产(如有形固定资产、无形固定资产),抑或投资于长期有价证券(如购入其他公司股票、长期公司债)或者进行分散投资等,公司都应该在合法合规的前提下作出决策。为了保证公司资金使用的严肃性,防止公司个别人随意支配,《公司法》第 135 条规定,上市公司在一年内购买、

---

① 包括财政部 2002 年 10 月发布的《关于执行〈企业会计制度〉和相关会计准则有关问题解答》,财政部 2003 年 3 月发布的《关于执行〈企业会计制度〉和相关会计准则有关问题解答(二)》,财政部、国家税务总局 2003 年 8 月发布的《关于执行〈企业会计制度〉和相关会计准则有关问题解答(三)》,财政部 2004 年 5 月发布的《关于执行〈企业会计制度〉和相关会计准则有关问题解答(四)》。

出售重大资产或者向他人提供担保的金额超过公司资产总额30%的,应当由股东会作出决议,并经出席会议的股东所持表决权的2/3以上通过。

3. 资金收益分配。这里主要涉及股利分配决策。公司的成立和经营都是以获利为目的的,股东投资的目的也是追逐利润。公司经营管理活动创下的利润,在完税和提取公积金后,余下的便是应分配的利润。在按章程支付优先股利后,对于普通股便需要确定分配政策。公司必须审慎处理这样几个问题:公司是否发放股利?以什么形式发放股利?发放多少股利?采用什么发放政策最好?例如,公司可以采用现金形式支付股利,还可以采用向股东分发公司股权的形式支付股利,即股票股利。公司的盈余属于股东所有,而公司也需要获得未来的发展,在面临收益分配决策时,这两者往往呈现出矛盾状态。怎样恰如其分地既充分考虑股东利益,又切实保障公司积蓄财力开拓未来,是公司的经营者和大股东都必须仔细斟酌的问题。

(二)会计管理的内容

会计管理主要通过制作、报送或公告一系列的会计表册,全面反映公司的财务管理和生产经营状况,它要求以数量增减变化的表现方式,全面、系统、完整、综合地记录和反映出公司生产经营过程中发生的各种经济业务活动及其结果,包括由此引起的资产及其变动情况、负债及其变动情况、所有者权益及其变动情况以及收入的取得、费用的发生、损益的形成和处置情况等。公司会计管理与财务管理是既相互联系又有所区别的,它的具体内容主要包括两类:第一,反映财务状况的内容,包括资产、负债和所有者权益;第二,反映经营成果的内容,包括收入、费用和利润。

(三)财务会计管理的任务

公司在拥有一定的资产后,为在生产经营过程中适应形势,把握和创造机会,求得生存和发展,公司的决策者需要在公司内部实行财务会计管理。一方面,需要编制各种中长期专项计划,如固定资产的购置、有价证券的长期投资、长期资金的筹集等,还应编制以会计年度为期限的短期计划,如利润计划、销售计划、生产计划、成本计划等;另一方面,需要编制出各种预算,如生产经营全面预算、资本投资预算。由于客观情况的不断变化和发展,这些计划和预算还需要及时调整,并采取新的有利措施保证目标的顺利实现。要达到上述效果,须依靠公司的财务会计信息和资料的支撑,就基础工作来讲,大致包括以下几个方面:

1. 建立健全公司的内部财会管理制度。如实反映公司的生产经营活动和财务收支情况,准确提供财会信息,以利于公司加强经营管理,提高经济效益。这就要求公司的财会部门除了做好日常会计工作外,还必须定期编制会计报表和财务报告,提供有关经济信息和财务信息,保证这些报告和信息具有明晰性、及时性和可比性,以便公司决策者及时、有效地加以分析、利用,发挥财会工作对生产经营的控制、调整和监督作用。

2. 督促公司执行国家的有关法律法规,遵守财经纪律。由于公司的各项生产经营活动都将在财会资料上反映出来,所以财会工作就要坚持合法性原则,利用这些资料监督检查公司在各项经济活动中是否遵纪守法,是否正确处理了各方面的经济利益关系,如是否依法筹资和纳税,是否依法保障投资者权益不受侵犯,是否依法执行国家有关劳动工资政策的规定等。根据

《公司法》第 217 条规定，公司除法定的会计账簿外，不得另立会计账簿；对公司资金，不得以任何个人名义开立账户存储。

3. 正确反映公司资产的增减变动、耗费和补偿情况，正确计算产品成本和经营成果，保证依法合理利用公司的各项资产。公司财会管理要做到账证、账账和账实之间一贯相符，发现问题，堵塞漏洞，防止损失、浪费、贪污、盗窃，切实保障各项资产的安全、完整。同时，财会工作还应该通过会计核算正确计算经营成果，严格控制生产经营过程中物化劳动和活劳动的耗费，努力减少支出，降低成本。

第二节　财务会计报告

公司财务会计报告是指公司对外提供的反映公司某一特定日期财务状况和某一会计期间经营成果、现金流量的文件。《公司法》第 208 条第 2 款规定："财务会计报告应当依照法律、行政法规和国务院财政部门的规定制作。"按照《企业财务会计报告条例》的规定，财务会计报告包括会计报表、会计报表附注、财务情况说明书。其中，会计报表包括资产负债表、利润表、现金流量表、所有者权益变动表及附注。

一、财务会计报告的构成

（一）资产负债表

资产负债表是反映公司在某一特定日期财务状况的报表。资产负债表应当按照资产、负债和所有者权益（或股东权益）的分类分项列示。资产负债表的作用是向人们提供某一特定日期公司的资产、偿债能力、公司的债务、股东在公司所拥有的权益、公司财务前景等会计信息，从而为公司经营者、股东、债权人、未来投资者、银行、国家经济决策层的决策提供重要依据。根据《企业财务会计报告条例》第 9 条规定，资产、负债和所有者权益的定义及列示应当遵循的规定是：

1. 资产，是指过去的交易、事项形成的并由企业拥有或者控制的资源，该资源预期会给企业带来经济利益。在资产负债表上，资产应当按照其流动性分类分项列示，包括流动资产、长期投资、固定资产、无形资产及其他资产。银行、保险公司和非银行金融机构的各项资产有特殊性的，按照其性质分类分项列示。

2. 负债，是指过去的交易、事项形成的现时义务，履行该义务预期会导致经济利益流出企业。在资产负债表上，负债应当按照其流动性分类分项列示，包括流动负债、长期负债等。银行、保险公司和非银行金融机构的各项负债有特殊性的，按照其性质分类分项列示。

3. 所有者权益，是指所有者在企业资产中享有的经济利益，其金额为资产减去负债后的余额。在资产负债表上，所有者权益应当按照实收资本（或者股本）、资本公积、盈余公积、未分配利润等项目分别列示。

资产负债表的格式有两种，即账户式和垂直式。账户式的资产负债表，表格分为左右两部分，左方表示资产，右方表示负债和股东权益，左右两边相等。垂直式的资产负债表中，资产列在表的上端，负债及所有者权益列在表的下端，上下两方相等。我国目前均采用左右平衡的账户式格式。

资产负债表的编制方式很多,表中所包含的科目繁简也各不相同。无论有多少区别,总的编制依据是:公司资产 = 负债 + 股本。由于资产负债表上左栏和右栏各自的金额总数始终是平衡的,所以资产负债表又叫资金平衡表。资产负债表的基本结构清晰地展现了公司"资本"与"资产"之间的对应关系:在公司初始设立时可以用公式"资产 = 资本(股本)"来体现;在公司持续经营期间可以用公式"资产 = 负债 + 所有者权益"来体现。有学者认为,资产负债表对公司财务结构的直观反映极大地便利了法律人理解"资本信用"或"资产信用"。①

(二)利润表

利润表也称损益表,利润表是反映公司在一定会计期间经营成果的报表。利润表根据"收入 - 费用 = 利润"这一公式制作。根据《企业财务会计报告条例》第 10 条规定,利润表应当按照各项收入、费用以及构成利润的各个项目分类分项列示。其中,收入、费用和利润的定义及列示应当遵循的规定是:

1. 收入,是指企业在销售商品、提供劳务及让渡资产使用权等日常活动中所形成的经济利益的总流入。收入不包括为第三方或者客户代收的款项。在利润表上,收入应当按照其重要性分项列示。

2. 费用,是指企业为销售商品、提供劳务等日常活动所发生的经济利益的流出。在利润表上,费用应当按照其性质分项列示。

3. 利润,是指企业在一定会计期间的经营成果。在利润表上,利润应当按照营业利润、利润总额和净利润等利润的构成分类分项列示。

(三)现金流量表

现金流量表也称财务状况变动表。现金流量表是反映公司一定会计期间现金和现金等价物(统称现金)流入和流出的报表。它以现金为基础反映公司的经营活动、投资活动和融资活动,以及公司内部现金的周转情况,比以营运资金为基础的财务状况变动表更能直接迅速地反映公司经营状况的好坏。根据《企业财务会计报告条例》第 11 条的规定,现金流量表应当按照经营活动、投资活动和筹资活动的现金流量分类分项列示。其中,经营活动、投资活动和筹资活动的定义及列示应当遵循的规定是:

1. 经营活动,是指企业投资活动和筹资活动以外的所有交易和事项。在现金流量表上,经营活动的现金流量应当按照其经营活动的现金流入和流出的性质分项列示;银行、保险公司和非银行金融机构的经营活动按照其经营活动特点分项列示。

2. 投资活动,是指企业长期资产的购建和不包括在现金等价物范围内的投资及其处置活动。在现金流量表上,投资活动的现金流量应当按照其现金流入和流出的性质分项列示。

3. 筹资活动,是指导致企业资本及债务规模和构成发生变化的活动。在现金流量表上,筹资活动的现金流量应当按照其现金流入和流出的性质分项列示。

---

① 参见刘燕:《公司法资本制度改革的逻辑与路径——基于商业实践视角的观察》,载《法学研究》2014 年第 5 期。

(四)财务情况说明书

财务情况说明书是对公司资产负债表、利润表、现金流量表所列示的资料以及未列示但对公司财务情况有重大影响的事项所作出的说明,主要采用文字形式,必要时附以图表。财务情况说明书是我国独有的会计报表内容,有助于报表的使用者详细了解公司的财务状况、经营成果和会计政策。按照《企业财务会计报告条例》第 15 条的规定,财务情况说明书至少应当说明的情况包括:企业生产经营的基本情况,利润实现和分配情况,资金增减和周转情况,对企业财务状况、经营成果和现金流量有重大影响的其他事项。

(五)所有者权益变动表

所有者权益变动表也称股东权益变动表,是指反映构成所有者权益的各组成部分当期的增减变动情况的报表。根据财政部2014 年修订的《企业会计准则第30 号——财务报表列报》第 35 条和第 36 条的规定,综合收益和与所有者的资本交易导致的所有者权益的变动,应当分别列示。与所有者的资本交易,是指企业与所有者以其所有者身份进行的、导致企业所有者权益变动的交易。所有者权益变动表至少应当单独列示反映下列信息的项目:(1)综合收益总额,在合并所有者权益变动表中还应单独列示归属于母公司所有者的综合收益总额和归属于少数股东的综合收益总额;(2)会计政策变更和前期差错更正的累积影响金额;(3)所有者投入资本和向所有者分配利润等;(4)按照规定提取的盈余公积;(5)所有者权益各组成部分的期初和期末余额及其调节情况。

(六)附注

附注是对在资产负债表、利润表、现金流量表和所有者权益变动表等报表中列示项目的文字描述或明细资料,以及对未能在这些报表中列示项目的说明等。附注应当披露财务报表的编制基础,相关信息应当与资产负债表、利润表、现金流量表和所有者权益变动表等报表中列示的项目相互参照。

按照《企业财务会计报告条例》第 14 条的规定,会计报表附注至少应当包括下列内容:(1)不符合基本会计假设的说明;(2)重要会计政策和会计估计及其变更情况、变更原因及其对财务状况和经营成果的影响;(3)或有事项和资产负债表日后事项的说明;(4)关联方关系及其交易的说明;(5)重要资产转让及其出售情况;(6)企业合并、分立;(7)重大投资、融资活动;(8)会计报表中重要项目的明细资料;(9)有助于理解和分析会计报表需要说明的其他事项。

研究表明,一套准确和完整的财务报表能够真实揭示公司的偿债能力,能够为与公司交易的相对人(债权人)提供了解公司偿债能力的基本工具。公司的财产基础不再局限于登记文件中体现的注册资本,而是公司的全部净资产,它反映为资产负债表下的“所有者权益”,包括资本、公积金、未分配利润等。债权人通过资产负债表对公司资产与负债的说明,利润表对公司盈利能力的反映,现金流量表对公司现金流的描述,可以对公司的资本结构和真实偿债能力有较为清晰的认知。[①] 这一认知比“注册资本”的直观数据显然更为立体、更加准确和更为丰

---

① 参见刘燕:《公司法资本制度改革的逻辑与路径——基于商业实践视角的观察》,载《法学研究》2014 年第 5 期。

富，由此还可进一步从中分析出公司的履约能力和违约风险的大小，从而使财务会计报告制度发挥出对债权人利益保护的功能。

二、财务会计报告的编制

（一）财务会计报告编制的基本要求

从各国公司法的规定来看，财务会计报告的编制应符合三个基本要求：

1. 财务会计报告的制作人要符合法律要求。制作财务会计报告应属业务执行范围的事情，故各国公司法普遍规定业务执行机关即董事或董事会是财务会计报告的制作人。我国《公司法》仅规定财务会计报告由“公司”编制，未明确编制人。根据《公司法》关于董事会职权的规定，董事会应当为编制财务会计报告的主持人，具体的编制工作可在董事会主持下由公司的财会人员负责。

2. 财务会计报告必须在法律规定的时期内制作。《公司法》第 208 条第 1 款规定：“公司应当在每一会计年度终了时编制财务会计报告……”其中，有限责任公司的财务会计报告应当按照公司章程规定的期限编制；股份有限公司的财务会计报告应当在召开股东会年会前编制完毕。按照《会计法》《企业财务会计报告条例》的有关规定：会计年度为公历 1 月 1 日至 12 月 31 日，企业应当依照有关法律、行政法规和该条例规定的结账日进行结账，不得提前或者延迟。年度结账日为公历年度每年的 12 月 31 日；半年度、季度、月度结账日分别为公历年度每半年、每季、每月的最后一天。

3. 财务会计报告应依法制作。公司应当依法编制合法、真实和公允的财务会计报告。《企业财务会计报告条例》第 17 条第 1 款规定：“企业编制财务会计报告，应当根据真实的交易、事项以及完整、准确的账簿记录等资料，并按照国家统一的会计制度规定的编制基础、编制依据、编制原则和方法。”

（二）财务会计报告的构成

财务会计报告分为年度、半年度、季度和月度财务会计报告。其中，年度、半年度财务会计报告应当包括会计报表、会计报表附注和财务情况说明书，会计报表应当包括资产负债表、利润表、现金流量表及相关附表；季度、月度财务会计报告通常仅指会计报表，会计报表至少应当包括资产负债表和利润表。国家统一的会计制度规定季度、月度财务会计报告需要编制会计报表附注的，从其规定。

三、财务会计报告的审查验证

按照《公司法》第 208 条第 1 款的规定，公司编制的财务会计报告，应当依法经会计师事务所审计。这一规定表明，公司财务会计报告在编制完毕后必须接受法定的外部审计。法定外部审计的制度设计原理来自公司治理中“代理问题”的假设：第一，公司管理层尽管与一般股东在利益上有很大程度上的一致性，但所处的不同地位也决定二者在利益上存在差异，即使管理层具有股东身份也可能如此。为了防止公司管理层因追求自身利益而可能侵蚀股东利益，股东就需要支付包括外部审计在内的“代理成本”。第二，外部审计具有独立性，能够较好地保护公司和全体股东的利益。为了保证会计师事务所能够依法公正地履行中介机构的职责，《公司法》还就公司与会计师事务所之间的关系以及公司的相关义务作了专门的规定。其中，第215条第2款规定："公司股东会、董事会或者监事会就解聘会计师事务所进行表决时，应当允许会计师事务所陈述意见。"第216条规定："公司应当向聘用的会计师事务所提供真实、完整的会计凭证、会计账簿、财务会计报告及其他会计资料，不得拒绝、隐匿、谎报。"

从国外的情况看，多数国家公司法没有对财务会计报告提出验证要求，但规定由监事会或审计员进行审核，监事会或审计员审核后须提出书面报告，然后才能提交股东会批准。① 我国《公司法》虽然没有直接规定公司财务会计报告必须由监事会审查的程序，但赋予了监事会"检查公司财务"的职权，据此可以认为，监事会应当对公司财务会计报告进行必要的审查。公司董事会中设置由董事组成的审计委员会而不设监事会的，基于审计委员会的职责主要是"行使本法规定的监事会的职权"，审计委员会也应当对公司财务会计报告进行审查。

四、财务会计报告的批准

国外公司法普遍规定公司财务会计报告须提交股东会审议批准，但也有例外。② 我国《公司法》没有明确规定对财务会计报告的批准程序，公司可根据自身情况在公司章程中作出规定。根据《上市公司章程指引》第41条关于股东会具有"审议批准公司的年度财务预算方案、决算方案"职权的规定，上市公司年度财务会计报告应当由股东会批准后发生效力。

五、财务会计报告的对外提供与公示

根据《企业财务会计报告条例》的有关规定，企业应当依照法律、行政法规和国家统一的会计制度有关财务会计报告提供期限的规定，及时对外提供财务会计报告；不得编制和对外提供虚假的或者隐瞒重要事实的财务会计报告；企业负责人对本企业财务会计报告的真实性、完整性负责。《公司法》第209条规定："有限责任公司应当按照公司章程规定的期限将财务会计报告送交各股东。股份有限公司的财务会计报告应当在召开股东会年会的二十日前置备于本公司，供股东查阅；公开发行股份的股份有限公司应当公告其财务会计报告。"第166条还规定："上市公司应当依照法律、行政法规的规定披露相关信息。"

另外，根据国务院2024年3月修改的《企业信息公示暂行条例》第8条和第9条的规定，企业应当以"年度报告"的方式通过国家企业信用信息公示系统向社会公示有关信息，这些信

---

① 《日本公司法》第436条规定，年度财务会计报表、事业报告及其附属明细表须依法务省令的规定，接受监事的审计或审计员的审计；《德国股份法》第170、171条规定，董事会必须在年度决算编制完成后不迟延地向监事会提供，监事会审查后应向股东会进行书面报告；英美法系国家不设监事会，公司年度账目须经审计员审计，由审计员提出审计员报告。

② 如德国、英国就有例外规定，《德国股份法》第172条规定，如果董事会和监事会没有决定将年度决算报告提交股东会确认，那么监事会一经批准年度报告，年度报告就被确认了。在监事会给股东会的报告中应将董事会和监事会的决定写进去。如果董事会和监事会决定将年度决算提交股东会去确认，或者监事会没有批准年度账目，那么就要由股东会来确认年度账目。《英国2006年公司法》第414条规定，公司年度账目应由董事会批准并由一名董事代表董事会签署。名字应该签在公司的资产负债表及其副本上。

息包括必须公示的信息和企业可以选择公示的信息。其中，企业可以选择公示的信息与财务会计报告内容相关，即“企业从业人数、资产总额、负债总额、对外提供保证担保、所有者权益合计、营业总收入、主营业务收入、利润总额、净利润、纳税总额信息”。这些信息可以由企业选择公示意味着企业可以全部或部分选择向社会公示，也可以选择不向社会公示。经企业同意，公民、法人或者其他组织可以查询企业选择不公示的信息。

六、股东对财务会计报告的查阅复制

股东对财务会计报告的查阅复制属于股东知情权的内容，应当受到法律的保护。一方面，《公司法》第57条和第110条规定了股份有限公司和有限责任公司的股东有查阅复制公司章程、公司财务会计报告等文件的权利；另一方面，第209条为保障股东查阅复制权的实现，规定了有限责任公司和股份有限公司关于将财务会计报告“送交各股东”“置备于本公司”“公告”的相关义务。在比较法上，各国公司法对财务会计报告也有相应的要求。[①]

七、合并财务报表

合并财务报表在公司实践中简称“并表”。根据财政部2014年2月修订发布的《企业会计准则第33号——合并财务报表》(本章以下简称《会计准则33号》)第2条规定，合并财务报表是指反映母公司和其全部子公司形成的企业集团整体财务状况、经营成果和现金流量的财务报表。根据这一定义，合并财务报表具有如下特征：第一，并表以母公司和子公司组成的企业集团为会计主体。换言之，并表的实质就是将企业集团中的母子公司视为一个会计主体。这里的企业集团是指以母子公司为基本架构，由众多的单体公司为了共同的利益通过股权联合、协议联合等多种方式来构建的公司联合体。企业集团是典型的关联公司表现样态，我国当前的上市公司基本为企业集团的架构，因而监管机关对其都有并表的要求。第二，并表以合并报表为表征。并表要求其财务报表反映的是企业集团的整体财务状况、经营成果和现金流量。这里的整体状况须以母公司和子公司单独编制的个别会计报表为基础，既能反映母公司属下的各子公司单个主体之和，也能反映各子公司的财务状况和经营成果。第三，并表的编制由母公司负责。“母公司应当编制合并财务报表”并严格按照法律法规的要求来进行。财政部不仅专门出台了《会计准则33号》，而且还发布了统一的合并财务报表格式，并对报表格式不断调整，目前适用的为《合并财务报表格式》(2019年版)。

合并财务报表被认为是“实质重于形式”的会计原则在财务报表准则中的具体运用。以企业集团为会计主体看起来是一个会计问题，但在法律上却蕴含着另一层深刻的意义：正是有了对母子公司合并财务报表的要求，才使企业集团内部的母公司与子公司彼此间独立法人的界分变得相对模糊，从而使针对企业集团特点进行特别法律规制的问题变得具有现实意义。笔者注意到，在特别情形下将企业集团视为“单一商业体”不再仅仅是理论上的争论，类似合

---

① 如《日本公司法》第442条规定，股份有限公司须将财务会计报表等置备于其总公司，置备时间为自定期股东会召开之日1周(设置董事会公司的，为2周)前起的5年内。《德国股份法》规定年度决算、财务状况变动表、监事会的报告和董事会关于使用结算盈余的建议，应当自股东会召集之日起陈列于公司的营业场所内，供股东查阅。经请求，应不迟延地向任何一名股东给予提示文件的誊本。《英国2006年公司法》第388条要求公司将账册保存在其注册办公处或者董事们认为合适的其他地方，供董事随时查阅，非公开招股公司，账册须保存3年，公开招股公司须保存6年。

并财务报表的法律规制措施也在 2023 年修订的《公司法》中有了直接的体现，如第 23 条关于“公司人格否认”的规定中，在第 2 款增列了“股东利用其控制的两个以上公司实施前款规定行为的，各公司应当对任一公司的债务承担连带责任”的情形，该规定主要就是针对企业集团利用同受母公司控制的“兄弟公司”的法人地位损害债权人利益的行为采取的规制措施。

根据《会计准则 33 号》的规定，合并财务报表有一些会计上的具体要求：

1. 财务报表的构成。根据《会计准则 33 号》第 3 条规定，合并财务报表的组成部分包括合并资产负债表、合并利润表、合并现金流量表、合并所有者权益变动表、附注；企业集团中期期末编制合并财务报表的，至少应当包括合并资产负债表、合并利润表、合并现金流量表和附注。

2. 合并范围。合并范围是指并表所涉及的企业集团内的主体范围，财务报表的合并范围应当以控制为基础予以确定。《会计准则 33 号》第 7 条第 2 款专门对“控制”作出界定：“控制，是指投资方拥有对被投资方的权力，通过参与被投资方的相关活动而享有可变回报，并且有能力运用对被投资方的权力影响其回报金额。”对于投资方与被投资方是否具有控制和受控制关系，《会计准则 33 号》第 8 条至第 20 条列举了应考虑的多种相关事实和情况，要求在此基础上对投资方是否控制被投资方进行判断。在企业集团中，根据《会计准则 33 号》第 21 条第 1 款规定：“母公司应当将其全部子公司（包括母公司所控制的单独主体）纳入合并财务报表的合并范围。”该条第 2 款进一步将母公司划分为投资性主体和非投资性主体，如果母公司属于非投资性主体，则其全部子公司纳入并表范围；如果母公司属于投资性主体，“则母公司应当仅将为其投资活动提供相关服务的子公司（如有）纳入合并范围并编制合并财务报表；其他子公司不应当予以合并，母公司对其他子公司的投资应当按照公允价值计量且其变动计入当期损益”。

透过《会计准则 33 号》对投资方与被投资方之间若干情形的判定标准可以看出，“控制”“控制力”在决定应否编制合并会计报表上占有支配地位。编制合并会计报表是以“股权（表决权）+控制力”作为适用前提的，编制合并会计报表是母子公司引起的结果，不是认定存在母子公司关系的法律前提。①

3. 合并程序。根据《会计准则 33 号》的有关规定，母公司应当以自身和其子公司的财务报表为基础，根据其他有关资料，编制合并财务报表，编制应当将整个企业集团视为一个会计主体，依据相关企业会计准则的确认、计量和列报要求，按照统一的会计政策，反映企业集团整体财务状况、经营成果和现金流量。母公司应当统一子公司所采用的会计政策，使子公司采用的会计政策与母公司保持一致。子公司所采用的会计政策与母公司不一致的，应当按照母公司的会计政策对子公司财务报表进行必要的调整，或者要求子公司按照母公司的会计政策另行编报财务报表。母公司应当统一子公司的会计期间，使子公司的会计期间与母公司保持一致。子公司的会计期间与母公司不一致的，应当按照母公司的会计期间对子公司财务报表进行调整，或者要求子公司按照母公司的会计期间另行编报财务报表。在编制合并财务报表时，子公司除了应当向母公司提供财务报表外，还应当向母公司提供有关资料。

① 参见叶林：《公司法研究》，中国人民大学出版社 2008 年版，第 313 页。

第三节　公积金制度

一、公积金的含义

公积金是指公司根据法律和章程规定从税后利润和公司其他收入中提取的，用于弥补公司亏损或用于扩大公司生产经营规模的后备资金。根据这一定义，公司公积金在法律上具有如下特征：

1. 公积金是一种预备性的备用资金。它是从公司现有资金中提留的，并不作为当前目的来使用，而是为将来公司可能出现的情况而储备的资金，因此又被称为公司储备金或准备金。

2. 公积金是从公司税后利润和其他收入中提取的资金。公积金分为盈余公积金和资本公积金两种类型，就前者而言，只有在公司有利润的情况下才能够提取，或者说当公司亏损时就丧失提取的前提；就后者而言，其是公司的有关收入中依照公司法和有关法律法规应当归入公积金的部分，如股本溢价、法定财产重估增值、接受捐赠的资产价值等。

3. 公积金在作为公司法人财产权的构成内容的同时，在财务会计上又属于公司股东权益的组成部分，在其转增股本前，具有股东共同共有财产的性质。

公司作为独立的法人，必须具备自我积累和自我发展的能力，否则，就难以在激烈的商品经济竞争中立于不败之地。由于公司与股东在近期利益和长远利益上可能出现冲突，法律对公司的自我积累作了强制性的规定，其目的在于防止股东因追求股利分配最大化而可能导致影响公司的发展和损害其长远利益，以及影响公司债权人利益的实现，这种强制性的规定就是公积金制度。在法律上规定公积金最早源于 1807 年的《法国商法典》，之后逐渐发展成为一种公司制度，为多数国家公司法所采用。

二、公积金的种类

公积金按照其提取方式的不同，可以分为三种形式。

（一）法定公积金

法定公积金顾名思义，即法律规定必须提取的公积金，具体来说是指公司在分配股利前从纯利润中提取的一定比例的资金。法定公积金属于盈余公积金的一种，即必须是在公司有利润的前提下才可以提取的资金。法定公积金就其“法定”而言，包括三个方面内容：

1. 必须依法提取。只要公司有盈余，并且没有达到公司法规定的不再提取的数额，就必须提取，这是法律规定的公司必须履行的一项强制性义务，如果违反就可能承担相应的责任。公司不得以章程或股东会决议予以取消或更改。

2. 提取的比例是法定的。对此，各国的规定不尽一致。[①] 根据我国《公司法》第 210 条第 1

---

① 《德国股份法》第 150 条规定，应提取年度盈余减除上个年度亏损结转后的 1/20 作为法定公积金；《法国商事公司法》第 345 条规定，应从当年会计年度的利润中减去以前亏损额后，至少提留 1/20 的数额作为法定公积金，任何与之相反的决议无效；《日本公司法》第 445 条规定，在实施盈余分配的情形下，股份有限公司须依法务省令规定，将依该盈余分配减少的盈余额乘以 1/10 得到的金额，计入资本公积金或盈余公积金。

款的规定，公司分配当年税后利润时，应当提取利润的10%列入公司法定公积金。

3. 不再提取的限额也是法定的。对此各国的规定也有差异。[①] 我国《公司法》第210条第1款规定："……公司法定公积金累计额为公司注册资本的百分之五十以上的，可以不再提取"。

（二）任意公积金

任意公积金是指根据公司章程、股东会决议而从公司税后利润中提取的公积金。它与法定公积金一样都属于盈余公积金的范围。任意公积金之所以称作"任意"，就在于其提取与否或提取比例的大小是由公司章程、股东会来确定的，更确切地说，往往是由股东会根据公司的发展和当年盈余的情况来确定的，法律对其并不作强制性规定。任意公积金的上限可由公司章程来规定，也可以不作规定。实践中存在的一些公司的公积金大大超过公司股本的情况，往往是因为任意公积金的扩充而形成的。笔者注意到，英美法系国家公司法不存在大陆法系国家严格的法定公积金制度，公司是否提取公积金通常取决于章程规定或董事会的决定，因此，这些国家公司的公积金具有任意公积金的属性。

我国《公司法》第210条第3款规定："公司从税后利润中提取法定公积金后，经股东会决议，还可以从税后利润中提取任意公积金。"可见，我国公司是否提取任意公积金，由股东会根据公司情况来决定。任意公积金的提取顺序在法定公积金之后。

（三）资本公积金

资本公积金是指依照法律法规规定直接从公司有关收入中提取形成的公积金。资本公积金与前述两种盈余公积金最大的区别就在于它的提取不需要以公司盈余为前提，只要公司收入中出现法律法规规定的情况，就应当纳入提取范围。在这个意义上，资本公积金也具有"法定"的性质。

我国《公司法》第213条规定了资本公积金的来源和构成："公司以超过股票票面金额的发行价格发行股份所得的溢价款、发行无面额股所得股款未计入注册资本的金额以及国务院财政部门规定列入资本公积金的其他项目，应当列为公司资本公积金。"根据企业会计准则等的规定，股本溢价、接受的捐赠价值（现金或实物资产）、接受的专项补贴、资产评估增值等，在会计处理上均要纳入资本公积金范围。其中，有的代表着公司实际资金或资源的流入，属于具有确定性并能使股东权益发生实际增长的资产；有的则是基于会计程序而引起的所有者权益的账面增长，如公司改制重组中资产评估引起的法定资产评估增值，属于没有实际资金流入的价值增加，类似于股票的市值，具有一定的不确定性，"只有当它们被处置、转让时，增值部分才有可能实现"。[②]

三、公积金的使用

由于公积金是按特定的目的来提留的，因此，使用上也应符合其性质的要求，应专款专用，

---

① 法国规定当法定公积金达到公司注册资本的1/10时，该项款项的提取不具有强制性；德国规定的该限额为法定公积金和资本公积金总计达到股本的1/10或章程所规定的更高数额；日本规定的限额为公司盈余公积金达到公司资本的1/4。

② 参见刘燕：《新〈公司法〉的资本公积补亏禁令评析》，载《中国法学》2006年第6期。

否则就难以发挥其应有的作用,还可能损害股东或债权人的利益。公积金作为股东权益组成部分,其使用应符合公司全体股东的利益。公司法和公司章程一般都对公积金的使用范围有所限制。根据《公司法》的规定,公积金主要用途有三。

(一)弥补亏损

公司在生产经营过程中,有时前景很难预料,往往可能出现一时性的亏损,如果公司盈利完全以股利形式分光,遇到亏损时就不仅不能分配股利,而且还得减少原有资本。这样公司就很难发展,也缺乏对股东的向心力。有了公积金作为储备金,当公司亏损时不仅可以弥补资本的亏空,而且还可动用一部分作为股利,这可以使公司在保持原有生产经营规模和相对稳定的情况下调整经营政策,尽快扭亏为盈。可见,公积金弥补亏损实际上起到了维护公司信誉和抗御经营风险的作用。《公司法》第 214 条在规定公司的公积金用于弥补公司亏损的同时,又规定了不同公积金弥补的顺序,即"公积金弥补公司亏损,应当先使用任意公积金和法定公积金;仍不能弥补的,可以按照规定使用资本公积金"。按照这一规定,弥补的顺序首先为任意公积金,其次是法定公积金,最后是资本公积金。

值得说明的是,2023 年修订前的《公司法》禁止使用资本公积金弥补公司亏损。[①] 这一做法被称为"资本公积不得补亏禁令",体现了法律对公司资本的强力管制。这一做法出台后[②]就受到一些学者的批评,其认为"资本公积不得补亏禁令"与放松资本管制的基调颇为不和,是创设了一项可能在各国(地区)公司法中绝无仅有的规则,限制了公司在财务运作上的自主权,完全漠视了资本公积自身的性质和运动规律,当公司遭遇重大亏损时,哪怕是注册资本都会用来弥补亏损,如何又能禁止资本公积补亏呢?[③] 从域外的情况看,普遍的做法是不禁止资本公积金补亏,但对资本公积补亏的顺序加以限制。我国《公司法》2023 年修订,将原法中的"资本公积不得补亏禁令"的规定予以删除,除了规定所有种类的公积金均可以用于"弥补公司亏损",还就补亏的顺序也作出了明确规定,依序为:任意公积金、法定公积金、资本公积金。根据《公司法》的立法精神,弥补亏损应当是公积金使用的第一要务。也就是说,当公司出现亏损时,如果不首先弥补亏损,公积金就不能作其他用途。

(二)扩大公司生产经营

公司在发展过程中需要不断扩大生产经营规模、增强公司实力,这就需要增加投入,这一投入既可以通过对外募集资本,也可以通过直接将作为公司储备的公积金用于公司的生产经营实现。因此,《公司法》第 214 条第 1 款明确规定了公积金具有"扩大公司生产经营"的用途。

(三)转增注册资本

公积金累积到一定的程度,公司可以通过增资程序将其转化为股本,这不仅为公司股东所乐于接受,而且在手续上也比向社会集资的增资简便。《公司法》第 214 条不仅规定了公积金

---

① 2023 年修订前的《公司法》第 168 条第 1 款规定:"公司的公积金用于弥补公司的亏损、扩大公司生产经营或者转为增加公司资本。但是,资本公积金不得用于弥补公司的亏损。"

② "资本公积不得补亏禁令"是 2005 年《公司法》修订后才确认的一项制度。

③ 参见刘燕:《新〈公司法〉的资本公积补亏禁令评析》,载《中国法学》2006 年第 6 期。

“转为增加公司注册资本”的用途，而且还规定法定公积金转为增加注册资本时，所留存的该项公积金不得少于转增前公司注册资本的25%。实践中，公司转增注册资本往往按股东原有股份比例派送新股或者增加每股面值。

第四节　利润分配

一、利润分配概论

利润分配是公司作为营利性法人最重要的特征之一。营利按照国内理论通说是指追求利润并将利润分配给出资人，具体包含两个要素：一是以追逐利润为目的，简称“目的要素”；二是将利润分配给出资人，简称“分配要素”。[①]《民法典》第76条不仅将公司界定为营利法人，而且将营利法人明确定义为“以取得利润并分配给股东等出资人为目的成立的法人”，由此可见，利润分配在公司制度中具有非常重要的地位。有学者认为，“以营利为目的的本质在于股东分红”。[②] 公司是由股东投资设立的企业，股东投资的最终目的就是获得投资收益。因此，利润分配权是股东权利的核心，也是公司义务的重点和公司制度重点规制的内容。在公司法理论上，股东的利润分配权是指公司在每个会计年度进行决算后，股东依据公司的决定获取相应红利的权利，利润分配权是股东的一项固有权利。从另一角度看，这也是公司机关及其成员的一项法定的义务，如果不履行或怠于履行这一义务，就可能承担相应的责任。当然，公司作为独立法人，是否分配利润以及如何分配利润，还应当根据公司自治原则来作出决定，在具备可分配利润的前提下，还有未来发展等因素的考量。这属于公司发展谋略和商业判断的内容，法律不作强制的干预。

基于利润分配在公司运营中的重要性，法律法规对公司利润分配都有相应的规定，形成了较为系统的利润分配制度。《公司法》除了在总则中的第4条第2款有“公司股东对公司依法享有资产收益”权利的规定外，还在其他一些条文涉及相关内容。第十章“公司财务、会计”用了3条内容集中对公司利润作出规定，其中第212条为本轮《公司法》修订新增的内容。《证券法》第91条关于上市公司现金分红的规定是该法2019年修订时新增的条文。《公司法司法解释（四）》有3条是专门针对利润分配的规定，随后出台的《公司法司法解释（五）》也有1条是关于利润分配的专条规定。此外，中国证监会出台的《上市公司治理准则》《上市公司章程指引》等规范性文件都有针对上市公司利润分配的相关规定。2020年3月30日发布的《中共中央　国务院关于构建更加完善的要素市场化配置体制机制的意见》明确提出“鼓励和引导上市公司现金分红”。

二、可分配利润的确定

公司利润分为税前利润和税后利润。税前利润即公司利润总额。按照有关法律法规的规定，公司应当以本年度利润总额为计税依据上缴企业所得税，税后利润即公司的净利润额。公司利润分配就是指对这部分利润额的分配。

---

① 参见宋亚辉：《营利概念与中国法人法的体系效应》，载《中国社会科学》2020年第6期。

② 陈景善：《公司法人营利性再考》，载《比较法研究》2019年第2期。

可分配利润是指可以作为股利分配的那部分税后利润，因此，公司税后利润并不等于可分配利润。按照《公司法》第210条的规定，如果公司上一年度发生亏损，而法定公积金又不足以弥补，公司税后利润首先应当用于弥补亏损；如果无须弥补亏损或弥补亏损后还有剩余，则需提取法定公积金，经股东会决议还可以提取任意公积金；提取公积金的剩余部分才是可以用作分配的利润。当然，可分配利润是否就直接分配给股东并不是由法律来硬性规定的，而是由公司股东会根据公司发展情况作出决定。

三、利润分配的基本原则

公司利润分配也可称为公司股利分配。股利即按照法律和章程分配给股东的利润。如果从公司的角度看，股利是公司从盈余中分配给股东的那部分利润；如果从股东的角度看，股利就是股东持有股份的收益，或者说是股东投资的收益。在公司法理上，股利还可分为股息与红利。我国《公司法》没有区分股息、红利而是统一称为公司利润。从我国公司实践来看，一般也不划分股息和红利，但上市公司也有例外。中国证监会2023年12月修正发布的《上市公司章程指引》第153条的注释规定："公司应当以现金的形式向优先股股东支付股息，在完全支付约定的股息之前，不得向普通股股东分配利润。鼓励上市公司在符合利润分配的条件下增加现金分红频次，稳定投资者分红预期。"据此可见，监管机构将股息与利润作了区分，二者的区别在于：（优先股）股息是按确定的比率来分取的，股息的利率往往是预先确定在招股说明书或公司章程中，并且不会随意变动，在分配顺序上先于红利（利润）；红利没有固定的比率和数额，完全根据公司盈余情况来确定。

利润分配是对股东利益的直接满足。其可能涉及两个方面的问题：一方面，从股东的直接利益出发，如果完全由股东自由确定利润分配方案可能出现利益上的短期行为，即倾向于利润分配的最大化而忽视公司的长远发展。这不仅可能导致损害公司法人主体的利益，而且也涉及与之交往的债权人的利益。因此，法律对公司分配利润规定有一些具有约束性的基本原则，这些原则体现在具体的法条中，公司在决定分配股利方案时必须遵照执行。另一方面，公司股权多元化特点决定了异质化股东彼此间存在利益冲突，不同类别的股东出于自身利益最大化考虑，可能会对利润分配持有不同的态度，在此主要体现为控股股东与中小股东的利益冲突。一般而言，控股股东基于对公司既有的控制权会倾向于少分红或不分红，而中小股东则基于对公司发展和管理的漠视而倾向于通过股权流转和多分配红利来实现投资回报最大化。这就产生了法律对利润分配需要实施一定强制干预的问题。从比较法视野看，这种干预往往与中小股东利益保护相关联。[①] 根据我国《公司法》及其司法解释和有关法规的规定，利润分配应当

---

① 域外相关国家通过不同路径赋予了中小股东强制盈余分配请求权正当性，其在公司运营和发展过程中对股东保护具有积极作用。例如，在美国公司实践中，中小股东通过两种方法确保公司采用对自己更为有利的股利政策：一种是强制控股股东归还分配给他们的作为非常规股利的薪酬，另一种是基于信义义务强制控股股东宣布股利分配，中小股东可以董事、控股股东违反信义义务为由起诉，进而强制公司进行盈余分配。英国则以不公平损害作为保护少数股东的最有价值的救济机制，通过判例将公司没有合理派发红利认定为不公平损害的表现形态，即当公司有能力派发巨额红利，却只派发少量甚至不发红利时，很可能对股东构成不公平损害行为。法国法院可对公司股利分配的决议进行督察，如果不是为了公司利益而作出不分红或者少分红的决定，法院可利用权力滥用规则检视股东会的权利行使，并通过任命技术专家辅助调查公司公积金管理等情况，据此判断公司是否有滥用权利损害中小股东权利之虞。参见黄盛秦、武坚：《有限责任公司股东强制盈余分配请求权的司法困境与出路》，载《行政与法》2018年第1期；王洪伟：《公司股利分配法律制度研究——以相关主体利益平衡为中心》，中国民主法制出版社2009年版，第121、123页。

遵循的基本原则为：

1. 同股同利、优股优先的原则。所谓同股同利，是指同类别的每一股份所分得的利润数量和方式应该相同，不得有所区别；所谓优股优先，是指不同类别的股份在分配顺序上有先后之分。公司设置特别股的，优先股在分配顺序上先于普通股，普通股在分配顺序上先于劣后股。《公司法》第144条第1款第1项规定以"优先或者劣后分配利润或者剩余财产的股份"来作为类别股的形式之一，就体现出优股优先的原则。

2. 无盈不分原则。公司没有盈利不得分红，股利只能从公司利润中支付。因此，只有当公司有利润时，股东才能分取股利；而且，当公司有了利润时，也并不一定都要分红。按照2023年修订的《公司法》第210条的规定，公司的税后利润，在依照法律规定弥补亏损和提取公积金后，方可向股东分配。本轮修订的《公司法》新增"简易减资"的方式，即第225条规定公司可以通过减资来弥补亏损，但该条也明确规定，如果采取简易减资方式，"公司不得向股东分配"；并且要求公司在"减少注册资本后，在法定公积金和任意公积金累计额达到公司注册资本百分之五十前，不得分配利润"。

3. 按股分红的原则。公司作为按照"股份民主"原则建立的企业，股东按照持有公司股份的多少来决定在公司享有权益的大小构成公司制度的基础，按股分红即"股份民主"原则的具体体现。因此，根据《公司法》第210条规定，对于公司弥补亏损和提取公积金后所余税后利润，有限责任公司原则上按照股东实缴的出资比例分配利润，股份有限公司原则上按照股东所持有的股份比例分配利润。但该条也规定了两类公司在利润分配上的例外情形：有限责任公司为"全体股东约定不按照出资比例分配利润的除外"，股份有限公司为"公司章程另有规定的除外"。比较《公司法》对两类公司的例外规定可见，股份有限公司的例外情形只能由公司章程规定，而有限责任公司的例外情形则由全体股东约定。二者的区别在于，前者发生于利润分配之前，属于事前决定；后者则可以发生在利润分配之前和利润分配之时，即事前或事中都可以决定。前者可以依照"资本多数决"的原则作出决定，后者只能按照全体股东同意的原则来作出决定，只要有一个股东反对就可能遭到否决。

4. 公司持有的本公司股份不得分配利润的原则。根据《公司法》第162条关于公司回购股份的规定，如果回购股份用于员工持股计划或者股权激励，用于转换公司发行的可转换为股票的公司债券，属于上市公司为维护公司价值及股东权益所必需，则只要公司合计持有的本公司股份数没有超过本公司已发行股份总数的10%，就可以在3年内转让或者注销。这意味着公司实践中可能存在公司持有自己的股份跨越会计年度以及这部分股份是否参与利润分配的问题。《公司法》对此作出了禁止性的规定，即第210条第5款关于"公司持有的本公司股份不得分配利润"的规定。其之所以如此，主要是考虑到如果让这部分股份参与利润分配，实际上等于是使本应分配于其他股东的利润数流入了公司，不仅会出现这部分利润本身归属不明的问题，而且还可能产生新老股东之间的不公平。

5. 依照法律法规和章程规定的程序分配的原则。除了要按照法律规定的顺序分配利润外，还应当依照法律法规和章程规定的时间、方式来分配利润。

四、利润分配的方式

利润分配的方式一般而言属于公司自治的范畴，由公司自主决定，但法律法规对上市公司

的利润分配方式也有强制性要求。从公司实践情况看,利润分配的方式大致有四种:

(一)现金股利

现金股利又称派现方式。这是公司分配利润最常用的方式,即直接向股东支付货币作为股利。《证券法》对上市公司现金股利分配方式有专门的要求,第91条规定:"上市公司应当在章程中明确分配现金股利的具体安排和决策程序,依法保障股东的资产收益权。上市公司当年税后利润,在弥补亏损及提取法定公积金后有盈余的,应当按照公司章程的规定分配现金股利。"

(二)股票股利

股票股利在公司实践中也称送红股,是指公司在分配股利时并不支付现金,而是向股东赠送股票,一般按原股东持有股份的一定比例赠送,从而将公司本年度利润转化为新的股本。因此,股票股利实际上是对原股东发行新股,或者说是股东将应当分走的财产留在公司里作为了再投资。公司发行新股即意味着公司的增资,采取股票股利的公司派发股票股利时应符合《公司法》关于增资的规定和履行必要的增资程序。

(三)财产股利

财产股利是公司用现金以外的其他资产向股东分派的股利。它可以是实物,也可以是公司持有的其他公司的有价证券。例如以本公司的产品或者以本公司持有的其他公司股票来向股东分配利润。

(四)债券股利

债券股利即以本公司所发行的债券或应付票据向股东支付股利的形式。这实际上等于公司向股东举债,即将应当即时支付的股利留待以后按照借债还本付息的方式来支付。由于公司发行债券需要履行较为严格的审批程序,因而这种方式在实践中很少采用。

《公司法》对股利分配的具体方式未作强制性规定。《证券法》前述针对上市公司现金股利分配方式的要求,可以认为是上市公司股利分配的导向性规定。中国证监会有关规范性文件对此有相应的规定,如《上市公司章程指引》第153条规定,公司可以采取现金或者股票方式分配利润,但"应当在公司章程中明确现金分红相对于股票股利在利润分配方式中的优先顺序";《上市公司治理准则》第10条规定,上市公司应当积极回报股东,在公司章程中明确利润分配办法尤其是现金分红政策,上市公司应当披露现金分红政策制定及执行情况,具备条件而不进行现金分红的,应当充分披露原因。这些内容表明,证券监管部门鼓励上市公司采取现金股利形式,而对股票股利则从不同方面予以限制。

学者们对公司采取现金分红方式给予了较多关注,认为对于公司现金分红与否,难以施加直接强制,是否分配利润、分配多少以及采取何种形式分配,本质上属于公司经营自由范围之事宜,要求公司章程必须记载现金分红条款,实质是在分红事宜上的间接强制,强制现金分红规则可能面临实施难题,当下的任务在于如何构建破解现金分红规则实施难题的机制。有学者因此提出要着眼于提升股东意愿的诱导机制和聚焦公司现金分红治理习惯的培育。[①] 也有学者认为,证券监管部门应引导上市公司制定本公司合理有效的现金股利分配政策,在满足现金分红的条件下积极进行现金分红,维护股东的合法权益,从而降低大股东减持的投机动机,但也要注意防范大股东通过现金分红掏空公司的“隧道行为”。[②]

至于非上市公司究竟采取什么方式分配股利,其可根据自身的实际情况,考虑股东利益和公司发展来确定分配利润的具体方式。

公司回购股份是否可作为一种利润分配的替代方式?从比较法上看,不少国家是允许以回购股份来代替利润分配的。[③] 我国《公司法》第162条对股份有限公司回购股份的列举事项中并无直接的替代利润分配之情形,尽管其中关于“上市公司为维护公司价值及股东权益所必需”的表述从文义上似乎可以解读出这种情形,但从前述关于法律法规鼓励上市公司现金分红的规定看,上市公司回购股份替代利润分配之方式应当不予采用。鉴于法律法规也没有对其他类型公司回购股份作为利润分配的替代方式有禁止性规定,只要公司依法作出了相应的股东会决议且这种分配方式不损害他人的利益,就应当尊重公司的意思自治。

五、中期分配

中期分配顾名思义就是在营业年度的期中公司向股东分配利润。中期分配可以缩短股东的投资回报期,同时也可通过每年进行两次分配的形式来增强公司对投资者的吸引力。但中期分配也可能影响公司的资本充实,因而必须依法进行。《公司法》没有对中期分配形式作出规定,但也没有强制性要求公司每年只能分配一次利润,因此,是否采取中期分配方式,可由公司根据自身情况来确定。需要注意的是,采取中期分配形式的公司,不得违反《公司法》关于利润分配的其他规定。

六、利润分配的程序

(一)利润分配方案的拟定和批准

和大多数国家一样,我国《公司法》规定公司利润分配方案由董事会制订,经股东会审议批准后付诸执行。具体操作情况大致为:董事会根据公司情况制订利润分配方案后,召开股东会审议,审议通过后董事会即可依股利分配方案向股东宣布。

(二)利润分配的有关期日

利润分配期日主要是针对股份有限公司的情况而言的。由于股份有限公司股东可能经常

---

① 参见曹兴权:《破解强制现金分红规则落地难题　亟待完善诱导机制》,载《上海证券报》2020年3月16日,第6版。

② 参见朱慈蕴、周雪梅:《新〈证券法〉下大股东减持行为的法律规制研究》,载《多层次资本市场研究》2020年第2辑。

③ 据学者考证,美国20世纪80年代修改后的《美国标准商事公司法》将“股份回购”这一术语明确地定义为一种分配方式;《意大利公司法》规定,经股东会决议,公司可以用盈利购买其股份;法国公司立法同样认可在不违反对股利分配的限制性规定时,公司可以使用任意公积金购买自己的股份;所有大陆法系国家的公司法中都有“以减少资本为由而回购股份”的原则性许可规定。从这些规定看,大陆法系国家的公司立法没有明确承认公司取得自有股份是一种股份分配模式,但实际上也未曾否认该制度所具有的股利分配功能。参见施天涛:《公司法论》(第4版),法律出版社2018年版,第228页。

变换,为了充分保证股东权益,必须在利润分配上确定一些必要的日期,包括:

1. 宣告日,即公司对外宣布的将要在某日发放利润的日期。宣告日通常在股东会作出分配利润的决定后,由董事会对外宣布。宣布可以采取公告方式。就上市公司而言,由于股东遍及不同的地区,因此公司对外宣布分配利润的公告应在证券监管部门指定的报纸上刊登。刊登日即为宣告日。宣告日在法律上的意义在于:利润分配一经宣布,就成为公司对股东的债务,非经法律程序不得撤销或废除。

2. 股权登记日,即股权登记最后期限日。只有此日在公司股东名册上记载的股东,才可分享到即将分配的利润;而在此日以后上册的股东则无权取得股利。从上市公司情况看,由证券登记结算机构将股权登记日的股东统计在册,届时将公司分配的现金股利或股票股利划到这部分股东的账上。一般而言,宣告日与股权登记日应间隔合理的期间。

3. 除息除权日,即除去股利的日期,指在除息除权日当天或以后购买股票者将无权领取最近一次股利。这里所称的除息是针对分配现金股利而言的,除息即除去股票中领取股息红利的权利;这里所称的除权是针对分配股票股利而言的,除权即除去股票中领取股票股利的权利。按照2023年修订的《上海证券交易所交易规则》第4.3.1条规定,在该所交易的"上市证券发生权益分派、公积金转增股本、配股等情况,本所在权益登记日(B股为最后交易日)次一交易日对该证券作除权除息处理,本所另有规定的除外"。这意味着,公司股票的除息除权日为股权登记日的次一交易日。按照证券交易所确定的交易日,如果股权登记日为不逢节假日的周一至周四中的某日,除息除权日即为股权登记日的第二天;如果股票登记日为国家法定假日和交易所公告的休市日的前一天,除息除权日即为国家法定假日和交易所公告的休市日后的第一天。

4. 发放日,又称支付日,即公司将利润正式发给股东的日期。公司在此日至以后的几天内,将应当分配的利润分发给每一位股东。利润发放日与股权登记日一般间隔2~4周。

2023年《公司法》修订对公司利润分配新增一条内容,即第212条规定:"股东会作出分配利润的决议的,董事会应当在股东会决议作出之日起六个月内进行分配。"《上市公司章程指引》第155条规定,上市公司股东会对利润分配方案作出决议后,公司董事会须在股东会召开后2个月内完成股利(或股份)的派发事项。

(三)利润的派发

利润的派发即执行公司股东会通过的利润分配方案。有限责任公司和非上市公司应当按照公司董事会宣布的利润分配日期和约定的地点以约定的方式向股东派发利润。上市公司需要通过证券登记结算机构及证券公司来协助完成利润的派发,如深圳证券交易所的上市公司的利润派发是由证券登记结算机构将分派的股利直接发放到股民的股票账户中,将现金股利通过股民开户的证券公司划拨到股民的资金账户。

七、利润分配的有关实务

(一)利润分配的纳税

我国和许多市场经济国家一样,对公司利润分配采取"双重(层)纳税"原则,即公司和股东均要分别纳税。第一重纳税是在利润分配前的纳税，由公司在企业法人层面缴纳所得税，分配给股东的利润属于《公司法》上的“税后利润”；第二重纳税是股东在取得股利后缴纳的股东个体所得税。公司实践中股东所得税常常是由公司在分发利润前代扣代缴，股东到手的红利是已经“双重纳税”后的纯利润。公司在利润分配上的“双重纳税”适用于所有的公司法人，即便是一人有限责任公司或一人股份有限公司也不例外。这与合伙企业、个人独资企业有较大的差异。合伙企业、个人独资企业在企业层次上是不纳税的，国家仅对投资者（合伙人）从企业取得的投资回报征收个体所得税。例如，根据《合伙企业法》第6条的规定，合伙企业的生产经营所得和其他所得，按照国家有关税收规定，由合伙人分别缴纳所得税。换言之，合伙企业不是独立纳税主体。由此可见，公司与合伙企业各有优势，投资者如果想要节省纳税支出，就可以选择合伙企业；如果想要获得有限责任保护来降低投资风险，就可以选择公司企业。也正是基于公司企业的双重征税特征，为了提升公司的吸引力和在国际上的竞争力，有的国家创设了新的公司形式，法律上允许其只存在一层税收，即只对股东征收所得税，而不向公司征收所得税。[①]

（二）如何“按照股东实缴的出资比例”和“按照股东所持有的股份比例”分配利润

《公司法》第210条第4款对两类公司分配利润的法定原则作出了不同的表述，即有限责任公司“按照股东实缴的出资比例分配利润”，股份有限公司“按照股东所持有的股份比例分配利润”。实际操作中需要对此作出相应的解读。

1.《公司法》关于有限责任公司股东可以分期缴纳出资的规定，在实务中可能出现章程中记载的股东认缴出资与股东实际缴纳出资不一致的情形，包括未届出资期限股东未缴纳的情形和股东到期未缴纳出资、虚假出资、抽逃出资和出资填补等出资瑕疵的情形。其中，前一种情形是法律允许的，而后一种情形则是法律不允许的。但无论属于哪种情形，都应当适用《公司法》第210条第4款的规定，即“按照股东实缴的出资比例分配利润”，只是存在出资瑕疵的股东除了适用该款的规定分配利润外，还应当依照《公司法》其他规定对出资瑕疵的行为承担相应的法律责任。需要指出，股东出资瑕疵并不必然导致其股东资格的否定，即使股东存在虚假出资或抽逃出资行为，只要没有履行催缴出资等法律程序，出资瑕疵的股东资格就并未丧失。因此，即使出资瑕疵达到十分严重的程度，只要其股东资格存在，就不能否定其仍然享有利润分配权，只是分取红利的多少不同而已。如果出资瑕疵属于完全虚假或全部抽逃出资的情形，股东按照实缴出资比例分配就意味着一分钱红利都得不到。

进一步看，《公司法》不仅在第210条第4款确立了“有限责任公司按照股东实缴的出资比例分配利润”的原则，而且还将这一原则扩及股东增资时的优先认购权，即第227条规定，有限责任公司增加注册资本时，股东在同等条件下有权优先按照实缴的出资比例认缴出资，但全体股东约定不按照出资比例优先认缴出资的除外。

2.《公司法》第210条第4款对股份有限公司作出了“按照股东所持有的股份比例分配利

---

① 如美国公司法上的“s公司”、“有限责任公司”（LLC）；澳大利亚在20世纪80年代对公司税收进行改革，解决了双重税负问题：公司利润根据公司税率纳税之后，分发给股东的股利就带有相应的税分，股东在缴纳个人所得税时可以用来抵减税款。参见施天涛：《公司法论》（第4版），法律出版社2018年版，第164页；黄辉：《现代公司法比较研究——国际经验及对中国的启示》（第2版），清华大学出版社2020年版，第56页。

润”的规定。这一规定主要是基于股份有限公司与有限责任公司在设立方式上的差异。根据《公司法》第 96 条第 1 款关于“股份有限公司的注册资本为在公司登记机关登记的已发行股份的股本总额。在发起人认购的股份缴足前,不得向他人募集股份”的规定和第 98 条第 1 款关于“发起人应当在公司成立前按照其认购的股份全额缴纳股款”的规定,股份有限公司设立无论采取发起设立方式还是募集设立方式,发起人出资都应当实缴,因而不太可能出现股东出资不实的情况。由此看来,《公司法》第 210 条第 4 款关于股份有限公司“股东所持有的股份比例”的表述应当解释为股东因缴纳出资而“实际持有的股份比例”,与有限责任公司股东的“实缴的出资比例”的含义基本相同,只是在出资瑕疵行为上,股份有限公司的股东一般来说要少于有限责任公司的股东。

3.《公司法》第 210 条第 4 款在确立两类公司分配利润的法定原则的同时还规定了例外的适用情形。如果出现有限责任公司“全体股东约定不按照出资比例分配利润”或股份有限公司“公司章程另有规定”的情形,则可以排除两类公司前述法定原则的适用,即应当优先适用全体股东约定或公司章程的规定。

八、损害利润分配的司法救济

损害利润分配包括侵害股东利润分配权和公司违法分配利润的情形。股东利润分配权是股东按照出资或股份比例请求分配公司利润的权利。公司作为营利性法人,虽然要“以取得利润并分配给股东”为目的,但是否分配除取决于公司是否具备可分配利润之外,还须由股东会作出决议,否则利润分配就可能是违法行为。一旦股东会作出决议,公司与股东之间便具有了明确的债权债务关系,公司就负有向股东按照股东会决议分配利润的确定义务,股东也享有向公司主张利润分配的确定权利。股东利润分配权在法理上可分为抽象的利润分配权和具体的利润分配权。所谓抽象的利润分配权,是指《公司法》第 4 条规定的“公司股东对公司依法享有资产收益”的权利,即“公司在每个会计年度进行决算后,股东依据出资获取相应红利的权利。由于公司是否有利润可分配和是否分配利润具有不确定性,因此抽象的利润分配权属于期待权”;所谓具体的利润分配权,是指公司股东会对有关利润分配事项作出决议后,股东享有的对公司的分配请求权。[①] 可见,抽象的利润分配权与具体的利润分配权的区分在于公司股东会是否对利润分配事项作出决议:如果不以股东会决议为主张利润分配请求权的前提,股东享有的请求权就属于抽象的利润分配权;反之,股东享有的请求权就属于具体的利润分配权。在司法实践中,具体的利润分配权由于具有确定性,相对容易获得司法救济,而抽象的利润分配权由于不具有确定性,除《公司法》有明确规定的情形外,法院一般不支持对抽象的利润分配权主张的请求权。另外,对于公司违法进行的分配,也可以通过相关程序来获得司法救济。《公司法》及其司法解释对司法救济利润分配权的规定近年来正在逐步完善。

(一)具体的利润分配权受到侵害的司法救济

具体的利润分配权受到侵害在实践中最典型的情形就是公司董事会拒不执行股东会利润

① 参见贺小荣、曾宏伟:《〈关于适用《中华人民共和国公司法》若干问题的规定(四)〉的理解与适用》,载《人民司法(应用)》2017 年第 28 期。

分配决议。股东会就利润分配方案作出决议后，公司与股东便具有确定的债权债务关系，股东在对公司享有利润分配的请求权的同时，公司负有向股东分配利润的义务。《公司法司法解释（四）》第14条对公司拒不执行股东会利润分配决议的现象作出明确的规定：股东提交载明具体分配方案的股东会的有效决议，请求公司分配利润，公司拒绝分配利润且其关于无法执行决议的抗辩理由不成立的，人民法院应当判决公司按照决议载明的具体分配方案向股东分配利润。在此基础上，《公司法司法解释（五）》第4条对公司执行股东会分配利润决议的期间作出了进一步的规定，公司应当在规定的期间内履行分配利润的义务。按照《公司法》第212条规定的期间，董事会应当在股东会决议作出之日起6个月内进行分配。

但是，两个司法解释均未规定履行利润分配义务的公司机关。新《公司法》第212条将义务主体明确为"董事会"，如果董事会不履行法定义务，就可能构成对股东利益的损害，受到侵害的股东可以依据《公司法》第190条关于董事"违反法律、行政法规或者公司章程的规定，损害股东利益的，股东可以向人民法院提起诉讼"的规定，追究负有责任的董事的法律责任。

《公司法司法解释（四）》第13条还就股东就利润分配提起诉讼寻求司法救济的有关程序作出了规定：第一，股东请求公司分配利润案件，应当列公司为被告；第二，一审法庭辩论终结前，其他股东基于同一分配方案请求分配利润并申请参加诉讼的，应当列为共同原告。根据新《公司法》对利润分配的责任主体的界定，股东提起相关诉讼时，负有责任的董事可以与公司一道列为共同被告，也可以单独作为被告，对不履行利润分配义务给股东造成的损失承担赔偿责任。

法院作出的支持股东诉求的判决，具有强制执行的效力，公司如果不执行就要承担相应的法律责任。基于此，司法解释的这一规定也被称为对股东具体的利润分配权的司法强制制度，通过司法裁判方式来救济股东利润分配权受到的损害。

（二）抽象的利润分配权受到侵害的司法救济

抽象的利润分配权受到侵害是否应当给予司法救济是一个存在争议的问题。基于利润分配属于公司自治范畴的内容，分配不分配利润以及如何分配利润从公司法理上看，都应当由公司自主作出决定，司法原则上不应主动介入。因此，《公司法司法解释（四）》和《公司法司法解释（五）》关于司法救济利润分配权的规定主要是针对具体的利润分配权受到侵害的情形。学者对公司利润分配纠纷的实证研究也表明，公司股东绕过股东会决议而径直诉诸法院主张分配利润的请求绝大部分无法得到支持。"在审判实务中，法院往往对抽象的股东利润分配请求权秉持过分保守态度。"①随着近年来涉及股东抽象的利润分配权的纠纷日益增多，对股东抽象的利润分配权的司法救济也逐步引起关注。如前所述，由于没有股东会作出利润分配决议为前提，抽象的利润分配权纠纷中并没有明确的公司与股东之间的债权债务关系。抽象的利润分配权受到侵害的情形，除《公司法》就长期不分配利润规定的情形外，往往与公司向大股东变相分配利润的现象相关。最高人民法院对公司向大股东变相分配利润现象的描述是："公司不分配利润，但董事、高级管理人员领取过高薪酬，或者由控股股东操纵公司购买与经

---

① 曹文兵、汪腰强：《公司利润分配案件审理中司法权介入的限度——以〈公司法司法解释四〉第15条为中心》，载《法治现代化研究》2018年第6期。

营无关的财物或者服务，用于其自身使用或者消费，或者隐瞒或者转移利润，等等。”[①]这些行为的出现常常与大股东排挤、压榨中小股东及董事会由内部人控制等原因交织在一起，严重违反了股东权利不得滥用、同股同权等基本原则，导致广大中小股东无法通过正常渠道参与公司利润的分配，损害了股东的利润分配请求权。在公司法现有制度下，中小股东只能通过请求公司回购其股份或者请求解散公司来获得救济，且不论这些救济措施行使的难度较大，即使成功亦会导致股东无法分享公司的长期发展利益。[②]

有鉴于此，《公司法司法解释（四）》第 15 条对大股东变相分配利润的行为作出了相应的规制，即大股东如果出现“滥用股东权利导致公司不分配利润，给其他股东造成损失”的行为，司法可以适当干预，以实现对公司自治失灵的矫正。但值得指出的是，司法解释该条对这种行为的规制采取了“但书”的表述方式：首先明确规定司法原则上不介入公司利润分配，即“股东未提交载明具体分配方案的股东会或者股东大会决议，请求公司分配利润的，人民法院应当驳回其诉讼请求”；然后以“但书”内容表明如果公司股东滥用权利导致公司不分配利润，给其他股东造成损失，人民法院应当受理股东提起的诉讼，通过审判程序支持受害股东合法的诉讼请求。

《公司法司法解释（四）》第 15 条中的“但书”规定被认为是关于抽象的利润分配权救济的规定，首次肯定了在大股东变相分配利润的情形下抽象利润分配请求权的可诉性，填补了中小股东利益保护机制不完善的立法漏洞，为中小股东抽象的利润分配权的保护打开一条绿色的司法救济通道。但是该条款在文义表述上还显得较为隐晦和原则，适用上还存在需要再解释才能确保类案裁判标准统一的问题，如“股东滥用权利”的判断标准不明确、举证责任分配失衡、裁判方式不具体和不够周延、诉的实体要件和程序要件需要进一步明晰等。[③] 有学者认为，可在司法解释该条基础上，导入司法强制分红制度，允许裁判者在公司满足以下三大条件时例外强制公司向股东分红：（1）公司有可资分配的税后利润；（2）公司过度提取公积金并非公司生存与发展所必需；（3）股东实质平等原则被违反。[④]

《最高人民法院公报》发布的“甘肃居立门业有限责任公司与庆阳市太一热力有限公司、李昕军公司盈余分配纠纷案”（〔2016〕最高法民终 528 号）[⑤]是近年来股东抽象的利润分配权得到最高审判机关支持的二审案例，可以为司法救济抽象的利润分配权提供具体的案例参考。

该案二审判决书“裁判摘要”指出：“在公司盈余分配纠纷中，虽请求分配利润的股东未提交载明具体分配方案的股东会决议，但当有证据证明公司有盈余且存在部分股东变相分配利润、隐瞒或转移公司利润等滥用股东权利情形的，诉讼中可强制盈余分配，且不以股权回购、代位诉讼等其他救济措施为前提。”二审判决书中对双方当事人争议焦点的评判进一步阐释了该案判决的法理：“太一热力公司、李昕军上诉主张，因没有股东会决议故不应进行公司盈余

① 《关于发布〈最高人民法院关于适用《中华人民共和国公司法》若干问题的规定（四）〉的新闻发布稿》，载北大法宝 V6 官网，https://pkulaw.com/law，2022 年 1 月 2 日最后访问。

② 参见贺小荣、曾宏伟：《〈关于适用《中华人民共和国公司法》若干问题的规定（四）〉的理解与适用》，载《人民司法（应用）》2017 年第 28 期。

③ 参见黄盛秦、武坚：《有限责任公司股东强制盈余分配请求权的司法困境与出路》，载《行政与法》2018 年第 1 期。

④ 参见《刘俊海：新〈公司法〉改什么？如何改？》，载澎湃网 2021 年 2 月 10 日，https://www.thepaper.cn/newsDetail_forward_11307108。

⑤ 参见《最高人民法院公报》2018 年第 8 期。

分配。居立门业公司答辩认为，太一热力公司有巨额盈余，法定代表人恶意不召开股东会、转移公司资产，严重损害居立门业公司的股东利益，法院应强制判令进行盈余分配。本院认为，公司在经营中存在可分配的税后利润时，有的股东希望将盈余留作公司经营以期待获取更多收益，有的股东则希望及时分配利润实现投资利益，一般而言，即使股东会或股东大会未形成盈余分配的决议，对希望分配利润股东的利益不会发生根本损害，因此，原则上这种冲突的解决属于公司自治范畴，是否进行公司盈余分配及分配多少，应当由股东会作出公司盈余分配的具体方案。但是，当部分股东变相分配利润、隐瞒或转移公司利润时，则会损害其他股东的实体利益，已非公司自治所能解决，此时若司法不加以适度干预则不能制止权利滥用，亦有违司法正义。虽目前有股权回购、公司解散、代位诉讼等法定救济路径，但不同的救济路径对股东的权利保护有实质区别，故需司法解释对股东的盈余分配请求权进一步予以明确。……在本案中，首先，太一热力公司的全部资产被整体收购后没有其他经营活动，一审法院委托司法审计的结论显示，太一热力公司清算净收益为75,973,413.08元，即使扣除双方有争议的款项，太一热力公司也有巨额的可分配利润，具备公司进行盈余分配的前提条件；其次，李昕军同为太一热力公司及其控股股东太一工贸公司法定代表人，未经公司另一股东居立门业公司同意，没有合理事由将5600万余元公司资产转让款转入兴盛建安公司账户，转移公司利润，给居立门业公司造成损失，属于太一工贸公司滥用股东权利，符合《最高人民法院关于适用〈中华人民共和国公司法〉若干问题的规定（四）》第十五条但书条款规定应进行强制盈余分配的实质要件。第三，前述司法解释规定的股东盈余分配的救济权利，并未规定需以采取股权回购、公司解散、代位诉讼等其他救济措施为前置程序，居立门业公司对不同的救济路径有自由选择的权利。因此，一审判决关于太一热力公司应当进行盈余分配的认定有事实和法律依据，太一热力公司、李昕军关于没有股东会决议不应进行公司盈余分配的上诉主张不能成立。”

该案“裁判摘要”还就该案涉及强制利润分配的有关问题指出，在确定盈余分配数额时，要严格公司举证责任以保护弱势小股东的利益，但还要注意优先保护公司外部关系中债权人、债务人等的利益，对于有争议的款项因涉及案外人实体权利而不应在公司盈余分配纠纷中作出认定和处理。有盈余分配决议的，在公司股东会作出决议时，在公司与股东之间即形成债权债务关系，若未按照决议及时给付则应计付利息，而司法干预的强制盈余分配则不然，在盈余分配判决生效之前，公司不负有法定给付义务，故不应计付利息。盈余分配义务的履行主体是公司，若公司的应分配资金因被部分股东变相分配利润、隐瞒或转移公司利润而不足以现实支付，不仅直接损害了公司的利益，也损害到其他股东的利益，利益受损的股东可直接依据公司法的规定向滥用股东权利的公司股东主张赔偿责任，或向利用其关联关系损害公司利益的控股股东、实际控制人、董事、监事、高级管理人员主张赔偿责任，或向违反法律、行政法规或者公司章程的规定给公司造成损失的董事、监事、高级管理人员主张赔偿责任。

（三）公司长期不分配利润的司法救济

这里所谓的公司长期不分配利润，是指大股东滥用股东权使中小股东无法参与分配公司利润且呈长期持续的状态。公司长期不分配利润在没有股东会利润分配决议为前提的情况下，属于侵害股东抽象的利润分配权的情形。由于《公司法》明确规定出现该种情形时可以采取司法救济的方式，因此将其作为一种专门的类型来讨论。尽管公司利润分配原则上属于商业判断和公司自治的范畴,但完全由公司自治来决定公司利润分配在公司实践中也可能出现在"资本多数决"原则下公司控股股东漠视中小股东意愿,以少数股东意志取代公司意志,公司长期不分配利润的现象。一旦出现这类现象,公众公司的中小股东尽管不能与大股东相抗衡,但可以通过"用脚投票"的方式来维护自身的利益,即利用公众公司股份可以自由流通的机制在证券市场上转让自己的股份。而包括非公众股份有限公司和有限责任公司在内的封闭型公司由于没有"用脚投票"的机制,如果出现公司有能力分配利润而长期不分配利润的情况,中小股东的利益就可能受到损害,从而使采取司法手段来对股东利润分配进行必要的干预和救济具有合理性和必要性。如何在尊重"股份多数决"原则的基础上兼顾中小股东的利益?《公司法》针对公司实践中出现的这一问题,在第89条、第161条分别对有限责任公司和非公众股份有限公司①长期不分配利润的情况作出了相应的规制。如果公司连续5年不向股东分配利润,而公司该5年连续盈利,并且符合《公司法》规定的分配利润条件,公司应当按照合理的价格收购异议股东的股份。根据该规定的内容,公司收购异议股东的股份必须同时具备下列法律要件:

1. 公司具有连续5年不向股东分配利润的事实,所谓"连续5年"是指公司不向股东分配利润的情况已经持续5年没有间断。

2. 公司在不向股东分配利润的5年中连续盈利,所谓"连续盈利"是指公司每年盈利的情况已经持续5年没有间断。

3. 公司在连续盈利的5年中每年均符合分配利润的法定条件,所谓"符合分配利润的法定条件"是指公司没有出现《公司法》规定的不得向股东分配利润的情况,包括未用当年利润或法定公积金弥补上年度亏损,未提取法定公积金或法定公积金转增资本后少于转增前公司注册资本的25%等情况。

4. 股东对股东会作出的不分配利润的决议以投反对票形式表示了异议,而且这一异议未能阻止股东会该项决议依法定程序获得通过。值得注意的是,《公司法》第89条和第161条均没有对股东"投反对票"的次数作出规定。这就可能产生一个实务上的问题:符合这一要件是以股东连续5年对股东会该项决议投5次反对票为标准,还是其他标准?根据《公司法》维护中小股东利益的立法精神并结合该两条关于异议股东向法院提起诉讼有时间限制的规定来分析,这一标准宜从有利于异议股东的角度来选择适用,具体来讲,只要股东对第5年的股东会关于分配利润的决议投了反对票,即可认定这一要件的成立。

5. 异议股东向公司提出了要求收购其股份的请求。

如果具备了上述要件,公司就负有按照合理的价格收购异议股东持有公司股份的法定义务。如果公司不履行这一法定义务,或者异议股东与公司自股东会该项决议通过之日起60日内不能达成股份收购协议,异议股东就可以按照《公司法》第89条第2款和第161条第2款规定,自股东会该项决议通过之日起90日内向人民法院提起诉讼,通过司法救济程序来实现自己的权利。

---

① 《公司法》第161条第1款关于"公开发行股份的公司除外"的规定意味着非公众股份有限公司即为除"公开发行股份"之外的股份有限公司。

(四)公司违法分配利润的司法救济

公司违法分配利润是指公司违反《公司法》规定的条件向股东分配利润的行为。公司分配利润作为公司行为从一般意义上看主要是牵涉股东的利益,但如果从公司为承担一定社会责任的商事主体的角度来看,公司分配利润则又与公司债权人等利益相关者的利益相关联。如果公司在出现严重亏损且无力依法弥补的情况下仍然分配利润,就必然削弱公司的偿债能力,影响公司的存续和发展,甚至使公司变成“空壳”,从而损害债权人的利益。因此,法律需要对公司利润分配进行必要的规制。公司如果违反法律规定的条件分配利润,就可能导致产生一定的法律后果,相关主体就要承担相应的法律责任。《公司法》第 211 条规定:“公司违反本法规定向股东分配利润的,股东应当将违反规定分配的利润退还公司;给公司造成损失的,股东及负有责任的董事、监事、高级管理人员应当承担赔偿责任。”

公司违法分配利润的行为与前述公司向大股东变相分配利润的行为有所不同:第一,违法行为可能损害的主体不同。尽管二者都可能是公司股东会或董事会以决议方式来体现的公司行为,但其损害的主体却有所不同:前者由于直接降低了公司的偿债能力,主要可能危及债权人利益,债权人利益受损意味着司法救济也会主要指向债权人;而后者由于不公平分配而主要可能危及中小股东利益,中小股东利益受损意味着司法救济也会主要指向中小股东。第二,违法行为导致的受益者不同。尽管二者都是违法分配利润,但前者由于是针对全体股东分配的利润,受益者必然为公司全体股东,股东获得的利益应视为法律上的不当得利;后者由于是向大股东的变相分配,将中小股东排除在外,受益者显然为公司的大股东。第三,违法行为的性质不同。前者是指违反了《公司法》关于公司在弥补亏损和提取法定公积金之前不得向股东分配利润的规定,其性质属于法律上的禁止性规定,违反该规定可能导致行为的无效;后者则是指违反了《公司法》关于滥用股东权利或关联交易的规定,其性质并非都属于禁止性规定,违反该规定也并不导致行为的无效。第四,法律责任的承担者不同。前者的责任主体具有明确性,基于全体股东是违法分配利润的不当得利者,按照《公司法》第 211 条规定,“股东应当将违反规定分配的利润退还公司”,这也意味着违法分配行为的无效和需要恢复原状的法律后果;如果给公司造成损失,股东及负有责任的董监高应当承担赔偿责任,说明前者的责任主体为全体股东和负有责任的董监高。后者根据司法解释规定,承担法律后果的责任主体应当为大股东,至于责任是否应当连带参与决策的董监高,司法解释没有进一步规定,只能由法院根据具体案情作出裁判。这说明后者的责任主体还有一定的不确定性。

对于《公司法》第 211 条关于公司违法分配利润的规定,司法实践中还存在两个值得进一步探讨的实务问题:

1. 该条将股东明确界定为退还不当得利的民事责任主体,但由于没有区别不同的公司情况,很可能产生实务操作上的问题:对于封闭型公司而言,股东既是违法分配的利润的受益者,在一般情况下又是直接参与股东会的决策者,因而将其获得的不当得利退还公司不存在理论上和实务上的障碍。但对公众型公司而言,情况则可能有些特殊:对参与利润分配决策的股东来说,让其退还已获得的利润也无可厚非,但对没有参与公司决策的广大中小股东来说,他们在完全不了解公司信息的情况下获得了分派的利润,应当处于善意占有人的地位,让其退还已获得的利润,与作为决策者的大股东相比,似乎又显得不恰当。如果情况发生于上市公司,由于股份频繁转让，让按照市场公平价格受让股份的股东来退还已分配的利润恐怕既不公平，也不具有现实操作性。因此，笔者认为可以将公众公司分配利润决议形成时的公司股东分为积极股东和消极股东两个部分，积极股东是指参与决议并投赞成票的股东，即知情股东；除此之外的则为消极股东，即对分配利润决议违法完全不知情的股东。显然，退还已分利润的应当为积极股东。对于消极不知情的股东，有学者认为其应当属于不当得利人，“得利人知情与否并不影响不当得利之构成”，虽然让不知情股东返还已分配利润的确面临执行难题，但至少可以使参与表决者在承担赔偿责任后享有追偿权。[①] 这一认识尽管在法理上似乎也有一定的依据，但由于其以违法分配利润的决议无效且要按照恢复原状的方式来处理为前提，在公众公司尤其是上市公司并不具有实际操作性，公司违法分配利润后“组织内外关系的持续变动特性决定了其在事实上无法按照不当得利返还规则恢复到初始状态”[②]。也正是基于此，不少国家和地区公司法对违法分配利润后的处理作出了特别的规定。[③] 笔者认为，结合我国《民法典》第986条关于“得利人不知道且不应当知道取得的利益没有法律根据，取得的利益已经不存在的，不承担返还该利益的义务”的规定，对于消极股东不能退还的部分，可以视为《公司法》第211条规定的给公司造成的损失，并根据该条规定由积极股东及负有责任的董监高承担赔偿责任。其中，董监高承担的责任也即违反维护公司资本充实的勤勉义务的法律责任。[④]

2. 根据《公司法》第211条规定，既然股东应当返还违法分配的利润，那么公司就应当因此享有“归入权”，即可以要求股东将已分配利润归还公司。但在公司自己也是这一违法行为的行政责任承担者的情况下，仅由其来作为“归入权”的行使者是否恰当？如果公司不行使或怠于行使针对股东的“归入权”时，法律如何救济？根据《公司法》该条含有保护公司债权人利益的立法价值取向，笔者认为在处理具体问题时可以考虑让公司债权人介入，即债权人如果因股东不退还已分利润而使自己的债权实现受到影响，可以根据《民法典》合同编第535条的规定，向人民法院请求以自己的名义代位行使公司的这一权利。[⑤]

第五节　与财务会计相关的制度

一、内部审计制度

（一）内部审计部门的设置

公司内部审计是一种独立、客观的确认和咨询活动，它通过运用系统、规范的方法，审查和评价公司的财务会计和其他经营活动的适当性和有效性，以促进公司完善治理、增加价值和实

---

① 参见徐银波：《法人依瑕疵决议所为行为之效力》，载《法学研究》2020年第2期。

② 丁勇：《公司决议瑕疵立法的范式转换与体系重构》，载《法学研究》2020年第3期。

③ 《德国股份法》第62条第1款规定，股份有限公司的股东仅在明知或因过失而不知其无权受领所分配的利润时才负有返还义务；《英国2006年公司法》第847条第2款规定，股东在明知或有合理理由相信该分配是违法时才负有返还义务；《美国标准商事公司法》第8.32条及多数州立法亦规定，当公司违法分配利润时，由表决赞成该违法分配的董事承担赔偿责任，且仅可向知情的股东追偿。

④ 参见本书第十二章第五节关于“勤勉义务的法定内容”的有关讨论。

⑤ 《民法典》第535条规定：“因债务人怠于行使其债权或者与该债权有关的从权利，影响债权人的到期债权实现的，债权人可以向人民法院请求以自己的名义代位行使债务人对相对人的权利，但是该权利专属于债务人自身的除外。代位权的行使范围以债权人的到期债权为限。债权人行使代位权的必要费用，由债务人负担。相对人对债务人的抗辩，可以向债权人主张。”

现目标。可见,公司内部审计是对公司的经营活动的一种内部监督活动,由于其监督对象主要是公司的财务会计,因此与公司财务会计制度密切相关。2023 年《公司法》修订的重要制度变化之一就是增加了公司内部审计的有关规定。内部审计部门包括作为董事会专门委员会的审计委员会和作为公司常设工作机构的内部审计机构(如审计处室)。

关于董事会的审计委员会,根据新《公司法》第 69 条和第 121 条的规定,股份有限公司和有限责任公司都可以"按照公司章程的规定在董事会中设置由董事组成的审计委员会,行使本法规定的监事会的职权"。如果公司选择设置行使监事会职权的董事会审计委员会,该审计委员会就可能具有监事会和董事会专门委员会的双重地位和职责,强化了对公司财务进行监督的职能。

关于公司内部审计机构,有关规范性文件对上市公司有专门的规定:根据《上市公司章程指引》的有关规定,上市公司除了设置董事会审计委员会外,还应设立专门的内部审计机构作为公司常设的工作机构,内部审计机构应当保持独立性,配备专职审计人员,不得置于财务部门的领导之下,或者与财务部门合署办公。

(二)内部审计部门的职责

设置董事会审计委员会和公司内部审计机构的目的主要旨在加强对公司经营管理活动的日常监督,使股东的权益的实现更有保证。根据《公司法》和有关法规规定,行使监事会职权的董事会审计委员会除了可以履行公司监督机构的职能外,还要履行董事会专门委员会的职责。《上市公司治理准则》第 39 条对上市公司中作为董事会专门委员会的审计委员会的主要职责作出规定,包括:(1)监督及评估外部审计工作,提议聘请或者更换外部审计机构;(2)监督及评估内部审计工作,负责内部审计与外部审计的协调;(3)审核公司的财务信息及其披露;(4)监督及评估公司的内部控制;(5)负责法律法规、公司章程和董事会授权的其他事项。

根据《深圳证券交易所上市公司自律监管指引第 1 号——主板上市公司规范运作》(2023 年 12 月修订)的有关规定,公司内部审计机构应当保持独立性,对审计委员会负责,向审计委员会报告工作;上市公司各内部机构或者职能部门、控股子公司以及对上市公司具有重大影响的参股公司应当配合内部审计机构依法履行职责,不得妨碍内部审计机构的工作。内部审计机构应当履行的主要职责包括:(1)对上市公司各内部机构、控股子公司以及对上市公司具有重大影响的参股公司的内部控制制度的完整性、合理性及其实施的有效性进行检查和评估;(2)对上市公司各内部机构、控股子公司以及对上市公司具有重大影响的参股公司的会计资料及其他有关经济资料,以及所反映的财务收支及有关的经济活动的合法性、合规性、真实性和完整性进行审计,包括但不限于财务报告、业绩快报、自愿披露的预测性财务信息等;(3)协助建立健全反舞弊机制,确定反舞弊的重点领域、关键环节和主要内容,并在内部审计过程中合理关注和检查可能存在的舞弊行为;(4)至少每季度向董事会或者审计委员会报告 1 次,内容包括但不限于内部审计计划的执行情况以及内部审计工作中发现的问题。

(三)内部审计工作程序

根据《深圳证券交易所上市公司自律监管指引第 1 号——主板上市公司规范运作》有关规定,内部审计机构对审查过程中发现的内部控制缺陷,应当督促相关责任部门制定整改措施和确定整改时间，并进行内部控制的后续审查，监督整改措施的落实情况。内部审计机构在审查过程中如发现内部控制存在重大缺陷或者重大风险，应当及时向董事会或者审计委员会报告。

审计委员会应当督导内部审计机构至少每半年对下列事项进行一次检查，出具检查报告并提交审计委员会。检查发现上市公司存在违法违规、运作不规范等情形的，应当及时向证券交易所报告，这些情形包括：(1)公司募集资金使用、提供担保、关联交易、证券投资与衍生品交易、提供财务资助、购买或者出售资产、对外投资等重大事件的实施情况；(2)公司大额资金往来以及与董事、监事、高级管理人员、控股股东、实际控制人及其关联人资金往来情况。审计委员会应当根据内部审计部门提交的内部审计报告及相关资料，对公司内部控制有效性出具书面的评估意见，并向董事会报告。董事会或者审计委员会认为公司内部控制存在重大缺陷或者重大风险的，董事会应当及时向证券交易所报告并予以披露。公司应当在公告中披露内部控制存在的重大缺陷或者重大风险、已经或者可能导致的后果，以及已采取或者拟采取的措施。

二、内部控制和风险管理制度

(一)内部控制和风险管理的含义

内部控制和风险管理主要是针对大中型企业尤其是国有公司和上市公司实施的制度。《公司法》第 177 条规定："国家出资公司应当依法建立健全内部监督管理和风险控制制度，加强内部合规管理。"

根据有关法规和规范性文件的定义，内部控制是指"由企业董事会、监事会、经理层和全体员工实施的、旨在实现控制目标的过程"。[①] 风险管理顾名思义是指公司对企业风险的管理。所谓企业风险，是指"未来的不确定性对企业实现其经营目标的影响。企业风险一般可分为战略风险、财务风险、市场风险、运营风险、法律风险等；也可以能否为企业带来盈利等机会为标志，将风险分为纯粹风险(只有带来损失一种可能性)和机会风险(带来损失和盈利的可能性并存)"。因此，全面风险管理"指企业围绕总体经营目标，通过在企业管理的各个环节和经营过程中执行风险管理的基本流程，培育良好的风险管理文化，建立健全全面风险管理体系，包括风险管理策略、风险理财措施、风险管理的组织职能体系、风险管理信息系统和内部控制系统，从而为实现风险管理的总体目标提供合理保证的过程和方法"。[②]

从上述定义可知，内部控制与风险管理既有联系又有区别。内部控制是全面风险管理的重要组成部分，是全面风险管理的基础设施和必要举措。虽然内部控制和风险管理都体现为实现目标的过程，但是两者仍然存在以下区别：一是内部控制主要是通过事后和过程的控制来实现其自身的目标，全面风险管理不仅体现在事中和事后的控制上，而且体现在事前制订目标时就充分考虑了风险的存在；二是内部控制针对的风险是可控纯粹风险，全面风险管理针对的风险既包括可控纯粹风险也包括机会风险；三是内部控制的控制对象是企业中的个人，其控制

---

① 参见 2008 年 5 月财政部、中国证监会、审计署、原中国银监会、原中国保监会等五部门联合发布的《企业内部控制基本规范》(财会〔2008〕7 号)第 3 条第 1 款规定。

② 参见 2006 年 6 月国务院国资委发布的《中央企业全面风险管理指引》第 3 条、第 4 条规定。

目的是规范员工的行为,其控制范围是企业的业务和管理流程,而全面风险管理涵盖的范围比内部控制要广泛得多,是内部控制的延伸和扩展。

(二)内部控制和风险管理的基本内容

1. 内部控制的基本内容

(1)内部控制的目标。内部控制的目标是合理保证公司经营管理合法合规、资产安全、财务报告及相关信息真实完整,提高经营效率和效果,促进公司实现发展战略。

(2)内部控制的原则。公司建立与实施内部控制,应当遵循的原则包括:第一,全面性原则,内部控制应当贯穿决策、执行和监督全过程,覆盖企业及其所属单位的各种业务和事项;第二,重要性原则,内部控制应当在全面控制的基础上,关注重要业务事项和高风险领域;第三,制衡性原则,内部控制应当在治理结构、机构设置及权责分配、业务流程等方面相互制约、相互监督,同时兼顾运营效率;第四,适应性原则,内部控制应当与企业经营规模、业务范围、竞争状况和风险水平等相适应,并随着情况的变化及时加以调整;第五,成本效益原则,内部控制应当权衡实施成本与预期效益,以适当的成本实现有效控制。

(3)内部控制的要素。公司建立与实施有效的内部控制,应当包括下列要素:第一,内部环境,内部环境是企业实施内部控制的基础,一般包括治理结构、机构设置及权责分配、内部审计、人力资源政策、企业文化等;第二,风险评估,是指企业及时识别、系统分析经营活动中与实现内部控制目标相关的风险,合理确定风险应对策略;第三,控制活动,控制活动是企业根据风险评估结果,采用相应的控制措施,将风险控制在可承受度之内;第四,信息与沟通,信息与沟通是企业及时、准确地收集、传递与内部控制相关的信息,确保信息在企业内部、企业与外部之间进行有效沟通;第五,内部监督,是指企业对内部控制建立与实施情况进行监督检查,评价内部控制的有效性,发现内部控制缺陷的,应当及时加以改进。

(4)内部控制的具体制度。公司制定内部控制措施,一般应当建立以下制度:内控岗位授权制度、内控报告制度、内控批准制度、内控责任制度、内控审计检查制度、内控考核评价制度、重大风险预警制度、以总法律顾问制度为核心的企业法律顾问制度。除此之外,还应当建立重要岗位权力制衡制度等,明确规定不相容职责的分离,主要包括授权批准、业务经办、会计记录、财产保管和稽核检查等职责。

2. 风险管理的基本内容

(1)风险管理总体目标。包括:第一,确保将风险控制在与总体目标相适应并可承受的范围内;第二,确保内外部,尤其是企业与股东之间实现真实、可靠的信息沟通,包括编制和提供真实、可靠的财务报告;第三,确保遵守有关法律法规;第四,确保企业有关规章制度和为实现经营目标而采取的重大措施的贯彻执行,保障经营管理的有效性,提高经营活动的效率和效果,降低实现经营目标的不确定性;第五,确保企业建立针对各项重大风险的危机处理计划,保护企业不因灾害性风险或人为失误而遭受重大损失。

(2)风险管理的基本流程。主要包括以下工作:第一,收集风险管理初始信息;第二,进行风险评估;第三,制定风险管理策略;第四,提出和实施风险管理解决方案;第五,风险管理的监督与改进。

(3)风险管理体系。主要由以下五个部分组成:第一,风险管理策略;第二,风险理财措施;第三,风险管理的组织职能体系;第四,风险管理信息系统;第五,内部控制系统。

值得注意的是,《中央企业全面风险管理指引》第 6 条将内部控制系统定义为:围绕风险管理策略目标,针对企业战略、规划、产品研发、投融资、市场运营、财务、内部审计、法律事务、人力资源、采购、加工制造、销售、物流、质量、安全生产、环境保护等各项业务管理及其重要业务流程,通过执行风险管理基本流程,制定并执行的规章制度、程序和措施。由此可见,内部控制和风险管理与财务会计制度有着密不可分的关系。

(三)内部控制和风险管理的制度体系

我国企业的内部控制和风险管理的制度是进入本世纪后逐步建立起来的,开始见诸一些法规和规范性文件,主要是在国有公司和上市公司中实施,这一做法也基本与国际潮流同步。[①] 2023 年《公司法》修订,对国有公司内部控制和风险管理作出了原则性的规定,更为具体和系统的制度性内容主要是由财政部、中国证监会、国务院国资委等部门发布的《企业内部控制基本规范》、企业内部控制应用指引、《企业内部控制评价指引》、《企业内部控制审计指引》、《小企业内部控制规范(试行)》、《中央企业全面风险管理指引》、《关于加强中央企业内部控制体系建设与监督工作的实施意见》和《上市公司治理准则》等部门规范性文件规定。

1.《企业内部控制基本规范》及其配套性规范文件。该文件由财政部会同中国证监会等五部门共同制定,自 2009 年 7 月 1 日起在上市公司范围内施行,鼓励非上市的大中型企业执行。《企业内部控制基本规范》对内部控制的基本内容作了较为详细的规定,规定了内部控制的目标、要素、原则和总体要求,是内部控制的总体框架,在内部控制标准体系中起统领作用,对公司建立内部控制制度具有很强的指导作用。

其后,财政部会同中国证监会等五部门又配合《企业内部控制基本规范》出台了相关系列配套指引文件,包括《企业内部控制应用指引第 1 号——组织架构》等 18 项应用指引、《企业内部控制评价指引》和《企业内部控制审计指引》,自 2011 年 1 月 1 日起在境内外同时上市的公司施行,自 2012 年 1 月 1 日起在上海证券交易所、深圳证券交易所主板上市公司施行,鼓励非上市大中型企业提前执行。

企业内部控制应用指引是对企业按照内部控制原则和内部控制“五要素”建立健全企业内部控制所提供的指引,在配套指引乃至整个内部控制规范体系中占据主体地位。企业内部控制应用指引针对组织架构、发展战略、人力资源、社会责任、企业文化、资金活动、采购业务、资产管理、销售业务、研究与开发、工程项目、担保业务、业务外包、财务报告、全面预算、合同管理、内部信息传递、信息系统共 18 项企业主要业务的内控领域或内控手段,提出了建议性的应用指引,为企业以及外部审核人员建立与评价内控体系提供了参照标准。《企业内部控制评价指引》为企业对内部控制的有效性进行全面评价,形成评价结论、出具评价报告提供了指引。《企业内部控制审计指引》为会计师事务所对特定基准日与财务报告相关的内部控制设计与执行有效性进行审计提供了指引。

---

① 2001 年以来美国资本市场出现了安然、环球电讯等系列财务丑闻,引发了美国金融监管部门对公司内部控制问题的高度重视。在此背景下,2002 年 7 月美国国会通过了《公众公司会计改革和投资者保护法案》(又称为《萨班斯—奥克斯利法案》),适用于纽约的上市公司。该法案的核心是建立公司内部控制制度,促进企业完善内部控制,加强信息披露,防止出现虚假财务报告。

《企业内部控制基本规范》及其企业内部控制配套指引的实施，对我国大中型企业，特别是上市公司和中央企业加强内部控制建设发挥了重要的推动作用。

2.《小企业内部控制规范（试行）》。我国小企业数量众多，且类型多样、差别显著，小企业按照企业内部控制规范体系的有关要求，开展内部控制建设存在适用性不强、实施成本高等问题。因此，2017 年 6 月财政部制定发布《小企业内部控制规范（试行）》，引导和帮助小企业加强内部控制建设，提高经营管理水平，降低经营风险，减少各类经济损失，对于促进我国小企业健康成长，进而推动我国经济健康可持续发展具有重要意义。①

《小企业内部控制规范（试行）》适用于在我国境内依法设立的、尚不具备执行《企业内部控制基本规范》及其配套指引条件的小企业，包括总则、内部控制建立与实施、内部控制监督、附则等四章，共计 40 条，主要内容包括：（1）总则。主要明确了制定《小企业内部控制规范（试行）》的目的、依据和适用范围，小企业内部控制的定义、目标、原则和总体要求，以及小企业负责人的责任等内容。（2）内部控制建立与实施。主要明确了小企业内部控制建立与实施工作的总体要求，风险评估的对象、方法、内容、方式、频率，特别说明了小企业常见的风险类别、常用的风险应对策略，明确了小企业建立内部控制的重点领域、常见的内部控制措施、内部控制实施的基本要求、内部控制与现有企业管理体系的关系、内外部信息沟通方式、人员培训和控制措施的更新优化等内容。（3）内部控制监督。主要明确了小企业内部控制的监督机制，包括实施监督的方式、监督人员要求、日常监督的重点、内部控制存在的问题及整改、定期评价频率、内部控制报告、监督与评价结果的使用等内容。（4）附则。主要明确了微型企业参照执行、小企业可以参照执行《企业内部控制基本规范》及其配套指引、《小企业内部控制规范（试行）》的解释权归属和生效时点等问题。

3.《中央企业全面风险管理指引》。该文件由国务院国资委于 2006 年 6 月发布，首次就央企风险管理问题提出了技术性指导建议。该指引分为十章共 70 条，对央企开展全面风险管理的总体目标、基本流程、组织体系、风险管理初始信息、风险评估、风险管理策略、风险管理解决方案、风险管理的监督与改进、风险管理文化、风险管理信息系统等进行了全面的阐述，对其他大中型公司建立内部控制制度也具有直接的参照价值。

4.《关于加强中央企业内部控制体系建设与监督工作的实施意见》。该文件由国务院国资委于 2019 年 10 月发布，共计 16 条。该文件从以下五个方面规定了加强央企内控制度建设的措施：（1）建立健全内控体系，进一步提升管控效能；（2）强化内控体系执行，提高重大风险防控能力；（3）加强信息化管控，强化内控体系刚性约束；（4）加大企业监督评价力度，促进内控体系持续优化；（5）加强出资人监督，全面提升内控体系有效性。

5.《上市公司治理准则》（2018 年修订）。该文件是对上市公司治理的总体性要求，其中对上市公司内部控制和风险管理也作出了规定。其第 94 条第 1 款规定："上市公司应当建立内部控制及风险管理制度，并设立专职部门或者指定内设部门负责对公司的重要营运行为、下属公司管控、财务信息披露和法律法规遵守执行情况进行检查和监督。"第 94 条第 2 款规定："上市公司依照有关规定定期披露内部控制制度建设及实施情况，以及会计师事务所对上市

---

① 参见《财政部会计司有关负责人就〈小企业内部控制规范（试行）〉答问》，载中国政府网，https://www.gov.cn/xinwen/2017-07/07/content_5208799.htm。

公司内部控制有效性的审计意见。”第39条规定，上市公司董事会设立的审计委员会的主要职责之一是监督及评估公司的内部控制。

6. 证券交易所关于上市公司内部控制和风险管理的规范性文件，包括《上海证券交易所上市公司自律监管指引第1号——规范运作》(2023年12月修订)、《深圳证券交易所上市公司自律监管指引第1号——主板上市公司规范运作》(2023年12月修订)和《深圳证券交易所上市公司自律监管指引第2号——创业板上市公司规范运作》(2023年12月修订)。这些规范性文件对上市公司内部控制作出了较为详细的规定。例如《上海证券交易所上市公司自律监管指引第1号——规范运作》第五章是关于内部控制的专章规定，要求上市公司的内部控制制度应当涵盖经营活动的所有环节，包括销货及收款、采购及付款、存货管理、固定资产管理、货币资金管理、担保与融资、投资管理、研发管理、人力资源管理等环节。除涵盖经营活动各个环节外，公司的内部控制制度还应当包括各方面专项管理制度，包括印章使用管理、票据领用管理、预算管理、资产管理、职务授权及代理制度、信息系统管理与信息披露管理制度等。上市公司应当完善内部控制制度，确保董事会、监事会和股东会等机构合法运作和科学决策，建立有效的激励约束机制，树立风险防范意识，培育良好的企业精神和内部控制文化，创造全体职工充分了解并履行职责的环境。

第十五章　公司合并与公司分立

公司合并与分立通常是公司在正常运行过程中出现的变更，是公司与公司之间、公司与股东之间、股东与股东之间在自愿平等基础上协商一致的结果。因此，就其性质而言并不是法律强制的行为。[①] 但是，由于公司的合并与分立涉及公司、股东、职工、债权人以及社会公众的利益，法律须对公司合并与分立的条件、形式和程序进行相应的规制，以保证公司合并与分立的正常进行。我国《公司法》第十一章对公司的合并与分立作出了制度安排。

第一节　公 司 合 并

一、公司合并概述

(一)公司合并的含义

公司合并是指两个或两个以上的公司依照合同约定并根据法律规定的条件与程序组成一个公司的法律行为。从这一定义出发，可以概括出公司合并的几点法律特征：

1. 公司合并是公司之间“合二为一”或“合多为一”的法律行为，因此，合并必须以两个或者两个以上的公司存在为前提；并且，公司法意义上的合并只能在公司之间进行。

2. 公司合并是依约和依法进行的法律行为。按照《公司法》的规定，公司合并作为数个公司基于自愿的法律行为，在性质上属于合同行为。它不是行政和法律所强制实施的行为，而是数方当事人“意思自治”的体现和结果，合并各方需要签订合并协议并依约履行自己的义务。但是，由于公司合并不仅会引起合并前公司主体及其权利义务的变更，而且关涉与这些公司有相关权利义务关系的民事主体的利益，合并行为又必须依照《公司法》规定的条件和程序来进行。

3. 公司合并必然引起公司变更的法律后果。这种变更既有合并前的公司主体资格的变更，也有合并前的公司权利义务的变更。主体变更既涉及合并前的一个或几个公司主体资格的消灭，也涉及合并后新的公司主体的产生。因此，如何处理好公司变更引发的一系列法律问题，尤其是股东和债权人的利益变动问题，是《公司法》规制合并行为的重要内容。

(二)公司合并对公司发展的意义

公司合并作为公司的一种经营手段，对于公司发展具有十分重要的意义。合并的优长之处在于简便易行、省时省事、务实有效，它既可以保证公司实现自己转轨变型、成长壮大的意

---

① 但是实践中也有例外，如国家因反垄断的需要，有可能出现强制公司分立的情况；同样，在特定历史条件下，国家可能强行将数个国有公司合并。

愿,又避免了公司经历重新设立可能形成的公司全面瘫痪等不良影响,使合并各方各得其所。从公司实践情况看,公司采取合并手段一般可以达到以下效果:

1. 扩大公司规模,实现快速发展。通过合并来达到外部扩张,有助于强强联合,形成规模化、集约化经营,迅速增强公司实力,拓展公司规模和市场占有率,增加新的经营行业和品种,减少开发投资的风险,推动产业结构优化升级,获得规模经济的效益。合并是公司实现快速发展、提高市场竞争力的有效措施。

2. 消除竞争负效应,化险为夷。各公司泛舟商海,有被淹没的,有发展壮大的,也有风雨飘摇、处境艰难的。当公司面临同业竞争相持不下或者面临被收买吞并的危险时,合并是公司风险治理的重要方式。与竞争对手合并,消除了互相损耗的负效应,反"敌"为"亲",更有利于发展;与意欲吞并者周旋,采取防卫性措施同别的公司合并,可以迅速扩充能量,保护自己,化险为夷。

3. 加强资源整合、完善公司治理结构。合并作为公司资源重组的重要方式,是公司加强资源整合,调整优化产业结构,提高发展质量效益的重要途径。通过合并,可以较为容易地获取各类专门人才、专有技术和优秀的经营管理方案,有助于化解产能过剩矛盾,淘汰落后产能,建立现代公司治理结构,节省管理费、税费及其他费用的开支,进而提高资源利用效率和生产经营效率,以低成本运行来实现"1 + 1 > 2"的效果。

(三)公司合并的基本形式

在公司实践中,公司合并可以分为法定合并与事实合并。法定合并即《公司法》明确规定的合并形式;事实合并是指两个或两个以上的公司完成解散清算程序后,再重新组织一个新公司。事实合并与法定合并中的新设合并形式的目的是相同的,即最终结果都是组建了一家新的公司。但法定合并由于并不需要经过烦琐的解散和清算程序,因而比事实合并显然要简单得多。所以,法定合并实际上是公司法为简化程序而创设的一项公司合并制度,通过法定合并形式,既达到了合并目的,又节省了合并各方的人力、物力和时间。①

按照《公司法》第 218 条的规定,公司法定合并的形式可分为吸收合并和新设合并两种情况:

1. 吸收合并。是指一个公司吸收接纳其他公司,吸收方存续并扩大规模,被吸收方解散。后面谈到的狭义的公司兼并即为吸收合并形式。吸收合并在实践中还被称为"归并"。如果用一个公式来表示,就是"A + B = A"。在吸收合并中,被吸收接纳的公司可能是一个,也可能同时有几个。

根据合并公司的不同性质,吸收合并还可分为同类吸收合并和异类吸收合并,前者指发生在股份有限公司同类之间或者有限责任公司同类之间的吸收合并,后者指股份有限公司或者有限责任公司与其他类型公司的吸收合并,如一个股份有限公司与另一个有限责任公司的合并。无论是采取同类吸收合并还是异类吸收合并的方式,合并后存续的公司类型都可由合并当事人自主选择。

2. 新设合并。新设合并是指两个或两个以上的公司合并设立一个新的公司。如果用一个

---

① 参见毛亚敏:《公司法比较研究》,中国法制出版社 2001 年版,第 315 页。

公式来表示，就是"A + B = C"。新设合并的法律性质应当属于公司设立，只不过是一种特殊的公司设立而已。因此，新设合并行为除了要适用《公司法》关于合并的规定外，还应当适用《公司法》有关公司设立的法律规定。[①]

(四)实现公司合并的方法

实现公司合并的方法也就是公司合并采取的手段。根据我国有关法律法规规定和公司合并实践，实现公司合并的方法大致可分以下几种：

1. 购买股权法，即在吸收合并方式中，吸收方用本公司资金向被吸收方股东购买公司全部股权，然后解散被吸收方，将其全部吸纳进自己的公司。这一方法也即前述采取公司收购方式来实现的合并。

2. 股权置换法，即在吸收合并方式中，吸收方的股东用自己持有的其他公司的股权与被吸收方股东持有的全部股权相置换，然后解散被吸收方，将其全部吸纳进自己的公司。可见，股权置换法与购买股权法的不同点在于：后者是用公司资金购买股权，前者是两个公司的股东将自己持有的股权对调。

3. 吸收股权法，即在吸收合并方式中，被吸收方的股东将自己公司的净资产作为股金投入吸收方，从而成为吸收方的新股东，被吸收方解散。

4. 承担债务法，即合并后的存续公司通过承受被解散公司的全部资产和全部债务来实现合并的方法。这一方法在吸收合并和新设合并中均可采用，存续公司承受的被解散公司的债务和资产往往是基本等价的。

(五)公司合并的法律后果

合并作为一种法律行为，一经实施，必将产生一系列的法律后果：

1. 公司主体资格的消亡。无论采取哪种形式的合并，都会产生公司法人主体资格消亡的结果：在吸收合并中，被吸收的公司解散，主体资格消亡；在新设合并中，数个原有公司解散，宣告终止，主体资格消亡。

2. 合并后的公司类型。虽然可以由当事人自主选择，但按照《公司法》第 12 条规定，有限责任公司变更为股份有限公司，应当符合该法规定的股份有限公司的条件；股份有限公司变更为有限责任公司，应当符合该法规定的有限责任公司的条件。

3. 消亡公司的债权债务的移转。《公司法》第 221 条规定："公司合并时，合并各方的债权、债务，应当由合并后存续的公司或者新设的公司承继。"具体而言，采取吸收合并方式的，被吸收方的债权债务由吸收方承继；采取新设合并方式的，合并各方的债权债务由合并后的新公司承继。

4. 消亡公司的股权发生改变。采取前述不同方法来实现的公司合并，消亡公司的股权改变情况也有所差异。采取购买股权法的，消亡公司股东因获得对方支付的股权购买价款而丧失该部分股权，如果全部股权被购买，则丧失股东身份；采取股权置换法的，消亡公司股东丧失置换部分股权，如果股权被全部置换，则成为合并各方以外的其他公司的股东；采取吸收股权

---

① 下文论及的新设分立及派生分立而设立新的公司，与新设合并行为的法律性质相同，同属特殊的公司设立行为。

法的，消亡公司股东变更为存续公司的股东；采取承担债务法的，消亡公司股东因原公司资产和债务基本相等而可能丧失股东身份。

5. 原有的公司高层管理人员、各种专门人员及其他员工都将被调整安排，具体方案由合并协议或者新公司的股东会决定。

（六）调整公司合并的主要法律法规

正是由于公司合并涉及民事主体的变更、消灭，涉及公司组织形式和权利义务的变更，各国公司法都注重对公司合并进行规范。大多数国家是在统一的商法典或者公司法中作出规定而鲜有进行单独立法的情况，[①]而且大陆法系国家公司法是将合并与分立放到一起来规制的。我国也不例外，《公司法》第十一章对公司合并和分立作了总体性的规定，其他一些法律法规也有涉及公司合并的内容，除《民法典》《证券法》等法律之外，还有一些文件专门对公司合并作出规定，目前适用的行政法规、规章和规范性文件包括《全民所有制工业企业转换经营机制条例》[②]《国务院关于进一步优化企业兼并重组市场环境的意见》[③]《关于外国投资者并购境内企业的规定》[④]《关于做好公司合并分立登记支持企业兼并重组的意见》[⑤]《关于促进企业重组有关企业所得税处理问题的通知》[⑥]《外商投资企业合并与分立规定》[⑦]《上市公司重大资产重组管理办法》[⑧]等，此外，《最高人民法院关于审理与企业改制相关的民事纠纷案件若干问题的规定》（2020 年修正）等司法解释也有一些涉及公司合并的规定。

二、公司合并与相关概念辨析

（一）公司合并与公司联合

公司联合是公司相互之间的一种合作行为，根据联合的程度不同，可以分为股权式的联合和契约式的联合。在公司实践中，采取股权式联合的公司在组织形态上往往采取公司集团的形式。公司合并与公司联合具有相似之处，即都是两个或两个以上的公司间发生的法律行为，都具有合作和合同的性质。但二者也有明显的区别：首先，公司联合往往涉及众多的公司，就公司集团的联合形式来看，联合集团内部包括核心层、紧密层、半紧密层等这样处于不同层次的一批公司；而公司合并涉及的公司从数量上要少得多，实践中多为两个公司的合并。其次，公司联合既有契约联结的形式，也有股权联结的形式；而公司合并只采取契约联结的形式。最后，公司联合不产生参与联合的公司主体资格消灭的结果，即使采取公司集团形式的公司联合，集团成员依然保留着原来的法人主体资格；而公司合并则必然引起原公司主体的消灭，或

---

① 德国对合并、分立的法律规制有些例外。《德国 1994 年变更法》规定了经济企业主体的四种结构调整方式，包括合并、分立、资产转移和法律形式的转换。参见［德］托马斯·莱塞尔、［德］吕迪格·法伊尔：《德国资合公司法》（第 6 版），高旭军等译，上海人民出版社 2019 年版，第 985 页。

② 国务院令第 588 号，2011 年 1 月修订发布。

③ 国发〔2014〕14 号，国务院 2014 年 3 月发布。

④ 2009 年 6 月由商务部修改发布。

⑤ 2011 年 11 月由原国家工商行政管理总局发布。

⑥ 2014 年 12 月由财政部、国家税务总局联合发布。

⑦ 2015 年 10 月由商务部修正发布。

⑧ 2023 年 2 月由中国证监会修订发布。

是吸收合并中的被吸收方消灭,或是新设合并中的原公司消灭,从而产生由多个法人主体形成单一法人主体的结果。

(二)公司合并与公司兼并

“兼并”目前在认识上和法律上都还不是一个完全统一的概念,一般认为其具有狭义和广义之分。狭义的兼并即等同于合并中的吸收合并形式。因此,公司合并与狭义的公司兼并之间应当为属种关系,或者说后者应当包括在前者的内容之中。广义的兼并除了吸收合并的含义外,还有“控股”的意思。如《关于企业兼并的暂行办法》(现已失效)第1条规定:“本办法所称企业兼并,是指一个企业购买其他企业的产权,使其他企业失去法人资格或改变法人实体的一种行为……”其中,“企业失去法人资格”的兼并即吸收合并;而“改变法人实体”的兼并,则并不要求原企业丧失法人资格。可见,这里所称“兼并”与“吸收合并”并不能等同,二者最大的区别就在于前者的被兼并方包括了丧失法人资格和继续保留法人资格两种情况,而后者的被吸收方则不可能存在继续保留法人资格的情况。兼并采取保留法人资格的形式就是“控股”,在被兼并方法人主体资格不变的情况下取得对其的完全控制权。因此,公司合并与广义上的公司兼并在概念上既有交叉重合的部分,又有完全不相干的部分。

正是由于合并与广义上的兼并存在的差异,兼并不能完全纳入合并的形式之中,因此国外有的学者将合并与兼并统称为“并合”。[①]

(三)公司合并与公司收购

公司收购作为法律概念见于《证券法》,该法第四章即为“上市公司的收购”。这里所谓的“公司收购”,是指收购人通过购买目标公司的资产或者股权以实现对目标公司控股或者将其吸收合并的行为。由此可见,公司合并与公司收购在概念上也是既有交叉重合的部分,也有完全不同的部分。就交叉重合的部分看,以上市公司收购为例,在收购成功的情况下,如果收购公司将该目标公司解散,则按照《证券法》第76条的规定,属于公司合并,目标公司法人资格消灭,其原有股票由收购公司依法更换;就完全不同的部分看,如果收购人是公司,通过要约收购或者协议收购方式取得足以控制目标公司的股票但保留该目标公司法人资格,则收购公司与目标公司之间就不是合并关系,而是控股与被控股的母子公司关系。

在我国法律上,公司合并与公司收购通常有三点明显的区别:一是公司收购中收购方要向对方支付对价,而公司合并则可通过承担债务法整体接收被合并公司,合并方无须向对方支付对价。二是法律对公司收购的主体并无特别要求,除了被收购方为公司外,另一方主体可以是公司等企业法人组织,也可以是自然人(如管理层收购)、不具备法人资格的企业等;而公司合并的主体则仅限于公司。三是在通过要约和集中竞价交易等方式进行的上市公司收购中,收购人的交易对手方通常是不特定的,收购人遵守法定规则通过证券交易系统即可完成交易;而公司合并作为数个公司基于自愿的行为,在性质上属于公司之间的合同行为。

---

① 参见[美]罗伯特·W.汉密尔顿:《公司法概要》,李存捧译,中国社会科学出版社1999年版,第354页。

(四)公司合并与公司并购

并购又称为“购并”,在英文表述中是“兼并”和“收购”两个词的合称(merger and acquisition,M&A)。根据我国台湾地区的规定,并购系指公司之合并、收购及分割。[①] 由于兼并和收购的动机都是采取股权交易、收购委托书等方式来控制目标企业,因此习惯上将二者合称为并购。虽然并购目前在我国《公司法》、《证券法》和其他法律中均无直接规定,但是在有关政策文件中已经较为常见。此外,商务部 2009 年 6 月修改发布的《关于外国投资者并购境内企业的规定》第 2 条明确界定了并购的含义和种类。[②] 按照公司并购相当于兼并和收购合称的认识,公司合并与公司并购就是既有区别,也有交叉重合的公司行为。

(五)公司合并与公司接管

我国《公司法》没有规定公司接管这一制度,但在公司实践中却有公司接管事件的发生。就公司接管的定义而言,学界尚无定论。有学者认为,公司接管是指“当公司因纷争而陷入僵局导致公司利益已经或者正在或者可能遭受损失时,有关利害关系人可以申请法院实行接管”[③]。可见,公司接管主要是为保护公司利害关系人的权益所采取的一种救济手段。这种手段在我国《商业银行法》中有所体现,该法第 64 条规定,商业银行已经或者可能发生信用危机,严重影响存款人的利益时,国务院银行业监督管理机构可以对该银行实行接管。接管的目的是对被接管的商业银行采取必要措施,以保护存款人的利益,恢复商业银行的正常经营能力,被接管的商业银行的债权债务关系不因接管而变化。笔者认为,公司接管实际上是指由公司外部机关依法通过一定的程序接受出现重大危机的公司的经营管理权及财产的实际控制权,以保护该公司的利害关系人尤其是债权人的合法权益的行为。由于公司接管不涉及被接管公司的法人资格、性质及公司投资主体等的变更,显然不同于公司合并,但是二者也并非完全无关联,如公司被接管后被其他公司合并,则公司接管状态结束。

三、公司合并的程序

合并属于公司的重大法律行为,涉及公司的存续、公司股东和债权人的利益,因此各国(地区)公司法都对公司合并加以规制,设定较为严格的程序。我国《公司法》规定公司的合并程序主要包括以下内容。

(一)董事会制订合并方案

根据《公司法》第 67 条和第 120 条关于董事会职权的规定,制订公司合并方案属于董事

---

① 该规定中,“合并”与“收购”与《公司法》使用的相关概念基本同义;“分割”类似于公司法理上的“营业转让”,其原文表述为:分割:指公司依本“法”或其他“法律”规定将其得独立营运之一部或全部之营业让与既存或新设之他公司,作为既存公司或新设公司发行新股予该公司或该公司股东对价之行为。

② 具体内容为:该规定所称外国投资者并购境内企业,系指外国投资者购买境内非外商投资企业股东的股权或认购境内公司增资,使该境内公司变更设立为外商投资企业(“股权并购”);或者,外国投资者设立外商投资企业,并通过该企业协议购买境内企业资产且运营该资产,或外国投资者协议购买境内企业资产,并以该资产投资设立外商投资企业运营该资产(“资产并购”)。

③ 施天涛:《公司法论》(第 4 版),法律出版社 2018 年版,第 617 页。

会的职权之一。如果公司间有合并意向,首先应当由董事会拟订出相应的方案,方案获得通过后,提交股东会决定。鉴于合并是两个公司的行为,这里所说的董事会制订合并方案是指合并各方的董事会都要从事的行为。

(二)股东会作出合并决议

根据《公司法》第66条和第116条的规定,有限责任公司股东会作出合并决议,必须经代表2/3以上表决权的股东通过;股份有限公司股东会作出合并决议,必须经出席会议的股东所持表决权的2/3以上通过。根据《公司法》第172条和《企业国有资产法》第34条规定,国有独资公司由于不设股东会,公司的合并必须由履行出资人职责的机构决定;对于重要的国有独资公司、国有资本控股公司的合并,履行出资人职责的机构在作出决定或者向其委派参加国有资本控股公司股东会会议的股东代表作出指示前,应当报本级人民政府批准。

(三)简易合并程序

简易合并程序是指无须通过股东会的表决即可进行的合并,主要适用于控制公司对从属公司的吸收合并和小规模合并。2023年《公司法》修订参考借鉴了境外公司法的有关做法,①增加规定了简易合并程序。新《公司法》第219条规定,公司与其持股超过90%以上的公司合并,被合并的公司不需经股东会决议,但应当通知其他股东,其他股东有权请求公司按照合理的价格收购其股权或者股份。公司合并支付的价款不超过本公司净资产10%的,也可以不经股东会决议,但公司章程另有规定的除外;公司依照前述规定合并不经股东会决议的,应当经董事会决议。

(四)合并各方签订合并协议

公司的合并是一种合同行为,是当事人之间的一种合意。《公司法》第220条规定公司合并各方应当签订合并协议。可见,公司合并协议是要式合同,应当由合并各方在自愿平等和协商一致的基础上以书面形式签订,有的国家甚至还要求必须公证。

值得注意的是,从前述实现公司合并的方法来看,合并过程中涉及的合同关系包括了合并各公司之间的合同关系,存续公司与即将解散公司的股东之间的合同关系,存续公司的股东与即将解散公司的股东之间的合同关系。这就意味着,公司合并过程中的合同当事人包括了合并的各公司及其股东在内。由此产生的问题是:《公司法》第220条规定的"合并各方"究竟指谁?或者说"合并各方"是否应当包括合并各公司的股东在内?

根据《公司法》第220条原文并结合其他条文②的内容来看,《公司法》该条规定的"合并各方"显然是指合并的各公司而不包括合并各公司的股东。因此,无论采取哪种方法实现公司的合并,都必须由合并的公司而不能由该公司的股东来作为当事人签订合并协议。采取购买股权法、股权置换法或吸收股权法来完成公司合并时,必然存在双重合同关系,即除了公司

---

① 例如,《韩国商法典》第527条规定:在合并后存续的公司因合并而要发行的新股的总数超过该公司的发行股份总数的5%时,可以以董事会的承认来替代存续公司的股东大会的承认,属于小规模合并。对于控制公司对从属公司吸收合并之情形,各国和地区公司法一般要求控制公司拥有从属公司90%以上的股份时,才可适用简易合并程序。

② 如《公司法》第221条规定,公司合并时,合并各方的债权、债务,应当由合并后存续的公司或者新设的公司承继。

与股东、股东与股东之间要订立股权转让协议外,还必须由合并的公司各方作为当事人签订合并协议。

合并协议一般应当包括下列内容:(1)合并各方的名称、住所;(2)合并后存续公司或新设公司的名称、住所;(3)合并各方的资产状况及其处理办法;(4)合并各方的债权债务处理办法;(5)存续公司或新设公司因合并所发行的股份总额、种类和数量;(6)合并各方认为需要载明的其他事项。

在合并过程中,合并各方签订合并协议的时间应当如何确定,是在董事会和股东会作出决议之前签订,还是在董事会和股东会作出决议之后签订?根据前述关于合并协议应当由公司来签订的界定,签订合并协议属于公司行为,公司内部在认识没有统一的情况下一般是不可能从事这一行为的,但如果等到股东会通过合并决议后再签订合并协议,则又可能拖延合并时间。从公司实践情况看,董事会制订出合并方案就意味着公司内部认识的基本统一,此时合并各方便可着手签订合并协议,然后提交股东会通过。为了保证协议签订的严肃性和防止可能出现的意外,合并协议中可附合同生效条件,即加上"本协议经合并各方股东会通过后生效"的表述。

(五)处理债权、债务等各项合并事项

根据《公司法》第220条的规定,这一程序包括合并各方编制各自资产负债表和财产清单,自作出合并决议之日起10日内通知债权人,并于30日内在报纸上或者国家企业信用信息公示系统公告。

(六)向公司登记机关办理变更登记、注销登记或设立登记

根据《公司法》第34条和《市场主体登记管理条例》的有关规定,因合并而存续的公司,其登记事项发生变化的,应当申请变更登记。例如,公司合并可能引起注册资本总额的变更,一旦出现这一情况,就需要按照《公司法》的有关规定按照增资的程序修改公司章程,履行必要的变更登记手续。因合并而解散的公司,应当申请注销登记。因合并而新设立的公司,应当申请设立登记。

为了贯彻国家关于优化企业兼并重组市场环境的文件精神,有关政策文件要求公司登记机关为公司合并、分立时的登记提供便利,简化公司合并、分立的登记程序。如《关于做好公司合并分立登记支持企业兼并重组的意见》要求:"支持公司同时办理重组登记。因公司合并、分立申请办理公司登记,自公告刊登之日起45日后,申请人可以同时申请办理公司注销、设立或者变更登记。其中,不属于同一登记机关管辖的,相关登记机关应当加强登记衔接。需要层级衔接的,上级登记机关要主动协调;需要区域衔接的,先收到有关咨询、申请的登记机关要主动协调。"

四、公司合并无效

公司合并作为一种民事行为,如果缺少民事法律行为的生效要件,则合并应当无效。公司实务中也完全可能出现公司合并无效的情形,如合并协议无效或者被撤销,股东会关于合并的

决议无效或者被撤销等。但是,《公司法》却没有关于合并无效的规定。对合并无效的确认和处理,可以结合《公司法》其他相关规定,并适用《民法典》的有关原则和规定。《最高人民法院关于审理与企业改制相关的民事纠纷案件若干问题的规定》(2020 年修正)对解决企业出售和企业兼并无效的法律问题作了一些规定,如第 17 条、第 18 条、第 19 条分别是对确认企业出售合同不生效、企业出售行为无效以及撤销出售行为的规定。[①] 公司合并无效可以参照适用。

公司合并无效的请求权应当由谁来行使?从公司实务看,有权要求确认公司合并无效的主体应当包括合并原公司的股东、债权人、公司合并的审批机关。至于职工能否对其公司合并主张无效尚待研究。确认公司合并无效的程序应当以诉讼为唯一途径,通过法院行使司法审查权以防止合并无效之诉权被滥用。

五、公司合并中的相关主体利益保护

公司合并作为重大的法律行为,涉及公司内部及外部各相关主体的利益,《公司法》也必然会对相关主体的利益保护问题作出相应规定。

(一)股东利益保护

公司的合并会给股东利益带来较大的影响。这里所说的股东,包括了合并后存续公司和解散公司的股东。从前述合并实现的方法来看,解散公司的股东或是发生身份上的变更,成为存续公司的股东,或是因为得到相应的对价和解散公司的资产而丧失股东身份;存续公司股东也会因为公司权利义务关系发生变化而使自身利益受到不同程度的影响。有学者甚至认为,"合并给股东利益带来的影响比对债权人的影响更大"[②]。因此,股东利益的保护就成为公司合并中必须首先关注的重要问题。从我国《公司法》《证券法》的有关规定看,就此需要遵循的相关制度包括:

1. 信息披露。这主要是针对公司合并过程中可能出现的大股东"暗箱操作",操纵合并事项所作的法律规制,通过信息披露,也可以较好地防止合并时可能出现的大股东利用资本多数决制度漠视和损害中小股东利益行为的发生。这里的信息披露在《公司法》上主要体现为公司对全体股东尤其是中小股东的通知义务。按照《公司法》关于股东会召开的有关规定,通知或公告的方式由公司章程规定,其中,公开发行股份的公司应当采取公告的方式。对于采取不同程序合并的公司,在通知义务上还有一些差异:第一,就适用股东会决议程序的公司合并而言,公司应当依照《公司法》关于股东会召开程序的规定,在股东会召开前将股东会拟决议合并的事项以章程规定的方式通知到全体股东;第二,就不适用股东会决议程序的公司简易合并而言,公司按照《公司法》第 219 条第 1 款规定,"应当通知其他股东,其他股东有权请求公司按照合理的价格收购其股权或者股份"。至于这里的通知的具体期限,法律没有作出明确规定。根据《公司

---

① 《最高人民法院关于审理与企业改制相关的民事纠纷案件若干问题的规定》第 17 条规定:"以协议转让形式出售企业,企业出售合同未经有审批权的地方人民政府或其授权的职能部门审批的,人民法院在审理相关的民事纠纷案件时,应当确认该企业出售合同不生效。"第 18 条规定:"企业出售中,当事人双方恶意串通,损害国家利益的,人民法院在审理相关的民事纠纷案件时,应当确认该企业出售行为无效。"第 19 条规定:"企业出售中,出卖人实施的行为具有法律规定的撤销情形,买受人在法定期限内行使撤销权的,人民法院应当予以支持。"

② 陈丽洁:《公司合并法律问题研究》,法律出版社 2001 年版,第 41 页。

法》该条立法的精神，应当以不妨碍“其他股东”行使股东回购请求权为判断标准，只要通知没有影响“其他股东”正常行使回购请求权，就可以视为公司履行了法定的通知义务。

根据公众公司存在大量社会公众股东且股票流动性强的现实，为了更好保护中小投资者利益，防止大股东滥用权利，《证券法》对公众公司合并的信息披露作出较非公众公司更为严格的规定。公众公司履行的信息披露义务不仅涉及股东会召开的通知程序，还涉及一些特殊的程序。例如，《证券法》第77条第2款规定，上市公司分立或者被其他公司合并，应当向国务院证券监督管理机构报告，并予公告；第80条规定，上市公司和新三板挂牌公司作出合并、分立的决定，属于可能对公司的股票交易价格产生较大影响的重大事件，投资者尚未得知时，公司应当立即将有关该重大事件的情况向国务院证券监督管理机构和证券交易场所报送临时报告，并予公告，说明事件的起因、目前的状态和可能产生的法律后果。

另外，根据《到境外上市公司章程必备条款》第149条的规定，到境外上市公司的合并决议的内容应当作成专门文件，供股东查阅。对到香港上市公司的境外上市外资股股东，前述文件还应当以邮件方式送达。

2. 股东股份回购请求权。股东股份回购请求权包括异议股东回购请求权和其他股东回购请求权。根据2023年修订的《公司法》新增的简易程序规定，简易程序中的其他股东回购请求权与异议股东回购请求权一样，其立法主旨都在于保护公司合并、分立过程中的中小股东利益；其他股东回购请求权与异议股东回购请求权的不同在于其行使不以股东对合并、分立的股东会决议投反对票为前提。详见本节后面的专题讨论。

3. 其他保障性法律制度。《公司法》对公司合并中对股东特别是中小股东利益的保障，除了前述的信息披露和股东股份回购请求权外，还在不少条文中有所体现，具体可分为三个方面内容：第一，赋予股东在合并过程中的合法权益，包括实体权益和正常程序性权利，如关于公司合并决议须由股东会复杂多数通过的规定，实际上等于是赋予股东对该决议有条件的否决权；第二，规定董事和控股股东的诚信义务，表决权排除制度等；第三，规定股东权益受到侵害时的法律救济制度，如第190条关于股东直接诉讼的规定。

（二）债权人利益保护

公司合并的行为涉及公司主体的变更、解散公司债权债务的归并和转移、存续公司对原多个主体的债权债务的承继等，合并除了对公司本身和股东的影响外，还在很大程度上涉及债权人的利益。《公司法》对公司合并中债权人利益保护作出了相应的规定，涉及的主要内容有：

1. 对债权人的告知制度。对债权人的告知制度是指在合并过程中合并各方有义务向债权人告知合并事实及债权人享有的权利的法律制度。这一制度从另一角度看，即债权人享有的了解合并情况的知悉权。在此基础上，一些大陆法系国家的公司法不仅规定了合并的公司对债权人告知的义务，而且具体规定了向债权人告知的内容，包括债权人的异议申诉权、合并决议或合并方案等，还规定了告知的具体形式、告知的时间、告知的效力等。[①] 我国《公司法》第

---

① 如《德国股份法》第347条第1款规定，公司合并登记后要将合并登记进行公告；《意大利民法》第194条规定，合并决议后，各公司必须出示合并决议且债权人可以在一定期间内提出异议；《法国商事公司法》第255条规定，公司合并方案由合并各方在各自总机构所在省的法定公告报纸上予以公告。

220 条规定,公司应当自作出合并决议之日起 10 日内通知债权人,并于 30 日内在报纸上或者国家企业信用信息公示系统公告;债权人自接到通知之日起 30 日内,未接到通知的自公告之日起 45 日内,可以要求公司清偿债务或者提供相应的担保。《公司法》第 255 条还规定了公司未依法通知或者公告债权人的行政责任。

需要注意的是,《民法典》规定了债权人发生合并、分立时告知债务人的制度,其第 529 条规定:"债权人分立、合并或者变更住所没有通知债务人,致使履行债务发生困难的,债务人可以中止履行或者将标的物提存。"

2. 债务法定转移制度。如果参与合并的公司未清偿合并前的债务,按照《公司法》第 221 条规定,由合并后存续的公司或者新设的公司自动承担该未清偿的债务,这就是公司合并的"债务法定转移制度"。之所以将公司合并中的债务变更称为"法定转移",主要是基于与普通债务转移相区别的考虑。按照《民法典》的有关规定,普通债务转移须经债权人同意方能成立;[①]而公司合并中的债务转移则无须经债权人同意即可成立。其之所以如此,主要是因为公司合并后其财产或偿债能力并没有因合并行为的发生而有实质性的减少或降低,因此,该债务的自动转移并不会损及债权人利益。

3. 债权人请求权行使制度,即债权人依法要求公司在合并前清偿债务或提供债务担保的制度,也称债权人异议制度。这是《公司法》为保护债权人利益专门设计的一项制度。根据《公司法》第 220 条的规定,债权人在公司作出合并通知或公告后的法定期限内"可以要求公司清偿债务或者提供相应的担保"。

债权人要求公司清偿债务或者提供相应担保的请求权是否具有阻却公司合并行为的效力?我国《公司法》在 2005 年修订前曾对此持肯定的态度,规定如果债权人要求合并的公司清偿债务或者提供相应的担保,而债务人"不清偿债务或者不提供相应的担保的,公司不得合并"。[②] 这一规定被视为公司合并中对债权人最有力的法律保护措施。但该规定也存在明显的缺陷,最主要的就是与前述公司合并之债务法定转移制度相冲突。另外,公司合并是其实现资本优化组合从而提高运作效率的经营手段,如果债权人请求具有阻却公司合并的效力,很可能成为公司合并不可逾越的法律障碍。基于平衡保护债权人利益与提高公司效率二者关系的考虑,2005 年修订的《公司法》对原法作出了修改,规定公司债权人只具有要求合并的公司清偿债务或者提供债务担保的权利,删除了原法中关于债权人请求可以阻却合并进行的内容,从而较好地兼顾了债权人利益和公司效率二者的关系。2023 年《公司法》修订仍然维持了这一修改。如果在合并过程中,公司对债权人提出的清偿债务或提供债务担保的请求不予理会,尽管公司合并程序可以继续进行,但该项债务并不能免除,公司合并后,债权人可依照《公司法》第 221 条的规定来行使自己的权利,即向"合并后存续的公司或者新设的公司"主张债权。

(三)公司职工权益保护

与股东和债权人一样,职工也是公司合并中应当着重保护的利益群体,从某种角度上看,

---

① 《民法典》第 551 条规定:"债务人将债务的全部或者部分转移给第三人的,应当经债权人同意。债务人或者第三人可以催告债权人在合理期限内予以同意,债权人未作表示的,视为不同意。"

② 2005 年修订前的《公司法》第 184 条第 3 款规定:"……债权人自接到通知书之日起三十日内,未接到通知书的自第一次公告之日起九十日内,有权要求公司清偿债务或者提供相应的担保。不清偿债务或者不提供相应的担保的,公司不得合并。"

职工利益比前两者更容易受到伤害。保护职工的合法权益被视为公司应当履行的一种社会责任。新《公司法》第1条关于立法目的和第20条关于公司社会责任的规定中,都增加了公司职工利益的内容。在公司合并、分立中,如果不能有效地保护职工利益,往往容易引起社会局部甚至较大范围的动荡,许多国家对合并、分立过程中公司职工的权益问题有相应的法律保护措施。我国作为社会主义国家,应当对此给予更多的关注。从《公司法》及其相关法规等的规定来看,有关公司合并、分立中的职工利益保护的内容主要体现在以下两方面:

1. 职工对公司作出合并、分立决议有建议权和监督权。《公司法》第17条第3款规定:"公司研究决定改制、解散、申请破产以及经营方面的重大问题、制定重要的规章制度时,应当听取公司工会的意见,并通过职工代表大会或者其他形式听取职工的意见和建议。"可见,该款一方面规定了公司的义务,另一方面则是赋予了公司职工可以对公司重大问题提出意见和建议的权利。这里的"改制、解散、申请破产以及经营方面的重大问题"应当包括公司合并、分立这类重大的公司行为在内。

2. 劳动合同关系的继受与职工安置。对于公司合并、分立中劳动合同关系的继受与职工安置的问题,《公司法》第16条第1款关于"公司应当保护职工的合法权益,依法与职工签订劳动合同,参加社会保险,加强劳动保护,实现安全生产"的规定属于原则性的规范,一些法规、规范性文件等对职工安置有较为具体的规定,例如,《全民所有制工业企业转换经营机制条例》第39条第3款规定,"企业合并的,职工由合并后的企业或者兼并企业安置",在确定资产转让价格时要考虑这一因素。《国务院关于进一步优化企业兼并重组市场环境的意见》第12条规定,进一步做好职工安置工作,落实完善兼并重组职工安置政策;实施兼并重组的企业要按照国家有关法律法规及政策规定,做好职工安置工作,妥善处理职工劳动关系;地方各级人民政府要进一步落实促进职工再就业政策,做好职工社会保险关系转移接续,保障职工合法权益;对采取有效措施稳定职工队伍的企业给予稳定岗位补贴,所需资金从失业保险基金中列支。由此可见,法规、规范性文件等的现有规定主要涉及妥善安置职工的问题,并未就劳动合同关系的继受作出明确的规定。

关于劳动合同关系的继受,学者们普遍认为,劳动合同关系与公司的一般债权债务关系不同,它具有一定的身份属性,因此在公司合并、分立中完全套用一般债权债务关系的概括继承是不合适的,尤其是在公司分立的情形下。《民法典》第67条对法人合并和法人分立的权利义务的承担分为两种不同的情况:"法人合并的,其权利和义务由合并后的法人享有和承担";"法人分立的,其权利和义务由分立后的法人享有连带债权,承担连带债务,但是债权人和债务人另有约定的除外"。《民法典》的规定表明:第一,合并与分立二者在权利义务承担上是有差异的;第二,分立的情形下,权利义务承担还可以由当事人约定。有学者认为,公司债权和债务不包括劳动债权和劳动债务,因为劳动者与公司之间缔结的劳动契约不同于其他一般的民事契约,它所确立的是一种具有财产因素与人身因素的内部劳动关系,并非一种外部债权债务关系。[①] 也有学者认为,劳务债务与劳务请求权,均具有专属性,非经雇佣人或受雇人同意,不得任意使第三人代服劳务或将劳务请求权让与第三人。[②] 劳动合同引起的金钱债务自然可以

---

① 参见侯玲玲:《我国企业重组中的劳动合同继承问题研究》,载《华东政法大学学报》2008年第6期。

② 参见陈俐茹:《解析公司分立之职工保护》,载《比较法研究》2007年第4期。

适用概括继受原则，但由于劳动合同具有人身属性，并且公司分立的特征之一在于主体的增加，劳动者在公司分立的情况下不可能归属两家公司，简单的“概括继受”原则只能回答劳动者的劳动合同不能因为公司分立而终止的问题，但并不能真正解决公司分立时劳动者的劳动合同到底由哪家公司来继续执行的问题。《劳动合同法》（2012 年修正）第 34 条规定：“用人单位发生合并或者分立等情况，原劳动合同继续有效，劳动合同由承继其权利和义务的用人单位继续履行。”根据前述《民法典》第 67 条的立法精神，在公司分立的情况下，可允许当事人在公司分立时按照意思自治的原则，自行约定劳动合同的继受。分立后的公司可以依照其实际情况与分立前的公司劳动者遵循平等自愿、协商一致的原则变更或重新签订劳动合同。此种情况下的重新签订劳动合同视为原劳动合同的变更。

劳动合同的继受不仅关系到职工的实体权利，而且也涉及程序方面的权利。2021 年 1 月 1 日施行的《最高人民法院关于审理劳动争议案件适用法律问题的解释（一）》第 26 条规定：“用人单位与其他单位合并的，合并前发生的劳动争议，由合并后的单位为当事人；用人单位分立为若干单位的，其分立前发生的劳动争议，由分立后的实际用人单位为当事人。用人单位分立为若干单位后，具体承受劳动权利义务的单位不明确的，分立后的单位均为当事人。”

六、公司合并的税收优惠

由于公司合并有助于一国或地区的企业做大做强，增强在国际上的竞争力，因此各国或地区对公司合并都持鼓励和支持的态度，这种鼓励和支持在合并实践中的重要体现就是从制度和政策上给予公司合并的税收优惠。例如我国台湾地区的“企业并购法”就专设“租税措施”一章，对企业并购的税费优惠规定了多种措施。该“法”第 34 条规定，公司进行合并、分割者，所书立之各项契据凭证一律免征印花税；取得不动产所有权者，免征契税；应纳之证券交易税一律免征；其移转货物或劳务，非属营业税之课征范围；公司所有之土地，经申报审核确定其土地移转现值后，即予办理土地所有权移转登记。其依“法”由原土地所有权人负担之土地增值税，准予记存于并购后取得土地之公司名下；该项土地再移转时，其记存之土地增值税，就该土地处分所得价款优先于一切债权及抵押权受偿。

我国对包括公司合并在内的企业兼并重组实行税费优惠的态度是非常明确的。《国务院关于进一步优化企业兼并重组市场环境的意见》要求，税务部门要完善企业所得税、土地增值税政策；修订完善兼并重组企业所得税特殊性税务处理的政策，降低收购股权（资产）占被收购企业全部股权（资产）的比例限制，扩大特殊性税务处理政策的适用范围；抓紧研究完善非货币性资产投资交易的企业所得税、企业改制重组涉及的土地增值税等相关政策。该意见还提出，企业通过合并、分立、出售、置换等方式，转让全部或者部分实物资产以及与其相关联的债权、债务和劳动力的，不属于增值税和营业税征收范围，不应视同销售而征收增值税和营业税。税务部门要加强跟踪管理，企业兼并重组工作牵头部门要积极协助财税部门做好相关税收政策的落实。

七、公司合并中的反垄断法规制

市场经济中，公司合并往往是公司规模扩张的必由之路，能够迅速地集中资本，降低成本、提高效率以增强市场竞争力，对提高产品的市场占有率和知名度也大有裨益。因此，公司自主合并乃企业发展和市场经济发展的正常现象,也为法律所容许,但公司从追求利润最大化动因出发也可能会通过合并来谋求垄断。从社会整体来看,公司合并形成的垄断如果超过一定限度,则可能限制甚至排除正常竞争,危害一国市场经济秩序,尤其是跨国公司的合并对国内市场形成的过度垄断将危及一国民族产业乃至国家主权。有鉴于此,各国法律结合本国具体经济制度与法律传统,对公司合并作了不同程度的限制和特别要求,而且在实现程序上也有较系统的规定。通观各国做法,对于公司合并中可能出现的垄断行为,基本是通过公司法之外的其他法律来规制的。① 为了对公司合并进行反垄断控制,需要了解公司合并的有关情况,这就要求通过一定程序对可能引起垄断、限制竞争的合并进行审查。因此,不少国家建立了公司合并的申报、审查法律制度。有申报义务的企业向反垄断执法机构申报其合并意向后,合并审查程序即开始。反垄断执法机构按照法律规定的程序,在规定的期限内决定是否批准该合并。如果合并违反了法律有关实质性标准,反垄断执法机构就可以禁止该合并事实的发生。

我国2022年修正的《反垄断法》第3条界定的垄断行为包括"具有或者可能具有排除、限制竞争效果的经营者集中",而第25条规定的经营者集中首要的就是"经营者合并"的情形。如果公司合并达到国务院规定的经营者集中申报标准,合并者应当事先向国务院反垄断执法机构申报,未申报的不得实施合并。申报文件提交后,由国务院反垄断执法机构进行审查。如果公司合并导致的经营者集中具有或者可能具有排除、限制竞争效果,国务院反垄断执法机构应当作出禁止经营者集中的决定;但是,经营者能够证明该合并导致的经营者集中对竞争产生的有利影响明显大于不利影响,或者符合社会公共利益的,国务院反垄断执法机构可以作出对经营者集中不予禁止的决定。国务院反垄断执法机构应当将禁止经营者集中的决定或者对经营者集中附加限制性条件的决定,及时向社会公布。外资并购境内企业或者以其他方式参与经营者集中,涉及国家安全的,除依照《反垄断法》规定进行经营者集中审查外,还应当按照国家有关规定进行国家安全审查。《反垄断法》这些规定,在《关于外国投资者并购境内企业的规定》对外国投资者并购境内企业的规定中也有体现,如该规定第3条规定:"外国投资者并购境内企业应遵守中国的法律、行政法规和规章,遵循公平合理、等价有偿、诚实信用的原则,不得造成过度集中、排除或限制竞争,不得扰乱社会经济秩序和损害社会公共利益,不得导致国有资产流失。"

八、公司合并、分立时的股东回购请求权

《公司法》关于股东回购请求权的规定涉及多种情形,公司合并、分立时的股东回购请求权只是其中的情形之一。② 鉴于公司合并和公司分立两种场景下的股东回购请求权涉及的问

---

① 例如,美国对合并进行规制的法律主要为《谢尔曼法》、《克莱顿法》和《兼并指南》。其中1914年颁布的《克莱顿法》第7条就是专门针对合并作出的规定。该条规定,禁止任何人获得他人的股份,如果该获得行为将实质削弱竞争,或在任何产品市场、地域市场可能导致垄断。之后该法经过修订,增加了大企业合并事前申报制度的规定,成为美国规制企业合并的最重要的法律。德国自1957年颁布《反对限制竞争法》以来,到1998年共进行了6次修订,在修订中增加了许多有关企业合并的内容,该法与欧共体企业合并的规制法的共同适用,对遏制合并中可能出现的垄断发挥了重要作用。1990年欧共体理事会颁布了《欧共体企业合并控制法》,该法适用于欧共体成员国。日本对公司合并反垄断规制的主要法律是《关于禁止私人垄断和确保公正交易的法律》,之后又进行了多次修改,加强了对公司合并的规制的内容。

② 《公司法》第89条、第161条、第162条、第219条规定的股东回购请求权可归纳为5种情形:(1)公司连续5年不向股东分配利润,而公司该5年连续盈利,并且符合《公司法》规定的分配利润条件;(2)公司转让主要财产;(3)公司章程规定的营业期限届满或者章程规定的其他解散事由出现,股东会通过决议修改章程使公司存续;(4)公司的控股股东滥用股东权利,严重损害公司或者其他股东利益;(5)公司合并、分立。

题基本相同,因此笔者将两种场景下的股东回购请求权统一集中到本部分来讨论。

(一)合并、分立时股东回购请求权的两种情形

根据《公司法》的相关规定,公司合并、分立时的股东回购请求权是指对股东会作出的公司合并或分立决议持异议的股东或符合法定事由的股东,可以请求公司以公正价格收购自己所持股份的权利。据此可以将合并、分立时的股东回购请求权划分为两种情形:一是异议股东的回购请求权,在此情形下,股东回购请求权的行使须以对股东会决议“投反对票”或以其他方式表示异议为前提;二是法定事由下的股东回购请求权,该情形与前一情形的不同之处在于:股东回购请求权的行使不需要对股东会决议投反对票或以其他方式表示异议,只要法律规定的事由出现,股东就可以请求公司回购自己的股份。[①] 这里的法定事由是指《公司法》第219条第1款规定的适用简易合并程序的情形。法定事由下的股东回购请求权是2023年《公司法》修订时新增的内容,这种无须以股东持有异议为前提就可要求公司回购自己股份的法定事由还包括《公司法》第89条第3款规定的受控股股东滥权压制的情形,只是该事由并不属于公司合并、分立时的情形。尽管本书第九章第五节关于“股份回购”的讨论涉及股东回购请求权的内容,但由于该内容只属于股份回购涉及的诸多问题之一,回购请求权也并非只发生于公司合并、分立时的情形,而且2023年修订的《公司法》又对合并、分立中股东回购请求权的特别问题增加了新的规定,因此有必要在此对合并、分立时的股东回购请求权作更为详细的讨论。

(二)股东回购请求权的制度价值

公司作为资本型企业,重大事务的决定必须按照资本多数决的原则来作出,这就不可避免地出现以大股东意志为公司意思表示,中小股东意志受到漠视、压制甚至剥夺的情况。当出现这一情形时,法律通过赋予中小股东回购请求权,让其取得公司对其所持股份以公正价格购买的回报,在不动摇资本多数决原则的前提下,使中小股东能够通过其他渠道来伸张其受到压制的权利,体现了公平正义的精神。因此,股东股份回购请求权作为公司团体人格下对于资本多数决制度的纠偏机制之一,可以保护中小股东免受大股东的不当控制,通过提供退出机制,实现其正常的私法上的自由(例如投资自由、退出自由),具有显著的制度价值。基于公司合并、分立对股东利益的影响,许多国家(地区)公司法有关于股东回购请求权的具体规定。[②] 我国《公司法》也不例外,除了在“有限责任公司的股权转让”和“股份有限公司的股份发行和转让”两个专章中有规定外,还在公司合并、分立的专章规定中再次涉及。从这些规定看,无论

---

① 对此情形还有一种解释是:股东基于简易合并事由行使回购请求权的行为也可以视为对合并表达异议的一种方式,只是这种异议没有采取“投反对票”的形式。

② 《美国标准商事公司法》第十三章为“评估权”,其中,对股份收购请求权的适用范围、主体资格、权利内容、行使程序、司法评估等问题作了详细规定。美国《特拉华州普通公司法》第262条规定,反对合并的股东可以行使股份买回请求权;公司必须在合并承认大会前20天,通知拥有买回请求权的各位股东该权利的存在;行使该权利的股东,必须在合并承认大会前书面向公司提出买回请求,并在承认大会上对合并投反对票;异议股东可以在合并生效之日起20日内,向衡平法院请求决定股票价格,由法院对股票价格做出公正裁决。《日本公司法》第797条规定,在进行吸收合并等的情形下,反对股东可请求存续股份有限公司等以公正价格收购自己持有的股份。第798条规定,在有股份收购请求的情形下,就股份价格的决定,股东与存续股份有限公司等达成协议的,在生效日后的60日内,该存续股份有限公司等须予以支付。就股份价格的决定,在生效日后的30日内未达成协议的,在该期间届满后的30日内,股东或存续股份有限公司等可向法院提出决定价格的请求。《欧共体公司法》第3号指令规定,特殊合并(简易合并、全资或准全资子公司的合并)中,消灭公司的少数股东可以对存续公司行使股份回购请求权;在此情况下,其有获得与股票价值等价的补偿的权利;对这种等价补偿达不成一致时,经由法院裁决。

是异议股东回购请求权还是法定事由下的股东回购请求权，都具有鲜明的保护公司中小股东利益的立法价值取向。

（三）合并、分立时股东回购请求权的行权要点

1. 法定事由下的股东回购请求权的行权要点

由于股东行权的前提为法定事由，因此在适用时需要以法定事由的认定为重心：

（1）法定事由即法律规定的场景，如果缺少这一场景，则股东不能行权。《公司法》第 219 条第 1 款规定的法定事由包括两个方面的内容：一是出现“公司与其持股百分之九十以上的公司合并”的情形；二是该情形出现后简易合并程序已经启动，被合并公司虽然无须以股东会决议，但应当履行通知其他股东的义务。缺少两项内容中任何一个，都不符合该法定事由的要求。

（2）法定事由只发生于公司合并情形，《公司法》对公司分立没有类似的规定。这意味着公司分立时如果股东意欲行使回购请求权，必须适用《公司法》关于异议股东回购请求权的行权规定。在这个意义上，可以将《公司法》上关于异议股东回购请求权的规定视为一般法规定，将包括合并、分立情形在内的法定事由下股东回购请求权规定视为特别法规定。

2. 异议股东回购请求权的行权要点

（1）关于“投反对票”与“持异议”的差异。关于异议股东回购请求权，从概念上看，“异议”显然是股东回购请求权成立和股东行权的前提。《公司法》对于合并、分立情形中的股东“异议”有两种不同的表述：一是第 89 条第 1 款第 2 项将有限责任公司的情形表述为“对股东会该项决议投反对票”；二是第 162 条第 1 款第 4 项对股份有限公司的情形表述为“对股东会作出的公司合并、分立决议持异议”。由于两个法条表述上的不同，两类公司的股东回购请求权的行权前提也有了差异：有限责任公司股东行权以对股东会决议“投反对票”为前提，股份有限公司股东行权以对股东会决议“持异议”为前提。这里的“投反对票”与“持异议”不能等同。笔者在本书第九章第五节关于“股份回购”的讨论中曾涉及对该问题的认识。概括而言，“投反对票”仅为表达“持异议”的方式之一；“持异议”并非必须采取“投反对票”的方式，其他如口头表示反对或直接向公司提起回购请求也可以认为是“持异议”的方式。根据股票流通性强的属性，在异议股东回购请求权的行权条件上，股份有限公司应当比有限责任公司更为宽松。

（2）适用主体的范围。这里的适用主体包括异议股东股份回购请求权的权利主体和相对的义务主体。就权利主体来看，大致有两种不同的认识：一是异议股东回购请求权仅适用于合并后消灭公司的股东，其立法依据为消灭公司的股东在公司合并中是利益受影响最大的主体；二是异议股东回购请求权不仅适用于合并后消灭公司的股东，也适用于存续公司的股东，其立法依据为公司合并对合并各方的股东的利益都会产生重大影响，公司合并需要合并各方股东会通过决议，因此，理应对各方股东都赋予回购请求权。从《公司法》关于合并的规定看，将回购请求权的权利主体界定为合并各方的股东更符合立法原意和公司合并实践需要。

就义务主体来看，按照《到境外上市公司章程必备条款》第 149 条的规定，原则上应当是该异议股东所属的公司，但也可以是同意公司合并方案的股东。也就是说，异议股东行使股份回购请求权时，既可以由公司来购回异议股东持有的股份，也可以由同意公司合并的股东来受

让异议股东持有的股份。

(3)请求权实现的程序。异议股东回购请求权具有形成权的属性。法律赋予异议股东回购请求权并不等于权利的实现,如果请求权不能实现还需要必要的法律救济程序来保障。根据《公司法》的有关规定,异议股东回购请求权的实现程序包括非诉讼程序和诉讼程序两种情况:

第一,非诉讼程序。如果公司合并开始启动,大致包括如下内容:其一,公司向股东发出可以行使异议权的通知,告知股东享有该权利。其二,股东对股东会决议表示异议(包括"投反对票"和采取其他"持异议"的形式)后,向公司提出回购其股份的请求。其三,公司与异议股东就回购股份的价格进行协商并达成一致意见;如果合并发生于上市公司,异议股东请求回购的股份为上市股票,则以股市价格作为股份回购的价格。其四,公司向异议股东支付股款,异议股东将股份交付公司。

第二,诉讼程序。如果公司与异议股东不能就回购的股份价格达成一致意见,则需要通过诉讼程序来解决。诉讼程序也称评估补偿的诉讼,即由法院来对回购股份价格作出裁决。《公司法》第 89 条对股东提起诉讼规定了相应的除斥期间,如果股东自股东会决议作出之日起 90 日内没有向人民法院提起诉讼,股东享有的寻求司法救济的实体权利即归于消灭。值得指出的是,《公司法》第 89 条规定的司法救济权效力仅及于有限责任公司,而对第 162 条第 1 款第 4 项关于股份有限公司股份回购中相同情形的股东则没有作出同一的规定。这应当属于《公司法》出现的法律漏洞,可考虑在实践中根据立法精神采取"类推适用"的方法来解决这个问题。

(4)股份回购请求权的效力。异议股东的回购请求权具有形成权的性质。正是基于《公司法》第 89 条规定了股份回购请求权可以通过司法程序得以实现的内容,当公司不履行"按照合理的价格收购其股权"的法定义务时,异议股东可以向法院起诉,由法院帮助其实现请求权内容。在这个意义上,回购请求权被赋予了形成权的内涵,意味着异议股东依单方意思表示就能在公司与自己之间产生回购法律关系。一旦异议股东向公司提出股份回购的请求,该股东与公司之间的股份买卖合同关系即成立,而并不受公司承诺与否影响。

股份回购请求权在一定情况下会丧失效力:第一,公司因一定事由终止合并时,股东已经提起的股份回购请求权丧失效力;第二,股东在法定的期限内没有行使股份回购请求权;第三,股东没有按照法律要求向法院提起诉讼;第四,股东在提出回购请求后,提交股票换取现金对价之前将股票出卖给他人;第五,在规定的期限内向公司提交收回股份回购请求,接受公司合并的书面意见。①

(5)回购股份的定价。股份回购中的价格是回购请求权实现的核心内容,因此,股份回购请求权又被称为评估权。评估的意义就在于保证股份回购的价格是公允的。股份回购非常类似于合同订立过程中的要约和反要约,本质是等价交换。按照目前主观价值论的观点,其是一种主观平等,即正常交换成立的前提都是交换参加者对拟让渡之物的估价小于对所获之物的

① 参见陈丽洁:《公司合并法律问题研究》,法律出版社 2001 年版,第 68 页。

估价。[①] 对于上市公司而言,由于有一个公开市场,因此对于其定价有一个较为公平的参照。对于非上市的股份,由于并不限制转让,且我国现在也有越来越多的场外交易市场允许挂牌交易,因此大部分公司也有公允价格可以参照,而确实没有价格参照的公司,可以按照《公司法》第89条规定,由公司与异议股东在60日的期限内进行价格谈判,从而保障双方的交换正义。由于公司与中小股东在议价能力上的差异,如果任由双方谈判来确定价格,完全可能会出现价格低估或因公司在议价上的优势地位而强制股东以低价交易的情形。因此,股东可以在法定的期限内向人民法院寻求司法救济。法院在审判时可依据原告和被告双方所提供的证据来综合进行判断,也可借助第三方中介机构的评估报告来作出公允交易价格的判决。

第二节 公司分立

一、公司分立的含义

(一)公司分立的法律特征

分立是指公司依照法定条件和程序分成两个或两个以上具有独立法人资格的公司的行为。从公司法意义上看,公司分立具有以下法律特征:

1. 公司分立是在原有公司基础上的"一分为二"或"一分为多",形成数个独立的企业法人,它相对公司合并来说恰好是反向操作,是将一家公司的资产和负债分割给两个或两个以上的存续公司,原公司与分立后的公司之间、分立后公司相互之间,既无公司内部的总公司与分公司的管理关系,也不是企业集团中成员相互间控股或参股的关系,而是彼此完全独立的法人关系。这使公司分立与公司为拓展经营而设立子公司或分公司的行为有了明显的区别。

2. 公司分立是公司组织法定变更的一种特殊形式。就原公司"一分为二"或"一分为多"而言,原公司经过解散清算程序后,在公司消灭基础上又设立起两个或两个以上的新公司也可以达到公司分立的结果,但这并非公司法意义上的分立。前者是两个独立的法律行为,而公司的分立是一个连续的法律行为。公司分立不是公司的完全解散,无论是新设分立还是派生分立,均无须经过清算程序而直接在原公司基础上成立两个或两个以上公司。有学者因此将公司分立概括为"一家公司不经过清算程序,分设为两家以上公司的法律行为……不管分立前的公司是否解散,分立前公司的股东仍享有在存续公司或新设公司中的股东资格"[②]。在这个意义上,公司分立是法律设计的一种公司变更的简化程序,使公司在无须消灭的情况下低成本实现了"一分为二"或"一分为多"。公司分立是公司组织法定变更的特殊形式。

3. 公司分立是依照法定的条件和程序来进行的行为。由于公司分立将会引起分立前公司主体及其权利义务的变更,而且也必然涉及与相关主体的利益,为了保护各方主体利益,分立行为必须严格依照公司法规定的条件和程序来进行。

---

① 参见徐国栋:《民法基本原则解释——以诚实信用原则的法理分析为中心》(增删本),中国政法大学出版社2004年版,第4页。

② 刘俊海:《现代公司法》(第2版),法律出版社2011年版,第594~595页。

(二)公司分立的相关概念辨析

1. 公司分立与公司转投资。公司分立与公司转投资有些相似,公司在对外投资设立子公司的情形下,不仅具有一分为二(多)的特点,而且两个公司均有独立的公司人格,似乎与公司分立相同,但二者存在如下区别:第一,从公司决策程序看,公司分立的股东会决议须由 2/3 以上复杂多数通过,而公司转投资的股东会决议则只需过半数普通多数通过。第二,从公司注册资本上看,公司分立须将原公司的注册资本进行分割,原公司无论是否存续,其注册资本都将发生减少;而公司转投资则无须减少注册资本即可实现一分为二(多),这也是转投资被认为存在合法虚增注册资本的特点的原因所在。第三,从股权归属上看,公司分立后,分立后的各公司原则上不存在相互持股或控股的关系,而公司转投资后则会成为接受其投资之公司的股东或控股股东。第四,从债务承担规则上看,分立后存续的公司须连带承担原公司分立前的债务,而公司转投资的被投资公司则不承担其股东的债务。①

2. 公司分立与公司资产剥离。"资产剥离"是在一些涉及企业资产重组的法规性文件和司法解释中出现的概念,是指企业在资产重组过程中对企业资产采取的组合或处置方式。由此可见,公司分立与资产剥离虽然都可能存在对公司资产的一分为二(多)的情形,但在法律性质上却有区别:第一,公司分立是针对主体的分解行为,属于主体变更;而资产剥离是针对客体的分解(分割)行为,属于财产的转移。在这个意义上,公司分立主要是从主体角度来抽象的概念,而资产剥离主要是从客体角度来抽象的概念。第二,公司分立时往往需要采取资产剥离的方式,但这并非唯一方式,如公司还可以通过对营业的分割,即营业转让的方式来实现分立。因此,资产剥离也可以说是公司分立的手段之一,但不能反过来讲公司分立是资产剥离的手段。公司分立时采取资产剥离方式常常会构成对原公司的减资。

3. 公司分立与营业转让。虽然我国法律上还没有营业转让的概念,但学者们却基于包括《民法典》在内的民商事法律对"营业"的规定而普遍地使用了营业转让的概念。如果将资产剥离视为资产转让行为,则营业转让与资产剥离也有些类似。但也应看到,营业在商法理论上是与企业整体资产相联系的概念,营业包括了公司资产与负债,公司整体资产中又包括了实物资产和人力资本及商誉等无形资产,包含着财产和财产性权利以及生产、服务、经营管理人员等各类资源的集合。因此,营业转让虽然也包含着资产转让,但不能等同于资产转让。在公司分立过程中,对原有公司的一分为二(多)必然要涉及对这些财产和资源的分割与转让。如同前述的资产剥离一样,营业转让也是公司分立采取的手段之一。公司分立与营业转让的区分也基本同于公司分立与资产剥离的区分,只是营业转让的概念外延比资产剥离更为宽泛。公司分立属于主体变更的范畴,营业转让属于客体转让的范畴。

综上所述,公司分立、公司转投资、公司资产剥离、公司营业转让其实都是一种公司资产的转移方式,都属于公司存续过程中可以采取的合法运营手段。正如有学者所言,这些手段各有制度优势和相应成本,但其实都是法律提供的公司转移和处置资产的几种道路,各个道路之间并无优劣之分,无论当事人选择哪条道路,都应当得到司法的尊重。②

---

① 参见王军:《企业公司化改组的法律性质及其表述》,载《法学研究》2011 年第 2 期。

② 参见彭冰:《论公司分立行为的界定》,载《证券法苑》2013 年第 2 期。

二、公司分立的制度功能

国外学者研究表明，公司分立在国外很少受到公司兼并那样多的法律规制，美国甚至根本不规制公司分立，日本在这方面的规制也是"蜻蜓点水"，即使是严格规制兼并的欧盟也在调整公司分立的《公司法第6号指令》中为成员国留下了较大选择空间，股东在公司分立时享受的保护程度要低于公司兼并时的情况。其之所以如此，是因为与绝大多数公司兼并相比，公司分立属于小额交易，与董事会对公司资产进行重新投资的决策相比，公司分立更类似于公司的内部重组；公司分立中的利益冲突风险也要少于公司兼并中的情况。①

我国《公司法》第十一章在规定公司合并制度的同时也规定了公司分立制度。公司分立作为一种法律制度设计，与公司合并一样，在我国公司实践中有着特别的功能：

1. 通过分立方式可以实现公司的多元化经营。公司分立在实践中是作为资产重组方式来运用的，公司以此可实现业务经营的专门化和多元化，提高经营效率。如公司为了优化组合或者降低风险将其非主营业务、绩效较差的业务或者风险较高的业务剥离出去，交由另行设立的新企业专门经营管理，或者由恰好需要该类业务的企业吸收，②从而使公司在业务经营多元化背景下，突出主营业务，这是提升公司核心竞争力的高效策略。③

2. 通过分立方式可以避免成为反垄断法调查对象。当公司规模过大时有可能涉嫌违反反垄断法关于经营集中的规定，此时可以通过公司分立来规避反垄断法的规制。根据《反垄断法》第53条规定，对反垄断执法机构调查的涉嫌垄断行为，被调查的经营者承诺在反垄断执法机构认可的期限内采取具体措施消除该行为后果的，反垄断执法机构可以决定中止调查。中止调查的决定应当载明被调查的经营者承诺的具体内容。其中消除垄断行为的具体措施就可以是公司分立。如果在规定的期限内公司通过公司分立履行了承诺，达到反垄断法的要求，反垄断执法机构可以决定终止调查。

3. 通过分立方式来解决公司纷争。当公司出现僵局，股东互不相让，影响到公司经营时，将企业一分为二或一分为多，和平分手，各自经营，各自方便，亦不失为解决纷争并获得可持续发展之策。④《公司法司法解释（五）》第5条规定，人民法院在审理涉及有限责任公司股东重大分歧案件时，如果当事人协商一致采取包括公司分立在内的方式来解决分歧，且不违反法律、行政法规的强制性规定，人民法院应予支持。据此，在不诉诸法院的情况下，同样可以采取分立的方式来实现自力救济。

三、公司分立的形式

从总体上看，新《公司法》对于公司分立的规定还较为原则和概括。在比较法上，各国关

---

① 参见［美］爱德华·洛克、［日］神田秀树、［美］莱纳·克拉克曼：《公司重大行为》，载［美］莱纳·克拉克曼等：《公司法剖析：比较与功能的视角》，刘俊海、徐海燕等译，北京大学出版社2007年版，第165～166页。

② 参见施天涛：《公司法论》（第4版），法律出版社2018年版，第553页。

③ 参见车传波：《公司分立法律问题探析》，载《东岳论丛》2010年第11期。

④ 参见赵旭东主编：《商法学》（第4版），高等教育出版社2019年版，第237页。

于公司分立分类的立法也不尽相同。[①] 我国 2011 年 11 月出台的《关于做好公司合并分立登记支持企业兼并重组的意见》对公司分立的分类规定了两种可以采取的形式：一是解散分立，指一个公司分为两个或者两个以上新公司，原公司解散；二是存续分立，指一个公司分出一个或者一个以上新公司，原公司存续。可见，两种分立形式的划分是以原公司法人资格是否消灭为标准的。对于解散分立，学理上也称为新设分立；对于存续分立，学理上也称为派生分立。下面分别述之。

（一）新设分立

新设分立指公司将全部营业资产清理分割后分别归入新设立的两个以上的公司，原公司解散。新设分立又称分解，它具有如下特征：

1. 新设分立所设立的公司类型可以自由选择。根据《关于做好公司合并分立登记支持企业兼并重组的意见》规定，登记机关支持公司自行选择重组公司类型。分立后新设的公司，只要符合《公司法》规定的条件，可以选择有限责任公司或者股份有限公司类型。

2. 原公司虽然无须通过清算程序，但应当依公司法和分立决议将所有财产及有关债权债务关系进行分割并分别转移到新设立的公司。

3. 原公司因分立而解散，法人资格消灭；新公司因分立而新设成立。两个在法理上可以分开的行为在实际操作上是一个连续的法律行为，在时间上是同时进行的。

（二）派生分立

派生分立指一公司分出部分财产和业务设立一个或几个公司，原公司存续。派生分立也叫存续分立或分离，它具有如下特征：

1. 派生分立以原公司法人资格存续为分立前提。

2. 派生分立后的存续公司与新设公司之间没有产权联结关系，或者说，二者之间不具有控股和参股的关系。存续公司所分出设立新公司的那部分财产与存续公司剩余的财产是由不同股东持有的财产。在这个意义上，派生分立实际上是存续公司股东之间的一种“分家”。按照《公司法》第 222 条规定，公司分立，“其财产作相应的分割”。随着存续公司财产的“分割”，原来共存于一个公司的股东也分裂成了存续公司的股东和新设公司的股东。

有学者分析了派生分立时对“财产分割”的操作方法，认为派生分立的财产分割可以通过两项主要交易来实现：一是原公司设立一家自己拥有的全资子公司，原公司的出资即为该子公司的全部资产；二是原公司将自己拥有的全资子公司（派生公司）的股票，出售给原公司之全部或者部分股东，受让股东则将自己持有的原公司股份作为对价，转让给原公司。该两项交易

---

① 如《德国 1994 年变更法》（也译《德国 1994 年公司改组法》，笔者注）以公司分立是否存续为主要标准，并辅之以继受公司的股份是否交付给分立公司的股东的标准，将公司分立分为三种类型：一是分裂式分立，即消灭分立，原公司消失，其财产被分给多个公司，原公司的股东获得存续公司的股份；二是分割式分立，即转移财产的公司仍然存在，接受财产的公司将股份交付给转移财产公司的股东；三是派生式分立，这种类型同分割式分立类似，区别在于由此产生的股份不是提供给转移财产的法律主体的股份所有人，而是转移财产的法律主体本身，即从一个公司中分出一个母公司和一个子公司。参见［德］格茨·怀特、［德］克里斯蒂娜·温德比西勒：《德国公司法》，殷盛译，法律出版社 2010 年版，第 727 页。在《日本公司法》中，公司分立是指公司将与事业相关的权利义务全部或者部分让与既存公司或新设公司并由之继受的行为，分为吸收分立和新设分立两种类型。参见［日］神作裕之：《日本公司法中的公司分立制度》，朱大明译，载《清华法学》2015 年第 5 期。

系公司分立中必不可少的组成部分,公司股东最终持有存续公司或者派生公司的股权,使得存续公司和派生公司成为彼此独立的两家公司。[①] 这种财产分割的操作方式的要点可概括为:第一,公司设立全资子公司的行为,奠定了存续公司与派生公司分立的基础;第二,存续公司与股东的股权置换行为是将存续公司与派生公司及两个公司股东从法律关系上截然分开的关键。通过股权置换,公司以持有全资子公司的股权为对价,股东以持有存续公司的股权为对价,二者置换交易的结果是:存续公司不再持有派生公司的股权而转由出让存续公司股权的股东持有;股东不再持有存续公司的股份而变成了派生公司的新股东。存续公司与派生公司就由原来的母子公司关系变成两个完全独立的法人主体关系。这一操作方式中,存续公司设立子公司应当属于转投资行为,股权置换对存续公司而言实际上相当于股份回购行为。正是由于两个行为的叠加或同时进行才构成分立。如果两个行为分别进行就可能是单独的转投资或股份回购。

3. 存续公司虽然保留了法人资格,但由于原公司财产、业务、生产规模和股东都已发生了变化,因此,不仅新设的派生公司要履行公司登记手续,而且存续公司也要履行变更登记的相应手续。

四、公司分立的决议

讨论公司分立决议首先要回答公司分立是否存在分立协议的问题。分立协议顾名思义是指分立各方就公司分立事项达成的一致意见。这里所称的"分立各方"即订立分立协议的当事人,但在具体操作时,分立各方究竟为谁却并不清楚。从一些公司法论著来看,似乎应当为分立后的公司法人,但这显然存在逻辑上难以自洽的问题。因为分立本身是一种行为,分立后的公司是分立行为实现的结果,而分立协议是分立行为在实施过程中的行为,更准确地说,它在分立行为刚刚开始时就必须订立。如果此时订立协议的当事人为分立后的公司,那就势必出现至少合同一方的主体尚未产生的情况,或者说存在合同主体不适格的问题。由此来看,"分立各方"只能是原公司的股东。依照《公司法》的规定,原公司股东对公司分立事项只能是通过股东会决议来完成,因而分立协议在公司实践中是不存在的。《公司法》关于公司分立的规定也没有订立分立协议的要求。股东会作出决议从某种意义上来说就是原公司股东对公司分立进行协商的过程,只是这一协商不会要求股东达到意思表示一致的程度才能通过,而只需要达到法定的复杂多数同意就可以通过。公司分立决议应当明确分立各方的权利义务,其不仅对分立各方的股东具有效力,而且还要对分立后的公司法人产生约束力。公司分立决议应当对分立形式(新设分立或派生分立)、分立后各公司名称、公司财产分割方式、分立后各公司对原公司债权债务的承受、有关当事人的权利义务和责任等事项作出明确的规定。

五、公司分立的程序

与公司合并一样,分立也属于公司的重大法律行为,必须严格依照法律规定的程序进行,包括由董事会制订分立方案,股东会作出分立决议,处理债权、债务等各项分立事宜,依法办理

---

① 参见叶林:《公司法研究》,中国人民大学出版社 2008 年版,第 292 ~ 293 页。

变更登记手续等,具体内容与公司合并基本相同,可参见前述公司合并的有关程序。

公司分立与公司合并在程序上的不同主要体现在两个方面:

1. 对分立公司的债务处理。按照《公司法》第 222 条规定,当公司分立时,公司在编制资产负债表及财产清单、在法定期限内通知债权人并发布公告上与合并程序完全相同,不同点在于没有债权人在法定期限内可以要求公司清偿债务或者提供偿债担保的程序。法律之所以没有设置这道有利于债权人保护的程序,并非对债权人利益的忽视,而是因为类似措施在其他相关程序中还有进一步的规定。

2. 办理变更登记手续。根据《公司法》第 34 条规定和《市场主体登记管理条例》的有关规定,因分立而存续的公司,其登记事项发生变化的,应当申请变更登记。例如,公司分立一般都要引起原公司注册资本的减少,在派生分立的情形下,存续的原公司就需要按照《公司法》的有关规定按照减资的程序修改公司章程,履行必要的变更登记手续。在新设分立的情形下,因分立而解散的原公司应当申请注销登记。因分立而新设立的公司,应当同时申请设立登记。根据《关于做好公司合并分立登记支持企业兼并重组的意见》的规定,登记机关支持公司同时办理重组登记。因公司分立申请办理公司登记的,自公告刊登之日起 45 日后,申请人可以同时申请办理公司注销、设立或者变更登记。

六、公司分立的法律后果

公司分立是一种法律行为,分立成功必然要引起一系列的法律后果,主要有:

1. 公司主体的变化,涉及公司的解散、变更和新设。在新设分立形式中,原公司解散,新公司设立。在派生分立形式中,原公司存续,但主体因股东、注册资本等发生变化而必须进行变更;新公司设立。

2. 股东身份及持股份额的变化。由于公司一分为二(多),股东的身份也可能随之发生变化,即由原公司的股东变成了新公司的股东。就留在原公司的股东而言,虽然股东身份没有变化,但在原公司的持股份额却可能发生变化。由于公司分立一般会导致原公司规模缩小,因此,随着股东和公司注册资本的减少,剩余股东对公司持股份额必然会有所增加。假定一个注册资本为 2000 万元的股份有限公司,由 10 个股东分别持有该公司 1/10 的股份(每人持股为 200 万元),如果该公司分立为两个注册资本各为 1000 万元的股份有限公司,10 个股东也按 1/2 比例“分家”,其结果必然是每个股东对本公司的持股份额将达到 1/5。

3. 债权债务的变化。随着公司的分立,原公司承受的债权债务也将因分割而变为两个或两个以上公司的债权债务。

七、公司分立中的相关主体利益保护

与公司合并一样,公司分立中由于公司主体、财产发生变化,会对股东、债权人及其相关主体的利益产生影响。法律也必须对分立行为进行必要的规制。《公司法》和其他法律法规对相关主体利益的保护常常是将公司合并、分立放到一起来规定,许多内容大同小异,具体可参见前述合并中的有关讨论。这里只讨论债权人利益保护的一些特殊内容。

1. 分立减资时对债权人的保护。减资是分立中普遍存在的情形。《公司法》第 224 条规定:公司减少注册资本时,应当履行编制资产负债表及财产清单和通知公告的义务,债权人在法定期限内“有权要求公司清偿债务或者提供相应的担保”。与前述《公司法》第220条关于公司合并时债权人可以要求公司清偿债务或者提供偿债担保相比,法律规定公司减资时的债权人是“有权要求”,而公司合并时的债权人是“可以要求”。两个不同的表述意味着法律赋予债权人的请求权是有差异的:有权要求意味着债权人的请求权是一项具有法律约束力的权利,一旦行使,即对分立的公司构成法律义务,如果分立的公司不提供或拒绝提供,债权人就可以请求司法保护,从而使公司减资和分立均不能继续进行,在这个意义上,债权人关于清偿债务或提供担保的请求权在理论上具有阻却程序进行的效力。但也应看到,《公司法》该条的规定还十分原则,公司实践中一旦出现这种情况,理论上的阻却效力能否实现,如何实现,清偿债务是即时清偿还是承诺清偿,提供担保的方式等,都还需要通过司法解释来进一步明确细化。

2. 分立债务的承担。从比较法视角看,分立后存续公司对分立前公司的债务承担连带清偿责任是普遍规则,所不同的是清偿责任是否有所限制。据学者考证,一些国家和地区的立法采取“有限连带责任模式”,规定存续公司应在受让分立前公司的净资产限额内承担清偿责任;另一些国家立法采取“无限连带责任模式”。①

我国的分立规则显然属于“无限连带责任模式”。《民法典》第67条第2款规定:“法人分立的,其权利和义务由分立后的法人享有连带债权,承担连带债务,但是债权人和债务人另有约定的除外。”《公司法》第223条规定的内容与《民法典》基本相同:“公司分立前的债务由分立后的公司承担连带责任。但是,公司在分立前与债权人就债务清偿达成的书面协议另有约定的除外。”与《公司法》第221条关于公司合并时“合并各方的债权、债务,应当由合并后存续的公司或者新设的公司承继”的规定相比,“连带责任”显然是一种对债权人更为有利的保护方式。

八、上市公司分立的特别规制

上市公司为公众公司,社会化程度高,股票流动性强,无论其合并还是分立,都可能给公司股权结构、资产业务等带来重大影响,从而影响公众投资者的利益。《证券法》专门规定了“上市公司的收购”一章,鼓励公司利用证券市场机制来进行并购,实现优胜劣汰,因此,上市公司合并、分立较一般公司发生更为频繁,在合并、分立中除遵守《公司法》的规定外,还应当遵守《证券法》及其相关法规关于公司上市、收购等的规定,履行信息披露等相关义务。从我国证券市场的现状来看,上市公司分立还有一些特别的问题需要讨论。

(一)上市公司的分立上市和分拆上市

1. 上市公司分立上市。上市公司分立上市是指上市公司通过公司分立将一个公司分解为两个上市公司的行为。其中,分立的对象是上市公司,分立后的存续公司仍然是上市公司,是

---

① 采取“有限连带责任模式”的如欧共体1982年关于公司分立的指令规定,公司分立协议如对某项债务未予分配,则该债务应由所有受让被分立公司资产的公司承担连带责任,但各成员国可以立法规定该连带责任限于每个公司所受让的净资产数额内;德国、日本的法律将受让分立资产的公司的清偿责任限于其所受让的净资产数额内。采取“无限连带责任模式”的如《韩国商法典》第530条之九。参见王军:《企业公司化改组的法律性质及其表述》,载《法学研究》2011年第2期。

将一个上市公司变成了两个上市公司。2010 年东北高速分立为龙江交通和吉林高速系我国证券市场首宗公司分立上市案例。根据《东北高速公路股份有限公司分立上市报告书》的披露,原上市公司东北高速分立为两家股份有限公司即龙江交通和吉林高速,龙江交通和吉林高速按照分立上市方案的约定依法承继原东北高速的资产、负债、权益、业务和人员,原东北高速在分立完成后依法解散并注销,龙江交通和吉林高速的股票经核准后上市。东北高速在分立日在册的所有股东,其持有的每股东北高速股份将转换为一股龙江交通的股份和一股吉林高速的股份,东北高速在分立完成后依法办理注销手续。可见,该案例中的上市公司分立上市是依照《公司法》关于分立的规定进行操作的,采取了新设分立的方式。其与其他公司分立的不同点就在于其分立的主体是"上市公司",分立的目的仍然是"上市",因此在分立过程中必须要遵循《公司法》关于分立的规范和《证券法》关于上市的规范进行操作。

2. 上市公司分拆上市。根据中国证监会 2022 年 1 月发布的《上市公司分拆规则(试行)》第 2 条对上市公司分拆的定义,分拆上市是指上市公司将部分业务或资产,以其直接或间接控制的子公司的形式,在境内外证券市场首次公开发行股票并上市或者实现重组上市的行为。上市公司分拆上市近年来才开始在证券市场试行,①此前多年来证券监管部门更多鼓励的是上市公司的"整体上市"。整体上市是指具有母子公司关系的复数企业将其全部或主要资产及经营业务纳入上市公司体系运营的行为。可见,整体上市与分拆上市恰好是相反的操作,整体上市有些类似于上市公司合并,而分拆上市有些类似于上市公司分立。目前学理上对分拆上市的内涵揭示还不是十分清晰,如认为"分拆上市通常指上市公司运作具有独立盈利能力、稍加整合就具有上市资格的部分业务或者经营单位独立上市的过程和结果"②。从《上市公司分拆规则(试行)》有关规定来看,上市公司分拆上市的主要目的在于克服公司集团化经营过程中可能出现的弊病,如主业不突出,同业竞争和大量关联交易存在等。分拆上市的功能在于:第一,有利于上市公司突出主业、增强独立性;第二,分拆后有利于达到上市公司集团内部的同业竞争和关联交易的监管要求。

应当看到,分拆上市尽管有些类似于公司分立,但还不能等同于公司分立。根据本节前述对公司分立内涵的揭示,公司分立后的各存续公司相互之间是完全独立的法人关系,既无总公司与分公司的隶属管理关系,也不是如转投资那样形成彼此间独立的母子公司关系;根据《上市公司分拆规则(试行)》的界定,分拆上市是上市公司将部分业务或资产以其子公司形式来上市的行为,或者说是以母子公司为基础来建构分拆后的两个上市公司彼此间的法律关系。这使分拆上市行为与分立上市行为也有了明显的区别。当然也应看到,尽管上市公司分拆后的两个上市公司是母子公司的关系,但《上市公司分拆规则(试行)》要求二者保持相对的独立性,如第 6 条就规定,上市公司分拆时应当充分说明并披露的事项包括:第一,本次分拆后上市公司与拟分拆所属子公司在资产、财务、机构方面相互独立,高级管理人员、财务人员不存在交叉任职;第二,本次分拆后上市公司与拟分拆所属子公司在独立性方面不存在其他严重缺陷。

从上市公司监管角度看,分拆上市应当是上市公司重组的一种表现形式,虽然与上市公司

---

① 中国证监会 2019 年 1 月发布的经党中央、国务院批准的《关于在上海证券交易所设立科创板并试点注册制的实施意见》第 15 条提出:"……达到一定规模的上市公司,可以依法分拆其业务独立、符合条件的子公司在科创板上市。"由此也表明分拆上市在我国证券市场还处于试行阶段。

② 李园园:《上市公司分拆上市法律问题研究》,载《证券市场导报》2009 年第 3 期。

分立还存在一定的区别，但也应受《公司法》《证券法》的调整，根据其特点，更多还要受中国证监会有关规章的调整。[①] 有学者也指出，由于公司分拆上市涉及股份公开发行、资金融入、社会公众和现金流，攸关投资者尤其是中小投资者的利益，并且由于公司分拆上市所形成的两个上市公司之间存在母子公司关系，母公司形成对子公司的控股，两个上市公司的关联性极为密切，关联交易、利益输送等发生的可能性很大，因而在立法和监管上对公司分拆上市较之公司分立上市更应审慎和严格。[②]

（二）上市公司分立时对中小股东的特殊保护

这里的特殊保护主要是针对上市公司分立时的特点提出的问题，其中需要关注的问题包括：

1. 股东的现金选择权。现金选择权是指当上市公司拟实施包括合并、分立在内的资产重组重大事项时，相关股东按照事先约定的价格在规定期限内将其所持有的上市公司股份以现金方式出售给第三方或者上市公司的权利。股东的现金选择权在我国最初见诸上市公司收购制度，中国证监会出台的《上市公司收购管理办法》中对其就有相应的规定。[③] 有学者认为，现金选择权制度创设的主要目的是保护小股东的现金退出，其实质是小股东退出权。[④] 该制度不仅适用于上市公司收购的场景，在公司合并、分立的场景下也同样具有适用的价值。根据《深圳证券交易所上市公司自律监管指引第 8 号——重大资产重组》（2023 年 2 月修订）第 16 条规定，上市公司重大资产重组中出现公司分立成两个或者两个以上独立法人的情况时，应当给予股东现金选择权。这里的“股东”应当主要指向公众股东。从法律上看，股东现金选择权其实是中小股东依《公司法》上的异议股东股份回购请求权而产生的权利，当上市公司拟决定分立时，考虑到公众股东有可能行使异议股东股份回购请求权，而公司则负有回购其股份的法定义务，于是基于股东的回购请求权而向公众股东提供两种选择：一是继续成为分立后存续公司的股东；二是以支付确定的现金为对价来回购公众股东的股份。如果公众股东选择后者，也就意味着是通过行使股东现金选择权来实现退出公司。

2. 股东对分立后存续公司的选择权。在公司分立中，公众股东要么随大流同意公司分立，要么拒绝接受分立而行使现金选择权来退出公司。有学者认为，法律上仅提供现金选择权对分立时中小股东的利益保护仍然不够充分，况且，异议股东股份回购请求权和现金选择权的行使也存在增加公司分立成本的消极影响，因此还应当赋予公众股东在公司分立过程中更多的选择权，其中就包括公众股东有选择继续成为被分立公司的股东或者成为分立公司股东的权利。[⑤]

---

① 例如《上市公司重大资产重组管理办法》《上市公司国有股权监督管理办法》《上市公司收购管理办法》《外国投资者对上市公司战略投资管理办法》等。

② 参见陈洁、徐聪：《上市公司分拆上市的利弊分析及监管要点》，载《证券法苑》2017 年第 1 期。

③ 《上市公司收购管理办法》（2020 年修正）第 27 条规定，收购人为终止上市公司的上市地位而发出全面要约，以依法可以转让的证券支付收购价款的，应当同时提供现金方式供被收购公司股东选择。第 36 条规定，收购人可以采用现金、证券、现金与证券相结合等合法方式支付收购上市公司的价款。收购人以未在证券交易所上市交易的证券支付收购价款的，必须同时提供现金方式供被收购公司的股东选择。

④ 参见李文莉：《公司股东现金选择权制度构建探析》，载《政治与法律》2012 年第 5 期。

⑤ 参见郑泰安：《公司分立的法律制度研究》，光明日报出版社 2007 年版，第 90 页。

第十六章　公司解散与公司清算

第一节　公司解散的一般问题

一、公司解散的含义

公司解散是指公司法人资格因法定原因终止的情形。公司解散如果仅从文义上理解，似乎一经解散便标志着公司解体和终结，不复存在，公司即归于消灭，但公司消灭却并非如此简单。公司作为拟制的法人，其主体资格并非随着解散事由的出现而瞬间宣告终止，需要在公司依法组织清算和履行注销登记后才能正式完结。因此，公司法上的公司解散还有着特定的含义：公司解散是公司消灭的必要环节，是联结公司清算的前置环节；除了特别的情形外，公司未经清算不得消灭。公司解散具有如下特征：

1. 公司解散必须以法律规定的原因的出现作为前提。《公司法》规定公司解散的原因包括公司章程规定的营业期限届满或者公司章程规定的其他解散事由出现，股东会决议解散，因公司合并或者分立需要解散，依法被吊销营业执照、责令关闭或者被撤销，以及司法解散。如果不符合法律规定的原因，公司不得任意解散。

2. 公司解散需要履行相应的法律程序。根据《公司法》的规定，公司解散的法定程序包括符合法定表决权的多数通过的股东会决议，通过诉讼由法院宣告解散，出现法定解散事由后在法定期限内通过国家企业信用信息公示系统予以公示等。公司解散是公司的一种要式法律行为，解散可能涉及众多相关主体的利益，因而必须严格依照法律规定的程序和要求进行。

3. 公司解散是公司消灭的前置程序之一。公司解散虽然会导致公司法人归于消灭的结果，但法人的最终消灭还需要经历一定的期间，这一期间是公司最终消亡必经的前置步骤。在美国，一些州法律规定，公司在解散后还应当存续一段时间，以便人们可就解散之前的权利主张起诉公司，如公司产品导致的侵权损害赔偿等。① 我国《公司法》上的公司解散是公司消灭的前置程序，公司法人解散后，除合并、分立的情形外，公司必须通过清算程序而消灭。在这个意义上，公司从解散之日起即被视为为进行清算而存在的公司，即“清算中公司”。当然，作为体现公司独立法人人格的权利能力和行为能力此时大大受到限制，其业务活动被局限在债权、债务的清理及资产处理方面，不能再进行新的商业活动和开展与清算无关的公司经营业务。

4. 公司解散在特殊情形下可以不经清算程序而直接消灭。在一般情况下，公司宣布解散就必须进入清算阶段，非经清算公司不得消灭。但公司因合并和分立引起的解散属于例外的特殊情况，在吸收合并、新设合并和新设分立的形式中，尽管都有原公司解散的情形，但《公司

---

① 参见[美]罗伯特·W. 汉密尔顿：《公司法概要》，李存捧译，中国社会科学出版社 1999 年版，第 365 页。

法》并不要求解散的公司进行清算，只需履行相应的债权债务转移程序即可直接办理注销登记，原公司归于消灭。因此，合并、分立被认为是公司解散的一种简易程序。

二、公司解散的原因

公司解散应当具备一定的原因。根据公司解散的不同原因，可将公司解散分为自愿解散和强制解散两种不同的类型。下面分别述之。

（一）自愿解散

自愿解散也称任意解散，是指基于公司或股东的意愿而解散公司。《公司法》第 229 条对公司自愿解散的情形作出规定，包括：

1. 公司章程规定的营业期限届满或者公司章程规定的其他解散事由出现，包括两种情形：

（1）章程规定的营业期限届满。关于营业期限，我国《公司法》没有具体规定，多数国家立法也对此不作限制，因而公司在法理上可以永续存在。但公司作为社团法人，应当尊重社团成员的意志，体现商事主体的“意思自治”。如果公司通过章程来确定营业期限，法律予以承认。公司章程规定的营业期限届满，股东们无意继续经营或者达不成继续经营的统一意志的，公司则应当解散。

（2）章程规定的其他解散事由出现。章程除了规定营业期限外，还可以规定其他解散事由。具体内容由公司章程确定，实际情况千差万别。例如达到预期目的、已经成就某种事业，或者无法实现公司设立宗旨，公司重要股东消亡，公司股东低于章程规定的最低人数等，都可能构成该项事由。

2. 因公司合并或分立需要解散。如前所述，公司的合并和分立需要解散公司只有在吸收合并、新设合并和新设分立的情形下才会发生，派生分立不会出现这一情形。由于合并和分立都是由股东会以决议方式来决定的，因而这种情形下的公司解散也属于自愿解散的类型。

3. 股东会决议解散。股东会作为公司权力机构，从理论上讲，可以决定包括解散公司在内的任何重大事项。但由于解散公司是使公司归于消灭的非同一般的重大事项，因此不能简单从事，必须非常慎重，法律对此也规定了十分严格的程序。《公司法》第 66 条、第 116 条规定，有限责任公司股东会对公司解散作出决议，必须经代表 2/3 以上表决权的股东通过；股份有限公司股东会对公司解散作出决议，必须经出席会议的股东所持表决权的 2/3 以上通过。

法律对国家出资公司的自愿解散规定了特别的程序。按照《公司法》第 172 条规定，国有独资公司由于不设股东会，其自愿解散“应当由履行出资人职责的机构决定”；《企业国有资产法》第 34 条规定，重要的国有独资公司、国有资本控股公司解散时，履行出资人职责的机构在作出决定或者向其委派参加国有资本控股公司股东会的股东代表作出指示前，“应当报请本级人民政府批准”。

（二）强制解散

强制解散又称非自愿解散，是指并非依公司或股东自己的意愿，而是基于法律规定、行政机关命令或司法机关裁判而解散公司，因此，强制解散又可以进一步分为行政强制解散和司法强制解散。从我国《公司法》第 229 条的规定来看，强制解散的情形包括：

1. 公司违法被吊销营业执照。吊销营业执照属于行政处罚的范畴，意味着公司经营资格被取消，[①]不能再以法人名义对外从事经营活动。因此，吊销公司营业执照应当属于公司行政强制解散的情形。例如，《公司法》第 260 条规定，公司成立后无正当理由超过 6 个月未开业的，或者开业后自行停业连续 6 个月以上的，公司登记机关可以吊销营业执照。又如，《公司法》第 262 条规定，利用公司名义从事危害国家安全、社会公共利益的严重违法行为的，吊销营业执照。

2. 公司违法被依法责令关闭。责令关闭是指行政机关依法对违反行政管理秩序的公司责令停止全部生产经营活动的处罚措施。责令关闭作为一种全面禁止违法主体继续经营的惩戒方式，是行政机关以减损行政相对人权益的方式，对其实施的违法行为所作出的一种带有永久性的严厉惩罚措施。2021 年修订的《行政处罚法》正式将其纳入行政处罚的法定种类。因此，责令关闭属于公司的行政强制解散情形。被处以责令关闭的情形，如《噪声污染防治法》(2022 年 6 月 5 日实施)第 74 条规定，违反该法规定，在噪声敏感建筑物集中区域新建排放噪声的工业企业的，由生态环境主管部门责令停止违法行为，处以罚款，并报经有批准权的人民政府批准，责令关闭；又如《药品管理法》(2019 年修订)第 115 条规定，未取得药品生产许可证、药品经营许可证或者医疗机构制剂许可证生产、销售药品的，责令关闭。

3. 公司违法被撤销设立登记。被撤销设立登记是指公司因违法登记被登记机关撤销法人主体资格的情形。按照《公司法》第 39 条规定："虚报注册资本、提交虚假材料或者采取其他欺诈手段隐瞒重要事实取得公司设立登记的，公司登记机关应当依照法律、行政法规的规定予以撤销。"《市场主体登记管理条例》第 40 条也对撤销市场主体登记的情形和程序作出了规定。这里的撤销登记包括撤销设立登记和撤销变更登记，其中与影响法人主体资格存续的公司解散直接相关的只能是撤销设立登记的情形。撤销设立登记意味着公司本不应当成立，当行为人以欺诈方式使之成立后，需要通过强制解散程序来消灭其主体资格，恢复其设立无效的"原状"。因此，撤销公司设立登记属于行政强制解散公司的情形。

4. 公司被依法宣告破产。公司被宣告破产必须解散，这是各国公司法的共同规定。因此，破产属于公司的司法强制解散情形。根据破产程序，如果公司因不能清偿到期债务，达到破产界限，法院根据债权人或债务人的申请，可以依法宣告债务人破产。公司被宣告破产即意味着公司被宣告解散，随即就进入破产清算程序，清算程序完结，公司法人消灭。

5. 司法解散。司法解散是《公司法》第 231 条规定的公司强制解散的情形。由于其涉及司法实践中一些较为复杂的问题，本章后面将专节对其讨论。

综上，我国《公司法》对公司解散采取了列举式的规定，无论是自愿解散还是强制解散，也无论是强制解散中的行政强制解散还是司法强制解散，每种类型的具体情形都在《公司法》上有着明确的列举。从比较法来看，有的国家还规定了我国《公司法》没有列举的公司强制解散

---

① 取消公司经营资格并不等于法人资格的消灭，公司被取消经营资格后应当依法进入清算程序，清算结束后经注销登记，公司法人资格消灭。

情形。①

三、公司解散的程序

公司解散存在一个期间，从宣布解散到公司法人资格最后完全消灭，会有一系列法律行为的发生，为了防止公司和相关利益人在解散过程中可能出现的隐匿财产、逃避债务、损害债权人和股东权益的情况，法律要求公司必须履行必要的解散程序。按照《民法典》第70条、第72条和《公司法》相关规定，公司解散的，除合并或者分立的情形外，应当进行清算；“清算期间法人存续”，清算结束并完成法人注销登记时，法人终止。这也意味着，如果没有依法清算，通常情况下公司法人不能终止。因此，公司解散的程序也即公司出现解散事由至进行公司清算的程序。根据《公司法》的规定，公司解散的程序主要有：

1. 股东会作出决议。公司自愿解散与公司强制解散不同，由于强制解散是公司被迫接受的事由，因此并非要以公司股东会决议为解散的前提，一旦出现就意味着公司已经处于解散状态；而自愿解散则属于公司的主动行为，尤其是其中“股东会决议解散”的情形必须经过公司股东会依法作出解散决议的程序。另外，根据《公司法》第230条的规定，当出现其他公司自愿解散的法定事由时，公司也可以作出公司不解散而存续的决议：公司“尚未向股东分配财产的，可以通过修改公司章程或者经股东会决议而存续。”

2. 公示解散事由。根据《公司法》第229条第2款的规定，无论公司解散属于何种事由，一旦出现，公司应当在10日内将解散事由通过国家企业信用信息公示系统予以公示。公示的内容应当包括：自愿解散的股东会决议，强制解散的行政机关关于吊销营业执照、责令关闭、撤销设立登记的决定或者人民法院关于司法解散的判决或宣告破产的裁定。解散事由的公示也意味着向社会公开宣布公司解散。

3. 依法进入清算程序。详见后面关于公司清算的讨论。

四、公司解散的效力

公司解散的效力是指公司解散作为一种法律事实状态所引起的相关法律关系的变化。从《公司法》的有关规定来看，公司解散的效力可概括为：

1. 公司即将消灭，依法必须进入清算程序；如果是合并、分立导致的解散，必须依法处理现有的债权债务。

2. 公司的权利能力受到限制，尽管在清算期间仍然具有法人资格，但属于“清算中公司”，不得从事与清算无关的活动，因而其法人权利能力受到较多的限制。

3. 未届出资期限的股东应缴出资视为已经到期，纳入清算财产计算和处理。②

---

① 例如《美国标准商事公司法》第14.20条规定的公司强制解散情形包括：公司依法应交的特许税及罚款在到期后60天内不予支付；到期后60天内公司未向州务长官送交年度报告书；在60天内公司未在本州设注册代理人或注册办事处；在注册代理人更改或辞职，注册办事处更改或停止办事后60天内未通知州务卿；组织章程规定的存续期限到期。州务卿确认公司存在上述一项或多项解散公司的根据后，首先应向公司发出整改通知书，如果公司不予改正或无法证明解散根据不存在，州务长官便可以签发一份解散证书，该证书载明解散根据及生效时间，证书原件归档，副本送交公司，解散便完成。

② 《公司法司法解释(二)》第22条规定：公司解散时，股东尚未缴纳的出资均应作为清算财产。股东尚未缴纳的出资，包括到期应缴未缴的出资，以及依照公司法规定分期缴纳尚未届满缴纳期限的出资。

4. 权利人可以对解散的公司主张相应的权利，包括提起诉讼。

五、公司解散的撤销

公司解散的撤销也称撤销公司解散，是指公司股东会已经作出了公司解散的决议或当公司其他自愿解散的法定事由已经出现，公司可以在一定期间内依照法律规定的程序将其撤销，使公司继续存在或恢复存在的行为。《公司法》第 230 条就是对撤销公司解散的专条规定。根据该条规定，撤销公司解散具有如下特点：

1. 撤销公司解散属于公司自治范畴的行为，法律在允许公司通过章程规定解散事由和股东可以自主决定公司存续与否的同时，也允许公司通过自治方式来撤销这种情形。

2. 撤销公司解散只针对公司自愿解散的情形，不能适用于公司的强制解散。

3. 撤销公司解散需要具备相应的前置条件，这一条件即"尚未向股东分配财产"，否则已经出现的公司解散就不能逆转。其之所以如此，是因为该条件的设置主要旨在保护公司利益相关者权益。如果出现已经向股东分配财产的情形，再让公司继续存在就相当于是认可了出资虚假甚至"空壳"公司的合法性，可能危及交易安全。至于已经向股东分配财产的行为是否合法，则需按照清算的有关规定来认定和处理。

4. 撤销公司解散应当依照法定的程序进行。按照《公司法》第 230 条的规定，采取修改公司章程或者经股东会决议方式来撤销公司解散的，有限责任公司须经持有 2/3 以上表决权的股东通过，股份有限公司须经出席股东会会议的股东所持表决权的 2/3 以上通过。需要指出，《公司法》该条没有规定撤销公司解散的期限，似乎只要满足"尚未向股东分配财产"的条件即可撤销，但鉴于《公司法》第 229 条作出了公司解散要向社会公示的规定，如果没有撤销公司解散的期限规定，也可能出现影响利益相关者权益的情况。从比较法上看，一些国家公司法就有相应的规定，[①]我国亦可通过相关司法解释来完善这一制度。

第二节　司法解散的特别问题

司法解散是公司强制解散的重要方式，也是公司解散中最为复杂的一种形式。《公司法》第 231 条是关于司法解散的专条规定，其内容为："公司经营管理发生严重困难，继续存续会使股东利益受到重大损失，通过其他途径不能解决的，持有公司百分之十以上表决权的股东，可以请求人民法院解散公司。"

一、我国司法解散制度的特点

我国公司的司法解散是 2005 年《公司法》修订时才确立的制度，根据 2023 年修订的《公司法》第 231 条的规定，司法解散在制度设计上具有如下特点：

1. 司法解散是通过法院判决的诉讼方式来对公司实行的强制解散，属于国家司法机关对

---

① 例如《美国标准商事公司法》规定撤销公司解散针对自愿解散和行政命令解散的情形，第 14.04 条规定，公司在自愿解散生效日 120 天内可以撤销解散。

公司解散的一种强力干预。一些国家的司法解散包括了法院命令解散和法院判决解散,其中,法院命令解散主要是针对公司损害社会公共利益的事由。① 我国《公司法》上的司法解散没有采取法院命令解散的做法,对于公司损害社会公共利益的行为,如果达到法律规定的事由条件,由行政机关采取行政强制解散的方式来解决,而无须走司法救济的路径。

2. 司法解散适用于所有的公司类型,包括所有的股份有限公司和有限责任公司。一些国家和地区主要指向封闭型的公司,适用面相对狭窄;②而我国公司法上的司法解散则对于所有的公司类型都适用。当然从司法实践情况看,基于公众型公司股东便利的市场退出机制,司法解散更多适用于封闭型中小公司。

3. 司法解散的诉讼原告只能是股东,或者说只有股东才能提起这一诉讼,这与一些国家的司法解散诉讼可以由股东、公司、债权人、检察院作为原告的做法③不同。从我国《公司法》第231条规定的原告条件是持有公司10%以上表决权的股东来看,原告股东又是受到一定条件限制的股东。

4. 司法解散的条件为“公司经营管理发生严重困难,继续存续会使股东利益受到重大损失,通过其他途径不能解决”。这与许多大陆法系国家司法解散主要针对公司出现经营困境或公司僵局,可能使股东利益受到损害的情形大致相同。④

5. 司法解散是公司僵局的重要救济方式。公司僵局是指公司在存续运行中由于股东或董事之间发生分歧或纠纷,且彼此不愿妥协而处于僵持状况,导致公司权力机构或执行机构不能按照法定程序作出决策,从而使公司陷入无法正常运转甚至瘫痪的事实状态。⑤ 需要指出,公司僵局是指公司的一种不正常的事实状态,司法解散则是一种法律强制措施。公司僵局是适用司法解散的事由之一,但是不是唯一理由,《公司法》第89条第3款规定的“股东压制”情形⑥在特定条件下也可能成为司法解散的事由。研究表明,“公司僵局在立法论上被视为解散

---

① 如《日本公司法》第824条第1款规定:“在下列情形下,认为为确保公共利益不能允许公司存在的,法院可依法务大臣或股东、社员、债权人及其他利害关系人的请求,作出解散公司的命令:(1)公司基于不法目的设立的;(2)公司无正当理由,自其成立之日起1年内未开展事业,或其事业持续1年以上停歇的;(3)在业务执行董事、执行官或业务执行社员进行超越或滥用法令或章程规定的公司权限的行为,或触犯刑事法令的行为的情形下,尽管受到法务大臣的书面警告,仍持续或反复地进行该行为的。”

② 如美国《特拉华州普通公司法》第273条第1项规定:“如果本州公司的股东只有两名,且各自持股50%,共同从事合资经营活动;而且,股东无法通过协议解散公司、分配公司资产,任何股东均可向法院提起诉讼,请求法院按照双方事先约定的计划分配公司资产,或者在没有分配计划下解散公司,但公司章程或者股东书面协议另有约定的除外。”

③ 如《美国标准商事公司法》第14.30条规定的司法解散有四种情形:第一,司法部长提起诉讼,法院证实公司通过欺诈手段订立公司组织章程,或公司继续超越或滥用法律授予的权限。第二,股东提起诉讼,法院证实董事经营管理公司事务陷入僵局,将要或正在给公司造成不可补救的损害,或公司的业务不能为股东有利地经营;董事的行为是非法的、压制性的或欺诈的;股东不能在两次年会的会期内选出任期已满董事的继任者;公司资产正在被滥用或浪费。第三,债权人提起诉讼,法院证实债权人的权利主张已转为判决书,对判决书的执行不能令人满意,而且公司缺乏支付能力;公司书面承认债权人的债权已到偿付期而没有偿付,并且公司缺乏支付能力。第四,公司提起诉讼,要求在法院监督下使其能继续自愿解散。

④ 例如,《日本商法典》第833条第1款规定:“在下列情形下,有不得已的事由的,持有全体股东(就股东大会上所有可决议的事项,不得行使表决权的股东除外)表决权的1/10(章程规定更小比例的,为该比例)以上表决权的股东或已发行股份(自己股份除外)的1/10(章程规定更小比例的,为该比例)以上数量股份的股东,可以诉讼方式请求解散股份有限公司:(1)股份有限公司在业务执行上处于严重困难的状况。对该股份有限公司产生不能恢复的损害,或有产生不能恢复的损害危险的;(2)股份有限公司财产的管理或处分严重失当,并危及该股份有限公司的存立的。”又如,《法国民法典》第1844-7条规定:法庭根据一个股东基于正当理由,尤其在一个股东不履行其义务或股东之间不和致使公司管理活动陷于瘫痪的情况下提出的请求可以判决提前解散公司。

⑤ 本书第十章对公司僵局的含义、主要情形、产生的损害、预防和救济措施有较为系统的论述,参见该章第五节关于“公司僵局及其救济”的讨论。

⑥ 该款规定的“公司的控股股东滥用股东权利,严重损害公司或者其他股东利益”的情形,也可简称为“股东压制”。

之诉的唯一事由,与裁判现实并不符合”。[①] 公司僵局并非都必须通过司法解散才能解决,股东也完全可以通过自力救济的方式来解决,如本书前面章节讨论的公司回购、公司分立等方式,因此,司法解散尽管是公司僵局的重要救济方式,但并非公司僵局救济的唯一方式。

二、司法解散的制度功能

司法解散的制度功能是对该制度的立法原意和立法目的的揭示。法律作为行为规范,每种制度都有其规范的对象和保护的利益。而司法解散制度从立法价值取向上是着眼于保护何种利益?这不仅需要从理论上作出回答,而且直接关系到司法解散制度的正确适用。

我国的司法解散制度自《公司法》2005 年修订时确立以来,围绕其制度功能一直众说纷纭。从公司角度来看,解散意味着公司的消灭和不复存在,因而司法解散无疑是一种最具杀伤力的外部干预;从主张解散公司的原告股东角度而言,解散则意味着对其诉求的支持,因而司法解散无疑是对其进行的一种“公力救济”。《公司法》第 231 条使用了“股东利益受到重大损失”的表述,这里的“股东利益”从文义上可以解释为起诉股东利益、中小股东利益或全体股东利益。根据该条将起诉原告限定为持股 10% 以上股东的规定,不少学者认为司法解散的制度功能应当是着眼于中小股东利益保护。公司解散的现实案例中也确有一些属于公司控股股东或大股东利用公司资本多数决原则,欺凌中小股东的情况,由于在表决上处于劣势,中小股东通过股东会来形成解散公司决议和维护自身利益基本是不可能的。因此,《公司法》上的司法解散被认为是基于保护中小股东利益的目的和价值取向而确立的制度。

笔者认为,将司法解散定位为保护中小股东利益的制度,尽管有一定的道理,但并没有准确揭示这一制度的深刻含义,主要基于以下理由:

第一,从司法实践来看,尽管司法解散的案例中存在中小股东利益受到侵害的情形,但更多的却是公司实践中势均力敌的大股东之间产生矛盾冲突而引发的公司僵局现象,中小股东受到欺凌而提起公司解散诉讼的案件所占比例并不高。例如,最高人民法院 2012 年 4 月发布的第 8 号指导性案例“林方清诉常熟市凯莱实业有限公司、戴小明公司解散纠纷案”中,原告股东林方清与被告股东戴小明各持有公司 50% 的股份,对立冲突双方持股完全对等,显然不属于大股东与中小股东的关系,也不存在欺凌的行为。又如,最高人民法院二审的重庆正浩实业(集团)有限公司(以下简称正浩实业)与重庆国能投资有限公司(以下简称重庆国能)、重庆正浩机电工业有限公司(以下简称正浩机电)股东知情权及公司解散纠纷案中,原告重庆国能持有正浩机电 49% 的股权,第三人正浩实业持有正浩机电 51% 的股权,[②]冲突双方也不属于控股股东与中小股东关系。有学者对诉诸法院的司法解散案例的统计数据也证明这一状况客观存在。[③] 正是由于争议股东之间对等或基本对等的持股关系,股东彼此间发生矛盾冲突时如果互不相让,往往可能使正常的公司运作机制停摆,陷入僵局,导致公司经营管理的“死机”。

---

① 李建伟:《司法解散公司事由的实证研究》,载《法学研究》2017 年第 4 期。

② 参见最高人民法院民事判决书,(2007)民二终字第 31 号。

③ 根据耿利航教授对 2013 年 1 月 1 日至 2015 年 12 月 31 日三年间除最高人民法院之外各级法院作出的关于公司解散的 293 例生效判决文书的统计分析:第一,案涉公司的股东人数为 5 人以上的占比仅为 13%,而只有两个股东的占比达到 49%;第二,原告股东持股比例在 10% 以下的仅为 3%,在 10% ~33.3% 区间的为 32%,在 33.3% ~50% 区间的为 27%,在 50% 以上的为 38%。参见耿利航:《公司解散纠纷的司法实践和裁判规则改进》,载《中国法学》2016 年第 6 期。

第二，从《公司法》第231条对公司解散的规定来看，其中关于"持有公司百分之十以上表决权的股东，可以请求人民法院解散公司"的内容尽管可以解读为有利于中小股东保护的规定，但毕竟只是提起司法解散诉讼的前置条件，即起诉要件，而并非法院作出实体裁决的必要条件。符合起诉要件是法院受理案件的前提，但受理后是否作出司法解散的判决，还要依照法律规定的其他要件来进行衡量。所谓"其他要件"，即该条关于"公司经营管理发生严重困难，继续存续会使股东利益受到重大损失，通过其他途径不能解决"的规定。其中，"公司经营管理发生严重困难，继续存续会使股东利益受到重大损失"应当属于判决的实质性要件；"通过其他途径不能解决"应当属于判决的程序性要件。如果不符合该实质性要件和程序性要件两个方面的要求，法院肯定不能仅基于起诉要件的满足就作出司法解散的判决。由此可以得出结论：《公司法》第231条规定的司法解散虽然有利于中小股东提起诉讼，具有一定的保护中小股东利益的意义，但从判决司法解散的构成要件上看，起诉要件相对于判决要件，显然只能处于次要地位。由此也说明司法解散制度并非以保护中小股东的利益为要义，法院对构成要件中的"股东利益"的考量也不能仅限于作为诉讼原告的股东的利益。因此，该条规定的"股东利益"应当是全体股东的利益，而不应当理解为只涉及原告股东的个别利益。如果原告股东的个别利益受到侵害，完全可以通过法律提供的其他路径来获得救济，而无需采取公司解散这种可能损及公司全体股东（包括没有卷入或参与冲突纠纷的其他股东）的高成本救济方式。进一步看，由于公司解散属于公司消灭，其杀伤力不仅涉及公司全体股东，还必然影响公司利益相关者（公司职工、债权人、消费者等）的福利。因此，《公司法》第231条规定的"股东利益"还可以上升为公司利益。换言之，如果公司继续存续将使公司利益"受到重大损失"，法院判决公司解散才真正符合了公司立法的原意，也才真正体现出立法设计的制度功能。如果以中小股东利益作为其主要制度功能则可能会损及该制度的其他目标，包括公司效率目标、公司社会责任目标等公司存续中同样不可忽视且非常重要的价值目标。

第三，从《公司法》的相关司法解释来看，最高人民法院为正确适用司法解散的法律规定出台的相关司法解释也阐释了以公司利益为重的立法精神。例如，《公司法司法解释（二）》第1条第2款关于"股东以知情权、利润分配请求权等权益受到损害……为由，提起解散公司诉讼的，人民法院不予受理"的规定，就进一步诠释了中小股东的个别利益受损时可以通过其他途径救济的精神；第5条关于法院"审理解散公司诉讼案件，应当注重调解"的规定和《公司法司法解释（五）》第5条关于法院支持"其他能够解决分歧，恢复公司正常经营，避免公司解散的方式"的规定，是对"内部救济用尽"原则的强调，鲜明地体现出通过司法来维护全体股东和公司利益的精神。在这个意义上，如果《公司法》对于司法解散制度仅从保护中小股东利益着眼，就没有必要在制度上设计诸如"避免公司解散"的替代司法救济手段。我国《公司法》并未同一些国家一样以"大股东压迫"或中小股东利益保护作为司法解散的主要法理支撑，[①]实则为一种权衡利弊的合理选择，体现了鲜明的中国特色。

---

① 《美国模范封闭公司法附则》（Model Statutory Close Corporation Supplement）只允许在以下情形下申请强制解散公司：一是僵局导致了"无法弥补的损害"；二是那些公司控制者"已经、正在或者将要以一种非法的、压迫性的、欺诈的或者对于控诉股东具有不公平的损害的方式从事行为"（参见朱慈蕴：《全球化与本土化互动中的公司制度演进》，法律出版社2015年版，第62页）。我国2023年修订的《公司法》第89条新增了"股东压制"的内容，但该条对"股东压制"行为采取的规制方式是"其他股东有权请求公司按照合理的价格收购其股权"，详见本节后文讨论。

三、“慎用公司解散”的司法理念

“慎用公司解散”也可称“审慎适用司法解散”的司法理念，它是前述司法解散制度功能的延伸和进一步深化。理念是对思想、观念、概念与法则的概括和总结，如同原则一样，理念具有很高的抽象性，对人的行为有很强的指导作用。司法理念主要是针对司法机关的适法活动而言的，正确的司法理念能够保证立法精神和原则在案件处理中得到有效的贯彻。如前所述，司法解散是公司解散中的公力救济方式，由于它会导致公司消灭的后果，终止公司继续经营的可能性，不仅会损害公司的营运价值，冲击企业维持原则，还有可能纵容少数股东滥用解散请求权，①从而给各方当事人带来利益损伤。这说明司法解散是一种高成本解决问题的方式。因此，审慎适用司法解散很有必要，需要把握以下要点：

1. 审慎适用司法解散应当尊重商法上的企业维持原则。企业维持是商法的基本原则之一，指努力保持已经存在的企业的存续和发展，尽可能避免企业的解散或终止。企业的解体，不仅牺牲了企业本身，同时也使投资者、职工、交易相对人遭受损失，也会给社会经济带来诸多消极影响。为此，商法的重要目标和任务是发挥企业功能，维持企业的持续发展，尽力防范和减少企业的解散和破产，当企业处于破产状态时，通过和解、整顿、重整等制度，使其摆脱困境，得以复兴。② 企业维持作为贯穿商法的基本法律原则，在商法的各个法律领域都有不同的体现，法院在审理公司解散纠纷时同样应当秉持这样的理念，比如注重调解，努力引导当事人通过彼此妥协来避免司法解散的后果。在比较法上，各国公司法对公司解散制度也生成了许多约束性的特有规则，形成了促成企业维持的特殊体系，成为指导公司解散制度的重要原则和基础，有学者将这种立法及司法态度称为“公司解散的严格主义”。③

2. 审慎适用司法解散应当恰切把握冲突股东彼此间利益关系的平衡。司法解散作为强制解散的方式，一旦作出必然是对原告股东诉求的支持，同时也是与原告冲突的另一方股东不愿接受的结果。应当看到，《公司法》及其司法解释的有关规定并不要求法院对处于冲突对立状态的双方股东导致公司解散的行为的是非作出裁断，或者说法律并不要求以当事人任何一方的行为存在过错作为裁判的要件。在此情况下，法院判决满足冲突双方当事人任何一方的诉求，都可能构成对另一方利益的损害。如果法官不是从全体股东利益和公司利益角度出发来作出判决，对任何一方股东诉求的支持都可能出现“清官难断家务事”的窘境，要么可能顾此失彼，要么可能弄巧成拙，背离司法解散制度功能，直接影响法律公平公正的适用。其实，公司存续过程中股东之间发生矛盾冲突也如同家庭发生纠纷一样，很多时候需要在不判明是非甚至是在“糊涂”的状态下来调和处理，一旦是非分清了，家庭亲情受到的伤害也许会更为严重。由此及彼，《公司法》及其司法解释在司法解散上不要求法官判明造成股东间冲突的是非，而只能以全体股东和公司的利益受到损害为要件，绝非立法疏忽，而是高明之举，其中蕴含着鼓励股东在发生冲突时通过诸如自身妥协、股权转让等“自力救济”的方式来缓解、平衡甚至消除矛盾的意思，此时外力干预式的“公力救济”并不见得会比“自力救济”更为优越。因此，审

---

① 参见刘俊海：《法官如何裁决商人纷争——怎么看转变商事裁判理念》，载《人民法院报》2012 年 2 月 27 日。

② 参见赵旭东主编：《商法学》(第 4 版)，高等教育出版社 2019 年版，第 20 页。

③ 参见叶林：《公司法研究》，中国人民大学出版社 2008 年版，第 331 页。

慎适用司法解散是理性的选择,司法干预应当谨慎介入,即使要作出司法解散判决也要站在全体股东利益和公司利益的高度来平衡股东彼此间的利益关系。

3. 审慎适用司法解散还需兼顾股东利益与社会利益平衡的要求。法院在决定是否采取司法解散措施时,还必须考虑到社会利益受到的影响,因为公司不仅是股东的企业,而且也是社会的企业。公司在存续期内既要考虑主要满足和实现股东的利益,同时也要兼顾包括职工、消费者在内的相关利益者的福利,履行必要的社会责任。司法解散是使公司法人终止的措施,尽管它可以通过公司消灭来解决股东间的矛盾和冲突,但就其导致公司消灭的后果而言,却是一种"非利益"的行为,或者说它是一种影响社会利益实现的行为,公司解散意味着减少了一个可能创造社会财富的源泉,也意味着可能因此减少社会财富的总量。因此,是否适用司法解散还需要在股东利益和社会利益二者所体现的法益上进行权衡比较,如果解散的结果仅仅是满足了个别股东的利益,既可能影响其他股东的利益又可能影响社会利益的实现,适用司法解散的干预方式就可能得不偿失。

4. 审慎适用司法解散需要正确把握公力救济的介入时点。审慎适用司法解散并不等于对案件的审理久拖不决。法院在审理相关案件时在有前述企业维持、利益平衡等司法理念方面考量的同时,还必须严格按照《公司法》第 231 条规定的构成要件来进行权衡。按照《公司法司法解释(二)》第 5 条的规定,"……当事人不能协商一致使公司存续的,人民法院应当及时判决"。因此,把握公力救济介入的具体时点就很有必要。如果介入时点不当,解散公司就可能成为一种高成本和不利益的行为,从而需要在前述理念基础上引入成本收益的分析方法。公司作为股东之间合作的产物,合作的好坏可以用"1 + 1"可能产生不同结果的公式来作抽象的表达。在一般情形下,合作会出现四种不同的结果,即"1 + 1 > 2""1 + 1 = 2""1 < 1 + 1 < 2""1 + 1 < 1"。其中,"1 + 1 > 2"是制度设计期待的结果,也是合作的最佳结果;"1 + 1 = 2"应当是次佳结果,属于差强人意的结果;但当股东产生矛盾冲突,甚至出现公司僵局时,就可能属于差等级的"1 < 1 + 1 < 2"甚至是"1 + 1 < 1"的结果。当出现差等级的结果时,公力救济是否都应当介入还值得斟酌。笔者认为,在"1 < 1 + 1 < 2"的次差状态下,[①]公力救济的介入并不一定完全合适,因为强制公司解散还可能产生公司解体时的附加成本,出现商誉、人力资本等无形资产的损失,从而导致成本收益核算上仍然是负数,至少在社会成本收益上是支出大于收益的状况。因此,司法解散只有在"1 + 1 < 1"的状态下最有介入的价值,[②]因为当股东间出现互不相容、相互拆台和严重内耗时,合作就已经失去意义,此时解除合作应当是有收益的选择。这种选择尽管是一种"减少社会财富损失"的收益,但肯定会优于合作内耗而导致的"合作不及单干"的结果。因此,当合作只能达到"1 + 1 < 1"即两败俱伤的结果时,公力救济的介入就是具有正当性和合理性的选项。当然,这里所谓的司法解散介入时点的公式,只具有理念上的指导意义,公司实践中面临的实际情况要比这一公式复杂得多,还需要具体情况具体分析,根据不同情况来分别处理。笔者想要说明的是:不是在产生公司僵局等导致公司治理失灵的现象

---

① "1 < 1 + 1 < 2"的次差状态类似于博弈论中的"零和博弈"情形,即一方获益,另一方损失。零和博弈虽然属于非合作博弈,但毕竟仅损及一方的利益,可以通过赔偿受损方或者一方合理退出公司等方式实现股东利益均衡,此时维持公司存续状态仍然有经济上的合理性。倘若解散公司,则令原本获益的股东及利益相关方落入" < 1"的状态,导致社会整体利益受损。

② "1 + 1 < 1"的状态类似于博弈论中的"负和博弈"情形。与零和博弈尚可能通过其他矫正手段实现某种均衡不同,负和博弈的参与者最后的获益都小于付出,是一种两败俱伤的最差状态。

时就一定要解散公司,而是在这类现象导致公司出现“1 +1 <1”的局面时,司法解散作为公力救济形式介入才符合《公司法》的立法原意。

四、司法解散的构成要件

根据《公司法》第 231 条的规定,法院作出司法解散的判决,应当满足三个方面的要件,即起诉要件、裁判实质性要件和程序性要件。其中,起诉要件即原告应符合为“持有公司百分之十以上表决权的股东”的要求,裁判实质性要件为“公司经营管理发生严重困难,继续存续会使股东利益受到重大损失”,裁判程序性要件为“通过其他途径不能解决”。近年来,学界和司法实务界对构成要件的实证研究表明,尽管出台了相关司法解释和指导性案例,但司法解散要件的认定和适用在实际操作层面仍存在一些需要明晰的问题。

(一)起诉要件的适用

起诉要件的适用涉及司法解散诉讼原告的适格问题。《公司法》将原告的适格标准确定为“持有公司百分之十以上表决权的股东”;《公司法司法解释(二)》第 1 条将适格标准进一步明确为“单独或者合计持有公司全部股东表决权百分之十以上的股东”。司法实务中需要讨论和厘清的问题包括:

1. 股东持股比例的基数。《公司法》规定的股东持股比例基数是“公司百分之十以上表决权”,其应当是指全部股东的表决权而非全部股东的股权。股东表决权是股权的重要权能之一,但不能和股权相等。股权包括了多种权能,除了表决权以外,还有分红权、股份转让权、剩余财产分配请求权等其他权能。修订后的《公司法》允许类别股的存在,表明作为股权权能的表决权可以与股权相分离而构成公司的“双层股权结构”,此时计算股东持股比例的基数就不一定与全部股东的股权对等,而可能只与部分股东拥有的“表决权”相对等。例如,在公司设置优先股的情形下,按照现行法规规定,优先股是以放弃表决权来换取利润分配和剩余财产分配上的优先权;优先股数量可以达到不超过普通股股份总数的 50%。优先股的存在必然意味着会缩小普通股东持股比例的计算基数,即全体股东表决权数减少;也意味着会增大普通股东个体享有的表决权数,或者说,普通股股东持股比例不到公司全部股权的 10%,但其拥有的表决权却可能超过公司全部股东表决权的 10%。此时在司法解散诉讼原告适格上就会出现两个问题需要回答:第一,不享有表决权的优先股股东能不能作为司法解散诉讼的原告?第二,是否以普通股股东实际持有的表决权数来作为原告适格计算的基数?鉴于司法解散主要是针对公司僵局的情形,而该情形直接关系到表决权,往往是冲突双方表决权势均力敌形成僵局;当优先股股东没有出现法定恢复表决权的情况时,不能将其自愿放弃的表决权数计入司法解散原告的持股表决权数,换言之,优先股股东既然不享有表决权,也就不能作为适格的原告;同理,应当以普通股股东实际持股表决权数来作为原告适格计算的基数。

2. 隐名出资情形中的适格原告。司法实践中普遍存在隐名出资人作为原告提起司法解散诉讼的情况,这就会出现隐名出资人能否成为适格原告的问题。有法官认为,在涉及公司外部的纠纷中,必须遵循商事外观主义原则,侧重保护外部第三人对登记内容乃至登记制度的信赖，故登记在册的名义股东是适格主体，而隐名出资人不是适格主体。[①] 也有法官认为，隐名出资人可以通过修改公司章程、变更登记或诉讼等方式确定股东身份，成为显名股东后再依法提起解散公司诉讼。[②] 公司实践中的隐名出资现象十分复杂，很难一概而论。如果隐名出资人在公司内部和外部均为隐名，公司其他股东及第三人也不知道存在隐名出资情况，则隐名出资人不具备合法的股东资格，在未经公司其他股东尤其是与之发生冲突的股东认可的前提下，不能将其视为适格原告；在隐名出资人仅是在公司登记上对外隐名，公司其他股东均知晓或认可这一事实，且隐名出资人已经实际行使股东权利的情形下，鉴于司法解散的冲突争议主要发生在公司及其内部股东之间，可以将隐名出资人视为事实上的股东，如果持股表决权达到法定的要求，即为适格原告。

3. 出资瑕疵情形中的适格原告。出资瑕疵包括未足额缴纳出资、存在"出资填补"和出资虚假等情况，在公司实践中较为常见，于是也会出现有出资瑕疵行为的股东是否可以成为司法解散的适格原告的问题。对此可依照股东资格认定的有关法理来处理：根据《公司法》及相关司法解释的规定，股东出资存在瑕疵在一般情况下并不影响其股东资格的取得和存续，其股东表决权也不会受到特别的限制（公司章程另有规定的除外）。如果没有依法履行股权的"失权"程序，股东受限的只是利润分配权，即需要"按照股东实缴的出资比例分配利润"。因此，结合司法解散的原告适格只涉及表决权的情况，存在出资瑕疵的股东在提起司法解散诉讼时，其原告资格一般不受瑕疵行为的影响，但法院在审理是否解散公司时，需要考虑出资瑕疵的这一实际情况来综合作出裁判。有法官认为，如果原告股东为未足额出资股东，而公司剩余股东均已足额出资，且对原告解散公司的诉请持反对意见，对原告的诉请予以支持似乎违反了公平原则。对此可行的手段是公司及时启动对未履行出资义务股东的除名（失权）程序，让该股东丧失其未缴纳出资的股权或剥夺完全未出资的股东的资格。[③]

4. 股东滥用司法解散请求权的限制。一些司法解散诉讼中存在股东滥用解散公司请求权的情形。例如，有的股东提起诉讼并非投资目的不达，而是出于个人私怨或意图抽回出资；有的股东起诉目的不是解散公司，而是觊觎公司利益，希望通过诉讼迫使公司及其他股东在公司的权力分配上做出有利于自己的安排等。[④] 规制这类滥诉行为与原告适格问题直接相关，可考虑的应对措施包括：第一，对起诉证据和事由进行审查，对于不属于公司僵局事由，或者原告明显存有私利目的而损害公司利益的，法院不予受理；如果是股东以知情权、利润分配请求权等权益受到损害，或者公司亏损、财产不足以偿还全部债务，以及公司被吊销企业法人营业执照未进行清算等为由提起诉讼，法院可告知其寻求其他路径救济。第二，对于已经受理的案件，在审理中一旦发现存在滥诉情况，要及时中止审理，裁定驳回起诉。

（二）关于"经营管理发生严重困难"的认定

经营管理严重困难的认定标准是司法解散实质性要件的核心内容，认定的难点主要在于：

1. 经营困难与管理困难。如果从《公司法》第 231 条规定的文义上看，经营管理似乎应当

---

① 参见郭宁华、余长勇、聂海琴：《隐名股东不能提起公司解散之诉》，载《人民司法（案例）》2016 年第 5 期。

② 参见辛欣、周宏：《公司司法解散要件解析——从超运公司解散案说起》，载《法律适用》2019 年第 6 期。

③ 参见周成：《公司司法解散制度实证研究——基于 100 份公司解散纠纷裁判文书的分析》，载《人民司法》2020 年第 31 期。

④ 参见朱杰：《对司法解散公司之诉的几点反思》，载《人民法院报》2008 年 4 月 3 日。

包括经营和管理两个方面的内容。但具体到司法实务案例中,经营与管理有时是很难区分的,因为公司经营需要组织管理,而管理又是就整个经营活动而言的;只是在谈到经营时,常常与公司的营业活动相联系,涉及盈利和亏损,经营困难即出现了亏损甚至停业的现象;在谈到管理时,常常与公司治理相联系,涉及公司机关的决策活动,管理困难即出现了公司机关无法决议或决议不能的现象。经营困难与管理困难在作为司法解散构成要件时,究竟孰轻孰重,抑或二者兼有?

《公司法司法解释(二)》第1条列举了经营管理发生严重困难的几种具体的情形:(1)公司持续两年以上无法召开股东会,公司经营管理发生严重困难的;(2)股东表决时无法达到法定或者公司章程规定的比例,持续两年以上不能做出有效的股东会决议,公司经营管理发生严重困难的;(3)公司董事长期冲突,且无法通过股东会解决,公司经营管理发生严重困难的;(4)经营管理发生其他严重困难,公司继续存续会使股东利益受到重大损失的情形。由此可见,司法解释列举的四种情形中,最后一种属于兜底性规定,其他三种情形均指向公司机关长期不能作出有效决议的公司僵局现象,即都指向"管理困难"的情况。另外,最高人民法院第8号指导性案例的"裁判要点"指出:"判断'公司经营管理是否发生严重困难',应从公司组织机构的运行状态进行综合分析。公司虽处于盈利状态,但其股东会机制长期失灵,内部管理有严重障碍,已陷入僵局状态,可以认定为公司经营管理发生严重困难。"该指导性案例的"裁判理由"则进一步指出:"'公司经营管理发生严重困难'的侧重点在于公司管理方面存有严重内部障碍,如股东会机制失灵、无法就公司的经营管理进行决策等,不应片面理解为公司资金缺乏、严重亏损等经营性困难。"

上述司法解释和指导性案例都清晰地表明了最高审判机关具有很强现实指导意义的审判观点:《公司法》第231条规定的"公司经营管理发生严重困难",尽管可能既有经营困难也包括管理困难,但其实质是指向出现公司僵局时的管理困难,或者说法院认定"经营管理发生严重困难",不能片面理解为只是公司资金缺乏、严重亏损等经营性困难,而重点应指向公司管理方面存有严重的内部障碍。学者对司法解散案例的实证分析也表明,虽然被诉公司陷入经营亏损,是解散之诉的整体性特征,但公司仍在营业甚至赢利的也可被解散,公司盈亏状况与经营管理困难、股东利益受损之间的逻辑联系需要审慎判断。①

2."严重困难"的标准。根据《公司法》及其司法解释的规定,公司经营管理发生的困难必须达到严重的程度,否则就不符合司法解散的构成要件。至于何为"严重",尽管《公司法司法解释(二)》的相关规定中对公司机关决策失灵的状况使用了"持续两年以上"和"长期冲突"的表述,但也并非确定的标准,因为即使出现这种状况,按照该司法解释的规定,仍然需要符合"公司经营管理发生严重困难"的条件,说明"严重困难"需要由法官根据具体案情来作出判断,这一判断也需要法官结合司法有限干预、企业维持以及相关主体利益平衡的原则来综合作出。②

3."经营管理发生其他严重困难"的认定。这一表述是《公司法司法解释(二)》列举的第四种情形,在立法上属于兜底性的规定。与该司法解释列举的前三种情形不同,该兜底性情形

① 参见李建伟:《司法解散公司事由的实证研究》,载《法学研究》2017年第4期。

② 参见辛欣、周宏:《公司司法解散要件解析——从超运公司解散案说起》,载《法律适用》2019年第6期。

并非公司僵局事由所导致的公司解散诉讼,而是除此之外的其他事由所致。学者们普遍认为,公司僵局是司法解散的事由之一,但并非唯一事由,实证研究表明,公司解散的事由除了公司僵局外,在特定情况下还可以适用"股东压制"的事由,"公司治理失灵的具体表象包括对立股东控制权势均力敌下的公司僵局与对立股东控制权势力悬殊下的股东压制"①。对于因股东压制事由产生的公司解散诉讼,法院对"经营管理发生其他严重困难"的认定不能完全依照对待公司僵局那样的做法,因为在"股东压制"的情形下,冲突股东双方由于持股比例相对悬殊,不太可能出现股东会机制失灵、无法形成决议的情况。因此,司法解释对其作出的规定也与对公司僵局作出的规定有所差异,要求认定"经营管理发生其他严重困难"需要与"公司继续存续会使股东利益受到重大损失"联系起来进行考量,从该规定的表述逻辑来看,"股东利益受到重大损失"应当是更为重要的考量因素。

需要强调的是,2023 年《公司法》修订增加了涉及"股东压制"情形的救济措施,即新《公司法》第 89 条第 3 款关于"公司的控股股东滥用股东权利,严重损害公司或者其他股东利益的,其他股东有权请求公司按照合理的价格收购其股权"的规定。这一规定表明受压制股东获得法律救济的路径并非只有司法解散。在《公司法》已经规定股东可以通过行使回购请求权这一成本更低的救济方式来退出公司的情况下,即使出现股东压制的情形,法院在处理相关纠纷案件时,也不一定就非要动用高成本的司法解散方式,而应当让股东优先采用公司回购的方式来实现救济。当公司回购遇到障碍,受压制股东不能获得其他法律救济时,司法解散的适用才更具合理性。

(三)"继续存续会使股东利益受到重大损失"的认定

首先,这里的"继续存续"表明该规定是对未来情况的一种预测,公司已经遇到经营管理的严重困难,发展下去将会给公司和股东造成更为严重的后果,即可能发生"重大损失"。虽然"重大损失"还具有一定的不确定性,但它一定是较目前已经出现的损失更为严重,如公司实践中"扭亏无望"的情形。因此,"重大损失"既包括已经发生的现实损失,更指将来可能发生的损失。

其次,这里的"股东利益"是指全体股东利益或公司利益,法官考量股东利益时还应当与公司社会责任相联系。因此,该规定中的"股东利益受到重大损失"不能简单理解为原告股东利益受损,而应看其是否损及全体股东或公司的利益。这不仅适用于公司僵局的场景,而且也同样适用于股东压制的场景,在股东压制的场景下,如果只涉及原告股东受到的"重大损失",虽然值得同情,但并非一定要采取公司解散的救济方式,公司回购就是《公司法》第 89 条第 3 款对其规定的优选救济方式。

(四)"通过其他途径不能解决"的适用

"通过其他途径不能解决"是指如果能通过其他救济方式解决股东纠纷,法院就应当避免采取司法解散的方式。这是《公司法》对已经符合实质条件的司法解散的适用所设置的一道前置程序,因而被称为司法解散的程序性要件,法理上又称其为"用尽其他救济"。司法解散

---

① 李建伟:《司法解散公司事由的实证研究》,载《法学研究》2017 年第 4 期。

制度是一柄“双刃剑”，它在摆脱“公司僵局”情形中的股东内耗的同时，也可能会因运用不当而扼杀一个本有大好前途的公司。因此，《公司法》要求法院在用尽其他救济途径之后才能作出公司解散的判决，而不能当公司一遭遇困局就强制判决公司解散。“用尽其他救济”措施的设置，是审慎适用司法解散的理念的具体体现。对此程序的适用，需要关注以下问题：

1．“用尽其他救济”的前置程序是对股东提起诉讼的要求，还是对法院作出判决的要求？如果是对股东提起诉讼的要求，法院在受理案件前就应当对原告股东是否“通过其他途径”解决冲突纠纷进行审查，股东不能举证说明自己已经符合这一前置程序要求的，诉讼原告就不适格，股东诉求就不应受理；如果是对法院作出判决的要求，“通过其他途径”来解决冲突纠纷就不仅是法院作出司法解散判决的前置条件，而且还是法院应当采取的措施。从《公司法》第231条的规定来看，由于是将“用尽其他救济”的要件与起诉条件置于一款中来规定，而且是将起诉条件（持股10%以上股东）置于“用尽其他救济”要件之后，没有作分款规定，从文义上很容易理解为原告股东在满足“用尽其他救济”这一前置程序后才能提起诉讼。司法实践中有法官也持有这种认识，认为股东有义务提供证据证明其已经穷尽了其他救济途径，或者说如果在没有采取任何解决措施前径直提起诉讼，法院对当事人的请求可不予受理。① 从《公司法司法解释（二）》和《公司法司法解释（五）》的有关解释性规定看，“用尽其他救济”都是指法院受理案件之后采取的措施，并没有作为限制股东诉权的前置程序。从民事诉权的本来含义看，②该两个司法解释的规定更符合我国《民事诉讼法》保护当事人诉权的基本原则。因此，“用尽其他救济”的前置程序是《公司法》对法院作出判决的要求，也是法院审理司法解散案件的一项职责，在“用尽其他救济”措施之前，不得判决解散公司。笔者注意到，我国台湾地区相关规范中也有关于法院作出判决的前置程序和原告股东起诉条件的规定，但其并未将二者置于同一项内容中，而是采取了分项规定的做法，由此较好地避免了对法条理解可能出现的歧义。③

2．“用尽其他救济”的方式。“用尽其他救济”的方式也即《公司法》第231条规定的“其他途径”的具体内容。这显然是指除司法解散判决以外的其他方式。需要指出，尽管从保护当事人诉权角度来看不应对股东起诉设置不合理的程序，但从审慎适用司法解散的理念出发，应当提倡对公司僵局等股东间纠纷采取多元化的救济方式，更应鼓励包括原告股东在内的当事人在诉前和诉中采取公司解散之外的自力救济方式，如自行和解、民间调解、行政调解等。不少学者认为，公司僵局是公司内部治理机制失灵而引发的状态，司法实务中一直面临着“适法困难”的局面，我国应建构符合国情的可替代性破解机制，与公司司法解散制度一同构成公司僵局的多元化救济路径。④

前述两个司法解释也对《公司法》第231条中的“其他途径”作出了较为详细的规定。《公司法司法解释（二）》第5条规定：“人民法院审理解散公司诉讼案件，应当注重调解。当事人协商同意由公司或者股东收购股份，或者以减资等方式使公司存续，且不违反法律、行政法规

---

① 参见辛欣、周宏：《公司司法解散要件解析——从超运公司解散案说起》，载《法律适用》2019年第6期。

② 民事诉讼中的诉权是指当事人基于民事纠纷的发生，请求法院行使审判权解决民事纠纷或保护民事权益的权利。它是法律赋予当事人的一项基本权利，是当事人进行诉讼活动的前提和基础。

③ 我国台湾地区规定：“公司之经营，有显著困难或重大损害时，法院得据股东之声请，于征询主管机关及……意见，并通知公司提出答辩后，裁定解散。”（第一项）“前项声请，在股份有限公司，应有继续六个月以上持有已发行股份总数百分之十以上股份之股东提出之。”（第二项）

④ 参见高中、雷莎：《强制股权置换与除名制的双重建构——公司僵局破解路径新探》，载《江西社会科学》2016年第6期。

强制性规定的，人民法院应予支持……”《公司法司法解释（五）》第5条专门针对有限责任公司的情形作出进一步的规定：人民法院审理涉及有限责任公司股东重大分歧案件时，应当注重调解。当事人协商一致以下列方式解决分歧，且不违反法律、行政法规的强制性规定的，人民法院应予支持：（1）公司回购部分股东股份；（2）其他股东受让部分股东股份；（3）他人受让部分股东股份；（4）公司减资；（5）公司分立；（6）其他能够解决分歧，恢复公司正常经营，避免公司解散的方式。由此可见，两个司法解释对“其他途径”的相关规定具有以下特点：第一，是在法院受理后采取的避免公司解散判决的方式；第二，是由法院来主导的“用尽其他救济”方式，无论是法院主持下的调解，还是“当事人协商一致”采取的方式，都离不开法院的主导、认可和支持；第三，对不同类型公司区别对待，反映出对作为封闭型公司的有限责任公司的特别关照；第四，除了列举的公司回购、公司减资、公司分立、股权内部转让和向第三人转让的“其他途径”，还包括“不违反法律、行政法规强制性规定”的其他方式，不仅为公司僵局等的多元化救济方式提供了充分的空间，而且体现出对公司自治、股东自治的尊重和慎用司法权干预的立法精神。

对于公司僵局等股东纠纷的多元化救济，学者们做了许多有成效的研究，在《公司法》及其司法解释的基础上提出许多有价值的公司解散的替代方案，如强制转让股权、[①]临时董事救济、[②]除名权、强制公司分立、调解—仲裁等替代司法解散的方式。其中，强制转让股权方式十分引人注目。强制转让股权分为强制卖出和强制买入两种：所谓强制卖出，即迫使股东卖出所持有的股份；强制买入，即强迫股东或者公司买入他方出售的股份。强制转让股权无疑限制或者剥夺了私人权利，但却实现了股东财产权利的价值最大化，能够有效地改变少数派股东受排挤或者压制的地位，是维护公司股东利益的特殊措施。强制转让股权的措施只在支配股东的行为明显不当，损害了少数股东利益的场景下适用。[③]

五、司法解散的诉讼实务

《公司法司法解释（二）》还就司法解散的一些诉讼实务问题作出规定，主要包括：

1. 司法解散诉讼不能与公司清算诉讼同时提起。公司解散与公司清算属于两种不同的诉讼程序，司法解释将二者确认为两类性质不同的案件。有学者认为，股东请求解散公司属于变更之诉，而公司清算案件属于非讼案件，两者审判程序不同。公司被判决解散后，可以自己组织股东或董事成立清算组进行清算；如果公司无法自行组织清算，则可以申请法院对公司进行强制清算。[④] 另外，法院基于“用尽其他救济”的原则，不允许原告股东在提起司法解散诉讼的同时又提起清算的诉讼，之所以如此，是因为如果在法院的主导下，当事人协商一致采取了司法解散之外的其他措施避免了公司解散，就无须进入清算程序。因此，《公司法司法解释

① 有学者认为，法院审理有关公司僵局的案件时，应当遵循“穷尽公司内部救济”的原则，结合“公司目的不达”的事实，综合考虑公司的存续目的和公司僵局的成因，根据不同案件的特点，分别适用裁判解散公司和强制转让股权。参见叶林、郭丹：《试论“打破公司僵局”》，载《广东社会科学》2008年第4期。

② 有学者认为，临时董事救济是指在公司发生僵局时，由法院任命中立的第三人担任临时董事以打破董事会势均力敌的状况。该救济方式能够在保持公司继续营业的情况下，快速解决公司僵局问题，临时董事救济具有调解与仲裁相结合的功能。参见阳东辉：《论建立我国的公司僵局临时董事救济制度》，载《湖南师范大学社会科学学报》2011年第2期。

③ 参见叶林：《公司法研究》，中国人民大学出版社2008年版，第373页。

④ 参见梁上上：《有限公司股东清算义务人地位质疑》，载《中国法学》2019年第2期。

(二)》第 2 条规定,股东提起解散公司诉讼,同时又申请人民法院对公司进行清算的,人民法院对其提出的清算申请不予受理。人民法院可以告知原告,在人民法院判决解散公司后,依据《民法典》第 70 条、公司法的相关规定和该司法解释第 7 条的规定,自行组织清算或者另行申请人民法院对公司进行清算。

2. 诉讼保全。诉讼保全包括财产保全和证据保全。按照《公司法司法解释(二)》第 3 条的规定,股东提起解散公司诉讼时,向人民法院申请财产保全或者证据保全的,在股东提供担保且不影响公司正常经营的情形下,人民法院可予以保全。

3. 诉讼当事人。根据《公司法司法解释(二)》第 4 条的规定,股东提起解散公司诉讼应当以公司为被告。原告以其他股东为被告一并提起诉讼的,人民法院应当告知原告将其他股东变更为第三人;原告坚持不予变更的,人民法院应当驳回原告对其他股东的起诉。原告提起解散公司诉讼应当告知其他股东,或者由人民法院通知其参加诉讼。其他股东或者有关利害关系人申请以共同原告或者第三人身份参加诉讼的,人民法院应予准许。

4. 注重调解和及时判决的原则。《公司法司法解释(二)》第 5 条规定,人民法院审理解散公司诉讼案件,应当注重调解……当事人不能协商一致使公司存续的,人民法院应当及时判决。

5. 收购股份的处理。经人民法院调解公司收购原告股份的,公司应当自调解书生效之日起 6 个月内将股份转让或者注销。股份转让或者注销之前,原告不得以公司收购其股份为由对抗公司债权人。

6. 司法解散的判决效力。人民法院关于解散公司诉讼作出的判决,对公司全体股东具有法律约束力;人民法院判决驳回解散公司诉讼请求后,提起该诉讼的股东或者其他股东又以同一事实和理由提起解散公司诉讼的,人民法院不予受理。

第三节　公司清算的一般问题

一、公司清算的含义

公司清算是指公司解散后,依照法定程序清理公司债权债务,处理公司剩余财产,最终向公司登记机关申请注销登记,使公司法人资格归于消灭的法律行为。值得指出的是,这里所说的公司清算,从程序和内容上都与破产清算有所区别;另外,公司因合并、分立发生的解散,依新《公司法》第 232 条的规定不必经过清算程序。因此,下面讨论的公司清算,是指除破产、合并和分立之外的其他原因而导致的公司解散所必须履行的一项法律程序。公司清算具有以下特征:

1. 公司清算是公司消灭的必经程序。在《公司法》上,公司解散并不等于公司法人资格的立即消灭。任何公司非经清算、未对其债务作出清偿并对其现存的法律关系和法律事务作出合法的了结之前,是不可能消灭的。之所以如此,主要在于防止公司在解散过程中出现隐匿财产、逃避债务、损害债权人和股东权益的情况,法律要求公司必须在履行清算程序后才能消灭。

2. 公司清算是严格依《公司法》履行的法律程序。因为公司清算不包括破产清算在内,所以它是由《公司法》规定的一套法律程序。公司解散涉及众多主体的利益,需要了结不少的法律关系,公司的消灭也许比公司的成立履行更为复杂和严格的法律程序,实践中甚至有的公司因各种原因要历经几年的时间才能完成公司的清算,实现公司的消灭。因此,法律要对公司清算行为进行必要的干预和管制,公司清算必须严格依照法定的条件和程序进行。

3. 公司清算的目的从形式上看是消灭公司法人资格,从实质上看则是保护相关利益方的合法权益。如果公司清算仅仅只是为了消灭公司的法人资格,大可不必通过复杂的程序。因此,设计公司清算制度的目的主要是对公司债权人利益、公司股东利益的保护和社会经济秩序的维护。

二、公司清算的形式

从《公司法》的有关规定看,公司清算包括普通清算和特别清算两种基本的形式。

1. 普通清算。普通清算是指由公司自行组织清算机构依法进行的清算。在公司实践中,普通清算对于自愿解散和强制清算两种情况都可以适用,往往是针对那些资产能够抵偿债务,并且能够自行组织清算工作的公司而采取的清算形式。按照《公司法》第 232 条规定,在公司解散的情况下,公司董事应当在 15 日内成立清算组进行公司清算。

2. 特别清算。特别清算是指公司解散时不能由自己组织进行普通清算,或进入普通清算后发生显著障碍,由法院介入而进行的清算。可见,特别清算与普通清算的区别在于后者是自行组织的清算,前者是有公权力机关介入的清算。特别清算一般适用于强制解散的情况,但也可适用于由普通清算转变而来的情况。根据《公司法》第 233 条及其《公司法司法解释(二)》第 7 条的规定,由普通清算程序转为特别清算程序的情况主要指公司在自愿或强制解散的情况下逾期不成立清算组进行清算的,虽然成立清算组但故意拖延清算的,违法清算可能严重损害债权人或者股东利益的,债权人、公司股东、董事或其他利害关系人可以申请人民法院指定有关人员组成清算组进行清算,人民法院应当受理该申请,并及时组织清算组进行清算。公司依法被吊销营业执照、责令关闭或者被撤销的,作出吊销营业执照、责令关闭或者撤销决定的部门或者公司登记机关,可以申请人民法院指定有关人员组成清算组进行清算。

值得说明的是,我国《公司法》关于公司清算的规定还涉及破产清算的问题。破产清算是依照《破产法》规定的程序来进行的清算,是在法院介入的情况下进行的清算,在这个意义上也可以说它是特别清算的一种形式。《公司法》第 237 条规定,清算组在清理公司财产、编制资产负债表和财产清单后,发现公司财产不足清偿债务的,应当依法向人民法院申请破产清算。人民法院受理破产申请后,清算组应当将清算事务移交给人民法院指定的破产管理人。由于破产清算主要适用《企业破产法》的有关规定,因此,本节不将破产清算纳入公司清算的讨论范围。

三、清算义务人与清算组

(一)清算义务人

清算义务人是《公司法》2023 年修订增加的一项重要内容。修订前的《公司法》及其司法解释上只有关于清算组的规定,没有使用清算义务人的概念。《民法典》第 70 条第 1 款规定:“法人解散的,除合并或者分立的情形外,清算义务人应当及时组成清算组进行清算。”可见,清算义务人是公司解散时负责组织清算组、启动清算程序、协助清算人清算，并在公司未及时清算给相关权利人造成损害时依法承担相应责任的民事主体。[①] 清算义务人是负责清算事务的组织者和法律责任的承担者。公司解散后必须组织相关人员组成清算组进行清算活动，否则公司就不得消灭。因此，清算就成为公司相关人员的一项法定义务，如果不履行清算义务，给利害关系人造成损失，清算义务人要承担相应的法律责任。《民法典》第 70 条第 2 款规定："法人的董事、理事等执行机构或者决策机构的成员为清算义务人。法律、行政法规另有规定的，依照其规定。"新《公司法》第 232 条中明确规定，"董事为公司清算义务人"，改变了《公司法》2023 年修订前清算义务人不明确不统一的现象。[②]

（二）清算组

清算组顾名思义是负责公司清算事务的机构，具体而言是指在公司清算过程中依法成立的执行清算事务并对外代表"清算中公司"的机构。在国外公司法上，与我国《公司法》规定的清算组及其成员相对应的概念，大陆法系国家一般称之为清算人，美国称之为财产管理人。与我国清算组不同的是，清算人是属于自然人概念，既可以指单个自然人，也可以指由多人组成的复数自然人；而我国《公司法》上的清算组则是一个组织的概念，法律虽然没有规定清算组的具体人数，但实践中一般是 3 个以上的自然人为其成员。在这个意义上，我国的清算组成员与国外的清算人的含义更为接近。需要指出的是，清算组与清算义务人是两个不同的概念，二者的区别在于：第一，清算义务人具有法定性，《公司法》明确规定为公司董事，其职责就是负责组建清算组，是清算程序的组织者和启动者；清算组则是清算事务的具体执行人，其人员来源构成具有多元性。第二，清算义务人是在公司进入清算程序前就产生和存在；清算组则是进入清算程序之后才产生。第三，清算义务人对公司清算负有组织和启动的义务；清算组则是清算中公司的机关，清算组成员对清算中公司负有忠实义务和勤勉义务。

1. 清算组的组成。公司进入清算程序，清算组的组成可以分为两种不同的情况：

（1）在自愿解散或强制解散的情况下，根据《公司法》第 232 条的规定，清算组由董事组成，但是公司章程另有规定或者股东会决议另选他人的除外。尽管该规定表明除董事以外的其他人员也可以担任清算组成员，但也有学者认为，清算组成员不宜全部由股东担任。[③]

（2）在由普通清算程序进入特别清算程序的情况下，按照《公司法》第 233 条的规定，可以申请由人民法院组织清算组进行清算，清算组的具体人员由人民法院决定。《公司法司法解释（二）》第 8 条规定，人民法院受理公司清算案件，应当及时指定有关人员组成清算组。清算组成员可以从下列人员或者机构中产生：第一，公司股东、董事、监事、高级管理人员；第二，依法设立的律师事务所、会计师事务所、破产清算事务所等社会中介机构；第三，依法设立的律师

① 参见钱玉林：《民法总则与公司法的适用关系论》，载《法学研究》2018 年第 3 期。

② 《公司法》2023 年修订前没有"清算义务人"的概念，根据原法第 183 条关于"有限责任公司的清算组由股东组成，股份有限公司的清算组由董事或者股东大会确定的人员组成"的规定，可以推导出有限责任公司的清算义务人为股东，股份有限公司的清算义务人为董事和股东会。

③ 其主要理由为：如果清算组成员全部由股东担任，一是忽视了公司股东和清算组成员身份上的差异，事实上废除了股东会对清算组活动的监督职能，很容易损害没有参加清算活动股东的合法利益；二是清算组必然以股东利益为重，可能采取各种方式，减少对外清偿债务，实质地损害到公司债权人利益，与保护债权人利益的宗旨之间存在冲突；三是股东亦可基于清算人地位向公司索要清算报酬并优先列支入清算费用，不仅可能改变股东劣后分配剩余财产的地位，而且可能获得某种优先于债权人和职工的权利人地位。参见叶林：《公司法研究》，中国人民大学出版社 2008 年版，第 394～395 页。

事务所、会计师事务所、破产清算事务所等社会中介机构中具备相关专业知识并取得执业资格的人员。

2. 清算组的职权。从总体上说,清算组在公司清算期内对内执行清算事务,对外代表公司。《公司法》第234条规定了清算组行使的具体职权为:(1)清理公司财产,分别编制资产负债表和财产清单;(2)通知、公告债权人;(3)处理与清算有关的公司未了结的业务;(4)清缴所欠税款以及清算过程中产生的税款;(5)清理债权、债务;(6)分配公司清偿债务后的剩余财产;(7)代表公司参与民事诉讼活动。

清算组有关清算的职权行为,由清算组全体成员过半数决定。清算组依法作出的会议决定,对清算工作有约束力。

公司清算作为一项复杂的事务性工作,清算组成员对股东和公司债权人都负有重要的责任,因此,清算组成员应当获得相应的报酬。从公司实践来看,如果是公司自行组织的清算组,清算组成员的报酬由股东会在选任时确定;如果是法院指定的清算组,清算组成员的报酬可由法院确定。

3. 清算组负责人。由于清算组是由多数人组成的组织,因而应当在其成员中确定一名负责人,实践中一般称之为清算组组长。清算组组长的职责主要是:(1)全面负责清算组的工作;(2)确定清算组会议的时间、地点、议题;(3)召集并主持清算组会议;(4)督促清算组成员按期完成清算工作;(5)公司自行组织清算的,应及时向股东报告清算工作的进展情况;法院指定并组织清算的,应及时向法院报告清算工作的进展情况;(6)代表清算中公司参加诉讼。

4. 清算组成员的义务与责任。根据《公司法》第238条第1款关于"清算组成员履行清算职责,负有忠实义务和勤勉义务"的规定,结合公司清算的具体实践,清算组成员在公司清算过程中应当履行的义务主要包括:(1)忠于职守、勤勉尽责,依法履行清算义务;(2)不得利用职权收受贿赂或者其他非法收入;(3)不得侵占公司财产。如果清算组成员违反这些义务,就应当承担相应的责任。《公司法》第238条第2款规定:"清算组成员怠于履行清算职责,给公司造成损失的,应当承担赔偿责任;因故意或者重大过失给债权人造成损失的,应当承担赔偿责任。"

5. 清算组成员的更换。在公司清算过程中,为了保证不因清算组成员的个人行为而影响清算的正常进行,决定清算组组成的公司机构或人民法院可以在一定情况下更换清算组成员。根据《公司法司法解释(二)》第9条的规定,人民法院指定的清算组成员有下列情形之一的,人民法院可以根据债权人、公司股东、董事或其他利害关系人的申请,或者依职权更换清算组成员:第一,有违反法律或者行政法规的行为;第二,丧失执业能力或者民事行为能力;第三,有严重损害公司或者债权人利益的行为。

四、公司清算的程序

《公司法》及其司法解释对于普通清算没有规定清算期限,但对特别清算有清算期限的要求。《公司法司法解释(二)》第16条规定:"人民法院组织清算的,清算组应当自成立之日起六个月内清算完毕。因特殊情况无法在六个月内完成清算的,清算组应当向人民法院申请延长。"根据《公司法》有关规定并结合公司实践,公司清算的程序大致如下:

1. 清算开始。清算开始必须确定开始清算的日期，以便计算相应的法定期。《公司法》第232条第1款规定“……应当在解散事由出现之日起十五日内组成清算组进行清算”。据此，成立清算组之日为开始清算之日。清算开始后，公司便负有相应的义务。如应当停止与清算无关的活动，书面通知登记机关、税务部门、劳动部门以及开户银行等，公司的义务应当由清算组来具体履行。

2. 债权申报及审查。根据《公司法》第235条的规定，清算组应当自成立之日起10日内通知债权人，并于60日内在报纸上或者国家企业信用信息公示系统公告。这里的通知应当是书面的。书面通知和清算公告应当包括清算公司的名称、住址、清算原因、清算开始日期、申报债权的期限、清算组的组成、通信地址及其他应予通知和公告的内容。

按照《公司法》第235条的规定，债权人应当自接到通知之日起30日内，未接到通知的自公告之日起45日内，向清算组申报其债权。债权人申报债权，应当说明债权的有关事项，并提供证明材料。清算组应当对债权进行登记。在申报债权期间，清算组不得对债权人进行清偿。

为了保证债权申报的真实，维护所有债权人的利益，清算组应当对有关债权的证明材料进行审查。从公司实践来看，审查时应当注意的事项包括：(1)确认债权有无财产担保及其数额；对有财产担保的债权和无财产担保的债权应当分别登记。(2)公司的保证人代替清算公司偿还债务后，该保证人有权申报债权，债权数额为其代替偿还额。(3)清算组决定解除清算公司未履行的合同，另一方当事人因合同解除受到损害的，有权以损害赔偿额为债权申报。(4)对于超过诉讼时效的债权和债权人在清算过程中所支付的费用，不作为公司债权受理和清偿。(5)债权人在公告规定的期限内不申报债权又未在法律规定的期限内提起诉讼的，视为自动放弃债权。但非因债权人责任造成逾期未申报，并且在清算财产分配完结前申报的，不在此限。

清算组核定债权后，应当将核定结果书面通知债权人。债权人对核定后的债权有异议的，可以通过诉讼程序来解决。按照《公司法司法解释(二)》第12条的规定，债权人对清算组核定的债权有异议的，可以要求清算组重新核定。清算组不予重新核定，或者债权人对重新核定的债权仍有异议，债权人以公司为被告向人民法院提起诉讼请求确认的，人民法院应予受理。

《公司法司法解释(二)》还专门规定了债权的补充申报。债权人在规定的期限内未申报债权，在公司清算程序终结前补充申报的，清算组应予登记。这里的“公司清算程序终结”，是指清算报告经股东会或者人民法院确认完毕。债权人补充申报的债权，可以在公司尚未分配财产中依法清偿。公司尚未分配财产不能全额清偿，债权人主张股东以其在剩余财产分配中已经取得的财产予以清偿的，人民法院应予支持；但债权人因重大过错未在规定期限内申报债权的除外。债权人或者清算组，以公司尚未分配财产和股东在剩余财产分配中已经取得的财产，不能全额清偿补充申报的债权为由，向人民法院提出破产清算申请的，人民法院不予受理。

3. 清理公司财产。按照《公司法》有关规定，清理公司财产是清算组的一项重要工作。在公司实践中，其涉及的具体内容如下。

(1)要求公司的董事长及有关负责人将与公司财产有关的一切账簿、单据、文件、资料移交清算组，并要求其答复清算组有关财产及业务的询问，协助清算组进行清算。

(2)确定清算财产。清算财产包括：清算开始时公司全部所有的财产、清算开始后至清算终结前公司所取得的财产、应当由公司行使的其他财产权利以及已作为担保物的财产，其价款超过所担保的债务数额的部分财产。

(3)及时收回公司的债权。对收回有争议的,可以提起诉讼或者申请仲裁。若遇债务人破产或者清算,清算组应当以公司名义申报债权。对无法收回的债权,清算组应当向股东说明原因,并提出处理方案。

(4)限期追缴股东在清算开始后仍未缴足其认缴的出资。根据《公司法司法解释(二)》第22条的规定,公司解散时,股东尚未缴纳的出资均应作为清算财产。股东尚未缴纳的出资,包括到期应缴未缴的出资,以及依照公司法相关规定分期缴纳尚未届满缴纳期限的出资。

(5)及时变卖。若不及时变卖将造成无法挽回损失的清算财产。

(6)对清算公司内属于他人的财产,让该财产权利人依法收回。

(7)分别编制资产负债表和财产清单,制订清算方案,并报股东会或者人民法院确认。清算方案一般应当包括的内容有:清算公司财产状况,清算公司债权、债务状况,财产分配方案。需要注意的是,在进行这项工作时,不得隐匿财产,对资产负债或者财产清单不得进行虚伪记载,否则将被追究相应的法律责任。

(8)公司财产不足清偿债务的处理。按照《公司法》第237条的规定,清算组在清理公司财产、编制资产负债表和财产清单后,发现公司财产不足清偿债务的,应当依法向人民法院申请破产清算。第242条规定:"公司被依法宣告破产的,依照有关企业破产的法律实施破产清算。"

4.确认清算方案。根据《公司法司法解释(二)》第15条的规定,公司自行清算的,清算方案应当报股东会决议确认;人民法院组织清算的,清算方案应当报人民法院确认。未经确认的清算方案,清算组不得执行。执行未经确认的清算方案给公司或者债权人造成损失,公司、股东、董事、公司其他利害关系人或者债权人主张清算组成员承担赔偿责任的,人民法院应依法予以支持。

5.分配公司清算财产。清算方案确认后,就进入分配公司清算财产的程序。清算组应及时执行清算方案和决议,依法进行财产分配。按照《公司法》第236条的规定,公司财产能够清偿公司债务的,应当依下列顺序处分公司所有财产:

(1)支付各项清算费用。包括:清算组成员和聘请工作人员的报酬;清算财产的管理、变卖及分配所需要的费用;清算过程中支付的诉讼费用、仲裁费用及公告费用;清算过程中为了维护债权人和股东的合法权益支付的其他费用。

(2)支付职工工资、社会保险费用和法定补偿金。

(3)缴纳所欠税款。

(4)清偿公司各项债务。由于公司即将终止,公司未到清偿期的债务也应予以清偿,但应当减去未到期的利息。

(5)向股东分配剩余财产。按照《公司法》第236条第3款的规定,公司财产在未依照法定顺序清偿公司各项债务前,不得分配给股东。第236条第2款规定:"……清偿公司债务后的剩余财产,有限责任公司按照股东的出资比例分配,股份有限公司按照股东持有的股份比例分配。"

如果因债权争议或者诉讼等原因致使债权人、股东暂时不能参加分配,清算组应当从清算财产中按比例提存相应的金额。

6. 清算结束。根据《公司法》第 239 条的规定，公司清算结束后，清算组应当制作清算报告，报股东会或者人民法院确认，并报送公司登记机关，申请注销公司登记，公告公司终止。清算报告经确认后，应当视为已解除清算组可能的责任。

第四节　公司清算的特别问题

一、清算中公司

公司清算作为公司消灭的必经程序，是公司法人资格从存续到消亡的一个过程。在清算过程中，公司在法理上被称为“清算中公司”，由此也产生一些特别的法律问题。

（一）清算中公司的法律地位

清算中公司属于民法上的清算中法人。我国《民法典》第 72 条对清算中法人的法律地位的基本定位是：“清算期间法人存续，但是不得从事与清算无关的活动……清算结束并完成法人注销登记时，法人终止……”这一规定与不少大陆法系国家或地区的相关规定基本相同。[①]公司作为我国民法上的营利性法人，《公司法》对其法律地位的定位突出了“经营”的特点，第 236 条第 3 款规定：“清算期间，公司存续，但不得开展与清算无关的经营活动……”两个法律的相关规定表明：第一，公司在清算期间属于走向消亡过程的法人，仍然具有法人资格；第二，公司在清算期间是权利能力和行为能力受到限制的法人，不能从事与清算无关的经营活动；第三，公司法人存续的目的主要是清理债权债务等，了结存在的一系列法律关系。

清算中公司如果就其权利能力和行为能力受到限制而言，与设立中公司的法律地位有些相似，但二者也有明显的区别：首先，设立中公司尚未取得法人资格，因其类似于非法人组织而在能力上受到限制；清算中的公司已经具有法人主体地位，因其即将终止而在能力上受到限制。其次，就权利能力和行为能力的具体内容上，设立中公司所不具备的是独立承担债务的责任能力，由此也难有相应的诉讼能力；清算中的公司所不具备的主要是“开展与清算无关的经营活动”的能力，却并不缺少独立承担债务的责任能力，因此，清算中公司不仅可以以自己的名义从事与清算相适应的民事活动，而且也完全具有诉讼当事人能力，可以自己的名义起诉、应诉。

（二）清算中公司与清算组的关系

从《公司法》的有关规定来看，由于清算中公司的执行机关及其活动受到法律严格的限制，不能像原公司那样正常行使职权，而公司原有的一系列法律关系都必须予以了结，许多职权就需依法转由公司清算组来行使。清算组在公司清算过程中具有对内执行清算事务，对外代表清算中公司的职权，其地位类似于正常经营中公司的董事会。由此可见，清算组在性质上相当于清算中公司的执行机关。因此，清算组成立后，董事会的职权应当停止。公司进入清算

---

① 如《日本民法典》第 73 条规定：“解散了的法人，在清算目的范围内，结束清算前，看作继续存在。”又如，我国台湾地区规定：“解散之法人，至清算终结止，在清算之必要范围内，视为存续。”

程序,依法成立的清算组取代作为公司原执行机关的董事会的法律地位,是清算中公司的临时执行机关,在清算目的范围内从事相关活动。具体来说,"清算组行使清算中公司的代表及执行机关的职能,对内执行清算事务,履行对内的决策和管理行为;对外代表公司了结债权债务,参与民事诉讼活动"。[①]

但也必须看到,清算组并不是作为一个独立的法律主体存在。其理由为:第一,清算组作为清算中公司的法定代表机关和经营业务执行机关,所能执行的公司事务是以清算为目的的事务,而不是所有的事务。第二,清算组也不能取代股东会和监事会的职权,股东会依然是公司的权力机构,监事会也仍然是公司的监督机构。第三,由于清算中公司并未丧失法人主体资格,需要其对外从事的相应的民事活动和诉讼活动,尽管是由清算组来作为代表机构,但仍应以公司的名义进行。《公司法司法解释(二)》第10条也明确规定,"公司依法清算结束并办理注销登记前,有关公司的民事诉讼,应当以公司的名义进行。公司成立清算组的,由清算组负责人代表公司参加诉讼;尚未成立清算组的,由原法定代表人代表公司参加诉讼"。

需要指出的是,《公司法司法解释(二)》出台前,司法实践中普遍将清算组直接列为诉讼中的原告或者被告。一些清算组无视清算中公司的法人主体资格,以自己名义独立从事相关民事活动和诉讼活动。之所以如此,源于对公司处于清算过程中的法律地位的认识,完全忽视了清算中公司的存在和仍然具有法人主体资格,这一认识得到当时的相关司法解释的支持,[②]不仅与《公司法》的相关规定及清算中公司的法律地位不相吻合,而且可能导致实践中由清算组承担应当由清算中公司承担的财产责任的法律后果。随着《公司法》《民法典》对清算中公司法律地位的确立,明确了清算组属于清算中公司临时执行机关的地位和职责,清算组负责人属于公司临时法定代表人的地位和职责,原有的相关司法解释也被及时予以废止。

(三)公司被吊销营业执照、责令关闭和撤销设立登记后是否具有清算中公司的地位

按照《公司法》第229条的规定,吊销营业执照、责令关闭和被撤销都是公司解散的事由之一,属于强制解散的事由。《公司法》第232条、第233条还规定,公司因吊销营业执照、责令关闭和被撤销而解散的,应当清算。清算也包括了两种情形:一是按照以董事为公司清算义务人的普通清算程序执行;二是按照特别清算程序执行,即由作出吊销营业执照、责令关闭和撤销决定的部门或者公司登记机关申请人民法院指定有关人员组成清算组进行清算。无论执行何种清算程序,公司被吊销营业执照、责令关闭和被撤销后都得依法进入清算,因此,被吊销营业执照、责令关闭和被撤销的公司并不能等同于公司的消灭,在注销前具有清算中公司的法律地位。如果让被吊销营业执照、责令关闭和被撤销的公司不进行清算就了结,不仅会损害债权人和股东的利益,也会影响社会关系的稳定。

在公司实践中,一些被吊销营业执照的公司不进行清算,甚至还有公司故意利用法律上的这一规定逃避债务,其理由是公司法人资格以取得营业执照为依据,吊销营业执照则意味着公

① 刘俊海:《现代公司法》(第2版),法律出版社2011年版,第935页。

② 最高人民法院1988年4月发布的《关于贯彻执行〈中华人民共和国民法通则〉若干问题的意见(试行)》(已失效)第60条第1款、第2款规定:"清算组织是以清算企业法人债权、债务为目的而依法成立的组织。它负责对终止的企业法人的财产进行保管、清理、估价、处理和清偿。对于涉及终止的企业法人债权、债务的民事诉讼,清算组织可以用自己的名义参加诉讼。"最高人民法院1992年7月发布的《关于适用〈中华人民共和国民事诉讼法〉若干问题的意见》(已失效)第51条规定:"企业法人未经清算即被撤销,有清算组织的,以该清算组织为当事人;没有清算组织的,以作出撤销决定的机构为当事人。"

司法人资格的丧失和消灭。这一理由是不能成立的。公司资格可分为经营(营业)资格和法人资格。吊销公司营业执照取消的只是公司的营业资格,并没有连同其法人资格一并取消。吊销营业执照的目的在于停止公司的营业,不允许其继续新的经营活动,而不是禁止公司进行清算活动。依照《公司法》的规定,吊销营业执照、责令关闭和被撤销这三种情形都只是公司解散的事由,解散后就必须进入清算程序,仍然要遵循"非经清算公司不得消灭"的法律原则,否则就是属于违法行为。因此,吊销营业执照、责令关闭和被撤销的公司在没有清算之前具有清算中公司的地位。尽管《公司法》第 241 条第 1 款规定公司登记机关对这三种情形也可以采取强制注销的措施,但在第 2 款又明确规定:"依照前款规定注销公司登记的,原公司股东、清算义务人的责任不受影响。"这表明如果清算义务人不履行清算义务,损害债权人和其他利益相关者的利益,则应当承担相应的法律责任。

二、清算义务人与清算组成员的民事责任

(一)清算民事责任的演变

清算民事责任是清算责任人不履行清算义务应当承担的民事法律后果。这里的清算责任人包括清算义务人和清算组成员。由于《公司法》2023 年修订前只规定了清算组成员的法律责任,没有明确谁是清算义务人以及不履行组织启动清算义务的法律责任,一旦公司在解散后不成立清算组,有关责任人通过不作为方式来抗拒履行清算义务,如何对其规制就会出现法律上的漏洞。[①] 司法实践中,一些公司在解散后就利用原《公司法》这一漏洞,应当清算而不清算,导致债权人利益受损,大致有如下几种情形:一是公司受到吊销营业执照、责令关闭或被撤销等处罚后,拖延或故意不履行法定的清算义务,以此来宣泄不满情绪,导致公司财产出现贬值、流失、毁损或者灭失;二是公司解散时已有大量负债,如果清算预计不可能有剩余财产分配,甚至还会出现"资不抵债"的情况,于是便怠于成立清算组履行清算义务,致使公司成为"僵尸企业";三是清算中股东因利益发生冲突,互不相让,形成僵局,置债权人利益不顾,导致公司无法清算,使清算中公司不正常存续;四是在没有清算的情况下,造假骗取注销登记,或者恶意处置公司财产,以此逃废债务,危害债权人利益。

2008 年出台的《公司法司法解释(二)》针对实践中的上述现象和当时《公司法》存在的漏洞,明确了清算义务人及其组织启动清算的义务,虽然没有直接使用清算义务人的概念,但将"有限责任公司的股东、股份有限公司的董事和控股股东"与清算组成员作出了区分,并对其规定了不同于清算组成员的特别义务,即清算义务人的法定义务。如果清算义务人通过不成立清算组等不作为方式来拒不履行法定义务,承担责任者就不是清算组成员,而是不作为的清算义务人;清算义务人的民事法律责任也明确指财产赔偿责任,或是在公司财产损失范围内对公司债务承担赔偿责任,或是对公司债务承担清偿责任或连带清偿责任。为了保证该司法解释的这一精神的贯彻,最高人民法院于 2012 年 9 月还专门发布了指导性案例第 9 号"上海存亮贸易有限公司诉蒋志东、王卫明等买卖合同纠纷案",旨在为如何认定公司的清算义务人提

---

① 2018 年《公司法》第 183 条只笼统规定了公司应当在解散后 15 日内成立清算组和清算组成员的构成,没有明确谁是具体的清算组织者和启动者;第 189 条关于清算法律责任的规定只指向"清算组成员"而没有涉及清算义务人。

供参照。该案例裁判理由明确，上海存亮贸易有限公司按约供货后，拓恒公司未能按约付清货款，应当承担相应的付款责任及违约责任。房恒福、蒋志东和王卫明作为拓恒公司的股东，应在拓恒公司被吊销营业执照后及时组织清算。因房恒福、蒋志东和王卫明怠于履行清算义务，导致拓恒公司的主要财产、账册等均已灭失，无法进行清算，房恒福、蒋志东和王卫明怠于履行清算义务的行为，违反了公司法及其司法解释的相关规定，应当对拓恒公司的债务承担连带清偿责任。拓恒公司作为有限责任公司，其全体股东在法律上应一体成为公司的清算义务人。无论蒋志东、王卫明在拓恒公司中所占的股份为多少，是否实际参与了公司的经营管理，两人在拓恒公司被吊销营业执照后，都有义务在法定期限内依法对拓恒公司进行清算。

虽然《公司法司法解释（二）》及最高人民法院发布的指导案例从一定程度上弥补了《公司法》出现的漏洞，对于保护债权人利益取得了较好的效果，但由于其关于清算义务人的规定只能基于当时《公司法》相关法条的规定，因而只能将有限责任公司的清算义务人界定为全体股东。这一界定在规制清算义务人时又出现了新的问题，即在激励公司债权人追究有限责任公司全体股东的清算赔偿责任的同时，让有限责任公司股东实际负担了无限责任。实证研究表明，有限责任公司股东怠于履行清算义务而承担民事责任大多发生在执行不能或“无产可破”的应破产公司中，该司法解释对清算责任的规定在实施中出现了“顾此失彼”的利益失衡现象——债权人利益在获得保护的同时，一些有限责任公司并不参与公司管理的中小股东却遭遇了对公司债务承担连带责任的“无妄之灾”。有法官在审案中也发现，在公司清算事由出现后，不参与经营管理的股东因为不掌握公司的账册、文件和财产，无法有效开展清算活动，这些股东为了免于承担怠于清算的连带责任，采用了登报催告、委托律师、提起诉讼、申请强制清算等各种方法。但由于实际掌控账册、文件和财产的控股股东或实际控制人拒不配合，自行清算或强制清算均无法有效开展。在这种情况下，如果仍然判令不参与经营管理的股东承担巨额的赔偿责任，有违公平。① 学者们普遍认为，让有限公司股东成为清算义务人并不合理，这实际上相当于将股东的有限责任变成了无限责任，直接动摇公司法的基础，有限公司的股东不应成为清算义务人，只有董事才应当是真正的清算义务人。“董事成为清算义务人是其注意义务与忠实义务在公司解散阶段的自然延伸与必然要求。相反，股东并不具有这样的职责与条件，不应成为清算义务人。”②从另一角度看，公司清算以公司资产能够清偿公司债务为适用前提，公司资不抵债者，应当依法启动或者转入破产程序，债权人应当承担必要的商业风险。“在公司清算制度的重构中，应当关注债权人保护和股东保护的双重价值，废除股东承担清算义务的观念，通过合理构造清算法人的内部治理秩序，实现公司清算制度的有效运行。”③

学界的研究引起最高审判机关的关注，意识到将有限责任公司清算义务人界定为股东可能带来负面效应，《九民会议纪要》对此出现的问题进行了较为详细的分析并指出，一些案件的处理结果不适当地扩大了股东的清算责任，特别是实践中出现了一些职业债权人，从其他债权人处大批量超低价收购“僵尸”企业的“陈年旧账”后，对批量僵尸企业提起强制清算之诉，在获得人民法院对公司主要财产、账册、重要文件等灭失的认定后，根据《公司法司法解释

---

① 参见黄彦杰、郁苏：《9号指导案例废止后的裁判规则：有限责任公司股东清算责任的变化》，载《审判研究》2021年4月6日。

② 梁上上：《有限公司股东清算义务人地位质疑》，载《中国法学》2019年第2期。

③ 叶林、徐佩菱：《关于我国公司清算制度的评述》，载《法律适用》2015年第1期。

(二)》第18条第2款的规定,请求有限责任公司的股东对公司债务承担连带清偿责任。有的人民法院没有准确把握上述规定的适用条件,判决没有"怠于履行义务"的小股东或者虽"怠于履行义务"但与公司主要财产、账册、重要文件等灭失没有因果关系的小股东对公司债务承担远远超过其出资数额的责任,导致出现利益明显失衡的现象。因此,《九民会议纪要》在第五部分专门就如何认定股东怠于履行清算义务作出规定,明确了这一责任属于侵权赔偿责任的性质。最高人民法院审判委员会经讨论决定,第9号指导性案例自2021年1月1日起不再参照。① 由此也表明需要从制度设计上对公司清算法律责任进一步修改完善。2023年《公司法》修订对此作出了积极回应,对清算法律责任的有关规定作出了明确的修改,其主要内容包括:第一,明确使用了清算义务人概念并对其作出界定,即董事为公司清算义务人。这一规定使清算义务人与清算组成员成为清算过程中两个并列的主体。二者尽管可能存在交叉的情形,即清算组可能由董事组成,但并不影响其各自的法律地位和主体身份。第二,清算义务人与清算组成员的法律地位和权利义务有明确的区分,前者基于原公司的董事地位主要负有组织和启动清算的义务,后者则是清算中公司临时机关的成员,对清算活动主要负有了结债权债务关系的法律义务。第三,明确区分了清算义务和清算组成员的民事责任。详见后文论述。

(二)清算义务人的民事责任

清算义务人的民事责任是由《公司法》及其司法解释规定的,具体包括以下内容。

1. 责任主体的范围。责任主体的范围也是清算义务人的范围。根据《公司法》第232条及其司法解释的规定,清算义务人的责任主体由两类人员构成:

(1)公司董事。这里的公司董事不区分公司类型,即所有公司的董事都为公司解散后的法定清算义务人,如果不履行法定的组织和启动清算的义务,就会成为当然的法律责任承担主体。《公司法》2023年修订后不再将有限责任公司股东不加区别一律纳入责任主体的范围。

(2)股份有限公司控股股东和公司的实际控制人。这是《公司法司法解释(二)》规定的责任主体。公司实践中,控股股东和实际控制人处于特殊的地位,往往可以操控整个公司的行为。如果公司清算义务人违反公司清算义务是其操控原因所致,控股股东和实际控制人就与清算义务人处于共同侵权行为人的地位,因此该司法解释也将其纳入责任主体的范围。

2. 清算义务人不履行清算义务的行为。清算义务人承担民事责任必须要有不履行清算义务的行为,根据《公司法》第233条的规定,不履行清算义务的行为是指清算义务人"逾期不成立清算组进行清算"的行为或者"成立清算组后不清算"的行为,包括公司解散后没有依法组织清算组、启动清算活动和督促清算组进行清算等行为。从行为特征上看,清算义务人不履行清算义务的行为多以不作为的形式表现出来。

3. 清算义务人的具体民事责任。根据《公司法》第232条第3款规定:"清算义务人未及时履行清算义务,给公司或者债权人造成损失的,应当承担赔偿责任。"《公司法司法解释(二)》对清算义务人不履行清算义务应承担的民事责任作出了较为详细的规定,具体包括以下内容:

(1)未按期成立清算组的民事责任。根据该司法解释第18条第1款规定,清算义务人未

---

① 参见2020年12月发布的《最高人民法院关于部分指导性案例不再参照的通知》(法〔2020〕343号)。

在法定期限内成立清算组开始清算，导致公司财产贬值、流失、毁损或者灭失，债权人主张其在造成损失范围内对公司债务承担赔偿责任的，人民法院应依法予以支持。

（2）怠于履行清算义务的民事责任。根据该司法解释第 18 条第 2 款规定，清算义务人因怠于履行义务，导致公司主要财产、账册、重要文件等灭失，无法进行清算，债权人主张其对公司债务承担连带清偿责任的，人民法院应依法予以支持。由于该款规定的民事责任是对公司债务承担连带清偿责任，与 2023 年修订的《公司法》第 232 条第 3 款规定的民事赔偿责任构成冲突，根据法律适用原则，该款内容应当在新《公司法》实施后作出相应的修改。

（3）恶意处置公司财产的民事责任。根据该司法解释第 19 条规定，清算义务人在公司解散后，恶意处置公司财产给债权人造成损失，债权人可以主张其对公司债务承担相应的赔偿责任。

（4）骗取注销登记的民事责任。根据该司法解释第 19 条规定，未经依法清算，以虚假的清算报告骗取公司登记机关办理法人注销登记，债权人主张其对公司债务承担相应赔偿责任的，人民法院应依法予以支持。

（5）未经清算而注销公司的民事责任。根据该司法解释第 20 条规定，公司未经清算即办理注销登记，导致公司无法进行清算，债权人主张行为人对公司债务承担清偿责任的，人民法院应依法予以支持。由于该款规定的民事责任是对公司债务承担清偿责任，与 2023 年修订的《公司法》第 232 条第 3 款规定的民事赔偿责任构成冲突，根据法律适用原则，该款内容也应当在新《公司法》实施后作出相应的修改。

（6）根据《公司法司法解释（二）》第 21 条的规定，责任人为二人以上，其中一人或者数人依法承担民事责任后，主张其他人员按照过错大小分担责任的，人民法院应依法予以支持。

4. 清算义务人不履行义务的其他救济措施。这里的“其他救济措施”是指除追究民事责任以外的其他法律救济方式。根据《公司法》第 233 条的规定，如果清算义务人怠于履行法律义务，逾期不成立清算组进行清算或者成立清算组后不清算的，利害关系人可以申请人民法院指定有关人员组成清算组进行清算。人民法院应当受理该申请，并及时组织清算组进行清算。可见法律规定的其他救济措施就是由普通清算转为特别清算，即进入在法院主导下的强制清算程序。

（三）清算组成员的民事责任

1. 责任主体的范围。清算组成员的民事责任主体就是清算组成员，但在司法实践中还存在两个需要关注的问题：第一，清算组成员的构成。新《公司法》第 232 条第 2 款规定：“清算组由董事组成，但是公司章程另有规定或者股东会决议另选他人的除外。”这说明清算组成员可能是董事，也可能是指除董事以外的其他人员；其他人员可能来自公司内部，也可能来自公司外部。“他人”作为责任主体，是通过该条的但书来规定的，属于法条中的“另有规定除外”条款，具有优先于法条规定适用的效力。一旦存在“公司章程另有规定或者股东会决议另选他人”的情况，公司清算组成员的构成则以此为准。第二，清算组成员的法律地位。清算组作为清算中公司的临时执行机关，清算组成员就是公司执行机关成员，相当于公司在正常情况下的董事地位，无论清算组成员来自公司内部还是公司外部，清算组成员在履行清算职责过程中，对清算中公司和债权人等其他利益相关方“负有忠实义务和勤勉义务”。

2. 清算组成员的民事责任特点。清算组成员与清算义务人一样，承担民事责任必须要有怠于履行清算义务的行为，新《公司法》第238条第2款规定："清算组成员怠于履行清算职责，给公司造成损失的，应当承担赔偿责任；因故意或者重大过失给债权人造成损失的，应当承担赔偿责任。"由此可见，《公司法》规定的清算组成员的民事责任，具有以下几个方面的特点：第一，清算组成员的民事责任包括了对公司承担的责任和对债权人承担的责任；第二，民事责任是发生在进入清算程序后，是对怠于履行清算职责或履职中的瑕疵行为承担的责任，这与清算义务人主要是对清算程序前的不作为承担责任存在明显区别；第三，民事责任的内容是赔偿因瑕疵行为造成的损失，包括对清算中公司造成损失和对债权人造成的损失；第四，在民事责任的构成上，鉴于是对履职行为瑕疵承担的责任，法律对构成要件的要求相对严格，如果不具备"故意或者重大过失"，就可以不对债权人承担赔偿损失的责任，这与清算义务人的相关民事责任也有着较大的区别。

3. 清算组成员的具体民事责任。《公司法司法解释（二）》对清算组成员的具体民事责任作了较为详细的规定。

（1）未履行通知和公告义务的民事责任。根据该司法解释第11条的规定，公司清算时，清算组应当按照公司法相关规定，将公司解散清算事宜书面通知全体已知债权人，并根据公司规模和营业地域范围在全国或者公司注册登记地省级有影响的报纸上进行公告。清算组未按照规定履行通知和公告义务，导致债权人未及时申报债权而未获清偿，债权人主张清算组成员对因此造成的损失承担赔偿责任的，人民法院应依法予以支持。

（2）执行未经确认的清算方案的民事责任。根据该司法解释第15条的规定，公司自行清算的，清算方案应当报股东会决议确认；人民法院组织清算的，清算方案应当报人民法院确认。未经确认的清算方案，清算组不得执行。执行未经确认的清算方案给公司或者债权人造成损失，公司、股东、董事、公司其他利害关系人或者债权人主张清算组成员承担赔偿责任的，人民法院应依法予以支持。

（3）违法违规的民事责任。根据该司法解释第23条的规定，清算组成员从事清算事务时，违反法律、行政法规或者公司章程给公司或者债权人造成损失，公司或者债权人主张其承担赔偿责任的，人民法院应依法予以支持。有限责任公司的股东、股份有限公司连续180日以上单独或者合计持有公司1%以上股份的股东，依据《公司法》关于股东代表诉讼的规定，以清算组成员有违法违规行为为由向人民法院提起诉讼的，人民法院应予受理；如果公司已经清算完毕注销，上述股东参照《公司法》第189条第3款的规定，直接以清算组成员为被告提起诉讼的，人民法院应予受理。

三、执行程序中对清算所涉债务的处理

执行程序中对清算所涉债务的处理是民事执行实践中反映出来的与公司清算相关的问题，主要表现为两种情形：第一，当法院根据申请执行人的请求对生效的判决执行时，作为被执行人的公司的财产在未清偿债务前就已进行违法分配，导致清算中公司无财产可供执行；第二，作为被执行人的公司在未进行清算情况下就已经注销而无法清偿公司债务。出现上述情形应当如何处理，涉及与清算组成员和清算义务人的民事责任相关的问题。

对于上述第一种情形而言，由于是进入清算程序中的违法行为，大多是清算组成员的失职渎职行为所致，例如没有按照《公司法》第235条关于“清算组应当自成立之日起十日内通知债权人，并于六十日内在报纸上或者国家企业信用信息公示系统公告”的规定执行，致使债权人没有向清算组申报债权，清算组在没有清偿或没有完全清偿债务的情况下将公司财产进行了分配；又如清算组成员不进行清算或不按照法定的清偿顺序而将公司财产分配给股东。无论是哪种情形，都属于清算组违法分配公司财产，将应当作为被执行的财产分配给了股东。当出现这种情形时，虽然应当由清算组成员来承担清算法律责任，但由于该法律责任不是对公司债务的清偿而只是赔偿对公司或债权人造成的损失，申请执行人如果予以追究，不仅需要提起新的民事诉讼，耗时费力，而且还不可能实现意欲通过执行程序来达到的目的。显然，申请执行人的理性选择肯定会先通过执行程序直接对违法分配的财产进行执行，当这一选择不能实现时才可能通过新的诉讼来追究清算组成员的法律责任。这就涉及法院能否对违法分配的财产直接执行的问题。从违法分配财产的行为性质来看，其应当属于无效法律行为，股东对于已经分得的财产也属于不当得利和非法占有，应当退还给清算中公司，由此也可视为清算中公司对非法占有财产的股东享有了债权。根据《最高人民法院关于适用〈中华人民共和国民事诉讼法〉的解释》第499条第1款的规定，人民法院执行被执行人对他人的到期债权，可以作出冻结债权的裁定，并通知该他人向申请执行人履行。据此，执行法官可向申请执行人说明其有申请追加已经分得财产的股东为被执行人的权利，若申请执行人申请追加，可以向非法占有财产的股东发出向申请执行人履行的通知书，如果该股东不提出书面异议，直接裁定追加其为案件的被执行人；如果该股东提出书面异议，根据《最高人民法院关于适用〈中华人民共和国民事诉讼法〉的解释》第499条第2款关于“该他人对到期债权有异议，申请执行人请求对异议部分强制执行的，人民法院不予支持”的规定，法院不对该异议进行审查，也不得追加不履行清算义务的股东为被执行人，可以告知申请执行人另行起诉。[①] 然后由执行程序转入审判程序，由法院审判庭在查清案件事实的基础上作出裁判。

对于上述第二种情况而言，未经清算注销既可能是在没有依法成立清算组的情况下发生的行为，也可能成立清算组后未依法进行清算的行为，因此多属于清算义务人没有履行清算义务而应当承担清算责任的行为。根据《公司法》第232条的规定，清算义务人承担的法律责任是对公司或债权人的损失进行赔偿。当公司注销后已无财产可供执行的情况下，清算义务人需要对债权人的损失进行赔偿，这一赔偿性质应当是侵权责任，即它并不是对注销前公司债务的继受，而是属于因侵权行为对债权人产生的新的债权，新的债权与债权人对原公司的债权并不具有同一性。因此，法院在执行中对公司未进行清算就已经注销而无法清偿债务的情况，不能直接将清算义务人追加为被执行人，而应当告知申请执行人可以对清算义务人另行提起侵权之诉，通过新的诉讼来获得相应的救济。

四、剩余财产分配时法律适用的选择

在公司清算后进行剩余财产的分配上，《公司法》与《民法典》存在不一致的规定。这就涉

---

① 参见佘俊林：《执行程序中不履行清算义务股东的赔偿责任》，载《人民法院报》2008年3月28日。

及是应当执行《公司法》的相关规定还是执行《民法典》的相关规定的问题。《公司法》第236条第2款规定:“公司财产在分别支付清算费用、职工的工资、社会保险费用和法定补偿金,缴纳所欠税款,清偿公司债务后的剩余财产,有限责任公司按照股东的出资比例分配,股份有限公司按照股东持有的股份比例分配。”《民法典》第72条第2款则规定:“法人清算后的剩余财产,按照法人章程的规定或者法人权力机构的决议处理。法律另有规定的,依照其规定。”具体到公司清算后剩余财产分配上,就会出现是依《民法典》的规定还是依《公司法》的规定来处理的问题。对此学者们有不同的观点。有学者认为,民法典的规定有效衔接了公司法与民法典的适用,通过法人清算优先权的商事权利机制安排,使投资者在公司解散之后可以根据法人章程或者决议的规定抽回出资,从而能够有效保护投资者利益。[①] 另外,依照法人章程或股东会决议处理剩余财产也能与公司实践中对股权的投票权、利润分配权和剩余财产分配权进行重新配置的类别股相适应。还有学者认为,《公司法》的相关规定应属于《民法典》第72条第2款所称的“法律另有规定的,依照其规定”的情形。至于实践中为满足设置类别股的需求而承认特别股股东的优先清算权问题,并不能以牺牲公司法所确立的一般性剩余财产分配规则为代价,毕竟公司法规定在整体上合乎公司设立目的和资本属性。[②] 笔者认为,后一种认识更符合《公司法》与《民法典》的立法原意,其理由如下:第一,剩余财产分配权是股东财产权的重要构成部分,属于股东的固有权,非经法律规定不得排斥或剥夺,如果允许依章程或股东会决议可以处理剩余财产,尤其是允许股东会来决定剩余财产的分配,那就很可能出现以“资本多数决”的方式来排斥或剥夺股东固有权的情形,从而违背《民法典》《公司法》对财产权保护的基本原则。第二,《民法典》第72条规定属于“总则编”的内容,在“民商合一”体例下,《民法典》“总则编”与《公司法》构成一般法与特别法的关系,无论是依特别法优先的法律适用原则,还是依《民法典》该条中已有的特别法优先的规定,都应当优先适用《公司法》规定。第三,《公司法》2023年修订已经对类别股作出了相关规定,从第144条关于类别股的规定看,类别股只能由公司章程规定,且在剩余财产分配上,类别股也只能通过章程来对时间顺序上的“优先或者劣后”进行设置,这一设置也是以其他权利的放弃或优先为对价。换言之,类别股的存在并不影响法律确立的剩余财产分配的基本原则。因此,公司清算后的剩余财产分配应当适用《公司法》第236条关于“有限责任公司按照股东的出资比例分配,股份有限公司按照股东持有的股份比例分配”的规定。

五、公司简易注销

公司简易注销是商事制度改革的一项内容,对于畅通公司退出渠道,提高公司作为市场主体的活跃度具有十分重要意义。《公司法》2023年修订增设了公司简易注销制度,第240条就是关于简易注销的专条规定。

按照《公司法》解散清算的一般性规定,公司从解散到注销大致要履行的正常程序包括:出现法定解散事由公司进行公示;成立清算组;通知债权人并进行公告;债权人申报债权;清算组制订清算方案并待股东会或人民法院确认后进行清算;清算结束时制作清算报告并报股东

---

① 参见许中缘:《我国〈民法总则〉对民商合一体例的立法创新》,载《法学》2017年第7期。

② 参见钱玉林:《民法总则与公司法的适用关系论》,载《法学研究》2018年第3期。

会或人民法院确认；申请注销公司登记；公告公司终止；共计有 10 个左右的环节，至少需要 3 个月的时间。《公司法》规定公司退出要履行正常的程序，其主要目的是保护债权人等利益相关者的利益，维护正常的市场秩序。当然，履行这些正常程序也需要耗费退出市场的公司及其股东支付一定的成本。基于此，实践中一些公司就要想法规避正常的退出程序，一方面通过违法操作来达到退出目的（如未经清算注销），另一方面干脆不进行正常的退出操作，使公司成为长期存在的"僵尸企业"或"休眠企业"。针对这一现象，国家有关部门近年来在总结一些地方（如深圳）企业简易注销试点的基础上发布了一系列相关文件，[①]全面推进这一制度。2022 年 3 月 1 日实施的《市场主体登记管理条例》对市场主体简易注销制度作出正式确认，2023 年修订的《公司法》进一步确立了公司简易注销制度。有学者认为，简易注销制度是建立在对商事登记行为的理性管制基础之上，通过形式审查完成市场主体的退出程序，较好地解决了对于那些"速进速退"企业经登记机关备案、公告、清算、申请等一般注销流程而怠于注销问题，体现出市场监管者尊重市场理性，实现从规制型监管向服务型监管的理念转变。[②]

根据法律法规的有关规定，公司简易注销就是符合一定条件的公司，经全体股东承诺，可以按照简便程序进行注销登记，使公司依法终止的制度。主要包括如下内容。

1. 简易注销的公司范围。《公司法》第 240 条关于简易注销的规定中，对公司类型、公司规模、股东人数并没有作出限制，但从对实行简易注销公司要求的实质性条件和程序性条件来看，简易注销公司的范围一般为非公众型的中小公司，因为公众型公司的股东人数较多，很难满足法律要求的"全体股东承诺"的条件。根据《市场主体登记管理条例》第 33 条第 4 款规定："市场主体注销依法须经批准的，或者市场主体被吊销营业执照、责令关闭、撤销，或者被列入经营异常名录的，不适用简易注销程序。"

2. 简易注销的条件。简易注销条件是指进行简易注销的公司的条件，按照《公司法》第 240 条第 1 款的规定，必须符合两个法定条件，公司才能简易注销。

（1）没有债务。没有债务是指"公司在存续期间未产生债务，或者已清偿全部债务"。这里的债务是指广义债务，不仅包括公司对交易相对方的负债，而且还包括《市场主体登记管理条例》第 33 条中规定的"清偿费用、职工工资、社会保险费用、法定补偿金、应缴纳税款（滞纳金、罚款）"等债务。没有债务的条件是简易注销所需的实质性条件，意味着公司注销不会损害债权人、职工、国家等第三人的利益。

（2）全体股东承诺。全体股东承诺是简易注销的程序性条件。这一要件意味着全体股东对没有债务的要件作出保证。《公司法》第 240 条第 1 款规定："公司在存续期间未产生债务，或者已清偿全部债务的，经全体股东承诺，可以按照规定通过简易程序注销公司登记。"由于公司登记机关对公司注销时没有债务的要件只作形式审查，如果股东故意隐瞒或因疏忽大意没有发现公司注销前存在的债务，就可能给相关债权人带来损害。因此，《公司法》第 240 条第 3 款又规定："公司通过简易程序注销公司登记，股东对本条第一款规定的内容承诺不实的，应当对注销登记前的债务承担连带责任。"为了保证这一承诺的严肃性，国家市场监督管

① 如《工商总局关于全面推进企业简易注销登记改革的指导意见》（工商企注字〔2016〕253 号）、《市场监管总局关于进一步推进企业简易注销登记改革的通知》（国市监注〔2018〕153 号）、《市场监管总局、国家税务总局关于进一步完善简易注销登记便捷中小微企业市场退出的通知》（国市监注发〔2021〕45 号）。

② 参见郑曙光、童梦琪：《商事主体简易注销制度：制度生成逻辑与实践创新》，载《法治研究》2017 年第 5 期。

理总局还专门制定了全体股东承诺的格式文本,实行简易注销公司的全体股东必须按此进行填写并签名盖章,否则简易注销就不能完成。承诺的内容除了公司申请注销登记前未产生债务或已将债务全部清偿外,还包括申请注销登记时不存在以下情形:涉及国家规定实施准入特别管理措施的外商投资企业;被列入企业经营异常名录或严重违法失信企业名单的;存在股权(投资权益)被冻结、出质或动产抵押等情形;有正在被立案调查或采取行政强制、司法协助、被予以行政处罚等情形的;企业所属的非法人分支机构未办理注销登记的;曾被终止简易注销程序的;法律、行政法规或者国务院决定规定在注销登记前需经批准的;不适用企业简易注销登记的其他情形。另外全体股东还须对以上承诺的真实性负责,如果违法失信,则由全体股东承担相应的法律后果和责任,并自愿接受相关行政执法部门的约束和惩戒。

3. 简易注销的程序。根据《公司法》第 240 条第 2 款的规定,通过简易程序注销登记,应当通过国家企业信用信息公示系统予以公告,公告期限不少于 20 日。公告期限届满后,未有异议的,公司可以在 20 日内向公司登记机关申请注销公司登记。公司登记机关对登记申请进行形式审查,符合条件的准予注销登记,公司终止。

六、公司强制注销

公司强制注销是指公司登记机关依职权对被吊销营业执照、责令关闭或者被撤销等符合解散条件的三类公司,根据其未清算完毕的事实进行依法注销的措施。《公司法》第 241 条就是关于强制注销的专条规定。根据该条的规定,强制注销具有如下特征:第一,是公司登记机关依照职权采取的行政措施,不以公司意思表示为前提,因而具有行政强制性。第二,是针对特定公司采取的措施,特定公司是指《公司法》第 241 条列举的因违法受到吊销营业执照、责令关闭、被撤销的处罚,符合解散条件且满 3 年未向公司登记机关申请注销公司登记的公司。第三,注销应当履行法定的程序并符合法定的要求,包括在国家企业信用信息公示系统予以公告;公告期限不少于 60 日;公告期限届满后未有异议。第四,注销后并不影响原公司股东、清算义务人应当承担的责任,这里的原公司股东的责任主要是指《公司法》第 23 条规定的公司人格否认情形下股东对公司债务承担的“连带责任”;清算义务人的责任主要是指《公司法》第 232 条第 3 款规定的因未及时履行清算义务,给公司或者债权人造成损失承担的“赔偿责任”,这说明强制注销兼顾了保护债权人利益的目标。

公司强制注销与简易注销一样,都是 2023 年修订《公司法》新增的内容;其设置的目的也基本相同,都是适应“放管服”改革要求,健全优胜劣汰市场机制,畅通市场主体退出渠道,优化营商环境而采取的措施;都具有提高公司退出效率,降低公司退出成本的功能。强制注销与简易注销都必须履行法定的程序和符合法定的要求,但二者也存在一些明显的区别:第一,注销启动的主体不同。简易注销的启动主体为公司自身,从注销公司的意思表示到依法公告并向公司登记机关申请注销,都是公司的主动行为,属于公司自治的范畴;而强制注销则是公司登记机关依照职权采取的措施,属于行政管制行为。第二,注销适用的公司对象不同。简易注销主要是针对非公众型的中小公司,属于正常情况下退出市场的公司;而强制注销针对的是具有违法情形的公司,属于非正常情况下退出市场的公司。第三,注销要求的前提条件不同。简易注销要求以公司全体股东承诺“对注销登记前的债务承担连带责任”为前提;而强制注销则以公司“满三年未向公司登记机关申请注销公司登记”为前提。第四,注销后承担责任的主体和依据不同。公司注销后一旦出现债务责任,简易注销以原公司全体股东为责任主体,并以全体股东的承诺为承担责任的依据;而强制注销是以原公司股东和清算义务人为责任主体,以《公司法》相关法条明确规定的内容为承担责任的依据。

七、清算程序向破产程序的转换

清算程序向破产程序转换是公司清算过程中可能出现的情况。如同执行程序向破产程序转换可以简称为“执转破”一样,清算程序向破产程序转换也可以简称为“清转破”。《公司法》第237条第1款规定:“清算组在清理公司财产、编制资产负债表和财产清单后,发现公司财产不足清偿债务的,应当依法向人民法院申请破产清算”。

(一)“清转破”的启动

“清转破”主要是由清算组来启动和操作的程序,也是清算组应当履行的一项法律义务。“清转破”需要遵循《公司法》及其司法解释相关规定,其启动主要包括启动时间、启动条件、启动主体等方面的内容。

1. 启动时间。“清转破”的启动时间必须是“清算组在清理公司财产、编制资产负债表和财产清单后”,这意味着清算组对清算事务的执行已经进入一定的阶段而并非刚进入清算程序就可以启动。清算组刚成立时,对公司准确的资产负债情况一般并不清楚,需要通过对公司债权债务的梳理,才可能了解公司资产是否足以清偿全部债务。

2. 启动条件。“清转破”的启动条件是清算组发现“公司财产不足清偿债务”的情况,即公司已经“资不抵债”。

3. 启动的主体。“清转破”的启动主体为清算组,启动“清转破”是清算组的义务,如果清算组应当发现而未发现,或者已经发现而不启动,都应当属于清算组怠于履行清算职责的行为。

(二)“清转破”的例外情形

《公司法司法解释(二)》第17条规定了“清转破”的一种例外情形,被称为公司强制清算中的协商机制。其具体内容为:当法院指定的清算组在清理公司财产、编制资产负债表和财产清单时,发现公司财产不足清偿债务的,可以与债权人协商制作有关债务清偿方案。债务清偿方案经全体债权人确认且不损害其他利害关系人利益的,人民法院可依清算组的申请裁定予以认可,不转入破产程序。而且清算组依据该清偿方案清偿债务后,应当向人民法院申请裁定终结清算程序。清算程序与破产程序相比,后者更为复杂,成本也更高,如果能够避免就尽量不予采用。公司清算的协商机制就是避免适用破产程序的方式。清算中公司与债权人在不损害他人利益的前提下,就债务的清偿自愿协商达成协议,法院基于尊重当事人的意思自治和不干预债权人对民事权利的处分,一般会认可双方债务清偿方案并允许清算中公司不转入破产程序。当然,如果债权人对债务清偿方案不予确认,或者债务清偿方案存在有损害他人利益和违背公序良俗的内容,法院也会不予认可,清算组就应当依法向法院申请破产清算。

(三)清算程序与破产程序的衔接

《公司法》第242条规定:"公司被依法宣告破产的,依照有关企业破产的法律实施破产清算。"公司清算与公司破产属于不同的法律程序,分别适用不同的法律,二者在司法实践中还存在衔接的有关问题。

1. 清算组未向法院申请破产清算时出现的问题。清算组未向法院申请破产清算大致包括三种情形:第一,债权债务情况尚未查清,是否符合"清转破"的条件不明;第二,清算组在清算中出现了明显的损害债权人利益的行为;第三,已经符合"清转破"的条件,但清算组怠于提出申请宣告破产。司法实践中出现了当清算组尚未向法院申请破产清算时,债权人却越过清算组以其到期债权未受清偿为由,直接向法院提起了破产清算的申请,法院面临着是否受理的现实问题。对此有法官认为,如果属于进入清算程序后债权债务尚未查清的情形,从维护清算程序顺利进行和全体债权人利益出发,不能以破产清算来取代公司清算;如果属于清算组恶意行使清算职责明显损害债权人利益的情形,在债权人能够提供证据证明的情况下,即使公司尚在债权申报期内或者尚未达到资不抵债的标准时,也可以因债权人的申请而启动破产清算程序;①如果已经符合"清转破"条件,但清算组怠于履行义务未向法院提出申请宣告破产的情形,由于《公司法》及其司法解释除了规定清算组成员承担相应的法律责任外,并未提供解决清算组不依法申请破产的救济路径,根据《企业破产法》的有关规定,应当允许债权人越过清算组直接向法院提起破产申请来寻求法律救济。

2. 清算组已向法院申请破产清算的问题。清算组在清算过程中依法向法院申请破产清算,根据《公司法》第237条第2款的规定,人民法院受理破产申请后,清算组应当将清算事务移交给人民法院指定的破产管理人。由此可能产生的问题包括:第一,对清算组前期已经依法完成的清算事务和所做工作进行审查认可。根据《企业破产法》关于破产清算由破产管理人实施,债权人会议确认,法院进行合法性审查的原则,对清算组前期完成的工作内容,应当由破产管理人进行初步审查,债权人会议核查,人民法院对无异议的部分作合法性审查和确认。第二,指定清算组为管理人。根据《最高人民法院关于审理企业破产案件指定管理人的规定》(法释〔2007〕8号)第18条规定,在破产申请受理前已经根据有关规定成立清算组的,可以指定清算组为管理人。有法官认为,根据该司法解释的规定,如果清算组成员与债权人、债务人存在利害关系,甚至本身就是公司股东或董事,就不应指定清算组为管理人。在普通清算中,鉴于清算组是由公司董事组成,存在利害关系的董事显然不符合被指定为管理人的条件;但在特别清算中,清算组中的中介机构则可以被指定为破产管理人。②

---

① 参见游伟、李春:《公司清算程序转换的实务问题》,载《人民法院报》2008年7月24日。
② 参见孙小平、姚明:《论公司清算制度与破产程序的衔接》,载《人民法院报》2008年7月24日。

第十七章　外商投资公司与外国公司跨国经营

随着当今世界经济全球化和区域经济一体化的发展，一国资本对外扩张已成为常态。资本扩张对于接受外国资本输入的东道国而言，主要包括两种方式：一是外商投资，二是外国公司跨国经营（见图 17－1）。就我国现行法律规定来看，外商投资是一个将外国资本输入中国境内的行为，即外商向中国境内投放包括资金、实物等资产来获取投资回报的行为。外商投资可以包括设立公司和购买存续公司股份两种方式来获取投资回报，由此也可以把外商投资分为设立外商投资公司和外商通过并购持有境内公司股份的两种类型。外国公司跨国经营是外国公司进入我国境内进行的经营行为。经营是指经营者对已经设立的公司筹划、组织并管理的行为，经营包括本国经营和跨国经营。跨国经营可以使存续的外国公司利用国际市场来获得更大的市场份额和更多的超额利润，从而迅速扩大公司经营范围，做大做强公司。外国公司进入我国跨国经营可以采取我国法律法规认可的两种方式，即设立外国公司分支机构和外国公司常驻代表机构。

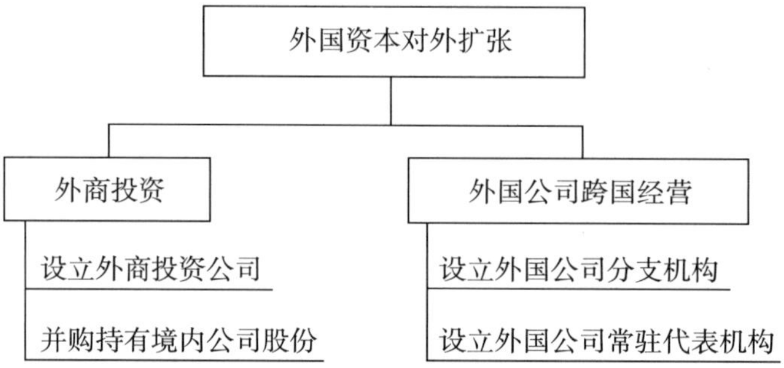

图 17－1　外商投资和外国公司跨国经营

在我国《公司法》上，外商投资采取的组织形态主要为外商投资公司；外国公司跨国经营采取的组织形态主要为外国公司分支机构。

第一节　外商投资公司及其基础性法律

外商投资公司是采取公司形式的外商投资企业，是外商投资进入我国采取的最重要也是最主要的组织形态。《外商投资法》及其《外商投资法实施条例》分别由全国人大于 2019 年 3 月通过和由国务院于同年 12 月发布，并于 2020 年 1 月 1 日起施行。二者作为专门的外资立法，与《公司法》一道，成为我国外商投资公司的基础性法律。

畴,难以在其法律规范中很好地兼顾和反映国家对外商投资准入管理的公法的内容,而只能通过大量的政府规章或地方性法规立法来弥补这一缺陷,造成以"外资三法"为核心的外商投资法律体系庞杂和法律规则呈繁琐化和碎片化的现象。

随着社会主义市场经济体制和中国特色社会主义法律体系的建立和不断完善,以组织法为基本定位的"外资三法"已难以适应新时代全面开放新格局实践的需要,其相关规范已逐步为《公司法》《合伙企业法》《民法典》等市场主体和市场交易方面的法律所涵盖。这一现实迫切需要在总结我国吸引外商投资实践经验的基础上,制定一部外商投资基础性法律来取代"外资三法",外商投资的法律体系需要整体性重构。《外商投资法》正是基于这一背景和目的而出台。应当看到,《外商投资法》的出台和实施并不代表着该法就可以直接取代"外资三法",而是需要以该法为基础,并通过《公司法》等企业法与"外资三法"的并轨来对整个外商投资领域的法律体系进行重大调整。《外商投资法》并非只等于原有的外商投资企业法,而是涵盖整个外商投资领域的基础法,而外商投资企业法则主要承担着外商投资组织法的功能。根据《外商投资法》的规定,随着该法的实施和"外资三法"的废止,一方面,将外商投资组织形式、组织机构及其活动准则等组织法的内容,"移除并转到《公司法》《合伙企业法》等法律中"[①],直接交由这些企业法来调整;另一方面,《外商投资法》则主要调整外商投资行为所涉及的投资促进、投资保护、投资管理等内容。《外商投资法》以投资者和投资行为为主要规制对象,处于整个外商投资法律体系中最为基础的地位。与此同时,《外商投资法》《外商投资法实施条例》还通过对"外资三法"及相关行政法规废止的规定,确立了《公司法》作为外商投资公司的组织法的地位,明确了外商投资公司主要受《外商投资法》《公司法》的调整。2023 年《公司法》修订,删除了原法第 217 条的规定。这进一步意味着,外商投资公司的法律适用准则将从特别法("外资三法")转向普通法(《公司法》)。随着 5 年过渡期的结束,"外资三法"规制的中外合资经营企业、中外合作经营企业和外资企业保留公司形式的,必须改制并变更注册为《公司法》规定的有限责任公司或股份有限公司,《公司法》与"外资三法"将实现真正的并轨。

三、《外商投资法》的基本功能和主要内容

《外商投资法》的基本定位是我国促进、保护、管理外商投资的基础性法律,从立法制度设计来看,除了总则、附则和法律责任之外,其他三章内容分别为投资促进、投资保护和投资管理。这表明该法不再将具体的外商投资企业组织作为立法的主要调整对象,而是以执行国家在外资领域的产业政策和经济管理功能为目标,所规范的内容主要是围绕国家与外商投资者之间的法律关系来展开,将国家对外商投资的基础性、原则性和普遍性立场从立法上予以明确。因此,从法律性质上看,《外商投资法》体现出很强的经济法和行政管理法的公法属性,与商事组织法固有的私法属性形成鲜明对照。就对外商投资公司的法律规制而言,《外商投资法》与《公司法》的职能分工也是十分清楚的,前者从公法的角度只规定对外商投资企业的促进、保护和准入管理方面的基本法律原则和准则,后者则是包括外商投资公司在内的所有公司的组织形式、组织机构及其组织活动等的具体规则,更多具有私法的属性。两个法律之间基本

---

① 刘志云、温长庆:《〈外商投资法〉与公司企业法的衔接与协调》,载《南京大学学报(哲学·人文科学·社会科学)》2021 年第 3 期。

不存在对同一事项的重叠规定或出现法律冲突的不同规定。《外商投资法》关于外商投资的促进、保护和管理的规定也就是该法具有的基本功能，也都能从规制外商投资公司上体现出来。

（一）投资管理

投资管理是体现《外商投资法》公法属性的内容。对外商投资公司而言，投资管理主要包括投资准入管理、运营管理和监督检查、外资经济市场的经营者集中和反垄断审查、外商投资信息报告制度、外商投资国家安全审查等内容。投资管理是保障公共利益、维护国家安全以及内外资统一市场秩序的重要举措。

1. 投资准入管理。投资准入管理是外商投资管理的首要环节，如果外商投资没有通过准入环节，也就意味着外商投资不能进入中国境内或即使进入也属于违法行为。在这个意义上，投资准入管理在外商投资管理中占有非常重要的地位，也是立法中最具实质性的内容。《外商投资法》不仅在总则中对其有专条的规定，而且在第四章中也用较多条文对其作出具体规定。

关于投资准入管理的内容，《外商投资法》第 4 条第 1 款明确规定为“国家对外商投资实行准入前国民待遇加负面清单管理制度”。根据这一概括，投资准入管理具有几层基本含义：第一，投资准入管理从时间上指向外商投资准入前的阶段，之所以如此，是因为“理论上，内资和外资的区别仅存在于准入前，合法准入后的外资与内资在功能和价值上都属于境内资本”。[①] 第二，投资准入管理的内容包括准入前的国民待遇和负面清单管理。根据该条第 2 款的规定，准入前的国民待遇“是指在投资准入阶段给予外国投资者及其投资不低于本国投资者及其投资的待遇”；负面清单“是指国家规定在特定领域对外商投资实施的准入特别管理措施。国家对负面清单之外的外商投资，给予国民待遇”。第三，从管制角度看，国家对投资准入上的管理重心又在于对负面清单的管理上，因为国民待遇也主要是通过对负面清单管理而体现出来的。基于国民待遇被限定在负面清单之外的范围，其实现主要依靠国家对负面清单依法有效的管理，即严格控制负面清单适用范围和对外商投资的管制不逾越负面清单的范围来实现。

2. 负面清单含义。既然投资准入管理主要是针对负面清单的管理，那就需要准确理解外商投资准入环节中负面清单管理的含义。根据《外商投资法》的有关规定，应当把握以下几方面要点：第一，负面清单是国家对外商投资的管制措施，外商投资者无论是通过投资设立公司，还是通过并购持有中国境内公司的股份，都必须受此约束。第二，负面清单的适用范围只在“特定领域”，而且只能是在准入阶段实施的措施，超出这一范围，就应当对外商投资者实行不低于境内投资者的国民待遇；外商投资者一旦获准设立公司或持有境内公司股份后，也与境内投资者享有同样的国民待遇。第三，负面清单的内容主要是对投资领域的禁止或限制措施，并对限制投资的领域设置必要的条件或程序。《外商投资法》第 28 条第 2 款规定，“外商投资准入负面清单规定限制投资的领域，外国投资者进行投资应当符合负面清单规定的条件”。而

---

① 刘志云、温长庆：《〈外商投资法〉与公司企业法的衔接与协调》，载《南京大学学报（哲学 · 人文科学 · 社会科学）》2021 年第 3 期。

是否符合这些条件,则需要由国家主管部门进行审查。该法第30条第1款规定,“外国投资者在依法需要取得许可的行业、领域进行投资的,应当依法办理相关许可手续”。第四,禁止投资的范围、限制投资的条件和程序,都必须是在负面清单上列明的内容;《外商投资法》第28条第3款规定:“外商投资准入负面清单以外的领域,按照内外资一致的原则实施管理。”这意味着国家对外商投资公司的准入限制严格控制在法定的可知道的范围之内,除负面清单之外的领域,国家要采取相应的措施保证对外商投资者实行国民待遇。

(二)投资促进

投资促进是《外商投资法》的立法宗旨之一,也是我国加快构建开放型经济新体制,实行更高水平对外开放的重要内容。投资促进的目的在于积极吸引和利用外商投资。《外商投资法》第3条规定,国家坚持对外开放的基本国策,鼓励外国投资者依法在中国境内投资;国家实行高水平投资自由化便利化政策,建立和完善外商投资促进机制,营造稳定、透明、可预期和公平竞争的市场环境。由此可见,投资促进是我国扩大对外开放的基本政策导向,《外商投资法》必须体现国家这一基本政策并将其固定下来,通过对投资促进的立法规定来保证国家外商投资促进政策的贯彻执行。

《外商投资法》除了总则规定外,还专门设计了“投资促进”一章,对投资促进的内容作出具体规定。从立法技术上看,该章内容类似于一些以“促进法”冠名的法律①。“促进法”常常是针对被促进的对象在发展上存在的某些不足或不够而采取的措施。通过立法来推动促进措施的执行,使被促进对象能得到更快的发展和提升。因此,对于被促进对象而言,“促进法”通常不按照权利义务对等的原则来设计法律规范,而是赋予主体更多的权利或减少主体的义务来促进其尽快地发展和提升。《外商投资法》关于外商投资促进的法条规定也不例外。第二章“投资促进”不少内容都直接针对外商投资企业的具体规定,主要可概括为两个方面的内容。

1.依法赋予外商投资企业享有的权利。针对外商投资企业以往在经营活动中不能参与或受到限制的领域,《外商投资法》以立法方式宣示:第一,外商投资企业依法平等适用国家支持企业发展的各项政策,尤其是涉及政府资金安排、土地供应、税费减免、资质许可、标准制定、项目申报、人力资源等方面的政策。第二,外商投资企业依法平等参与标准制定工作,包括国家标准、行业标准、地方标准和团体标准的制定、修订工作;外商投资企业可以根据需要自行制定或者与其他企业联合制定企业标准;政府对此要强化标准制定的信息公开和社会监督。第三,外商投资企业依法通过公平竞争参与政府采购活动,政府采购依法对外商投资企业在中国境内生产的产品、提供的服务平等对待;政府及其有关部门不得阻挠和限制外商投资企业自由进入本地区和本行业的政府采购市场;政府采购的采购人、采购代理机构不得在政府采购信息发布、供应商条件确定和资格审查、评标标准等方面,对外商投资企业实行差别待遇或者歧视待遇,不得以所有制形式、组织形式、股权结构、投资者国别、产品或者服务品牌以及其他不合理的条件对供应商予以限定,不得对外商投资企业在中国境内生产的产品、提供的服务和内资企业区别对待。第四,外商投资企业可以依法在中国境内或者境外通过公开发行股票、公司债券

① 如《中小企业促进法》《农业机械化促进法》《循环经济促进法》《乡村振兴促进法》《民办教育促进法》等。

等证券，以及公开或者非公开发行其他融资工具、借用外债等方式进行融资。第五，在国家鼓励的特定行业、领域、地区投资的，外商投资企业依法依规享受优惠待遇。县级以上地方人民政府可以根据法律、行政法规、地方性法规的规定，在法定权限内制定费用减免、用地指标保障、公共服务提供等方面的外商投资促进和便利化政策措施。

上述权利的赋予和宣示，标志着外商投资企业在这些领域享有与内资企业完全同等的地位和权利，也是国民待遇原则在外商投资领域的具体体现。

2. 通过规定国家及其政府部门的相关义务来营造稳定、透明、可预期的投资环境。营商环境的优化，受益的相对方必然包括了外商投资企业，也相当于是从更广领域赋予外商投资企业的营商权利。《外商投资法》从国家和政府两个层面对有关部门提出法律要求：第一，国家层面的要求。包括国家与其他国家和地区、国际组织建立多边、双边投资促进合作机制，加强投资领域的国际交流与合作；国家根据需要，设立特殊经济区域，或者在部分地区实行外商投资试验性政策措施，促进外商投资，扩大对外开放。第二，政府层面的要求。包括要求各级政府听取外商投资企业意见建议；实行政务公开；建立健全外商投资服务体系，为外国投资者和外商投资企业提供法律法规、政策措施、投资项目信息等方面的咨询和服务；按照便利、高效、透明的原则，简化办事程序，提高办事效率，优化政务服务，进一步提高外商投资服务水平；有关主管部门应当编制和公布外商投资指引，为外国投资者和外商投资企业提供服务和便利；政府及其有关部门应当通过政府网站、全国一体化在线政务服务平台集中列明有关外商投资的法律、法规、规章、规范性文件、政策措施和投资项目信息，并通过多种途径和方式加强宣传、解读，为外国投资者和外商投资企业提供咨询、指导等服务。

（三）投资保护

投资保护涉及公权力的运用，与政府职权行使密切相关。《外商投资法》在此问题上针对外商投资实践作出了具有很强现实性和操作性的规定，加大对外商投资企业的保护。

1. 投资征收的严格限制。明确规定国家对外国投资者的投资不实行征收。如果在特殊情形下为了公共利益的需要对外国投资者的投资实行征收、征用时，征收、征用应当依照法定程序进行，以非歧视性的方式进行，并及时给予公平、合理的补偿。外国投资者对征收决定不服的，可以依法申请行政复议或者提起行政诉讼。

2. 投资利益的自由处置。外国投资者在中国境内的出资、利润、资本收益、资产处置所得、知识产权许可使用费、依法获得的补偿或者赔偿、清算所得等，可以依法以人民币或者外汇自由汇入、汇出。任何单位和个人不得违法对币种、数额以及汇入、汇出的频次等进行限制。

3. 知识产权保护。国家保护外国投资者和外商投资企业的知识产权，保护知识产权权利人和相关权利人的合法权益；对知识产权侵权行为，严格依法追究法律责任；禁止利用行政手段强制外国投资者、外商投资企业转让技术，不得利用实施行政许可、行政检查、行政处罚、行政强制以及其他行政手段，强制或者变相强制外国投资者、外商投资企业转让技术；行政机关及其工作人员严格保护在履职过程中知悉的外商投资企业商业秘密。行政机关依法履行职责，确需外国投资者、外商投资企业提供涉及商业秘密的材料、信息的，应当限定在履行职责所需要的范围内，并严格控制知悉范围，与履行职责无关的人员不得接触有关材料、信息。

4. 政府制定相关规范性文件的要求。各级人民政府及其有关部门制定涉及外商投资的规范性文件,应当符合法律法规的规定;没有法律、行政法规依据的,不得减损外商投资企业的合法权益或者增加其义务,不得设置市场准入和退出条件,不得干预外商投资企业的正常生产经营活动。

5. 政府守信践诺要求。地方各级人民政府及其有关部门应当履行向外国投资者、外商投资企业依法作出的政策承诺以及依法订立的各类合同。这里的政策承诺,是指地方各级人民政府及其有关部门在法定权限内,就外国投资者、外商投资企业在本地区投资所适用的支持政策、享受的优惠待遇和便利条件等作出的书面承诺。政策承诺的内容应当符合法律、法规规定。不得以行政区划调整、政府换届、机构或者职能调整以及相关责任人更替等为由违约毁约。如果因国家利益、社会公共利益需要改变政策承诺、合同约定,应当依照法定权限和程序进行,并依法对外国投资者、外商投资企业因此受到的损失予以补偿。

6. 权利救济措施。国家建立外商投资企业投诉工作机制,及时处理外商投资企业或者其投资者反映的问题,协调完善相关政策措施;外商投资企业或者其投资者认为行政机关及其工作人员的行政行为侵犯其合法权益的,可以通过外商投资企业投诉工作机制申请协调解决;外商投资企业或者其投资者认为行政机关及其工作人员的行政行为侵犯其合法权益的,除依照前款规定通过外商投资企业投诉工作机制申请协调解决外,还可以依法申请行政复议、提起行政诉讼。

7. 自我保护机制。外商投资企业可以依法成立和自愿参加商会、协会。商会、协会依照法律法规和章程的规定开展相关活动,维护会员的合法权益。

第二节　《外商投资法》与《公司法》的衔接与协调

《外商投资法》与《公司法》的衔接与协调涉及两个方面的内容:一是《公司法》与"外资三法"按照《外商投资法》的要求实现并轨;二是《外商投资法》按照其新定位与《公司法》的适用衔接。

一、《公司法》与原"外资三法"的并轨

《外商投资法》第 42 条在宣示"外资三法"废止的同时,也规定了该法施行前依照"外资三法"设立的外商投资企业的 5 年过渡期。按照这一要求,必然会在过渡期内出现"外资三法"与《公司法》实现并轨的问题,即将原属于两种法律体系调整的不同公司统一纳入《公司法》调整范围。就并轨的公司形式来看,虽然包括了股份有限公司和有限责任公司,但"外资三法"涉及的外商投资公司,主要指向中外合资有限责任公司,因此,本部分也主要讨论中外合资有限责任公司与内资有限责任公司在法律适用上的并轨问题,包括两类公司的股东资格、设立程序、资本制度、治理结构等内容。

(一)股东资格

在"外资三法"框架下,中外合资有限责任公司与内资有限责任公司对股东资格的要求有所不同。前者的中方股东只限于中国的公司、企业和其他经济组织,而将自然人个人排除在

外;虽然中外合资股份有限公司中的上市公司由于大量社会公众股东的存在实际上已经突破股东资格的限制,但长期以来《中外合资经营企业法》《中外合作经营企业法》都未明示许可中国自然人可以与外国投资者合资成立合营企业或合作企业,因而造成了合资公司与内资公司在股东资格上的差异。根据《外商投资法实施条例》第3条的规定,《外商投资法》第2条关于"单独或者与其他投资者共同在中国境内设立外商投资企业"规定中的"其他投资者,包括中国的自然人在内"。这一解释性规定表明,中国自然人可以作为中外合资公司的投资主体,也意味着两类公司在股东资格上实现统一与并轨。

(二)设立程序

《公司法》自2013年修改后,降低了公司准入门槛,有限责任公司的设立程序十分简便,只要符合制定公司章程、建立公司组织机构等基本条件,就可以申请办理公司登记手续,领取企业法人营业执照。尽管《公司法》第43条中规定了"设立时的股东可以签订设立协议",但立法上的"可以"用语表明,订立书面协议并非必须程序。而在"外资三法"框架下,中外合资有限责任公司的设立程序则较为复杂。首先,在设立前除制定公司章程外,还得订立合营协议和合营合同。其次,设立中外合资有限责任公司必须履行"前置审批"手续,即合营各方签订的合营协议、合同、章程,应报国家对外经济贸易主管部门审查批准;合营企业经批准后,向国家工商行政管理主管部门登记,领取营业执照,开始营业。《外商投资法》实施后,并轨涉及的主要问题是对外商投资公司的设立实行国民待遇,即依照《公司法》的规定和程序设立公司。如果不属于《外商投资法》规定的准入前负面清单的范围,2016年《中外合资经营企业法》要求的合营协议、合营合同和前置审批程序,则一律废除。

(三)资本制度

1.股东出资。"外资三法"规制下的中外合资有限责任公司与内资有限责任公司在股东出资上需要并轨的内容包括:第一,中外合资有限责任公司的股东出资,包括股本金出资和向公司提供的贷款。其中,股本金出资构成公司注册资本,向公司提供的贷款与注册资本共同构成公司投资总额。投资总额是公司章程中应当载明的内容,往往可能大于注册资本额。如果中外股东在合同和章程中约定了投资总额,那就意味着股东不仅负有投入股本金的义务,而且还负有向公司提供贷款的义务。而《公司法》第49条规定股东的出资义务为"应当按期足额缴纳公司章程规定的各自所认缴的出资额",认缴出资额构成公司注册资本额。第二,中外合资有限责任公司的外商股东采用机器设备或者其他物料、工业产权或者专有技术作为出资时,应当报审批机构批准;而《公司法》则没有相应的规定。第三,中外合资有限责任公司要求外商股东的出资比例一般不能低于注册资本的25%,《公司法》对股东则没有这样的法定限制。由此可见,在股东出资上,内资公司比"外资三法"管制下的中外合资公司受到的法律约束要少,实行"认缴制"改革后更是如此。中外合资公司与内资公司并轨后统一适用《公司法》,意味着两类公司的股东出资都可以享受同样宽松的待遇。

2.股权转让。股权转让,即股东转让出资。中外合资有限责任公司的股权转让行为的生效,除了需经合营他方同意外,还应经审批机构的批准;而内资有限责任公司除了股东向股东以外的人转让股权时,其他股东在同等条件下有优先购买权的限制外,《公司法》上无其他限制。

3. 注册资本的变动。注册资本变动,即注册资本的增加和减少。2016 年《中外合资经营企业法》规制下的中外合资有限责任公司与内资有限责任公司在此上需要并轨的内容包括:第一,在公司增资上,中外合资有限责任公司须履行审批程序,而《公司法》对内资有限责任公司则无此程序的要求。第二,在公司减资上,中外合资有限责任公司在合营期内除“因投资总额和生产经营规模等发生变化,确需减少”并“经审批机构批准”外,不得进行减资;而《公司法》规定的有限责任公司减资则无此限制,并且可以在回购情形下进行减资,还可以根据《公司法》第 225 条规定的“简易减资程序”进行减资。由此可见,在注册资本变动上,内资公司受到的管制也较 2016 年《中外合资经营企业法》管制下的中外合资公司更少,统一适用《公司法》后,外商投资公司在资本制度上会更为宽松灵活,受到的管制会更少。

(四)公司治理结构

公司治理结构涉及公司组织机构的设置和权力配置。外商投资公司由于是我国改革开放后最早采用的公司形式,而且从立法上只涉及有限责任公司,因此,在组织机构设置和具体运作方面都与内资公司不尽相同,二者实现并轨涉及的内容如下。

1. 在机构设置上,2016 年《中外合资经营企业法》规制下的中外合资有限责任公司无须设置股东会和监事会,但必须设置董事会。董事会是中外合资有限责任公司的最高权力机构,决定公司的一切重大问题,兼具权力机构和执行机构的属性和职权。这与《公司法》上有限责任公司存在较大的差异,后者除了一人有限责任公司不设股东会外,其他有限责任公司的股东会都属于必设的权力机构;规模较小或者股东人数较少的有限责任公司可以不设董事会,也可以不设监事会;另外,《公司法》第 69 条规定:“有限责任公司可以按照公司章程的规定在董事会中设置由董事组成的审计委员会,行使本法规定的监事会的职权,不设监事会或者监事……”

2. 在董事会成员构成和权力配置上,2016 年《中外合资经营企业法》规制下的中外合资有限责任公司的董事会要求董事名额的分配由合营各方参照出资比例协商确定,并由合营各方委派;每届董事任期为 4 年;董事长是合营企业的法定代表人;董事会会议应当有 2/3 以上董事出席方能举行,修改章程、增资减资、合并和分立、公司终止解散等重大事项必须由出席会议的董事一致通过方可作出决议。按照《公司法》关于有限责任公司的相关规定:董事由股东会选举产生;职工人数 300 人以上的有限责任公司,其董事会成员中应当有公司职工代表;董事每届任期不超过 3 年;公司法定代表人按照公司章程的规定,由代表公司执行公司事务的董事或者经理担任;董事会会议应有过半数的董事出席方可举行,董事会作出决议,必须经全体董事的过半数通过。

(五)财务会计

“外资三法”规制下的中外合资有限责任公司在财务会计上与内资有限责任公司的差异主要体现为税后利润提留。第一,前者的法定提留项目为储备基金、职工奖励及福利基金、企业发展基金,而后者的法定提留项目仅为法定公积金;第二,前者的法定提留比例由董事会具体决定,而后者法定公积金的提留比例为税后利润的 10%,法定公积金累计额为公司注册资本的 50% 以上的,可以不再提取。

(六)经营期限

《公司法》对有限责任公司的经营期限没有限制,也不要求公司章程必须记载公司期限的事项;而 2016 年《中外合资经营企业法》规定中外合资有限责任公司的经营期限分为应当约定、可以约定和可以不约定三种情况。依据 2011 年《中外合资经营企业合营期限暂行规定》第 3 条的规定,从事服务性行业、土地开发及经营房地产、资源勘查开发和国家规定限制投资项目等中外合资有限责任公司,合营各方应当依法在合营合同中约定合营期限。

二、《外商投资法》与《公司法》的适用衔接

外商投资公司与内资公司在法律适用上并轨后,《外商投资法》《公司法》成为规制其设立和存续的基本法,《外商投资法》处于更为基础的地位。在具体适用上,两部法律会基于各自的分工和定位,在很多方面构成互为一般法和互为特别法的关系:[①]在涉及外商投资的促进、保护和管理上,《外商投资法》为一般法,《公司法》为特别法;在涉及公司组织的规则上,《公司法》为一般法,《外商投资法》为特别法。在调整外商投资公司的法律关系时,需要两部法律相互置入,彼此衔接,协力作用,共同促进外商投资公司的健康发展。鉴于两部法律在适用衔接上涉及的内容较多,本部分只集中讨论如下问题。

(一)负面清单管理制度的适用

负面清单制度是《外商投资法》中投资管理非常重要的内容。作为国务院发布或国务院批准在特定领域对外商投资实施的准入特别管理措施,负面清单制度主要是对外商投资准入的禁止和限制。根据该法第 28 条规定,负面清单"禁止投资的领域,外国投资者不得投资";"限制投资的领域,外国投资者进行投资应当符合负面清单规定的条件"。如果不符合准入条件的要求,或没有履行相应的许可程序,外商投资就不能获准进入。自 2018 年以来,国家发展改革委、商务部每年都发布经党中央、国务院同意的《外商投资准入特别管理措施(负面清单)》(以下简称《外商投资准入负面清单》)。根据《外商投资准入负面清单》(2021 年版)第 4 条规定,有关主管部门在依法履行职责过程中,对境外投资者投资不符合《外商投资准入负面清单》规定的,不予办理许可、企业登记注册等相关事项;涉及固定资产投资项目核准的,不予办理相关核准事项。虽然负面清单中的限制程序与"外资三法"中规定的政府审批制度有些相似,但它是以高水平开放模式为目标进行投资开放,是在我国自由贸易试验区对"外资三法"审批制度改革基础上以立法方式固定下来的重要举措。负面清单不仅对政府行政许可行为进行了严格限制,而且会随着对外开放的不断扩大,不断动态调整,从发展趋势上看,负面清单的准入要求会越来越宽松,限制的范围也会越来越小。例如,《外商投资准入负面清单》(2021 年版)与《外商投资准入负面清单》(2020 年版)相比,全国和自由贸易试验区负面清单分别缩减至 31 条、27 条,压减比例分别为 6.1%、10%。[②] 在负面清单制度具体适用上,需要把

---

① 这和"外资三法"与《公司法》之间构成特别法和一般法的关系不同。

② 参见《扩大高水平对外开放 推动经济高质量发展——国家发展改革委有关负责人就 2021 年版外商投资准入负面清单答记者问》,载国家发展和改革委员会官网,https://www.ndrc.gov.cn/xwdt/xwfb/202112/t20211227_1309929.html。

握如下要点。

1. 负面清单是对外商投资准入的限制。外商投资包括设立外商投资企业和通过并购持有境内企业股份的情形。从《公司法》对应的规定来看，只有公司设立登记方面的规制内容，即第29条第2款关于“法律、行政法规规定设立公司必须报经批准的，应当在公司登记前依法办理批准手续”的规定，而在并购涉及的股权转让上则没有相应的规定。因此，当外商投资公司设立和并购涉及负面清单限制范围内容时，应当依照《外商投资法》等相关规定的许可或核准程序执行。《外商投资法》第30条规定：“外国投资者在依法需要取得许可的行业、领域进行投资的，应当依法办理相关许可手续。有关主管部门应当按照与内资一致的条件和程序，审核外国投资者的许可申请，法律、行政法规另有规定的除外。”

2. 负面清单在投资准入上的限制措施主要指向股权和高管人员的条件要求。根据《外商投资法》第33条关于“负面清单规定限制投资的领域，外国投资者进行投资应当符合负面清单规定的股权要求、高级管理人员要求等限制性准入特别管理措施”的规定来看，外商投资者持股比例、高管人员资格都要依照负面清单的要求执行。如《外商投资准入负面清单》（2021年版）规定，投资公共航空运输公司须由中方控股，且一家外商及其关联企业投资比例不得超过25%，法定代表人须由中国籍公民担任；通用航空公司的法定代表人须由中国籍公民担任，其中农、林、渔业通用航空公司限于合资，其他通用航空公司限于中方控股；民用机场的建设、经营须由中方相对控股，外方不得参与建设、运营机场塔台。如果负面清单没有规定，应当按照《公司法》规定执行。

3. 外商投资者投资负面清单禁止领域或违反限制性规定的法律责任。投资负面清单禁止或限制的领域属于违反法律和行政法规的行为，行为人应当承担不利的法律后果。对此《公司法》上没有相应的规定。根据《外商投资法实施条例》第34条第2款规定，有关主管部门在对负面清单规定执行情况进行监督检查中，发现外国投资者投资负面清单规定禁止投资的领域，或者外国投资者的投资活动违反负面清单规定的限制性准入特别管理措施的，应当依照《外商投资法》第36条的规定予以处理。具体分为两种情况：第一，投资负面清单禁止领域的，由有关主管部门责令停止投资活动，限期处分股份、资产或者采取其他必要措施，恢复到实施投资前的状态；有违法所得的，没收违法所得。第二，投资活动违反限制性准入特别管理措施的，由有关主管部门责令限期改正，采取必要措施满足准入特别管理措施的要求；逾期不改正的，依照投资禁止领域的情形处理。另外依照《外商投资法》第36条第3款规定，投资活动违反外商投资准入负面清单规定的，除依照前述规定处理外，还应当依法承担相应的法律责任。

（二）国民待遇制度的适用

国民待遇与负面清单是外商投资中一体两面的存在。对于负面清单以外的外商投资，应当全面实行准入前国民待遇，其准入条件和程序与国内投资者的准入没有差别，即外商投资者享有“不低于本国投资者及其投资的待遇”。在国民待遇制度适用上，需要关注的内容包括：

1. 国民待遇从“不低于”“非歧视”“无差别”几个方面的内容来看，包括外商投资的准入前和准入后在中国境内享有的待遇。“外资三法”以行政审批为基本原则的特点，决定了外商投资者享受的国民待遇仅限于准入之后。《外商投资法》正式确立了准入阶段的国民待遇原则，标志着我国对外商投资的国民待遇从准入后向准入阶段的延展。该法第 4 条关于"国家对负面清单之外的外商投资，给予国民待遇"的规定充分表明，外商投资者享有的国民待遇，"实际上是包含准入阶段和准入后的运营阶段在内的整个投资阶段的国民待遇"①。

2. 国际条约优先选择适用。《外商投资法》第 4 条第 4 款规定："中华人民共和国缔结或者参加的国际条约、协定对外国投资者准入待遇有更优惠规定的，可以按照相关规定执行。"这一规定表明：第一，国际条约的适用只针对外商投资者的准入环节，并不适用于准入后的其他环节；第二，国际条约比国民待遇具有更为优惠的规定；第三，如果选择国际条约的适用，国际条约则具有优先于国民待遇的适用效力。

3. 国民待遇制度很大程度是通过《公司法》的适用来体现的。除了负面清单涉及的禁止领域和限制性规定外，《公司法》与"外资三法"并轨后统一适用于内资公司和外商投资公司，是最能体现国民待遇的举措，通过《公司法》无差别的实施，可以"促使外商投资企业深度本地化"②。

（三）外商投资安全审查制度的适用

《外商投资法》第 35 条规定："国家建立外商投资安全审查制度，对影响或者可能影响国家安全的外商投资进行安全审查。"外商投资安全审查是各国在外商投资立法上的一项通例，旨在防止外商投资可能对东道国国民经济正常发展构成干扰破坏，保持经济开放与国家安全间的制度平衡，从而成为外商投资准入管理体制中的一道重要的"防线"，国家机关依法作出的安全审查决定为最终决定。有学者认为，外商投资安全审查制度与反垄断法的确定性、前置性、单一性规则相比，更为灵活，也具有模糊性和自由裁量权较大等特点，更适合作为"国民待遇加负面清单"管理模式的"风控机制"。③

应当看到，外商投资安全审查制度由于具有模糊性特点，而容易成为贸易保护主义的工具。近年来，一些国家对外商投资进行了日益严苛的国家安全或利益的审查就有此倾向。我国作为多边主义和自由贸易的坚定维护者，需要进一步扩大对外开放和吸引外资，以在全球激烈的竞争中取得主动，同时也应在对等原则的指导下，秉持对外开放与国家安全平衡的理念，在实施外商投资安全审查时应当依法行事，提高制度实施的透明度，加快营造市场化、法治化、国际化的国际一流营商环境。外商投资安全审查属于外商投资领域的一项特别制度，《外商投资法》对其只是作了原则性规定，对于外商投资公司的法律适用而言，还需要具体的配套措施来细化。国家发展改革委、商务部于 2020 年 12 月发布了《外商投资安全审查办法》，根据该办法的规定，国家建立外商投资安全审查工作机制，对影响或者可能影响国家安全的外商投资，依照该办法的规定进行安全审查。

1. 外商投资安全审查申报范围。要求外商在实施投资前主动申报的范围包括：（1）投资军工、军工配套等关系国防安全的领域，以及在军事设施和军工设施周边地域投资；（2）投资关系国家安全的重要农产品、重要能源和资源、重大装备制造、重要基础设施、重要运输服务、

① 廖凡：《〈外商投资法〉：背景、创新与展望》，载《厦门大学学报（哲学社会科学版）》2020 年第 3 期。

② 宋晓燕：《中国外商投资制度改革：从外资"三法"到〈外商投资法〉》，载《上海对外经贸大学学报》2019 年第 4 期。

③ 参见宋晓燕：《中国外商投资制度改革：从外资"三法"到〈外商投资法〉》，载《上海对外经贸大学学报》2019 年第 4 期。

重要文化产品与服务、重要信息技术和互联网产品与服务、重要金融服务、关键技术以及其他重要领域，并取得所投资企业的实际控制权。其中，投资企业的实际控制权，包括外国投资者持有企业50%以上股权；外国投资者持有企业股权不足50%，但其所享有的表决权能够对董事会、股东会的决议产生重大影响；其他导致外国投资者能够对企业的经营决策、人事、财务、技术等产生重大影响的情形。

2. 外商投资安全审查分为一般审查和特别审查。工作机制办公室决定对申报的外商投资进行安全审查的，应当自决定之日起30个工作日内完成一般审查。审查期间，当事人不得实施投资。经一般审查，认为申报的外商投资不影响国家安全的，工作机制办公室应当作出通过安全审查的决定；认为影响或者可能影响国家安全的，工作机制办公室应当作出启动特别审查的决定。

特别审查应当自启动之日起60个工作日内完成；特殊情况下，可以延长审查期限。延长审查期限应当书面通知当事人。审查期间，当事人不得实施投资。工作机制办公室作出的决定应当书面通知当事人。申报的外商投资不影响国家安全的，作出通过安全审查的决定；申报的外商投资影响国家安全的，作出禁止投资的决定；通过附加条件能够消除对国家安全的影响，且当事人书面承诺接受附加条件的，可以作出附条件通过安全审查的决定，并在决定中列明附加条件。

（四）外商投资信息报告制度的适用

外商投资信息报告是专门针对外商投资管理的一项特有制度。《外商投资法》第34条第1款规定："国家建立外商投资信息报告制度。外国投资者或者外商投资企业应当通过企业登记系统以及企业信用信息公示系统向商务主管部门报送投资信息。"商务部、国家市场监督管理总局根据该条规定联合发布了《外商投资信息报告办法》，其与《外商投资法》同时于2020年1月1日起施行。《外商投资信息报告办法》对外商投资要求的信息报告与《公司法》对包括外商投资公司在内的所有公司要求的信息公示①在制度设计上都是政府部门转变监管理念、创新监管方式、加强事后监管的重要举措。通过信息报告和公示，可以运用信息手段强化对企业的信用约束和社会监督，保障公平竞争和交易安全，维护正常的市场秩序。两种制度虽然存在一些内容上的交叉，但也有不少差异，需要在适用时加以区分。

1. 信息报送的部门不同。《公司法》要求公司向主管公司登记的市场监督管理部门报送与登记事项有关的信息；《外商投资信息报告办法》要求外商投资主体向商务主管部门报送投资活动信息。对外商投资公司来说，按照《公司法》报送的登记事项中也包括了外商投资活动信息。因此，《外商投资信息报告办法》第6条还规定："各级商务主管部门和市场监管部门应当做好工作衔接……"

2. 报告的信息内容、格式和报告途径不同。《公司法》要求公司报送的信息内容主要是公司设立登记和公司在从事生产经营活动过程中形成的有关信息，如股东出资，股权变更，行政许可取得、变更、注销等信息；报告格式采取年度报告方式；报告的途径是通过国家企业信用信息公示系统。按照《企业信息公示暂行条例》第8条的规定，企业应当于每年1月1日至6月

---

① 参见国务院于2014年8月专门出台并于2024年3月修改的《企业信息公示暂行条例》。

30 日，通过国家企业信用信息公示系统向市场监督管理部门报送上一年度年度报告。根据《外商投资信息报告办法》第 8 条的规定，外商投资公司向商务部门报送的投资信息内容是采取“初始报告、变更报告、注销报告、年度报告等方式”，报告的途径是“企业登记系统以及国家企业信用信息公示系统”。按照《外商投资信息报告办法》的要求，外商投资企业提交年度报告，应当报送企业基本信息、投资者及其实际控制人信息、企业经营和资产负债等信息，涉及外商投资准入特别管理措施的，还应当报送获得相关行业许可信息。市场监督管理总局统筹指导全国企业登记系统、国家企业信用信息公示系统建设，保障外商投资信息报告的实施；市场监督管理部门应当及时将外国投资者、外商投资企业报送的上述投资信息推送至商务主管部门；商务部建立外商投资信息报告系统，及时接收、处理市场监督管理部门推送的投资信息以及部门共享信息等；商务主管部门应当为外国投资者和外商投资企业报送投资信息提供专门指导。

3. 信息公示的要求不同。《公司法》要求公司提供的信息基本为公示信息，报告的目的主要是向社会公示，市场监督管理部门和公司都是信息公示的主体。按照《公司法》第 32 条、第 40 条的规定，公司登记机关应当将公司登记事项通过国家企业信用信息公示系统向社会公示；公司应当按照规定通过国家企业信用信息公示系统公示前述相关的股东出资、股权变动、行政许可等信息。按照《企业信息公示暂行条例》第 9 条的规定，公司通过国家企业信用信息公示系统向市场监督管理部门报送并向社会公示的年度报告内容中，“企业从业人数、资产总额、负债总额、对外提供保证担保、所有者权益合计、营业总收入、主营业务收入、利润总额、净利润、纳税总额信息”由企业选择是否向社会公示。《外商投资信息报告办法》第 16 条规定：“初始报告、变更报告和年度报告等的具体内容，按照确有必要原则，结合外商投资实际情况和企业登记注册、企业信息公示的有关规定确定，由商务部以公告形式对外发布。”

(五) 特别优惠政策的适用

根据国民待遇原则的要求，外商投资公司与内资公司除了负面清单列示的范围外，应当一视同仁，无差别地实行国民待遇。随着 2008 年生效的《企业所得税法》开启外商投资企业与内资企业所得税两税并轨的进程，外商投资公司原则上不再享有高于内资公司的优惠政策。但也应看到，《外商投资法》的实施也并非等于国家对外商投资优惠的完全终止，该法规定了如下几种可以实行特别优惠政策的情形：

1. 特殊经济区域对外商投资的优惠政策。《外商投资法》第 13 条规定：“国家根据需要，设立特殊经济区域，或者在部分地区实行外商投资试验性政策措施，促进外商投资，扩大对外开放。”这是国家首次在法律层面采用了特殊经济区域的概念。[①]《外商投资法实施条例》第 10 条对特殊经济区域作出解释：“……是指经国家批准设立、实行更大力度的对外开放政策措施的特定区域。国家在部分地区实行的外商投资试验性政策措施，经实践证明可行的，根据实际情况在其他地区或者全国范围内推广。”按照这一定义，特殊经济区域包括了自由贸易试验区等区域。《外商投资准入负面清单》(2021 年版)第 9 条也规定：“……在自由贸易试验区等特殊经济区域对符合条件的投资者实施更优惠开放措施的，按照相关规定执行。”国家发展改

① 参见崔晓静、陈镜先：《〈外商投资法〉中的税收法律问题研究》，载《中国法律评论》2020 年第 3 期。

革委和商务部在每年发布《外商投资准入负面清单》的同时，还发布《自由贸易试验区外商投资准入特别管理措施（负面清单）》，对自贸试验区的外商投资实行更为优惠的政策。

2. 特定行业、领域、地区对外商投资的优惠政策。《外商投资法》第 14 条规定："国家根据国民经济和社会发展需要，鼓励和引导外国投资者在特定行业、领域、地区投资。外国投资者、外商投资企业可以依照法律、行政法规或者国务院的规定享受优惠待遇。"《外商投资法实施条例》在此基础上作出了进一步规定，要求国家根据国民经济和社会发展需要，制定鼓励外商投资产业目录，列明鼓励和引导外国投资者投资的特定行业、领域、地区，并且该法第 12 条第 1 款明确指出"外国投资者、外商投资企业可以依照法律、行政法规或者国务院的规定，享受财政、税收、金融、用地等方面的优惠待遇"。对此，国家发展改革委和商务部联合发布的《鼓励外商投资产业目录（2022 年版）》（自 2023 年 1 月 1 日施行）列出全国鼓励外商投资产业目录共 13 个、行业 519 条目，以及中西部地区 22 个省、自治区和直辖市外商投资优势产业目录。

需要指出的是，我国目前仍然存在部分外商投资税收优惠政策。例如，国务院出台的《关于促进外资增长若干措施的通知》（国发〔2017〕39 号），提出了 3 条促进外资持续增长的税收支持政策。其中第 3 条要求财政部和国家税务总局制定鼓励境外投资者持续扩大在华投资的税收优惠政策，对境外投资者从中国境内居民企业分配的利润直接投资于鼓励类投资项目，凡符合规定条件的，实行递延纳税政策，暂不征收预提所得税。这对于有再投资计划但尚未确定目标国家的外商投资者而言，利润再投资递延纳税政策使投资中国境内的吸引力大大增加。可见，在推动新一轮高水平对外开放的过程中，外商投资税收优惠制度依然具有存在的必要性。[①] 这一举措也得到《外商投资法实施条例》的确认，该条例第 12 条第 2 款就规定："外国投资者以其在中国境内的投资收益在中国境内扩大投资的，依法享受相应的优惠待遇。"

3. 地方政府在法定权限内制定对外商投资的优惠政策。根据《外商投资法》第 18 条规定，县级以上地方人民政府可以根据法律、行政法规、地方性法规的规定，在法定权限内制定外商投资促进和便利化政策措施。《外商投资法实施条例》进一步明确了政策措施的类型包括费用减免、用地指标保障、公共服务提供等。这些政策措施应当以推动高质量发展为导向，有利于提高经济效益、社会效益、生态效益，有利于持续优化外商投资环境。同时，《外商投资法实施条例》第 28 条还规定："地方各级人民政府及其有关部门应当履行向外国投资者、外商投资企业依法作出的政策承诺以及依法订立的各类合同……因国家利益、社会公共利益需要改变政策承诺、合同约定的，应当依照法定权限和程序进行，并依法对外国投资者、外商投资企业因此受到的损失及时予以公平、合理的补偿。"

（六）外商投资金融业的特别规定的适用

《外商投资法》第 41 条规定："对外国投资者在中国境内投资银行业、证券业、保险业等金融行业，或者在证券市场、外汇市场等金融市场进行投资的管理，国家另有规定的，依照其规定。"这一规定表明，外商可以投资金融行业，但"国家另有规定"，则优先适用该规定。以中国证监会 2020 年修正的《外商投资证券公司管理办法》为例，该办法应当视为外商投资证券业的特别规定，具有优先适用的效力。在具体适用上需要关注的内容如下。

---

① 参见崔晓静、陈镜先：《〈外商投资法〉中的税收法律问题研究》，载《中国法律评论》2020 年第 3 期。

1. 外商投资证券公司的范围。根据《外商投资证券公司管理办法》第 2 条的定义,外商投资证券公司包括:(1)境外股东与境内股东依法共同出资设立的证券公司;(2)境外投资者依法受让、认购内资证券公司股权,内资证券公司依法变更的证券公司;(3)内资证券公司股东的实际控制人变更为境外投资者,内资证券公司依法变更的证券公司。这一范围表明,外商投资证券公司既包括通过合资方式设立的公司,也包括通过受让股权等方式由内资证券公司变更而成的外商投资证券公司。

2. 外商投资证券公司的设立。根据《外商投资证券公司管理办法》第 5 条的规定,设立外商投资证券公司除应当符合《公司法》《证券法》《证券公司监督管理条例》和经国务院批准的中国证监会规定的证券公司设立条件外,还应当符合《外商投资证券公司管理办法》规定的条件。其中,《公司法》《证券法》规定的条件包括:根据证券公司从事的不同业务,要求注册资本最低限额为 5000 万元至 5 亿元,而且应当是实缴资本。《外商投资证券公司管理办法》规定的条件包括:(1)境外股东具备本办法规定的资格条件,其出资比例、出资方式符合本办法的规定;(2)初始业务范围与控股股东或者第一大股东的经营证券业务经验相匹配;(3)中国证监会规定的其他审慎性条件。《外商投资证券公司管理办法》第 10 条规定:"股东应当自中国证监会的批准文件签发之日起 6 个月内足额缴付出资或者提供约定的合作条件,选举董事、监事,聘任高级管理人员,并向公司登记机关申请设立登记,领取营业执照。"

3. 外商投资证券公司的持股比例。《外商投资证券公司管理办法》第 7 条第 2 款规定:"境外股东累计持有的(包括直接持有和间接控制)外商投资证券公司股权比例,应当符合国家关于证券业对外开放的安排。"从证券业的对外开放实践看,尽管外商投资证券公司的设立应当由境外股东和境内股东合资,但国家已经不限制外商投资的出资比例,外商出资可以占控股地位;如果通过境外投资者依法受让、认购内资证券公司变更的外商投资证券公司,则没有持股比例的上限。据媒体报道,摩根大通证券(中国)有限公司是中国境内首批新设外资控股的证券公司之一,股权结构中外商持股比例达到 51%,5 家中资股东持有比例为 49%。2021 年中国证监会批准该证券公司的控股股东——摩根大通国际金融有限公司受让 5 家中资股东所持股权的备案,标志着外资控股股东持股达到 100%,摩根大通证券(中国)有限公司成为中国首家外资全资控股的证券公司。[①]

(七)过渡期内原外商投资公司的转换

《外商投资法》第 42 条第 2 款规定了依照"外资三法"设立的外商投资公司可以有 5 年的过渡期,《外商投资法实施条例》对于过渡期内外商投资公司组织形式、组织机构等转换的相关事宜作出了进一步规定,包括:

1. 过渡期要求。《外商投资法》自 2020 年 1 月 1 日施行后的 5 年内,原外商投资企业可以依照《公司法》等法律的规定调整其组织形式、组织机构等,并依法办理变更登记;也可以继续保留原企业组织形式、组织机构,但应当在过渡期满时完成变更。

① 参见《首家外资独资券商呼之欲出 资本市场双向开放升温》,载《经济参考报》2021 年 8 月 11 日。

2. 过渡期内组织形式和组织机构变更。根据国家市场监督管理总局有关规定,[①]《外商投资法》实施前依法设立的外商投资的公司无须办理企业组织形式变更登记;在《外商投资法》实施后5年内调整最高权力机构、法定代表人或者董事产生方式、议事表决机制等与《公司法》强制性规定不符事项的,应当修订公司章程,并依法向登记机关申请办理变更登记、章程备案或者董事备案等手续。

3. 过渡期后的衔接。自2025年1月1日起,外商投资公司的组织机构等不符合《公司法》强制性规定,且未依法申请变更登记、章程备案或者董事备案的,登记机关不予办理该公司其他登记事项的变更登记或者备案等事宜,并将相关情形予以公示。

根据上述内容,依照"外资三法"设立的外商投资公司在过渡期虽然可以不变更组织形式,但应当依法变更组织机构。这必然涉及公司内部权力和职责的重新分配,需要由各股东在协商基础上建立新的组织机构,修订公司章程,进行变更登记,以保障各方利益,如果不依法进行转换,就可能出现问题。《人民法院报》刊载法院审结的一起相关案件就是例子。在该案例中,D公司是由我国香港M公司与内资R公司于2014年成立的中外合资公司,M公司持股10%,R公司持股90%,董事会是D公司的最高权力机构。《外商投资法》生效后,2020年1月R公司向D公司董事及监事发送关于召开D公司股东会的请求函,要求D公司董事会立即召集D公司股东会,但D公司董事及监事均回复决定不召集公司股东会。随后,R公司以贯彻落实《外商投资法》为由自行召开了股东会,并形成D公司股东会决议,修改了D公司章程,改选了公司董事。该决议载明:本股东会决议经代表90%表决权的股东通过。M公司在上述股东会决议作出后起诉至深圳前海合作区人民法院,请求撤销该股东会决议。法院审理后认为,依照《外商投资法实施条例》第44条规定,现有外商投资公司在5年过渡期内调整组织机构,需要遵循原企业合营合同约定或企业章程规定,D公司于2020年3月形成的股东会决议所涉事项应由董事会决定,故该决议违反公司章程,M公司的主张具有事实和法律依据,应当予以支持。法院遂判决撤销被告D公司该股东会决议。[②]

第三节　《外商投资法》实施后涉外商投资公司的司法问题

《外商投资法》实施后涉外商投资公司的司法问题主要指法院在审理涉及外商投资公司民商事案件中一些特殊的司法实务,关系到《外商投资法》《民法典》《公司法》等法律的正确适用。《外商投资法》出台后,最高人民法院结合审判实践于2019年12月、2020年12月分别发布了《关于适用〈中华人民共和国外商投资法〉若干问题的解释》(以下简称《外商投资法司法解释》)和《关于审理外商投资企业纠纷案件若干问题的规定(一)》(2020年修正)(以下简称《外商投资企业案件审理规定》,这两部司法解释对于指导各级法院根据《民法典》《公司法》《外商投资法》正确处理涉外商投资公司的民商事案件,具有十分重要的现实意义。

---

① 参见2020年1月1日实施的《市场监管总局关于贯彻落实〈外商投资法〉做好外商投资企业登记注册工作的通知》(国市监注〔2019〕247号)。

② 参见李倩、程晓嫚:《深圳前海法院审结一涉外商投资法过渡期内股权纠纷案——合资公司股东会决议因越权被法院判决撤销》,载《人民法院报》2021年11月9日。

一、外商投资公司涉负面清单有关的司法问题

《外商投资法司法解释》重点聚焦于涉负面清单的外商投资合同争议的解决，特别是该类合同效力的认定问题，主要涉及《民法典》《公司法》《外商投资法》的适用。

（一）涉负面清单的外商投资合同的界定

根据《外商投资法司法解释》第1条规定，外商投资合同是指外国投资者因直接或者间接在中国境内进行投资而形成的相关协议，包括设立外商投资企业合同、股份转让合同、股权转让合同、财产份额或者其他类似权益转让合同、新建项目合同等协议。外国投资者因赠与、财产分割、企业合并、企业分立等方式取得相应权益所产生的合同纠纷，也适用该司法解释。根据《外商投资法》第4条第1款关于"国家对外商投资实行准入前国民待遇加负面清单管理制度"的规定，外商投资行为与负面清单规定的领域密不可分，由此也可将外商投资分为负面清单领域之外的投资和负面清单禁止、限制领域的投资。外商投资合同效力主要是依据负面清单划分的两类投资行为来进行认定。

（二）关于负面清单之外领域的外商投资合同效力认定

负面清单之外领域的外商投资根据《外商投资法》第4条关于"对负面清单之外的外商投资，给予国民待遇"的规定，对投资合同效力的认定也应当按照内外资一致的原则处理，即适用《公司法》《民法典》的有关规定。《公司法》第29条第2款规定："法律、行政法规规定设立公司必须报经批准的，应当在公司登记前依法办理批准手续。"因此，如果应当履行相应审批程序而未履行的外商投资合同，其效力的认定应当适用《民法典》有关合同效力的规定。这与"外资三法"规制下的外商投资合同的认定规则有所区别。后者对外商投资合同实行的是较为严格的审批制度，如果未经审批，合同基本上被认定为无效。到2010年最高人民法院通过相关司法解释，将未经审批的合同效力明确为未生效，未经审批合同一律无效的局面才有所改观。而前者对负面清单之外领域形成的投资合同视为一般合同。《民法典》第502条第2款规定："……未办理批准等手续影响合同生效的，不影响合同中履行报批等义务条款以及相关条款的效力……"《外商投资法司法解释》第2条也明确指出，对外商投资准入负面清单之外的领域形成的投资合同，当事人以合同未经有关行政主管部门批准、登记为由主张合同无效或者未生效的，人民法院不予支持。《外商投资企业案件审理规定》第1条第1款也有类似规定："当事人在外商投资企业设立、变更等过程中订立的合同，依法律、行政法规的规定应当经外商投资企业审批机关批准后才生效的，自批准之日起生效；未经批准的，人民法院应当认定该合同未生效。当事人请求确认该合同无效的，人民法院不予支持。"当然，前述合同因未经批准而被认定未生效的，不影响合同中当事人履行报批义务条款及因该报批义务而设定的相关条款的效力。该司法解释第3条还规定，人民法院在审理案件中，发现经外商投资企业审批机关批准的外商投资企业合同具有法律、行政法规规定的无效情形的，应当认定合同无效；该合同具有法律、行政法规规定的可撤销情形，当事人请求撤销的，人民法院应予支持。

广东省高级人民法院于2021年3月发布了广东法院第三批粤港澳大湾区跨境纠纷典型

案例，其中“蔡某顺等诉惠州晖鸿工艺品有限公司等合同——外商投资准入负面清单之外的投资合同效力认定”案例就涉及《外商投资法司法解释》规定的情形。基本案情为：惠州晖鸿工艺品有限公司（以下简称晖鸿公司）是香港旋晖公司（以下简称旋晖公司）在内地设立的外商独资企业。2017 年，晖鸿公司与内地居民蔡某顺签订物业转让协议，约定晖鸿公司将位于博罗县九潭镇电域路地块的所有物业及土地使用权转让给蔡某顺，晖鸿公司负责配合将物业过户到蔡某顺或其指定的公司名下。协议签订后，蔡某顺成立惠州市汉亨实业有限公司（以下简称汉亨公司）用于受让物业转让协议项下的物业，并依约将定金及剩余款项支付至双方设立的资金共管账户内。因晖鸿公司不配合办理过户手续，蔡某顺、汉亨公司提起诉讼，请求确认物业转让协议合法有效，晖鸿公司继续履行合同并承担违约责任。惠州市中级人民法院一审认为，《外商投资法》第 4 条规定，国家对外商投资实行准入前国民待遇加负面清单管理制度。晖鸿公司虽系外商独资企业，但物业转让协议属于外商投资准入负面清单之外领域形成的投资合同，晖鸿公司、旋晖公司关于物业转让协议未经有关行政主管部门批准无效的主张不应支持，故判决物业转让协议合法有效，晖鸿公司应继续履行合同并承担相应的违约责任。广东省高级人民法院二审驳回上诉，维持原判。该案例的典型意义在于：人民法院依法认定外商投资准入负面清单之外领域形成的投资合同有效，判令违约当事人继续履行合同并承担违约责任。

（三）负面清单中禁止领域和限制领域投资合同的效力认定

负面清单中关于禁止投资领域和投资限制领域的规定，属于法律、行政法规强制性规范的范畴。如果外商没有按照负面清单的要求进行投资，就属于《民法典》第 153 条关于“违反法律、行政法规的强制性规定的民事法律行为无效”的行为。《外商投资法司法解释》第 3 条、第 4 条分别规定了禁止领域和限制领域投资合同的效力认定标准：

1. 外国投资者投资禁止领域，当事人主张投资合同无效的，人民法院应予支持。

2. 外国投资者投资限制领域，当事人以违反限制性准入特别管理措施为由，主张投资合同无效的，人民法院应予支持。同时，当事人可以对限制投资领域的投资合同采取措施补正合同的效力瑕疵，该司法解释第 4 条第 2 款规定：“人民法院作出生效裁判前，当事人采取必要措施满足准入特别管理措施的要求，当事人主张前款规定的投资合同有效的，应予支持。”

（四）负面清单范围发生调整时对投资合同的效力影响

外商投资的负面清单每年由国家发展改革委和商务部发布，每年发布的禁止和限制的范围都会有所调整。从发展趋势上看，负面清单的要求应当会越来越宽松。针对这种情况，《外商投资法司法解释》第 5 条也明确规定：“在生效裁判作出前，因外商投资准入负面清单调整，外国投资者投资不再属于禁止或者限制投资的领域，当事人主张投资合同有效的，人民法院应予支持。”这也意味着，如果在签订投资合同时，外商投资属于禁止投资领域或者违反了限制性准入特别管理措施，但在人民法院生效裁判作出前，由于负面清单调整，不再落入禁止或者限制投资领域，则可以表明合同效力的瑕疵事由已经消灭，此时，合同应作有效认定。

二、外商投资公司涉登记有关的司法问题

根据《外商投资企业案件审理规定》的规定，外商投资公司涉及登记的司法问题主要包括以下内容。

（一）与股东出资标的物权属转移有关的登记问题

根据《公司法》第49条关于“以非货币财产出资的，应当依法办理其财产权的转移手续”的规定，股东以土地使用权、房屋、知识产权等非货币财产作价出资时，需要依章程或股东约定的出资期限办理财产权属变更登记。以土地使用权为例，如果股东没有在规定的期限进行过户变更登记，就意味着公司未能取得该土地使用权的用益物权。公司实践中出现的出资标的物变更登记问题集中指向出资标的物交付与变更登记不统一，即或是出资标的物已经交付而没有办理变更登记，或是出资标的物已经办理了权属变更登记而没有交付。

《外商投资企业案件审理规定》结合外商投资司法实践对出资标的物已经交付而没有办理变更登记的情形作出了规制。该司法解释第4条规定：“外商投资企业合同约定一方当事人以需要办理权属变更登记的标的物出资或者提供合作条件，标的物已交付外商投资企业实际使用，且负有办理权属变更登记义务的一方当事人在人民法院指定的合理期限内完成了登记的，人民法院应当认定该方当事人履行了出资或者提供合作条件的义务。外商投资企业或其股东以该方当事人未履行出资义务为由主张该方当事人不享有股东权益的，人民法院不予支持。外商投资企业或其股东举证证明该方当事人因迟延办理权属变更登记给外商投资企业造成损失并请求赔偿的，人民法院应予支持。”根据该条内容，结合《民法典》《公司法》及其有关司法解释的规定，在具体适用上应当把握如下要点：

1. 标的物的交付和标的物权属变更登记是土地使用权等非货币财产出资不可分割的两个方面，交付的价值在于公司对标的物的利用，变更登记的价值则在于公司对标的物完全拥有和法律风险的防范。未完成其中任何之一，都属于出资人未完全履行出资义务。未交付标的物意味着出资人对公司财产的占有，会影响公司的财产收益；未办理变更登记则意味着出资人对标的物财产权利的保留，对需要以登记为物权变动的效力标志的不动产而言更是如此。根据《民法典》相关规定，①只有经过变更登记，外商投资公司才能取得出资标的物完整和排他的财产权，出资人才是完全履行了其出资义务。

2. 如果标的物已经交付公司实际使用，而出资人没有办理出资标的物权属变更登记，虽然存在法律风险，但由于公司已经对出资标的物占有和控制，标的物作为出资的实际价值也可以通过占有使用得以实现。因此，法律允许迟延办理权属变更登记的股东通过采取补救措施来履行这一义务。一旦该股东在法院要求的合理期限内完成了变更登记，法院就应当认定该股东履行了出资义务，而不支持外商投资公司或其他股东以该股东未履行出资义务为由主张其

---

① 如《民法典》第209条第1款规定：“不动产物权的设立、变更、转让和消灭，经依法登记，发生效力；未经登记，不发生效力，但是法律另有规定的除外。”

不享有股东权益的请求。对此,《公司法司法解释(三)》对内资公司也有类似的规定。[①]《外商投资法》实施后,该司法解释的相关规定也可以适用于外商投资公司。

3. 尽管法律允许迟延办理权属变更登记的股东可以采取补救措施来履行出资义务,但并不否认该股东存在未履行出资义务的行为并应当对此承担相应的责任。如果外商投资公司或其他股东举证证明该股东因迟延办理权属变更登记给公司造成损失并请求赔偿,人民法院应予支持。

4. 如果出现出资标的物已经办理了权属变更登记但没有交付的情况,虽然同样属于出资义务人未履行出资义务的行为,但《外商投资企业案件审理规定》对此没有相应规定。根据《外商投资法》规定的国民待遇原则,应当适用《公司法》及其司法解释的有关规定。如依照《公司法司法解释(三)》第 10 条第 2 款的规定,已经办理权属变更手续但未交付给公司使用,公司或者其他股东主张其向公司交付并在实际交付之前不享有相应股东权利的,人民法院应予支持。如果出现出资标的物既未办理权属变更登记也没交付的情况,则应依照《公司法》关于未按期足额缴纳出资的规定处理。具体内容包括:由该股东办理权属变更登记和向公司交付出资标的;给公司造成损失的,应当承担赔偿责任;在公司发出催缴出资宽限期届满时仍未交付出资标的物的,公司经董事会决议可以向该股东发出失权通知,自通知发出之日起,该股东丧失其未缴纳出资的股权。

(二)与股权质押有关的登记问题

股权质押是外商投资公司经常涉及的实务问题。它关系到股权质押合同与股权设定质权的不同性质,二者在设立和生效上具有如下区分。

1. 股权质押合同的成立与生效,属于民法上的合同或债权的范畴,受《民法典》合同编法则的规制;而股权设定质权则属于民法上的物权范畴,受《民法典》物权编法则的规制。

2.《民法典》第 502 条第 1 款规定:“依法成立的合同,自成立时生效,但是法律另有规定或者当事人另有约定的除外。”《民法典》第 441 条规定:“……质权自办理出质登记时设立。法律另有规定的,依照其规定。”由此可见,质押合同的成立与股权设定质权并不相同:前者依当事人合意成立,后者则依登记设立;这里的“依登记设立”与《民法典》第 429 条规定的动产质权依“交付质押财产时设立”具有同等效力。

3. 股权质押合同的成立,并不等于质权的设立,而是通过规定出质人与质权人的权利义务,明确了出质人应当办理股权出质登记而使质权成立的义务;股权通过登记设定质权的意义在于向社会公示质权的成立及其物权效力,即“股权出质后,不得转让”以及质权人享有债权优先受偿的权利。

4. 如果质押合同的出质人没有履行相应的义务,导致质权因没有办理出质登记而未设立,应当承担违约责任,但并不等于质押合同不成立或未生效。

正是基于上述法理,《外商投资企业案件审理规定》第 13 条规定:“外商投资企业股东与

---

① 《公司法司法解释(三)》第 10 条第 1 款规定:“出资人以房屋、土地使用权或者需要办理权属登记的知识产权等财产出资,已经交付公司使用但未办理权属变更手续,公司、其他股东或者公司债权人主张认定出资人未履行出资义务的,人民法院应当责令当事人在指定的合理期间内办理权属变更手续;在前述期间内办理了权属变更手续的,人民法院应当认定其已经履行了出资义务;出资人主张自其实际交付财产给公司使用时享有相应股东权利的,人民法院应予支持。”

债权人订立的股权质押合同,除法律、行政法规另有规定或者合同另有约定外,自成立时生效。未办理质权登记的,不影响股权质押合同的效力。当事人仅以股权质押合同未经外商投资企业审批机关批准为由主张合同无效或未生效的,人民法院不予支持。股权质押合同依照民法典的相关规定办理了出质登记的,股权质权自登记时设立。”

需要指出的是,质权设立的目的在于担保债权的实现,当债务人不履行到期债务时,质权人有权就质押股权优先受偿。根据《九民会议纪要》第 59 条规定,以登记作为公示方法的权利质权,质权人应当在主债权的诉讼时效期间内行使质权。质权人在主债权诉讼时效届满前未行使质权,出质人在主债权诉讼时效届满后请求涂销质押权登记的,人民法院依法予以支持。

三、外商投资公司涉隐名出资有关的司法问题

外商投资公司中的隐名出资也是司法实践中常见的现象。与内资公司一样,存在隐名出资的原因可能多种多样,一旦成立,就可能涉及隐名出资人(也称实际投资者)与名义股东之间的关系,以及牵涉到合同双方与外商投资公司和公司其他股东之间的关系,需要区分不同的情形处理。对此,《外商投资企业案件审理规定》对隐名出资涉及的有关问题作出了较为详细的规定。随着《外商投资法》的实施,外商投资公司中涉及隐名出资问题也需要依照《公司法》及其司法解释的原则进行处理。在此基础上需要把握几个要点:第一,隐名出资人与名义股东之间的基础法律关系为合同关系,合同是联结二者的纽带;第二,隐名出资人不能以实际出资人地位当然取得股东资格,但也不能等同于股东之外的第三人,在满足法定条件时也可以显名化;第三,基于隐名出资的行为,隐名出资人与公司、除名义股东之外的其他股东及公司债权人都可能产生一定的法律关系。把握这些要点,对于正确处理涉及隐名出资的纠纷至关重要。

(一)隐名出资人的显名化

公司登记是向社会公示股东的外观形式。根据公司法上的外观主义原则,股东资格的取得应当符合股东外观的法定要求。隐名出资人由于并非公司登记的股东,不具备股东的法定外观,因而并不当然具有股东资格,也不能随心所欲地由隐名出资人变成显名股东。《外商投资企业案件审理规定》第 14 条明确规定:“当事人之间约定一方实际投资、另一方作为外商投资企业名义股东,实际投资者请求确认其在外商投资企业中的股东身份或者请求变更外商投资企业股东的,人民法院不予支持……”也正是基于隐名出资人并不当然具有股东资格的认定,该司法解释第 17 条又规定“实际投资者根据其与外商投资企业名义股东的约定,直接向外商投资企业请求分配利润或者行使其他股东权利的,人民法院不予支持”。

但是,隐名出资人是作为外商投资公司的实际出资人而存在,也不能将其等同于股东之外的第三人,《外商投资企业案件审理规定》也为其显名化提供了路径,即同时具备以下条件的,隐名出资人也可以取得股东资格:第一,实际投资者已经实际投资;第二,名义股东以外的其他股东认可实际投资者的股东身份;第三,人民法院或当事人在诉讼期间就将实际投资者变更为股东征得了外商投资企业审批机关的同意。《外商投资法》实施后,根据国民待遇原则,外商投资公司隐名出资人的显名化还应当遵循《公司法》关于股权转让和登记的有关规定办理股

东变更登记,如果不取得登记公示的股东外观,就不能对抗公司股东以外的善意第三人。

(二)隐名出资合同的效力

隐名出资合同是隐名出资人与名义股东协商一致的意思表示,合同既可以采取书面形式,也可以采取口头形式,只是后者在发生纠纷时需要当事人举证证明合同关系的存在可能会有一定的困难。《外商投资企业案件审理规定》第 15 条第 1 款规定:“合同约定一方实际投资、另一方作为外商投资企业名义股东,不具有法律、行政法规规定的无效情形的,人民法院应认定该合同有效。一方当事人仅以未经外商投资企业审批机关批准为由主张该合同无效或者未生效的,人民法院不予支持。”作为有效合同,应当受到法律的保护。因此,该条第 2 款又规定:“实际投资者请求外商投资企业名义股东依据双方约定履行相应义务的,人民法院应予支持。”

对于公司实践中隐名出资合同的属性,目前学理上还有不同的认识,但多数人认为是《民法典》上的委托合同,即作为委托人的隐名出资人和作为受托人名义股东之间约定的由受托人处理委托人事务的合同。相关司法解释也是按照委托合同属性来界定隐名出资人与名义股东之间的关系。按照《外商投资企业案件审理规定》第 15 条第 3 款和第 16 条的规定,如果双方未约定利益分配,隐名出资人请求名义股东向其交付从外商投资公司获得的收益的,人民法院应予支持;名义股东向隐名出资人请求支付必要报酬的,人民法院应酌情予以支持;名义股东不履行与隐名出资人之间的合同,致使隐名出资人不能实现合同目的,隐名出资人请求解除合同并由名义股东承担违约责任的,人民法院应予支持。

(三)隐名出资合同被认定无效的处理

隐名出资合同作为合同行为也可能出现无效的情形,如合同违反法律、行政法规的强制性规定或违背公序良俗;隐名出资人与名义股东恶意串通,损害他人合法权益等。一旦合同被认定为无效,应当依照《民法典》《公司法》关于无效合同和股东资格的相关规定来处理。第一,合同无效意味着隐名出资合同关系的不成立,隐名出资人不能再以委托人的地位向名义股东主张权利。第二,合同无效的效力并不及于公司,外商投资公司与名义股东已经形成的持股关系并不因此必然受到影响。名义股东基于已经符合股东的外观条件,对于是否继续持有因实际投资公司而形成的股份,可以取决于自己的意愿。第三,隐名出资人与名义股东之间因实际投资形成的利益关系应当依照无效合同处理原则公平妥善地处理。《外商投资企业案件审理规定》针对公司实践规定了几种不同的处理情形:

1. 隐名出资合同被认定无效,名义股东持有的股权价值高于实际投资额,隐名出资人请求名义股东向其返还投资款并根据其实际投资情况以及名义股东参与外商投资公司经营管理的情况对股权收益在双方之间进行合理分配的,人民法院应予支持。名义股东返还隐名出资人投资款和合理分配股份收益后,无疑就成为其持有股份的真实出资人;名义股东愿意继续持有股份的,法院不应进行干预。如果名义股东明确表示放弃股权或者拒绝继续持有股权,人民法院可以判令以拍卖、变卖名义股东持有的外商投资公司股权所得向隐名出资人返还投资款,其余款项根据隐名出资人的实际投资情况、名义股东参与外商投资公司经营管理的情况在双方之间进行合理分配。

2. 隐名出资合同被认定无效，名义股东持有的股权价值低于实际投资额，隐名出资人请求名义股东向其返还现有股权的等值价款的，人民法院应予支持；名义股东明确表示放弃股权或者拒绝继续持有股权的，人民法院可以判令以拍卖、变卖名义股东持有的外商投资企业股权所得向隐名出资人返还投资款。隐名出资人请求名义股东赔偿损失的，人民法院应当根据名义股东对合同无效是否存在过错及过错大小认定其是否承担赔偿责任及具体赔偿数额。

3. 隐名出资合同是因恶意串通，损害国家、集体或者第三人利益而被认定无效的，人民法院应当将因此取得的财产收归国家所有或者返还集体、第三人。

第四节 外国公司的跨国经营

外国公司进入中国从事持续性经营活动，除了采取外商投资公司的方式，还可以采取跨国经营的方式。外国公司分支机构和与之相近的外国企业常驻代表机构都是外国公司进行跨国经营的重要组织形式。两种形式以其设立相对简便、组织结构单一等优势，对于外国公司通过跨国经营来实现企业扩张战略发挥着不可替代的作用。我国《公司法》特设一章，对外国公司分支机构作出了专门的规定，国务院出台专门的行政法规对外国企业常驻代表机构予以规制，从而使两种组织形式在我国公司领域有了相应的法律地位。《外商投资法》对外国投资者及其投资所规定的促进、保护和管理的基本准则，同样适用于外国公司的跨国经营活动。

一、外国公司

外国公司分支机构和外国公司常驻代表机构，都是指外国公司依照我国法律在我国境内设立的机构，二者都以外国公司为其上位概念，对其规制首先需要界定外国公司的内涵。

（一）公司国籍

外国公司，作为一种属人法上的公司概念，是指依照其他国家或地区的公司法在该国或该地区设立，从而具有外国国籍的公司。根据公司法理上的分类，外国公司是相对于本国公司而言的，两者的区别在于公司的国籍不同。本国公司指具有本国国籍的公司，对于东道国来说，具有外国国籍的公司就是外国公司。在我国《公司法》上，外国公司与外商投资公司虽然都是具有涉外因素的公司，但二者最大的区别就在于前者是具有外国国籍的公司，后者是具有中国国籍的公司。在公司国籍的确定上，由于涉及公司本质理论、内外国利益及立法政策等因素，所以各国所采用的标准不同，归纳起来主要有以下几种：

1. 准据法主义，也称设立准据法主义。按该标准，公司以依据哪国法律、在哪国登记为准来确定其国籍。[①] 此种标准是基于公司本质为法律拟制人格的理论，“亦即法人既系依据国家法律而创设，其国籍自应依赋予其人格之法律定之”。[②] 该标准有许多变种，如设立地主义、公司注册登记地主义和准据地国籍主义等，其中公司登记地主义又与一些学者划分的行为地主

① 参见江平主编：《新编公司法教程》（第2版），法律出版社2003年版，第237页。
② 王文宇：《公司法论》（第6版），台北，元照出版有限公司2018年版，第707页。

义重合。所谓行为地主义,是指依公司的注册登记地所在的国家或地区来确定公司的国籍。基于公司只有经过登记地国家的登记才能取得法律地位,因而公司适用哪国或地区的法律登记成立,登记成立所在国家或地区就为该公司的国籍。可见,行为地主义与准据法主义的结果通常是一致的。准据法主义是目前多数国家在确定公司国籍时所采用的标准,尤其是英美法系国家基本上采用这种标准。[①]

一般而言,准据法主义的优点在于:一是登记地所在国可以清楚了解公司的真实情况;二是以公司的登记地为公司法人的国籍,其国籍较为固定。但其弊端在于:由于很难看出该公司实际由什么人控制,当事人可能为达到规避法律的目的,到设立限制较少的国家去登记,以避免他国对其不利的规定。[②]

2. 住所地主义。住所地主义也称真实本座说(Real Seat Theory 或 Real Seat Doctrine)。按该标准,公司国籍由公司住所地决定。由于公司住所地的标准不一,该标准也产生了很多的变种,例如公司总部所在地标准、公司主要办事机构所在地标准、公司主要营业地标准、公司实际管理地标准、章程指定住所标准等,“真实本座通常就是公司的经营管理中心或者主营业地”。[③] 与准据法主义不同的是,该标准不考虑公司依照哪国法律,在哪个国家设立,而只考虑公司的住所地。凡公司住所在本国的为本国公司,凡公司住所在外国的为外国公司。因此,以此标准来确定公司国籍不免容易产生争议,实际中亦会出现公司通过变更住所而进一步变更国籍来逃避某国或某地区的法律规制。目前,一些欧洲大陆国家采用该标准。

3. 控制主义。控制主义是“以控制该公司之自然人之国籍,为该公司之国籍”。[④] 根据控制公司自然人的分类,该标准有股东国籍主义、董事国籍主义、管理人员国籍主义等变种。按照控制主义的标准,公司是由其设立人建立起来的组织,公司必将代表设立人的利益。因此,公司的权利实际上属于设立公司的自然人,因而公司不能脱离其设立人而独立存在,公司只能与其设立人同一国籍。也就是说,公司国籍的确定,要看公司的资本控制在哪一国公民手中,然后根据资本控制者的国籍来确定公司的国籍。

依此标准确定公司国籍的弊端在于:一是会使公司的国籍不固定,尤其是股份有限公司,其股份可以自由转让,股东具有很大的流动性,股东国籍构成处于不断变动之中,难以借此认定公司的国籍;二是公司东道国的主权可能受损,如果一个公司在东道国登记成立从事经营,但其主要股东或多数股东是外国人,该公司就会处于所在国的法律管辖之外;三是不利于公司开展经营活动,在东道国注册经营的外国公司,其生产经营活动及合法权益不能受到东道国法律的充分保护;四是在股东国籍相异时,究竟应依人数还是依出资额多少来确定其国籍也难以确定。因此,该学说除在战时或一国与外国关系发生急剧变化的情形下可能被适用外,现在多数国家均不以股东国籍确定公司的国籍。[⑤]

4. 复合标准主义。复合标准主义,即在公司国籍判断标准中兼采前述两种或两种以上的标准,如兼采准据法主义和住所地主义,或兼采准据法主义和控制主义,或兼采住所地主义和

---

① 需要指出的是,美国是联邦制国家,其公司法属于州法。美国州法上的外国公司(Foreign Corporation),除包括在外国登记成立的公司外,也包括在美国其他州设立的公司。

② 参见史际春:《企业和公司法》(第5版),中国人民大学出版社2018年版,第145页。

③ 邢钢:《“一带一路”建设与公司准据法的确定》,载《中国法学》2017年第6期。

④ 王文宇:《公司法论》(第6版),台北,元照出版有限公司2018年版,第707页。

⑤ 参见赵旭东主编:《公司法学》(第4版),高等教育出版社2015年版,第388页。

控制主义,等等。由于国际经济、贸易活动日益频繁,以及公司在其中发挥的作用变得越来越大,公司国籍的确定也变得越来越复杂,根据公司的某一因素确定其国籍很难圆满解决问题。于是,有国家也采用复合标准主义来确定公司的国籍,特别是兼采准据法主义和住所地主义两大标准来确定公司的国籍。① 从我国《公司法》的规定来看,第 243 条关于外国公司“是指依照外国法律在中华人民共和国境外设立的公司”的定义表明,我国在公司国籍的确定上采取的标准为准据法主义。

(二)外国公司的法律特征

1. 外国公司依外国法律在中国境外设立。外国公司是指依照外国法律规定的设立条件、程序、责任形式、经营方式和经营范围等,在中国境外组建设立的公司。至于是依照哪一国家的法律、在哪一国家注册、股东的国籍及各股东的出资额在注册资本中所占比例的大小,一概在所不问。我国香港、澳门、台湾地区存在特殊的原因而实施特有的法律制度,因此,三个地区依据当地公司法设立的公司在管理上也参照外国公司的有关规定。

2. 外国公司具有外国国籍。依我国《公司法》所采用的公司国籍判定原则,只要外国公司具有与其设立时所依据的法律及设立地国家相同的国籍,即具有外国国籍。

3. 外国公司经申请获准可以在中国境内取得直接的经营资格。根据我国《公司法》的规定,外国公司在中国境内经营必须符合两个基本条件:一是该公司须在中国设立代表该外国公司的分支机构进行经营;二是该分支机构不具有法人资格。

(三)外国公司的认可

外国公司的认可,又称对外国公司的承认,是指国家承认依外国法成立的外国公司在履行相应法定程序后可以成为本国的民事主体。各国对外国公司的认可会根据不同的国情,分别采取不同的做法,而不拘泥于一种认可方式。②

外国公司要进入我国从事跨国经营,同样需要履行我国的认可程序。根据《公司法》第 244 条的规定,外国公司设立分支机构,应当经中国主管机关批准,“经批准后,向公司登记机关依法办理登记,领取营业执照”。国家市场监督管理总局于 2020 年 10 月修订发布的《外国(地区)企业在中国境内从事生产经营活动登记管理办法》第 2 条也规定,外国企业须经国务院及国务院授权的主管机关批准并经核准登记注册后才能在中国境内从事生产经营活动。由此可见,我国对外国公司的认可程序包括政府机关批准和依法登记,外国公司经国家认可程序后在我国境内从事跨国经营活动,其合法权益受中国法律的保护。

二、外国公司分支机构

(一)外国公司分支机构概说

外商进入我国既可采取外商投资公司的形式,也可采取跨国经营的方式。比较而言,外商

---

① 如《法国商事公司法》第 3 条第 2 款中虽然原则上坚持了住所地标准,但作了相应的补充,“第三者可以依据章程上的住所,但如果其实际住所位于另一地点,则公司不得依据章程上的住所来对抗第三者”。

② 参见任尔昕主编:《企业与公司法学》,兰州大学出版社 2006 年版,第 234 页。

投资公司尽管无须履行外国公司进入我国的认可程序，但却面临着异国投资普遍存在的投资成本问题，除了有选定投资领域或并购对象以及寻求投资伙伴的协商成本，还会有直接投资及因“人生地不熟”可能带来的市场风险成本。而外国公司通过设立分支机构直接进入中国境内跨国经营，无须寻求合作伙伴，设立程序简便，便于实施控制，投入撤出资金相对灵活，总体成本较低。因此，外国公司分支机构成为外商采取跨国经营的重要方式之一。

外国公司分支机构是指外国公司依照我国《公司法》的规定，经我国政府批准，在我国境内设立的从事经营活动的机构。可见，外国公司与外国公司分支机构是隶属与被隶属的关系，在我国《民法典》上属于法人和法人的分支机构之间的关系，[①]在《公司法》上则表现为公司与分公司之间的关系。尽管我国《公司法》关于“外国公司分支机构”这一称谓真实地反映了外国公司与其分公司的关系，符合我国法律对二者关系的界定，然而我国一些法规关于外国公司认可的具体规定同《公司法》的相关规定还存在一些不一致的地方。例如，国家市场监督管理总局于 2020 年 10 月修订发布的《外国（地区）企业在中国境内从事生产经营活动登记管理办法》，其中使用的“外国企业”的称谓，就包括了外国公司和外国公司在中国设立的分支机构两层含义，或者说依照该法规在中国境内登记从事生产经营的外国企业，包括了《公司法》上的外国公司的分支机构。这种将外国公司实施跨国经营的组织形式在立法上统称为“外国公司”的做法，在比较法上并不鲜见。例如，《日本公司法》第六编为“外国公司”的专编，《韩国商法典》第六章为“外国公司”的专章，两国法律使用的“外国公司”概念，与我国《公司法》上的外国公司分支机构的含义就十分相似。[②] 从法理上看，一国政府承认外国公司的法律地位并允许其来本国境内从事经营活动，无论其采取何种组织形式在本国境内经营，都属于外国公司的构成部分，受本国法律规制的主体首先也应当是外国公司。将规制主体定位为外国公司，体现了东道国法律对外国公司的认可并赋予其在该国境内享有的权利能力和行为能力。

根据我国《公司法》的规定，外国公司分支机构具有如下法律特征：

1. 外国公司分支机构是外国公司的组成部分，具有分公司的法律地位。外国公司分支机构不能独立于外国公司存在，与外国公司具有同样的外国国籍，如果外国公司归于消灭，则其分支机构也应注销。《公司法》第 247 条第 1 款规定：“外国公司在中华人民共和国境内设立的分支机构不具有中国法人资格。”尽管《公司法》没有直接将外国公司分支机构定义为分公司，但根据《公司法》第 13 条第 2 款对分公司的界定，外国公司分支机构应当为外国公司的分公司，其既不具有企业法人资格，也没有自己独立的财产和公司章程；机构设置简单，没有包括董事会、股东会等在内的完整公司组织机构，由外国公司指定代表人或代理人负责该分支机构的运营；外国公司分支机构必须在自己名称中冠上外国公司的名称、国籍、责任形式并缀以分支机构的称谓，从而标志着其是以外国公司的名义从事业务活动。

2. 外国公司分支机构必须依照中国法律，经中国政府批准，在中国境内设立，并受中国法律的管辖和保护。外国公司的分支机构的直接营业地在中国境内，其经营活动必然会对我国

① 《民法典》第 74 条第 1 款规定：“法人可以依法设立分支机构。法律、行政法规规定分支机构应当登记的，依照其规定。”

② 《日本公司法》第 817 条规定：“外国公司拟在日本持续地进行交易的，须确定驻日本代表人。此时，其驻日本代表人中须有 1 人以上在日本有住所。外国公司驻日本代表人，有与该外国公司在日本的业务有关的一切诉讼内或诉讼外行为的权限。……外国公司就其驻日本代表人行使职务时对第三人造成的损害负赔偿责任。”《韩国商法典》第 614 条规定：“外国公司欲在大韩民国进行营业，应指定在大韩民国内的代表，并设置营业所或一名以上的代表人应在大韩民国内有住所。在前款之情形下，关于营业所的设置，外国公司应当进行与在大韩民国内设立的其他同种公司或者最类似的公司的分公司相同的登记。”

的经济和社会生活产生影响,因此它的设立必须经过我国政府的批准,并遵守我国的法律,接受市场监管机关的监管。《公司法》第 248 条规定:“经批准设立的外国公司分支机构,在中华人民共和国境内从事业务活动,应当遵守中国的法律,不得损害中国的社会公共利益,其合法权益受中国法律保护。”

3. 外国公司分支机构在中国境内从事以营利为目的的经营活动。外国公司分支机构是我国行政法规定义的营利性市场主体之一。《市场主体登记管理条例》第 2 条规定,市场主体是指“在中华人民共和国境内以营利为目的从事经营活动的下列自然人、法人及非法人组织”,其中就包括了外国公司分支机构。按照《公司法》第 244 条的规定,外国公司分支机构“经批准后,向公司登记机关依法办理登记,领取营业执照”;未经登记,不得以市场主体名义从事经营活动。

4. 外国公司分支机构没有独立的财产。外国公司分支机构实际占有、使用的财产是由外国公司拨付的,是作为外国公司的财产而列入其资产负债之中,并且在财务、核算上与外国公司统为一体。但也应当看到,外国公司向其拨付资金也并非随心所欲,而应当符合法律的规定,即《公司法》第 245 条中规定的“向该分支机构拨付与其所从事的经营活动相适应的资金”。另外,该条第 2 款规定:“对外国公司分支机构的经营资金需要规定最低限额的,由国务院另行规定。”

5. 外国公司分支机构对其经营活动产生的民事责任由外国公司承担。《公司法》第 247 条第 2 款也明确规定,“外国公司对其分支机构在中华人民共和国境内进行经营活动承担民事责任”。这一责任与《公司法》第 13 条关于分公司“民事责任由公司承担”的性质一样,应当属于补充责任而非连带责任。

6. 外国公司分支机构具有我国民事诉讼主体资格。外国公司分支机构虽然不具有企业法人的主体地位,但具有我国民事诉讼主体的资格。《民事诉讼法》第 51 条规定:“公民、法人和其他组织可以作为民事诉讼的当事人。法人由其法定代表人进行诉讼。其他组织由其主要负责人进行诉讼。”这里的“其他组织”,按照《最高人民法院关于适用〈中华人民共和国民事诉讼法〉的解释》第 52 条的规定,是指合法成立、有一定的组织机构和财产,但又不具备法人资格的组织。其他组织包括了法人依法设立并领取营业执照的分支机构。外国公司分支机构显然符合《民事诉讼法》上的其他组织特征。[①] 该法第 5 条第 1 款规定:“外国人、无国籍人、外国企业和组织在人民法院起诉、应诉,同中华人民共和国公民、法人和其他组织有同等的诉讼权利义务。”

(二)外国公司分支机构与外商投资公司比较

外国公司分支机构作为外国公司进入我国从事跨国经营的方式,也可以认为是跨国公司的构成部分。[②] 外商投资公司则是包括外国公司在内的外国投资者进入我国投资的一种方

① 参见叶林主编:《公司法原理与案例教程》,中国人民大学出版社 2010 年版,第 419 页。

② 跨国公司是指以本国为基地,通过对外直接投资,在多个国家或地区拥有为数众多的分公司、子公司和参股公司,从事国际化生产和经营活动的大型公司组织。从法律上看,跨国公司并不是一种独立的公司形态,而是一个公司的集合概念,是由本国公司与外国公司、外国公司与其分支机构、母公司与子公司、本公司与分公司等共同构成的一个公司集合体,并各自归属相应的法律规范调整。跨国公司体现了多形态的公司之间、公司内多层次的综合关系。可见,外国公司分支机构是跨国公司内容中的一部分,二者之间是整体与部分的关系。

式。外国公司分支机构和外商投资公司虽然都是具有涉外因素企业经济组织，都涉及外国资本和外国经营者，都要受《外商投资法》《公司法》等法律法规的调整，但也有许多相异之处。

1. 公司国籍不同。外商投资公司是具有中国国籍的企业，无论其是独资还是合资，都属于中国公司，其分支机构也属于中国公司的分支机构，主要适用《公司法》调整公司的一般规范；外国公司分支机构则是具有外国国籍的组织，即属于外国公司的分支机构，主要适用《公司法》的特别规范，即《公司法》中“外国公司的分支机构”一章的规定。

2. 作为纳税主体的称谓不同。外商投资公司和外国公司分支机构都是我国税法上的纳税主体。我国从 2008 年 1 月 1 日起对外资企业和内资企业的所得税实行了并轨，统一按照《企业所得税法》执行，该法将作为纳税主体的企业分为两种类型，即居民企业和非居民企业，其中居民企业“是指依法在中国境内成立，或者依照外国（地区）法律成立但实际管理机构在中国境内的企业”；非居民企业“是指依照外国（地区）法律成立且实际管理机构不在中国境内，但在中国境内设立机构、场所的，或者在中国境内未设立机构、场所，但有来源于中国境内所得的企业”。根据这一界定，外商投资公司和内资公司都应当属于纳税主体中的“居民企业”；而外国公司分支机构和本章第四节讨论的外国公司常驻代表机构则应当属于纳税主体中的“非居民企业”。居民企业与非居民企业在税率执行上还有一些差异，根据《企业所得税法》第 4 条的规定，居民企业所得税的税率为 25%，非居民企业如果符合该法第 3 条第 3 款①规定的所得，适用税率为 20%。

3. 权利能力不同。外商投资公司除了国家发布的负面清单禁止和限制领域外，享有与内资公司相同的国民待遇，即在投资领域、设立审批、股东出资、经营规模等方面与内资公司具有相同的权利能力；外国公司分支机构则基于外国公司国籍和自身的法律地位，要受到我国法律法规根据国际惯例对外国公司进入我国境内在法人认可、经营范围、经营规模等方面的特别规定的约束，同时还要受到外国公司的直接控制，其权利能力也要受到相应的限制。

4. 法律地位不同。外商投资公司采取股份有限公司和有限责任公司的形式，具有企业法人地位，外商投资者对公司债务承担有限责任；如果外国投资者具有公司地位且为外商投资公司的控股股东，外商投资公司就是外国公司的子公司。外国公司分支机构是外国公司的分公司，自身不具有企业法人地位，无独立承担民事责任的能力，由外国公司对其经营活动和经营债务承担无限责任。

（三）外国公司分支机构的设立

外国公司要在东道国以自己的名义从事经营活动，就必须在东道国设立分支机构，各国大多依本土法律和国际惯例，制定了有关外国公司分支机构的设立规范。② 总的来说，外国公司要在东道国从事业务活动，设立分支机构，必须取得东道国政府批准。我国《公司法》对外国公司分支机构的设立只作出了原则性的规定，国家市场监督管理总局于 2020 年 10 月修订发布的《外国（地区）企业在中国境内从事生产经营活动登记管理办法》（以下简称《外国企业登

---

① 《企业所得税法》第 3 条第 3 款规定：“非居民企业在中国境内未设立机构、场所的，或者虽设立机构、场所但取得的所得与其所设机构、场所没有实际联系的，应当就其来源于中国境内的所得缴纳企业所得税。”

② 如《美国标准商事公司法》第 15.01 条规定，外国（州）公司在从州秘书处获得授权证书之前，无权在本州从事业务活动；《日本公司法》第 818 条规定，在进行外国公司登记之前，外国公司不得在日本持续地进行交易。

记管理办法》),虽然使用的主体称谓是“外国企业”,但就其具体内容来看,该法规对外国公司设立分支机构同样适用。

1.设立条件

根据《公司法》及其相关法规的规定,设立外国公司分支机构需要具备如下条件。

(1)设立人须为外国公司。《公司法》对外国公司分支机构的定义及其设立时必须由外国公司向中国主管机关提出申请、提交公司章程、所属国的公司登记证书等要求表明,外国公司分支机构的设立人必须是外国公司而不能是外国自然人或其他企业组织形式。欲在中国境内设立分支机构的外国公司,必须已经依照该国法律登记成立,并合法存续。至于该外国公司为何种组织形态,是否具有法人资格,是大陆法系国家的股份有限公司、有限责任公司、无限公司、两合公司,还是英美法系国家的股份责任有限公司或保证责任有限公司等,则依其本国法而非我国公司法进行确认。[①]

(2)有与经营活动相适应的经营资金。《公司法》第245条第1款要求,外国公司在中国境内设立分支机构,应当向该分支机构拨付与其所从事的经营活动相适应的资金。至于相适应资金的数量是多少,《公司法》和《外国企业登记管理办法》均未作出具体的规定,需要根据外国公司分支机构在我国境内从事不同经营活动的情况来定。如国务院于2019年修订的《外资银行管理条例》第8条第3款规定,外国银行分行应当由其总行无偿拨付不少于2亿元人民币或者等值的自由兑换货币的营运资金。由于外国公司分支机构的本公司设在国外,资产也在国外,这对与该分支机构进行交易的相对方而言,风险甚大。为维护交易安全,保障债权人权益及正常经济秩序,有必要要求分支机构具有与其营业活动相适应的经营资金。《公司法》第245条第2款还规定:“对外国公司分支机构的经营资金需要规定最低限额的,由国务院另行规定。”

需要指出的是,上述“相适应的经营资金”和“最低限额”并非该外国公司分支机构承担民事责任的限度。当外国公司分支机构产生债务时,债务清偿责任不以该外国公司分支机构的经营资金数额及该外国公司分支机构所支配的财产为限,而是由设立该分支机构的外国公司对债务承担最终的清偿责任。

(3)有代表人或代理人。根据《公司法》第245条的规定,外国公司在我国境内设立分支机构,应当在我国境内指定负责该分支机构的代表人或者代理人。分支机构的代表人或代理人,如同《公司法》要求内资公司必须设置的组织机构一样,分支机构须由其来从事具体的经营活动。该代表人或者代理人是该分支机构的负责人,可以是中国公民,也可以是非中国公民。根据《外国企业登记管理办法》第5条、第6条规定,分支机构的代表人或代理人也称外国公司委派的中国项目负责人,负责人须取得外国公司董事长或总经理的委派授权书。代表人或者代理人对外代表该外国公司在中国的分支机构,参加民事活动及诉讼活动,参加经营活动时产生的法律后果由该外国公司承担。

2.设立程序

(1)申请和审批。外国公司在我国设立分支机构,必须向我国主管机关提出申请。设立申请的提起人为外国公司授权的代表人,申请书一般应具备如下内容:一是外国公司的概况,

① 参见史际春:《企业和公司法》(第5版),中国人民大学出版社2018年版,第147页。

包括公司名称、法定地址、法定代表人姓名、公司成立日期等;二是拟在中国设立的分支机构的基本情况,包括分支机构名称、地址、投资总额等;三是该公司遵守中国法律的承诺条款。受理外国公司分支机构设立申请的主管机关,依外国公司拟设立的分支机构业务性质的不同而不同。根据我国目前有关法规规定,属于贸易商、制造厂商、货运代理商的申请,由商务部受理;属于金融业的申请,由中国人民银行受理;属于保险业的申请,由国家金融监督管理总局受理;属于海运业、海运代理商的申请,由交通运输部受理;属于航空运输业的申请,由民用航空局受理;属于其他行业的申请,按照其业务性质,分别由其他主管部、委、局受理。《公司法》第 244 条第 2 款规定,外国公司分支机构的审批办法由国务院另行规定。

外国公司在申请时,必须提交有关的法律文件,这些文件除公司章程、所属国的公司登记证书外,还包括该外国公司往来金融机构出具的资信证明书;该外国公司申请人的授权委托书;该外国公司最近几年经注册会计师审计或验证的财务会计报告;该外国公司在中国营业的计划书等。

外国公司分支机构的设立申请,必须取得我国经国务院及国务院授权的主管机关的批准。该批准是行政许可,也是《公司法》对外国公司分支机构规定的设立登记的前置程序。在法理上也是上文内容表述的"外国公司的认可";是东道国法律对外国法人人格的承认,并赋予其在本国境内享有一定的权利能力和行为能力。对此,不同国家的做法也有所不同。有的国家对外国公司分支机构与国内公司分支机构采取相同的原则,并且大部分国家在公司分支机构上均实行准则主义原则,即对于符合法律规定的外国公司分支机构,由登记机关进行一般审查后就予以登记。我国《公司法》采取了与世界上许多国家不同的做法,即对外国公司分支机构的设立实行核准主义原则。也就是说,外国公司分支机构的设立,必须经过中国有关主管机关的审核,依法获准后才能履行注册登记手续。就审批的主管机关,分别由前述主管机关负责。这些机关在接到外国公司的申请文件后应逐一进行审查,对内容的真实性、条件的合法性进行确认,并作出是否批准的决定。这一做法,便于加强对外国公司分支机构进行必要的监督和管理。

(2)设立登记。外国公司在中国境内设立分支机构的申请得到批准后,即可申请进行设立登记。设立登记申请由省级市场监督管理部门受理,未经审批机关批准和省级市场监督管理部门核准登记注册,外国公司分支机构不得在中国境内从事生产经营活动。

根据《外国企业登记管理办法》第 5 条规定,外国公司分支机构申请设立登记应提交下列文件或证件:外国公司董事长或总经理签署的申请书;审批机关的批准文件或证件;从事生产经营活动所签订的合同(外国银行在中国设立分行不适用此项);外国公司所属国(地区)政府有关部门出具的企业合法开业证明;外国公司的资金信用证明;外国公司董事长或总经理委派的中国项目负责人的授权书、简历及身份证明;其他有关文件。

外国公司分支机构的登记事项,通常应包括以下各项。第一,外国公司分支机构的名称。外国公司名称是指在国外合法开业证明载明的名称,其应与所签订生产经营合同的外国企业名称一致。按照《公司法》第 246 条的规定,外国公司的分支机构"应当在其名称中标明该外国公司的国籍及责任形式"。外国银行在中国设立分行,应冠以总行的名称,标明所在地地名,并缀以分行。第二,外国公司分支机构类型。类型是指按外国公司从事生产经营活动的不同内容划分的类型。根据《外国企业登记管理办法》第 6 条的规定,类型分别为:矿产资源勘探开发、承包工程、外资银行、承包经营管理等。第三,外国公司分支机构的地址。地址是指外国公司分支机构在中国境内从事生产经营活动的场所,在中国境内的住址与经营场所不在一处的,需同时申报。第四,外国公司分支机构用于经营活动的资金数额。资金数额是指外国公司拨付给分支机构用以从事生产经营活动的总费用,如承包工程的承包合同额,承包或受委托经营管理外国公司在管理期限内的累计管理费用,从事合作开发石油所需的勘探、开发和生产费,外国银行分行的营运资金等。第五,外国公司分支机构的负责人。负责人是指外国公司董事长或总经理委派的项目负责人。第六,外国公司分支机构的经营范围和经营期限。这均指外国公司分支机构在中国境内从事生产经营活动的范围和期限。

外国公司分支机构经登记机关核准设立登记后,登记机关就立即发给外国公司分支机构营业执照。营业执照颁发意味着分支机构由此成立并可进行业务活动。根据《外国企业登记管理办法》第 8 条的规定,营业执照的有效期分别按以下期限核定:第一,从事矿产资源勘探开发的,其营业执照有效期根据勘探(查)、开发和生产三个阶段的期限核定;第二,外国银行设立分行的,其营业执照有效期为 30 年,每 30 年换发一次营业执照;第三,从事其他生产经营活动的,其营业执照有效期按合同规定的经营期限核定。

外国公司分支机构的登记事项如发生变更,应当在 30 日内向原登记主管机关申请办理变更登记。另外,外国公司分支机构应依法自开业起 30 日内向税务机关办理税务登记。

(四)外国公司分支机构的权利和义务

外国公司分支机构作为外国公司在我国境内设立的派出机构,在取得我国的登记注册后,既享有在我国境内从事生产经营活动的权利,也要承担我国法律规定的相应义务。各国或地区的公司法一般对外国公司分支机构的权利义务予以专门规定。我国《公司法》第 248 条规定:"经批准设立的外国公司分支机构,在中华人民共和国境内从事业务活动,应当遵守中国的法律,不得损害中国的社会公共利益,其合法权益受中国法律保护。"此条系对外国公司分支机构的权利、义务的概括性规定。

1. 外国公司分支机构的权利

外国公司在我国境内设立的分支机构受我国法律管辖,其合法权益受到我国法律保护。除法律特别规定予以权利限制的以外,外国公司分支机构从取得营业执照之日起,即享有法律法规所赋予民事主体的权利并受法律保护。根据我国法律法规的相关规定,外国公司分支机构的权利可概括为以下两方面。

(1)经营权。这里所谓的经营权,即指外国公司分支机构在中国境内依法从事生产经营活动的权利。外国公司分支机构取得我国登记机关颁发的营业执照,即获得在我国境内从事生产经营活动的法定资格。各国或地区的法律一般允许外国公司在本国境内开展业务活动,并使其享有与本国民事主体基本相同的权利,如依法取得财产的所有权、订立合同、享受东道国有关鼓励外商投资的优惠政策等。当然,各国或地区的法律对外国公司分支机构从事业务活动的范围也会有所限制,主要体现在禁止或者限制外国公司分支机构从事军工、航空、通信、能源等与国计民生关系重大的特殊行业。如法国禁止外国公司进行军火、酒精或医药方面的贸易(欧盟国家的公司除外);意大利禁止外国公司从事银行业、保险业、海运业等方面的交易活动,同时,所有外国投资活动均要受到《意大利外汇管理条例》的限制。考虑到国家的经济安全,也防止外资的盲目流入对国家产业结构组成及地区分布带来不利影响,我国在一些特定的行业和包括国防工业在内的一些重要行业,禁止外国公司进入。

(2)合法权益受我国法律保护。外国公司分支机构遵守我国法律,在我国境内依法进行生产经营活动,其合法权益当然受我国法律保护。同时,外国公司分支机构依法享有对自己财产的占有、使用、收益和处分的权利,从其设立到终止的全部期间内,其享有的上述财产权利必然受到中国法律的保护。我国有关管理机关依法履行自己的职责,切实保障外国公司分支机构的合法权益。任何侵犯外国公司分支机构合法权益的行为都将受到法律的追究。外国公司在其分支机构的合法经营活动受到不法侵害时,有权在我国提起诉讼,寻求司法保护,主张损失赔偿、请求调解和申请仲裁。当然,如外国公司分支机构违反中国法律,损害社会公共利益,也应承担相应的法律责任,而不因其为外国公司的分支机构而享受额外特殊待遇。

2. 外国公司分支机构的义务

外国公司在我国境内设立的分支机构在依法享有权利的同时,也应承担相应的义务。除我国法律予以特别规定以外,外国公司分支机构的义务与我国同类民事主体所负有的义务基本相同。依我国《公司法》及其他相关法律的规定,外国公司分支机构在我国从事营业活动应承担的主要义务可概括为下列几个方面。

(1)遵守中国法律的义务。外国公司分支机构在我国境内从事生产经营活动,必须遵守中国法律,不得损害中国的社会公共利益。违反该项义务将会被处以罚款、责令改正或者责令关闭等行政处罚;违法行为给相关当事人造成损害的,应承担相应的民事责任;违法行为情节严重,构成犯罪的,还应依法被追究刑事责任。外国公司分支机构遵守的中国法律,既包括我国法律中适用于所有公司的法律规定,也包括仅对外国公司分支机构适用的特别法规定,如《外资银行管理条例》。

外国公司在我国境内设立分支机构开展业务活动,本质上是外国投资者在我国进行跨国经营。依属地管辖原则,外国公司分支机构在我国境内的营业活动,应受我国法律管辖,这是我国国家主权原则的体现。外国公司分支机构同样也要接受市场监督、税务部门以及外汇、海关等部门的管理和监督。外国公司分支机构在我国境内营业,不得损害我国的社会公共利益。比如,外国公司分支机构所从事的营业项目,必须符合我国的产业政策,在国家允许的范围内进行,不得进入我国禁止外资进入的特定行业。外国公司分支机构不得在我国境内非法开展业务或开展非法业务,也不得拒绝履行其应当履行的义务,不得扰乱我国正常的经济秩序,否则将受到我国法律的制裁。

(2)依法进行经营活动的义务。外国公司分支机构必须具备与其所从事的经营活动相适应的资金;对于从事某些特别营业而需要有最低资金限额时,其经营资金必须达到规定的最低限额。外国公司分支机构依法获准登记后,必须开展业务活动;如果在登记后一定期间内,无正当理由而未开展业务活动,或者开展业务活动后,无正当理由而停止业务活动达到一定期限,就应依法责令其关闭。各国法律允许外国公司在本国境内开展业务活动,但同时也对外国公司分支机构从事业务活动的范围有所限制。

(3)置备相关资料和披露相关信息的义务。外国公司分支机构属于外国公司,是外国公司的组成部分。外国公司分支机构要以其所属外国公司的名义对外进行活动,在中国境内从事营业活动所产生的法律后果,也由外国公司承担。因此,为了便于与外国公司分支机构进行交易的相对人客观真实地了解外国公司及其分支机构的基本情况，切实保护债权人利益并保障交易安全，维护社会经济秩序，《公司法》第 246 条明确要求外国公司分支机构应当在本机构中置备该外国公司的章程，《外国企业登记管理办法》第 13 条要求外国公司分支机构应当于每年 1 月 1 日至 6 月 30 日，通过企业信用信息公示系统向原登记主管机关报送上一年度年度报告，并向社会公示。

（4）依法进行清算的义务。外国公司分支机构不具有中国的法人资格，没有自己独立的财产，其开办资金来自外国公司拨付，经营收益也归属于外国公司。因此，分支机构从事经营活动产生的债务也应当由外国公司承担。为了使分支机构被撤销后未偿还的债务得到应有的清偿，外国公司撤销其在中国境内的分支机构时，必须依法清偿债务。《公司法》第 249 条规定，外国公司撤销其在中国境内的分支机构时，必须依法清偿债务，依照公司法有关公司清算程序的规定进行清算。如果外国公司分支机构清算时，其现有的财产不足以清偿债务，则该外国公司承担清偿责任。在这个意义上，外国公司分支机构不存在破产的问题。

（五）对外国公司分支机构的监管

我国法律法规关于外国公司分支机构设立条件和设立程序的规定，是对外国公司分支机构管理的第一道门槛和“过滤器”，其功能在于将不合格的外国公司分支机构的设立申请挡在门外，以加强对外国公司分支机构的规范化监管。除此之外，我国有关法律法规对外国公司分支机构的监管还规定了如下内容：

1. 税收监管。税收监管是对外国公司分支机构监管的重要内容，外国公司分支机构在我国境内从事生产经营的收入所得，应依法缴纳所得税。税务机关对外国公司分支机构的税收征管内容包括：分支机构设立、迁移、合并、分立、终止以及变更，须在登记机关办理有关登记注册手续后，持有关证件向当地税务机关办理税务登记手续；所得税缴纳方法按年计算，分季预缴。税务机关有权对分支机构的财务、会计和纳税情况进行检查。被检查的分支机构必须据实报告，并提供有关资料，不得拒绝和隐瞒。如果分支机构有延期纳税、延期报送有关报表和资料等违法行为，税务机关可依法给予相应的处罚。当然，所得税只是外国公司分支机构缴纳的税种之一，其还必须缴纳其他依法应当缴纳的税种。此外，在分支机构工作的外籍人员，还应当依照我国有关规定，就工资、薪金所得，缴纳个人所得税。

2. 营业监管。依据我国法律规定，市场监督管理部门对核准登记的外国公司分支机构有依法进行监督检查的权利。外国公司分支机构作为在中国境内从事生产经营活动的组织，理应接受市场监督管理部门的监督检查。

市场监督管理部门对外国公司分支机构的营业监督管理内容包括：（1）监督外国公司分支机构是否按照我国法律法规规定办理开业登记、变更登记和注销登记。如当外国公司分支机构发生生产经营机构场所设立、迁移、合并、分立、终止等事项时，应督促检查其办理相应的手续。（2）监督外国公司分支机构是否按照核准登记的事项以及签订的合同或协议开展经营活动。（3）监督外国公司分支机构是否按规定披露年度报告。（4）监督外国公司分支机构是否遵守我国有关法律、法规和政策。外国公司分支机构如果违反上述监管规定，就有可能受到相应的行政处罚。

3. 对代表人或代理人的监管。《公司法》第 245 条规定：“外国公司在中华人民共和国境内设立分支机构,应当在中华人民共和国境内指定负责该分支机构的代表人或者代理人……”代表人或代理人是外国公司分支机构的负责人,其中,代表人是由外国公司直接委派,代理人由外国公司或代表人以委托合同议定,代理人在委托授权范围内活动。分支机构在从事营业活动时,其代表人的身份和地位类似公司法定代表人身份和地位,可以对外代表分支机构,对内负责生产经营和行政管理。分支机构代表人或代理人应负责具体办理各种事项和协调与中国各管理部门的关系,接受中国政府有关部门的监督和检查。分支机构所属的外国公司应将该代表人的情况包括姓名、性别、国籍、住所、履历介绍等材料报送有关主管部门备案。如果外国公司更换其代表人,也应通知中国有关部门。外国公司分支机构的代表人或代理人不仅可以代表分支机构开展各项活动,也可以成为外国公司分支机构在中国发生诉讼的代表人,其在职权范围内所从事的活动产生的后果,由分支机构及外国公司承担。

4. 资金监管。《公司法》第 245 条关于外国公司应当“向该分支机构拨付与其所从事的经营活动相适应的资金”的规定,包含了几层意思:首先,外国公司分支机构的设立必须具有相应的资金。分支机构作为生产经营组织,应当有相应原始资金作为基础,由此作为维持对外生产经营保证的财产,否则分支机构就空有其名,极有可能损害债权人的利益,并且还可能助长投机、诈骗的风气,破坏我国的社会主义市场经济环境。其次,分支机构具有的资金是由其所属的外国公司拨付的,即分支机构的资金非自己独立拥有或以自己名义借贷而来,而是来源于外国公司的拨付,属于外资的范畴。分支机构对所拨付的资金有独立使用的权利。最后,外国公司拨付的资金量,必须与分支机构所从事的生产经营活动相适应。

与外国公司分支机构的资金监督有关的主要内容有:资金来源是否合法,资金数量是否达到相应标准等。如有违反,市场监督、税务、金融等机关可责令其予以纠正并采取有关法定措施。

5. 其他监管。对外国公司分支机构的其他监管包括投资监管、计划监管、财务监管、外汇监管、进出口监管、劳动监管等。其中,投资监管指国家计划管理部门会同国务院有关部门根据国家有关外商投资的法规和产业政策以及国家经济技术发展情况,定期编制和适时修订《外商投资产业指导目录》,经国务院批准后公布。计划监管指有关外国公司分支机构可自行编制和执行其生产经营计划,但相关经营情况应报送主管部门备案,以便国家了解外国公司分支机构的生产经营活动。财务监管指外国公司分支机构必须在境内设立会计账册,经中国注册会计师验证并开出证明的资产负债表等会计报表应报送有关机关并接受其监管。

(六)外国公司分支机构的撤销与清算

1. 外国公司分支机构撤销

外国公司分支机构的撤销,是指已经成立的外国公司分支机构因发生法律规定或章程规定的撤销事由而停止其积极的业务活动并着手处理其未了结事务的法律行为。一般来讲,外国公司分支机构在中国境内经过一定时间的经营,可能会由于某种原因而被撤销,撤销的原因有以下几种:

(1)外国公司被依法撤销或解散。外国公司撤销或解散是指外国公司依其所在国的法律,当自愿或出现法定原因时解散公司或公司出现被撤销的状态。外国公司的解散或被撤销,意味着该外国公司的法律资格不复存在,其所属的分支机构也应当随着外国公司的解散或被撤销而撤销。

(2)外国公司分支机构违法经营。违法经营是指外国公司分支机构违反我国法律法规的规定,情节严重时,有关监管机关可以依法责令该外国公司分支机构停止营业,并由登记机关责令其撤销,依法吊销该外国公司分支机构的营业执照。

(3)外国公司分支机构经营期限届满。《外国企业登记管理办法》第8条对外国公司分支机构的营业执照有效期分不同情况作了规定。这一有效期也可视为外国公司分支机构的经营期限。经营期限届满前一定时期内,经过原行政主管机关批准,外国公司分支机构可以申请办理延期登记。如果外国公司分支机构未申请延期,经营期限届满就应当被撤销。

(4)外国公司自行决定撤销其分支机构。当外国公司分支机构在我国境内完成了其预定的经营目标,或者发生严重亏损而无力继续经营,或者由于自然灾害等不可抗力事件的发生而使其无法继续经营,或者某外国公司的经营战略调整不想再继续经营等情况发生时,外国公司一般情况下会决定自行撤销其分支机构。需要注意的是,外国公司决定自行撤销其分支机构时,应当依照我国政府的有关规定申请办理撤销手续。

(5)设立外国公司分支机构的批准证书被撤销。当外国公司申请分支机构的批准证书在我国被撤销时,外国公司分支机构在我国继续存在的实质要件也就消失了。此时,有关登记机关应当根据审批机关的通知,责令其撤销。

2. 外国公司分支机构的清算

外国公司分支机构被撤销或获准撤销后,《公司法》第249条规定:"……应当依法清偿债务,依照本法有关公司清算程序的规定进行清算……"根据《公司法》关于一般公司清算的程序,包括成立清算组,通知和公告债权人,制定清算方案,清理财产并分配剩余财产,办理注销登记等。在清算中,外国公司分支机构财产能够清偿公司债务的,分别支付清算费用,职工工资和劳动保险费用,缴纳所欠税款,清偿外国公司分支机构债务。清偿债务后的剩余财产,应由外国公司收回。外国公司分支机构财产不足以清偿债务的,应由外国公司承担无限责任,由其对该外国公司分支机构的债权人进行清偿。按照《公司法》的规定,在清算期间,外国公司分支机构不得开展新的经营活动。

由于外国公司分支机构系由外国公司直接控制,而外国公司在境外的活动并不受我国法律管辖,为防止外国公司通过撤销其分支机构而将财产转移出境,以致难以追索其未缴的税费和未清偿的债务等,以保护我国债权人、雇员和国家等的合法权益,《公司法》第249条规定,外国公司"未清偿债务之前,不得将其分支机构的财产转移至中华人民共和国境外"。

外国公司分支机构向原公司登记机关办理完注销登记手续,被缴销营业执照后,方可将其剩余财产转移至中国境外。

三、外国公司常驻代表机构

(一)外国公司常驻代表机构概述

外国公司常驻代表机构是与外国公司分支机构十分相似的一种涉外经济组织形式。二者都是外国公司进入我国实施跨国经营战略采取的组织形式之一,不仅功能大致相同,而且组织形式上也相似,在涉外公司法律实践中常常容易混淆。大陆法系国家往往将外国公司常驻代表机构和外国公司分支机构统称为外国公司，一并纳入公司法关于外国公司的规定中予以规范。

外国公司常驻代表机构产生于我国对外开放初期，是我国最早引进外商的方式之一，1980年10月发布的《国务院关于管理外国企业常驻代表机构的暂行规定》是至今仍然有效的行政法规。随着我国对外开放的不断扩大，1993出台的《公司法》设专章规定了外国公司的分支机构，虽未将外国公司常驻代表机构纳入其中，但这并未影响其存在和发展，外国公司常驻代表机构目前仍然是其他国家或地区的公司进入我国实施跨国经营战略所采取的主要方式之一。国务院于2010年出台并经2013年和2018年两次修订的《外国企业常驻代表机构登记管理条例》（以下简称《代表机构登记条例》）也表明，外国公司常驻代表机构在我国众多涉外企业组织中占有重要地位。

外国公司来我国境内开展投资贸易活动主要通过三种方式进行：投资设立外资企业、设立分支机构（分公司）、设立常驻代表机构（代表处）。三种方式从事的商事活动并不互相排斥。从投资逻辑看，外国公司在进入中国市场初期由于比较谨慎可能选择先设立代表处；条件具备时设立分公司；条件成熟时再设立具有中国法人资格的外商投资公司。常驻代表机构常常是规模较大、行事审慎的外国投资者进入我国投资的前奏，它作为外国公司的组成部分，具有规模小、成本低、灵活便捷的优势，不仅可以作为外国公司在我国设置的"信箱"或"展示窗口"，而且可以作为收集和传送市场信息和建立相关商业联系的办公室，为外国公司是否在中国境内投资以及选择何种形式投资提供决策依据和参考。实践表明，外国公司常驻代表机构作为吸引外商投资、发展国际经济贸易交往的重要组织形式，自改革开放以来，一直发挥着重要作用，对国际经济信息交流、跨国产业引导发展、全球商业市场开拓、贸易与投资环境改进、国内经济持续增长作出了积极贡献。①

外国公司常驻代表机构的优势在于：注册程序简便、没有资本锁定要求、法律管制相对宽松、税务成本较低且税务合规程序并不繁琐、投资撤出时程序简便。② 从外商投资角度看，国内生产要素成本的上升和能源资源的制约，在一定程度上加大了外商投资的成本，外商投资制造业呈逐渐下降趋势，而现代服务业各项指标增长迅猛，已成为外商投资加速进入的行业，预计今后在相当长时期内外资将继续向现代服务业和高科技产业集聚，外商的进入也将以代表机构的方式作为服务贸易和投资的前哨。③ 正是基于此，不少进入我国境内的外国公司都乐于采取常驻代表机构的形式，即使设立外商投资公司后，也仍然保留外国公司已经设立的代表机构。

（二）外国公司常驻代表机构与外国公司分支机构比较

根据《代表机构登记条例》第2条的规定，外国公司常驻代表机构是指外国公司在中国境内设立的从事与该外国公司业务有关的非营利性活动的办事机构。代表机构不具有法人资格。可见，外国公司常驻代表机构与外国公司分支机构都是涉外性质的经济组织，都属于外国

---

① 参见萧绯、王强：《外国（地区）企业常驻代表机构的发展现状、问题和监管对策》，载《中国工商管理研究》2008年第3期。
② 参见孙隆英：《浅议营改增后外国企业常驻代表机构的税收管理》，载《税务研究》2017年第9期。
③ 参见萧绯、王强：《外国（地区）企业常驻代表机构的发展现状、问题和监管对策》，载《中国工商管理研究》2008年第3期。

公司在中国境内设立的组织机构，都须取得我国有关部门的批准和在市场监督管理部门进行登记。二者也有明显的区别：

1. 适用的法律法规不同。外国公司分支机构直接受《公司法》调整。但是，由于《公司法》采用“外国公司的分支机构”这一相对狭义的概念而没有使用比其涵盖范围更广的概念作为第十三章的章名，因此决定了《公司法》该章难以从立法上兼容外国公司常驻代表机构的内容，从而使同属外国公司构成部分的代表机构不能纳入《公司法》直接调整范围，只能采取国务院行政法规的立法方式来规制。目前调整外国公司常驻代表机构的法规主要是《代表机构登记条例》，此外还有若干行业的部门规章，如中国证监会于 2019 年 7 月发布的《境外证券期货交易所驻华代表机构管理办法》。

2. 规范的名称有别。按照《公司法》第 246 条的规定，分支机构“应当在其名称中标明该外国公司的国籍及责任形式”，如“美国银行有限公司上海分行”；而按照《代表机构登记条例》第 10 条的规定，代表机构名称应当由以下部分依次组成：外国企业国籍、外国企业中文名称、驻在城市名称以及“代表处”字样，如“日本比摩贝有限公司深圳代表处”。从名称上看，前者是外国公司的分公司，后者是外国公司的派出机构。

3. 法律地位不同。法律地位决定着民事主体的权利能力，关系着该主体在中国境内从事民事活动的范围。外国公司分支机构具有中国境内市场主体的法律地位，《市场主体登记管理条例》直接将其纳入应当依法登记的市场主体之一。按照该条例第 2 条的规定，外国公司分支机构属于“以营利为目的从事经营活动”的非法人组织。根据这一定位，外国公司分支机构的经营活动范围十分广泛，除《外商投资准入负面清单》禁止和限制的领域外，可以享有与境内其他公司的分公司同等的国民待遇。外国公司常驻代表机构尽管也属于非法人组织，但不具有市场主体的地位。按照《代表机构登记条例》第 13 条和第 14 条的规定，“代表机构不得从事营利性活动”，其活动范围原则上只能限于与外国企业产品或者服务有关的市场调查、展示、宣传活动和与外国企业产品销售、服务提供、境内采购、境内投资有关的联络活动。但也有例外，中国缔结或者参加的国际条约、协定另有规定的，从其规定。根据《代表机构登记条例》第 23 条的规定，中国缔结或者参加的国际条约、协定规定可以设立从事营利性活动的代表机构的，经合法登记设立后方可从事营利性活动。

4. 国家认可的形式不同。根据国际惯例，外国企业进入东道国需经该国的“外国法人认可”程序。我国的认可程序是行政审批加登记认可。外国公司分支机构和外国公司常驻代表机构都须履行我国有关主管部门批准的前置程序后向省级市场监督管理部门申请登记。二者获准登记的认可方式不同。分支机构获准认可的形式为营业执照，表明其作为市场主体具有经营资格。《市场主体登记管理条例》第 37 条第 3 款规定：“登记机关依法作出变更登记、注销登记和撤销登记决定的，市场主体应当缴回营业执照。拒不缴回或者无法缴回营业执照的，由登记机关通过国家企业信用信息公示系统公告营业执照作废。”代表机构获准认可的形式为“登记机关颁发的外国企业常驻代表机构登记证”，登记证表明其为外国公司的派出机构，不具有经营资格。《代表机构登记条例》第 18 条规定，代表机构应当将登记证“置于代表机构驻在场所的显著位置”；按照第 11 条关于代表机构应当由外国企业委派 1 名首席代表和根据业务需要委派 1 ~ 3 名代表的规定，首席代表和代表均需要持有法定的“代表证”，代表机构被依法注销、撤销或吊销的，“代表机构原登记证和原首席代表、代表的代表证自动失效”。

(三)外国公司常驻代表机构驻在期间的监管措施

驻在期间,即外国公司常驻代表机构的存续期间。《代表机构登记条例》第 16 条规定:“代表机构的驻在期限不得超过外国企业的存续期限。”随着我国对外开放的不断扩大和营商环境的不断改善,外国公司常驻代表机构在我国从事相关活动的环境也越来越宽松,除了在设立时有行政主管部门的准入审批监管措施外,设立后的驻在期内则主要由市场监督管理部门进行监管。《代表机构登记条例》第 5 条规定:“省、自治区、直辖市人民政府市场监督管理部门是代表机构的登记和管理机关(以下简称登记机关)……”根据该行政法规有关规定,省级市场监督管理部门对代表机构存续期间的监管措施主要有:

1. 信息监管。负责监管的登记机关应当与其他有关部门建立信息共享机制,相互提供有关代表机构的信息。登记机关应当将代表机构登记事项记载于代表机构登记簿,供社会公众查阅、复制。代表机构应当于每年 3 月 1 日至 6 月 30 日向登记机关提交年度报告。年度报告的内容包括外国公司的合法存续情况、代表机构的业务活动开展情况及其经会计师事务所审计的费用收支情况等。《代表机构登记条例》第 36 条第 2 款规定:“代表机构提交的年度报告隐瞒真实情况、弄虚作假的,由登记机关责令改正,对代表机构处以 2 万元以上 20 万元以下的罚款;情节严重的,吊销登记证。”

2. 业务活动监管。代表机构必须依法从事业务活动,否则就会受到登记机构的行政处罚。第一,代表机构应当依法登记,领取登记证后从事相关业务活动;代表机构驻在期限届满后继续从事业务活动的,外国公司应当在驻在期限届满前 60 日内向登记机关申请变更登记。《代表机构登记条例》第 35 条第 1 款规定:“未经登记,擅自设立代表机构或者从事代表机构业务活动的,由登记机关责令停止活动,处以 5 万元以上 20 万元以下的罚款。”第二,针对实践中常驻代表机构在非法留学中介、人才培训和境外旅游等方面非法从事经营活动或者超出业务范围从事经营活动的案例屡屡发生,《代表机构登记条例》第 35 条第 2 款规定,代表机构违反规定从事营利性活动的,由登记机关责令改正,没收违法所得,没收专门用于从事营利性活动的工具、设备、原材料、产品(商品)等财物,处以 5 万元以上 50 万元以下罚款;情节严重的,吊销登记证。该条例第 37 条规定,代表机构从事法定业务活动以外活动的,由登记机关责令限期改正;逾期未改正的,处以 1 万元以上 10 万元以下的罚款;情节严重的,吊销登记证。

3. 财务会计监管。代表机构应当依法设置会计账簿,真实记载外国公司经费拨付和代表机构费用收支情况,并置于代表机构驻在场所;代表机构不得使用其他企业、组织或者个人的账户。《代表机构登记条例》第 43 条规定:“代表机构登记的收费项目依照国务院财政部门、价格主管部门的有关规定执行,代表机构登记的收费标准依照国务院价格主管部门、财政部门的有关规定执行。”

4. 首席代表和代表的监管。《代表机构登记条例》第 12 条规定了代表机构首席代表、代表的消极条件,即不得担任首席代表、代表的情形:(1)因损害中国国家安全或者社会公共利益,被判处刑罚的;(2)因从事损害中国国家安全或者社会公共利益等违法活动,依法被撤销设立登记、吊销登记证或者被有关部门依法责令关闭的代表机构的首席代表、代表,自被撤销、吊销或者责令关闭之日起未逾 5 年的;(3)国务院市场监督管理部门规定的其他情形。外国企业委派的首席代表、代表以及代表机构的工作人员应当遵守法律、行政法规关于出入境、居留、就业、纳税、外汇登记等规定；违反规定的，由有关部门依照法律、行政法规的相关规定予以处理。

5. 其他监管。《代表机构登记条例》第 39 条规定："代表机构从事危害中国国家安全或者社会公共利益等严重违法活动的，由登记机关吊销登记证。代表机构违反本条例规定被撤销设立登记、吊销登记证，或者被中国政府有关部门依法责令关闭的，自被撤销、吊销或者责令关闭之日起 5 年内，设立该代表机构的外国企业不得在中国境内设立代表机构。"

（四）外国公司常驻代表机构的注销登记

根据《代表机构登记条例》第 32 条、第 34 条的规定，如果出现外国公司撤销代表机构、代表机构驻在期限届满不再继续从事业务活动、外国公司终止、代表机构依法被撤销批准或者责令关闭的情形，外国公司应当在事项发生之日起 60 日内向登记机关申请办理注销登记，登记机关应当自受理申请之日起 10 日内作出是否准予注销登记的决定。作出准予注销决定的，应当自作出决定之日起 5 日内出具准予注销通知书，收缴登记证和代表证。按照《国务院关于管理外国企业常驻代表机构的暂行规定》第 16 条的规定，办理注销登记须了结债务、税务和其他有关事宜，外国公司对其常驻代表机构的未了事宜，应当继续承担责任。

第十八章　公司法上的法律责任

第一节　公司法上的法律责任概论

一、公司法上法律责任的含义

法律责任是指行为人违反法定义务或约定义务时必须承担的不利法律后果。从规范视角看,法律规范由权利、义务和责任构成,法律责任是法律规范体系中不可或缺的组成部分。从义务视角看,法律责任就是行为人对违反法律义务所导致的损害予以补偿、强制履行或接受惩罚的特殊义务,即由于违反第一性义务而引起的第二性义务。[①] 也有学者认为,对法律责任的理解并不限于此,从法律上规定的无过错责任、公平责任来看,"即使主体没有过错或者尽到了注意义务,也要承担责任,以及在双方都没有过错的时候,一方要为受损方分担责任",说明有的法律责任不能用因违反第一性义务而引起第二性义务来解释,有的"完全来源于法律的直接规定……如果非要用义务来解释的话,只能说法律给责任人直接规定了一项义务,且只有一项义务"。[②] 这一解读尽管不无道理,也适用于公司法上法律责任的个别情形,但就公司法上的法律责任总体而言,该认识还不具有普遍适用的意义。

从功能视角看,法律责任是国家用以保护各类法律关系的重要手段,也是国家法律强制力的集中体现,是使法律义务得以一体遵行的基本保障。公司作为现代企业制度的典型组织形式,应当也必须是严格依规范运作的企业。为了保证公司的规范运作,《公司法》除了对公司及其相关主体设置相应的义务外,还专设"法律责任"一章,如果行为人违反《公司法》设置的义务,就得承担相应的法律后果。因此,公司法上的法律责任,就是指行为人违反公司法所设置的义务应承担的法律后果。我国《公司法》规定的法律责任包括民事责任、行政责任和刑事责任三种基本形式。

从法律性质上分析,民事责任、行政责任和刑事责任可以分别划归为私法责任和公法责任的范畴,其中民事责任属于私法责任,行政责任和刑事责任属于公法责任。私法责任是对民事主体的相对人承担的责任;公法责任则是对国家和社会承担的责任。就一般意义上讲,民事责任具有补偿性,由受到损害的当事人通过向法院提起诉讼的方式来予以追究;行政责任和刑事责任具有惩罚性,由国家及其政府机关负责追究;民事责任的设置主要具有事后救济的功能;行政责任和刑事责任的设置不仅具有事后惩戒的功能,而且具有威慑、预防的功能。三种责任形式各有所长,不能彼此替代,只有协调一致,互为补充,才能促进公司领域的法律关系正常、

---

① 张文显教授认为:"法律责任是由于侵犯法定权利或违反法定义务而引起的、由专门国家机关认定并归结于法律关系的有责主体的、带有直接强制性的义务,即由于违反第一性法定义务而招致的第二性义务。"参见张文显:《法哲学范畴研究》(修订版),中国政法大学出版社 2001 年版,第 122 页。

② 李拥军:《法律责任概念的反思与重构》,载《中国法学》2022 年第 3 期。

稳定的发展。

进一步看,法律责任也是一种社会关系的体现,公法责任主要体现责任主体与国家和社会的关系,私法责任主要体现责任主体和相对人之间的关系。具体到公司法上的法律责任,法律设置行政责任和刑事责任,主要基于保护国家利益、社会利益不受侵害的目的,是对损害国家和社会正常的管理秩序和利益的违法行为进行的惩处,由此反映出责任人与国家和社会的关系;法律设置民事责任,主要基于保护公司、股东以及相关主体的利益不受侵害的目的,是对违法行为损害的利益关系进行的恢复,从而反映出责任人与相对人的关系,如股东与公司之间的责任关系,控股股东与其他股东之间的责任关系,公司负责人与公司、股东之间的责任关系,股东与公司的债权人之间的责任关系等。

需要说明的是,公司法上的法律责任是从广义角度来概括的,包括了《公司法》和相关法律法规中涉及公司的法律责任。

二、公司法上法律责任的特征

根据《公司法》和相关法律法规的具体内容来分析,公司法上的法律责任具有以下几个方面的特征。

(一)集中规定与分散规定相结合

这仅是从《公司法》规定所作的概括。所谓集中规定,是指《公司法》第十四章以专章形式集中规定了行政责任并对刑事责任作出概括的引致性规定;所谓分散规定是指民事责任则散见于《公司法》相关章节,主要表现为:

1. 第十四章"法律责任"中基本没有民事责任的内容,并且将刑事责任集中到一个条文来表述,即第264条关于"违反本法规定,构成犯罪的,依法追究刑事责任"的引致性规定,从而使《公司法》该章的条文基本为行政责任的内容,同时也导引出民行责任与刑事责任衔接的基本路径。

2. 相关章节中的民事责任涉及公司运营的全过程,除了"附则"外,包括"总则"在内其余各章都有关于民事责任的规定,这一做法除了有利于保护公司、股东和相关主体的利益外,还较为突出地体现了《公司法》的商法属性。

(二)责任主体多种

根据我国《公司法》规定,可能因违反《公司法》而承担法律责任的主体主要有:

1. 公司。公司作为法人,在法律上有独立的利益和财产,具有完整的民事权利能力和行为能力,能够独立地以自己的名义起诉、应诉,也必然具备承担法律责任的能力。按照现行法律规定,公司作为责任主体,不仅可能承担民事责任和行政责任,而且还可能因单位犯罪面临刑事责任的追究。

2. 公司设立人、股东和实际控制人。这里的设立人包括有限责任公司设立时的股东和股份有限公司的发起人;股东指股份有限公司和有限责任公司存续期间的持股人,从责任主体上还可以进一步划分出控股股东与一般股东、大股东与中小股东,不同的股东在责任承担上还存在一些区别;实际控制人也就是《公司法》第265条第3项规定的"通过投资关系、协议或者其他安排,能够实际支配公司行为的人"。

3. 公司的董事、监事、高级管理人员。《公司法》对公司的董监高设置了既相同也有区别的法律义务,在相应的责任制度安排上也存在一些差异。

4. 直接负责的主管人员和其他直接责任人员。这一责任主体与公司董监高可能存在交叉。直接负责的主管人员一般是指公司的主管负责人,包括法定代表人和分管某项业务的负责人;其他直接责任人员既可以是公司的经营管理人员,也可以是单位的职工,包括聘任、雇用的人员。

5. 公司清算过程的相关人员。这一责任主体产生于清算中公司,包括清算义务人和清算组成员,其中既可能有公司股东和董监高,也可能有人民法院指定的其他人员。

6. 承担资产评估、验资或者验证等中介机构及其直接责任人员。

7. 外国公司。外国公司指具有外国国籍的公司。《公司法》规定外国公司不仅要对擅自在中国境内设立分支机构承担行政责任,而且要对其在中国境内合法成立的分支机构进行的经营活动承担民事责任。

8. 其他人。这是指除上述责任主体外,因违反公司法的规定而应当承担法律责任的单位和个人,如《公司法》规定的公司登记机关及其负有责任的领导人员和直接责任人员等。

(三)责任内容法定

责任内容法定包括两层含义:

1. 责任内容是由《公司法》和其他法律法规来规定的。《公司法》对有关主体违反法律义务的行为应承担的法律责任作出了明确的规定,包括哪些行为应当承担行政责任,哪些行为应当承担刑事责任。除刑事责任外,民事责任和行政责任也有具体的责任承担形式和处罚幅度。此外,一些责任内容在其他有关法律和公司法规中也有规定,如刑事责任的实现形式和具体处罚内容由《刑法》规定;与上市公司有关的违法行为的责任主要由《证券法》规定;与公司登记有关的违法行为的责任主要由《市场主体登记管理条例》规定。

2. 承担责任必须符合法律规定的条件。不同的法律责任对构成要件的要求不同,一般包括:主体适格;有违法行为;法律要求的行为后果;行为与后果的因果关系;行为人存在过错。必须符合法律规定的要件,违法行为责任主体才承担相应的责任。关于具体责任的构成要件,详见《公司法》及其相关法律法规具体条文的规定。

(四)责任形式综合适用

《公司法》规定的三种法律责任,可以单独适用,也可以同时适用,尤其是在公法责任和私法责任的适用上。《民法典》第187条规定:"民事主体因同一行为应当承担民事责任、行政责任和刑事责任的,承担行政责任或者刑事责任不影响承担民事责任……"这就意味着,责任主体在承担行政责任或刑事责任的同时,也可能还得承担民事责任。

综上,公司法上的法律责任存在于公司设立、运营、变更和终止的全过程,责任主体、责任形式和责任内容都呈现出多元化的特点。《公司法》从立法技术上较好地解决了民事责任、行政责任和刑事责任在制度设计上的体系化和合理化问题,通过确立民事赔偿优先原则和刑事责任的引致适用场景,实现了公司法上不同形式责任的有机衔接,为我国公司在社会主义市场经济活动中提供不可替代的行为指引作用,并发挥了良好的制度预期机能。

第二节　公司法上的民事责任

一、公司法上民事责任的特征

公司法上的民事责任与其他民事责任一样,是法律规定的责任主体不履行民事义务所应承担的法律后果。《民法典》第 176 条规定:"民事主体依照法律规定或者按照当事人约定,履行民事义务,承担民事责任。"民事责任主要包括违约责任和侵权责任两种基本类型。违约责任指当事人违反合同义务所应承担的民事责任,侵权责任指行为人违反法律规定,侵害他人的财产权利和人身权利所应承担的民事责任。公司作为营利性法人,既是民事主体,也是商事主体,其从事的经营活动属于典型的商事活动。因此,公司法上的民事责任也具有商事责任的特点,甚至可以说它主要就是一种商事责任。由于我国实行"民商合一"的立法体例,法律并没有对民事责任与商事责任作出区分,但并不意味着二者没有区别。从《公司法》的规定看,公司法上的民事责任具有一些不同于一般民事责任的特征,主要包括以下内容。

1. 公司法上的民事责任有的具有身份责任的属性。这里所谓的身份责任,主要是从法律责任归责角度来作出的概括。公司法上的民事责任尽管也以违约责任和侵权责任为基本类型,但有的在归责上却具有鲜明的身份归责属性。民法上以过错为中心所形成的过错责任原则及其制度体系,保证了形式上平等主体之间的行为自由及责任归责的基本正义,被人们普遍接受。[①] 然而,这种过错归责的民法原则在公司法上也有例外,因为过错归责原则难以从逻辑上完全解释公司法上主体间的内部责任,公司是一个组织体。[②] 例如,《公司法》第 50 条规定的出资填补责任中,为出资不足的股东承担连带责任的"设立时的其他股东",就并非未履行出资义务,也很可能不是存在过错的行为人,其承担责任的理由仅仅是因为其身份属于设立时的股东(设立人);又如,根据《公司法》第 105 条第 1 款的规定,股份有限公司募集设立的发起人对认股人承担的股款返还责任,发起人承担责任的理由也并非行为过错,而是其具有的发起人身份。这类责任表明,只要其具备了公司组织体内的某种身份,无论是否存在过错或约定,都应承担相应的民事责任。公司法是商事组织法,公司及其内部机关形成了一个"身份"聚合体,身份提供了公司法上主体的权利(权力)、义务与责任分配的基本依据。[③] 公司内的身份是一种结构性存在,公司内部表现为科层结构与"命令—服从"关系,公司设立人(发起人)、股东、董事、监事以及其他高级管理人员等不同身份决定了公司身份体内的违约责任和侵权责任不同于民事法律关系中平等主体之间的普通民事责任,也决定了适用于平等主体之间的过错归责原则并不能完全被适用到公司法上的身份主体之间。公司法上民事责任的归责原则应当是身份归责原则与过错归责原则的有序共存,身份归责的结果既表现为承担财产性的契约责任或侵权责任,也表现为直接承担身份责任。当然,强调身份归责并不等于说这一归责原则就

① 参见张新宝:《侵权责任法》(第 5 版),中国人民大学出版社 2020 年版,第 15 页。
② 参见冯珏:《作为组织的法人》,载《环球法律评论》2020 年第 2 期。
③ 参见李强:《当代中国社会分层与流动》,中国经济出版社 1993 年版,第 2 页。

已经占到主导地位。从总体上看,实行身份归责原则的还是少数和例外,实践中更多的是实行普适性的过错归责原则。

2. 公司法上的民事责任与有限责任密不可分。有限责任是股东以其认缴的股份(出资额)为限对公司承担的财产责任,如果就其财产责任的属性而言,有限责任与民事责任有相同之处,但有限责任却不是民事责任,因为它并非违反民事义务而承担财产上的不利法律后果,也不是法律给予责任方当事人的一种财产制裁。有限责任虽然出现在商法领域,但是却不是民事责任在商事领域的应用,也并非民事责任的典型形态,而是一种事前约定的风险承担机制。从产生上看,有限责任属于当事人对自己投资风险和行为责任进行预先限制的制度形式,有限责任制度的发展是约定机制逐渐法定化和标准化的过程,有限责任是组织法的一部分,是资产分割和责任分割的一种方式,有限责任制度功能的发挥依赖法定规则和约定规则共同发挥作用。① 尽管如此,有限责任作为公司的基石性制度,与公司法上的民事责任制度也有着密不可分的联系,民事责任制度需要按照有限责任制度的基本原理来设计,或者说民事责任制度的设计必须遵循有限责任制度的基本原则。例如《公司法》第 88 条规定,转让出资中受让人未按期足额缴纳出资的,转让人对受让人未按期缴纳的出资承担“补充责任”;转让人与受让人对需要出资填补的,“在出资不足的范围内”承担连带责任。这里使用的“补充责任”和“在出资不足的范围内”的表述,就是有限责任制度的体现。

3. 公司法上的民事责任除了补偿性功能外,一些具体责任还带有一定惩罚性功能。民事责任从本质上是一种具有补偿性的法律责任。由于民事权利主要表现为财产方面的权利,而民事责任以恢复受损害的民事权利为目的,因而其功能主要是使受损害者得到与其所损失的财产相当的补偿。正是基于此,追究当事人的民事责任应当把握责任范围和强度与受害者损失大体相当的原则。同时当事人还可以就民事责任的承担进行协商,具有一定程度的任意性。公司是现代商事组织,尤其是公众型的公司,其经营活动不仅是公司组织体本身的活动,还涉及众多社会公众投资者利益和公共利益,公司应当承担更高的社会责任。因此,现代公司民事责任制度的构建,一定程度突破了民法上的“过错原则”“损害补偿原则”,加大了惩罚性责任的比重,在认定和规制上实行严格责任,尤其对于证券市场上以信用为基础的上市公司,违背信用后所遭受的惩治就不只是依照民法上的等价原则和实际损失原则,以此来强化对公司经营者的约束,通过完善公司治理结构实现公司管理的现代化转型,实现社会权利制衡公司治理体系的构建。我国《公司法》上一些关于民事连带赔偿责任的制度设计,就是这一特点的鲜明体现。

4. 公司法上的民事责任在法律体系中具有财产赔偿的优先顺位。所谓优先顺位,即民事赔偿责任与行政责任、刑事责任涉及的财产责任并存且责任人财产不足以同时支付时,先承担民事赔偿责任。《公司法》第 263 条规定:“公司违反本法规定,应当承担民事赔偿责任和缴纳罚款、罚金的,其财产不足以支付时,先承担民事赔偿责任。”这一规定也被称为民事赔偿责任顺位优先的原则,其法理源于民事责任的属性。民事责任是一种私法上的责任,其主要功能还是对受害者受损权益的恢复和补偿。而行政责任和刑事责任属于公法责任的范畴,其主要功能则是对当事人违法行为进行惩罚。当三者不能完全支付时,如果先支付罚款、罚金就等于让

---

① 参见赵廉慧:《有限责任的性质与功能》,载《广东社会科学》2021 年第 6 期。

民事主体的受害者在客观上成为承担罚款、罚金的主体。责任总是与法律所救济的权利相对应存在的,责任顺位的优先也意味着权利顺位的优先。因此,民事赔偿责任顺位优先实际上是“私权优位”原则在《公司法》中的具体体现。这一私权优位的原则在我国最早是由《公司法》确认的民事责任原则,自1993年《公司法》肇始之后,逐渐在许多商事法律上得到体现,如《证券法》《个人独资企业法》《证券投资基金法》《合伙企业法》《食品安全法》等都相继设置了这一原则,最终得到我国《民法典》的确认。《民法典》第187条规定:“民事主体因同一行为应当承担民事责任、行政责任和刑事责任的,承担行政责任或者刑事责任不影响承担民事责任;民事主体的财产不足以支付的,优先用于承担民事责任。”需要说明的是,按照《公司法》第263条的规定,民事赔偿责任顺位优先原则的适用主体只指公司,即公司作为承担责任主体的情形,并不包括与公司相关的其他民事责任主体。①

我国《公司法》每轮修订都有民事责任完善的内容。2023年修订增加了一些新的民事责任内容,如公司设立人的责任;董监高维护公司资本充实的责任;董事、高管对第三人的责任;控股股东、实际控制人的责任;清算义务人的责任等。

二、公司法上民事责任的种类

鉴于《公司法》对民事责任的规定散见于各章的立法体例,本书在前面各章节讨论有关问题时已不同程度地涉及具体的民事责任,对不少民事责任还作了一定程度的探讨。为了突出重点,同时也照顾到本章体例的完整性,下面只对民事责任的一些问题展开讨论,而对前面章节已经作过探讨的内容只作概略介绍,并列出相应的章节供读者查阅。

(一)公司设立人的民事责任

公司设立人包括《公司法》规定的股份有限公司发起人和有限责任公司设立时的股东。公司设立人的民事责任是指在股份有限公司和有限责任公司设立过程中,设立人对自己违反《公司法》规定义务的行为承担的民事责任。这一民事责任包括了违约责任和侵权责任,具体可分为如下几种:

1.出资填补责任。出资填补责任是指作为设立人的有限责任公司股东和股份有限公司发起人对出资不足而向公司承担的足额缴纳责任。出资填补是设立人对公司承担的给付责任,包括两种情形:一是设立人对设立时股东未按照规定实际缴纳出资而向公司补足差额;二是设立人在公司成立后对设立时作为出资的非货币财产的实际价额显著低于所认缴的出资额而向公司补足差额。出资填补责任包括了自己责任和连带责任两种情形,其中连带责任是前述民

① 尽管《公司法》《证券法》等都有民事责任优先的规定,但在实践中贯彻这一原则存在难以到位的障碍,一些涉及公司违法的案件,由于原告举证的难度大,民事赔偿往往后于行政处罚,需要借助公权力机关对违法行为的认定查处来作为提起民事赔偿的证据支撑,使行政处罚决定往往先于民事判决作出。而在一些行政或刑事案件,特别是大额罚没款案件中,如果上市公司在发行股票过程中虚假陈述或欺诈发行,公司作为责任主体受到处罚缴纳罚没款后,剩余财产往往难以支付民事赔偿款,导致民事赔偿责任实际劣后的状况。针对这一状况,中国证监会和财政部于2022年7月共同发布了《关于证券违法行为人财产优先用于承担民事赔偿责任有关事项的规定》,通过将包括公司在内的违法行为人已缴纳的行政罚没款作退库处理,用于承担民事赔偿责任。按照该规定第1条,受害投资者“可以在向人民法院提起诉讼,获得胜诉判决或者调解书,并经人民法院强制执行或者破产清算程序分配仍未获得足额赔偿后提出书面申请,请求将违法行为人因同一违法行为已缴纳的罚没款用于承担民事赔偿责任”。由于该规定只将适用范围限定为证券类民事案件,对于不涉及证券发行和交易的公司类民事赔偿案,适用时还存在不同程度的障碍。

事责任特征中具有身份属性的责任,承担连带责任的“设立时的其他股东”可能自己并不存在出资瑕疵,而是因为其具有了设立人的身份。《公司法》第 50 条和第 99 条对此作了规定,具体内容可参见本书第五章第五节关于“出资责任”的讨论。

2. 损害赔偿责任。损害赔偿责任是指设立人因履行公司设立职责造成他人损害而由公司、设立人单独或共同承担的民事责任。损害赔偿责任适用于有限责任公司和股份有限公司,《公司法》第 44 条第 3 款、第 4 款和第 107 条对此作了规定,具体内容可参见本书第五章第五节关于“损害赔偿责任”的讨论。

3. 设立失败的民事责任。设立失败责任是指公司不能成立时,公司设立人对设立失败的法律后果承担的民事责任。《公司法》第 44 条第 2 款和第 107 条对此作出了规定,设立失败责任适用于有限责任公司和股份有限公司。关于设立失败民事责任的具体内容,可参见本书第五章第五节对“设立失败责任”的讨论。

(二)公司负责人的民事责任

公司负责人的民事责任,是指公司董事、监事和高级管理人员违反《公司法》规定的义务应当承担的民事责任。《公司法》2023 年修订进一步完善了董监高的忠实义务和勤勉义务的具体内容,增设了一些与此相关的民事责任。根据《公司法》的有关规定,公司负责人的民事责任主要包括以下几种:

1. 维护资本充实的民事责任。这是 2023 年《公司法》修订增加的内容,属于董监高在履职过程中不履行或怠于履行义务而承担的民事责任。主要有:

(1)根据《公司法》第 51 条和第 107 条的规定,公司成立后,董事会应当对股东的出资情况进行核查,发现股东未按期足额缴纳公司章程规定的出资的,应当由公司向该股东发出书面催缴书,催缴出资。董事会未履行前款规定的义务,给公司造成损失的,负有责任的董事应当承担赔偿责任。据此,该民事责任的特点包括:第一,董事会及其董事对股东按照章程规定出资负有义务,如果在知道和应当知道股东未按期足额缴纳出资的情形下而未采取必要措施(发出书面催缴书催缴出资),就具有了不作为的违反法定义务的行为;第二,违反法定义务的行为已经给公司造成了损失的后果;第三,负有责任的董事是承担该民事责任的主体,表明对董事还需作出区分,只能是有过错的董事才承担该民事责任。责任的形式是对公司损失进行赔偿。

(2)根据《公司法》第 53 条和第 107 条的规定,公司成立后,股东不得抽逃出资;股东抽逃出资行为给公司造成损失的,负有责任的董监高应当与该股东承担连带赔偿责任。可见,该责任和前述《公司法》第 51 条和第 107 条规定的董事责任都属于过错责任,责任主体都要求是“负有责任的”成员;二者的不同在于后者只涉及董事,前者包括了董监高;后者是赔偿责任,前者是连带赔偿责任。

(3)根据《公司法》第 163 条的规定,公司不得为他人取得本公司或者其母公司的股份提供赠与、借款、担保以及其他财务资助;如果为公司利益提供财务资助,也应当符合法定条件,包括实质条件和程序条件。其中实质条件一是“为公司利益”,二是“财务资助的累计总额不得超过已发行股本总额的百分之十”;程序条件即“经股东会决议,或者董事会按照公司章程或者股东会的授权作出决议”,“董事会作出决议应当经全体董事的三分之二以上通过”。违反《公司法》规定提供财务资助,给公司造成损失的,负有责任的董监高应当承担赔偿责任。

(4)根据《公司法》第 211 条的规定,公司违反本法规定向股东分配利润,给公司造成损失的,股东及负有责任的董监高应当承担赔偿责任。关于该项责任的内容,可参见本书第十四章第四节的有关讨论。

(5)根据《公司法》第 226 条的规定,公司违法减少注册资本,给公司造成损失的,股东及负有责任的董监高应当承担赔偿责任。对董监高而言,该项责任是其违反勤勉义务承担的法律后果。

2. 归入责任。根据《公司法》第 186 条的规定,公司董监高如果违反《公司法》第 181 条至第 184 条关于该类人员的忠实义务的规定,其“所得的收入应当归公司所有”。可见,所谓归入责任,就是指董监高将违反《公司法》规定的忠实义务所获取的收入交归公司所有的责任。

(1)归入责任的构成要件。第一,责任的主体为公司董监高。《公司法》2023 年修订前,归入责任的主体不包括公司监事在内,修订后将其纳入责任主体范围。第二,行为违反了《公司法》规定的忠实义务。根据《公司法》第 181 条至第 184 条的规定,董监高对公司负有忠实义务的具体内容包括:不得侵占公司财产、挪用公司资金;将公司资金以其个人名义或者以其他个人名义开立账户存储;利用职权贿赂或者收受其他非法收入;接受他人与公司交易的佣金归为己有;擅自披露公司秘密;不得违反自我交易限制;不得违反谋取公司商业机会限制;不得违反竞业限制等。[①] 第三,行为人从违法行为中获取了收益。董监高是否获取收益是其承担民事责任的前提。换言之,如果其没有从中获取收益,即使具有了法律规定的违法行为,也无从产生“所得的收入应当归公司所有”的责任。至于“所得收入”如何认定,应当依照有关财务会计制度的规定计算,一般是违法行为所获得全部收入扣除必要费用之后的余额,至于行为人在这期间的其他行为导致的费用支出,不能抵销其收入。

(2)归入责任的性质。归入责任源于英美法上的信托法理,被认为是信托上的特别责任。公司将其事务与财产交托予董事管理,法律要求董事不得利用职务便利为自己或他人获得未经授权的利益、不得将个人利益置于与所负职责相冲突的境地。董事不能保有违反忠实义务而得的利益。[②] 归入责任应当纳入民事责任中的侵权责任范畴。之所以如此,主要基于以下几个方面的理由:第一,归入责任是因违反法定义务而承担的责任。法律责任因违反法定义务或约定义务而产生,是侵权责任与违约责任的重要区别。这里所谓的法定义务是《公司法》第 181 ~ 184 条直接为董监高设定的忠实义务,而非董监高与公司通过契约方式约定的义务。第二,归入责任是对公司承担的责任,即董监高的行为是对公司财产权益的侵害,或者说公司是侵权行为的直接受损者。董监高的行为究竟侵害了公司何种权益呢?从董监高违反的各项法定义务来看,已经构成对公司财产权的侵害:一是这种行为与公司构成竞争,如谋取公司商业机会、经营竞业的行为,董监高因此获得利益就意味着公司市场占据份额的减少,也就意味着利益的减少,从而造成了公司可得利益的损失;二是这种行为直接或间接侵害公司的利益,如利用职权收受贿赂或者其他非法收入、侵占公司财产、挪用公司资金、擅自披露公司秘密等行为;三是增大公司经营风险,董监高的违法行为完全可能直接影响公司的正常经营活动和对外

① 本书第十二章第四节“公司负责人忠实义务的具体适用”对忠实义务的内容进行了较为详细的讨论。

② 参见周淳:《公司归入权的体系定位与规范构造》,载《财经法学》2021 年第 3 期。

信誉,损害公司的既得利益和可得利益。第三,由于归入责任的承担方式是将侵权人所得利益收归公司所有,因此,它应当属于民事责任中恢复原状的形式。恢复原状是侵权责任较为特别的一种方式,违约责任中则很少采用。归入责任实际上是通过恢复原状对公司所受损失的一种补偿。有学者认为是两类恢复原状的相互融合,董事对忠实义务的背离,让公司权益受损,"使董事之利益回复到其未为违信行为时应有的状态"与"使公司之利益回复到董事履行义务时应有的状态"得在数值上相统一。[①]

(3)归入责任的追究。归入责任的发生可能派生出其他侵权责任。由于归入责任是对公司承担的财产责任,从另一方面来看,即法律赋予公司特别救济的权利,从法理上可称为"公司归入权",有学者也将其称为"介入权"或"夺取权",[②]是应当由公司董事会代表公司来行使这一权利。鉴于董事会与公司的特殊关系,法律赋予公司归入权利的同时,也意味着为董事会设定了相应的法律义务。如果董事会怠于行使或放弃行使这一权利,就可能因不作为而造成对公司可得利益的损害,由此产生新的侵权责任。鉴于《公司法》对此没有作出直接规定,可考虑采取两种方式:第一,《公司法》第 188 条明确规定,董监高执行公司职务时违反法律、行政法规或者公司章程的规定,给公司造成损失的情况下,公司享有损害赔偿请求权;若公司怠于行使此项权利,符合条件的股东可以根据《公司法》第 189 条关于股东代表诉讼的规定,为了公司的利益以自己的名义直接向人民法院提起诉讼。第二,参照《证券法》第 44 条规定的"短线交易"行为人承担归入责任的原理来处理,即公司董事会不对侵权行为人行使归入权的,股东有权要求董事会在 30 日内执行。公司董事会未在上述期限内执行的,股东有权为了公司的利益以自己的名义直接向人民法院提起诉讼。公司董事会不行使归入权的,负有责任的董事依法承担连带赔偿责任。

3. 损害赔偿责任。损害赔偿责任是指公司负责人因职务违法行为给公司、股东或第三人造成损失所承担的赔偿民事责任。损害赔偿责任可分为三种情形。

(1)对公司的损害赔偿责任。《公司法》第 188 条规定,"董事、监事、高级管理人员执行职务违反法律、行政法规或者公司章程的规定,给公司造成损失的,应当承担赔偿责任"。可见,该责任具有如下特点:第一,责任主体为董监高,责任的相对方为公司,或者说是董监高对公司承担的民事责任。第二,是公司负责人履行职务行为产生的责任,如果不属于董监高的职务行为,即使违法也不产生这一责任。第三,公司负责人的职务行为必须是违反法律、行政法规和公司章程的行为。这里需要注意的是,按照《公司法》的规定,除行政法规之外,违反其他法规的行为是不应当包括在内的。但如果将有关法规的内容载入章程,可按照违反公司章程的行为来处理。如《上市公司章程指引》(2023 年修正)第 103 条规定:"董事执行公司职务时违反法律、行政法规、部门规章或本章程的规定,给公司造成损失的,应当承担赔偿责任。"一旦出现这一情况,尽管《公司法》和有关行政法规对此没有作出规定,但完全可以根据上市公司照此订立的章程追究公司负责人的责任。第四,公司负责人的职务违法行为给公司造成了损失,这一损失应当是现实的具体的损失,是可以计量的损失,否则就难以追究公司负责人的责任。第五,如果出现公司董事会怠于行使追究行为人责任的情况,可参照前述依照《公司法》关于

---

① 参见周淳:《公司归入权的体系定位与规范构造》,载《财经法学》2021 年第 3 期。

② 参见雷兴虎:《论公司的介入权》,载《法学研究》1998 年第 4 期。

追究归入责任的原则处理,即股东依照《公司法》第189条的规定可以提起股东代表诉讼。

另外,《公司法》第22条规定,董监高利用关联关系损害公司利益,给公司造成损失的,应当对公司承担赔偿责任。鉴于该项责任主体还包括公司控股股东和实际控制人,详见本节后面关于“控股股东和实际控制人的民事责任”的讨论。

(2)对股东的损害赔偿责任。《公司法》第190条规定:“董事、高级管理人员违反法律、行政法规或者公司章程的规定,损害股东利益的,股东可以向人民法院提起诉讼。”尽管该责任与“对公司的损害赔偿责任”有一致的地方,如均为公司负责人的违法行为,都属于损害赔偿的民事责任,但二者也有明显的区别:第一,后者的责任主体包括了所有的公司负责人,而前者的责任主体只指董事和高级管理人员,不包括监事在内。第二,后者责任的相对方为公司,而前者责任的相对方为股东,是对股东承担的民事责任。第三,后者必须是由公司负责人的职务违法行为所致,而前者不限于由公司负责人的职务行为所致,或者说其他行为也可以引起这一责任。第四,后者的构成要件之一是“给公司造成损失”,而前者的构成要件之一是“损害股东利益”。比较两种法律表述,“给公司造成损失”主要是指可以计量的经济损失;“损害股东利益”不仅包括可以计量的经济损失,还包括其他方面的利益损害,如对股东人身权的损害。

董事、高管对股东的损害赔偿责任还可以结合《公司法》相关规定使之具体化。如《公司法》第212条规定:“股东会作出分配利润的决议的,董事会应当在股东会决议作出之日起六个月内进行分配。”如果董事会不履行这一法定义务,受损害的股东就可以根据《公司法》第190条的规定对董事、高管提起损害赔偿之诉。

(3)对第三人的损害赔偿责任。《公司法》第191条规定,“董事、高级管理人员执行职务,给他人造成损害的,公司应当承担赔偿责任;董事、高级管理人员存在故意或者重大过失的,也应当承担赔偿责任”。该责任是《公司法》2023年修订增加的内容,即学界讨论的董事对第三人的民事责任。具体可参见本书第十二章第六节关于“董事越权与董事对第三人的责任”的讨论。

4. 决议违法责任。决议违法责任是指当董事会的决议违反法律、行政法规或者公司章程,致使公司遭受严重损失的情况下,参与决议的董事对公司承担的民事责任。这一责任直接来自《公司法》第125条第2款的规定,即“董事应当对董事会的决议承担责任。董事会的决议违反法律、行政法规或者公司章程、股东会决议,给公司造成严重损失的,参与决议的董事对公司负赔偿责任;经证明在表决时曾表明异议并记载于会议记录的,该董事可以免除责任。”决议违法责任与“对公司的损害赔偿责任”相比,尽管二者的构成要件有相同之处,但也有几点明显不同的特征:

(1)后者责任主体为所有公司负责人,前者责任主体仅为董事,不包括监事和高管在内。《公司法》之所以这样规定,是基于董事会作为公司经营决策机构的性质,监事会和包括经理在内的其他高管尽管也有作出决议的情况,但其决议不具有董事会决议的地位和效力。《公司法》规定董事须对董事会决议承担责任,一方面说明董事会在公司中的重要地位,另一方面也说明董事要比监事和高管承担更多义务和责任。

(2)后者的责任是由公司负责人的个人违法行为引发的个人责任,前者的责任是由集体违法行为引发的个人责任,所谓集体违法行为是指该行为是通过董事会集体决议的方式体现出来,而不是单纯的董事个人的职务违法行为。

(3)后者的责任构成要件之一是“给公司造成损失”,前者的责任构成要件之一是“给公司造成严重损失”,可见,前者要求的损失在程度上必须是“严重”的,这意味着如果属于一般的、轻微的损失,则不构成该责任。

(4)后者将承担责任的主体限定为“执行职务”的董监高,前者则将承担责任的主体限定在“参与决议的董事”范围,也就是说,未参与决议的董事应当排除在责任主体之外,前者的范围显然更小。另外,出席董事会也参与了决议的董事也不是都必须承担责任,《公司法》第125条第2款中规定,“经证明在表决时曾表明异议并记载于会议记录的,该董事可以免除责任”。中国证监会于2023年8月发布的《上市公司独立董事管理办法》第21条规定,独立董事对董事会议案投反对票或者弃权票的,应当说明具体理由及依据、议案所涉事项的合法合规性、可能存在的风险以及对上市公司和中小股东权益的影响等。

《公司法》第125条规定的董事责任是属于集体违法行为所产生的责任,而且又是一种非连带责任,因此只能依据各董事在决议行为中的过错大小来确定其承担责任的多少。如何准确认定参与决议的董事的过错大小呢?笔者认为,应根据参与决议的董事在公司的地位和在决议中发挥的作用来确定。在一般情况下,可考虑几个基本的区别:一是董事长与一般董事应当有所区别,董事长作为董事会议的主持人,在决议中往往发挥着主导的作用,一旦作出了违法决议,从常理上讲比一般董事具有更大的过错。二是内部董事(执行董事)与外部董事(非执行董事)应当有所区别。内部董事兼有公司的行政管理职务,对公司内部情况熟悉,在与决议有关的信息获取上较外部董事占有明显的优势,作出决议时也往往居于主动地位,发挥着比外部董事更大的作用。因此,一旦作出了违法决议,内部董事的过错也理应大于外部董事。三是在决议通过时表示同意的董事与态度不明确的董事应当有所区别。尽管对那些既不表示同意,也不表示反对的董事可视其已经同意,但其在决议违法中的过错显然不及明确表示同意的董事那样大。

董事承担的民事责任主要是财产责任,该责任涉及的财产数额对董事个人而言往往可能不是小数,甚至可能出现相关责任人即使倾家荡产也难以承担的情况。考虑到董事个人的实际承受能力,为了减少董事任职风险,《公司法》2023年修订专门为此新增相关规范,第193条第1款规定:“公司可以在董事任职期间为董事因执行公司职务承担的赔偿责任投保责任保险。”另外,《上市公司治理准则》第24条规定,上市公司经股东会批准可以为董事购买责任保险。责任保险范围由合同约定,但董事因违反法律法规和公司章程规定而导致的责任除外。《上市公司独立董事管理办法》第40条也规定:“上市公司可以建立独立董事责任保险制度,降低独立董事正常履行职责可能引致的风险。”

5. 越权代理公司的民事责任。越权代理公司的民事责任,是指董事、高管对自己在代理公司活动时违反法律、公司章程的规定或股东会、董事会的决议,超越法律和公司授予的权限对外从事交易的行为承担的民事责任。越权代理公司的民事责任涉及包括表见代理在内的民事代理的相关问题,《民法典》《公司法》都有相关规定,其详细内容可参见本书第十二章第六节关于“董事越权与董事对第三人的责任”的讨论。

(三)控股股东和实际控制人的民事责任

控股股东和实际控制人在公司居于特殊的地位,针对实践中控股股东、实际控制人滥用公司中的控制地位侵害公司及中小股东权益的突出问题,《公司法》2023 年修订加大了对控股股东和实际控制人的不当行为规制,其中包括对其民事责任的约束。

1. 利用关联关系损害公司利益的民事责任。《公司法》第 22 条规定:“公司的控股股东、实际控制人、董事、监事、高级管理人员不得利用关联关系损害公司利益。违反前款规定,给公司造成损失的,应当承担赔偿责任。”该责任具有如下特征:

(1)责任的相对方为公司,是控股股东、实际控制人和董监高对公司承担民事责任;

(2)利用关联关系损害公司利益是责任构成的行为方式要件;

(3)违法行为给公司造成了损失是责任构成的结果要件。

2. 指示董事、高管损害公司或股东利益的民事责任。《公司法》第 192 条规定:“公司的控股股东、实际控制人指示董事、高级管理人员从事损害公司或者股东利益的行为的,与该董事、高级管理人员承担连带责任。”该责任具有如下特征:

(1)责任的相对方为公司和股东;

(2)控股股东、实际控制人指示董事、高管从事损害公司或股东利益的行为,与董事、高管的违法行为构成共同侵权行为;

(3)给公司或者股东造成损害是责任的构成要件;

(4)责任形式为与董事、高管承担连带责任。

3. 作为“影子董事”的民事责任。根据《公司法》第 180 条第 3 款的规定,公司的控股股东、实际控制人不担任公司董事但实际执行公司事务的,应当适用董监高忠实义务和勤勉义务的规定,这也意味着控股股东或实际控制人如果在实际执行公司事务时违反忠实义务和勤勉义务的要求,应当承担与董事相同的民事责任。

(四)公司的民事责任

公司的民事责任是指公司作为法人违反了民事义务所应承担的法律后果,民事义务包括法定义务和约定义务。民事责任主要包括缔约过失责任、违约责任和侵权责任。按照《公司法》及其相关法律法规的规定,公司的民事责任主要包括:

1. 公司对第三人的损害赔偿责任。《公司法》第 191 条规定,“董事、高级管理人员执行职务,给他人造成损害的,公司应当承担赔偿责任;董事、高级管理人员存在故意或者重大过失的,也应当承担赔偿责任”。可见,该责任的主体尽管包括了公司与董事、高管,但首先是公司对第三人的责任,董事、高管承担责任的前提是“存在故意或者重大过失”。关于该条责任的适用,可参见本书第十二章第六节关于“董事越权与董事对第三人的责任”的讨论。

2. 公司因董事越权代理而对相对人承担的民事责任。这一责任主要是因“表见代理”而承担的民事责任。《民法典》第 172 条规定,“行为人没有代理权、超越代理权或者代理权终止后,仍然实施代理行为,相对人有理由相信行为人有代理权的,代理行为有效”。代理行为有效就意味着代理行为的法律效果归属于被代理人,如果其违约,必须承担对相对方的民事责任,这一责任首先应当由公司承担,公司承担后可以向越权行为人追偿。本书在第十二章对此所作专题讨论中,将董事、高管越权代理公司行为分为“无权代理”和“表见代理”两种基本形式,在此基础上形成民事责任归属的几种不同情况,详见本书第十二章第六节关于“董事越权与董事对第三人的责任”的讨论。

3. 分公司不能清偿的债务责任。根据《公司法》第 13 条的规定,公司可以设立分公司,分公司不具有法人资格,其民事责任由公司承担。另外,《公司法》第 247 条规定:“外国公司在中华人民共和国境内设立的分支机构不具有中国法人资格。外国公司对其分支机构在中华人民共和国境内进行经营活动承担民事责任。”

但是,《公司法》并未规定公司承担这一民事责任的性质,即它究竟是连带责任的性质,还是补充赔偿责任的性质?应当看到,连带责任与补充赔偿责任并非同一。如果属于连带责任,分公司的债权人可以向公司或分公司任何一方提起权利主张,要求其任何一方承担清偿全部债务的责任;如果属于补充赔偿责任,分公司的债权人就只能首先向分公司提起权利主张,在分公司财产不足以清偿时,才能要求公司承担分公司不能清偿部分的债务责任。虽然《公司法》没有明确公司承担分公司民事责任的性质,但结合分公司是领取营业执照的分支机构和具有独立民事诉讼主体资格的情况,公司对分公司承担的民事责任,应当属于补充赔偿责任的性质,即公司对分公司不能清偿的债务才承担民事责任。

4. 关联公司的连带责任。这是 2023 年《公司法》修订针对公司实践中出现的“兄弟公司”情形增加的责任内容。根据《公司法》第 23 条第 2 款的规定,公司股东利用其控制的两个以上公司实施“滥用公司法人独立地位和股东有限责任,逃避债务,严重损害公司债权人利益”行为的,“各公司应当对任一公司的债务承担连带责任”。这里的“股东”既可能是自然人,也可能是母子公司架构中的母公司;“两个以上公司”,即同受一个股东控制的“兄弟公司”;“各公司”既指“兄弟公司”中的单个公司,也指母子公司架构中的母公司。“兄弟公司”之间,各“兄弟公司”与母公司之间都构成关联公司关系。如果出现前述违法行为,各公司就应当对任何一个公司的债务承担连带责任。

(五)股东的民事责任

《公司法》上的民事责任不少是针对股东作出的规定,既有股东对公司承担的民事责任,也有股东对其他股东承担的民事责任。值得说明的是,这里所称的股东民事责任与前述设立人民事责任是有区别的,尽管设立人在公司成立后也成为当然的公司股东,但前述设立人民事责任是指设立人在公司设立阶段的行为所产生的民事责任,它既包括了设立人变成公司股东后还应当对该设立行为承担的责任,也包括设立失败的情形下应当对该行为承担的责任;而股东的民事责任是指股东在公司成立后的行为所产生的民事责任。下面分别述之。

1. 对公司债务的连带责任,即公司人格否认导致的民事责任。《公司法》第 23 条第 1 款规定:“公司股东滥用公司法人独立地位和股东有限责任,逃避债务,严重损害公司债权人利益的,应当对公司债务承担连带责任。”对此,本书在第三章第三节“公司人格否认”中有详细讨论,在此不再赘述。

2. 损害赔偿责任。《公司法》第 21 条规定:“公司股东应当遵守法律、行政法规和公司章程,依法行使股东权利,不得滥用股东权利损害公司或者其他股东的利益。公司股东滥用股东权利给公司或者其他股东造成损失的,应当承担赔偿责任。”该责任主要是针对公司实践中股东利用自己持股优势或参与公司管理的地位来损害公司和其他股东利益的行为进行的规制。根据该条规定,股东损害赔偿责任具有以下特点:

(1)责任人为股东,责任相对方为公司和其他股东,是作为行为人的股东对公司和其他股东承担的民事责任。

(2)行为人实施了滥用股东权利的行为,公司实践中滥用股东权利的行为既可能是控股股东的行为,如控股股东利用自己持股的优势操纵股东会通过损害公司或其他股东利益的决议;也可能是非控股股东的行为,如非控股股东为达到自己的某种个人目的而假借行使股东权利故意妨碍公司正常经营管理。

(3)滥用股东权利的行为给公司或其他股东造成了损失,这一损失应当是现实的,可计量的。

(4)承担责任的方式是赔偿损失。

3. 违法分配利润的责任。违法分配利润的责任,是指股东因公司违法分配利润以其所获向公司承担的退还和赔偿损失的责任。《公司法》第 211 条规定:"公司违反本法规定向股东分配利润的,股东应当将违反规定分配的利润退还公司;给公司造成损失的,股东及负有责任的董事、监事、高级管理人员应当承担赔偿责任。"由此可见,这一民事责任的形式包括返还财产和赔偿损失,即股东"将违反规定分配的利润"退还给公司,如果给公司造成损失,承担赔偿责任。根据该规定,从事违法行为的主体为公司,由股东会或董事会作出分配利润的决议;从责任的内容来看,责任主体是股东,还包括了公司的董监高。股东为股利的分享者,只能由股东将已分配的股利财产退还公司。关于对这一责任的具体讨论,可参见本书第十四章第四节中"损害利润分配的司法救济"的内容。

4. 抽逃出资的责任。抽逃出资的责任是指股东对自己在公司成立后将所缴出资非法撤回应当承担的民事责任。按照《公司法》第 53 条和第 107 条的规定,公司成立后,股东不得抽逃出资。违反该规定的,股东应当返还抽逃的出资;给公司造成损失的,还应当承担赔偿责任。抽逃出资的民事责任是2023 年《公司法》修订增加的内容。2023 年修订前的《公司法》对抽逃出资的行为只有公法上的责任,不仅规定了行政责任,而且还将情节严重的抽逃出资行为规定为犯罪。2013 年修正的《公司法》对公司资本制度进行大幅度改革后,根据全国人大常委会的立法解释,抽逃出资罪不再适用于实行注册资本认缴制的公司。① 但与此同时却没有对抽逃出资行为规定相应的民事责任。从抽逃出资的行为性质上分析,这一行为除了损害正常的公司管理和社会经济秩序外,还可能给公司的利益带来直接的损失,并危及其他股东和债权人的利益。因此,抽逃出资的行为人应当承担民事责任没有异议。《公司法司法解释(三)》对抽逃出资行为及其民事责任作出了较为详细的规定,使司法实践中追究抽逃出资民事责任有规可依。《公司法》2023 年修订新增关于抽逃出资民事责任的规定,实际上是将司法解释的有关内容直接上升为法律。据此,抽逃出资的民事责任具有如下特点:

(1)责任的相对方为公司。尽管抽逃出资的行为也可能损害债权人和其他股东的利益,但《公司法》第53 条只将公司纳入责任的相对方,表明《公司法》对抽逃出资规制的目的主要在于保护公司利益。有学者认为,抽逃出资民事责任系一种独立的责任形态,为商法上特有的制度,并不依附于现有的任何一种民事法律制度。抽逃出资的民事责任在其构成要件、法律效果和证明责任的分配上皆有特别之处,在司法实践中应予以谨慎认定,以避免背离公司法规制抽逃出资之

---

① 2014 年 4 月 24 日十二届全国人大常委会第八次会议通过的《关于〈中华人民共和国刑法〉第一百五十八条、第一百五十九条的解释》中规定:"刑法第一百五十八条、第一百五十九条的规定,只适用于依法实行注册资本实缴登记制的公司。"

立法目的。[①]

（2）责任方式包括向公司返还出资和对公司损失进行赔偿两种情形。

（3）“给公司造成损失”是承担赔偿责任的前提条件。

此外，《公司法司法解释（三）》还对抽逃出资民事责任中一些较为复杂的情形作出了具体的规定，详见本书第六章第三节对“禁止抽逃出资制度”的讨论。

5. 股东出资责任。这是2023年《公司法》修订新增的责任形式，进一步强化对债权人、其他股东和公司利益的保护。股东出资责任包括公司设立时的出资责任和公司成立后的出资责任。公司设立时的出资责任在“设立人民事责任”中已经涉及，这里集中讨论公司成立后的股东出资责任。

（1）未按期足额缴纳出资的赔偿责任。《公司法》第49条第1款规定：“股东应当按期足额缴纳公司章程规定的各自所认缴的出资额。”这表明出资是股东最重要的法定义务，如果违反这一义务，该条第3款规定了“股东未按期足额缴纳出资的，除应当向公司足额缴纳外，还应当对给公司造成的损失承担赔偿责任”。

（2）股东欠缴出资的失权。根据《公司法》第52条规定，有限责任公司股东未按期足额缴纳出资，经公司催缴后在规定期限内仍未缴纳出资的，该股东丧失其未缴纳出资的股权。股东失权是股东未履行出资义务承受的不利法律后果，因而也应纳入民事责任的范畴。关于股东失权制度的讨论，详见本书第五章第四节中“出资瑕疵的救济”的相关内容。

（3）股东认缴出资的加速到期。根据《公司法》第54条规定，有限责任公司不能清偿到期债务的，公司或者已到期债权的债权人有权要求已认缴出资但未届出资期限的股东提前缴纳出资。股东认缴出资的加速到期也属于股东未履行出资义务承受的不利法律后果，因而也应纳入民事责任的范畴。对其具体讨论，详见本书第五章第六节中“股东出资加速到期”的相关内容。

（4）股权转让时转让方、受让方的出资责任。这是2023年《公司法》修订新增的内容。《公司法》第88条规定：“股东转让已认缴出资但未届出资期限的股权的，由受让人承担缴纳该出资的义务；受让人未按期足额缴纳出资的，转让人对受让人未按期缴纳的出资承担补充责任。未按照公司章程规定的出资日期缴纳出资或者作为出资的非货币财产的实际价额显著低于所认缴的出资额的股东转让股权的，转让人与受让人在出资不足的范围内承担连带责任；受让人不知道且不应当知道存在上述情形的，由转让人承担责任。”根据这一规定，该民事责任具有如下特点：第一，责任主体为股权转让的双方，转让人与受让人依法都可能对转让股权的出资缴纳义务承担责任。第二，责任方式是向公司足额缴纳出资，只是在如何实现足额缴纳的方式上有所不同。第三，转让的股权分为未届出资期限的股权和存在出资瑕疵的股权，不同情形下的责任承担也有所区分。对未届出资期限的股权而言，由受让人向公司承担按期足额缴纳责任，转让人承担补充责任，补充责任为“差额补缴”；如果受让人到期足额缴纳，转让人则没有责任。对存在出资瑕疵的股权而言，由于出资瑕疵源自转让人，因此受让人是否承担责任取决于其受让时是否为善意相对人，如果其为善意相对人，则由转让人向公司承担全部足额缴纳责任；否则由双方共同向公司承担全部足额缴纳的连带责任。由此可见，《公司法》第88条

---

① 参见冯静：《抽逃出资民事责任的性质及认定》，载《法学》2015年第6期。

规定的内容显然是有利于公司利益和公司债权人利益的制度设计。

(六)资产评估、验资或者验证的机构的民事责任

承担资产评估、验资或者验证的机构的民事责任,是指该类机构就其出具的评估结果、验资或者验证证明存在不实的行为对公司债权人承担的民事责任。《公司法》第257条第2款规定了这一责任,即"承担资产评估、验资或者验证的机构因其出具的评估结果、验资或者验证证明不实,给公司债权人造成损失的,除能够证明自己没有过错的外,在其评估或者证明不实的金额范围内承担赔偿责任"。根据这一规定,该民事责任具有如下特点:

1. 责任主体为承担资产评估、验资或者验证的机构,实践中主要指会计师事务所、商业银行、资产评估事务所等机构;责任的相对方为公司的债权人。

2. 行为人具有为公司出具的评估结果、验资或者验证证明存在不实的行为,这里的"不实"包括了公司实践中常见的出具虚假报告或虚假证明的情况。

3. 行为人上述行为给公司债权人造成了损失,这一损失应当是现实的、可计量的。

4. 行为人如果能够证明自己没有过错则不承担这一责任。《公司法》之所以作出这一规定,是基于对行为人勤勉尽责义务要求的考虑。例如,实践中一些公司利用现代高科技手段作假,提供虚假情况,使行为人无法通过常规方法辨别。一旦属于这种情况,只要行为人能够举证证明自己履行了勤勉尽责的义务,就可以免除这一责任。

5. 责任形式为赔偿损失,其赔偿的范围限于行为人"在其评估或者证明不实的金额范围内"。

第三节 公司法上的行政责任

一、公司法上行政责任概说

(一)公司法上的行政责任的特征

公司法上的行政责任是公司及其相关行为人因实施违反行政法律规范的行为而承担的否定性的法律后果。行政责任是由国家机关负责追究的一种公法责任,具有惩罚、威慑和预防违法行为的功能。公司法上的行政责任与其他法律责任形式相比,具有以下特征:

1. 行政责任必须以违反行政义务为前提。行政义务是行政法律关系的主要内容。行政法律关系主体之间具有隶属性,是一种管理与被管理的关系,不同于民事法律关系主体的平等协商性。当行政义务主体不履行法定行政义务时,必然会损害国家的行政管理活动,破坏国家行政管理秩序。当事人如果没有违反法定行政义务,就谈不上承担行政责任。因此,追究当事人的行政责任必须以当事人违反行政义务为前提。

2. 行政责任在性质上既不同于刑事责任那样严厉的惩罚性,又不同于民事责任那样偏重救济的补偿性。从程度上看,行政责任虽然具有惩罚功能,但严厉性低于刑事责任,具体到《公司法》,就是对一些具有社会危害性需要国家公权力进行一定程度的干预但是又没有达到刑法所规定的严重社会危害性的行为,予以行政处罚、行政处分或政务处分。

3. 行政责任主体包括行政机关和行政相对人。由于对行政责任价值评判标准不同,对行

政责任主体的认识也有两种不同观点:第一,行政责任的主体限于国家行政机关和公务员,行政责任的价值取向就是保护行政管理相对人,即保护公民、法人或其他组织的权利不受行政机关的侵犯,因而行政责任应当视为政府责任,行政相对人不应成为行政责任的承担者。第二,行政责任的主体范围不仅限于国家行政机关和公务员,而且还包括行政相对人。[①] 我国《公司法》显然采纳了第二种观点。公司法上行政责任的主体范围既包括公司行政监督管理机关及其工作人员,也包括监督管理的相对人。按照权利与义务统一的法律基本原则,无论哪一方实施了行政违法行为,都应当承担公司法上的行政责任。因此,公司法上的行政责任主体包括行政执法单位及其具体执法人员、行政相对人等,不仅参与公司的各主体有可能承担行政责任,而且与公司成立存续有关的公司登记机关及其工作人员,承担资产评估、验资或者验证的机构及其工作人员等都有可能承担行政责任。我国《公司法》作为最重要的商事法律,其规定的行政责任主体主要指向行政相对人。

4. 行政责任的追究必须由专门的行政机关依法进行。只有国家专门的行政机关才有权追究当事人的行政责任,而且行政机关追究行政责任必须严格依据法律规定的职责、条件、程序和规则进行,否则就不具有法律效力。这与刑事责任、民事责任限于司法机关追究有较大的差异。

(二)公司法上的行政责任的构成要件

1. 行政法律关系主体实施了违反公司法律法规的行为。违反公司法律法规行为是承担公司法上的行政责任的前提条件。如果行政法律关系主体的行为不具有违法性或尚未构成行政违法,公司法上的行政责任就不可能产生。

2. 公司法上的行政责任具有法定性。现代法治社会不仅要求权力与职责、权利与义务法定,而且要求对责任的承担也必须有法律依据。因此,承担公司法上行政责任的方式、内容都应当由法律法规规定。本节讨论的行政责任主要是指向《公司法》规定的行政责任。

3. 责任承担人具有法定责任能力。就行政监督管理主体而言,其责任能力的确认没有特殊的要求,符合《公司法》规定的国家行政机关的主体资格即可;就行政相对人而言,公司及其相关的法人和自然人在正常条件下都应具备行政责任能力。

4. 主观方面适用不同的责任原则。行政管理主体按照行政诉讼法的基本精神,一般适用严格责任原则,只要其实施了行政违法行为,无论主观上是否有过错,都可能承担公司法上的行政责任;行政相对人则一般适用过错责任原则。

二、公司法上行政责任的类型

《公司法》对行政责任的规定集中于“法律责任”一章,除此之外,一些公司法规,如《市场主体登记管理条例》也规定了相应的行政责任。相较于民事责任和刑事责任的内容,有关行政责任的规定以行为主体违法行为的后果为标准,具有详尽、具体、明确和完备的特点。公司法上的行政责任的类型可以从不同角度进行分类。

---

① 参见周友苏主编:《证券法新论》,法律出版社 2020 年版,第 587 页。

(一)行政管理主体的责任与行政相对人的责任

根据行政责任的主体分类,行政责任可以分为行政管理主体的责任和作为被管理主体的行政相对人的责任。

1. 行政管理主体的行政责任。这是指行政管理机构及其工作人员对自身在公司监督管理活动中实施行政违法行为所承受的不利行政法律后果。其特点如下:第一,责任主体是监督管理主体。只有依法享有监督管理权的行政组织或得到授权的其他组织及其工作人员,才有可能成为责任主体。第二,违法行为是由监督管理人员实施的。监督管理主体的一切行为都是通过具体工作人员实施的,其违法行为也不例外。第三,监督管理主体的违法行为发生在对公司监督管理过程中,包括作为和不作为两种形式。

2. 行政相对人的行政责任。这是指作为被管理主体的行政相对人对其在涉及公司活动中实施的违法行为所应承受的不利行政法律后果。与监督管理主体的行政责任相比较,行政相对人的行政责任具有以下特点:第一,责任主体是接受监督管理的主体,在监督管理关系中处于被监督管理的地位,包括公司及其内部人员,如发起人,股东,直接负责的主管人员和其他直接责任人员,承担资产评估、验资或者验证的机构及其直接责任人员等。第二,这种责任既可以是个人责任,也可以是法人组织的责任。第三,责任主体的违法行为发生在公司设立、存续和终止的全过程,主要体现为作为的形式。

(二)行政处罚和政务处分

我国公司法上的行政责任分为行政处罚和政务处分。2023 年修订的《公司法》第 258 条将原法规定的“行政处分”修改为“政务处分”,与 2018 年 3 月出台的《监察法》和 2020 年 7 月 1 日实施的《公职人员政务处分法》的相关规定保持一致。

1. 行政处罚。行政处罚是指行政机关依法对违反行政管理秩序的公民、法人或者其他组织,以减损权益或者增加义务的方式予以惩戒的行为。就公司法上的行政处罚而言,是指行政管理主体依照公司法及其相关法律法规规定,对实施各类公司违法行为的行政相对人实施的一种强制性制裁措施。行政处罚具体可以分为三种:第一,申诫罚。这是指行政管理主体依据公司法律法规的规定,对行政相对人给予涉及其名誉权的一种处罚,具体处罚形式主要为警告。第二,财产罚。这是指行政管理主体依据公司法律法规的规定,对行政相对人给予的涉及其财产权的一种处罚。在行政处罚中,财产罚运用最广泛,其具体处罚形式主要有罚款和没收违法所得。第三,行为罚。这是指行政管理主体依据法律法规的规定,要求行政相对人作出一定行为或者限制其行为能力,剥夺其某种特定资格。其主要形式包括责令限期登记、责令改正、责令关闭、责令停业、吊销资格证书、吊销营业执照、予以取缔等。行政处罚的形式在对某一违法行为进行适用时,既可单处,也可并罚。

2. 政务处分。政务处分是国家监察机关对行使公权力的公职人员违法失职行为给予的惩戒措施。根据《监察法》第 15 条规定,公职人员包括:中国共产党机关、人民代表大会及其常务委员会机关、人民政府、监察委员会、人民法院、人民检察院、中国人民政治协商会议各级委员会机关、民主党派机关和工商业联合会机关的公务员,以及参照《公务员法》管理的人员;法律、法规授权或者受国家机关依法委托管理公共事务的组织中从事公务的人员;国有企业管理人员；公办的教育、科研、文化、医疗卫生、体育等单位中从事管理的人员；基层群众性自治组织中从事管理的人员；其他依法履行公职的人员。根据《公职人员政务处分法》第 7 条、第 8 条规定，政务处分包括警告、记过、记大过、降级、撤职、开除；其中警告的期间为 6 个月，记过的期间为 12 个月，记大过的期间为 18 个月，降级、撤职的期间为 24 个月。

三、公司法上行政责任的具体形式

（一）以欺诈手段骗取公司登记的行政责任

以欺诈手段骗取公司登记的行政责任，是指公司对其采取虚报注册资本、提交虚假材料等欺诈手段骗取公司登记的行为而承担的责任。《公司法》第 250 条规定了这一责任。从该条规定可见，以虚假材料获取公司登记的行政责任具有如下特点：

1. 责任主体为公司及其直接负责的主管人员和其他直接责任人员。尽管从事提供虚假材料的行为人往往是作为公司代表或代理人的自然人，但由于其是以公司法人名义从事的行为，由此造成的不利法律后果也肯定要由公司承受。当然，对虚假行为直接负责的主管人员和其他直接责任人员也要承受相应的后果，与公司共同成为受行政处罚的对象。

2. 公司已经取得了公司登记。公司登记包括对公司主体资格的登记和对其他事项的登记，包括公司设立登记、变更登记和注销登记。取得公司登记意味着公司登记机关对虚假材料的认可。公司登记机关是否对此也要承担相应的责任呢？从《公司法》和《市场主体登记管理条例》看，公司登记机关对登记申请材料只做形式审查。《市场主体登记管理条例》第 17 条规定："申请人应当对提交材料的真实性、合法性和有效性负责。"第 19 条规定："登记机关应当对申请材料进行形式审查。对申请材料齐全、符合法定形式的予以确认并当场登记……"因此，登记材料出现虚假，但不能证明登记机关与申请人恶意串通和未尽形式审查义务的，应当由作为申请人的公司承担相应的责任。

3. 以欺诈手段骗取公司登记的行为方式包括"虚报注册资本、提交虚假材料或者采取其他欺诈手段隐瞒重要事实"等。无论属于哪种欺诈的情形，一旦获取登记就得承担相应的责任。

4. 具有多种行政责任形式。根据《公司法》第 250 条的规定，采取欺诈手段隐瞒重要事实取得公司登记的，由公司登记机关责令改正，对虚报注册资本的公司，处以虚报注册资本金额 5% 以上 15% 以下的罚款；对提交虚假材料或者采取其他欺诈手段隐瞒重要事实的公司，处以 5 万元以上 200 万元以下的罚款；情节严重的，吊销营业执照；对直接负责的主管人员和其他直接责任人员处以 3 万元以上 30 万元以下的罚款。《公司法》2023 年修订增加了对情节严重的行为罚款和对公司责任人员处罚的规定，加重了罚款额度，不再将撤销登记作为行政处罚的内容，而是将其作为登记机关的登记方式之一置于"公司登记"一章的规定中。①

① 2023 年修订前的《公司法》对于提交虚假材料或者采取其他欺诈手段隐瞒重要事实的公司，只规定了一档罚款，金额为 5 万元以上 50 万元以下；对情节严重的情形则没有罚款但有"撤销公司登记"的规定；另外责任主体也不包括"直接负责的主管人员和其他直接责任人员"；2023 年《公司法》除在行政处罚上有新增内容外，还将撤销设立登记调整到"公司登记"一章，作为第 39 条的内容。

(二)未依法公示信息的行政责任

未依法公示信息的行政责任是2023年《公司法》修订新增的条文,是指公司及其责任人员违反《公司法》第40条规定,不按法定要求公示信息或不如实公示有关信息而承担的责任。《公司法》第251条规定了这一责任。从该条规定可见,未依法公示信息的行政责任具有如下特点:

1. 责任主体为公司及其直接负责的主管人员和其他直接责任人员。

2. 未依法公示信息是指公司具有违反《公司法》第40条规定的行为。包括:未将公司有关信息通过"国家企业信用信息公示系统"进行公示;公司公示的有关信息不符合该条关于"公示信息真实、准确、完整"的法定要求,存在虚假的内容。

3. 具体责任涉及公司责任和相关责任人员的责任。公司责任包括由公司登记机关责令改正,可以处以1万元以上5万元以下的罚款;情节严重的,处以5万元以上20万元以下的罚款;相关责任人员包括直接负责的主管人员和其他直接责任人员,处以1万元以上10万元以下的罚款。

(三)出资瑕疵的行政责任

出资瑕疵的行政责任是指公司的设立人及其直接负责的主管人员和其他直接责任人员对出资存在的缺陷应当承担的责任。《公司法》第252条规定了这一行政责任。根据该条规定,出资瑕疵的行政责任具有如下特点:

1. 责任主体为公司的设立人及其直接负责的主管人员和其他直接责任人员。《公司法》第252条对设立人的表述为"发起人、股东"。这里的"股东"应当限定为有限责任公司"设立时的股东",即设立人股东。股东从文义上理解,包括了设立人股东和公司成立后的加入股东,二者在《公司法》上所承担的责任是有差异的。如前所述,设立人股东不仅要对自己的行为承担责任,有时还要因设立人身份对其他设立人股东的出资瑕疵行为承担连带责任。[①] 如果将该条规定的股东界定为设立人股东和加入股东,使用"股东"概念就足以将二者涵盖,没有必要将也是设立人的"发起人"单独列示,因为发起人在公司成立后也已是公司股东。该条将"发起人"与"股东"作并列表述主要是由于《公司法》对有限责任公司"设立时的股东"没有如同《民法典》第75条规定的那样采用"设立人"的概念,[②]而在此仍然使用"股东"的表述就容易产生对责任主体涵盖范围的歧义。笔者认为,设立人股东基于其身份和地位,一般可以享受比加入股东更多的权利,其承担比加入股东更多的责任,符合《公司法》的立法精神。因此,《公司法》第252条规定的行政责任也应只针对设立人股东,加入股东如果存在出资瑕疵,也只需承担私法上的民事责任即可,无须承担公法上的行政责任。

2. 出资瑕疵行为包括虚假出资,未交付或者未按期足额交付作为出资的货币或者非货币

---

① 按照《公司法》第50条、第99条的规定,有限责任公司设立时的股东要对设立时的其他股东的出资不足部分承担连带责任;股份有限公司的发起人要对其他发起人的出资不足承担连带责任。

② 《民法典》第75条规定:"设立人为设立法人从事的民事活动,其法律后果由法人承受;法人未成立的,其法律后果由设立人承受,设立人为二人以上的,享有连带债权,承担连带债务。设立人为设立法人以自己的名义从事民事活动产生的民事责任,第三人有权选择请求法人或者设立人承担。"

财产。《公司法》第 49 条第 1 款规定："股东应当按期足额缴纳公司章程规定的各自所认缴的出资额。"第 98 条第 1 款规定，"发起人应当在公司成立前按照其认购的股份全额缴纳股款"。股东以货币出资的，应当将货币出资足额存入公司在银行开设的账户；以非货币财产出资的，应当依法办理其财产权的转移手续。如果未按照法律规定履行或全部履行出资义务，就应当属于出资瑕疵行为。

3. 出资瑕疵的法律责任包括民事责任和行政责任。出资瑕疵不仅可能损害相对人的民事权利，而且损害了正常的社会管理秩序，因此，行为人不仅要对公司、其他股东和债权人承担私法上的民事责任，还应当对此承担公法上的行政责任。根据《公司法》第 252 条的规定，由公司登记机关责令改正，可以对设立人处以 5 万元以上 20 万元以下的罚款；情节严重的，处以虚假出资或者未出资金额 5% 以上 15% 以下的罚款；对直接负责的主管人员和其他直接责任人员处以 1 万元以上 10 万元以下的罚款。

（四）抽逃出资的行政责任

抽逃出资的行政责任是指公司发起人、股东及其直接负责的主管人员和其他直接责任人员对其在公司成立后抽逃出资行为承担的责任。《公司法》第 253 条规定了这一行政责任。根据该条规定，抽逃出资的行政责任具有如下特点：

1. 责任主体中的"股东"应当包括了两类情形的股东，即有限责任公司和股份有限公司作为设立人的股东和两类公司成立后的加入股东。这与前述第 252 条关于出资瑕疵行政责任所界定的股东有所区别。之所以如此，一是因为《公司法》第 53 条明确将抽逃出资行为的时间界定在公司成立后，而公司成立后的股东可以当然解释为包括设立人股东和加入股东；二是因为抽逃出资行为从违法性质上较第 252 条规定的出资瑕疵更为严重，因而加入股东除了承担私法上的民事责任外，还得受公法上行政责任的处罚。

除股东以外，责任主体还包括公司直接负责的主管人员和其他直接责任人员。这一责任主体是《公司法》2023 年修订根据公司实践普遍存在的情形增加的内容。

2. 抽逃出资的行为发生在公司成立之后，是一种变相的虚假出资行为。根据《公司法》第 53 条和第 107 条的规定，公司成立后，股东不得抽逃出资。公司实践中，除了直接的抽逃出资的行为外，还存在一些较为隐蔽的抽逃出资形式，《公司法司法解释（三）》第 12 条对其作出了相应的规定：（1）制作虚假财务会计报表虚增利润进行分配；（2）通过虚构债权债务关系将其出资转出；（3）利用关联交易将出资转出；（4）其他未经法定程序将出资抽回的行为。

3. 抽逃出资的法律责任包括民事责任和行政责任。抽逃出资不仅影响公司、其他足额出资股东和债权人的利益，而且损害社会管理秩序。根据《公司法》第 253 条的规定，对抽逃出资的发起人、设立人股东，由公司登记机关责令改正，处以所抽逃出资金额 5% 以上 15% 以下的罚款；对直接负责的主管人员和其他直接责任人员处以 3 万元以上 30 万元以下的罚款。

对于公司成立后的加入股东，如果出现抽逃出资行为，可依照《公司法》第 53 条和第 107 条的规定承担民事责任，返还抽逃的出资并加算银行同期存款利息；给公司造成损失的，承担连带赔偿责任；而无须像发起人和设立人股东那样，除民事责任之外还要承担行政责任。

(五)违反财务会计管理规定的行政责任

违反财务会计管理规定的行政责任,是指公司及其直接负责的主管人员和其他直接责任人员对其违反《会计法》等法律、行政法规规定的行为承担的责任。《公司法》第254条规定这一责任。根据该条规定,违反财务会计管理规定的行政责任具有如下特点:

1. 责任主体包括了公司及其直接负责的主管人员和其他直接责任人员,这里的“直接负责的主管人员”,既可能包括作为公司负责人的董监高,也可能包括公司控股股东和实际控制人,从证券市场近年来反映的财务造假案例来看,不少是公司控股股东和实际控制人指示公司人员从事的行为;“其他直接责任人员”主要指公司的财务会计专业人员。

2. 责任主体的违法行为包括:(1)在法定的会计账簿以外另立会计账簿;(2)提供虚假记载或者隐瞒重要事实的财务会计报告。

3. 对责任主体实施处罚的行政机关为“县级以上人民政府财政部门”。

4. 行政处罚为“按照《中华人民共和国会计法》等法律、行政法规的规定处罚”。根据《会计法》第42条、第43条、第45条的规定,有不依法设置会计账簿、私设会计账簿、未按照规定建立并实施单位内部会计监督制度或者拒绝依法实施的监督或者不如实提供有关会计资料及有关情况等行为,由县级以上人民政府财政部门责令限期改正,可以对单位并处3000元以上5万元以下的罚款;对其直接负责的主管人员和其他直接责任人员,可以处2000元以上2万元以下的罚款。对于编制虚假财务会计报告,尚不构成犯罪的,由县级以上人民政府财政部门予以通报,可以对单位并处5000元以上10万元以下的罚款;对其直接负责的主管人员和其他直接责任人员,可以处3000元以上5万元以下的罚款;其中的会计人员,5年内不得从事会计工作。对于授意、指使、强令会计机构、会计人员及其他人员编制虚假财务会计报告,尚不构成犯罪的,可以处5000元以上5万元以下的罚款。这些规定可以作为认定和施加违反财务会计管理规定的行政责任的依据。

(六)违反法定通知义务的行政责任

违反法定通知义务的行政责任,是指公司出现合并、分立、减资、清算等重大事项时不履行《公司法》规定的通知或公告义务而承担的责任。《公司法》第255条规定了这一责任。根据该条规定,违反法定通知义务的行政责任具有如下特点:

1. 责任主体为公司。这意味着应当履行通知或公告义务的主体也是公司。

2. 公司存在违反法定通知义务的行为。根据《公司法》有关规定,公司发生合并、分立、减资、清算时,鉴于这些重大事项有可能直接关系到债权人的利益,法律要求公司应当在法定时间内履行通知债权人或公告的义务,以便债权人能够行使法定的权利,维护自身的合法权益。如《公司法》第220条、第222条和第224条关于公司合并、分立或减资的规定就要求公司应当自作出相关决议之日起10日内通知债权人,并于30日内在报纸上或者通过国家企业信用信息公示系统公告。按照第224条的规定,减资情形下的债权人自接到通知之日起30日内,未接到通知的自公告之日起45日内,有权要求公司清偿债务或者提供相应的担保。又如第235条规定,清算组应当自成立之日起10日内通知债权人,并于60日内在报纸上或者国家企业信用信息公示系统公告。债权人应当自接到通知之日起30日内,未接到通知的自公告之日起45日内,向清算组申报其债权。如果公司没有履行相应的法定义务,就得承担相应的法律责任。

3. 责任形式为责令改正和罚款。如果公司不依照《公司法》规定通知或者公告债权人,由公司登记机关责令改正,对公司处以 1 万元以上 10 万元以下的罚款。

(七)违法清算的行政责任

违法清算的行政责任是指清算中公司及其相关责任人员对清算过程中违反法定要求的行为所承担的责任。《公司法》第 256 条规定了这一责任。根据该条规定,违法清算的行政责任具有如下特点:

1. 责任主体为清算中公司及其相关责任人员。公司清算是公司即将终止时必须履行的程序,未经清算公司不得终止。尽管清算中公司的权利能力和行为能力都受到限制,但并不影响其诉讼能力和承担相应法律责任的能力。相关责任人员是指对公司清算直接负责的主管人员和其他直接责任人员。

2. 清算中公司的行政违法行为,主要指进行清算时隐匿财产,对资产负债表或者财产清单作虚假记载,或者在未清偿债务前分配公司财产,这些行为违反公司清算义务,不仅直接损害公司债权人利益,而且危害正常的经济管理秩序,因此,《公司法》除规定相应的民事责任外,还规定了必须承担的行政责任。

3. 责任形式为责令改正和罚款。责任主体对违法清算的行为承担的行政责任包括:由公司登记机关责令改正,对公司处以隐匿财产或者未清偿债务前分配公司财产金额 5% 以上 10% 以下的罚款;对直接负责的主管人员和其他直接责任人员处以 1 万元以上 10 万元以下的罚款。

(八)中介组织提供虚假文件的行政责任

中介组织提供虚假文件的行政责任,是指承担资产评估、验资或者验证的机构对其提供虚假材料或者提供有重大遗漏报告的行为所承担的责任。《公司法》第 257 条规定了这一责任。这里的中介组织特指资产评估、验资或者验证的机构,这些机构为公司设立和运营提供专业服务,其服务质量直接关系到公司存续过程中的资本真实和资本充实。中介组织提供虚假文件的行政责任具有如下特点:

1. 责任主体是承担资产评估、验资或者验证的中介服务机构。

2. 中介服务机构为公司提供服务时存在行为瑕疵,即"提供虚假材料或者提供有重大遗漏的报告"。

3. 中介服务机构对违法行为承担的责任为民事责任和行政责任。行政责任由有关机关按照《资产评估法》《注册会计师法》等法律、行政法规的规定处罚。如根据 2016 年出台的《资产评估法》第 47 条的规定,评估机构违反本法规定,存在"出具有重大遗漏的评估报告"等行为的,由有关评估行政管理部门予以警告,可以责令停业 1 个月以上 6 个月以下;有违法所得的,没收违法所得,并处违法所得 1 倍以上 5 倍以下罚款;情节严重的,由市场监督管理部门吊销营业执照。又如 2014 年修正的《注册会计师法》第 21 条第 1 款规定:"注册会计师执行审计业务,必须按照执业准则、规则确定的工作程序出具报告。"第 39 条第 1 款规定,会计师事务所违反这一规定的,由省级以上人民政府财政部门给予警告,没收违法所得,可以并处违法所得

1 倍以上 5 倍以下的罚款;情节严重的,并可以由省级以上人民政府财政部门暂停其经营业务或者予以撤销。

(九)违法登记的行政责任

违法登记的行政责任,是指公司登记机关的有关人员对登记申请违法进行登记所承担的责任。《公司法》第 258 条规定了这一责任。违法登记的行政责任具有如下特点:

1. 责任主体为公司登记机关负有责任的领导人员和直接责任人员。

2. 公司登记机关履行职务时具有违反法律、行政法规规定未履行职责或者履行职责不当的行为,包括对不符合本法规定条件的登记申请予以登记,或者对符合本法规定条件的登记申请不予登记;对违法登记进行包庇等。

3. 违法行为人受到的处罚为政务处分。《公司法》对违法人员规定的处罚方式为政务处分。至于给予何种处分,由给予政务处分的国家机关根据违法登记行为的情节来具体确定。

(十)冒用公司名义的行政责任

冒用公司名义的行政责任,是指冒用人对未经依法登记而冒用公司名义的行为承担的责任。《公司法》第 259 条规定了这一责任。根据该条规定,冒用公司名义的行政责任具有如下特点。

1. 责任主体为冒用行为人,冒用者既可能是自然人,也可能是包括公司在内的企业组织,如有限责任公司冒用股份有限公司的情形。

2. 冒用行为包括:未依法登记为有限责任公司或者股份有限公司,而冒用有限责任公司或者股份有限公司名义;未依法登记为有限责任公司或者股份有限公司的分公司,而冒用有限责任公司或者股份有限公司的分公司名义。

3. 行政责任包括改正、取缔和罚款。由公司登记机关责令冒用者改正或依法取缔,可以对冒用者并处 10 万元以下的罚款。

(十一)擅自设立外国公司分支机构的行政责任

擅自设立外国公司分支机构的行政责任,是指外国公司对违法擅自在我国境内设立分支机构的行为承担的责任。《公司法》第 261 条规定了这一责任。根据该规定,擅自设立外国公司分支机构的行政责任具有如下特点:

1. 责任主体为外国公司及其分支机构,根据《公司法》第 243 条的规定,外国公司是指依照外国法律在中华人民共和国境外设立的公司。

2. 违法行为是指外国公司违反《公司法》规定,擅自在我国境内设立了分支机构。根据《公司法》有关规定,外国公司在我国设立分支机构,必须符合我国法律法规规定的条件,如果违法擅自设立就可能承担相应的行政责任。

3. 行政责任的内容包括由公司登记机关责令改正或者关闭,可以并处 5 万元以上 20 万元以下的罚款。这一处罚的承受者本来应当是外国公司,但对擅自设立的分支机构的关闭和罚款还需直接针对已经设立的外国公司分支机构。

(十二)公司其他行政责任

公司其他行政责任是指《公司法》《市场主体登记管理条例》规定的其他一些由公司来承担的行政责任。主要包括：

1. 未经设立登记从事经营活动的公司，由登记机关责令改正，没收违法所得；拒不改正的，处1万元以上10万元以下的罚款；情节严重的，依法责令关闭停业，并处10万元以上50万元以下的罚款。

2. 根据《公司法》第260条第1款的规定，公司成立后无正当理由超过6个月未开业的，或者开业后自行停业连续6个月以上的，可以由公司登记机关吊销营业执照。该条在规定这一行政责任的同时又以但书规定，但公司依法办理歇业的除外。

3. 根据《公司法》第260条第2款的规定，公司登记事项发生变更时，未依照《公司法》规定办理有关变更登记的，由公司登记机关责令限期登记；逾期不登记的，处以1万元以上10万元以下的罚款。

4.《公司法》第262条规定，利用公司名义从事危害国家安全、社会公共利益的严重违法行为的，吊销营业执照。

5. 未依照《市场主体登记管理条例》办理备案的，由登记机关责令改正；拒不改正的，处5万元以下的罚款。根据该条例第9条规定，有限责任公司股东或者股份有限公司发起人认缴的出资数额以及公司董监高等，都是属于公司应当向登记机关办理备案的事项，公司如果没有依法办理，就要承担这一责任。

6. 未依照《市场主体登记管理条例》的规定将营业执照置于住所或者主要经营场所醒目位置的，由登记机关责令改正；拒不改正的，处3万元以下的罚款。

7. 伪造、涂改、出租、出借、转让营业执照的，由登记机关没收违法所得，处10万元以下的罚款；情节严重的，处10万元以上50万元以下的罚款，吊销营业执照。

(十三)假冒企业登记的行政责任

假冒企业登记是近年来公司登记中比较突出的一种违法行为，《公司法》《市场主体登记管理条例》对其尚无明确的规范。国家市场监督管理总局于2024年1月出台的《防范和查处假冒企业登记违法行为规定》，对该类违法行为进行强力规制。根据该规定第2条第2款规定，假冒企业登记违法行为"是指提交虚假材料或者采取其他欺诈手段隐瞒重要事实，冒用其他企业名义，将其登记为有限责任公司股东、股份有限公司发起人、非公司企业法人出资人、合伙企业合伙人等的违法行为"。

1. 假冒企业登记违法行为的特征。一是假冒的对象为其他企业。这里的"其他企业"主要指在社会上具有较高声誉度的企业，如国企央企、知名民企和外商投资企业。二是将其他企业登记为企业的出资人，包括有限责任公司股东和股份有限公司发起人等，行为人通过对其他知名企业的假冒登记，可以享受到国企央企、知名民企和外商投资企业的声誉，借此来抬升自己企业，达到谋取自身利益的目的。三是假冒其他企业采取了欺诈手段，在其他企业并不知情和没有授权的情况下，通过伪造、变造其他企业的印章、营业执照、批准文件、授权文书等；伪造身份验证信息；提交虚假承诺和其他隐瞒重要事实的行为，来取得企业登记，包括设立登记、变更登记、注销登记等。

2. 假冒企业登记与以欺诈手段骗取公司登记的区别。假冒企业登记的违法行为与《公司法》第250条规定的以欺诈手段骗取公司登记的违法行为有些相似，如都采取了欺诈手段，都取得了公司登记，但二者也有明显的差异。首先，前者采取的欺诈手段集中表现为“冒用其他企业名义”，后者采取的欺诈手段主要是虚报注册资本、提交虚假材料等；其次，前者的行为主要导致出资人的虚假，在公司登记事项上只涉及“有限责任公司股东、股份有限公司发起人的姓名或者名称”，而其他如公司名称、公司住所、注册资本、经营范围、法定代表人等登记事项可能并非虚假；而后者的行为则可能是登记事项的完全虚假而导致企业主体不成立。因此，后者的违法性质可能更为严重，这从《公司法》对后者规定的行政责任较前者重就可以体现出来，后者的罚款幅度为5万元至200万元，前者最高罚款为100万元。对于前者的处罚，登记机关还可以通过撤销虚假登记部分使企业合法存续，如果“有证据证明被假冒企业对其被假冒登记知情，以明示方式表示同意，或者未提出异议，并在此基础上从事过相关管理、经营活动或者获得收益的，登记机关可以不予撤销登记”。正是基于上述差异，假冒企业登记的行为还不能归入《公司法》第250条以欺诈手段骗取公司登记的违法行为，而需要作为特别类型的违法行为进行专门规制。

3. 假冒企业登记违法行为的行政责任。《防范和查处假冒企业登记违法行为规定》第18条规定，提交虚假材料或者采取其他欺诈手段隐瞒重要事实取得企业登记的，由登记机关依法责令改正，没收违法所得，并处5万元以上20万元以下的罚款；情节严重的，处20万元以上100万元以下的罚款，吊销营业执照；对直接责任人依法作出处理。第19条规定，假冒企业登记违法行为的直接责任人，自该登记被撤销之日起3年内不得再次申请企业登记；受到市场监督管理部门较重行政处罚的，应当依法被列入市场监督管理严重违法失信名单。登记机关应当通过国家企业信用信息公示系统予以公示。

四、公司法上行政责任的实现

公司法上行政责任的实现需要由有权追究行政责任的机关依照法定程序追究。2021年修订的《行政处罚法》第17条规定，“行政处罚由具有行政处罚权的行政机关在法定职权范围内实施”。第19条规定，“法律、法规授权的具有管理公共事务职能的组织可以在法定授权范围内实施行政处罚”。《公司法》规定追究行政责任的有权机关为公司登记机关、县级以上人民政府财政部门和有关主管部门。

《行政处罚法》第4条规定：“公民、法人或者其他组织违反行政管理秩序的行为，应当给予行政处罚的，依照本法由法律、法规、规章规定，并由行政机关依照本法规定的程序实施。”因此，追究公司法上行政责任也必须严格依照法律规定的程序进行。

1. 一般程序。按照《行政处罚法》的有关规定，行政处罚的实施机关、立案依据、实施程序和救济渠道等信息应当公示。行政机关发现公民、法人或者其他组织有依法应当给予行政处罚的行为的，必须全面、客观、公正地调查，收集有关证据。调查终结后，行政机关负责人应当对调查结果进行审查，确有应受行政处罚的违法行为的，根据情节轻重及具体情况，作出行政处罚决定；如果违法行为已构成犯罪，移送司法机关。对情节复杂或者重大违法行为给予较重的行政处罚,行政机关的负责人应当集体讨论决定。

行政机关给予违法行为人行政处罚,应当制作行政处罚决定书。行政处罚决定书应当载明下列事项:(1)当事人的姓名或者名称、地址;(2)违反法律、法规或者规章的事实和证据;(3)行政处罚的种类和依据;(4)行政处罚的履行方式和期限;(5)申请行政复议或者提起行政诉讼的途径和期限;(6)作出行政处罚决定的行政机关名称和作出决定的日期。行政处罚决定书必须盖有作出行政处罚决定的行政机关的印章。

行政处罚决定书应当在宣告后当场交付当事人;当事人不在场的,行政机关应当在7日内依照民事诉讼法的有关规定,将行政处罚决定书送达当事人。

2. 听证程序。根据《行政处罚法》第63条的规定,行政机关作出较大数额罚款、责令停产停业、责令关闭、吊销许可证件等行政处罚决定之前,应当告知当事人有要求举行听证的权利;当事人要求听证的,行政机关应当组织听证。当事人不承担行政机关组织听证的费用。第64条规定,听证依照以下程序组织:(1)当事人要求听证的,应当在行政机关告知后5日内提出。(2)行政机关应当在举行听证的7日前,通知当事人举行听证的时间、地点。(3)除涉及国家秘密、商业秘密或者个人隐私外,听证公开举行。(4)听证由行政机关指定的非本案调查人员主持;当事人认为主持人与本案有直接利害关系的,有权申请回避。(5)当事人可以亲自参加听证,也可以委托1~2人代理。(6)举行听证时,调查人员提出当事人违法的事实、证据和行政处罚建议,当事人进行申辩和质证。(7)听证应当制作笔录;笔录应当交当事人或其代理人审核无误后签字或者盖章。听证结束后,行政机关依法作出决定。

3. 行政复议和行政诉讼。行政复议是指法律规定某行政机关,就其主管事项与相对一方当事人发生争议时,根据相对一方当事人的申请,由该机关或其上级机关,对引起争议的决定进行复查的制度。行政诉讼是指公民、法人或其他组织认为行政机关和行政机关的工作人员的具体行政行为侵犯其合法权益,依法诉请人民法院解决该行政争议的活动。公司法领域涉及行政复议和行政诉讼应当根据《行政复议法》《行政诉讼法》有关规定处理。《行政处罚法》第7条规定,公民、法人或者其他组织对行政机关所给予的行政处罚不服的,有权依法申请行政复议或者提起行政诉讼。

第四节　公司法上的刑事责任

一、公司法上刑事责任概说

(一)公司法上刑事责任与违反《公司法》的犯罪

公司法上刑事责任,是指公司及其有关人员,严重违反《公司法》及相关法律规定并符合《刑法》规定的犯罪构成要件而应承担的法律后果。具体来说,承担刑事责任就意味着行为人触犯了刑律,其行为构成了犯罪。刑事责任是对实施违法行为并构成犯罪的行为人进行的处罚,相对民事责任和行政责任来说,是最为严厉的一种责任形式,它不仅可以剥夺行为人的财产权利、人身自由,而且可以剥夺行为人的生命。《行政处罚法》第8条第2款规定:“违法行为构成犯罪,应当依法追究刑事责任的,不得以行政处罚代替刑事处罚。”

按照我国立法体例,《公司法》只对涉及公司的犯罪及其刑事责任作出概括性规定,而不规定具体的罪名、犯罪构成和刑罚。《公司法》第264条的规定是关于刑事责任的概括性表述,即“违反本法规定,构成犯罪的,依法追究刑事责任”。这一规定从立法技术上实现了《公司法》与《刑法》在涉及公司犯罪上的衔接,说明涉及公司的严重违法行为可能被追究刑事责任,同时也表明关于涉及公司的刑事犯罪和追究刑事责任应当按照《刑法》的规定处理。从《公司法》和《刑法》的有关规定来看,涉及公司的犯罪主要有以下几种情况:

1.《公司法》和《刑法》均有对应条文规定的行为。《公司法》规定的违法行为集中体现于“法律责任”一章中,其中情节严重的就可能构成犯罪。根据我国刑事犯罪理论,犯罪除了必须具有严重社会危害性外,还应当具有触犯刑法和应受刑罚处罚的特征。因此,违反公司法的犯罪及其构成要件也应当由《刑法》规定,追究《公司法》上的刑事责任也必须依据《刑法》有关规定。为适应这一要求,《刑法》分则第三章第三节“妨害对公司、企业的管理秩序罪”、第四节“破坏金融管理秩序罪”以及其他有关章节的条文均涉及严重违反《公司法》并构成犯罪的行为,其罪名包括:虚报注册资本罪;虚假出资、抽逃出资罪;违规披露、不披露重要信息罪;妨害清算罪;隐匿、故意销毁会计凭证、会计帐(账)簿、财务会计报告罪;虚假破产罪;非国家工作人员受贿罪;对非国家工作人员行贿罪;非法经营同类营业罪;为亲友非法牟利罪;徇私舞弊低价折股、出售公司、企业资产罪;背信损害上市公司利益罪;提供虚假证明文件罪和出具证明文件重大失实罪;职务侵占罪;挪用资金罪;等等。

2. 与《公司法》相关的法律和《刑法》均有对应条文规定的涉及公司的犯罪行为。如《证券法》第181条规定了公司以隐瞒重要事实或者编造重大虚假内容发行证券的行为;第219条规定“违反本法规定,构成犯罪的,依法追究刑事责任”;《刑法》第160条进一步将公司欺诈发行证券“数额巨大、后果严重或者有其他严重情节”的行为规定为欺诈发行证券罪。

3.《刑法》规定的涉及公司的犯罪行为。如第167条规定的签订、履行合同失职被骗罪,第168条规定的国有公司、企业、事业单位人员失职罪和国有公司、企业、事业单位人员滥用职权罪等,尽管在《公司法》上还找不到对应的条款规定,但根据前述对公司法上刑事责任的界定,这种情况可以视为广义上违反《公司法》的犯罪。限于篇幅,对该类涉及公司的犯罪,本章不做介绍。

(二)违反公司法的犯罪在构成要件上的特征

1. 犯罪的主体具有多元化特点,既有单位实施的犯罪,又有自然人实施的犯罪,其中单位实施的犯罪占有相当大比例;既有一般主体,也有特殊主体;既可能是中国人,也可能是外国人。

2. 犯罪的客观方面一般要求以“情节严重”、“造成严重后果”、“数额较大”或“数额巨大”为构成要件。

3. 犯罪的主观方面基本为故意犯罪,但也有少数由过失构成的涉及公司的犯罪。

二、涉及公司的犯罪种类及刑事责任

(一)虚报注册资本罪

虚报注册资本罪是指申请公司登记的个人或单位,以骗取公司登记为目的,故意使用虚假证明文件或者采取其他欺诈手段虚报注册资本数额巨大、后果严重或者具有其他严重情节的行为。《刑法》第158条规定了该罪。从犯罪构成上看，虚报注册资本罪具有如下特点：

1. 本罪在客观方面表现为行为人使用虚假证明文件或者采取其他欺诈手段虚报注册资本骗取公司登记，且虚报数额巨大，后果严重或者具有其他严重情节的行为。其行为特征具体可表现为：其一，向公司登记主管部门虚报注册资本，即实缴额少于申报额；其二，使用了欺骗手段，包括使用虚假证明文件，如伪造的验资、验证、评估等有关文件；其三，骗取了登记，即取得了公司登记机关的登记并已经设立，如果未登记设立，则不构成该罪；其四，虚报注册资本数额巨大，后果严重或者有其他严重情节。最高人民检察院、公安部于2022年4月发布的《关于公安机关管辖的刑事案件立案追诉标准的规定（二）》（本章以下简称《立案追诉标准（二）》）第3条规定了"虚报注册资本罪"的立案追诉标准，申请公司登记使用虚假证明文件或者采取其他欺诈手段虚报注册资本，欺骗公司登记主管部门，取得公司登记，涉嫌下列情形之一的，应予立案追诉：（1）法定注册资本最低限额在600万元以下，虚报数额占其应缴出资数额60%以上的。（2）法定注册资本最低限额超过600万元，虚报数额占其应缴出资数额30%以上的。（3）造成投资者或者其他债权人直接经济损失累计数额在50万元以上的。（4）虽未达到上述数额标准，但具有下列情形之一的：第一，两年内因虚报注册资本受过2次以上行政处罚，又虚报注册资本的；第二，向公司登记主管人员行贿的；第三，为进行违法活动而注册的。（5）其他后果严重或者有其他严重情节的情形。该条只适用于依法实行注册资本实缴登记制的公司。

2. 本罪主体为特殊主体，即申请公司登记的个人或单位。单位犯本罪的，对单位及其直接负责的主管人员和其他直接责任人员按照"双罚制"原则处罚，即单位和自然人均受刑罚处罚。

3. 本罪在主观方面只能由故意构成，并以骗取公司登记为目的。

根据《刑法》第158条的规定，虚报注册资本数额巨大、后果严重或者有其他严重情节的，处3年以下有期徒刑或者拘役，并处或者单处虚报注册资本金额1%以上5%以下罚金。公司犯该罪的，对公司判处罚金，并对其直接负责的主管人员和其他直接责任人员，处3年以下有期徒刑或者拘役。

需要指出的是，根据2013年修改的《公司法》关于注册资本登记实行"认缴制"的规定，全国人大常委会于2014年4月通过的《关于〈中华人民共和国刑法〉第一百五十八条、第一百五十九条的解释》明确规定，《刑法》第158条规定的虚报注册资本罪，"只适用于依法实行注册资本实缴登记制的公司"。对此，最高人民检察院、公安部《关于严格依法办理虚报注册资本和虚假出资抽逃出资刑事案件的通知》（公经〔2014〕247号）对办理虚报注册资本刑事案件也作出相应的规定，要求严格把握罪与非罪的界限。自2014年3月1日起，除依法实行注册资本实缴登记制的公司以外，对申请公司登记的单位和个人不得以虚报注册资本罪追究刑事责任；对依法实行注册资本实缴登记制的公司[①]涉嫌虚报注册资本犯罪的，各级公安机关、检察机关依照刑法和《立案追诉标准（二）》的相关规定追究刑事责任时，应当认真研究行为性质和

---

① 目前还实行注册资本实缴登记制的公司包括：银行业金融机构、证券公司、期货公司、基金管理公司、保险公司、保险专业代理机构和保险经纪人、直销企业、对外劳务合作企业、融资性担保公司、募集设立的股份有限公司，以及劳务派遣企业、典当行、保险资产管理公司、小额贷款公司等。

危害后果,确保执法办案的法律效果和社会效果。

2019 年 5 月,最高人民法院发布依法平等保护民营企业家人身财产安全十大典型案例,其中"顾雏军虚报注册资本、违规披露、不披露重要信息、挪用资金案"就涉及其虚假注册资本罪的认定。最高人民法院经再审认为,"原审认定顾雏军、刘义忠、姜宝军、张细汉在申请顺德格林柯尔变更登记过程中,使用虚假证明文件以 6.6 亿元不实货币置换无形资产出资的事实存在,但该行为系当地政府支持顺德格林柯尔违规设立登记事项的延续,未造成严重后果,且相关法律在原审时已进行修改,使本案以不实货币置换的超出法定上限的无形资产所占比例由原来的 55% 降低至 5%,故顾雏军等人的行为情节显著轻微危害不大,不认为是犯罪"。

(二)虚假出资、抽逃出资罪

虚假出资、抽逃出资罪是指公司发起人或股东(包括个人和单位)违反《公司法》规定,未将认缴的出资货币或实物向公司作实际交付或未按规定办理财产权转移手续,或者在公司成立后又将其已经投入公司的资金擅自抽走,且数额巨大,后果严重或者具有其他严重情节的行为。《刑法》第 159 条对该罪作了具体规定。虚假出资、抽逃出资罪具有如下特点:

1. 本罪属于选择性罪名。只有虚假出资行为的,定为"虚假出资罪",只有抽逃出资行为的,定为"抽逃出资罪",两种行为都具备的,定为"虚假出资、抽逃出资罪",不采用数罪并罚。

2. 本罪客观方面表现为虚假出资或者抽逃出资数额巨大,后果严重或者有其他严重情节的行为,具体表现为:其一,公司的发起人或股东违反《公司法》关于公司发起人、股东出资义务的规定,未交付货币、实物或者未向公司转移财产权(如专利权、土地使用权)或者在公司设立后又抽逃其出资,即采取各种不正当的手段将已投入的资金撤回。其二,虚假出资或者抽逃出资数额巨大、后果严重或者有其他严重情节。《立案追诉标准(二)》第 4 条规定了"虚假出资、抽逃出资罪"的立案追诉标准,公司发起人、股东违反公司法的规定未交付货币、实物或者未转移财产权,虚假出资,或者在公司成立后又抽逃其出资,涉嫌下列情形之一的,应予立案追诉:(1)法定注册资本最低限额在 600 万元以下,虚假出资、抽逃出资数额占其应缴出资数额 60% 以上的。(2)法定注册资本最低限额超过 600 万元,虚假出资、抽逃出资数额占其应缴出资数额 30% 以上的。(3)造成公司、股东、债权人的直接经济损失累计数额在 50 万元以上的。(4)虽未达到上述数额标准,但具有下列情形之一的:第一,致使公司资不抵债或者无法正常经营的;第二,公司发起人、股东合谋虚假出资、抽逃出资的;第三,两年内因虚假出资、抽逃出资受过 2 次以上行政处罚,又虚假出资、抽逃出资的;第四,利用虚假出资、抽逃出资所得资金进行违法活动的。(5)其他后果严重或者有其他严重情节的情形。

3. 本罪的主体为特殊主体,即只能由公司发起人或股东构成,既包括个人,也包括单位。单位犯本罪的,对单位及其直接负责的主管人员和其他直接责任人员亦采取"双罚制"原则处罚。

4. 本罪的主观方面只能由故意构成。

根据《刑法》第 159 条的规定,公司发起人、股东虚假出资或者抽逃出资,数额巨大、后果严重或者有其他严重情节的,处 5 年以下有期徒刑或者拘役,并处或者单处虚假出资金额或者抽逃出资金额 2% 以上 10% 以下罚金。公司犯前款罪的,对公司判处罚金,并对其直接负责的主管人员和其他直接责任人员,处 5 年以下有期徒刑或者拘役。

需要指出的是,《关于〈中华人民共和国刑法〉第一百五十八条、第一百五十九条的解释》明确规定,《刑法》第159条规定的虚假出资、抽逃出资罪,"只适用于依法实行注册资本实缴登记制的公司"。据此,《关于严格依法办理虚报注册资本和虚假出资抽逃出资刑事案件》对办理虚假出资、抽逃出资的刑事案件也作出与虚报注册资本罪相同的规定,自2014年3月1日起,除依法实行注册资本实缴登记制的公司以外,对公司股东、发起人不得以虚假出资、抽逃出资罪追究刑事责任。并要求对实行注册资本实缴登记制的公司涉嫌虚假出资、抽逃出资犯罪的,各级公安机关、检察机关依法追究刑事责任时,应当认真研究行为性质和危害后果,确保执法办案的法律效果和社会效果。

(三)欺诈发行证券罪

欺诈发行证券罪是指在招股说明书,认股书,公司、企业债券募集办法等发行文件中隐瞒重要事实或者编造重大虚假内容,发行股票或者公司、企业债券、存托凭证或者国务院依法认定的其他证券,数额巨大、后果严重或者有其他严重情节的行为。《刑法》第160条对该罪作出了具体规定。欺诈发行证券本是《证券法》规定的违法行为,由于发行人为公司,构成犯罪的行为也是涉及公司的相关犯罪。欺诈发行证券罪具有如下特点:

1.行为人在发行文件中隐瞒重要事实或者编造重大虚假内容。这里的"隐瞒"是指对应当在发行文件中依法予以披露的客观事实不予披露;"编造"是指在发行文件中凭空臆造客观上并不存在的事实并予以披露,对证券监管部门、投资者以及社会公众进行欺骗和误导,使之对发行人的情况产生误解而作出不真实或错误的判断。

2.行为人已经发行了相关证券。如果行为人根本就没有发行股票,公司、企业债券,存托凭证等证券,即使实施了在发行文件中隐瞒重要事实或者编造重大虚假内容的行为,也不能构成本罪。

3.具有符合法定的后果要件。如果行为人实施了发行证券和隐瞒重要事实或者编造重大虚假内容的行为,但尚不具备"数额巨大、后果严重或者其他严重情节的",不能构成本罪。根据《立案追诉标准(二)》第5条规定,涉嫌下列情形之一的,应予立案追诉:(1)非法募集资金金额在1000万元以上的;(2)虚增或者虚减资产达到当期资产总额30%以上的;(3)虚增或者虚减营业收入达到当期营业收入总额30%以上的;(4)虚增或者虚减利润达到当期利润总额30%以上的;(5)隐瞒或者编造的重大诉讼、仲裁、担保、关联交易或者其他重大事项所涉及的数额或者连续12个月的累计数额达到最近一期披露的净资产50%以上的;(6)造成投资者直接经济损失数额累计在100万元以上的;(7)为欺诈发行证券而伪造、变造国家机关公文、有效证明文件或者相关凭证、单据的;(8)为欺诈发行证券向负有金融监督管理职责的单位或者人员行贿的;(9)募集的资金全部或者主要用于违法犯罪活动的;(10)其他后果严重或者有其他严重情节的情形。

4.犯罪主体具有特殊性。犯罪主体是法律允许发行证券的公司或自然人。司法实践中多为公司法人,因此,本罪的犯罪主体主要是法人。单位犯本罪的,对单位及其直接负责的主管人员和其他直接责任人员亦采取"双罚制"原则处罚。2020年12月出台的《刑法修正案(十一)》将具有组织、指使欺诈发行行为的公司控股股东、实际控制人也纳入犯罪主体的范围,并明确控股股东、实际控制人系单位时实行"双罚制"。

5. 本罪的主观方面只能由故意构成，并且具有以欺诈为手段达到发行证券筹集资金的目的，过失不构成本罪。

根据《刑法》第160条的规定，欺诈发行证券，数额巨大、后果严重或者有其他严重情节的，处5年以下有期徒刑或者拘役，并处或者单处罚金；数额特别巨大、后果特别严重或者有其他特别严重情节的，处5年以上有期徒刑，并处罚金。控股股东、实际控制人组织、指使实施前款行为的，处5年以下有期徒刑或者拘役，并处或者单处非法募集资金金额20%以上1倍以下罚金；数额特别巨大、后果特别严重或者有其他特别严重情节的，处5年以上有期徒刑，并处非法募集资金金额20%以上1倍以下罚金。单位犯前两款罪的，对单位判处非法募集资金金额20%以上1倍以下罚金，并对其直接负责的主管人员和其他直接责任人员，依照第1款的规定处罚。

（四）违规披露、不披露重要信息罪

违规披露、不披露重要信息罪是指依法负有信息披露义务的公司、企业向股东和社会公众提供虚假或者隐瞒重要事实的财务会计报告，或者对依法应当披露的其他重要信息不按照规定披露，严重损害股东或者其他人利益，或者有其他严重情节的行为。《刑法》第161条规定了该罪。《刑法修正案（六）》《刑法修正案（十一）》两次对《刑法》第161条作出修改，将原条规定的“提供虚假财会报告罪”的罪名改为了现罪名，扩大犯罪主体的范围，提升该罪的法定刑，体现了对资本市场造假行为的“零容忍”。从犯罪构成上看，违规披露、不披露重要信息罪具有如下特点：

1. 本罪的客观方面表现为违规披露或不披露重要信息的行为，对犯罪主体的公司而言，是对其依法所负的信息披露义务的放弃或者违背。其中，违规披露重要信息的行为是积极实施的作为，不披露重要信息的行为是消极不作为。违规披露、不披露信息的行为在实践中主要表现为信息披露虚假、信息披露误导、信息披露不充分、信息披露不及时和信息披露不持续。[①] 对犯罪主体的公司控股股东、实际控制人而言，是实施或者组织、指使实施了前述行为，或者隐瞒了相关事项导致前述规定的情形发生。

2. 违规披露、不披露重要信息的行为，必须符合“严重损害股东或者其他人利益，或者有其他严重情节的”结果要件。《立案追诉标准（二）》第6条规定了对该罪立案追诉的若干标准，包括：（1）造成股东、债权人或者其他人直接经济损失数额累计在100万元以上的；（2）虚增或者虚减资产达到当期披露的资产总额30%以上的；（3）虚增或者虚减营业收入达到当期披露的营业收入总额30%以上的；（4）虚增或者虚减利润达到当期披露的利润总额30%以上的；（5）未按照规定披露的重大诉讼、仲裁、担保、关联交易或者其他重大事项所涉及的数额或者连续12个月的累计数额达到最近一期披露的净资产50%以上的；（6）致使不符合发行条件的公司、企业骗取发行核准或者注册并且上市交易的；（7）致使公司、企业发行的股票或者公司、企业债券，存托凭证或者国务院依法认定的其他证券被终止上市交易的；（8）在公司财务会计报告中将亏损披露为盈利，或者将盈利披露为亏损的；（9）多次提供虚假的或者隐瞒重要事实的财务会计报告，或者多次对依法应当披露的其他重要信息不按照规定披露的；（10）其

---

① 参见田宏杰：《行刑共治下的违规披露、不披露重要信息罪：立法变迁与司法适用》，载《中国刑事法杂志》2021年第2期。

他严重损害股东、债权人或者其他人利益,或者有其他严重情节的情形。

3. 本罪的犯罪主体包括公司法人和公司的控股股东、实际控制人。公司犯该罪的,刑事责任承担者为提供虚假财会报告的直接负责的主管人员和其他直接责任人员;公司控股股东、实际控制人犯该罪的,如果控股股东、实际控制人是单位,刑事责任承担者为单位和责任人员,即对公司和责任人员要实行"双罚制"。

4. 本罪的主观方面只能由故意构成,并且是以欺骗股东及其他社会公众为目的,过失不构成本罪。

根据《刑法》第 161 条的规定,公司犯该罪的,对其直接负责的主管人员和其他直接责任人员,处 5 年以下有期徒刑或者拘役,并处或者单处罚金;情节特别严重的,处 5 年以上 10 年以下有期徒刑,并处罚金。公司的控股股东、实际控制人犯该罪的,依照前述规定处罚;犯罪的控股股东、实际控制人是单位的,对单位判处罚金,并对其直接负责的主管人员和其他直接责任人员,依照前述的规定处罚。

(五)妨害清算罪

妨害清算罪是指公司在清算时,隐匿财产,对资产负债表或财产清算作虚伪记载或者在未清偿债务前分配公司财产,严重损害债权人或者其他人利益的行为。《刑法》第 162 条规定了该罪。从犯罪构成上看,妨害清算罪具有如下特点:

1. 本罪的行为表现为,公司在清算时,实施了以下任何一种行为:第一,隐匿财产;第二,对资产负债表或者对财产清单作虚假记载,即不真实反映资产负债和财产状况;第三,在未清偿债务前分配公司财产。《立案追诉标准(二)》第 7 条规定了对该罪立案追诉的若干标准:(1)隐匿财产价值在 50 万元以上的;(2)对资产负债表或者财产清单作虚伪记载涉及金额在 50 万元以上的;(3)在未清偿债务前分配公司、企业财产价值在 50 万元以上的;(4)造成债权人或者其他人直接经济损失数额累计在 10 万元以上的;(5)虽未达到上述数额标准,但应清偿的职工的工资、社会保险费用和法定补偿金得不到及时清偿,造成恶劣社会影响的;(6)其他严重损害债权人或者其他人利益的情形。

2. 本罪的行为应给债权人或者其他人的利益造成严重损害,无此后果的,不构成犯罪。

3. 本罪的主体为特殊主体,只能由清算中公司构成。根据《刑法》的规定,公司犯妨害清算罪,采取"单罚制"原则,即只追究直接负责的主管人员和其他直接责任人员的刑事责任,不对公司判处罚金。

4. 本罪在主观方面只能由故意构成。

根据《刑法》第 162 条的规定,清算中公司具有前述行为的,对直接负责的主管人员和其他直接责任人员,处 5 年以下有期徒刑或者拘役,并处或者单处 2 万元以上 20 万元以下罚金。

(六)隐匿、故意销毁会计凭证、会计帐(账)簿、财务会计报告罪

隐匿、故意销毁会计凭证、会计帐簿、财务会计报告罪,是指隐匿、故意销毁会计凭证、会计帐簿、财务会计报告,情节严重的行为。《刑法》第 162 条之一规定了该罪。从犯罪构成上看,隐匿、故意销毁会计凭证、会计帐簿、财务会计报告罪具有如下特点:

1. 本罪是违反《会计法》和《刑法》有关规定的行为。公司会计凭证,是会计帐簿的唯一依

据，二者相互印证其财务手续的合法性，财务会计报表包括资产负债表、利润表、现金流量表、财务情况说明书、利润分配表等内容，是详细记录公司、企业资产情况，反映公司的生产经营状况的资料，行为人隐匿、销毁这些会计资料，无疑将严重损害社会经济管理秩序，影响公司正常的经营管理，损害公司及其相关主体的利益。

2. 本罪的客观方面表现为故意隐匿、销毁依法应当保存的公司会计凭证、会计帐簿、财务会计报告，情节严重的行为。“故意隐匿”是指违反规定将这些会计资料私自收藏，不予交出，严重扰乱会计资料的保管和收藏的违法违纪行为；“故意销毁”是指烧掉、消灭会计资料，使之不复存在。不按规定、不经核准销毁会计资料，是严重违反国家会计法和有关规章制度规定的违法犯罪行为。司法实践中，隐匿、销毁会计资料本身不是目的行为，而是实施其他犯罪的辅助手段，如为了掩盖其他犯罪而消灭罪证或者为了实现其他犯罪目的而隐匿、销毁会计资料，往往同逃税罪、逃避追缴欠税罪、骗取出口退税罪、虚开发票罪、职务侵占罪、挪用资金罪等犯罪交织在一起。例如，为掩盖侵占公司财产、挪用公司资金而隐匿、销毁会计资料；为实行偷税逃税而隐匿、销毁会计资料；等等。①

3. 本罪的主体为特殊主体，即公司法人及其有权管理这些会计资料的自然人才能构成本罪。

4. 本罪在主观上只能是故意，过失不构成本罪，即行为人出于某种目的而故意隐匿、销毁财务会计资料，是明知自己的行为所造成的后果并且希望这种结果发生的行为。

根据《刑法》第 162 条之一的规定，隐匿、故意销毁会计凭证、会计帐簿、财务会计报告，情节严重的，处 5 年以下有期徒刑或者拘役，并处或者单处 2 万元以上 20 万元以下罚金。单位犯本罪的，对单位判处罚金，并对直接负责的主管人员和其他直接人员按照前述规定处罚。

（七）虚假破产罪

虚假破产罪是指公司、企业通过隐匿财产、承担虚构的债务或者以其他方法转移、处分财产，实施虚假破产，严重损害债权人或者其他人利益的行为。《刑法》第 162 条之二规定了该罪。从犯罪构成上看，虚假破产罪具有如下特点：

1. 本罪的行为包括三方面内容：一是必须实施了隐匿财产、承担虚构的债务或以其他方法转移、处分财产的行为。其中“隐匿财产”是指将公司的财产全部或部分予以隐瞒、转移、藏匿；“承担虚构的债务”是指捏造、承认不真实或不存在的债务；“以其他方法转移、处分财产”是指《企业破产法》第 31 条所规定的无偿转让财产、以明显不合理的价格进行交易、对没有财产担保的债务提供财产担保、对未到期的债务提前清偿、放弃债权等行为。行为人只要实施了上述情形中任何一种转移或处分财产的行为，就符合了本罪客观方面的行为要件。二是必须制造了虚假破产的假象，即公司未达到破产界限，但通过伪造破产原因申请破产，而非真实破产。三是严重损害了债权人和其他人的利益。其中，债权人是指与公司交易享有债权的相对人；其他人包括公司职工、国家税收部门等。以上三个客观方面的要件必须同时具备，缺一

---

① 参见柯葛壮：《论刑法修正案对经济犯罪罪名及构成要件的修改》，载顾肖荣主编：《经济刑法》第 7 辑，上海社会科学院出版社 2008 年版，第 58 页。

不可。[1]

2. 本罪的主体只能是单位,即公司或企业。

3. 本罪在主观方面只能由故意构成,过失不构成本罪。

根据《刑法》第 162 条之二的规定,公司、企业实施虚假破产的,对其直接负责的主管人员和其他直接责任人员,处 5 年以下有期徒刑或者拘役,并处或者单处 2 万元以上 20 万元以下罚金。

(八)非国家工作人员受贿罪

非国家工作人员受贿罪原来也称公司、企业人员受贿罪。《刑法修正案(六)》出台后,最高人民法院和最高人民检察院于 2007 年 10 月发布的《关于执行〈中华人民共和国刑法〉确定罪名的补充规定(三)》将原罪名取消,改用现罪名。非国家工作人员受贿罪是指公司、企业或者其他单位的人员,利用职务上的便利,索取他人财物或者非法收受他人财物,为他人谋取利益,数额较大的行为。《刑法》第 163 条规定了该罪。从犯罪构成上看,非国家工作人员受贿罪具有如下特点。

1. 本罪的客观方面表现为利用职务上的便利,索取他人财物或者非法收受他人财物,为他人谋取利益,数额较大的行为。对此应当把握以下几点:

其一,利用职务上的便利,是指利用本人在职务上的主管、经管、经手办理本单位事务的权力所产生的方便条件,这是构成本罪的必要条件。

其二,索取和收受他人财物是受贿的两种方式,前者是凭借自己的职务主动向他人索要财物,后者是他人主动送财物。通过其中任何一种方式收受财物数额较大的,都可以构成本罪。根据《刑法》第 163 条第 2 款的规定,公司工作人员在经济往来中,利用职务上的便利,违反国家规定,收受各种名义的回扣、手续费,归个人所有的,也构成本罪。

其三,"为他人谋取利益"是构成本罪的行为要件之一。2016 年 4 月发布的《最高人民法院、最高人民检察院关于办理贪污贿赂刑事案件适用法律若干问题的解释》(以下简称《贪污贿赂司法解释》)第 13 条规定,具有下列情形之一的,应当认定为"为他人谋取利益",构成犯罪的,应当依照刑法关于受贿犯罪的规定定罪处罚:第一,实际或者承诺为他人谋取利益的;第二,明知他人有具体请托事项的;第三,履职时未被请托,但事后基于该履职事由收受他人财物的。至于谋取的利益是否实现,以及利益是否正当,不影响本罪之成立。如果行为人确实没有为他人谋取利益的意图、承诺和事实,不构成本罪。

其四,"数额较大"是本罪成立的必要条件;"数额巨大""数额特别巨大"是量刑的条件。根据《立案追诉标准(二)》第 10 条的规定,公司、企业或者其他单位的工作人员利用职务上的便利,索取他人财物或者非法收受他人财物,为他人谋取利益,或者在经济往来中,利用职务上的便利,违反国家规定,收受各种名义的回扣、手续费,归个人所有,数额在 3 万元以上的,应予立案追诉。根据《贪污贿赂司法解释》第 11 条的规定,非国家工作人员受贿罪中的"数额较大""数额巨大"的数额起点,按照本解释关于受贿罪、贪污罪相对应的数额标准规定的 2 倍执行,即 6 万元以上不满 40 万元属于"数额较大",40 万元以上不满 600 万元属于"数额巨大"。

---

① 参见柯葛壮:《论刑法修正案对经济犯罪罪名及构成要件的修改》,载顾肖荣主编:《经济刑法》第 7 辑,上海社会科学院出版社 2008 年版,第 59 页。

2. 本罪的主体是公司、企业或者其他单位的工作人员。《公司法》第 181 条也规定了公司董监高“利用职权贿赂”的行为，并将其界定为违反忠实义务的行为。与本罪的犯罪主体相对照，《刑法》第 163 条所指的“非国家工作人员”包括了非国有出资公司的董监高。另外，在公司实践中，能够具备“职务之便”条件的，还包括除董监高之外的其他担任公司一定职务的管理人员以及担任公司特殊职务的职工（如出纳、购销人员），这意味着这些人员也可能成为本罪的犯罪主体。

根据《刑法》第 163 条的规定，公司工作人员有受贿行为，数额较大的，处 3 年以下有期徒刑或者拘役，并处罚金；数额巨大或者有其他严重情节的，处 3 年以上 10 年以下有期徒刑，并处罚金；数额特别巨大或者有其他特别严重情节的，处 10 年以上有期徒刑或者无期徒刑，并处罚金。国有出资公司从事公务的人员和国有出资公司委派到非国有公司从事公务的人员有前述行为的，依照国家工作人员的“受贿罪”定罪处罚。

（九）对非国家工作人员行贿罪

对非国家工作人员行贿罪是指为谋取不正当利益，给予公司、企业或者其他单位的工作人员以财物，数额较大的行为。《刑法》第 164 条规定了该罪。从犯罪构成上看，该罪具有如下特点：

1. 本罪的客观方面表现为给予公司等单位的工作人员数额较大的财物的行为，即用提供财物换取公司等单位的工作人员利用职权为自己谋取非法的不正当利益。“给予”通常是主动送与，但也有在受到公司等单位的工作人员明示或暗示索要后送与的情况。

“数额较大”是构成本罪的客观要件，“数额巨大”是该罪量刑的必要条件。根据《立案追诉标准（二）》第 11 条的规定，为谋取不正当利益，给予公司、企业或者其他单位的工作人员以财物，个人行贿数额在 3 万元以上的，单位行贿数额在 20 万元以上的，应予立案追诉。根据《贪污贿赂司法解释》第 11 条第 3 款的规定，《刑法》第 164 条第 1 款规定的对非国家工作人员行贿罪中的“数额较大”“数额巨大”的数额起点，按照该司法解释关于行贿罪的数额标准规定的 2 倍执行，即 6 万元以上为“数额较大”；200 万元以上不满 1000 万元为“数额巨大”。

2. 本罪的主体为一般主体，包括个人和单位。

3. 本罪在主观方面只能由故意构成。

根据《刑法》第 164 条的规定，对非国家工作人员行贿，数额较大的，处 3 年以下有期徒刑或者拘役，并处罚金；数额巨大的，处 3 年以上 10 年以下有期徒刑，并处罚金。单位犯本罪的，对单位判处罚金，并对其直接负责的主管人员和其他直接责任人员，依照前述的规定处罚。行贿人在被追诉前主动交待行贿行为的，可以减轻处罚或者免除处罚。

（十）非法经营同类营业罪

非法经营同类营业罪是指公司、企业的董监高利用职务便利，自己经营或者为他人经营与其所任职公司同类的营业，获取非法利益，数额巨大的行为。《刑法》第 165 条规定了该罪，2023 年 12 月 29 日由十四届全国人大常委会第七次会议通过的《刑法修正案（十二）》对该罪进行了修改。从犯罪构成上看，非法经营同类营业罪具有如下特点：

1. 本罪在客观方面表现为利用职务上的便利，实施《公司法》规定的竞业限制行为，并获得数额巨大的非法利益。这里的“非法利益”是指因经营同类竞业损害公司、企业利益而自己获得了利益。竞业限制的行为包括:其一,自己独资经营与其所任职公司、企业同类的营业,谋取非法利益。其二,在他人出资经营的公司、企业任职经营与其所任职公司、企业同类的营业。这里的“同类的营业”指生产、销售同一商品或者具有其他同一性质的营业。竞业行为的实施,很可能产生利用其职权以及职权产生的便利条件为自己或他人谋取私利,从而损害公司、企业的利益。本罪涉及的公司、企业包括国有公司、企业和其他公司、企业,其中国有公司为《公司法》上的国家出资公司,包括国有独资公司、国有资本控股公司,国有资本参股公司应当按照其他公司对待。国有公司、企业与其他公司、企业在犯罪构成的客观方面还存在差异。国有公司、企业的行为人从事竞业限制行为,构成犯罪须具备“获取非法利益,数额巨大”的客观要件;其他公司、企业的行为人除此之外,还须具备“致使公司、企业利益遭受重大损失”的客观要件,否则就不能构成本罪。

2. 本罪的犯罪主体为公司或企业的董监高。

3. 本罪的主观方面只能由故意构成,并且具有获取非法利益的目的,即明知自己是在利用职务便利,自己经营或者为他人所经营的业务与其所任职公司、企业经营的业务属于同类,获取非法利益的行为与结果将有害于所任职公司、企业。

根据《刑法》第165条和《刑法修正案(十二)》第1条的规定,国有公司、企业和其他公司、企业的董监高犯非法经营同类营业罪,处3年以下有期徒刑或者拘役,并处或者单处罚金;数额特别巨大的,处3年以上7年以下有期徒刑,并处罚金。

(十一)为亲友非法牟利罪

为亲友非法牟利罪是指国有公司、企业、事业单位的工作人员,利用职务便利,为自己的亲友牟取非法利益,使国家利益遭受重大损失的行为或其他公司、企业的工作人员违反法律、行政法规规定,为自己的亲友牟取非法利益,致使公司、企业利益遭受重大损失的行为。《刑法》第166条规定了该罪,《刑法修正案(十二)》对此作出修改。从犯罪构成上看,为亲友非法牟利罪具有如下特点:

1. 本罪的主体包括国有公司、企业、事业单位的工作人员和其他公司、企业的工作人员。

2. 本罪侵犯了公司、企业、事业单位的财产权益。

3. 本罪在客观方面表现为违法为自己的亲友进行牟利的行为,具体包括:(1)将本单位的盈利业务交由自己的亲友进行经营;(2)以明显高于市场的价格从自己的亲友经营管理的单位采购商品、接受服务或者以明显低于市场的价格向自己的亲友经营管理的单位销售商品、提供服务;(3)从自己的亲友经营管理的单位采购、接受不合格商品、服务。根据《刑法修正案(十二)》第2条规定,国有公司、企业、事业单位的工作人员是“利用职务便利”从事了上述行为;其他公司、企业工作人员是“违反法律、行政法规规定”从事了上述行为。

4. 本罪在主观上只能由故意构成,并具有非法牟利的目的。

根据《刑法修正案(十二)》第2条的规定,国有公司、企业、事业单位的工作人员,利用职务便利从事了为亲友非法牟利的行为,致使国家利益遭受重大损失的,处3年以下有期徒刑或者拘役,并处或者单处罚金;致使国家利益遭受特别重大损失的,处3年以上7年以下有期徒刑,并处罚金;其他公司、企业的工作人员违反法律、行政法规规定,实施为亲友非法牟利行为,致使公司、企业利益遭受重大损失的,依照前款的规定处罚。

(十二)徇私舞弊低价折股、出售公司、企业资产罪

徇私舞弊低价折股、出售公司、企业资产罪是指行为人徇私舞弊,将国有公司、企业的国有资产或其他公司、企业的资产低价折股或者低价出售,致使国家利益或其他公司、企业利益遭受重大损失的行为。《刑法》第169条规定了该罪。从犯罪构成上看,徇私舞弊低价折股、出售公司、企业资产罪具有如下特点:

1. 本罪的主体包括国有公司、企业或者其上级主管部门直接负责的主管人员和其他公司、企业直接负责的主管人员。

2. 本罪侵犯了国家利益或公司、企业的财产权益。

3. 本罪在客观方面表现为行为人具有徇私舞弊,将国有公司、企业的国有资产或其他公司、企业的资产低价折股或者低价出售的行为,该行为或是致使国家利益遭受重大损失的后果,或是致使其他公司、企业利益遭受重大损失的后果。

4. 本罪在主观上只能由故意构成。

根据《刑法修正案(十二)》第3条的规定,国有公司、企业或者其上级主管部门直接负责的主管人员具有上述行为和后果的,处3年以下有期徒刑或者拘役;致使国家利益遭受特别重大损失的,处3年以上7年以下有期徒刑;其他公司、企业直接负责的主管人员具有上述行为和后果的,依照前款的规定处罚。

(十三)背信损害上市公司利益罪

背信损害上市公司利益罪是指上市公司的董监高违背对公司的忠实义务,利用职务便利,操纵上市公司从事背信行为,或者上市公司的控股股东、实际控制人指使上市公司董监高从事背信行为,致使公司利益遭受重大损失的行为。《刑法》第169条之一规定了该罪,从犯罪构成上看,背信损害上市公司利益罪具有如下特点。

1. 本罪在客观方面表现为上市公司的董监高或控股股东、实际控制人实施了背信行为,对此应把握的要点如下:

其一,背信行为是董监高违背忠实义务或控股股东、实际控制人违背诚信义务的行为。忠实义务是《公司法》对董监高的基本要求,其核心含义是董监高作为公司负责人,不得将自身利益置于公司利益之上,在公司利益与自身利益发生冲突时应当"先公后私"。控股股东如果按照其股东身份,应当承担公司法上的诚信义务,即谋求自身利益不以"损人利己"为前提条件。但控股股东和实际控制人由于所处的地位特殊,如果其达到能够操控公司事务的程度时,也相当于公司实际负责人的地位,属于事实董事或"影子董事"的角色,也应当负有与董监高相同的义务,其实施指使董监高从事背信行为不仅违反自身应有的诚信义务,也是违反忠实义务的行为。

其二,背信行为是董监高利用职务便利或受控股股东、实际控制人指使从事的行为,《刑法》第169条之一列举的具体内容包括:第一,无偿向其他单位或者个人提供资金、商品、服务或者其他资产的;第二,以明显不公平的条件,提供或者接受资金、商品、服务或者其他资产的;第三,向明显不具有清偿能力的单位或者个人提供资金、商品、服务或者其他资产的;第四,为

明显不具有清偿能力的单位或者个人提供担保,或者无正当理由为其他单位或者个人提供担保的;第五,无正当理由放弃债权、承担债务的;第六,采用其他方式损害上市公司利益的。

其三,背信行为必须致使公司利益遭受重大损失才构成犯罪。根据《立案追诉标准(二)》第13条规定,背信行为致使上市公司直接经济损失数额在150万元以上的,或致使公司发行的股票、公司债券、存托凭证或者国务院依法认定的其他证券被终止上市交易的,应予立案追诉。

2.本罪的犯罪主体为上市公司董监高,控股股东和实际控制人具有"指使"行为时,也构成本罪的主体。

3.本罪的主观方面为故意。

根据《刑法》第169条之一的规定,上市公司董监高从事背信行为,致使上市公司利益遭受重大损失的,处3年以下有期徒刑或者拘役,并处或者单处罚金;致使上市公司利益遭受特别重大损失的,处3年以上7年以下有期徒刑,并处罚金:上市公司的控股股东或者实际控制人指使上市公司董监高实施前款行为的,依照前述的规定处罚;如果上市公司的控股股东或者实际控制人是单位的,对单位判处罚金,并对其直接负责的主管人员和其他直接责任人员,依照对董监高的规定进行处罚。

(十四)提供虚假证明文件罪和出具证明文件重大失实罪

提供虚假证明文件罪是指承担资产评估、验资、验证、会计、审计、法律服务、保荐、安全评价、环境影响评价、环境监测等职责的中介组织的人员故意提供虚假证明文件,情节严重的行为;出具证明文件重大失实罪是指前述中介组织的人员,严重不负责任,出具的证明文件有重大失实,造成严重后果的行为。《刑法》第229条规定了该罪。从犯罪构成上看,该罪具有如下特点:

1.本罪的客观方面表现为中介组织人员故意提供虚假证明文件或过失提供重大失实的证明文件,造成严重后果或情节严重的行为。《公司法》第257条对中介组织人员提供虚假文件的行为规定了民事责任和行政责任,与《刑法》该条规定不同的是,后者规定的中介组织的范围更广,在行为上有"造成严重后果"和"情节严重"的要求,否则就不能构成犯罪。

根据《立案追诉标准(二)》第73条的规定,中介组织的人员故意提供虚假证明文件,涉嫌下列情形之一的,应予立案追诉:(1)给国家、公众或者其他投资者造成直接经济损失数额在50万元以上的;(2)违法所得数额在10万元以上的;(3)虚假证明文件虚构数额在100万元以上且占实际数额30%以上的;(4)虽未达到上述数额标准,但两年内因提供虚假证明文件受过2次以上行政处罚,又提供虚假证明文件的;(5)其他情节严重的情形。根据《立案追诉标准(二)》第74条的规定,出具的证明文件有重大失实,涉嫌下列情形之一的,应予立案追诉:(1)给国家、公众或者其他投资者造成直接经济损失数额在100万元以上的;(2)其他造成严重后果的情形。

另外,《刑法》第229条还规定了量刑上"情节特别严重"的情形:(1)提供与证券发行相关的虚假的资产评估、会计、审计、法律服务、保荐等证明文件,情节特别严重的;(2)提供与重大资产交易相关的虚假的资产评估、会计、审计等证明文件,情节特别严重的;(3)在涉及公共安全的重大工程、项目中提供虚假的安全评价、环境影响评价等证明文件,致使公共财产、国家和人民利益遭受特别重大损失的。

2. 本罪主体为特殊主体,即只能由承担资产评估、验资、验证、会计、审计、法律服务职责的人员构成。

3. 提供虚假证明文件罪的主观方面由故意构成,出具证明文件重大失实罪的主观方面由过失构成。

根据《刑法》第 229 条的规定,犯提供虚假证明文件罪,处 5 年以下有期徒刑或者拘役,并处罚金;对于具有情节特别严重的三种情形的,处 5 年以上 10 年以下有期徒刑,并处罚金;有提供虚假证明文件的犯罪行为,同时索取他人财物或者非法收受他人财物构成犯罪的,依照处罚较重的规定定罪处罚。犯出具证明文件重大失实罪,处 3 年以下有期徒刑或者拘役,并处或者单处罚金。

(十五)职务侵占罪

职务侵占罪是指公司、企业或者其他单位的工作人员,利用职务上的便利,将本单位财物非法占为己有,数额较大的行为。《刑法》第 271 条规定了该罪。从犯罪构成上看,职务侵占罪具有如下特点:

1. 本罪在客观方面表现为利用职务之便,将本单位的财物非法占有,数额较大的行为。"数额较大"是构成本罪的要件。根据《贪污贿赂司法解释》第 11 条的规定,职务侵占罪中的"数额较大"按照该司法解释关于受贿罪、贪污罪相对应的数额标准规定的 5 倍执行,即 15 万元以上不满 100 万元。此外,作为职务侵占罪量刑依据的"数额巨大"也按照受贿罪、贪污罪的数额标准的 5 倍执行,即 100 万元以上不满 1500 万元。

2. 本罪的主体是具有利用职务便利的公司、企业或者其他单位工作人员,包括公司董监高或者具有主管或管理、经手公司财物的其他工作人员,如会计、出纳、购销人员等。

3. 本罪的主观方面由故意构成,并且具有非法占有单位财物的目的。

根据《刑法》第 271 条的规定,具有职务侵占行为,数额较大的,处 3 年以下有期徒刑或者拘役,并处罚金;数额巨大的,处 3 年以上 10 年以下有期徒刑,并处罚金;数额特别巨大的,处 10 年以上有期徒刑或者无期徒刑,并处罚金。国有公司、企业或者其他国有单位中从事公务的人员和国有公司、企业或者其他国有单位委派到非国有公司、企业以及其他单位从事公务的人员有前述行为的,按照"贪污罪"定罪处罚。

值得指出的是,职务侵占罪在司法认定上还需要关注以下两个问题:

第一,关于共同犯罪的认定。《最高人民法院关于审理贪污、职务侵占案件如何认定共同犯罪几个问题的解释》(法释〔2000〕15 号)对此作了明确规定,即行为人与公司人员勾结,利用公司人员的职务便利,共同将该单位财物非法占为己有,数额较大的,以职务侵占罪共犯论处。公司不具有国家工作人员身份的人与国家工作人员勾结,分别利用各自的职务便利,共同将本单位财物非法占为己有的,按照主犯的犯罪性质定罪。

第二,关于国家工作人员的认定。《最高人民法院关于在国有资本控股、参股的股份有限公司中从事管理工作的人员利用职务便利非法占有本公司财物如何定罪问题的批复》(法释〔2001〕17 号)明确指出,在国有资本控股、参股的股份有限公司中从事管理工作的人员,除受国家机关、国有公司、企业、事业单位委派从事公务的以外,不属于国家工作人员。对其利用职务上的便利,将本单位财物非法占为己有,数额较大的,应当依照《刑法》第 271 条第 1 款的规定,以职务侵占罪定罪处罚。

(十六)挪用资金罪

挪用资金罪是指公司、企业或者其他单位的工作人员,利用职务上的便利,挪用本单位资金归个人使用或者借贷给他人,数额较大、超过 3 个月未还的,或者虽未超过 3 个月,但数额较大、进行营利活动的,或者进行非法活动的行为。《刑法》第 272 条规定了该罪。从犯罪构成上看,挪用资金罪具有如下特点。

1. 本罪的客观方面表现为行为人利用职务上的便利,挪用本单位资金归个人使用或者借贷给他人的行为。在具体认定上,需要把握以下几点:

其一,行为人必须实施了挪用本单位资金的行为。具体表现为三种情况:第一,挪用资金归个人使用或者借贷给他人,数额较大,超过 3 个月未还的。第二,挪用资金虽未超过 3 个月,但数额较大,进行营利活动的。在这种情况下,数额较大和进行营利活动是必备要求,没有时间长短的限制,也不因发现时是否归还而影响犯罪的成立。第三,挪用资金数额较大,用于非法活动,包括个人或者他人用于非法经营、走私、赌博、嫖娼、贩毒等非法活动,这种情况构成的挪用资金罪,对"数额较大"的标准要比前两种情况更低,也没有挪用时间长短的限制。

其二,"数额较大"是构成本罪的要件。根据《立案追诉标准(二)》第 77 条的规定,公司、企业或者其他单位的工作人员,利用职务上的便利,挪用本单位资金归个人使用或者借贷给他人,涉嫌下列情形之一的,应予立案追诉:(1)挪用本单位资金数额在 5 万元以上,超过 3 个月未还的;(2)挪用本单位资金数额在 5 万元以上,进行营利活动的;(3)挪用本单位资金数额在 3 万元以上,进行非法活动的。具有下列情形之一的,属于本条规定的"归个人使用":第一,将本单位资金供本人、亲友或者其他自然人使用的;第二,以个人名义将本单位资金供其他单位使用的;第三,个人决定以单位名义将本单位资金供其他单位使用,谋取个人利益的。根据《贪污贿赂司法解释》第 11 条第 2 款规定,挪用资金罪中的"数额较大"情形的数额起点,按照该司法解释第 5 条、第 6 条挪用公款罪的相关数额标准的 2 倍执行。具体可分为两种情形:第一,挪用资金归个人使用,进行非法活动,数额在 6 万元以上属于"数额较大";第二,挪用公款归个人使用,进行营利活动或者超过 3 个月未还,数额在 10 万元以上属于"数额较大"。

其三,"数额巨大"是本罪量刑的依据。根据《贪污贿赂司法解释》第 11 条第 2 款的规定,挪用资金罪的"数额巨大"的数额起点,按照该司法解释第 5 条、第 6 条挪用公款罪中"情节严重"的数额标准的 2 倍执行。具体也可分为两种情形:第一,挪用资金归个人使用,进行非法活动的,如果挪用数额在 200 万元以上;挪用救灾、抢险、防汛、优抚、扶贫、移民、救济特定款物或者挪用资金不退还,数额在 100 万元以上不满 200 万元,可认定为"数额巨大"。第二,挪用资金归个人使用,进行营利活动或者超过 3 个月未还的,如果挪用数额在 400 万元以上;挪用救灾、抢险、防汛、优抚、扶贫、移民、救济特定款物或者挪用资金不退还,数额在 200 万元以上不满 400 万元,可认定为"数额巨大"。

其四,如何理解"挪用本单位资金归个人使用或者借贷给他人"的含义。《最高人民法院关于如何理解刑法第二百七十二条规定的"挪用本单位资金归个人使用或者借贷给他人"问题的批复》(法释〔2000〕22 号)指出:公司、企业或者其他单位的非国家工作人员,利用职务上的便利,挪用本单位资金归本人或者其他自然人使用,或者挪用人以个人名义将所挪用的资金借给其他自然人和单位,构成犯罪的,应当依照挪用资金罪定罪处罚。

2. 本罪主体与前述职务侵占罪的主体相同。

3. 本罪主观方面只能由故意构成,且为直接故意,目的是非法暂时取得本单位资金的使用权,一般是准备以后归还的。但是,如果行为人挪用资金后潜逃,应以职务侵占罪论处。

根据《刑法》第 272 条第 1 款的规定,犯挪用资金罪的量刑具有几个不同的档次:第一,构成犯罪的,处 3 年以下有期徒刑或者拘役;第二,挪用本单位资金数额巨大的,处 3 年以上 7 年以下有期徒刑;第三,数额特别巨大的,处 7 年以上有期徒刑。

根据《刑法》第 272 条第 2 款的规定,国有公司、企业或者其他国有单位中从事公务的人员和国有公司、企业或者其他国有单位委派到非国有公司、企业以及其他单位从事公务的人员有前述行为的,按照"挪用公款罪"定罪处罚。根据《最高人民法院关于对受委托管理、经营国有财产人员挪用国有资金行为如何定罪问题的批复》(法释〔2000〕5 号)规定,对于受国家机关、国有公司、企业、事业单位、人民团体委托,管理、经营国有财产的非国家工作人员,利用职务上的便利,挪用国有资金归个人使用构成犯罪的,应当依照挪用资金罪定罪处罚。

根据《刑法》第 272 条第 3 款的规定,构成挪用资金犯罪的,在提起公诉前将挪用的资金退还的,可以从轻或者减轻处罚。其中,犯罪较轻的,可以减轻或者免除处罚。

参考文献

1. 施天涛:《公司法论》(第4版),法律出版社2018年版。

2. 叶林:《公司法研究》,中国人民大学出版社2008年版。

3. 刘俊海:《现代公司法》(第2版),法律出版社2011年版。

4. 江平主编:《新编公司法教程》(第2版),法律出版社2003年版。

5. 江平主编:《公司法教程》,法律出版社1987年版。

6. 王保树主编:《中国商事法》,人民法院出版社2001年版。

7. 王保树、崔勤之:《中国公司法原理》(最新修订第3版),社会科学文献出版社2006年版。

8. 王保树、王文宇主编:《公司法理论与实践》,法律出版社2010年版。

9. 王保树主编:《最新日本公司法》,于敏、杨东译,法律出版社2006年版。

10. 赵旭东主编:《商法学》(第4版),高等教育出版社2019年版。

11. 赵旭东主编:《公司法》(第3版),中国政法大学出版社2018年版。

12. 赵旭东主编:《改革开放40年法律制度变迁·商法卷》,厦门大学出版社2019年版。

13. 赵旭东等:《公司资本制度改革研究》,法律出版社2004年版。

14. 朱慈蕴:《全球化与本土化互动中的公司制度演进》,法律出版社2015年版。

15. 朱慈蕴:《公司法人格否认法理研究》,法律出版社1998年版。

16. 范健主编:《商法学》,高等教育出版社2019年版。

17. 范健、王建文:《公司法》(第5版),法律出版社2018年版。

18. 范健:《德国商法:传统框架与新规则》,法律出版社2003年版。

19. 李建伟:《公司法学》(第4版),中国人民大学出版社2018年版。

20. 黄辉:《现代公司法比较研究——国际经验及对中国的启示》(第2版),清华大学出版社2020年版。

21. 邓峰:《普通公司法》,中国人民大学出版社2009年版。

22. 林少伟:《英国现代公司法》,中国法制出版社2015年版。

23. 叶林主编:《公司法原理与案例教程》,中国人民大学出版社2010年版。

24. 刘俊海:《股份有限公司股东权的保护》(第2版),法律出版社2004年版。

25. 施天涛:《关联企业法律问题研究》,法律出版社1998年版。

26. 冯果:《公司法要论》,武汉大学出版社2003年版。

27. 冯果等:《债券市场风险防范的法治逻辑》,法律出版社2016年版。

28. 雷兴虎:《公司与非公司企业法基本问题研究》,湖北人民出版社2020年版。

29. 柳经纬等:《上市公司关联交易的法律问题研究》,厦门大学出版社2001年版。

30. 史际春:《企业和公司法》(第5版),中国人民大学出版社2018年版。

31. 史际春、温烨、邓峰:《企业和公司法》,中国人民大学出版社 2001 年版。

32. 任尔昕主编:《企业与公司法学》,兰州大学出版社 2006 年版。

33. 梅慎实:《现代公司机关权力构造论》(修订本),中国政法大学出版社 2000 年版。

34. 毛亚敏:《公司法比较研究》,中国法制出版社 2001 年版。

35. 赵德枢:《一人公司详论》,中国人民大学出版社 2004 年版。

36. 陈丽洁:《公司合并法律问题研究》,法律出版社 2001 年版。

37. 徐明:《新三板理论与实践》(上册),中国金融出版社 2021 年版。

38. 彭冰主编:《金融法苑》(总第 109 辑),中国金融出版社 2023 年版。

39. 王利明等:《民法学》(第 6 版),法律出版社 2020 年版。

40. 王利明:《法律解释学导论——以民法为视角》(第 2 版),法律出版社 2017 年版。

41. 王利明:《民法总则研究》(第 3 版),中国人民大学出版社 2018 年版。

42. 杜万华主编:《中华人民共和国民法典实施精要》,法律出版社 2021 年版。

43. 最高人民法院民事审判第二庭编著:《〈全国法院民商事审判工作会议纪要〉理解与适用》,人民法院出版社 2019 年版。

44. 徐国栋:《民法基本原则解释——以诚实信用原则的法理分析为中心》(增删本),中国政法大学出版社 2004 年版。

45. 张文显:《法哲学范畴研究》(修订版),中国政法大学出版社 2001 年版。

46. 李晓安、阮俊杰:《信用规制论》,北京大学出版社 2004 年版。

47. 陈郁主编:《财产权利与制度变迁》,上海三联书店 1994 年版。

48. 周友苏:《新公司法论》,法律出版社 2006 年版。

49. 周友苏:《公司法通论》,四川人民出版社 2002 年版。

50. 周友苏主编:《上市公司法律规制论》,商务印书馆 2006 年版。

51. 周友苏主编:《证券法新论》,法律出版社 2020 年版。

52. 赖源河:《实用公司法》(第 3 版)(王志诚修订),台北,五南图书出版股份有限公司 2020 年版。

53. 王文宇:《公司法论》(第 6 版),台北,元照出版有限公司 2018 年版。

54. 曾宛如:《公司法制基础理论之再建构》,台北,元照出版有限公司 2017 年版。

55. 刘连煜:《现代公司法》(增订 15 版),台北,新学林出版股份有限公司 2020 版。

56. 吴光明:《证券交易法论》(增订 13 版),台北,三民书局股份有限公司 2015 年版。

57. 王泽鉴:《民法学说与判例研究》(第 1 册),北京大学出版社 2009 年版。

58. 郑玉波:《公司法》,台北,三民书局股份有限公司 1980 年版。

59. 林咏荣主编:《商事法论文选辑》(上册),台北,五南图书出版公司 1984 年版。

60. 刘清波:《民法概论》(修订版),台北,开明书店 1979 年版。

61. [美]弗兰克·伊斯特布鲁克、[美]丹尼尔·费希尔原著:《公司法的经济结构》,张建伟、罗培新译,北京大学出版社 2005 年版。

62. [美]马丁·洛伊:《公司治理:公众公司董事指南》,刘燕译,法律出版社 2005 年版。

63. [美]莱纳·克拉克曼、[英]保罗·戴维斯、[美]亨利·汉斯曼、[瑞士]杰拉德·赫蒂格、[德]克劳斯·霍普特、[日]神田秀树、[美]爱德华·洛克:《公司法剖析:比较与功能的视角》,刘俊海、徐海燕等译,北京大学出版社 2007 年版。

64. [美]罗伯特·W. 汉密尔顿:《公司法概要》,李存捧译,中国社会科学出版社 1999 年版。

65. [美]伯纳德·施瓦茨:《美国法律史》,王军等译,中国政法大学出版社 1989 年版。

66. [美]艾伦·特拉登堡:《美国的公司化——镀金时代的文化与社会》(中译本),邵重、金莉译,中国对外翻译出版公司 1990 年版。

67. [美]E. 博登海默:《法理学:法律哲学与法律方法》,邓正来译,中国政法大学出版社 2017 年版。

68. [美]保罗·A. 萨缪尔森、[美]威廉·D. 诺德豪斯:《经济学》(第 12 版)(上),高鸿业等译,中国发展出版社 1992 年版。

69. [美]曼瑟·奥尔森:《集体行动的逻辑——公共物品与集团理论》(第 1 版),陈郁等译,格致出版社、上海人民出版社 2018 年版。

70. [英]迈恩哈特:《欧洲九国公司法》,赵旭东等译,中国政法大学出版社 1988 年版。

71. [英]弗里德利希·冯·哈耶克:《法律、立法与自由》(第 1 卷),邓正来、张守东、李静冰译,中国大百科全书出版社 2000 年版。

72. [法]伊夫·居荣:《法国商法》(第 1 卷),罗结珍、赵海峰译,法律出版社 2004 年版。

73. [德]托马斯·莱塞尔、[德]吕迪格·法伊尔:《德国资合公司法》,高旭军等译,法律出版社 2005 年版。

74. [日]神田秀树:《公司法的精神》,朱大明译,法律出版社 2016 年版。

75. [日]志村治美:《现物出资研究》,于敏译,法律出版社 2001 年版。

76. [日]奥村宏:《法人资本主义》,李建国等译,三联书店 1990 年版。

77. [韩]李哲松:《韩国公司法》,吴日焕译,中国政法大学出版社 2000 年版。

78.《最新美国标准公司法》,沈四宝编译,法律出版社 2006 年版。

79.《特拉华州普通公司法》(最新全译本),徐文彬、戴瑞亮、郑九海译,中国法制出版社 2010 年版。

80.《英国 2006 年公司法》,葛伟军译,法律出版社 2008 年版。

81.《德国股份法·德国有限责任公司法·德国公司改组法·德国参与决定法》,杜景林、卢谌译,中国政法大学出版社 2000 年版。

82.《德国商事公司法》,胡晓静、杨代雄译,法律出版社 2014 年版。

83.《法国商法典》,金邦贵译,中国法制出版社 2000 年版。

84.《法国公司法典》(上、下),罗结珍译,北京大学出版社 2015 年版。

85.《日本公司法典》,吴建斌、刘惠明、李涛合译,中国法制出版社 2006 年版。

86.《新订日本公司法典》,王作全译,北京大学出版社 2016 年版。

87.《最新韩国公司法及施行令》,王延川、刘卫锋编译,法律出版社 2014 年版。

88.《欧盟公司法指令全译》,刘俊海译,法律出版社 2000 年版。

后　记

在《中国公司法论》交稿法律出版社之际，我为自己完成人生有重要意义的一件大事而倍感欣慰的同时，不胜感激之情也涌上心头。此刻，我怀着最诚挚的情感，向所有支持我学术征途的同行与亲友们道一声“谢谢”。你们的鼓励与支持，是我在这条道路上坚持不懈的动力，使我得以完成这部篇幅超百万字的学术著作。

首先特别感谢两位我一直奉为导师的著名教授——江平和王保树，他们是中国公司法研究的奠基人和开拓者，两位教授的智慧和教诲对我的学术生涯产生了深远的影响。在上世纪八十年代，当公司在我国经济生活中尚处于刚刚试行之际，江平教授来四川做的一次公司法原理讲座，为我开启了公司法的大门，激发了我对该领域的兴趣和热爱；王保树教授的公司法论著，一直是我学术旅程上的必读书目，他对我学术上的认可和提携是激励我坚守公司法研究的重要动力。如今两位教授虽已仙逝，但他们对中国公司法的卓越贡献将永远铭刻于史。

其次应当感谢的是赵忠奎博士后、庄斌博士、周春光博士、钟凯博士后、钟洪明博士后、范水兰博士、王群博士、赵尧博士等人，这些我曾有缘做过导师的优秀青年才俊目前多已是高校或科研单位的教授、副教授，为本书做了不少基础性的工作，他们除了收集相关文献资料，还是本书成稿后的第一批读者，他们以青年学者的敏锐眼光，对文稿提出了宝贵的修改意见，助力提升了作品的品质。

我也要感谢我的学术家园——四川省社会科学院。在这里，我得到了优越的研究条件和环境，院里将“中国公司法论”列为重大课题，大大支持了我的研究工作。

我还要感谢法律出版社学术分社的孙东育社长和王珊编辑，孙社长对本书的洞察及推选，并赋予它“天下·法学新经典”的尊贵地位，激励我以更高标准要求自己。王珊编辑的细致与专业，确保了本书的准确性与严谨性。

最后，我要向我的叔父周勤樑先生、舅父彭伋生先生表达深深的谢意，两位健在的长辈听说法律出版社向我发出约稿邀请后，不仅极力主张我接受这一任务，为中国公司法研究作出自己应有的贡献，而且多次来电鼓励我笔耕不辍，两位尊长之言成为鞭策我写作的重要动力之一。

我从上世纪八十年代中期开始了三十余载的公司法研究生涯，即使在低谷时期也不曾动摇，其中既有辛勤耕耘的艰辛，也有知识积累的结晶；既有法学学者追求法治的执着初心，也有人生价值得以实现的成功喜悦。公司法研究不仅是我学术生命的一部分，更是我精神世界的重要支柱。

2024 年 3 月初春于成都